제2판

헌법학개론

정만희 저

pnc
publishing and culture
피앤씨미디어

헌법학개론

제2판 머리말

2020년 2월 출판된 저자의 졸저「헌법학개론」초판을 이번에 수정·보완하고 지면을 늘려「제2판」으로 다시 발간하게 되었다. 초판 발간 후 지난 4년간 헌법재판소의 판례들이 상당히 축적되어 있어서 그 주요 판례들을 선별하여 새롭게 관련 부분에 수록할 필요가 있었으며, 본문의 내용 기술에 있어서 그 의미를 좀 더 명확히 표현해야 할 부분과 이론 설명의 보충이 필요한 부분들을 고쳐 쓰고 새로운 내용을 추가하기도 하였다. 이번의 헌법학개론 제2판은 초판의 기본 틀을 그대로 유지하면서 책의 전반에 걸쳐 내용의 수정과 증보 작업을 통해 좀 더 충실한 저작이 되도록 하였다. 특히 최근의 헌법재판소의 위헌결정 및 헌법불합치결정 등의 주요 판례와 기본권의 해석에 관한 대법원 판례도 수록하여 헌법에 관한 국내 판례의 동향을 개괄적이나마 파악할 수 있도록 하였다. 대학의 헌법강의 교과서로서 또는 변호사시험이나 공무원시험 준비를 위한 수험교재로서의 실질을 갖출 수 있는 업데이트된 자료와 정보의 최소한을 수록할 수 있게 되었다고 생각한다.

먼저 본문의 내용 가운데 수정 보완한 부분을 구체적으로 언급하면, 제1편 헌법 일반이론의 제1장 '헌법이란 무엇인가' 중에서 '헌법과 국가' 부분과 '현대 사회국가헌법의 개념'에 관한 내용을 부분적으로 첨삭하여 수정하였다(3~9면). 제2장 '헌법의 제정과 개정'에서는 헌법제정권력에 관한 시에예스의 이론을 보완하였다(21~22면). 제2편 한국헌법 총론의 제1장 '대한민국헌법의 제정과 개정'에서 대한민국 임시정부헌법의 제정 이전의 역사로서 '대한제국 국제'에 관한 내용(62면)과 1948년 대한민국헌법 제정 이전의 과정으로서 '1945년 8·15 광복과 미군정 실시'(64~65면)를 새로 추가하였다. '1987년 헌법의 성립'에서 2022년 대통령선거과 2024년 국회의원선거 결과를 간단히 언급하였다(78~79면). 제3장 '한국헌법의 기본원리' 중 '자유민주주의'의 내용(105~106면)과 '사회국가원리'에 관한 부분(118~122면), '문화국가원리'의 내용(125~126면)을 수정하였다. 제4장 '한국헌법의 기본제도' 중 '헌법상 제도적 보장'의 설명(131면)과 '선거제도'의 내용 중 비례대표제에 관한 설명을 추가하였다(173~174면). 제3편 기본권론의 제1장 '기본권 총론' 중에서 '기본권의 보호' 부분을 전면적으로 새로

기술하였다. 기본권의 보호 중에서 특히 '사인의 기본권침해에 대한 국가의 보호의무'와 '과소보호금지원칙'의 내용을 상당히 보완하였다(231~234면). 제2장 '인간의 존엄과 가치·행복추구권'에서 도출되는 '일반적 인격권'의 설명에서 헌법재판소가 새로운 기본권으로 인정한 '출생등록될 권리'(헌재 2023. 3. 23. 2021헌마975)를 추가하였다(247면). 제4장 '자유권적 기본권' 부분의 '생명권의 제한'에 관한 사형제도의 설명에서 '각국의 사형제도 현황'을 추가 언급하였다(274면). 제4편 통치구조의 제3장 '국회' 부분의 '국정통제권한'에서 법관에 대한 탄핵소추의 문제(550면)와 제4장 '대통령과 정부' 중 대통령의 형사상 특권인 '불소추특권'의 내용을 최근 정치권에서의 논의를 계기로 하여 보충 설명하였다(577면). 제6장 '헌법재판소'의 '탄핵심판' 부분에서 법관과 장관에 대한 탄핵심판사건을 간단히 정리하였다(678면).

이번의 제2판에 새로 추가 수록된 헌법재판소의 주요 판례는 최근 2019년 11월부터 2024년 2월까지의 결정 중에서 선별한 것들이다. 추가된 판례 가운데 중요한 의미를 갖는 것으로는 첫째, 헌법재판소의 선례를 변경한 경우에 해당하는 두 건의 결정이 있다. 그 하나는 공직선거법상 선거운동 시 확성장치를 사용할 수 있도록 허용하면서도 그 사용에 따른 소음의 규제기준을 두지 아니하는 조항에 대한 위헌확인 사건에서 "확성장치의 최고출력 내지 소음 규제기준에 관한 구체적인 규정을 두고 있지 아니한 것은 관련 법익을 형량하여 보더라도 국가의 기본권 보호의무를 과소하게 이행하였다고 평가되고, 이는 청구인의 건강하고 쾌적한 환경에서 생활할 권리의 침해를 가져온다"고 하여 헌법불합치결정을 한 것이다. 이 사건은 2008년의 결정(2006헌마711)을 변경한 것으로 의미가 크다(헌재 2019. 12. 27. 2018헌마730; 236면). 또 하나는 국적법상 병역의무이행을 전제로 한 국적이탈금지규정에 대해 헌법재판소가 합헌이라고 판단해온 것에 대해, 2020년 결정에서 선례를 변경하여 위 법률조항은 과잉금지원칙에 위배되어 국적이탈의 자유를 침해한다고 판단하여 헌법불합치결정을 선고한 것이다(헌재 2020. 9. 24. 2016헌마889; 86면).

둘째, 이번에 새로 반영된 헌법재판소의 최근 판례 중에는 공직선거법상 선거운동제한 규정들에 대한 종래의 소극적 태도의 변화를 가져온 다수의 위헌결정들이 주목된다. 선거운동제한에 관한 2022년의 일련의 위헌결정은 선거운동의 자유의 헌법적 가치의 중요성을 확인하게 된 점에서 의의가 크다. 그 내용으로는 공직선거법상 선거운동기간의 각종 집회금지조항에 대한 위헌결정(헌재 2022. 7. 21. 2018헌바164), 선거운동기간 중 일반유권자의 어깨띠를 이용한 선거운동금지에 대한 위헌결정(2022. 7. 21. 2017헌가4), 선거에 영향을 미치게 하기 위한 현수막, 광고물 등의 설치금지와 인쇄물 등의 배부 금지조항의 위헌결정(헌재 2022. 7. 31. 2017헌바100등), 선거운동기간조항 중 "선거운동기간 전에 개별적으로 대면하여 말로 하는 선거운동의 행위까지 포괄적으로 금지하는 것은 선거운동의 자유를 과도하게 제한하는 것이라는 위헌결정(헌재 2022. 2. 24. 2018헌바146), 인터넷언론사의 후보자명의의 칼럼 등의 게재금지조항의 위헌결정(헌재 2019. 11. 28. 2018헌마90) 등이 있다(179면).

셋째, 최근의 판례 가운데 일반 국민의 커다란 사회적·정치적 관심사가 된 중요한 사건들을 상당수 수록할 수 있게 되었다. 2024년의 헌법재판소 결정으로 의료법상 의사의 태아성별고지금지 사건(헌재 2024. 2. 28. 2022헌마356)과 형법상 친족상도례 사건(헌재 2024. 6. 27. 2020헌마468등)을 비롯하여, 2023년 10월의 대법원 판결 '제국의 위안부' 명예훼손 사건(대판 2023. 10. 26. 2017도18697)을 수록하였으며, 그 밖에 법관에 대한 탄핵심판 사건(헌재 2021. 10. 28. 2021헌나1)과 행정안전부장관에 대한 탄핵심판 사건(헌재 2023. 7. 25. 2023헌나1), 이른바 검수완박법 가결에 따라 법무부장관 등이 국회를 상대로 청구한 권한쟁의심판 사건(헌재 2023. 3. 23. 2022헌라4), 공공기관 등의 인터넷게시판 이용자의 본인확인조치 사건(헌재 2022. 12. 22. 2019헌마654), 군인사법상 병에 대한 영창처분 사건(헌재 2020. 9. 24. 2017헌바157등), 택시운전근로자의 최저임금 사건(헌재 2023. 2. 23. 2020헌바11등), 경비업법상 특수경비원의 쟁의행위금지 사건(헌재 2023. 3. 23. 2019헌마837) 등을 관련 기본권의 내용에서 정리하여 소개하였다.

헌법학개론 제2판이 출간되는 지금의 시점은 저자가 대학에서 정년퇴직한 지 5년을 맞는 때이다. 퇴직 후에도 별다른 공백 없이 꾸준히 연구와 저술 활동을 계속할 수 있음에 저자 스스로에게 고맙게 생각한다. 앞으로도 건강한 정신과 육체를 유지하면서 학문의 길을 이어갈 것을 다짐해 본다.

끝으로 헌법학개론 제2판의 발간이 순조롭게 진행될 수 있도록 도와주신 피앤씨미디어의 박노일 대표님을 비롯하여 기획 및 편집 작업에 노고를 아끼지 않으신 관계자 여러분께 깊이 감사드린다.

2024년 6월
부산의 용호동 서재에서
정만희 씀

머리말

이번의 졸저 『헌법학개론』은 저자가 재직한 대학에서의 강의교재로 집필하여 사용해 온 『헌법강의』(2010년 초판, 2019년 제3판, 동아대학교출판부)를 전면 수정하여 새로운 형태로 출간한 것이다. 종전의 『헌법강의』의 내용을 기본적으로 유지하면서 교과서 전반에 걸쳐 기술 내용을 개고하여 보완하고, 일부 중복되는 본문의 내용과 판례인용 부분을 삭제·축소하여 책의 분량을 상당한 수준으로 줄여서 내놓게 되었다.

이 책은 헌법학에 관한 개설서로서 헌법의 기초개념과 일반이론을 기술하고 대한민국 헌법의 해석론을 개괄적으로 다루고 있다. 그리고 헌법해석에 필요한 국내 헌법학의 각 영역에서의 주요 논점들과 관련 판례들을 정리하여 요약하고 있다. 한마디로 이 책의 성격을 말한다면 헌법학의 입문서이면서, 대학에서의 한국헌법의 해석론에 관한 기본적인 법학 강의교재의 하나라 할 수 있다.

우리나라 헌법학계에는 '헌법학'이나 '헌법학원론', '헌법학개론' 또는 '한국헌법론' 등의 역저들이 명망 높은 원로 및 중진학자들에 의해 다수 출판되어 있다. 헌법학의 방대한 전 분야를 망라한 심오하고 무게 있는 헌법이론서와 정통 헌법교과서들은 우리 헌법학계의 학문적 위상을 제고하는 데에 크게 기여해 왔으며, 공법학 연구자와 후학들의 필독서로서 그 생명력을 유지해 오고 있다. 이는 학문의 한 영역으로서 헌법학의 지속 가능한 발전을 위해서도 매우 다행스런 일이라 하지 않을 수 없다.

저자는 헌법학자의 한 사람으로서 수십 년간 나름대로 꾸준히 관심분야에 대해 연구논문을 통해 자신의 학문적 소신과 견해를 피력해 왔다. 그러나 헌법학의 전 분야를 해박한 지식과 뛰어난 연구역량을 바탕으로 학자로서의 확고한 신념과 가치관을 가지고 헌법철학적 접근을 통해 집대성한 헌법이론서를 집필하는 데는 스스로의 한계를 인정하고 단념할 수밖에 없었다. 단지 저자가 재직했던 대학의 학부와 법학전문대학원에서의 수강생들을 위한 강의교재를 만들고, 저자가 발표한 연구논문들을 모아 몇 권의 단행본을 내면서 교수생활에 만족해 왔던 것이다.

그런 점에서 이번에 출간되는 『헌법학개론』도 학계에서 주목받을 만한 수준의 창의성이나 학술적 가치가 있는 새로운 책은 아니다. 그럼에도 불구하고 이 책을 발간하는 의미를 나름대로 찾는다면, 저자의 기존 강의교재를 한 단계 '업드레이드'시켜 일정한 독자층을 확보해 보겠다는 욕심으로 집필했다는 점이다. 그리고 요즘의 로스쿨 교육에 상응한 법률서적들의 지면 분량 증가의 추세에 있어서 대학의 학부강의나 교양강좌 교재로서 적당한 분량의 책이 상대적으로 부족하다는 생각에서 이 책 발간의 필요성을 느꼈던 것이다. 교과서의 분량을 일정 수준으로 한정하면서 내용의 충실을 기하여 독자들의 헌법이해의 효율성을 높이기 위해 고심한 흔적이 보인다면 이 졸저는 보잘것 없는 가운데에서도 조그마한 의미가 있다고 하겠다.

저자는 이 책을 내면서 다음과 같은 점들에 유념하여 집필방향을 설정하였다.

첫째, 이 책은 대학 학부에서의 헌법강좌 교과서로서 적합하도록 저술하였다. 아울러 법학전문대학원에서도 비법학도들의 헌법 전반의 핵심원리를 체계적으로 정리하고 헌법의 주요 논점과 관련 헌법재판소 판례를 습득하는 데 도움이 되도록 하였다. 그리고 공무원시험에서의 헌법과목을 대비하는 수험생에게도 유용한 기본서가 될 수 있도록 고려하였다.

둘째, 헌법학 전반에 걸쳐 각 사항별 기본개념과 논점들을 되도록이면 쉽고 간결하게 기술하여 헌법학의 입문자에게 난해하지 않도록 하였으며, 헌법공부가 제대로 된 독자들에게도 헌법 전반에 대해 효율적으로 정리할 수 있도록 하였다. 국내의 대표적 헌법교과서들의 기술내용과 방식을 전반적으로 참고하면서 부분적으로는 저자의 입장에서 기술하였다.

셋째, 종전의 졸저 『헌법강의』에서는 헌법재판소 판례를 변호사시험에서의 판례의 비중을 감안하여 책의 본문 속에 그 판시사항의 주요 내용을 기술하여 이해를 돕도록 하였으나, 이번에는 책의 볼륨을 줄이기 위해 판시사항의 핵심내용만 본문에서 언급하고 판례번호를 각주로 처리하여 참조하도록 하였다. 헌법재판소 판례는 2019년 12월까지의 위헌결정을 비롯한 주요 결정을 최소한으로 포함하였다.

넷째, 주요 논점과 관련하여 학설상 대립이 있는 경우에는 통설을 중심으로 각 학설을 소개하면서, 저자의 견해를 분명하게 밝히도록 노력하였다. 헌법재판소 판례에 있어서도 다수의견과 소수의견(반대의견)이 나뉘는 경우, 소수의견에 저자가 동의하는 때에는 그 소수의견을 적시하였다.

그럼에도 이 책은 아직 여러 면에서 부족하고 미흡한 점이 많다. 앞으로도 계속 수정·보완하여 저자가 의도한 대로 일정한 독자층으로부터 호응을 얻을 수 있도록 노력해 나갈 것을 약속드린다.

끝으로 졸저의 출판을 흔쾌히 승낙해 주신 피앤씨미디어의 박노일 대표님께 깊이 감사드린다. 저자는 2017년 피앤씨미디어와 첫 인연이 되어 『헌법개정과 정치제도개혁』이라는 단행본을 출간할 수 있었고, 2019년 6월에는 저자의 정년기념논문집『한국헌법학의 동향과 과제』도 피앤씨미디어를 통해 간행되었다. 이번의『헌법학개론』이 세 번째 작품이다. 출판사의 입장에서 영리와 타산성을 계산하지 않을 수 없음에도 졸저들의 출판을 주저 없이 수락해 주신 박 대표님께 다시 한 번 고마움과 경의를 표한다.

2020. 2.
부산의 대청동 연구실에서
정만희 씀

차 례

제 1 편 헌법 일반이론

제 1 장 헌법이란 무엇인가?

제 2 장 헌법의 제정과 개정

제 3 장 헌법의 해석

제 4 장 헌법의 수호

제 2 편 한국헌법 총론

제 1 장 대한민국헌법의 제정과 개정

제 2 장 국가의 구성요소와 국가형태

제 3 장 한국헌법의 기본원리

제 4 장 한국헌법의 기본제도

제 3 편 기본권론

제 1 장 기본권 총론

제 2 장 인간의 존엄과 가치·행복추구권

제 3 장 평등권

제 4 편 통치구조론

제 1 장 통치구조의 기본원리

제3장 국 회

제 6 장 헌법재판소

제1편

헌법 일반이론

제 1 장 헌법이란 무엇인가?

Ⅰ. 헌법개념의 전제로서의 국가

1. 헌법과 국가

헌법(constitutional law, Verfassung)의 개념을 이해하기 위해서는 먼저 국가의 개념이 전제되어야 한다. 헌법은 국가 없이는 생각할 수 없으며, 국가는 헌법 없이 존재할 수 없기 때문이다. 국가를 창설하고 운영하기 위해서는 국가공동체를 구성하는 국민의 합의에 의해 국가의 존립과 유지에 관한 기본사항을 규율하는 근본적인 법규범을 필요로 하게 된다. 따라서 헌법은 국가의 형태, 조직, 체계, 작용 등에 관한 기본적 사항을 정한 국가의 기본법(basic law)을 의미한다. 이를 달리 표현하면 헌법은 국가적 질서의 법적 기초 또는 국가의 법적 기본질서에 관한 사항을 문서화한 국가 구성원 간의 약속을 말한다. 여기서 국가는 고정적이고 불변적인 개념이 아니라 시대적 환경의 변화에 따라 변하는 유동적 개념이기 때문에 국가법으로서의 헌법도 이에 따라 변할 수 있다.

이러한 국가의 기본법으로서의 헌법은 동시에 국가의 법체계에 있어서 최상위의 지위에서 최고의 효력을 갖는 국가의 최고법(supreme law)을 의미한다. 헌법이 국가의 최고규범인 것은 국민이 주권자로서의 근본적인 결단에 의해 헌법을 제정한 것이기 때문에 그 헌법은 국민의 대의기관인 의회가 제정한 법률에 우선하는 최고규범으로서의 효력을 갖게 되며, 따라서 법률이나 법률의 위임에 의한 하위규범(시행령, 시행규칙 등)이 헌법에 위배되는 경우에는 그러한 법규범들은 위헌·무효가 된다.

헌법개념의 전제로서 '국가'(state, Staat)의 개념은 학자들의 견해에 따라 다양하게 정의될 수 있으나, 일반적으로 전통적인 개념정의에 의하면 국가란 일정한 지역을 토대로 하여 존립하는 일정한 범위의 사람들의 조직화된 정치적 통일체라고 할 수 있다. 이러한 정치적 통일체로서의 국가란 일정한 지역적 공동사회이며, 사회공동체를 구성하는 모든 사람들의 생명과 자유와 행복을 최대한 보장하고 사회질서와 사회평화를 확립하기 위하여 국가권력에 의해 결합된 권력적 공동사회라고 할 수 있다.

국내 학자들의 국가에 대한 개념정의는 다음과 같이 다양하게 기술되고 있다. 즉 국가란 "일정한 지역을 독점적으로 지배할 수 있는 고유의 권력에 의하여 결합된 인간의 공동사회"[1) 또는 "일정한 지역을 지배하는 최고권력에 의하여 결합된 인류의 집단"[2)]이라고 표현하거나 "연대의식에 바탕한 공동체구성원의 공동이익의 실현을 고유목적으로 하는 정치공동체적 조직"[3)]이라고 정의하기도 한다. 그 밖에 국가란 "사회를 바탕으로 하여 사회를 구성하는 모든 사람의 능력과 개성이 최대한으로 발휘될 수 있는 정의로운 사회질서와 사회평화를 확립하고 보장하기 위한 사회의 조직된 활동단위"[4)]라고 정의하는 입장도 있다. 이러한 국가개념에 관한 정의들을 종합해 보면, 국가란 인간의 집단으로서 일정한 지역을 기반으로 하는 '인간의 지역적 공동사회'이며, 고유한 목적을 가지고 활동하고 국가권력에 의해 결합된 '권력적 공동사회' 내지 '정치공동체'라는 것이 국가의 본질적 개념요소라고 할 수 있다.

19세기 독일의 대표적인 공법학자인 옐리네크(G. Jellinek)는 법실증주의적 입장에서 국가를 법인격을 가진 권리 주체로 파악하여, 국가는 "시원적 지배력을 가진 정주하는 국민의 사단(社團) 내지 시원적 지배력을 가진 영역사단"으로 정의하고 있다. 그에 의하면 국가는 영토·국민·주권을 기본요소로 하는 법인으로서 국가가 권리의 주체로서 주권을 갖는다고 하고, 헌법은 국가기관의 구성방법과 권한을 확정하고 국민의 국가에 대한 기본적 지위를 정한 규범으로 이해한다.[5)]

2. 국가의 성립기원

국가의 성립기원에 관한 고전적 이론으로 신의설, 실력설, 가족설, 계급국가설 등의 학설이 있다. 신의설(神意說)은 신의 뜻에 따라 국가가 성립되었다는 것이고, 실력설은 실력에 의한 정복에 의해 국가가 성립되었다는 것이며, 가족설은 가족으로부터 씨족을 거쳐 부족에서 국가가 성립하게 되었다고 한다. 계급국가설은 경제적 지배계급이 피지배계급을

---

1) 윤세창, 신헌법, 일조각, 1980, 10면.
2) 김철수, 헌법학개론, 박영사, 2007, 151면.
3) 권영성, 헌법학원론, 법문사, 2010, 106면.
4) 허영, 한국헌법론, 박영사, 2009, 3면.
5) 옐리네크(Georg Jellinek)는 19세기 후반 독일의 법실증주의를 대표하는 공법학자로서 그의 국가법인설과 국가주권설 등의 이론은 각국의 공법학에 적지 않은 영향을 미쳐 왔다. 옐리네크의 명저 '일반국가학'(Allgemeine Staatslehre, 1900)은 국내에서도 김효전 교수에 의해 완역되어 있다. 옐리네크 지음/김효전 옮김, 일반국가학, 법문사, 2007 참조.

착취하기 위한 수단으로 국가가 형성되었다는 것이다. 그러나 근대적 국가이론의 기초로는 사회계약설(社會契約說)이 지배적 학설이다.

근대적 의미의 국가는 16세기 이후 종교적 진리로부터 독립된 새로운 정치질서의 기반 위에서 주권의 개념에 기초한 절대국가에서 탄생되었다고 할 수 있다. 보댕(J. Bodin)과 홉스(T. Hobbes)의 국가이론에 의하면 국가는 외적인 평화와 내적인 안전을 보장하는 주권적인 결정단위를 의미하였다. 이러한 국가는 대외적으로 독립되고 내부적으로 최고의 권력인 주권을 가지는 강력한 주권국가 내지 절대국가로 출발하였으나, 이러한 주권국가는 국민을 효과적으로 보호할 수 있는 반면에 절대권력에 의해 국민을 쉽게 억압할 수 있기 때문에 국가권력의 제한 필요성과 함께 개인의 자유 보장이 요구되었다. 그리하여 국가는 근대 시민혁명 이후 개인의 자유보장을 위하여 존재하는 정치적 지배의 형태가 된 것이다. 1789년의 프랑스 인권선언(제2조)에 "국가는 천부적이고 선국가적인 개인의 권리와 자유를 보장하기 위한 정치적 지배의 조직"이라고 선언하고 있는 것도 이를 말해주고 있다.

로크(J. Locke), 루소(J.J. Roussseau) 등에 의해 주창된 사회계약설은 절대군주제 시대의 왕권신수설에 대항하여 국가의 기원을 사회구성원인 인민의 동의에서 구하면서 국가의 목적은 개인의 자유와 재산을 수호하는 데 있다고 주장한다. 특히 로크의 사회계약론은 근대 입헌주의 사상과 미국 헌법의 제정에 결정적 영향을 미쳤는데 그 주요 골자는, 사회공동체(society)가 발전함에 따라 본래 인간의 자연상태에서 누릴 수 있었던 자연권(natural rights)은 불완전한 것이 되고 그들 스스로 자연권을 수호하기가 어렵게 됨에 따라 사회구성원인 인민과 통치권자 사이의 계약을 통해 국가권력을 창설하여 인민은 자연권의 일부를 국가에 양도·위임하고 국가로부터 국민의 생명, 자유와 재산권을 보호받는다는 것이다. 그러나 만일 통치권자가 사회계약의 조건을 위배하여 국가권력의 남용으로 국민의 자유와 권리를 침해하는 경우에는 국민은 그 권력에 복종할 의무가 없으며 '저항권'을 행사하여 그 권력담당자를 교체·변경할 수 있다는 것이다. 로크에 의해 체계화된 저항권(right of resistance) 이론은 신탁계약 내지 위임계약과 자연권이론에 근거한 것으로, 국가가 인민의 신탁 또는 위임의 정신을 망각하여 그 신탁의 범위를 넘어 불법적 지배를 행하는 경우에는 인민은 이에 저항할 수 있는 자연법적 권리를 가진다는 것이다.[1)]

루소의 사회계약이론에 의하면 인간이 본래의 자연상태에서의 자연권을 보호받기 위

1) 로크의 사회계약이론에 의하면 인간의 자연상태에 있어서의 자연권은 생명, 자유, 재산권 및 자연법질서 위반자에 대한 재판권을 포함하는 것이라고 하고, 사회계약에 의해 국가에 양도하는 것은 오로지 공공의 안전에 필요한 재판권뿐이며, 생명·자유·재산에 관한 권리는 여전히 인민이 보유하는 것이라고 하였다. 그리고 인간의 '자연상태'에 관하여 홉스는 성악설의 관점에서 '만인에 대한 만인의 투쟁상태'로 본 반면에, 로크와 루소는 자연상태는 본래 질서와 평화의 상태이지만 그 자연상태를 방치하게 되면 인간의 욕망과 자유의 남용으로 인해 자연적 자유가 파괴된다고 한 점에서 차이가 있다.

해서는 자연적 자유를 모두 인민 상호간의 계약을 통해 국가에 양도하고 그 대신 국가로부터 시민적 자유를 받게 되는데, 국가에 양도한 자연권과 국가로부터 받는 자유는 동일하며 오히려 국가에 의해 보장받는 자유는 자연적 자유보다 더욱 확실하게 된다는 것이다. 국가가 행사하는 권력은 인민의 '일반의사' 내지 '총의'(總意)에 근거한 것이며, 인민이 이에 복종하는 것은 타인에 의한 타율적 지배에 의한 것이 아니라 인민 자신에 의한 자기지배(自己支配)라고 한다. 그리고 통치권자(국왕)가 인민의 일반의사에 반하여 행동하는 때에는 인민은 언제든지 그를 파면할 수 있다는 것이다. 여기서 일반의사란 개인의 자기이익만을 추구하는 특수의사와 구별되고 특수의사의 단순한 집합에 불과한 전체의사와도 구별된다. 루소에 의하면 일반의사란 공통의 이익만을 추구하는 것으로 오류를 범할 수 없는 것이라고 한다.

3. 국가의 본질과 구성요소

이와 같이 국가는 사회공동체의 구성원들의 사회계약에 의해 창설된 것으로서 국가의 본질은 그 사회공동체의 존속·유지와 그 구성원의 자유·권리를 실현하기 위한 공적 강제력(公的 强制力)의 통치조직으로 파악할 수 있다. 여기서 국가는 곧 정부(government)를 의미하게 된다. 국가를 정부의 의미로 사용하는 경우 국가는 사회(society)와 구별되는 것이며, 국가가 공적 강제력의 조직 내지 메커니즘인 것에 반하여 사회는 구성원의 자율적 메커니즘을 의미한다. 국가를 창설하기 이전에 인간은 자율적인 사회의 구성원인 개인으로서 존재하며 각자 자기의 삶을 스스로 영위해 왔으나 그 사회공동체의 자율성을 유지하고 존속시키기 위해서 국가권력이라는 공적 강제력의 메커니즘을 필요로 하게 된 것이다. 이처럼 국가는 공적 강제력이라는 통치권력을 본질적 요소로 하게 되며, 국가의 본질로서 공적 강제력은 공동체의 존속과 평화를 유지하고 공동체 구성원의 공동이익과 행복추구를 실현한다는 목적을 달성하기 위한 수단이다. 따라서 국가는 이러한 목적을 달성하기 위한 수단으로서만 정당화되며 자기목적적인 존재가 될 수 없다. 이렇게 볼 때 국가는 어떠한 경우에도 공동체와 그 구성원을 국가의 수단으로 삼을 수 없고 국가에 종속되게 할 수 없다.[1)]

국가는 이와 같이 공적 강제력인 국가권력을 본질적 요소로 하면서, 국가를 창설한 공동체의 구성원인 국민, 그리고 국가권력이 배타적으로 지배하는 일정한 범위의 지역적 공간으로서 영토를 필수적 구성요소로 한다. 여기서 국가권력, 국민, 영토는 '국가구성의 3요소'를 의미하는 것이다. 국가권력은 주권(主權)과 통치권을 포함하는 개념으로, 주권은 국가의사를 결정하는 최고권력을 의미하지만, 통치권은 현실적으로 국가적 조직을 유지하고 국가 목적을 실현하기 위한 구체적 권력을 의미한다. 국민은 공동체에 항구적으로 정주하는

1) 정종섭, 헌법학원론(제9판), 박영사, 2014, 12면.

주민을 말하며, 해당 국가의 국적을 취득하여 공동체를 형성하는 인간집단을 의미한다. 전체국민은 통일체로서 주권의 주체가 되며, 개인으로서의 국민은 국가에 의해 보장되는 기본권의 주체임과 동시에 공의무의 주체가 된다. 영토는 국가권력이 배타적으로 지배하는 일정한 범위를 차지하는 지리적 공간을 의미한다.

우리나라도 국가의 기본법이며 최고규범인 헌법의 총강(總綱)에 국가의 기본형태와 구성요소에 관한 규정을 두고 있다. 헌법 제1조 제1항은 "대한민국은 민주공화국이다"라고 하여 국가형태로서 민주공화국을 천명하고, 제2항은 "대한민국의 주권은 국민에게 있고 모든 권력은 국민으로부터 나온다"라고 하여 주권과 통치권을 규정하고, 주권의 주체가 국민임을 선언하고 있다. 제2조 제1항에는 "대한민국의 국민이 되는 요건은 법률로 정한다"라고 하여 국민의 요건에 관하여 국적법정주의를 규정하고 있으며, 제3조에는 "대한민국의 영토는 한반도와 그 부속도서로 한다"라고 하여 영토를 규정하고 있다.

Ⅱ. 헌법의 개념

1. 국가공동체의 근본규범으로서의 헌법

헌법은 국가공동체의 근본적 법규범을 의미한다. 헌법은 정치적 통일체인 국가의 구성과 조직·작용 및 국가와 국민의 관계에 관한 기본적인 사항을 규율하는 것을 내용으로 하는 국가의 기본법을 말한다. 즉 헌법은 국가공동체의 법적 기본질서로서, 국가권력의 정치적 지배를 정당화하는 동시에 국가권력을 제한하는 국가의 규범이다. 헌법은 또한 국가의 정치적 지배가 준수해야 하는 규칙을 정하는 최고규범을 의미한다. 헌법이 국가의 법체계에 있어 최고규범성을 갖는 것은 헌법의 제정과 개정이 주권자인 국민의 정치적 결단에 의해 특별한 절차에 따라 이루어지기 때문에 일반 법률과 구별되며, 법률에 대한 헌법의 우월적 지위가 인정되기 때문이다.

헌법이란 말의 외국어 표기인 constitution, Verfassung의 사전적 의미가 구성, 조직, 구조라는 것에서 알 수 있듯이 국가의 조직과 구성에 관한 기본법을 뜻한다. 다시 말하면 국가의 통치체제의 기본사항을 정한 법으로서 국가기관의 조직과 권한, 국가기관 상호간의 관계, 국가와 국민의 관계를 정한 국가의 기본법이 곧 헌법인 것이다. 이러한 국가적 조직의 기본법으로서의 헌법은 '고유의 의미의 헌법'으로서 시대를 막론하고 그 형식에 관계없이 모든 국가에 반드시 존재하게 된다.

헌법의 개념은 그 역사적 발전단계에 따라 고유의 의미의 헌법에서 근대 입헌주의헌법으로 변화하고, 근대 입헌주의헌법 개념은 오늘날 현대 복지국가헌법 내지 사회국가헌법의 개념으로 변질되고 있다.

2. 근대 입헌주의헌법

17, 18세기의 근대적 시민혁명을 거치면서 헌법의 개념은 위에서 언급한 국가의 통치체제의 기본법, 즉 고유의 의미의 헌법에 그치는 것이 아니라, 거기에다 국가적 공동체의 기본적 가치질서 내지 국민의 기본권보장을 포함하는 것으로 이해하게 된다. 즉 헌법개념이 역사적으로 고유의 의미의 헌법에서 근대적 입헌주의(立憲主義)헌법으로 발전하면서 헌법개념도 변화하게 된다. 따라서 근대 시민혁명의 산물인 입헌주의헌법 시대 이후의 헌법개념은 국가의 존재형태 및 통치구조의 기본원리를 정할 뿐만 아니라 공동체의 기본적 가치질서와 국민의 기본권을 보장하는 것을 본질적 내용으로 하게 되었다.

입헌주의헌법은 서구에서의 근대 시민혁명 이후 구 체제의 전제군주제가 타파됨에 따라 새롭게 채택된 시민국가적 헌법을 의미한다. 입헌주의 헌법은 역사적으로 1776년의 미국 독립선언 직후의 버지니아주헌법을 비롯한 각 주의 성문헌법에서 그 효시를 찾을 수 있으며, 그 후 1787년의 미합중국헌법과 1789년 프랑스혁명의 산물인 1791년의 프랑스헌법 등이 가장 오래된 입헌주의 헌법에 해당한다. 그리하여 19세기의 서구 민주주의국가는 보편적으로 입헌주의헌법을 채택함에 따라 성문헌법시대가 꽃을 피우게 되었다.

입헌주의헌법은 국민의 자유와 권리보장을 목적으로 국가권력의 행사로 인하여 개인의 자유와 권리가 침해되지 않도록 권력을 통제하기 위한 제도적 장치로서 권력분립원리가 채택된 헌법을 의미한다. 여기서 입헌주의란 국민의 기본권을 보장하고 권력분립제를 규정한 헌법에 의하여 국가의 통치가 이루어질 것을 요구하는 정치원리를 말한다. 그러므로 기본권보장과 권력통제를 위한 권력분립원리는 입헌주의헌법의 본질적 구성요소가 된다. 즉 입헌주의헌법은 국민적 합의 내지 사회계약에 의해 정립된 것으로서, 그것은 '헌법에 의한 통치의 원리'를 내용으로 하는 헌법을 말한다. 따라서 입헌주의헌법 하에서의 모든 국가권력은 그 권력의 조직과 행사의 근거로서의 헌법에 구속되며, 헌법이 정한 권력행사의 범위를 벗어나 헌법이 보장하는 국민의 자유와 권리를 침해하는 권력행사는 허용되지 아니한다. 이러한 입헌주의헌법은 국민주권원리를 이념적 기초로 하면서 기본권보장주의, 법치주의, 권력분립원리, 성문헌법주의와 경성헌법주의 등을 그 기본원리로 한다. 1789년 프랑스 인권선언 제16조에 "권리의 보장이 확보되지 아니하고 권력분립이 채택되지 아니한 사회는 헌법을 가진 것이라 할 수 없다"고 규정한 것은 근대 입헌주의헌법의 개념을 명확하게 정의한 것이라고 할 수 있다.

요컨대 입헌주의헌법은 군주주권을 부정하고 국민주권을 사상적 기반으로 하면서 인간의 존엄과 가치를 실현하기 위하여 천부적 인권으로서 국민의 자유와 권리를 보장하고, 국가권력에 대한 통제장치로서 권력분립원리를 채택한 헌법을 의미한다. 따라서 근대 시민혁명 이후의 서구 민주주의 국가의 헌법은 곧 입헌주의헌법과 동일한 의미로 이해된다. 이러한 입헌주의헌법은 통치체제의 기본법으로서 국가권력을 규정함과 동시에 국민의 자유와 권리 보장을 필수적 요소로 하는 점에서, 앙드레 오류(Andre Hauriou)의 표현처럼 그것은 한마디로 "권력과 자유의 조화의 기술(技術)"을 의미한다고 할 수 있다.[1]

근대 입헌주의헌법은 그 성립과정이 시민혁명의 결과인가 아닌가에 따라 그 유형이 '진정한 입헌주의헌법'과 '명목적(외견적) 입헌주의헌법'의 유형으로 구별될 수 있다. 시민혁명을 거쳐 시민계급이 중심이 되어 헌법을 제정한 국가에서는 국민주권원리를 전제로 하여 기본권보장과 실질적 권력분립원리를 채택한 진정한 의미의 입헌주의헌법을 가지게 되었으나, 시민혁명을 거치지 않거나 시민혁명이 실패하여 구 지배계급을 중심으로 근대헌법이 제정된 경우에는 군주주권을 유지하면서 법률유보에 따른 기본권보장과 명목상의 권력분립제를 규정한 명목적 입헌주의헌법을 채택하였다. 명목적 입헌주의헌법의 대표적 예로는 1871년의 비스마르크헌법과 1889년의 일본제국헌법(明治憲法) 등을 들 수 있다.

이러한 진정한 의미의 입헌주의헌법의 기본원리는 현대민주국가의 헌법에 있어서도 그대로 적용되는 원리임은 말할 것도 없다. 즉 현대적 복지국가헌법 내지 사회국가헌법이라는 개념은 근대 입헌주의헌법과 전혀 다른 별개의 헌법원리를 내용으로 하는 헌법개념이 아니라 입헌주의헌법의 기본원리를 그대로 계승하면서 거기에다 현대의 적극국가적 요청에 따라 사회국가 내지 복지국가의 원리가 추가되고 기본권보장원리가 부분적으로 수정·보완된 것을 의미하는 것이기 때문이다.

3. 현대 사회국가헌법(복지국가헌법)

입헌주의헌법의 개념은 20세기 이후 현대의 복지국가 내지 사회국가의 이념과 원리를 바탕으로 하는 현대적 복지국가헌법 내지 사회국가헌법의 개념으로 발전하게 된다.[2] 사회국가의 원리는 국가가 국민의 자유와 권리를 소극적으로 보장하는 데에 그치지 아니하고

---

1) "권력과 자유의 조화의 기술"로서의 헌법과 헌법학에 관한 상세한 설명은 성낙인, 헌법학(제18판), 법문사, 2018, 3-6면.

2) 사회국가는 사회주의국가와 엄격히 구별되는 개념이다. 사회국가(Sozialstaat)는 일반적으로 복지국가(welfare state)와 동일한 개념으로 사용되는데, 이는 자본주의의 구조적 모순을 극복하기 위하여 기존의 입헌민주주의와 자본주의 경제질서를 유지하면서 점진적 사회개량의 방법을 채택한 국가임에 반하여, 사회주의국가는 기존의 자본주의질서를 전면적으로 부정하는 사회혁명의 방법을 선택한 공산주의국가를 의미한다. 사회국가는 복지국가의 이념을 바탕으로 국가가 적극적으로 국민의 인간다운 생활보장과 복지향상을 위하여 사회적·경제적 영역에 개입할 수 있지만 자유시장경제질서를 원칙으로 한다. 반면에 사회주의국가는 사유재산제가 전면 부정되고 국가권력에 의한 전면적 계획경제질서를 원칙으로 한다.

사회공동체의 정의로운 사회질서 형성을 위해 모든 사회현상에 적극적으로 개입하고 관여할 것을 요청하는 원리를 의미하며, 이는 사회적 약자의 보호를 위해 형식적인 자유와 평등을 넘어서 실질적인 자유와 평등의 실현을 이념으로 한다. 19세기 서구의 입헌주의헌법하에서 자유주의와 시장경제를 바탕으로 한 자본주의의 고도발달과 산업화는 결과적으로 사회적 약자의 불평등이 심각한 사회문제로 제기됨에 따라 오늘날 사회국가헌법은 이러한 사회적 약자의 불평등을 해소하고 사회공동체의 평화와 안전을 유지하기 위하여 실질적 평등의 실현을 이념으로 하여 모든 국민의 생활의 기본적 수요를 충족시키고 최소한도의 인간다운 생활을 보장하는 것을 국가의 책무로 하게 된다. 따라서 사회국가헌법은 고전적인 자유권 중심의 기본권보장을 보완하고 실질화하기 위해 사회적 기본권을 수용하고, 경제질서에 있어서 자본주의적 자유시장경제질서를 기반으로 하면서 사회주의적 계획경제적 요소를 가미한 '사회적 시장경제질서'(수정자본주의 경제질서)를 도입하는 것을 특징으로 한다.

사회국가원리에 있어서 실질적 평등의 이념은 동시에 실질적 자유를 향유할 수 있도록 한다. 자유와 평등에 대한 형식적 이해는 실질적 불평등을 낳고 결국 자유도 무의미하게 됨에 따라 사회국가원리는 자유 행사의 실질적 기회균등을 확보함으로써 누구나 자유를 행사할 수 있는 사실상의 조건을 만드는 것을 국가적 과제로 한다. 예를 들면 자유권으로서 직업선택의 자유를 모든 국민이 실질적으로 행사할 수 있기 위해서는 그 사회적·경제적 조건으로서 대량실업의 방지와 고용능력의 제고 등이 요청되며, 대량실업을 방지하고 국민에게 일자리를 제공해야 하는 사회국가의 목표는 헌법상 사회적 기본권인 근로의 권리 보장으로 나타나게 된다. 즉 개인의 직업선택의 자유는 근로의 기회를 갖지 못한다면 무의미한 것이기 때문에 근로의 권리는 직업의 자유를 실질적으로 보장하기 위한 전제조건이 된다. 또한 직업의 자유나 자유로운 인격발현을 실현하기 위한 사회적 조건으로 누구나 능력에 따라 균등하게 교육을 받을 수 있도록 교육을 받을 권리를 요청하게 된다.

4. 형식적 의미의 헌법과 실질적 의미의 헌법

형식적 의미의 헌법이란 통상적으로 '헌법'이란 이름의 성문법전, 즉 성문헌법전(成文憲法典)을 의미한다. 형식적 의미의 헌법은 그 내용이 무엇인지에 관하여는 묻지 않는다. 형식적 의미의 헌법은 그 효력에 있어 법률보다 상위에 있으며, 개정절차도 법률보다 어렵고 까다로운 절차를 두는 것이 일반적이다.

실질적 의미의 헌법은 국가적 공동체의 기본적 사항을 규정하는 법규범의 총체를 말한다. 실질적 의미의 헌법은 법의 형식이나 효력에 상관 없이 오로지 법에 규정된 내용을 기준으로 하여 그 법이 국가의 통치구조와 통치작용, 국가기관 상호간의 관계, 국가와 국민의 관계에 관한 사항, 즉 '헌법사항'을 내용으로 하고 있으면 그것은 모두 실질적 의미의 헌법에 해당한다. 헌법사항의 의미에 관하여 헌법재판소는 "일반적으로 실질적인 헌법사항이라 함은 널리 국가의 조직에 관한 사항이나 국가기관의 권한 구성에 관한 사항 혹은 개인의 국가권력에 대한 지위를 포함하여 말하는 것"이라고 판시하고 있다.[1] 따라서 형식적 의미의 헌법인 헌법전을 비롯하여 법률·명령·규칙 및 관습법도 헌법사항을 규정한 것이면 모두 실질적 의미의 헌법에 포함된다.

그러나 형식적 의미의 헌법에 해당하더라도 실질적 의미의 헌법으로 볼 수 없는 경우가 있게 되는데, 예컨대 스위스헌법의 도살조항(제25조)이라든지 미국의 수정헌법 제18조의 금주조항(prohibition of intoxicating liquors)[2] 등이 이에 해당한다.

5. 헌법관과 헌법개념의 정의

독일의 헌법학에 있어서는 국가와 헌법의 본질을 보는 시각이나 관점, 즉 헌법관(Verfassungsauffassung)의 차이에 따라 헌법의 개념을 다양하게 정의하고 있음을 볼 수 있다. 이른바 규범주의 헌법관, 결단주의 헌법관, 통합론적 헌법관에 따른 헌법의 개념은 다음과 같이 정의되고 있다.

(1) 규범주의적 헌법관

규범주의적 헌법관에 의하면 헌법은 국가의 조직과 작용에 관한 최고규범이라고 한다. 옐리네크(G. Jellinek)의 법실증주의적 규범주의에 의하면 국가는 시원적 지배력을 가진 사단이며, 법인격의 주체로서 국가는 국가의 의사를 스스로 정한다고 하고, 헌법의 최고법규성의 근거는 헌법이 국가의 법적 기본질서라고 하는 헌법규범 그 자체의 내재적 논리로부터 당연히 나오는 것이라고 한다. 그에 의하면 국가의 권력은 원칙적으로 무제한인데 반하여 개인의 자유는 국가의 법에 의하여 제한이 가능한 '법 안에서의 자유'를 의미할 뿐이라고 한다. 켈젠(H. Kelsen)은 규범논리주의의 입장에서 국가 자체를 '강제적 법질서'로 보고, 헌법은 규범의 단계구조에 있어서 근본규범(Grundnorm)[3]의 하위에 위치하지만 국내의 실정법체계에 있어서는 최상위의 규범이라고 한다(헌법의 최고법규성). 기본권을 이해하는 데 있어서도 실정법질서 이외의 자연법질서의 존재를 부정하기 때문에 실정법질서를 떠난 인

---

1) 헌재 2004. 10. 21. 2004헌마554등.

2) 이 금주조항은 1919년 제정된 것으로 당시 미국사회의 윤리적 정화(淨化)를 위한 의지를 반영한 것이었으나 1933년 수정헌법 제21조에 의해 폐지되었다.

3) 켈젠의 법단계설에 의하면 국내의 최고규범인 헌법의 효력의 근거를 근본규범에서 찾는다. 근본규범은 실정법규범이 아니라 가설적으로 전제된 것으로서, 선험논리적 전제에 기초하고 있으며 모든 법규범의 효력근거이며 법질서의 통일성을 이루는 기초라고 한다. 이 근본규범의 내용은 헌법제정의 권위를 가진 사실적 의지행위, 즉 사실상의 힘이라고 한다. 상세한 내용은 계희열, 헌법학(상), 박영사, 2005, 56－58면.

간의 자유나 권리를 인정하지 아니한다. 따라서 자유란 국가적 강제질서가 인간의 행동을 규율하지 않는 범위 내에서의 반사적 효과로서의 자유에 불과하다고 한다. 규범주의 헌법이론은 헌법의 규범성과 경직성을 강조한 나머지 헌법을 보는 데 있어 일체의 헌법외적 관점을 배제하는 것이 문제이며, 결국 실정법만능주의를 초래하게 되고 실정법의 독재를 낳게 하는 위험성이 문제된다.

(2) 결단주의적 헌법관

결단주의적 헌법관에 기초한 칼 슈미트(Carl Schmitt)의 헌법이론에 의하면 국가를 정치적 통일체로 이해하고, 헌법은 정치적 통일체의 종류와 형태에 관한 주권자의 결단으로 본다. 슈미트의 헌법개념에 있어서는 정치적 통일체의 종류와 형태에 관한 근본결단의 산물을 '헌법'(Verfassung)이라고 하고, 그 근본결단으로서의 헌법에 근거한 기타의 결단을 구체화한 개개의 헌법조항의 총체를 '헌법률'(Verfassungsgesetz)이라고 하여 헌법과 헌법률을 구분한다. 헌법의 정당성의 근거는 헌법제정권력자의 헌법제정에 관한 '정치적 의지'에 있으며 따라서 헌법제정권력의 행사에는 아무런 제약이 없다고 본다. 결단주의의 헌법관은 규범주의 헌법관과는 정반대로 헌법의 규범성을 지나치게 경시하는 문제가 있으며, 헌법제정권자의 '사실상의 힘'의 행사를 의미하는 정치적 의지 내지 결단 그 자체만을 중요시할 뿐 결단의 내용은 중시하지 않기 때문에 독재정권에 의해 악용될 위험성이 있다.

슈미트의 이론에 있어서 기본권은 초국가적 권리를 의미하며 시민적 법치국가인 경우 기본권은 국가가 법률로써 창설하는 것이 아니라 국가 이전에 이미 존재하는 권리로서 국가는 제한된 범위 안에서 예외적으로 법률유보에 따라 기본권을 제한할 수 있을 뿐이라고 한다. 슈미트는 진정한 의미의 기본권은 개인주의적 자유권만이라고 하고 국가에 대한 적극적 급부청구권은 진정한 의미의 기본권으로 보기 어렵다고 한다.

(3) 통합이론적 헌법관

통합이론적 헌법관에 의하면 헌법은 '사회통합을 위한 공감대적 가치질서'를 의미한다고 본다. 스멘트(R. Smend)의 통합이론에 의하면 국가란 규범주의 이론에서 보는 것처럼 고정적인 규범조직이 아니며, 사회공동체의 다양한 이해관계가 일정한 공감대적 가치를 바탕으로 동화되고 통합되어가는 과정으로 이해하기 때문에, 헌법은 그러한 통합과정에서의 원동력이라 할 수 있는 사회구성원의 연대감 내지 일체의식의 가치적 공통분모가 되는 가치적 질서를 의미한다. 이와 같이 통합이론에서는 헌법을 통합과정에서의 공감대적 가치로 보기 때문에 그 가치는 사회적 통합과정의 진행 경과에 따라 변할 수 있는 유동적 개념을 의미하게 되고, 따라서 헌법은 언제나 개방적이어야 한다. 요컨대 통합이론에 있어서는 실정법으로서의 헌법은 규범만이 아니고 현실이며, 그 현실은 '통합과정의 현실'을 의미한다고 본다.[1] 스멘트의 통합이론에 있어서 기본권은 국가적 생활과정의 실질적 통합의 계기가 되는 것으로서 공동체의 객관적 가치질서로 이해된다. 즉 기본권은 개인의 주관적 공권으로서의 성격보다는 공동체의 객관적 가치질서로서의 성격을 중시하며 이러한 입장은 헤세(K. Hesse)에 의해 기본권의 '이중적 성격론'으로 발전하게 된다.

통합이론도 결단주의이론과 마찬가지로 헌법의 규범성을 경시하는 데에 문제가 있다. 정치발전 과정과 헌법을 같은 차원에 놓고 설명하기 때문에 헌법의 정치현실에 대한 규율과 조정이라는 헌법규범의 능동적 측면이 무시되는 점이 문제로 지적되고 있다.

(4) 소 결

생각건대 헌법의 본질적 개념요소에 관하여는 위의 세 가지 헌법관에 관한 이론 중에서 어느 입장도 만족할 만한 설명이 되지 못하고 일면적 타당성만 가진다고 할 수 있다. 그리고 위의 헌법관에 관한 논쟁은 20세기 초 독일에서 전개된 것으로 오늘날 한국의 헌법해석학에 그대로 수용하는 것은 바람직하지 않다. 다만 헌법의 개념에 관한 본질적 요소에 관하여는 위의 이론들의 어느 하나에 치우치지 않고 복합적 요소들을 종합적으로 검토하는 것은 의미가 있다고 본다. 그렇게 본다면 헌법은 국가의 기본적 법질서로서 권력과정을 규율하고 통제하는 '최고규범'이며, 헌법의 생성과 개정과정을 볼 때 헌법은 정치세력 간의 정치적 투쟁 과정에서의 정치적 결단과 타협의 산물을 의미하는 '정치규범'으로서의 성격이 강한 것이며, 아울러 헌법은 국가공동체의 통합을 위한 '공감대적 가치질서'의 요소를 반영하고 있다고 할 수 있다.[2]

Ⅲ. 헌법의 분류

1. 성문헌법과 불문헌법

성문(成文)헌법(written constitution)과 불문(不文)헌법(unwritten constitution)은 헌법의 존재형식에 의한 분류로서 성문헌법전의 유무에 따른 분류를 의미한다. 오늘날 대부분의 국가

---

1) 통합론적 헌법개념에 관한 상세는 계희열, 앞의 책, 36면 이하.

2) 헌법의 개념에 관한 주요 헌법학자들의 정의를 보면, 권영성 교수는 "국가적 공동체의 존재형태와 기본적 가치질서에 관한 국민적 합의를 법규범적인 논리체계로 정립한 국가의 기본법"(헌법학원론, 3면)이라고 정의하고 있으며, 김철수 교수는 "국가의 근본법으로서 국가의 통치조직과 통치작용의 원리를 정하고 국민의 기본권을 보장하는 최고법"(헌법학개론, 12면)이라고 하고, 허영 교수는 통합이론을 중심으로 하여 "헌법은 공감대적 가치를 바탕으로 국가사회의 동화적 통합을 실현하고 촉진시키기 위한 정치규범"(한국헌법론, 20면)이라고 하고, 계희열 교수는 "국가의 행동과 작용, 정치적 의사형성 그리고 국민과 국가의 관계를 규정하거나 형성하는 모든 규정들의 총체"(헌법학(상), 4면)라고 정의하고 있다.

는 성문헌법주의를 채택하고 있으며, 영국과 뉴질랜드 등 소수의 불문헌법국가에서는 헌법적 관습(constitutional convention) 내지 관습헌법과 의회제정법(법률), 판례법 등이 헌법의 법원(法源)이 된다.[1)]

성문헌법국가에서도 불문적인 관습헌법이 존재할 수 있는가에 관한 논의가 있으나, 우리 헌법재판소는 2004년 수도이전 사건에서 현행 성문헌법 하에서도 예외적으로 관습헌법을 인정하고 있다. 헌법재판소 판례에 의하면 성문헌법이라고 하여도 그 속에 모든 헌법사항을 빠짐없이 완전히 규율하는 것은 불가능하고, 또한 헌법은 국가의 기본법으로서 간결성과 함축성을 추구하기 때문에 형식적 헌법전에는 기재되지 아니한 사항이라도 이를 불문헌법 내지 관습헌법으로 인정할 소지가 있다고 한다. 특히 헌법제정 당시 자명하거나 전제된 사항 및 보편적 헌법원리와 같은 것은 반드시 명문의 규정을 두지 아니하는 경우도 있다고 한다. 그리고 관습헌법이 성립하기 위하여서는 먼저 관습이 성립하는 사항이 단지 법률로 정할 사항이 아니라 반드시 헌법에 의하여 규율되어 법률에 대하여 효력상 우위를 가져야 할 만큼 헌법적으로 중요한 기본적 사항이 되어야 하며, 다음으로 관습헌법이 성립하기 위해서는 관습법의 성립에서 요구되는 일반적 성립요건이 충족되어야 한다고 판시하고 있다.

헌법재판소가 관습헌법의 성립요건으로 제시하고 있는 것으로는 첫째, 기본적 헌법사항에 관하여 어떠한 관행 내지 관례가 존재하고, 둘째, 그 관행은 국민이 그 존재를 인식하고 사라지지 않을 관행이라고 인정할 만큼 충분한 기간 동안 반복 내지 계속되어야 하며(반복·계속성), 셋째, 관행은 지속성을 가져야 하는 것으로서 그 중간에 반대되는 관행이 이루어져서는 아니 되고(항상성), 넷째, 관행은 여러 가지 해석이 가능할 정도로 모호한 것이 아닌 명확한 내용을 가진 것이어야 하며(명료성), 다섯째, 이러한 관행이 헌법관습으로서 국민들의 승인 내지 확신 또는 폭넓은 컨센서스를 얻어 국민이 강제력을 가진다고 믿고 있어야 한다(국민적 합의).[2)]

이와 같은 관습헌법의 성립요건에 관한 헌법재판소의 입장에 대해서는 학계의 비판적 견해도 제기되고 있다. 즉 성문헌법국가에서 관습헌법을 인정할 수 있다고 하더라도 관습헌법의 성립요건으로 지속적인 관행에 대해 헌법적 구속력을 인정한다는 국민들의 확신 내지 국민적 합의는 현실적으로 기대하기 어렵다는 것이다. 우리나라의 '수도가 서울'이라는

---

1) 입헌주의의 모국인 영국이 불문헌법국가인 이유는 영국의 헌정사적 배경에서 찾아볼 수 있다. 1653년 크롬웰의 혁명에 의해 '통치범전'(Instrument of Government)이 반포됨으로써 불완전하나마 최초의 근대적 의미의 성문헌법이 제정되었다고 볼 수 있으나, 1660년 찰스Ⅱ세의 왕정복고에 의해 그것이 소멸되고 다시 관습헌법체제로 복귀하게 되었다. 그 후 1688년 명예혁명에 의해 권리장전이 채택됨에 따라 법의 지배와 함께 '의회주권'(Sovereignty of Parliament)의 원칙이 확립됨으로써 영국에서는 의회제정법인 법률에 우월한 성문헌법전의 제정의 방향으로 입헌주의가 발전하기 어렵게 된 것이다.

2) 헌재 2004. 10. 21. 2004헌마554.

것이 관습헌법이라는 국민적 합의가 존재하는지 의문이며, 설사 그것이 관습헌법이라고 하더라도 국민의 대의기관인 입법부가 수도이전에 관하여 압도적 다수로 의결하였다는 사실은 이미 국민적 합의성을 상실하여 그러한 관습헌법이 폐지된 것이 아닌지의 의문이 제기된다는 것이다.[1)]

2. 경성헌법과 연성헌법

경성(硬性)헌법(rigid constitution)과 연성(軟性)헌법(flexible constitution)은 헌법개정절차를 기준으로 한 분류를 의미한다. 즉 헌법이 일반의 법률개정절차보다 엄격한 경성적 절차로 개정되는가, 아니면 일반의 법률과 동일한 연성적 개정절차에 의해 개정되는가에 따라 전자는 경성헌법이며 후자는 연성헌법에 해당한다. 헌법은 국가의 기본법으로서 그 안정성과 항구성이 보장되어야 하므로 일반적으로 헌법은 경성헌법임을 요구한다. 따라서 오늘날 성문헌법은 대부분 경성헌법을 의미한다.

그러나 헌법의 경성·연성 그 자체가 항상 헌법의 안정성·탄력성을 뜻하는 것은 아니다. '헌법개정의 빈도'는 그 개정의 곤란성뿐만 아니라 정치사회의 지배적 다수가 그 헌법에 어느 정도 만족하고 순응하고 있는가의 여부에 따라 좌우되는 것이다.[2)] 아무리 엄격한 경성헌법주의라 하더라도 개별 국가의 입헌주의의 수준에 따라서는 집권자의 헌법에 대한 의지가 없거나 국민의 헌법수호의 의지가 약한 경우에는 집권자의 정치적 의도에 따라 빈번하게 헌법개정이 이루어질 수 있다.

3. 규범적 헌법과 명목적 헌법 및 장식적 헌법

뢰벤슈타인(K. Loewenstein)의 '존재론적 헌법분류'(ontological classification)에 의하면 헌법규범(norms of the constitution)과 권력과정의 현실(reality of the power process)의 일치 여부를 기준으로 헌법규범과 권력과정의 현실 내지 정치현실이 일치되어 최고규범으로서의 실효성을 발휘하고 있는 헌법을 규범적 헌법(normative constitution)이라 하고, 일치되지 않는 헌법을 명목적 헌법과 장식적 헌법으로 분류한다. 명목적 헌법(nominal constitution)은 정치현실이 헌법규범의 이념에 따르지 못하고 헌법이 규범으로서 기능을 하지 못하는 헌법을 말한다(서구로부터 수입한 아시아, 아프리카 후진국 헌법). 장식적 헌법(semantic constitution)은 헌법이 하나의 장식물에 불과하며 현재 권력을 장악하고 있는 자의 지배를 정당화시키고 영구화하는 수단에 불과하게 된다(독재국가, 공산주의국가 헌법).

---

1) 한수웅, 헌법학(제6판), 법문사, 2016, 24면.
2) K. Wheare, *Modern Constitution*, 2nd ed., 1968, p.17.

뢰벤슈타인은 정치현실과 헌법규범의 관계를 사람의 신체와 의복에 비유하여 규범적 헌법은 신체에 잘 맞고 실제로 입고 다니는 옷과 같으며, 명목적 헌법은 옷이 신체에 맞지 않아서 그 옷을 신체에 맞을 때까지 옷장 속에 보관해 두고 있는 것과 같고, 장식적 헌법은 생활 속에서 입고 다니는 옷이 아니라 단지 가장무도회복과 같은 것이라고 하였다.[1)]

Ⅳ. 헌법의 특성과 기능

1. 헌법의 특성

(1) 최고규범성

헌법은 하나의 국가공동체의 법규범구조에 있어서 최상위의 지위에 있는 최고법(supreme law)을 의미한다. 최고규범으로서의 헌법은 주권자이며 헌법제정권자인 국민의 주권적 결정에 의해 만들어지고 이로부터 모든 법규범이 파생되어 형성된다. 헌법은 공동체의 최고규범으로서 국가를 창설하고 모든 국가권력 창설의 규범적 모체가 되므로 통치권의 행사는 헌법에 기속되며 헌법에 위배되는 통치권의 행사는 무효가 된다. 이는 국가권력에 대한 헌법의 우위(supremacy of constitution)를 의미한다.

우리 헌법은 헌법의 우위와 최고규범성을 명시적으로 정하고 있지 않지만, 경성적 헌법개정절차를 규정하고(제128조~제130조), 위헌법률심판 등의 헌법재판제도를 두고 있으며(제107조, 제111조), 국가의 기본권보장의무(제10조), 대통령의 헌법수호의 의무(제66조 제2항)와 헌법준수의 선서(제69조) 등을 규정하고 있는 것에서 그 최고규범성이 분명하게 드러나고 있다.

(2) 추상성 · 미완성성 · 개방성

헌법은 국가공동체의 전체질서를 규율의 대상으로 하고 있기 때문에 국가기관의 조직과 구성, 작용뿐만 아니라 국가공동체 내에서 이루어지는 국민생활의 전체적 질서를 규율하게 된다. 그렇지만 국가공동체의 모든 생활영역에 대해 헌법이 구체적이고 세세한 내용까지 빠짐없이 규정할 수 없으므로 헌법은 공동체 생활의 많은 영역에 대하여 추상적인 원칙규정만을 둘 수밖에 없다. 이와 같은 헌법의 추상성은 그 구조에 있어 공동체와 그 구성원의 지위 및 국가의 기본적인 사항에 관한 골격과 윤곽을 정할 뿐 법률이나 명령과 같이 세세하고 구체적으로 정하지 않는 것을 의미한다.[2)]

---

1) K. Loewenstein, *Political Power and the Governmental Process*, 2nd ed., 1965, pp.147-150.
2) 이 점에서 헌법은 '윤곽규범' 내지 '골격규범'으로서의 특성을 가진다고 할 수 있다. 정종섭, 앞의 책, 32면.

또한 헌법은 그 규율대상인 사회공동체의 변화와 국내외적 환경의 변화에 대응해야 하기 때문에 헌법의 내용에 있어 한 번의 결정으로 공동체에 관한 모든 사항을 완결적으로 규정할 수 없는 '미완성성'을 특질로 한다. 예컨대 국민의 기본권보장의 경우 헌법 제정 당시 국민의 자유와 권리를 정했다고 하더라도 사회의 변화에 따라 새로운 헌법상의 권리가 등장할 수 있으므로 이러한 것은 개방된 상태로 두게 된다. 여기에서 헌법은 동시에 '개방성'을 특성으로 하게 된다. 예컨대 우리 헌법 제37조 제1항에서 "국민의 자유와 권리는 헌법에 열거되지 아니한 이유로 경시되지 아니한다"라고 규정하고 있는 것이라든지, 헌법 제23조 제1항에 "모든 국민의 재산권은 보장된다. 그 내용과 한계는 법률로 정한다"라고 규정하여 재산권의 내용을 직접 헌법이 정하지 않고 개방해 놓은 상태에서 구체적 내용의 형성을 전적으로 법률에 맡기는 경우 등은 헌법의 미완성성과 개방성을 보여주는 것이다.

그러나 헌법이 개방성을 지닌다고 해서 국가의 구조나 국가기관의 권한의 배분과 행사 등에 관하여 불확정적이고 개방된 상태로 두는 것은 아니며, 국가권력의 행사에 관한 절차규정은 명확하게 그 적법성을 보장해야 하므로 이 점에서 헌법의 개방성은 한계를 가지게 된다.

(3) 정치성

헌법은 공동체의 정치적 합의나 타협의 산물을 의미한다. 공동체의 정치적 대립이 타협을 이루지 못하고 극단적인 투쟁으로 나아가는 경우에는 헌법은 그 정치적 투쟁에서 승리한 자들의 가치와 의사로 나타난다. 즉 헌법은 정치적 투쟁과정에서 승리한 자들의 '정치적 결단'(politische Entscheidung)의 산물을 의미한다. 이처럼 헌법은 그 생성과 개정 과정 자체가 정치성을 띠게 되므로 다른 법규범과는 달리 '정치적 법'(political law)으로서의 성격이 강하게 나타난다.

헌법은 다른 규범에 비하여 상대적으로 정치성이 강하므로 헌법의 운용에서도 보다 넓은 논의의 장과 정치적 판단의 가능성이 있고 헌법을 개정하지 않고도 현실의 변화에 대응할 수 있는 힘을 가진다. 그러나 헌법이 정치성을 가진다고 하더라도 법규범으로서의 본질적 속성은 그대로 갖고 있는 것이므로 헌법의 해석에 있어 정치적 이해관계에 따라 아무렇게나 이해될 수는 없다. 특히 국가권력 작용에 관한 해석은 엄격하게 해석되어야 한다.

(4) 이념성

헌법은 국가형태와 정치체제에 관한 근본적 정치적 결단을 의미할 뿐만 아니라 정치공동체가 지향하는 일정한 가치체계 내지 이념을 담고 있다. 헌법은 헌법제정 당시의 정치공동체의 지배적 이념을 반영하고 있으므로 헌법에는 가치지향적이고 가치구속적인 헌법질서를 확립하는 것을 기본원리로 하게 된다.

우리 헌법은 제10조에 '인간의 존엄과 가치'를 최고의 헌법이념으로 규정하고 있으며, 인간의 존엄성을 실현하기 위한 필수적 수단으로서 기본권보장과 자유민주적 기본질서를 채택하고 있다. 인간의 존엄성조항은 국민의 기본권보장의 이념적 전제가 되며, 국가와 개인의 관계에 관한 결정적인 방향설정을 의미한다. 우리 헌법이 채택한 핵심적 가치질서는 인간의 존엄성을 최고 이념으로 하는 자유민주적 기본질서라고 할 수 있다.

(5) 자기보장규범성

헌법은 법률이나 명령 등 다른 법규범과는 달리 그 효력을 보장해 줄 수 있는 국가권력에 의한 강제수단이 없는 것이 특징이다. 헌법 이외의 다른 법들은 국가권력이라는 막강한 강제수단이 그 효력을 보장해 준다. 그러나 헌법은 국가기관을 구성하고 국가권력을 부여하는 수권규범임과 동시에 국가권력 자체를 통제하고 구속하는 권력제한규범이기 때문에 국가권력이 스스로 헌법을 지키지 않는 경우 이를 강제하기 어렵게 된다. 따라서 헌법은 자기 자신을 스스로 보장하지 않으면 안 된다.

물론 헌법은 국가권력 상호간의 견제와 균형을 위한 제도적 장치를 통해 그 실효성을 보장하려고 할 뿐만 아니라 공권력 행사의 위헌 여부를 심사하는 헌법재판제도를 통해 헌법의 효력을 관철시키려고 한다. 그러나 이러한 장치들은 헌법의 효력을 보장하기에 충분하지 않으며 현실적 상황에 따라 제 기능을 발휘하지 못하는 경우가 많게 된다. 특히 헌법재판기관은 어떤 법률이나 특정 기관의 행위가 헌법에 위반된다는 판단을 할 수 있을 뿐 그 결정을 강제집행할 수 있는 권한이나 수단을 가지고 있지 않다.

따라서 헌법의 규범력과 실효성의 확보를 위해서는 최후의 헌법의 수호자인 국민의 '헌법에의 의지'(Wille zur Verfassung)가 중요하며, 헌법규정의 내용은 국민에 의해 승인되고 시대의 공감대적 가치에 부합되어야 한다. 또한 국가권력 전반에 대하여 국민의 의사에 바탕을 둔 민주적 통제가 실질적으로 이루어져야 한다.

2. 헌법의 기능

(1) 국가창설과 국가권력제한 기능

헌법은 사회공동체 구성원들이 일정한 질서 속에서 삶을 영위할 수 있게 하는 정치적 통일체를 형성하고 창설하는 기능을 가진다. 헌법은 정치적 공동체로서의 국가를 창설하고 이를 규율하게 된다. 말하자면 헌법은 국가창설규범이며 국가의 근본적 법질서를 의미한다. 따라서 헌법을 가지지 아니한 사회공동체는 적어도 정치적으로는 국가로서 그 실체를 인정받을 수 없다.

국가창설규범으로서의 헌법은 국가의 구조와 성격, 국가권력의 배분과 조직, 작용 및 국가권력에 대한 통제 등을 규정한다. 따라서 헌법은 국가권력의 조직규범이며, 국가기관에 권한을 부여하는 수권규범이고, 국가권력을 제한하고 통제하는 제한규범으로서 기능하게 된다. 뢰벤슈타인은 헌법을 "권력과정의 통제를 위한 기본적 수단"(basic instrumentality for the control of the power process)이라고 하여 헌법규범의 국가권력 통제 기능을 강조하고 있다.[1)]

(2) 기본권보장 기능

헌법규범은 공동체의 구성원이 가지는 자유와 권리를 보장하는 권리장전(bill of rights)으로서의 기능을 가진다. 헌법에서 국민의 자유와 권리를 규정하는 것은 공동체의 구성원이 향유하는 일정한 자유와 권리를 공동체의 최고법에 보장함으로써 이러한 기본권이 어떠한 경우에도 국가권력이나 공동체의 구성원에 의해 침해될 수 없다는 것을 의미한다. 즉 기본권보장 기능을 담당하는 헌법은 곧 '자유의 기초법'을 의미하게 된다. 이 점에 관하여 우리 헌법도 제10조에 "국가는 개인이 가지는 불가침의 기본적 인권을 확인하고 이를 보장할 의무를 진다"라고 규정하고 있다.

(3) 사회통합 기능

헌법규범은 사회공동체의 구성원들이 추구하는 가치에 합치되는 일정한 가치지향과 질서로 나타나며 구성원들을 일정한 공감대적 가치에 의해 통합시키는 기능을 수행한다. 즉 헌법은 국민의 기본권적 가치를 최대한 존중하고 보호하기 위한 권리장전으로서 그 궁극적인 목적은 기본권보장을 통하여 가장 효율적으로 사회통합을 실현하는 것이다. 헌법은 이러한 사회적 통합기능에 의하여 국민의 기본권이 실현되게 하며 공동체가 존속하고 유지되게 한다. 따라서 헌법은 공동체의 통합과정에서 구성원들 간의 갈등이 발생하는 경우 그 갈등을 조정하고 해소함으로써 갈등으로 인한 사회공동체의 해체를 막는 기능을 수행한다.

(4) 정치적 안정과 평화유지 기능

헌법은 공동체의 정치적 활동에 관한 규범으로서 국가권력을 둘러싼 구성원 간의 경쟁과 대립이 헌법규범의 틀 속에서 평화적으로 이루어지게 한다. 헌법은 정치적 공동체 구성원의 권력에의 의지를 규범의 틀 속에서 순화시키고, 권력을 장악한 세력이 자의적으로 권력을 행사할 수 없게 함으로써 공동체의 안정과 정치적 평화를 유지하는 기능을 수행한다.

---

1) K. Loewenstein, *Political Power and the Governmental Procees*, 2nd ed., 1965, p.123.

Ⅴ. 헌법의 규범력과 실효성 보장

헌법이 공동체의 최고규범으로서 사회와 국가에서 제 기능을 수행하기 위해서는 헌법의 규범력과 실효성을 보장하기 위한 장치가 필요한데, 그러한 헌법보장의 수단 중에서 가장 강력한 것이 헌법재판제도이다.

헌법재판은 헌법의 내용 또는 헌법문제에 대하여 다툼이 발생한 경우에 재판을 통하여 이를 유권적으로 해결하는 헌법의 실현작용으로서, 헌법의 규범력과 실효성을 보장하고, 헌법에서 보장하고 있는 기본권을 실현하며, 국가작용의 합헌성을 보장하여 모든 국가작용이 헌법질서 속으로 들어오게 한다.

헌법재판이 현실적으로 가동할 때 헌법은 비로소 생명력을 가지고 국민의 생활 속에 살아 숨쉴 수 있기 때문에 오늘날 헌법재판은 현대 입헌주의와 자유민주주의의 핵심적 징표의 하나로 평가되고 있다.

그러나 이러한 헌법의 규범력 보장을 위한 헌법재판제도는 헌법의 자기보장규범성에 의한 일정한 한계를 가질 수밖에 없으며, 결국 궁극적인 헌법의 규범력과 실효성 보장은 모든 권력담당자와 국민의 헌법수호의 의지에 달려 있다고 할 수 있다.

제 2 장 헌법의 제정과 개정

Ⅰ. 헌법의 제정

1. 헌법 제정의 의미

헌법의 제정이란 형식적 의미로는 헌법사항을 성문헌법으로 법전화(法典化)하는 것이며, 실질적 의미로는 정치적 통일체의 종류와 형태에 관하여 헌법제정권자가 내린 근본적 결단을 규범화하는 것, 즉 정치적 공동체의 법적 기본질서를 마련하는 법창조행위를 의미한다. 헌법의 제정은 그 제정의 주체, 방법, 한계 등이 문제되므로 여기에 헌법제정권력 이론이 제기된다. 헌법제정권력 이론은 '헌법의 정당성' 문제와 관련하여 근대 헌법이론의 출발점이 된다.

2. 헌법제정권력 이론의 성립과 전개

(1) 시에예스의 이론

근대적 헌법학의 이론적 출발점은 "누가 어떻게 헌법을 제정할 것인가?"라는 헌법제정권력의 이론에서 시작된다. 18세기말 프랑스의 시민혁명은 인간과 시민의 권리보장을 선언하고 신분제 사회를 타파함으로써 근대 시민사회의 기폭제가 되었다. 아울러 프랑스 혁명에 의해 구 체제의 군주주권과 전제군주정이 부정되고 새로운 국민주권론에 입각한 입헌민주주의 헌법이 채택되는 과정에서 헌법제정권력이론이 현실적인 헌법문제로 등장하게 되었다. 당시 프랑스의 성직자이며 최고 지식인인 시에예스(E. Siéyès)는 1789년 1월 『제3신분이란 무엇인가』 라는 저서를 출판하였는데, 이 책은 프랑스 대혁명의 정당화를 위한 이론적 기초를 부여했으며 대혁명의 실천적 방법을 제시한 불후의 명저가 되었다. 그는 이 책에서 헌법을 제정하는 권력은 군주나 성직자·귀족 계급이 가지는 것이 아니라, 제3계급인 국민만이 주권자로서 헌법제정권력의 주체가 된다고 주장하였다. 시에예스는 성직자와 귀족은 어떠한 사회적 유용성도 갖지 못한다고 하면서, 제3신분에 의해 노동, 산업, 상업, 또는 개별적 활동과 개인에게 직접적으로 유용하거나 즐거움을 주는 서비스 등 모든 일들이 유지되고 있기 때문에 제3신분만이 완전한 사회적 유용성을 갖는다고 기술하였다. 따라서 제3신분이야말로 프랑스의 전부이며 하나의 완벽한 '국민'(Nation)을 구성한다고 하였다. 여기서 국민은 "공통의 법률 하에서 살아가는 구성원 단체"이며, 귀족은 전체 국민과 유리되어 있고 일반이익이 아니라 특정 이익을 보호하기 위한 존재이므로 국민 속에 포함되지 않는다고 강조하였다. 성직자는 귀족과 달리 하나의 직업이고 사회 제도에 속하지만 신분으로 보기 어려우며 결국 제3신분만이 전체 국민이라는 것이다. 당시 이러한 시에예스의 대담한 주장은 수개월 후 프랑스혁명의 원칙으로 자리잡게 된다.[1)]

시에예스는 주권자인 국민은 특권계급을 제외한 모든 시민 전체를 포함하는 추상적 개념이므로, 국민의 일반의사는 그 대표에 의해 형성된다고 한다. 그리고 그는 국민만이 가지는 헌법제정권력은 오직 자연법에 근거한 것으로 실정법적 근거 없이 스스로 생성하여 존재하는 시원적 권력이라고 한다. 이러한 그의 이론은 국민주권이론의 헌법적 기초를 제공하였으며, 제헌의회에 의한 헌법제정권력의 행사 방법을 제시하였다는 점에서 그는 대의민주제의 사상적 선구자가 되었다.

시에예스는 『제3신분이란 무엇인가』 출판으로 몇 주만에 프랑스 사회의 저명인사가 되었다. 1789년 5월 루이 16세에 의해 삼부회가 소집되었으나 시에예스의 제안에 따라 6월 17일 제3신분의 대표들만으로 국민의회가 구성되었다. 시에예스는 1789년 8월 프랑스 인권선언 초안 작성에도 참여하였으며 1790년 6월 국민의회 의장으로 잠시 활동했다. 그의 헌법사상은 1791년 헌법제정에 결정적으로 영향을 미치게 되었다.[2)]

(2) 칼 슈미트의 이론

헌법제정권력은 국가의 근본법인 헌법을 창조하는 힘을 의미하는 것으로, 그것은 사실적인 힘뿐만 아니라 헌법제정권력 그 자체를 정당화시키는 법적 권위를 가져야 한다. 칼 슈미트(Carl Schmitt)는 헌법제정권력이란 "고유한 정치적 실존의 종류와 형태에 관하여 구체적인 근본적 결단을 내릴 수 있는 권력이나 권위를 가진 정치적 의사"라고 정의하고 있다. 슈미트의 헌법제정권력 이론은 시에예스의 이론을 발전시킨 것으로, 헌법제정권자의 근본적

1) 시에예스의 이론에 의하면 당시의 특권계급인 귀족과 성직자를 제외한 제3계급으로서의 모든 국민(인민)이 주권자로서 헌법제정의 주체가 된다고 주장한다. 여기서 제3계급은 부르주아계급과 일반 민중을 포함하는데, 유산계급으로서 소상공인 등의 부르주아 세력이 시민혁명을 주도하게 됨에 따라 프랑스 인권선언은 재산권의 절대성을 선언하게 되었고, 그후의 1791년 헌법에서도 재산권의 불가침성을 규정하게 된다.
2) 시에예스의 헌법사상에 관한 상세는 박인수 번역, 제3신분이란 무엇인가(제3판), 책세상, 2013 참조.

정치적 결단의 산물이 헌법(Verfassung)이며, 이 근본결단인 헌법(절대적 헌법)을 근거로 효력을 발생하는 헌법규정의 집합이 '상대적 헌법으로서의 헌법률'(Verfassungsgesetz)을 구성한다고 한다. 그는 헌법제정권력의 정당성을 국민의 입헌의지나 헌법제정행위의 혁명적 성격에서 찾으면서 그 제정권력의 한계를 인정하지 않는다. 그러나 이 이론은 헌법제정권자의 입헌의지(立憲意志) 그 자체가 헌법제정권력과 헌법을 정당화시킨다는 점에서 비판을 받게 된다.

3. 헌법제정권력의 본질

헌법제정권력은 헌법을 창조하는 성질을 가지며, 이 헌법에 의해 헌법개정권력과 국가권력이 만들어지므로 헌법제정권력은 헌법개정권력과 국가권력(통치권)을 창설하는 성질을 가지는 힘으로 존재한다. 따라서 '헌법제정권력-헌법-헌법개정권력-국가권력'이라는 위계구조가 성립된다. 의회와 같은 대의기관이 행사하는 입법권은 국가 내의 권력으로 그러한 대의기관은 헌법제정권력을 행사할 수 없다.

헌법제정권력은 외부의 다른 존재에서 나온 것이 아니라 스스로 생성하여 존재하는 시원성(始原性)과 어떤 외부의 법질서에 구속되지 않는 자율성을 가진다. 이 점에서 헌법제정권력은 본질적으로 시원적 헌법형성권력이고, 제도화된 헌법형성권력인 헌법개정권력과 구별된다. 헌법제정권력은 국가가 성립하기 이전에 존재하는 '초국가적 권력'임에 비하여 국가권력은 헌법에 의하여 만들어진 권력으로서 '국가 내의 권력'을 의미한다.

헌법제정권력은 하나의 통일적 전체로서의 성질을 가지는 것으로, 모든 국가권력의 포괄적 기초가 되며 분할될 수 없는 권력이다. 또한 헌법제정권력은 오로지 국민만이 보유하는 것으로 다른 어떤 존재에게 양도할 수 없는 것이다.

헌법제정권력은 한번 행사되었다고 하여 소멸되는 것이 아니라 항상 존재하는 권력이다. 헌법제정권력의 항구성으로 인하여 헌법을 제정하여야 하는 상황이 다시 발생하면 국민은 이전의 질서로부터 아무런 구속도 받지 않고 새로운 헌법의 내용을 정할 수 있다. 따라서 새로 헌법을 제정하는 경우에는 기존 헌법의 헌법개정에 관한 규정에 의한 제한을 받지 않게 된다.

4. 헌법제정권력의 주체

헌법제정권력의 주체에 관하여 시에예스는 국민만이 그 주체가 된다고 하였으며, 슈미트는 국민뿐만 아니라 군주나 소수의 조직적 집단도 헌법제정권력의 주체가 된다고 한다. 국민주권원리에 있어서 헌법제정권력의 주체는 국민이다. 역사적으로 볼 때 국민이 헌법제정권력의 주체가 되는 것은 국가의 주권원리가 군주주권원리에서 국민주권원리로 변경되는 과정에서의 논리필연적 귀결을 의미한다. 헌법제정권력은 국민이 독점적으로 보유하지만 현실적으로 국민이 헌법제정권력의 행사를 그 대표기관에 위임할 수 있다. 예컨대 헌법제정회의에 의한 헌법제정이 그러한 경우에 해당한다.

5. 헌법제정권력의 행사방법

(1) 제헌의회에 의한 헌법제정

헌법제정권력의 행사방법으로는 국민에 의해 선출된 제헌의회가 구성되어 여기서 헌법안을 기초하고 심의하여 제헌의회의 의결만으로 헌법제정이 확정되는 것이 일반적이다. 독일의 바이마르헌법과 1948년 한국헌법 등이 이러한 방법으로 제정되었다. 국민주권원리라는 헌법의 최고이념에 비추어 헌법제정권력의 주체가 국민이어야 하므로 국민의 대의기관에 의한 제헌권 행사의 절차는 민주주의원칙에 합치되어야 한다. 따라서 제헌의회의 구성과 헌법제정절차에 국민의 다수의사가 반영되어야 할 뿐만 아니라, 모든 사회적·정치적 세력들이 헌법안 심의과정에 참여할 수 있는 절차적 정당성이 보장되어야 한다.

(2) 국민투표에 의한 헌법제정

국민주권원리에 의거해서 헌법의 제정이 국민의 직접투표에 의해 이루어지는 방법이 있다. 1958년 프랑스 제5공화국헌법이 이에 해당한다. 헌법제정을 위한 국민투표를 하기 위해서는 일반적으로 헌법기초회의 또는 헌법위원회 등에서 헌법안을 만들고 이 헌법안에 대해 국민투표의 절차를 정하는 입법이 선행된다. 여기서 헌법기초회의는 국민에 의해 직접 선출될 필요는 없고 대의기관에 의해 간접적으로 구성되는 것도 가능하다. 헌법제정 국민투표는 헌법개정의 한 방법으로 채택되는 국민투표와 달리 헌법제정권력의 행사라는 점에서 그 특징이 있다.

6. 헌법제정권력의 한계

(1) 한계부정설

전술한 바와 같이 헌법제정권력의 한계에 관하여 시에예스는 헌법제정권력의 시원성에서, 슈미트는 헌법제정권력의 혁명적 성격에서 그 헌법제정권력을 제약할 수 있는 것은 없다고 한다. 슈미트는 헌법은 원초적 규범으로서 자기 이외에 자기의 근거를 설정하는 상위법은 없다고 하고, 헌법제정권력은 정치적 의사 내지 정치적 결단이며 헌법은 이러한 정치적 의사 내지 정치적 결단을 바탕으로 한다고 하였다. 이 정치적 결단은 규범에 의존하는 것이 아니라 대립하는 힘, 즉 '사실로서의 힘'에 의한 것이므로 한계가 없다고 보는 것이다.

(2) 한계긍정설

헌법제정권력의 행사에도 일정한 한계가 있다고 보는 한계긍정설에는 다음과 같은 근거들이 제시되고 있다. 즉 자연법상의 원리를 인정하는 입장에서는 헌법제정권력은 초국가적 인권과 같은 기본권 보장에 의해 제약을 받는다고 본다. 또한 헌법을 국가공동체의 일정한 가치체계의 표현으로 보는 입장에서도 헌법제정권력은 공동체의 공감대적 가치질서에 구속된다고 한다. 그리고 헌법제정권력은 헌법제정의 목적에 의한 제약을 받는다고 보는 입장도 있다. 즉 헌법제정의 목적은 국가사회의 기초가 되는 법공동체를 조직함으로써 사회평화와 사회질서를 확립하는 데 있으며, 헌법이 이러한 사회평화와 사회질서를 보장하는 기능을 다하기 위해서는 헌법제정 당시의 정치상황을 지배하는 정치이념, 시대사상, 생활감각 등을 반영하지 않으면 안 된다고 한다. 따라서 헌법제정권력은 이러한 이데올로기적 요소에 의한 제약을 받게 된다는 것이다.[1] 우리나라의 통설은 헌법제정권력의 한계를 인정하고 있다.

(3) 헌법제정권력의 한계와 헌법의 '정당성' 문제

헌법제정권력의 한계 문제는 헌법의 정당성 문제로 귀결된다. 즉 헌법제정권력의 한계를 벗어난 결정은 헌법의 '정당성'(legitimacy, Legitimität)이 결여된 것을 의미하며, 시원적 권력으로서의 헌법제정권력 그 자체나 슈미트가 말하는 입헌의지가 헌법을 정당화시키는 근거가 될 수 없다. 결국 헌법제정권력과 헌법의 정당성은 궁극적으로는 헌법제정권자인 국민의 합의에서 찾을 수 있는 것이지만, 구체적으로는 헌법제정권력의 행사가 인간의 존엄성 존중과 같은 초국가적 자연법원리라든지 공동체의 기본적 가치질서에 의한 제약 및 제헌 당시의 정치이념이나 시대사상 등의 이데올로기적 요소에 의한 제약을 받을 때 비로소 정당화될 수 있다.

7. 한국헌법과 헌법제정권력

우리 헌법은 헌법제정권력에 관한 직접적인 명문규정은 두고 있지 않으나, 헌법 전문과 본문의 해석을 통해 헌법제정권력의 주체와 헌법제정권력자의 근본적 결단에 관한 내용이 무엇인지를 이해할 수 있다. 헌법 전문에 "유구한 역사와 전통에 빛나는 우리 대한국민은 … 1948년 7월 12일에 제정되고 …"라고 하여 헌법제정권력의 주체가 국민임을 밝히고 있으며, 제1조 제2항의 "대한민국의 주권은 국민에게 있고"라는 규정은 헌법제정권력의 주체가 국민임을 선언한 것이다. 또한 헌법 전문의 "자유민주적 기본질서를 더욱 확고히 하

---

1) 허영, 한국헌법론, 박영사, 2009, 43면.

여"와 제1조 제1항의 '민주공화국'으로서의 국가형태에 관한 규정은 헌법제정권력의 주체가 내린 근본적 정치적 결단을 의미한다.

Ⅱ. 헌법의 개정

1. 헌법개정의 의의

(1) 헌법개정의 개념

헌법의 개정(Verfassungsänderung)이란 헌법에 규정된 개정절차에 따라 헌법의 기본적 동일성을 유지하면서 헌법전 중의 개개의 조항을 의식적으로 수정·삭제하거나 새로운 조항을 추가함으로써 헌법의 형식이나 내용에 변경을 가하는 행위를 말한다.

근대 입헌주의헌법 시대 이래 각국 헌법은 성문헌법과 경성헌법주의를 보편적으로 채택하여 왔으며, 경성헌법주의는 헌법전의 헌법개정조항을 통해 반영되고 있다. 즉 오늘날 성문헌법국가는 예외 없이 헌법개정에 관한 명문규정을 두고 있으며 그 헌법개정조항은 일반 법률의 개정방법과는 다른 특별한 절차를 두고 있는 것이 일반적이다. 입헌주의의 이념에 기초하여 헌법제정권자는 국민의 자유와 권리를 보장하기 위한 국가권력과정 통제의 기본적 장치로서의 헌법을 제정하면서 그 헌법규범에 의해 국가공동체의 안정성과 지속성을 유지하게 할 수 있도록 헌법개정조항을 규정하여 '헌법개정의 곤란성'을 확보하고 있다. 그러므로 헌법개정조항에 나타난 경성헌법주의 내지 헌법개정의 곤란성의 정도는 국가형태와 통치구조의 선택 등과 함께 헌법제정권자의 근본적 결단에 해당하는 것으로 최대한 존중되어야 하며, 현실의 헌법운용과정에서 권력담당자는 그 권력행사의 근거가 되는 헌법규범에 만족하지 못하더라도 그 헌법개정조항에 의하지 않고서는 집권자의 의도대로 헌법을 수정하거나 변경할 수 없는 것이다.[1)]

그렇지만 헌법은 미래의 역사발전과 시대변천을 모두 예견하고 입법화할 수 없으므로 헌법규범과 헌법현실 사이에는 항상 간격이 있기 마련이다. 따라서 헌법의 현실적응성과 실효성을 유지하기 위하여는 헌법개정이 불가피한 현상이 되며, 헌법개정은 헌법을 살아있는 규범으로 유지시키고 헌법의 파괴를 미연에 방지할 수 있는 중요한 수단이 된다. 헌법의 운용과정에서 헌법규범과 헌법현실의 불일치로 인한 괴리가 발생하는 경우 그 헌법에 대한

---

1) 그러나 현실적으로 헌법개정의 빈도와 용이성을 보면 강한 경성헌법이라고 해서 헌법개정이 실제로 잘 행해지지 않는 것은 아니며 연성주의 하에서도 헌법개정 없이 헌법의 안정성이 유지되는 국가도 있다. 결국 특정 국가에 있어서 헌법의 안정성은 경성헌법주의 여하가 아니라 그 국가의 정치세력들이 헌법에 순응하는 태도와 국민의 헌법수호의 의지에 달려 있다고 할 수 있다. 이에 관한 대표적 견해는 K.C. Wheare, *Modern Constitutions*, 2nd ed., 1966, p.23.

불만과 불신의 방치는 결국 폭력에 의한 헌법의 파괴로 이어질 우려가 있기 때문에 헌법 자체에 합헌적인 방법과 절차에 의한 헌법개정을 규정함으로써 헌법의 흠결을 극복할 수 있도록 하는 것이 필요하게 된다. 따라서 시대적 상황의 변화에 따른 헌법의 현실적응성에 관한 사회적 욕구가 강하게 되면 헌법개정은 불가피하다고 할 수 있다. 특히 오늘날 세계화·정보화의 급격한 시대적 상황의 변화는 그 어느 때보다도 헌법의 탄력적 현실적응성이 요구되기 때문에 이러한 현실적응성의 가치는 경성헌법주의의 가치만큼 중요하다.[1]

성문헌법에 있어서 헌법의 개정 문제는 형식적 헌법전상 개개의 조항에 대한 개정을 의미하는 것이므로, 성문헌법국가에서 관습헌법의 존재를 인정할 수 있더라도 그 관습헌법이 헌법개정의 대상이 되는 것은 아니라고 할 수 있다. 그러나 헌법재판소는 관습헌법도 헌법개정절차를 통해서만 그 내용을 변경할 수 있다고 판시한 바 있다.[2]

(2) 헌법개정과 구별되는 개념

헌법의 개정과 구별되는 개념으로 헌법의 파괴, 헌법의 폐지, 헌법의 침해, 헌법의 정지, 헌법의 변천 등이 있다.

헌법의 파괴는 성문헌법을 파기할 뿐만 아니라 헌법제정권력의 주체의 변경을 가져오는 것을 말한다. 즉 혁명에 의한 구 헌법의 파괴를 말하며, 이 경우는 헌법의 동일성이 상실된다. 헌법의 폐지는 헌법제정권력의 주체는 그대로 유지되면서 기존 헌법을 폐지하는 것을 의미한다. 정변이나 쿠데타에 의한 정권담당자의 교체가 이루어지고 구 헌법의 폐기에 따른 새로운 헌법전이 편성되는 경우를 말한다.

헌법의 침해는 헌법위반임을 알면서도 일정한 헌법조항에 위배되는 명령을 발하거나 조치를 취하는 경우를 말한다. 이 경우 당해 헌법조항은 폐지 또는 개정되는 것은 아니며 그 효력은 계속 유지된다. 헌법의 정지는 헌법의 특정 조항의 효력을 일시적으로 중단시키는 것을 말하며 여기에는 합헌적 헌법정지와 위헌적 헌법정지가 있다. 이는 헌법의 효력을 종국적으로 변경 또는 상실시키는 헌법의 개정과 구별된다.

헌법의 변천은 헌법조항이 헌법개정절차에 따라 의식적으로 변경되는 것이 아니고 헌법조항은 그대로 존속하면서 그 의미내용만이 실질적으로 변화하는 경우를 말한다. 헌법의 변천은 암묵적으로 헌법의 의미내용이 변경된다는 점에서 헌법의 개정과 구별된다.

---

1) 정만희, "헌법개정조항의 개정필요성에 관한 검토", 공법연구 제39집 제2호, 2010, 395면 이하.

2) 헌재 2004. 10. 21. 2004헌마554. 이 사건에서 재판관 전효숙의 반대의견은 "헌법의 개정은 형식적 의미의 헌법, 즉 성문헌법과 관련된 개념이므로 관습헌법의 변경은 헌법의 개정에 속하지 않으며 헌법이 마련한 대의민주주의 절차인 법률의 제정, 개정을 통하여 다루어질 수 있다"고 하여 관습헌법의 변경은 헌법개정의 대상이 아니라고 주장한다.

2. 헌법개정의 방법과 절차

(1) 헌법개정의 방법에 관한 각국의 유형

헌법개정의 방법과 유형으로는 1) 의회의 의결만으로 개정이 가능하나 일반 법률의 개정절차보다 곤란한 절차에 따르게 하는 유형(독일, 오스트레일리아, 한국의 건국헌법 등), 2) 국민투표에 의하여 헌법개정을 확정하는 유형(오스트리아, 일본, 프랑스 제5공화국헌법, 현행 한국헌법 등), 3) 헌법의 개정을 발의 또는 의결하기 위하여 특별한 헌법회의를 소집하는 유형(스위스, 벨기에, 노르웨이 등), 4) 의회의 의결 후 특별한 헌법기관의 동의를 얻게 하는 유형(대만, 한국의 1972년헌법 등), 5) 연방국가헌법에 특유한 것으로 일정 수에 달하는 연방구성주의 동의를 헌법개정의 요건으로 하는 유형(미국, 멕시코헌법 등)이 있다.

(2) 의회에 의한 헌법개정의 유형

헌법개정의 방법으로 많은 국가에서 일반적으로 채택하고 있는 제도는 의회가 헌법개정의 권한을 가지고 의회의 의결만으로 헌법개정이 확정되는 것이며, 그 개정절차는 일반 법률의 경우보다 어렵게 하는 것이다. 즉 국민의 대표기관인 의회에서 일반 법률과는 달리 특별다수에 의해 헌법개정안이 발의되고 의결정족수도 특별다수를 요건으로 하는 것이다. 독일기본법을 비롯하여 유럽과 중남미의 여러 나라의 헌법들이 이러한 방법을 채택하고 있다.

의회의 의결만으로 헌법개정이 확정되는 유형도 세부적으로는 다음과 같은 몇 가지 유형으로 구분된다. 1) 의회의 1회기에서 헌법개정안이 의결되면 헌법개정이 확정되는 유형(독일, 캐나다, 레바논, 헝가리, 불가리아, 폴란드, 인도, 말레이시아, 중국 등 30여개국), 2) 동일한 의회의 2회기에 걸쳐 반복 의결하는 유형(페루, 콜롬비아, 브라질 등), 3) 의회에서 헌법개정안이 의결되면 그 의회의 회기만료 후 차기 총선거로 새로 구성된 의회가 헌법개정안을 의결하도록 하는 유형(스웨덴, 노르웨이, 핀란드 등), 4) 의회에서 헌법개정안이 의결되면 즉시 의회가 해산되고 새로 구성된 의회에서 다시 의결하는 유형(벨기에, 네덜란드, 룩셈부르크) 등이 있다. 여기서 헌법개정안의 의결을 당해 의회의 회기만료 또는 의회해산 후 새로 구성된 의회에서 확정하도록 하는 것은 헌법개정안을 국민투표에 회부하는 것과 동일한 효과를 가져오는 것이라 할 수 있다. 또한 총선 후 새로 구성된 의회는 형식상으로는 통상의 의회에 해당하지만 그 실질은 일종의 헌법회의의 성격을 가진다고 볼 수 있다.

우리나라의 경우 과거 1948년 건국헌법(제98조 제3항)과 1960년 제2공화국헌법(제98조 제3항)이 국회의 의결만으로 헌법개정이 이루어지는 방법을 채택하였다. 건국헌법과 제2공화국헌법에 의하면 헌법개정안의 발의는 대통령과 국회 재적의원 3분의 1 이상의 찬성으로 하고 그 의결정족수는 국회의원 3분의 2 이상의 찬성이라는 가중다수를 요건으로 하였다.

의회가 국민의 대표기관이며 최고입법기관으로서 주권자의 위임을 받아 헌법개정권을 행사하는 것은 국민주권의 원리와 대의제 민주주의에 부합되는 것으로 정당화될 수 있음은 당연하다고 할 것이다. 그러나 여기서 한 가지 생각해야 할 것은 의회의 의결만으로 확정되는 헌법개정이 정당화되기 위해서는 다음과 같은 몇 가지 전제조건이 있다는 점이다. 그 전제조건으로는 첫째, 의회의 구성이 국민의 의사에 따라 민주적으로 이루어져야 하며, 민주적이고 공정한 선거제도가 확립되어야 한다. 둘째, 의회주의원리가 활성화되고, 의회 내에서의 자유로운 토론의 장이 확보되어야 한다. 셋째, 복수정당제가 보장되어야 하며, 여·야간의 평화적 정권교체를 통한 정당간의 권력적 균형이 유지되어야 한다. 넷째, 정당내부의 민주화, 즉 당내민주주의가 확립되어 국민의 의사에 기초한 상향적 정당의사결정이 이루어져야 하는 것 등이다.[1)]

(3) 국민투표에 의한 헌법개정의 유형

헌법개정의 두 번째 방법으로 의회의 의결을 거친 헌법개정안에 대해 최종적으로 국민투표에 붙이는 제도가 있다. 국민투표의 절차는 직접민주제 요소의 도입으로서 주권자인 국민의 직접적 의사에 의해 헌법개정이 이루어지는 것을 의미한다. 프랑스, 이탈리아, 오스트리아, 일본, 한국 헌법 등이 이 유형에 속한다.

헌법개정에 있어서 국민투표제를 채택하고 있는 경우에도 그 구체적 내용은 국가에 따라 동일하지 않으며 여러 유형으로 구분될 수 있다. 일반적으로 의회의 의결을 거친 모든 헌법개정안에 대해 필수적으로 국민투표절차에 붙일 것을 요구하는 강제적 국민투표제(compulsory referendum)와 선택적으로 국민투표에 붙일 수 있는 임의적 국민투표제(optional referendum)의 유형이 있다. 그 밖에 일정한 조건이 충족되는 경우 국민투표를 필수적으로 거치게 하는 유형과 헌법의 일부 특정 조항에 대해서만 국민투표에 붙이는 유형 등이 있다.[2)]

---

1) 이렇게 볼 때 한국의 건국헌법상 헌법개정절차는 의회주의와 민주적 정당정치가 뿌리내리지 못한 상황에서 권력자의 정치적 목적을 위한 수단으로 헌법개정이 악용되는 것을 억제하는 데에는 기능적 한계를 노정할 수밖에 없었다. 요컨대 의회의 의결에만 의존하는 헌법개정의 방법은 독일 등 서구형의 의회주의와 민주적 정당정치가 확립된 정치문화적 조건 하에서 실질적인 국민적 정당성을 부여받을 수 있는 제도이며, 그렇지 않고 의회주의와 정당정치의 후진성을 탈피하지 못하는 상황에서의 의회에 의한 헌법개정 방법은 실력자의 권력욕구를 정당화시키는 도구로 전락하게 될 가능성이 높다. 이는 한국헌정사에서 건국헌법상의 개헌절차와 제1차,·제2차 개헌의 경험 속에서 입증되었다고 할 수 있다.

2) 헌법개정절차에 강제적 국민투표제를 채택하고 있는 국가는 한국을 비롯하여 스위스, 오스트레일리아, 필리핀, 아일랜드, 스페인, 우루과이, 덴마크, 모로코, 리베리아, 알제리아, 일본 등 10여개국에 불과하다.

임의적 국민투표제의 대표적 유형에 해당하는 프랑스 제5공화국헌법의 헌법개정절차는 헌법개정의 발의권을 수상의 제안에 따라 대통령과 의회의원이 행사할 수 있으며 헌법개정안은 의회의 양원에서 가결되어야 한다. 의회에서 의결된 헌법개정안은 국민투표를 거쳐 확정되거나, 대통령이 의회의 양원합동회의에 부의할 것을 결정하게 되면 국민투표에 붙이지 않고, 양원합동회의의 표결에서 5분의 3 이상의 찬성으로 확정된다(제89조). 즉 의회의 양원에서 각각 의결된 헌법개정안은 국민투표에 붙여 확정하는 방법과, 대통령이 국민투표에 붙이지 아니하고 의회의 양원합동회의에 부의하여 5분의 3의 찬성으로 확정짓는 방법의 두 가지 경우가 있다.

프랑스 이외에 임의적 국민투표제를 채택하고 있는 국가들 중에는 헌법상 특정 기관이 임의로 국민투표를 요구한 경우에만 국민투표에 붙이는 유형(스웨덴, 태국, 세네갈, 토고 등)이 있으며, 일정한 조건이 충족되는 경우에만 임의로 국민투표를 요구할 수 있는 유형(이탈리아, 중앙아프리카 등)이 있다. 이탈리아헌법은 의회가 의결한 헌법개정안에 대하여 유권자 50만명의 요구로 국민투표에 붙일 수 있도록 하고 있으며, 다만 헌법개정안이 의회의 3분의 2 이상 특별다수로 의결된 경우에는 국민투표에 회부하지 않는 제도를 두고 있다.

강제적 국민투표제를 채택하고 있는 경우에도 모든 헌법개정사항을 국민투표에 붙이지 아니하고 일부 특정 조항의 개정의 경우에만 국민투표에 붙이는 유형(스페인, 아이슬란드, 잠비아, 자마이카 등)이 있고, 헌법의 전면개정의 경우에만 국민투표에 붙이게 하는 유형(오스트리아, 베네수엘라)도 볼 수 있다. 전자의 경우에 해당하는 유형으로 스페인은 헌법개정사항을 '기술적 개정'과 '본질적 개정'으로 구분하여 본질적 개정에 한하여 국민투표에 붙이는 제도를 채택하고 있다. 본질적 개정에 관한 사항으로는 헌법의 전면개정의 경우와 헌법에 규정된 특별한 사항으로서 '헌법총강의 헌법의 기본원리, 국민의 기본적 권리와 의무에 관한 사항, 국왕에 관한 사항'으로 한정하고 있다.

한국헌법상의 헌법개정절차로서 국민투표제는 필수적 국민투표제를 의미한다는 점에서 프랑스 등의 임의적 국민투표제와 구별된다. 현행의 필수적 국민투표절차는 1962년 제3공화국헌법에서 처음 채택되었으나 1972년 헌법의 이원적 헌법개정절차에 의해 변질되었던 것이 1980년 헌법에 의해 다시 환원된 제도이다.

(4) 연방국가의 헌법개정의 유형

연방국가원리를 채택하고 있는 대표적 국가인 미국의 경우 헌법개정절차는 강한 경성헌법주의를 유지하고 있다. 미국헌법 제5조에 의하면 연방의회는 상원의원과 하원의원 3분의 2 이상의 찬성으로, 또는 연방을 구성하는 전체 주(States) 가운데 3분의 2 이상의 주의회가 요청할 때 연방의회가 소집하는 헌법개정회의(Convention for proposing Amendments)를 통하여 개정안을 발의할 수 있다. 발의된 헌법개정안에 대한 비준절차는 연방을 구성하는 전체 주 4분의 3 이상의 주 의회의 승인, 또는 주 헌법비준회의의 승인을 요건으로 규정하고 있다. 따라서 미국의 연방을 구성하는 50개 주 중에서 38개 주 이상의 승인을 받아야 하기 때문에 헌법개정이 현실적으로 실현되기는 매우 어렵다.

이러한 엄격한 헌법개정절차로 인하여 1789년 이래 최근까지 5,000건 이상의 헌법개정안이 연방의회에 제안되었으나 그 중 33건만이 연방 양원의원 3분의 2 찬성요건을 충족하여 헌법개정발의가 의결되었을 뿐이다. 그 중에서 각 주 의회 4분의 3의 찬성으로 개정안이 비준된 수정조항은 지금까지 27개조에 불과하다.[1] 27개조의 수정조항 중에서 최초의 수정헌법 10개 조항은 1787년의 원헌법에 명문화하지 않았던 권리장전의 내용을 규정한 것으로 1789년에 채택되었기 때문에 그 후의 헌법운용과정에서 개정된 조항은 17개 조항에 불과하다. 특히 마지막 개정조항인 수정헌법 제27조는 1789년에 발의되었으나 4분의 3의 비준요건으로 인하여 1992년에 와서야 겨우 승인을 받아 발효되었다는 사실에서도 미국헌법의 개정곤란성을 쉽게 이해할 수 있다.[2]

미국연방헌법의 개정조항에 대해서는 헌법개혁론자들에 의해 비판의 대상이 되고 있다. 헌법제도의 개혁의 필요성에 관한 논의가 꾸준히 전개되어 왔으나, 헌법개정조항이 요구하는 '4분의 3' 이상의 주 의회의 비준이라는 "매우 높은 수준의 합의"(so high a degree of consensus)는 가공할 만한 장벽이 되기 때문에 더 이상 개혁논의가 진전되지 못하고 좌절되거나 봉쇄되기 때문에 헌법개정절차 자체의 개정논의가 학계에서 제기되기도 하지만 그 개정조항의 개정 역시 실현가능성이 거의 희박하다고 할 수 있다.[3]

독일도 연방국가헌법을 채택하고 있지만 미국과 같은 강한 경성헌법주의를 취하고 있지 않으며 헌법의 현실적응성이 비교적 잘 확보되고 있는 점이 특징이다. 헌법개정절차(제79조)는 연방의회(Bundestag) 의원 3분의 2의 의결과 연방참사원(Bundesrat) 3분의 2의 동의로 헌법개정이 확정된다. 연방참사원은 연방을 구성하는 각 주정부의 대표로 구성되는데, 이 참사원은 양원제 의회에 있어서의 상원과 유사하지만 연방의 입법과 행정에 협력하기 위한 기관으로서의 성격을 가진다.[4]

---

1) Walter Dellinger, "The Legitimacy of Constitutional Change: Rethinking the Amendment Process", 97 *Harvard Law Review*, 386, 427(1983).

2) 수정헌법 제27조(연방의원 보수의 변경)는 1789년 9월 제임스 매디슨에 의해 제안되었기 때문에 통칭 '메디슨 수정안(Madison Amendment)으로 불려지는 것으로, 당초에는 13개 주 중 6개 주에서만 승인을 받게 되었고, 수정안 제안 후 200년 이상이 지난 1992년 비준에 필요한 마지막 주의 승인이 미시간주에 의해 이루어짐에 따라 수정 제27조는 효력을 발생하게 된 것이다.

3) 미국헌법의 개정조항의 개혁논의에 관하여는 James L. Sundquist, *Constitutional Reform and Effective Government*, The Brookings Institution, 1992, pp.325f,

4) 독일 기본법은 1951년 제1차 개정 이래 1993년까지 총 39회의 개정이 행해졌다. 특히 1950년대와 1960년대에

3. 헌법개정의 한계에 관한 학설

(1) 한계긍정설

헌법개정의 한계를 인정할 것인가에 관한 학설로는 긍정설과 부정설로 나뉘고 있으나 긍정설이 통설적 입장이다. 헌법개정의 한계를 인정하는 견해의 근거로는 첫째, 헌법제정권력과 헌법개정권력의 구별에서 그 근거를 제시한다. 즉 헌법개정권력은 헌법에 의해 만들어진 제도화된 권력이기 때문에 헌법을 만든 헌법제정권력의 소재를 변경하거나 헌법제정권자의 결단인 헌법의 기본원리를 변경할 수 없다는 것이다.

둘째, 자연법상의 원리에서 한계를 인정한다. 실정헌법의 상위에는 헌법제정권력까지도 구속하는 초실정법적 자연법상의 원리가 있음을 인정하고 그에 위반하는 헌법개정은 허용되지 않는다는 것이다. 따라서 헌법개정권력은 헌법에 규정된 불변의 근본적 가치로서 초국가적 인권이라는 자연법상의 원리에 의한 제약을 받게 된다.

셋째, 헌법규범의 위계질서를 인정한다. 헌법전에 규정된 개개의 조항은 형식적으로는 그 효력이 동일하지만 실질적으로는 동일하지 않다는 것이다. 칼 슈미트는 헌법의 기본원리(본질적 부분=헌법제정권자의 근본결단)는 상위의 효력을 가진 규범이며 하위규범인 헌법률(Verfassungsgesetz)만이 개정의 대상이 된다고 한다.

넷째, 통합론적 입장에서도 헌법개정의 한계를 인정한다. 통합론적 헌법관에 따르면 헌법개정은 사회적 통합을 촉진시키고 헌법의 규범적 효력을 유지하기 위하여 필요한 현상이므로, 사회공동체의 공감대적 가치질서를 탈피하려고 하는 헌법개정은 통합에 저해가 되므로 허용되지 않는다는 것이다.

헌법개정한계론과 관련하여 헌법재판소는 헌법규범 상호간에는 이념적·논리적으로 상호간의 우열을 인정할 수 있지만, 그것이 헌법의 어느 특정 규정이 다른 규정의 효력을 전면 부인할 수 있는 정도의 개별적 헌법규정 상호간에 효력상의 차등을 의미하는 것으로는 볼 수 없다고 하여 헌법규정간의 논리적 우열관계가 헌법의 개별 규정에 대한 위헌심사의 논거로 원용될 수 없다고 판시하였다.[1)]

(2) 한계부정설

헌법개정의 한계를 부인하는 입장에서는 첫째, 헌법제정권력과 헌법개정권력의 구별을

빈번한 헌법개정이 행해졌으며, 1969년에는 총 8회의 개정이 이루어졌다. 독일 기본법의 헌법개정조항의 또 하나의 특징은 헌법에 헌법개정의 한계를 명문화하고 있다는 점이다. 제79조 제3항은 연방제원리를 비롯하여 기본법 제1조의 인간의 존엄성 존중 및 제20조 국가형태와 국민주권원리, 저항권 등은 헌법개정으로 개정할 수 없다는 것을 명확하게 밝히고 있다.

1) 헌재 1995. 12. 28. 95헌바3.

부인한다. 법실증주의 입장에서는 헌법제정권력은 실정법 세계에서는 인정할 수 없는 정치적 실력이며, 최고의 법적 권력은 헌법개정권력이라고 한다.

둘째, 이러한 법실증주의 입장에서는 초실정법적 자연법상의 원리를 부정하므로 자연법상의 원리는 헌법개정을 제약하는 요인이 되지 않는다고 한다.

셋째, 헌법규범의 위계질서를 부인하는 입장에서는 헌법조항을 개정할 수 없는 상위규범과 개정할 수 있는 하위규범으로 구분하는 것은 이론적 근거가 없다는 것이다.

넷째, 헌법의 현실적응성의 요청에서 볼 때 사회생활의 조건이 변화함에 따라 헌법도 변화해야 하기 때문에 헌법개정에 한계를 인정할 수 없다는 것이다.

4. 헌법개정의 구체적 한계

(1) 개정금지사유

헌법개정의 금지사유로는 초헌법적 사유, 헌법내재적 사유, 실정헌법상의 사유 등으로 나누어 볼 수 있다. 첫째, 개정금지의 초헌법적 사유로는 인간 존엄의 불가침성과 같은 자연법상의 원리와 국제법상의 일반원칙 등을 들 수 있다. 둘째, 헌법내재적 사유로서 헌법규정 중 헌법제정권자인 국민의 기본적 합의사항이나 헌법의 기본적 동일성을 훼손하는 개정은 법논리상 허용되지 아니 한다. 헌법의 개정으로 헌법의 기본적 동일성이 상실되는 경우 그것은 '헌법의 자살'을 의미하기 때문이다. 또한 헌법개정은 시기상의 제약을 받는데, 계엄선포 등 국가비상사태의 경우와 같은 공정한 개정을 기대할 수 없는 시기의 개정은 금지된다. 셋째, 실정헌법상의 사유로서 헌법 자체가 명문규정으로 특정 조항이나 사항의 개정을 금지하고 있는 경우, 이러한 개정금지조항을 개정하는 것은 헌법제정권자의 의사를 부정하는 것이 되므로 허용될 수 없다는 것이 통설이다.

(2) 헌법개정조항의 개정

헌법개정조항의 개정 문제에 관하여는 견해가 나뉘고 있다. 제1설은 헌법개정권자가 그 권한의 근거가 되는 헌법개정조항 자체를 개정할 수 있다고 해석하게 되면 그것은 헌법제정권력과 헌법개정권력의 구별을 부정하는 것이 되므로 헌법개정조항의 개정은 금지된다고 본다.

제2설은 헌법개정조항은 헌법개정권자의 자의적 개정으로부터 헌법의 가치를 수호하기 위한 규정이므로 '경성'헌법을 '연성'헌법으로 개정하는 것은 금지되지만, '연성'헌법을 '경성'헌법으로 변경하는 것은 가능하다고 한다. 제2설이 종래의 우리나라의 통설적 견해라 할 수 있다.[1)]

---

1) 권영성, 헌법학원론, 법문사, 2010, 56면; 김철수, 헌법학개론, 박영사, 2007, 50면.

제3설은 헌법개정조항을 본질적 부분과 비본질적 부분으로 구분하여 본질적 부분은 헌법제정의 방법을 통해 변경할 수 있으며, 비본질적 부분은 헌법개정의 방법으로 변경할 수 있음을 전제로 하여, 연성헌법을 경성헌법으로 변경하거나 경성헌법을 연성헌법으로 변경하는 것은 헌법의 본질적 성격의 변경에 해당하므로 헌법개정의 방법이나 절차로 변경할 수 없다는 견해이다.[1]

생각건대 헌법개정조항은 헌법규범의 안정성과 지속성을 확보하기 위한 헌법제정자의 헌법수호 정신을 담고 있으며, 동시에 헌법의 현실적응성을 확보하기 위한 합법적 수단을 의미하는 것이므로 최대한 존중되어야 한다. 헌법개정의 곤란성의 정도에 관한 경성헌법이냐 연성헌법이냐의 문제는 헌법제정자의 근본적 의사결정에 해당하므로 이는 헌법개정조항의 개정으로 쉽게 변경할 수 있는 문제가 아니라고 본다. 따라서 헌법개정의 방법과 절차에 관한 규정 중에서 본질적 부분은 헌법개정의 대상이 되기 어려우며, 본질적 부분을 제외한 내용에 관해서는 헌법의 탄력적 현실적응성을 위해 헌법개정의 방법을 통해 변경할 수 있다고 보는 것이 타당하다고 할 것이다.[2]

5. 한국헌법의 개정

(1) 헌법개정절차

(가) 개정안의 제안

헌법개정안의 발의는 국회의원 또는 대통령이 할 수 있다. 국회의원이 헌법개정안을 발의하는 경우에는 재적의원 과반수의 찬성이 있어야 한다(헌법 제128조 제1항). 대통령은 국무회의의 심의를 거쳐 개헌안을 제안할 수 있다.

현행 헌법개정절차는 국민의 헌법개정안 발의를 인정하고 있지 않으나, 과거 1954년 제2차 개헌에 의해 대통령 또는 국회뿐만 아니라 유권자 50만명 이상의 찬성으로 헌법개정을 발의할 수 있도록 하였다. 이러한 유권자의 헌법개정발의권은 그 후 제3공화국헌법에 이르기까지 인정되었으나 1972년 유신헌법에 의해 폐지되었다.

(나) 공 고

헌법개정안은 대통령이 20일 이상의 기간 이를 공고하여야 한다(헌법 제129조). 공고는

1) 계희열, 헌법학(상), 박영사, 2005, 122면; 정종섭, 헌법학원론, 박영사, 2014, 104면.

2) 제2설과 제3설의 차이점은 연성헌법을 경성헌법으로 변경하는 헌법개정을 인정하는가의 여부에 관한 것인데, 제2설은 이를 인정하지만 제3설은 이를 인정하지 않는다. 그리고 경성헌법을 연성헌법으로 변경하는 것에 대하여 제2설과 제3설은 모두 이를 허용할 수 없다고 보는 것이다. 헌법의 개정방법에 관한 경성헌법주의와 연성헌법주의의 선택은 헌법제정 당시의 헌법제정권자의 중요한 의사결정이라고 볼 수 있으며, 따라서 헌법개정조항의 변경은 헌법제정권자의 새로운 의사결정이 필요하기 때문에 헌법개정의 방법으로는 변경할 수 없다고 할 것이므로 제3설이 타당하다고 본다. 이에 관한 상세한 내용은 정만희, 앞의 논문, 395면 이하 참조.

개헌안의 내용을 국민에게 주지시키고 그에 대한 자유로운 의견교환을 통하여 개헌에 대한 국민적 합의를 형성하기 위한 필수적인 절차이다.

(다) 의 결

국회는 헌법개정안이 공고된 날로부터 60일 이내에 의결하여야 하며, 국회의 의결은 재적의원 3분의 2 이상의 찬성을 얻어야 한다(헌법 제130조 제1항). 개정안은 수정의결을 할 수 없고 원안의 가부투표에 회부된다. 국회의 표결은 기명투표로써 한다(국회법 제112조 제4항).

(라) 국민투표

헌법개정안은 국회가 의결한 후 30일 이내에 국민투표에 회부한다. 대통령은 늦어도 국민투표일 전 18일까지 투표일과 헌법개정안을 동시에 공고하여야 한다. 헌법개정은 국회의원선거권자 과반수의 투표와 투표자 과반수의 찬성으로 확정된다(헌법 제130조 제3항).

(마) 공 포

대통령은 국민투표의 결과를 통보받은 때에는 즉시 공포하여야 한다. 헌법개정의 발효시기는 부칙의 규정으로 정해지지만 부칙에 특별한 규정이 없는 경우에는 공포한 날로부터 효력을 발생한다고 본다.

(2) 헌법개정의 한계

현행 헌법상 헌법개정의 대상이 될 수 없는 헌법내재적 한계로는 국가형태로서의 민주공화국, 국민주권원리, 자유민주적 기본질서, 핵심적인 기본적 인권, 국제평화주의, 평화통일주의, 복수정당제 보장, 사유재산제와 시장경제질서의 전면적 부정 등을 들 수 있다. 우리 헌법의 핵심적 질서이며 헌법제정권자의 근본적 결단에 해당하는 자유민주적 기본질서의 구성요소를 폐지하는 것은 허용될 수 없으므로 기본권보장, 권력분립원리, 사법권의 독립 등 법치국가적 요소와 국민주권의 원리를 비롯한 선거제도, 의회주의, 복수정당제 등의 민주주의 요소는 헌법개정의 대상이 될 수 없음은 당연하다. 또한 우리 헌법의 핵심적 기본원리의 하나로서 사회국가원리도 헌법제정권자의 근본적인 정치적 결단에 해당하는 것으로서 헌법개정의 한계에 속한다. 다만 이러한 핵심적 헌법원리 외에 헌법 제9조의 문화국가원리에 관한 조항은 헌법과 국가의 정체성을 규정하는 헌법제정권자의 근본적 결단에 속하는 것이라기보다는 국가에 특정한 과제의 지속적인 이행을 요구하는 국가목표규정을 의미한다고 볼 수 있으므로 이러한 국가목표규정의 성격이 강한 것은 헌법개정의 대상이 될 수 있다는 견해가 있다.[1)]

---

1) 한수웅, 헌법학, 법문사, 2016, 39면, 108면.

헌법 제128조 제2항은 "대통령의 임기연장 또는 중임변경을 위한 헌법개정은 그 헌법개정 제안 당시의 대통령에 대하여는 효력이 없다"라고 규정하고 있는데, 이는 실정헌법상 개정금지조항이 아니고 이에 관한 개정은 가능하지만, 개정 제안 당시의 대통령에 대해서만 개정의 효력을 배제한다는 헌법개정효력의 적용대상 제한조항을 의미한다.[1]

헌법개정의 한계와 관련하여 현행 헌법개정조항의 개정가능성의 문제가 제기될 수 있다. 전술한 바와 같이 헌법개정조항의 본질적 부분은 개정할 수 없는 것으로 보아야 하므로 현행의 국민투표절차에 관한 규정 자체를 폐지하는 것은 허용될 수 없다. 그러나 모든 헌법개정사항에 대한 필수적 국민투표절차를 부분적으로 완화하여 헌법개정사항의 중요도에 따라 중요도가 높은 특정 헌법개정사항만을 국민투표에 붙이는 방안이라든지, 일반 국민의 헌법개정발의권을 부여하는 방안 등은 검토해 볼 수 있다고 하겠다.[2]

Ⅲ. 헌법의 변천

1. 헌법변천의 개념

헌법의 개정과 구별되는 개념으로서 헌법의 변천(變遷)을 인정할 것인가의 문제가 있다. 헌법의 변천이란 특정의 헌법조항이 헌법에 규정된 개정절차에 따라 의식적으로 수정·변경되는 것이 아니고, 당해 조항은 그대로 존속하면서 그 의미내용만이 실질적으로 변화하는 경우를 말한다. 즉 헌법의 변천은 헌법의 조문은 그대로 있으나 그 의미와 내용이 시대의 변천에 따라 실질적으로 변화하는 경우로서, 헌법조항의 새로운 해석과 적용을 통해 헌법규범을 변화하는 사회현상에 적응시키는 것을 의미한다. 헌법변천은 특정 헌법조항이 외형상 그대로 유지되지만 헌법제정 당시와는 다른 의미내용의 헌법규범으로 기능하는 것이므로 명시적으로 헌법조항을 수정하는 헌법의 개정과는 구별된다.

또한 헌법변천은 관습헌법의 개념과 구별할 필요가 있다. 헌법변천은 헌법조항의 의미내용이 변경되는 것을 말하지만, 관습헌법은 기본적으로 헌법이 규율하지 않은 영역에서 형성되는 것이므로 헌법규정의 변경을 초래하지 않는다. 헌법에 반하거나 저촉되는 행위가 반복되는 경우 헌법변천으로 인정되어 헌법에 수용될 수 있지만, 그러한 행위가 반복되는 것만으로 관습헌법이 만들어지는 것은 아니다.[3]

---

1) 권영성, 앞의 책, 59면; 성낙인, 헌법학, 법문사, 2019, 60면.
2) 정만희, 앞의 논문, 415~420면 참조.
3) 김학성, 헌법학원론(전정2판), 피앤씨미디어, 2018, 50면.

2. 헌법변천의 실례

헌법변천의 사례는 각국 헌법에서 찾아볼 수 있다. 미국헌법상 헌법변천의 예로는, 연방대법원에 위헌법률심사권을 부여하고 있지 않으나 1803년의 Marbery v. Madison 판결을 계기로 하여 연방대법원의 위헌법률심사권을 인정하고 있는 것을 들 수 있다. 그 밖에 헌법상 대통령선거제도가 간선제로서 일반유권자가 각 주에 할당된 대통령선거인을 선출하고 이들 선거인이 대통령을 선출하는 제도이지만 오늘날 실제로 유권자의 선거인선거가 사실상 직선제 대통령선거와 동일한 의미로 운용되고 있는 것 등을 들 수 있다. 미국헌법이 제정된 지 2백여 년이 지난 오늘날에도 헌법의 규범력을 그대로 유지하고 있는 것은 헌법변천에 의한 헌법의 새로운 해석과 적용을 통해 헌법규범을 변화하는 정치현실과 사회현상에 끊임없이 적응시켜온 결과라고 할 수 있다.

일본헌법의 경우 헌법제정 이래 평화헌법조항(제9조)을 채택하여 전쟁과 무력의 행사를 영구히 포기하고 일체의 전력 보유를 금지한다고 규정하고 있으나, 현실적으로는 자위대(自衛隊)의 창설을 통해 사실상 군사력을 보유하고 이를 지속적으로 증강해 오고 있는 것을 들 수 있다.

한국헌법에 있어서도 헌법변천을 인정할 수 있는 경우로는 일반적으로 1962년헌법 이래 지방자치를 위한 지방의회에 관한 규정이 있었지만 입법의 지연으로 1991년 상반기까지 지방의회가 구성되지 않은 것이나, 1952년 제1차 개헌으로 국회를 양원제로 구성하도록 규정하였으나 단원제로 운용된 것을 들고 있다. 그러나 이러한 견해에 대하여는 의문이 제기될 수 있다. 헌법규정에 반하여 지방의회를 구성하지 않은 것이나 양원제를 단원제로 운용한 것은 단지 위헌적인 행위 내지 위헌상태에 불과한 것이지 그것이 헌법변천에 해당하여 헌법에 수용된 것으로 보기 어렵다는 견해도 있다.[1] 헌법의 운용에 있어서 이러한 위헌적인 상태를 헌법변천으로 인정하기 어렵다는 견해가 타당하다고 본다.

그리고 헌법 제3조의 영토조항을 헌법변천으로 이해하는 소수의 견해도 있다. 즉 우리 헌법은 영토조항에 따라 북한을 불법단체로 보았으나 남북공동성명, UN 동시가입, 남북기본합의서 채택 등 일련의 시대상황의 변화로 북한을 불법단체로 보던 영토조항의 본래의 의미는 더 이상 유지될 수 없을 만큼 변화하였다는 것이다. 그러나 시대상황의 변화에 따라 북한의 실체를 인정하게 되었다고 해서 북한을 국가로 인정하고 대한민국의 영토가 남한에 국한하게 되었다는 것을 의미하지는 않으므로 이를 헌법변천으로 보는 것은 타당하지 아니하다.

---

1) 김학성, 앞의 책, 52면.

3. 헌법변천의 한계

헌법변천을 인정하는 경우에도 어느 정도까지 허용할 수 있는가 하는 한계문제가 제기된다. 우선 헌법변천을 허용하는 경우에도 헌법의 핵심적 부분이나 권력제한규범에 관한 변천은 허용되기 어렵다고 할 것이다. 헌법의 핵심적 부분과 권력제한규범으로서의 성격을 갖는 헌법조항에 대해 헌법변천을 쉽게 인정하게 되면 국가의 근본규범으로서의 헌법의 규범력을 유지하기 어렵게 되고 위헌적인 권력행사를 합법화하는 위험성이 크기 때문이다.

성문헌법규범이 국가의 기본법으로서 추상적이고 개방적인 규범의 성격을 갖는다고 하더라도 헌법의 명문규정에 반하는 행위가 반복되는 경우 그것을 헌법의 의미내용이 변화하는 헌법변천이라는 이름으로 쉽게 정당화하기 어렵다. 이를 인정하게 되면 헌법의 침해를 허용하게 되고, 헌법이 권력지배를 정당화하는 도구로 전락하게 되기 때문이다. 따라서 헌법변천은 헌법의 기본이념에 충실하고 역사적 발전법칙과 방향을 같이하는 경우에 한정적인 범위 내에서 허용될 수 있다고 할 것이다.[1)]

---

1) 권영성, 앞의 책, 61면.

제 3 장 헌법의 해석

Ⅰ. 헌법해석의 의의와 특성

1. 헌법해석의 의의

헌법의 해석이란 실정헌법규범의 진정한 의미내용이 무엇인가를 밝힘으로써 구체적인 헌법문제나 헌법적 쟁점을 해결하려는 헌법인식작용을 말한다. 헌법은 국가의 기본법으로서 그 규범의 구조적 특성이 추상적이고 개방적이기 때문에 해석에 의한 보충의 필요성이 일반 법률에 비하여 훨씬 크다. 헌법은 또한 정치성과 이념성, 역사성 등을 특성으로 하고 있으므로 이러한 특성이 적극적으로 반영될 수 있는 해석이 이루어져야 한다.

헌법해석의 주체로는 모든 국가기관이 해당된다. 헌법을 적용하고 존중해야 하는 모든 국가기관은 헌법의 해석을 전제로 한다. 헌법소송을 담당하는 헌법재판소는 헌법의 최종적인 유권적 해석권자이며, 입법기관도 법률의 제정과정에서 헌법의 일차적 해석자가 된다. 행정부도 헌법을 준수하고 실현하는 과정에서 헌법의 해석이 전제되어야 하며, 사법부도 구체적 사건에서 법률의 해석·적용에 법률해석의 지침이 되는 헌법의 해석을 필요로 하게 된다.

2. 헌법해석의 특성

헌법규범의 내용 중에는 국가작용에 관한 것으로 국가기관의 권한 및 권한행사의 방법과 절차 등을 규정하고 있을 뿐만 아니라 헌법상의 일정한 가치나 기본원리, 기본권에 관한 내용도 규정하고 있다. 국가권력의 행사 방법과 절차, 한계 등에 관한 헌법해석은 엄격한 문언해석이 요구되지만 헌법상의 기본이념이나 가치, 기본권 조항 등에 관한 규정은 엄격한 문언적 해석만으로 충분하지 못한 경우가 있게 된다. 이러한 경우에는 각기 그에 적합한 방법을 사용하여 헌법을 해석하게 된다. 특히 국가의 골격규범으로서의 헌법이 갖는 추상성과 개방성 및 미완결성의 특성상 헌법의 규정형식은 일반 법률이나 명령과 같은 구체적이고 세세한 규정을 둘 수 없기 때문에 헌법의 해석은 일반 법령의 해석과 다른 특성을 가질 수밖에 없다. 이 점에서 헌법의 해석은 헌법이 담고 추구하는 이상과 방향에 따른 역사적, 사회적 욕구를 올바르게 수용하고 헌법적 방향을 제시하는 것이어야 한다.

Ⅱ. 헌법해석의 방법

1. 전통적 해석방법

헌법해석에 있어서는 일차적으로 사비니(Savigny) 등의 전통적 법해석방법론이 그대로 적용될 수 있다. 첫째, 문법적·문리적(文理的) 해석은 문법적·어학적 방법을 통하여 헌법조문의 의미를 명확히 하는 해석방법이다. 모든 실정법해석의 출발점이며 기초를 이룬다. 둘째, 논리적·체계적 해석은 헌법규정의 문언에 구애되지 않고 논리적 정합성에 따라 그 의미를 밝히는 해석방법을 말하며, 헌법조문을 헌법전 또는 헌법질서 전체와의 체계적 관련성을 고려하면서 논리적 사유법칙에 따라 해석하는 방법이다. 셋째, 역사적 해석은 헌법규정의 해석에 있어 그 규정이 정해지게 된 역사적인 상황과 배경을 중요시하여 헌법이 성립하기까지의 회의록, 심의록, 근거자료, 제안자의 의사 등에 근거하여 그 의미를 밝히는 방법이다. 넷째, 목적론적 해석은 헌법제정의 목적이 무엇인가를 고려하여 개개의 헌법조문이 이에 합치되도록 해석하는 방법이다. 목적론적 해석은 기존의 해석방법으로 규범의 내용이 명확해지지 않을 경우에 이용될 수 있는 보충적 해석방법이다. 마지막으로 비교적 해석은 헌법에서 규정하고 있는 사항과 동일하거나 유사한 사항을 정하고 있는 외국의 헌법규정이나 제도들과 비교하는 방법을 통하여 헌법규정의 의미를 분명히 밝히려는 해석방법이다.

2. 전통적 헌법해석의 한계와 새로운 해석방법

(1) 전통적 헌법해석의 한계

전통적 해석방법론의 한계는 그것이 기초하고 있는 기본원리인 삼단논법의 한계에서 비롯되고 있다고 할 수 있다. 단순히 법규범을 대명제로, 법현실을 소명제로 놓고 양자의 포섭 여부에 따라 법판단을 내리는 삼단논법적 추론(三段論法的 推論)에만 의존하는 것은 법의 실현의 전체 과정에서 나타나는 법해석의 다양성과 복잡성을 간과하고 있다는 비판을 받게 된다.

전통적 해석방법은 법규범의 종류에 따른 해석방법의 차이를 부인해 왔지만, 헌법은 그 규정형식 자체가 고도의 추상성을 띠고 있을 뿐만 아니라 경우에 따라서는 그 내용을 확정해 놓지 않고 헌법해석자가 상당한 재량을 가지고 그 내용을 채워 넣을 수 있는 경우도 있다고 할 수 있다. 결국 전통적 해석방법은 삼단논법적 추론 자체에 한계가 있으며, 헌법규범의 특성을 무시한 동일한 논리의 적용은 그 한계가 분명해진다고 할 수 있다.

(2) 새로운 헌법해석방법론

전통적 해석방법론을 비판하면서 대두된 새로운 헌법해석방법론은 법해석의 기본구조를 새롭게 이해함으로써 전통적 법해석의 기초를 부정한다. 새로운 헌법해석방법론으로는 독일의 스멘트(R. Smend)와 헤세(K. Hesse) 등의 해석방법론이 있다. 스멘트는 통합이론에 기초하여 헌법규정의 해석은 그것을 고립적으로 해석하여서는 안 되고 헌법규정들을 통해 실현되는 국가공동체의 통합기능의 관점에서 이해되어야 한다는 것이다. 즉 헌법해석은 조문의 문구에 얽매이지 말고 헌법의 통합적 의의에 기초하여 이루어져야 하며, 헌법규범들의 가치서열의 차이, 헌법의 변천가능성도 법률해석과는 다른 헌법해석의 특수성의 요인이 된다고 한다. 헤세는 스멘트의 기본입장을 받아들이면서 헌법해석이 헌법규범에 의한 구속에서 벗어나지 못하도록 헌법의 명문규정이 헌법해석의 한계가 된다고 함으로써 해석의 안정성과 객관성을 확보하려고 하였다. 헤세에 의하면 헌법해석의 과제는 헌법규범을 현실 속에 올바르게 실현시키는 데 있다고 하고, 헌법해석방법론의 과제는 합리적이고 통제 가능한 해석절차를 마련함으로써 합리적이고 객관적인 헌법해석의 결과를 가져오게 할 뿐만 아니라 그 해석의 근거를 분명히 제시함으로써 법적 확실성과 예측가능성을 확보하는 것이라고 한다.

Ⅲ. 헌법해석의 원칙

헌법규범의 기능과 성질에서 비롯하는 헌법해석의 지침 또는 원리에 관한 헤세의 이론은 다음과 같은 다섯 가지를 들 수 있다.[1)]

1. 헌법의 통일성의 원칙

헌법은 국가의 최고규범으로서 공동체 내의 통일된 법질서를 형성하고 유지해야 하기 때문에 헌법에 규정된 조문들은 통일된 헌법질서를 형성하는 데 있어 서로 충돌되어서는 안 된다. 따라서 헌법상 개별 조항의 의미는 헌법이 추구하는 전체적인 지향점과 가치질서

---

1) 독일에서의 헌법해석의 원리에 관한 상세는 계희열, 헌법학(상), 박영사, 2005, 80-83면; 장영수, 헌법학, 홍문사, 2007, 106-110면.

에 합치될 수 있도록 해석되어야 한다. 따라서 모든 헌법규범은 다른 헌법규범과 상호 모순되지 않게 해석되어야 하며, 헌법의 근본결단과 일치하면서 헌법규범의 한 측면에만 일방적으로 국한되지 않도록 해석되어야 한다.

2. 실제적 조화의 원칙

실제적 조화의 원리는 헌법의 통일성의 원리와 밀접하게 관련되어 있다. 이 원리는 헌법상 보호되는 모든 법익은 문제해결에 있어서 모두 동시에 가장 잘 실현되도록 조화적으로 균형을 이루어야 한다는 것을 말한다. 법익 상호간에 충돌이 생기는 경우 성급한 법익형량이나 추상적 가치형량에 의하여 양자택일적으로 하나의 법익만을 실현하고 다른 법익을 희생시켜서는 안 된다. 오히려 헌법의 통일성의 원리로부터 양 법익을 최대한 실현시켜야 한다는 과제가 제기된다. 실제적 조화의 원리는 대립하는 두 기본권이 충돌하는 경우에 많이 적용되는데, 예컨대 언론의 자유와 인격권이 충돌하는 경우에 양자를 동시에 최대한 보장될 수 있는 조화점을 찾는 것이 이에 해당한다. 실제적 조화의 원리에 있어서 대립하는 두 법익이 모두 잘 실현될 수 있는 경계의 설정은 구체적인 사건에서 그때그때 비례적으로 정해져야 한다.[1)]

3. 기능적 적정성의 원칙

헌법의 해석에 있어서는 국가의 기능에 혼란을 초래하여서는 안 된다. 헌법해석이 헌법이 정하고 있는 여러 국가기관이나 헌법기관 간의 기능을 서로 모순되게 하거나 침해하는 결과를 초래하여서는 안 된다. 예컨대 헌법재판소는 입법자에 대하여 통제적 기능만을 부여받고 있기 때문에 이 기능의 한계를 넘어 입법자의 형성의 자유를 제한하거나 헌법재판소 자신에 의한 형성을 초래하는 것과 같은 해석은 금지되는 것이 이에 해당한다.

4. 공동체 통합작용의 원칙

헌법은 사회공동체를 통합하는 기능을 수행하므로 헌법해석도 헌법이 공동체를 통합하는 기능을 수행할 수 있게 하는 것이어야 한다. 헌법해석이 공동체를 분열시키는 결과를 가져오게 하는 것은 어떠한 경우에도 허용되지 않는다. 그러나 통합의 과제가 아무리 중요하다고 하더라도 엄밀하게 볼 때 합헌적이라고 할 수 없는 방법으로 얻은 통합은 헌법해석의 한계를 벗어나는 것이 된다.

---

1) 계희열, 앞의 책, 82면.

5. 헌법의 규범력의 원칙

헌법해석은 헌법실현을 목적으로 하는 행위이므로 그 결과가 헌법의 규범력을 높이고 유지하는 것이어야 한다. 기본권에 관한 헌법해석뿐만 아니라 통치구조의 헌법해석에 있어서도 헌법규범의 기능적 과제가 최대한 발휘될 수 있도록 하여야 한다.

Ⅳ. 헌법해석은 법의 발견인가, 법의 창조인가?

고도의 추상성을 띤 헌법의 해석 문제에 있어서 미국의 전통적 이론으로 헌법의 해석이 '법의 발견'이냐 아니면 '법의 창조'냐에 관한 논쟁이 있다. 즉 헌법의 해석자가 여러 가지의 해석 가능성 가운데 하나의 해석을 선택할 때 그 과정은 본질적으로 이미 존재하는 법의 올바른 의미를 찾아내는 법의 발견(discover)인가, 아니면 장래를 향하여 법의 의미를 만들어내는 법의 창조(invent)인가에 관한 문제가 있다. 헌법의 해석이 법발견에 있다고 보는 입장에서는 헌법해석은 제정자의 의도에 따라 행해져야 한다고 본다(헌법제정자 의도설). 그래야만 헌법해석의 중립성과 객관성을 지킬 수 있다는 것이다. 헌법문제에 관한 판결에 있어서 헌법적 가치선택과 결정은 법원 자신의 것이 아니라 헌법제정자의 것이어야 한다는 것이다. 헌법의 해석자가 헌법제정자의 의도에 따르지 않는다면 이는 정치권력이 법제정자로부터 재판관에게 이동하는 결과를 가져온다고 본다.

반면에 헌법해석의 과정은 법의 창조라고 보는 견해에 의하면 헌법해석에 있어서 제정자의 의도를 확인하는 것은 현실적으로 매우 어려운 문제이며, 헌법이 후세 사람들이 살아갈 새로운 상황에 적응하는 살아 있는 헌법이 되기 위해서는 제정자의 의도에 구속될 필요가 없다는 것이다. 또한 헌법해석은 헌법해석자인 판사에 대한 자극과 그의 퍼스낼리티의 결합의 결과로써 결정된다고 한다. 그리고 헌법에 관한 법원칙들은 일부는 개인주의적 이념에 근거하기도 하고 다른 일부의 원칙들은 공동체주의적 이념에 근거한 것도 있기 때문에 이들 법원칙 간에는 필연적으로 근본적 모순관계가 있게 되므로 헌법해석의 체계적 일관성을 유지하는 것은 거의 불가능하게 된다고 한다. 따라서 다양한 헌법해석의 가능성 가운데 하나의 해석방법의 선택은 단지 정치적 상황에서의 그때그때의 우연에 의한 것이며 그것은 헌법해석자의 법창조행위를 의미한다는 것이다.

그러나 헌법의 해석을 단순히 법발견으로 보거나 또는 무제약적인 법창조로 보는 것은 여러 측면에서 비판을 받게 됨에 따라 헌법해석은 법발견의 성격과 법창조의 성격을 동시에 가지는 것으로 이해하는 절충적 견해가 제시되고 있다. 따라서 헌법의 해석이 해석자의 주관적 선호에 의해 정해지는 것이라고 하더라도 헌법의 의미의 객관성을 유지하기 위해서는 헌법상 상호 모순되고 대립하는 법원칙들을 비교형량하는 것이 필요하다는 것이다. 그러므로 헌법해석의 궁극적 과제는 헌법원리에 있어서 대립하고 있는 "개인주의원리와 공동체주의원리의 이익교량의 문제"라고 보는 것이다.[1]

우리 헌법재판소의 판례도 헌법해석의 창조적 기능을 인정하고 있다고 할 수 있다. 헌법재판소는 "헌법의 해석은 헌법이 담고 추구하는 이상과 이념에 따른 역사적, 사회적 요구를 올바르게 수용하여 헌법적 방향을 제시하는 헌법의 창조적 기능을 수행하여 국민적 욕구와 의식에 알맞은 실질적 국민주권의 실현을 보장하는 것이어야 한다"고 판시한 바 있다.[2]

V. 합헌적 법률해석(법률의 헌법합치적 해석)

1. 합헌적 법률해석의 개념

합헌적 법률해석은 직접적인 헌법해석의 문제라고 할 수 없으나 헌법의 해석과 밀접한 관련을 갖고 있는 문제이다. 합헌적 법률해석은 법률에 대한 위헌심사에서 주로 문제되는데, 위헌심사의 과정은 법률해석뿐만 아니라 헌법해석이 동시에 행해지기 때문이다. 합헌적 법률해석이란 하나의 법률규정이 위헌적으로 해석될 수 있는 부분과 합헌적으로 해석될 수 있는 부분이 공존하는 경우에는 그 법률규정을 헌법에 합치되도록 해석하여야 한다는 법률해석의 지침 내지 기법을 말한다. 이러한 해석지침은 미연방대법원 판례에 의해 확립되었고, 독일의 연방헌법재판소도 미국의 이 합헌성추정(presumption of constitutionality)[3] 원칙을 수용하여 일반적인 법률해석의 원리로 인식하고 있다.

우리나라의 헌법재판소와 대법원도 합헌적 법률해석의 지침을 채택하고 있다. 헌법재판소는 "일반적으로 어떤 법률에 대한 여러 갈래의 해석이 가능할 때에는 원칙적으로 헌법에 합치되는 해석을 하여야 한다. 왜냐하면 국가의 법질서는 헌법을 최고법규로 하여 그 가치질서에 의하여 지배되는 통일체를 형성하는 것이며 그러한 통일체 내에서 상위규범은 하위규범의 효력근거가 되는 동시에 해석근거가 되기 때문이다"라고 판시한 바 있다.[4]

---

1) 양건, 헌법강의(제2판), 법문사, 2011, 52면.
2) 헌재 1989. 9. 8. 88헌가6.
3) 법률의 합헌성추정의 원칙에 관한 미국 초기의 연방대법원 판례에 의하면 "입법부가 의결한 법률은 그 위헌성이 명백한 것으로 판명될 때까지는 일단 그 유효성을 추정해야 하며, 그렇게 하는 것이 입법부의 지혜와 성실 및 애국심에 대한 경의(respect due to the wisdom, integrity and patriotism of the legislative body)를 표하는 것이 된다"라고 판시한 바 있다. Ogdon v. Saunders, 12 Wheat. 213 (1827).
4) 헌재 2007. 4. 26. 2006헌가2.

합헌적 법률해석의 원칙은 헌법재판제도의 존립을 반드시 전제로 하는 것은 아니지만, 이 해석의 원칙이 확립된 것은 헌법재판제도의 성립과 발전에 기인하고 있다. 헌법재판소에 의한 법률의 위헌결정과 무효선언 등으로 입법자를 괴롭히지 않고 이러한 결정으로 야기되는 문제들을 가급적 방지하기 위해서 합헌적 법률해석의 원칙이 성립되었다.

그러나 합헌적 법률해석은 일정한 한계가 있으며, 그 남용의 위험성이 문제될 수 있다. 합헌적 법률해석은 특히 법률의 제한적 해석을 통한 한정합헌결정의 형식으로 나타나는데, 법률의 지나친 제한적 해석은 실제로 행해지고 있는 법률의 해석 및 적용과 동떨어지게 되는 경우가 있을 수 있다.

2. 이론적 근거

(1) 헌법의 최고법규성과 법질서의 통일성

합헌적 법률해석의 이론적 근거로는 먼저 헌법의 최고법규성을 들 수 있다. 헌법의 최고법규성은 헌법이 하위법의 효력의 근거가 될 뿐만 아니라 동시에 그 해석의 기준이 될 것을 요구한다. 따라서 어떤 법률규정이 합헌적인 해석과 위헌적인 해석을 동시에 가능하게 하는 다의적인 내용으로 되어 있는 경우에는 마땅히 헌법에 합치하는 해석을 택해야 한다. 또한 국가의 법질서는 헌법을 정점으로 하는 통일적인 법체계를 유지해야 하기 때문에 모든 법규범은 헌법과 합치하는 것이어야 한다.

(2) 권력분립의 원리

권력분립의 원리에 의해 입법권은 의회에 속하고 입법작용도 헌법을 실현시키는 작용이므로 입법자가 제정한 법률은 다른 국가기관에 의해 존중될 필요가 있다. 따라서 헌법재판소도 의회가 제정한 법률이 헌법에 합치되는 해석이 가능한 경우 이를 무효로 선언해서는 안 되고 합헌적 해석을 하여 이를 존중해야 한다. 특히 입법자로서의 의회는 직접적이고 강한 민주적 정당성을 갖고 있기 때문에 그러한 입법권의 행사를 다른 국가기관이 문제 삼는 것은 민주적 정당성의 관점에서도 특별히 주의해야 되는 것이다.

(3) 법적 안정성의 유지

의회가 제정하여 시행 중인 법률에 대한 위헌판단은 그동안 유지되어 온 법적 생활의 안정을 위협하고 파괴하게 되므로 합헌적 법률해석은 국민의 법적 생활의 안정성을 위해서도 불가피하다. 즉 법률의 합헌성추정의 원칙은 법적 안정성의 유지라는 관점에서도 인정되는 것이다. 헌법재판소도 "법률의 일부위헌요소 때문에 전면 위헌을 선언하는 데서 초래될 충격을 방지하고 법적 안정성을 유지하기 위해서"도 합헌적 법률해석은 필요하다고 판

시하였다.[1)]

(4) 조약의 해석과 국가간의 신뢰보호

합헌적 법률해석에 있어서 그 위헌 여부 심사의 대상이 되는 법률에는 의회가 제정한 법률뿐만 아니라 법률과 동일한 효력을 갖는 조약도 포함된다. 즉 헌법 제6조 제1항에 의해 국회의 동의를 얻어 체결·공포된 조약과 일반적으로 승인된 국제법규도 국내법(법률)과 같은 효력을 가지므로 합헌적 법률해석의 대상이 된다. 따라서 국가간의 신뢰보호 내지 신의존중을 위해서는 조약과 국제법규의 해석에 있어서 가능한 한 합헌적 법률해석이 요구된다.

3. 합헌적 법률해석의 한계

합헌적 법률해석도 무한정 허용될 수 없고 일정한 한계 내에서만 가능하다. 합헌적 법률해석의 한계로는 어의적 한계, 입법목적적 한계, 헌법수용적 한계 등이 있다.

(1) 어의적(語義的) 한계

합헌적 법률해석을 통해 법조문의 자구가 간직하고 있는 의미를 넘어서까지 해당 법조문을 합헌적으로 해석할 수 없다. 따라서 법조문의 문구가 명료하여 하나의 적용가능성만이 고려된다고 판단하면 합헌 또는 위헌만이 확인될 수 있을 뿐이지 합헌적 법률해석이 허용될 수 없다. 즉 법률의 해석은 법률의 조항의 문구가 간직하고 있는 말의 뜻을 넘어서 말의 뜻이 완전히 다른 의미로 변질되지 아니하는 범위 내여야 한다는 어의적·문리적 한계가 있다.

(2) 입법목적적 한계

입법권자가 해당 법률의 제정에 의해 추구하고 있는 명백한 법목적을 정면으로 무시한 합헌적 법률해석은 허용할 수 없다. 법률에 대한 합헌적 해석으로 전혀 새로운 목적이나 내용을 가지게 할 경우에는 위헌심사의 규범통제보다 더 강력한 입법통제적 기능을 하게 된다. 즉 법률의 해석은 입법권자가 그 법률의 제정으로써 추구하고자 하는 입법자의 명백한 의지와 입법의 목적을 헛되게 하는 내용으로 해석할 수 없다는 법목적에 따른 한계가 인정된다.

(3) 헌법수용적 한계

합헌적 법률해석은 제1차적으로 법률의 내용에 대한 해석의 문제이지만, 그 법률을 헌법적 시각에서 판단하는 것이기 때문에 그 기준이 되어야 할 헌법의 내용에 대한 해석의 문

---

1) 헌재 1990. 6. 25. 90헌가11.

제가 항상 뒤따른다. 그런데 법률에 대한 합헌적 해석은 헌법규범의 내용을 지나치게 확대해석함으로써 헌법이 정상적으로 수용할 수 있는 한계를 넘어서는 것이어서는 안 된다.

4. 합헌적 법률해석의 유형

우리 헌법재판소가 행하는 합헌적 법률해석의 유형에는 여러 가지가 있지만 전형적인 것은 한정합헌결정을 들 수 있다. 그러나 합헌적 법률해석을 넓은 의미로 이해할 경우에는 한정합헌결정 외에 한정위헌결정, 헌법불합치결정, 입법촉구결정 등까지도 그에 포함시킬 수 있다.

(1) 한정합헌결정과 한정위헌결정

한정합헌결정은 심판의 대상이 된 법률조항의 문언의 내용이 다의적으로 해석 가능한 경우에 그 질적인 축소해석으로 한정하여 해석·적용하는 한 합헌적인 법률조항이 된다는 변형주문의 결정을 말한다. 한정위헌결정은 법률조항에 대한 위헌심사의 결과로서 그 조항이 특정의 영역에서 적용되거나 또는 특정한 내용으로 해석되는 한 위헌이라는 변형주문의 결정을 말한다. 헌법재판소의 한정합헌결정의 대표적인 판례로는 "국가보안법 제7조 제1항 및 제5항은 각 그 소정행위가 국가의 존립·안전을 위태롭게 하거나 자유민주적 기본질서에 위해를 줄 명백한 위험이 있을 경우에만 축소적용되는 것으로 해석하는 한 헌법에 위반되지 아니한다"고 판단한 것을 들 수 있다.[1] 그 밖에 "군사기밀보호법 제6조, 제7조, 제10조는 동법 제2조 제1항 소정의 군사상의 기밀이 비공지의 사실로서 적법절차에 따라 군사기밀로서의 표지를 갖추고 그 누설이 국가의 안전보장에 명백한 위험을 초래한다고 볼 만큼의 실질가치를 가진 경우에 한하여 적용된다고 할 것이므로 그러한 해석하에 헌법에 위반되지 아니한다"[2]라고 결정한 것 등이 있다.

한정위헌결정을 내린 대표적인 판례로는 「헌법재판소법」 제68조 제1항(재판소원금지의 원칙)의 해석에 관한 것이다. 헌법재판소는 "헌법재판소법 제68조 제1항이 원칙적으로 헌법에 위반되지 아니한다고 하더라도, 법원이 헌법재판소가 위헌으로 결정하여 그 효력을 전부 또는 일부 상실하거나 위헌으로 확인된 법률을 적용함으로써 국민의 기본권을 침해한 경우에도 법원의 재판에 대한 헌법소원이 허용되지 않는 것으로 해석한다면, 위 법률조항은 그러한 한도 내에서 헌법에 위반된다"고 판단하여 한정위헌결정을 하였다.[3]

헌법재판소는 한정합헌결정과 한정위헌결정은 서로 표리관계에 있는 것이어서 실제적

1) 헌재 1990. 4. 2. 89헌가113.
2) 헌재 1992. 2. 25. 89헌가104.
3) 헌재 1997. 12. 24. 96헌마172등.

으로 차이가 있는 것은 아니라고 한다. 합헌적인 한정축소해석은 위헌적인 해석가능성과 그에 따른 법적용을 소극적으로 배제하는 것이고, 적용범위의 축소에 의한 한정적 위헌선언은 위헌적인 법적용 영역과 그에 상응하는 해석가능성을 적극적으로 배제한다는 뜻에서 차이가 있을 뿐, 본질적으로 다 같은 부분위헌결정을 의미한다고 본다.[1]

그러나 이러한 헌법재판소의 견해에 대해 찬동할 수 없다는 입장도 있다. 즉 한정합헌결정과 한정위헌결정은 구조적으로 다르기 때문에 서로 바꿀 수 있는 내용의 결정유형이 아니라고 한다. 한정합헌결정이건 한정위헌결정이건 헌법재판소는 당해 사건에서 법률의 적용과 관련하여 필요한 범위 내에서만 합헌 또는 위헌의 판단을 하는 것이기 때문에 나머지 부분에 대해서는 두 경우에 모두 판단을 유보한 것이라고 한다.[2] 또 다른 견해로는 한정합헌결정의 경우에는 합헌으로 해석되는 부분의 나머지 부분이 위헌으로 해석되는 부분이지만, 한정위헌결정의 경우에는 위헌으로 해석되는 부분의 나머지 부분은 위헌이 아니라는 것일 뿐이고 합헌으로 해석되는 것으로 확정되지 않는다는 견해도 있다.[3]

한정위헌결정과 관련하여 헌법재판소는 '조건부' 위헌결정의 형식을 취한 경우도 있다. 헌법재판소는 구 국회의원선거법 제55조의3과 제56조가 정당추천후보자에게 무소속후보자에 비해 정당연설회를 할 수 있도록 하고 소형인쇄물을 2종 더 배부할 수 있도록 규정한 것에 대한 헌법소원심판에서 "당해 지역구에서 정당이 그와 같은 정당연설회를 개최하거나 소형인쇄물을 제작·배부하는 경우에는, 무소속후보자에게도 각 그에 준하는 선거운동의 기회를 균등하게 허용하지 아니하는 한 헌법에 위반된다"고 하는 주문형식의 이른바 조건부 위헌결정을 내린 바 있다.[4] 그러나 이러한 조건부위헌결정은 심판대상의 법조문을 축소 내지 제한하여 해석한 것이 아니라 오히려 확대해석한 결과로서 합헌적 법률해석의 범위를 벗어난 것이라는 점에서 비판이 있다.[5]

(2) 헌법불합치결정

헌법불합치결정은 비록 위헌성이 인정되는 법률이라 하더라도 위헌결정을 하는 경우 입법자의 입법형성권을 침해할 우려가 있거나 또는 법적 공백이나 혼란을 초래할 우려가 있는 등 특별한 헌법적 사유가 있을 때에는 예외적으로 위헌결정을 피하고 심판대상규범의 위헌성만을 확인하는 결정유형을 말한다. 즉 단순위헌의 결정을 하여 그 결정이 있은 날로부터 법률의 효력을 즉시 상실하게 하는 하나의 극에서부터 단순합헌의 결정을 하여 법률

1) 헌재 1997. 12. 24. 96헌마172.
2) 허영, 헌법소송법론, 박영사, 2009, 244면.
3) 정종섭, 헌법소송법, 박영사, 2004, 344면.
4) 헌재 1992. 3. 13. 92헌마37등.
5) 허영, 한국헌법론, 박영사, 2009, 836면.

의 효력을 그대로 유지시키는 또 하나의 극 사이에서, 문제된 법률의 효력상실의 시기를 결정한 날로부터 곧바로가 아니라 새 법률이 개정될 때까지 일정 기간 뒤로 미루는 방안을 택하는 형태의 결정주문을 헌법재판소는 '헌법에 합치하지 아니한다'로 표기하고 있다.[1] 따라서 헌법불합치결정은 명시적으로 무효의 효과를 가져 오는 것은 아니지만 위헌임을 선언한 점에서 합헌적 법률해석과 구별된다고 할 수 있다. 헌법재판소는 헌법불합치결정을 내리는 경우 일정 기간 내에 국회의 입법개선이 있기까지 그 법률의 적용을 중지하는 입장을 취하거나 또는 잠정적용을 허용하는 입장을 취하고 있다.

(3) 입법촉구결정

입법촉구결정은 위헌이라고 할 수 없지만 장래에 위헌으로 될 소지가 있는 경우에 법률의 개정이나 보완을 촉구하는 결정형식을 말한다. 우리나라에서는 헌법불합치결정에 따른 부수적 주문으로 선고된 바는 있어도 '아직은 합헌'이라는 본래적 의미의 입법촉구결정을 내린 적은 없다.

1) 헌재 1989. 9. 8. 88헌가6.

제 4 장 헌법의 수호

Ⅰ. 헌법수호의 의의

1. 헌법수호의 개념

헌법의 수호(Verfassungsschutz) 또는 헌법의 보장이란 헌법의 침해나 파괴로부터 헌법의 규범력과 실효성을 확보하기 위하여 위헌적인 행위를 사전에 방지하거나 사후에 배제하는 제도를 말한다. 즉 헌법 적대적 시도로부터 헌법의 기능이나 최고법규성이 상실되지 않도록 헌법을 방어하고 보호하는 제도를 의미한다.

헌법의 수호는 개념상 국가의 존립 자체를 수호하는 국가의 수호와 구별되지만, 헌법수호의 보호대상에는 국가수호가 포함되는 광의의 개념으로 이해할 수 있다. 헌법은 국가의 존재를 전제로 하여 국가공동체의 특정한 형태와 기본질서를 확정하는 것이기 때문이다. 따라서 헌법의 수호는 헌법의 규범력과 실효성 보장뿐만 아니라 국가의 존립을 보호하는 것으로 이해할 수 있으며, 헌법수호의 핵심적 보호대상은 헌법제정권자의 정치적 결단에 해당하는 헌법의 근본적 가치질서와 기본원리를 의미하게 된다. 대한민국 헌법의 경우 헌법수호의 궁극적 대상 내지 보호법익은 자유민주적 기본질서이다.

2. 헌법의 수호자

(1) 헌법수호자에 관한 슈미트와 켈젠의 논쟁

헌법의 수호자 논쟁은 헌법의 규범력이 정치적·사회적 상황에 의해 위협받는 경우에 누가 헌법의 규범력 수호에 최종적 책임을 지는가에 관한 논쟁을 말한다. 근대적인 헌법수호자 논쟁은 1791년 프랑스헌법의 제정에서부터 시작되었지만, 1930년대 독일의 칼 슈미트(C. Schmitt)와 오스트리아의 한스 켈젠(Hans Kelsen) 간의 논쟁이 유명하다. 슈미트는 헌법의 수호자 역할은 국민에 의해 선출된 중립적 권력으로서 대통령에게 담당시켜야 한다고 하고, 의회는 정당의 각축적인 무대에 불과하고 사법부도 헌법수호에 소극적이며 각 정당의 자의적인 해석의 대변인에 불과하다고 하였다(C. Schmitt, Der Hüter der Verfassung, 1931). 이에 대하여 켈젠은 대통령, 의회, 헌법재판소 모두가 헌법의 수호자가 되지만, 대통령이나 의회는 헌법을 침해할 법적 기회와 정치적 충동을 가지게 되므로 헌법재판소가 특히 헌법보장기능을 담당해야 한다고 주장하였다(H. Kelsen, Wer soll der Hüter der Verfassung sein?, 1931).

(2) 최후의 헌법수호자는 국민

헌법의 제1차적 수호자는 모든 국가기관이다. 대통령과 의회, 사법부는 헌법상 수권된 권한을 행사하는 데 있어 헌법을 준수하고 수호해야 할 책임을 진다. 또한 하나의 국가기관은 다른 국가기관의 권력을 통제하면서 헌법을 수호하게 된다.

그러나 최종적인 헌법의 수호자는 주권자인 국민의 헌법수호 의식이라고 할 수 있다. 결국 헌법의 수호는 헌법보장제도와 함께 최종적으로는 국민이 헌법을 존중하고 수호하려는 '헌법에의 의지'가 있을 때 비로소 그 실효성을 거둘 수 있는 것이다. 최후의 헌법의 수호자로서 국민이 할 수 있는 역할은 저항권의 행사인 것이다.

Ⅱ. 헌법수호의 유형과 방법

1. 평상시의 헌법보장제도

(1) 사전 예방적 헌법보장

법적 제도에 의한 예방적 헌법보장의 방법으로는 헌법의 최고법규성 선언, 헌법준수의 무의 선서, 국가권력의 분립, 헌법개정의 곤란성(경성헌법주의), 공무원의 정치적 중립성 보장, 방어적 민주주의에 의한 정당해산제도의 채택 등을 들 수 있다.

(2) 사후 교정적 헌법보장

헌법이 현실적으로 침해된 경우에 그 침해행위를 배제하거나 그 효력을 부인함으로써 헌법의 최고법규성과 규범력을 확보하는 방법으로는 위헌법령심사제, 헌법소원제도, 고위공직자에 대한 탄핵제도, 위헌정당의 강제해산제, 공무원책임제, 각료의 해임건의제 등이 있다.

2. 비상적 헌법보장제도

국가가 비상사태에 처한 경우에 평상시의 통상적 헌법수호제도로는 헌법의 수호가 불가능한 때에 이용되는 특수한 헌법수호제도로서 국가긴급권과 국민의 저항권행사를 들 수 있다.

Ⅲ. 국가긴급권

1. 국가긴급권의 의의

국가긴급권(emergency power, Staatsnotrecht)이란 전쟁, 내란, 경제공황 등과 같이 국가의 존립이나 헌법질서를 위태롭게 하는 비상사태가 발생하여 정부가 평상시의 입헌주의적 통치기구로써는 대처할 수 없는 경우에 국가의 존립과 헌법질서를 보전하기 위하여 필요한 조치를 취할 수 있는 비상적·예외적 권한을 의미한다. 즉 평상시의 법치국가적 기구는 국가적 위기에 처할 경우 이에 적절하게 대응할 수 있는 기능을 가지지 못하므로 비상적 사태하에서의 국가적 위기를 극복하기 위해서는 비상적 조치가 강구되어야 한다는 것이 국가긴급권이론이다.

우리 헌법은 건국헌법 이래 국가긴급권을 인정하여 왔으며, 현행헌법상 국가긴급권으로 대통령의 긴급명령권, 긴급재정경제처분·명령권(제76조)과 계엄선포권(제77조)을 규정하고 있다.

2. 국가긴급권의 연혁

영국에서는 전통적으로 국가적 위기를 극복하기 위한 긴급권이 국왕의 당연한 권한으로 인정되어 왔으며, 양차대전을 전후하여 긴급권법, 국방법, 병역법 등의 의회 제정법을 통해 긴급권을 규정하였다. 미국의 경우는 입법에 의해서가 아니라 정치적 관행에 의해 긴급권을 인정하고 있다. 양차대전과 경제공황 등을 거치면서 국가적 위기 극복의 권한이 대통령에게 집중적으로 위임되었다. 독일은 바이마르헌법에서 긴급권을 성문화하였고, 전후 독일기본법은 1968년 헌법개정을 통해 긴급권을 규정하게 되었다. 프랑스 제5공화국헌법은 대통령의 비상적 권한행사, 계엄선포권 등의 국가긴급권을 규정하고 있다.

3. 국가긴급권의 이론적 근거

(1) 합헌적 긴급권의 이론적 근거

민주국가의 헌법에서 합헌적 국가긴급권을 제도화하는 이론적 근거로는 첫째, 평상시의 법치주의 통치기구는 국가적 위기에 적절히 대응할 수 있는 기능을 가지고 있지 못하다는 것이다. 둘째, 따라서 예외적 비상수단이 요구되는 상황을 예측하여 미리 헌법체계 속에 합법적 제도로서 예정해 두는 것이 헌법을 유린하거나 파괴함이 없이 평상시 통치체제를 비상시 체제로 전환할 수 있기 때문에 합목적적이다. 셋째, 예외적 비상수단을 헌법에 실정화함으로써 '합헌적 독재'(constitutional dictatorship)의 권력행사를 인정해 주는 대신, 입헌주의를 수호하기 위하여 그 발동요건, 기간, 방식 등을 규정함으로써 무제약적 긴급권의 남용을 방지할 수 있다는 것이다. 이러한 합헌적 독재의 이론은 1960년대 로시터(C. Rossiter)에 의해 체계화되어 각국 헌법에서 국가긴급권의 제도화에 영향을 미치게 되었다.[1]

(2) 초헌법적 긴급권의 인정 여부

헌법에 명문규정이 없는 초헌법적 긴급권의 행사에 대하여는 그것이 헌법을 파괴하거나 침해하는 것이므로 어떠한 긴급상황에 의해서도 정당화될 수 없다는 부정론의 입장과, 국가의 존립이나 헌법질서를 유지하기 위해서는 헌법에 위반되는 비상수단이더라도 정당화될 수 있다는 긍정론이 대립하고 있다. 생각건대 입헌주의와 법치주의를 고집하게 되면 초헌법적 긴급권은 허용될 수 없으나, 헌법질서 전반이 위기에 처해 있는 극한상황에서의 초헌법적 긴급권은 법리에 의해서가 아니라 합목적적인 관점에서 정당화될 수 있다고 본다.[2]

초헌법적 국가긴급권과 관련하여 헌법재판소는 1971년 12월 제정된「국가보위에 관한 특별조치법」(1981. 12. 폐지)에 대하여 헌법을 부정하고 파괴하는 반입헌주의, 반법치주의의 위헌법률이라고 판단한 바 있다.[3]

4. 국가긴급권의 한계

국가긴급권은 입헌주의 자체를 파괴할 위험이 있는 것이므로 일정한 내재적 한계가 인정된다. 첫째, 목적상의 한계로서 긴급권은 국가의 존립, 입헌주의 체제의 유지, 국민의 기본권을 수호하기 위한 것이어야 하며, 둘째, 시간상의 한계로서 비상사태에 대처하기 위한 일시적·임시적인 것이어야 한다. 셋째, 상황상의 한계로서 통상의 헌법절차로는 극복할 수 없는 비상사태가 발생하고 긴급권의 발동이 절대로 필요한 경우임이 객관적으로 납득되어야 한다. 넷째, 내용적 한계로서 긴급권은 최소한의 기본권침해를 내용으로 하는 것이어야 하고 부득이 기본권을 제한하는 경우에도 과잉금지의 원칙이 적용되어야 한다.

헌법재판소는 국가긴급권의 한계에 관하여 "국가긴급권은 국가의 존립이나 헌법질서를 위태롭게 하는 비상사태가 발생한 경우에 국가를 보전하고 헌법질서를 유지하기 위한

---

1) C. Rossiter, *Constitutional Dictatorship –Crisis in the Modern Demdcracies–*, 1963.
2) 권영성, 헌법학원론, 법문사, 2010, 71면.
3) 헌재 1994. 6. 30. 92헌가18.

헌법보장의 한 수단이지만, 평상시의 헌법질서에 따른 권력 행사방법만으로는 대처할 수 없는 중대한 위기상황에 대비하여 헌법이 중대한 예외로서 인정한 비상수단이므로, 헌법이 정한 국가긴급권의 발동요건·사후통제 및 국가긴급권에 내재하는 본질적 한계는 엄격히 준수되어야 한다"고 판시하였다.[1)]

5. 국가긴급권에 대한 통제

국가긴급권의 남용을 방지하기 위하여 일정한 제도적 장치가 요구된다. 즉 긴급권의 목적, 조건, 절차 등을 실정화하고, 의회의 사전승인을 얻게 하거나 사후에 의회나 법원에 의하여 심사하게 함으로써 통제할 수 있다. 최종적인 통제수단은 국민의 감시와 비판, 헌법수호의 의지에 있다.

Ⅳ. 저항권

1. 저항권의 의의

(1) 저항권의 개념

저항권(right of resistance, Widerstandsrecht)은 국가권력에 의한 헌법침해에 대하여 주권자인 국민에게 허용된 최후의 초헌법적인 헌법수호의 수단을 말한다. 저항권은 다른 법적 구제수단이 없는 경우에 한하여 최후의 비상수단으로 발동된다(보충성과 최후수단성). 즉 저항권은 국가권력에 의해 헌법과 국가가 부정되고 파괴되는 경우에 국민이 국가를 대신해서 헌법과 국가를 불법상태에서 구조하는 '헌법긴급구조'로서의 성질을 가진다.

(2) 저항권과 시민불복종의 구별

저항권의 행사는 시민불복종(civil disobedience)과 구별된다. 시민불복종은 통상 국가의 법률이나 정책결정에 변경을 가져올 것을 의도하면서 국가권력에 저항하는 점에서 저항권과 유사하지만, 권력의 정당성은 인정하면서 그 행사의 불법성 또는 부당성을 알리기 위한 것이라는 점에서 저항의 상대방을 제거하는 것을 목적으로 하는 저항권과 구별된다. 또한 시민불복종은 폭력적 방법이 허용되지 않는다는 점에서 그 수단에 한계가 없는 저항권과 다르며, 시민불복종은 처벌을 받는 것을 감수함으로써 국가권력 행사의 불법성과 부당성을 바로잡고자 하는 정치적 행위로서 위법성이 조각되지 않는다는 점에서 저항권과 구별된다.

---

1) 헌재 2015. 3. 26. 2014헌가5.

2. 저항권의 연혁

근대적 의미의 저항권사상은 로크의 자연권사상과 사회계약이론(신탁 내지 위임계약)에 기초하고 있다. 이러한 사상에 근거하여 1776년 미국 독립선언과 버지니아 권리선언 및 각 주의 권리장전에 저항권에 관한 규정을 두었다. 프랑스는 1789년 인권선언(제2조)에 국민의 저항권을 명문화하였으며, 1793년 헌법에서는 "정부가 국민의 권리를 침해할 때 저항하는 것은 국민의 신성한 권리이며 의무이다"라고 규정하였다. 독일 기본법은 1968년 제17차 헌법개정을 통해 저항권을 명문화하게 되었다. 기본법 제20조 제4항은 "모든 독일인은 자유민주적 기본질서를 제거하려고 시도하는 모든 자에 대하여 다른 구제수단이 없는 경우에는 저항할 권리를 갖는다"고 규정하고 있다.[1)]

3. 저항권의 법적 성격

저항권은 헌법보장을 위한 수단임과 동시에 기본권의 일종으로 보아야 한다. 기본권으로 보는 경우에도 자연권으로 보는 입장과 실정권으로 보는 입장으로 갈리고 있다. 자연권설에 의하면 저항권은 기본적으로 인간의 자기수호의 본성에 근거하고 있으며 헌법에 저항권을 규정하고 있더라도 그것은 자연권을 확인한 것에 불과하다고 한다(통설). 실정권설은 저항권은 시민혁명의 과정에서 생겨난 이데올로기적 이념에 가까우며 이미 국민주권이 확립되고 국가의 권력통제를 위한 각종 장치들이 마련된 이상 성문헌법에서 명문으로 저항권을 규정하고 있지 않는 한 저항권은 인정할 수 없다고 한다. 초실정법적 저항권을 부인하는 논리는 저항권행사의 정당성 여부에 대한 권위적인 심판기관이 없는 이상 저항권을 인정한다는 것은 결국 무질서를 초래하는 결과밖에 안 된다는 생각이 저변에 깔려 있다고 할 수 있다.

생각건대 근대적 입헌주의헌법의 국민주권과 인간의 존엄성 존중의 이념 및 기본권보장의 원리에 비추어 볼 때 저항권은 헌법에 명문규정을 두고 있지 않더라도 국민의 자연권으로서 인정되는 것이라고 할 수 있다. 저항권은 보충성과 최후수단성을 특징으로 하는 것으로 이 점에서 저항권행사에 대한 권위적인 심판기관을 상정할 수 없는 것이다. 따라서 저항권은 그 본질상 초실정법적으로 인정될 수밖에 없다는 통설적 견해가 타당하다고 할 것이다.[2)]

---

1) 독일 연방헌법재판소 판례: BVerfGE 5, 85. "명백한 불법정부에 대한 저항권은 현대적 법률관에 의할 때 당연한 것으로 인정된다. 불법정부에 대해서는 통상의 법적 수단이 무용지물임을 경험으로 알고 있기 때문이다. … 저항권은 법질서의 유지 또는 회복을 위한 헌법수호수단이라는 보수적인 의미로만 인정될 수 있다. 그리고 저항권을 가지고 대항할 수 있는 불법은 명백한 것이어야 한다."

2) 초실정법적 저항권을 인정하는 견해에 의하면 저항권을 헌법전에 실정법화하는 것은 규범화될 수 없는 것을

4. 저항권 행사의 요건

저항권은 현재의 권력적 지배에 대한 실력에 의한 저항이므로 질서착란의 위험이 수반된다. 따라서 저항권의 행사의 요건으로는 첫째, 헌법상의 기본질서(자유민주주의)와 기본권 보장체계에 대한 중대한 침해가 행하여짐으로써 헌법질서 자체가 전면적으로 부인되는 경우라야 한다. 둘째, 공권력행사의 불법이 객관적으로 명백한 경우라야 하며, 셋째, 헌법이나 법률에 규정된 일체의 헌법수호 수단이 이미 유효한 수단이 될 수 없어서 저항권만이 보충적으로 행사되어야 하고 그것이 최후의 수단으로 허용되어야 하는 경우라야 한다.[1)]

그리고 저항권은 헌법침해상태를 제거하고 기존 헌법질서를 회복하는 소극적 목적에 국한되는 것이므로 새로운 헌법질서나 국가질서를 수립하기 위한 적극적 목적을 달성하는 수단으로 저항권을 행사하는 것은 인정되지 않는다.

5. 한국헌법과 저항권

현행 헌법에는 저항권에 관한 명문규정이 없다. 다만 1987년 개헌과정에서 헌법 전문에 "불의에 항거한 4·19 민주이념을 계승하고"라는 문구를 추가함으로써 저항권에 관한 완곡한 표현을 넣게 되었다고 할 수 있다. 그러나 저항권은 자연법상의 권리로 이해되고 있으며, 헌법 제37조 제1항의 헌법에 열거되지 아니한 기본권 존중 조항에 비추어 우리 헌법의 해석상 저항권을 국민의 기본권으로 인정할 수 있다고 본다. 판례의 태도를 보면 대법원은 저항권을 인정하지 않고 있으며, 헌법재판소는 현행 헌법상 저항권이 인정된다고 판시하지는 않았으나 저항권의 개념을 인정한 바 있다. 대법원은 "현대 입헌 자유민주주의 국가의 헌법이론상 자연법에서 우러나온 자연권으로서의 소위 저항권이 헌법 기타 실정법에 규정되어 있든 없든 간에 엄존하는 권리로 인정되어야 한다는 논지가 시인된다 하더라도 그 저항권이 실정법에 근거를 두지 못하고 오직 자연법에만 근거하고 있는 한 법관은 이를 재판규범으로 원용할 수 없다고 할 것인바, 헌법 및 법률에 저항권에 관하여 아무런 규정없는 우리나라의 현 단계에서는 저항권이론을 재판의 근거규범으로 채용, 적용할 수 없다"고 판시한 바 있다.[2)] 헌법재판소는 저항권에 관하여 "국가권력에 의하여 헌법의 기본원리에 대

규범화하는 무리한 시도가 된다고 하며, 자유로운 인간 양심의 결정을 법조문이 명령할 수 없는 것처럼 국가에 대한 저항권의 행사도 국가가 헌법조문으로 규정할 수 있는 성질의 것이 아니라고 한다. 허영, 한국헌법론, 박영사, 2009, 87-88면.

1) 저항권 행사요건으로 보충성과 최후수단성과 함께 '성공가능성'을 3요건으로 드는 견해가 있다. 이 견해는 1960년대 초 독일의 연방헌법재판소 판례에 따른 것이나 저항권행사의 요건을 지나치게 엄격하게 해석하는 것으로 학계로부터의 비판을 받아왔으며 그 후 이 견해는 사실상 포기되었다고 할 수 있다.

2) 대판 1980. 5. 20. 80도 306. 이 사건에서 대법원 소수의견은 "저항권은 헌법에 명문화되어 있지 않았더라도 일종의 자연법상의 권리로서 이를 인정하는 것이 타당하다 할 것이고 이러한 저항권이 인정된다면 재판규범으로서의 기능을 배제할 근거가 없다"는 입장을 제시하였다.

한 중대한 침해가 행하여지고 그 침해가 헌법의 존재 자체를 부인하는 것으로서 다른 합헌적인 구제수단으로는 목적을 달성할 수 없을 때에 국민이 자기의 권리·자유를 지키기 위하여 실력으로 저항하는 권리"라고 정의하고, 국회법 소정의 협의 없는 개의시간의 변경과 회의일시를 통지하지 아니한 입법과정의 하자는 저항권 행사의 대상이 되지 아니한다고 판시하였다.[1)]

V. 방어적 민주주의

1. 방어적 민주주의의 의의

방어적 민주주의 이론은 국가권력에 의한 헌법침해의 경우가 아닌 개인이나 단체에 의한 상향적 헌법침해에 대하여 헌법을 수호하기 위한 헌법내재적 수단 내지 제도적 장치의 이론적 근거로서 형성된 개념이다. 즉 방어적 민주주의(streitbare Demokratie)란 민주주의의 이름으로 민주주의 자체를 파괴하거나 자유의 이름으로 자유의 체계를 말살하려는 헌법질서의 적을 효과적으로 방어하고 그 민주주의의 적에 투쟁하기 위한 자기방어적 민주주의를 말한다.

방어적 민주주의이론은 1930년대 독일의 나치스의 집권과 바이마르공화국의 붕괴를 경험하면서 기존의 형식적 민주주의와 가치상대주의적 관용에 대한 반성에서 주장되었으며, 제2차 대전 후 독일 기본법은 방어적 민주주의 이론에 근거하여 기본권상실제도와 위헌정당해산제도를 도입하게 되었다.

2. 방어적 민주주의의 성격

방어적 민주주의는 민주주의 또는 자유를 일정한 가치질서와 결부시키는 특별한 가치관의 입장에서 수용할 수 있는 이론으로, 이는 민주주의와 자유를 어떠한 내용의 가치질서로 채워도 무방한 것으로 인식하는 가치상대주의적 입장에서는 수용할 수 없는 이론이다. 따라서 방어적 민주주의는 가치구속적 내지 가치지향적 민주주의의 성격을 지닌다고 할 수 있다.

방어적 민주주의는 민주주의에 내포된 일정한 가치질서로서 국민주권원리와 자유민주주의를 스스로 방어하기 위한 투쟁적 보호수단을 헌법 자체에 마련해 놓고 있다는 점에서 '투쟁적 민주주의'라고도 불려지고 있다.

---

1) 헌재 1997. 9. 25. 97헌가4.

3. 방어적 민주주의의 구체적 제도

(1) 기본권상실제도

기본권상실(실효)제도란 특정인이나 특정 조직이 헌법적 질서를 파괴하기 위한 그릇된 목적으로 기본권을 악용하는 경우에 헌법재판절차에 따라 헌법상 보장된 기본권을 그들에 한하여 상실시킴으로써 헌법질서의 적으로부터 헌법을 수호하는 제도를 말한다. 독일 기본법 제18조는 기본권상실제도에 관하여 "표현의 자유, 특히 출판의 자유, 교수의 자유, 집회의 자유, 결사의 자유, 신서·우편·전신·전화의 비밀, 재산권 또는 망명자비호권을 자유민주적 기본질서를 공격하기 위하여 남용하는 자는 이러한 기본권을 상실한다. 상실과 그 정도는 연방헌법재판소에 의하여 선고된다"라고 규정하고 있다.

(2) 위헌정당해산제도

위헌정당해산제도는 헌법상의 자유민주적 기본질서를 폐제 또는 침해할 목적으로 결성하거나 활동하는 헌법 적대적 정당을 일정한 헌법소송절차를 통해 강제해산시키는 제도를 말한다. 이 제도는 정당의 형태로 조직된 헌법의 적을 사전예방적·사후진압적 차원에서 제거하기 위한 방어적 민주주의의 핵심적 수단을 의미한다. 독일 기본법 제21조 제2항은 위헌정당해산제도를 명문화하여 "정당의 목적이나 당원의 활동으로 자유민주적 기본질서를 침해 또는 폐제하려 하거나 독일연방공화국의 존립을 위태롭게 하는 정당은 위헌이다. 그 위헌 여부는 연방헌법재판소가 판단한다"라고 규정하고 있다.[1] 우리 헌법도 이 위헌정당해산제도를 수용하여 제8조 제4항에 "정당의 목적이나 활동이 민주적 기본질서에 위배될 때에는 정부는 헌법재판소에 그 해산을 제소할 수 있고, 정당은 헌법재판소의 심판에 의하여 해산된다"고 규정하고 있다.

(3) 한국헌법과 방어적 민주주의

우리 헌법은 방어적 민주주의의 입장에서 헌법을 수호하기 위한 구체적 제도로서 위헌정당해산제도를 채택하고 있으며(제8조 제4항), 독일 기본법상의 기본권상실제도는 채택하고 있지 아니하다. 헌법재판소는 2014년 12월 19일 헌정사상 최초의 위헌정당해산심판 사건인 통합진보당 해산청구 사건에서 피청구인 통합진보당을 해산하고 그 소속 국회의원의 의원직을 상실한다는 결정을 선고하였다. 이 사건에서 헌법재판소는 "피청구인이 북한식

---

1) 헌법상 위헌정당해산제도에 의하여 독일(구 서독)은 1950년대 두 차례에 걸쳐 정당의 강제해산이 행해진 바 있다. 독일연방헌법재판소는 1952년의 사회주의국가당(SRP)과 1956년의 독일 공산당(KPD)에 대하여 그 정당의 목적이나 활동이 기본법 제21조 제2항의 자유민주적 기본질서를 침해하는 위헌정당으로 규정하여 강제해산을 선고하고 그 소속 의원의 의원직을 박탈하였다. BVerfGE 2, 1: BVerfGE 5, 85.

사회주의를 실현한다는 숨은 목적을 가지고 내란을 논의하는 회합을 개최하는 등 활동을 한 것은 헌법상 민주적 기본질서에 위배되고 이러한 피청구인의 실질적 해악을 끼치는 구체적 위험성을 제거하기 위해서는 정당해산 외에 다른 방법이 없으며, 피청구인에 대한 해산결정은 비례의 원칙에도 어긋나지 않고 위헌정당의 해산을 명하는 비상상황에서는 국회의원의 국민대표성은 희생될 수밖에 없으므로 피청구인 소속 국회의원의 의원직 상실은 위헌정당해산제도의 본질로부터 인정되는 기본적 효력"이라고 판시하였다.[1]

그리고 방어적 민주주의와 관련하여 헌법 제37조 제2항의 일반적 법률유보조항을 생각해 볼 필요가 있다. 동 조항은 "국민의 모든 자유와 권리는 국가안전보장·질서유지 또는 공공복리를 위하여 법률로써 제한할 수 있으며"라고 하여 기본권제한의 사유로서 국가안전보장과 질서유지 또는 공공복리를 규정하고 있는데, 여기의 질서유지에는 헌법의 기본질서로서 자유민주적 기본질서를 포함하는 것으로 해석할 수 있기 때문에 이 조항은 기본권의 주체가 되는 개인 또는 단체가 민주주의를 부정하는 경우에 그 기본권제한을 정당화하는 근거가 될 수 있다. 그렇게 본다면 헌법 제37조 제2항은 방어적 민주주의이론과 일정한 관련성을 갖는다고 할 수 있다.

헌법재판소도 구 '국가보안법' 제7조 제1항 및 제5항과 개정 「국가보안법」 제6조 제1항, 제7조 등에 대한 위헌심판에서 방어적 민주주의를 전제로 하여 한정합헌결정을 내린 바 있다. 즉 국가보안법상의 반국가단체에 대한 찬양·고무·동조 등의 행위를 처벌하는 것은 "국가의 존립·안전을 위태롭게 하거나 자유민주적 기본질서에 위해를 줄 경우에 적용된다고 할 것이므로 이러한 해석하에 헌법에 위반되지 아니한다"고 판시하였다.[2]

4. 방어적 민주주의의 한계

방어적 민주주의 이론은 헌법의 수호를 위한 목적에서 정당화되는 것이지만 이를 지나치게 확대하여 적용하는 경우에는 오히려 민주주의의 본질 자체를 부정하거나 정당의 자유와 정당국가적 원리를 침해하게 되는 위험이 있을 수 있다. 따라서 위헌정당해산제도는 신중을 기하여 현실적으로 불가피한 최소한의 경우에만 적용되어야 하며, 야당을 탄압하는 수단으로 정당강제해산제도가 악용되어서는 안 된다.

따라서 방어적 민주주의는 헌법수호를 위한 소극적이고 방어적 수단이 되어야 하며, 적극적이고 공격적인 것이어서는 안 된다. 방어적 민주주의를 위한 국가적 개입과 기본권제한도 과잉금지의 원칙에 따라 필요최소한에 한정되어야 함은 물론이다.

---

1) 헌재 2014. 12. 19. 2013헌다1.
2) 헌재 1990. 4. 2. 89헌가113; 헌재 1997. 1. 16. 92헌바6등.

제2편

한국헌법 총론

제 1 장 대한민국헌법의 제정과 개정

Ⅰ. 대한민국헌법 제정 전사(前史)

1. 대한제국 국제

1948년 대한민국헌법 제정 이전 구한말 시대의 최초의 성문헌법에 해당하는 것으로는 1899년의 대한제국 국제(大韓帝國 國制)를 들 수 있다. 이 대한제국 국제는 국호를 조선(朝鮮)에서 대한제국으로 개칭하고 국가형태를 전제군주국으로 천명한 흠정(欽定)헌법의 성격을 갖는 것이었다. 흠정헌법이란 군주주권의 사상을 바탕으로 군주가 제정한 헌법을 말한다. 대한제국 국제를 제정하기 2년전인 1897년 10월 고종은 황제즉위식을 거쳐 국왕에서 황제로 승격하면서 국호를 '대한'(大韓)으로 선포하였으며, 1899년 8월 17일 최초의 흠정헌법을 제정·공포한 것이다. 대한제국의 헌법은 국민의 기본권보장과 권력분립제 등을 전혀 규정하지 않아서 근대적 입헌주의헌법으로 볼 수 없다. 다만 대한제국 국제 제1조에 "대한국은 세계가 공인한 자주독립의 황제국이다"라고 하고, 제2조에 "대한국 정치는 오백년을 이어 왔으며 만세불변할 전제정치다"라고 규정하여 만세불변의 자주독립제국으로서 의지를 국내외에 천명한 점에서 의미가 있다고 할 수 있다. 그러나 이러한 대한제국의 헌법은 제3조에 "대한국 대황제는 무한한 군권을 누린다"고 하여 철저한 군주주권과 전제군주제를 채택하였으나 대한제국은 얼마 못가 1910년 한일합방으로 주권을 상실하게 되었다.

2. 상해 임시정부헌법의 제정

1910년 한일합방으로 대한제국은 주권을 상실하게 되었으나, 1919년 우리 민족은 거족적이고 전국적인 3·1 독립운동을 전개하였고 그 역사적 산물로서 상해(上海)에 대한민국 임시정부가 구성되었으며, 1919년 4월 13일 임시정부 헌법인 '대한민국 임시헌장'(大韓民國 臨

時憲章)이 제정되었다. 이 임시정부 헌법은 비록 완전한 형태의 독립국가 헌법이라고 할 수 없지만 우리나라 최초의 근대적 입헌주의헌법의 성격을 갖는 것이라 할 수 있다. 임시정부 헌법은 국호를 '대한민국'으로 칭하고 국가형태를 '민주공화제'로 규정하였으며 국무총리를 임시정부의 수반으로 하였다. 기본권보장에 관하여 평등권, 종교의 자유, 언론의 자유, 이전의 자유, 신체의 자유, 소유권, 선거권 등을 규정하였다.

3·1운동 이후 임시정부는 상해 임시정부 외에도 러시아 연해주의 대한국민의회(大韓國民議會)와 서울의 한성정부(漢城政府)가 사실상의 정부조직으로 수립되었으나 이들은 1919년 9월 상해 임시정부에 통합되었으며, 대한제국 임시헌장도 보다 완전한 형태의 헌법인 '대한제국 임시헌법'으로 개정되었다. 이렇게 수립된 대한민국 임시정부는 1945년 11월 조국에 환국될 때까지 단일의 독립운동추진기구로서 한민족의 정신적 대표기관의 지위를 유지해 왔다.

임시정부 헌법은 형식적으로는 국가의 기본법의 성격을 갖는 것이었으나 실질적으로는 독립된 국가의 통치구조를 규정한 것이라고 보기 어려우며, 그것은 국가의 독립을 위한 조직적 저항운동단체의 기본법으로서의 성격을 갖는다고 보는 것이 타당하다. 학계에서도 임시정부헌법은 통상적인 국가의 헌법이 아니며 장래에 국가를 수립할 것을 목표로 하는 임시헌법 내지 예비헌법의 성격을 갖는다고 보는 것이 지배적 견해이다.[1] 이와 같이 임시정부 헌법은 3·1 독립운동에 참여한 한국인들의 독립의지를 바탕으로 장래의 민주공화국의 수립을 위해 제정된 것으로서 비록 임시정부의 임시헌법이라 하더라도, 그 제정과정에 있어서 민주적 정당성에 근거한 최초의 근대헌법으로서의 성격을 갖는 것이라 할 수 있다.[2]

임시정부 헌법은 1919년 4월 제정 이후 5회에 걸쳐 개정되었다. 1919년 9월 통합된 임시정부의 제1차 헌법개정의 내용은 국무총리제를 폐지하고 대통령제를 채택하였으며 주권재민, 영토조항, 권력분립제, 청원권 등을 신설하였다. 1925년 4월 제2차 헌법개정에서는 대통령제를 의원내각제로 변경하였고, 1927년 제3차 개헌에 의해 정부조직을 변경하여 국무위원으로 구성된 국무회의가 최고권한을 가지는 집단지도체제를 규정하였다. 1940년 제4차 개헌에 의해 주석제(主席制)를 도입하여 집단지도체제의 문제점을 보완하였다. 1944년 4월 제5차 개헌은 헌법전문에 3·1운동의 독립정신이 건국의 정신적 기반임을 천명하고 기본권제한의 일반적 법률유보조항을 신설하였으며 주석의 권한을 강화하고 부주석을 설치하였다.

---

1) 김영수, 한국헌법사, 학문사, 2000, 214면 이하.

2) 1919년 임시정부 헌법의 기초자로 알려진 조소앙(1887-1958)은 1917년 '대동단결선언'을 통해 "주권은 민족 고유의 것으로 침략자에 넘겨줄 수 없으며, 황제가 주권을 포기하였으니 인민이 주권자로서 대동단결하여 인민이 주인인 민주공화제 임시정부를 만들어야 한다"고 주창하였다. 그 후 조소앙은 1941년 임시정부의 대한민국건국강령을 집필하면서 삼균주의에 입각한 대한민국 건국의 이념적 기초를 제시하였다. 조소앙의 삼균주의(三均主義)란 정치·경제·교육의 균등을 실현함으로써 개인과 개인 간, 민족과 민족 간, 국가와 국가 간의 균등을 이루어 세계일가의 이상사회를 건설할 수 있다는 것을 내용으로 한다. 이러한 건국강령은 해방 후 건설할 새로운 국가형태를 민주공화국의 수립에 그 목표를 둔 것이었다.

Ⅱ. 대한민국헌법의 제정

1. 1945년 8·15 광복과 미군정 실시

제2차 세계대전이 연합국의 승리로 끝나면서 우리나라는 1945년 8월 15일 광복을 맞이하게 되었고, 연합국은 한반도에 있는 일본군을 무장해제시키기 위해 38도선을 경계로 남한은 미군이 진주하고 북한은 소련군이 진주하여 군정을 실시하게 되었다. 1945년 9월 7일 미군이 인천에 도착하였고 주한미군사령관 하지(J.R. Hodge) 장군이 아놀드(A.V. Arnold) 육군 소장을 군정장관에 임명하면서 남한에 군정이 실시되었다. 북한 지역은 8월 15일 해방 이전인 8월 8일 소련 군대가 대일본 선전포고를 하고 이미 북한을 점령하고 있었으며, 9월 20일 스탈린(Stalin)은 소련군이 점령한 북한지역에 단독정부를 수립할 것을 비밀지령으로 지시하였다. 1945년 12월 16일 승전국들은 한국문제를 다루기 위해 '모스크바 3상회의'를 개최하여 한국을 일본의 지배에서 해방시켜 민주주의원칙에 입각하여 새로운 독립국가로 재건시키기 위한 방법으로 미소공동위원회를 설치하여 임시정부의 수립을 지원하며, 한국이 완전 독립국가가 될 때까지 임시조치로 미국, 소련, 영국, 중국이 공동관리하는 신탁통치를 최장 5년까지 실시할 것을 결정하였다. 그러나 미소공동위원회의 구성에 참여할 수 있는 정당과 시민단체의 자격 문제를 둘러싼 의견 대립으로 두 차례에 걸친 공동위원회의 구성은 결렬됨으로써 남한과 북한은 사실상 분단의 길로 접어들게 되었다. 남한에서는 미군정 실시 중 군정법령에 의해 1946년 12월 12일 남조선과도입법의원이 설치되었으며, 1947년 2월 17일에는 미국의 군정장관 아래에 한국인 민정장관(안재홍)이 임명되었고, 5월 17일에는 미군정청의 한국인기관으로 남조선과도정부가 설치되었다.

미소공동위원회가 결렬되고 나서 미국의 제안으로 1947년 11월 14일 UN총회에 '한국독립의 문제'가 의제로 채택되어 한국의 독립을 촉진하기 위하여 임시한국위원단을 구성하고 보통선거에 의한 국회 및 정부 구성의 방침 등을 결정하였으나, 소련이 임시한국위원단의 북한 입국을 거부함에 따라 UN의 구상은 원래대로 진행되지 못하고 말았다. 그리하여 1948년 2월 26일 UN 소총회는 "가능한 지역 안에서 국제연합 임시한국위원단의 감시하에 총선거를 실시하고 여기서 선출된 대표로 구성된 의회가 한국정부의 토대가 될 것이며 정부형태는 한국 국민에 의해 자주적으로 결정되어야 한다"는 내용의 결의를 하였다. 이 결의에 따라 1948년 5월 10일 남한만의 총선거로 초대 국회를 구성하게 되었다. 제헌국회 구성을 위한 최초의 '국회의원선거법'은 1948년 3월 17일 미군정에 의해 공포되었는데, 이 선거법에 의해 우리나라 역사상 처음으로 보통·평등선거 원칙이 채택되어 21세 이상의 모든 남녀가 선거권을 갖게 되었으며, 만 25세 이상의 남녀가 피선거권을 갖게 되었다. 선거구는

200개로 하고 1선거구당 1인의 의원을 선출하도록 하였다.[1] 특히 이 선거법 중 주목되는 부분은 친일 부역자의 선거권과 피선거권을 박탈하는 조항에 관한 것이다. 일본 정부로부터 작위를 받았거나 일본제국의회 의원이 되었던 자는 선거권이 없다고 규정하고, 일제 강점기 고등경찰의 직에 있었던 자 및 그 밀정행위를 한 자 또는 3등급 이상의 고등관에 있던 자 등은 피선거권을 행사할 수 없도록 규정한 것이다.[2]

2. 대한민국헌법의 제정과정

1948년 5·10 총선 결과 198명의 의원으로 제헌국회를 구성하게 되었으며, 5월 31일에는 제헌국회를 소집하여 국회의장에 이승만(李承晩)을, 부의장에 신익희(申翼熙)·김동원(金東元)을 선출하였다. 6월 3일 국회는 헌법기초위원 30명과 전문위원 10명으로 '헌법기초위원회'를 구성하여 헌법학자로서 전문위원으로 참여한 유진오(俞鎭午)의 원안을 중심으로 의원내각제 정부형태와 양원제 국회의 초안을 작성하였으며, 당시 제헌국회의 유일한 정당인 한국민주당과 대다수의 의원들도 의원내각제를 지지하는 상황이었다. 그러나 헌법기초위원회의 심의가 거의 마무리되는 시점에 국회의장 이승만이 갑자기 대통령제를 강력하게 주장함에 따라 기초위원들은 그의 의견에 승복하여 헌법초안이 대통령중심제와 단원제로 변경되었다. 6월 23일에는 대통령제를 중심으로 하는 초안이 본회의에 상정되어 3회의 독회(讀會)를 거쳐 7월 12일 국회를 통과하여 7월 17일 국회의장의 서명으로 공포되고 즉일 시행되었다. 건국헌법에 의해 7월 20일 국회는 이승만 대통령과 이시영(李始榮) 부통령을 선출하고, 국무총리와 대법원장이 국회의 인준을 받게 됨으로써 8월 15일에는 대한민국 정부수립이 선포되었다.

제헌헌법안을 기초한 유진오 위원은 의원내각제 도입의 필요성을 이승만 의장에게 설득하기 위해 노력하였으나 결국 허사가 되고 말았고, 당시 제헌국회를 구성한 주요 정치세력으로 이승만이 주도하는 대한독립촉성회와 김성수를 중심으로 하는 한국민주당 인사들도 대통령제 헌법을 수용하게 되었다. 유진오는 의원내각제에 대한 확고한 소신을 갖고 대통령제 도입에 반대하는 입장을 취하였는데, 그는 후에 출간한 '헌법기초회고록'에서 "국토양단, 경제파탄, 공산주의자들의 극렬한 파괴활동 등 생사의 문제를 산더미같이 떠안고 있는

---

1) 당시 5·10 총선거에 적용된 선거법은 남북한 전체 인구를 3천만명으로 추산하고 인구 10만명 당 1인의 국회의원을 선출하는 것으로 하여 남북한 전체의 국회의원수는 300명이 되므로 5·10 총선거에서는 장차 북한지역 인구 1천만명이 선출할 의원수 100명을 배정해 놓고, 남한지역인구 2천만명을 대표할 200명을 선출하도록 정한 것이다. 총선 결과 198명의 의원이 선출된 것은 제주도의 4·3사건으로 인하여 북제주군 2개 선거구에서 투표가 제대로 실시되지 못했기 때문이다.

2) 이러한 친일부역자의 엄격한 선거권 및 피선거권 박탈조항은 대한민국이 친일파들에 의해 건국되었다는 일부 좌익세력들의 주장이 잘못된 것임을 확인해 주는 것이라는 설득력 있는 견해가 있다. 이에 관하여는 양동안, 대한민국 건국사, 사단법인 건국대통령이승만박사기념사업회, 1998, 578면.

대한민국이 대통령제를 채택해 가지고 국회와 정부가 대립하여 저물도록 옥신각신하고 앉아 있다면 나라를 망치기(아니면 독재국가화하기) 꼭 알맞은 것으로 나는 생각하고 있었던 것이다"라고 기술하고 있다.1)

3. 건국헌법의 내용

건국헌법은 대통령중심제, 기본권보장, 권력분립제를 채택하고 의원내각제적 요소로서 국무원제도와 국무총리제를 둔 것이 특색이다. 이러한 대통령제와 의원내각제의 혼합은 헌법제정 과정에서의 대립된 "정치적 세력간의 타협의 산물을 의미"하는 것이지, 결코 제헌과정에서의 충분한 논의와 숙고의 결과는 아닌 것이다.2)

대통령과 부통령을 임기 4년으로 국회가 선출하도록 하였으며, 대통령은 법률안제출권과 법률안거부권을 가지며, 계엄선포권과 긴급명령권을 가지게 되었다. 대통령의 권한에 속하는 중요국책을 의결하기 위한 국무원은 대통령과 국무총리, 국무위원들로 구성되었고, 국무총리는 대통령이 임명하되 국회의 승인을 얻도록 하였다. 국회의 구성에 관하여는 단원제를 채택하였으며, 국회의 국정통제에 관한 권한으로 국정감사권과 탄핵소추권 등을 규정하였다.

건국헌법은 대통령제를 채택하면서 대통령의 권한사항에 관한 의결기구로서 국무원제도를 두었으며 국무총리제와 대통령의 법률안제출권 등을 규정한 것이 특징이다. 이러한 규정들은 의원내각제적 요소로서 대통령제의 본질적 원리와 부합되기 어려운 것이다. 더욱이 대통령제를 도입하면서 대통령 선출방법으로 국회에 의한 간선제를 규정한 것은 태생적 문제점을 내포하고 있는 것이었다.3)

법관은 임기 10년으로 연임이 가능하도록 하였으며, 대법원은 명령·규칙·처분에 대한 위헌·위법심사권을 행사하도록 하였고, 위헌법률심사권은 부통령을 위원장으로 하고 대법관 5인과 국회의원 5인으로 구성된 헌법위원회에 부여하였다. 제헌헌법은 그 밖에 탄핵재판소를 설치하여 부통령이 재판장이 되고 대법관 5인, 국회의원 5인으로 구성하였으며, 대통령·부통령에 대한 탄핵은 대법원장이 재판장의 직무를 대행하도록 규정하였다. 헌법개정에서는 대통령 또는 국회 재적의원 3분의 1 이상의 찬성으로 헌법개정을 제안할 수 있으며 그 의결은 국회 재적의원 3분의 2 이상의 찬성으로써 하게 하였다.

---

1) 유진오, 헌법기초회고록, 일조각, 1980, 58면.
2) 한태연, 헌법, 법문사, 1958, 28~31면.
3) 건국헌법상 정부형태가 대통령제에 의원내각제적 요소가 가미된 혼합형 정부형태로 나타나게 된 이유는 본래의 제헌국회의 의원내각제 헌법초안이 거의 확정되는 단계에서 이승만의 대통령제 도입 주장이 강하게 제기되면서 정치적 타협으로 의원내각제안과 대통령제안이 적당히 혼합된 기형적 정부형태가 탄생하게 된 것이다. 특히 대통령 선출방법으로 국회에 의한 간선제 채택은 권력분립원리와 "국민에 의한 대통령의 선출과 대통령의 국민에 대한 책임"이라는 대통령제의 본질에 반하는 것이었으며 결국 이 국회간선제 조항은 헌법시행 후 얼마 가지 않아 제1차 개헌의 대상이 되었던 것이다.

기본권보장에 관하여는 신앙·양심의 자유와 학문·예술의 자유와 같은 정신적 자유를 제외하고는 기본권조항마다 법률유보조항을 둔 것이 특징이다. 그리고 바이마르헌법의 영향을 받아 사회적 기본권을 규정하고 재산권에 대한 사회적 제약을 강조하였다. 특히 근로자의 근로3권과 함께 이익분배균점권(利益分配均占權)을 규정한 것은 제헌 당시 사회주의세력에 대한 적극적 방어의 의미를 지닌 것이었으나, 그 이익분배균점권 조항은 명목적인 것에 불과하였다.

경제헌법에 있어서는 "대한민국의 경제질서는 모든 국민에게 생활의 기본적 수요를 충족할 수 있게 하는 사회정의의 실현과 균형있는 국민경제의 발전을 기함을 기본으로 삼는다. 각인의 경제상의 자유는 이 한도내에서 보장된다"(제84조)고 규정하여 사회정의와 균형있는 국민경제의 발전을 위해 시장경제질서에 대한 국가적 통제를 원칙으로 하고 있다. 건국헌법상의 경제질서는 현행헌법(1987년헌법)의 경제질서와 비교할 때 차이점이 발견된다. 현행헌법의 경제질서는 개인의 경제상의 자유와 창의를 기본으로 하면서 국가는 균형 있는 국민경제의 성장과 적정한 소득의 분배 등을 위해 경제에 대한 규제와 조정을 할 수 있다는 사회적 시장경제질서를 원칙으로 하고 있으나(제119조 제1항, 제2항), 건국헌법의 경제질서는 사회정의의 실현과 균형 있는 국민경제의 발전을 기함을 기본으로 하고 각인의 경제상의 자유는 이 한도 내에서 보장된다고 규정함으로써 현행헌법의 사회적 시장경제질서보다 강한 통제경제질서를 의미한다고 볼 수 있다.

Ⅲ. 대한민국헌법의 개정과정

1. 건국헌법의 개정

(1) 제1차 개헌(발췌개헌)

1950년 3월 한민당의 의원내각제 개헌안이 부결되었고, 1952년 1월 정부의 대통령직선제 개헌안도 부결되자, 1952년 4월 야당은 다시 내각제 개헌안을 제출하였으며 정부는 또다시 대통령직선제와 국회 양원제 개헌안을 제출하였다. 그리하여 7월 4일 국회는 정부측 대통령직선제 개헌안과 야당측의 국무원 불신임제, 국무총리의 국무위원 임명제청권을 절충한 발췌(拔萃)개헌안을 통과시키게 되었다.

개헌의 내용은 대통령·부통령 직선제가 핵심이었으며, 그 밖에 국회양원제, 국회의 국무원불신임제와 국무원의 연대책임, 국무위원의 국회에 대한 개별책임, 대통령의 국무총리 및 국무위원 임명시 하원의 승인, 국무위원임명에 대한 국무총리의 제청권 등이 포함되었다.[1] 그러나 국회양원제는 실제로 시행되지 않았으며 국무원불신임권도 행사되지 못하였다.

발췌개헌은 그 개헌안에 대한 공고절차 없이 국회에서 정식의 독회를 거치지 않고 가결한 것으로 절차상의 하자(瑕疵)가 문제되며, 부결된 개헌안을 동일 회기에 다시 제출하여 의결한 것은 일사부재의(一事不再議)의 원칙에도 위배되고, 또한 비상계엄령이 선포된 가운데 국회의원의 토론의 자유 없이 강행된 것으로 투표의 자유를 침해한 위헌적인 개헌이었다.

(2) 제2차 개헌(4사5입개헌)

1954년 1월 정부는 경제조항개정안을 제출하였으나 3월에 돌연 철회하였고, 1954년 9월 8일 정부는 '3선개헌'안을 제출하였다. 11월 27일 민의원에서 표결 결과, 재적 203명 중 135명이 찬성하여 헌법개정에 필요한 재적 3분의 2 이상 찬성에 1표가 부족하여 부결되었다. 그러나 이틀 후 국회는 부결선언을 취소하고 수학상의 '사사오입'(四捨五入) 이론을 도입하여 가결로 번복 결의하였다.

제2차 개헌의 내용은 초대 대통령에 한하여 중임제한 철폐, 국무총리제와 국무원제 폐지, 경제조항에서 통제경제를 완화하여 자유시장경제체제를 강조한 것, 대통령 궐위시 부통령의 대통령승계제, 헌법개정금지 조항(민주공화국, 국민주권, 주권제약이나 영토변경의 경우 필수적 국민투표 실시)의 명문화, 헌법개정에 있어 선거권자 50만인 이상의 찬성에 의한 국민발안제 채택, 군법회의에 대한 헌법상의 지위 부여 등이다. 제2차 개헌은 헌법개정절차에 있어서 정족수에 미달한 위헌적인 개헌이었으며, 초대 대통령에 한하여 중임제한을 철폐한 것도 평등의 원칙에 위반되는 위헌적인 헌법개정이었다.

제1차 개정헌법에 의해 1952년 8월 5일 제2대 대통령선거가 실시되어 대통령에 이승만, 부통령에 함태영이 당선되었다. 1954년 5월 20일 제3대 국회의원선거에서는 민의원 의원만 선출하였으며, 정당공천제가 실시되어 자유당(1951. 12. 창당)이 과반수 의석인 114석을 획득하였다. 1956년 5월 15일 제3대 대통령선거에서 야당의 신익희(申翼熙) 후보가 사망함으로써 이승만 후보가 당선되고 부통령에 장면(張勉)이 당선되었다. 1960년 3월 15일 제4대 대통령선거에서 민주당후보 조병옥(趙炳玉) 박사가 급사하자 이승만은 단독 입후보로 4선 대통령에 당선되고, 부통령에는 부정선거로 이기붕(李起鵬)이 당선되었다.

---

1) 당시 제1차 개헌안의 제안설명(법무부 차관 정재환)에 의하면 양원제도의 채택에 관하여 "우리 국민헌법은 건국초기에 있어서의 특수사정 특히 산적된 국무의 신속처리를 위하여 단원제도를 채택하였던 것인 바 헌정 4년을 경험한 금일에 있어서는 양원제도의 장점을 활용함으로써 국회를 더욱 강화하고 국가백년의 대계를 확립하자는 것이 국민대다수의 여론임에 비추어 이에 양원제도를 채택하려는 것입니다. 여기에 하나 특기할 것은 본 개정안은 상술한 취지하에 양원제도를 채택하면서도 역시 세계의 대세에 따라 하원에 우월권을 인정하고 있다는 점입니다"라고 하였으며, 대통령·부통령직선제에 관하여는 "대통령과 부통령을 국회에서 선출한다던가 국민이 간접적으로 선거한다던가 하는 것은 민주주의의 이상에 철저하지 못한 것이며 그 위에 삼권분립주의를 원칙으로 하는 우리나라에서 입법부인 국회가 행정부의 수반인 대통령을 선거한다는 것은 이론상으로나 실지상으로나 타당하지 않으므로 개정안은 대통령과 부통령의 직접선거제도를 채택하려는 것입니다"라고 기술하고 있다. 상세는 역대헌법개정안제안설명서, 헌정연구 제2집, 참고자료, 1969, 253-256면.

제1공화국헌법은 그 운용과정에서 헌법의 규범력이 무시되는 '명목적 헌법'에 지나지 않았으며, 이승만 정권의 '힘의 불법통치'를 정당화시키는 구실을 하였다는 점에서 부정적 평가를 피하기 어렵다.

2. 1960년 헌법(제2공화국헌법)의 성립과 개정

(1) 제3차 개헌(의원내각제 개헌)

1960년 4월 19일 3·15부정선거에 반대하는 학생데모가 혁명사태로 진전됨에 따라 4월 26일 이승만 대통령은 결국 하야(下野)선언을 하게 되었다. 그리하여 4월 28일 국회는 내각책임제 개헌을 위한 기초위원을 선임하였고, 5월 2일에는 허정(許政) 과도정부가 수립되었다. 동년 6월 15일 개헌안이 국회에서 통과·공포됨으로써 최초의 여야합의에 의한 민주적 개헌이 이루어지게 되었다.

1960년 헌법(제2공화국헌법)의 주요 내용으로는 정부형태에 있어 의원내각제가 채택되었으며, 기본권이 강화되어 자유권에 대한 법률유보조항이 삭제되고 기본권제한에 대한 일반적 법률유보조항과 기본권의 본질적 내용의 침해금지를 규정하였다. 표현의 자유에 대한 사전허가나 검열금지를 규정하였으며, 선거연령을 20세로 헌법에 직접 규정하였다. 헌법재판소가 설치되고, 대법원장과 대법관의 선거제(법관자격 있는 자로 구성되는 선거인단에 의한 선거), 복수정당제 보장, 지방자치단체장 선거제, 중앙선거관리위원회의 헌법기관화 등이 규정되었다.

형식적으로는 헌법개정의 방법에 의한 것이나, 실질적으로는 헌법제정의 성격을 가진다고 할 수 있다. 권위주의적 신대통령제를 전복하고 민주혁명으로 진정한 의미에서의 민주공화국의 건설과 기본권보장을 철저화한 점에서 새로운 헌법의 제정으로 볼 수 있다.

(2) 제4차 개헌(부칙개헌)

1960년 10월 4·19 주체세력인 학생들은 국회의사당을 점거하고 자유당정권 하에서의 민주 반역자 처벌을 위한 특별법제정을 호소하게 되었고, 그에 따라 민의원은 헌법 부칙에 특별처벌법 제정의 근거를 설치함을 목적으로 하는 개헌안을 제출하였다. 결국 11월 29일 개헌안은 통과되어 반민주행위자 처벌을 위한 소급입법의 근거를 부여하게 되었다.

제4차 개헌은 소급입법에 의하여 3·15부정선거 관련자를 처벌하고, 반민주행위자의 공민권을 제한하기 위한 특별입법의 근거를 부여하였으며, 부정축재자의 처벌에 관한 소급입법을 제정할 수 있는 근거를 부여하였다는 점에서 위헌의 논란이 있었다. 이는 대중의 환호와 갈채에 의한 포퓰리즘 정치의 한 단면을 노정한 것이라 할 수 있다.

1960년 7월 28일 국회는 자진 해산되고, 그 다음날 민의원과 참의원 의원 선거가 실시되어 8월 2일 국회 양원합동회의에서 윤보선(尹潽善)을 대통령으로 선출하고, 8월 19일에는 장면(張勉)이 국무총리로 인준을 받게 되었다.

집권당인 민주당 내부의 파벌싸움과 분열로 정부의 행정력이 약화되었으며, 국민의 자유에 대한 과잉욕구로 독재유산 정리의 어려움이 있었다.

3. 1962년 헌법(제3공화국헌법)의 성립과 개정

(1) 제5차 개헌(제3공화국헌법의 성립)

1961년 5·16군사쿠데타로 국가권력을 장악한 군부는 국가재건최고회의에 의한 혁명내각을 조직하였고, 6월 6일 '국가재건비상조치법'을 공포하여 군정을 실시하게 되었다. 비상조치법에 따라 정부는 총사퇴하고 국회는 해산되었으며, 헌법재판소는 구성도 하지 못한 채 기능이 정지되었다. 종래의 헌법은 비상조치법에 위배되지 않는 범위 내에서만 효력을 갖게 되었다. 7월 3일 박정희(朴正熙) 장군이 최고회의 의장에 취임하였고 1962년 7월 11일 헌법심의위원회가 발족되었다. 그리하여 10월 23일 헌법요강이 결정되고 12월 6일 최고회의에서 의결되었으며, 12월 17일 국민투표로 헌법개정이 확정되었다. 1963년 8월 실시된 대통령선거에서 박정희가 당선되었고 제5대 국회의원선거에서 민주공화당이 국회의석의 절대다수를 차지하게 되었다. 이 1962년 헌법은 1963년 12월 17일 효력을 발생하였다.

제3공화국헌법은 헌법 전문의 내용에 "4·19 의거 및 5·16 혁명의 이념을 계승하고"라는 표현이 새로 추가되었으며, 인간의 존엄과 가치존중 조항이 신설되고 기본권보장이 체계화되었다. 정부형태는 대통령제로 환원되고, 정당조항을 두어 정당국가화를 지향하게 되었다. 단원제 국회가 채택되고, 헌법재판소는 폐지되었으며, 대법원에 의한 미국형 위헌법률심사제가 도입되었다. 법관의 임명에 있어 대법원장은 법관추천회의의 제청으로 대통령이 국회의 동의를 얻어 임명하였고, 대법원판사는 대법원장이 법관추천회의의 동의를 얻어 제청하고 대통령이 임명하였으며, 일반 법관은 대법원판사회의의 의결을 거쳐 대법원장이 임명하였다. 또한 헌법사상 최초로 국민투표에 의한 헌법개정의 확정을 규정하였다.

헌법개정의 방법에 의한 것이 아니라 국가재건비상조치법의 개정방법에 의해 구 헌법을 전면개정한 점이 특색이며, 실질적 의미에 있어서 제3공화국헌법의 제정으로 볼 수 있다.[1] 그러나 제3공화국헌법은 구 헌법과의 기본적 동일성을 유지한다는 점에서 새로운 헌법의 제정이 아니라 구 헌법의 전면적 개정이라고 보는 견해도 있다.[2]

1963년 8월 제5대 대통령선거에서 박정희 후보가 15만여 표차로 윤보선 후보를 누르고

---

1) 김철수, 헌법학개론, 박영사, 2007, 119면.
2) 한태연, 헌법학, 법문사, 1983, 60면.

당선되었고, 1967년 5월 제6대 대통령선거에서는 박정희 후보가 총유효투표의 51.4% 득표하여 40.9% 득표한 윤보선 후보를 누르고 재선되었다.

제3공화국헌법은 규범상으로는 입헌주의헌법에 속한다고 할 수 있으나 헌정의 실제는 권위주의적으로 운용되었다.

(2) 제6차 개헌(3선개헌)

1968년 6월 8일 제7대 국회의원선거에서 공화당의 압승으로 개헌선을 유지(공화당 129석, 신민당 45석)할 수 있게 되었고, 1969년 8월 여당은 대통령 3선개헌안을 국회에 제출하였다. 9월 14일 개헌안이 국회에서 의결되고, 10월 17일 국민투표로 확정되었다. 국회의 의결요건을 충족하기 위해 여당과 야당 의원들을 비정상적 방법으로 포섭하였고, 국회표결을 새벽에 제3별관에서 여당의원만이 참석한 가운데 강행하여 절차상 하자를 남겼다.

제6차 개헌에 의해 대통령은 1차에 한하여 중임할 수 있다는 규정을 고쳐 "대통령의 계속 재임은 3기에 한한다"라고 규정하였다. 국회의원 정수 상한을 250명으로 증원하였으며, 국회의원은 법률이 정하는 바에 따라 국무위원을 겸직할 수 있도록 허용하였다. 그 밖에 대통령에 대한 탄핵요건을 강화하였다.

1970년 12월 31일 제8대 국회의원선거에서 공화당이 총유효투표의 48.9% 득표(113석)하고, 신민당이 42.5% 득표(89석)함으로써 사실상 양당체제를 확립하게 되었다. 1971년 4월 27일 제7대 대통령선거에서 박정희 후보가 6,342,828표(53.2%)를 득표하여 김대중 후보의 5,395,900표(45.3%)보다 95만여 표 많은 표차로 당선되었다. 그러나 박정희 후보는 경상도에서만 150만여 표를 리드함으로써 전국적 지지기반의 문제점이 드러나게 되었다.

1971년 11월 대통령은 북한의 남침위협을 내세워 법적 근거가 없는 비상사태를 선포하였으며, 동년 12월 27일 '국가보위에 관한 특별조치법'을 제정하여 초헌법적 국가긴급권의 행사를 가능하게 하였다.[1)]

4. 1972년 헌법(제4공화국헌법)의 성립(유신헌법의 제정)

(1) 제7차 개헌의 경위

1972년 7월 4일 '남북공동성명'이 발표되었고, 정부는 10월 17일 비상조치를 단행하여

1) 이 특별조치법은 대통령에게 헌법상 근거 없는 국가긴급권을 부여한 것으로 명백한 위헌이다. 그 법률의 내용으로는 대통령은 국가를 보위하기 위하여 신속한 사전대비조치를 취할 필요가 있을 경우 국가비상사태를 선언할 수 있으며, 국가비상사태 하에서 대통령은 국회 통고만으로 국가동원령을 발하고, 물가통제 등 경제규제를 명령하며 표현의 자유를 규제하고, 근로자의 단체행동권 등을 제한할 수 있도록 한 것이었다. 헌법재판소는 1994년 6월 이 특별조치법(1981. 12. 폐지된 법률)에 대해 "헌법을 부정하고 파괴하는 반입헌주의, 반법치주의의 위헌법률"이라고 판시하였다. 헌재 1994. 6. 30. 92헌가18.

전국에 비상계엄을 선포하고 헌법의 일부조항의 효력을 정지하였으며, 국회해산을 단행하고 정당활동을 중지시켰다. 국회의 권한을 비상국무회의가 담당하고, 10월 27일 비상국무회의는 '조국의 평화통일을 지향하는' 헌법개정안을 공고하였다. 11월 21일 헌법개정안은 국민투표로 확정되었으며(유권자의 91.9% 투표와 투표자의 91.5% 찬성), 12월 27일 헌법이 공포·시행되었다.

(2) 개헌의 내용

1972년 헌법의 주요 내용으로는 첫째, 기본권보장의 약화를 들 수 있다. 일반적 법률유보조항에 있어서 "자유와 권리의 본질적 내용을 침해할 수 없다"는 조항이 삭제되고, 개별적 법률유보조항이 추가되었다. 구속적부심사제가 폐지되고, 신체의 자유와 노동3권 등이 약화되었다. 둘째, 통일주체국민회의가 설치되어 통일주체국민회의에서 간선제로 대통령을 선출하도록 하고, 국회의원 정수의 3분의 1에 해당하는 의원을 선출하고, 국회가 제출하는 개헌안을 확정하도록 하였다. 셋째, 대통령의 절대적 권력을 규정하여 대통령의 '6년 임기'만을 규정하고 중임제한규정을 폐지하였으며 장기집권을 가능하게 하였다. 대통령의 권한으로 국회의 동의나 승인을 요하지 않는 긴급조치권과 국회해산권, 국회의원 정수 3분의 1 추천권, 모든 법관의 임명권 등을 규정하였다.

(3) 개헌의 성격

제7차 개헌은 형식적으로는 헌법의 전면개정에 해당하지만, 헌법 전반에 대한 변혁을 가져온 것으로 실질적으로 헌법의 제정을 의미한다. 자유민주주의를 일시 정지하고 권위주의적인 신대통령제의 채택은 헌법개정의 한계를 벗어난 것이라 할 수 있다.[1)]

(4) 헌정의 운용

1973년 2월 27일 제9대 총선이 실시되어 전국 73개 지역구를 '1구2인' 선출의 중선거구제로 채택하였다(공화당 73석, 신민당 52석 획득). 긴급조치를 제9호까지 발동함으로써 정상적인 헌정질서의 운영이 긴급조치에 의해 대체되었으며, 체제반대운동과 그에 대한 탄압으로 국내정세가 극도로 불안하게 되었다. 1978년 12월 12일 제10대 총선이 긴급조치 9호에 의해 유신체제에 대한 논의가 일체 금지된 상태에서 실시되었다(득표율을 보면 공화당 31.7%, 신민당 32.8%로 야당의 지지율이 높게 나타남). 1978년 7월 6일 제9대 대통령선거에서 박정희 후보가 단독 출마하여 당선되었다.

---

1) 김철수, 앞의 책, 122면.

5. 1980년 헌법(제5공화국헌법)의 성립

(1) 제8차 개헌의 경위

1979년 10월 26일 박정희 대통령이 급서하게 되자 최규하(崔圭夏) 국무총리가 대통령 권한대행을 하게 되었고, 12월 6일 통일주체국민회의에 의해 최규하는 제10대 대통령으로 선출되었다. 국민의 요구에 따라 12월 8일 긴급조치 9호가 해제되고 개헌논의가 활발하게 전개되었다. 그러나 이른바 '12·12사태'로 일컫는 군사쿠데타로 등장한 전두환(全斗煥) 장군을 중심으로 한 일부의 군부세력은 1980년 '5·17조치'로 비상계엄을 전국에 확대하고 모든 정치활동을 금지시켰다. 군부세력은 6월 국가보위비상대책위원회를 구성하고 실권을 장악하게 되자 8월 16일 최 대통령은 사임하고, 9월 1일 전두환이 통일주체국민회의에서 제11대 대통령으로 선출되어 취임하였다.

5·17조치 이후 개헌작업을 주도해 온 정부의 헌법개정심의위원회의 개헌안이 10월 23일 국민투표로 확정되었고(유권자의 95.48% 투표와 투표자 중 91.6% 찬성), 1980년 헌법은 10월 27일 공포·발효되었다.

헌법 부칙에 의거하여 국회가 해산되고 국가보위입법회의(國家保衛立法會議)가 국회기능을 대행하였으며, 국회의원 임기종료, 정당해산, 통일주체국민회의 해산 등이 단행되었다. 1981년 2월 25일 새 헌법에 의한 제12대 대통령선거에서 전두환 대통령이 선출되었다.

(2) 개헌의 내용

헌법 전문의 내용 중 '4·19의거 및 5·16혁명의 이념 계승'을 삭제하고 '제5공화국 출범'을 새롭게 명시하였다. 총강에는 재외국민보호조항, 정당운영자금의 국고보조조항, 전통문화의 계승·발전 및 민족문화의 창달조항 등이 신설되었다.

기본권조항에는 행복추구권이 신설되고, 기본권의 자연권성을 명확히 하였다. 구속적부심사제가 부활되고, 연좌제금지, 무죄추정의 원칙, 사생활의 비밀과 자유, 환경권, 적정임금보장, 혼인과 가족생활의 보호 등이 신설되었다. 통치구조에는 대통령의 권한을 제한하여 국회해산권과 비상조치권의 발동요건을 강화하였으며, 대통령임기의 7년 단임제와 대통령선거인단에 의한 간접선거가 채택되었다. 국정조사권이 신설되고, 대법원장이 일반법관을 임명하도록 하였다.

경제조항에서는 자유시장경제질서를 골간으로 하면서 '경제에 관한 규제와 조정'을 할 수 있는 사회적 시장경제질서를 지향하여 독과점규제, 중소기업보호, 소비자보호 등을 규정하였다. 부칙에서 국가보위입법회의를 과도적 국회권한 대행기관으로 규정하였다.

(3) 개헌의 성격

형식적으로는 헌법의 개정이나 실질적으로는 유신헌법 전반에 걸쳐 변화가 가해진 헌법 제정의 성격을 가진다고 보는 견해가 있다. 1980년 헌법은 독재주의 통치체제에서 권위주의 통치체제로의 이행을 의미하지만, 그렇다고 해서 그것을 헌법의 제정으로 보기는 어렵다고 할 것이다. 1980년 헌법은 1972년 헌법과 기본적 동일성을 유지하고 있으며 구 헌법의 개정절차에 따라 개정되었기 때문에 헌법의 개정으로 보는 견해가 타당하다고 할 수 있다.

(4) 헌정의 운용

1981년 3월 25일 제11대 총선에서 여당인 민정당이 35.8% 득표하여 국회의석 151석을 확보(54.7%)하였고, 민한당은 21.6% 득표하였다. 1985년 2월 12일 제12대 총선에서는 민정당이 35.3% 득표(의석 53.6%)하였고, 신민당이 29.3% 득표하였다.

제5공화국헌법은 유신헌법의 비판을 회피하기 위하여 기본권조항을 강화하였으나, 헌정의 실제에 있어서 전두환 정부는 군사통치의 틀을 벗어나지 못하고 국민과의 마찰을 야기하였으며 권위주의체제로 운용되었다.

(5) 성공한 쿠데타의 처벌 여부

1979년 12·12사태에서 1980년 5·17조치에 이르는 이른바 '단계적 쿠데타'가 성공하여 집권하게 되고 그 주도세력이 헌법을 개정하여 효력을 발휘하게 되었다고 해서 성공한 쿠데타를 일으킨 행위가 적법하게 되는 것은 아니다. 1995년 12월 김영삼 정부 당시 전두환·노태우 두 전직 대통령과 그 추종세력들을 단죄하기 위하여 '헌정질서파괴범죄의 공소시효 등에 관한 특례법'과 '5·18민주화운동 등에 관한 특별법'을 제정하여 형사처벌의 걸림돌로 작용한 공소시효 문제를 해결하였으며 결국 1996년 1월 검찰은 전두환·노태우 등의 관련자들을 내란죄, 내란목적살인죄 등으로 구속 기소하였다. 1997년 4월 대법원의 확정판결에서 두 전직 대통령은 각각 무기징역과 징역 17년을 선고받았다.[1] 이 사건에서 대법원은 성공한 쿠데타의 행위에 대하여 사후에 처벌할 수 있다고 판시하였다.[2]

---

1) 전두환 피고인은 무기징역과 추징금 2,205억원, 노태우 피고인은 징역 17년과 추징금 2,628억여원을 선고받고 복역 중 1997년 12월 18일 대통령선거 직후 김영삼 대통령과 김대중 대통령당선자의 합의로 두 전직 대통령은 모두 사면·복권되었다.

2) 대판 1997. 4. 17. 96도3376. "피고인들이 군사반란과 내란을 통하여 폭력으로 헌법에 의하여 설치된 국가기관의 권능행사를 불가능하게 하고 정권을 장악한 후 국민투표를 거쳐 헌법을 개정하고 개정된 헌법에 따라 국가를 통치하여 왔다고 하더라도 피고인들이 이 사건 군사반란과 내란을 통하여 새로운 법질서를 수립한 것이라고 할 수는 없다. … 국회는 헌정질서파괴범죄에 대하여 형사소송법상의 공소시효의 적용을 전면적으로 배제하는 헌정질서파괴범죄의공소시효등에관한특례법과 바로 그 헌정질서파괴범죄에 해당하는 이 사건 군사반란과 내란행위를 단죄하기 위한 5.18민주화운동등에관한특별법을 제정하였으며, 헌법재판소는 5.18특별법이 합헌이라는 결정을 함으로써 피고인들이 이 사건 군사반란과 내란을 통하여 새로운 법질서를 수립한 것이 아님을 분

헌법재판소도 '5·18민주화운동 등에 관한 특별법'에 대한 위헌심판에서 "이른바 12·12 및 5·18사건의 경우 … 집권과정에서의 불법적 요소나 올바른 헌정사의 정립을 위한 과거청산의 요청에 미루어 볼 때 비록 특별법이 개별사건적 법률이라고 하더라도 입법을 정당화할 수 있는 공익이 인정될 수 있다고 판단된다"고 판시함으로써 성공한 쿠데타의 사후처벌을 인정하고 있다.[1)]

6. 1987년 헌법(제6공화국헌법)의 성립

(1) 제9차 개헌의 경위

1983년 이후 국민의 대통령직선제개헌 요구가 표면화되기 시작하였으며, 1985년 2. 12. 제12대 총선에서 '직선제개헌' 선거구호가 크게 지지를 받게 되었다. 1987년 6월 시민평화대행진을 통해 국민은 직선제개헌을 강력히 요구하게 되었고 결국 '6·29선언'으로 여당이 직선제개헌을 수용하게 되었다. 그리하여 여야합의의 개헌안이 국회에 발의되고 10월 12일 국회의결을 거쳐 10월 27일 국민투표로 확정되었다. 이 헌법은 10월 29일 공포되고 부칙에 의해 1988년 2월 25일부터 시행되었다. 1987년 12월 신헌법에 의한 제13대 대통령선거가 실시되어 노태우(盧泰愚) 후보가 총유효투표의 37% 득표로 당선되었다.

(2) 개헌의 내용

헌법 전문에 "3·1운동으로 건립된 대한민국임시정부의 법통과 불의에 항거한 4·19민주이념을 계승"을 명문화하였다.[2)] 총강에 국군의 정치적 중립성준수, 자유민주적 기본질서에 입각한 평화적 통일정책의 수립과 추진 등이 규정되었다. 기본권보장에 적법절차조항, 언론·출판의 검열제금지, 구속이유고지·구속통지의무, 범죄피해자구조청구권, 최저임금제 등이 신설되었다.

통치구조에 대통령직선제를 비롯하여 국정감사권 부활, 국회해산권 폐지, 비상조치권 폐지가 채택되었으며, 대법관은 대법원장의 제청으로 국회의 동의를 얻어 대통령이 임명하고 일반법관은 대법관회의의 동의를 얻어 대법원장이 임명하도록 하였다. 헌법재판소를 신

명히 하였을 뿐만 아니라, 헌법개정 과정에서 피고인들의 행위를 불문에 붙이기로 하는 어떠한 명시적인 합의도 이루어진 바가 없었으므로, 특별법이 제정되고 그에 대한 헌법재판소의 합헌결정이 내려진 이상, 피고인들은 그들의 정권장악에도 불구하고 결코 새로운 법질서의 수립이라는 이유나 국민의 합의를 내세워 그 형사책임을 면할 수는 없는 것이라고 할 것이다."

1) 헌재 1996. 2. 16. 96헌가2.

2) 헌법 전문의 개정과정을 보면 1962년 헌법에 "3·1운동의 숭고한 독립정신과 4·19의거 및 5·16혁명의 이념을 계승하고"라고 규정된 것을 1980년 헌법에서는 "3·1운동의 숭고한 독립정신을 계승하고"라고 하여 4·19의거와 5·16혁명의 이념 계승을 삭제하였으나 1987년 헌법에서 '대한민국임시정부의 법통'을 새롭게 규정하고 1980년 헌법에서 삭제되었던 4·19민주이념의 계승을 명문화하였다.

설하여 위헌법률심판, 탄핵심판, 정당해산심판, 권한쟁의심판, 헌법소원심판을 관장하게 하여 헌법의 규범력과 실효성을 제고하고 헌법보장기능을 강화하게 되었다.

(3) 개헌의 성격

제9차 개헌은 국민의 폭넓은 콘센서스와 국회가 중심이 되어 이루어진 민주적 개헌의 표본으로 볼 수 있다. 개헌의 양적 규모에 있어서도 전면적으로 구 헌법조문의 37%가 개정된 점에서 일종의 '헌법개혁'이라 할 수 있다. 제9차 개헌의 성격에 대해서는 헌법의 개정으로 보는 견해가 다수설이며, 일부 견해는 제9차 개헌을 새로운 헌법의 제정으로 보는 입장이 있다. 즉 1987년 헌법은 대통령직선제, 국회의 복권 등을 통한 민주화와 정권의 교체가능성이 부여된 것으로 새 '헌법의 제정'으로 볼 수 있다는 것이다.[1] 그러나 제9차 개헌에 의한 현행헌법은 구 헌법상의 개정절차에 따라 성립되었으며 구 헌법상의 국회가 중심세력이 되어 개헌작업을 주도하였으며, 간선제에서 직선제로 바뀐 것이 헌법의 근본적 결단사항의 질적 변화로 보기 어려우므로 제9차 개헌이 새로운 헌법의 제정이라고 볼 수 없다는 다수설이 타당하다. 그리고 일부 견해는 제9차 개정헌법에 의한 헌법질서가 구 헌법의 헌법질서와는 질적으로 전혀 다른 '제6공화국'으로 부르는 것은 타당하지 못하며, 그것은 정치적 의미만 가질 뿐 헌법이론적으로는 설득력이 없다는 견해도 있다.[2]

(4) 헌정의 운용

1988년 4. 26. 제13대 총선거에서 집권당인 민정당이 125석을 얻었으나 야당 3당(평민당 70석, 민주당 59석, 공화당 35석)이 164석을 확보하여 헌정사상 최초로 '여소야대' 현상이 나타나게 되었다. 이는 정부에 대한 국회의 견제기능이 강화된 것을 의미하였다. 그러나 1990년 1월 민정당과 민주당, 공화당이 '3당통합'을 선언함으로써 여대야소로 환원되었다. 2월에는 민주자유당(민자당)이 창당되고, 1992년 12. 18. 제14대 대통령선거에서 김영삼(金泳三) 후보가 총유효투표의 42%를 획득하여 당선되었다.

1997년 12. 18. 제15대 대통령선거에서 국민회의의 김대중(金大中) 후보는 자민련의 김종필 후보와 이른바 'DJP연합'을 성사시켜 유효투표 40.3%의 득표로 대통령에 당선되었다. 한국헌정사상 최초로 선거에 의한 여·야 간의 정권교체가 실현된 것이다.

2002년 12. 19. 제16대 대통령선거에서는 민주당의 노무현(盧武鉉) 후보가 유효투효 48.9%의 득표로 대통령에 당선되었다. 노대통령은 2003년 민주당을 탈당하고 열린우리당을 창당하였으며, 2004년 3월에는 공직선거법 위반 등을 이유로 헌정사상 처음으로 탄핵소추

---

1) 김철수, 앞의 책, 127면.
2) 허영, 한국헌법론, 박영사, 2009, 124면.

되었다. 헌법에 따라 대통령의 권한행사가 정지되고 고건(高建) 국무총리가 대통령권한대행을 하게 되었다. 2004년 4. 15. 제17대 국회의원 총선거에서는 여당인 열린우리당이 152석의 과반수의석을 확보하였고, 탄핵소추를 주도한 한나라당과 민주당은 국회 다수당의 지위를 잃게 되었다.

2007년 12. 19. 제17대 대통령선거에서는 한나라당의 이명박(李明博) 후보가 48.7%의 득표로 대통령에 당선됨으로써 10년만에 보수세력의 한나라당이 다시 집권하게 되었다. 2008년 2. 25. 제18대 국회의원 총선거에서는 한나라당이 153석을 얻어 과반수의석을 확보하였다.

2012년 12. 19. 제18대 대통령선거에서는 새누리당(구 한나라당)의 박근혜(朴根惠) 후보가 51.6% 득표하여 48% 득표한 민주통합당의 문재인 후보를 누르고 당선되었다. 박근혜 후보는 87년 대통령직선제 개헌 이후 처음으로 총유효투표의 과반수를 득표함으로써 확고한 민주적 정당성에 바탕을 둔 대통령직을 수행할 수 있게 되었으며 새누리당은 재집권에 성공하였다.

그러나 박근혜 대통령은 이른바 '최순실 등 민간인에 의한 국정농단 의혹사건'으로 2016년 12월 1일 특별검사의 조사를 받게 되었고, 12월 9일 국회는 대통령탄핵소추안을 재적의원 300인 중 234인의 찬성으로 가결함으로써 국회 소추위원은 대통령에 대한 탄핵심판을 헌법재판소에 청구하였으며, 2017년 3월 10일 헌법재판소는 이에 대해 재판관 8인의 전원일치 인용결정으로 대통령을 파면하였다. 그리하여 한국 헌정사상 최초로 탄핵심판에 의해 재임 중 대통령직이 박탈당하게 된 것이다.

대통령이 궐위됨에 따라 2017년 5월 9일 실시된 제19대 대통령선거에서는 더불어민주당의 문재인(文在寅) 후보가 41.1% 득표로 당선됨으로써 1987년 직선제 개헌 이후 세 번째의 여·야간 정권교체가 이루어지게 되었다. 2020년 5월 15일 제21대 국회의원 총선거에서는 여당이 압도적인 승리를 하여 더불어민주당이 지역구 253석 중에서 163석을 획득하고, 여당의 비례위성정당인 더불어시민당이 비례대표의석 47석 중 17석을 얻어 총 180석을 획득하였다. 제1야당인 미래통합당은 지역구의석 84석을 획득하고 미래통합당의 비례위성정당인 미래한국당이 비례의석 19석을 얻어 총 103석을 얻는 데 그쳤다. 지역구 선거에서 더불어민주당과 미래통합당의 득표율이 49.9% 대 41.5%이었으나, 의석수는 163석 대 84석으로 두 배 가까운 격차가 나타나게 되었다

2022년 3월 9일 제20대 대통령선거에는 국민의힘의 윤석열 후보가 유효투표의 48.56%인 1,639만여표를 얻어 여당인 더불어민주당의 이재명 후보를 0.73% 24만7천여표 차이로 누르고 대통령에 당선되었다. 더불어민주당의 패배는 집권 5년만에 네번 째의 정권교체로

이어지게 되었다. 2022년 5월 10일 취임한 윤석열 대통령은 여소야대의 정국 하에서 국정운영의 주도권을 쥐지 못하였고 여야간에 협치를 이뤄내지 못하고 극한 대립과 갈등이 지속되었다. 2024년 4월 10일 제22대 총선에서는 제1야당인 더불어민주당이 연속적으로 압승하여 175석(지역구의석 161석과 비례대표의석 14석)을 획득하였으나, 집권당인 국민의힘은 108석(지역구의석 90석과 비례대표의석 18석)을 얻는 데 그침으로써 대통령 5년 임기 동안 여소야대의 정국을 벗어날 수 없게 되었다.

Ⅳ. 한국헌정사의 특징과 1987년 헌법의 의미

1. 한국헌정사의 특징

1948년 한국헌법이 제정된 이래 70년이 지난 헌법운용의 경험을 통해 우리의 입헌주의의 현상황을 진단하는 것은 앞으로의 한국헌법과 입헌주의의 발전방향을 가늠하는 데 의미가 크다고 할 수 있다. 한국헌정사에 있어서 건국헌법의 제정은 서구적 민주주의의 교육과 훈련의 경험이 일천한 시대적 배경 속에서 새로운 입헌주의헌법을 채택한 것이었으나 그 헌법운용의 현실은 권력담당자의 권한남용과 장기집권의 욕구에 의해 헌법의 규범력은 약화되었고 헌법규범상의 원리와 제도는 통치권 강화의 수단으로 이용됨으로써 국가의 최고규범인 헌법은 그 기능을 제대로 발휘하지 못하였다. 또한 헌법개정이 빈번하게 행해지고 그 개헌절차가 위헌적이고 반민주적으로 행해진 것도 집권자의 집권연장과 장기집권의 정치적 목적을 달성하기 위한 방법으로 무리하게 헌법개정을 택했던 것을 의미한다.

헌법개정은 본래 헌법규범이 시대의 변화에 따라 헌법현실에 적응하지 못하고 괴리되는 경우 헌법의 현실적응성과 규범력 확보를 위해 요청되는 것이지만, 우리의 빈번한 헌법개정사는 한마디로 권력담당자들의 집권연장욕구를 충족시키는 수단이었음을 말해 준다. 집권자의 권력행사의 범위와 한계를 부여한 수권규범이며 권력제한규범인 헌법 자체에 대한 불만 때문에 헌법개정이 네 차례나 단행되었고 군부의 쿠데타로 헌정이 여러 차례 중단되기도 했던 것이다.[1] 이처럼 오욕으로 점철된 한국헌정사 속에서 헌법은 권력과정에 대한 통제규범으로서의 기능을 상실하게 되고 헌법은 단지 정치적 현실을 반영하는 것에 그치고 말았던 것이다. 이러한 헌법은 명목적 헌법 내지 장식적 헌법에서 벗어나지 못함으로써 우리 헌법은 서구 민주주의국가들의 규범적 헌법의 범주에 진입할 수 없었던 것이다.

---

1) 1987년의 헌법개정 이전의 8차에 걸친 헌법개정 중에서 제1차 개헌(1952)과 제2차 개헌(1954)은 이승만 대통령의 집권연장을 위한 것이었으며, 제6차 개헌(1969)은 박정희 대통령의 3선개헌이었고 제7차 개헌(1972)은 유신을 단행하여 중임제한규정이 폐지되고 대통령의 장기집권을 가능하게 하였다.

그럼에도 불구하고 우리 국민은 주권자로서의 강한 헌법수호의 의지를 가지고 그때그때 독재와 반민주에 저항함으로써 한국의 입헌주의는 시들지 않고 현재의 입헌주의의 수준을 유지할 수 있게 하였다.[1] 제1공화국 이승만 정부의 독재에 항거한 4·19혁명과 전두환 정부의 권위주의체제에 반대한 1987년 6·10시민항쟁은 한국헌정사적 관점에서뿐만 아니라 20세기적 정치사에 있어서도 성공한 시민혁명의 사례로 평가될 수 있으며,[2] 이 두 차례의 시민혁명의 결과 우리의 입헌주의는 이제 서구형 입헌주의로 재정립하게 되었다고 할 수 있다. 여러 차례의 군사쿠데타와 정변 등에 의해 입헌주의가 중단 내지 퇴보를 거듭하면서도 마침내 1987년 시민항쟁에서 나타난 국민의 민주주의와 헌법의 수호에 관한 의지는 오늘날 한국 입헌주의가 성공적으로 정착되는 토대를 확립하게 되었다고 할 것이다.

2. 현행헌법(1987년 헌법)의 헌정사적 의미

1987년 12월 제9차 개헌에 의해 성립되어 1988년 2월 25일부터 시행된 현행헌법의 헌정사적 의미는 매우 크다고 할 수 있다. 첫째, 주지하는 바와 같이 1987년 헌법은 그 이전의 1980년 헌법이나 1972년 헌법 등과는 달리 헌법개정의 과정과 절차가 국민적 합의에 바탕을 둔 민주적 개헌의 산물이라는 점에서 긍정적으로 평가되고 있다. 1960년 헌법(제2공화국 헌법)의 경우에도 국민적 합의에 의한 민주적 개헌으로 평가되고 있지만, 그 헌법은 제헌헌법상의 헌법개정절차에 따라 국민투표를 거치지 않고 개정된 점에서 1987년 헌법의 개정절차와 차이가 있다. 1987년 6월 시민항쟁의 결과 정치권의 여야간의 합의로 당시 국민적 열망이었던 대통령직선제를 중심으로 한 개헌안이 채택되어 국회의 의결과 국민투표에서 유권자의 압도적 지지로 개헌안이 통과된 것이다.[3] 이와 같이 1987년 헌법은 그 성립과정에서의 절차적 정당성을 확보하고 그 내용에 있어서도 국민적 여망을 최대한 반영하여 민주적 정당성을 확보한 것이라 할 수 있다. 이 점에서 1987년 헌법은 "자유민주주의를 향한 국민적 의지가 구현된 입헌주의헌법의 재정립"[4]이라고 규정하는 것도 타당하다고 할 것이다.

그렇지만 다른 한편 그 구체적인 개헌과정을 들여다 보면 개헌안에 대한 공론화과정이

---

1) 1960년 4·19혁명에 의한 민주적 개헌과 제2공화국헌법의 성립은 민주주의의 발전을 기대하게 하였으나 이듬해의 5·16군사쿠데타로 우리의 입헌주의는 또 다시 후퇴하였고 1972년 친위쿠데타에 의한 유신헌법의 채택은 한국헌정사의 암흑기를 의미하였다. 1979년 10월 26일 박정희 대통령의 사망으로 1980년에는 입헌민주주의시대가 열리는 '서울의 봄'이 오기를 희망하였으나 신군부세력의 12·12사태와 5·17조치로 이어진 단계적 쿠데타로 다시 한번 입헌주의의 위기상황을 맞이하였다.

2) 권영성 교수는 1987. 6. 10. 시민평화대행진은 "정치·경제·사회분야의 민주화와 더불어 대통령직선제 개헌이 더 이상 지체될 수 없는 이 시대의 범국민적 염원임을 절규한 시민혁명"이라고 기술하고 있다. 권영성, 헌법학원론, 법문사, 2010, 97면.

3) 1987년 10월 13일 국회에서 의결된 개헌안은 10월 27일 국민투표 결과 총투표인수의 78.2%가 투표하여 투표자 93.1%의 압도적 찬성으로 확정되었다.

4) 성낙인, 한국헌법사, 법문사, 2012, 137면.

제대로 확보되지 못했으며, 대통령직선제를 비롯한 통치구조의 문제에 한정하여 개헌논의가 이루어졌기 때문에 헌법 전반에 걸친 합리적 개헌 방향에 관한 논의가 미흡하였다는 점 등이 문제점으로 지적될 수 있다. 또한 1987년 헌법이 시민혁명의 산물이지만 혁명의 주체인 국민이 그 입법과정에의 참여가 배제되고 단지 국민투표절차에서 찬반만을 표시하는 고무인(rubber stamp)의 역할만 했을 뿐이므로 1987년 헌법은 '미완의 헌법'이라는 비판도 있다.[1)]

둘째, 1987년 헌법은 구 헌법에 비해 통치구조의 민주적 정당성이 크게 제고되었다는 점에서 헌법사적 의미가 크다고 할 수 있다. 1972년의 유신헌법이나 1980년 헌법은 민주적 정당성이 결여된 통치구조 하에서 권력분립원리가 명목화·형해화된 가운데 대통령의 독재를 허용하였으나 1987년 헌법은 이러한 권위주의체제에 대한 역사적 반성으로 국민적 합의에 의한 대통령직선제를 채택함으로써 민주적 정당성이 제고되었다. 그리고 과거 우리 헌정사의 경험에 따른 반성에서 장기집권으로 인한 독재화를 막기 위해 1980년 헌법에 의해 처음 채택된 단임제를 유지하였다는 점에서 그 헌정사적 의의가 크다. 이러한 대통령직선제와 5년단임제를 중심으로 하는 개헌은 비록 형식적으로는 기존의 헌법개정절차에 따라 채택된 것이지만 그것은 주권자인 국민의 시민혁명에 의한 '정치적 결단'의 산물을 의미한다고 할 수 있으며, 이 점에서 제9차 개헌에 의한 1987년 헌법은 실질적으로 새로운 헌법의 제정이라고 보는 견해도 설득력이 있다고 하겠다.[2)] 또한 1987년 헌법은 권력분립원리의 실질화를 위하여 국회의 지위와 권한이 강화되고 대통령의 국회해산권이 폐지되는 등 대통령의 권한이 상대적으로 축소됨으로써 권력간의 견제와 균형을 유지할 수 있게 되었다. 다만 현행 헌법의 운용과정에서 대통령제의 문제점으로 지적되어 온 제왕적 대통령제의 우려가 불식되지 못하고 있다고 할 수 있다.

셋째, 1987년 헌법은 헌법재판제도를 도입하여 권력통제규범과 기본권보장규범으로서의 기능을 강화하였다는 점이 두드러진 특징이라 할 수 있다. 구 헌법시대의 헌법위원회제도 하에서는 헌법재판을 통한 권력통제기능을 거의 기대할 수 없었으나, 현행헌법의 헌법재판소제도는 실질적인 권력통제기능을 수행하고 헌법보장기관으로서의 역할을 충실히 수행하고 있다. 특히 위헌법률심판과 헌법소원심판을 통하여 국회의 입법권에 대한 통제가 이루어지고 있으며, 명령·규칙 등의 행정입법(법규명령)에 대해서도 법원과 헌법재판소에 의한 규범통제가 행해짐으로써 국민의 권리구제의 실현이 강화되고 있다. 다만 헌법 제107조 제2항에 의해 명령·규칙에 대한 구체적 규범통제를 법원의 권한으로 하고 있으나 헌법

1) 1987년 헌법의 입법과정에 혁명의 주체인 국민의 참여가 배제된 것에 대한 비판적 견해는 김선택, "헌법과 혁명 -시민입헌주의(Civic Constitutionalism)", 동아법학 제58호, 2013, 5면 이하.

2) 제9차 개헌에 의한 1987년 헌법을 실질적인 새로운 헌법의 제정으로 보는 입장은 김철수, 앞의 책, 127-8면; 계희열, 헌법학(상), 박영사, 2005, 153면; 김학성, 헌법학원론, 피엔씨미디어, 2018, 84면.

재판소도 법규·명령에 의한 기본권침해의 경우 헌법소원을 통해 위헌심판을 할 수 있으므로 이러한 헌법재판기능의 이원화에 따른 법원과 헌법재판소 간의 충돌과 갈등이 문제되고 있다.

넷째, 1987년 헌법은 그 동안의 시행과정 속에서 헌법개정 논의가 지속되어 왔다는 점이 특징이라 할 수 있다. 그러나 현행헌법 하의 개헌논의는 주로 정치권에서의 정부형태의 개편 내지 새로운 정부형태의 선택에 관한 논의가 중심이 되어 왔으며, 이러한 개헌논의가 헌법제정권자이며 헌법개정권자인 국민 다수의 정치적 의사에 바탕을 둔 것이 아니라는 점에서 문제가 있다고 할 것이다.

아무튼 1987년 헌법은 국민적 합의를 바탕으로 한 민주적 개헌절차를 통해 채택된 것이라는 점에서 헌정사적 의의가 크며, 특히 통치구조에 있어서는 권력분립원리의 실질화와 헌법재판제도의 도입 등으로 권력통제기능이 강화되었고, 기본권보장규범으로서의 기능이 괄목할 만큼 크게 확대되었다는 점에서는 긍정적으로 평가될 수 있다고 하겠다.

제 2 장 국가의 구성요소와 국가형태

Ⅰ. 국가의 구성요소

1. 국 민

(1) 국민의 개념

국가의 인적 구성요소로서 국민은 동시에 헌법의 인적 적용범위를 의미한다. 즉 대한민국 헌법은 원칙적으로 대한민국 국민에게 적용된다. 여기서 국민이란 국법에 의하여 국적(국민이 되는 자격)을 부여받은 개개의 자연인을 말한다. 따라서 대한민국의 국민이란 헌법(제2조 제1항)과 국적법에 의하여 대한민국 국적을 취득한 개개인을 의미한다. 이러한 국민은 대한민국 영토 내에 있거나 외국에 있거나 관계없이 대한민국 헌법의 적용을 받는다. 따라서 헌법은 국내에 거주하는 국민뿐만 아니라 외국에 체류하고 있는 재외국민에게도 그 효력이 미친다.

국민은 헌법상 주권의 주체로서의 지위와 주권의 행사자로서의 지위를 가지며, 기본권의 주체와 공의무의 주체로서의 지위를 가진다. 주권의 주체로서의 국민은 전체국민을 의미하며, 주권의 행사자로서의 국민은 유권자의 총체로서 선거권과 국민투표권의 주체를 의미한다. 기본권의 주체와 공의무의 주체로서의 국민은 개개인으로서의 국민을 말한다.

(2) 재외국민

오늘날 세계화시대에 있어 국경개념의 축소화와 국민생활의 변화는 재외국민(在外國民)에 대한 국가적 보호를 필요로 하게 됨에 따라 헌법은 "국가는 법률이 정하는 바에 의하여 재외국민을 보호할 의무를 진다"라고 규정하고 있다(제2조 제2항). 재외국민과 재외동포의 출입국과 체류, 대한민국 내에서의 법적 지위를 보장하기 위하여 「재외동포의 출입국과 법적 지위에 관한 법률」이 제정되어 있다.

재외국민 보호에 관한 주요 헌법문제는 재외국민의 기본권제한, 즉 재외국민에 대한 선거권 제한 등의 문제가 있다. 헌법재판소는 대한민국 국민임에도 불구하고 주민등록법상 주민등록을 할 수 없는 재외국민의 선거권 행사를 전면적으로 부정한 구 공직선거법 조항에 대하여, 처음에는 그러한 거주요건에 의한 보통선거의 제한은 선거권의 본질 및 선거의 공정성확보 등의 공공복리를 위하여 필요한 것이라 보고 과잉금지의 원칙에 위반되지 않는다고 판시하였으나,[1] 그 후 판례를 변경하여 거주요건에 의한 선거권 제한은 과잉금지의 원칙에 위반하여 재외국민의 선거권과 평등권을 침해한다고 하였다. 선거인명부에 오를 자격이 있는 국내거주자에 대해서만 부재자신고를 허용함으로써 재외국민과 단기해외체류자 등 국외거주자 전부의 국정선거권을 부인하는 것은 국외거주자의 선거권과 평등권을 침해하고 보통선거원칙에도 위배된다고 하였으며, 주민등록을 할 수 없는 국내거주 재외국민에 대해 그 체류기간을 불문하고 지방선거의 선거권과 피선거권을 부인하는 것은 국내거주 재외국민의 지방의회 의원선거권과 공무담임권을 침해한다고 판시하였다.[2]

(3) 국적의 취득

우리 국적법은 국적에 관하여 단일국적주의와 속인주의(屬人主義) 내지 부모양계혈통주의 등을 원칙으로 하고 있다.

출생이라는 사실에 의해 자동적으로 국적이 부여되는 선천적 국적취득에는 부모의 국적에 따라 출생자의 국적을 결정하는 속인주의(혈통주의)와 부모의 국적에 관계없이 출생한 지역에 따라 국적이 결정되는 속지주의(출생지주의)가 있다. 한국의 「국적법」은 1997년 12월 개정법률에 의해 부모양계혈통주의에 기초한 속인주의를 원칙으로 하면서 여기에 속지주의를 일부 가미하고 있다(동법 제2조).

헌법재판소는 「국적법」 개정 이전의 부계혈통주의의 원칙을 채택한 구법조항에 대하여 평등원칙에 위배되어 위헌이라고 결정하였다. 즉 한국인 부와 외국인 모 사이의 자녀와 한국인 모와 외국인 부 사이의 자녀를 차별취급하는 것은, 모가 한국인인 자녀와 그 모에게 불리한 영향을 끼치므로 헌법 제11조 제1항의 남녀평등원칙에 어긋난다고 하였다. 한국인과 외국인 간의 혼인에서 배우자의 한 쪽이 한국인 부인 경우와 한국인 모인 경우 사이에 성별에 따른 특별한 차이가 있는 것도 아니고, 양쪽 모두 그 자녀는 한국의 법질서와 문화에 적응하고 공동체에서 흠없이 생활해 나갈 수 있는 동등한 능력과 자질을 갖추었는데도 불구하고 전체 가족의 국적을 가부(家父)에만 연결시키고 있는 구법조항은 헌법 제36조 제1

1) 헌재 1999. 1. 28. 97헌마253등.
2) 헌재 2007. 6. 28. 2004헌마644.

항이 규정한 "가족생활에 있어서의 양성의 평등원칙"에 위배된다는 것이다. 모가 한국인인 자녀들은 외국인이므로 원칙적으로 대한민국의 공무원이 될 수 없고, 거주·이전의 자유, 직업선택의 자유, 재산권, 선거권 및 피선거권, 국가배상청구권 및 사회적 기본권 등을 누릴 수 없거나 제한적으로밖에 향유하지 못하게 되므로 구법조항은 자녀의 입장에서 볼 때에도 한국인 모의 자녀를 한국인 부의 자녀에 비교하여 현저하게 차별취급을 하는 것으로 헌법상의 평등원칙에 위배된다고 판시하였다.[1)]

후천적 국적취득은 출생 이외의 인지, 귀화 등 일정한 사실에 의해 국적을 취득하는 것을 말한다(국적법 제3조~제8조). 인지란 혼인 외에 출생한 자를 자신의 자녀로 인정하는 의사표시를 말하며, 귀화란 외국인으로서 대한민국 국적을 취득하는 것을 말한다. 귀화에 의한 국적취득에는 법무부장관의 허가가 있어야 한다.

국적과 관련하여 대한민국 성립 이전의 조선인의 국적이 문제되며, 북한주민이 대한민국 국민인지 여부가 문제된다. 이에 관하여는 헌법과 국적법에 명시적 규정이 없으나, 대법원 판례에 의하면 미 군정하의 조선 국적의 보유자는 대한민국의 국적을 취득하였다고 본다. 또한 북한주민의 경우도 북한법의 규정에 따라 북한국적을 취득하였다고 하더라도 북한지역 역시 대한민국의 영토에 속하는 한반도의 일부를 이루는 것이어서 대한민국의 주권이 미칠 뿐이므로 북한주민이 대한민국의 국적을 취득하고 이를 유지함에 있어 아무런 영향을 끼칠 수 없다고 판시하였다.[2)]

(4) 국적의 상실

대한민국 국민이 자진하여 외국국적을 취득하거나 외국인과 혼인하여 배우자의 국적을 취득하게 된 경우 등 「국적법」상 규정된 일정한 원인에 의해 국적은 상실된다(동법 제14조). 국적을 상실한 자는 법무부장관에게 국적상실의 신고를 해야 하며, 대한민국 국민으로서 누릴 수 있는 권리를 법령에 다른 규정이 없는 한 국적상실한 날로부터 3년 이내에 한국인에게 양도하여야 한다(동법 제18조 제2항). 국적을 상실한 자도 법무부장관의 국적회복허가를 받아 국적을 재취득할 수 있다(동법 제9조).

(5) 복수국적의 제한적 허용

국적법은 종래 복수국적을 허용하지 아니하였으나, 2010년 개정법에서 복수국적을 제한적으로 허용하는 방향으로 바뀌게 되었다. 복수국적자란 출생이나 그 밖에 국적법에 따라 대한민국 국적과 외국 국적을 함께 가지게 된 자를 말한다. 현행 국적법은 대한민국 국

1) 헌재 2000. 8. 31. 97헌가12.
2) 대판 1996. 11. 12. 96누1221.

적을 취득한 외국인은 1년 이내에 외국 국적을 포기하여야 하며, 다만 대한민국에서 외국 국적을 행사하지 아니하겠다는 뜻을 법무부장관에게 서약한 경우에는 복수국적을 허용한다(동법 제10조 제1항, 제2항). 복수국적자는 대한민국의 법령 적용에서 대한민국 국민으로만 처우한다(동법 제11조의2 제1항), 복수국적자는 원칙적으로 국적선택의무를 지게 되는데, 만 20세가 되기 전에 복수국적자가 된 자는 만 22세가 되기 전까지, 만 20세가 된 후에 복수국적자가 된 자는 그 때부터 2년 내에 하나의 국적을 선택하여야 한다(동법 제12조 제1항).

복수국적자라 하더라도 병역법 규정에 따라 제1국민역에 편입된 자는 편입된 때부터 3개월 이내에 하나의 국적을 선택하거나, 직계존속이 외국에서 영주할 목적 없이 체류한 상태에서 출생한 자는 병역의무의 이행과 관련하여 현역·상근예비역·보충역 또는 대체역으로 복무를 마치거나 전시근로역 편입, 병역면제처분 등을 받은 때부터 2년 이내에 하나의 국적을 선택하여야 한다(동법 제12조 제2항, 제3항). 따라서 직계존속이 외국에서 영주할 목적 없이 체류한 상태에서 출생한 자는 병역의무의 이행과 관련하여 현역 등으로 복무를 마치거나 전시근로역으로 편입된 경우, 병역면제처분을 받은 경우에만 국적이탈신고를 할 수 있다. 이는 원정출산을 병역기피의 수단으로 이용하는 것을 방지하기 위한 것이다.

헌법재판소는 국적법상 병역의무이행을 전제로 한 국적이탈금지규정에 대하여 합헌이라고 판단해왔다. 즉 국적법은 이중국적자라 하더라도 대한민국 국민인 이상 병역의무를 이행하여야 한다는 것을 원칙적인 전제로 하여, 이중국적자로서 구체적인 병역의무 발생(제1국민역 편입)시부터 일정기간 내에 한국 국적을 이탈함으로써 한국의 병역의무를 면하는 것은 허용하되, 그 기간 내에 국적이탈을 하지 않은 이중국적자는 병역문제를 해소하지 않는 한 한국 국적을 이탈하지 못하게 함으로써 국적선택제도를 통하여 병역의무를 면탈하지 못하게 하려는 데에 그 입법취지가 있으며, 그것이 국적이탈의 자유를 침해하는 것이 아니라고 하였다.[1] 그러나 헌법재판소는 2020년 9월 24일, 선례를 변경하여 위 법률조항은 과잉금지원칙에 위배되어 국적이탈의 자유를 침해한다고 판단하여 헌법불합치결정을 하였다.[2] 이 조항은 병역준비역에 편입된 사람이 병역의무를 면탈하기 위한 수단으로 국적을 이탈하는 것을 제한하여 병역의무 이행의 공평을 확보하려는 것으로 목적의 정당성과 수단의 적합성은 인정되지만, 피해의 최소성에 위배된다고 판단한 것이다. 즉 병역준비역에 편입된 복수국적자의 국적선택 기간이 지났다고 하더라도 그 기간 내에 국적이탈 신고를 하지 못한 데 대하여 사회통념상 그에게 책임을 묻기 어려운 사정 즉, 정당한 사유가 존재하고, 또한 병역의무 이행의 공평성 확보라는 입법목적을 훼손하지 않음이 객관적으로 인정

1) 헌재 2006. 11. 30. 2005헌마739; 헌재 2015. 11. 26. 2013헌마805등.
2) 헌재 2020. 9. 24. 2016헌마889.

되는 경우라면, 병역준비역에 편입된 복수국적자에게 국적선택 기간이 경과하였다고 하여 일률적으로 국적이탈을 할 수 없다고 할 것이 아니라, 예외적으로 국적이탈을 허가하는 방안을 마련할 여지가 있다고 본 것이다.

2. 영 역

(1) 영역의 개념

영역은 국가의 헌법과 법률이 적용되는 공간적 범위를 의미하는 것으로, 국가적 지배의 물적 대상을 말한다. 국가의 영역은 영토, 영해, 영공으로 구성된다.

영토는 국가영역의 기초가 되는 일정한 범위의 육지를 말한다. 우리나라의 영토는 헌법 제3조에 "대한민국의 영토는 한반도와 그 부속도서로 한다"라고 규정하고 있다. 영해는 영토에 접속한 일정 범위의 해역으로 우리나라는 '영해 및 접속수역법'에 따라 한반도와 그 부속도서에 접속한 12해리까지를 영해로 하고 있다.[1)]

영공은 영토와 영해의 수직상공으로 그 범위에 관하여는 일반적으로 지배 가능한 상공에 한정된다고 보고 있다.

국가의 영토는 자연적 원인이나 국제조약, 사실행위 등에 의해 그 범위가 변경될 수 있다. 영토가 변경되면 국가의 지배권이 미치는 공간적 범위와 국민의 범위에 변동을 가져오게 된다. 우리 헌법은 침략적 전쟁의 부인을 규정(제5조 제1항)하고 있기 때문에 무력수단에 의한 영토변경은 금지되며, 조약에 의한 영토변경의 경우에는 헌법개정의 절차를 거쳐야 한다.

(2) 영토조항의 헌법적 의미

현행 헌법 제3조의 "대한민국의 영토는 한반도와 그 부속도서로 한다"는 영토조항의 의미에 관하여는 학자들에 따라 다양하게 해석되고 있으나 일반적인 해석론에 의하면 영토조항은 첫째, 우리나라의 영역을 구한말(舊韓末) 시대의 국가영역을 기초로 한다는 것을 의미하며(구한말영토승계론), 둘째, 우리나라의 영토의 범위를 명백히 함으로써 타국의 영토에 대한 야심이 없음을 선언하는 것이고(국제평화지향론). 셋째, 한반도에서의 유일한 합법정부

1) '영해 및 접속수역법'은 한국의 영해를 기선(해안저조선)으로부터 12해리의 수역으로 정하고(제1조), 다만 이 법률 시행령에 따라 대한해협에서의 영해는 3해리로 하고 있다. 접속수역은 기선에서 24해리의 수역으로 영해를 제외한 것으로서, 이 접속수역은 관세, 출입국관리, 보건 및 위생에 관한 법규위반을 방지하고 제재를 가할 수 있는 수역을 말한다(제3조의2, 제6조의2). 한편 '배타적 경제수역법'은 해양법에 관한 국제연합협약에 따라 배타적 경제수역을 설정하고 있다. 배타적 경제수역은 영해기선으로부터 200해리까지의 수역으로 영해를 제외한 것이다. 이 수역 내에서 해저의 상부수역, 해저 및 그 하층토의 천연자원탐사·개발·보존·관리 등 경제적 활동에 관한 주권적 권리를 행사한다(제2조, 제3조).

는 대한민국뿐이고 휴전선 이북지역은 인민공화국이 불법적으로 점령한 미수복지역이라는 것이다(유일합법정부론과 미수복지역론).[1)]

헌법 제3조는 현실의 상황이나 그 변화에 관계없이 대한민국의 영토를 규범적으로 확정하고 있는 것이므로 북한지역도 우리의 영토로서 대한민국의 국가권력이 미치는 공간적 범위에 해당한다. 그러나 북한지역에 대해서는 대한민국의 사실상의 지배권이 미치지 못하기 때문에 현실적으로 북한지역은 사실상 우리의 영토가 아니라 단지 이념상의 영토라 할 수 있다.[2)]

영토조항의 일반적 해석론에 의해 대한민국만이 한반도의 유일한 합법정부이며 북한은 법적으로 반국가단체의 성격을 가진다는 것은 법원 판례의 입장이기도 하다. 대법원은 "북한지역 역시 대한민국의 영토에 속하는 한반도의 일부를 이루는 것이어서 대한민국의 주권이 미칠 뿐이고, 대한민국의 주권과 부딪치는 어떠한 국가단체나 주권을 법리상 인정할 수 없다"고 판시하여 북한지역이 대한민국의 영토임을 확인하고 북한의 반국가단체성을 분명히 밝힌 바 있다.[3)] 다만 이렇게 해석하는 경우 북한지역에도 우리 헌법의 효력이 미친다는 것은 헌법의 규범적 구속성이 제한적으로 효력을 미치는 것으로 해석할 수 있다는 것이지, 헌법의 현실적 실효성이 북한지역에도 미친다는 것은 아니다.

이 점에서 영토조항은 대한민국의 오늘의 현실을 규율하고 확정하는 조항이 아니라 미래를 향하여 존재하고 미래에 실현되는 통일과제조항이라고 해석하는 견해가 있다. 이러한 통일과제조항으로 보는 해석론은 헌법 제4조의 평화통일조항과 관련하여 설득력이 있다고 할 것이다. 즉 대한민국의 헌법이 영토의 범위를 북한지역까지 포함하는 것으로 규정한 것은 통일에 대한 염원과 의지를 선언적으로 확인하면서 장래에 북한지역까지 대한민국의 국가권력이 미치도록 노력해야 할 통일의 목표와 과제를 부여한 것으로 해석할 수 있다는 것이다.[4)]

영토조항과 관련하여 한 가지 문제될 수 있는 것은 영토조항을 근거로 국민의 기본권으로서 영토권을 인정할 수 있느냐에 관한 것이다. 헌법재판소는 영토조항만을 근거로 하여 독자적으로 헌법소원을 청구할 수 없다 할지라도 기본권보장의 실질화를 위해서는 영토에 관한 권리를 헌법소원의 대상인 기본권의 하나로 간주하는 것은 가능하다고 판단하고 있다. 즉 헌법 제3조의 영토조항은 우리나라의 공간적인 존립기반을 선언하는 것인바, 영토변경은 우리나라의 공간적인 존립기반에 변동을 가져오고, 또한 국가의 법질서에도 변화를

1) 권영성, 헌법학원론, 법문사, 2010, 122-123면.
2) 한수웅, 헌법학, 법문사, 2016, 101면.
3) 대판 1996. 11. 12. 96누1221.
4) 한수웅, 앞의 책, 102면.

가져옴으로써, 필연적으로 국민의 주관적 기본권에도 영향을 미치지 않을 수 없는 것이며, 이러한 관점에서 살펴본다면 국민의 개별적 기본권이 아니라 할지라도 기본권보장의 실질화를 위하여서는, 영토조항만을 근거로 하여 독자적으로는 헌법소원을 청구할 수 없다 할지라도, 모든 국가권능의 정당성의 근원인 국민의 기본권 침해에 대한 권리구제를 위하여 그 전제조건으로서 영토에 관한 권리를, 이를테면 영토권이라 구성하여, 이를 헌법소원의 대상인 기본권의 하나로 간주하는 것은 가능한 것이라고 판시하고 있다.[1)]

(3) 영토조항과 평화통일조항의 관계

우리 헌법은 1972년의 제7차 개헌에 의해 헌법 전문에 "조국의 평화적 통일의 사명"을 천명하여 왔고, 현행헌법 제4조에 "대한민국은 통일을 지향하며, 자유민주적 기본질서에 입각한 평화적 통일정책을 수립하고 이를 추진한다"라고 규정하는 등 일련의 평화통일조항을 추가하였다. 이들 평화통일조항을 근거로 1990년에는 '남북교류협력에 관한 법률'이 제정되고 1991년에는 '남북기본합의서'가 교환되었다. 이러한 평화통일조항은 남북분단의 현실에서 북한을 사실상의 정부로 그 실체를 인정하는 것을 전제로 한 것으로, 이는 영토조항의 규범적 의미와 그 내용이 양립될 수 없는 것이므로 양 조항은 상충관계에 있다고 할 수 있다.

이와 같은 상호 충돌하는 양 조항의 헌법해석론에 관하여는 영토조항우위론, 평화통일조항우위론, 양조항등가론 등으로 견해가 나뉘고 있다. 영토조항우위론은 대한민국이 한반도의 유일한 합법정부라는 유일합법정부론에 근거한 것이며, 평화통일조항우위론에는 영토조항과의 관계에서 평화통일조항은 일반법에 대한 특별법 또는 구법에 대한 신법의 지위에 있으며 평화통일은 우리 헌법이 지향하는 이념이므로 평화통일조항이 영토조항보다 우월한 효력을 가진다는 견해와 함께 영토조항은 시대상황과 통일정책의 변화에 따라 북한을 더 이상 불법단체로 볼 수 없게 되어 영토조항의 본래의 의미가 실질적으로 변질되었다는 헌법변천론의 견해가 있다.

북한정권의 '2중적 지위론'에 입각한 양조항등가론(兩條項等價論)은 헌법재판소 판례의 입장으로서, 영토조항을 근거로 북한을 반국가단체로 규정하면서도, 평화통일조항을 근거로 하여 북한을 대화와 협력의 동반자로 규정하고 있다. 헌법재판소는 "현 단계에 있어서의 북한은 조국의 평화적 통일을 위한 대화와 협력의 동반자임과 동시에 대남적화노선을 고수하면서 우리 자유민주체제의 전복을 획책하고 있는 반국가단체라는 성격도 함께 갖고 있음이 엄연한 현실인 점에 비추어, 헌법 제4조가 천명하는 자유민주적 기본질서에 입각

1) 헌재 2001. 3. 21. 99헌마139등.

한 평화적 통일정책을 수립하고 이를 추진하는 한편 국가의 안전을 위태롭게 하는 반국가활동을 규제하기 위한 법적 장치로서, 전자를 위하여는 남북교류협력에 관한 법률 등의 시행으로써 이에 대처하고 후자를 위하여는 국가보안법의 시행으로써 이에 대처하고 있는 것이다"라고 판시함으로써 북한의 이중적 지위론에 입각한 양 조항의 규범조화적 해석을 시도하고 있다.[1)]

대법원 판례도 이와 같은 입장에서 북한은 조국의 평화적 통일을 위한 대화와 협력의 동반자임과 동시에 적화통일노선을 고수하면서 우리의 자유민주주의 체제를 전복하고자 획책하는 반국가단체라는 성격도 아울러 가지고 있다고 판시하고 있다.[2)]

생각건대 개별적 헌법조항 상호간의 관계에서 효력상의 차등을 인정하기 어려우며, 영토조항을 헌법변천으로 보는 견해도 그 헌법조항의 의미의 변질에 대한 국민적 합의가 형성된 것이 아니어서 설득력이 없으므로 헌법재판소 판례의 입장에 따른 양조항등가론 내지 북한의 이중적 지위론이 타당하다고 본다.

3. 국가권력

(1) 주권(主權)

주권(sovereignty)이란 국가의사를 결정하는 최고권력 또는 국가의사를 전반적·최종적으로 결정할 수 있는 최고권력으로서 모든 국가권력의 원천을 의미한다. 국가의 주권은 대내적으로 최고의 권력이고, 대외적으로 독립된 권력을 의미한다. 이 점에서 국가권력의 최고독립성이란 의미로 주권을 사용하기도 한다. 서구에서의 주권개념은 본래 절대군주시대의 군주의 권력을 강화하기 위한 군주주권이론에 의해 전개되었으나, 근대 입헌주의헌법 이래 국민주권원리를 헌법의 최고원리로 규정하게 되었으며, 따라서 주권이 귀속하는 주체는 국민을 의미하게 되었다. 주권의 주체로서 국민의 개념이 무엇인가에 관하여는 국민(nation)주권설과 인민(peuple)주권설의 대립이 있다.[3)] 우리 헌법은 제1조 제2항에 "대한민국의 주권은 국민에게 있고 모든 권력은 국민으로부터 나온다"라고 하여 주권과 통치권, 국민주권(주권재민)의 원리를 규정하고 있다.

(2) 통치권

통치권은 국가목적을 달성하기 위하여 현실적으로 발동되는 국가권력으로서 일반적으로 국민에 대하여 명령하고 강제하는 것을 본질로 한다. 주권이 국가의 모든 권력의 최상위

---

1) 헌재 1993. 7. 29. 92헌바48.
2) 대판 2004. 8. 30. 2004도3212.
3) 국민주권과 인민주권의 개념의 구별에 관하여는 정만희, 헌법과 통치구조, 법문사, 2003, 23-24면 참조.

에 위치하는 근원적인 힘을 의미하는 것이라면 통치권은 주권에 근거하여 주권에 의해 조직된 구체적 권력개념이다. 주권은 단일불가분이며 불가양의 권력으로 오로지 국민만이 가지는 것인 데 대하여 통치권은 분할과 양도가 가능하며 국민에 의해 위임된 권력이다. 통치권은 실질적 내용에 따라 국가 영역 내의 모든 인과 물에 대한 지배권으로서의 영토고권, 국가구성원에 대한 속인적 지배권으로서의 대인고권, 국가의 조직을 스스로 결정하는 자주조직권으로 구별되며, 발동형태에 따라 입법권, 행정권, 사법권으로 나누어진다.

우리 헌법 제1조 제2항의 "모든 권력은 국민으로부터 나온다"라는 규정은 주권에 의해 조직된 현실적 국가권력으로서의 통치권을 의미하는 것이다.

Ⅱ. 대한민국의 국가형태

1. 국가형태의 분류

(1) 전통적 분류론

국가형태란 국가의 조직형태와 조직체계가 어떠한 것인가를 기준으로 한 국가의 전체적 성격의 유형을 말한다. 고전적인 국가형태분류론에 의하면 플라톤은 지배자의 수와 그 윤리적 성격 등을 기준으로 군주국과 민주국으로 분류하였고, 아리스토텔레스는 군주국, 귀족국, 민주국의 셋으로 구분하였다. 중세의 마키아벨리는 권력보유자의 수에 따라 국가를 군주국과 공화국으로 분류하였다. 옐리네크는 국가의사의 결정방법을 기준으로 하여 국가의사가 헌법상 개인의 자연적 의사에 따라 결정되느냐, 아니면 다수인에 의하여 기술적 방법으로 결정되느냐에 따라 군주국과 공화국으로 분류하였다.

과거 일본과 한국에서의 국가형태의 분류는 국체(國體)와 정체(政體)에 따른 분류가 지배적이었다. 국체에 따른 분류는 '주권의 소재'를 기준으로 한 것으로 군주국과 공화국으로 구분하고, '주권의 행사방법'을 기준으로 한 정체에 따른 분류는 전제정과 제한정, 민주정과 독재정 등으로 구분하였다.

(2) 현대적 분류론

국가형태에 관한 오늘날의 일반적 분류론에 의하면 첫째, 군주제를 두고 있는가 아닌가를 기준으로 군주국과 공화국으로 분류한다. 현대의 서구 군주국은 군주주권원리에 입각한 전제군주제는 찾아볼 수 없으며, 단지 명목상의 국가원수로서의 군주가 존재하는 국가를 의미한다. 국가의 실체는 국민주권에 기초한 민주국가로서 상징적 군주제가 유지되고 있는 공화국을 의미한다. 공화국은 군주국에 반대되는 국가형태로서 군주제를 부정하는 비

군주국을 말한다. 공화국에도 자유주의적 민주공화국과 독재적 전제공화국으로 구분할 수 있다.[1)]

둘째, 국가권력이 권력분립원리에 따라 통제되어 행사되느냐의 여부에 따라 '입헌주의(constitutionalism)국가'와 '전제주의(autocracy)국가'로 구분된다. 입헌주의국가는 다시 정부형태에 따라 대통령제, 의원내각제, 이원정부제 등으로 구분되고 있다. 전제주의국가는 '전체주의'(totalitarianism)국가와 '권위주의'(authoritarianism)국가로 구분된다. 전체주의국가와 권위주의국가는 국가권력이 통제되지 않고 행사되는 전제국가이지만, 전체주의는 파시즘이나 공산주의처럼 단일의 국가이데올로기와 단일한 국가정당을 기반으로 한다는 점에서 권위주의와 구별된다.

셋째, 단일국가(unitary state)와 연방국가(federal state, united states)의 구분이다. 단일국가는 통치권을 중앙에 집중·통일시키는 집권주의에 입각한 국가를 말한다. 이에 반해 연방국가는 통치권을 연방을 구성하는 각 분방(分邦)인 주(州)에 분산시키는 분권주의에 입각하고 분할된 각 주가 결합하여 하나의 국가적 결합체를 구성하는 국가를 말한다. 단일국가나 연방국가는 하나의 주권국가이지만 연방국가의 경우 주권(主權)은 연방정부에 있으며, 각 주(州)는 주권을 가지지 아니한다. 다만 각 주는 연방의 의사결정에 참여하고 광범한 자주조직권을 가진다는 점에서 단순한 지방자치단체와 구별된다. 연방국가제도는 단지 오늘날 국가형태의 문제가 아니라 권력분립원리의 실효성을 높이는 국가의 조직원리로서 새롭게 평가되고 있다. 연방국가적 구조에 있어 연방과 지방 간의 수직적 권력분립과 수평적 권력분립의 효과는 현대의 정당국가적 경향으로 인한 권력통합 현상을 저지하고 수정할 수 있는 효과적인 권력통제수단이 되고 있음을 부정하기 어렵다.[2)]

연방국가와 구별되는 개념으로 국가연합(confederation of states)이 있다. 국가연합이란 복수의 주권국가 간에 조약을 체결하여 잠정적·한시적으로 정치적 결합체를 형성하는 것을 말한다. 이 점에서 국가연합은 연방국가와 같은 진정한 국가라 할 수 없다. 연방국가는 연방정부가 국제법상 주체가 되고 각 주는 그 주체가 되지 못하지만, 국가연합은 국제법상 주체가 되지 못하고 그 구성국이 국제법상 주체가 된다. 국가연합의 예로는 영연방공동체(British Commonwealth of nations), 1958년의 아랍국가연합, 소련 해체 후의 독립국가연합(Commonwealth of Independent States: CIS) 등이 있다.

---

1) 공화국(republic)의 개념은 라틴어의 *res publica*('공공의 것', '모두의 것')에 어원을 둔 것으로 군주제를 부정하고 전제적 정치체제를 부정하는 국민 모두의 국가를 의미하였으나, 그 후 형식적 의미로 군주제를 부정하는 국가의 개념으로 사용하게 되었고, 나아가 전체주의와 공산국가(인민공화국) 등에서도 공화국의 명칭을 스스로 지칭하게 되었다.

2) 연방국가의 권력분립적 기능에 관하여는 허영, 한국헌법론, 박영사, 2009, 681-682면.

2. 대한민국의 국가형태

(1) 헌법규정

헌법 제1조 제1항은 "대한민국은 민주공화국이다"라고 규정하여 우리나라의 국호가 '대한민국'(大韓民國)이며, 국가형태가 민주공화국(民主共和國)임을 선언하고 있다. 우리나라의 국호를 대한민국이라고 규정한 것은 우리나라는 3·1운동의 결과 수립된 대한민국 임시정부의 법통을 계승한 것이라는 의미를 가진다.[1)]

국가형태로서 민주공화국의 의미와 성격에 관하여는 견해가 나뉘고 있다. 종래의 학설을 보면, 제1설은 민주공화국의 '민주'는 정체를 규정한 것이고 '공화국'은 국체를 규정한 것으로 보며, 제2설은 민주공화국의 '민주'는 민주정체를, '공화국'은 공화정체를 의미하고, 헌법 제1조 제2항의 국민주권에 관한 규정이 민주국체를 규정한 것이라고 본다. 제3설은 국체와 정체의 두 가지 기준에 의한 분류를 부인하면서 헌법 제1조 제1항의 민주공화국 자체가 우리나라의 국가형태를 규정한 것으로 본다. 여기서 민주는 공화국의 정치적 내용이 민주주의적으로 형성될 것을 요구하는 공화국의 내용에 관한 규정이라고 본다. 제3설이 통설적 견해이다.

(2) 민주공화국의 의미와 성격

우리나라의 국가형태가 민주공화국이라는 것은 첫째, 대한민국은 군주제를 부정하는 공화국을 의미한다. 즉 우리나라는 비군주국이며 전제주의를 부정하는 국가이다. 둘째, 공화국의 내용으로서 민주는 국민주권원리와 권력분립원리를 포함하는 개념으로 이해하여 우리나라는 국민의 국가이며, 독재와 전체주의국가(인민공화국)를 부정하는 자유국가를 의미한다.[2)]

우리 헌법 제1조 제1항의 민주공화국은 헌법의 중핵을 이루는 근본규범으로서 다른 헌법규정을 구속하는 효력을 가진다. 이 조항은 헌법제정권자의 근본결단에 해당하는 것이므로 헌법개정절차에 따르더라도 개정할 수 없는 개정금지사항에 해당한다. 민주공화국을 보장하기 위해서 헌법은 방어적 민주주의에 따라 위헌정당해산제도를 규정하고 있으며, 민주공화국의 구조형태와 조직체계를 위협하거나 침해하는 경우에는 형법과 국가보안법 등에 의한 규제를 받게 된다.

---

1) 1948년 대한민국헌법 제정 이전의 1919년 3·1독립운동의 결과 수립된 상해 임시정부는 대한민국 임시정부헌법을 제정하면서 국호를 '대한민국'으로 칭하고 국가형태를 '민주공화국'으로 규정하였다.

2) 민주공화국의 의미에 관하여는 건국헌법의 중심적 초안자였던 유진오 박사는 다음과 같이 해석하고 있다. "20세기 초기에 이르기까지는 공화국과 민주국은 동의어로 사용하였으나 근래 공화국 중에도 나치스 독일 같은 독재정체나 소련 같은 소비에트제도를 채택하는 국가가 있어서 공화국의 정치형태가 일정하지 않다. 제1조에서 공화국이란 명칭만 사용하지 않고 권력분립을 기본으로 하는 공화국임을 명시하기 위하여 특히 '민주공화국'이라는 명칭을 사용한 것이다." 유진오, 헌법해의, 명세당, 1949, 19면.

제 3 장 한국헌법의 기본원리

Ⅰ. 헌법의 전문(前文)

1. 헌법 전문의 개념

헌법의 전문(preamble)이란 헌법의 본문 앞에 위치한 서문으로서 헌법전의 구성부분을 말한다. 헌법전문에는 헌법제정의 유래와 목적, 헌법제정권자, 헌법의 이념과 기본원리 및 기본가치 등을 기술하고 있다. 즉 헌법전문은 우리 헌법이 추구하는 근본이념과 함께 사회통합의 방향 및 방법 등을 표현하는 것을 그 핵심적 내용으로 하고 있다.

2. 헌법 전문의 법적 성격

헌법은 한 국가의 최고규범으로서의 법적 효력을 가지고 있으나, 헌법의 전문도 헌법의 본문과 같이 법적 효력을 가지는가에 관하여 견해가 나뉘고 있다. 부정설에 의하면 헌법전문은 헌법제정의 역사적 설명이나 개정의 연혁을 서술한 것에 지나지 않고, 헌법제정에 관한 국민적 결의 등을 단순히 선언한 것에 불과하며 법적 규범력을 가지는 것은 아니라고 한다. 이에 반하여 긍정설은 헌법 전문이 헌법제정권력의 소재를 밝히고 헌법이 추구하는 이념과 가치에 대한 국민적 결단을 규정한 것이므로 이는 헌법 본문과 일체를 이루면서 법적인 효력을 가진다고 본다. 전문의 규범성을 인정하는 긍정설이 지배적 견해이다.

헌법재판소도 헌법 전문의 법적 효력을 인정하며, 헌법전문의 내용이 본문에 없더라도 이는 재판규범으로 작용한다고 보고 있다. 헌법재판소는 일제로부터 조국의 자주독립을 위하여 공헌한 독립유공자와 그 유족에 대하여 국가가 응분의 예우를 하여야 할 헌법적 의무를 지니는 것은 헌법 전문에 규정된 "3·1운동으로 건립된 대한민국임시정부의 법통을 계승"한다는 선언에서 그 헌법적 근거를 찾고 있다. 즉 헌법전문의 이 규정은 "대한민국이 일제에 항거한 독립운동가의 공헌과 희생을 바탕으로 이룩된 것임을 선언한 것이고, 그렇다면 국가는 일제로부터 조국의 자주독립을 위하여 공헌한 독립유공자와 그 유족에 대하여는 응분의 예우를 하여야 할 헌법적 의무를 지닌다고 보아야 할 것이다"라고 판단하고 있다.[1)]

3. 헌법 전문의 기능

헌법 전문은 헌법전의 구성부분으로 국가의 최고법규범으로서의 효력을 가지며, 국가와 국민의 행위규범임과 동시에 재판규범으로 작용한다. 따라서 국가의 모든 재판은 헌법 전문에 기속된다. 또한 전문은 헌법제정권자의 근본결단으로서 헌법의 근본이념과 기본적 가치 등을 규정한 헌법의 본질적 구성부분에 해당하는 것으로 헌법개정의 한계로서 작용한다. 통합론적 헌법관의 입장에 서는 경우에도 헌법 전문은 사회통합의 당위성이며 통합의 목표와 방향을 제시해 주는 하나의 이정표로서의 기능을 수행한다고 할 수 있다.

4. 헌법 전문의 내용

(1) 국민주권의 원리와 헌법제정권력 및 헌법성립의 유래 명시

우리 헌법 전문은 "우리 대한국민은 … 1948년 7월 12일에 제정되고 8차에 걸쳐 개정된 헌법을 이제 국회의 의결을 거쳐 국민투표에 의하여 개정한다"라고 하여 국민주권원리에 입각한 헌법제정과 개정의 주체가 국민임을 천명하고 있으며, 1948년 7월 12일 제정되어 8차에 걸쳐 개정된 1980년 헌법을 다시 국회의 의결과 국민투표로 개정한다고 하여 현행 헌법이 헌법제정 이후 제9차 개정헌법임을 밝히고 있다.

(2) 건국이념과 대한민국의 정통성

헌법 전문은 대한민국헌법이 "3·1운동으로 건립된 대한민국임시정부의 법통"을 계승한 것임을 밝히고 있다. 여기서 대한민국임시정부의 '법통' 계승의 의미는 '정통성'의 계승으로 이해되고 있다. 따라서 대한민국은 한반도 내에서 유일하게 대한민국임시정부의 독립정신과 민주적 이념을 계승한 정통성 있는 국가라는 것을 천명한 것이 헌법전문의 내용이다. 즉 헌법전문은 1948년에 탄생된 대한민국의 정통성과 역사적 기초는 바로 3·1운동과 대한민국임시정부에 있다는 것을 선언하고 있다. 다만 여기서 한가지 생각할 것은 대한민국이 대한민국임시정부의 정통성의 계승에는 임시정부의 적법성까지를 계승한 것으로 해석할 수 있는가의 문제이다.[2)] 이에 관한 지배적 견해는 대한민국임시정부의 정통성의 계승으로 이해

---

1) 헌재 2005. 6. 30. 2004헌마859.

2) 이 점에 관하여 성낙인 교수는 "헌법전문에서 대한민국임시정부의 법통계승을 규정하고 있지만 그것은 어디까지나 정통성의 계승을 의미하고 실정 헌법질서상 적법성의 계승을 의미하는 것은 아니다"라고 기술하고 있다

하고 적법성의 계승을 포함하지 않는다고 보는 것이다. 1919년의 임시정부는 당시 주권이 상실된 상황에서 국제법상 합법적 정부로 인정될 수 없는 것이었으므로 1948년 대한민국정부가 임시정부의 완전한 민주독립국가로서의 적법성를 계승한다는 의미로 해석하기 어렵다는 입장은 타당하다고 할 것이다. 그렇지만 1948년 대한민국정부는 대한민국임시정부의 민주이념과 독립정신을 계승한 것으로 한반도에서 유일한 정통성을 갖는 정부라는 것은 분명하다.

(3) 자유민주적 기본질서의 확립

헌법 전문은 "자유민주적 기본질서를 더욱 확고히 하여"라고 하여 대한민국의 국가적 이념과 기본적 정치질서는 자유민주주의적 질서의 확립임을 전제로 그 질서를 더욱 확고히 한다는 것을 강조하고 있다. 자유민주적 기본질서는 국민적 합의에 바탕을 둔 국가적 이념이며 우리 헌법의 핵심적인 정치적 기본질서를 의미한다. 자유민주적 기본질서의 의미에 관하여 헌법재핀소는 "모든 폭력적 지배와 자의적 지배, 즉 반국가단체의 일인독재 내지 일당독재를 배제하고, 다수의 지배에 의한 국민의 자치, 자유·평등의 기본원칙에 바탕한 법치주의적 통치질서"라고 정의하고 있다. 헌법 전문의 자유민주적 기본질서는 헌법 제4조의 평화통일조항에도 "자유민주적 기본질서에 입각한 평화통일정책"으로 규정하고 있으며, 헌법 제8조의 정당해산의 요건으로 '민주적 기본질서'도 헌법전문의 자유민주적 기본질서의 개념과 동일한 의미로 해석되고 있다.

(4) 4·19 민주이념의 계승과 조국의 민주개혁

전문에는 "불의에 항거한 4·19 민주이념을 계승하고, 조국의 민주개혁…의 사명에 입각하여"라고 하여 독재정권을 타도하고 민주정부를 수립한 국민의 저항권행사를 간접적으로 인정하고 있으며 그 저항권행사의 역사적 의미를 강조하고 있다. 또한 그러한 4·19민주이념의 계승을 통한 조국의 민주개혁을 국가의 핵심과제로 삼고 있다. 헌법전문의 4·19 민주이념에 관한 규정은 1962년 헌법전문에서 최초로 '4·19의거'로 규정한 것을 1987년 헌법에 의해 '4·19 민주이념'으로 표현이 바뀐 것이다.

성낙인, 헌법학, 법문사, 2019, 126면.

대한민국임시정부의 법통계승의 해석과 관련하여 헌법전문 내용의 개정과정을 주목할 필요가 있다고 본다. 1948년 제헌헌법은 헌법전문에 "己未三一運動으로 대한민국을 건립하여 세계에 선포한 위대한 독립정신을 계승하여 이제 민주독립국가를 재건함에 있어서"라고 규정하였으나, 1962년 헌법(제3공화국헌법)의 전문에는 이 표현이 "3·1운동의 숭고한 독립정신을 계승하고"로 변경되었고, 1987년 헌법에 와서 "3·1운동으로 건립된 대한민국임시정부의 법통" 계승으로 명문화된 것이다. 즉 제헌헌법 전문의 3·1운동으로 '대한민국을 건립하여'라는 표현이 현행헌법에 이르기까지 그대로 유지되고 있다면 대한민국은 대한민국임시정부의 정통성과 적법성을 계승하는 것으로 해석하는 데 문제가 없다고 할 것이나, '3·1운동의 숭고한 독립정신의 계승'이나 '대한민국임시정부의 법통 계승'으로 헌법전문의 표현이 바뀐 것은 대한민국임시정부가 완전한 민주독립국가의 건설을 의미하는 것은 아니라는 점을 전제로 한 것이라고 할 수 있다.

(5) 평화적 통일의 사명과 국제평화주의

전문은 "조국의 … 평화적 통일의 사명에 입각하여"라고 규정하여 조국의 평화적 통일을 민족적·국민적 과제로 하고 있음을 분명히 하고 있다. 이 헌법전문의 평화통일의 사명에 따라 헌법 제4조에 "대한민국은 통일을 지향하며 자유민주적 기본질서에 입각한 평화적 통일정책을 수립하고 이를 추진한다"라고 규정하여 평화통일의 원칙을 재천명하고 있다. 그리고 "밖으로는 항구적인 세계평화와 인류공영에 이바지함으로써"라고 하여 대한민국은 평화애호국가라는 것을 표방하고 평화주의를 바탕으로 하는 세계질서형성에 노력한다는 것을 밝히고 있다.

(6) 각인의 기회균등과 사회국가원리

헌법전문은 "정치·경제·사회·문화의 모든 영역에 있어서 각인의 기회를 균등히 하고, 능력을 최고도로 발휘하게 하며, 자유와 권리에 따르는 책임과 의무를 완수하게 하여, 안으로는 국민생활의 균등한 향상을 기하고" 라고 하여 우리 헌법의 기본이념인 자유와 평등의 실현과 사회국가원리를 천명하고 있다. 모든 국민이 공동체의 각 영역에 있어서 자유와 평등을 기초로 자신의 능력에 따라 삶을 영위하도록 하며, 자유와 권리만을 강조할 때 나타나는 불평등을 없애고 국민생활의 균등한 향상을 기하기 위하여 실질적인 자유와 평등의 실현을 목적으로 하는 사회국가원리를 천명하고 있다.

(7) 민족주의와 정의로운 사회 건설

헌법전문은 "정의·인도와 동포애로써 민족의 단결을 공고히 하고, 모든 사회적 폐습과 불의를 타파하며" 라고 하여 민족주의를 규정하고 있으며, 사회적 폐습과 불의의 타파를 국정의 기본방향으로 제시함으로써 정의로운 사회 건설을 국가적 과제로 삼고 있다.

(8) 헌법제정의 목적으로서 국민의 안전과 자유와 행복의 확보

그 밖에 우리 헌법전문은 "우리들과 우리들의 자손의 안전과 자유와 행복을 영원히 확보할 것을 다짐하면서"라고 하여 우리 대한민국의 국민적 과제가 국민 모두의 안전과 자유와 복지의 조화적 실현에 있음을 강조하고 있다. 이러한 과제는 동시에 헌법제정권자인 국민의 헌법제정의 목적에 해당한다.

Ⅱ. 한국헌법의 기본원리

우리 헌법은 헌법 전문과 본문의 규정에서 헌법이 추구하는 근본이념과 기본원리들을 밝히고 있다. 즉 헌법의 최고이념으로서 국민주권의 원리를 비롯한 자유민주주의 원리, 사회국가의 원리, 국제평화주의 원리 등을 전문에서 천명하고 있으며, 본문의 개별규정에서도 이러한 원리가 구체화되어 있고, 전문에서 규정하지 않은 본문의 내용 중에도 헌법의 기본원리로 간주되는 것들이 있다.

헌법의 기본원리란 헌법제정권자의 근본결단에 관한 사항으로서 헌법과 국가의 정체성 및 성격을 구성하는 원리를 의미한다. 이러한 헌법의 기본원리는 헌법의 개정절차에 의해서도 개정할 수 없는 헌법의 핵심적 부분을 말한다. 헌법의 기본원리는 헌법에서 직접 명시적으로 규정하기도 하고 일련의 헌법규정을 통해 간접적으로 규정하기도 한다. 헌법의 기본원리의 기능에 관하여 헌법재판소는 "헌법의 이념적 기초인 동시에 헌법을 지배하는 지도원리로서, 입법이나 정책결정의 방향을 제시하며, 공무원을 비롯한 모든 국민·국가기관이 헌법을 존중하고 수호하도록 하는 지침이 되며, 구체적 기본권을 도출하는 근거로 될 수는 없으나 기본권의 해석 및 기본권제한입법의 합헌성 심사에 있어 해석기준의 하나로서 작용한다"고 판시하였다.[1]

이하에서는 우리 헌법의 기본원리에 관한 학계의 다수적 견해에 따라 국민주권원리를 비롯하여 자유민주주의, 기본권보장주의, 법치주의, 권력분립원리, 사회국가(복지국가)원리, 국제평화주의(평화국가원리), 문화국가원리 등으로 세분하여 설명하도록 한다.[2] 국민주권원리와 자유민주주의, 법치주의, 사회국가원리 등은 헌법과 국가의 정체성에 관한 기본결정으로서 당연히 헌법의 기본원리에 해당하는 것이지만, 그 밖의 원리로서 국제평화주의나 문화국가원리는 헌법과 국가의 정체성을 규정하는 헌법의 기본원리의 성격 보다는 국가에게 특정한 과제의 지속적 이행을 요구하는 국가목표규정으로서의 성격이 강하다고 할 수 있다.[3]

1. 국민주권원리

(1) 국민주권원리의 개념

헌법은 제1조에 "대한민국의 주권은 국민에게 있고, 모든 권력은 국민으로부터 나온다"라고 규정하여 국민주권의 이념과 원리를 천명하고 있다. 우리 헌법상의 국민주권의 원리란 대한민국의 국가의사와 국가적 질서를 결정하는 최고권력이 국민에게 있다는 것을 의미한다. 여기서 주권(sovereignty)이란 국가의사를 전반적·최종적으로 결정할 수 있는 국가

1) 헌재 1996. 4. 25. 92헌바47.

2) 헌법의 기본원리에 관한 국내 헌법교과서의 기술 중에는 그 내용으로 민주주의원리, 법치국가원리, 사회국가원리의 셋으로 들면서 민주주의원리의 구성요소로 국민주권주의, 대의제, 직접민주제, 선거제도, 정당제도를 들고 있으며, 법치국가원리 속에 기본권보장과 권력분립원리를 포함하여 설명하기도 한다. 이에 관하여는 한수웅, 헌법학, 법문사, 2016, 107면 이하.

3) 한수웅, 앞의 책, 108면.

의 최고권력을 의미하며, 주권의 주체로서 국민이란 이념적으로는 대한민국의 국적을 가진 국민 전체를 말하고 현실적으로는 주권의 행사자로서의 국민을 의미하는 유권적 시민의 총체를 말한다. 국민주권의 원리는 오늘날 민주주의국가의 헌법들이 예외 없이 채택하고 있는 민주국가적 원리로서, 국가권력의 정당성의 근거를 국민에게서 찾아야 한다는 것을 의미한다. 따라서 모든 통치권의 행사는 궁극적으로 국민의 의사에 귀착되어야 하는 것이며 국가권력의 행사가 국민의 의사에 합치되지 않을 때에는 그 권력행사는 정당화될 수 없게 된다.

(2) 국민주권원리의 역사적 전개

서구에서의 근대 시민혁명을 계기로 하여 중세 이래의 절대군주제 시대의 군주주권이론은 부정되고 새로운 국민주권이론이 탄생하게 되는데, 국민주권이론은 전제군주국가에서의 권력행사의 절대성과 자의성에 대한 항의적·투쟁적 이데올로기로서 발전한 이론이다. 국민주권론은 로크와 루소 등의 사회계약이론에 기초하고 있다.

19세기 독일에서는 군주주권과 국민주권의 대립을 지양하기 위한 타협이론으로 국가주권론이 제기되었다. 이에 의하면 국가권력의 주체는 군주도 국민도 아닌 독립된 단체인격을 가진 국가 그 자체라고 한다. 즉 국가법인설(國家法人說)에 근거하여 군주와 국민 간의 정치적 갈등과 대립을 회피하기 위한 도피이론으로 등장한 것이 국가주권론이다(헤겔, 라반트, 옐리네크).

주권자로서의 국민이 개개인의 집합체로서 관념되는 경우 그 국민의 개념에 관하여는 프랑스 시민혁명 당시 구체적으로 인민(peuple)주권론과 국민(nation)주권론의 구별이 있었다. 루소(Rousseau)의 사회계약론에 입각한 인민주권에 있어서는 주권의 주체는 사회계약에 참가하는 시민의 총체, 즉 유권자의 총체로 보는 것이었으나, 시에예스(Sieyès)의 국민주권에 있어서는 주권의 주체가 인민과 구별되는 국적 보유자의 총체로서 시민의 총체보다 한층 더 추상적인 관념인 것이다. 이러한 두 원리의 구별은 프랑스혁명의 역사적 대항관계 속에서 출발한 것이었으나 1791년 프랑스헌법은 시에예스의 국민(nation)주권론에 입각하여 의원의 국민 전체의 대표성과 함께 명령적 위임의 금지(자유위임)를 규정하게 되었다.[1)]

---

1) 자유위임의 원칙은 근대 이전의 의회에 해당하는 중세의 등족회의에서의 '명령적 위임'과 본질적으로 구별되는 개념이다. 명령적 위임이란 중세 유럽의 등족회의를 구성하는 각 신분적 집단의 대표자와 그 집단 간의 관계를 의미하는 것이었다. 등족회의는 신분적·직업단체적·지방적 대표자들로 성립되었으며 그것은 당시 사회의 신분적 집단(귀족·승려·시민)을 비롯한 직업단체(각종 길드), 지방적 집단의 연합으로 성립된 것을 반영한 것이었다. 여기서 의회는 각 집단의 특수이익을 국왕에 전하는 자문기관에 불과하였으며 의회의 역할은 사회를 구성하는 제집단의 특수이익을 대표하는 데 있었다. 말하자면 대표자(대리인)는 집단의 의사표명의 도구에 지나지 않았으며 제집단은 그 대표자를 통하여 의회에 존재하였으며 그것은 대표제라기보다는 명령적 위임을 수단으로 하는 직접제를 의미하는 것이었다. 이러한 명령적 위임의 제도는 중세 신분제의회가 근대 의회제로 이행

국민주권론에 의해 의원은 자기 선거구의 특수이익을 대표하는 것이 아니라 전국민의 이익을 대표하는 것이 되었으며, 의원은 선거구에 의해 선출되더라도 주권의 행사를 헌법에 의해 국민으로부터 직접적으로 부여받은 것이 되고 자기 선거구의 의사로부터 자유롭게 그 권한을 행사하는 것이 되었다. 또한 선거인의 역할은 그의 선거구의 특수이익의 대리인을 선발하는 것이 아니라 전국민의 대표자를 선출하는 것이므로 선거인도 일반이익의 입장에서 누가 대표자로 적합한지를 판단할 수 있는 자격을 가져야 했던 것이다. 이러한 능력을 갖추기 위해서는 그 나름의 교양과 재산이 필요하다고 하면 그러한 조건에 의한 선거권의 제한은 당연히 인정될 수밖에 없었던 것이다. 즉 개인은 주권을 갖는 것이 아니기 때문에 선거권은 주권의 행사라는 의미가 아니라 오히려 공무의 수행에 지나지 않기 때문에 선거권을 제한하는 것은 이론상 문제가 없는 것이었다. 그리하여 1791년 프랑스헌법은 시에예스의 국민주권론의 기본구조를 채택하여 국민대표제와 명령적 위임금지를 규정하였으며 국민대표의 선출에 있어서는 제한선거를 채택하였던 것이다. 국민주권의 헌법 하에서 보통선거제가 채택된 것은 20세기에 들어와서 가능하게 되었다.

이와 같이 국민주권이론의 성립 단계에서는 주권의 주체로서의 국민의 개념을 추상적인 전체국민으로 이해하는 경우와 구체적 개념으로서 유권적 시민의 총체로서의 인민으로 보는 것으로 구별하였으며, 이러한 국민주권과 인민주권의 차이점은 다음과 같이 요약할 수 있다.

첫째, 국민주권론에 있어서는 국민개념의 추상성으로 인하여 그 주권이 대표에 의해 행사될 수밖에 없는 대의제(간접민주제)를 이상으로 하지만, 인민주권론에 있어서는 유권적 시민이 현실적으로 직접 주권을 행사할 수 있기 때문에 직접민주제를 이상으로 한다. 둘째, 국민주권에 있어서 국민과 그 대표자의 관계는 무기속위임(無羈束委任) 또는 자유위임을 본질로 하지만 인민주권에 있어서 인민의 대표는 그를 선출한 인민의 지시나 명령에 구속되는 기속적 위임(羈束的 委任)을 본질로 한다. 셋째, 따라서 국민주권에 있어서 대의제는 권력의 남용과 자의적 행사를 방지하기 위하여 권력분립원리를 전제로 하게 되지만, 인민주권에 있어서는 인민이 직접 주권을 행사하므로 권력분립원리가 부정되고 권력집중의 원리가 요청된다. 넷째, 국민주권에 있어서는 엘리트의 대표자를 선출하기 위하여 보통선거가 아닌 교양과 재산을 가진 제한선거도 무방하지만, 인민주권에 있어서는 제한선거는 주권적 인민

하게 됨에 따라 부정되었다. 명령적 위임의 금지는 의회에 있어서 심의의 신속화라고 하는 실질적인 이유뿐만 아니라 의회가 국민 전체를 대표하는 국민대표기관으로서의 성격으로부터 의회 의원은 선거인의 지시나 명령에 구속되는 것이 허용되지 않게 되었다는 데에서 그 이유를 찾을 수 있다. 근대 의회제의 자유위임의 원칙과 중세 등족회의의 명령적 위임의 차이점에 관하여는 정만희, “국회의원의 정당기속과 자유위임의 원칙”, 헌법재판연구 제2권 제1호, 2015, 125면 이하.

의 주권을 제한하는 것으로 간주되기 때문에 그것이 허용되지 아니하며 보통선거를 원칙으로 한다.

국민주권론과 인민주권론의 구별은 프랑스혁명 당시의 역사적·계급적 대항관계에서 그 이론적 배경을 찾을 수 있다. 국민주권론은 몽테스키외와 시에예스 등에 의해 주장된 이론으로 민중의 정치참여를 필연적인 것으로 하지 않음으로써 권력을 부르주아 계급에 확보시키려는 것을 특징으로 하지만, 인민주권론은 루소의 사회계약론을 중심으로 전개된 것으로 인민이 직접 주권을 행사하며 인민의 각 성원은 주권행사에 참여할 당연한 권리를 가진다고 하여 민중의 정치참여를 불가피한 것이라고 하였다. 이러한 국민주권론과 인민주권론의 이원적 대립은 근본적으로 당시의 온건혁명파와 과격혁명파 사이에 사용된 하나의 '도구적 개념'이라 할 수 있다.[1)]

오늘날 현대헌법의 국민주권원리는 위와 같은 양자의 구별을 전제로 하지 않고 있으며, 국민주권과 인민주권의 조화적 실현을 내용으로 하는 헌법원리를 채택하고 있다. 그리고 주권의 주체로서의 국민은 이념적 통일체 개념으로서의 전체 국민을 의미하며, 현실적인 주권의 행사자는 유권적 시민의 총체로 보는 것이 타당하다.

(3) 국민주권원리의 현대적 의미

오늘날 입헌주의국가의 주권이론은 국민주권원리를 의미하며, 여기서의 국민은 이념적 통일체로서의 전체 국민(nation)을 의미한다. 따라서 국가공동체의 의사결정은 공동체의 구성원이며 주인인 국민만이 최종적으로 결정할 수 있게 되었다. 여기서 국가의 의사결정은 국민이 직접 국민투표에 의하여 정하는 직접민주제의 방법도 있지만, 주로 간접민주제(대의제)의 방식에 의하여 국민이 대표자를 선출하여 그 대표기관으로 하여금 국가의사를 결정하게 하고 그 정당성을 국민에게서 구하게 된다. 따라서 오늘날 간접민주제를 기본원칙으로 하는 국민주권원리는 국가의 의사결정을 종국적으로 국민에 의하여 정당화하는 원리로 기능하게 된다. 말하자면 국민주권원리는 국가의 의사결정과 권력행사의 정당화원리로 기능을 하는 것으로서, 국민권력의 근원과 주체는 국민이며 국민만이 국가권력에 정당성을 부여할 수 있다는 원리를 말한다.

(4) 한국헌법상 국민주권원리의 구현

헌법상 국민주권의 이념을 실현하기 위해서는 우선 통치권의 행사를 국민의 기본권에 기속시켜야 하며, 자유민주주의와 법치주의원리를 헌법상의 기본원리로 채택하여야 한다. 우리 헌법은 국민주권원리를 구현하기 위하여 기본권보장과 자유민주주의원리를 채택하고

1) 성낙인, 앞의 책, 131-135면.

있으며, 대의제 민주주의와 국민투표제, 선거제도, 정당제도, 직업공무원제도 등을 채택하고 있다. 헌법재판소는 실질적 국민주권을 보장하기 위하여 유권자들이 자기들의 권익과 국민 전체의 이익을 위해 적절하게 주권을 행사할 수 있도록 민주적인 선거제도가 마련되어야 하고, 국민 각자의 참정권을 합리적이고 합헌적으로 보장하는 선거법이 제정되어야 한다고 판시하였다.[1)]

2. 자유민주주의

(1) 한국헌법과 민주주의·자유민주주의

우리 헌법은 국민주권의 이념을 실현하기 위하여 민주주의 원리 내지 자유민주주의 원리를 채택하고 있다. 헌법 전문에 "자유민주적 기본질서를 더욱 확고히 하여"라 하고, 제4조에서 "대한민국은 … 자유민주적 기본질서에 입각한 평화적 통일정책을 수립하고 추진한다"라고 하고 있으며, 제8조 제4항에서는 "정당의 목적이나 활동이 민주적 기본질서에 위배될 때에는 … 해산된다"라고 규정하고 있다. 이는 자유민주주의가 현행헌법에 있어서 헌법의 핵심적 기본원리이며 기본질서임을 천명한 것이다.[2)]

우리 헌법이 추구하는 자유민주주의는 자유주의와 민주주의의 결합개념으로서 그것은 자유주의를 내용으로 하는 민주주의를 의미한다. 자유주의는 개인의 자유 보장을 이념으로 하는 정치원리로서 인간의 존엄성, 자유, 시장경제, 권력의 제한과 통제 등을 내용적 특징으로 한다. 민주주의는 '국민에 의한 지배'의 원리로서 국민의 다수의사에 의해 국가권력이 형성되고 행사되는 국가구성원리를 말한다. 여기서 민주주의의 이념과 목적은 자유와 평등의 기본가치를 실현하는 데 있으므로, 이 점에서 민주주의는 곧 자유민주주의와 동의어라고 할 수 있다. 다만 사회주의국가에서도 인민민주주의라는 이름으로 민주주의를 채택하고 있으므로 우리 헌법은 자유주의를 바탕으로 하는 민주주의를 강조하기 위하여 '자유민주적 기

---

1) 헌재 1989. 9. 8. 88헌가6.

2) 헌법 전문과 제4조에 규정된 '자유민주적 기본질서'는 헌법의 기본원리로서 자유민주주의를 중핵으로 하는 우리 헌법의 정치적 기본질서를 의미하는 것이다. 그러나 이 자유민주적 기본질서가 헌법 제8조의 '민주적 기본질서'와 동일한 개념인지 아니면 구별되는 개념인지에 관하여 견해가 나뉘고 있으나, 양자는 동일한 의미로 해석하는 것이 타당하다. 헌법 제8조 제4항의 정당해산조항의 위헌정당해산의 실질적 요건으로서의 민주적 기본질서에의 위배는 곧 우리 헌법의 핵심적 원리이며 기본질서인 자유민주주의 내지 자유민주적 기본질서에의 위배를 의미하는 것으로 보는 것이 통설이다. 이에 대해 민주적 기본질서를 자유민주적 기본질서와 사회민주적 기본질서를 포괄하는 광의의 개념으로 이해하는 소수설의 견해도 있다. 생각건대 우리 헌법의 정당해산조항은 방어적 민주주의의 정신에 입각하여 독일 기본법 제21조의 정당해산조항을 그대로 수용한 것이며, 독일 기본법상의 정당해산의 요건은 정당의 목적이나 활동이 '자유민주적 기본질서'(freiheitliche demokratiesche Grundordnung)에 위배되는 경우로 규정하고 있다. 그리고 만일 정당해산의 요건을 자유민주적 기본질서의 개념보다 넓은 개념으로 이해하게 되면 실제로 정당해산의 사유가 폭넓게 인정됨에 따라 헌법상 보장되는 정당의 자유가 침해될 위험성의 문제가 있으므로 여기의 민주적 기본질서는 자유민주적 기본질서로 이해하는 것이 타당하다고 본다.

본질서'를 명문화하여 이를 우리 헌법의 핵심적 가치질서로 삼고 있는 것이다.

자유민주주의는 국가권력의 창설과 모든 권력행사의 정당성이 국민의 정치적 합의에 근거한다는 통치원리를 의미하며, 여기서 국민적 합의의 바탕은 자유와 평등과 같은 실질적인 가치이다. 따라서 우리 헌법질서 내에서의 기본적 가치인 자유와 평등은 자유민주주의의 실질적 내용을 의미한다. 자유민주주의의 개념에 관하여 헌법재판소는 1990년 국가보안법 사건에서 "모든 폭력적 지배와 자의적 지배, 즉 반국가단체의 1인독재 내지 1당독재를 배제하고, 다수의 의사에 의한 국민의 자치, 자유·평등의 기본원칙에 바탕한 법치국가적 통치질서"라고 정의하고, 자유민주주의를 실현하기 위한 구체적인 제도로는 기본권보장, 권력분립원리, 의회제도, 선거제도, 복수정당제도, 사법권의 독립, 사유재산제와 시장경제를 골간으로 하는 경제질서 등을 들 수 있다고 판시한 바 있다.[1)]

그 후 헌법재판소는 2014년 12월 통합진보당해산심판 사건에서 헌법 제8조 제4항이 의미하는 '민주적 기본질서'는 우리가 오늘날의 입헌적 민주주의 체제를 구성하고 운영하는 데에 필요한 가장 핵심적인 내용이나 요소를 의미하는 것으로서, 민주적이고 자율적인 정치적 절차를 통해 국민적 의사를 형성·실현하기 위한 요소, 즉 민주주의 원리에 입각한 요소들과, 이러한 정치적 절차를 운영하고 보호하는 데에 필요한 기본적인 요소, 즉 법치주의 원리에 입각한 요소들 중에서 필요불가결한 부분이 중심이 되어야 한다고 하고, 결국 민주적 기본질서는 "개인의 자율적 이성을 신뢰하고 모든 정치적 견해들이 각각 상대적 진리성과 합리성을 지닌다고 전제하는 다원적 세계관에 입각한 것으로서, 모든 폭력적·자의적 지배를 배제하고, 다수를 존중하면서도 소수를 배려하는 민주적 의사결정과 자유·평등을 기본원리로 하여 구성되고 운영되는 정치적 질서를 말하며, 구체적으로는 국민주권의 원리, 기본적 인권의 존중, 권력분립제도, 복수정당제도 등이 현행 헌법상 주요한 요소라고 볼 수 있다"고 판시하였다.[2)]

(2) 민주주의의 개념과 구성요소

헌법의 기본원리로서 민주주의란 국가의 의사결정은 국가구성원인 국민에 의해 결정되어야 한다는 것을 의미한다. 즉 국가공동체의 문제는 공동체의 구성원이 결정할 때 정당화된다는 원리를 뜻한다. 이 점에서 민주주의는 한마디로 국민주권에 기초한 '국민의 자기지배' 내지 '국민에 의한 통치'(government by the people)의 원리를 의미한다. 이러한 민주주의원리에 의한 국가의사결정의 방식은 국민이 직접 국가의사를 결정하는 방식과, 국민이

1) 헌재 1990. 4. 2. 89헌가113.
2) 헌재 2014. 12. 19. 2013헌다1. 이 사건에서 헌법재판소는 정당해산의 실질적 요건으로서 '민주적 기본질서'를 협의의 개념의 '정치적 질서'로 국한함으로써 경제적 질서의 요소(사유재산제와 시장경제질서)를 포함시키지 않는 것으로 보인다.

대표자를 선정하여 그들로 하여금 국가의사를 결정하게 하는 방식이 있다. 전자는 직접민주주의 방식이며 후자는 간접민주주의 내지 대의제 민주주의 방식에 해당한다. 근대 입헌주의국가에서의 민주주의는 간접민주주의 내지 대의제 민주주의(대표민주제)를 원칙으로 하고 예외적으로 직접민주주의적 요소를 채택하고 있는 것이 일반적이다. 직접민주주의의 구체적 방식으로는 국민투표제를 비롯하여 국민발안, 국민소환 등의 제도가 있다.

민주주의를 현실적 관점에서 볼 때 대의제 민주주의는 불가피한 것이기 때문에 여기에 치자(治者)와 피치자(被治者)가 존재하게 되고 소수의 엘리트에 의한 지배가 행해질 수밖에 없다. 따라서 민주주의의 당위성으로서 국민에 의한 지배 내지 '국민의 자기지배'의 원리는 현실적으로 국민에 의해 신탁된 지배, 즉 국민의 신임에 기초한 통치를 의미하게 된다. 말하자면 대의제 민주주의에 있어서 모든 권력의 행사는 국민이 행사하는 것이 아니라 국민의 신임에 기초하여 국민이 위탁한 것을 대표자가 행사하게 되는 것이다.

(3) 민주주의의 방법으로서 다수결원리

국가의사결정은 국민이 직접 결정하든 간접적 방식에 의해 결정하든 국민적 합의의 형성에 의해 비로소 정당화된다. 여기서 국민적 합의를 도출하는 방법은 참여자 전원의 의사일치에 의한 합의가 가장 이상적이지만, 현실적으로 전원일치 의사결정을 기대할 수 없는 경우에는 불가피하게 다수결의 방식을 선택할 수밖에 없다. 따라서 다수결원칙은 국가의사결정에 있어 합의를 도출하기 위한 차선의 기술이라고 할 수 있다. 다수결이 정당화되는 논거에 관하여는 여러 가지 견해가 있으나, 다수라고 하는 소수보다 커다란 부분은 '양'(量)에 있어서뿐만 아니라 '질'(質)에 있어서 우수하다는 것, 즉 보다 높은 정신적·윤리적 질이 다수 속에 내재하고 있다는 사고가 있으며, 또 다른 견해로는 다수부분의 의사가 비록 '보편적 의사'로부터 떨어져 있다고 하더라도 그 다수의사는 그와 대립하는 소수의사보다는 보편적 의사에 가깝다는 것 등으로부터 다수결이 정당화된다고 한다.[1)]

다수결원리에 있어서는 그 전제조건으로 토론의 자유와 소수의사의 존중이 보장되어야 하는 것이 매우 중요하다. 이성적 토론을 배제하고 소수의사를 존중하지 않는 다수결방법은 다수파의 독재를 의미하게 된다. 다수의 의사가 단순한 수적 다수의 형식적 의사인 경우에는 그 다수결은 기능을 할 수 없으며, 다수가 소수의견에 대해 양보와 설득을 행하고 소수는 다수의견에 승복하는 정신에 기초할 때 다수결은 실질적인 정당성을 부여받게 된다. 요컨대 다수결원칙은 자유로운 공개토론과 타협을 통한 의사통합의 기능을 수행하는 것이므로 반대의사를 무시하거나 양보와 타협이 인정되지 않는 다수결은 곧 '다수의 폭정'(tyranny

---

1) 다수결원리에 관하여는 정만희, 헌법과 통치구조, 법문사, 2003, 26-27면.

of the majority)을 의미할 뿐이다.

우리 헌법도 대의제 민주주의의 구성원리로서 다수결원리를 명문화하고 있다. 헌법 제49조에는 국회의 일반의결정족수에 관하여 국회 재적의원 과반수의 출석과 출석의원 과반수의 찬성으로 의결한다고 규정하고 있다.

(4) 민주주의의 이념으로서 자유와 평등

국민주권에 기초한 민주주의의 이념 내지 보편적 가치가 무엇인가에 관하여는 다양한 견해가 있으나, 일반적으로 자유와 평등을 민주주의의 이념으로 들 수 있다. 자유는 민주주의의 최고이념으로 간주되는 것으로, 민주주의에 있어서는 국민주권에 기초하여 국민의 자유로운 정치적 의사를 반영할 수 있는 선거제도와 정당제도가 보장되어야 하며, 특히 언론·출판·집회·결사의 자유 등 정치적 자유가 보장됨으로써 국민의 여론이 국정에 충실히 반영될 수 있어야 한다. 헌법상 보장되는 표현의 자유는 정치적 영역에 있어서 국민주권의 원리를 구현하는 불가결의 요소가 된다. 민주주의는 또한 평등을 추구하는 정치형태를 의미하므로 모든 국민이 정치적 영역에서 균등한 기회와 동등한 처우를 보장받을 수 있어야 한다.

정치적 원리 내지 통치체제의 구성원리로서 민주주의의 이념을 자유와 평등의 실현이라고 할 때 여기의 자유와 평등은 형식적 자유와 평등을 의미하는 것인지, 아니면 실질적 자유와 평등을 의미하는 것인지의 논의가 있으나 형식적 자유와 평등으로 보는 것이 타당하다고 할 것이다. 민주주의의 구성원리로서 선거제도가 보통·평등선거를 원칙으로 하는 것은 모든 국민이 균등하게 참여한다는 형식적 평등을 전제로 하는 것이기 때문이다. 실질적 자유와 평등이라든지 정의의 실현은 사회적·경제적 영역에서의 사회국가원리의 이념으로 볼 수 있기 때문에 사회국가원리와 구별되는 정치적 원리로서의 민주주의의 이념은 형식적 자유와 평등으로 이해하는 것이 옳다고 본다.[1)]

그러나 민주주의의 이념에 관하여 자유와 평등을 실질적인 이념으로 이해하고 여기에 정의(正義)의 이념을 포함시키는 견해가 있다.[2)] 즉 민주주의의 이념과 가치를 실질적인 자유, 평등, 정의의 실현으로 보는 것은 민주주의를 협의의 정치적 원리로 이해하는 것이라기보다는 법치국가원리를 포함하는 넓은 의미로 이해하는 것으로서, 궁극적으로 인간의 존엄과 가치의 실현을 이념으로 하고 있다고 볼 수 있다. 여기서 인간의 존엄성 존중을 이념으로 하는 실질적인 자유, 평등, 정의의 실현은 동시에 오늘날의 실질적 법치국가와 사회국가의 이념을 의미하게 된다. 헌법의 구성원리로서 민주주의는 곧 법치국가원리와 불가분의

1) 정치원리로서의 민주주의의 이념을 형식적 자유와 평등으로 이해하는 입장으로는 김학성, 헌법학원론, 피엔씨미디어, 2018, 135-136면.
2) 권영성, 헌법학원론, 법문사, 2010, 156면; 허영, 한국헌법론, 박영사, 2009, 142면.

관계에서 이해되고 있으며, 법치국가원리의 이념으로서 자유와 평등은 오늘날 인간의 존엄성 존중의 이념을 실현하기 위해 실질적 자유와 평등을 요구하게 된다. 특히 현대 산업사회에 있어서 사회적·경제적 약자의 보호 없이 사회정의와 인간의 존엄성 실현은 불가능하므로 실질적 법치주의는 사회적 법치국가 내지 사회국가원리로 이어질 수밖에 없다. 그렇게 본다면 민주주의의 이념으로서 자유와 평등을 형식적 의미와 실질적 의미로 구분하는 것은 민주주의의 개념을 협의의 정치적 원리로 보느냐, 아니면 광의의 개념으로서 실질적 법치국가원리와 결합된 개념으로 이해하느냐에 따른 차이에 지나지 않는다고 할 것이다.

3. 기본권보장의 원리

근대 시민혁명의 산물인 입헌주의헌법은 국민의 기본적 자유와 권리를 보장하는 '자유의 기초법'으로 형성된 것을 의미한다. 우리 헌법도 입헌주의헌법으로서 국가의 통치구조의 원리뿐만 아니라 국민의 기본권을 보장하는 권리장전(bill of rights)을 그 본질적 구성요소로 하고 있다. 전술한 자유민주주의 원리의 구체적 내용으로 기본권보장의 원리는 당연히 포함되는 개념이다.

헌법상 기본권보장의 원리는 천부인권으로서의 인간의 자유와 권리를 확인하고 이를 헌법에 규정함으로써 이 기본권규정은 모든 국가권력을 구속하게 되고(국가권력의 기본권기속성), 공동체의 구성원도 이를 존중하고 준수해야 하는 것을 의미한다. 또한 헌법상의 기본권보장은 국민의 자유와 권리를 최고규범인 헌법적 수준에서 보장한다는 것으로서, 법률로써 이를 부정하거나 침해할 수 없다는 것을 의미한다. 따라서 민주주의원리에 입각한 국민의 대표기관인 의회의 입법권도 헌법상의 기본권에 기속되며, 입법권에 의한 광범위한 자유와 권리의 설정이나 침해는 허용될 수 없다.

기본권을 헌법의 수준에서 보장하여 실질적인 입헌주의를 실현하기 위해서는 기본권이 현실적으로 실효성을 가져야 한다. 기본권의 실효성을 보장하기 위해서는 입법부가 기본권을 구체적으로 실현하는 입법을 하고, 행정부가 법률을 집행하는 과정에서 기본권을 철저하게 보호하고 실현하는 것이 필요하지만, 기본권이 현실적으로 침해되었을 때 이를 구제하는 제도적 장치가 확보되어야 한다. 이러한 기본권침해에 대한 구제제도로는 법원의 재판제도와 헌법재판소제도가 그 핵심을 이루게 된다. 특히 헌법재판제도를 구성하는 위헌법률심판과 헌법소원심판제도는 기본권보장에 있어서 최후의 보루로서 중요한 역할을 수행한다.

우리 헌법은 국민의 자유와 권리의 보장에 관하여 헌법 제10조에서 제37조에 이르기까지 집중적으로 규정하고 있다. 제10조의 기본권보장의 일반원칙조항은 "모든 국민은 인간으로서의 존엄과 가치를 가지며, 행복을 추구할 권리를 가진다. 국가는 개인이 가지는 불가침의 기본적 인권을 확인하고 이를 보장할 의무를 진다"라고 규정하고 있으며, 신체의 자유를 비롯한 일련의 자유권적 기본권과 참정권, 청구권, 사회적 기본권을 광범위하게 규정하고 있다. 제37조 제1항에서는 "국민의 자유와 권리는 헌법에 열거되지 아니한 이유로 경시되지 아니한다"라고 하고, 제2항에서 국민의 모든 자유와 권리는 국가안전보장·질서유지 또는 공공복리를 위하여 필요한 경우에 한하여 법률로써 제한할 수 있으며, 제한하는 경우에도 자유와 권리의 본질적 내용을 침해할 수 없다"고 규정하고 있다. 이러한 규정들에서 볼 때 우리 헌법의 기본권조항은 기본권의 자연권성을 인정하는 자연법론적인 입장에 입각한 것이라 할 수 있다.

4. 권력분립원리

권력분립의 원리란 국가권력이 특정 개인이나 집단 등에 집중되지 않도록 그 권력을 성질에 따라 여러 국가기관에 분산시킴으로써 권력 상호간의 견제와 균형을 통하여 국민의 자유와 권리를 보장하는 것을 목적으로 하는 통치기구의 구성원리를 의미한다. 즉 국가권력을 몽테스키외 이래의 전통적인 분류방법에 따라 입법·행정·사법의 셋으로 구별하여 이들을 각각 별개의 기관의 독립된 권한으로 분리함으로써 권력 상호간에 견제와 균형을 확보한다는 것이 권력분립원리의 요지이다. 따라서 권력의 '구별'과 '분리' 그리고 권력 상호간의 '견제'와 '균형'은 권력분립원리의 핵심적 개념요소가 된다. 우리 헌법은 국민의 기본권보장을 목적으로 권력분립원리를 채택하여 "입법권은 국회에 속한다"(제40조), "행정권은 대통령을 수반으로 하는 정부에 속한다"(제66조 제4항), "사법권은 법관으로 구성된 법원에 속한다"(제101조 제1항)라고 규정하고 있다.

권력분립원리는 권력의 집중 내지 자의적 권력의 배제를 통하여 개인의 정치적 자유의 확보를 이념으로 하는 통치기구의 구성원리를 의미하는 것으로 여기에 권력분립원리의 자유주의적 정치조직의 원리로서의 특성이 인정된다. 이러한 권력분립원리는 기본권보장과 함께 근대헌법에 있어서의 '법치국가적 구성부분'으로 볼 수 있으며, 그것은 모든 국가권력의 예측가능성과 통제가능성을 보장하기 위한 조직원리를 의미한다.[1)]

그러나 고전적 권력분립원리는 오늘날 행정국가화와 정당국가화 경향에 따른 권력의 통합과 집중현상으로 그 기능이 약화되고 있으므로 새로운 권력통제의 장치가 요구되고 있다. 우리 헌법도 헌법재판제도를 도입하여 권력에 대한 통제기능을 강화하고 있으며, 지방자치제도와 직업공무원제도, 복수정당제도 등도 권력통제의 기능을 수행하고 있다. 또한 헌

---

1) 정만희, 앞의 책, 3면.

법기관의 임기차등제에 관한 것도 권력분립원리의 기관간 통제기능으로 이해될 수 있다.[1)]

헌법재판소의 판례에 의하면 "헌법상 권력분립의 원칙이란 국가권력의 기계적 분립과 엄격한 절연을 의미하는 것이 아니라, 권력 상호간의 견제와 균형을 통한 국가권력의 통제를 의미하는 것이다. 따라서 특정한 국가기관을 구성함에 있어 입법부, 행정부, 사법부가 그 권한을 나누어 가지거나 기능적인 분담을 하는 것은 권력분립의 원칙에 반하는 것이 아니라 권력분립의 원칙을 실현하는 것으로 볼 수 있다"고 하고, 특별검사제도의 도입 여부를 입법부가 독자적으로 결정하고 특별검사 임명에 관한 권한을 헌법기관 간에 분산시키는 것이 권력분립의 원칙에 반한다고 볼 수 없다고 판시하였다.[2)]

5. 법치주의(법치국가원리)

(1) 법치주의의 개념

법치주의는 모든 국가작용과 국가공동체 생활이 법에 근거를 두고 법에 의해 행해져야 한다는 '법의 지배'(rule of law)의 원리를 말한다. 여기서 '법'의 지배의 핵심적 의미는 국가작용이 국민의 대표기관인 의회가 제정한 법률에 근거하고 법률에 따라야 한다는 것을 의미한다. 따라서 국가목적을 위하여 국민의 자유와 권리를 제한하고 의무를 부과하는 경우에는 국민의 대표기관인 의회가 제정한 법률에 의하도록 하며, 국가의 행정과 재판은 법률에 의거하여야 한다는 국가작용의 합법성을 요구하는 것이다.

초기의 법치주의는 국가가 국가목적을 위하여 국민의 자유와 권리를 제한하고 국민에게 의무를 부과하는 경우에는 국민의 대표기관인 의회가 제정한 법률에 의하도록 하고 행정과 재판도 이 법률에 의거하도록 함으로써 국가작용의 합법성(법률적합성)을 요구하는 것이었다. 그러나 근대 입헌주의의 발달에 따라 법치주의의 개념도 변질하게 되어 국가작용은 법률에 의거해야 할 뿐만 아니라 국가작용을 규율하는 그 법률의 내용이 헌법에 합치하여야 하는 것으로 되었으며, 따라서 국가작용의 합법성뿐만 아니라 합헌성(헌법적합성)까지를 요구하게 되었다. 이러한 법치주의의 내용의 변화는 '형식적 법치주의에서 실질적 법치주의로의 이행'을 의미한다.

이와 같은 국가작용의 헌법적합성을 요구하는 실질적 법치주의에 있어서의 헌법은 인간의 존엄과 가치 존중의 이념, 기본권보장의 가치체계를 수용하고 있는 정당성을 가진 헌법을 말한다. 따라서 오늘날의 법치주의는 국가작용의 '합법성'과 함께 국가작용의 '정당성'의 확보를 요청하게 된다. 그리고 현대의 산업사회에 있어서 실질적 법치국가의 이념인 인

1) 권력분립원리에 관한 상세한 내용은 후술하는 본서 제4편 통치구조의 제2장 통치구조의 기본원리 참조.
2) 헌재 2008. 1. 10. 2007헌마1468.

간의 존엄성 보장을 위한 자유, 평등을 실현하는 데에는 경제적 약자의 보호가 필수적으로 요청되는 것이므로, 실질적 법치국가는 곧 경제적 약자 보호를 위한 사회적 법치국가를 의미할 수밖에 없다.[1)]

(2) 법치주의 사상의 전개

법치주의의 이론과 사상은 영국에서의 '법의 지배'(rule of law)의 원리로 전개되었으며 독일에서는 법치국가(Rechtsstaat)원리로 발전하게 되었다.

영국은 전통적으로 판례법을 중심으로 하는 보통법이 형성되어 왔으며 17세기에 들어와 영국에서의 법의 지배는 곧 보통법(commom law)의 지배를 의미하였다. 법의 지배 원리의 사상적 선구자인 코크(E. Coke)는 국왕도 보통법에 구속되며 의회의 제정법도 보통법에 위배되어서는 안 된다고 주장하였다. 보통법의 우위는 명예혁명 이후 의회주권의 원칙이 확립됨에 따라 의회제정법의 우위로 발전하였다. 19세기 말 다이시(A. Dicey)에 의해 확립된 영국의 법의 지배 원리는 법의 우위와 법 앞에 평등을 중심으로 하며 왕권에 대한 법의 절대적 우위와 국가에 대한 소송에 있어서도 특별법원이 아닌 보통법원에 의한 심판을 그 내용으로 한다. 영국의 법의 지배 원리는 미국 헌법에서 더욱 발전하게 되는데, 미국의 법의 지배는 영국과 달리 성문헌법을 중심으로 하여 기본권보장과 적법절차를 강조하고 사법부의 위헌법률심사제가 확립됨으로써 사법권의 우위를 특징으로 하는 법의 지배로 발전하게 되었다.

독일에서의 법치국가(Rechtsstaat)이론은 19세기 후반 등장한 것으로 그 이전의 절대국가와 구별되는 개념으로 국가권력을 의회가 제정한 형식적 법률에 기속시킴으로써 국민의 자유와 권리를 보호한다는 법률우위의 원칙을 의미한다. 즉 초기의 법치국가원리는 법률을 시민적 자유와 재산을 보장하기 위한 방법으로 이해하였기 때문에 법률의 내용의 정당성은 문제되지 않았으며 이러한 법치국가는 형식적 법치국가를 의미하였다. 그리고 형식적 법치국가는 시민사회를 입헌군주의 권력행사로부터 보호하기 위한 것이었으므로 '시민적 법치국가'로 불려지게 되었다.

그러나 형식적 법률에 의한 시민적 자유와 권리의 보장은 결과적으로 나치즘과 전체주의의 출현으로 불법적 지배가 법치주의의 이름으로 합법화되었다. 그러한 형식적 법치주의의 쓰라린 경험에 대한 반성으로 전후의 법치국가원리는 형식적 법치국가에서 더 나아가 법률의 내용이 정당하고 헌법의 기본이념과 원리에 반하지 않는 것을 요구하는 실질적 법치국가로 변질되었다. 이러한 실질적 법치국가는 통치권의 합법성뿐만 아니라 합헌성을 요

---

1) 계희열, 헌법학(상), 박영사, 2005, 348면.

구하게 되고 법률의 위헌심사기능이 필요하게 됨에 따라 그러한 기능을 담당하는 헌법재판제도가 채택되게 되었다.

(3) 법치주의의 내용적 요소

법치주의의 내용적 요소로는 법의 형식성(명확성과 일반성), 국가권력의 법기속성, 법적 안정성, 법의 실효성 등이 있다. 우리 헌법은 직접 법치주의를 명시하고 있지 않으나, 헌법 제37조 제2항의 법률에 의한 기본권제한, 제12조 제1항과 제3항의 적법절차, 제13조 제1항 및 제2항의 소급입법 금지, 제75조의 위임입법의 제한, 제103조의 사법권의 독립, 제107조 제1항과 제2항의 위헌법령심사제 등은 법치주의원리에 기초한 규정들이다.

(가) 법의 명확성과 일반성

국가작용을 규율하는 법은 실정법으로 명문화함으로써 법의 형식성을 갖추게 된다. 그리고 법의 형식성은 그 내용이 명확하여 행위준칙으로 작용할 수 있어야 하며, 원칙적으로 같은 조건에 있는 행위주체에 대하여 누구에게나 동일하게 적용되는 일반성을 갖추어야 한다. 그래야만 공동체의 구성원은 예측가능성을 가지고 자신의 행위를 구체적으로 정할 수 있다.

① 법의 명확성

법의 명확성은 실정법이 규율하고자 하는 내용이 명확하여 다의적으로 해석·적용되어서는 안 된다는 것을 말한다. 실정법의 문언에서 수범자(受範者)에게 법이 규율하는 내용을 명확하게 알 수 없게 한다면 이는 생활에서의 법적 안정성과 예측가능성을 확보할 수 없을 뿐만 아니라 국가에 의한 자의적인 법집행을 가능하게 한다.

명확성의 원칙은 법령이 규율하는 내용의 의미가 광범하고 모호하여 법의 다의적인 해석이 가능할 때에는 무효가 된다는 것(void for vagueness)을 내포하게 된다. 이는 일반인의 통상적인 언어생활상 법의 내용을 명확하게 알 수 있고, 법에서 규정하고 있는 문언상의 표현이 법집행자에게 자의적인 집행을 허용하지 않을 정도여야 할 것을 요구한다. 그러나 모든 법을 성문화하는 경우에 언어와 기술적·상황적 이유로 인하여 항상 일의적인 내용으로 정하기가 어렵기 때문에 해당 조문 자체로는 일의적으로 해석되지 않는 경우라 하더라도 입법목적과 취지, 입법연혁, 법의 체계적 구조 등을 고려하여 그 의미를 분명히 할 수 있으면 명확성의 원칙에 위배되지 않는다고 할 수 있다.

명확성의 원칙에서 명확성의 정도는 모든 법률에 있어서 동일한 정도로 요구되는 것은 아니고 개개의 법률이나 법조항의 성격에 따라 요구되는 정도에 차이가 있을 수 있으며, 각각의 구성요건의 특수성과 그러한 법률이 제정되게 된 배경이나 상황에 따라 달라질 수 있다. 일반적으로는 부담적 성격을 가지는 경우에는 수익적 성격을 가지는 경우에 비하여 명확성의 원칙이 더욱 엄격하게 요구된다고 할 것이고, 따라서 형사법이나 국민의 이해관계가 첨예하게 대립되는 법률에 있어서는 불명확한 내용의 법률용어가 허용될 수 없으며, 만일 불명확한 용어의 사용이 불가피한 경우라면 용어의 개념정의, 한정적 수식어의 사용, 적용한계조항의 설정 등 제반 방법을 강구하여 동 법규가 자의적으로 해석될 수 있는 소지를 봉쇄해야 하는 것이다.[1] 따라서 죄형법정주의가 지배되는 형사관련 법률에서는 명확성의 정도가 강화되어 더 엄격한 기준이 적용된다. 그러나 일반적인 법률에서는 명확성의 정도가 그리 강하게 요구되지 않기 때문에 상대적으로 완화된 기준이 적용된다.[2]

헌법재판소는 경범죄처벌법상 과다노출 금지조항에 대하여 "알몸을 지나치게 내놓는 것" 등의 구체적 의미가 분명하지 않아 수범자에게 처벌에 대한 예측을 불가능하게 하고 법집행자에게 위반 여부 판단에 관한 과도한 재량을 부여하여 죄형법정주의의 명확성의 원칙에 위배된다고 판시하였다.[3]

② 법의 일반성

국가공동체의 생활을 규율하는 법은 모든 국민을 대상으로 동일한 사항에 대해 동일하게 적용될 때 객관적 규범으로 존재할 수 있기 때문에 특정인이나 특정 사항을 차별하여 처리하는 것을 금지하는 법의 일반성과 추상성을 원칙으로 한다.

따라서 법의 일반성을 부정하는 개별입법은 원칙적으로 금지된다. 특정 대상만을 규율의 대상으로 하는 법은 국가가 특정 대상에 대해 자의적으로 대우하는 결과를 초래하게 되고, 이는 법이 객관적 규범이 아니라 입법자의 주관적 의사에 지나지 않게 된다. 이러한 법의 일반성은 "모든 국민은 법 앞에 평등하다"는 헌법상의 평등원칙(제11조 제1항)에 의해서도 확인되고 있다.

특정 사안을 규율대상으로 하는 개별사건적 법률이나 행정부의 집행행위를 매개로 하지 않고 직접 법률에서 조치를 취하는 처분적 법률은 사실상 행정행위에 속하는 것으로 권력분립원리에 반하는 것이나, 오늘날 국가기능의 전문화와 국가위기상황의 발생 등을 배경으로 예외적으로 입법부에 개별사건적 법률이나 처분적 법률의 제정을 인정하기에 이르렀다.

개별적 법률의 대표적 예로는 한국헌정사에 있어서 5·18사건이라는 개별 사건에 관련된 사람들을 수사하기 위해 제정된 '5·18민주화운동 등에 관한 특별법'(1995. 12. 21)을 들 수 있다. 헌법재판소는 이 5·18 특별법에 대하여 "개별사건법률의 위헌 여부는 그 형식만으로

---

1) 헌재 1992. 2. 25. 89헌가104.
2) 헌재 2001. 6. 28. 99헌바34.
3) 헌재 2016. 11. 24. 2016헌가3.

가려지는 것이 아니라, 나아가 평등의 원칙이 추구하는 실질적 내용이 정당한지 아닌지를 따져야 비로소 가려진다. 이른바 12.12 및 5.18 사건의 경우 그 이전에 있었던 헌정질서파괴범과 비교해 보면, 공소시효의 완성여부에 관한 논의가 아직 진행중이고, 집권과정에서의 불법적 요소나 올바른 헌정사의 정립을 위한 과거청산의 요청에 미루어 볼 때 비록 특별법이 개별사건적 법률이라고 하더라도 입법을 정당화할 수 있는 공익이 인정될 수 있다"고 하여 헌법에 위반되지 아니한다고 결정하였다.[1)]

(나) 국가권력의 법기속성

① 의 의

법치주의는 국가권력이 권력담당자의 주관적 의사에 따라 자의적으로 행사되거나 힘에 의해 지배되는 것을 방지하기 위하여 모든 국가작용의 법에의 기속을 요구한다. 법에 기속되는 국가작용은 입법작용, 행정작용, 사법작용 등 모든 국가작용을 의미하며, 특히 국민의 생활에 직접 영향을 미치는 국가의 법집행작용 내지 행정작용은 헌법과 법률에 근거를 두고 법률에 의해서 행해져야 한다는 것을 의미한다. 이러한 행정의 합법률성(合法律性)의 원칙에 따라 법률의 행정에 대한 우위가 인정되며 행정은 법률에 구속되고 법률에 근거해서만 행해지게 된다(행정에 대한 법률우위의 원칙과 법률유보의 원칙). 국가권력의 법기속성과 관련하여 법률유보의 원칙과 적법절차의 원칙, 과잉금지의 원칙이 중요한 의미를 갖는다.

② 법률유보의 원칙

국가의 행정은 법률의 근거가 있어야 한다는 법률유보의 원칙은 헌법상 기본권제한과 관련하여 국민의 모든 자유와 권리는 '법률로써' 제한할 수 있다는 일반적 법률유보조항(헌법 제37조 제2항)에 의해 명문화되어 있으며, 나아가 행정영역 전반에 있어 행정작용은 침해행정뿐만 아니라 오늘날 사회국가화에 따른 급부행정의 영역에 있어서도 법률의 근거 내지 수권이 있어야 한다는 원칙을 의미한다. 법률유보의 원칙은 행정작용이 법률에 근거를 두기만 하면 충분한 것이 아니고 국가공동체와 그 구성원에게 기본적이고도 중요한 의미를 갖는 영역, 특히 국민의 기본권실현에 관련된 영역에 있어서는 입법자 스스로 본질적 사항을 결정해야 한다는 의회유보의 원칙을 요구하게 된다.[2)]

③ 적법절차의 원칙

법치주의는 국가작용의 결과뿐만 아니라 그 절차와 과정도 법에 적합할 것을 요구한다. 국가작용에서 절차가 무시되는 경우에 결과는 옳다고 하더라도 그 과정에서 국민의 자유와 권리가 침해되며, 권력의 남용이 발생할 수 있기 때문이다. 적법절차의 원칙이란 모든

1) 헌재 1996. 2. 16. 96헌가2.
2) 헌재 1999. 5. 27. 98헌바70.

국가작용 내지 공권력의 행사는 절차상의 적법성을 갖추어야 할 뿐만 아니라 그 공권력행사의 근거가 되는 법률의 실체적 내용도 정당성을 가져야 한다는 헌법원리를 의미한다. 현행헌법은 적법절차를 형사절차에 있어서 신체의 자유를 제한하는 경우에 규정하고 있으나(제12조 제1항, 제3항), 적법절차는 사법절차뿐만 아니라 입법절차, 행정절차 등 모든 국가작용에서 적용된다.

헌법재판소는 적법절차원칙의 개념에 관하여 "적법절차의 원칙은 영미법계의 국가에서 국민의 인권을 보호하기 위한 기본원리의 하나로 발전되어온 원칙으로, 미국의 수정헌법에서 명문화하기 시작하였으며, 대륙법계 국가에서도 이에 상응하여 법치국가원리 또는 기본권제한의 법률유보원리로 정립하게 되어 있다. 여기서 적법절차라 함은 인신의 구속이나 처벌 등 형사절차만이 아니라 국가작용으로서의 모든 입법작용과 행정작용에도 광범위하게 적용되는 독자적인 헌법원리의 하나로, 절차가 형식적 법률로 정하여지고 그 법률에 합치하여야 할 뿐만 아니라 적용되는 법률의 내용에 있어서도 합리성과 정당성을 갖춘 적정한 것이어야 하며, 특히 형사소송절차와 관련시켜 적용함에 있어서는 형벌권의 실행절차인 형사소송의 전반을 규율하는 기본원리로 이해하여야 하는 것"이라고 판시하고 있다.[1)]

④ **과잉금지의 원칙**

법치주의는 국가작용이 법에 의해 이루어지는 것뿐만 아니라 국가작용이 과잉하지 않을 것을 요구한다. 자유와 자율성이 본질인 사회공동체에서 국가는 공동체의 존속 유지와 국민의 행복추구를 실현하기 위하여 불가피하게 인정되는 것이기 때문에 국가작용은 본래의 기능에 합치하는 범위와 한도 내에서만 인정된다. 따라서 이러한 한도를 넘는 과잉행위는 금지된다. 과잉금지의 원칙은 국가의 급부적 작용과 침해적 작용 모두에 적용되는 것인데, 우리 헌법은 제37조 제2항에 국민의 모든 자유와 권리는 국가안전보장, 질서유지, 공공복리를 위하여 "필요한 경우에 한하여" 제한할 수 있다고 규정하여 기본권제한에 있어서 과잉금지원칙을 명문화하고 있다. 과잉금지의 원칙은 구체적으로 국가작용의 한계로서 목적의 정당성, 방법의 적정성, 피해의 최소성, 법익의 균형성(비례의 원칙) 등을 그 내용으로 한다.

(다) 법적 안정성

법적 안정성은 법치주의의 구성요소이며, 현대 법치국가에 있어서 법의 최고이념의 하나이다. 법적 안정성은 법의 확실성과 법적 효과에 대한 예측가능성, 법적 평화, 법에 의해 형성된 질서의 안정성 등을 포함한다. 법에 의하여 공동체와 삶의 질서에 안정성을 확보하

---

1) 헌재 1994. 4. 28. 93헌바26.

기 위해서는 법을 통하여 미래를 예측할 수 있어야 하며, 국가에 대한 국민의 신뢰가 형성된 경우에는 그 신뢰가 존중되고 보호되어야 하고, 이미 완성된 법적 관계가 사후에 전복되지 않아야 하는 것 등이 요구된다. 다시 말하면 법적 안정성의 요청은 개인의 자유와 권리를 행사하기 위한 전제조건을 의미한다. 개인이 자유와 자기결정권 등을 행사하기 위해서는 법질서가 충분히 명확하여 무엇이 허용되고 무엇이 금지되는 행위인지를 사전에 충분히 인식하고 예측할 수 있어야 하고, 나아가 개인은 자신의 결정과 행위의 근거가 되는 법질서의 존속을 신뢰할 수 있어야 하며, 법규범이 소급하여 적용되어서는 안 된다. 그러므로 예측가능성의 보장, 신뢰보호의 원칙, 소급입법의 금지는 개인의 자유 보장을 위한 전제조건으로서 법적 안정성의 핵심요소를 의미하게 된다.

① 예측가능성의 보장

법치주의는 법이 규율하는 내용을 통해 미래의 상황을 예측할 수 있어야 한다. 법을 통해 미래를 예측할 수 있게 하기 위해서는 법이 정하는 내용과 의미가 명확해야 하므로 법의 명확성의 원칙은 예측가능성 보장의 필수적 요소이다. 법규범의 의미내용으로부터 무엇이 금지되는 행위이며 무엇이 허용되는 행위인지를 수범자가 알 수 없다면 예측가능성을 확보할 수 없게 되고, 법 집행 당국에 의한 자의적 집행을 가능하게 하므로 명확성의 원칙과 예측가능성의 보장은 법적 안정성을 위해 매우 중요한 요소가 된다.

② 신뢰보호의 원칙

법적 안정성 속에서 국민들이 삶을 영위하기 위해서는 일반인의 합리적인 판단에 의할 때 국가행위에 의하여 시행된 법률이나 제도가 장래에도 그대로 존속될 것이라고 믿고 이를 바탕으로 일정한 법적 지위를 형성한 경우에는, 그와 같은 법적 지위와 관련된 법규나 제도의 개폐에 있어서 국민이 믿고 따른 신뢰를 최대한 보호하는 것이 필요하다. 국가가 국민에게 적극적으로 신뢰를 가지도록 유도하고 국민이 이를 믿고 일정한 행위를 한 경우에는 이러한 행위로 확보된 이익은 보호되어야 하는 것이다. 따라서 법률의 제정이나 개정시 구법질서에 대한 당사자의 신뢰가 합리적이고도 정당하며 법률의 제정이나 개정으로 야기되는 당사자의 손해가 극심하여 새로운 입법으로 달성하고자 하는 공익적 목적이 그러한 당사자의 신뢰의 파괴를 정당화할 수 없다면, 그러한 새로운 입법은 허용될 수 없다.[1)]

그런데 사회환경이나 경제여건의 변화에 따른 필요성에 의하여 법률은 신축적으로 변할 수밖에 없고, 변경된 새로운 법질서와 기존의 법질서 사이에는 이해관계의 상충이 불가피하다. 따라서 국민이 가지는 모든 기대 내지 신뢰가 헌법상 권리로서 보호될 것은 아니

1) 헌재 2002. 11. 28. 2002헌바45.

고, 신뢰의 근거 및 종류, 상실된 이익의 중요성, 침해의 방법 등에 의하여 개정된 법규·제도의 존속에 대한 개인의 신뢰가 합리적이어서 권리로서 보호할 필요성이 인정되어야 한다. 그러므로 신뢰보호원칙의 위반 여부는 한편으로는 침해받은 신뢰이익의 보호가치, 침해의 중한 정도, 신뢰침해의 방법 등과 다른 한편으로는 새 입법을 통해 실현코자 하는 공익목적을 종합적으로 비교형량하여 판단하여야 한다.[1)]

신뢰이익과 법률 개정의 공익을 형량하는 데 있어서는 어떠한 법익이 우위에 있는지, 양 법익을 어떻게 조화적으로 실현시킬 수 있는지를 판단하는 것이 중요하며, 여기서 양 법익을 조화키는 수단으로 '경과규정'을 필요로 하게 된다. 경과규정은 대립하는 양 법익을 이상적으로 조화시키는 기능을 수행한다.[2)]

신뢰보호의 문제가 기본권보호영역에서 발생한 경우 신뢰보호의 원칙이 적용되는지 아니면 과잉금지의 원칙이 적용되는지의 문제가 있다. 부진정소급입법의 성격을 갖는 개정법률에 의해 기본권을 제한하는 경우 장래의 사실관계에 대한 적용으로 기본권침해가 문제되는 경우에는 과잉금지의 원칙을 심사기준으로 하여야 하며, 과거에 발생한 사실관계에 대한 적용으로 이미 형성된 기본권적 지위가 침해된 경우에는 신뢰보호의 관점에서 판단하여야 할 것이다. 즉 기본권제한에 관한 개정법률이 합헌적이기 위하여는 장래에 있어 적용되는 경우에는 법률의 내용에 있어 과잉금지원칙에 위배되어서는 안 될 뿐만 아니라, 구법에 의하여 형성된 종래의 지위가 침해되는 경우에는 신뢰보호의 원칙에 위배되어서도 안된다. 헌법재판소도 이와 같은 입장에서 과잉금지의 원칙과 신뢰보호의 원칙이 함께 적용된다고 보고, 과거의 법적 상태에 의하여 부여된 구체적 권리에 대한 침해는 신뢰보호원칙으로 판단하고 장래에 발생할 사실관계나 법률관계에 있어서의 기본권침해는 과잉금지의 원칙을 기준으로 판단하고 있다.[3)]

신뢰보호의 원칙과 관련하여 또 하나 문제가 되는 것은 법률의 변경에 있어서 해당 법률에 대해 가졌던 국민의 신뢰가 그 법률이 합헌적인 경우에만 인정되는가, 아니면 위헌적인 경우에도 인정되는가에 관한 것이다. 헌법재판소는 합헌적인 법률뿐만 아니라 위헌적인 법률에 대해서도 신뢰는 인정되지만 그 보호의 정도는 합헌적인 법률에 기초한 신뢰와 동

---

1) 헌재 1995. 10. 26. 94헌바12; 헌재 2004. 12. 16. 2003헌마226등.

2) 신뢰보호의 정도와 구체적 실현수단에 있어서는 우선 개인의 신뢰가 국가에 의하여 유도된 경우(일정기간 법률의 존속을 확인하는 경제유도적 법률, 시험규정이나 교육제도에 관한 규정)에는 원칙적으로 개인의 신뢰이익이 법률개정의 이익에 우선해야 하므로 이러한 경우에는 과거에 발생한 사실관계에 대하여 구법을 계속 적용하는 경과규정을 원칙적으로 두어야 한다. 그렇지만 개인의 신뢰이익이 법률이 반사적으로 부여하는 기회를 활용한 경우(정년규정이나 직업행사요건 등)에는 법률개정 이익이 우위를 가질 수 있지만 개정 법률로 신뢰이익이 지나치게 침해된다면 경과규정을 통해 적절하게 신뢰이익의 보호를 고려해야 할 것이다. 법률 개정에 따른 신뢰이익 보호의 정도에 관한 상세는 한수웅, 앞의 책, 278면 이하.

3) 헌재 2004. 6. 24. 2002헌바15.

일한 정도의 보호까지 요청할 수 없다고 판시하였다.[1)]

신뢰보호원칙의 위배에 관한 헌법재판소 판례를 보면, 1) 국세청 경력직공무원에 대해 세무사자격을 부여해 왔던 종전의 세무사법을 개정하여 더 이상 이들 경력직공무원에 대하여 세무사자격을 부여하지 않도록 한 세무사법 부칙 제3항이 신뢰보호의 원칙에 위반한다고 하여 헌법불합치결정을 내린 바 있다.[2)] 2) '택지소유상한에 관한 법률'에 대한 위헌소원사건에서는 택지소유의 경위나 그 목적에 관계없이 법 시행 이전부터 택지를 소유하고 있는 개인에 대해 일률적으로 소유상한을 적용하는 것은 신뢰보호의 원칙에 위배된다고 하였다.[3)] 3) 공무원채용시험 시행계획공고에 있어서도 지방고등고시 제2차 시험을 10월에 실시하던 것을 예년과 달리 12월로 연기함으로써 응시상한연령을 초과하게 된 경우 그러한 채용시험계획공고는 신뢰보호의 원칙에 위배된다고 하였다.[4)]

③ **소급입법의 금지**

공동체 생활의 법적 안정성을 확보하기 위해서는 이미 종료된 법적 관계는 변경되거나 전복되지 않아야 하므로 과거의 사항을 규율대상으로 하는 소급입법은 금지되어야 한다. 헌법 제13조 제2항은 "모든 국민은 소급입법에 의하여 참정권의 제한을 받거나 재산권을 박탈당하지 아니한다"라고 하여 소급입법금지의 원칙을 참정권과 재산권에 관하여 특별히 규정하고 있으나, 이는 주의적 규정에 불과하므로 이 규정이 없더라도 소급입법금지의 원칙은 법치국가원리에서 당연히 도출되는 것이다.

소급입법은 현재를 기준으로 이미 종료된 과거의 사실 또는 법률관계를 규율하는 '진정소급입법'(眞正遡及立法)과, 과거에 시작되었으나 아직 완성되지 아니하고 진행과정에 있는 사실관계 또는 법률관계를 규율하는 '부진정소급입법'(不眞正遡及立法)으로 구분된다. 진정소급입법은 신뢰보호와 법적 안정성을 위하여 원칙적으로 금지되고 예외적으로 제한된 범위 안에서 허용될 수 있으나, 부진정소급입법은 당사자의 신뢰보호보다도 입법자의 입법형성권을 존중하여 원칙적으로 허용되고 예외적으로 금지된다고 보는 것이 통설적 입장이다. 헌법재판소도 부진정소급입법은 원칙적으로 허용되지만 소급효를 요구하는 공익상의 사유와 신뢰보호의 요청 사이의 교량과정에서 신뢰보호의 관점이 입법자의 형성권에 제한을 가하게 된다고 판시하고 있다.[5)]

진정소급입법은 이미 종결된 과거의 사실관계를 소급하여 다시 평가하고 규율하는 것

1) 헌재 2006. 3. 30. 2005헌마598.
2) 헌재 2001. 9. 27. 2000헌마152.
3) 헌재 1994. 4. 29. 94헌바37.
4) 헌재 2000. 1. 27. 99헌마113.
5) 헌재 1999. 7. 22. 97헌바76.

으로 법적 안정성의 관점에서 원칙적으로 허용될 수 없는 것이다. 그러나 부진정소급입법은 법률의 시행일로부터 '장래를 향하여' 효력을 발생하지만 구법의 효력 하에서 이미 발생한 사실관계에 대해서도 적용되는 것이므로 '과거에 대하여' 효력을 가지는 진정소급입법과는 근본적인 차이가 있다. 부진정소급입법은 일정한 생활영역을 규율하는 새로운 법률규정이 장래의 사실관계뿐만 아니라 기존의 사실관계에도 적용하는 것으로서, 종래의 법적 상태에서 새로운 법적 상태로 이행하는 과정에서 불가피하게 발생하는 법치국가적 문제에 관한 것이다. 오늘날 입법과정에서 신뢰보호의 문제는 대부분 부진정소급입법에 관한 문제이며 결국 경과규정의 문제를 의미하게 된다.

헌법재판소의 판례는 기본적으로 진정소급입법과 부진정소급입법을 구별하는 입장을 취하면서, 원칙적으로 금지되는 진정소급입법에 대해 예외적 허용을 인정하고 있다. 헌법재판소는 진정소급입법이 예외적으로 허용되는 경우로는 1) 구법에 의하여 보장된 국민의 법적 지위에 대한 신뢰가 보호할 만한 가치가 없거나 지극히 적은 경우와, 2) 소급입법을 통하여 달성하려는 공익이 매우 중대하여 예외적으로 구법에 의한 법적 상태의 존속을 요구하는 국민의 신뢰보호이익에 비하여 현저히 우선하는 경우의 두 가지를 인정한 바 있으며,[1] 그 후 진정소급입법이 허용되는 예외적인 경우를 구체화하여 다음과 같은 네 가지를 제시하고 있다. 1) 일반적으로 국민이 소급입법을 예상할 수 있었거나, 2) 법적 상태가 불확실하고 혼란스러웠거나 하여 보호할 만한 신뢰의 이익이 적은 경우와, 3) 소급입법에 의한 당사자의 손실이 없거나 아주 경미한 경우, 4) 그리고 신뢰보호의 요청에 우선하는 심히 중대한 공익상의 사유가 소급입법을 정당화하는 경우 등이다.[2][3]

그리고 국민에게 유리한 내용의 시혜적 소급입법에 대해서는 소급입법금지원칙의 적용 자체가 배제되는 것으로 보고 있으며, 시혜적 소급입법을 할 것인가의 여부는 입법재량의 문제로서 시혜적 소급입법을 하지 아니한 것이 현저하게 불합리하고 불공정하지 않는 한 헌법에 위반되지 않는다고 판시하고 있다.[4]

(라) 법의 실효성

법치주의는 법이 현실에 적용되어 규범력을 가지는 것을 의미하는 법의 실효성(實效性)을 요청하게 된다. 실효성이 없는 법에 기초한 법치주의는 법치주의가 아니기 때문이다. 법의 실효성을 확보하는 방법에는 각종의 행정강제, 사법강제, 사법적 권리구제 등이 있다.

법치주의가 제대로 기능을 다하기 위해서는 법이 효과적으로 적용되고 집행되어야 할

1) 헌재 1996. 2. 16. 96헌가2.
2) 헌재 1998. 9. 30. 97헌바38; 헌재 2003. 9. 25. 2001헌마194.
3) 헌재 2003. 9. 25. 2001헌마194.
4) 헌재 1998. 11. 26. 97헌바65; 헌재 2002. 2. 28. 2000헌바69.

뿐만 아니라 국가권력의 자의적 행사를 법에 합치되도록 바로잡을 수 있는 교정장치가 필요하다. 또한 국민의 자유와 권리가 현실적으로 침해된 때에는 이를 배제하거나 피해를 전보하는 것을 가능하게 하는 사법적 구제장치가 마련되어야 하는데 헌법재판소의 헌법재판과 일반법원의 재판이 대표적인 권리구제장치에 해당한다.

6. 사회국가(복지국가)의 원리

(1) 사회국가원리의 의의

우리 헌법은 사회영역에서 사회국가(Sozialstaat) 또는 복지국가(welfare state)를 추구한다. 사회국가의 원리란 19세기의 정치적 민주주의의 한계와 산업화 등의 사회문제에 대한 반작용으로 등장하게 된 것으로 사회적 약자의 실질적 자유와 평등을 실현하기 위하여 사회에 대한 간섭·계획과 분배를 통해 정의로운 사회질서를 형성하는 국가의 원리를 의미한다. 복지국가란 국가가 국민의 복지에 관한 서비스를 제공하는 데에 적극적인 태도를 취하는 국가를 말한다. 즉 복지국가란 시장경제를 기본으로 하면서 실업과 분배 문제를 해결하기 위해서 사회보장제도를 확립하고, 시장가격보다 싼 일련의 서비스를 제공하여 빈곤을 예방하고 사회적 약자를 보호하며, 산업재해로부터 안전을 보장하고 시장과 별도로 국가가 국민에게 일정한 공공복지를 제공하는 국가를 의미한다. 복지국가의 원리와 사회국가의 원리의 개념을 구별하는 입장도 있으나, 복지국가와 사회국가의 원리는 그 이념이나 내용 등이 유사하기 때문에 동일한 의미로 사용하는 것이 학계나 판례의 일반적인 경향이라고 할 수 있다.[1]

헌법재판소는 사회국가의 개념에 관하여 "사회국가란 한마디로, 사회정의의 이념을 헌법에 수용한 국가, 사회현상에 대하여 방관적인 국가가 아니라 경제, 사회, 문화의 모든 영역에서 정의로운 사회질서의 형성을 위하여 사회현상에 관여하고 간섭하고 분배하고 조정하는 국가이며, 궁극적으로는 국민 각자가 실제로 자유를 행사할 수 있는 그 실질적 조건을 마련해 줄 의무가 있는 국가"라고 정의하고 있다.[2]

(2) 사회국가원리의 이념

사회국가의 원리는 사회정의와 실질적 평등의 이념을 구현하기 위해 법치국가적 방법으로 모든 국민의 복지를 실현하려는 국가적 원리이다. 여기서 사회정의란 정의로운 사회

1) 사회국가와 복지국가를 구별하는 입장에서는 사회국가란 국민 스스로의 생활설계에 의한 실질적인 자유와 평등의 실현이 가능하도록 사회구조의 골격적인 테두리를 형성하는 것이라면, 복지국가는 국민의 일상생활이 전적으로 국가의 철저한 사회보장제도에 의해서 규율되는 것을 내용으로 하는 점에서 차이가 있다고 한다. 허영, 한국헌법론, 156면. 사회국가와 복지국가의 개념을 동일한 범주에 포함시켜 '사회복지국가'라고 표현하는 견해로는 성낙인, 앞의 책, 274면.

2) 헌재 2002. 12. 18. 2002헌마52.

질서의 형성을 말하며, 그것은 곧 인간의 존엄성이라는 헌법의 최고 가치 내지 궁긍적 이념의 실현을 전제로 하여 개인의 실질적 자유와 평등 실현의 사회적 조건을 형성하기 위해 책임과 의무를 다하는 것을 말하며, 그러한 사회정의의 실현을 위해 노력하는 국가를 사회국가라 일컫게 된다. 사회정의의 구체적 내용으로는 “사회구성원 전체의 이익이 조정되고 모든 국민의 복지가 균등하게 추구되며, 갖가지 공적 부담이 공평하게 부과되고 개인에게 적정수준의 경제적·문화적 생활을 보장하는 공평분배(公平分配)의 원리”를 핵심적 요소로 하는 것이라 할 수 있다.[1]

우리의 건국헌법(1948)에서도 사회국가원리와 관련하여 경제질서의 기본원칙에 관한 조항에서도 ‘사회정의’라는 용어를 사용한 것을 볼 수 있다. 동 헌법 제84조에 “대한민국의 경제질서는 모든 국민에게 생활의 기본적 수요를 충족할 수 있게 하는 사회정의의 실현과 균형있는 국민경제의 발전을 기함을 기본으로 삼는다. 각인의 경제상의 자유는 이 한도내에서 보장된다”라고 하여, ‘사회정의’의 실현을 “모든 국민에게 생활의 기본적 수요를 충족하게 하는 것”으로 규정했음을 볼 수 있다.[2] 그렇다면 사회정의의 실현을 이념으로 하는 사회국가원리란 모든 국민에게 생활의 기본적 수요를 충족시켜줌으로써 건강하고 문화적인 생활을 영위할 수 있도록 하는 것이 국가의 책임이면서 그것에 대한 요구가 국민의 권리로서 인정되는 국가원리라고 할 수 있다.

사회국가의 원리는 국가가 국민의 자유와 권리를 소극적으로 보장하는 데에 그치지 아니하고, 사회공동체의 정의로운 사회질서 형성을 위해 모든 사회현상에 적극적으로 개입하고 관여할 것을 요청하는 원리이므로, 사회국가원리는 형식적인 자유와 평등을 넘어서 실질적인 자유와 평등의 실현을 내용으로 하는 국가목표조항으로서의 성격을 가진다.[3] 국가목표조항으로서의 성격을 갖는 사회국가원리는 모든 국가기관에 대하여 법적 구속력을 가지므로 입법기관뿐만 아니라 행정기관과 사법기관에도 구속력이 미친다.

(3) 사회국가원리와 사회적 시장경제질서

(가) 사회국가원리의 구현

사회국가원리가 구현되기 위해서는 헌법상 사회적 기본권이 보장되고, 재산권의 사회

1) 권영성, 앞의 책, 140－141면.

2) 1948년 건국헌법에 이어 1962년의 제3공화국헌법은 경제헌법의 기본원칙조항인 제111조 제1항에 “대한민국의 경제질서는 개인의 경제상의 자유와 창의를 존중함을 기본으로 한다”라고 규정하면서 제2항에 “국가는 모든 국민에게 생활의 기본적 수요를 충족시키는 사회정의의 실현과 균형있는 국민경제의 발전을 위하여 필요한 범위 안에서 경제에 관한 규제와 조정을 한다”고 규정하였으며 이 규정은 1980년 헌법까지 그대로 유지되었으나, 1987년 현행헌법에 와서 ‘사회정의’의 표현이 사라지고 제119조 제2항에 “국가는 균형있는 국민경제의 성장 및 안정과 적정한 소득의 분배를 유지하고…”라는 표현으로 바뀌게 되었다.

3) 한수웅, 앞의 책, 110면.

적 기능이 강조되고. 실질적인 기회균등이 보장되어야 한다. 그리고 사회적 약자를 위한 사회보장제도와 사회복지정책이 추진되어야 한다. 특히 사회국가원리의 구현을 위해서는 경제질서에 있어서도 이른바 '사회적 시장경제질서'를 채택하는 것이 중요한 의미를 갖는다. 즉 헌법상의 경제질서에 있어서 사유재산제를 바탕으로 경제활동의 자유와 자유경쟁을 존중하는 자본주의적 자유시장경제를 근간으로 하면서, 자유시장경제에 수반되는 모순들을 제거하고 사회정의와 경제의 민주화를 실현하기 위하여 국가적 규제와 조정을 광범위하게 인정하는 것이 필요하게 된다. 이러한 경제질서는 자본주의적 경제질서와 사회주의적 계획경제질서를 혼합한 것으로서 사회적 시장경제질서라고 규정할 수 있으며, 달리 표현하면 이는 곧 '수정자본주의적 경제질서'를 의미하는 것이다.

(나) 헌법상 경제조항과 사회적 시장경제질서의 채택

현행헌법의 경제질서에 관한 기본원리조항을 의미하는 제119조 제1항은 "대한민국의 경제질서는 개인과 기업의 경제상의 자유와 창의를 존중함을 기본으로 한다"라고 하고, 제2항은 "국가는 균형있는 국민경제의 성장 및 안정과 적정한 소득의 분배를 유지하고, 시장의 지배와 경제력의 남용을 방지하며, 경제주체간의 조화를 통한 경제의 민주화를 위하여 경제에 관한 규제와 조정을 할 수 있다"라고 규정하고 있다.[1)] 제119조는 경제헌법의 핵심조항에 해당하며, 특히 동조 제2항은 사회국가원리를 구현하기 위해 채택된 조항으로서 중요한 의미를 갖는다.

제119조 제1항은 경제질서의 기본원칙이 개인과 기업의 경제적 자유의 보장에 있다는 경제적 자유주의에 입각하고 있음을 밝힌 것이다. 이것은 기본권조항에서 규정한 재산권, 직업선택의 자유 등의 경제적 자유를 재확인한 것을 의미한다. 경제적 자유의 보장을 통해 자유시장경제질서가 형성되므로 헌법 제119조 제1항은 자유시장경제질서를 보장하는 것이다.

제119조 제2항은 경제에 대한 국가의 개입의 목표와 근거를 밝히고 있다. 즉 "국가는

---

1) 우리 헌법의 경제조항과 관련하여 건국헌법은 바이마르헌법의 경제헌법조항의 영향을 받아 경제에 관한 독립된 장을 설치하였으며 현행헌법에 이르기까지 경제헌법조항은 계속 유지되고 있다. 건국헌법의 경제에 관한 기본조항인 제84조에서는 "대한민국의 경제질서는 모든 국민에게 생활의 기본적 수요를 충족할 수 있게 하는 사회정의의 실현과 균형있는 국민경제의 발전을 경제질서의 기본으로 삼는다. 각인의 경제상 자유는 이 한계내에서 보장된다"고 규정하여 '사회정의'의 실현을 위한 경제질서를 원칙으로 하고 개인의 경제적 자유를 부차적 원리로 규정하였다. 그러나 과도한 통제경제의 실시는 기업가의 창의적 기업의욕을 감퇴시키고 외자도입마저 곤란하게 하여 경제발전을 오히려 저해하게 되었다. 그리하여 1954년 제2차 개정 헌법에서는 경제질서에 자연자원의 이용, 대외무역, 사기업의 국공유화 등에 관하여 국가통제를 완화하고 자유시장경제적 요소를 강화하게 되었다. 그 후 1962년 헌법 이래 개인의 경제상의 자유를 원칙으로 하고 사회정의의 실현을 부차적인 원리로 규정하여 경제에 대한 국가적 규제와 조정이 가능하도록 하였다. 1972년 헌법은 관주도형 경제체제 하에서 경제에 대한 국가적 간섭은 그 범위가 확대되었다. 1980년 헌법의 경제조항은 독과점의 규제·조정, 중소기업의 보호·육성, 소비자보호운동의 보장 등을 내용으로 하였다. 1987년 헌법의 경제질서는 사회정의의 실현과 경제의 민주화를 위하여 재산권에 대한 규제와 조정을 재확인하고 경제과정에 대한 국가적 통제와 계획을 확대한 것이 특징이다.

균형있는 국민경제의 성장 및 안정과 적정한 소득의 분배를 유지하고 시장의 지배와 경제력의 남용을 방지하며, 경제주체간의 조화를 통한 경제의 민주화를 위하여 경제에 관한 규제와 조정을 할 수 있다"라는 규정은 우리 헌법의 경제에 관한 국가목표는 사회국가 내지 복지국가이며 경제질서는 사회적 시장경제질서임을 밝히고 있는 것이다. 여기서 '경제의 민주화'의 의미에 관하여 견해가 나뉠 수 있으나, 경제의 민주화란 정치영역에서의 민주주의 원리를 경제영역에 적용하는 것이 아니라, 경제영역에서 사회정의의 실현을 의미하는 것으로 이해하는 것이 일반적인 견해이다.[1] 구체적인 내용으로는 경제활동에 관한 의사결정권이 한 곳에 집중되지 아니하고 분산됨으로써 경제주체간에 견제와 균형이 이루어지고, 시장지배력의 집중을 방지하며, 경제의 양극화를 해소하는 것 등을 의미한다.

헌법 제119조 제2항의 '경제의 민주화'의 해석에 있어서 일부 견해는, 정치의 민주주의 원리를 경제영역으로 확대하는 것은 국가와 시장의 구별을 전제로 하는 우리의 헌법구조와 조화될 수 없는 것으로 그 규범적 의미를 갖기 어려우며, 단지 수사적 의미로서 경제주체간의 참여와 상호 의사소통을 통한 경제운영에 있어서 투명성과 공개성의 증진으로 이해할 수 있다고 한다.[2] 또 다른 견해는 경제의 민주화는 국가가 시장경제에 개입할 수 있는 일체의 헌법적 사유로서 제119조 제2항의 균형 있는 국민경제의 성장, 적정한 소득의 분배, 시장지배와 경제력남용의 방지, 경제주체간의 조화 등 뿐만 아니라 제120조 이하의 개별적 경제헌법조항상의 사유를 모두 포함하는 상위개념으로 보는 입장이 있다.[3]

생각건대 헌법 제119조 제2항의 해석에 있어서 '경제의 민주화'의 개념은 경제영역에 있어서 사회정의의 실현으로 이해하고, 그 구체적 내용으로는 경제주체간의 조화를 통한 경제의 민주화뿐만 아니라 균형 있는 국민경제의 성장, 적정한 소득분배, 시장지배와 경제력남용 방지 등을 포함하는 광의의 개념으로 이해하는 것이 타당하다고 하겠다. 즉 국가가 경제에 대해 규제와 조정을 할 수 있는 헌법상의 사유를 모두 포괄하여 경제의 민주화라고 할 수 있으며, 그것이 곧 경제영역에 있어서 사회정의의 실현을 의미한다고 볼 수 있다. 그러나 경제의 민주화는 그 개념의 추상성과 모호성으로 인하여 그 범위가 지나치게 확대될 가능성이 있으며, 경제의 민주화를 위한 국가 개입의 한계가 애매하여 시장경제에 대한 위협이 될 수도 있기 때문에 엄격한 해석과 적용이 요구된다고 할 것이다.

헌법재판소는 우리 헌법의 경제질서는 "사유재산제를 바탕으로 하고 자유경쟁을 존중하는 자유시장 경제질서를 기본으로 하면서도 이에 수반되는 갖가지 모순을 제거하고 사회복지·사회정의를 실현하기 위하여 국가적 규제와 조정을 용인하는 사회적 시장경제질서로

1) 권영성, 앞의 책, 169면; 김학성, 앞의 책, 263면.
2) 전광석, 한국헌법론, 집현재, 2015, 885면 이하.
3) 정호열, 한국의 시장경제 다시 생각한다, 박영사, 2019, 269면.

서의 성격을 띠고 있다"고 보고 있다.[1] 그리고 헌법 제119조 제2항에 규정된 경제주체간의 조화를 통한 경제민주화의 이념도 "경제영역에서 정의로운 사회질서를 형성하기 위하여 추구할 수 있는 국가목표로서 개인의 기본권을 제한하는 국가행위를 정당화하는 헌법규범"이라고 판시하고 있다.[2]

(다) 개별적 경제헌법조항

① 자연자원의 국유와 국토균형발전계획의 수립

헌법 제120조 제1항은 "광물 기타 중요한 지하자원·수산자원·수력과 경제상 이용할 수 있는 자연력은 법률이 정하는 바에 의하여 일정한 기간 그 채취·개발 또는 이용을 특허할 수 있다"고 규정하고 있다. 이 조항은 광물 등 자연자원이 국가소유임을 밝히고 이를 전제로 그 채취와 개발 등을 특허할 수 있다고 규정한 것이다. 동조 제2항은 "국토와 자원은 국가의 보호를 받으며, 국가는 그 균형있는 개발과 이용을 위하여 필요한 계획을 수립한다"라고 규정하고 있다. 이 조항에 근거한 법률로 국가균형발전특별법, 지방분권특별법, 국토기본법, 국토의 계획 및 이용에 관한 법률 등이 있다.

② 농지의 소작제도 금지 등

헌법 제121조 제1항은 "국가는 농지에 관하여 경자유전의 원칙이 달성될 수 있도록 노력하여야 하며, 농지의 소작제도는 금지된다"고 규정하고, 제2항은 "농업생산성의 제고와 농지의 합리적인 이용을 위하거나 불가피한 사정으로 발생하는 농지의 임대차와 위탁경영은 법률이 정하는 바에 의하여 인정된다"고 규정하여 농지의 소작제도 금지와 농지의 임대차와 위탁경영을 인정하고 있다.

③ 국토의 효율적인 이용을 위한 제한과 의무의 부과

헌법 제122조는 "국가는 국민 모두의 생산 및 생활의 기반이 되는 국토의 효율적이고 균형있는 이용·개발과 보전을 위하여 법률이 정하는 바에 의하여 그에 관한 필요한 제한과 의무를 부과할 수 있다"고 규정하고 있다. 국토의 이용·개발과 관련하여 토지의 공개념과 그 제도화가 문제될 수 있다. '토지의 공개념(公概念)'이란, 토지는 소유자가 누구이든 그것이 가지는 기능·적성 또는 그것이 위치하는 지역에 따라 공공복리를 위하여 가장 효율적으로 이용하여야 하며 이를 위하여 국가에 의한 적절한 규제가 가해져야 한다는 관념으로서, 그것은 곧 토지소유권의 사회적 구속성의 원칙을 의미한다. 이와 관련하여 토지거래허가제의 위헌 여부가 문제될 수 있으나, 헌법재판소는 "생산이 자유롭지 아니한 토지에 대하여 처분의 자유를 인정하지 아니하고 이를 제한할 수밖에 없음은 실로 부득이한 것이며, 토지

1) 헌재 2001. 6. 28. 2001헌마132.
2) 헌재 2004. 10. 28. 99헌바91.

거래허가제는 헌법이 명문으로 인정하고 있는(제122조) 재산권의 제한의 한 형태로서 재산권의 본질적인 침해라고 할 수 없는 것"이라고 판시하였다.[1)]

④ 농어업과 지역경제 및 중소기업의 보호·육성

헌법 제123조는 농업과 어업의 보호육성, 지역경제 및 중소기업의 보호·육성 등을 규정하고 있다. 농업·어업의 보호·육성에 관한 법률로는 농업·농촌기본법, 농어촌발전특별조치법 등이 있으며 지역경제의 육성에 관한 법률로 지역균형개발 및 중소기업육성에 관한 법률이 있다.

⑤ 소비자보호운동의 보장 등

헌법 제124조는 "국가는 건전한 소비행위를 계도하고 생산물의 품질향상을 촉구하기 위한 소비자보호운동을 법률이 정하는 바에 의하여 보장한다"고 규정하고 있다. 이 규정은 소비자보호운동권이라는 기본권을 보장한 것으로 해석할 수 있다. 소비자보호에 관한 법률로 소비자기본법 등이 있다. 소비자기본법은 소비자의 권리와 책무, 국가지방자치단체 및 사업자의 책무, 소비자단체의 역할 등을 규정하고 있으며, 특히 소비자의 적극적 권리행사를 위한 제도로서 소비자 집단분쟁조정제도(제60조~제69조)와 소비자 단체소송제도(제70조~제76조)를 도입하고 있다.

그 밖의 경제헌법조항으로는 대외무역의 육성과 규제(제125조), 사영기업의 국·공유화(제126조), 과학기술혁신과 정보·인력개발을 위한 자문기구의 설치(제127조) 등의 규정이 있다.

(라) 사회국가원리와 경제에 대한 국가적 개입의 한계

사회국가원리와 사회적 시장경제질서의 채택으로 인한 경제영역에 있어서의 국가적 개입은 일정한 한계가 있다. 첫째, 사회적 시장경제질서도 민주국가적 헌법원리인 의회제 민주주의와 법치국가원리에 위배되어서는 안 된다. 둘째, 경제에 대한 국가의 규제와 조정은 자유시장경제질서의 근간을 이루는 자유경쟁과 계약의 자유 등 사적 자치의 원칙을 유지해야 한다. 셋째, 개인의 재산권을 제한하는 경우에는 사회적 이익과 조화를 이룰 수 있도록 필요한 한도 내에서 해야 하며 재산권의 본질적 내용을 침해할 수 없다. 넷째, 자본주의를 부정하는 사회주의적 계획경제 내지 전면적 국가관리경제는 허용될 수 없다. 따라서 우리 헌법의 경제질서는 헌법 제119조 제1항에 따라 자유주의를 기본으로 하되 고전적 자유방임주의가 아니라 제119조 제2항에 따라 사회정의 내지 경제의 민주화 등을 위한 국가개입을 보충적으로 인정하는 것이므로 경제에 대한 국가의 개입에는 '보충의 원칙'에 의한 일정한 한계가 인정된다.[2)] 국민기초생활보장법은 보충성의 원리를 구체화하여 "이 법에 의

1) 헌재 1989. 12. 22. 88헌가13.
2) 헌재 1989. 12. 22. 88헌가13.

한 급여는 수급자가 자신의 생활의 유지·향상을 위하여 그 소득·재산·근로능력 등을 활용하여 최대한 노력하는 것을 전제로 이를 보충·발전시키는 것을 기본원칙으로 한다"(제3조 제1항)고 규정하고 있다.

사회적 시장경제질서와 경제에 대한 국가적 개입의 한계에 관한 헌법재판소의 주요 판례를 보면, 헌법적 근거 없는 공권력행사에 의한 기업의 강제해체 지시(국제그룹 사건)는 기업의 경제상의 자유와 창의의 존중을 기본으로 하는 헌법 제119조 제1항에 위배된다고 판단하였으며,[1] 구 농지법상 농업진흥지역 밖의 농지를 전용하기 위하여는 관할 행정관청의 허가를 받도록 한 것은 헌법상의 자유시장경제질서에 위배되지 않는다고 하였다.[2] 의료광고의 금지에 대하여는 기존의 의료인과의 경쟁에서 불리한 결과를 초래할 수 있는 것이므로 이는 자유롭고 공정한 경쟁을 추구하는 헌법상의 시장경제질서에 부합되지 않는다고 판시하였다.[3]

7. 문화국가원리

(1) 문화국가의 개념

우리 헌법은 문화국가원리를 헌법의 기본원리의 하나로 채택하고 있다. 문화국가란 문화활동의 자유를 보장하고 문화를 적극적으로 지원하고 육성하는 국가를 말한다. 즉 문화의 자율성이 보장되면서 동시에 문화에 대한 국가적 보호·육성·진흥·전수 등이 이루어지는 국가를 광의의 개념의 문화국가라 할 수 있다. 법적 개념으로서 협의의 의미의 문화국가란 국가가 인간의 정신적·창조적 활동영역인 교육, 학문, 예술, 종교 등의 영역에 있어서 책임과 의무를 다하는 국가로 이해한다.[4]

우리 헌법에 명문의 문화국가 규정이 채택된 것은 1980년 헌법(제5공화국헌법)이다. 동 헌법은 "국가는 전통문화의 계승·발전과 민족문화의 창달에 노력하여야 한다"(제8조)라고 하여 국가의 문화의 보호·육성에 관한 국가적 과제를 신설하였으며, 이 조항은 현행 헌법

---

1) 헌재 1993. 7. 29. 89헌마31.
2) 헌재 2009. 9. 24. 2007헌바108.
3) 헌재 2005. 10. 27. 2003헌가3.
4) 문화국가의 이해에 있어서 먼저 문화(culture, Kultur)의 개념정의가 필요하다. 이에 관하여는 다양한 견해가 있으나, 광의의 개념으로서 문화란 '인간집단의 생활양식의 총체'라고 정의하기도 하고, 또는 '사회구성원들의 생활양식이 기초하고 있는 관념체계'로 보거나 그 사회구성원들을 구체적인 행동에 이르게 만드는 기준, 표준, 규칙을 문화라고 정의하기도 한다. 한마디로 문화란 사회 내의 전형적인 생활양식, 행동양식 및 가치관을 총칭하는 개념이라 할 수 있다. 그러나 이러한 포괄적인 개념을 가지고는 문화의 보호·육성·진흥·전수라는 특수한 국가적 과제를 그 밖의 공공의 과제들과 구별하기 어렵게 되므로 법적인 개념으로서의 문화란 "국가와 특별한 관계를 가지고 있는 인간의 정신적·창조적 활동영역"으로 정의될 수 있으며, 이러한 문화의 개념으로서 전통적 영역은 교육, 학문, 예술, 종교 등을 들 수 있다. 헌법과 문화의 관계에 관하여는 홍성방, 헌법학, 현암사, 2009, 184면; 전광석, 앞의 책, 147면 이하.

제9조에 그대로 유지되고 있다. 그리고 대통령 취임선서 조항인 헌법 제69조에서도 "민족문화의 창달에 노력할 의무"를 부과함으로써 문화국가적 과제를 다시 한번 강조하고 있다. 그 밖에 문화와 관련하여 학문, 교육, 예술, 가족제도, 종교 등의 영역에서 기본권(학문과 예술의 자유, 양심과 종교의 자유, 언론·출판의 자유 등)과 제도(가족제도, 교육제도)를 보장하고 있어 헌법은 문화를 규범 안으로 포섭하고 있다. 헌법재판소 판례는 문화국가원리의 조건으로 정신적 자유권의 보장을 강조하고 있다. 즉 "헌법은 문화국가를 실현하기 위하여 보장되어야 할 정신적 기본권으로 양심과 사상의 자유, 종교의 자유, 언론·출판의 자유, 학문과 예술의 자유 등을 규정하고 있는바, 개별성·고유성·다양성으로 표현되는 문화는 사회의 자율영역을 바탕으로 한다고 할 것이고, 이들 기본권은 견해와 사상의 다양성을 그 본질로 하는 문화국가원리의 불가결의 조건"으로 보고 있다.[1]

헌법 제9조의 문화국가 조항은 일반적인 문화영역을 대상으로 하지 않고 전통문화와 민족문화에 관해서만 언급하고 있지만, 이는 전통문화와 민족문화를 특별히 강조한 것이며 국가의 문화 보호·육성의 대상에는 원칙적으로 모든 문화가 포함되는 것으로 해석되어야 한다.[2] 헌법 제9조의 문화국가원리에 따라 전통문화의 계승·발전을 위한 법률로 문화재보호법, 전통사찰보호법, 고도보존에 관한 특별법, 박물관 및 미술관 진흥법 등이 제정·시행되고 있다.

(2) 문화국가의 실현을 위한 문화정책

문화국가원리는 국가의 문화정책에 의해 실현되는데, 그 문화정책에 있어서는 국가의 세계관적 중립의무가 준수되어야 한다. 문화를 구성하는 본질적 요소는 자율성·개방성·다양성과 관용이므로 국가의 문화에 대한 지원에 있어서도 중립성이 요청되며, 국가가 평론가나 심판자의 입장에서 문화와 예술의 방향이나 양식을 차별하여 지원하는 것은 금지되어야 한다.[3] 그리고 국가는 문화정책에 있어서 문화를 적극적으로 육성해야 할 과제와 책임을 져야 한다. 국가와 문화의 관계에 있어서 국가는 사회의 문화영역의 자율성을 존중하여 문화에 대한 간섭을 배제해야 하지만, 다른 한편 문화에 대한 적극적인 지원을 해야 하는 것이 문화국가원리의 요청이다.

헌법재판소는 2004년, '학교보건법'상 학교정화구역 내에서의 극장시설 및 영업을 일반적으로 금지하는 조항에 대한 위헌제청사건에서, 이 금지조항은 극장운영자의 직업수행의

---

1) 헌재 2000. 4. 27. 98헌가16등.

2) 헌법 제9조의 문화국가 조항의 표현 형식이 '전통문화'와 '민족문화'에 한정하고 있기 때문에 헌법해석에 있어서 문화의 의미를 지나치게 협의로 해석할 수 있다는 문제점이 지적되고 있으므로 헌법개정시에는 이 조항의 개정이 필요하다고 할 것이다.

3) 한수웅, 앞의 책, 364면.

자유를 과도하게 침해하며, 영화상영관이 담당하는 문화국가 형성의 기능의 중요성을 간과하여 표현의 자유와 예술의 자유를 침해할 뿐만 아니라 대학생과 아동·청소년의 자유로운 문화향유에 관한 권리 등 행복추구권을 침해하는 위헌적인 규정이라고 판단하면서, 문화국가원리와 국가의 문화정책에 관하여 다음과 같이 판시한 바 있다. “문화국가원리는 국가의 문화국가 실현에 관한 과제 또는 책임을 통하여 실현되는바, 국가의 문화정책과 밀접 불가분의 관계를 맺고 있다. 과거 국가절대주의사상의 국가관이 지배하던 시대에는 국가의 적극적인 문화간섭정책이 당연한 것으로 여겨졌으나, 오늘날에 와서는 국가가 어떤 문화현상에 대하여도 이를 선호하거나 우대하는 경향을 보이지 않는 불편부당의 원칙이 가장 바람직한 정책으로 평가받고 있다. 오늘날 문화국가에서의 문화정책은 그 초점이 문화 그 자체에 있는 것이 아니라 문화가 생겨날 수 있는 문화풍토를 조성하는 데 두어야 한다. 문화국가원리의 이러한 특성은 문화의 개방성 내지 다원성의 표지와 연결되는데, 국가의 문화육성의 대상에는 원칙적으로 모든 사람에게 문화창조의 기회를 부여한다는 의미에서 모든 문화가 포함된다. 따라서 엘리트문화뿐만 아니라 서민문화, 대중문화도 그 가치를 인정하고 정책적인 배려의 대상으로 하여야 한다.”[1)]

8. 국제평화주의

(1) 국제평화의 유지와 침략적 전쟁의 부인

헌법은 전문에서 “항구적으로 세계평화에 이바지함으로써”라고 규정하여 세계평화주의를 선언하고, 제5조 제1항에 이를 구체화하여 “대한민국은 국제평화의 유지에 노력하고 침략적 전쟁을 부인한다”라고 하여 국제평화유지의 노력과 침략전쟁의 금지를 천명하고 있다.

세계 각국의 헌법에 국제평화주의와 침략적 전쟁 부인 조항을 두기 시작한 것은 제2차 세계대전 이후의 일이다. 세계대전의 참혹한 전쟁을 경험한 각국은 세계평화 구현의 정신을 천명하게 된 것이다. 특히 제2차 대전의 패전국가들의 경우 평화주의를 헌법에 수용하여 구속력 있는 원칙으로 규정하고 있다. 독일 기본법은 제4조 제3항에 양심적 집총병역거부권을 규정하여 평화주의자를 강하게 보호하고 있으며, 제26조 제1항은 “국가간의 평화적 공동생활을 교란하게 할 우려가 있고 또한 그 의도로써 행해지는 행동, 특히 침략전쟁의 수행을 준비하는 행동은 위헌이다. 그러한 행동은 처벌되어야 한다”고 규정하고 있다. 일본은 헌법 제9조 제1항에 “일본 국민은 정의의 질서를 기조로 하는 국제평화를 성실히 희구하며, 국권의 발동인 전쟁과 무력에 의한 위협 또는 무력의 행사는 국제분쟁을 해결하는 수단으로서 영구히 이를 방기(放棄)한다”라고 하고, 제2항에는 “전항의 목적을 달성하기 위하여 육

---

1) 헌재 2004. 5. 27. 2003헌가1등.

해공군 기타의 전력은 보유하지 않는다. 국가의 교전권은 인정하지 아니한다"라고 규정하여 국제평화주의를 적극적으로 표명하고 있다. 그러나 일본의 경우 헌법 제9조의 평화조항에 따라 일체의 전쟁과 무력행사를 포기하고 모든 전력을 갖지 않는다고 선언하고 있지만, 사실상 '자위대(自衛隊)'라는 이름으로 막강한 군사력을 보유하고 있으며 최근에는 정치권의 극우세력을 중심으로 헌법 제9조의 개정필요성에 관한 목소리를 높이고 있다.

침략적 전쟁 부인 조항과 관련하여 노무현 정부 당시 국군의 '이라크파병'이 문제된 바 있다. 침략적 전쟁은 자위전쟁의 반대개념으로 일국이 무력을 사용하여 타국의 주권이나 영토보전권, 정치적 독립을 침해하는 전쟁을 말한다. 자위전쟁은 적의 직접적인 공격을 격퇴하기 위한 전쟁을 말하며 UN헌장에 따라 개별적 자위전쟁과 집단적 자위전쟁으로 구별된다. UN헌장은 국제분쟁을 해결하기 위한 수단으로 침공, 폭격이나 외국영토의 봉쇄를 시간적으로 먼저 취하는 것을 침략적 전쟁으로 간주하고 있으며, 무력행사 외에도 무력에 의한 위협도 금지하고 있다. 2003년 우리 국군의 이라크파병은 생화학무기의 존재를 전제로 한 집단적 자위전쟁이었으나 이라크 침공 이후 생화학무기의 존재 자체가 없다는 것이 확인되었다. 그러한 상황에서 이라크파병을 반대한 입장에서는 대통령이 국군의 이라크파병을 결정한 것이 헌법상 국제평화주의에 반하는 침략적 전쟁이며 그 파병결정으로 국민의 기본권이 침해된다고 주장하여 헌법소원심판을 청구하였다. 헌법재판소는 이 사건에서 국군의 파병결정과 같은 외교·국방에 관한 고도의 정치적 결단이 요구되는 사안에 대해서는 사법심사의 대상이 되지 않는다고 판단하고, 이라크전쟁이 침략전쟁인지 여부에 관한 판단은 대의기관인 대통령과 의회의 몫이고 헌법재판소가 판단하는 것은 바람직하지 않다고 사법소극주의의 입장을 취하였다.[1)]

(2) 평화통일의 원칙

우리 헌법은 통일정책에 있어서도 평화주의를 채택하고 있다. 전문에 "평화적 통일의 사명에 입각하여"라고 규정하고 있으며, 제4조에서 "대한민국은 통일을 지향하며, 자유민주적 기본질서에 입각한 평화적 통일정책을 수립하고 이를 추진한다"라고 하여 통일에서 평화주의를 채택하고 있다. 따라서 무력을 수단으로 한 통일은 헌법상 인정되지 아니한다. 그러나 북한이 대한민국을 상대로 전쟁을 개시하거나 무력으로 침략을 한 경우에는 대한민국은 무력을 행사하지 않을 수 없으며, 그러한 쌍방에 의한 무력행사 또는 전쟁의 상황에서 통일이 이루어지는 것은 평화통일원칙에 위배되지 않는다.

헌법재판소는 평화통일의 원칙과 관련하여 "평화적 통일을 위하여서는 북한과 적대관

1) 헌재 2004. 4. 29. 2003헌마814.

계를 지속하면서 접촉·대화를 무조건 피하는 것으로 일관할 수는 없고, 자유민주적 기본질서에 입각하여 상호 접촉하고 대화하면서 협력과 교류의 길로 나아가는 것이 평화적 통일을 위한 초석이 되는 것이며, 순수한 동포애의 발휘로서 서로 도와주고 일정한 범위 내에서 경제적, 기술적 지원과 협조를 도모하여 단일민족으로서의 공감대를 형성하는 것이야말로 헌법 전문의 평화적 통일의 사명에 입각하여 민족의 단결을 공고히 하는 방편으로서 헌법 정신에 합치되는 것이다"라고 판시하였다.[1]

(2) 국제법 존중주의

헌법상 국제평화주의는 당연히 국제법 존중주의를 요청하게 된다. 우리 헌법은 제6조 제1항에 "헌법에 의하여 체결·공포된 조약과 일반적으로 승인된 국제법규는 국내법과 같은 효력을 가진다"라고 하여 국제법질서 존중주의를 선언하고 있으며, 제6조 제2항에서 "외국인은 국제법과 조약이 정하는 바에 의하여 그 지위가 보장된다"라고 하여 상호주의원칙에 입각한 외국인의 법적 지위를 보장하고 있다.

국제법과 국내법의 관계에 관하여는 양자가 별개의 법체계에 속한다고 보는 이원론과 동일한 법체계에 속한다는 일원론의 대립이 있으나, 일원론이 다수설이다. 헌법재판소도 같은 입장을 취하고 있다.[2] 그리고 헌법에 의하여 체결·공포된 조약과 일반적으로 승인된 국제법규가 국내법과 동일한 효력을 가진다는 의미는 국내의 헌법과 동일한 효력을 가지는 것이 아니라 법률과 동일한 효력을 갖는 것으로 이해하는 것이 통설이다. 그리고 동일한 형식적 효력을 갖는 조약이나 국제법규와 법률이 충돌하는 경우에는 국내법률 상호간에 충돌하는 경우처럼 신법(新法)이 우선하고 특별법이 우선한다고 볼 수 있다.[3]

조약(treaty)이란 국제법률관계를 설정하기 위하여 국제법 주체 사이의 문서에 의한 합의를 의미한다. 본래 조약은 국가 간의 문서에 의한 합의를 의미하였으나, 오늘날에는 국가 외의 국제기구도 국제법의 주체로 인정됨에 따라 국가와 국제기구 간의 또는 국제기구 상호간의 문서에 의한 합의도 조약에 포함된다. 여기서 조약이란 조약, 협약, 협정, 규약 등 그 명칭을 불문하고 다 포함된다.[4] 그리고 '일반적으로 승인된 국제법규'란 국제사회의 보편적 규범으로서 세계 대부분의 국가가 승인하고 있는 법규를 말하며, 여기에는 우리나라가 체결당사국이 아닌 조약으로서 일반적으로 국제사회에서 규범성이 승인된 일반조약뿐만 아니라 국제관습법도 포함된다.[5]

---

1) 헌재 1990. 4. 2. 89헌가113.
2) 헌재 2001. 4. 26. 99헌가13.
3) 권영성, 앞의 책, 175면.
4) 헌법재판소는 한미주둔군지위협정, 한일어업협정, 마라케쉬협정을 조약이라고 판시하였다. 헌재 1999. 4. 29. 97헌가14; 헌재 2001. 3. 21. 99헌마39; 헌재 1998. 3. 26. 97헌바65.
5) 일반적으로 승인된 국제법규로서 국제관습법에 해당하는 것으로는 포로의 살해금지와 그 인도적 처우에 관한

헌법상 조약의 체결은 대통령의 권한에 속하며(제73조), 상호원조나 안전보장에 관한 조약, 중요한 국제조직에 관한 조약, 우호통상항해조약, 주권의 제약에 관한 조약, 강화조약, 국가나 국민에게 중대한 재정적 부담을 지우는 조약 또는 입법사항에 관한 조약 등은 국회의 사전 동의를 얻어 체결·비준한다(제60조 제1항). 조약이나 국제법규의 위헌 여부에 대한 심판이 문제될 수 있는데, 법률과 동일한 효력을 가지는 조약과 국제법규는 헌법재판소의 위헌법률심판의 대상이 될 수 있다. 헌법재판소는 국내법과 같은 효력을 가지는 조약이 헌법재판소의 위헌법률심판 대상이 된다고 전제하여 그에 관한 본안판단을 한 바 있다.[1)]

헌법재판소는 2019. 12. 27. '일본군 위안부 문제 합의 발표' 사건에서 재판관 전원일치 의견으로, '대한민국 외교부장관과 일본국 외무대신이 2015. 12. 28. 공동발표한 일본군 위안부 피해자 문제 관련 합의'는 절차와 형식 및 실질에 있어서 구체적 권리·의무의 창설이 인정되지 않고, 이를 통해 일본군 위안부 피해자들의 권리가 처분되었다거나 대한민국 정부의 외교적 보호권한이 소멸하였다고 볼 수 없으므로 헌법소원심판청구의 대상이 되지 않는다고 하여 심판청구를 각하하였다. 즉 이 사건 합의는 구두 형식의 합의이고, 표제로 대한민국은 '기자회견', 일본은 '기자발표'라는 용어를 사용하여 일반적 조약의 표제와는 다른 명칭을 붙였으며, 이 사건 합의는 국무회의 심의나 국회의 동의 등 헌법상의 조약체결절차를 거치지 않은 것으로 헌법상 조약으로 볼 수 없다고 판단하였다.[2)]

전시국제법상의 기본원칙, 외교관의 예우에 관한 국제법상의 원칙, 국내문제불간섭의 원칙, 민족자결의 원칙, 조약준수의 원칙 등이 있으며, 일반적으로 승인된 국제조약으로는 UN헌장, 포로에 관한 제네바협정, 집단학살금지협정, 부전조약 등이 있다.

1) 헌재 2001. 9. 27. 2000헌바20.

2) 헌재 2019. 12. 27. 2016헌마253.

제 4 장 한국헌법의 기본제도

제 1 절 헌법상 제도적 보장

헌법은 국민의 기본권을 보장하면서, 기본권과 구별되는 일정한 제도들을 보장하고 있다. 즉 정당제도, 선거제도, 공무원제도, 지방자치제도 등의 공법상의 제도와 사유재산제와 혼인·가족제도 등의 사법상의 제도와 같은 국가존립의 기반이 되는 제도를 헌법의 수준에서 보장함으로써 그 제도의 본질을 유지하고 국가권력에 의해 당해 제도의 본질이 훼손 또는 침해되지 않도록 하는 것을 헌법상의 '제도적 보장'(institutionelle Garantie) 이라고 한다.[1] 제도적 보장은 주관적 권리가 아닌 객관적 법규범이라는 점에서 기본권과 구별되기는 하지만 헌법에 의하여 일정한 제도가 보장되면 입법자는 그 제도를 설정하고 유지할 입법의무를 지게 될 뿐만 아니라 헌법에 규정되어 있기 때문에 법률로써 이를 폐지할 수 없고, 비록 내용을 제한하더라도 그 본질적 내용을 침해할 수 없다.

제도적 보장에 있어서 보장의 대상이 되는 객관적 제도는 헌법에 의해 비로소 창설되는 제도가 아니라, 국가 내에서 역사적으로 형성되어 온 기존의 전통적 제도를 의미하며, 헌법은 제도의 본질을 유지하는 것을 보장하지만 그 제도의 구체적 내용은 법률에 의해 규

1) 제도적 보장 이론은 연혁적으로 볼 때 바이마르헌법 출범 당시에 사회주의적 질서의 채택과 같은 혁명적 개혁으로부터 전통의 개인주의적·자유주의적 질서와 제도의 최소한을 수호하려는 것을 기본목적으로 하면서, 부수적으로 입법부의 자의적 입법으로 인한 기존의 제도의 폐지 또는 본질적 침해 등의 법률만능주의 내지 법실증주의로부터 기존의 제도와 인권을 수호하기 위한 의도로 전개된 것이다. 칼 슈미트(C. Schmitt)는 자유권 중심의 기본권보장과 제도적 보장을 엄격히 구별하여 헌법상 제도의 보장은 진정한 기본권(자유권)과는 그 성질을 달리하는 것이라고 하고, 바이마르헌법상의 제도적 보장에는 지방자치제도, 직업공무원제도, 대학의 자치, 법관의 독립, 예외법원의 금지 등의 공법상의 제도를 보장하는 '제도적 보장'(institutionelle Garantie)과 사유재산제도, 상속제도, 가족제도, 혼인제도 등의 사법상의 제도를 보장하는 '제도보장'(Institutsgarantie)이 있다고 하고, 이 양자를 포괄하는 개념으로 '제도적 보장'(institutionelle Garantie)이라는 용어를 사용하였다.

율을 받게 된다. 다시 말하면 제도적 보장은 제도의 본질을 훼손하지 않는 범위 내에서 법률로써 제도의 내용을 자유로이 형성할 수 있는 것이므로, 이 점에서 헌법상 기본권 보장이 '최대한 보장의 원칙'이 적용됨에 반하여, 제도적 보장은 그 본질적 내용을 침해하지 아니하는 범위 안에서 입법자에게 제도의 구체적 내용과 형태의 형성권을 폭넓게 인정한다는 의미에서 '최소한 보장의 원칙'이 적용될 뿐이다.[1)]

제도적 보장에는 공무원제도, 지방자치제도 등과 같이 기본권보장과 직접 관련 없이 제도 그 자체만을 보장하는 경우가 있지만, 제도적 보장이 기본권보장과 일정한 관련을 갖는 경우가 적지 않다. 예컨대 사유재산제도의 보장은 동시에 재산권 보장을 의미하며, 민주적 선거제도의 보장은 정치적 기본권의 실효성을 보장하기 위한 수단이 되기도 하고, 복수정당제가 보장됨으로써 정당설립 및 가입의 자유가 부수적으로 보장되는 경우도 있다. 이와 같은 기본권과 직접·간접으로 관련을 가지는 제도적 보장은 기본권을 보충하고 강화하는 기능을 수행한다.

헌법상 제도적 보장 이론은 독일의 바이마르 헌법시대에 형성된 것으로, 이는 당시 헌법의 현실에서 입법권이 헌법의 구속을 받지 않는 것으로 간주되는 상황에서 입법권을 제한하기 위한 시도로 입법자를 제도의 핵심적 내용에 구속시키도록 한 것이었다. 그러나 제도의 보장은 제도의 핵심적 내용만을 입법자의 자의로부터 보호하는 것이므로 오늘날에는 현실적으로 구체적인 입법으로 제도의 보장을 침해하는 경우는 거의 없게 된다. 그리고 현대의 입헌주의헌법은 헌법의 최고규범성과 입법에 대한 헌법의 우위에 의해 입법자를 비롯한 모든 국가기관을 구속하므로 제도적 보장 이론은 그 의미가 상당히 축소되었다고 할 수 있다. 이런 점에서 제도적 보장 이론의 현대적 의미에 관한 새로운 인식이 필요하게 된다. 그것은 오늘날 헌법상 제도적 보장의 의미는 헌법에 의해 보장되는 제도가 실질적으로 기능할 수 있도록 그 제도를 "법률로써 형성해야 할 입법자의 의무"로 이해하는 것이 중요하다고 할 것이다.[2)]

본 장에서는 헌법상 제도적 보장의 내용으로 정당제도, 선거제도, 공무원제도, 지방자치제도에 국한하여 기술하도록 한다. 국내 헌법교과서들 중에는 정당제도와 선거제도를 헌법의 기본원리인 민주주의 원리의 구성요소로 설명하는 것이 일반적인 추세라 할 수 있으나 여기서는 제도적 보장 속에 포함화여 설명한다.

---

1) 헌재 1997. 4. 24. 95헌바48.
2) 제도적 보장 이론의 현대국가에서의 새로운 이해에 관하여는 한수웅, 헌법학, 법문사, 2016, 427면.

제 2 절 정당제도

Ⅰ. 헌법상 정당제도의 보장

1. 현대민주주의와 정당정치

(1) 정당정치의 필연성

국가의 정치는 법적인 측면에서 보면 헌법이나 법률의 규정에 근거하여 통치기구를 통해서 행해지는 공권력의 발동이라고 할 수 있다. 그러나 그러한 공권력 행사의 방향에 대한 실질적인 결정은 대부분 정당이라는 정치집단에 의하여 직접적으로 또는 정당의 매개를 통하여 간접적으로 행해지게 된다. 이러한 현상은 국가의 기구나 이데올로기의 여하를 불문하고 현대의 민주주의국가에서는 보편적으로 나타나고 있다.

일반적으로 국민이 그의 능동적 지위에서 국정에 참가하는 방식은 제도적으로는 선거와 국민투표가 있지만, 그러한 방법은 시기나 요건 등이 법정되어 있는 것이므로 그 이외의 경우에는 헌법상 보장된 기본권의 행사를 통하여 부단하게 정치적인 요구나 비판 등을 투영하는 방법에 의해 행해진다. 그러나 여기에서 국민 개개인은 그 자신만으로는 정치적으로 거의 기능을 발휘할 수 없음은 의심의 여지가 없다. 따라서 그와 같은 부동적(浮動的)이고 개개인의 무력한 정치적 의사 중에서 그 최대공약수를 추출하여 그것을 구체적인 정책에 반영시키고 또는 자발적으로 특정의 정견을 전달·유포하는 것에 의하여 분산적인 국민대중과 국가권력을 매개·결합하는 단체의 발생은 필연적이라 할 수 있는데, 그러한 기능을 담당하는 정치적 결사가 곧 정당이다.

이처럼 오늘날의 대중민주주의 내지 의회민주주의에 있어서 정당은 민주주의의 전제조건인 동시에 정치활동의 필수불가결한 요소라 할 수 있다. 즉 로시터(C. Rossiter) 교수의 표현처럼 "정당과 민주주의는 상호관계 속에서 공존하는 것으로 정당 없이 민주주의는 존재할 수 없다"고 할 수 있다.[1] 국민이 정치에 참여하는 것은 정당을 통하여 행해지고 정당지도자가 정통의 또는 헌법상의 지배자로 격상되는 현실정치에서 볼 때 오늘날의 민주정치는 곧 '정당국가적 민주주의'(parteienstaatliche Demokratie)를 의미하게 된다.[2]

---

1) C. Rossiter, *Parties and Politics in America*, Cornell University Press, 1960, p. 67.

2) 정당국가적 민주주의의 이론에 대하여는 G. Leibholz, Strukturprobleme der modernen Demokratie, C. F. Müller, 1958, S. 93ff.

(2) 정당의 헌법에의 편입

정당에 대한 법적 취급은 국가와 시대에 따라 각각 다르게 전개되어 왔으나, 일반적으로 트리펠(Triefel)의 발전단계 구분에 의거하여 초기의 적대시의 단계와 무시의 단계, 승인과 합법화의 단계를 거쳐, 오늘날의 헌법적 편입의 단계로 변천해 온 것으로 설명될 수 있다. 정당에 관하여 헌법에 직접적으로 명문규정을 두는 국가들이 나타나게 된 것은 제2차 세계대전 이후의 일이다. 1949년의 서독 기본법상의 정당조항(제21조)을 비롯하여 프랑스헌법과 이탈리아헌법, 남미 여러 나라의 헌법 등에 정당조항이 채택됨에 따라 정당의 헌법적 편입의 시대로 접어들게 된 것이다.

각국에 있어 정당이 헌법조항에 편입하게 된 것은 헌법생활에 있어서 정당이 강력한 정치권력을 담당한다는 인식에 기초하여 정당국가의 현실과 성문헌법을 조화시켜 양자 사이에 존재하는 긴장을 제거하기 위한 것이었다. 즉, 정당이 헌법상에 규정되기 전에는 헌법과 정치현실 사이에 서로 대립되는 현상이 나타났으나, 정당이 헌법상에 들어오게 됨으로써 정당정치 자체에서의 헌법과 현실 사이의 상호 대립이 해소되기에 이른 것이다. 그리하여 정당의 헌법적 편입은 단순히 정당정치의 법적 승인을 의미하는 것뿐만 아니라, 정당을 통해서 나타나는 정치권력이 헌법의 테두리 밖에서 헌법의 파괴를 초래한 경험을 되살려서 정당의 조직과 활동의 규제를 포함하는 '정당의 헌법제도화'로 결단을 내리게 된 것을 의미한다.[1)]

2. 헌법 제8조 정당조항의 의의

(1) 헌법상 제도적 보장으로서의 의미

우리 헌법 제8조의 정당조항의 의미는 첫째로 그것이 헌법상 '제도적 보장'에 관한 규정을 의미한다고 할 수 있다. 제도적 보장(institutionelle Garantie)이란 정당제도, 선거제도, 공무원제도, 지방자치제도, 사유재산제, 가족제도 등 국가존립의 기반이 되는 기존의 전통적 제도를 헌법의 수준에서 보장함으로써 당해 제도의 본질을 유지하려는 것을 말한다. 헌법에 의하여 일정한 제도가 보장되면 입법부는 그 제도를 설정하고 유지할 입법의 의무를 지게 될 뿐만 아니라 그 제도를 법률로써 폐지하거나 그 본질을 훼손할 수 없는 구속을 받게 된다. 즉, 제도적 보장은 입법권을 비롯하여 집행권과 사법권까지도 구속한다는 점에서 단순한 프로그램적 성격을 띠는 것이 아니라 직접적 효력을 가지는 재판규범으로서의 성격을 가진다.

1) 정만희, 정당법론, 동아대출판부, 1985, 39면.

헌법재판소도 제도적 보장을 인정하여 "헌법에 의하여 일정한 제도가 보장되면 입법자는 그 제도를 설정하고 유지할 입법의무를 지게 될 뿐만 아니라 헌법에 규정되어 있기 때문에 법률로써 이를 폐지할 수 없고, 비록 내용을 제한한다고 하더라도 그 본질적 내용을 침해할 수 없다"라고 판시하고 있다.[1] 따라서 이 정당조항에 의하여 정당제도를 전면적으로 부정하거나 복수정당제를 폐지하고 일당제를 채택하는 것은 허용될 수 없음은 물론이다.

(2) 결사의 자유 규정(제21조)에 대한 특별규정

둘째로 헌법 제8조의 정당조항은 일반 결사에 관한 헌법 제21조에 대한 특별법적 규정을 의미한다. 헌법 제21조 제1항은 언론·출판·집회·결사의 자유를 보장하고, 제2항에서는 집회·결사의 허가제 금지를 규정하고 있어서, 정당도 결사의 일종인 정치적 결사이므로 이 조항의 적용을 받을 수 있다. 즉, 정당에 대해서도 헌법 또는 정당법이 규정하고 있는 외에는 일반 결사에 관한 헌법 제21조가 적용된다고 할 수 있다. 그러나 정당은 일반 결사와는 달리 현대민주정치의 불가결의 요소로서 국민과 국가기관을 매개하는 공적 기능을 수행하고 있기 때문에 정당활동에 대한 국가적 보호와 동시에 그 활동의 헌법적 한계를 명시하기 위하여 헌법 제8조의 적용을 받도록 하고 있다. 따라서 정당에 관하여는 일반 결사에 관한 헌법 제21조에 앞서 헌법 제8조가 우선적으로 적용된다.

(3) 헌법개정금지조항

정당조항은 또한 헌법개정과 관련하여 중요한 의미를 가지고 있다. 정당설립의 자유와 복수정당제의 보장은 헌법상 자유민주적 기본질서의 핵심적 구성요소를 의미한다. 오늘날의 정당국가적 민주주의에 있어서 정당설립의 자유와 복수정당제는 민주주의의 초석이며 헌법의 기본질서를 구성하므로 이에 대한 침해는 독재정치를 강요하는 것이 되므로 허용될 수 없다. 따라서 정당설립의 자유와 복수정당제 보장에 관한 규정은 헌법개정절차에 의해서도 개정할 수 없는 헌법개정의 한계를 의미한다.

(4) 헌법의 예방적 수호

우리 헌법의 정당조항은 헌법의 예방적 수호라는 측면에서 중요한 의미를 가진다. 헌법 제8조 제4항은 "정당의 목적이나 활동이 민주적 기본질서에 위배될 때에는 정부는 헌법재판소에 그 해산을 제소할 수 있고, 정당은 헌법재판소의 심판에 의하여 해산된다"라고 규정하고 있는데, 이 조항은 정당활동의 헌법적 한계에 관한 규정이며 동시에 그것은 반국가적·반민주적 정당활동을 방지하기 위한 '헌법의 예방적 수호'에 관한 규정을 의미한다. 즉

---

1) 헌재 1997. 4. 24. 95헌바48.

제8조 제4항의 위헌정당의 금지에 관한 규정은 정당의 목적이나 활동이 민주적 기본질서에 위배될 경우에 그 존립과 활동에 관한 특권을 박탈하여 민주주의의 적으로부터 민주주의를 수호한다는 이른바 '방어적 민주주의'(streitbare Demokratie)의 수단으로서, 이는 헌법제정권자의 결단에 의해 채택된 것이다.

3. 정당의 법적 개념

(1) 정당의 정치학적 개념

정당의 개념에 관하여는 학자들에 따라 다양하게 정의될 수 있으나, 일반적으로 정치학적·사회학적 개념과 법적 개념으로 구분하여 생각할 수 있다. 정치학적 개념으로 보면 정당이란 정치적 영역에 있어서의 필수적인 사회적 행동 통일체로서, 그것은 '권력획득을 목적으로 하는 투쟁단체(Kampfverband)'로 정의될 수 있다. 즉, 현대적 대중민주주의에 있어서 정당은 그 자체의 모든 이데올로기적 요소를 배제하고 보면 정치적 권력의 획득과 유지를 위해 투쟁하는 투쟁단체에 불과하다고 할 수 있다. 즉, 그것은 권력획득을 위한 선거조직으로서의 기능과 사실상의 통치조직으로서의 기능을 수행하고 이러한 목적을 위하여 공동의 주의·주장으로 결합된 행동통일체를 의미한다.

(2) 정당의 법적 개념

정당의 법적 개념은 헌법 제8조의 정당조항과 그 조항을 구체화하는 정당법상의 규정들에 의해 정의될 수 있다. 오늘날 대의제 민주주의에 있어서 정당의 활동과 기능의 중요성이 강조됨에 따라 정당제도가 헌법에 수용되고, 그 헌법에 의해 정당의 기능과 활동이 보장되고 헌법과 법률에 따라 정당의 권리와 의무가 규정되고 있는 정당국가적 민주주의에 있어서 정당의 법적 개념은 헌법과 정당법의 규정들을 근거로 다양하게 정의되고 있으나, 일반적으로 다음과 같은 개념적 징표와 요소로써 설명될 수 있다.

(가) 헌법질서의 긍정

헌법상의 정당이 되기 위해서는 우선 그것이 국가와 헌법질서를 긍정하는 정치단체여야 한다. 헌법 제8조 제4항에 "정당의 목적이나 활동이 민주적 기본질서에 위배될 때에는 … 해산된다"라고 하여 위헌정당의 금지를 규정하고 있는 바와 같이, 정당의 목적이나 활동은 국가의 존립을 긍정하고 헌법의 기본질서로서 '민주적 기본질서'를 준수하면서 행해져야 한다. 따라서 헌법상의 정당이 되기 위해서는 그 목적이나 활동이 헌법의 테두리 안에서 헌법의 기본질서를 긍정하는 것이어야 한다.

(나) 국민의 이익을 위한 정치결사

정당은 국민의 이익을 위하여 책임 있는 정치적 주장이나 정책을 추진하여야 한다. 일반의 이익단체나 압력단체들도 정치적 주장이나 정책을 추진하지만, 오로지 특정 집단 자신만의 이익을 위해 활동하고 공익의 실현을 위해 활동하는 것이 아닌 단체는 정당의 개념에서 제외된다. 여기서 공익의 실현은 국민 전체의 이익을 위한 것을 의미하는 것은 아니다. 국민 전체의 이익을 위한다는 것이 중요한 정치적 요청을 의미하기는 하지만 정당의 개념에 있어서 반드시 본질적인 것은 아니라고 할 수 있다. 왜냐하면 국민의 일부 계층의 이익만을 위한 정당도 있을 수 있기 때문이다.[1)]

(다) 선거에 참여하는 조직

정당은 공직선거의 후보자를 추천 또는 지지함으로써 국민의 정치적 의사형성에 참여하는 조직이다. 국민의 정치적 의사형성에는 정당뿐만 아니라 이익단체, 압력단체 등 많은 단체들이 참여하지만 국민의 정치적 의사형성에 있어서 가장 중요한 공직선거에서 후보자를 추천하고 국민의 다수의 지지를 얻음으로써 최종적으로는 정권의 획득을 목표로 하는 정치적 집단만이 정당의 법적 개념에 포함된다. 정치적 활동을 하기는 하지만 선거에 참여하는 것을 포기한 정치집단은 정당으로 법적 보호를 받는 대상이 되지 못한다. 그러나 선거에 참여하기는 하지만 원내의석을 차지하지 못한다고 해서 정당의 개념에서 제외되지 않는다.

(라) 국민의 정치적 의사형성에 참여하는 조직

정당은 위와 같은 선거활동에 참여할 뿐만 아니라 입법에 참여, 여론의 형성, 정부에 대한 비판과 책임추궁 등을 통하여 국민의 정치적 의사형성에 참여하는 조직이어야 한다. 정당은 국민과 국가기관 사이의 매개체로서 국민의 정치적 의사형성에 참여하는 것을 그 본질적 기능으로 하고 있다. 정당이 이러한 국민의 정치적 의사형성에 참여하는 기능을 수행하기 위해서는 그 조직이 계속적이고 공고하며 어느 정도 전국적 조직을 가져야 하는 것이 요구된다.

(마) 국민의 자발적 조직

정당은 국민의 자발적 조직에 의한 결사여야 한다. 헌법상 정당설립의 자유와 복수정당제가 보장되고 있으므로 정당의 설립, 가입과 탈퇴의 자유가 보장되며, 관제정당이나 일당독재는 허용되지 않음은 물론이다. 국민의 자발적·임의적 정당결성은 민주정치의 전제인 자유롭고 공개된 정치적 의사형성을 가능하게 하는 것이므로 헌법은 정당설립의 자유를 보장하고 있으며, 정당법 제2조에서도 정당의 개념정의에서 국민의 '자발적 조직'을 명문화하고 있다.

---

1) 한태연, 헌법학, 법문사, 1983, 244면.

(3) 헌법재판소 판례의 입장

헌법재판소는 헌법 제8조와 정당법 제2조에 근거한 정당의 법적 개념징표를 "① 국가와 자유민주주의 또는 헌법질서를 긍정할 것, ② 공익의 실현에 노력할 것, ③ 선거에 참여할 것, ④ 정강이나 정책을 가질 것, ⑤ 국민의 정치적 의사형성에 참여할 것, ⑥ 계속적이고 공고한 조직을 구비할 것, ⑦ 구성원들이 당원이 될 수 있는 자격을 구비할 것 등"을 제시하고 있다.[1)]

헌법재판소에 의한 이러한 개념징표의 제시는 학계에서의 그것과 거의 동일하다고 할 수 있다. 여기서 한 가지 문제되는 것은 정당의 법적 개념징표의 요소를 최소한의 범위 안에서 제시하느냐, 아니면 그 범위를 확대하여 열거하느냐에 따라 정당에 대한 법적 규제의 가능성과 범위는 차이가 있게 된다는 점이다. 예컨대 헌법재판소가 제시한 정당의 개념징표로서 '계속적이고 공고한 조직의 구비'가 정당의 법적 개념징표의 필수적인 요소로 본다면 정당의 그러한 조직기준에 관한 내용이 정당법에 반영될 수밖에 없지만, 필수적 요소로 보지 않는다면 정당에 대한 제한의 폭은 축소될 수 있는 것이다. 말하자면 정당의 법적 개념징표의 요소가 확대될수록 그만큼 정당에 대한 법적 규제의 폭도 확대될 수밖에 없기 때문에 정당의 법적 개념의 정의는 헌법 제8조의 정당조항의 해석범위 안에서 이루어져야 하는 것이다.

4. 정당의 헌법상 지위와 법적 형태

(1) 정당의 헌법상 지위

정당의 헌법상 지위에 관한 국내의 학설은 헌법에 정당조항을 신설한 1960년 제2공화국헌법 시대부터 논의가 되기 시작하여 제3공화국헌법에 들어와서 매우 활발하게 정당조항의 해석과 함께 정당의 헌법상의 지위에 관한 학설이 대두되었다. 그 학설은 국가기관설, 사적 결사설(私的 結社說), 중개적 권력설(仲介的 權力說) 등으로 구별되는데, 오늘날에는 중개적 권력(체)설이 통설적 견해로 받아들여지고 있다.

제3공화국헌법상의 정당의 지위에 관하여는 국가기관설 내지 헌법기관설이 다수설의 입장이었다. 즉, 정당은 그 설립이 자유로운 결사이지만 그것이 국민의 정치적 의사형성에 참여하는 경우에는 헌법기관적 기능을 수행하기 때문에 헌법상의 기관으로 볼 수 있다는 것이다.[2)] 그러나 오늘날 국가기관설 내지 헌법기관설을 취하는 입장은 거의 없다. 사적 결사설은 정당이 국민의 정치적 의사형성에 참여한다는 헌법적 과제를 부여받고 있지만, 정당은

1) 헌재 2006. 3. 30. 2004헌마246.
2) 헌법기관설의 견해로는 문홍주, 한국헌법, 해암사, 1963, 332면.

국민의 자발적 조직으로서 결코 국가기관이 될 수 없으며 여전히 자유로운 사회적 성격을 가진 사적 결사라는 것이다. 정당의 헌법상 지위에 관한 논의에서 사적 결사설의 주장은 독일에서 일부 학자들의 견해이며, 국내에서 이를 주장하는 학자는 거의 찾아보기 어렵다.[1)]

중개적 권력체설은 정당을 국가기관이나 사적 결사의 어느 일면만으로 보지 아니하고, 양자의 중간적 형태로 보는 입장이라 할 수 있다. 즉, 정당을 국가조직의 일부로 보는 것을 거부하면서 그렇다고 정당이 국민의 정치적 의사형성과정에서 차지하는 공적 지위를 간과하지 않고, 다른 한편 정당의 자유로운 사회적 기본성격을 계속 인정하려는 중개적 권력체설이 지배적 견해이다.[2)] 헌법재판소도 이러한 중개적 권력설의 입장에서 정당의 공적 기능을 강조하고 있다. 즉 정당은 국민의 자발적 조직이기는 하지만 다른 집단과는 달리 그 자유로운 지도력을 통하여 무정형적(無定型的)이고 무질서적인 개개인의 정치적 의사를 집약하여 정리하고 구체적인 진로와 방향을 제시하며 국정을 책임지는 공권력으로까지 매개하는 중요한 공적 기능을 수행하기 때문에 헌법도 정당의 기능에 상응하는 지위와 권한을 보장하고 있는 것이라고 판시하였다.[3)]

생각건대 오늘날의 정당국가적 민주주의에 있어서 정당이 수행하는 헌법상의 기능의 중요성에 비추어 볼 때 정당은 국민과 국가기관 사이의 중개체의 지위를 가지는 것으로서 일반의 사적 결사와도 구별되고 국가기관으로도 볼 수 없는 특수한 정치적 결사라고 할 수 있다.

(2) 정당의 법적 형태

정당의 헌법상 지위 문제와 함께 주요한 논점으로 제기되는 문제는 정당의 법적 형태 내지 법적 성격에 관한 것이다. 정당의 외형적인 법적 형태에 관하여는 여러 가지 견해가 대립하고 있으나, 일반적으로 사법(私法)상의 결사 또는 사단의 일종으로 보는 것이 지배적이다. 즉, 정당은 국민의 정치적 의사형성에 참여하는 것을 그 기능으로 하는 정치적 결사로서 헌법과 정당법 등에 의하여 특수한 지위와 기능이 부여되어 있을 뿐, 그 법적 형태 내지 결사로서의 본질은 당원들에 의하여 자발적으로 구성된 단체로서 "법인격 없는 사법상의 사단의 일종"으로 보는 것이다.[4)] 이와 다른 관점에서 정당을 "헌법제도와 사적 결사의 혼성체"로 보는 견해도 있다.[5)]

정당의 법적 형태에 관한 논의는 정당의 본질에 관련된 문제이지만 현실적으로 정당과

1) 사적 결사설의 견해로는 박일경, 제5공화국헌법, 일명사, 1980, 98면.
2) 한태연, 앞의 책, 229면; 권영성, 헌법학, 법문사, 2010, 190면; 김철수 교수는 중개적 권력체설의 입장에서 이를 제도보장설로 표현하고 있다. 김철수, 헌법학개론, 박영사, 2007, 213-214면.
3) 헌재 1991. 3. 11. 91헌마21.
4) 권영성, 앞의 책, 191면; 성낙인, 헌법학, 법문사, 2010, 216면.
5) 김철수, 앞의 책, 215면.

정당 간에 분쟁이 발생한 경우라든지, 특정 정당 내의 분쟁이 발생한 경우에 그 분쟁해결을 위한 법적 절차와 관련되는 문제이다. 따라서 정당의 내부적 의사결정과정에 다툼이 있는 경우에 정당의 본질을 사법상의 사단으로 보아 통상의 민사사건과 마찬가지로 법원의 사법심사의 대상이 될 수 있는가의 여부가 문제된다. 이에 관하여 법원 판례는 정당의 본질을 사법상의 사단으로 보아 사법심사의 대상이 된다고 해석한 경우도 있으며,[1] 반대로 정치활동을 목적으로 하는 정치단체로서의 정당의 자율성을 근거로 하여 이를 부인한 경우도 있다.[2]

생각건대 정당의 법적 형태를 단지 사법상의 결사 내지 사단으로 보아 정당 내부의 분쟁에 대해 일률적으로 일반의 민사사건과 마찬가지로 법원의 사법심사의 대상이 된다는 것은 문제가 있다.[3] 정당은 본래 사적 결사로써 조직된 정치적 단체이지만, 정당활동의 공적 성격에 의해 정당은 헌법규범의 적용을 받고 있다. 정당은 그 구성, 조직, 활동 등에 있어 공법적 규제를 받고 있으며 정당운영에 필요한 자금을 국가로부터 보조를 받고 있다. 이렇게 볼 때 정당은 완전한 사적 결사도 아니고 또한 완전한 공적 기관도 아닌 것으로, 양자의 성격을 동시에 가진 '혼성태의 결사'(hybrid－type association)라고 할 수 있다.[4]

헌법재판소의 판례에 의하면 정당의 법적 지위는 적어도 그 소유재산의 귀속관계에 있어서는 법인격 없는 사단으로 보고 있으며, 중앙당과 지구당의 복합적 구조에 비추어 정당의 지구당은 단순한 중앙당의 하부조직이 아니라 어느 정도의 독자성을 가진 단체로서 역시 법인격 없는 사단에 해당하는 것이라고 하였다.[5]

Ⅱ. 정당설립의 자유와 복수정당제의 보장

1. 정당설립의 자유

헌법 제8조 제1항은 "정당의 설립은 자유이며, 복수정당제는 보장된다"라고 하여 정당설립의 자유와 복수정당제를 보장하고 있다. 현대 정당국가적 민주주의에 있어서는 정당의 존재가 필수적으로 전제되어야 하므로 헌법은 정당설립의 자유를 보장하고 있다. 정당은 민주정치의 불가결의 요소인 국민의 자유롭고 공개된 정치적 의사형성을 가능하게 하는 것이므로 국가로부터 자유로운 지위에 서 있지 않으면 안 된다. 따라서 정당설립의 자유는 정

1) 서울민사지방법원 1979. 9. 8. 79카21709.
2) 서울민사지방법원 1987. 7. 30. 87카30864.
3) 이에 관하여는 양건, "정당내부의 분쟁과 사법심사의 한계", 공법연구 제8집, 1980, 111면 참조.
4) 정만희, 헌법과 통치구조, 법문사, 2003, 494면.
5) 헌재 1993. 7. 29. 92헌마262.

당의 설립에 있어서 국가로부터의 자유를 의미하며 여기에서 정당조직의 국가화와 관제화가 금지된다. 그러므로 정당의 설립에는 사전에 국가권력에 의해 제한을 받을 수 없으며 정당설립의 허가제는 위헌을 면할 수 없다.

또한 헌법 제8조 제1항이 명시하고 있는 "정당의 설립은 자유이며 …"라는 규정은 정당설립의 자유뿐만 아니라 설립될 정당의 조직형태를 선택할 정당조직선택의 자유와 그와 같이 선택된 조직을 결성할 정당조직의 자유 및 정당활동의 자유를 포함하는 '정당의 자유'를 정하고 있다고 할 수 있다. 헌법재판소도 "헌법 제8조 제1항은 정당설립의 자유, 정당조직의 자유, 정당활동의 자유 등을 포괄하는 정당의 자유를 보장하고 있으며, 이러한 정당의 자유는 국민이 개인적으로 갖는 기본권일 뿐만 아니라, 단체로서의 정당이 가지는 기본권이기도 하다"고 판시하고 있다.[1)]

그러나 한편 정당의 설립에 있어서 군소정당의 난립으로 건전한 의회정치를 저해할 수 있는 요인을 방지하기 위하여 그 설립에 일정한 요건을 요구하고, 또한 질서유지를 위한 최소한의 필요에 의해 '정당의 등록제'를 채택하는 것은 정당설립의 자유와 양립될 수 없는 것은 아니라고 보는 것이 통설이다. 즉, 헌법상 정당은 자유롭게 설립되지만 동시에 정당은 "국민의 정치적 의사형성에 참여하는 데 필요한 조직을 가져야 한다"고 규정(제8조 제2항)하고 있으며, 여기의 국민의 정치적 의사형성에 필요한 조직이 무엇인가를 구체화하는 것은 정당법에 의하여 그 최소한의 조직기준을 규정하게 되고, 자유롭게 설립되는 정당이 그 조직기준을 충족하고 있는지를 확인하는 절차가 등록이라 할 수 있으므로 이러한 '확인적 성격'의 등록은 정당설립의 자유를 침해하는 것이라 할 수 없다. 그렇지만 정당법에 의한 정당의 조직기준이 지나치게 엄격하게 되면 이는 실질적으로 정당설립의 자유를 침해하게 되는 문제가 있게 되므로 그에 관한 입법에 있어서는 과잉금지의 원칙이 적용되어야 함은 물론이다.

정당설립의 자유 제한과 관련하여 정당의 등록취소제도가 문제될 수 있다. 현행 정당법은 정당등록제도와 함께 등록취소제도를 규정하고 있다(제44조). 즉 정당이 정당법 제44조 제1항의 제1호에서 제3호의 등록취소사유에 해당하게 되면 당해 선거관리위원회는 그 정당의 등록을 취소하는데, 그 등록취소사유는 다음의 세 가지로 규정하고 있다. 첫째, 정당법 제17조(법정시·도당수) 및 제18조(시·도당의 법정당원수)의 요건을 구비하지 못하게 된 때, 다만 요건의 흠결이 공직선거의 선거일 전 3월 이내에 생긴 때에는 선거일 후 3월까지, 그 외의 경우에는 요건흠결시부터 3월까지 그 취소를 유예한다. 둘째, 최근 4년간 임기만료에 의한 국회의원선거 또는 임기만료에 의한 지방자치단체의 장 선거나 시·도의회의원선거에

1) 헌재 2004. 12. 16. 2004헌마456.

참여하지 아니한 때, 셋째, 임기만료에 의한 국회의원선거에 참여하여 의석을 얻지 못하고 유효투표총수의 100분의 2 이상을 득표하지 못한 때이다. 위의 정당등록취소사유 중에서 첫째 사유는 정당등록제도를 전제로 한 그 당연한 결과라고 볼 수도 있다. 그러나 정당등록 당시의 등록요건을 등록 이후의 사정으로 유지하지 못하게 된다고 해서 반드시 정당등록을 취소하는 것이 헌법에 합치하는 것인지의 의문이 제기될 수 있다. 정당의 자유는 정당설립의 자유뿐만 아니라 정당의 존립과 활동의 자유를 포함하는 것이며, 특히 헌법 제8조 제4항의 정당해산제도는 헌법재판소의 위헌정당해산결정 이외에는 어떠한 경우에도 정당을 강제해산시킬 수 없다는 '정당존립의 특권'을 의미하는 것이므로 이 점에서 정당의 등록취소는 정당존립의 특권을 보장하는 헌법에 위배되는 문제가 있다.[1)]

헌법재판소는 정당법상 등록취소규정과 명칭사용금지규정의 기본권침해 여부에 관한 헌법소원심판 사건에서 재판관의 다수의견으로 기본권침해의 직접성을 인정하지 않고 각하결정을 한 바 있다. 이 사건에서 재판관 3인의 반대의견은 이 정당법규정들에 대하여 청구인의 기본권침해의 직접성을 인정하면서 이 규정들은 정당설립의 자유를 침해하여 헌법에 위반된다고 하였다.[2)]

그러나 그 후 2014년 1월 헌법재판소는 위 정당법 제44조 제1항 제3호의 등록취소사유, 즉 국회의원선거에 참여하여 의석을 얻지 못하고 유효투표총수의 100분의 2 이상을 득표하지

---

1) 특히 정당등록요건을 겨우 충족시킨 이른바 '한계정당'의 경우 정당설립 이후의 운영과정에서 등록요건에 부분적으로 미달하게 되는 요인이 발생하면 3개월의 유예기간을 거쳐 즉각 등록취소를 하는 것은 권력에 의한 야당탄압의 수단으로 악용될 우려가 있으며, 이는 정당존립의 자유를 보장하는 헌법정신과 조화될 수 없는 것이 된다. 더욱이 세 번째 등록취소사유인 정당이 선거에서 실패한 경우, 즉 선거에서의 의석을 얻지 못하고 유효투표총수의 100분의 2 이상을 얻지 못한 경우 그 정당의 등록을 취소하는 것은 본질적으로 정당의 자유를 침해하는 것이라 하지 않을 수 없다. 특정 정당이 선거에서 유권자의 지지를 얻지 못하여 의석을 확보하지 못하고 일정한 득표율을 얻지 못하였다고 해서 그 정당을 등록취소시키는 것은 사실상 정당해산을 의미하는 것으로, 이는 헌법 제8조 제4항의 위헌정당해산제도와의 관계에서도 체계정당성의 원리에 부합하지 않는 것이 된다. 상세한 내용은 정만희, "정당법상 정당의 자유제한의 문제점", 동아법학 제54호, 2011, 126면 이하.

2) 헌재 2006. 4. 27. 2004헌마562. 이 사건에서의 재판관 송인준, 재판관 주선회, 재판관 조대현의 반대의견 : "이 사건 등록취소규정은 아직 원내에 진출하지 못하고 득표율이 저조하다는 이유로 헌법상 정당의 개념 표지를 갖추고 적법하게 그 요건을 충족하여 등록된 정당을 사후적인 등록취소를 통해 그 존립을 불가능하게 하는 것으로 정당의 개념표지와는 무관한 국회의원총선거에서의 결과적 성공이라는 우연한 사정에 기초하여 정당을 소멸시킴으로써 정당의 존속을 불가능하게 하고, 계속적으로 진지하게 정당활동을 수행하는 과정에서 국민대중의 지지를 획득하여 보다 굳건한 정당으로 성장할 수 있는 신생정당들을 정치생활의 영역으로부터 축출하여 신생정당의 진입을 가로막으며 소수의견의 정치적 결집을 봉쇄하고 기성의 정당체제를 고착화시키는 데 기여하므로 정당설립의 자유를 제한함에 있어 헌법상 준수하여야 할 비례성을 지키지 못하고 있다. 예컨대 이 사건 등록취소 규정에 의하여 제16대 총선거 직후 등록이 취소되었던 민주노동당은 재등록 후 바로 다음 17대 총선거에 참여하여 원내 제3당의 지위를 차지하였는바 이는 이 사건 등록취소규정이 정당설립의 자유 제한에 있어서 적정한 비례성을 지키고 있지 못하다는 점을 현실적으로 입증하는 분명한 사례라 할 것이다. 따라서 이 사건 등록취소규정이 적법하게 등록요건을 갖추어 등록한 정당을 국회의원총선거에서 지지가 미미하다는 우연한 결과에 근거하여 등록을 취소함으로써 정당을 소멸시키는 것은 헌법상 보장된 정당설립의 자유를 침해하여 헌법에 위반된다 할 것이다."

못한 정당에 대해 그 등록을 취소하도록 한 규정에 대한 위헌법률심판에서 이 규정은 과잉금지의 원칙에 위배되어 정당설립의 자유를 침해하는 것으로 위헌이라고 판단하였다.1) 이 사건에서 헌법재판소는 헌법 제8조 제1항의 정당설립의 자유와 헌법 제8조 제4항의 입법취지를 고려하여 볼 때, 단지 일정 수준의 정치적 지지를 얻지 못한 군소정당이라는 이유만으로 정당을 국민의 정치적 의사결정과정에서 배제하기 위한 입법은 헌법상 허용될 수 없다고 하였다.

정당활동의 자유와 관련하여 정당에 대한 정치자금 제한이 문제될 수 있다. 구 정치자금법상 정당에 대한 후원회 금지규정에 대하여 헌법재판소는 정당이 당원 내지 후원자들로부터 정당의 목적에 따른 활동에 필요한 정치자금을 모금하는 것은 정당의 조직과 기능을 원활하게 수행하는 데 필수적인 요소이자 정당활동의 자유를 보장하기 위한 필수불가결한 전제로서 정당활동의 자유의 내용에 당연히 포함된다고 하고, 정당 후원회의 금지는 정당제 민주주의 하에서 정당에 대한 재정적 후원이 전면적으로 금지됨으로써 정당이 스스로 재정을 충당하고자 하는 정당활동의 자유와 국민의 정치적 표현의 자유를 침해하는 것이라고 판시하였다.2)

정당법에 의하면 정당의 조직 중 시·도당의 하부조직에 속하는 국회의원지역구나 자치구·시·군, 읍·면·동별로 당원협의회를 설치할 수는 있으나 그 활동을 위한 공간적 거점인 사무소 등을 일체 둘 수 없도록 하고 위반시 처벌하도록 규정함으로써 정당활동의 자유를 제한하고 있다(정당법 제37조 제3항. 제59조 제1항). 이러한 당원협의회 사무소 설치금지 조항에 대하여 헌법재판소는 정당활동의 자유를 침해하는 것이 아니라고 합헌결정을 선고하였다.3)

2. 복수정당제의 보장

복수정당제의 보장은 정당설립의 자유 보장의 당연한 논리적 귀결이다. 정당설립의 자유는 필연적으로 다원적 정당제를 보장하는 것을 의미한다. 따라서 법률로써 강제하든 사실상으로 강제하든 일당제는 헌법에 위반하게 된다. 복수정당제의 보장은 공산주의국가에서의 공산당 일당독재를 헌법상 보장하는 것과는 대조적인 것으로서 이는 자유민주적 기본질서의 본질적 구성요소를 의미한다. 복수정당제는 양당제만을 뜻하는 것이 아니라 다원적 정당제를 의미하는 것이므로 법률로써 양당제만을 존립하게 하는 것은 허용될 수 없다.

복수정당제의 헌법적 보장은 일당독재를 부정하는 것뿐만 아니라 상이한 사회적 조건과 정치적 견해를 가진 여러 정당의 존재를 인정함으로써 다원적 정당국가의 성립을 가능하게 하려는 것을 의미하므로 여당과 야당, 대정당과 소정당을 막론하고 모든 정당에 평

1) 헌재 2014. 1. 28. 2012헌가19.
2) 헌재 2015. 12. 23. 2013헌바168.
3) 헌재 2016. 3. 31. 2013헌가22.

등한 보호와 기회균등이 보장되어야 한다. 이는 헌법이 정당제 민주정치에 있어서 야당(opposition party)의 존재를 필수조건으로 해야 하고 야당을 보호해야 한다는 의미를 내포하고 있다. 말하자면 조직화된 반대의사의 존재는 민주주의의 본질적 특징이며 이러한 반대의사의 효과적인 조직은 야당 없이는 불가능한 것이므로 야당의 존재와 정치적 이견(異見)의 존중은 복수정당제 보장의 전제가 되는 것으로서 중요한 의미를 가진다고 할 수 있다.

Ⅲ. 정당의 기능·특권과 의무

1. 헌법 제8조 제2항의 규정

헌법 제8조 제2항은 "정당은 그 목적·조직과 활동이 민주적이어야 하며 국민의 정치적 의사형성에 참여하는 데 필요한 조직을 가져야 한다"라고 규정하여 1) 정당의 목적·조직·활동의 민주성(당내민주주의)에 관한 헌법적 의무, 2) 정당의 헌법적 기능으로서 국민의 정치적 의사형성에 참여, 3) 이러한 정당의 기능을 수행하기 위한 정당의 조직확보에 관한 의무 등을 명시하고 있다.

여기서는 먼저 정당의 핵심적인 헌법적 기능으로서 국민의 정치적 의사형성에의 참여와 그 기능을 효과적으로 수행할 수 있도록 정당법에 의해 보장되고 있는 정당의 특권과 권리 등의 구체적 내용을 살펴보고, 정당의 조직과 활동에 관한 당내민주주의의 헌법적 요청과 정당의 조직기준에 관하여 기술한다.

2. 정당의 헌법적 기능

헌법 제8조 제2항 후단 "정당은 … 국민의 정치적 의사형성에 참여하는 데 필요한 조직을 가져야 한다"라는 규정은 정당의 헌법상의 기능으로서 '국민의 정치적 의사형성에의 참여'를 명문화한 것이라 할 수 있다. 정당은 국민의 이익을 위하여 책임 있는 정치적 주장이나 정책을 추진하고 공직선거의 후보자를 추천 또는 지지함으로써 국민의 정치적 의사형성에 참여하는 것을 본질적 기능으로 하고 있다. 정당은 정치적 결사로서 국민의 정치적 의사를 적극적으로 형성하고 각계각층의 이익을 대변하며, 정부를 비판하고 정책적 대안을 제시할 뿐만 아니라, 국민 일반이 정치나 국가작용에 영향력을 행사하는 매개체의 역할을 수행하는 등 "현대의 대의제 민주주의에 없어서는 안 될 중요한 공적 기능"을 수행하고 있다.[1] 헌법은 정치현실에서 수행하는 이러한 정당의 기능을 직접적으로 헌법에 명문화함으

---

1) 헌재 1996. 8. 29. 96헌마18등.

로써 정당의 활동을 헌법적 수준에서 보장하게 되고, 이와 같은 정당의 헌법제도화는 국민의 자발적인 사적 결사에 지나지 않는 정당을 국민과 국가기관을 매개하는 중개적 권력체로서의 헌법상의 지위를 갖도록 한 것을 의미한다.

3. 정당의 특권

정당은 일반 결사와는 달리 그 존립뿐만 아니라 활동 등에 있어서 정치적 특권을 부여받고 있다. 특히 정당은 헌법 제8조 제2항에 근거한 국민의 정치적 의사형성에 참여하기 위하여 공직선거의 후보자를 추천하고 그들의 당선을 위한 선거운동에 관한 특권을 가진다. 또한 각급 선거관리위원회 위원추천권, 선거참관인지명권 등의 특권을 누린다.

정당은 헌법 제8조 제3항에 근거하여 정당의 운영에 필요한 자금을 국가로부터 보조받는 특권을 누리며, 헌법 제116조 제2항의 선거공영제의 원칙에 따라 선거에 관한 경비를 원칙적으로 부담하지 않을 권리를 가진다.

4. 정당의 조직에 관한 의무

(1) 정당 내부조직의 민주화 의무

(가) 의 의

헌법 제8조 제2항의 "정당은 그 목적·조직과 활동이 민주적이어야 하며"란 정당의 헌법적 의무로서 정당의 목적과 활동이 민주적이어야 할 뿐만 아니라, 그 내부조직도 민주적이어야 한다는 것을 규정한 것이다. 이것은 곧 정당의 내부질서가 민주적 원칙에 적합해야 된다는 것을 의미한다. 즉, 정당 내부의 의사형성이 민주적 기본원칙에 합치하여야 한다는 헌법적 요청을 규정한 것이다. 여기서 '민주적'이라는 말은 헌법의 기본원리로서의 민주주의 원리를 의미하며, 따라서 헌법상의 국민주권원리(제1조 제2항)를 이념적 기초로 하는 국민에 의한 지배의 원리를 비롯하여 민주선거의 원칙(제41조 제1항, 제67조 제1항), 다수결의 원칙(제49조) 등이 정당의 내부조직과 의사결정에 적용되어야 함을 의미한다.

이 헌법규정에 근거하여 정당법은 제29조 제1항에 "정당은 민주적인 내부질서를 유지하기 위하여 당원의 총의를 반영할 수 있는 대의기관 및 집행기관과 소속 국회의원이 있는 경우에는 의원총회를 가져야 한다"라고 규정하고 있으며, 제28조에는 정당의 강령 및 당헌 등의 공개를 규정하고 있다.

정당의 민주적인 내부질서를 유지하기 위해서는 정당의 내부에 있어서 자유로운 정치적 의사형성이 보장되어야 하며, 정당 구성원의 의사형성 참가가 최대한 보장되어야 한다. 정당의 구성원인 당원은 단지 추종자로 존재하는 것이 아니라 자발적으로 정당의사를 결정하고 항상 합의에 의한 당의의 결정이 이루어져야 한다. 따라서 정당의 민주적 내부질서가 의미하는 구체적인 조직형태는 일반적으로 당기구의 구성, 당의 운영, 당의(黨議)의 결정, 공직선거후보자의 추천 등이 민주주의적 원칙에 따라 행해져야 하는 것을 말한다. 그렇게 하기 위해서는 정당 내에서의 당론이 '상향적'(上向的)으로 결정될 수 있는 방법이 제도적으로 보장되어야 하는 것이 가장 중요한 문제라 할 수 있다. 다시 말하면 정당의 내부질서의 민주화는 밑에서부터 위로, 당의 하부조직에서 당의 지도층에 도달하기까지 자유와 평등의 원칙에 따른 의사형성이 이루어져야 하므로 정당조직은 각 당원이 그러한 공동결정에 참가할 수 있는 가능성을 부여하여야 한다.[1)]

이와 같은 정당의 민주적 내부조직을 갖추기 위해서는 지구당이나 시·도당에서 선출된 대의원들로 구성된 전당대회를 당의 최고의결기구로 해야 하며, 당지도부가 전당대회에서 정기적으로 선출되고 신임을 받아야 한다든지 당기구의 신진대사가 보장되어야 하며, 소수보호의 정신이 제도화되어야 하는 것 등의 요건들이 전제되어야 하는 것이다. 따라서 지역조직을 바탕으로 하지 않는 중앙집권식 하향조직의 정당은 민주적 내부조직을 갖추었다고 할 수 없는 것이다.

(나) 민주적 내부질서(당내민주주의) 요청의 근거

정당의 내부질서의 민주화를 요구하는 필요성 내지 이론적 근거는 다음과 같은 두 가지 이유에서 찾아볼 수 있다. 첫째는 정당이 담당하는 헌법적 기능이나 정당의 헌법상의 지위에서 볼 때 정당의 내부질서의 민주화는 필수불가결한 것이라 할 수 있고, 둘째는 정당조직 자체의 성격, 즉 정당의 본질적 속성에 따른 과두화현상이 나타남에 따라 민주적 원칙에 입각한 정당의 내부질서를 강하게 요청하게 되는 것이다.

① 정당의 헌법상의 기능 수행

정당이 국민의 정치적 의사형성에 참여하는 헌법상의 기능 및 그에 따라 일반 결사와 구별되는 정당의 특별한 헌법상의 지위에서 볼 때 정당조직의 민주화는 매우 중요한 의미를 갖는다. 만약 정당의 내부조직 내지 질서를 완전히 정당의 자유에 맡기게 되면 민주주의적 원칙에 합치되지 않는 자기조직을 갖게 될 가능성이 크게 된다. 따라서 정당의 자유에서 발생하게 되는 그러한 결함을 방지하기 위하여 정당의 자율권에 개입하여 정당에 대하여 민주화의 의무를 규정함으로써 민주국가구조와 균형을 이루는 정당의 내부질서를 확보할 것을 요구하게 되는 것이다.

정당이 헌법상 보장된 공적 기능을 정상적으로 발휘하기 위해서는 정당의 목적설정뿐

1) 계희열, 헌법학(상), 박영사, 2005, 271-272면.

만 아니라 그 내부조직에 있어서도 민주적이어야 한다. 정당이 국민과 국가기관 사이의 중개적 권력체로서 국민의 다양하고 분산된 정치적 의사를 수렴하여 상향적으로 국가의 정책결정과 입법과정 등에 반영시키기 위해서는 정당 내부의 의사결정과정이 민주적 원칙에 합치되어야 함은 말할 것도 없다. 정당의 조직이 비민주적이고 독재적인 체제를 가진 경우에는 국민의 정치적 의사형성을 상향적으로 집약할 수 없으며, 국민의 의사에 기초를 둔 국가의 정치지도자를 선발·양성할 수 없게 된다. 이와 관련하여 정당의 공직선거후보자추천의 민주화가 중요한 의의를 가지게 된다. 즉, 정당의 내부질서의 민주화를 구현하는 여러 방안 중에서 특히 후보자공천의 민주화가 큰 비중을 차지하는 것은 선거에 관한 정당의 공천이 민주화되지 못할 때 그 선거의 민주화를 기대할 수 없으며, 선거의 민주화 없이 민주주의를 실현할 수 없기 때문이다. 따라서 정당의 내부질서의 민주화가 선행되어야만 정당의 헌법적 기능이 제대로 수행될 수 있고, 나아가 헌법의 민주적 기본질서가 유지될 수 있는 것이다.

② 정당의 과두화(寡頭化) 경향의 배제

정당의 내부질서의 민주화를 요구하는 또 하나의 이유는 정당의 과두화 경향과 관련하여 나타난다. 라이프홀츠(G. Leibholz)가 역설하고 있는 바와 같이 정당국가적 민주주의에 있어서 그 불가결의 기구인 정당이 동시에 그 '잠재적 파괴자'로 되지 않게 하기 위해서는 무엇보다도 먼저 중앙집권적이고 권위주의적으로 관리되는 조직으로서의 정당 그 자체가 민주화되어야 하며, 그 목적을 위해서는 관료주의적 정당정치의 내부에서 형성되는 과두정적이고 권위주의적인 지배경향이 제거되어야 하는 것이 중요하다.1)

정당내부에 있어서 과두화 현상에 관한 체계적인 이론은 미헬스(R. Michels)의 이른바 정당의 '과두화의 철칙'(iron law of oligarchy)에 의해 잘 설명되고 있다. 그에 의하면 모든 조직에 있어서 과두화의 경향은 필연적인 것이며, 특히 정당조직은 폭넓은 대중의 기반 위에 세워질수록 지배층은 더욱 강력하고 예각적인 관료조직을 갖추게 된다고 한다. 미헬스는 특히 정당을 권력획득을 위한 투쟁단체로 파악하고 있기 때문에 그 조직은 필연적으로 과두화하지 않을 수 없다고 주장하고 있다.2) 듀베르제(M. Duverger)도 정당의 과두화 현상에 관하여 언급하면서, 정당의 리더십은 자연히 과두적 형태로 되는 경향이 있으며, 정당의 지배층은 폐쇄성을 띠게 되는데 그러한 현상은 독재적 지배자뿐만 아니라 민주적 지도자에게도 공통적으로 나타나는 것이라 한다.

---

1) G. Leibholz, Verfassungsstaat－Verfassungsrecht, 1973; 권영성 역, 헌법국가와 헌법, 박영사, 1975 참조.

2) M. Michels, *Political Parties: A Socialogical Study of the Oligarchical Tendencies of Modern Democracy*, Dover, 1962, pp.333-357.

이와 같은 정당조직의 과두화 경향이 정치적 필요성에 의하여 후천적으로 이루어지든 대중의 본능으로서 선천적으로 운명지워지든 간에 거의 피할 수 없는 필연적인 현상으로 나타난다는 것은 부인할 수 없다고 할 수 있다. 따라서 정당의 내부조직의 민주화라는 헌법적 임무를 수행하기 위해서는 정당의 과두화 현상을 어떻게 억제할 것인가가 중요한 과제로 될 수밖에 없다.

(다) 당내민주주의의 구체적 원리

① 정당의사결정의 상향성

정당의 민주적 내부질서를 유지하기 위해서는 우선 당원의 의사를 '밑에서부터 위로'(von unten nach oben) 전달하기 위한 당의(黨議)의 상향조직을 갖추어야 한다. 상향식의 의사형성조직은 세포조직이나 군대식 조직에 기초해서는 안 되고 지역단위의 상향식 조직이어야 한다.[1] 또한 정당은 전국적 규모의 의사기관을 당의 최고의결기관으로 삼아야 한다. 현행 정당법 제29조 제1항에 "정당은 민주적인 내부질서를 유지하기 위하여 당원의 총의를 반영할 수 있는 대의기관 및 집행기관과 소속국회의원이 있는 경우에는 의원총회를 가져야 한다"라고 규정하고 있는 것도 바로 이러한 취지에 의한 것이다. 따라서 하향식으로 당간부나 지도층의 의사조직에 의하여 지배되는 권위적인 정당조직의 형태는 민주적 정당조직이라 할 수 없다. 당고위층은 다수결원리와 선거를 통해 아래로부터 신임을 얻어 정당성을 가져야 하고, 공직선거의 후보자가 위에서부터 하향식으로 지명되는 것이 지양되어야 함은 바로 당내민주주의 기본적 요청이다. 즉, 상향적 의사결정에 의한 당내민주주의의 실현에 있어서 공직선거후보자 추천의 민주화가 중요한 의미를 가진다.

② 정당조직의 공개성

정당조직의 공개성은 민주적 정당조직과 과두적 정당조직을 구별하는 중요한 기준이 된다. 민주적인 정당조직에 있어서는 정당의 강령 또는 기본정책 및 당헌 등을 공개하여야 하며 정당의 창당집회도 공개하여야 한다. 이것은 강령과 당헌 등을 공개함으로써 정당의 기본적 성격과 활동을 널리 알리고, 정당의 내부에서 행해지는 모든 결정이 민주적 정신과 절차에 부합된다는 것을 표시함으로써 정당의 민주적 내부질서를 확보하기 위한 것이다. 이와 관련하여 정당의 회계보고나 정치자금의 공개제도는 자금의 재원을 공개함으로써 비민주적인 자금조달을 방지하고 민주적 내부질서를 보장하기 위한 것이라 할 수 있다.

③ 다수결원리에 의한 당의(黨議) 결정

정당내부의 민주적 의사결정과정에 있어서는 다수결원칙이 적용되어야 한다. 민주주의

---

1) 계희열, 앞의 책, 271면.

의 실현을 위한 하나의 형식원리로서 다수결원칙은 현대의 다원적 대중사회에서 존재하는 다양한 정치적 의견을 하나의 기속적 의견으로 조정 내지 통일시키기 위한 합의의 원칙이다. 이러한 다수결원칙은 의사결정 참여자 상호간의 평등한 지위가 전제될 때에만 그 정당성을 인정받을 수 있는 것이다. 왜냐하면 평등한 지위가 전제되지 않으면 의사결정에 참여하는 모든 사람은 자기주장을 관철시킬 수 있는 균등한 기회를 가질 수 없기 때문이다. 따라서 정당의 의사결정에 참여하는 당원이나 대의원의 평등한 지위가 보장되어야만 다수결이 정당화될 수 있다.

④ 소수의 보호

당내민주주의의 실현을 위해서는 당원이나 분파의 자유로운 토론을 통하여 하나의 당의를 형성하고, 일단 그것이 결정된 다음에는 구성원 모두 그 수행에 일치하여 협력하는 것이 요망되지만, 그렇다고 해서 모든 결정사항에 대하여 비판과 반론이 허용되지 않는 것은 아니다. 그러한 비판과 반론이 전혀 허용되지 않는다면 당원의 자유로운 토론이나 새로운 정당의사의 형성은 사실상 봉쇄되기 쉬우며, 그렇게 되면 끊임없는 비판과정을 통하여 진보 발전에 연결되는 민주주의의 기본원리에서 점점 멀어지게 된다.

민주주의는 상이한 정책 간의 경쟁을 전제로 자유롭고 평등한 정책토론을 통하여 합의점을 모색함으로써 사회 각계각층의 광범위한 지지와 동의를 그 정책수행의 바탕으로 삼으려는 통치방식을 의미하기 때문에 정책경쟁과 정책의 선택가능성을 그 불가결의 요건으로 하고 있다. 이러한 정책의 경쟁과 선택가능성은 '소수의 보호'를 통하여 보장될 수 있는 것이다.[1] 왜냐하면 오늘의 소수는 내일의 잠재적 다수를 뜻할 수 있고 따라서 내일의 다수정책을 결정하는 정치투쟁의 과정에서 패배한 소수의 의견이라 할지라도 정당 내에서 여전히 정책의 선택가능성을 가질 수 있는 것이며, 다음의 전당대회에서 당의 공식적인 정책으로 채택, 반영될 가능성을 배제할 수 없기 때문이다. 그러므로 민주주의의 형식원리의 하나인 소수의 보호가 정당의 의사결정과정에서도 보장되어야만 정당의 내부질서의 민주화를 기대할 수 있는 것이다.

(라) 민주적 내부질서의 실효성 확보 문제

정당의 민주적 내부질서를 위한 헌법과 정당법상의 규정에도 불구하고 현실적으로 정당이 과두적이고 전제적인 체제를 갖춘 경우에 어떻게 정당의 민주적 내부질서를 보장할 수 있는가의 문제가 제기될 수 있다. 즉, 정당이 민주적 내부질서 확보의 요청을 무시한 경우에 당해 정당에 어떠한 제재가 행해질 수 있는가의 문제가 있다. 현행 정당법상 민주적

---

1) 허영, 헌법이론과 헌법(상), 박영사, 1980, 216-218면.

내부질서 위반에 대한 일부 벌칙조항에 의하여 어느 정도 민주적 내부질서 준수를 확보하고 있다고 할 수 있다. 그리고 헌법 제8조 제4항의 정당해산조항에 의하여 정당의 내부질서가 민주적 기본질서에 반하고, 동시에 그 정당의 목적이나 활동이 민주적 기본질서에 위반하는 경우에는 그 정당은 강제해산을 당하게 된다.

그러나 정당의 목적이나 활동이 민주적 기본질서에 위배되지 않으면서 단지 조직의 내부질서와 운영과정이 비민주적이어서 과두적이고 폐쇄적인 정당조직의 경우에 그 정당을 위헌정당으로 해산시키는 것은 거의 불가능하다고 할 수 있다. 즉, 정당조직이 민주적인 기준에 적합하지 않는다는 문제는 직접 정당의 금지사유가 되는 것은 아니며, 그것은 단지 그 부수적인 지표에 불과한 것이라 할 수 있다.

정당의 강제해산의 경우에는 해산의 요건을 엄격하게 한정적으로 해석하여야 하므로 정당의 내부조직 및 그 운영과정이 민주적 원칙에 합치되지 않는 경우에는 그것이 헌법상의 정당해산의 대상이 되는 것은 아니며, 단지 정당법상의 벌칙규정에 의해 제재를 가할 수 있으나 그 벌칙규정도 매우 한정된 범위 안에서 적용되기 때문에 그러한 벌칙에 의해서 민주적 내부질서를 확보한다는 것은 곤란한 문제라고 할 수 있다. 이 점에서 정당의 내부질서는 정당 본래의 '자유로운 지위'에서 볼 때 법적 규제에 의해 통제되는 것보다는 국민의 여론과 사회적 비판에 의해 통제되는 것이 바람직하다고 보는 견해가 설득력을 가질 수 있다고 하겠다.[1)]

말하자면 정당의 내부조직의 민주화의 요청은 정당의 자유를 규율하려는 것이 목적이 아니라 오히려 그 내적 자유를 보장하려는 데 그 목적이 있다고 할 수 있다. 즉, 정당이 국민의 정치적 의사형성에 참여하는 기능을 다할 수 있도록 광범한 대중을 적극적으로 정당조직의 내부에 참여시키는 것을 보장하기 위하여 당내민주주의를 요구하는 것이다. 따라서 헌법 제8조 제2항에 근거하여 정당법에 의해 정당내부질서의 민주화의 의무를 규정하고 있다 하더라도 그 의무위반에 대한 벌칙조항이 없는 한 아무런 법적 제재를 가할 수 없게 되는 문제가 있다.

현행의 정당법은 당내민주주의의 요구에 관한 규정과 그 위반에 대한 벌칙규정이 미흡하기 때문에 현실적으로 당내민주주의의 실효성을 확보하는 데 한계가 있게 된다. 이러한 경우 민주적 내부질서를 갖추지 못한 정당에 대해서는 국민의 여론에 의한 비판에 의해 당지도부에 대해 정치적, 도의적 책임을 물을 수 있을 뿐이다. 특히 국민의 자발적 조직으로서 정당의 자유로운 지위를 강조하는 입장에서는 정당의 내부조직에 대한 일정한 법적 강제를 허용하기 어렵다고 볼 수 있다.

---

1) 정만희, 앞의 책, 522면.

그러나 다른 한편 헌법상 정당의 자유는 당내민주주의를 준수하는 헌법적 한계 내에서 보장되어야 한다고 보는 입장에서는 정당이 당내민주주의를 실현하지 아니하는 경우에 이를 실현하기 위하여 법적으로 강제할 수 있는 수단을 마련하는 것은 국가적 의무가 된다고 할 수 있을 것이다. 이러한 입장에서는 당내민주주의 실현을 위한 최소한의 법적 제재 방안을 고려할 수 있다.

(2) 정당의 기능 수행과 조직기준

헌법 제8조 제2항 후단의 규정에 따라 정당은 국민의 정치적 의사형성에 참여하는 데 필요한 조직을 가져야 하는 헌법상의 의무를 부과받고 있다. 따라서 정당은 특정 지역에 편중된 조직이어서는 안 되며 전국적인 조직을 갖추는 것이 요구된다. 그리하여 현행 '정당법'은 정당을 중앙당과 시·도당으로 구성하도록 하며(제3조), 시·도당은 5 이상 가져야 하고(제17조), 각 시·도당은 1천명 이상의 당원을 가져야 한다(제18조 제1항)고 규정하고 있다. 다만 종래의 법정지구당은 2004년 3월의 정당법 개정에 의해 폐지되었다.

정당이 국민의 정치적 의사형성에 참여하는 헌법적 기능을 수행하기 위해서는 정당의 조직이 기본적으로 전국적인 조직을 갖춰야 하며, 당원과 국민의 정치적 의사를 밑에서부터 위를 향하여 형성할 수 있는 상향적 조직을 가져야 한다. 즉, 국민의 정치적 의사형성에 참여하는 민주적 정당의 조직은 상향식의 의사형성을 가능하게 하는 지역단위의 상향식 조직이어야 한다. 그러나 종래의 지구당이 폐지된 상황에서 중앙당과 시·도당의 조직만으로 상향식의 정치적 의사형성을 기대하기 어렵다고 할 수 있다.[1] 지구당 운영의 현실적 폐해가 아무리 크다고 해서 지구당조직을 전면적으로 폐지하는 법적 강제는 정당설립의 자유, 정당의 조직형태를 선택할 자유를 침해하게 되는 우려가 없지 않다. 국회의원선거구 단위의 지구당조직의 설치 여부는 정당의 자율에 맡기는 것이 정당설립의 자유와 복수정당제 보장의 헌법정신에 부합된다고 보며, 지구당조직을 비롯한 다양한 조직형태를 허용함으로써 일반당원과 유권자의 의사를 상향적으로 형성할 수 있도록 하여 헌법이 요구하는 정당의 민주적 정치의사 형성에 참여하는 기능을 제대로 수행할 수 있게 된다.

그러나 헌법재판소는 지구당의 설치를 금지한 정당법조항에 대해 고비용 저효율의 정당구조를 개선하기 위한 입법목적의 정당성을 인정하고 지구당의 폐지가 비례의 원칙에 위반하지 않는다고 판단하였다. 특히 오늘날과 같이 교통과 통신(특히, 인터넷) 및 대중매체가 발달한 상황에서는 지구당이 국민과 정당을 잇는 통로로서 가지는 기능 및 의미가 상당부분 완화되었다는 점 등을 고려할 때, 지구당이 없다고 하더라도 정당은 국민의 정치적 의사

1) 계희열, 앞의 책, 271면.

형성에 참여하여 핵심적 기능과 임무를 수행할 수 있으므로 이 사건 법률조항들이 지구당의 설립을 금지하더라도 이를 들어 정당의 자유의 본질적 내용을 침해한다고는 할 수 없다고 판시하였다.[1)]

정당의 조직기준과 관련하여 각 시·도당에 1천명 이상의 법정당원수 요구하는 것이 정당의 자유를 침해하는 것이 아닌가의 문제가 있다. 이 법정당원수 조항에 대한 위헌소원사건에서 헌법재판소는 과잉금지원칙을 적용하여 다음과 같이 합헌으로 판단하고 있다. "법정당원수 조항은 헌법 제8조 제2항 후단에 따라 정당의 조직인 시·도당이 지속적이고 공고한 조직의 최소한을 갖추도록 함으로써 헌법상 정당에게 부여된 과제와 기능인 '국민의 정치적 의사형성에의 참여'를 실현하고자 하는 것으로서 그 입법목적이 정당하고, 그 조직의 규모와 관련하여 시·도당 내에 일정 수 이상의 당원이 활동할 것을 요구하는 것은 이러한 입법목적을 달성하기 위한 적합한 수단이다. … 1,000명 이상의 당원이라는 계량이 가능한 '당원수'를 국민의 정치적 의사형성에의 참여라는 정당의 핵심적 기능과 임무 수행에 필요한 조직요건으로 정한 것이 정당조직의 자유와 정당활동의 자유를 과도하게 제한하는 것으로 볼 수 없다. 법정당원수 조항은 헌법상 정당에게 부여된 과제와 기능인 '국민의 정치적 의사형성에의 참여'를 실현하고자 하는 것으로서 이는 중대한 공익인 반면, 각 시·도당 창당준비위원회의 대표자인 청구인들은 법정당원수 조항으로 인해 당원이 1,000명 이상이 될 때까지 시·도당 창당이 지연되는 불이익을 입을 뿐이므로 청구인들이 제한받는 사익의 정도가 공익에 비하여 크다고 보기 어려우므로, 법정당원수 조항은 법익의 균형성도 충족한다."[2)]

Ⅳ. 정당의 국가적 보호와 정당자금의 국고보조

1. 정당의 국가적 보호

헌법 제8조 제3항 전단은 "정당은 법률이 정하는 바에 의하여 국가적 보호를 받으며"라고 규정하여 정당의 국가적 보호를 명문화하고 있다. 이 규정은 국가에 대한 정당의 보호청구권을 규정한 것이라고 할 수 있는데, 그 중에서도 중요한 것은 정당에 대한 평등의 보장이다.[3)] 정당의 평등은 국가에 대한 기본권으로서 인정되며 정당의 설립과 조직, 당원포섭, 선전, 공직선거후보자 추천, 선거과정, 정당활동 등에 있어서 정당간의 평등이 보장되어야 한다.

1) 헌재 2004. 12. 16. 2004헌마456.
2) 헌재 2022. 11. 24. 2019헌마445.
3) 김철수, 앞의 책, 218~219면.

정당제 민주주의에 바탕을 둔 우리 헌법은 정당설립의 자유와 복수정당제를 보장하고 정당의 목적·조직과 활동이 민주적인 한 법률이 정하는 바에 의하여 국가의 보호를 받으며, 정당운영에 필요한 자금도 보조받을 수 있도록 하는 등 정당을 일반 결사에 비하여 특별히 두텁게 보호하고 있다. 그리고 정당이 국민의 정치적 의사형성에 참여하는 가장 중요한 형태는 공직선거에 있어서 후보자를 추천·지지함으로써 행하는 선거를 통한 참여라고 할 것이고, 여기에 정당 본래의 존재의의가 있다.[1] 그러므로 선거과정에서 정당을 일반 결사보다 특별히 보호하고 특권을 부여하거나 정당후보자를 무소속후보자보다 보호하는 것은 헌법 제8조 제3항의 취지에 합치되는 것으로 정당화된다. 이와 관련하여 공직선거에 있어서 정당후보자에게 무소속후보자보다 우선순위의 기호를 부여하는 제도에 대하여 헌법재판소는 정당제도의 존재의의와 정당에 대한 국가적 보호의 정신에 비추어 그 목적이 정당하다고 판시한 바 있다.[2]

그 밖에 정당에 대한 국가적 보호로는 선거에 관한 경비를 원칙적으로 부담하지 않는 선거공영제(헌법 제116조 제2항)를 비롯하여 정당이 수행하는 기부·찬조 기타 재산상의 출연에 대한 면세조치(정치자금법 제59조) 등이 있다. 또한 정당은 헌법재판소의 해산결정에 의하지 않는 한 해산되지 않는 존립의 특별한 보호를 받고 있으며, 헌법재판소는 정당의 기본권침해에 대하여 헌법소원을 청구할 수 있는 청구인적격을 인정하고 있다.[3]

2. 정당운영자금의 국고보조

(1) 정당국고보조 조항의 의의

헌법 제8조 제3항 후단에 의하여 정당은 법률이 정하는 바에 의하여 정당운영에 필요한 자금을 보조받을 수 있다. 정당 운영자금의 국고보조는 1980년 헌법에서 최초로 채택한 것으로 이는 정당에 대한 정치자금의 적정한 제공을 보장하여 정당의 자금조달과정과 결부된 정치적 부패를 방지하며, 나아가 정당의 보호·육성을 도모하는 데에 그 의의가 있다. 이 헌법규정에 근거하여 정치자금법은 보조금의 계상, 지급방법, 보조금의 용도제한 등에 관하여 규정하고 있다(정치자금법 제25조~제30조).

정당에 대한 국고보조제도를 채택하고 있는 나라들 중에서 직접 헌법상에 국고보조를 명문으로 규정한 경우는 드물다. 독일기본법 제21조의 정당조항에도 정당의 국고보조에 관한 명문의 규정을 두고 있지 않으며, 다만 연방법률에 의하여 정당의 재정에 대한 일정한

---

1) 헌재 1991. 3. 11. 91헌마21.
2) 헌재 1996. 3. 28. 96헌마9등.
3) 헌재 1991. 3. 11. 91헌마21.

범위 내의 국고지원은 허용되고 있다.[1)]

(2) 국고보조금의 지급

정치자금법은 정당에 대하여 국고에서 보조금을 지급하도록 강제하고 있다. 보조금이란 정당의 보호·육성을 위하여 국가가 정당에 지급하는 금전이나 유가증권을 말한다(동법 제3조 제6호). 국가는 정당에 대한 보조금으로 최근 실시한 임기만료에 의한 국회의원 총선거의 선거권자 총수에 보조금 계상단가를 곱한 금액을 매년 예산에 계상하여야 한다(제25조 제1항). 대통령선거, 임기만료에 의한 국회의원선거 또는 동시지방선거가 있는 연도에는 각 선거마다 보조금 계상단가를 추가한 금액을 예산에 계상하여야 한다(제25조 제2항). 보조금 계상단가는 전년도 보조금 계상단가에 통계법 제3조에 따라 통계청장이 매년 고시하는 전전년도와 대비한 전년도 전국소비자물가변동률을 적용하여 산정한 금액을 증감한 금액으로 한다(제25조 제3항).

보조금은 지급 당시 동일정당의 소속의원으로 교섭단체를 구성한 정당에 대하여 그 100분의 50을 정당별로 균등하게 배분·지급한다. 보조금의 지급 당시 위의 배분·지급대상이 아닌 정당으로서 5석 이상의 의석을 가진 정당에 대하여는 100분의 5씩을, 의석이 없거나 5석 미만을 얻은 정당 중 일정 요건을 갖춘 정당에 대하여는 100분의 2씩을 배분·지급한다. 그 잔여분 중 100분의 50을 지급 당시 국회의석을 가진 정당에 그 의석수의 비율에 따라 배분·지급하며, 그 잔여분은 최근에 실시된 국회의원총선거 득표수비율에 따라 배분·지급한다(제27조). 헌법재판소는 이러한 보조금 지급기준에 대하여, 교섭단체의 구성 여부에 따라 보조금의 배분규모에 차이가 있더라도 그러한 차등정도는 각 정당 간의 경쟁상태를 현저하게 변경시킬 정도로 합리성을 결여한 차별이라고 보기 어렵다고 판시하였다.[2)]

또한 공직후보자 여성추천보조금제도를 도입하여 지역구 국회의원선거와 지역구 시·도의회의원선거에 여성후보자를 100분의 30 이상 추천한 정당이 있는 경우에는 일정한 기준에 따라 각 정당에 보조금을 배분·지급한다(제26조).

---

1) 독일에서는 이미 1960년대부터 정당에 대한 국고보조는 정당의 국가로부터의 자유를 침해한다고 하여 위헌판결(BVerfGE 20, 56ff)을 받고 금지되어 왔으나, 1992년 연방헌법재판소 판결에서는 정당의 선거비용뿐만 아니라 정당활동비용에 대한 국고보조는 허용된다고 하면서, 다만 정당의 국가로부터의 자유원칙을 고려하여 정당활동비용의 부분적 보조만이 허용된다고 판시한 바 있다. 즉 정당의 국고보조의 합헌성기준으로서 '절대적 상한'과 함께 정당의 국가로부터의 자유를 확보하기 위한 '상대적 상한'을 제시하여 국고보조금의 총액은 정당의 노력으로 자기조달할 수 있는 수입총액을 초과할 수 없다고 하였다(BVerfGE 85, 264, NJW 1992, S. 2545f). 그에 따라 연방의회는 1993년 정당법을 개정하여 국고보조의 연간총액을 2억 3천마르크라는 절대적 상한으로 설정하고, 각 정당에의 국고보조금은 당해 정당이 매년 자기조달할 수 있는 수입총액을 초과할 수 없도록 하였다. 이에 관한 상세한 내용은 한국법제연구원, 주요국가의 정치자금법제, 1997, 119면 이하.

2) 헌재 2006. 7. 27. 2004헌마655.

(3) 보조금의 용도제한

정치자금법은 보조금에 대해 정당의 운영에 소요되는 경비 이외에는 사용할 수 없다고 규정하고 있다. 경비는 인건비, 사무용비품 및 소모품비, 사무소 설치·운영비, 공공요금, 정책개발비, 당원교육훈련비, 조직활동비, 선전비, 선거관계비용 등으로 한정하고 있다. 보조금을 지급받은 정당은 그 보조금총액의 100분의 30 이상은 정책연구소에, 100분의 10 이상은 시·도당에 배분·지급하여야 하며, 100분의 10 이상은 여성정치발전을 위한 용도로 사용하여야 한다(동법 제28조).

(4) 국고보조제도의 문제점

정당의 국고보조제도는 정당에 대한 정치자금의 적정한 제공을 보장하여 정당의 자금조달과정과 결부된 정치적 부패를 방지하고, 나아가 정당의 보호·육성을 도모하는 데 그 의의가 있다.[1] 그러나 다른 한편 정당의 국고보조제도는 정당의 국가로부터의 자유를 침해하게 되는 문제성을 내포하고 있다고 할 수 있다. 각국의 경우를 보더라도 우리처럼 정당의 운영자금에 대한 직접적 국고보조를 광범위하게 인정하는 나라는 거의 없다.

우리나라의 정당에 대한 국고보조제도는 헌법에 직접적인 근거조항을 두고 있으므로 위헌성의 문제는 제기되지 않으나, 현실적으로 각 정당에 배분·지급되는 국고보조금의 증대는 정당의 보호·육성을 벗어나 정당의 국가로부터의 자유를 침해하고 정당의 국가에 대한 종속을 초래하게 될 우려가 있다. 그러므로 각 정당에 지급되는 국고보조금의 총액은 독일의 경우처럼 각 정당이 스스로 조달할 수 있는 운영자금을 초과해서는 안 될 것이며 부분적인 정당재정의 보조에 그쳐야 할 것이다. 또한 각 정당에 대한 국고보조금의 배분방법이 정당의 의석수와 득표율을 기준으로 하게 되면 기성정당과 대정당에 유리하고 신생정당과 군소정당에 절대 불리하게 되어 정당간의 기회균등을 침해하게 되는 문제가 있다. 국고보조제도가 정당자금의 적정한 제공을 보장하여 건전한 정당제도의 보호·육성에 의의를 두고 있다면 각 정당의 의석수와 득표율만을 배분기준으로 할 것이 아니라, 정당조직의 전국적 분산의 정도, 정당소속의원과 일반 당원의 전국적 분포, 당비수입 등도 주요 기준으로 삼는 것을 검토할 필요가 있다고 본다.[2]

---

1) 헌법재판소는 국고보조금제도에 대하여 "정당이 정치자금을 마련함에 있어 정치자금의 기부자인 각종 이익집단으로부터 부당한 영향력을 배제하여 정치부패를 방지하며 정당간의 자금 조달의 격차를 줄여 공평한 경쟁을 유도하고 정당의 재정압박을 완화하여 정당의 원만한 기능을 보장하는데 그 입법목적이 있다"고 판시하고 있다. 헌재 2006. 7. 27. 2004헌마655.

2) 이에 관하여는 정만희, "정당법상 정당의 자유제한의 문제점", 동아법학 제54호, 2012, 139면.

3. 정치자금법상 정당 재정에 대한 규제

정당의 정치자금에 대한 법적 규제는 정당의 유지·운영에 필요한 경비와 선거자금을 구분하여 정당의 일상적인 운영비용은 정치자금법에 의해 규율되고 정치자금의 핵심을 이루는 선거비용은 공직선거법에 의해 규제되는 이원적 구조로 되어 있다. 정치자금법은 정치자금의 적정한 제공을 보장하고 그 수입과 지출내역을 공개하여 투명성을 확보하며 정치자금과 관련한 부정을 방지함으로써 민주정치의 건전한 발전에 기여함을 목적으로 한다(제1조). 정당의 정치자금이란 당비, 후원회의 후원금, 기탁금, 국고보조금과 정당의 당헌·당규 등에서 정한 부대수입 등으로 하며, 누구든지 이 법에 의하지 아니하고는 정치자금을 기부하거나 받을 수 없다(동법 제3조 제1호, 제2조 제1항).

정당의 공직선거후보자와 예비후보자(대통령선거와 지역구 국회의원선거) 및 중앙당의 대표자 선출을 위한 당내경선 후보자 및 지방자치단체의 장 선거의 후보자는 하나의 후원회를 지정하여 둘 수 있으며(동법 제6조), 후원인이 후원회에 기부할 수 있는 후원금은 연간 2천만원을 초과할 수 없다(동법 제11조 제1항). 후원회의 모금한도에 관하여는 대통령후보자등후원회와 대통령선거경선후보자후원회는 각각 선거비용제한액의 100분의 5에 해당하는 금액, 국회의원과 국회의원후보자등은 각각 1억 5천만원, 지방자치단체장후보자후원회는 선거비용제한액의 100분의 50에 해당하는 금액으로 제한하고 있다(동법 제12조 제1항). 정치자금 기부의 제한과 관련하여 외국인과 국내·외의 법인 또는 단체는 정치자금을 기부할 수 없으며, 누구든지 국내·외의 법인 또는 단체와 관련된 자금으로 정치자금을 기부할 수 없다(동법 제31조 제1항).

헌법재판소는 정치자금법상 후원회를 공직선거의 후보자나 예비후보자에게만 둘 수 있도록 하고 정당의 후원회를 허용하지 않는 것에 대하여 정당의 정치활동의 자유와 국민의 정치적 표현의 자유를 침해하는 것이라고 판시하였다.[1)]

V. 위헌정당 해산

1. 정당해산조항의 의의

헌법 제8조 제4항은 정당의 해산에 관한 규정으로 "정당의 목적이나 활동이 민주적 기본질서에 위배될 때에는 정부는 헌법재판소에 그 해산을 제소할 수 있고, 정당은 헌법재판소의 심판에 의하여 해산된다"라고 규정하고 있다. 이 조항은 정당활동의 헌법적 한계에 관한 규정이며 동시에 그것은 반국가적·반민주적 정당활동을 방지하기 위한 '헌법의 예방적

---

1) 헌재 2015. 12. 23. 2013헌바168.

수호'에 관한 규정을 의미한다. 즉, 위헌정당의 금지는 정당의 목적이나 활동이 민주적 기본질서에 위배될 경우에 그 존립과 활동에 관한 특권을 박탈하여 민주주의의 적으로부터 민주주의를 수호한다는 이른바 '방어적 민주주의'로서의 결단을 의미하는 것이다.

우리 헌법상의 정당해산조항은 독일기본법의 정당조항을 모방한 것으로, 이 독일기본법의 정당조항은 바이마르헌법 시대의 정당에 대한 방임적 태도와 세계관적 중립성에 대한 역사적 반성에서 전후 기본법에 채택된 것이다.[1] 즉, 바이마르헌법 시대의 정당에 대한 가치중립적 태도는 나치스 독재정당의 출현을 가져왔고, 결국에는 나치스에 의한 민주주의와 헌법질서의 파괴라는 역사적 경험에 기초하여 헌법적대적 정당의 출현을 방지하기 위한 헌법적 요청으로 정당해산조항이 채택된 것이다.

또한 정당해산조항은 국가를 부정하거나 민주적 기본질서에 반하는 정당의 존립을 부정하는 것이면서, 다른 한편 정당의 헌법적 수호를 규정한 것이라는 데 그 의의가 있다. 즉, 정당의 해산을 헌법재판소의 심판절차에 의한 결정으로써만 가능하게 하며, 그것도 민주적 기본질서에 위배될 경우에 한하여 해산할 수 있도록 한 것은 행정부의 일방적·자의적 처분에 의한 정당해산을 금지하며, 특히 야당이 집권당에 의하여 부당하게 그 활동을 제한받거나 해산되지 않도록 정당존립의 특권을 보장하는 의미를 가진다.

헌법재판소는 2014년 12월 19일 헌정사상 최초의 정당해산청구 사건에서 방어적 민주주의의 이론에 입각하여 피청구인 '통합진보당'에 대해 위헌정당해산결정과 함께 그 정당 소속 국회의원 5인에 대해서도 의원직상실을 명하는 종국결정을 선고하였다.[2]

2. 정당해산의 실질적 요건

(1) 정당의 목적이나 활동

헌법 제8조 제4항에 의해 해산되는 정당은 "그 목적이나 활동이 민주적 기본질서에 위배될 때"에 한한다. 첫째, 해산의 대상이 되는 정당은 원칙적으로 정당으로서의 등록을 마친 기성정당을 말한다. 따라서 정당방계조직이나 대체정당 등은 여기의 정당에 해당되지 않는다. 둘째, 정당의 '목적'이나 '활동'이 민주적 기본질서에 위배될 때에 그 정당은 해산된다. 헌법재판소는 통진당해산심판 사건에서 정당해산심판의 사유로서 정당의 목적이나 활동에 관하여 다음과 같이 판시하고 있다. "정당의 목적이란, 어떤 정당이 추구하는 정치적 방향이나 지향점 혹은 현실 속에서 구현하고자 하는 정치적 계획 등을 통칭한다. 이는 주로

---

1) 독일기본법 제21조 제2항은 "정당의 목적 또는 당원의 행동이 자유민주적 기본질서(freiheitliche demokratische Grundordnung)를 침해 또는 폐지하거나 독일연방공화국의 존립을 위태롭게 하는 경우에는 위헌이다. 그 위헌성의 여부는 연방헌법재판소가 그것을 결정한다"고 규정하고 있다.

2) 헌재 2014. 12. 19. 2013헌다1.

정당의 공식적인 강령이나 당헌의 내용을 통해 드러나겠지만, 그 밖에 정당대표나 주요 당직자 및 정당관계자(국회의원 등)의 공식적 발언, 정당의 기관지나 선전자료와 같은 간행물, 정당의 의사결정과정에서 일정한 영향력을 가지거나 정당의 이념으로부터 영향을 받은 당원들의 행위 등도 정당의 목적을 파악하는 데에 도움이 될 수 있다. 만약 정당의 진정한 목적이 숨겨진 상태라면 공식 강령은 이른바 허울이나 장식에 불과할 것이고, 이 경우에는 강령 이외의 자료를 통해 진정한 목적을 파악해야 한다.

정당의 활동이란, 정당 기관의 행위나 주요 정당관계자, 당원 등의 행위로서 그 정당에게 귀속시킬 수 있는 활동 일반을 의미한다. 여기에서는 정당에게 귀속시킬 수 있는 활동의 범위, 즉 정당과 관련한 활동 중 어느 범위까지를 그 정당의 활동으로 볼 수 있는지가 문제된다. 구체적으로 살펴보면, 당대표의 활동, 대의기구인 당대회와 중앙위원회의 활동, 집행기구인 최고위원회의 활동, 원내기구인 원내의원총회와 원내대표의 활동 등 정당 기관의 활동은 정당 자신의 활동이므로 원칙적으로 정당의 활동으로 볼 수 있고, 정당의 최고위원 등 주요 당직자의 공개된 정치 활동은 일반적으로 그 지위에 기하여 한 것으로 볼 수 있으므로 원칙적으로 정당에 귀속시킬 수 있을 것으로 보인다. 정당 소속의 국회의원 등은 비록 정당과 밀접한 관련성을 가지지만 헌법상으로는 정당의 대표자가 아닌 국민 전체의 대표자이므로 그들의 행위를 곧바로 정당의 활동으로 귀속시킬 수는 없겠으나, 가령 그들의 활동 중에서도 국민의 대표자의 지위가 아니라 그 정당에 속한 유력한 정치인의 지위에서 행한 활동으로서 정당과 밀접하게 관련되어 있는 행위들은 정당의 활동이 될 수도 있을 것이다. … 한편 동조항의 규정형식에 비추어 볼 때, 정당의 목적이나 활동 중 어느 하나라도 민주적 기본질서에 위배된다면 정당해산의 사유가 될 수 있다고 해석된다."[1)]

(2) 민주적 기본질서의 위배

정당의 목적이나 활동이 '민주적 기본질서'에 위배될 때에 그 정당은 해산되는데, 여기서 민주적 기본질서가 무엇인가가 문제된다. 국내의 학설은 민주적 기본질서를 헌법 전문과 제4조에서 규정하고 있는 '자유민주적 기본질서'로 보고, 또한 그것은 독일 기본법 제21조 제2항의 정당해산요건인 '자유민주적 기본질서'(freiheitliche demokratische Grundordnung)[2)] 와 같은 의미로 파악하려는 것이 통설이다.[3)] 따라서 정당해산의 실질적 요건으로서의 자유민주적 기본질서란 헌법의 근원적 기본질서를 말하는 것으로 이는 헌법질서 그 자체를 의

---

1) 헌재 2014. 12. 19. 2013헌다1.

2) 독일 연방헌법재판소는 1952. 10. 23. 사회주의국가당(SRP)에 대한 위헌정당해산결정에서 자유민주적 기본질서를 "일체의 폭력적·자의적 지배를 배제하고 그때그때의 다수의 의사와 자유 및 평등에 의거한 국민의 자기결정을 토대로 하는 법치국가적 통치질서를 의미한다"고 판시하였다. BVerfGE 2, 2.

3) 권영성, 앞의 책, 195-196면; 계희열, 앞의 책, 293-294면.

미하는 것이 아니라, 헌법질서 중에서 자유주의적·민주주의적 요소에 관한 질서만을 의미한다. 즉, 자유민주적 기본질서는 헌법질서보다 좁은 개념으로 구체적으로는 국민주권의 원리, 기본권보장, 권력분립제, 의회주의, 선거제도, 복수정당제 보장, 사법권의 독립 등이 그에 포함된다고 할 수 있다.[1)]

그리고 헌법 제8조 제4항의 민주적 기본질서에 '위배될 때'의 해석은 정당해산제도의 남용을 막기 위하여 엄격한 기준에 따라 이루어져야 한다. 따라서 정당이 자유민주적 기본질서에 계속 대항해서 투쟁하는 경향을 보이거나 그 투쟁이 계획적으로 추진되는 것을 인식할 수 있는 경우라고 해서 바로 정당해산을 선언하기는 어렵다고 보며, 정당의 해산은 자유민주적 기본질서의 침해 또는 폐제의 '구체적 위험'이 있어야 하는 것이다.[2)] 그러므로 정당해산심판에 있어서 정당의 목적이나 활동이 민주적 기본질서에 위배된 것으로 판단하여 해산결정을 하기 위해서는 민주적 기본질서를 침해 또는 폐제하려는 구체적 위험이 있어야 하며, 그 구체적 위험을 전제로 하여 기본권제한에 관한 일반원칙인 비례의 원칙이 적용되어야 할 것이다.[3)] 정당해산심판에 있어서 비례의 원칙의 적용은 최근 유럽에서의 정당해산 심판기준에 관한 논의에서도 강조되고 있다.[4)]

헌법재판소는 헌법 제8조 제4항이 의미하는 민주적 기본질서란 "개인의 자율적 이성을 신뢰하고 모든 정치적 견해들이 각각 상대적 진리성과 합리성을 지닌다고 전제하는 다원적 세계관에 입각한 것으로서, 모든 폭력적·자의적 지배를 배제하고, 다수를 존중하면서도 소수를 배려하는 민주적 의사결정과 자유·평등을 기본원리로 하여 구성되고 운영되는 정치적 질서를 말하며, 구체적으로는 국민주권의 원리, 기본적 인권의 존중, 권력분립제도, 복수정당제도 등이 현행 헌법상 주요한 요소라고 볼 수 있다"라고 판시하고, 민주적 기본질서의 '위배'란 "민주적 기본질서에 대한 단순한 위반이나 저촉을 의미하는 것이 아니라, 민주 사회의 불가결한 요소인 정당의 존립을 제약해야 할 만큼 그 정당의 목적이나 활동이 우리 사회의 민주적 기본질서에 대하여 실질적인 해악을 끼칠 수 있는 구체적 위험성을 초래하는 경우를 가리킨다"고 판시하였다.[5)]

---

1) 김철수 교수는 민주적 기본질서에의 위배라 함은 "자유민주적 기본질서와 사회민주적 기본질서의 총합개념으로서의 민주주의적 기본원리에의 위배"를 의미한다고 본다. 김철수, 앞의 책, 229면.
2) 계희열, 앞의 책, 299면.
3) 송석윤, "정당해산심판의 실체적 요건", 서울대학교 법학 제15권 제1호, 2010. 43면.
4) 이 점에 관해서는 2000년 1월 유럽평의회(Council of Europe)의 산하기구인 베니스위원회(Venice Commission)가 발표한 정당해산가이드라인(Guidelines on Prohibition and Dissolution of Political Parties and Analogous Measures)을 주목할 필요가 있다. 이 위원회가 채택한 지침의 핵심내용을 보면 "정당의 금지 또는 강제해산은 사법기관에 의한 위헌판단의 결과여야 하고, 본질상 예외적인 것(exceptional nature)으로 파악되어야 하며 비례성의 원칙(principle of proportionality)에 따라 규율되어야 한다"고 규정하고 있다.
5) 헌재 2014. 12. 19. 2013헌다1.

3. 정당해산절차

(1) 정부의 정당해산 제소

정당해산의 실질적 요건이 구비되면 정부는 국무회의의 심의를 거쳐 헌법재판소에 그 해산을 제소할 수 있다. 헌법 제8조 제4항에 따라 현행 정당해산심판을 청구할 수 있는 제소기관은 정부이다. 여기서 정부는 행정부를 의미하며 행정부의 수반은 대통령이기 때문에 정당해산 제소권은 정부의 권한이며 곧 대통령의 권한을 의미한다. 헌법상 정당해산의 제소는 국무회의의 심의사항으로 규정하고 있으므로(제89조 제14호) 대통령은 국무회의의 심의를 거쳐 헌법재판소에 정당해산을 제소할 수 있다. 따라서 국무회의의 심의를 거치지 않고 대통령이 헌법재판소에 정당해산을 제소하는 것은 절차상 중대한 하자가 있는 위헌적인 행위로서 무효라 할 것이다.

(2) 정당해산제소권의 성격

정부의 정당해산제소권 내지 정당해산심판청구의 성격에 관하여는 학계의 견해가 나뉘고 있는데, 정부가 정당해산을 제소할 것인가의 여부는 정부의 자유재량사항 내지 정치적 재량으로 보는 것이 다수설이다.[1] 즉 정부의 제소권행사는 정치적 재량에 속하는 일로서 위헌정당의 해산을 제소하는 것이 정부의 기속적인 의무는 아니라고 본다. 그러나 이 견해에 대하여 일부 학설은 정당해산심판을 청구하는 것은 정부의 권한이며 의무로 보는 견해도 있다.[2] 그 밖에 절충설의 입장으로 정당해산사유에 해당하는지 여부에 대한 판단의 문제와 해산사유에 해당한다고 판단한 경우 그 제소 여부에 관한 문제를 구별하여 해산사유에 해당하는지의 여부에 관한 판단은 정부의 재량의 여지가 있으나, 해산사유에 해당한다고 판단한 이상 그 제소 여부는 정부의 재량 문제로 볼 수 없고 그 경우에 정당해산심판을 청구하는 것은 정부의 의무라고 보는 견해가 있다.[3] 독일의 연방헌법재판소 판례도 연방정부가 정당해산심판을 청구하는 것은 정치적 재량에 속하는 것으로 보아 연방헌법재판소는 이러한 재량의 범위를 명백하게 위배했는지의 여부만을 판단할 뿐이라고 판시한 바 있다.[4]

생각건대 정부의 정당해산제소권 행사에 의한 제소 여부와 제소시기 등의 결정은 기본적으로 정부의 정치적 판단에 속하는 것으로 재량사항으로 보는 것이 타당하며, 다만 정당의 목적이나 활동이 민주적 기본질서에 위배되어 해산사유에 해당하고 그에 관한 명확한 증거를 확보한 것으로 판단한 경우에는 행정부의 수반인 대통령은 동시에 헌법수호자의 지

1) 김철수, 앞의 책, 230면; 허영, 앞의 책, 842면; 성낙인, 앞의 책, 234면; 양건, 헌법강의, 법문사, 2016, 173면.
2) 권영성, 앞의 책, 196면.
3) 김문현, “정당해산심판에 관한 소고”, 성균관법학 제19권 제2호, 2007, 9-10면.
4) BVerfGE 5, 85 (113).

위에서 해산심판을 청구해야 하는 의무를 지게 된다.

4. 정당해산의 효과

헌법재판소의 정당해산결정이 선고되면 그때부터 그 정당은 모든 특권을 상실하게 된다. 정당은 해산결정에 의해 자동적으로 해산되며 해산된 정당의 대표 및 간부는 그 정당의 강령 또는 기본정책과 동일하거나 유사한 대체정당을 창설하지 못한다(정당법 제40조). 해산된 정당의 잔여재산은 국고에 귀속된다(동법 제48조 제2항). 해산된 정당의 소속의원의 의원자격상실 여부에 관하여는 헌법이나 법률의 명문규정이 없기 때문에 국회의원직을 상실하는지 아니면 무소속으로 남게 되는지 의문이 있다. 이 점에 관하여 학계의 견해는 갈리고 있다. 우리 헌법상 무소속후보자 금지규정이 없고 현행 공직선거법상 무소속 입후보를 인정하고 있으므로 국회의원의 자격은 그대로 유지되고 무소속의원으로 남는다는 견해[1]가 있으며, 그와 반대로 정당해산과 함께 소속의원의 의원직도 상실된다고 보는 견해[2]가 있으나, 의원직상실설이 다수적 견해라 할 수 있다. 독일의 경우 연방헌법재판소는 1952년 사회주의국가당 해산결정에서 실정법적 근거가 없음에도 불구하고 해산되는 정당의 소속의원의 자격상실을 명한 바 있으며,[3] 현행 연방선거법은 그에 관한 명문규정을 두고 있다. 현대적 정당국가적 경향에 비추어 볼 때 정당활동의 실질적 주체인 의원의 자격을 상실하도록 하는 입법은 헌법정신에 위배된다고 할 수 없다.

헌법재판소는 통진당해산청구 사건에서 정당해산결정과 함께 소속의원의 의원직 상실을 선고하였다. 즉 정당해산결정으로 해산되는 정당 소속 국회의원의 의원직 상실은 정당해산심판제도의 본질로부터 인정되는 기본적 효력으로 봄이 상당하므로, 이에 관하여 명문의 규정이 있는지 여부는 고려의 대상이 되지 아니하고, 그 국회의원이 지역구에서 당선되었는지, 비례대표로 당선되었는지에 따라 아무런 차이가 없이, 정당해산결정으로 인하여 신분유지의 헌법적인 정당성을 잃으므로 그 의원직은 상실되어야 한다고 판시하였다.[4]

생각건대 정당해산결정의 효과로서 당해 정당소속 의원의 의원직 상실에 관한 명문규정이 없는 경우 정당해산결정과 함께 소속의원의 의원직 상실을 명하는 것은 쉽게 결론을 내릴 수 있는 문제가 아니라고 본다. 이 문제에 대한 학설의 대립은 기본적으로 방어적 민주주의에 기초한 헌법수호의 실효성 확보라는 법익과 국회의원의 국민대표성 및 자유위임의 원칙이라는 법익의 충돌을 의미하지만, 그 해결방안은 대립하는 양 법익 사이의 선택의

---

1) 김철수, 앞의 책, 231면; 구병삭, 신헌법원론, 박영사, 1989, 205면.
2) 권영성, 앞의 책, 197면; 성낙인, 앞의 책, 226면; 장영수, 헌법학, 홍문사, 2007, 285면.
3) BVerfGE 2, 73f.
4) 헌재 2014. 12. 19. 2013헌다1.

문제가 아니라 어떻게 양 법익을 조화롭게 실현할 것인가에서 찾아야 할 것이다. 따라서 원칙적으로는 정당해산의 결과로서 소속의원의 의원직을 상실시키도록 하고, 예외적으로 의원 개개인의 활동이 정당의 목적이나 활동과 객관적 연관성을 가지지 않는 경우에는 의원직을 유지시키도록 하는 방안을 고려할 수 있다. 그렇지만 의원직 상실 여부에 관한 명문규정이 없음에도 불구하고 헌법재판소가 정당해산결정과 함께 의원직 상실을 명하는 결정을 내릴 수 있는지에 관하여는 의문이 제기된다. 헌법재판소는 헌법상의 권한으로 정당해산심판을 관장하지만 국민의 대표자의 지위를 갖는 국회의원의 자격을 박탈할 수 있는 권한은 권력분립의 원칙상 인정되기 어렵다고 할 수 있다. 헌법상 의원의 자격심사와 제명에 대해서는 국회의 자율권으로 보장되고 있으며, 이에 대해서는 법원에 제소할 수 없도록 규정(제64조 제4항)하고 있는 것도 권력분립원리를 전제로 한 것이기 때문에 헌법재판소가 정당해산결정에 부수하여 의원직 상실을 명하는 결정을 내리는 것은 대의제원리와 권력분립원리에 위배된다고 할 것이다. 그렇다면 정당해산결정을 하더라도 소속의원의 자격상실 여부는 별도로 국회의 자격심사와 징계절차를 통해 자율적으로 해결하는 것이 옳다고 하겠다.[1)]

이 문제는 정당해산의 효과로서 의원직 상실에 관한 규정을 두지 않은 입법의 미비에서 비롯된 것이므로 입법자는 조속히 이에 관한 명문규정을 마련해야 할 것이다.

제3절 선거제도

Ⅰ. 선거제도의 의의

1. 대의제와 선거제도

선거제도는 국민주권원리에 기초한 대의제 원리의 구성요소이며 대의제를 실현하는 수단을 의미한다. 대의민주주의에 있어서 선거는 국가기관을 구성하는 방법이며, 국민의 국가적 의사형성에 결정적인 영향을 미치는 제도이다. 선거를 통한 국가기관의 구성은 국가의 정책결정의 포괄적 선택을 의미하며, 국가기관의 지위와 그 작용에 대하여 궁극적인 민주적 정당성을 부여하는 것이라는 점에서 그 정치적 의의를 인정할 수 있다. 선거는 국가권력과 국민 사이의 가교 역할을 하는 것이기 때문에 선거가 정당하게 수행되지 않으면 민주

---

1) 정만희, "정당해산심판의 헌법적 쟁점 -정당해산심판의 요건과 효과를 중심으로-", 공법연구 제42집 제3호, 2014, 132면 이하.

국가에 있어서 공권력의 정당화의 근거는 상실되고 국가의 통치는 단지 실력적 지배를 의미할 뿐이다.

2. 선거의 기능

선거는 국민의 대표자를 선발하여 통치기관을 구성하는 대표자 선출기능을 수행하며, 국가의사결정을 하는 국민대표자를 주권자인 국민의 자유로운 의사를 통해 선출함으로써 국가기관과 그 권한에 '민주적 정당성'(demokratische Legitimität)을 부여하는 기능을 수행한다. 또한 그 선거과정을 통하여 국민의 정치적 의사가 표현되고, 정치적 기본권이 행사됨으로써 국민의 정치참여를 실현하는 기능과 함께 선거를 통해 국민은 의회와 행정부에 대한 정치적 통제기능을 수행하며 평화적 정권교체가 이루어지게 함으로써 민의(民意)에 의한 정치를 가능하게 한다. 그러나 선거가 공정하지 못하고 부정·타락·금권선거로 전락하게 되면 선거는 폭력적 지배와 금권정치를 정당화시켜 주는 도구에 불과할 뿐이다.

3. 선거의 법적 의의

법적 의미에 있어서 선거란 선거인단을 구성하는 국민의 다수인이 그 협동행위에 의하여 공무원을 선정하는 행위라고 정의할 수 있다. 국회의원선거의 경우, 선거란 국민의 다수인이 전체로써 선거인단을 구성하여 의원의 전체를 선정하는 것이므로 그것은 선거인단이라고 하는 국가기관에 의하여 의원이라는 국가기관을 창설하는 행위를 의미한다. 헌법 제41조는 "국회는 국민의 보통·평등·직접·비밀선거에 의하여 선출된 국회의원으로 구성한다"라고 규정하고 있는데, 여기의 국회의원은 그를 선출한 선거인 또는 선거구의 대리인이나 수임자가 아니고 전체 국민의 대표자로서의 지위를 갖는 것을 의미한다. 이 원리는 중세의 등족회의의 강제위임의 관념을 부인하고 근대 의회제의 원리로서 이른바 무기속위임 내지 강제위임 금지의 관념을 도입한 것이다. 따라서 국회의원은 선거인의 명령이나 지시에 구속되지 않고 전국민의 대표자의 지위에서 오로지 자기의 양심에 따라 자유롭게 활동하게 된다.[1)]

국민이 대표자를 선출하는 행위는 국민이 갖고 있는 주권 그 자체를 대표자에게 위임하는 것이 아니라 단지 주권의 행사를 위임하는 데 불과하고, 주권은 국민 전체에 속하는 불가분의 것이므로 주권행사에 있어서도 개개인이 개별적으로 위임하는 것이 아니라 전체 국민이 의원 전체에 위임하는 것을 의미한다. 이것은 근대적 의미의 대표관계를 특징짓는 것으로서 전국민에 의해 의회 전체에 부여된 주권행사의 집합적 위임을 뜻하는 것이다.

---

1) 이러한 무기속위임의 원칙 내지 자유위임의 원칙은 우리 헌법에 명문규정을 두고 있지 않으나 헌법 제46조 제2항의 "국회의원은 국가이익을 우선하여 양심에 따라 직무를 행한다"라는 규정과 제45조의 국회의원의 면책특권에 관한 규정도 이 원칙과 직접 관련된 조항이라 할 수 있다.

4. 헌법상 선거제도의 보장

우리 헌법은 대의제 원리의 필수적 구성요소로서 선거제도를 보장하고 있다. 헌법 제41조 제1항과 제67조 제1항은 국회의원선거와 대통령선거에서의 보통·평등·직접·비밀선거의 원칙을 규정하고 있으며, 제116조 제1항은 선거운동의 기회균등을 보장하고 있고, 동조 제2항은 선거공영제를 보장하고 있다.

이러한 선거제도의 헌법적 보장은 국가권력에 의해서 제도의 본질을 훼손하거나 침해할 수 없다는 것을 의미하며, 법률로써 선거제도의 구체적인 내용을 자유로이 형성할 수 있다고 하더라도 그 본질을 훼손하지 않는 범위 내에서 입법형성의 자유가 보장되는 것을 의미한다. 따라서 선거의 기본원칙을 침해하는 입법은 허용될 수 없으며, 선거운동의 기회균등 보장과 선거공영제의 헌법정신이 훼손되는 법률도 입법형성의 자유의 한계를 벗어나는 것으로 허용되기 어렵다.

Ⅱ. 선거의 기본원칙

헌법은 제41조 제1항과 제67조 제1항에 선거제도의 기본원칙으로 보통·평등·직접·비밀선거의 원칙을 규정하고 있다. 자유선거의 원칙은 우리 헌법에 명문규정을 두고 있지 아니하나 이는 근대 선거법의 기본원칙으로 당연히 인정되는 것이다.

1. 보통선거의 원칙

보통선거의 원칙은 제한선거에 대응하는 개념으로 일정한 연령에 달한 모든 국민은 원칙적으로 선거에 참여한다는 것을 의미한다. 즉 보통선거란 재산·신분·인종·종교·성별·교육 등을 요건으로 하지 아니하고 일정 연령에 달한 모든 자에게 선거권을 인정하는 제도를 말한다.

보통선거의 원칙은 평등선거의 원칙과 함께 일반적 평등원칙과의 관계에서 볼 때 특수적 평등원칙으로서의 의의를 갖는다. 즉 일반적 평등원칙은 동일한 조건하에서는 동일하게 취급하고 다른 조건하에서는 다르게 취급하는 상대적 평등을 의미하지만, 보통선거의 원칙은 국민 개개인의 속성으로 갖고 있는 각자의 차이에 관계없이 원칙적으로 모든 국민에게 선거권을 보장하도록 하는 것이다. 또한 보통선거의 원칙은 평등선거의 원칙과도 구별되는데, 전자는 실질적인 면에서 '선거권의 유무(有無)'에 관하여 차별을 금지하지만, 후자는 주로 '선거권의 내용'에 관하여 차별을 금지하는 것이다.

보통선거에서 선거권연령을 몇 세로 할 것인가의 문제는 입법자가 그 나라의 역사, 전통과 문화, 국민의 의식수준, 교육적 요소, 미성년자의 신체적·정신적 자율성, 정치적·사회적 영향 등 여러 가지 사항을 종합하여 결정하는 것이므로 그것은 입법자의 입법목적 달성을 위한 선택의 문제이고, 입법자가 선택한 수단이 현저하게 불합리하고 불공정한 것이 아닌 한 재량에 속하는 것이라 할 수 있다.[1)]

2. 평등선거의 원칙

평등선거는 차등선거에 대응하는 개념으로 선거권의 행사와 내용에 있어서의 평등을 의미한다. 즉 평등선거의 원칙은 모든 유권자는 개개인이 똑같은 수의 표를 행사하고, 그 투표가치도 평등해야 한다는 '1인1표'(one person, one vote)와 '1표1가'(one vote, one value)의 원칙을 의미한다.

그러나 오늘날 투표가치의 평등과 관련하여 문제가 되는 것은 선거구획정에 따른 각 선거구 간의 투표가치의 평등 문제이다. 즉 선거구획정으로 선거구 간의 인구불균형이 지나치게 되면 선거구 주민의 1표의 가치가 다른 선거구의 1표에 비해 크게 저하되는 경우가 발생하게 된다. 이러한 불평등한 인구비례에 따른 선거구획정은 선거인의 투표가치의 평등을 침해하는 것으로, 이는 곧 평등선거의 원칙에 위배되는 것이다. 요컨대 평등선거의 원칙은 선거권을 행사하는 선거인이 다른 선거인과 평등하게 투표하는 것을 요구할 뿐만 아니라, 유효하게 투표된 한 표는 다른 한 표와 평등하게 평가되어야 한다는 것, 다시 말하면 각 표는 원칙적으로 다른 표와 동등한 능력 또는 동등한 영향력을 행사해야 하는 것을 요청한다.

헌법재판소는 이 점에 관하여 국회의 선거구획정에 관한 입법형성의 자유를 인정하면서도 그 한계를 명확히 제시하고 있다. 1995년의 헌법재판소 결정에서는 국회의원지역선거구간 상한인구수와 하한인구수의 비율이 '4 : 1'(평균인구수 기준 상하 60% 편차)을 초과할 때에는 위헌이라고 판시하였으나, 2001년 결정에서는 그 합헌성의 기준을 엄격히 하여 '3 : 1'(평균인구수 기준 상하 50% 편차)을 초과하게 되면 위헌이라고 판시하였다. 그 후 2014년 결정에서는 최대선거구와 최소선거구의 인구비율이 '2 : 1'(평균인구수 기준 상하 $33\frac{1}{3}$% 편차)이 넘는 선거구획정은 헌법에 합치되지 않는다고 판시하였다.[2)]

그러나 헌법재판소는 지방선거의 경우 시·도의회의원 선거구획정의 위헌 여부에 관하여 국회의원선거와 조금 다른 관점에서 선거구획정의 고려요소를 감안하여 선거구간 인구편차의 허용기준을 평균인구수 기준 상하 60%(상한인구수와 하한인구수 비율 4 : 1)로 판단하

1) 헌재 2001. 6. 28. 2000헌마111.
2) 헌재 2014. 10. 30. 2012.헌마190등.

고 있다. 즉 "시·도의원은 지방주민 전체의 대표이면서 지역대표성도 겸하고 있고, 인구의 도시집중으로 인한 도시와 농어촌 간의 인구편차와 각 분야에 있어서의 개발불균형이 존재하는 우리나라의 특수성을 고려할 때 시·도의원의 선거구획정에 있어서는 행정구역 등도 인구비례원칙에 못지않게 함께 고려해야 할 필요성도 크다고 할 것이다"라고 판시하고 있다.[1] 도시와 농어촌 간의 심각한 인구불균형과 시·도의원의 강한 지역대표성을 고려할 때 국회의원선거와 지방선거에 있어 선거구획정의 고려요소와 인구편차의 허용기준에 차이를 두는 헌법재판소의 입장은 타당하다고 본다.

3. 직접선거의 원칙

직접선거는 간접선거에 대응하는 개념으로 선거인이 직접 대표자를 선출하는 제도를 의미한다. 간접선거는 일반선거인이 직접 대표자를 선출하지 아니하고 일반선거인에 의해 선출된 중간선거인의 투표에 의해 대표자를 선출하는 것을 말한다.

간접선거제의 근저에는 전통적으로 강한 우민(愚民)사상이나 대중불신이 자리잡고 있었던 것으로, 유권자 대중은 일반적으로 지성과 교양에 있어서 부족하며 선동에 따라 휩쓸리고 일시적인 감정과 이해에 따라 움직이기 때문에 냉정하고 올바른 판단을 내릴 수 없다는 것을 전제로 행해져 온 것이다. 그러나 오늘날 교육보급의 고도화, 평등주의사상의 보급, 메스컴의 발달 등에 의해 대중의 지적 수준과 사회참가가 향상됨에 따라 간접선거제는 그 근거를 상실하게 되었고, 특히 정당의 발달은 일반유권자의 후보자의 경향성에 대한 판단을 가능하게 만들게 됨에 따라 19세기 후반부터 간접선거제는 직접선거제로 전환하게 되었다.

따라서 오늘날 국민주권원리상 국민의 대표자에 대한 민주적 정당성의 부여는 오직 국민의 직접적 의사에 따라 이루어지지 않고 선거권자의 의사에 따라 이루어져야 함을 의미한다. 유권자의 직접적 의사에 의한 방법만 허용하게 되므로 간접선거제는 국민주권원리에 반하게 된다.

헌법재판소는 비례대표제 하에서 선거결과의 결정에는 정당의 의석배분이 필수적인 요소를 이루는 것이므로, 비례대표제를 채택하는 한 직접선거의 원칙은 의원의 선출뿐만 아니라 정당의 비례적인 의석 확보도 선거권자의 투표에 의하여 직접 결정될 것을 요구하는 것이라고 판시하였다.[2]

---

1) 헌재 2007. 3. 29. 2005헌마985등.
2) 헌재 2001. 7. 19. 2000헌마91등.

4. 비밀선거의 원칙

비밀선거는 공개선거에 대응하는 원칙으로 선거인의 투표내용을 누구에게도 공개하지 않는다는 원칙을 말한다. 선거인이 후보자를 자유롭게 선택하기 위해서는 투표내용에 관한 지식을 본인에 한정할 필요가 있기 때문에 비밀선거원칙은 선거인이 누구에게 투표하였는가를 타인이 알지 못하도록 투표를 행하는 것을 보장한다. 비밀선거의 원칙은 자유선거의 원칙과 밀접한 관련을 갖는 것으로 비밀선거는 선거 자유의 제도적 보장이라 할 수 있다.

공직선거법은 비밀선거의 원칙에 관한 명문규정을 두고 있다. 그리하여 선거인은 자신이 기표한 투표지를 공개할 수 없으며 공개된 투표지는 무효로 한다. 선거인은 투표한 후보자의 성명이나 정당명을 어떠한 경우에도 누구에게도 진술할 의무가 없으며, 누구든지 선거일의 투표마감 시각까지 이를 질문하거나 그 진술을 요구할 수 없다(제167조).

5. 자유선거의 원칙

자유선거의 원칙은 근대 선거법의 기본원리의 하나로서 헌법상 명문규정이 없더라도 국민주권과 의회제 민주주의원리 및 선거권에 관한 규정 등에서 당연히 인정되는 것이다. 자유선거의 원칙은 '선거의 자유'(Freiheit der Wahl)를 보장한다. 선거의 자유는 협의에 있어서는 선거인이 외부로부터 직접·간접의 강제 또는 부당한 압력을 받지 않고 선거권을 행사하는 투표의 자유를 보장한다. 광의에 있어서 선거의 자유는 선거과정 총체에 있어서의 자유를 의미하며 여기에는 입후보의 자유와 선거운동의 자유가 포함된다. 헌법재판소도 자유선거의 원칙은 선거의 전 과정에서 요구되는 선거권자의 의사형성의 자유와 의사실현의 자유를 말하고, 구체적으로는 투표의 자유, 입후보의 자유, 나아가 선거운동의 자유를 뜻한다고 판시한 바 있다.[1)]

투표의 자유는 국가기관과의 관계에서 보장되어야 하는 것은 물론이고 사인간의 관계에서도 보장되어야 한다. 또한 투표의 자유는 후보자선택의 자유뿐만 아니라 후보자 불선택의 자유도 보장하는 것으로, 이 점에서 강제투표제는 정당화되기 어렵다. 왜냐하면 기권에 의한 후보자선택의 소극적 판단도 주권자 의사의 표시라고 볼 수 있기 때문이다.

광의의 선거의 자유에 있어서 입후보의 자유는 국민주권원리와 직결되는 피선거권의 행사로서의 측면에서 그 자유는 원칙적으로 보장되며 예외적으로 그에 대한 제한이 허용된다. 선거운동의 자유는 민주주의사회의 필요적 구성요소로서, 그것은 헌법상 주관적으로는 표현의 자유의 일환으로서, 객관적으로는 자유선거 원칙의 타당 대상으로서 보장된다. 선거

---

1) 헌재 1994. 7. 29. 93헌가4등.

운동의 자유는 후보자에게는 그의 정견 등을 선거인에게 호소하는 수단이며, 선거인에게도 후보자의 선택을 판단하는 유력한 수단이 되는 것이므로 그 자유는 최대한 보장되어야 한다. 따라서 선거운동에 대한 법적 규제는 선거의 자유와 공정을 확보하기 위한 최소한도의 범위 안에서 인정되어야 하며 선거운동의 지나친 규제는 자유선거의 원칙에 위배되는 문제가 제기될 수 있다.

Ⅲ. 선거법의 이념으로서 선거의 자유와 공정

선거제도는 국민주권원리에 기초하여 국민의 자유로운 의사에 따라 국민의 대표기관을 구성하는 방법을 의미하므로 선거가 자유롭게 행해지지 않으면 그 선거의 민주적 정당성을 부여받을 수 없다. 또한 선거과정은 공정하고 중립적인 기관에 의해 관리되어야 정당화될 수 있으므로 여기에 선거의 자유와 공정의 확보는 선거법제의 기본이념이며 목적이라 할 수 있다.

따라서 선거는 원칙적으로 자유로운 선거운동을 통해서 행해져야 하지만 동시에 모든 선거인, 후보자, 정당에 선거운동을 실질적으로 평등하게 보장하기 위한 선거의 공정이 확보되어야 한다. 이를 위해서는 기본적으로 선거운동의 '기회균등'(equal chance)이 보장되어야 하며, 선거과정의 모든 단계에서 엄격한 정치적 중립성이 준수되어야 하는 것이 요구된다. 그리하여 권력이나 금력에 의한 불공정한 선거운동에 대하여 엄중한 제재를 가함으로써 이를 금지시키고 선거의 부패화를 실효적으로 방지할 수 있는 것이다. 말하자면 선거는 본래 자유로워야 하는 것이지만 동시에 그것은 공정하게 행해져야 하며, 그렇다고 해서 선거의 공정을 확보하기 위하여 선거운동의 규제가 선거운동의 자유를 본질적으로 침해하여서는 안 된다. 따라서 선거의 자유와 공정을 어떻게 조화롭게 실현시킬 것인가가 선거법의 과제라 할 수 있다.

민주적 선거제도에 있어서 선거의 자유는 국민의 자유로운 의사형성을 전제로 하는 것이므로 이 선거의 자유 없이 선거의 공정을 기대한다는 것은 무의미하기 때문에 선거 자유의 가치는 선거 공정의 가치에 우선하거나 적어도 그것과 동등한 지위에서 보장되어야 한다고 할 것이다. 선거의 자유가 보장되는 헌법적 근거로는 국민주권의 원리와 대의제 민주주의, 참정권 보장에서 찾을 수 있으며, 선거의 기본원칙의 하나로서 자유선거의 원칙도 선거의 자유를 보장하는 헌법적 근거가 된다.

우리의 종래 선거법제의 내용을 보면 선거의 공정을 확보한다는 명분하에 선거의 자유를 지나치게 제한해 왔으며, 특히 표현활동을 통한 선거운동에 대한 광범위한 제한이 행해지고 있는 것이 문제점으로 지적될 수 있다. 선거의 공정성 확보는 선거의 자유 보장을 전제로 하여 이 선거의 자유를 실질적으로 보장하기 위해 선거과정에서의 후보자간·정당간의 불공정하고 불공평한 경쟁이 되지 않도록 선거비용에 대한 법적 규제를 철저하게 하는 것이 중요하다.

우리 헌법재판소는 선거의 두 이념으로서 선거의 자유와 공정을 인정하면서 자유와 공정의 두 이념이 슬기롭게 조화되어야 한다는 입장을 밝히고 있으나, 선거관련 판례를 분석해 보면 선거의 자유보다 공정에 무게를 더 두고 있는 것이 아닌가 하는 의문이 없지 않다.

Ⅳ. 현행법상 선거제도의 내용

1. 헌법상 선거운동의 기회균등과 선거공영제의 원칙

헌법은 제116조 제1항에 "선거운동은 각급 선거관리위원회의 관리하에 법률이 정하는 범위 안에서 하되, 균등한 기회가 보장되어야 한다"라고 규정하여 선거운동의 기회균등을 보장하고 있다. 제2항에서는 "선거에 관한 경비는 법률이 정하는 경우를 제외하고는 정당 또는 후보자에게 부담시킬 수 없다"라고 규정하여 선거공영제를 채택하고 있다. 선거비용의 국가부담주의 원칙은 선거의 공정성과 선거운동에 있어서의 기회균등을 보장하고 나아가 선거비용의 낭비를 억제하는 데 그 기본취지가 있다.

헌법상의 선거공영제의 원칙을 구체화하고 있는 공직선거법의 내용을 보면, 선거공영제의 전제로서 법적으로 허용되는 선거운동의 방법을 제한하고 그 한정된 선거운동을 위한 선거비용을 일정한 조건하에서 국가가 부담하는 방식을 취하고 있다. 이러한 선거공영제의 방식은 선거운동의 자유를 지나치게 제한하게 되는 문제가 있다. 선거공영제가 선거운동의 제한에 대한 반대급부로 인정되는 것은 아니며, 선거의 공정을 확보하기 위한 선거공영제가 선거의 자유를 침해해서는 안 되기 때문에 선거의 자유는 선거공영제와 관계없이 확대되어 나가야 한다고 본다. 또한 우리의 선거공영제는 대정당의 후보나 기성정치인에게 유리하고 소정당의 후보나 정치신인에게 불리한 제도라는 점에서 문제가 있다. 현행 선거공영제는 우선 선거과정에서 후보자가 먼저 선거비용을 지출하고 사후에 국고로부터 보전(補塡)받는 방식을 취하고 있으며, 그 선거비용 보전은 당해 선거에서 후보자가 얻은 일정한 득표수[1])를 요건으로 하고 있기 때문에 이러한 엄격한 보전요건의 선거공영제는 사실상 선거에 처음 출마한 약체후보에게 훨씬 불리한 제도가 되는 문제가 있다.[2])

1) 공직선거법 제122조의2 제1항은 대통령선거와 지역구 국회의원선거 및 지방선거에서 당선되거나 유효투표총수의 100분의 15 이상을 득표한 경우는 후보자가 지출한 선거비용 전액을 보전받지만, 후보자의 득표수가 유효투표총수의 100분의 10 이상 100분의 15 미만인 경우에는 선거비용의 50%만 보전받을 수 있도록 규정하고 있다.
2) 선거공영제의 문제점에 관하여는 정만희, 헌법과 통치구조, 법문사, 2003, 435면 이하.

공직선거법은 선거비용 보전에 관하여 대통령선거와 국회의원선거에 있어서 후보자가 유효투표총수의 100분의 10 이상의 득표수를 얻은 경우 국가가 선거일 후 선거비용 전액 또는 반액을 보전하고 있으나, 예비후보자의 경우 예비후보자의 선거운동비용은 보전하지 아니한다고 규정하고 있다(제122조의2 제1항, 제2항). 이러한 예비후보자의 선거비용 보전 제한조항에 대하여 헌법재판소는 선거가 조기에 과열되거나 불필요한 선거운동이 남용되어 선거과정이 혼탁해지는 것을 방지하는 한편, 선거공영제를 운영함에 있어 국가예산의 효율적 집행을 도모하기 위한 것으로 입법목적이 정당하고 과잉금지원칙에 위반되지 않으므로 선거운동의 자유를 침해하는 것이 아니라고 판시하였다.[1)]

예비후보자의 후원회제한과 관련하여 헌법재판소는 2019년 12월 27일 특별시장·광역시장·특별자치시장·도지사 등 광역자치단체장 선거와 자치구의 지역구의회의원 선거의 예비후보자를 후원회지정권자에서 제외하고 있는 정치자금법 조항에 관한 헌법소원심판청구사건에서 광역자치단체장선거의 예비후보자의 평등권을 침해한다고 하여 헌법불합치결정을 하였고, 자치구 지역구의회의원의 예비후보자에 관한 부분은 기각하였 다. 이 사건에서 헌법재판소는 "후원회제도 자체가 광역자치단체장의 직무수행의 염결성을 저해하는 것으로 볼 수는 없고, 광역자치단체장의 직무수행의 염결성은 후원회제도가 정치적 영향력을 부당하게 행사하는 통로로 악용될 소지를 차단하기 위한 정치자금법의 관련규정, 즉 후원인이 후원회에 기부할 수 있는 금액의 제한 규정(제11조), 후원금의 구체적 모금방법에 대한 규정(제14조 내지 제18조), 정치자금법상 후원회에 관한 규정을 위반한 경우의 처벌규정(제45조 제1항, 제2항, 제46조, 제51조) 등을 통한 후원회 제도의 투명한 운영으로 확보될 수 있다. 그동안 정치자금법이 여러 차례 개정되어 후원회지정권자의 범위가 지속적으로 확대되어 왔음에도 불구하고, 국회의원선거의 예비후보자 및 그 예비후보자에게 후원금을 기부하고자 하는 자와 광역자치단체장선거의 예비후보자 및 이들 예비후보자에게 후원금을 기부하고자 하는 자를 계속하여 달리 취급하는 것은, 불합리한 차별에 해당하고 입법재량을 현저히 남용하거나 한계를 일탈한 것이다"라고 판단하고 있다.[2)]

2. 공직선거법상 선거제도의 기본내용

(1) 선거권자

각급 공직선거에 참여할 수 있는 선거권자는 만 18세 이상의 대한민국 국민이다. 선거연령에 관하여는 2019년 12월 '공직선거법' 개정으로 종전의 19세에서 18세로 낮추어 규정

1) 헌재 2018. 7. 26. 2016헌마524.
2) 헌재 2019. 12. 27. 2018헌마301.

하였다(동법 제15조 제1항). 외국인은 원칙적으로 선거권의 주체가 될 수 없다. 다만 외국인의 경우에도 법률에 의하여 한정적인 범위에서 지방선거의 선거권을 인정할 수 있다. 2005년 공직선거법 개정으로 지방의회의원 및 지방자치단체장 선거에서 외국인에 대하여도 영주권 취득 후 3년이 지나면 선거권을 인정하고 있다(동법 제15조).

해외에 거주하는 재외국민의 경우 선거권을 부정하는 것은 헌법 제37조 제2항의 과잉금지원칙에 위반되어 재외국민의 선거권과 평등권을 침해하는 것이 된다. 1999년 헌법재판소는 국내에 주민등록이 안 된 재외국민의 선거권을 제한하는 공직선거법 규정이 합헌이라고 결정한 바 있으며, 주민등록이 되어 있는 해외거주자의 부재자투표권을 부인한 것도 위헌이 아니라고 하였다. 그러나 2007년에 헌법재판소는 판례를 변경하여 재외국민의 선거권을 전면적으로 부정하는 것은 재외국민의 선거권과 평등권을 침해하고, 헌법상 보통선거의 원칙에도 위반된다고 판시하였다. 헌법재판소는 단지 주민등록이 되어 있는지 여부에 따라 선거인명부에 오를 자격을 결정하여 그에 따라 선거권 행사 여부가 결정되도록 함으로써, 엄연히 대한민국의 국민임에도 불구하고 주민등록법상 주민등록을 할 수 없는 재외국민의 선거권 행사를 전면적으로 부정하는 것은 그에 대한 정당한 목적을 찾기 어렵다고 하여 헌법불합치결정을 한 것이다.[1] 이 헌법재판소 결정 이후 공직선거법이 개정되어 재외국민의 국정선거권이 인정되었으며, 해외체류자의 부재자투표도 허용되었다. 그리하여 주민등록법상 주민등록이 되어 있지 않고 국내거소신고도 하지 않은 국민, 즉 재외선거인은 대통령선거와 임기만료에 의한 비례대표국회의원선거의 투표권을 갖는다. 다만 국회의원선거에 있어서 국내에 주민등록이 되어 있지 않고 거소신고도 하지 않은 재외선거인에게는 지역구국회의원 선거권을 제한하였다(동법 제15조 제1항).

헌법재판소는 주민등록이 되어 있지 않고 국내거소신고도 하지 않은 재외국민에게 임기만료 지역구국회의원 선거권을 인정하지 않은 공직선거법 조항에 대하여 재외선거인의 선거권을 침해하는 것이 아니라고 합헌결정을 하였다. 즉 지역구국회의원은 국민의 대표임과 동시에 소속지역구의 이해관계를 대변하는 역할을 하고 있으므로, 전국을 단위로 선거를 실시하는 대통령선거와 비례대표국회의원선거에 투표하기 위해서는 국민이라는 자격만으로 충분한 데 반해, 특정한 지역구의 국회의원선거에 투표하기 위해서는 '해당 지역과의 관련성'이 인정되어야 하기 때문에 주민등록과 국내거소신고를 기준으로 지역구국회의원선거권을 인정하는 것은 해당 국민의 지역적 관련성을 확인하는 합리적인 방법이라고 판시하였다. 그러나 재외선거인이 대한민국 국민임에도 불구하고 주민등록이나 국내거소신고가 되어 있지 않다는 이유로 국민투표권을 행사할 수 없도록 한 것에 대하여는 재외선거인의

1) 헌재 2007. 6. 28. 2004헌마644등.

국민투표권을 침해한 것이라고 판시하였다.[1]

선거권의 제한과 관련하여 특히 문제가 되는 것은 수형자나 집행유예기간에 있는 자에 대한 선거권제한의 문제이다. 헌법재판소는 2014년 1월 28일 결정에서 집행유예자와 수형자의 선거권을 제한하는 공직선거법 제18조 제1항 제2호와 형법 제43조 제2항 중 집행유예기간 중인 자에 관한 부분은 청구인들의 선거권을 침해하고 헌법상의 보통선거의 원칙에 위반하여 집행유예자와 수형자를 차별취급하는 것으로 평등의 원칙에도 어긋나 헌법에 위반된다고 판시하였다. 다만 수형자의 선거권제한은 입법형성의 범위 내에 있다고 점을 고려하여 헌법불합치결정을 선언하였다.[2]이 헌법불합치결정에 따라 2015년 8월 개정된 공직선거법은 1년 이상의 징역의 형의 선고를 받고 그 집행이 종료되지 아니한 사람의 선거권을 제한하는 것으로 규정하였는데(제18조 제1항 제2호), 이 제한규정에 대해서도 헌법소원심판 이 청구되었는데, 헌법재판소는 2017년 5월 25일 결정에서 과잉금지의 원칙에 위반하여 수형자의 선거권을 침해하는 것이 아니라고 판시하였다.[3]

(2) 선거구와 의원정수

대통령 및 비례대표국회의원은 전국을 단위로 하여 선거하며, 지역구국회의원은 당해 의원의 선거구를 단위로 하여 선거한다. 국회의원지역구의 공정한 획정을 위하여 국회의원 임기만료에 따른 국회의원선거의 선거일 전 18개월로부터 해당 국회의원선거에 적용되는 국회의원지역구의 명칭과 그 구역이 확정되어 효력을 발생하는 날까지 국회의원선거구획정위원회를 설치·운영한다(공직선거법 제24조 제1항). 국회의원선거구획정위원회는 중앙선거관리위원회에 두되, 직무에 관하여 독립의 지위를 가진다(동법 제24조 제2항).[4]

국회의원선거구획정위원회는 중앙선거관리위원장이 위촉하는 9명의 위원으로 구성하되, 위원장은 위원 중에서 호선한다. 국회의원선거구획정위원회의 위원은 국회의 소관 상임위원회 또는 선거구획정에 관한 사항을 심사하는 특별위원회가 중앙선거관리위원회위원장이 지명하는 1명과 학계·법조계·언론계·시민단체·정당 등으로부터 추천받은 사람 중 8명을 의결로 선정하여 국회의원선거구획정위원회 설치일 전 10일까지 중안선거관리위원회위원장에게 통보하여야 한다(공직선거법 제24조 제4항). 국회의원선거구획정위원회는 재적위원 3분의 2 이상의 찬성으로 의결한 선거구획정안을 임기만료에 따른 국회의원선거의 선거일

1) 헌재 2014. 7. 24. 2009헌마256등.
2) 헌재 2014. 1. 28. 2012헌마409등.
3) 헌재 2017. 5. 25. 2016헌마292등.
4) 선거구획정위원회의 직무의 독립성을 확보하기 위해 그 소속을 중앙선거관리위원회에 두도록 한 것은 2016년 3월 공직선거법 개정에 의한 것이다. 그 이전의 구법 하에서는 선거구획정위원회가 국회 소속으로 되어 있었으며 국회의장이 교섭단체대표의원과 협의하여 11인 이내의 위원으로 구성하였다.

전 13개월까지 국회의장에게 제출하여야 한다(동법 제24조 제11항).

국회의장은 선거구획정안을 위원회에 회부하고 선거구획정안을 회부받은 위원회는 이를 지체없이 심사하여 국회의원지역구의 명칭과 그 구역에 관한 규정을 개정하는 법률안을 제안하여야 한다. 이 경우 위원회는 국회의원선거구획정위원회가 제출한 선거구획정안을 그대로 반영하되, 제25조 제1항의 기준에 명백하게 위반된다고 판단하는 경우에는 그 이유를 붙여 재적위원 3분의 2 이상의 찬성으로 국회의원선거구획정위원회에 선거구획정안을 다시 제출하여 줄 것을 한 차례만 요구할 수 있다(공직선거법 제24조의2 제1항~제3항).[1]

국회의 의원정수는 제18대 국회까지는 지역구국회의원 245인과 비례대표국회의원 54인을 합하여 299인을 유지해 왔으나, 2012년 공직선거법은 부칙 개정으로 지역구의석을 1석 늘려 의원정수가 300인으로 증가하게 되었다.[2] 2016년 공직선거법 개정으로 지역구국회의원 253인, 비례대표국회의원 47인으로 변경되었으며, 2019년의 공직선거법은 지역구의석 253석과 비례대표의석 47석은 그대로 유지하면서, 이른바 준연동형 비례대표제를 채택하였다. 2024년 4월 10일 제22대 총선에서는 지역구의석이 1석 증가한 254석과 비례대표의석 46석으로 조정하였다.

(3) 비례대표제와 의석배분

국회의원 선거제도는 헌법 제41조 제3항에 근거하여 지역구와 비례대표제를 혼합하여 채택하고 있다. 비례대표제는 오늘날 정당제 민주주의 하에서 각 정당의 지지도에 비례하여 국회의원 의석을 배분하는 선거제도로서 일반적으로 인물 중심의 지역선거구제를 기본으로 하면서 정당명부식 비례대표제의 혼합형을 채택하고 있다. 영국이나 미국과 같은 양당제가 확립된 국가에서는 비례대표제가 채택되지 않고 있으며, 독일 등 유럽의 다당제 국가에서 비례대표제를 유지하고 있다.

비례대표국회의원선거의 경우 각 정당별 의석배분요건에 관한 '저지조항' 내지 '봉쇄조항'(Sperrklausel)을 두어 중앙선거관리위원회가 비례대표국회의원선거에서 유효투표총수의

---

1) 공직선거법이 2016. 3. 개정되기 전의 구법에서는 선거구획정위원회의 획정안을 '존중'하여야 한다고 규정하였으나 개정법률에 의해 선거구획정위원회의 획정안을 '그대로 반영'하는 것을 원칙으로 하게 됨으로써 선거구획정위원회의 기능이 강화되고 선거구획정안의 국회에 대한 기속력을 상당한 수준으로 향상시키게 되었다고 할 수 있다. 그러나 선거구획정위원회는 상설기구가 아니라 선거 때마다 일시적으로 운영되는 것이므로 선거구획정에 관한 충분하고도 신중한 관련자료와 정보의 조사·검토, 선거구주민의 의견수렴을 위한 공청회활동 등을 통한 합리적인 선거구획정안을 작성하는 것이 곤란하다고 할 수 있다. 선거구획정위원회의 원안이 실질적인 권고안으로서 국회를 사실상 기속하기 위해서는 획정위원회의 구성이 중립적인 제3자기관으로 설치되어야 할 뿐만 아니라 그 위원회가 영국, 독일 등과 같이 상설기구로 운용되어야 하는 것이 필요하다. 상세한 내용은 정만희, "선거구획정의 기본문제", 공법학연구 제13권 제3호, 2012, 117면 이하.

2) 2012. 2. 29. 개정된 공직선거법 부칙 제3조는 국회의 의원정수에 대한 특례를 인정하여 2012년 4월 실시되는 국회의원선거에서는 세종특별자치시가 새로이 설치되는 것을 고려하여 의원정수를 300인으로 한다고 규정하였다.

'100분의 3' 이상을 득표하였거나 지역구국회의원총선거에서 5석 이상의 의석을 차지한 각 정당에 대하여 당해 의석할당정당이 비례대표국회의원선거에서 얻은 득표비율에 따라 비례대표의석을 배분한다(동법 제189조 제2항). 비례대표의원후보에 대한 투표는 2004년 공직선거법 개정으로 1인2표제가 채택됨에 따라 유권자는 1표를 지역구 후보자에게 투표하고 나머지 1표는 정당이 제출한 비례대표후보자명부에 투표한다. 2004년 개정 공직선거법 이전 구법상의 1인1표제는 정당명부에 투표하는 것이 아니고 지역구후보에 대한 투표를 정당에 대한 투표로 간주한 것으로서 유권자의 진정한 의사가 반영되지 못하여 민주주의원리와 직접선거의 원칙에 위배되며, 무소속후보자에 투표한 경우에는 그 투표는 비례대표의원의 선출에는 전혀 기여를 하지 못하여 투표가치의 불평등을 발생하므로 평등선거의 원칙에 위배되는 것이었다. 그리고 구법상의 비례대표제 의석배분에 관한 저지조항의 내용인 '5% 득표율'이나 '5석 이상의 의석수'에 대해서도 위헌문제가 제기되었으나 헌법재판소는 그 저지조항의 기준이 과도한지에 대해서는 판단하지 않고, 정당투표를 전제로 하지 않는 1인1표제하의 저지조항은 정당에 대한 정확한 지지도를 반영하지 못한다고 하여 평등원칙위배를 이유로 위헌으로 결정한 바 있다.[1)]

2019년 12월 개정된 공직선거법은 비례대표의석의 배분방식으로 이른바 '준연동형 비례대표제'를 채택하였는데, 이 제도는 종전의 '소선거구·비례대표 병립제'와는 구별되는 것이다. 새로 채택된 준연동형 비례대표제에 의한 각 의석할당정당별 의석배분방식을 보면, 먼저 국회의원정수(300명)에서 의석할당정당이 추천하지 않은 지역구국회의원당선인수를 뺀 수에다 해당 정당의 비례대표국회의원선거 득표비율을 곱한 수에서 해당 정당의 지역구국회의원당선인수를 뺀 수의 '2분의 1'을 연동배분의석수로 한다. 이 방식에 따른 각 정당별 연동배분의석수의 합계가 비례대표국회의원의석정수에 미달할 경우 각 의석할당정당에 배분할 잔여의석수는 비례대표국회의원정수에서 각 연동배분의석수 합계를 뺀 수에다 비례대표국회의원선거 득표비율을 곱한 수로 한다(동법 제189조 제2항 제1호, 제2호).

이러한 방식의 준연동형 비례대표제는 소수 정당이 비례대표의석을 확보하는데 유리하도록 지역구에서 의석을 많이 얻은 정당이 비례대표의석을 적게 가져가도록 설계된 것이었으나, 실제로는 이른바 '위성정당'의 출현으로 본래의 취지는 크게 변질·왜곡되고 말았다. 이러한 준연동형 비례대표제는 연동형 비례대표제의 원형인 독일식 비례대표제와는 본질적인 차이가 있다.

독일의 경우 지역구 의석수와 비례대표 의석수가 동일하며, 유권자의 제2투표에 의한 정당의 득표율에 연동하여 당해 정당의 총의석수가 결정되고 그 의석수 내에서 당해 정당이

1) 헌재 2001. 7. 19. 2000헌마91등.

지역구에서 얻은 의석수를 제외한 나머지를 비례대표명부에서 추가하는 방식을 취한다. 만일 지역구에서 획득한 의석수가 정당득표율에 따라 결정된 의석수보다 많은 경우에는 초과의석이 발생하게 됨으로써 총선거 결과 의원정수는 변동이 있게 된다. 초과의석은 정당득표율에 비해 과다의석을 갖게 되는 것이므로 이 경우 나머지 정당들에게 추가로 조정의석을 배분해 정당 간 득표율에 따른 의석수의 균형을 이루도록 한다.[1] 이에 비해 우리의 준연동형은 정당득표율에 따라 해당 정당의 총의석수가 정해지는 것이 아니며, 더욱이 비례대표의석수는 전체 의석수의 6분의 1도 되지 않는 작은 부분(총300석 중 46석)에 불과하다.[2]

(4) 후보자의 추천

정당은 각급 공직선거에 있어서 선거구별로 선거할 정수 범위 안에서 소속당원을 후보자로 추천할 수 있다. 다만 비례대표자치구·시·군의원의 경우에는 그 정수 범위를 초과하여 추천할 수 있다. 정당이 후보자를 추천함에 있어서는 민주적인 절차에 따라야 한다(공직선거법 제47조 제1항, 제2항). 무소속 후보자는 당원경력을 표시하는 행위 등의 경우 이외에는 특정정당으로부터의 지지나 추천받음을 표방할 수 없다(동법 제84조).

지방선거에 있어서 기초자치단체의 의원후보자에 대한 정당공천이 지방자치제도의 본질을 훼손하는 것이 아닌가의 문제가 있으나, 이에 대하여 헌법재판소는 기초의원후보자의 정당추천제도가 지방자치제도나 지방의회제도의 본질을 훼손하여 헌법에 위반된다고 단정하기 어렵다고 판시한 바 있다.[3]

공직선거후보자를 추천함에 있어 정당은 비례대표국회의원선거와 비례대표지방의회의원선거에서는 그 후보자 중 100분의 50 이상을 여성으로 추천하되, 그 후보자명부순위의 매 홀수에는 여성을 추천하여야 한다(동법 제47조 제3항). 정당이 임기만료에 따른 지역구국회의원선거 및 지역구지방의회의원선거에서 후보자를 추천하는 때에는 각각 전국지역구총수

---

1) 독일의 연방선거법상 연방하원의원의 총의석수는 598명이며 비례대표의석수와 지역구의원의 의석수는 각각 299명으로 동일하다. 완전 연동형 비례대표제에 의해 초과의석과 조정의석이 발생함에 따라 2017년 총선에서는 의원정수에 비해 111석의 초과의석이 발생하였으며 2021년에는 초과의석이 138석으로 증가하게 되었다. 초과의석에 따른 의석수 증가의 문제를 해결하기 위해 연방의회는 최근 2023년 3월 선거법을 개정하여 초과의석을 반영하더라도 총의석수가 630석을 넘지 못하도록 제한하였다.

2) 참고로 2020년 4월 15일 실시된 제21대 국회의원선거 결과를 보면 지역구의석 253석 가운데 더불어민주당이 163석, 미래통합당이 84석, 정의당 1석, 무소속 5석을 얻었으며, 비례대표의석 47석은 미래한국당 19석, 더불어시민당 17석, 정의당 5석, 국민의당 3석, 열린민주당 3석으로 배분되었다. 여기서 미래한국당과 더불어시민당은 각각 미래통합당과 더불어민주당의 위성정당으로서 새로운 연동형 비례대표제에 따라 편법으로 신당을 창당하여 지역구후보를 내지 않고 비례대표의석만을 얻게 된 것이다. 결국 새로운 비례대표제 하에서도 위성정당의 출현으로 기존의 대정당들의 불합리한 과다한 의석 점유의 문제점은 전혀 개선되지 못하고 말았다. 2024년 4월 10일 제22대 총선에서도 더불어민주당과 국민의힘은 위성정당을 창당하였으며 선거 후 양당은 각각 위성정당과 합당하여 더불어민주당은 175석(161석+14석), 국민의힘은 108석(90석+18석)을 획득하였다.

3) 헌재 2007. 11. 29. 2005헌마977.

의 100분의 30 이상을 여성으로 추천하도록 노력하여야 한다(동법 제47조 제4항).

정당은 공직선거후보자를 추천하기 위한 당내경선을 실시할 수 있으며, 당내경선의 후보자로 등재된 자로서 당내경선에서 탈락한 사람은 당해 선거의 같은 선거구에서 후보자로 등록할 수 없도록 하고 있다. 다만 후보자로 선출된 자가 사퇴·사망·피선거권 상실 또는 당적의 이탈·변경 등으로 그 자격을 상실한 때에는 그러하지 아니하다(동법 제57조의2 제1항, 제2항). 여기서 당내경선의 선거인이 될 수 있는 자격은 정당법상 당원의 자격을 가진 자로 제한하고 있다(동법 제57조의2 제3항).

공직선거법은 '예비후보자제도'를 채택하여 정치신인이 현역의원에 비해 선거운동 기회에 있어 불리한 점을 시정하기 위해 예비후보자로 등록한 자는 선거운동기간 전(대통령선거는 선거일 전 240일, 국회의원선거는 선거일 전 120일)에도 일정 범위의 선거운동을 허용하고 있다(동법 제60조의2, 제60조의3).

(5) 기탁금제도

공직선거법은 후보자의 난립을 방지하고 유권자가 무자격후보자를 사전에 검증할 수 있도록 기탁금제도를 규정하고 있다. 기탁금은 후보자 1인당 대통령선거에서 3억원, 국회의원선거는 1천 5백만원, 시·도지사선거는 5천만원, 자치구·시·군의 장선거는 1천만원, 시·도의회의원선거는 300만원, 자치구·시·군의원선거는 200만원 등으로 정하고 있다(동법 제56조 제1항). 헌법재판소는 구 공직선거법상 대통령선거의 기탁금 5억원에 대하여 고액재산의 다과에 의하여 공무담임권행사 기회를 비합리적으로 차별하는 것으로서 공무담임권을 침해하는 것이라고 판시하였다.[1] 비례대표국회의원후보자의 경우 지역구후보자와 마찬가지로 1천 5백만원을 납부하도록 한 비례대표 기탁금조항(동법 제56조 제1항 제2호)에 대하여 헌법재판소는 비례대표국회의원후보자나 이를 추천하는 정당이 받게 되는 공무담임권 및 정당활동의 자유에 대한 제한의 불이익이 크므로 과잉금지원칙에 위반하여 공무담임권 등을 침해한다고 판단하였다.[2]

기탁금은 후보자의 득표수가 유효투표총수의 100분의 10을 얻지 못한 경우에는 반환하지 아니하고 국가 또는 지방자치단체에 귀속시키고, 100분의 15 이상을 득표한 경우에는 전액을, 100분의 10 이상 100분의 15 미만을 득표한 경우에는 50%를 반환하도록 규정하고 있다(동법 제56조, 제57조). 기탁금 반환조건과 관련하여 헌법재판소는 중선거구제를 채택한 자치구·시·군의원선거의 후보자가 후보자등록을 위하여 납부한 기탁금을 후보자의 득표율에 따라 반환하도록 하는 공직선거법 조항이 기초의원 후보자의 평등권을 침해하는

---

1) 헌재 2008. 11. 27. 2007헌마1024.
2) 헌재 2016. 12. 29. 2015헌마1160.

것이 아니라고 하였다.[1] 그러나 지역구국회의원선거와 지방자치단체장선거의 예비후보자의 기탁금 반환 사유로 정당의 공천심사에서 탈락하고 후보자등록을 하지 않은 경우를 규정하지 않은 것이 예비후보자의 재산권을 침해한다고 보아 헌법불합치결정을 하였다.[2]

(6) 선거운동의 자유와 제한

선거운동은 공직선거에서 후보자가 당선되기 위한 행위이거나 후보자를 당선되게 하거나 당선되지 못하게 하는 행위를 말하는 것으로, 선거운동은 오늘날 주권자인 국민이 정치적 의사를 조직적으로 표명하고 유권자의 판단에 호소하는 중요한 기회이기 때문에 그 자유는 최대한 보장되어야 한다. 선거운동의 자유는 널리 선거과정에서 자유로이 의사를 표현할 자유의 일환이므로 표현의 자유의 한 태양이기도 한데, 이러한 정치적 표현의 자유는 선거과정에서의 선거운동을 통하여 국민이 정치적 의견을 자유로이 발표하고 교환함으로써 비로소 그 기능을 다하게 되는 것이므로 선거운동의 자유는 헌법이 정한 언론·출판·집회·결사의 자유의 보장 규정에 의한 보호를 받는다.[3]

공직선거법은 제58조 제1항에 선거운동을 정의하여 "이 법에서 선거운동이라 함은 당선되거나 되게 하거나 되지 못하게 하기 위한 행위를 말한다"고 하고, 다만 선거에 관한 단순한 의견개진 및 의사표시, 입후보와 선거운동을 위한 준비행위, 정당의 후보자추천에 관한 단순한 지지·반대의 의견개진 및 의사표시, 통상적인 정당활동 등은 선거운동으로 보지 아니한다고 규정하고 있다. 동법 제58조 제2항에는 누구든지 이 법 또는 다른 법률에 의하여 금지 또는 제한되는 경우를 제외하고는 자유롭게 선거운동을 할 수 있다고 규정하여 선거운동의 자유를 보장하고 있다.

한편 선거의 공정성 확보를 위하여 선거운동에 대한 일정한 제한이 불가피하게 되므로 우리의 공직선거법은 선거운동의 자유에 대한 광범위한 제한과 규제가 이루어지고 있다. 선거운동의 제한은 시기상의 제한과 방법상 제한 및 비용상 제한 등이 있다. 선거운동의 제한과 관련하여 선거운동의 주체에 대한 제한으로 구 공직선거법은 언론인의 선거운동을 금지하고 위반 시 처벌하도록 규정하였는데, 이 규정에 대하여 헌법재판소는 언론인으로 하여금 선거운동의 기간과 방법, 태양을 불문하고 일체의 선거운동을 금지하고 이에 따라 언론인이 언론매체를 이용하지 아니하고 업무 외적으로 개인적인 판단에 따른 선거운동조차 할 수 없도록 하는 것은 과잉금지의 원칙에 위배하여 선거운동의 자유라는 개인의 기본권을 침해하는 것으로 위헌이라고 결정하였다.[4]

---

1) 헌재 2012. 3. 29. 2010헌마673.
2) 헌재 2018. 1. 25. 2016헌마541; 헌재 2020. 9. 24. 2018헌가15등.
3) 헌재 2009. 3. 26. 2006헌마526.
4) 헌재 2016. 6. 30. 2013헌가1.

(7) 공직선거법상 선거운동의 제한

(가) 시기상의 제한

현행법은 선거운동의 기간을 제한하여 선거운동은 선거기간 개시일부터 선거일 전일까지에 한하여 할 수 있다. 선거별 선거기간은 대통령선거는 23일, 국회의원선거와 지방자치단체의 의원선거와 장선거는 14일로 규정하고 있다(동법 제33조 제1항). 대통령선거의 경우 선거기간은 후보자등록마감일의 다음날부터 선거일까지를 말하며, 국회의원선거와 지방선거의 경우는 후보자등록마감일 후 6일부터 선거일까지로 한다(동법 제33조 제3항). 다만 예비후보자의 선거운동은 예외가 인정되며, 후보자나 후보자가 되고자 하는 자가 자신이 개설한 인터넷 홈페이지를 이용하여 선거운동을 하는 것은 인정된다(동법 제59조 단서).

예비후보자제도가 채택됨에 따라 대통령선거는 선거일 전 240일, 국회의원선거는 선거일 전 120일부터 예비후보자로 등록할 수 있으며(동법 제60조의2 제1항), 예비후보자는 선거사무소를 설치하거나 그 선거사무소에 간판·현판 또는 현수막을 설치할 수 있다. 선거운동방법으로는 명함을 직접 주거나 지지를 호소할 수 있으며, 선거운동을 위하여 어깨띠나 표지물을 착용할 수 있고, 전자우편이나 문자메시지를 이용하여 선거운동정보를 전송할 수 있다. 예비후보자의 배우자와 직계존비속, 선거사무장·선거사무원 등은 예비후보자의 선거운동을 위하여 예비후보자의 명함을 직접 주거나 지지를 호소할 수 있다(동법 제60조의3).

(나) 방법상의 제한

공직선거법상 선거운동의 방법으로 허용되는 것은 일정한 범위로 한정하고 있다. 문서·도화에 의한 선거운동방법으로는 공직선거법에 정한 선전벽보, 선거공보, 소형인쇄물, 현수막, 어깨띠로 한정하고 있으며(동법 제64조~제68조), 언론·방송에 의한 선거운동(동법 제69조~제73조)과 공공장소에서의 연설·대담, 후보자 등 초청 대담토론회 등이 허용된다(동법 제79조~제82조의3). 다만 공개장소에서 비례대표국회의원후보자의 연설·대담은 금지되고 있다(동법 제101조). 정보통신망을 이용한 선거운동으로 인터넷 홈페이지 또는 그 게시판·대화방, 전자우편 발송, 전화 및 문자메시지를 이용한 선거운동(동법 제82조의4)이 허용된다. 후보자의 선거운동에서 후보자의 배우자가 그와 함께 다니는 사람 중에서 지정한 1명도 명함교부를 할 수 있도록 한 공직선거법 제93조 제1항 제1호 중 제60조의3 제2항 제3호 관련조항에 대하여 헌법재판소는 배우자의 유무라는 우연적인 사정에 근거하여 합리적인 이유 없이 배우자 없는 후보자와 배우자 있는 후보자를 차별취급함으로써 배우자 없는 후보자의 평등권을 침해하여 위헌이라고 결정하였다.[1)]

---

1) 헌재 2016. 9. 29. 2016헌마287.

공직선거법상 선거운동의 방법으로 금지되는 것으로는 단체의 선거운동 금지(동법 제87조), 합동연설회나 호별방문·서명운동 등의 금지가 있다(동법 제106조, 제107조). 그리고 선거일 전 6일부터 선거일 투표마감시까지 선거와 관련한 여론조사결과를 공표하거나 보도할 수 없다(동법 제108조).

비례대표시·도의회의원후보자의 경우 지역구시·도의회의원후보자에 비해 예비후보자 등록제도가 없어 선거기간 전에는 선거운동을 하는 것이 허용되지 않으며, 선거벽보 및 선거공보 작성, 공개대담·연설 등이 허용되지 않는다(동법 제60조의2 제1항, 제64조 제2항, 제65조 제1항, 제79조 제1항). 이러한 비례대표시·도의원 후보자의 선거운동제한에 대해 헌법재판소는 선거운동의 자유를 침해하는 것이 아니라고 하였다.[1]

헌법재판소는 선거일 전 180일부터 선거일까지 선거에 영향을 미치게 하기 위하여 공직선거법의 규정에 의하지 아니하고는 정당 또는 후보자를 지지·추천하거나 반대하는 내용이 포함되어 있거나 정당의 명칭 또는 후보자의 성명을 나타내는 문서·도화의 배부·게시 등을 금지하고 처벌하는 공직선거법 제93조 제1항 및 제255조 제2항 제5호 중 제93조 제1항의 각 '기타 이와 유사한 것' 부분에 '정보통신망을 이용하여 인터넷 홈페이지 또는 그 게시판·대화방 등에 글이나 동영상 등 정보를 게시하거나 전자우편을 전송하는 방법'이 포함된다고 해석한다면, 과잉금지원칙에 위배하여 정치적 표현의 자유 내지 선거운동의 자유를 침해하는 것이라고 다음과 같이 판시하였다. "인터넷은 누구나 손쉽게 접근 가능한 매체이고, 이를 이용하는 비용이 거의 발생하지 아니하거나 또는 적어도 상대적으로 매우 저렴하여 선거운동비용을 획기적으로 낮출 수 있는 정치공간으로 평가받고 있고, 오히려 매체의 특성 자체가 '기회의 균형성·투명성·저비용성의 제고'라는 공직선거법의 목적에 부합하는 것이라고도 볼 수 있는 점, 후보자에 대한 인신공격적 비난이나 허위사실 적시를 통한 비방 등을 직접적으로 금지하고 처벌하는 법률규정은 이미 도입되어 있고 모두 이 사건 법률조항보다 법정형이 높으므로, 결국 허위사실, 비방 등이 포함되지 아니한 정치적 표현만이 법률조항에 의하여 처벌되는 점 등을 고려하면, 선거일전 180일부터 선거일까지 인터넷상 선거와 관련한 정치적 표현 및 선거운동을 금지하고 처벌하는 것은 후보자 간 경제력 차이에 따른 불균형 및 흑색선전을 통한 부당한 경쟁을 막고, 선거의 평온과 공정을 해하는 결과를 방지한다는 입법목적 달성을 위하여 적합한 수단이라고 할 수 없다."[2] 이 결정에 따라 인터넷을 통한 선거관련 정치적 표현이나 선거운동은 허용될 수 있게 되었다.

---

1) 헌재 2011. 3. 31. 2010헌마314.
2) 헌재 2011. 12. 29. 2007헌마1001등.

인터넷을 통한 후보자의 선거운동과 관련하여 선거일 전 90일부터 선거일까지 인터넷 언론사에 대하여 후보자 명의의 칼럼 등의 게재를 금지하는 공직선거법(제8조의5 제6항 등)에 대하여 헌법재판소는 과잉금지원칙에 반하여 후보자의 표현의 자유를 침해하는 것이라고 하였다. 이 제한조항은 후보자 명의의 칼럼 등이 선거나 정치적 의사표현과 상관없는 내용인 경우에도 그 게재를 제한하는 것으로 선거의 공정성을 해치지 않는 보도까지 광범위하게 제한될 수 있으므로 표현의 자유를 지나치게 제한하는 것이라고 판시하였다.[1]

최근 헌법재판소는 공직선거법상 일련의 선거운동제한규정에 대하여 다시 한번 적극적 입장에서 위헌 내지 헌법불합치 결정을 함으로써 향후 선거운동에 대한 불합리하고 광범위한 제한은 크게 개선될 수 있게 되었다. 그 첫째로는 각종 집회 등의 금지에 관한 공직선거법 제103조 제3항에 대한 위헌소원 사건에서 “누구든지 선거기간 중 선거에 영향을 미치게 하기 위하여 종친회·향우회·동창회·단합대회 또는 야유회, 그 밖의 집회나 모임을 개최할 수 없다”는 규정 중에서 “그 밖의 집회나 모임” 부분은 선거기간 중 선거와 관련된 집단적 의견표명 일체가 불가능하게 됨으로써 일반 유권자가 받게 되는 집회의 자유와 정치적 표현의 자유의 제한 정도는 매우 중대하므로 이 조항은 집회의 자유, 정치적 표현의 자유를 침해한다고 하여 위헌결정을 하였다.[2] 즉 선거기간 중에는 선거에 영향을 미치게 하기 위하여 종친회나 향우회 등뿐만 아니라 그 밖의 모든 집회나 모임을 개최할 수 없도록 한 것은 과잉금지원칙에 위배되어 집회의 자유와 정치적 표현의 자유를 침해하는 것이라고 판시한 것이다. 둘째로는 선거운동기간 중 일반 유권자의 어깨띠 등 표시물을 이용한 선거운동을 금지한 공직선거법 제68조 제2항에 대해서도 정치적 표현의 자유를 침해하는 것이라고 하여 헌법불합치결정을 내렸다.[3] 그리고 일정기간 선거에 영향을 미치게 하기 위한 현수막, 광고물의 설치·게시 금지와 벽보 게시, 인쇄물 배부 금지 등에 관한 조항(동법 제90조 제1항 제1호, 제93조 제1항)에 대해서도 정치적 표현의 자유를 침해한다고 판단하면서 2023. 7. 31.을 시한으로 이 법률조항의 개정을 명하는 헌법불합치결정을 하였다.[4] 그 밖에 선거운동기간 제한과 관련하여 구 공직선거법의 선거운동기간조항 중 “선거운동기간 전에 개별적으로 대면하여 말로 하는 선거운동의 행위까지 포괄적으로 금지하는 것”은 선거운동의 자유와 정치적 표현의 자유를 과도하게 제한하는 것으로 헌법에 위반된다고 판시하였다.[5]

---

1) 헌재 2019. 11. 28. 2016헌마90.
2) 헌재 2022. 7. 21. 2018헌바164.
3) 헌재 2022. 7. 21. 2017헌가4.
4) 헌재 2022. 7. 31. 2017헌바100등. 이 결정은 헌법재판소가 2011년에 2007헌마1001등 사건에서 공직선거법 제93조 제1항의 해석상 선거일전 180일부터 선거일까지 문서·도화의 배부·게시 등에 의한 선거운동은 금지되지만 인터넷을 이용한 선거운동은 허용되어야 한다는 입장에서 더 나아가 문서·도화의 배부·게시 등에 의한 선거운동도 허용하는 것으로서 표현행위에 의한 선거운동의 자유가 크게 확대되는 것을 의미한다.
5) 헌재 2022. 2. 24. 2018헌바146.

이러한 헌법재판소의 선거운동제한규정에 대한 적극적 태도는 종래의 소극적 입장을 변경한 것으로 매우 긍정적으로 평가할 수 있으며, 앞으로 입법자는 선거운동의 자유를 대폭 확대하는 방향으로 개선입법을 행하여야 할 것이다.

(다) 비용상의 제한

공직선거법은 선거의 부패를 방지하기 위하여 선거운동비용의 상한선을 법정하고 선거비용의 수입·지출의 보고와 공개 등을 상세하게 규정하고 있다(동법 제119조~제136조). 법정선거비용제한액을 보면 대통령선거는 인구수×950원이며, 지역구국회의원선거는 1억원+(인구수×200원)+(읍·면·동수×200만원), 비례대표국회의원선거는 인구수×90원으로 규정하고 있다(동법 제121조 제1항). 정당·후보자·선거사무장·회계책임자 등이 선거비용제한액의 200분의 1 이상을 초과하여 선거비용을 지출한 때에는 5년 이하의 징역 또는 2천만원 이하의 벌금에 처하게 된다(동법 제258조 제1항).

(라) 선거운동 제한의 한계

선거운동의 제한은 개인의 선거운동에 관한 표현의 자유가 일정한 경우 선거범죄로서 단속의 대상이 되는 것을 의미하므로 신중을 기해야 한다. 본래 선거범죄는 선거의 자유와 공정에 대한 직접 또는 간접의 침해를 방지하기 위하여 규정되는 것으로 선거범죄의 법익은 선거의 자유와 공정한 선거의 확보에 있다. 선거범죄는 실질범과 형식범의 두 가지가 있으나 매수·이해유도죄, 선거의 자유방해죄 등과 같이 현실적으로 선거의 자유와 공정을 고의로 해하는 범죄인 실질범은 현대의 대의제민주주의 하에서는 그 행위 자체가 반사회적이고 비도덕적인 것으로 형사범을 의미하게 된다. 이에 비해 형식범은 본래 범죄성을 갖는 것은 아니지만 단지 선거의 공정을 기하는 의미에서 선거의 적정한 집행을 위한 규제법령의 위반으로 범죄가 되는 것을 말한다. 예컨대 선거사무소, 선전벽보, 연설회, 선거운동기간 등에 관한 규제위반과 같은 반행정적 행위로서 행정범의 성격을 띠는 것이다.

선거법상 선거의 자유·공정을 침해하는 반사회적 형사범적 선거범죄에 관한 규정은 위헌의 문제가 제기되지 않지만, 우리나라와 같이 실질범 이외의 각종의 행정범적 선거범죄를 광범위하게 규제의 대상으로 하는 것에 대하여는 위헌성의 의문이 제기되어 왔다.[1] 그리고 선거범죄에 있어서 행정범 내지 형식범의 확대는 현실적으로 공권력의 선거간섭을 크게 허용하게 되고, 선거범죄의 취급에 있어서도 형식범 본래의 속성상 불평등한 처리가 되기 쉬운 경향이 있기 때문에 형식범은 최소화하는 것이 바람직하다. 헌법재판소는 선거

1) 필자는 이미 1980년대 후반부터 선거운동제한의 위헌성 문제를 지적하여 왔다. 이에 관하여는 정만희, 선거운동의 자유, 고시연구 1987. 3월호; 정만희, 선거에 관한 헌법상의 원칙, 동아법학 제6호, 1988; 정만희, "선거제도에 관한 헌법재판소 판례의 평가", 공법학연구 제7권 제1호, 2006, 149면 이하; 정만희, 정치관계법의 근본문제와 개정방향, 헌법학연구 제13권 제2호, 2007, 70면 이하 참조.

법상 광범위한 각종 선거운동방법에 관한 제한규정에 대해 상당기간 소극적 태도를 취해 왔으나, 다행스럽게도 최근에 와서는 적극적인 입장에서 선거운동의 자유의 중요성을 강조하는 방향으로 나아가고 있다.

선거운동기간 제한에 대해서도 헌법재판소는 합헌성을 인정하고 있으나,[1] 여기에도 여전히 문제가 있다고 본다. 선거운동기간제한이 현실적인 선거풍토와 과열선거의 상황 하에서 불가피하다고 하지만, 선거운동기간의 제한은 그 자체로써 선거운동의 자유를 제한하게 될 뿐만 아니라 기성정치인과 신인후보자 간의 불평등을 초래하는 근본적인 문제점을 안고 있다. 오히려 서구 여러 나라의 경우처럼 선거운동기간의 제한 없이 상시 선거운동을 허용하게 되면 선거의 과열현상은 상당히 해소될 수 있다고 본다.

V. 선거사범의 처벌과 선거쟁송

1. 선거사범의 처벌과 당선무효

선거법을 위반하여 다음과 같은 선거범죄로 처벌받게 되면 후보자의 당선을 무효로 한다. 1) 선거비용제한액의 200분의 1 이상을 초과지출한 이유로 선거사무장, 선거사무소의 회계책임자 또는 예비후보자의 회계책임자가 징역형 또는 300만원 이상의 벌금형을 선고받은 때, 2) 후보자의 직계존비속 및 배우자, 선거사무장, 선거사무소의 회계책임자가 매수 및 이해유도죄, 당선무효유도죄 또는 기부행위금지제한 등의 죄를 범하여 징역형의 선고를 받은 때, 3) 당선인이 당해 사건에 있어 공직선거법에 규정된 죄를 범함으로 인하여 징역 또는 100만원 이상의 벌금형의 선고를 받은 때(동법 제263조~제265조).

공직선거법은 후보자 등의 기부행위제한(동법 제113조~제115조)뿐만 아니라 누구든지 선거에 관하여 기부를 받거나 기부를 권유 또는 요구하는 것을 금지하고 있다(동법 제116조). 이 기부의 권유·요구 등의 금지규정에 위반하여 물품·음식물·서적·관광 기타 교통편의를 제공받은 자는 그 제공받은 금액 또는 음식물·물품가액의 50배(주례의 경우에는 200만원)에 상당하는 금액의 과태료에 처하되 그 상한은 5천만원으로 한다고 규정한 구 공직선거법 조항에 대하여, 헌법재판소는 "구체적, 개별적 사정을 고려하지 않고 오로지 기부받은 물품 등의 가액만을 기준으로 하여 일률적으로 정해진 액수의 과태료를 부과하는 것으로 구체적 위반행위의 책임 정도에 상응한 제재가 되기 어렵고, 선거의 공정성 확보라는 입법목적의 달성은 반드시 과태료의 액수가 50배에 상당하는 금액이 되어야만 가능한 것이 아니고 과태료의 액수를 50배 이하로 정하는 등 보다 완화된 형식의 입법수단을 통하여도 얼

---

1) 헌재 1994. 7. 29. 93헌가4등.

마든지 가능한 것이다"라고 판시하였다.[1)] 그리하여 현행 공직선거법은 그 제공받은 금액 또는 음식물·물품 등의 "가액의 10배 이상 50배 이하"에 상당하는 금액의 과태료로 개정되었다(동법 제261조 제9항).

공직선거법은 공무원이 그 지위를 이용하여 선거에 영향을 미치는 행위를 금지하고(동법 제85조 제1항), 이에 위반하는 경우 1년 이상 10년 이하의 징역 또는 1천만원 이상 5천만원 이하의 벌금에 처한다고 규정하고 있는데(동법 제255조 제5항), 헌법재판소는 공무원의 지위를 이용하여 선거에 영향을 미치는 행위 부분은 죄형법정주의와 명확성원칙에 위배되지 않아 헌법에 위반되지 않는다고 하였으나, 그에 관한 처벌규정은 형벌체계상의 균형에 현저히 어긋나므로 위헌이라고 결정하였다.[2)]

2. 선거쟁송

(1) 선거소청

지방자치단체의 의회의원 선거 및 자치구·시·군의 장의 선거에 있어서 선거의 효력 또는 당선의 효력에 관하여 이의가 있는 선거인·정당 또는 후보자는 선거일로부터 14일 이내에 당해 선거관리위원회위원장을 피소청인으로 하여 시·도선거관리위원회에, 그리고 시·도지사선거에 있어서는 중앙선거관리위원회에 소청을 할 수 있다(동법 제219조).

(2) 선거소송

선거에 대하여 다투는 소송으로는 선거의 효력을 다투는 선거소송과 당선의 효력을 다투는 당선소송이 있다. 대통령선거와 국회의원선거의 경우 선거의 효력에 이의가 있는 자는 선거일로부터 30일 이내에 관할 선거관리위원회위원장을 피고로 하여 대법원에 소를 제기할 수 있으며, 지방선거에 있어 시·도지사선거의 경우에는 선거소청을 거쳐 대법원에 소를 제기할 수 있고, 지방의회의원 및 시·군·구의 장 선거의 경우 선거소청을 거쳐 관할 고등법원에 소를 제기할 수 있다(동법 제222조).

선거에 관한 소청이나 소송은 다른 쟁송에 우선하여 신속히 결정 또는 재판하여야 하며, 소송에 있어서는 수소법원은 소가 제기된 날부터 180일 이내에 처리하여야 한다(동법 제225조).

---

1) 헌재 2009. 3. 26. 2007헌가22.
2) 헌재 2016. 7. 28. 2015헌바6.

제 4 절 공무원제도

Ⅰ. 공무원의 의의와 헌법상 지위

1. 공무원의 개념

공무원이란 직접 또는 간접으로 국민에 의해 선출되어 국가 또는 공공단체와 공법상의 근무관계를 맺어 공공적 업무를 담당하고 있는 자를 말한다. 그러므로 행정 일반에 대한 일반직 공무원뿐만 아니라 선거에 의하여 취임하거나 국회의 동의를 얻어 임명되는 공무원과 별정직·계약직 등의 공무를 담당하는 자까지도 모두 공무원에 포함된다.

2. 공무원의 종류

공무원은 국가공무원과 지방공무원, 경력직공무원과 특수경력직공무원 등으로 구분된다. 국가공무원은 국가에 의해 임용되고 국가공무원법의 적용을 받는 공무원이며, 지방공무원은 지방자치단체에 의해 임용되고 지방공무원법의 적용을 받는 공무원을 말한다.

국가공무원은 경력직공무원과 특수경력직공무원으로 구분되는데, 경력직공무원은 실적과 자격에 의하여 임용되고 그 신분이 보장되며 정년시까지 공직에 근무할 것이 예정되어 있는 공무원으로서 일반직공무원과 특정직공무원으로 구분된다. 일반직공무원은 기술·연구 또는 행정 일반에 대한 업무를 담당하는 공무원을 말하며, 특정직공무원은 법관, 검사, 외무공무원, 경찰공무원, 소방공무원, 교육공무원, 군인, 군무원, 헌법재판소 헌법연구관, 국가정보원의 직원과 특수 분야의 업무를 담당하는 공무원 등을 포함한다(국가공무원법 제2조 제1항, 제2항).

특수경력직공무원은 경력직공무원 외의 공무원을 말하며 그 종류는 정무직과 별정직으로 구분된다. 정무직공무원은 선거에 의해 취임하거나 임명에 있어서 국회의 동의를 요하는 공무원 및 고도의 정책결정업무를 담당하는 공무원을 말한다. 별정직공무원은 비서관·비서 등 보좌업무 등을 수행하거나 특정한 업무수행을 위해 법령에서 별정직으로 지정하는 공무원을 말한다(국가공무원법 제2조 제3항).[1]

---

1) 구 국가공무원법은 경력직공무원을 일반직, 특정직, 기능직 공무원으로 구분하고 특수경력직공무원을 정무직, 별정직, 계약직, 고용직으로 구분하였으나 2012년 12월 개정법률에 의해 공직사회의 합리적이고 효율적인 인사체계의 확립을 위해 경력직의 기능직공무원과 특수경력직의 계약직, 고용직공무원을 폐지하고 기능직은 일반직공무원에, 계약직은 별정직공무원에 통합되었다.

3. 공무원제도의 법적 성격

공무원제도가 헌법상의 제도로 정착된 것은 바이마르헌법 시대부터이고, 이를 제도적 보장 이론으로 체계화한 것은 칼 슈미트이다. 헌법상 제도로서 공무원제도를 보장한다는 것은 공무원 근무관계가 공법상 근무관계, 성실한 근무관계, 능력주의, 정치적 중립성 보장, 국가에 의한 생활 보장, 신분관계의 법적 보호 등을 내용으로 하는 공직제도를 보장함을 의미한다. 따라서 헌법상 보장되는 공무원제도의 이러한 본질적 내용의 최소한은 법률로써 훼손할 수 없는 것이다. 헌법재판소는 "직업공무원제도는 헌법이 보장하는 제도적 보장 중의 하나임이 분명하므로 입법자는 직업공무원제도에 관하여 최소한 보장의 원칙의 한계 안에서 폭넓은 입법형성의 자유를 가진다"고 판시하였다.[1)]

Ⅱ. 직업공무원제도

1. 공무원의 헌법상 지위

(1) 국민 전체에 대한 봉사자로서의 지위

헌법 제7조 제1항은 "공무원은 국민 전체에 대한 봉사자이며, 국민에 대하여 책임을 진다"라고 하여 공무원의 국민 전체에 대한 봉사자의 지위를 규정하고 있다. 여기서 국민 전체라 함은 대한민국의 국적을 가진 전체국민을 의미한다. 공무원은 그 임용주체가 국민이고 그 직무가 공공성을 띠기 때문에 특정인이나 특정의 당파·계급·종교·지역 등 부분이익만을 대표하여서는 아니되고, 국민 전체의 이익을 위하여 봉사해야 한다.

공무원과 국민의 관계는 정치적 의미에서의 대표관계라고 할 수 있으나, 그 관계는 단순한 노무적·사무적 관계를 의미하는 것이 아니라, 충성과 성실 등을 내용으로 하는 공복적(公僕的) 봉사관계를 의미한다.

(2) 국민에 대하여 책임을 지는 공무원

공무원의 국민에 대한 책임은 국민 전체에 대한 봉사자로서 그 직무를 성실히 수행해야 할 책임을 의미하지만, 현행법상 국민의 공무원파면권이 인정되지 아니하는 경우에는 기본적으로 윤리적·정치적 책임을 의미하고 예외적으로 법적 책임을 지게 된다고 할 수 있다. 공무원의 법적 책임의 예로는 탄핵제도와 국민의 손해배상청구를 통한 책임추궁이 있으며, 징계와 형사처벌 등으로 책임을 추궁할 수 있다.

---

1) 헌재 1997. 4. 24. 95헌바48.

2. 직업공무원제도

(1) 의의

직업공무원제도는 국가 또는 지방자치단체의 공무에 종사하는 직업적 공무원들로 하여금 집권세력에 의한 논공행상의 제물이 되는 것(엽관제도)을 지양하고, 정권교체에 따르는 국정운영의 중단과 혼란을 예방하여 일관성 있는 공무수행을 유지하게 함으로써 안정적이고 능률적인 정책집행을 보장하는 공직제도를 말한다. 헌법은 제7조 제2항에 "공무원의 신분과 정치적 중립성은 법률이 정하는 바에 의하여 보장된다"라고 하여 직업공무원제도를 보장하고 있다.

신분의 보장을 받고 정치적 중립성이 요구되는 직업공무원은 국가 또는 공공단체와 근로계약을 맺고 공법상 특별권력관계에서 공무를 담당하는 것을 직업으로 하는 협의의 공무원으로서 경력직공무원(일반직·특정직·기능직공무원)을 의미하며 정치적 공무원이나 임시적 공무원은 포함되지 않는다.[1)]

(2) 공무원의 정치적 중립성

공무원의 정치적 중립성은 공무원이 집권당의 영향으로부터 독립을 유지하고 나아가 정당에 대한 불간섭과 정당에의 불가담을 의미한다. 즉 국민 전체의 복리 실현이라는 국가의 공적 업무를 수행하는 공무원은 업무수행에 있어서 정치적 편향성을 띠어서는 안 된다는 것이 정치적 중립성의 요청이다.

공무원의 정치적 중립성이 요구되는 이유로는, 공무원은 국민 전체에 대한 봉사자이므로 중립적 위치에서 공익을 추구하고, 행정에 대한 정치의 개입을 방지하여 행정의 전문성과 민주성을 제고하며, 정권교체에도 불구하고 정책의 계속성과 안정성을 유지하고, 엽관제로 인한 부패와 비능률의 폐해를 예방하기 위한 것 등을 들 수 있다. 공무원의 정치적 중립성 보장을 위하여는 공무원을 외부의 정치적 간섭으로부터 보호하기 위하여 공무원의 충원과 인사에 정치적 영향력이 미치지 못하게 하여야 하며, 공무원의 신분보장을 법적으로 제도화하고, 정치적 중립성 유지에 필요한 한도 내에서 공무원의 정치적 자유를 제한하는 것 등이 요구된다.

국가공무원법은 공무원의 정당 또는 정치단체의 결성·가입을 금지하고, 선거에서 특정 정당이나 특정인을 지지·반대하는 행위가 금지되는 등 정치운동의 금지를 규정하고 있다(제65조). 그러나 대통령령이 정하는 특수경력직공무원은 정치운동이 허용된다(동법 제3조 제2항). 헌법재판소는 선거에 있어서의 정치적 중립성은 행정부와 사법부의 모든 공직자에게

1) 헌재 1989. 12. 18. 89헌마32등.

해당하는 공무원의 기본적 의무라고 하고, 더욱이 대통령은 행정부의 수반으로서 공정한 선거가 실시될 수 있도록 총괄·감독해야 할 의무가 있으므로 당연히 선거에서의 중립의무를 지는 공직자에 해당하는 것으로 공직선거법 제9조의 '공무원'에 포함된다고 판시하였다.[1]

(3) 공무원의 신분보장

공무원의 신분보장은 공무원이 정권교체에 영향을 받지 아니할 뿐만 아니라, 같은 정권하에서도 정당한 이유 없이 해임당하지 않는 것을 말한다. 공무원의 신분이 보장되지 아니하고 공직이 집권당의 전리품이 되어 엽관제나 정실인사에 의해 좌우된다면 공무원의 국민 전체에 대한 봉사자로서의 지위를 기대하기 어려우며, 공무원이 연명과 입신을 위해 집권당의 사병으로 전락할 우려가 있게 된다.

이러한 직업공무원제도 보장의 헌법정신에 따라 국가공무원법은 제68조에 "공무원은 형의 선고·징계처분 또는 이 법에 정하는 사유에 의하지 아니하고는 그 의사에 반하여 휴직·강임 또는 면직을 당하지 아니한다"(다만 1급공무원과 고위공무원단은 그러지 아니하다)라고 규정하고 있다. 공무원의 신분보장은 인사행정에 있어서 정치적 또는 정실적 요소를 배제하고 자격이나 능력을 기준으로 하여 공무원을 임용하거나 승진·전보하는 실적주의의 원칙을 채택하게 된다.

공무원의 신분보장에 관한 헌법재판소의 판례를 보면 1) 합리적 근거 없이 후임자의 임명처분에 의해 공무원의 신분을 상실하게 하는 것은 직업공무원제도의 본질적 내용을 침해하는 것이라고 판시하였으며,[2] 2) 형사사건으로 기소된 공무원에 대해 필요적 직위해제를 하는 것과 금고 이상의 선고유예를 받은 공무원에 대해 당연퇴직하게 하는 것은 직업의 자유 내지 공무담임권을 침해하는 것이라고 하였다.[3] 3) 지방공무원의 의사에 반하여 지방자치단체의 장 사이의 동의만으로 지방공무원을 전입·전출시키는 것은 헌법 제7조의 공무원의 신분보장의 원칙에 반한다고 하였으며,[4] 4) 동장의 공직상의 신분을 지방공무원법상 신분보장의 적용을 받지 아니하는 별정직공무원의 범주에 넣었다 하여 그 법률조항 부분을 위헌이라고 할 수 없다고 판단하고 있다.[5]

---

1) 헌재 2004. 5. 14. 2004헌나1.
2) 헌재 1989. 12. 18. 89헌마2.
3) 헌재 1998. 5. 28. 96헌가12; 헌재 2002. 8. 29. 2001헌마788등.
4) 헌재 2002. 11. 28. 98헌바101등.
5) 헌재 1997. 4. 24. 95헌바48.

Ⅲ. 현행법상 공무원제도

1. 공무원의 권리

공무원은 공무수행상의 사유가 아니면 자신의 지위를 상실하거나 기타 불이익한 처분을 받지 아니한다는 신분상의 권리를 가진다. 이에 관하여 국가공무원법은 제68조에 "공무원은 형의 선고, 징계처분, 또는 이 법에서 정하는 사유에 따르지 아니하고는 본인의 의사에 반하여 휴직·강임 도는 면직을 당하지 아니한다"라고 규정하고 있다. 공무원이 위법·부당하게 신분상 불이익을 받은 경우에 소청심사와 행정소송 등을 통하여 그 시정을 구할 수 있다. 공무원의 재산상 권리로는 근로의 대가로서 임금 등 보수를 청구할 수 있는 보수청구권, 공무원의 퇴직·사망과 공무로 인한 부상·질병·발병의 경우에 청구할 수 있는 연금청구권 등이 있다.

2. 공무원의 의무

공무원은 헌법상 국민 전체에 대한 봉사자로서 공익실현의무를 부담한다. 공무원은 대의민주제에서 주권자인 국민으로부터 국가권력의 행사를 위임받은 사람이므로 업무를 수행할 때 중립적 위치에서 공익을 위해 일해야 한다. 헌법재판소는 "헌법 제7조 제1항은 국민주권주의와 대의민주주의를 바탕으로 공무원을 '국민전체에 대한 봉사자'로 규정하고 공무원의 공익실현의무를 천명하고 있다"고 판시하였다.[1] 또한 헌법 제46조에는 국회의원의 청렴의무, 국가이익우선의 의무, 이권개입금지의 의무를 규정하고 있다.

국가공무원법은 제56조 이하에 공무원의 의무를 규정하여 공무원은 성실의무, 복종의무, 직장이탈금지의무, 친절·공정의 의무, 비밀엄수의무, 청렴의무, 품위유지의무, 정치운동의 금지의무, 집단행위의 금지의무를 부담한다. 공무원의 청렴의무와 관련하여 공직자의 부패를 방지하고 청렴한 공직풍토를 확립하기 위해 '부패방지 및 국민권익위원회의 설치와 운영에 관한 법률'을 제정하여 공무원의 부패행위를 규제하고 있으며, '공직자윤리법'은 제2조의2 제3항에 공무원의 공익실현의무에 관하여 "공직자는 공직을 이용하여 사적 이익을 추구하거나 개인이나 기관·단체에 부정한 특혜를 주어서는 안 된다"고 규정하고 있다.

3. 공무원의 기본권제한

(1) 기본권제한의 이론적 근거

헌법과 법률에 의해 공무원은 일반 국민에 비해 정치활동의 자유라든지 근로3권 등에 있

---

1) 헌재 2017. 3. 10. 2016헌나1.

어서 보다 많은 기본권제한을 받게 된다. 공무원의 기본권을 특별히 제한할 수 있는 이론적 근거에 관하여는 공무원은 국가와 특별권력관계에 있다는 특별권력관계설, 공무원의 지위가 국민 전체에 대한 봉사자라는 국민전체봉사자설, 공무원의 직무의 성질에 의해 기본권제한이 인정된다는 직무성질설 등으로 나뉘고 있다. 생각건대 일반 국민과 달리 공무원에게 기본권 제한이 가중되는 것은 공무원은 국민 전체에 대한 봉사자라는 공무원의 특수신분과 그 직무의 성질 및 근무관계의 특수성 등의 종합적인 이유에서 그 근거를 찾을 수 있다고 할 것이다.

이와 관련된 헌법재판소 판례로는 '관공서의 공휴일에 관한 규정'(제2조 본문)에 의해 근로자의 날을 관공서의 공휴일에 포함시키지 않은 것이 공무원의 평등권을 침해하지 않는다고 판단한 것을 볼 수 있다. 공무원의 유급휴일을 정할 때에는 공무원의 근로자로서의 지위뿐만 아니라 공무원의 국민전체에 대한 봉사자로서의 지위 및 합리적인 직업공무원제도를 통한 전체국민의 공공복리 등을 고려하여야 하는바, 이에 공무원의 보수, 수당 등 근로조건은 근로관계의 특수성과 예산상 한계를 고려하여 독자적인 법률 및 하위법령으로 규율하고 있으며, 이는 근로기준법보다 우선적으로 적용되는 것이므로 근로자의 날을 공무원의 유급휴일에 해당하는 관공서 공휴일로 규정하지 않은 것이 일반근로자에 비해 현저하게 부당하거나 합리성이 결여된 차별로 보기 어렵다고 판단하고 있다.[1)]

(2) 정치적 활동의 제한

공무원의 정치적 중립성이 보장됨에 따라 공무원은 정당 기타 정치단체의 결성에 관여하거나 이에 가입할 수 없으며, 선거에 있어서 특정 정당 또는 특정인의 지지나 반대를 위하여 일정한 행위를 하여서는 아니된다(국가공무원법 제65조).

(3) 근로3권의 제한

공무원은 헌법 제33조 제2항에 의해 법률이 정하는 자에 한하여 단결권, 단체교섭권, 단체행동권을 갖게 된다. 그에 따라 공무원은 '국가공무원법' 제66조와 '지방공무원법' 제58조 및 '교원의 노동조합설립 및 운영 등에 관한 법률', '공무원의 직장협의회의 설립운영에 관한 법률', '공무원노동조합설립 및 운영 등에 관한 법률'에 의해 근로3권이 제한되고 있다. '국가공무원법' 제66조에서는 공무원의 노동운동과 기타 공무 이외의 일을 위한 집단적 행위를 금지하면서, 국회규칙·대법원규칙·대통령령으로 범위를 정하는 사실상 노무에 종사하는 공무원은 여기에서 제외하고 있다. '지방공무원법' 제58조도 근로3권이 보장되는 공무원의 범위를 사실상의 노무에 종사하는 공무원에 한정하고 있다.

다만 국가기관과 지방자치단체에 근무하는 6급 이하의 일반직공무원 및 이에 상당하는

---

1) 헌재 2015. 5. 28. 2013헌마343; 헌재 2022. 8. 31. 2020헌마1025.

일반직공무원 등은 공무원노동조합을 결성하고 단체교섭권을 행사할 수 있으며, 노동조합과 그 조합원의 쟁의행위는 일체 금지된다(공무원의 노동조합 설립 및 운영 등에 관한 법률 제5조, 제8조, 제11조).

교원의 경우에도 노동조합을 결성하고 단체교섭과 단체협약을 체결할 권리를 가지나(교원의 노동조합설립 및 운영 등에 관한 법률 제4조, 제6조), 정치활동과 교원노조의 쟁의행위만은 금지되고 있다(동법 제3조, 제8조).

(4) 기본권제한의 한계

공무원의 경우에 일반 국민의 기본권제한과는 달리 그 특수한 신분 때문에 보다 강한 기본권의 제한이 허용된다고 하더라도 헌법 제37조 제2항의 기본권제한에 관한 일반원칙은 존중되어야 한다. 따라서 공무원의 기본권제한에도 헌법과 법률에 근거가 있어야 하고 과잉금지원칙이 적용되어야 한다.[1)]

제 5 절 지방자치제도

Ⅰ. 지방자치제도의 의의

1. 지방자치제도의 개념

지방자치제도란 일정한 지역을 단위로 하여 일정한 지역의 주민이 그 지방에 관한 사무를 그들의 책임하에 자신들이 선출한 기관을 통하여 직접 처리하게 함으로써, 지방자치행정의 민주성과 능률성을 제고하고 지방의 균형 있는 발전과 아울러 국가의 민주적 발전을 도모하는 제도를 말한다.[2)]

2. 지방자치제도의 이념과 법적 성격

지방자치는 "민주주의의 원천이며 민주주의의 교실"이라는 브라이스(James Bryce)의 말과 같이, 지방자치제는 이른바 풀뿌리민주주의를 강화하는 데에 기본이념이 있다. 지방자치는 국민자치를 지방적 범위 내에서 실현하는 것이므로 지방시정에 직접적인 관심과 이해관계가 있는 지방주민으로 하여금 스스로 다스리게 한다면 자연히 민주주의가 육성·발전

1) 헌재 1998. 5. 28. 96헌가12.
2) 헌재 1996. 6. 26. 96헌마200.

될 수 있다는 '풀뿌리민주주의'를 그 이념적 배경으로 하고 있는 것이다.[1] 나아가 지방자치제도는 중앙집권주의를 견제할 수 있는 지방분권주의의 실현을 이념으로 한다고 할 수 있다. 지방자치는 권력분립원리를 중앙과 지방의 관계에서 실현시키는 수직적 권력분립을 제도화하여 지방분권의 실현에 기여하게 된다.

지방자치제도의 헌법적 보장은 전통적으로 '제도적 보장'(instititionelle Garantie)의 성격을 갖는다고 보는 것이 통설이다. 따라서 지방자치제의 제도적 본질을 입법에 의하여 폐지하거나 유명무실한 것이 되게 하여서는 안 된다. 제도적 보장은 기본권보장과 구별되기 때문에 지방자치제는 제도의 본질이 침해되지 않는 한 입법자에 의한 광범위한 형성의 자유가 인정된다. 여기서 지방자치제 보장의 본질적 내용은 자치단체의 보장, 자치기능의 보장 및 자치사무의 보장으로 파악하는 것이 일반적이다.

3. 지방자치권의 본질

지방자치권의 본질에 관하여는 국가성립 이전부터 지역주민이 보유해 온 권리라고 하는 자치고유권설과, 국가의 기능을 필요에 따라 지방자치단체에 위임한 것에 불과하다는 자치권위임설로 나뉘고 있다. 전자는 영미법계에서, 후자는 대륙법계에서 지방자치의 발전과정에서 주장된 이론이다.

현대의 주권국가는 국가권력의 통일성과 일원성을 특징으로 하므로 국가공동체 내의 모든 규율권한은 통일적인 국가권력으로부터 유래해야 하고 국가권력의 통제 하에 있어야 한다. 따라서 국가의 의사로부터 독립된 자치권은 존재하기 어렵고, 지방자치는 헌법과 법률의 테두리 안에서 인정될 수밖에 없는 것이므로 자치권위임설이 타당하다고 할 것이다. 우리 헌법이 지방자치단체의 자치입법권을 '법령의 범위 안에서' 인정하고 자치단체의 종류를 법률로 정한다고 규정(제117조)한 것도 자치권위임설에 근거한 것이다.

Ⅱ. 지방자치제의 유형과 내용

1. 주민자치와 단체자치

주민자치는 영국에서 발전한 것으로, 주민이 자치적으로 구성한 자치단체가 국가의 간섭을 배제하고 지방행정을 처리하는 것을 말한다. 여기서는 자치단체에 대한 국가의 통제는 주로 입법·사법권을 통해 이루어진다는 점이 특징이며, 주민이 스스로 통치하는 것이 지방자치의 본질이기 때문에 지방의 의사결정에 직접결정방식(직접민주제)도 채택된다.

1) 헌재 1991. 3. 11. 91헌마21.

단체자치는 독일과 프랑스 등에서 발전한 것으로, 국가로부터 독립한 법인격을 가진 지역단체를 설치하여 지방행정을 처리하게 하며, 국가와 지방자치단체 사이에 분권이 이루어지고, 자치단체에 대한 국가의 통제는 주로 행정을 통해 이루어지는 점이 특징이다.

주민자치와 단체자치는 영국과 유럽대륙의 정치적 전통에 따라 개별적으로 발전해 온 제도이나, 오늘날 지방자치제는 국가의 효율적인 운영과 권력분립원리 및 민주주의 실현을 위한 제도로 운영됨에 따라 양자의 구분 없이 모두 지방자치의 요소로 기능하게 된다. 다만 각 국가마다 어느 쪽에 비중을 더 두느냐에 따라 현실적인 형태에서는 차이가 있게 된다. 우리나라의 지방자치는 주민자치와 단체자치를 포괄하는 융합된 형태의 것이다.[1)]

2. 지방자치제의 내용

지방자치제를 제도적 보장으로 보는 경우에 그 내용이 구체적으로 무엇인가의 문제가 있으나, 전권능성과 자기책임성으로 보는 것이 지배적 견해이다.

전권능성(全權能性)의 원칙은 헌법이나 법률에 국가의 사무로 유보하고 있는 것이 아니면 지방자치단체의 모든 사무를 지방자치단체가 임의로 처리하고 규율할 수 있는 권한을 가진다는 원칙이다. 전권능성의 내용으로는 자치입법권, 자주조직권, 자치행정권, 자치재정권을 들 수 있다.

자기책임성의 원칙은 지방자치단체가 그 권한에 속하는 자치사무를 국가의 개별적·구체적 지시나 후견적 감독을 받지 않고 법에 따라 스스로 합목적적이라고 판단하는 바에 따라 처리하고 그에 대해 책임을 진다는 원칙을 말한다.

3. 지방자치에 대한 국가적 감독과 통제

지방자치단체는 국가와는 별개의 법인격을 가지며 자율적으로 지방행정을 처리하므로 자치행정에 대한 국가의 관여는 가능한 한 배제하는 것이 바람직하다. 그러나 지방자치도 국가법질서의 범위 안에서 인정되는 것이며, 지방행정도 중앙행정과 마찬가지로 국가행정의 일부이므로 지방자치단체가 어느 정도 국가적 감독과 통제를 받는 것은 불가피하다.

Ⅲ. 현행헌법과 지방자치제

1. 헌법상 지방자치제 보장

헌법 제117조는 제1항에 "지방자치단체는 주민의 복리에 관한 사무를 처리하고 재산을

---

1) 헌재 2006. 2. 23. 2005헌마403.

관리하며, 법령의 범위 안에서 자치에 관한 규정을 제정할 수 있다"라고 하고, 제2항에 "지방자치단체의 종류는 법률로 정한다"라고 하여 지방자치의 제도적 보장과 지방자치단체의 권능 및 그 종류의 법정주의를 규정하고 있다. 제118조 제1항은 "지방자치단체에 의회를 둔다"고 하고, 제2항에 "지방의회의 조직·권한·의회선거와 지방자치단체장의 선임방법 기타 지방자치단체의 조직과 운영에 관한 사항은 법률로 정한다"라고 하여 지방자치단체의 기구와 구성방법을 규정하고 있다.

2. 지방자치단체의 종류와 기관

(1) 지방자치단체의 종류

지방자치법 제2조 제1항에 의하면 지방자치단체는 특별시, 광역시, 특별자치시, 도, 특별자치도의 광역자치단체와 시, 군, 구의 기초자치단체의 두 종류로 구성된다. 이 중 특별시, 광역시, 특별자치시, 도, 특별자치도는 정부의 직할하에 두고, 시는 도의 관할구역 안에, 군은 광역시, 특별자치시나 도의 관할구역 안에 두며, 자치구는 특별시와 광역시, 특별자치시의 관할구역 안에 둔다. 이러한 일반적인 지방자치단체 외에 특별한 목적을 수행하기 위하여 필요한 경우에는 특별지방자치단체를 대통령령으로 설치할 수 있다.

(2) 지방자치단체의 기구

일반 지방자치단체는 의결기관으로서 지방의회를 두고 지방자치단체의 사무를 처리하고 지방의회의 의결사항을 집행하는 지방자치단체의 장이 있다. 지방자치법은 의결기관인 의회의 권한과 집행기관인 단체장의 권한을 분리하여 배분하고 있으며, 양 기관의 상호견제와 균형을 유지하도록 하고 있다.

지방의회는 주민의 보통·평등·직접·비밀선거에 의해 선출되는 임기 4년의 지방의회 의원으로 구성한다. 지방의회의원은 국회의원과 달리 면책특권과 불체포특권이 인정되지 않는다. 지방의회의원에게는 의정활동비와 여비, 직무활동에 대한 월정수당이 지급된다(지방자치법 제33조). 지방자치단체의 장은 주민의 보통·평등·직접·비밀선거에 의해 선출되며 임기는 4년이며 계속 재임은 3기에 한한다(동법 제94조, 제95조).

헌법재판소는 지방자치단체장의 계속 재임 3기 제한에 대하여 지방자치단체장의 공무담임권과 평등권을 침해하는 것이 아니며 자치단체 주민의 선거권과 자치권을 침해하는 것이 아니라고 판시하였다. 지방자치단체 장의 계속 재임을 3기로 제한한 규정의 입법취지는 장기집권으로 인한 지역발전 저해 방지와 유능한 인사의 자치단체장 진출 확대로 대별할 수 있는바, 그 목적의 정당성, 방법의 적절성, 피해의 최소성, 법익의 균형성이 충족되므로

헌법에 위반되지 아니한다고 결정하였다.[1)]

3. 지방자치단체의 권능

(1) 자치입법권

지방자치단체는 법령의 범위 안에서 자치에 관한 규정을 제정할 수 있는 자치입법권을 가진다. 자치입법으로는 지방의회가 법령의 범위 안에서 그 지방의 사무에 관하여 정하는 조례(條例)와 지방자치단체의 장이 법령과 조례의 범위 안에서 그 권한에 속하는 사무에 관하여 정하는 규칙이 있다.

(가) 조례제정권의 근거

조례제정권의 법적 근거는 헌법 제117조 제1항과 지방자치법 제22조이다. 헌법이 지역적 효력을 가지는 법규범인 조례의 제정권을 지방자치단체에 부여한 것은 규범정립자와 수범자 간의 간격을 줄임으로써 지역적 에너지를 활성화하고, 지역적 특성을 고려하여 탄력적 규율을 가능하게 하며, 국가입법기관의 부담도 경감하려는 데 그 목적이 있는 것이다. 따라서 지방자치단체는 국가의 사무를 제외한 모든 사무에 관하여 법률의 수권이나 위임이 없더라도 법령에 위배되지 아니하는 한 조례로써 규정할 수 있다.

(나) 조례의 효력

조례는 당해 지방자치단체의 지역 안에서만 효력을 가지는 것이지만, 그것이 전체적인 국법질서와 모순될 수 없다. 따라서 조례의 형식적 효력은 법률과 명령의 하위에 있으며, 조례는 '법령의 범위 안에서' 자치에 관한 규정을 제정할 수 있다(헌법 제 117조 제1항). 여기서 '법령의 범위 안에서'의 해석이 문제된다.

첫째, 지방자치에 관한 입법권능은 전부 지방자치단체에 위임할 수 있는 것은 아니며, 지방자치에 관한 중요하고 본질적인 사항은 국회가 직접 법률로써 정립하여야 한다. 둘째, 주민의 자유와 재산을 침해하거나 제한하는 조례의 제정은 특별한 법률의 위임을 요한다. 이에 관하여 지방자치법은 제22조 단서에 "주민의 권리제한 또는 의무부과에 관한 사항이나 벌칙을 정할 때에는 법률의 위임이 있어야 한다"라고 규정하고 있다. 그리고 동법 제27조 제1항은 "지방자치단체는 조례를 위반한 행위에 대하여 조례로써 1천만원 이하의 과태료를 정할 수 있다"라고 규정하고 있다. 그러므로 지방자치단체는 그 내용이 주민의 권리제한 또는 의무부과에 관한 사항이거나 벌칙에 관한 사항이 아닌 경우에는 법률의 위임이 없더라도 조례를 제정할 수 있다. 셋째, 조례에 의한 규제는 그 성질상 지역에 따라 상이하게 나타나므로 조례에 의한 벌칙의 규정이 지역에 따라 불평등한 것이 되더라도, 그것은 헌법이 지방

---

1) 헌재 2006. 2. 23. 2005헌마403.

자치제를 보장하고 있는 데에서 오는 불가피한 결과이므로 헌법위반이라고 할 수 없다.

(다) 조례제정권의 한계

지방자치단체가 조례로 규정할 수 있는 사항은 자치사무에 한하며, 국가사무 중 기관위임사무는 조례로써 규정할 수 없다. 다만 국가사무 중 단체위임사무는 지방자치단체에 의한 자율적 처리가 어느 정도 인정되는 것이기 때문에 자치사무와 같이 조례의 제정에 특별한 법률상의 근거를 요하지 아니한다. 대법원 판례도 “지방자치단체가 조례를 제정할 수 있는 사항은 지방자치단체의 고유사무인 자치사무와 개별법령에 의하여 자치단체에 위임된 이른바 단체위임사무에 한하고, 국가사무로서 지방자치단체의 장에 위임된 이른바 기관위임사무에 관한 사항은 조례제정의 범위 밖이라고 할 것”이라고 판시하였다.[1] 다만 국가사무 중 기관위임사무에서도 그에 관한 개별 법령에서 일정한 사항을 조례로 정하도록 위임하고 있는 경우에는 위임조례를 제정할 수 있으며, 이 때에도 그 내용은 개별 법령이 위임하고 있는 사항에 관한 것으로서 개별 법령의 취지에 부합하는 것이라야만 하고, 그 범위를 벗어난 경우에는 위임조례로서의 효력도 인정할 수 없다.[2]

그리고 조례는 법령의 범위 안에서 제정되어야 하는 것이므로 법률에 일정한 기준을 설정하고 있는 경우에 그보다 더 가중된 기준을 추가하거나 법률이 위임한 한계를 초과하는 내용의 조례는 법률에 위반되는 것이 된다. 위법한 조례가 의결된 경우에는 지방자치단체의 장이 의결사항을 20일 이내에 지방의회로 환부하고 그에 대해 재의를 요구할 수 있으며, 그것이 다시 의결된 경우에는 20일 이내에 대법원에 소를 제기할 수 있다(지방자치법 제107조, 제172조 제3항).

(2) 자치행정권과 자치사무

지방자치단체의 자치행정은 그 고유사무인 주민의 복지증진에 관한 사무를 처리하지만, 그 외에 법령에 의하여 지방자치단체에 속하는 사무인 ‘단체위임사무’와 국가 또는 광역자치단체가 지방자치단체의 장에게 위임한 사무인 ‘기관위임사무’도 처리한다. 고유사무는 지방자치단체의 존립목적이 되는 사무로서 주민의 복리증진에 관한 사무가 그 핵심을 이룬다. 고유사무에 대한 국가적 감독은 소극적 감독만 허용되며 적극적 감독은 배제된다.

단체위임사무는 법령에 의하여 국가 또는 상급지방자치단체로부터 위임된 사무를 말한다. 이에 해당하는 것으로는 국가가 국가하천의 점용료·사용료의 징수를 특별시·광역시·도에 위임한 것(하천법 제37조 제2항)과 도가 도세징수사무를 시·군에 위임한 것(지방세법 제53조) 등이 있다. 단체위임사무에 대한 국가적 감독은 소극적 감독 외에 합목적성의 감독까

1) 대판 1992. 7. 28. 92추31.
2) 대판 1999. 9. 17. 99추30.

지 허용되고, 단체위임사무의 소요경비는 국가와 당해 지방자치단체가 분담한다.

기관위임사무는 국가 또는 상급지방자치단체로부터 지방자치단체의 집행기관에 위임된 사무를 말한다. 기관위임사무를 위임받은 집행기관은 국가의 하급기관과 동일한 지위에서 사무를 처리하며 소요경비는 전액을 국고에서 부담하는 것이 원칙이다. 헌법재판소는 도시계획사업실시계획인가사무는 기관위임사무로서 국가사무에 해당하므로 이에 대해서는 지방자치단체의 사무에 관한 권한침해를 이유로 권한쟁의심판을 청구할 수 없다고 판시하였다.[1)]

(3) 자치재정권

지방자치단체는 자치의 목적달성을 위하여 재산을 관리하며 재산을 형성하고 유지할 권한을 가진다. 지방자치법상 지방자치단체는 수익을 위한 기본재산을 유지하고, 사업을 조직·경영하며, 특정한 목적을 위한 특별기본재산을 설치할 수 있고, 자치에 필요한 경비를 주민에게 조세로써 부과할 수 있다. 또한 법령의 범위 안에서 공공시설을 설치하여 사용료를 징수하고 사무에 관한 수수료와 그 밖의 분담금을 징수할 수 있다.

4. 주민의 권리와 의무

(1) 주민의 권리

(가) 선거권과 피선거권

지방자치단체의 주민은 당해 자치단체의 의회의원과 단체장의 선거권 및 피선거권을 가진다(지방자치법 제13조 제2항). 외국인의 경우 출입국관리법에 따라 영주의 체류자격을 취득한 후 3년이 경과한 18세 이상인 자도 체류지역 지방선거의 선거권을 행사할 수 있다(공직선거법 제15조).

(나) 조례의 제정·개폐청구권

지방자치단체의 주민은 일정한 주민 수 이상의 연서로 당해 지방자치단체의 장에게 조례의 제정이나 개폐를 청구할 수 있다. 지방자치단체의 장은 조례의 제정이나 개폐의 청구를 수리한 날로부터 60일 이내에 조례의 제정 또는 개폐안을 작성하여 지방의회에 부의하여야 하며, 그 결과를 청구인의 대표자에게 통지하여야 한다(지방자치법 제15조).

(다) 공공시설이용권

지방자치단체 주민은 당해 지역내의 공공시설을 이용하고 균등하게 행정의 혜택을 받을 권리를 가진다.

---

1) 헌재 1999. 7. 22. 98헌라4.

(라) 감사청구권

지방자치단체의 주민은 조례가 정하는 19세 이상의 주민 수의 연서로, 시·도에서는 주무부장관에게, 시·군·구에서는 시·도지사에게 당해 지방자치단체와 그 장의 권한에 속하는 사무의 처리가 법령에 위반되거나 공익을 현저히 해한다고 인정되는 경우에는 감사를 청구할 수 있다(동법 제16조).

(마) 주민투표권

지방자치단체의 장은 주민에게 과도한 부담을 주거나 중대한 영향을 미치는 지방자치단체의 주요 결정사항 등에 대하여는 이를 주민투표에 붙일 수 있다(동법 제14조). 주민투표의 대상, 발의자, 발의요건 등에 관한 법률로 주민투표법이 있다.

(바) 주민소환권

주민은 그 지방자치단체의 장 및 지방의회의원을 소환할 권리를 가진다. 주민소환제는 선출직 지방공직자의 위법·부당한 행위와 직권남용 등을 통제하고 지방자치행정의 민주성과 책임성을 제고하기 위해 도입된 제도이다. 주민투표청구권자의 일정수의 서명으로 주민소환투표가 확정된 때에는 주민소환투표대상자는 그 결과가 공표된 시점부터 그 직을 상실하게 된다. 주민소환투표의 청구권자, 청구요건, 절차 및 효력 등에 관하여는 따로 '주민소환에 관한 법률'로 정하고 있다.[1] 동법 제7조 제1항에 의하면 주민소환의 사유에 대하여 아무런 규정을 두고 있지 않은데, 이 규정에 대하여 헌법재판소는 "주민소환은 대표자에 대한 신임을 묻는 것으로서 그 속성은 재선거와 다를 바 없으므로 선거와 마찬가지로 그 사유를 묻지 않는 것이 제도의 취지에도 부합한다"고 하여 이 규정이 공무담임권을 침해하는 것이 아니라고 판시하였다.[2]

헌법재판소는 지방자치단체의 주민으로서의 자치권 또는 주민권은 헌법에 의하여 직접 보장된 개인의 주관적 공권이 아니어서, 그 침해를 이유로 헌법소원심판을 청구할 수 없다고 판시한 바 있다.[3]

(2) 주민의 의무

주민은 법령이 정하는 바에 의하여 그 소속 지방자치단체의 비용을 부담할 의무를

1) 주민소환에 관한 법률(2006. 5. 25. 제정)에 의하면 주민투표청구 서명인 수는 선출직 지방공직자별로 차별화하여 시·도지사는 당해 지방자치단체의 주민소환투표권자 총수의 100분의 10 이상, 시장·군수·자치구의 구청장은 100분의 15 이상, 지역구 시·도의원 및 지역구 자치구·시·군의원은 100분의 20 이상으로 하며(동법 제7조 제1항), 주민소환은 주민소환투표권자 총수의 3분의 1 이상의 투표와 유효투표 총수 과반수의 찬성으로 확정된다(동법 제22조). 주민소환이 확정된 때에는 주민소환투표대상자는 그 결과가 공표된 시점부터 그 직을 상실하며, 그 직을 상실한 자는 그로 인하여 실시하는 해당 보궐선거에 후보자로 등록할 수 없다(동법 제23조).

2) 헌재 2009. 3. 26. 2007헌마843.

3) 헌재 2006. 3. 30. 2003헌마837.

진다. 이에 따라 지방세, 분담금, 수수료, 사용료 등의 공과금을 납부할 의무를 진다(지방자치법 제21조).

5. 지방교육자치제도

(1) 지방교육자치제도의 의의

지방자치제도와 관련하여 교육자치를 지방자치의 영역에 포함시킬 것인가의 여부가 문제될 수 있다. 우리 실정법은 교육자치를 지방자치와 원칙적으로 분리하되 일정한 수준에서 상호 연계 속에 협동적으로 교육자치를 수행하게 하고 있다. 현행 '지방교육자치에 관한 법률'은 교육의 자주성 및 전문성과 지방교육의 특수성을 살리기 위하여 지방자치단체의 교육·과학·기술·체육 그 밖의 학예에 관한 사무를 관장하는 기관의 설치와 운영 등에 관한 사항을 규정함으로써 지방교육의 발전에 이바지함을 목적으로 하고 있다(제1조). 이 법률에 의해 광역자치단체에 교육자치를 시행하기 위하여 그 의결기관으로 시·도의회에 교육위원회를 두고 있으며, 집행기관으로 자치단체의 장과 별도로 교육감을 두고 있다. 종전에는 교육위원회가 시·도의회와 분리된 위임형 의결기구였으나, 그후 직선의 교육의원과 시·도의회의원으로 구성된 통합형 의결기구로 바뀌었고, 2014년부터는 교육위원회위원 모두를 시·도의회의원으로 구성하여 교육위원회가 시·도의회의 상임위원회로 전환하게 되었다. 이는 교육자치와 교육의 전문성의 관점에서 볼 때 문제점이 제기될 수 있다.[1)]

(2) 지방교육자치제도의 본질

지방교육자치는 지방자치권 행사의 일환으로서 보장되는 것이므로, 중앙권력에 대한 지방적 자치로서의 속성을 지니고 있지만, 동시에 그것은 헌법 제31조 제4항이 보장하고 있는 교육의 자주성·전문성·정치적 중립성을 구현하기 위한 것이므로, 정치권력에 대한 문화적 자치로서의 속성도 아울러 지니고 있다. 이러한 '이중의 자치'의 요청으로 말미암아 지방교육자치의 민주적 정당성의 요청은 어느 정도 제한이 불가피하게 된다. 지방교육자치는 '민주주의·지방자치·교육자주'라고 하는 세 가지의 헌법적 가치를 골고루 만족시킬 수 있어야만 하는 것이다. '민주주의'의 요구를 절대시하여 비정치기관인 교육위원이나 교육감을 정치기관(국회의원·대통령 등)의 선출과 완전히 동일한 방식으로 구성한다거나, '지방자치'의 요구를 절대시하여 지방자치단체장이나 지방의회가 교육위원·교육감의 선발을 무조건적으로 좌우한다거나, '교육자주'의 요구를 절대시하여 교육·문화분야 관계자들만이 전적으로 교육위원·교육감을 결정한다거나 하는 방식은 그 어느 것이나 헌법적으로 허용될 수 없다.[2)]

---

1) 이에 관한 문제점의 지적은 김학성, 헌법학원론, 피엔씨미디어, 2018, 223면.
2) 헌재 2003. 3. 28. 2000헌마283.

이와 같은 지방교육자치의 본질에 비추어 지방교육자치는 주민참여의 원리, 지방분권의 원리, 일반행정으로부터의 독립, 전문직 관리의 원칙 등을 기본원리로 하게 된다.

(3) 지방교육자치제도의 내용

시·도의 교육·학예에 관한 사무의 집행기관으로 시·도에 교육감을 두며, 교육감은 교육·학예에 관한 소관 사무로 인한 소송이나 재산의 등기 등에 대하여 당해 시·도를 대표한다(지방교육자치법 제18조). 교육감은 교육·학예에 관한 조례안의 작성 및 제출에 관한 사항과 예산안의 편성 및 제출에 관한 사항, 교육규칙의 제정에 관한 사항, 학교 등 교육기관의 설치·이전 및 폐지에 관한 사항, 교육과정의 운영에 관한 사항 등에 관한 사무를 관장한다(동법 제20조).

교육감의 임기는 4년으로 하며, 교육감의 계속 재임은 3기에 한한다(동법 제21조). 교육감후보자가 되려는 사람은 당해 시·도지사의 피선거권이 있는 사람으로서 후보자등록신청개시일부터 과거 1년 동안 정당의 당원이 아닌 사람이어야 하며, 후보자등록신청개시일을 기준으로 일정한 교육경력이나 교육행정경력이 3년 이상 있는 사람이어야 한다(동법 제24조 제1항, 제2항). 주민은 교육감을 소환할 권리를 가진다. 교육감에 대한 주민소환투표사무는 제44조에 따른 선거관리위원회가 관리한다(동법 제24조의2).

교육감의 선거와 관련하여, 헌법재판소는 교육감선거에서의 당원경력표시금지에 대해 후보자의 선거운동의 자유 내지 정치적 표현의 자유를 침해하는 것이 아니라고 하였으며,[1)]교육감후보자의 자격으로 구 지방교육자치에 관한 법률상 5년 이상의 교육경력이나 교육행정경력을 규정하고 교육의원후보자에게 10년 이상의 교육경력이나 교육행정경력을 규정한 것은 교육의 전문성과 자주성의 요청에 부합하며 청구인들의 공무담임권을 침해한 것이 아니라고 판시하였다.[2)]

1) 헌재 2011. 12. 29. 2010헌마285.
2) 헌재 2009. 9. 24. 2007헌마117등.

제3편

기본권론

제 1 장 기본권 총론

제 1 절 기본권의 의의·성격과 기능

Ⅰ. 기본권보장의 역사

1. 인권사상의 형성

기본권의 보장은 역사적으로 인권사상의 성립에서 그 기원을 찾을 수 있다. 인권(human rights)의 관념이 체계적으로 정립된 것은 17세기 말부터 18세기에 걸쳐 사회계약론과 계몽주의적 자연법사상에 의해 천부인권론이 주장된 데에서 비롯되었다. 특히 로크는 자연상태에서의 인간은 자연법의 지배를 받으면서 생명, 자유, 재산에 관한 생래적 권리인 자연권(natural rights)을 향유하였다고 보고, 이러한 자연권을 보장하기 위해 사회구성원들 간의 사회계약으로 국가를 창설하게 된 것이라 주장하였다. 여기서 국가권력은 국민의 신탁에 의해 정부에 위임된 것이며 정부가 사회계약의 조건에 반하여 국민의 자연권을 침해하게 되면 국민은 그 권력에 복종할 의무가 없으며 저항권을 행사하여 정부를 교체하고 헌법과 자연권을 수호할 수 있다는 것이다. 이러한 그의 이론은 인권사상의 형성에 주요한 이론적 근거가 되었다(J. Locke, Two Treaties on Civil Government, 1690).

2. 각국에서의 인권선언

영국에서 근대적 인권보장의 기반은 17세기에 와서 확립되었다. 1628년의 권리청원(Petition of Rights)은 인신의 자유 및 의회의 승인 없는 과세를 금지하였고, 1679년의 인신보호법(Habeas Corpus Act)은 신체의 자유를 위한 구속적부심사제를 채택하였다. 명예혁명의 소산인 1689년의 권리장전(Bill of Rights)은 청원권과 언론의 자유 및 형사절차의 보장 등을 규정하고, 의회의 동의 없는 국왕의 상비군설치와 조세부과 등을 금지하였다. 영국에서의 초기의 인권선언은 당시 귀족계급 등의 한정된 신분의 권리보장에서 출발한 것이었으며, 그 후 의회의 지위와 권한의 강화를 통해 점차 국민의 자유와 권리 보장으로 발전되어온 것으로서 처음부터 불가침의 천부인권을 선언한 것은 아니었다.

미국에서는 1776년 버지니아 권리선언에 생명, 자유, 재산, 행복추구의 가치가 선언되고 저항권 등이 규정되었다. 1776년 7월의 독립선언서(Declaration of Independence)에는 생명, 자유, 행복추구의 권리를 천부적 권리로 선언하였다. 1787년 연방헌법 제정 이후 1791년에는 10개조의 인권조항으로 구성된 권리장전이 수정헌법으로 추가되었다.

프랑스는 1789년 '인간과 시민의 권리선언'을 채택하여 "인간은 자유롭고 평등한 권리를 가지고 태어나며 생존한다. 사회적 차별은 공동의 이익을 위해서만 가능하다"고 하여 인권의 자연권성과 평등권을 강조하였으며, 소유권을 신성불가침한 권리로 규정하였다.

독일의 경우 1808년의 바이에른헌법에 전통적 자유권을 규정한 것이 인권선언의 효시라 할 수 있으며, 1849년 프랑크푸르트헌법에 표현의 자유 등 기본권을 규정하였으나 이 헌법은 시행되지 못하고 폐지되었다. 그 후 1919년 바이마르헌법에서 비로소 기본권보장이 체계화되었다. 이 헌법은 자유권과 함께 최초로 사회적 기본권을 명문화하였다. 1949년의 본기본법(Das Bonner Grundgesetz)은 나치시대의 인권유린에 대한 반성에서 인간의 존엄성 존중을 규정하고, 기본권조항이 직접 구속력을 가지는 것으로 규정하였다.

3. 기본권보장의 현대적 상황

20세기 이후의 인권보장의 새로운 경향은 다음과 같은 점들이 특징적으로 나타나고 있다. 첫째, 기본권영역에 있어서 자유권과 더불어 사회권(생존권적 기본권)이 중시되고 인권선언의 사회화가 나타나게 되었다는 점이다. 인권선언의 사회화는 1919년 바이마르헌법의 등장에서 그 효시를 찾을 수 있는데, 동 헌법은 "소유권은 의무를 수반한다. 소유권의 행사는 동시에 공공복리에 이바지하여야 한다"라고 선언하여 소유권의 사회적 제약을 명문화하였다. 둘째, 자연권사상의 부활과 함께 기본권보장에 대한 자연법사상의 영향이 커지게 되었다는 점이다. 전후의 독일기본법은 제1조 제1항에 "인간의 존엄성(Die Würde des Menschen)은 불가침(unantasbar)이다. 이를 존중하고 보호하는 것은 모든 국가권력의 의무이다"라고 규정하여 인권의 자연권성을 선언하고 있다. 셋째, 인권보장이 국제적 차원에서 확산되고 보편화되고 있다는 점이 특징이다. 양차 세계대전이라는 인류의 비극을 경험하면서 인권보장의 문제는 각국의 국내문제가 아니라 인류의 보편적 문제로 인식하게 되었다. 그리하여

1945년 국제연합헌장에 이어 1948년의 세계인권선언은 비록 강제력은 없지만 국제적 인권보장에 획기적인 계기가 되었으며, 1966년의 '국제인권규약'(International Covention on Human Rights)은 구속력 있는 인권보장을 위하여 국제연합에 의해 채택되었다. 이 국제인권규약은 조약으로서 각국의 비준을 받으면 현실적으로 집행되는 법적 강제력을 갖게 된다.[1)]

그리고 현대의 정보화사회와 정보통신기술의 비약적 발전은 새로운 기본권보장체계를 모색하게 되었고, 자본주의의 발전에 따른 사회적 세력의 출현과 사인(私人) 상호간의 불평등의 심화는 기본권의 제3자적 효력에 대한 인식을 더욱 증대시키고 있다.

Ⅱ. 기본권의 의의와 성격

1. 기본권의 의의

기본권(Grundrechte, fundamental rights)이란 실정헌법에 보장된 국민의 기본적 권리를 말한다. 헌법상 보장된 기본권은 국민 개개인이 향유하는 '인간으로서의 권리', 즉 인권(human rights)을 의미하는 것으로 볼 수 있다. 인간이 인간이기 때문에 당연히 누릴 수 있는 자연법상의 권리를 국가가 확인하고 이를 실정헌법에 규정함으로써 기본권은 헌법상 법적 권리로서 보장을 받게 된다. 그러나 헌법에 보장된 기본권은 모두 자연권으로서의 인간의 권리만을 규정하고 있는 것은 아니며 헌법에 의해 비로소 '국민의 권리'로 창설된 실정권으로서의 기본권도 포함하게 된다.

예컨대 기본권 가운데 신앙의 자유, 사상과 양심의 자유, 표현의 자유, 신체의 자유 등은 인간의 생래적·천부적인 것이므로 이러한 것을 확인하여 헌법에 명문으로 규정함으로써 헌법적 권리로 인정된다. 그렇지만 공무담임권이나 선거권 또는 근로자의 노동3권, 형사보상청구권이나 국가배상청구권 등과 같은 기본권은 인간의 천부적·생래적 권리라고 할 수 없지만, 실정헌법에 기본권으로 창설 또는 인정됨으로써 기본권으로 보장받게 되는 것이다. 따라서 기본권은 자연권과 동일한 개념이라 할 수 없으며, 자연권(인간의 권리)과 실정권(국민의 권리)을 포함하는 개념으로 기본권을 이해할 수 있다.

2. 기본권의 성격

(1) 기본권의 자연권성

기본권은 헌법에 의하여 실정화되어 있다고 하더라도 그것은 인간 고유의 생래적 권리

---

1) 국제인권규약은 '경제적·사회적 및 문화적 권리에 관한 규약'(A규약)과 '시민적·정치적 권리에 관한 규약'(B규약)으로 구성되어 있으며 1977년부터 서명국에 대해 효력이 발생하였다. 우리나라는 1985년 A규약에 유보조항 없이 가입하였고, B규약은 국내법과 저촉되는 일부 조항을 유보하고 가입하여 1990년부터 효력을 발생하게 되었다.

(inherent rights)이며 천부불가양의 권리로서 인간이 인간이기 때문에 당연히 가지는 권리를 헌법이 단지 문서로써 확인한 것에 불과한 것이다. 기본권 중에서 적어도 자유권적 기본권은 국가 이전의 초헌법적 개념으로서 자연권으로서의 성격을 인정할 수 있다. 미국의 독립선언이나 프랑스 인권선언에 나타난 인간의 권리도 기본권의 자연권성을 천명한 것을 의미한다.

이러한 관점에서 우리 헌법의 기본권보장도 기본권의 자연권성을 전제로 하고 있다. 헌법은 제10조에 "인간으로서의 존엄과 가치" 및 "불가침의 기본적 인권"을 확인하고 있으며, 제37조 제1항에 "국민의 자유와 권리는 헌법에 열거되지 아니한 이유로 경시되지 아니한다"고 규정하고 있고, 동조 제2항에는 기본권을 제한하는 경우에도 "자유와 권리의 본질적 내용을 침해할 수 없다"고 명문화하고 있다. 이와 같은 규정들은 그 논리구조상 기본권의 자연권성과 초헌법성을 확인한 것이라 할 수 있다.

(2) 기본권의 주관적 공권성

기본권은 헌법에 의해 확인되거나 창설되어 실정화됨으로써 실정권(實定權)으로 보장된다. 실정헌법상의 기본권은 국민 개개인의 국가에 대한 '주관적 공권'(主觀的 公權)'[1]으로서 국민은 국가에 대하여 일정한 부작위 또는 작위를 요구할 수 있는 헌법상의 권리를 갖는다. 자유권적 기본권에 있어서 개인은 천부적인 자유의 영역을 방어하기 위하여 국가의 간섭을 배제할 수 있는 힘을 가지며 국가권력은 이 자유권에 기속되지 않으면 안 된다. 이와 같이 기본권은 주관적 공권으로서 국가권력에 대한 기속력을 갖는 현실적·구체적 권리를 의미한다. 따라서 기본권은 입법권·행정권·사법권 등 모든 국가권력을 직접 구속할 수 있으며, 국가권력은 기본권을 실현할 법적 의무를 지게 된다.

그러나 실정권으로서의 모든 기본권이 국가권력에 대한 동일한 기속력을 갖는다고 할 수 없으며, 기본권 중에서 자유권 이외의 사회적 기본권이나 청구권적 기본권의 경우에는 천부인권의 성격을 갖는 것이 아니므로 국가권력에 대한 효력도 제한적일 수밖에 없다.[2] 사회적 기본권과 청구권적 기본권은 헌법에 실정화된 것만으로 구체적·현실적 권리로서의

---

1) '주관적 공권'이론은 옐리네크에 의해 전개된 것으로, 19세기 독일의 전통적 국가학에서 국민을 국가권력의 객체로 보던 것에서 탈피하여, 국민은 국가의 일원으로서 권리의 주체라고 하여 국민의 국가에 대한 주체적 지위를 인정하였다. 그리하여 개인의 국가에 대한 지위를 네 가지로 구분하여 소극적 지위에서 자유권이 인정되며, 적극적 지위에서 수익권, 능동적 지위에서 참정권이 인정되고 수동적 지위에서 국민의 의무가 발생한다고 하였다. 옐리네크의 기본권론은 당시 독일의 법실증주의에 입각한 실정권성에 기초한 것이지만 자유주의적 방향으로의 변화를 시도한 것으로 이해되고 있다. 다만 옐리네크는 기본권의 주관적 공권성을 인정하면서도 기본권의 국가권력에 대한 기속력은 인정되지 않는다고 한다. G. Jellinek, System der subjektiven öffentrichen Rechte, 1892.

2) 칼 슈미트는 기본권을 '자유권' 중심으로 파악하면서 천부인권인 자유의 영역을 지키기 위하여 국가권력을 기속하게 되지만 참정권, 수익권 등 천부적 기본권이 아닌 것은 국가권력을 기속하는 힘을 가질 수 없다고 한다. 이에 관하여는 허영, 한국헌법론, 박영사, 2009, 248면 이하.

효력을 갖는다고 할 수 없으며 그 기본권을 구체화하는 입법이 있어야만 비로소 현실적 권리가 될 수 있다는 점에서 추상적 권리성을 부인하기 어렵다.

따라서 기본권의 성격을 단지 주관적 공권으로만 보는 것은 기본권 전반의 국가에 대한 적극적 효력을 인정하는 데 한계가 있으므로 여기에 기본권의 객관적 가치질서로서의 성격을 인정하는 이론이 등장하게 된다.

(3) 객관적 가치질서로서의 기본권

헌법이 보장하는 기본권은 한편으로는 헌법에 의해 보장받는 개인의 주관적 권리를 의미하지만, 다른 한편으로는 헌법에 의해 보장되는 객관적인 질서이며 규범을 의미한다. 공동체의 가치적 요소를 함유하고 있는 기본권을 헌법이 보장하고 있는 것은 그 자체가 일정한 가치질서를 헌법이 보장하고 있음을 의미한다. 예컨대 선거권과 언론·출판·집회·결사의 자유와 정당의 자유 등은 민주주의질서의 기본요소가 되는 것이며 재산권보장, 혼인과 가족생활 등에 관한 기본권은 사법질서의 기초를 보장하는 것을 의미한다.

기본권은 단지 개인의 주관적 공권으로서 대국가적 방어권에 그치는 것이 아니라 객관적 가치질서로서 헌법의 기본원리인 법치주의, 민주주의, 사회국가원리 등과 마찬가지로 헌법질서를 구성하는 기본요소를 의미한다. 즉 기본권에 표현되는 객관적 가치질서는 곧 헌법질서로서 모든 국가권력을 기속하며 국가행위의 방향을 제시하고 기본권 내용의 실현을 요구한다. 따라서 입법자는 입법을 통해서 기본권을 실현해야 할 의무를 지게 되며 행정기관과 법원은 법의 해석과 적용을 통하여 기본권을 실현해야 하는 것이다.

그러나 기본권을 객관적인 가치질서 내지 법질서로 이해하는 견해에 대하여는 그것이 기본권의 주관적 공권성과 자연법상의 권리성을 약화시키고, 기본권과 제도보장과의 구별을 불명확하게 할 우려가 있다는 이유로 반대하는 입장이 있다.[1] 생각건대 기본권의 객관적 질서의 측면을 강조하게 되면 개인을 공동체에 예속시키고 인간의 자유의지와 자율성을 부정하게 되고 결국 기본권의 주관적 권리성을 부정하는 결과를 초래할 수 있다. 예컨대 언론·출판의 자유를 개인의 권리로서의 측면보다 언론·출판제도의 제도적 보장의 측면을 중시하게 되면 개인의 언론·출판의 자유에 대한 광범한 제한을 허용하게 되는 문제가 있다. 그러나 기본권의 주관적 권리성은 어떠한 경우에도 부정할 수 없는 것이므로 이를 기본권의 본질적 요소로 전제하면서, 기본권이 국가공동체의 객관적 가치질서의 요소로서 객관적 실정헌법규범에 규정되어 있다는 점도 부정할 수 없기 때문에 기본권의 이중적 성격을 인정할 수 있다.

이러한 기본권의 이중성과 객관적 가치질서의 측면을 수용하는 이론에 대해서는 결과

1) 기본권의 이중적 성격을 부정하는 국내의 대표적 견해로는 김철수, 헌법학개론, 박영사, 2007, 357면 참조.

적으로 기본권보장이 확대되고 특히 사인(私人)간에 기본권의 효력을 인정할 결정적인 근거가 된다는 점에서 긍정적으로 평가할 수 있다. 기본권을 주관적 공권으로 이해하는 입장에서는 기본권의 효력도 국민과 국가의 관계에서 대국가적인 것에 국한하게 되지만, 객관적 가치질서로서의 성격을 인정하게 되면 사인 상호간에도 기본권의 효력을 인정하는 것이 가능하게 된다.

헌법재판소 판례도 "직업의 선택 또는 수행의 자유는 각자의 생활의 기본적 수요를 충족시키는 방편이 되고 또한 개성신장의 바탕이 된다는 점에서 주관적 공권의 성격이 두드러진 것이기는 하나, 다른 한편으로는 국민 개개인이 선택한 직업의 수행에 의하여 국가의 사회질서와 경제질서가 형성된다는 점에서 사회적 시장경제질서라고 하는 객관적 법질서의 구성요소이기도 하다"고 하여 기본권의 이중적 성격을 인정하고 있다.[1)]

Ⅲ. 기본권의 분류

1. 초국가적 기본권과 국가 내적 기본권

기본권은 그 성질에 따라 초국가적 기본권과 국가 내적 기본권으로 구분된다. 초국가적 기본권은 달리 표현하면 '자연권'이며 '인간의 권리'를 의미하고, 국가 내적 기본권은 '실정권'이며 '국민의 권리'를 의미한다. 전자에 속하는 것은 자유권과 평등권을 들 수 있고, 후자에 속하는 것으로 참정권, 사회적 기본권, 청구권적 기본권 등을 들 수 있다.

2. 소극적 기본권과 적극적 기본권

소극적 기본권은 소극적으로 국가의 부작위를 요청하는 권리(방어권적 기본권)로서 전통적인 자유권이 이에 속한다. 적극적 기본권은 적극적으로 국가의 급부를 요청하는 권리(급부청구권)로서 사회권과 청구권적 기본권이 이에 해당한다.

3. 절대적 기본권과 상대적 기본권

절대적 기본권은 인간의 내심의 작용에 관한 기본권으로서 어떠한 경우에도 제한되거나 침해될 수 없는 기본권을 말한다. 신앙의 자유, 양심형성과 양심결정의 자유, 연구의 자유 등이 이에 속한다. 상대적 기본권은 국가적 질서와 공공복리 등 국가목적을 위해 제한이 가능한 기본권을 말한다. 내심의 작용을 내용으로 하지 않는 모든 기본권이 이에 해당한다. 절대적 기본권은 초국가적 자연법상의 권리를 의미하지만, 자연법상의 권리로서의 기본권

1) 헌재 1996. 8. 29. 94헌마113.

이라고 해서 모두 절대적 기본권을 의미하는 것은 아니다. 자연권으로서의 성격을 갖는 기본권도 내재적 제약이 따르는 기본권이 있기 때문이다.

4. 제3세대 기본권

과거에는 기본권으로 인정되지 않았으나 오늘날 세계적인 시대 상황의 변화에 따라 헌법상 새로운 기본권의 도입 논의가 제기되고 있다. 즉 현대 인류사회의 기아, 전쟁, 생활환경의 파괴 등의 위기적 상황에 대처하기 위한 새로운 인권 개념이 등장하게 되었는데 이러한 기본권을 자유권, 사회권과 구별하여 '제3세대 인권'이라고 부르기도 한다. 제3세대 인권은 제2차 대전 이후 국제적 차원의 연대권을 의미하며 그 구체적 내용으로는 경제발전권, 환경권, 의사소통권 및 평화적 생존권 등이 주장되고 있다. 제3세대 인권론은 극심한 빈부차, 전쟁과 위기상황, 기아, 범세계적 환경파괴 등에 직면하여 인간의 존엄과 인권을 새롭게 이해하자는 것으로 새로운 인권이라는 도구를 사용하여 개별 국가의 권한을 넘어서는 국제법적 차원의 문제들을 해결하려는 시도라고 할 수 있다.

새로운 기본권 중에서 '평화적 생존권'은 침략전쟁에 강제되지 않고 평화적 생존을 할 수 있도록 국가에 요청할 수 있는 권리를 의미하는 것으로, 우리 헌법재판소는 "오늘날 전쟁과 테러 혹은 무력행위로부터 자유로워야 하는 것은 인간의 존엄과 가치를 실현하고 행복을 추구하기 위한 기본 전제가 되는 것이므로, 달리 이를 보호하는 명시적 기본권이 없다면 헌법 제10조와 제37조 제1항으로부터 평화적 생존권이라는 이름으로 이를 보호하는 것이 필요하다"고 하여 평화적 생존권을 인정한 바 있다.[1] 그러나 그 후 헌법재판소는 판례를 변경하여 "평화적 생존권은 이를 헌법에 열거되지 아니한 기본권으로서 특별히 새롭게 인정할 필요성이 있다거나 그 권리내용이 비교적 명확하여 구체적 권리로서의 실질에 부합한다고 보기 어려워 헌법상 보장된 기본권이라고 할 수 없다"고 판단하였다.[2]

5. 현행헌법상 기본권의 분류

(1) 인간의 존엄과 가치·행복추구권

헌법 제10조의 "인간의 존엄과 가치"는 모든 기본권의 근원이며 핵심을 이루면서 모든 기본권보장의 궁극적 이념과 목적을 의미하는 조항이다. 그리고 인간의 존엄과 가치는 행복추구권과 함께 포괄적 기본권으로 이해하며, 여기에서 헌법에 열거되지 아니한 기본권이 도출되는 것으로 볼 수 있다.

1) 헌재 2006. 2. 23. 2005헌마268.
2) 헌재 2009. 5. 28. 2007헌마369.

(2) 평등권

인간이 평등하게 대우받을 권리, 즉 국가로부터 부당하게 차별대우를 받지 아니할 권리는 인간 존엄의 핵심에 속한다. 평등권은 개인의 기본권인 동시에 모든 기본권을 균등하게 실현하기 위한 수단적 권리를 의미하며, 전체 법질서의 기본원칙으로 평등의 원칙을 의미한다.

(3) 자유권

자유권은 국가권력의 개입을 배제하여 개인의 자유로운 의사와 활동을 보장하는 기본권이다. 자유권은 소극적으로 국가의 부작위를 통해 보장되는 '국가로부터의 자유'라는 의미를 가진다. 자유권은 그 내용에 따라 신체의 자유(제12조, 제13조), 경제적·사회적 자유(제14조, 제15조, 제23조), 사생활영역의 자유(제16조~제18조), 정신적 자유(제19조~제22조) 등으로 구분할 수 있다.

(4) 참정권

참정권은 국민이 국정에 참여하는 권리로서 '국가에로의 권리'를 의미한다. 참정권은 국민이 국가기관의 구성과 국가의 정치적 의사형성에 직접 또는 간접으로 참여할 수 있는 권리를 말한다. 선거권(제24조), 피선거권과 공무담임권(제25조), 국민투표권(제72조, 제130조) 등이 있다.

(5) 사회적 기본권

사회권 또는 사회적 기본권은 사회경제적 약자가 인간다운 생활을 할 수 있도록 국가의 적극적 배려를 요구할 수 있는 권리이다. 생존권 또는 생활권이라고도 하며, 이것은 '국가에 의한 권리'라고 할 수 있다. 인간다운 생활을 할 권리(제34조), 교육을 받을 권리(제31조), 근로의 권리(제32조), 노동3권(제33조), 환경권(제35조), 혼인과 가족생활 및 보건의 권리(제36조) 등이 있다.

(6) 청구권적 기본권(절차적 기본권)

청구권적 기본권은 앞에서 언급한 여러 가지 실체적 기본권을 보호하기 위한 절차적 권리를 말한다. 그 내용으로 청원권(제26조), 재판청구권(제27조), 형사보상청구권(제28조), 국가배상청구권(제29조), 범죄피해자구조청구권(제30조) 등이 있다.

(7) 헌법에 열거되지 아니한 기본권

헌법 제37조 제1항은 "국민의 자유와 권리는 헌법에 열거되지 아니한 이유로 경시되지 아니한다"라고 규정하여 헌법에 명시적으로 규정된 기본권 외에도 헌법적으로 보장되는 기본권이 있음을 밝히고 있다. 여기서 국민의 자유와 권리가 헌법에 열거되지 아니한 이유로 경시되지 아니한다는 의미는 헌법 제10조의 인간의 존엄과 가치를 실현하기 위하여 불가결한 것으로서 국가가 이를 확인하고 실정헌법에 명문화한 기본권이 아니더라도 인간이 인간이기 때문에 당연히 누려야 된다고 생각되는 인간의 고유한 생래적 권리는 당연히 헌법적으로 보장되어야 한다는 것을 뜻한다. 따라서 헌법에 열거되지 아니한 기본권으로서 헌법적으로 보장되는 기본권은 자유권적 기본권에 한정되는 것으로 해석되어야 하며, 국가에 의하여 비로소 부여되고 형성되는 참정권이나, 청구권, 사회적 기본권은 포함되지 않는다고 할 것이다. 헌법재판소는 헌법에 열거되지 아니한 기본권으로 헌법 제10조의 인간의 존엄과 가치 및 행복추구권에서 도출되는 생명권, 인격권, 자기결정권, 일반적 행동자유권, 알 권리, 개성의 자유로운 발현권 등을 인정하고 있다.

Ⅳ. 기본권의 기능

기본권의 기능은 개인과 국가권력 사이에 있어서의 기능과 사회공동체의 구성원인 사인 상호간의 관계에서의 기능으로 나누어 볼 수 있다.

1. 대국가적 영역에서의 기능

(1) 방어적 기능

기본권은 국가의 권력작용으로부터 국민의 자유와 권리를 보장하는 방어권으로서 기능한다. 기본권은 권리이기 때문에 그 침해행위에 대하여 방어할 수 있는 주관적 방어권으로 기능한다. 따라서 국가가 국민의 기본권을 침해하거나 침해하는 것이 예상되는 때에는 침해행위를 제거하거나 침해로 인한 피해를 전보할 것을 구할 수 있다.

(2) 차별금지적 기능

헌법은 기본권보장에 평등권을 포함시켜 국가로 하여금 국민을 차별대우하지 못하도록 하고 있다. 이러한 차별대우는 개별적인 기본권이 보장되는 영역에서도 언제나 공통적으로 금지되는 것이어서 기본권으로 보장되는 모든 영역에서 국민은 차별대우를 받지 않는다.

(3) 급부적 기능

오늘날 기본권은 국가로부터의 국민이 점하는 지위에서 보장되는 방어권이나 평등권에 머물지 않고 국가에 대하여 국민이 적극적으로 급부를 요구하는 것을 보장한다. 오늘날 국민의 생활은 자기 스스로 부양하는 것만으로는 충분하지 못하는 경우가 있으므로 국민은 사회적 기본권을 통해 국가에 의한 생활배려와 급부에 의해 삶을 영위하게 된다.

(4) 질서형성적 기능

기본권이 실정헌법의 구성요소로 되면서 기본권은 단순히 개인의 권리를 보장하는 수준을 넘어 기본권으로 보장되는 가치들에 의해 일정한 질서를 형성하게 된다. 이러한 질서는 일반적으로 인간의 존엄과 가치를 구현하고 행복을 추구하는 삶을 실질화시키기도 하며, 참정권이나 정치적 기본권은 민주주의적 질서를 형성하는 기능을 한다. 따라서 국가권력은 이러한 헌법상의 가치질서에 기속되어야 하고, 국가의 조직이나 절차도 기본권이 형성하는 가치질서에 합치되지 않으면 안 된다.

2. 대사회적 영역에서의 기능

기본권은 국가를 직접 기속하는 권리이지만, 그것은 실정헌법에 규정됨으로써 일정한 가치질서를 형성하게 된다. 이러한 가치질서에는 국가뿐만 아니라 공동체의 구성원인 국민도 모두 포섭되는 것이므로 국민도 개인의 기본권을 침해할 수 없다. 이와 같이 기본권은 국가뿐만 아니라 제3자인 사인으로부터도 개인의 기본권이 침해받지 않게 하는 기능을 가진다.

기본권은 실정헌법에 규정되어 질서를 형성하므로 국가뿐만 아니라 국민도 이러한 질서를 준수하지 않으면 안 된다. 기본권이 형성하는 질서는 국가영역에 한정되는 것이 아니라 사회영역에도 형성되므로 사인인 국민도 이러한 질서에 구속될 수밖에 없다.

제 2 절 기본권의 주체와 효력

Ⅰ. 기본권의 주체

1. 국 민

대한민국의 국민은 누구나 헌법이 보장하는 기본권의 주체 내지 향유자가 될 수 있다. 여기서 국민은 자연인으로서의 개인을 의미한다. 다만 기본권 주체성은 기본권보유능력과 기본권행사능력으로 구분된다. 기본권보유능력은 기본권귀속능력을 말하며 모든 국민은 누구나 기본권보유능력을 가지는 것이므로 미성년자, 심신상실자, 수형자 등도 이에 포함된다. 기본권행사능력은 기본권의 주체가 자신의 기본권을 현실적으로 행사할 수 있는 자격 또는 능력을 말하며 선거권, 피선거권, 투표권 등 특정한 기본권은 일정한 연령요건을 구비하여야 하므로 기본권행사능력에 제한을 받게 된다. 태아나 사자(死者)는 일정한 기본권보유능력을 갖지만 기본권행사능력은 없다고 본다.

헌법재판소 판례에 의하면 형성 중의 생명인 태아에 대하여 생명권의 주체성을 인정하고 있다.[1] 다만 수정 후 착상 전의 초기배아에 대해서는 기본권 주체성을 부인하고 있다. 초기배아는 수정이 된 배아라는 점에서 형성 중인 생명의 첫걸음을 떼었다고 볼 여지가 있기는 하나 아직 모체에 착상되거나 원시선이 나타나지 않은 이상 현재의 자연과학적 인식 수준에서 독립된 인간과 배아 간의 개체적 연속성을 확정하기 어렵다고 봄이 일반적이라는 점, 배아의 경우 현재의 과학기술 수준에서 모태 속에서 수용될 때 비로소 독립적인 인간으로의 성장가능성을 기대할 수 있다는 점, 수정 후 착상 전의 배아가 인간으로 인식된다거나 그와 같이 취급하여야 할 필요성이 있다는 사회적 승인이 존재한다고 보기 어려운 점 등을 종합적으로 고려할 때, 기본권 주체성을 인정하기 어렵다고 판단하고 있다.[2]

아동과 청소년 등 미성년자는 인격의 발전을 위하여 어느 정도 부모와 학교의 교사 등 타인에 의한 결정을 필요로 하는 아직 성숙하지 못한 인격체이지만, 부모와 국가에 의한 단순한 보호의 대상이 아닌 독자적인 인격체이며, 그의 인격권은 성인과 마찬가지로 인간의 존엄성 및 행복추구권을 보장하는 헌법 제10조에 의하여 보호된다. 다만 미성년자는 기본권행사능력이 일정한 경우에 제한되는데, 미성년자의 기본권행사능력을 제한하는 친권은 미성년자의 인격형성에 도움이 되는 방향으로 규정되고 행사될 때에만 헌법적으로 정당화될 수 있다. 미성년자의 기본권제한에 관한 판례를 보면 학교환경위생정화구역에서의 극장시설금지에 대해 아동과 청소년의 문화향유권을 침해하는 것이라고 하였으며,[3] 18세 미만자에 대한 당구장 출입금지표시에 대해서도 청소년의 일반적 행동자유권을 침해한다고 하여 청소년의 기본권 행사능력을 폭넓게 인정하고 있다.[4]

2. 외국인

외국의 국적을 가진 자와 무국적자를 포함하는 외국인도 기본권의 주체가 될 수 있는

1) 헌재 2008. 7. 31. 2004헌바81.
2) 헌재 2010. 5. 27. 2005헌마346.
3) 헌재 2004. 5. 27. 2003헌가1등.
4) 헌재 1993. 5. 13. 92헌마80.

가에 관하여는 견해가 나뉘고 있으나, 외국인은 기본권의 성질에 따라 제한적으로 기본권의 주체가 된다고 본다. 대체로 국가 이전의 인간의 권리에 대하여는 그 주체를 인정하고 국가 내의 국민의 권리는 그 주체로 인정되지 않는다. 따라서 자유권과 평등권은 외국인에게도 인정되지만 참정권과 사회권은 원칙적으로 인정되기 어렵다. 다만 경제적 자유권 등 기본권의 내용에 따라 외국인에게 인정되는 기본권이 내국민보다 많은 제한을 받을 수 있으며, 참정권의 경우에는 지방선거에 있어서 자치단체의 주민인 외국인에게 선거권을 부여할 수 있다.

외국인 중 외국 국적의 동포에 대해서도 외국인의 기본권 주체성에 관한 법리가 그대로 적용되지만, 다른 외국인과 비교하여 입법정책으로 특별한 정책을 취할 수 있다. '재외동포의 출입국과 법적 지위에 관한 법률'에 의하여 외국국적의 동포에 대한 보호가 인정되고 있다.

3. 법인·단체

우리 헌법은 법인의 기본권향유능력을 인정하는 명문의 규정을 두고 있지 않지만, 본래 자연인에게 적용되는 기본권규정이라도 언론·출판의 자유, 재산권의 보장 등과 같이 성질상 법인이 누릴 수 있는 기본권을 당연히 법인에도 적용하여야 한다는 것이 통설이다. 다만 어떤 범위의 법인과 단체에 기본권의 주체성을 인정할 것인가의 문제와 법인에 인정되는 기본권의 범위가 어떠한가에 관한 문제가 있다.

(1) 기본권이 인정되는 법인과 단체의 범위

기본권의 주체가 될 수 있는 법인은 원칙적으로 사법인(私法人)에 한한다. 국가기관이나 공법인은 헌법의 수범자이지, 기본권의 주체가 될 수 없다. 따라서 국회상임위원회, 지방자치단체, 농지개량조합 등은 기본권의 주체가 되지 아니한다. 반면에 축협중앙회에 대하여는 공법인과 사법인의 성격을 겸유하고 있다고 보고 기본권 주체성을 인정한 헌법재판소 판례도 있다.[1)] 국립대학교는 공법상의 영조물이기는 하지만 헌법 제34조 제4항에 의해 보장되는 대학의 자율권이라는 기본권의 주체는 될 수 있다.[2)]

그리고 법인이 아닌 단체의 경우에도 독립된 사회적 조직체로서 활동할 때에는 기본권의 주체로 인정되며, 정당은 법인격 없는 사단으로서 재산권이나 평등권 등 기본권의 주체로 인정될 수 있다.

1) 헌재 2000. 6. 1. 99헌마68.
2) 헌재 1992. 10. 1. 92헌마68; 헌재 2015. 12. 23. 2014헌마149.

(2) 법인에 인정되는 기본권의 범위

기본권의 성질상 법인이나 단체가 누릴 수 있는 기본권으로 헌법재판소가 인정하고 있는 것은 언론·출판의 자유, 재산권, 결사의 자유, 평등권, 직업수행의 자유, 거주·이전의 자유 등이 있다. 법인에 원칙적으로 평등권의 주체성을 인정할 수 있지만, 특히 경제적 자유에 관한 한 개인과의 관계에서나 다른 법인과의 관계에서 광범한 차별적 제한이 인정된다고 할 수 있다.

양심의 자유 등 정신적 자유는 성질상 법인에 인정될 수 없다는 견해가 있으나, 헌법재판소 판례 중에는 법인에 양심의 자유가 인정됨을 전제로 한 것이 있다. 헌법재판소는 1991년의 사죄광고 사건에서 "사죄광고의 강제는 양심도 아닌 것이 양심인 것처럼 표현할 것의 강제로 인간양심의 왜곡·굴절이고 겉과 속이 다른 이중인격형성의 강요인 것으로서 침묵의 자유의 파생인 양심에 반하는 행위의 강제금지에 저촉되는 것이며, 따라서 우리 헌법이 보호하고자 하는 정신적 기본권의 하나인 양심의 자유의 제약(법인의 경우라면 그 대표자에게 양심표명의 강제를 요구하는 결과가 된다)이라고 보지 않을 수 없다"고 판시하였다.[1] 그 후 언론사의 사과문 게재명령 사건에서도 헌법재판소는 불공정한 선거기사를 게재하였다고 판단한 언론사에 대하여 선거기사심의위원회가 사과문 게재명령을 하도록 한 공직선거법 규정은 언론사가 스스로 인정하거나 형성하지 아니한 윤리적·도의적 판단의 표시를 강제하는 것으로서 언론사가 가지는 인격권을 침해하는 것이라고 판시하여 법인의 인격권을 인정하고 있다.[2]

생각건대 법인이나 단체도 그 자신의 의사가 있는 것으로 의제할 수 있고 또한 이를 보호할 필요가 있으므로 법인이나 단체 역시 양심의 자유와 인격권 등 정신적 자유권의 주체가 될 수 있다고 보는 것이 타당하다.

Ⅱ. 기본권의 효력

1. 기본권의 대국가적 효력

헌법상 기본권은 모든 권력적 국가작용을 직접 구속하는 효력을 가진다(공권력의 기본권기속성). 이것은 입헌주의헌법이 국민의 자유와 권리보장을 기본이념으로 하기 때문에 국가권력이 기본권에 기속되는 것은 당연하며, 여기서 국민과 국가의 관계는 목적과 수단의

---

1) 헌재 1991. 4. 1. 89헌마160.
2) 헌재 2015. 7. 30. 2013헌가8.

관계로 설정되는 것이다.

우리 헌법 제10조의 국가의 기본권보장의무도 이러한 기본권의 대국가적 효력을 전제로 한 것이다. 따라서 입법부는 기본권 실현을 구체화하는 입법을 하여야 하며, 국가목적을 위하여 기본권을 제한하는 경우에도 헌법 제37조 제2항이 정하는 제한의 한계를 벗어날 수 없다. 행정권도 기본권에 기속되며 헌법 제107조 제2항의 위헌심사제는 이를 전제로 한 것이다. 사법권도 기본권에 기속되며 재판절차로 기본권을 침해하는 경우 상소절차로 기본권을 구제받게 된다.

한편 국가작용 중 권력적 국가작용을 제외한 비권력작용(관리작용, 국고작용)에 대하여는 기본권의 기속력이 미치는가의 여부에 관하여 견해가 갈리고 있으나, 국가의 경제활동을 내용으로 하는 국고작용 등의 비권력작용도 기본권에 기속된다고 보는 긍정설이 다수설이다.

2. 기본권의 제3자적 효력

(1) 기본권의 효력확장론

입헌주의헌법의 기본권은 원칙적으로 국가권력에 의한 침해로부터 개인의 자유와 권리를 방어하기 위한 대국가적 방어권으로 국가와 국민의 관계에서 국가권력을 구속하는 효력을 갖는 것이었다. 그러나 자본주의가 고도로 발달하고 사회생활이 복잡해짐에 따라 국가와 유사한 기구나 사적 단체 등의 사회적 세력들이 등장하고 이들 세력에 의하여 국민의 자유와 권리가 부당하게 침해당할 가능성이 증대함에 따라 기본권을 국가 이외의 사인간에도 확대적용해야 한다는 논의가 전개되게 되었다.

(2) 독일의 제3자적 효력 이론

독일에서는 기본법 시행 이후 남녀평등권조항(제3조)이 사인간에도 직접 적용되고, 동일노동에 대한 남녀의 동일임금의 요구가 이 조항에 의해 직접 도출될 수 있는가의 문제가 제기되었다.

(가) 효력부인설

기본권규정이 사인간의 법률관계에는 적용되지 않는다는 견해에 의하면, 기본권은 대국가적 방어권이므로 국가기관만을 구속하며, 사인간에는 합의에 따라 자신의 자유를 스스로 제한할 수 있는 것이고, 사인에 의한 침해행위로부터 기본권을 보호하는 것은 법률로써도 충분하다는 것을 논거로 들고 있다.

(나) 직접효력설

기본권의 효력은 국가만이 아니라 사인에 대해서도 직접 미친다고 보는 직접효력설은 법의 통일성을 강조하여 최고규범인 헌법은 사법(私法)에도 적용되기 때문에 헌법상의 기본권은 사법영역에도 당연히 적용된다는 것이다. 그러나 모든 기본권이 직접 효력을 미치는 것은 아니며 헌법에서 직접 정하고 있거나 양심·사상·종교의 자유, 노예적인 계약이나 강제노역으로부터의 자유 등과 같은 성질상 사인간에 직접 적용되는 기본권에 한하여 직접적인 효력이 있다고 본다. 그러나 직접효력설은 사적 자치를 부인하는 것이 되며, 공·사법의 이원적 법체계를 부인하게 되는 문제점이 지적된다.

(다) 간접적용설

직접적용설은 헌법체계에 대한 사법의 기본적 독자성과 고유법칙성을 파괴하는 문제가 있으므로 간접적용설이 다수적 견해로 지지를 받고 있다. 간접적용설에 의하면 사법관계도 헌법에 합치되어야 하지만 기본권규정이 사법질서에 적용되는 것은 직접 적용되는 것이 아니라 사법상의 일반조항(예컨대 공서양속조항, 신의성실조항 등)을 통하여 간접적으로 적용되어야 한다고 본다. 즉 기본권규정은 헌법규범이 사법에 진입하는 관문을 의미하는 사법상의 일반원칙을 통해 간접적으로 사법질서에 적용되어야 한다는 것이다.

(3) 미국의 판례이론

미국에서 기본권의 사인간의 효력에 관한 판례이론으로 '국가행위'(state action) 이론이 있다. 이 이론에 따르면 헌법의 기본권규정은 국가와 국민 간에 적용되는 것이고 사인간에는 적용되지 않는 것을 원칙으로 하면서, 다만 사인의 행위가 정부와 일정한 연관(nexus)을 지니거나 또는 사인의 행위가 일정한 공적 기능을 수행하는 경우에는 이를 국가행위로 의제하여 헌법의 기본권규정을 확대적용한다는 것이다. 예컨대 정부청사 안의 사설 식당에서 흑인 출입을 금지하는 경우에 그 사설 식당이 정부청사를 사용하기 때문에 이러한 행위가 순수한 사적 차별이 아니라 국가행위에 의한 차별로 볼 수 있다는 것이다. 그 밖에 정당이 공직선거의 후보자 추천을 위한 예비선거(primary election)에서 흑인의 투표권을 거부하는 것은, 공직선거에 참여하는 정당의 공적 기능에서 볼 때 그 인종차별행위는 국가적 행위로 간주된다는 것이다.[1)]

국가행위이론은 사적 행위를 국가행위로 의제하는 것인데, 이러한 의제는 한계가 있을 수밖에 없다. 이 이론은 근본적으로 기본권을 국가에 대한 방어권으로만 이해하는 전통적

1) 미국 연방대법원은 1940년대의 United States v. Classic(1941) 판결과 Smith v. Alright(1944) 판결 등에서 정당의 예비선거를 공직선거의 필수부분으로 인정하여 이를 정당의 사적 행위로 보는 것을 거부하고 국가적 행위로 인정하게 되었다. 상세한 내용은 정만희, 헌법과 통치구조, 법문사, 2003, 614면 이하.

인 사고에 기초한 것이다.

3. 한국헌법과 기본권의 제3자적 효력

우리 헌법은 기본권규정이 사인 상호간의 법률관계에도 직접 적용한다는 명문규정을 두고 있지 아니하나, 기본권의 성질상 사인간의 법률관계에도 적용되는 기본권, 예컨대 근로3권은 직접 제3자적 효력을 가진다고 본다.

그러나 근로3권 이외에 직접 사인간의 법률관계에 적용될 수 없는 기본권의 경우에는 그 기본권이 공법관계와 사법관계를 막론하고 모든 법률관계에서 존중되는 것이 헌법정신에 부합한다고 해석되는 기본권이라면 간접적용설에 따라 사법상의 법률관계에도 적용되는 것으로 보아야 할 것이다(예컨대 평등권, 언론·출판의 자유, 사생활의 비밀과 자유, 통신의 자유 등). 즉 기본권조항 중에서 그 성질상 직접적용되는 기본권을 제외하고, 그리고 청구권적 기본권이나 참정권과 같이 기본권의 성질상 사인간의 관계에 적용될 수 없는 기본권을 배제한 기본권은 원칙적으로 사인간에도 간접적용된다고 할 수 있다.

기본권규정이 사인간에도 적용될 수 있는 헌법적 근거는 헌법 제10조 제2문의 "국가는 … 기본적 인권을 확인하고 이를 보장할 의무를 진다"라는 규정에서 찾을 수 있다. 즉 국가의 기본권보장의 의무는 국가와 개인 간의 관계에서만 기본권을 보장할 의무를 규정한 것이 아니라, 사인과 사인 간의 관계에서도 기본권의 부당한 침해가 이루어지지 않도록 할 의무까지 규정한 것으로 볼 수 있기 때문이다.

또한 헌법 제30조의 범죄피해자구조청구권도 이에 관한 근거조항으로 볼 수 있다. 동 조항은 "타인의 범죄행위로 인하여 생명·신체에 대한 피해를 받은 국민은 법률이 정하는 바에 의하여 국가로부터 구조를 받을 수 있다"라고 규정하여 기본권의 사인간의 효력을 전제로 하여 타인에 의한 생명권과 신체의 자유 침해에 대하여 국가로부터 일정한 보상을 받을 수 있는 권리를 인정하고 있다.

기본권이 사인간에 효력을 가진다는 것은, 특히 계약과 같은 법률행위에 의한 기본권 침해의 경우에 특별한 의미를 지닌다. 사실행위에 의한 기본권침해는 그 대부분이 형사법이나 민법의 불법행위조항을 통해 이미 그 보호가 주어져 왔던 것이나, 종래 사적 자치에 맡겨져 국가권력이 개입하지 않던 사적 영역에 기본권규정을 적용한다는 데에 특별한 의미가 있다. 즉 사인간에 기본권 효력을 인정한다는 것은 사적 자치의 원칙에 한계를 설정한다는 의미가 있다. 이 경우 사법상의 일반원칙조항(민법 제103조의 공서양속조항, 제2조의 신의성실조항, 제750조의 불법행위책임 등)을 통해 기본권을 간접적용하면 사적 자치의 원칙과 조화를 이루면서 기본권을 보호할 수 있다.

제3절 기본권의 충돌과 경합

Ⅰ. 기본권의 충돌

1. 기본권 충돌의 의의

기본권의 충돌은 복수의 기본권주체가 서로 충돌하는 권익의 실현을 위하여 국가에 대해 각기 대립하는 기본권의 실현을 주장하는 경우를 말한다. 즉 어떤 상황에서 사인간에 각자가 기본권의 주체로서 자기의 기본권의 행사가 유효하다는 것을 국가에 대하여 주장하게 되고 결과적으로 국가는 이 충돌을 해결해야 하는 것이 기본권의 충돌 문제이다.

기본권의 충돌은 기본권의 제3자적 효력을 인정하게 됨에 따라 부각하게 된 문제이나, 기본권의 충돌은 엄밀히 따지면 기본권의 제3자적 효력과는 구별될 수 있다. 기본권의 제3자적 효력은 대체로 어느 일방의 사인이 사실상의 힘에 의하여 다른 사인의 기본권을 침해하는 경우에 제기되는 문제이지만, 기본권의 충돌은 사인과 사인 간의 기본권이 국가권력을 매개로 하여 서로 대립하는 상황에서 국가권력이 그 대립을 해소하기 위해 개입하는 경우에 제기되는 문제이다.

2. 기본권 충돌의 유형

기본권의 충돌에 해당하는 일반적인 유형에 관한 사례를 들면, 문학작품에서 개인의 사생활에 관한 사항을 구체적으로 언급함으로써 작가의 예술의 자유와 개인의 사생활의 자유가 충돌하는 경우, 사원채용에 있어서 합리적인 이유 없이 특정인을 자의적으로 배제함으로써 고용자측의 계약의 자유와 피고용인측의 평등권이 충돌하는 경우, 거리에서 이익단체들이 시위를 하는 시위의 자유와 인근 상점의 영업의 자유가 충돌하는 경우, 담배를 흡연하는 것을 향유하는 자유와 이를 싫어하는 혐연권이 충돌하는 경우 등이 있다.

그러나 기본권의 충돌은 기본권이 그 보호범위 안에서 행사되는 경우에 한하여 주장될 수 있는 것이므로 예컨대 연극배우가 무대 위에서 살인을 하고서 피살자의 생명권침해 주장에 대해 예술의 자유를 주장하는 것은 본래의 기본권 충돌에 해당하지 아니한다(기본권의 유사충돌). 따라서 기본권 충돌의 여부를 판단하기 위해서는 먼저 서로 충돌하는 각각의 가치나 이익이 헌법상의 기본권으로 보호되고 있는 것인가의 여부에 대하여 선결적으로 판단해야 한다.

3. 기본권 충돌의 해결이론

(1) 입법자역할론(입법형성의 자유이론)

기본권의 충돌을 해결하는 방법을 헌법이 명시적으로 정하고 있지 않은 경우에는 헌법재판소나 법원이 헌법해석을 통하여 이를 해결해서는 안 되며 입법자인 의회가 입법으로 해결해야 한다고 한다. 그러나 이 견해에 대하여는 기본권 충돌 문제가 헌법해석의 문제에 해당하므로 입법자에 전속될 수 없으며, 기본권 충돌 현상을 모두 입법으로 정형화할 수 없다는 비판이 있다.

(2) 기본권의 서열이론

헌법이 보장하는 기본권들 간에는 그 가치의 중요도에 따라 서열이 있다고 보고, 서로 충돌하는 기본권을 이 서열에 비추어 보다 높은 서열의 기본권을 우선하여 보호하는 방법으로 해결해야 한다고 한다. 그러나 헌법상 기본권을 모두 서열화한다는 것은 성질상 불가능하다는 비판이 있다.

(3) 법익형량이론

기본권이 충돌하는 경우 그것들을 비교형량하여 보다 큰 법익을 보장하는 상위의 기본권을 보다 작은 법익의 하위의 기본권에 우선시켜 해결한다는 이론이다. 이 법익형량은 법익에서의 우열의 존재를 인정하는 것이기 때문에 기본권에서 서열이 존재함을 받아들여 이를 비교형량한다. 그러나 이에 대하여는 기본권이 충돌하는 다양한 모든 상황에 적용할 수 있는 그때그때의 법익형량의 객관적 기준을 찾는 것이 어렵다는 비판이 있다.

(4) 실제적 조화의 이론(규범조화이론)

이 견해는 기본권이 충돌하는 경우 특정의 기본권이 상위서열에 있다는 이유만으로 그 효력을 극대화하고 그 밖의 기본권을 전적으로 배제할 것이 아니라 충돌하는 기본권 모두의 본질적 내용을 훼손하지 않으면서 그 효력을 최적정화할 수 있도록 기본권들을 조화시켜야 한다는 이론이다. 이를 위한 구체적 방안으로는 충돌하는 기본권 상호간에 비례적인 제한을 가함으로써 관련 있는 기본권 모두의 효력을 양립시키며(비례적 제한의 원칙), 각 기본권이 서로를 배척하지 않으면 실현될 수 없는 경우에는 대안을 제시하고(대안제시의 원칙), 대안을 발견할 수 없는 경우에도 후퇴시키는 기본권을 과도하게 제한해서는 안 된다는 것(과잉금지의 원칙)을 제시하고 있다.

4. 헌법재판소의 판례

우리의 헌법재판소와 대법원은 기본권 충돌의 문제를 해결하는데 기본적으로 규범조화적 방법을 사용하고 있다고 할 수 있으며, 판례에 따라서는 기본권서열이론을 채택하기도 하고, 법익형량의 원칙을 채택하기도 한다.

규범조화적 방법을 채택한 헌법재판소의 판례를 보면 언론의 자유와 반론권이 충돌하는 경우에 헌법의 통일성을 유지하기 위하여 상충하는 기본권 모두가 최대한으로 그 기능과 효력을 나타낼 수 있도록 하는 조화로운 방법이 모색되어야 할 것이라고 하고, 반론권은 신속한 권리구제의 필요성에서 보도가 행해진 시간과 근접하여 그 사실 주장을 반박할 기회를 주는 점을 특색으로 하는 것이므로 반론의 제도와 언론의 자유의 관계는 단순히 제도의 평면적 비교나 판단보다 기본권간의 조화라는 전체적인 관점에서 평가되어야 한다고 판시하고 있다. 그리하여 현행 정정보도청구권제도는 그 명칭에 불구하고 피해자의 반론게재청구권으로 해석되고 이는 언론의 자유와는 비록 서로 충돌하는 면이 없지 아니하나 전체적으로는 상충되는 기본권 사이에 합리적인 조화를 이루고 있는 것이라고 판단하고 있다.[1)]

기본권 충돌의 경우 상위기본권우선의 원칙을 채택한 것으로는 흡연권과 혐연권의 충돌에서 볼 수 있다. 흡연자와 비흡연자가 함께 생활하는 공간에서의 흡연행위는 흡연자의 기본권과 비흡연자의 기본권이 충돌하는 상황이 초래되는데, 흡연권은 사생활의 자유를 실질적 핵으로 하는 것이고 혐연권은 사생활의 자유뿐만 아니라 생명권에까지 연결되는 것이므로 혐연권이 흡연권보다 상위의 기본권이라 할 수 있으므로 이처럼 상하의 위계질서가 기본권끼리 충돌하는 경우에는 상위기본권우선의 원칙에 따라 하위기본권이 제한될 수 있으므로 결국 흡연권은 혐연권을 침해하지 않는 한에서 인정되어야 한다고 판시하고 있다.[2)]

Ⅱ. 기본권의 경합

1. 기본권경합의 의의

기본권의 경합이란 단일의 기본권 주체가 하나의 규제에 의하여 여러 기본권이 동시에 제한당하는 경우에 국가에 대하여 여러 기본권의 적용을 주장하는 것을 말한다. 이 경우 제한의 가능성이 보다 더 큰(따라서 효력이 보다 약한) 기본권과 제한의 가능성이 보다 더 작은(효력이 보다 강한) 기본권 중에서 어느 것을 우선적으로 적용할 것인가의 문제가 제기된다. 예컨대 집회나 시위에 참가하려는 사람을 체포·구속한 경우에 신체의 자유와 집회의 자유

1) 헌재 1991. 9. 16. 89헌마165.

2) 헌재 2004. 8. 26. 2003헌마457.

를 동시에 주장하거나, 음란 또는 저속한 출판을 한 출판사의 등록을 취소할 수 있도록 한 법률규정의 위헌 여부를 심사하는 경우 언론·출판의 자유, 직업수행의 자유, 재산권 등을 동시에 주장하게 되는 것 등이 이에 해당한다.

2. 기본권경합의 해결이론

기본권경합의 해결이론으로 통설적 견해는 제한의 가능성이 보다 더 작은(효력이 보다 강한) 기본권을 우선시켜야 한다고 한다. 즉 경합하는 기본권의 효력이 그 정도에 있어 각기 상이할 때에는 그 효력이 보다 강한 기본권을 우선시켜야 한다는 것이다. 그러나 그 경우에도 당해 사안과 직접적으로 관련되는 기본권이 우선적으로 존중되어야 하며, 동등한 효력의 기본권들이 모두 직접적으로 관련된 경우에는 당해 사안과 관련 있는 기본권적 가치들은 모두 실현되어야 한다고 한다. 즉 기본권이 경합하는 경우의 우선적용 순위는 첫째, 당해 사안과 직접 관련되는 기본권이며, 둘째, 관련성이 동일한 경우에는 최강력기본권을 적용하고, 셋째, 기본권의 효력이 동일할 때에는 관련기본권을 전부 적용하는 것이다. 이러한 해결방법이 기본권의 효력을 가능한 한 강화할 수 있는 합리적인 방안이라 할 수 있다.

또한 기본권의 경합에 있어서 기본권의 내용에 있어 특별성을 갖는 기본권의 침해가 있는 경우에는 그 특별성을 갖는 기본권을 우선하여 적용한다. 어떠한 법률규정이 직업의 자유와 행복추구권의 양자를 제한하는 외관을 띠는 경우 두 기본권의 경합 문제가 발생하는데, 보호영역으로서 '직업'이 문제되는 경우 직업의 자유와 행복추구권은 서로 특별관계에 있어 기본권의 내용상 특별성을 갖는 직업의 자유의 침해 여부가 우선한다 할 것이므로 행복추구권의 위헌 여부의 심사는 배제된다고 보는 것이 판례의 태도이다.[1)]

제 4 절 기본권의 제한

Ⅰ. 기본권제한의 의의

기본권의 제한이란 기본권의 내용이나 효력의 범위를 헌법이 인정하는 바에 따라 합법적으로 축소하거나 한정하는 것을 말한다. 제한의 개념은 필연적으로 제한의 대상을 전제로 하기 때문에 제한이 가해지는 기본권은 제한의 대상인 기본권의 '내용'이 이미 헌법적으

1) 헌재 2003. 9. 25. 2002헌마519.

로 확정되어 있는 경우이므로 주로 자유권적 기본권이 이에 해당한다. 헌법이 법률에 위임하여 그 내용을 확정하는 기본권인 사회적 기본권의 경우에는 내용을 정할 때부터 충돌하는 이익과 형량을 하기 때문에 여기서 기본권의 제한은 그러한 기본권의 '내용'보다는 그 '행사'에 있게 된다.

국민은 개인의 자율성에 입각하여 각자 헌법이 보장하는 기본권을 행사하면서 개인의 개성을 신장시키며 행복을 추구하고 동시에 공동체도 존속하게 된다. 그러나 자율적인 인간의 행동이 항상 공동체의 존속과 유지를 담보하는 것은 아니며 공동체 구성원 상호간의 공존을 만들어내는 것도 아니다. 따라서 공동체의 존속과 구성원 상호간의 공존을 위해 헌법은 국민의 기본권을 보장하면서 동시에 이를 제한할 수 있는 장치를 두게 된다. 그리고 기본권의 제한은 기본권의 본질적 내용과 기능에 적합한 범위 내에서 인정되는 것이므로 기본권의 개념본질적인 한계를 가진다.

Ⅱ. 기본권제한의 형식

1. 헌법유보에 의한 기본권제한

기본권제한은 헌법이 직접적으로 기본권 전반 또는 개별적 기본권에 대하여 제한을 명문화하는 경우가 있는데, 전자는 '일반적 헌법유보'이고 후자는 '개별적 헌법유보'라고 한다. 우리 헌법 제21조 제4항에 의한 언론·출판의 자유의 제한규정은 개별적 헌법유보에 의한 기본권제한을 의미한다. 정당활동의 헌법적 한계를 규정한 제8조 제4항도 정당의 자유제한에 관한 개별적 헌법유보에 해당한다. 그 밖에 국가배상청구권에 관하여 군인·경찰·군무원 등에 대해 이를 제한한 규정(제29조 제2항)과 노동3권에 관하여 공무원에 대해 이를 제한한 규정(제33조 제2항) 등도 개별적 헌법유보에 의한 기본권제한에 해당한다.

2. 법률유보에 의한 기본권제한

(1) 의 의

기본권의 제한을 헌법이 직접 규정하지 아니하고 그 제한을 법률에 위임하고 있는 경우를 법률유보(法律留保)에 의한 기본권제한이라고 한다. 법률유보의 경우에도 기본권 전반에 관한 '일반적 법률유보'가 있고 개별적 기본권에 관한 '개별적 법률유보'가 있다. 우리 헌법 제37조 제2항의 "국민의 모든 자유와 권리는 국가안전보장·질서유지·공공복리를 위하여 필요한 경우에 한하여 법률로써 제한할 수 있으며"라는 규정은 기본권제한에 관한 일반적 법률유보조항을 의미하며, 신체의 자유에 관한 제12조 제1항은 개별적 법률유보에 해당한다. 일반적 법률유보조항이 있기 때문에 개별적 법률유보조항은 특별한 법적 의미가 없으며, 단지 법률에 의한 기본권제한을 강조하거나 주의하는 의미를 가진다고 할 수 있다.

헌법상 법률유보조항은 기본권존중의 이념에 입각하여 기본권제한의 헌법적 근거를 분명히 하면서 동시에 기본권을 제한하는 경우에도 그 제한의 기준과 정도 및 한계를 헌법의 차원에서 명시한 것으로 중요한 의미를 가진다.

(2) 법률유보원칙의 내용

(가) 의회유보의 원칙

기본권제한은 국회가 제정한 형식적 의미의 법률에 의하여 행해지는 것이 원칙이며, 법률의 효력을 갖는 조약이나 국제법규에 의한 제한도 가능하다. 그리고 기본권제한과 관련된 법률의 내용은 행정입법에 의하여 구체적으로 범위를 정하여 하위법령에 위임할 수 있다(헌법 제75조, 제95조). 그러나 오늘날 법률유보의 원칙은 기본권을 제한할 때 제한의 핵심적 내용은 하위법령에 위임하지 않고 반드시 법률 자체에서 규정해야 하는 것을 요구한다. 즉 국가공동체와 그 구성원에게 기본적이고도 중요한 의미를 갖는 영역, 즉 특히 국민의 기본권실현에 관련된 영역에 있어서는 행정에 맡길 것이 아니라 국민의 대표자인 입법자 스스로 그 본질적 사항에 대하여 결정하여야 한다는 요구까지 내포하는 것으로 이해하여야 한다는 이른바 '의회유보(議會留保)의 원칙'을 요구한다.[1]

헌법재판소는 도시환경정비사업의 시행자인 토지등 소유자가 사업시행인가를 신청하기 전에 얻어야 하는 토지등 소유자의 동의요건을 토지등 소유자가 자치적으로 정하여 운영하는 규약에 정하도록 한 구 '도시 및 주거환경정비법' 조항은 법률유보 내지 의회유보원칙에 위배된다고 판시하였다.[2]

(나) 포괄적 위임입법금지의 원칙

법률로써 기본권을 제한할 때 그 내용의 일부를 하위법령에 위임할 수 있으나, 하위규범에 의한 기본권제한은 법률의 근거와 위임이 있어야 한다. 위임입법의 경우에도 국회중심입법의 원칙이 부정되어서는 안 되므로 백지위임을 의미하는 포괄적 위임입법은 인정되지 않으며, 개별적·구체적 위임만이 인정된다.[3]

헌법은 오늘날의 행정국가화 경향에 부응하여 행정부에 대하여 광범한 행정입법권을 부여하고 있지만, 그것은 법률에서 구체적으로 범위를 정하여 위임받은 사항에 관해서만 행정입법을 인정할 수 있다. 현행 헌법 제75조도 "대통령은 법률에서 구체적으로 범위를 정

1) 헌재 1999. 5. 27. 98헌바70.
2) 헌재 2012. 4. 24. 2010헌바1.
3) 헌재 2005. 7. 21. 2004헌가30.

하여 위임받은 사항 … 에 관하여 대통령령을 발할 수 있다"라고 규정하여 위임입법의 근거와 아울러 그 범위와 한계를 제시하고 있는데 "법률에서 구체적으로 범위를 정하여 위임받은 사항"이라 함은 법률에 이미 대통령령으로 규정될 내용 및 범위의 기본사항이 구체적으로 규정되어 있어서 누구라도 당해 법률로부터 대통령령에 규정될 내용의 대강을 예측할 수 있어야 함을 의미한다. 그리고 위임입법에 관한 헌법 제75조는 처벌법규에도 적용되는 것이지만 법률에 의한 처벌법규의 위임은, 헌법이 특히 인권을 최대한으로 보장하기 위하여 죄형법정주의와 적법절차를 규정하고, 법률(형식적 의미의)에 의한 처벌을 특별히 강조하고 있는 기본권보장 우위사상에 비추어 바람직스럽지 못한 일이므로, 그 요건과 범위가 보다 엄격하게 제한적으로 적용되어야 한다. 따라서 처벌법규의 위임은 특히 긴급한 필요가 있거나 미리 법률로써 자세히 정할 수 없는 부득이한 사정이 있는 경우에 한정되어야 하고 이러한 경우일지라도 법률에서 범죄의 구성요건은 처벌대상인 행위가 어떠한 것일 것이라고 이를 예측할 수 있을 정도로 구체적으로 정하고 형벌의 종류 및 그 상한과 폭을 명백히 규정하여야 한다.[1]

(다) 법률의 일반성과 명확성

기본권제한의 형식은 법률이어야 할 뿐만 아니라 그 법률은 일반성과 명확성을 가져야 한다. 이 요건은 입법 전반에 해당하는 것이지만 특히 기본권을 제한하는 입법에 있어서 강조된다(상세는 전술한 법치주의원리 참조).

(라) 체계정당성의 원칙

체계정당성(體系正當性)의 원리란 기본권을 제한하는 법률은 그 법규범의 구조와 내용이 다른 법규범과 상호 배치되거나 모순되어서는 안 되며 체계적으로 균형을 이루어야 한다는 것을 말한다. 이처럼 규범 상호간의 체계정당성을 요구하는 이유는 입법자의 자의를 금지하여 규범의 명확성, 예측가능성 및 규범에 대한 신뢰와 법적 안정성을 확보하기 위한 것이고 이는 국가공권력에 대한 통제와 이를 통한 국민의 자유와 권리의 보장을 이념으로 하는 법치주의원리로부터 도출되는 것이라고 할 수 있다. 헌법재판소는 체계정당성의 원리를 그 자체로 독자적인 위헌심사기준의 하나로 보고 있지는 않으며, 체계정당성 위반으로 위헌이 되기 위해서는 비례의 원칙이나 평등의 원칙 등 일정한 헌법의 규정이나 원칙을 위반하여야 한다고 판시하고 있다.[2] 체계정당성의 원리는 본래 입법부의 입법기능의 한계에 관한 이론으로 정립된 것으로 동일법률 내에서뿐만 아니라 상이한 법률 상호간에는 규범의 구조와 내용에 있어서 서로 모순되거나 체계적 부조화를 이루어서는 안 된다는 것을 의미한다.

---

1) 헌재 1991. 7. 8. 91헌가4.
2) 헌재 2005. 6. 30. 2004헌바40등.

헌법재판소는 특가법상 가중처벌조항에 대한 위헌결정에서 형벌에 관한 입법시에는 형벌체계상의 정당성이 존중되어야 한다고 강조하고 있다. 과실로 사람을 치상하게 한 자가 구호행위를 하지 아니하고 도주하거나 고의로 유기함으로써 치사의 결과에 이르게 한 경우에 살인죄와 비교하여 그 법정형을 더 무겁게 한 것은 형벌체계상의 정당성과 균형을 상실한 것으로서 헌법 제10조의 인간으로서의 존엄과 가치를 보장한 국가의 의무와 헌법 제11조의 평등의 원칙 및 헌법 제37조 제2항의 과잉입법금지의 원칙에 반한다고 판시하고 있다.[1] 그러나 헌법재판소는 다른 사건에서는 증여세가 아닌 다른 조세를 회피하기 위한 목적의 명의신탁을 증여로 추정할 수 있도록 조세범위를 확장하는 조항에 대하여 체계정당성에 위배되는 외관을 가질 수 있으나 체계부정합으로 인한 위헌의 문제는 발생하지 않는다고 판단한 경우도 있다.[2]

3. 기본권의 내재적 한계

기본권제한의 형식과 관련하여 위의 실정헌법이나 법률로 명시적으로 기본권을 제한하는 것과 구별되는 기본권 자체의 본질적 한계로 인정되는 내재적 한계를 인정할 것인가의 논의가 있다.

기본권의 내재적 한계란 기본권이 헌법에 보장되고 그 제한에 관한 명시적 규정이 없는 경우에도 무제약적으로 보장되는 것이 아니고 불문율에 따라 제약을 받는 것을 말한다. 즉 기본권 자체에 내재하는 묵시적 제약성을 내재적 한계라고 할 수 있다. 예컨대 프랑스 인권선언(제4조)에 "자유란 다른 사람을 해하지 아니하는 한도 내에서 모든 것을 할 수 있는 것을 의미한다"고 규정하고 있는 것도 바로 기본권의 내재적 한계를 밝히고 있는 것이라 볼 수 있다. 기본권의 내재적 한계를 인정하는 경우 그 내재적 한계에 해당하는 요소에 관하여는 일반적으로 '타인의 권리', '헌법질서', '도덕률'의 침해금지를 들고 있다. 독일 기본법 제2조 제1항은 "누구든지 타인의 권리를 침해하지 않고 헌법질서나 도덕률에 반하지 않는 한, 자신의 인격을 자유로이 발현할 권리를 가진다"라고 규정하여 내재적 한계를 명문화하고 있다.

우리 헌법의 해석에 있어 기본권의 내재적 한계를 인정하는 입장에서는 헌법 제21조 제4항의 "언론·출판의 자유는 타인의 명예나 권리, 공중도덕이나 사회윤리를 침해하여서는 아니된다"는 규정과 헌법 제8조 제4항의 정당활동의 헌법적 한계로서 '민주적 기본질서 위배금지'를 기본권의 내재적 한계에 관한 명시적 규정이며 헌법유보에 의한 기본권제한이라고 한다.[3]

---

1) 헌재 1992. 4. 28. 90헌바24.
2) 헌재 2004. 11. 25. 2002헌바66.
3) 권영성, 헌법학원론, 법문사, 2010, 345면.

그러나 기본권의 내재적 한계를 기본권제한의 근거나 형식으로 보는 것에 대해서는 부정적인 견해가 유력하다. 이 견해에 의하면 기본권제한의 형식으로서 기본권의 내재적 한계는 독일에서 전개된 것으로 우리 헌법의 기본권보장체계에서는 적용되기 어렵다고 보고 있다. 독일의 경우 우리 헌법 제37조 제2항과 같은 기본권제한의 일반적 법률유보조항이 없고 개별적 법률유보를 두고 있으며, 개별적 법률유보가 없는 양심의 자유, 종교의 자유, 학문의 자유 등에 대한 제한의 근거로 내재적 한계를 인정하는 것이라고 한다.[1]

생각건대 기본권의 내재적 한계는 기본권 자체에 내재하는 일정한 한계를 의미하는 것으로 그것은 국가권력을 전제로 하지 않는 것이며 기본권 행사의 사회적 책임성을 강조한 것이라 할 수 있다. 그러나 독일에서 전개된 내재적 한계이론을 우리 헌법의 기본권보장체계에 그대로 적용하는 것은 신중해야 하며, 국가권력에 의한 기본권의 제한의 근거와 유형으로 기본권의 내재적 한계를 인정하는 것은 헌법 제37조 제2항의 일반적 법률유보조항과 조화되기 어려운 문제가 있다. 따라서 기본권의 내재적 한계를 기본권제한의 근거로 삼는 것은 곤란하다고 보는 것이 타당하다고 하겠다.[2]

Ⅲ. 기본권제한의 목적

1. 헌법규정

우리 헌법상 기본권제한의 목적에 관하여 규정하고 있는 것을 보면, 정당의 설립과 활동의 자유를 보장하면서 그 제한의 경우에는 '민주적 기본질서'를 보호하기 위한 목적을 명시하고 있으며(제8조 제4항), 언론·출판의 자유 제한의 경우에는 '타인의 명예와 권리, 공중도덕이나 사회윤리'를 보호하기 위한 목적을 규정하고 있다(제21조 제4항). 그리고 일반적 법률유보조항에서는 '국가안전보장, 질서유지, 공공복리'를 모든 기본권제한의 목적으로 규정하고 있다(제37조 제2항). 따라서 위의 정당의 자유와 언론·출판의 자유의 제한 목적은 일반적 법률유보조항의 기본권제한의 목적에 포함되는 개념이다.

2. 국가안전보장

헌법 제37조 제2항에서 규정하고 있는 국가안전보장이란 대한민국이라는 국가의 독립

1) 기본권의 내재적 한계이론의 한국헌법에의 적용에 대한 부정적 견해는 허영, 한국헌법론, 박영사, 2009, 273면; 한수웅, 헌법학, 법문사, 2016, 471면.

2) 기본권의 내재적 한계에 의한 기본권제한의 적용가능성을 부정하면서 생명권에 대해서는 내재적 한계에 의한 제한이 적용될 수 있다는 견해가 있다. 즉 생명을 제한하는 형법, 모자보건법 등은 헌법 제37조 제2항에 근거한 것이 아니라 내재적 한계에 의한 기본권제한을 근거로 제정된 것이라 한다. 김학성, 헌법학원론, 피엔씨미디어, 2018, 377면.

과 영토의 보전, 헌법과 법률 등 국가법규범의 효력유지, 헌법에 의해 설치된 국가기관의 유지 등 국가의 안전을 확보하는 것과 함께 사회공동체의 안전을 확보하는 것을 의미한다.

헌법은 국민의 기본권을 보장하는 동시에 공동체의 존속과 유지도 보호하는 것이므로 국가의 안전을 보장하는 것은 헌법의 본질적 보장사항에 속한다. 즉 헌법이 국가안전보장을 기본권제한의 목적으로 명시하지 않더라도 이러한 가치는 당연히 기본권제한의 목적에 해당한다. 이 경우 국가안전보장이라는 가치는 질서유지와 공공복리의 개념에 포함되는 것으로 해석될 수 있다. 국가안전보장을 위한 기본권제한의 법률로는 형법, 군형법, 국가보안법, 군사기밀보호법, 통신비밀보호법 등이 있다.

3. 질서유지

질서유지란 공동체가 존속하고 유지하며, 그 공동체 속에서 구성원들이 평화롭고 안전하게 살 수 있도록 하는 질서를 유지하는 것을 말한다. 여기서의 '질서'란 헌법상의 기본질서를 포함하여 공동체 구성원들이 행복을 추구하며 삶을 영위하는 데 필요한 가치를 유지하고 보호하기 위한 모든 질서를 포함하는 개념으로 이해할 수 있다. 질서유지를 위한 기본권제한 법률로는 형법, 집회 및 시위에 관한 법률, 도로교통법, 경찰관직무집행법, 경범죄처벌법, 화염병사용등의 처벌에 관한 법률, 윤락행위방지법, 독점규제 및 공정거래에 관한 법률, 공직선거법, 출입국관리법 등이 있다.

4. 공공복리

기본권제한의 목적으로서 공공복리(公共福利)란 불확정 개념으로 다양하게 정의될 수 있으나, 일반적으로 공공복리는 국민 개개인의 사적 이익에 대한 대립적 개념이다. 즉 공공복리란 공동체 구성원 전체의 삶을 위한 공공적 이익 또는 '국민공동의 이익'이라고 할 수 있다. 따라서 그것은 경제, 사회, 문화, 건강, 환경, 복지 등 공동체의 각종 영역에 있어서 개인의 수준을 넘어 국민 전체의 수준에서 이익이 되는 가치를 의미한다고 할 수 있다. 사회국가(복지국가)를 헌법의 기본원리로 하고 있는 나라에서 공공복리는 사회공동생활의 지표이며 국가적 이념이라 할 수 있다.[1)]

---

1) 공공복리의 개념은 실정법상의 개념인 이상 자의성을 배제하는 확정적인 개념으로 파악하는 것이 중요하다. 공공복리는 공공의 복리를 의미하는 것이므로 개인의 이익과 행복이 아니라는 점을 강조한 나머지 그것을 전체주의적 견지에서 파악하여 개인의 이익을 초월한 전체적 이익이 바로 공공복리라고 해석하는 것은 받아들이기 어렵다. 반면에 공공복리를 개인주의적 입장에서 파악하여 개인을 초월하는 공공이라는 복리의 주체를 인정하지 아니하고 그 공공복리는 국가를 구성하는 다수의 개인적 복리의 총화이며 평균이라고 보는 견해도 타당하다고 할 수 없다. 따라서 공공복리란 '사회구성원의 연대관계'에서 사회적 약자를 특별히 보호하는 이념이라고 해석되며, 사회적 약자를 현재수준보다 향상시키는 국가시책에서 사회구성원의 전체가 이익을 볼 수 있는 상호

헌법재판소는 공공복리 개념의 구체화를 시도하면서 헌법상 경제에 관한 조항들을 언급하고 있다. 즉 우리 헌법은 제119조 이하의 경제에 관한 장에서 "균형 있는 국민경제의 성장과 안정, 적정한 소득의 분배, 시장의 지배와 경제력의 남용의 방지, 경제주체간의 조화를 통한 경제의 민주화, 균형 있는 지역경제의 육성, 중소기업의 보호육성, 소비자보호 등" 경제영역에서의 국가목표를 명시적으로 규정함으로써 국가의 경제정책을 통하여 달성하여야 할 '공익'을 구체화하고, 동시에 헌법 제37조 제2항의 기본권제한을 위한 일반법률유보에서의 '공공복리'를 구체화하고 있다고 판시하고 있다.[1]).

Ⅳ. 기본권제한의 정도와 한계

1. 과잉금지의 원칙

과잉금지(過剩禁止)의 원칙은 일반적으로 국가권력의 행사는 정당한 목적을 위하여 필요한 범위 내에서 행사되어야 한다는 원칙을 의미하는데, 이 원칙은 기본권제한의 경우에도 그대로 적용된다. 즉 기본권을 제한하는 입법작용에 있어서 과잉금지의 원칙이란 국가가 국민의 기본권을 제한하는 내용의 입법활동을 함에 있어서 준수하여야 할 기본원칙 내지 입법활동의 한계를 의미하는 것이다. 우리 헌법상 기본권제한에 관한 과잉금지원칙의 근거조항은 제37조 제2항에 규정되어 있다. "국민의 모든 자유와 권리는 … 필요한 경우에 한하여 법률로써 제한할 수 있으며"라고 규정한 것은 과잉금지원칙(비례의 원칙)에 관한 규정을 의미한다. 과잉금지원칙은 독일의 판례이론으로 전개되어 온 것으로서 우리 헌법재판소는 이 원칙을 수용하여 광범하게 적용하고 있다.

과잉금지의 원칙이 적용되는 기본권의 범위에 관하여는 견해가 나뉘고 있다. 헌법 제37조 제2항은 국민의 '모든 자유와 권리'는 법률로써 필요한 경우에 한하여 제한할 수 있다고 규정하고 있으므로 모든 기본권이 과잉금지원칙의 적용을 받는다고 할 수도 있으나, 자유권과 구별되는 사회권, 청구권, 참정권 등은 특정한 보호범위가 없이 법률에 의해 비로소 구체적인 내용이 형성되기 때문에 과잉금지원칙이 동일하게 적용되기 어렵다고 할 수 있다. 따라서 사회권이나 청구권 등 적극적 기본권의 제한에 있어서는 과잉금지원칙이 다소 완화된 형태로 적용되거나 자의금지원칙이 적용될 수 있다고 본다. 헌법재판소의 입장은 자유권 이외의 기본권제한에 대해 헌법 제37조 제2항의 과잉금지원칙을 적용한 사례와 완화된

관계라고 할 수 있다. 공공복리의 개념을 이와 같이 전체주의적 세계관과 개인주의적 세계관을 부정하는 사회구성원의 연대관계의 입장에서 이해하는 견해로는 윤세창, 신헌법, 일조각, ,101-103면 참조.

1) 헌재 1996. 12. 26. 96헌가18.

의미의 과잉금지원칙을 적용한 사례가 있으며, 그 밖에 과잉금지원칙을 심사기준으로 제시하지 않고 단지 입법자의 입법형성권의 범위 일탈 여부만을 심사한 사례 등이 있다.[1]

과잉금지의 원칙은 목적의 정당성, 방법의 적절성, 피해의 최소성, 법익의 균형성으로 구성되며 이 모든 요건이 충족되어야 기본권제한이 합헌으로 인정된다.

(1) 목적의 정당성의 원칙

기본권을 제한하는 의회의 입법은 그 입법의 목적이 헌법과 법률의 체계 내에서 정당성을 인정받을 수 있어야 한다는 것을 의미한다. 따라서 목적의 정당성을 인정받을 수 없는 기본권제한의 법률은 과잉금지의 원칙에 위배되어 무효가 된다.

(2) 방법의 적절성의 원칙

국민의 기본권을 제한하는 입법을 하는 경우에 법률에 규정된 기본권제한의 방법은 입법목적을 달성하기 위한 방법으로 효과적이고 적절한 것이어야 한다는 것을 말한다. 이 방법의 적합성원칙은 기본권제한의 수단이나 방법이 제한의 목적을 실현하는 데 완전한 것이 아니라 부분적으로 기여하는 경우에도 적용될 수 있다. 헌법재판소는 제대군인에게 공무원채용시험에서 가산점을 주는 것을 방법의 적합성에 위반된다고 하였다. 즉 가산점제도는 아무런 재정적 뒷받침 없이 제대군인을 지원하려 한 나머지 결과적으로 여성과 장애인 등 이른바 사회적 약자들의 희생을 초래하고 있으며, 각종 국제협약, 실질적 평등 및 사회적 법치국가를 표방하고 있는 우리 헌법과 이를 구체화하고 있는 전체 법체계 등에 비추어 우리 법체계 내에 확고히 정립된 기본질서라고 할 '여성과 장애인에 대한 차별금지와 보호'에도 저촉되므로 정책수단으로서의 적합성과 합리성을 상실한 것이라고 판시하였다.[2]

(3) 피해의 최소성의 원칙

이 원칙은 입법권자가 선택한 기본권의 제한조치가 입법목적 달성을 위해 적절한 것일지라도, 보다 완화된 수단이나 방법을 모색함으로써 그 제한을 필요최소한의 것이 되게 해야 한다는 것을 말한다. 그러나 무엇이 최소한의 피해인가를 판단하는 것은 쉽지 않다.

(4) 법익의 균형성의 원칙

법익의 균형성원칙은 기본권제한이 위의 원칙들에 적합한 경우에도 기본권제한에 의해 얻게 되는 공적 이익과 그 제한에 의해 기본권의 주체가 입게 되는 피해와 손실을 비교

---

1) 헌법재판소는 청구권적 기본권(체포구속적부심사청구권)에 대한 위헌심사의 기준으로 자의금지원칙을 적용한 사례가 있으며(헌재 2004. 3. 25. 2002헌바104), 재판청구권에 관하여는 완화된 비례의 원칙을 적용한 경우도 있다(헌재 2001. 6. 28. 2000헌바77).

2) 헌재 1999. 12. 23. 98헌마363.

형량할 때, 양자 간에 합리적인 균형관계가 유지되거나 기본권제한으로 얻게 되는 공적 이익이 그 제한으로 피해를 보게 되는 사적 이익보다 커야 한다는 것을 의미한다(협의의 비례의 원칙).

2. 본질적 내용의 침해 금지

기본권을 법률로 제한하는 경우에 비례원칙을 충족하여도 기본권의 본질적 내용을 침해하면 헌법에 위반된다. 헌법 제37조 제2항은 "기본권을 제한하는 경우에도 자유와 권리의 본질적 내용을 침해할 수 없다"라고 하여 기본권의 본질적 내용 보호를 규정하고 있다. 여기서 본질적 내용이라 함은 당해 기본권의 중핵이 되는 실체를 말하며, 본질적 내용의 침해란 그 침해로 말미암아 당해 자유나 권리가 유명무실한 것이 되어 버리고 형해화되어 당해 기본권을 보장하는 궁극적인 목적을 달성할 수 없게 되는 지경에 이르는 경우라고 할 것이다.[1]

그러나 실제로 기본권의 본질적 내용의 구체적 의미와 범위가 무엇인가는 판단하기 어려운 문제라 할 수 있다. 그 본질적 내용이 무엇인가에 관하여는 절대설과 상대설 등으로 견해가 나뉘고 있는데, 절대설의 입장은 기본권의 내용 가운데에는 어떤 경우에도 침해할 수 없는 핵심영역이 있다고 보는 것이고, 상대설은 기본권의 본질적 내용은 절대적으로 고정되어 있는 것이 아니며 이익형량에 따라 기본권이 제한되는 경우에 개별 기본권의 본질적 내용의 범위는 달라진다는 것이다.[2]

그러나 개념상으로는 본질적 영역과 비본질적 영역의 구분이 가능하다고 하더라도 실제적으로는 구체적 권리의 본질적 핵심영역의 경계를 설정하는 것은 매우 어려운 문제라 할 수 있다. 그리고 실제로 헌법재판소 판례를 보더라도 기본권의 제한에 있어서 과잉금지원칙에 위배되지 않으면서 본질적 내용을 침해하는 것이라고 판단한 경우는 거의 없기 때문에 위의 절대설과 상대설의 구분은 논의의 실익이 없다고 할 수 있다.[3]

따라서 비례의 원칙에 위배되는 기본권제한은 곧 그것이 기본권의 본질적 내용의 침해를 의미하는 것이라고 할 수 있으며, 비례의 원칙에 위배되지 않더라도 별개의 기본권제한

---

1) 헌재 1990. 9. 3. 89헌가95.

2) 헌법재판소는 생명권의 제한에 관한 사형제도의 합헌성에 대해 판단하면서 생명권 역시 헌법 제37조 제2항에 의한 일반적 법률유보의 대상이 될 수밖에 없다고 보고 있으며, "사형이 비례의 원칙에 따라서 최소한 동등한 가치가 있는 다른 생명 또는 그에 못지아니한 공공의 이익을 보호하기 위한 불가피성이 충족되는 예외적인 경우에만 적용되는 한, 그것이 비록 생명을 빼앗는 형벌이라 하더라도 헌법 제37조 제2항 단서에 위반되는 것으로 볼 수는 없다"고 하여 상대설의 입장을 취하고 있음을 볼 수 있다. 다만 이 사건에서 재판관 조승형은 반대의견으로 사형제도는 생명권의 본질적 내용을 침해하는 생명권의 제한이므로 헌법 제37조 제2항 단서에 위반된다는 견해를 제시하였다. 헌재 1996. 11. 28. 95헌바1.

3) 정종섭, 헌법학원론, 박영사, 2014, 371면.

의 한계기준인 본질적 내용의 침해에 해당하는 경우는 거의 찾아보기 어렵다고 할 수 있다. 그리고 여기서 기본권의 본질적 내용의 실체가 무엇인가에 관하여는 모든 기본권에 공통된 어떤 절대적 가치로서 인간의 존엄성 존중에다 각 기본권에 특유한 고유의 가치를 더한 개념으로 이해할 수 있을 것이다.[1)]

제 5 절 기본권의 보호

Ⅰ. 국가의 기본권보호의무

1. 국가의 기본권보호의무의 의의

국가의 기본권보호의무 또는 기본권보장의무란 국가가 국민의 기본권을 보호하고 실현하여야 할 의무를 말한다. 국가는 국민에 대하여 기본권을 침해하거나 제한하는 주체로 존재하는 것이 아니라 국민의 기본권을 적극적으로 보호하고 실현하는 주체로 존재해야 한다는 것을 의미한다. 즉 국가의 기본권보호의무는 국가는 국민의 기본권을 침해하여서는 안 된다는 소극적 보호의무와 함께 적극적으로 국민의 기본권을 실현해야 하는 의무를 포함하게 된다. 따라서 국민은 국가에 대하여 방어적인 지위에만 있는 것이 아니라 국가로 하여금 기본권을 적극적으로 보호하고 실현할 것을 요구하는 지위에 있게 된다.

국가의 기본권보호의무는 국가의 창설목적과 국가의 본질적 기능에서 도출된다. 국가는 공동체의 유지와 안전 및 공동체 내에 살고 있는 구성원의 행복추구를 실현하는 것을 목적으로 하는 수단으로 존재하는 것이므로 여기서 국민의 기본권을 보호하는 의무가 당연히 나온다. 그리고 헌법상 기본권의 효력은 모든 국가권력에 대한 구속력을 갖는 것이므로 국가권력의 행사가 국민의 기본권을 침해하여서는 안 된다는 것은 당연한 논리이다.

우리 헌법 제10조 제2문은 "국가는 개인이 가지는 불가침의 기본적 인권을 확인하고 이를 보장할 의무를 진다"라고 하여 국가의 기본권보장의무를 명문화하고 있다. 여기서 국가의 기본권 확인이란 개인이 가지는 불가침의 기본적 인권의 존재를 인정하고 존중하는 것을 말하며, 기본권 보장의무란 국가가 국민의 기본권을 보호하고 실현하여야 할 의무를 말한다.

국가의 기본권보장의무의 범위에 관하여는 학설이 나뉘고 있으나, 광의의 개념으로 보

1) 권영성, 앞의 책, 356-357면.

는 입장에서는 국가의 보호의무는 소극적인 국민의 기본권에 대한 침해금지는 물론이고, 적극적으로 국가기관이 아닌 사인에 의해 기본권이 침해된 경우에도 이를 구제해야 할 의무가 있으며, 더 나아가 국가권력에 의한 기본권 전반의 침해에 대해서도 기본권의 구제와 실현을 위한 국가의 의무를 포괄하는 개념으로 이해한다.[1] 협의의 개념으로 국가의 기본권 보호의무를 보는 입장에서는 독일의 판례이론에 따라 자유권적 기본권의 객관적 가치질서의 성격을 근거로 하여 사인의 기본권침해에 대한 국가의 보호의무에 국한하여 이론을 구성하고 있다.[2]

2. 사인의 기본권침해에 대한 국가의 보호의무

오늘날 국민의 기본권이 국가권력에 의해서만이 아니라 사회에 의해서도 위협을 받는다는 것을 고려할 때 국가는 단지 개인의 자유공간을 침해하지 않는 것만으로 개인의 자유가 충분히 보장되지 않으며, 새로운 사회적 위협에 적극적으로 대처하기 위해 사인에 의한 인권침해에 대해서도 개인의 자유를 보장해야 하는 것이 요구된다. 따라서 국가의 기본권 보장의무는 국가로부터의 침해금지와 사회로부터의 침해에 대한 보호의무를 포함하게 된다. 국가권력이 아닌 사인에 의한 기본권침해의 경우 침해받은 국민이 그 사인에 대해 직접 기본권을 주장할 수 없기 때문에 국가는 미리 기본권침해를 방지하거나 사후적으로 구제해야 하는 의무를 이행함으로써 실질적으로 국민의 기본권이 실현되는 것이다.

본래 독일에서 전개되어 온 '국가의 기본권보호의무' 이론은 사적 영역에서 사인의 기본권침해 문제에 국가가 개입하고 해결하는 것을 정당화하기 위한 이론을 의미한다. 오늘날 기본권은 개인의 주관적 공권임과 동시에 공동체의 '객관적 가치질서'로 이해되기 때문에 국가가 공동체의 가치질서를 보호하기 위하여 사적 영역에서의 기본권침해에 관여할 수 있게 되는 것이다. 기본권을 주관적 공권(대국가적 방어권)으로만 이해하는 경우 기본권은 국가로부터의 침해에 대해서만 보호받을 뿐이며, 사인으로부터의 침해에 대해서는 보호를 할 수 없게 된다. 따라서 기본권을 국가공동체의 객관적 가치질서로 이해함으로써 기본권은 모든 국가행위를 구속하게 되고, 기본권의 객관적 내용을 실현해야 하는 국가의 과제와 의무를 부과하게 되며, 여기에 사인의 기본권침해에 대해서도 국가의 적극적인 보호의무가 도출되는 것이다.

---

1) 국가의 기본권보장의무를 광의의 개념으로 이해하는 입장은 김철수, 앞의 책, 394면; 권영성, 앞의 책, 363면.

2) 협의설의 입장은 국가권력에 의한 침해에 있어 기본권보호는 본질적으로 기본권의 대국가적 방어에 관한 문제이므로 국가의 적극적 기본권보호의무로 보기 어렵다는 것이며, 자유권의 보호의무와 생존권 실현을 위한 보호의무는 규범의 목표와 구조에 차이가 있기 때문에 사인에 의한 자유권침해에 국한하여 국가의 보호의무로 보아야 한다는 것이다. 김학성, 헌법학원론, 피엔씨미디어, 2018, 349면.

사인의 기본권침해에 대한 국가의 보호의무에 있어서 국가의 보호의무의 영역이 되는 주된 범위는 생명권이나 신체불가침권이 위협받는 영역이지만, 국가의 보호의무는 신체의 안전이나 생명권과 같은 기본권에 국한되는 것이 아니라 원칙적으로 모든 자유권으로부터 도출된다고 할 것이다. 예컨대 직업의 자유는 국가에 대한 소극적 방어권일 뿐 아니라 국가에게 제3자로부터 직업의 자유를 보호해야 할 의무를 부과할 수 있다고 본다.[1] 헌법재판소의 판례는 국가의 기본권보호의무를 사인에 의한 위법한 침해로부터 보호해야 할 국가의 의무로 보고, 주로 사인인 제3자에 의한 개인의 생명이나 신체의 훼손에서 국가의 보호의무가 문제된다고 하여 생명권과 신체의 자유를 그 보호대상으로 하고 있다.[2] 자유권 외의 청구권이나 사회적 기본권은 국가에 의해 구체적인 내용이 형성되고 국가에 대해 적극적 급부나 작위를 청구하는 기본권이므로 그 기본권의 성격상 사인에 의해 침해되는 기본권이라 할 수 없다.

3. 국가의 기본권보호의무의 정도

(1) 최대한 보장의 원칙

헌법 제10조 제2문의 국가의 기본권보장의무에 있어서 국가는 '어느 정도'로 보호할 의무를 지는 것인지가 문제된다. 기본적으로 국가는 기본권보장자로서 '최대한' 보호할 의무를 지는 것으로 해석하는 것이 기본권보장의 헌법이념에 부합된다. 과거 1962년 헌법(제3공화국헌법)에서는 "국가는 국민의 기본적 인권을 최대한 보장할 의무를 진다"(제8조)는 명시적 규정이 있었으며, 현행 헌법에 이에 관한 명시적 규정이 없다고 하더라도 기본권 보호의무는 최대한 보호의무로 해석되어야 할 것이다. 헌법재판소 판례도 기본권보장은 '최대한 보장의 원칙'이 적용된다고 판시한 바 있다.[3] 다만, 여기서 최대한 보장은 기본권의 성격에 따라 그 의미에 차이가 있음을 이해할 필요가 있다. 자유권과 같은 방어적·소극적 인권은 불가침의 자연권으로서 최대한 보장되어야 하는 것이 당연하며, 그 자유권을 제한하는 경우에도 헌법 제37조 제2항에 따라 "필요한 경우에 한하여" 최소한에 그쳐야 한다는 '과잉금지의 원칙'이 적용된다. 자유권적 기본권의 보호를 위해 국가는 사인의 범죄행위에 대해서도 개인의 생명·신체와 재산 등이 침해되지 않도록 적극적인 범죄방지의무와 사후처벌의무를 지게 되며 이러한 국가의 적극적인 행위에 의해 자유권의 보장이 실현되는 것이다. 반면에 사회적 기본권이나 청구권적 기본권과 같은 기본권은 국가의 적극적인 급부와 작위를

1) 한수웅, 헌법학, 법문사, 2016, 432면.
2) 헌재 2009. 2. 26. 2005헌마764.
3) 헌재 1997. 4. 24. 95헌바48.

내용으로 하는 것으로 그 기본권의 내용과 한계가 법률에 의해 구체적으로 형성되며 그 입법의 형성에는 입법자의 넓은 재량이 인정되는 것이므로 이들 기본권의 실현을 위한 국가의 보호의무는 자유권과 동일한 정도로 요구되기 어렵다.

(2) 사인의 기본권침해와 과소보호금지의 원칙

협의의 의미의 국가의 기본권보호의무, 즉 사인의 기본권침해에 대한 국가의 기본권보호의무는 입법에 의해 실현되며 그 입법에는 입법자의 광범위한 재량이 인정되는데, 입법자가 기본권보호의무를 이행하지 않을 때에는 그에 대한 헌법적 통제가 필요하게 된다. 헌법재판소는 국가가 입법을 통해 국민의 기본권보호의무를 제대로 이행했는지가 문제되는 경우의 헌법적 판단의 기준으로 '과소보호금지의 원칙'을 적용하고 있다. 즉 국가의 기본권보호의무의 이행에 있어서 기본권보호에 관한 입법을 행하지 않거나 불완전한 입법에 의하여 기본권침해의 여부가 문제되는 경우에는 "국가가 국민의 법익보호를 위하여 적어도 적절하고 효율적인 최소한의 보호조치를 취했는가"라는 과소보호금지의 원칙 또는 최소한 보호의 원칙을 심사기준으로 판단한다는 것이다.[1] 따라서 국가가 국민의 법익을 보호하기 위하여 전혀 아무런 보호조치를 취하지 않았든지 아니면 취한 조치가 법익을 보호하기에 명백하게 전적으로 부적합하거나 불충분한 경우에 한하여 헌법재판소가 국가의 보호의무의 위반을 확인할 수 있다는 것이다. 이 경우 헌법재판소는 권력분립원칙에 따라 입법자에게 특정의 보호조치를 취할 의무를 부과할 수 없으며, 단지 보호의무위반과 기본권침해를 확인할 뿐이다.

우리 헌법재판소가 국가의 기본권보호의무에 관한 과소보호금지원칙을 처음 적용한 판례는 1997년 '교통사고처리특례법'상 교통과실범의 불처벌특례조항(제4조 제1항)에 대한 헌법소원사건이다. 이 사건에서 헌법재판소는 자동차보험에 가입한 교통사고운전자에 대해 일정한 사고유형 이외에는 공소를 제기할 수 없도록 한 위 특례법 조항이 과소보호금지원칙에 위배되지 않으므로 합헌이라고 판단한 것이다. 즉 국가의 신체와 생명에 대한 보호의무는 "국가가 취한 제반의 보호조치와 교통과실범에 대한 형사처벌조항을 고려한다면, 단지 일정 과실범에 대하여 형벌권을 행사할 수 없는 법망의 틈새가 존재한다고 하여, 그것이 곧 국가보호의무의 위반을 의미하지는 않는다"고 판시한 것이다.[2] 그러나 헌법재판소는 그 후 판례를 변경하여 위 특례법 조항이 국가의 기본권보호의무에 위반하는 것은 아니지만, "업무상 과실 또는 중대한 과실로 인한 교통사고로 말미암아 피해자로 하여금 상해에 이르게 한 경우 공소를 제기할 수 없도록 한 부분"은 교통사고 피해자의 재판절차진술권 및 평

---

1) 헌재 1997. 1. 16. 90헌마110등; 헌재 2009. 2. 26. 2005헌마764등.
2) 헌재 1997. 1. 16. 90헌마110등.

등권을 침해한다고 판시하였다.[1]

헌법재판소는 2008년에 '미국산 쇠고기수입의 위생조건에 고시' 사건에서도 과소보호금지원칙을 적용하면서 "이 사건 고시상의 보호조치가 체감적으로 완벽한 것은 아니라 할지라도 그 기준과 내용에 비추어 쇠고기 소비자인 국민의 생명·신체의 안전을 보호하기에 전적으로 부적합하거나 매우 부족하여 그 보호의무를 명백히 위반한 것이라고 단정하기는 어렵다"고 판시하였다.[2]

과소보호금지원칙은 입법자의 기본권보호의무의 실현에 관한 헌법재판소의 판단기준을 의미하며, 헌법이 입법자에 대해 요구하는 이상적인 기준과는 구별되는 것이다. 이 점에 관하여 헌법재판소는 "입법자가 기본권보호의무를 최대한 실현하려고 노력하는 것이 이상적이기는 하나, 그것은 헌법이 입법자에 대하여 하고 있는 요구로서 주기적으로 돌아오는 선거를 통한 국민심판의 대상이 될 문제이지, 헌법재판소에 의한 심사기준을 의미하지는 않는다"고 하였다.[3]

(3) 과소보호금지원칙과 과잉금지원칙과의 관계

과소보호금지원칙은 헌법 제37조 제2항에 근거한 기본권제한의 일반원칙으로서 과잉금지원칙과 어떻게 구별되는지를 이해할 필요가 있다. 먼저 과소보호금원칙은 기본권 보호에 있어 부족함이 없도록 '최소한'의 적절한 보호조치를 요구하는 것이라면, 과잉금지원칙은 기본권의 제한에 있어서 '지나친' 제한을 금지하는 것이라는 점에서 본질적으로 구별된다. 과잉금지원칙은 기본권제한의 목적과 수단의 관계를 통제함으로써 불필요한 기본권침해를 배제하는 것이지만, 과소보호금지원칙은 목표를 제시할 뿐 목표달성을 위해 이용되는 방법의 선택은 입법자의 재량에 맡겨져 있다는 점에서 구별된다. 과잉금지원칙은 기본권제한의 원칙으로서 최소한제한에 의한 최대한보장의 성격을 갖는 것이지만, 과소보호금지원칙은 기본권의 보호와 실현을 위한 입법자의 광범위한 입법형성의 자유가 인정되므로 최대한보장이 필연적일 수 없다는 점에서 양자는 구별된다고 할 것이다.[4]

---

1) 헌재 2009. 2. 26. 2005헌마764등. 이 결정으로 교통사고처리특례법은 2010년 개정되어 "피해자가 신체의 상해로 인하여 생명에 대한 위험이 발생하거나 불구가 되거나 불치 또는 난치의 질병이 생긴 경우"에는 불처벌의 특례에서 제외되었다.
2) 헌재 2008. 12. 26. 2008헌마419.
3) 헌재 1997. 1. 16. 90헌마110등. "만일 헌법재판소에 의한 심사기준을 입법자에 대한 헌법의 요구와 일치시킨다면, 이는 바로 공동체의 모든 것이 헌법재판소의 판단에 의하여 결정되는 것을 의미하며, 결과적으로 헌법재판소가 입법자를 물리치고 정치적 형성의 최종적 주체가 됨으로써 우리 헌법이 설정한 권력분립적 기능질서에 반하게 된다."
4) 김학성, 앞의 책, 354면.

4. 기본권보호의무에 상응한 기본권보호청구권의 인정 여부

사인에 의해 기본권을 침해받은 경우 침해받은 국민은 국가의 기본권보호의무에 상응한 보호청구권(급부권)을 보유하는가의 논의가 있다. 학설은 기본권에 규정된 국가의 보호의무에 개인의 보호청구권이 상응하는 것이 개인의 자율성 보장에 더 효과적이라고 하여 보호청구권을 인정하는 긍정설이 있으며, 이에 대해 기본권을 구체화하는 것은 1차적으로는 입법자에게 위임되어 있고 객관적 규범으로서의 기본권은 그 실현의 방향만을 제시할 뿐 그 자체에 보호청구권이 인정되는 것은 아니라는 부정설이 대립하고 있다. 이 문제는 자유권으로부터 급부청구권 또는 사회적 기본권이 도출할 수 있는가의 문제인데, 우리 헌법은 기본권보장체계에 있어 자유권과 함께 일련의 사회적 기존권을 규정하고 있으므로 자유권을 사회적 기본권으로 해석하는 것은 곤란하며, 사회적 기본권은 자유권과 같은 현실적인 주관적 공권이 아니라 입법에 의해 비로소 구체적 권리가 되는 국가목표규정의 성격을 갖는 것이므로 자유권으로부터 직접 급부청구권이 도출될 수 없다고 할 것이므로 부정설이 타당하다.

이에 관한 헌법재판소 판례도 직업의 자유와 관련하여 직장존속보호청구권을 인정하지 않는 입장을 취하고 있다. 즉 법률로 국가보조 연구기관을 통·폐합함에 있어 재산상의 권리·의무만을 승계시키고 근로관계의 당연승계 조항을 두지 아니한 것에 대하여 헌법재판소는 헌법 제15조의 직업의 자유 또는 헌법 제32조의 근로의 권리, 사회국가원리 등에 근거하여 실업방지 및 부당한 해고로부터 근로자를 보호하여야 할 국가의 의무를 도출할 수는 있을 것이나, 국가에 대한 직접적인 직장존속보장청구권을 근로자에게 인정할 헌법상의 근거는 없다고 판시하였다. 다만, 우리 헌법상 국가(입법자)는 근로관계의 존속보호를 위하여 최소한의 보호를 제공하여야 할 의무를 지고 있다고 할 것이며, 국가가 근로관계의 존속을 보호하기 위한 최소한의 보호조치를 취하고 있는지의 여부는 당해 법률조항만에 의할 것이 아니라, 노사관계에 관한 법체계 전반을 통하여 판단하여야 할 것인바, 헌법 제33조에서 노동기본권을 보장하고 있는 점, 법원이 재판을 통하여 고용승계 여부에 관한 당사자의 의사와 태도를 합리적으로 해석함으로써 근로관계 존속보호의 기능을 수행할 가능성이 열려 있는 점, 고용보험제도를 비롯하여 고용안정, 취업기회의 제공, 직업능력의 개발을 위한 부수적 법제가 마련되어 있는 점 등을 고려할 때, 현행법제상 국가는 근로관계의 존속보호를 위한 최소한의 보호조치마저 제공하고 있지 않다고 보기 어렵다고 판시하였다.[1]

1) 헌재 2002. 11. 28. 2001헌바50.

5. 기본권보호의무에 관한 판례

국가영역과 사적영역에서의 국가의 기본권보호의무에 관한 헌법재판소의 주요 판례를 보면 다음과 같다.

1) 검사의 불기소처분은 범죄피해자에 대한 국가의 보호를 포기한 소극적인 부작위처분에 해당하므로 범죄피해자는 범죄로부터 국민을 보호하여야 할 국가의 의무가 이루어지지 아니할 때 국가의 보호의무위반을 주장할 수 있다.[1]

2) 입법부작위에 대한 헌법소원심판이 가능하려면 "헌법에서 기본권보장을 위해 법령에 명시적으로 입법위임을 하였음에도 불구하고 입법자가 이를 이행하지 않고 있는 경우 또는 헌법해석상 특정인의 기본권을 보호하기 위한 국가의 입법의무가 발생하였음에도 불구하고 입법자가 전혀 아무런 입법조치를 취하지 않고 있는 경우에 한하여" 그 입법부작위가 헌법소원의 대상이 된다.[2]

3) 공직선거에서의 확성장치 사용에 있어 소음에 대한 허용기준을 두지 않은 조항에 대하여, "국가는 사인인 제3자에 의한 국민의 환경권 침해에 대해서도 적극적으로 기본권 보호조치를 취할 의무를 지는 것"이지만 공직선거법에 선거운동의 기간, 확성장치의 사용장소, 사용대수, 사용방법 등에 대한 규정까지 두고 있는 이상, 확성장치 소음규제기준을 정하지 않았다는 것만으로 청구인의 정온한 환경에서 생활할 권리를 보호하기 위한 입법자의 의무를 과소하게 이행하였다고 평가할 수는 없다.[3] 그러나 헌법재판소는 2019년 12월 선례를 변경하여 "심판대상조항이 선거운동의 자유를 감안하여 선거운동을 위한 확성장치를 허용할 공익적 필요성이 인정된다고 하더라도 정온한 생활환경이 보장되어야 할 주거지역에서 출근 또는 등교 이전 및 퇴근 또는 하교 이후 시간대에 확성장치의 최고출력 내지 소음을 제한하는 등 사용시간과 사용지역에 따른 수인한도 내에서 확성장치의 최고출력 내지 소음 규제기준에 관한 규정을 두지 아니한 것은 국민이 건강하고 쾌적하게 생활할 수 있도록 노력해야 할 국가의 기본권 보호의무를 과소하게 이행한 것으로서 청구인의 건강하고 쾌적한 환경에서 생활할 권리를 침해하는 것"으로 위헌이라고 판단하면서 헌법불합치결정을 하였다.[4]

4) 무면허 의료행위를 일률적·전면적으로 금지하는 것은 헌법 제10조가 보장하는 인간으로서의 존엄과 가치를 보장하고 헌법 제36조 제3항의 국민보건에 관한 국가의 보호의

---

1) 헌재 1989. 4. 17. 88헌마3.
2) 헌재 1996. 10. 31. 94헌마108.
3) 헌재 2008. 7. 31. 2006헌마711.
4) 헌재 2019. 12. 27. 2018헌마730.

무를 다하고자 하는 것으로서 국민의 생명권, 건강권 및 그 신체활동의 자유 등을 보장하는 규정이지 이를 제한하거나 침해하는 규정이라고 할 수 없다.1)

5) 담배의 제조 및 판매에 대하여 규율하고 있는 담배사업법이 직접흡연으로 인한 폐해라는 위험상황으로부터 소비자인 국민의 생명·신체의 안전을 보호하기 위하여 적절하고도 효율적인 최소한의 보호조치를 취하고 있는지가 문제되는데, 담배사업법은 담배제조·판매업에 대한 규제, 담배의 판매조건에 대한 규제, 담배성분의 표시, 경고문구의 표시, 담배광고의 제한 및 금품제공의 금지와 같은 일련의 장치를 두고 있기 때문에 국민의 생명·신체의 안전에 대한 국가의 보호의무에 관한 과소보호금지 원칙을 위반하였다고 볼 수는 없다.2)

Ⅱ. 기본권의 침해와 기본권보호

기본권이 헌법에 보장되면 국가와 국민은 모두 이를 준수해야 한다. 그러나 헌법이 기본권을 규정하더라도 국가권력의 남용과 국민의 자의적인 행동으로 인하여 기본권이 침해되는 현상이 발생하게 된다. 이러한 기본권침해에 대하여 사전에 예방하거나 사후에 구제하는 것을 기본권의 보호라고 한다.

1. 국가기관에 의한 기본권침해와 그 보호

(1) 입법기관에 의한 기본권침해와 보호

적극적인 입법행위에 의한 기본권침해에 대하여는 위헌법률심판의 구체적 규범통제와 법률에 대한 헌법소원심판을 통하여 구제받을 수 있다. 소극적인 입법부작위에 의한 기본권침해에 대하여는 입법청원, 입법부작위에 대한 헌법소원심판을 통해 구제받을 수 있다.

(2) 행정기관에 의한 기본권침해와 보호

행정기관에 의한 적극적인 행정행위에 의한 침해와 소극적인 행정부작위에 의한 침해가 있게 되는데 이에 대하여는 청원, 행정심판, 행정소송, 형사보상청구, 손해배상청구, 명령·규칙에 대한 위헌심사, 헌법소원심판, 국가인권위원회의 조치 등을 통하여 구제받을 수 있다.

(3) 사법기관에 의한 기본권침해와 보호

법원의 재판을 통하여 기본권이 침해되는 경우에는 상소제도, 헌법소원심판을 통해 구

1) 헌재 1996. 10. 31. 94헌가7.
2) 헌재 2015. 4. 30. 2012헌마38.

제받을 수 있다. 그러나 우리의 헌법소원심판은 법원의 재판을 그 대상에서 제외하고 있기 때문에 기본권의 구제가 충분하지 않다고 할 수 있다. 다만 헌법재판소는 법원재판제외의 원칙에 대한 예외로서 헌법재판소가 위헌이라고 결정한 법령을 법원이 적용하여 재판한 경우에는 그 재판에 대하여 헌법소원심판이 인정된다고 판시한 바 있다.[1]

헌법재판소도 기본권보장의 의미를 왜곡하는 경우 기본권을 침해할 수 있다. 헌법재판소의 결정에 대하여 재심(再審)을 허용하지 않는 한 이러한 기본권침해에 대한 구제의 방법이 없게 된다.

(4) 국가인권위원회에 의한 기본권보호

국가인권위원회제도는 법원이나 헌법재판소에 의한 사법적 인권보장의 수단이 지닌 절차상·실제상 제약(제소요건·시간과 비용 등)을 보완하는 제도로서의 의미를 지닌다. 국가인권위원회는 '국가인권위원회법'에 근거하여 인권을 보호하고 인권보호의 수준을 향상시키기 위하여 설립된 독립적 국가기관이다.[2] 국가인권위원회는 인권에 관한 법률·제도·정책·관행의 조사와 연구 및 그 개선이 필요한 사항에 관한 권고 또는 의견의 표명, 인권침해행위와 차별행위에 대한 조사와 구제, 인권상황에 대한 실태조사, 인권에 관한 교육 및 홍보, 국제인권조약 가입 및 그 조약의 이행에 관한 연구와 권고 또는 의견의 표명 등의 업무를 수행한다(국가인권위원회법 제19조).

국가인권위원회의 조사대상은 국가기관, 지방자치단체 또는 구금보호시설의 업무수행과 관련하여 헌법 제10조 내지 제22조에 보장된 인권을 침해당하거나 차별행위를 당한 경우, 법인·단체 또는 사인에 의하여 차별행위를 당한 경우이다. 단 국회의 입법 및 법원과 헌법재판소의 재판은 조사대상에서 제외한다(동법 제30조). 헌법재판소는 법원의 재판을 조사대상에서 제외한 것을 합헌이라고 판시한 바 있다.[3] 국가인권위원회는 위원회에 대한 진정을 조사한 결과 진정의 내용이 범죄행위에 해당하고 이에 대해 형사처벌이 필요하다고 인정할 때에는 검찰총장에게 그 내용을 고발할 수 있고, 진정에 대한 조사 결과 인권침해가 있다고 인정할 때에는 피진정인 또는 인권침해에 책임이 있는 자에 대한 징계를 소속기관 등의 장에게 권고할 수 있다(동법 제45조).

---

1) 헌재 1997. 12. 24. 96헌마172등.

2) 유엔 등 국제기구는 1970년대 말부터 국가인권기구의 설립을 위해 많은 노력을 기울여 왔으며, 1995년에 국가인권기구의 설립권고안이 제정됨에 따라 각국에서 국가인권기구를 설립하게 되었다. 우리나라는 2001년 국가인권위원회법 제정을 통해 국가인권위원회가 설치되었다.

3) 헌재 2004. 8. 26. 2002헌마302.

2. 사인(私人)에 의한 기본권침해와 보호

사인에 의한 기본권침해에 대하여는 민사적·형사적 제재를 통해 기본권을 보호할 수 있다. 예컨대 인신에 대한 불법감금이나 폭행, 재산권에 대한 불법침해는 고소고발을 통해 구제받을 수 있고, 그러한 침해행위는 형사상 처벌을 받게 된다. 또한 민사상의 손해배상과 위자료 등을 권리보호청구를 할 수 있으며, 법원은 공정한 제판을 통해 원고와 피고 간의 권리구제를 해주어야 한다. 사인에 의한 기본권침해의 경우 기본권의 주체가 직접 구제를 시도하는 자력구제(自力救濟)는 형법상의 정당방위나 긴급피난에 해당하는 경우를 제외하고는 원칙적으로 허용되지 않는다.

사인의 기본권침해에 대한 국가의 보호의무와 관련하여 우리 헌법은 제30조에 "타인의 범죄행위로 인하여 생명·신체에 대한 피해를 받은 국민은 법률이 정하는 바에 의하여 국가로부터 구조를 받을 수 있다"고 규정하고 있는데, 이는 제3자에 의한 개인의 생명·신체의 침해에 대한 국가의 보호의무를 표현하고 있는 것이다.

제 2 장 인간의 존엄과 가치·행복추구권

Ⅰ. 인간의 존엄과 가치

1. 인간의 존엄과 가치의 의의

(1) 인간의 존엄과 가치의 입법례

제2차 세계대전을 경험하면서 인류는 비인간적 만행에 대한 반성으로 국제연합헌장을 비롯한 세계인권선언, 유럽인권협약, 고문방지협약 등 여러 국제협정과 각국의 헌법에 인간의 존엄과 가치의 존중을 강조하게 되었다. 특히 전후의 독일 기본법은 "인간의 존엄성은 불가침이다. 이를 존중하고 보호하는 것이 모든 국가권력의 의무이다"(제1조 제1항)라고 규정하여 인간의 존엄성 존중과 보호를 헌법규범으로 명문화하였다. 우리나라도 1962년 헌법 이래 '인간의 존엄과 가치' 조항을 헌법에 규정하고 있다.

(2) 헌법 제10조의 의미

현행 헌법 제10조는 "모든 국민은 인간으로서의 존엄과 가치를 가지며"라고 하여 기본권의 주체인 인간은 인간으로서의 존엄과 가치를 가지는 존재라는 것을 천명하고 있다. 여기에서 말하는 '인간'의 의미는 사회공동체의 구성원인 자연인으로서, 고립된 개체로서의 개인주의적 인간도 아니고, 국가권력의 객체로서의 전체주의사회에서의 인간도 아닌, '개인 대 사회'라는 관계에서 인간 고유의 가치를 훼손당하지 아니하면서 사회관계성 속에서 타인과 더불어 살아가는 자유로운 인간을 의미한다.

인간의 '존엄(尊嚴)과 가치'란 인간의 본질로 간주되는 '존귀한 인격주체성'을 의미하며, 그것은 인간이 이성적인 인격의 주체로서 가지는 인간의 고유한 가치와 정체성을 말한다고 할 수 있다.[1] 이를 바꾸어 말하면 인간의 존엄과 가치는 '인격의 내용을 이루는 윤리적 가

1) 권영성, 헌법학원론, 법문사, 2010, 377면.

치'를 의미하는 것으로, 그것은 초국가적 개념으로서 자연법사상에 그 뿌리를 두고 있으며 헌법의 기본질서 내에서 최고의 가치로 규범화된 것을 말한다.[1] 따라서 모든 국민은 인간으로서의 존엄과 가치를 가진다는 표현은 인간은 그 자체 목적으로 존재하며 어떠한 경우에도 타자의 수단으로 존재하지 아니한다는 것을 의미한다. 즉 인간은 자신의 문제를 스스로 결정하는 자율적인 존재이며 자신의 삶을 스스로 영위하는 존재라 할 수 있다.

이렇게 볼 때 헌법 제10조의 인간의 존엄과 가치보장의 규범적 의미는 첫째, 헌법질서 내에서 인간의 가치는 인간 이외의 어떠한 다른 존재의 가치보다 우선한다는 '인간의 우위'를 천명한 것이다. 둘째, 인간의 존엄과 가치는 개인과 국가 간의 관계에서 개인은 어떤 경우에도 국가나 공동체를 위하여 존재하는 수단일 수 없다는 반전체주의(反全體主義)를 선언한 것이다. 셋째, 인간의 존엄과 가치는 국가와 국민이 공동으로 최우선적으로 실천해야 할 목표를 제시한 것을 의미한다. 넷째, 인간의 존엄과 가치는 모든 법령의 효력이 문제될 경우 그에 관한 궁극적 해석기준이 된다는 것이다.

헌법재판소는 인간의 존엄과 가치는 국가가 형벌권을 행사함에 있어 사람을 국가행위의 단순한 객체로 취급하거나 비인간적이고 잔혹한 형벌을 부과하는 것을 금지하고, 행형에 있어 인간생존의 기본조건이 박탈된 시설에 사람을 수용하는 것을 금지한다고 판시하고 있다. 특히 수형자의 경우 형벌의 집행을 위하여 교정시설에서 강제적인 공동생활을 하게 되는바, 구금의 목적 달성을 위하여 필요최소한의 범위 내에서는 수형자의 기본권에 대한 제한이 불가피하더라도, 국가는 어떠한 경우에도 수형자의 인간의 존엄과 가치를 훼손할 수 없다고 하여 인간의 존엄과 가치에서 비롯하는 국가형벌권 행사의 한계를 분명히 밝히고 있다.[2]

2. 인간의 존엄과 가치의 법적 성격

(1) 기본권보장의 이념적 기초

헌법 제10조에서 규정하고 있는 '인간의 존엄과 가치'는 기본권보장의 대전제가 되는 이념적 기초를 의미하고 기본권보장을 지배하는 최고의 헌법원리를 의미한다. 인간의 존엄과 가치는 헌법이념의 핵심으로, 국가는 헌법에 규정된 개별적 기본권을 비롯하여 헌법에 열거되지 아니한 자유와 권리까지도 이를 보장하여야 하며, 이를 통하여 개별 국민이 가지는 인간으로서의 존엄과 가치를 존중하고 확보하여야 한다는 헌법의 기본원리를 선언한 조항이다.[3] 즉 그것은 모든 기본권보장의 이념적 출발점이고 가치지표이며, 헌법의 객관적

1) 허영, 한국헌법론, 박영사, 2009, 321면.
2) 헌재 2016. 12. 29. 2013헌마142.
3) 헌재 2000. 6. 1. 98헌마216.

가치질서에 있어서 최고의 가치를 의미하는 것으로, 학계의 다수적 견해라 할 수 있다.[1)]

한편 학계의 일부 견해는 인간의 존엄과 가치는 우리 헌법의 객관적인 최고원리임과 동시에 주관적인 기본권으로서 존엄권을 보장하는 것이라고 하며, 여기서 존엄권은 협의의 존엄권과 생명권으로 구성된다고 보는 입장도 있다.[2)]

(2) 개별적 기본권을 도출하는 포괄적 기본권성

헌법 제10조의 조문 표현형식상 '인간의 존엄과 가치'는 그 자체가 기본권이라고 할 수는 없다고 하더라도, 그것은 기본권보장의 이념이며 동시에 그것은 행복추구권과 함께 포괄적 기본권을 구성하는 것으로서 이 포괄적 기본권에서 구체적인 기본권을 도출할 수 있다고 보는 것이 지배적 견해이다. 헌법의 기본권보장규정에서 정하고 있는 개별적 기본권은 예시적으로 명기되어 있는 것이므로 이러한 기본권 이외에 인간의 존엄과 가치를 실현하는 데 필요한 헌법적 수준의 권리는 헌법 제10조와 제37조 제1항을 근거로 하여 기본권으로 포섭된다. 헌법재판소의 판례는 인간의 존엄과 가치에서 구체적 기본권을 도출하여 인격권을 인정하기도 하며,[3)] 인간의 존엄과 가치 및 행복추구권에서 자기운명결정권을 인정하고 있다.[4)] 또한 행복추구권에서 일반적 행동자유권 및 개성의 자유로운 발현권을 인정하는 경우도 있다. 즉 헌법 제10조의 행복추구권 속에 함축된 일반적인 행동자유권과 개성의 자유로운 발현권은 국가안전보장, 질서유지 또는 공공복리에 반하지 않는 한 입법 기타 국정상 최대의 존중을 필요로 하는 것이라고 판시한 바 있다.[5)]

(3) 기본권제한의 한계규범성

헌법 제37조 제2항의 일반적 법률유보조항에 의하여 국민의 모든 자유와 권리는 필요한 경우에 한하여 법률로써 제한할 수 있지만, 그 제한은 인간으로서의 존엄과 가치를 침해하는 것이어서는 아니 된다. 인간의 존엄과 가치는 기본권의 근원 내지 중핵에 해당하는 것이므로 법률로써 기본권을 제한하는 경우에도 침해할 수 없는 본질적인 내용이 되는 것이다.

(4) 인간의 존엄과 행복추구권의 관계

인간의 존엄과 가치를 기본권보장의 이념이며 포괄적 기본권으로 이해하는 경우 이 인간의 존엄과 가치와 행복추구권의 관계를 어떻게 정립할 것인가가 문제된다.

---

1) 권영성, 앞의 책, 379면; 허영, 앞의 책, 322면.
2) 김학성, 헌법학원론, 피엔씨미디어, 2018, 399면 이하. 그러나 존엄권을 기본권으로 보는 입장은 그 존엄권의 보호범위를 적극적으로 확정하는 것이 매우 어려운 문제로 남게 된다.
3) 헌재 1999. 5. 27. 97헌마137등; 헌재 2001. 7. 19. 2000헌마546.
4) 헌재 1990. 9. 10. 89헌마82.
5) 헌재 1991. 6. 3. 89헌마204; 헌재 2003. 10. 30. 2002헌마518.

행복추구권 규정은 1980년 헌법에서 처음으로 도입된 것이나 인간의 존엄과 가치 조항과 함께 규정되면서 그것이 행복추구'권'이라는 기본권적인 형식으로 규정됨에 따라 해석상 논란을 불러일으키게 되었다. 학설은 행복추구권이 별개의 독자적 기본권인가, 아니면 인간의 존엄과 가치와 행복추구권을 포함하여 포괄적 기본권으로 이해할 것인가 등에 관하여 견해의 대립이 있으나, 양자를 포함하여 하나의 포괄적 기본권 또는 주기본권으로 이해하는 것이 통설적 견해라고 할 것이다.[1] 양자를 포함하여 포괄적 기본권으로 이해하는 입장에서도 양자의 구별점을 찾으면서 인간의 존엄과 가치는 포괄적 기본권의 정태적(靜態的) 측면을 의미하고, 행복추구권은 포괄적 기본권의 동태적(動態的) 측면을 의미한다고 보는 견해가 있다.[2] 한편 헌법 제10조의 인간의 존엄과 가치는 우리 헌법질서와 기본권보장의 가치지표로 이해하여 그 포괄적 기본권성을 부인하면서 행복추구권도 인간의 존엄과 가치가 갖는 규범적 성격을 강조하기 위한 것이라고 하고 행복추구권의 독자적 기본권성을 부정하는 견해도 있다.[3]

그러나 헌법재판소의 판례는 인간의 존엄과 가치 및 행복추구권을 하나의 포괄적 기본권으로 이해하기도 하고 행복추구권을 인간의 존엄과 가치와 구별되는 별개의 기본권으로 해석하는 입장을 취하기도 한다. 예컨대 인간의 존엄과 가치 및 행복추구권에서 인간의 자기운명결정권을 인정하고 성적 자기결정권을 그 속에 포함시키는 입장을 취하는 판례가 있으며, 다른 판례들에서는 인간의 존엄과 가치에서 개인의 인격권이 도출된다고 하고, 행복추구권에서 일반적 행동자유권 및 개성의 자유로운 발현권이 도출된다고도 한다.

한편 인간의 존엄과 가치를 기본권보장의 이념적 기초로 이해하는 입장에서는 인간의 존엄과 가치 조항과 행복추구권의 관계를 목적과 수단의 관계로 보고, 행복추구권은 인간으로서의 존엄과 가치를 실현하기 위한 수단으로서의 권리를 의미한다고 본다. 이러한 입장에서는 행복추구권은 포괄적 기본권으로서 헌법에 규정된 모든 개별적 기본권뿐만 아니라 헌법 제37조 제1항에 근거한 헌법에 열거되지 아니한 기본권을 포함하는 개념으로 이해하고 있다.[4]

3. 인간의 존엄과 가치의 주체

인간으로서의 존엄과 가치는 모든 인간에게 고유한 가치로 간주되는 인격주체성을 의미하므로 대한민국 국적을 가진 국민만이 아니고 외국인에게도 적용된다. 인간인 이상 성별, 연령, 국적, 인종, 종교, 행위능력 유무 등과 상관없이 인간으로서의 존엄과 가치를 가

1) 김철수, 앞의 책, 491면; 성낙인, 헌법학, 법문사, 2019, 1006면.
2) 양건, 헌법강의, 법문사, 2016, 286면.
3) 허영, 앞의 책, 327면.
4) 권영성, 앞의 책, 385면.

진다. 사자(死者)의 경우에는 한정된 범위 안에서 인간의 존엄과 가치가 보호된다. 그러나 자연인이 아닌 법인에는 인간의 존엄과 가치의 주체성을 인정하기 어렵다. 그렇지만 헌법재판소는 법원의 사죄광고명령제도가 법인의 인격권을 침해한 것이라고 판시한 바 있다.[1)]

Ⅱ. 행복추구권

1. 행복추구권의 의의

일반적으로 행복이라는 관념은 다의적으로 이해되고 행복의 감정은 주관적인 것이므로 인생관이나 가치관에 따라 상이하게 정의될 수 있으나, 한마디로 말하면 행복추구권이란 물질적 풍요와 정신적 만족이 충족되는 안락하고 풍족한 삶을 추구할 수 있는 권리라고 할 수 있다. 이와 같이 물질적 풍요와 정신적 만족을 동시에 추구하는 행복추구권은 전술한 바와 같이 포괄적 기본권의 성격을 가지는 것으로 이해하게 된다.

2. 행복추구권의 법적 성격

행복추구권의 법적 성격에 관하여는 행복추구권이 인간의 존엄과 함께 기본권보장의 이념인가 아니면 헌법 제11조 이하의 개별적 기본권과 같은 기본권인가에 관한 논의가 있으나, 행복추구권은 개인의 주관적 공권이며 구체적 권리로서의 성격을 갖는다고 보는 것이 지배적 견해이다.

첫째, 행복추구권은 인간의 존엄과 가치를 실현하는 수단으로서의 기본권이며, 그것은 포괄적 기본권의 성격을 갖는다. 행복이라는 관념은 다의적으로 이해되고 행복의 감정은 주관적인 것이므로 인생관이나 가치관에 따라 상이하게 정의될 수 있는 것이므로 행복을 추구할 권리란 그 보호영역을 특정할 수 없는 포괄적 개념이다. 따라서 행복추구권은 포괄적 기본권으로 이해하게 된다. 행복추구권은 헌법에 규정된 기본권 중에서 행복추구의 수단이 될 수 있는 기본권은 물론이고 그 이외에도 행복을 추구하는 데 필요한 것이면 헌법에 열거되지 아니한 자유와 권리까지도 그 내용으로 하는 포괄적 기본권으로 이해될 수 있다.

둘째, 이러한 포괄적 기본권으로서의 행복추구권은 실정헌법에 의해 비로소 인정되는 것이 아니라 그것은 자연법상의 권리로서 인간존재에 고유한 인간의 생래적 권리를 의미하는 자연권성을 본질로 하는 것이다. 행복추구권보장의 연혁을 보더라도 이미 1776년 미국독립선언과 버지니아인권선언에 생명, 자유(life, liberty)와 함께 행복추구(pursuit of happiness)의 권리

---

1) 헌재 1991. 4. 1. 89헌마160.

를 자연권으로 규정한 것을 볼 수 있다. 따라서 행복추구권은 자유권적 기본권으로서 국민이 행복을 추구하기 위한 활동을 국가권력의 간섭 없이 자유롭게 할 수 있다는 것을 의미한다.

셋째, 행복추구권의 이러한 소극적 자유권의 성격과 함께 오늘날의 사회국가에 있어서 적극적인 급부청구권의 성격도 갖는지의 문제가 있다. 행복추구권을 개인이 인격적으로 생존하는데 필요한 모든 기본권을 포괄하는 개념으로 이해한다면 자유권뿐만 아니라 적극적인 청구권과 사회적 기본권을 포함하는 것으로 볼 수 있으나, 행복추구권을 고전적 자유권의 영역에 국한해서 보는 입장에서는 행복을 추구하는데 필요한 급부를 국가에 대해 적극적으로 청구하는 사회적 기본권을 포함하기 어렵다. 학계의 다수적 견해는 소극적 자유권과 적극적 청구권의 성격을 동시에 갖는 양면적 권리성을 인정하고 있다.[1)]

생각건대 행복추구권은 자율적인 개인이 인격적으로 생존하는 데 필요한 모든 기본권을 포괄하는 것으로 이해하게 되면 자유권을 비롯하여 사회권 또는 급부청구권도 포함되는 것으로 볼 수 있을 것이지만, 기본권보장의 연혁적 측면에서 볼 때 행복추구권의 등장이 개인의 자연권성을 전제로 한 것이라는 점에서 포괄적 자유권으로서의 성격을 부인하기 어렵다고 할 것이다. 헌법재판소도 행복추구권의 포괄적 자유권으로서의 성격을 인정하면서 국가에 대한 급부청구권을 포함하지 않는다고 보고 있다. 즉 행복추구권은 "국민이 행복을 추구하기 위하여 필요한 급부를 국가에 적극적으로 요구할 수 있는 것을 내용으로 하는 것이 아니라, 국민이 행복을 추구하기 위한 활동을 국가권력의 간섭 없이 자유롭게 할 수 있다는 포괄적인 의미의 자유권으로서의 성격을 가지는 것"이라고 판시하고 있다.[2)]

Ⅲ. 인간의 존엄과 가치·행복추구권의 내용

1. 인간성 부정행위의 금지

헌법 제10조의 인간의 존엄과 가치 조항을 근거로 하여 인간을 인격적 존재로 보지 않고 동물이나 물건처럼 취급하는 것은 금지된다. 예컨대 인신매매행위, 인종차별, 가혹행위와 고문을 통한 인격의 침해, 강제적 단종 및 단산, 집단학살, 노예제 등은 허용될 수 없다. 인간의 복제는 인간의 정체성을 부정하는 행위일 뿐만 아니라 개체로서의 고유한 존엄과 가치를 부정하는 것이기 때문에 금지된다. '생명윤리 및 안전에 관한 법률'은 누구든지 체세포복제배아를 자궁에 착상시켜서는 아니 되며, 착상된 상태를 유지하거나 출산하여서는 아니 된다고 규정하고 있다(동법 제11조 제1항).

---

1) 권영성, 앞의 책, 385면; 김철수, 앞의 책, 493면; 양건, 앞의 책, 290면.
2) 헌재 1995. 7. 21. 93헌가14.

2. 인간의 존엄과 가치·행복추구권에서 도출되는 기본권

(1) 일반적 인격권

인간의 존엄과 가치에서 인격권 또는 일반적 인격권이 도출된다. 일반적 인격권이란 개인의 고유한 인격적 가치를 실현하고 인격적 가치가 침해되지 않을 권리를 말한다. 일반적 인격권은 인간의 존엄성과 밀접한 관계가 있는 자유로운 인격발현의 기본조건을 포괄적으로 보호하고자 하는 기본권으로서의 의미를 갖는다.

일반적 인격권의 구체적 보호법익으로는 개인의 명예보호, 사회적 인격상의 형성에 관한 결정권, 초상권, 성명권, 개인과 관련된 정보의 공개와 이용에 관한 자기결정권, 사생활의 비밀유지와 자유로운 형성 등을 들 수 있다. 우리 헌법은 일반적 인격권의 내용으로서 사생활의 비밀과 자유에 관하여 제17조에 이를 따로 명시적으로 규정하고 있으므로 헌법 제10조에서 도출되는 일반적 인격권에는 사생활의 비밀과 자유가 포함되지 않는다고 해석할 수 있다. 독일기본법은 제2조 제1항에 "누구든지 타인의 권리를 침해하지 않고 헌법질서나 도덕률에 반하지 않는 한 자신의 인격을 발현할 권리를 가진다"라고 하여 일반적 인격권을 규정하고 있으며, 성명권과 초상권은 개별 법률에 명문규정을 따로 두고 있다.

헌법재판소는 일반적 인격권과 명예권이 헌법 제10조에서 도출되는 개별적 기본권으로 인정하고 있다. 그리고 명예권에서의 명예란 사람이나 그 인격에 대한 '사회적 평가', 즉 객관적·외부적 가치평가를 말하는 것으로서 단순히 주관적·내면적인 명예감정은 포함되지 않는다고 본다.[1]

인격권의 제한과 관련하여 헌법재판소는 차폐시설이 불충분한 유치장 내의 화장실 사용의 강제는 수용자의 인격권을 침해하는 것이라고 하였고,[2] 출생한 자녀에게 부의 성과 본을 따르도록 한 부성주의는 위헌으로 볼 수 없으나 부의 성을 사용할 것을 강제하는 것이 부당한 경우에까지 예외를 두지 않은 것은 인격권침해가 된다고 하였다.[3] 또한 일반적 인격권에는 각 개인이 그 삶을 사적으로 형성할 수 있는 자율영역에 대한 보장이 포함되어 있음을 감안할 때, 장래의 가족의 구성원이 될 태아의 성별정보에 대한 접근을 국가로부터 방해받지 않을 부모의 권리는 일반적 인격권에 의해 보호되며 의료법이 태아의 성별에 대한 고지를 금지하는 것은 부모의 태아성별정보에 대한 접근을 방해받지 않을 권리를 침해한 것이라고 판시하였다.[4]

---

1) 헌재 2005. 10. 27. 2002헌마425.
2) 헌재 2001. 7. 19. 2000헌마546.
3) 헌재 2005. 12. 22. 2003헌가5등.
4) 헌재 2008. 7. 31. 2004헌마1010등. 이 사건의 헌법불합치결정으로 2009년에 의료법이 개정되어 의료인은 임신

최근의 판례에 의하면 일반적 인격권을 실현하기 위한 기본적인 전제로서 태어난 즉시 '출생등록될 권리'를 새로운 기본권으로 인정하고 있다. 즉 출생 후 아동이 보호를 받을 수 있을 최대한 빠른 시점에 아동의 출생과 관련된 기본적인 정보를 국가가 관리할 수 있도록 등록할 권리로서, 아동이 사람으로서 인격을 자유로이 발현하고, 부모와 가족 등의 보호하에 건강한 성장과 발달을 할 수 있도록 최소한의 보호장치를 마련하도록 요구할 수 있는 권리라고 한다. 이는 헌법 제10조의 인간의 존엄과 가치 및 행복추구권으로부터 도출되는 일반적 인격권을 실현하기 위한 기본저인 전제로서 헌법 제10조뿐만 아니라, 헌법 제34조 제1항의 인간다운 생활을 할 권리, 헌법 제36조 제1항의 가족생활의 보장 등에도 근거가 있다고 본다. 이러한 태어난 즉시 출생등록될 권리는 앞서 언급한 기본권 등의 어느 하나에 완전히 포섭되지 않으며, 이들을 이념적 기초로 하는 헌법에 명시되지 아니한 독자적 기본권으로서, 자유로운 인격실현 보장하는 자유권적 성격과 아동의 건강한 성장과 발달을 보장하는 사회적 기본권의 성격을 함께 지닌다고 판시하고 있다.[1)]

한편, 헌법재판소는 '일제 강점하 반민족행위 진상규명에 관한 특별법'에 근거한 친일반민족행위의 공개에 대해 조사대상자의 사회적 평가가 침해되어 헌법 제10조에서 유래하는 일반적 인격권이 제한된다고 할 수 있으나, 친일반민족행위의 진상을 규명하여 정의로운 사회가 실현될 수 있도록 공동체의 윤리를 확립하고자 하는 공익의 중대성이 막대하므로 그러한 반민족행위의 공개규정이 헌법에 위반되지 아니한다고 판단하였다.[2)]

(2) 자기결정권

인간의 존엄과 가치 및 행복추구권에서 도출되는 기본권으로 자기결정권이 인정되고 있다. 자기결정권이란 개인이 자유의지에 의하여 자유롭게 자기의 운명을 결정할 수 있는 권리를 말한다. 자기결정권은 헌법이나 국가가 존재하든 하지 않든, 실정법에서 정하든 그렇지 않든 이에 무관하게 인간의 본질상 당연히 인정되는 자연권이므로 실정헌법에서 이를 명문으로 규정하지 않고 있다. 그러나 헌법의 해석으로 자기결정권을 인정하는 경우 그 헌법상 근거규정을 확정할 필요가 있는데 헌법 제10조와 제37조 제1항이 그 근거가 된다.

자기결정권을 인정하고 있는 헌법재판소의 판례를 보면 자기의 생명·신체에 대한 결

32주 이전에는 태아의 성별을 고지할 수 없도록 규정(제20조 제2항)하였으나, 2024년에 헌법재판소는 이 조항에 대해 위헌결정을 하였다. 헌재 2024. 2. 28. 2022헌마356.

1) 헌재 2023. 3. 23. 2021헌마975. 이 사건은 '가족관계등록법'상 혼인 중 여자와 남편 아닌 남자 사이에 출생한 자녀에 대한 생부의 출생신고를 허용하도록 규정하지 아니한 '가족관계등록법'의 출생신고의무조항(제46조 제2항)과 친생자출생신고조항(제57조 제1항, 제2항)이 혼인외 출생자인 청구인들의 태어난 즉시 출생등록될 권리를 침해하는지의 여부가 문제된 것이다. 헌법재판소는 위 법률조항이 혼인 중 여자와 남편 아닌 남자 사이에서 출생한 자녀의 출생등록될 권리를 침해한다고 판단하여 헌법불합치결정을 하였다.

2) 헌재 2010. 10. 28. 2007헌가23.

정권, 생활스타일에 대한 자기결정권, 가족의 형성·유지에 관한 자기결정권, 성행위 여부 및 그 상대방을 결정할 수 있는 성적 자기결정권, 소비자의 자기결정권 등이 포함되어 있다. 헌법재판소는 "죽음에 임박한 상태에서의 인간의 존엄과 가치를 지키기 위하여 연명치료의 거부 또는 중단을 결정할 수 있다"고 하여 연명치료중단에 관한 자기결정권을 헌법상의 기본권인 자기결정권의 한 내용으로 인정하고 있다.[1] 간통죄 처벌조항에 대해서는 과잉금지원칙에 위배하여 국민의 성적 자기결정권 및 사생활의 비밀과 자유를 침해하는 것이라고 판시하였다.[2] 소주도매업자로 하여금 그 영업장소소재지에서 생산되는 자도소주를 의무적으로 총구입액의 100분의 50 이상을 구입하도록 하는 자도소주구입명령제도는 소주판매업자의 직업의 자유는 물론 소비자의 행복추구권에서 파생된 자기결정권을 지나치게 침해하는 위헌적인 규정이라고 하였다.[3]

그리고 헌법재판소는 자기결정권 내지 일반적 행동자유권의 전제로서 '자기책임의 원리'를 헌법상의 원리라고 보고 있다. 자기책임의 원리는 자기결정권의 한계논리로서 책임부담의 근거로 기능하는 동시에 자기가 결정하지 않은 것이나 결정할 수 없는 것에 대하여는 책임을 지지 않고 책임부담의 범위도 스스로 결정한 결과 내지 그와 상관관계가 있는 부분에 국한됨을 의미하는 책임의 한정원리로 기능한다. 이러한 자기책임의 원리는 인간의 자유와 유책성, 그리고 인간의 존엄성을 진지하게 반영한 원리로서 그것이 비단 민사법이나 형사법에 국한된 원리라기보다는 근대법의 기본이념으로서 법치주의에 당연히 내재하는 원리로 볼 것이고, 헌법 제13조 제3항은 그 한 표현에 해당하는 것으로서 자기책임의 원리에 반하는 제재는 그 자체로서 헌법위반을 구성한다고 판단하고 있다.[4]

(3) 일반적 행동자유권

인간의 존엄과 가치·행복추구권으로부터 인간이 자기가 원하는 바에 따라 행동할 자유를 도출할 수 있다. 이러한 일반적 행동자유권에는 적극적으로 어떤 행위를 하거나 소극적으로 아무런 행동도 하지 않을 자유가 포함된다. 일반적 행동자유권은 헌법 제10조와 제37조 제1항을 근거로 인정되는 개별적 기본권이다. 헌법재판소는 일반적 행동자유권을 헌법 제10조의 행복추구권에서 도출되는 기본권으로 구성하고 있다. 즉 행복추구권에는 그 구체적인 표현으로서 일반적인 행동자유권과 개성의 자유로운 발현권이 포함된다고 하고, 일반적 행동자유권은 개인이 행위를 할 것인가의 여부에 대하여 자유롭게 결단하는 것을 전제로 하여 이성적이고 책임감 있는 사람이라면 자기에 관한 사항은 스스로 처리할 수 있을 것이

1) 헌재 2009. 11. 26. 2008헌마385.
2) 헌재 2015. 2. 26. 2009헌바17등.
3) 헌재 1996. 12. 26. 96헌가18.
4) 헌재 2004. 6. 24. 2002헌가27.

라는 생각에서 인정되는 것이라고 한다. 이러한 일반적 행동자유권에는 적극적으로 자유롭게 행동을 하는 것은 물론 소극적으로 행동을 하지 않을 자유, 즉 부작위의 자유도 포함되며, 포괄적인 의미의 자유권으로서 일반조항적인 성격을 가진다고 판시하고 있다.1)

일반적 행동자유권은 개별적 기본권에서 보장되는 행동의 자유를 제외한 일체의 행동의 자유가 포함된다. 헌법재판소는 계약의 자유와 계약자유의 원칙이 헌법 제10조에 근거하는 일반적 행동자유권으로부터 파생하는 것이라고 보고 있으며,2) 차량운행 중 좌석안전띠를 착용하게 하도록 법률로 정하는 것은 일반적 행동자유권을 침해하는 것은 아니라고 판시하고 있다.3) 미성년자의 당구장출입을 법률로써 금지하는 것은 행복추구권의 한 내용인 일반적 행동자유권의 침해가 된다고 판시한 바 있으나,4) 16세 미만 청소년에게 오전 0시부터 오전 6시까지 인터넷게임의 제공을 금지하는 이른바 '강제적 셧다운제'를 규정한 청소년보호법 조항은 16세 미만 청소년의 일반적 행동자유권을 침해하지 않는다고 판시하였다.5)

헌법재판소는 2016년 시행된 '부정청탁 및 금품수수의 금지에 관한 법률'에 의해 언론인과 사립학교 관계자를 공직자 등에 포함시켜 부정청탁을 금지하고, 대가성 여부를 불문하고 직무와 관련하여 금품 등을 수수하는 것을 금지할 뿐만 아니라 직무관련성이나 대가성이 없더라도 동일인으로부터 일정 금액을 초과하는 금품등의 수수를 금지하는 조항 등이 그들의 일반적 행동자유권을 침해하지 않는다고 하였다.6)

(4) 독자적 기본권으로서의 행복추구권

헌법재판소는 행복추구권에서 개별적 기본권을 도출하지 않고 곧바로 행복추구권을 독자적 권리로 파악하여 그 침해 여부를 판단한 것도 있다. 범죄혐의가 없음이 명백한 사안인데도 이에 대하여 검찰관이 자의적이고 타협적으로 기소유예처분을 했다면 이는 헌법 제11조 제1항의 평등권, 헌법 제10조의 행복추구권을 침해한 것이라고 판시한 바 있다.7) 그러나 다른 한편 헌법재판소는 행복추구권은 다른 기본권에 대하여 보충적인 지위에 있다고 하여 어떤 사안에 있어 이를 규율하는 개별적 기본권이 존재하는 경우에는 해당 개별적 기본권의 침해 여부만 판단하고 행복추구권의 침해 여부를 판단하지 않는 경우도 있다.8)

---

1) 헌재 2003. 10. 30. 2002헌마518.
2) 헌재 1991. 6. 3. 89헌마204.
3) 헌재 2003. 10. 30. 2002헌마518.
4) 헌재 1993. 5. 13. 92헌마80.
5) 헌재 2014. 4. 24. 2011헌마659등.
6) 헌재 2016. 7. 28. 2015헌마236.
7) 헌재 1989. 10. 27. 89헌마56.
8) 헌재 2006. 3. 30. 2005헌마598; 헌재 2007. 4. 26. 2003헌마947등.

(5) 기타의 헌법에 열거되지 아니한 기본권

그 밖에 헌법에 열거되지 않은 자유와 권리 중에서 인간의 존엄과 가치 및 행복추구권의 포괄적 기본권에서 도출되는 기본권으로 헌법재판소가 인정하는 것으로는 개성의 자유로운 발현권,[1] 휴식권,[2] 문화향유권[3] 등을 들 수 있다.

Ⅳ. 인간의 존엄과 가치·행복추구권의 효력

1. 대국가적 효력과 사인간의 효력

헌법 제10조의 인간의 존엄과 가치는 기본권보장의 이념이며 최고원리를 의미할 뿐만 아니라 그 자체가 포괄적 기본권으로서의 성격을 갖는다고 할 수 있으므로 인간의 존엄과 가치는 모든 국가권력에 대한 효력을 가지며 사인에 대해서도 제3자적 효력을 갖는다. 인간의 존엄과 행복추구권에서 파생하는 인격권, 일반적 행동자유권, 자기결정권 등 개별적 기본권이 사인에 의해 침해되는 경우에는 국가가 행정적 조치나 민사상 또는 형사상 책임을 묻게 하는 법률을 제정하여 이를 규율할 수 있다.

2. 행복추구권의 보충적 적용성

어떤 기본권보장의 헌법적 근거가 문제되는 경우 행복추구권을 우선적으로 적용할 것인지, 아니면 당해 기본권조항을 우선 적용할 것인지의 문제가 제기될 수 있다. 이에 관하여 헌법재판소의 판례를 보면 개별적 기본권조항이 우선 적용되고 직접 적용해야 할 기본권조항이 없는 경우 행복추구권을 보충적으로 적용하는 것으로 해석(보충적 보장설)하기도 하지만, 대부분의 경우는 기본권조항과 행복추구권을 경합적으로 적용하는 것이 일반적이다(보장경합설).

그러나 개별적 기본권조항의 공동화(空洞化)를 방지하고 행복추구권조항에의 안일한 도피를 방지하기 위해서는 개별적 기본권조항이 최대한 적용되어야 할 것이므로 보충적 보장설이 타당하다고 할 수 있다.[4]

---

1) 헌재 1991. 6. 3. 89헌마204.
2) 헌재 2001. 9. 27. 2000헌마159.
3) 헌재 2004. 5. 27. 2003헌가1등.
4) 권영성, 앞의 책, 386면.

제 3 장 평등권

Ⅰ. 평등의 원칙

1. 평등의 원칙의 의의

헌법 제11조 제1항은 "모든 국민은 법 앞에 평등하다. 누구든지 성별·종교 또는 사회적 신분에 의하여 정치적·경제적·사회적·문화적 생활의 모든 영역에 있어서 차별을 받지 아니한다"라고 규정하여 평등의 원칙을 천명하고 있다. 이는 헌법상 인간의 존엄과 가치의 최고이념 아래 개인의 인격발현과 기본권의 실현을 위하여 모든 국민은 성별이나 신분, 종교 등의 사유에 관계 없이 모든 생활영역에 있어서 법 앞에 평등하게 대우를 받아야 한다는 원칙으로서, 국가는 본질적으로 동일한 것을 평등하게 대우해야 하며 불평등하게 차별 취급해서는 안 된다는 것을 의미한다. 다만 본질적으로 서로 다른 것을 불평등하게 대우하는 것이 합리적인 이유가 있는 경우에는 평등의 원칙에 반한다고 할 수 없다. 여기서 평등은 절대적 평등이 어니라 상대적 평등의 개념으로 이해하게 된다. 헌법재판소 판례도 평등의 원칙은 일체의 차별적 대우를 부정하는 절대적 평등을 의미하는 것이 아니라 입법과 법의 적용에 있어서 합리적인 근거가 없는 차별을 하여서는 아니된다는 상대적 평등을 뜻하는 것으로 보고, 따라서 합리적인 근거가 있는 차별 또는 불평등은 평등의 원칙에 반하는 것이 아니라고 판시하고 있다.[1]

평등의 원칙의 중심내용은 '기회균등의 보장'과 '자의금지의 원칙'이라 할 수 있다. 평등의 원칙은 각 생활영역에 있어서 각인의 기회의 균등을 보장하는 것에서부터 출발한다. 헌법전문에도 "…정치·경제·사회·문화의 모든 영역에 있어서 각인의 기회를 균등히 하고" 라고 규정하여 평등원칙의 핵심내용으로서 기회균등을 명문화하고 있다. 기회균등의 원칙

1) 헌재 1999. 5. 27. 98헌바26.

은 초기에는 형식적 의미의 기회균등으로 이해되었으나 오늘날에는 실질적 의미의 기회균등의 보장을 요구하게 된다.

자의(恣意)금지의 원칙은 상대적 평등 개념을 전제로 한 것으로 본질적으로 동등한 것을 불평등하게 대우하거나 상이한 것을 평등하게 대우하는 것을 금지한다는 원칙을 말한다. 헌법재판소의 판례 중에도 일반적으로 평등심사의 기준으로 입법자의 형성의 자유와 권력분립원리를 보장하는 차원에서 단지 자의적인 입법의 금지만을 의미하는 자의금지의 원칙을 적용하는 것을 볼 수 있다.

2. 평등의 원칙의 연혁

평등의 원칙은 역사적으로 미국 독립선언(1776)과 프랑스 인권선언(1789)에 명문화된 것을 볼 수 있으며, 오늘날의 입헌주의헌법은 대부분 평등의 원칙을 규정하고 있다. 근대 시민혁명 이후 평등의 이념이 국가권력과 개인의 관계를 규율하는 근본원리로 확립된 것은 기독교적 교리와 근대 자연법사상의 공적이라 할 수 있다. 특히 17, 18세기의 합리주의적 자연법론(로크, 루소 등)에 기초한 인간의 생래적 자유와 평등의 이념은 근대 입헌주의헌법의 성립에 커다란 영향을 미쳤다. 그리하여 근대국가에 있어서 평등의 원칙은 국가기관의 구성이나 통치과정에 모든 국민이 평등하게 참여해야 한다는 것을 요구하게 되었고, 국가는 모든 국민에 대하여 신분이나 종교 등을 이유로 차별하지 아니하고 평등하게 법을 적용해야 한다는 '법 앞의 평등'을 요구하게 되었다.

이러한 평등은 19세기까지 기회의 평등과 출발의 평등을 의미하는 형식적 평등으로 일관하였으나, 결과적으로 자본주의의 발달과정에서 드러난 사회적 모순과 경제적 약자의 출현은 형식적 평등관에 대한 근본적 반성을 촉구하게 되었고 나아가 모든 국민에게 인간다운 생활을 가능하게 하는 결과의 평등 내지 실질적 평등을 요청하게 되었다. 그리하여 1919년 바이마르헌법 이후 서구에서의 사회국가원리의 채택과 사회적 기본권의 등장은 종전의 형식적 평등의 문제점을 극복하기 위한 것이었음을 의미한다.

3. 평등의 원칙의 법적 성격

일반적 평등원칙은 최고의 헌법원리로서 모든 국가권력의 작용에 적용되므로 국민에 대한 국가권력의 행사는 언제나 국민을 평등하게 대우할 수 있도록 이루어져야 한다. 따라서 국가의 입법권, 행정권, 사법권의 행사는 언제나 평등의 원칙에 구속된다. 또한 평등의 원칙은 모든 개별적 기본권을 보장함에 있어 공통된 기반을 이루는 기본권보장의 방법적 기초로서 기능을 한다. 평등의 원칙은 민주국가의 법질서를 구성하는 요소이며, 헌법해석의 지침인 동시에 모든 국가권력 발동의 기준이 된다.

4. 평등의 원칙의 내용

헌법 제11조 제1항 제1문의 "모든 국민은 법 앞에 평등하다"는 평등의 원칙의 내용을 설명하면 다음과 같다.

(1) '법'의 의미

'법 앞에 평등'이라는 경우의 법이란 국회에서 제정되는 형식적 의미의 법률뿐만 아니라 국가의 법체계를 구성하는 모든 법규범을 말한다. 따라서 헌법, 법률, 명령, 규칙 등 모든 성문법규범과 함께 불문법규범도 포함되며, 국내법뿐만 아니라 국제법도 포함된다.

(2) '법 앞에'의 의미

법 앞에 평등이란 법의 적용과 집행이 평등하여야 한다는 법적용의 평등(형식적 평등)뿐만 아니라 법의 내용에 있어서의 평등(실질적 평등), 즉 법제정의 평등을 의미한다. 법의 내용이 불평등한 경우에 그 법의 적용이나 집행이 평등하다고 해서 진정한 평등의 보호는 이루어지지 않기 때문이다. 따라서 법 앞의 평등은 법의 적용에서의 평등뿐만 아니라 입법에 있어서도 법내용의 평등까지를 요구하는 것이므로 평등의 원칙은 입법자를 구속하게 된다. 즉 법 앞의 평등은 사리에 맞는 합리적인 근거 없이 법을 차별하여 적용하여서는 아니됨은 물론 그러한 내용의 입법을 하여서도 아니된다는 것을 의미한다.[1)]

(3) '평등'의 의미

모든 인간은 인간으로서의 존엄과 가치를 가지고 각자 행복을 추구한다는 점에서는 가치적으로 평등하고 기본권보장의 이념상 동일한 조건하에서는 어느 누구의 기본권도 동일하게 대우되어야 하므로, 법 앞의 평등에서 말하는 평등은 인간의 다양한 차이에 관계없이 누구나 인간으로서의 존엄과 가치를 가지고 행복을 추구하며, 정치·경제·사회·문화의 모든 영역에 있어서 기회균등이 보장되어야 하고 차별을 받지 아니하는 것을 요구한다. 그러나 인간은 기본적으로 다양하게 타고난 개성과 능력과 조건들 속에서 자기의 개성과 능력대로 삶을 영위해 가며 그 속에서 행복을 추구하는 것이므로 국가는 절대적 평등을 기준으로 국민의 삶을 획일적으로 재단할 수 없다. 이 점에서 법 앞의 평등은 평균적 정의론에 입각한 절대적 평등을 의미하는 것으로 보기 어려우며, 각기 선천적 또는 후천적으로 가지고 있는 다양한 각자의 몫을 인정하는 '상대적 평등'을 의미한다. 즉 상대적 평등은 배분적 정

1) 헌재 1989. 5. 24. 89헌가37.

의론에 입각하여 모든 인간을 평등하게 대우하되 정당한 이유와 합리적인 근거가 있는 차별이나 불평등은 허용된다는 것을 말한다.[1)]

평등은 또한 형식적 기회의 평등뿐만 아니라 '실질적 기회의 평등'까지를 포함하는 개념으로 이해되고 있다. 따라서 국가는 국민의 자유와 권리의 보장에 있어서 국민이 실질적으로 동등한 기회를 가질 수 있도록 하는 조건을 만들 수 있도록 적극적으로 활동하지 않으면 안 된다. 실질적 평등을 위한 조치로는 공동체 내에 있어 과거의 차별로 인한 불평등한 결과를 시정하기 위한 '적극적 평등실현조치'(affirmative action)를 들 수 있다.

5. 평등의 판단기준

이와 같이 평등을 상대적 평등으로 이해한다고 하더라도 합리적 차별과 불합리한 차별의 판단기준이 무엇인지가 문제된다. 헌법에서 일정한 표지에 근거한 차별을 금지하는 경우에는 입법자도 이에 구속되지만 헌법에서 그러한 표지를 특정하고 있지 않은 일반적 평등원칙의 경우에는 입법자의 광범위한 입법형성의 자유를 갖는다고 할 수 있으나, 이 경우에도 입법자를 구속하는 일정한 기준이 요구된다.

(1) 자의금지의 원칙

자의금지(恣意禁止)의 원칙은 본질적으로 서로 같은 것을 자의적으로 다르게 취급하거나 본질적으로 서로 다른 것을 자의적으로 동일하게 취급하는 것을 금지한다고 하는 법리이다. 즉 입법과 법의 집행에 있어서 그 대상이 되는 복수의 집단이 본질적으로 동일하다고 판단되는 경우에는 이 복수의 대상을 동일하게 대우해야 하며, 이를 어겨서 객관적인 근거 없이 다르게 취급하는 것은 자의금지원칙에 위배된다. 평등의 판단기준으로서 자의금지원칙은 차별을 정당화하는 '합리적 이유'의 유무를 심사하는 것으로서, 이는 합리성심사(rationality test)라고도 할 수 있다.

자의금지의 원칙이 적용되는 경우는 첫째, 침해적인 법률에 의한 차별이 발생할 때에는 입법부의 입법형성의 자유를 존중하는 의미에서 자의금지의 원칙을 우선적으로 적용하고 예외적으로 비례의 원칙을 적용하며, 둘째, 시혜적 법률에 의해 차별이 발생하거나 광범위한 입법형성의 자유가 인정되는 영역에서는 자의금지의 원칙만이 적용된다. 따라서 자의금지의 원칙은 입법자에게 광범위한 입법형성의 자유를 부여하며 동등하게 취급하거나 다르게 취급함에 있어서 어떠한 관점에서도 합리적인 근거를 찾을 수 없는 것이 명백한 경우

1) 평균적 정의와 배분적 정의의 구분은 고대 아리스토텔레스의 사상에 의한 것으로 그는 평등을 정의의 관념으로 이해하여 평등을 평균적 정의와 배분적 정의로 구분하였으며, 평균적 정의는 절대적 평등이고 배분적 정의는 상대적 평등으로 정의하였다.

에만 평등권침해로 보는 것이다.

(2) 비례성심사의 원칙

평등의 판단기준으로 자의금지의 원칙만으로는 입법자의 자의를 효과적으로 통제하기 어렵다는 문제가 제기됨에 따라 엄격한 심사기준으로서 비례성심사의 원칙(비례의 원칙)을 함께 판단의 기준으로 삼아야 한다는 필요성이 인정되고 있다. 이는 독일 연방헌법재판소 판례의 입장이기도 하다. 우리 헌법재판소도 "비례성심사의 원칙은 단순히 차별을 정당화하는 합리적인 이유의 존부 문제가 아니라, 차별을 정당화하는 이유와 차별 간의 상관관계에 대한 심사, 즉 차별의 입법목적의 비중과 차별의 정도에 적정한 균형관계가 이루어져 있는가를 심사하는 것"이라고 한다.[1)]

여기서 차별에 대한 비례성심사의 원칙과 기본권제한의 일반원칙을 의미하는 비례의 원칙(과잉금지원칙)은 동일한 의미를 갖는 것인가에 관한 논의가 있다. 이에 대해 차별(평등권 제한)에 관한 엄격한 심사기준으로서 비례성 원칙과 기본권제한의 일반원칙으로서 비례의 원칙은 기본적으로 유사한 개념이지만 완전히 일치하는 것은 아니라는 견해가 있다. 즉 기본권제한에 관한 비례의 원칙의 구성요소로서 목적의 정당성과 수단의 적합성은 차별에 있어서도 동일하게 적용되지만, 피해의 최소성과 법익의 균형성은 동일하게 적용되지 않는다는 것이다. 기본권제한에 관한 과잉금지원칙에 있어서 피해의 최소성은 기본권제한의 수단에 있어 보다 덜 제한적인 수단이 존재하지 않아야 하지만, 차별에 관한 피해의 최소성에 있어서는 차별이 불가피한 경우인가를 판단하는 것이라고 한다. 법익의 균형성은 과잉금지에서는 기본권의 제한을 통해 얻는 공익과 제한되는 사익 간의 균형을 말하지만, 비례성심사에서는 차별을 통해 얻으려는 공익(차별목적)과 차별로 나타나는 효과(차별의 정도)와의 적절한 균형을 의미한다는 점에서 차이가 있다고 한다.[2)] 생각건대 평등권 제한의 엄격한 심사기준으로서 비례성심사는 기본적으로 기본권제한의 일반원칙으로서 헌법 제37조 제2항에 의한 비례의 원칙의 적용에 해당하는 것이지만, 평등권의 심사에 있어서 이 원칙의 적용에는 부분적인 차이점이 인정된다고 할 수 있다.

(3) 미국의 판례이론

미국 연방대법원의 평등심사의 기준에 관한 판례로는 '다층적 심사기준의 방식'(multi-level system of scrutiny)이 있다.

다층적 심사기준으로는 첫째, 입법목적이 차별을 정당화하기에 불가피하고 긴절한 이

---

1) 헌재 2007. 5. 31. 2006헌바49.
2) 김학성, 헌법학원론 피엔씨미디어, 2018, 374-375면.

익(compelling interest)이 있어야 하며, 그 목적을 달성하기 위한 수단은 필요한(necessary) 것으로 엄밀하게 고안된 것일 때에만 합헌이라는 '엄격심사'(strict scrutiny)의 기준이 있다. 둘째, 차별이 입법목적을 달성하는 데에 합리적인 관련성을 가지는 경우에는 합헌이라는 '합리성심사'(rationality review)의 기준이 있다. 엄격심사기준이 적용되는 것은 인종차별의 경우와 차별적 취급이 기본적 인권을 제한하는 경우이며, 합리성심사의 기준이 적용되는 것은 전통적으로 사회·경제적 입법에 관한 것이다. 셋째, 위 양자의 중간 기준에 해당하는 것으로 엄격심사보다는 완화된 기준으로서 입법목적이 중요하고(important) 차별이 그 입법목적과 실질적으로 관련이 있는 경우에는(substantially related) 합헌이라는 '중도적 심사'(intermediate scrutiny)의 기준이 있다. 이 기준은 1970년대 이후 주로 성차별의 문제에 적용되어 왔다. 그 밖에 이러한 심사기준들을 적용영역별로 나누어 일률적으로 적용하는 것이 아니라 해당 사안별로 차별의 성격과 차별로 인하여 영향을 받게 되는 개인의 이익과 이를 통해 확보되는 국가의 이익의 상대적인 중요성을 고려하여 그에 적합한 심사기준을 선택하여 적용하는 '유동적 심사'(sliding scale)의 기준이 평등심사에 적용되고 있다.

(4) 헌법재판소의 태도

헌법재판소는 평등원칙의 위반 여부를 심사하는 경우에 그 차별근거와 규율영역의 특성 등에 따라 심사의 기준을 달리 적용하는 것을 볼 수 있다.

(가) 완화된 심사기준(자의금지의 원칙)의 적용

헌법재판소의 판례는 일반적으로 평등심사의 기준으로 입법자의 형성의 자유와 권력분립원리를 보장하는 차원에서 단지 자의적인 입법의 금지만을 의미하는 자의금지의 원칙을 적용하고 있다. 특히 시혜적 법률이나 수익적 규정에 의해 차별이 발생하는 경우에 있어서는 광범위한 입법형성의 자유를 인정하여 자의금지의 원칙을 적용하고 있음을 볼 수 있다.[1)]

자의금지원칙에 관한 심사요건에 관하여 헌법재판소는 "① 본질적으로 동일한 것을 다르게 취급하고 있는지에 관련된 차별취급의 존재 여부와, ② 이러한 차별취급이 존재한다면 이를 자의적인 것으로 볼 수 있는지 여부"를 제시하고 있다. ①의 요건에 관련하여 두 개의 비교집단이 본질적으로 동일한가의 판단은 일반적으로 당해 법규정의 의미와 목적에 달려 있고, ②의 요건에 관련하여 "차별취급의 자의성은 합리적인 이유가 결여된 것을 의미하므로, 차별대우를 정당화하는 객관적이고 합리적인 이유가 존재한다면 차별대우는 자의적인 것이 아니게 된다"고 판시하고 있다.[2)]

---

1) 헌재 2004. 6. 24. 2003헌바111.
2) 헌재 2002. 11. 28. 2002헌바45.

헌법재판소는 지방자치단체장 3선초과연임 제한규정에 대하여, 헌법이 차별을 특히 금지하고 있는 영역이거나 차별적 취급으로 인하여 관련 기본권에 대한 중대한 제한을 초래하고 있다고 볼 수 없으므로 법익형량에 있어서도 상대적으로 다소 완화된 심사를 하게 된다고 하여 평등권 심사는 합리성 심사로 족하다고 판시하고 있다.[1] 그리고 6·25전몰군경자녀에게 6·25전몰군경자녀수당을 지급하면서 그 수급권자를 6·25전몰군경자녀 중 1명에 한정하고, 나이가 많은 자를 우선하도록 정한 것은 합리적 이유 없이 나이가 적은 6·25전몰군경자녀의 평등권을 침해하는 것이라고 하였다. 즉 나이가 많다는 우연한 사정을 기준으로 이 사건 수당의 지급순위를 정하는 것에 합리적인 이유가 있다고 볼 수 없다고 판단하였다.[2] 국민참여재판 배심원의 자격을 만 20세 이상으로 정한 것에 대해서는 우리나라 국민참여재판제도의 취지와 배심원의 권한 및 의무 등 여러 사정을 종합적으로 고려하여 만 20세에 이르기까지 교육 및 경험을 쌓은 자로 하여금 배심원의 책무를 담당하도록 정한 것은 입법형성권의 한계 내의 것으로 자의적인 차별이라고 볼 수 없다고 하였다.[3].

(나) 엄격한 심사기준의 적용

헌법재판소는 엄격한 심사기준으로 비례성의 원칙이 적용되는 경우로 첫째, 헌법에서 특별히 평등을 요구하고 있는 경우, 즉 헌법이 직접 차별의 근거로 삼아서는 안 되는 기준 또는 차별을 특히 금지하고 있는 영역을 제시하고 있는 경우를 들고 있으며(예컨대 헌법 제11조 제1항 후문의 성별, 종교 또는 사회적 신분에 의한 차별금지와 헌법 제32조 제4항의 여성의 고용·임금 및 근로조건에서의 차별금지, 제36조 제1항의 혼인과 가족생활에서의 양성의 평등), 둘째로는 차별적 취급으로 인하여 관련 기본권에 대한 중대한 제한을 초래하는 경우를 들고 있다. 여기서 관련 기본권에 중대한 제한을 초래하는 경우가 무엇인가에 관하여 헌법재판소는 "차별적 취급으로 인하여 기본권에 중대한 제한을 초래할수록 보다 엄격한 심사척도가 적용되어야 한다는 취지이며, 기본권에 대한 제한이기는 하나 중대하지 않은 경우에는 엄격한 심사척도가 적용되지 않는다는 취지는 아니라고 볼 것이다"라고 판시하고 있다.[4] 헌법재판소는 위와 같은 두 가지의 경우 국회의 입법형성권은 상당히 축소된다고 보고 입법자가 설정한 차별이 기본권 행사에 차별을 가져오게 되면 그 목적과 수단 간에 엄격한 비례성이 심사되어야 한다고 본다.

그러나 헌법재판소는 비례의 원칙의 적용에 있어서 기본적으로는 엄격하게 적용하면서도 예외적으로 완화된 비례의 원칙을 적용하는 경우도 인정하고 있다. 즉 헌법이 스스로

1) 헌재 2006. 2. 23. 2005헌마403.
2) 헌재 2021. 3. 25. 2018헌가6.
3) 헌재 2021. 5. 27. 2019헌가19.
4) 헌재 2003. 9. 25. 2003헌마30.

평등권을 구체화하고 있거나 차별적 취급으로 인하여 관련 기본권에 대한 중대한 제한을 초래하는 경우에는 원칙적으로 엄격한 비례의 원칙을 적용하지만, 차별취급이 헌법에 근거하거나 헌법이 요구하는 경우에는 완화된 비례의 원칙을 적용하고 있음을 볼 수 있다. 예컨대 제대군인에 대한 가산점을 부여한 것에 대해서는 엄격한 비례원칙을 적용하여 위헌결정[1])을 하였으나, 2001년 국가유공자 및 그 가족에 대한 가산점 부여가 문제된 사건에서는 헌법 제32조 제6항(국가유공자·상이군경 및 전몰군경의 유가족에 대한 우선적 근로기회 제공)을 근거로 완화된 비례의 원칙을 적용하여 합헌결정을 하였다.[2]) 그러나 그 후 헌법재판소는 2006년 판례를 변경하여 국가유공자의 가족의 경우에는 헌법 제32조 제6항이 가산점제도의 근거가 될 수 없다고 하여 완화된 비례의 원칙 대신 엄격한 비례의 원칙을 적용하였다.[3])

Ⅱ. 평등권

1. 평등권의 의의

헌법 제11조 제1항에 의해 평등의 원칙과 함께 평등권이 보장된다. 평등권이란 국가로부터 부당하게 차별대우를 받지 아니할 것과 국가에 대하여 평등한 처우를 요구할 수 있는 개인의 주관적 공권이다. 따라서 평등권을 침해당한 경우에는 구체적인 기본권의 침해에 해당되어 법원이나 헌법재판소의 재판을 통하여 이를 다툴 수 있다.

---

1) 헌재 1999. 12. 23. 98헌마363.
2) 헌재 2001. 2. 22. 2000헌마25.
3) 헌재 2006. 2. 23. 2004헌마675. "종전 결정에서 헌법재판소는 헌법 제32조 제6항의 "국가유공자·상이군경 및 전몰군경의 유가족은 법률이 정하는 바에 의하여 우선적으로 근로의 기회를 부여받는다."는 규정을 넓게 해석하여, 이 조항이 국가유공자 본인뿐만 아니라 가족들에 대한 취업보호제도(가산점)의 근거가 될 수 있다고 보았다. 그러나 오늘날 가산점의 대상이 되는 국가유공자와 그 가족의 수가 과거에 비하여 비약적으로 증가하고 있는 현실과, 취업보호대상자에서 가족이 차지하는 비율, 공무원시험의 경쟁이 갈수록 치열해지는 상황을 고려할 때, 위 조항의 폭넓은 해석은 필연적으로 일반 응시자의 공무담임의 기회를 제약하게 되는 결과가 될 수 있으므로 위 조항은 엄격하게 해석할 필요가 있다. 이러한 관점에서 위 조항의 대상자는 조문의 문리해석대로 "국가유공자", "상이군경", 그리고 "전몰군경의 유가족"이라고 봄이 상당하다.
이 사건 조항은 일반 응시자들의 공직취임의 기회를 차별하는 것이며, 이러한 기본권 행사에 있어서의 차별은 차별목적과 수단 간에 비례성을 갖추어야만 헌법적으로 정당화될 수 있다. '국가유공자의 가족'의 경우 가산점의 부여는 헌법이 직접 요청하고 있는 것이 아니고, 그러한 법률상의 입법정책은 능력주의 또는 성과주의를 바탕으로 하여야 하는 공직취임권의 규율에 있어서 중요한 예외를 구성한다. 헌법적 요청이 있는 경우에는 합리적 범위 안에서 능력주의가 제한될 수 있지만, 단지 법률적 차원의 정책적 관점에서 능력주의의 예외를 인정하려면 해당 공익과 일반응시자의 공무담임권의 차별 사이에 엄밀한 법익형량이 이루어져야 한다.
이 사건 조항의 경우 명시적인 헌법적 근거 없이 국가유공자의 가족들에게 만점의 10%라는 높은 가산점을 부여하고 있는바, 그러한 가산점 부여 대상자의 광범위성과 가산점 10%의 심각한 영향력과 차별효과를 고려할 때, 그러한 입법정책만으로 헌법상의 공정경쟁의 원리와 기회균등의 원칙을 훼손하는 것은 부적절하며, 국가유공자의 가족의 공직 취업기회를 위하여 매년 많은 일반 응시자들에게 불합격이라는 심각한 불이익을 입게 하는 것은 정당화될 수 없다. 이 사건 조항의 차별로 인한 불평등 효과는 입법목적과 그 달성수단 간의 비례성을 현저히 초과하는 것이므로, 이 사건 조항은 청구인들과 같은 일반 공직시험 응시자들의 평등권을 침해한다."

2. 평등권의 법적 성격

평등권은 인간이 자연적 상태에서부터 누려온 생래적·천부적 권리를 의미한다(자연권성). 평등권은 국가로부터 불평등한 처우를 받지 아니함은 물론 평등한 보호를 요구할 수 있는 개인의 구체적 권리이다(주관적 공권성). 평등권은 자유권적 기본권의 일부가 아니라 모든 기본권을 균등하게 실현하기 위한 기능 내지 방법으로서 기본권 전반에 공통으로 적용되어야 하는 기능적·수단적 권리를 의미한다(기능적·수단적 권리성). 평등권은 국가로부터 차별대우를 받지 아니할 소극적 권리이면서 또한 적극적으로 평등보호를 요구할 수 있는 적극적 권리이기도 하다(양면적 권리성). 평등권은 개인을 위한 주관적 공권이면서 동시에 객관적인 국가법질서의 구성요소를 의미한다(객관적 법질서성).

3. 평등권의 주체

평등권의 주체는 모든 국민이다. 평등보호는 모든 인간에게 공통적으로 보장되는 것이고 평등권은 인간의 권리이므로 원칙적으로 외국인이나 무국적자도 평등권의 주체가 된다. 그러나 외국인은 내국인과 달리 구체적인 권리의 성질과 그 나라의 이해관계에 따라 내국인과 대우를 달리하는 여러 가지 제한이 따르게 된다. 외국인에게 평등권의 주체성을 인정해 주는 경우에도 외국인을 언제나 내국인과 동일하게 대우해 주어야 하는 것은 아니다. 예컨대 참정권이나 직업의 자유, 토지소유권과 재산권 등의 행사에 있어서는 외국인의 경우 내국인에 비해 기본권의 제한을 많이 받게 된다. 외국인에게 적용되는 평등조항의 구체적 범위는 국제법과 상호주의원칙에 따라 결정된다.

자연인뿐만 아니라 법인이나 단체도 평등권의 주체가 될 수 있다. 정당도 일정한 경우에 평등보호의 대상이 된다.

Ⅲ. 차별금지의 사유와 영역

1. 헌법 제11조 제1항 제2문의 규정

헌법 제11조 제1항 제1문에서 규정하고 있는 일반적 평등보호를 구체화하여 제2문에서 "누구든지 성별·종교 또는 사회적 신분에 의하여 정치적·경제적·사회적·문화적 생활의 모든 영역에 있어서 차별을 받지 아니한다"라고 정하고 있다. 여기서 차별금지사유로서 규정하고 있는 성별, 종교, 사회적 신분이 '열거적 규정'인지 또는 '예시적 규정'인지에 관한 학설의 대립이 있으나, 예시적 규정으로 보는 것이 타당하다고 본다. 왜냐하면 평등보호는 위의 차별금지사유 이외에도 언어, 인종, 출신지역, 신체적 장애, 정치적 신념, 세계관, 건강 등의 사유에 의해 불합리하게 차별되어서는 안 되며 이러한 경우에도 평등보호가 인정되어야 하기 때문이다. 그러나 이 차별금지사유를 열거적 규정으로 해석하는 경우에도 여기에 명시되지 아니한 차별금지사유는 헌법 제11조 제1항 제1문의 "모든 국민은 법 앞에 평등하다"는 일반적 평등원칙조항에 따라 판단할 수 있으므로 차별금지사유는 위의 열거된 사유 이외에도 광범위하게 인정될 수 있는 바, 이 규정의 성격에 관한 논의의 실익은 거의 없다고 할 수 있다.

헌법재판소는 사고운전자가 피해자를 유기하고 도주한 경우 가중처벌하는 것도 평등에 위반한다고 하여 성별·종교 또는 사회적 신분을 예시적 규정으로 보고 있다.[1)]

2. 차별금지사유

(1) 성별

성별에 의한 차별금지는 남녀평등을 의미한다. 여기에서 남녀평등권이 기본권으로 도출된다. 성별에 의한 차별대우는 공법영역이나 사법영역 모두에서 허용되지 아니한다. 그러나 성에 관한 가치적 판단의 결과가 아니라 남녀의 생물학적·사실적 차이에 의거한 차별대우는 허용된다. 남녀평등을 구현하기 위하여 헌법은 혼인과 가족생활에서 양성의 평등을 특별히 보장하고 있고(제36조 제1항), 이를 실현하기 위한 법률로는 '여성발전기본법'과 '남녀고용평등과 일·가정양립에 관한 법률' 등이 있다. 여성발전기본법은 여성에 대한 '적극적 평등실현조치'의 근거가 되는 대표적 법률로서 이 법률에 따라 국가와 지방자치단체의 공직참여와 고용 전반에 걸쳐 남녀평등이 이루어질 수 있도록 여성할당제를 실시하고 있다(여성공천할당제, 공무원의 양성채용목표제 등).

헌법재판소는 동성동본금혼을 정하고 있는 민법의 규정에 대하여 금혼의 범위를 혈족, 즉 남계혈족에만 한정하여 성별에 의한 차별을 하고 있는 것은 이를 시인할 만한 합리적인 이유를 찾아볼 수 없어 평등원칙에 위반된다고 하였으며,[2)] 호주제에 대해서는 성역할에 관한 고정관념에 기초한 차별로서 호주승계의 순위, 혼인 시 신분 관계 형성, 자녀의 신분 관계 형성에 있어서 정당한 이유 없이 남녀를 차별하는 제도로서 위헌이라고 판단하였다.[3)] 호주제가 위헌결정으로 폐지됨에 따라 남성 중심 사회에서 양성평등 사회로 나아가는 법적 기반이 마련되었다.

---

1) 헌재 1992. 4. 28. 90헌바24.
2) 헌재 1997. 7. 16. 95헌가6등.
3) 헌재 2005. 2. 3. 2001헌가9등.

성별에 의한 차별에 대해서는 원칙적으로 엄격심사의 기준이 적용된다고 할 수 있다. 성별이라는 사유는 개인이 선택할 수 없는 선천적 사유이며 특히 한국사회에서 성별은 역사적·문화적으로 불합리한 차별사유가 되어 왔기 때문이다. 헌법재판소는 전술한 바와 같이 제대군인에 대한 가산점제도가 평등의 원칙에 위반하여 여성과 장애인의 기본권을 침해한다고 하여 엄격심사의 기준을 적용한 바 있다. 그러나 그 후 헌법재판소는 병역법상 남자에 한하여 병역의무를 부과하는 조항의 평등권침해 여부에 대하여 "성별에 의한 차별취급이 곧바로 위헌의 강한 의심을 일으키는 사례군으로서 언제나 엄격한 심사를 요구하는 것이라고 단정짓기 어렵다"고 하였다. 즉 이 사건 법률조항은 헌법이 특별히 양성평등을 요구하는 경우나 관련 기본권에 중대한 제한을 초래하는 경우의 차별취급을 그 내용으로 하고 있다고 보기 어려우며, 징집대상자의 범위 결정에 관하여는 입법자의 광범위한 입법형성권이 인정된다는 점에 비추어 이 사건 법률조항이 평등권을 침해하는지 여부는 완화된 심사기준에 따라 판단하여야 한다고 판시하였다.[1]

(2) 종교

종교에 의한 차별금지는 종교평등을 의미한다. 헌법은 국교를 금지하고 있기 때문에(제20조 제2항) 특정한 종교를 국교로 할 수 없을 뿐만 아니라 국가는 다양한 종교 가운데 특정 종교를 우대하거나 차별할 수 없다. 특정 종교를 신봉하는 자만 교육시킬 목적으로 사립학교를 설립하고 운영하는 것과 특정 종교를 신봉하는 사람들만 고용하는 사기업을 설립·운영하는 것은 사적 자치의 영역으로 헌법상 보장된다.

(3) 사회적 신분

사회적 신분은 그 의미가 애매모호하지만 인종, 가문, 귀화인의 자손 등과 같은 출생에 의하여 형성되는 사회적 지위를 의미하는 선천적 신분과 근로자, 농민, 기업인, 종교인, 탤런트, 귀화인, 전과자 등 일정한 사회적 평가를 수반하는 후천적 신분도 포함하는 것으로 볼 수 있다. 부모에 대한 자녀의 지위인 존비속관계가 사회적 신분인가 친족적·자연적 신분인가의 논의가 있다. 이는 존속살해죄의 가중처벌이 위헌인가의 문제와 연관이 있다. 존비속관계를 사회적 신분이라 하더라도 가중처벌이 사회의 가치질서와 문화에 의해 정당화되면 합리적인 차별에 해당하여 헌법에 합치된다고 할 것이다. 헌법재판소는 존속살해죄의 가중처벌에 대해서 합헌이라고 결정한 바 있다.[2]

---

1) 헌재 2010. 11. 25. 2006헌마328.

2) 헌재 2002. 3. 28. 2000헌바53. "혼인과 혈연에 의하여 형성되는 친족에 있어서는 존경과 사랑이 그 존재의 기반이라고 말할 수 있고, 이를 바탕으로 직계존속은 비속에 대하여 경제적 측면에서는 물론 정신적·육체적 측면에서 올바른 사회구성원으로 성장할 수 있도록 양육하며 보호하고 그 비속의 행위에 대하여 법률상·도의상 책

3. 차별금지영역

헌법 제11조 제1항 제2문 후단에서는 "누구든지 정치적·경제적·사회적·문화적 생활의 모든 영역에 있어서 차별을 받지 아니한다"라고 하여 차별금지가 인간의 생활의 모든 영역에서 인정됨을 규정하고 있다.

정치적 생활영역에서 국민은 평등한 처우를 받아야 하므로 투표와 선거, 공직취임 등에서 평등이 보장되어야 한다. 특히 선거권의 평등과 관련하여 선거구 인구의 불균형으로 인한 투표결과 가치의 불평등이 문제되고 있다. 경제적 생활영역에서의 불합리한 차별은 금지되므로 고용에 있어서는 동일자격·동일취업의 원칙이, 임금에 있어서는 동일노동·동일임금의 원칙이, 과세에 있어서는 담세평등의 원칙이 준수되어야 한다. 특히 헌법은 근로관계에 있어서 여성의 차별을 금지하고 있으므로(제32조 제4항) 고용·취업·임금·근로조건 등에서 여성을 부당하게 차별하여서는 아니된다. 사회적·문화적 생활영역에 있어서도 평등이 보장되어야 하며, 특히 교육에 있어서의 기회균등이 보장되어야 한다.

헌법재판소는 경제영역에 있어서 불합리한 차별과 관련하여 법인의 약국개설금지조항에 대하여 변호사, 공인회계사 등 여타 전문직과 의약품제조업자 등 약사법의 규율을 받는 다른 직종들에 대하여는 법인을 구성하여 업무를 수행할 수 있도록 하면서, 약사들에게만 합리적 이유 없이 이를 금지하는 것은 헌법상의 평등권을 침해하는 것이라고 판시한 바 있다.[1)]

4. 적극적 평등실현조치

적극적 평등실현조치(affirmative action) 내지 차별시정조치란 과거의 차별로 인한 불평등한 결과를 시정하여 실질적 평등을 실현하기 위한 조치를 말한다. 이것은 미국에서 과거 차별 받아온 소수인종이나 집단에 대한 적극적 우대조치로서 시작되었고 여성에 대해서도 유사한 조치들이 취해졌다. 그러나 적극적 우대조치는 우대조치를 받지 못하는 집단에 대해서는 역차별(reverse discrimination)의 문제를 야기하게 된다. 미국에서 적극적 우대조치가 평등권침해의 문제로 대두된 것은 1970년대 대학입학정책에서 유색인종에 대해 할당제를 도입한 데에서 비롯되었다. 그 후 적극적 우대조치에 대한 일련의 연방대법원 판결을 거쳐

임까지 부담하는 한편, 비속은 직계존속에 대하여 가족으로서의 책임분담과 존경과 보은의 기본적 의무를 부담하게 되는데, 이는 인류가 가족을 구성하고 사회를 형성하기 시작한 이래 확립되어진 친족 내지 가족에 있어서의 자연적·보편적 윤리로서, 이러한 윤리는 가정은 물론 사회를 유지·발전시키는 기본질서를 형성하게 된다는 점에서 형법상 보호되어야 할 가치이다. … 이 사건법률조항의 입법목적의 정당성과 이를 달성하기 위한 수단의 적정성 등에 비추어 그 차별적 취급에는 합리적 근거가 있으므로 헌법 제11조 제1항의 평등원칙에 반한다고 할 수 없다."

1) 헌재 2002. 9. 19. 2000헌바84.

소수인종을 위한 적극적 우대조치에 대해 엄격심사가 적용된다는 원칙이 확립되었다.[1] 그러나 성별에 따른 적극적 평등실현조치에 대해서는 중간심사기준을 적용하는 것이 판례의 태도라 할 수 있다.

우리나라에서의 적극적 우대조치는 주로 여성에 대해 취해지고 있다. 여성발전기본법은 “국가 및 지방자치단체는 여성의 참여가 현저히 부진한 분야에 대하여 합리적인 범위 안에서 여성의 참여를 촉진함으로써 실질적인 남녀평등이 이루어질 수 있도록 관계법령이 정하는 바에 따라 적극적 조치를 취할 수 있다”라고 규정하고 있다(동법 제6조 제1항). 그리하여 국가와 지방자치단체는 공무원의 채용·보직관리·승진·포상·교육훈련 등을 합리적으로 운영하여 여성의 공직 참여를 확대하기 위한 여건을 조성하여야 하며, 근로자의 채용·승진·퇴직 등 고용 전반에 걸쳐 남녀평등이 이루어지도록 하여야 한다고 규정하고 있다(동법 제16조, 제17조).

여성에 대한 적극적 평등실현조치의 구체적인 내용으로는 공무원임용시험령(제20조)에 의한 ‘양성채용목표제’와 공직선거법(제47조 제3항, 제4항)에 의한 ‘여성공천할당제’가 있다. 여성할당제는 공무원의 임용에 있어서 여성이 일정한 비율에 이를 때까지 여성을 남성에 비해 우대하는 제도로서 국가의 적극적인 양성평등실현조치라 할 수 있으나, 이는 공무원 임용의 영역에서 직업공무원제도의 본질을 구성하는 능력주의에 대한 중대한 예외를 의미할 뿐만 아니라 헌법상 차별의 기준으로 삼아서는 안 되는 성별을 근거로 차별함으로써 남성지원자의 자유행사에 중대한 제한을 초래한다는 점에서 헌법적 한계를 인정하지 않을 수 없다. 따라서 공무원의 임용에 일정한 백분율에 이를 때까지 여성에게 자동적으로 혜택을 부여하는 이른바 ‘경성 여성할당제’는 허용되기 어렵다. 다만 남성지원자와 여성지원자가 동등한 자격과 능력을 보이는 경우 남성지원자에게 사회적으로 고려해야 하는 중대한 개인적 사유(가족부양, 장애, 질병 등)가 없는 한 여성을 임용과 승진에서 우대하는 것(연성 여성할당제)은 허용될 수 있다.[2]

그리고 여성뿐만 아니라 장애인에 대한 적극적 우대조치로 ‘장애인고용할당제’를 채택하고 있다. ‘장애인고용촉진 및 직업재활법’은 국가와 지방자치단체의 장은 장애인을 소속

---

1) 미국의 적극적 평등실현조치에 관한 대표적 판례로는 Regents of University of California v. Bakke(1978) 사건이 있다. 이 사건은 캘리포니아 주립대학 데이비스 의과대학의 정원 100명 중 16명을 소수인종에게 할당해 주는 입학정원할당제 때문에 불합격한 백인 지원자 Bakke가 소송을 제기한 것이다. 연방대법원은 다수의견으로 위헌판결을 내리면서 그 근거로는 인종에 의한 차별은 종류를 불문하고 의심스러운 차별에 해당하여 엄격한 심사기준이 적용되어야 하며, 소수인종에 대한 우호적 조치는 무력한 소수라는 고정관념을 심어줄 우려가 있다는 것 등을 제시하였다. 이에 대해 소수의견은 백인은 전통적으로 차별을 받아온 집단이 아니므로 엄격심사기준을 적용할 수 없고 성차별과 마찬가지로 중간심사기준을 적용하여야 하며, 미국에서 흑인이 차지하고 있는 사회적 지위는 역사적으로 받아온 불평등한 취급의 비극적이고 불가피한 결과이고, 인종중립적 입장을 취하는 것만으로는 평등보호조항의 취지를 충족시킬 수 없다는 견해가 제시되었다.

2) 한수웅, 헌법학, 법문사, 2016, 602-603면.

공무원 정원의 일정비율 이상 고용하도록 규정하고 있으며, 사기업에 대해서도 일정비율의 장애인고용의무를 규정하고 있다(동법 제27조, 제28조).[1] 이러한 장애인 의무고용률에 못 미치는 장애인을 고용한 국가와 지방자치단체 및 사용자는 고용부담금을 납부하도록 규정하고 있다(동법 제32조의2, 제33조).

적극적 평등실현조치에 의한 역차별 문제는 다수집단에 대한 기본권의 중대한 제한을 초래하는 것이 아니거나 헌법에서 특별히 평등을 요구하고 있는 경우가 아닌 한 입법부의 입법형성의 자유를 존중하는 의미에서 합헌이라고 할 수 있다. 따라서 적극적 평등실현조치에 대한 위헌 여부의 심사는 기본적으로 합리적인 이유가 있는지의 여부만을 심사하는 완화된 심사기준이 적용되는 것이 타당하다고 할 수 있다. 그러나 소수집단에 대하여 불필요하게 우대하거나 우대의 정도가 지나쳐 다수집단의 기본권에 중대한 제한을 초래한다면 이 경우에는 적극적 평등실현조치의 한계를 벗어난 것으로서 정당화되기 어려우며, 이 경우의 평등권침해 여부의 심사에 있어서는 비례의 원칙이 적용되어야 할 것이다.

Ⅳ. 사회적 특수계급제도의 금지와 영전일대의 원칙

헌법은 평등의 원칙을 구현하고 평등권을 보장하기 위하여 특별조항을 두고 있다. 헌법 제11조 제2항은 "사회적 특수계급의 제도는 인정되지 아니하며, 어떠한 형태로도 이를 창설할 수 없다"라고 하여 사회적 특수계급제도를 금지하고 있다. 특수계급이란 귀족제도나 노예제도 또는 조선시대의 반상제도(班常制度)와 같은 봉건적 유제(遺制)를 말한다. 그러나 영전에 따르는 연금 등의 보훈제도나 전직대통령에 대한 예우는 사회적 특수계급제도에 해당하지 아니한다.

또한 헌법 제11조 제3항은 "훈장 등의 영전은 이를 받은 자에게만 효력이 있고 어떠한 특권도 이에 따르지 아니한다"라고 하여 영전일대(榮典一代)의 원칙을 규정하고 있다. 그러나 영전의 세습제를 부인하는 것은 영전으로 말미암아 그 자손의 특진, 조세감면 등의 특권을 부인하는 것이지 연금지급이나 유족에 대한 보훈(報勳)까지 금지하는 것은 아니다. 헌법재판소도 독립유공자나 그 유족에게 국가보은적 견지에서 서훈의 등급에 따라 부가연금을 차등지급하는 것은 영전일대의 원칙의 헌법조항에 위배되지 않는다고 판단하고 있다.[2]

---

1) '장애인고용촉진 및 직업재활법' 은 2016년 12월 개정되어 국가와 지방자치단체의 장은 2017년 1월 1일부터 2018년 12월 31일까지는 1천분의 32의 이상, 2019년 이후는 1천분의 34 이상의 비율로 장애인을 고용하여야 하며, 상시 50명 이상의 근로자를 고용하는 사업주는 그 근로자 총수의 100분의 5의 범위에서 대통령령으로 정하는 비율 이상에 해당하는 장애인을 고용하여야 한다고 규정하고 있다.

2) 헌재 1997. 6. 26. 94헌마52.

제 4 장 자유권적 기본권

제 1 절 자유권적 기본권 일반이론

Ⅰ. 자유권적 기본권의 의의

자유권적 기본권이란 일반적으로 개인의 자유영역에 대하여 국가의 부당한 간섭이나 침해를 배제하는 대국가적 방어권을 의미한다. 자유권은 본질적으로 국가의 강제와 간섭으로부터의 자유, 즉 '국가로부터의 자유'를 의미하므로 국가에 대하여 개인의 자유영역을 침해하지 말 것을 요구하는 부작위청구권의 성격을 가진다. 자유권은 그 자체로서 직접 효력을 가지는 제소 가능한 주관적 공권으로서, 단지 존재하는 것만으로 국가행위에 대한 방어적 기능을 하게 된다. 다만 자유권적 기본권은 국가의 모든 행위를 절대적으로 배제하는 것이 아니라 일정한 국가목적을 위해서 헌법적 근거에 의해 제한될 수 있는 권리이다.

자유권적 기본권은 근대 시민혁명의 과정에서 자연법사상을 기반으로 하여 개인주의와 자유주의를 이념으로 하면서 생명·자유·재산의 권리를 최고의 가치로 하여 형성된 것이다. 그러나 20세기에 들어와 나치즘과 파시즘 등 전체주의의 대두로 자유권이 전면적으로 유린되기도 하였으나 제2차대전 이후의 자연권사상의 부활에 의해 자유권이 다시 강조되었으며, 오늘날의 사회국가원리에 있어서 사회정의와 실질적 평등의 실현을 위해 자유권(재산권)에 대하여는 사회적 제약이 강조되고 있다.

Ⅱ. 자유권의 초국가적 자연권성

자유권은 국가나 헌법에 의해 창설된 권리가 아니라 초국가적인 자연법상의 권리로서 인간이 인간이기 때문에 당연히 누리는 권리를 의미한다. 헌법은 이러한 인간의 자연권을 자유권적 기본권으로 확인한 것에 불과하다. 따라서 국가는 자유권의 불가침성을 확인하고 자유권의 본질적 내용을 침해하지 못하며 모든 국가권력은 자유권을 최대한 존중할 의무를 지게 된다. 그리하여 우리 헌법은 제10조 제2문에 "국가는 개인이 가지는 불가침의 기본적 인권을 확인하고 이를 보장할 의무를 진다"라고 규정하고 있으며, 헌법 제37조 제1항은 "국민의 자유와 권리는 헌법에 열거되지 아니한 이유로 경시되지 아니한다"라고 하여 국가가 초국가적인 자유권을 확인하지 아니함으로써 실정헌법규범으로 전환하지 아니한 경우에는 그러한 자유권은 헌법적으로 보장되지 않는 것이 아니라 헌법에 열거되지 아니한 자유권으로 보장되는 것이라고 선언하고 있다.

Ⅲ. 자유권적 기본권의 내용

1. 보호법익의 불가침성을 보장하는 자유권

자유권적 기본권은 자연권으로서 국가로부터의 자유를 본질로 하는 것이지만 그 내용은 개인의 사적 영역에서의 객관적 보호법익의 불가침성을 보장하는 것과, 개인의 자기결정에 따른 주관적 행위가능성의 보호를 내용으로 하는 것으로 구분될 수 있다.

자유권적 기본권은 원칙적으로 국가의 영향이나 간섭으로부터 개인적·사적 영역에 귀속되는 보호법익을 침해받지 아니할 권리를 의미한다. 생명권, 신체의 불가침권과 신체의 자유, 사생활의 비밀과 자유, 인격권 등은 그 자체로서 보호되는 객관적인 실체를 가진 기본권이다. 이러한 자유권의 보호법익은 소극적·수동적 법익으로서 다른 법익과의 충돌가능성이 없으므로 원칙적으로 불가침이다. 다만 이러한 보호법익도 제한될 수 있는 계기가 있는데 기본권의 주체가 자유권을 잘못 행사하여 범죄행위가 발생한 경우에는 주거나 통신의 비밀, 사생활의 비밀, 신체의 자유, 생명권 등이 제한될 수 있다.

2. 주관적 행위가능성을 보호하는 자유권

자유권적 기본권은 위의 객관적 보호법익을 보장하는 기본권 외에 직업의 자유, 표현의 자유, 종교의 자유, 예술의 자유, 집회·결사의 자유 등과 같이 자기결정에 따른 행위가능성을 보호대상으로 하는 기본권을 내용으로 한다. 이러한 기본권이 보호하고자 하는 것은 사회공동체의 특정 생활영역에서의 행위를 통한 자기결정권이라고 할 수 있다. 사회공동체 내에서 개인의 이러한 자기결정권과 행위가능성은 처음부터 타인과의 상호관계 속에서 이루어지는 것이므로 타인과 공동체의 법익과 충돌할 가능성이 있게 됨에 따라 이러한 기본권은 제한이 필요하게 된다. 다만 전술한 생명, 신체, 사생활보호 등의 법익의 불가침성을 보장내용으로 하는 자유권의 경우에는 그 제한이 비정상적 상황에서 특별한 요건 하에서 개별적이고 일회적으로 가능하지만, 행위가능성을 보호하는 자유권에 대한 제한은 이와 대립하는 법익과 충돌되지 않도록 상시적이고 지속적으로 이루어져야 하는 것이 특징이다. 예컨대 집회의 자유는 '집회 및 시위에 관한 법률'에 의하여 상시적으로 제한되고, 직업의 자유도 관련 법률들에 의해 광범위하게 규율됨으로써 이들 자유와 상충하는 법익 간에 경계가 설정되고 있다.

3. 자유권적 기본권과 자기결정권의 관계

헌법상 보장되는 개별적 자유권에서의 자유란 기본적으로 일정 생활영역에 있어서 개인의 행위와 사고를 결정하는 것이 국가나 타인에 의한 결정으로부터의 자유, 즉 자기결정을 의미한다고 할 수 있다. 따라서 자유권에 의해 궁극적으로 보장되는 것은 개인이 자기결정에 따라 각자의 생활을 자기책임 하에 독자적으로 형성할 자유라 할 수 있으며, 이는 곧 자기결정권과 인격의 자유로운 발현권을 의미하는 것이다. 다시 말하면 헌법에서 보장하는 자유권적 기본권은 모두 각 생활영역에서 자유로운 인격발현과 자기결정을 위하여 불가결한 자유를 보장하는 것이라고 할 수 있다. 예컨대 양심의 자유는 양심형성과 양심실현에 관한 자기결정권을 의미하고, 집회의 자유는 집회의 시간·장소·목적 등에 관한 자기결정권과 다름없기 때문에 자유권은 곧 자기결정권의 다른 표현에 불과하다고 보는 것이 타당하다고 할 것이다.[1)]

그러므로 헌법상 명문화된 개별적 자유권은 개인의 각 생활영역에 있어서의 자기결정권과 동일한 의미를 갖는 것이라 할 수 있고, 헌법에 열거되지 아니한 자유권으로서 헌법재판소가 인정하고 있는 연명치료중단에 관한 자결정권, 개인정보에 관한 자기결정권, 성적 자기결정권, 소비자의 자기결정권 등은 헌법 제10조의 포괄적 자유권인 행복추구권에서 도출되는 자유권의 구체적 내용에 해당한다.

1) 한수웅, 헌법학, 법문사, 2016, 607-608면.

제 2 절 인신(人身)의 자유권

Ⅰ. 생명권

1. 생명권의 의의

(1) 생명권의 개념

생명권이란 인간의 생명을 보호받을 권리를 말한다. 생명은 세상의 그 무엇과도 바꿀 수 없는 가장 고귀한 것으로서 생명에 대한 권리는 너무나 당연한 자연권을 의미한다. 생명권은 인간의 존재를 보장하는 것이므로 인간의 존엄과 가치에 있어서 가장 본질적인 부분을 의미한다. 인간의 모든 자유와 권리는 생명을 전제로 해서만 성립하고 인정할 수 있는 것이므로 생명권은 모든 기본권의 전제가 되는 권리이다.

생명권의 대상이 되는 생명이란 자연적 개념으로서 비생명적인 것 또는 죽음과 반대되는 인간의 정신적·육신적 존재형태를 의미한다. 따라서 모든 생명은 생존이라는 생리학적 조건을 충족하고 있는 이상 등가적인 것으로 평가되어야 하므로 생명에 대한 사회적·법적 평가는 원칙적으로 허용되지 아니한다.

(2) 생명권의 헌법적 근거

인간의 생명권은 자명한 것으로 인식한 나머지 근대 입헌주의헌법은 이에 관한 명문규정을 두지 않은 것이 일반적이다. 그러나 제2차대전 기간 중 자행된 인간 생명의 유린에 대한 역사적 반성으로 생명권을 실정화하게 되었다(세계인권선언, 유럽인권협약, 독일기본법, 일본헌법 등).

우리 헌법은 생명권에 관한 명문규정은 없지만 통설과 판례는 헌법해석론으로서 생명권을 헌법상의 권리로 인정하고 있다. 학설상 생명권보장의 헌법적 근거규정으로 헌법 제10조의 인간의 존엄과 가치, 제12조 제1항의 신체의 자유 및 헌법에 열거되지 아니한 기본권에 관한 헌법 제37조 제1항 등을 들고 있다. 헌법재판소의 판례도 인간의 생명은 고귀하고, 이 세상에서 무엇과도 바꿀 수 없는 존엄한 인간존재의 근원이라고 하고, 이러한 "생명에 대한 권리는 비록 헌법에 명문규정이 없다 하더라도 인간의 생존본능과 존재목적에 바탕을 둔 선험적이고 자연법적인 권리로서 헌법에 규정된 모든 기본권의 전제로서 기능하는 기본권 중의 기본권"이라고 판시하고 있다.[1)]

---

1) 헌재 1996. 11. 28. 95헌바1.

2. 생명권의 법적 성격

생명권은 국가에 의한 침해로부터 생명을 방어하려는 대국가적 방어권으로서의 성격을 가지며, 아울러 생명권을 제3자의 침해로부터 보호하여 줄 것을 국가에 대해 요구할 수 있는 보호청구권으로서의 성격을 동시에 가지고 있다. 따라서 생명을 단절하는 국가적 행위나 생명에 대한 위협을 방치하는 국가적 부작위는 용납될 수 없다. 또한 국가에 의한 우생학적 단종시술이나 안락사 등도 용납될 수 없다. 사형제도의 경우에도 다른 생명을 부정하는 불법행위에 대해서만 예외적으로 허용하고 정치적 이유에 의한 사형제도는 허용될 수 없다.

생명권이 절대적 기본권인지 상대적 기본권인지의 문제가 있는데, 헌법재판소는 정당한 이유 없이 타인의 생명을 부정하거나 그에 못지아니한 중대한 공공이익을 침해한 경우에 국법은 그 중에서 타인의 생명이나 공공의 이익을 우선하여 보호할 것인가의 규준을 제시하지 않을 수 없게 되므로, 생명권 역시 헌법 제37조 제2항에 의한 일반적 법률유보의 대상이 될 수밖에 없다고 하여 생명권을 상대적 기본권으로 보고 있다. 다시 말하면 비록 생명이 이념적으로 절대적 가치를 지닌 것이라 하더라도 생명에 대한 법적 평가가 예외적으로 허용될 수 있다고 할 것이므로, 생명권 역시 헌법 제37조 제2항에 의한 일반적 법률유보의 대상이 될 수밖에 없다고 판시하고 있다.[1)]

3. 생명권의 주체

생명권은 인간의 권리이므로 내국인뿐만 아니라 외국인도 그 주체가 된다. 아직 출생하지 않은 태아의 경우 생명권의 주체가 될 수 있는지가 문제된다. 인간의 생명은 출생으로부터 시작되는 것이 아니라 수정과 착상의 과정을 거치면서 시작되고, 형성 중인 생명도 생명이라는 점에서 태아도 생명권의 주체가 된다. 헌법재판소도 태아가 생명권의 주체가 된다고 판시한 바 있다.[2)]

4. 생명권의 내용

생명권은 국가에 의하여 개인의 생명이 부정되거나 침해될 위험이 있는 경우에 이를 배제할 것을 국가에 대하여 요구할 수 있는 권리를 말한다. 생명은 한번 부정되면 회복할 수 없는 것이므로 생명권의 보호는 생명이 침해된 상태를 배제하는 것이 아니라 생명의 침해에 대한 위험을 국가에 대하여 방지해 줄 것을 청구할 수 있는 권리를 내용으로 한다. 생

---

1) 헌재 1996. 11. 28. 95헌바1; 헌재 2010. 2. 25. 2008헌가23.
2) 헌재 2008. 7. 31. 2004헌바81.

명권의 침해는 국가에 의한 침해의 위험뿐만 아니라 제3자인 사인에 의한 침해의 위험이 있는 경우에도 국가에 대해 그 배제를 요구할 수 있으며, 국가는 사인에 의한 생명권침해로부터 이를 보호하여야 할 의무를 진다.

5. 생명권의 효력

생명권은 모든 국가권력을 직접 구속하는 효력을 가지고 있을 뿐만 아니라 대사인적 효력을 가진다. 따라서 국가는 인간의 생명을 최대한 보장할 의무를 지며, 사인에 의한 불법적인 침해로부터 생명권을 보호할 책임도 진다.

6. 생명권의 제한

생명권의 제한에 있어서 생명권을 절대적 기본권으로 보고 그것을 헌법 제37조 제2항에 의해 법률로써 제한할 수 없는 권리로 인정할 것인지, 아니면 생명권도 생명에 못지않은 중대한 공익을 보호해야 하는 경우에는 생명에 대한 제한이 불가피한 것인지의 문제 등이 제기된다.

(1) 사형제도

(가) 사형제도의 위헌여부

생명권의 제한에 관한 헌법문제로서 사형제도의 위헌 여부를 둘러싼 논쟁이 지속되고 있다. 이 문제는 생명권이 절대적 기본권인지 상대적 기본권인지에 관한 논의에 관한 것이기도 하다. 헌법재판소 판례는 다수의견으로 생명권의 상대적 권리를 전제로 하여 사형제도의 합헌성을 인정하고 있지만, 소수의견은 사형제도를 위헌으로 보고 있다.

학설의 입장은 위헌설과 합헌설로 견해가 갈리고 있다. 위헌설에 의하면 생명권을 절대적 기본권으로 보는 입장에서 생명권의 제한을 의미하는 사형제도는 당연히 위헌이라고 하며, 생명권을 상대적 기본권으로 보는 경우에도 생명권은 헌법 제37조 제2항의 일반적 법률유보에 의해 제한될 수 있으나 생명권을 박탈하는 사형제도는 과잉금지원칙에 위배되기 때문에 위헌이라고 한다. 즉 사형은 형벌의 목적의 하나인 범죄자에 대한 개선을 포기하는 것이므로 그 정당성을 인정하기 어렵고, 사형을 통한 범죄의 일반적 예방효과는 무기징역형을 최고의 형벌로 정하는 경우와 비교하여 큰 차이가 없으므로 사형이 형벌의 한 수단으로서 적정하다고 할 수 없으며, 사회로부터 범죄를 격리한다는 기능은 무기징역을 통해서도 달성할 수 있어서 피해의 최소성 원칙에도 반하므로 과잉금지원칙에 위배되어 위헌이라는 것이다. 이에 대해 합헌설은 생명권은 상대적 기본권으로서 헌법 제37조 제2항에 의한 제한이 가능한 것이므로 사형제도 자체는 합헌적인 것이며, 사형제도는 우리 헌법이 스스로 예상하고 있는 형벌의 한 종류이기도 하다는 것이다.[1] 사형제도는 국민 일반에 대한 심리적 위하(威嚇)를 통하여 범죄의 발생을 예방하고, 사형을 집행함으로써 특수한 사회악의 근원을 영구히 제거하여 사회를 방어한다는 공익상의 목적을 가진 형벌로서 정당성이 있으며, 인간의 죽음에 대한 공포본능을 이용한 가장 냉엄한 형벌을 통한 일반적 범죄예방효과도 더 클 것으로 추정되며, 무기징역형이 사형의 일반예방적 효과를 대체할 수 있다고 단정할 수 없으므로 사형제도는 과잉금지원칙에 위배되지 않는다고 한다. 다만 사형제도는 타인의 생명을 부정하는 불법행위를 한 경우에만 최소한으로 한정적으로 적용되어야 한다고 본다.

(나) 헌법재판소의 합헌결정

헌법재판소는 1996년과 2010년 두 차례에 걸쳐 청구된 사형제도에 대한 위헌심판 사건에서 모두 합헌결정을 한 바 있다.[2] 1996년 사건에서 헌법재판소는 "생명권 역시 헌법 제37조 제2항에 의한 일반적 법률유보의 대상이 될 수밖에 없는 것이나, 생명권에 대한 제한은 곧 생명권의 완전한 박탈을 의미한다 할 것이므로, 사형이 비례의 원칙에 따라서 최소한 동등한 가치가 있는 다른 생명 또는 그에 못지아니한 공공의 이익을 보호하기 위한 불가피성이 충족되는 예외적인 경우에만 적용되는 한, 그것이 비록 생명을 빼앗는 형벌이라 하더라도 헌법 제37조 제2항 단서에 위반되는 것으로 볼 수 없다.… 인간의 생명을 부정하는 등의 범죄행위에 대한 불법적 효과로서 지극히 한정적인 경우에만 부과되는 사형은 죽음에 대한 인간의 본능적 공포심과 범죄에 대한 응보욕구가 서로 맞물려 고안된 '필요악'으로서 불가피하게 선택된 것이며 지금도 여전히 제 기능을 하고 있다는 점에서 정당화될 수 있다. 따라서 사형은 이러한 측면에서 헌법상의 비례의 원칙에 반하지 아니한다 할 것이고, 적어도 우리의 현행 헌법이 스스로 예상하고 있는 형벌의 한 종류이기도 하므로 아직은 우리의 헌법질서에 반하는 것으로 판단되지 아니한다"고 판시하였다. 이러한 헌법재판소의 입장은 생명권 역시 다른 기본권과 마찬가지로 헌법 제37조 제2항에 의한 일반적 법률유보의 대상이 될 수밖에 없는 상대적 기본권으로 이해하는 것이다.[3]

---

1) 헌법 제110조 제4항는 비상계엄하의 군사재판에 있어서 군인·군무원의 범죄와 군사에 관한 간첩죄 등 법률이 정하는 경우에 한하여 단심으로 할 수 있다고 규정하면서 "다만, 사형을 선고한 때에는 그러하지 아니한다"라고 규정하고 있다. 이는 군사재판에서는 비상계엄하의 경우라 하더라도 사형을 선고하는 경우에는 단심으로 할 수 없다는 헌법적 근거를 밝히고 있는 것이다. 이 조항은 사형제도의 합헌성 여부에 관한 논의에 있어서 우리 헌법이 사형제도를 인정하고 있다는 논거로 제시되기도 한다.

2) 헌재 1996. 11. 28. 95헌바1; 헌재 2010. 2. 25. 2008헌가23.

3) 1996년의 이 사건에서 재판관 2인의 반대의견(위헌의견) 개진되었다. 김진우 재판관의 반대의견에 의하면 "아무리 훌륭한 법관이라 하더라도 인간이 하는 재판인 한 오판이 있을 수 있고 그 경우 집행을 마친 후에 있어서는 어떠한 방법으로도 원상회복이 절대적으로 불가능한 사형제도에 의하여 달성하려는 목적인 범인의 영구적 격리나 범죄의 일반예방이라는 공익은 무기징역에 의하여도 달성될 수 있는 것인데도 국민의 기본권 중에서

2010년의 사건에서도 헌법재판소는 다음과 같이 합헌결정을 선고하였다. "형법상 사형제도 자체는 우리의 현행 헌법이 스스로 예상하고 있는 형벌의 한 종류일 뿐만 아니라 생명권 제한에 있어서의 헌법 제 37조 제2항에 의한 한계를 일탈하였다고 할 수 없고, 인간의 존엄과 가치를 규정한 헌법 제10조에 위배된다고 볼 수 없으므로 위헌이 아니라고 할 것이다. 사형제도는 무고한 일반 국민의 생명이나 이에 준하는 중대한 공익을 지키기 위하여 이를 파괴하는 잔악무도한 범죄를 저지른 자의 생명을 박탈할 수밖에 없는 국가의 불가피한 선택의 산물이라고 할 것이다. 다만, 사형이란 형벌이 무엇보다 고귀한 인간의 생명을 박탈하는 극형임에 비추어, 사형을 법정형으로 규정하고 있는 법률조항들이 과연 행위의 불법과 형벌 사이에 적정한 비례관계를 유지하고 있는지를 개별적으로 따져 보아야 할 것임은 물론 나아가 비록 법정형으로서의 사형이 적정한 것이라 하더라도 이를 선고함에 있어서는 특히 신중을 기하여야 할 것이다."

(다) 각국의 사형제도 현황

오늘날 사형제도의 위헌성 문제를 둘러싼 논의가 전개되는 가운데 각국의 입법례를 보면 사형제도를 실정헌법에 명문으로 금지하거나 허용한 경우가 있으며 법률로써 사형제도를 규정한 경우가 있다. 사형제도를 인정하고 있는 상당수의 국가에서는 위헌논쟁과 함께 존폐여부에 관한 논쟁이 끊임없이 이어지고 있다. 우리나라의 경우 사형제도는 유지되고 있으나 1997년 12월 마지막 사형 집행 이후 현재까지 사형수에 대한 집행이 행해진 것이 한 차례도 없기 때문에 사실상의 사형폐지국으로 분류되고 있다. 각국의 현황을 보면 사형제도를 유지하고 있는 국가의 수와 금지하는 국가의 수가 대체로 비슷하다고 할 수 있으나 최근 사형제도를 폐지하거나 사형 집행을 하지 않음으로써 사실상 사형제도가 폐지된 국가가 증가하고 있는 추세를 보이고 있다. 미국의 경우에는 연방정부와 26개 주에서 사형제도를 인정하고 있고, 21개 주에서는 사형제도를 폐지하였으며, 2개 주에는 사형제도를 주법에 의해 위헌으로 규정하여 사실상 사형제도가 폐지되었다.[1]

가장 기본적인 의미를 갖는 기본권인 생명권(인간의 생명은 그 개개인에 있어서는 하나의 우주이고, 지구보다 무거운 것이다)을 완전히 최종적으로 박탈하는 사형제도를 규정하고 있는 법률규정은 피해의 최소성원칙에 반하여 기본권제한에 있어서의 과잉금지원칙에 위반되고, 생명권의 본질적 내용을 침해하는 것이어서 헌법 제37조 제2항에 반할 뿐만 아니라 헌법 제10조에서 보장하는 인간의 존엄과 가치도 침해하는 것"이라고 주장하였다.

조승형 재판관의 반대의견에 의하면 "사람의 생명은 창조주 이외의 어떠한 권위로서도 사람이 이를 박탈할 수 없다. 따라서 사람의 생명에 대하여서는 부정적인 어떠한 사회과학적 평가나 법적인 평가도 허용되어서는 안된다고 할 것이며, 이와 같은 평가로 세워진 사형제도는 허용될 수 없다고 할 것이다. 사형제도는 생명권의 본질적 내용을 침해하는 생명권의 제한이므로 헌법 제37조 제2항 단서에 위반된다. 가사 헌법 제37조 제2항 제2항 단서상의 생명권의 본질적 내용이 침해된 것으로 볼 수 없다고 가정하더라도, 형벌의 목적은 응보·범죄의 일반예방·범죄인의 개선에 있음에도 불구하고 형벌로서의 사형은 이와 같은 목적달성에 필요한 정도를 넘어 생명권을 제한하는 것으로 목적의 정당성, 그 수단으로서의 적정성, 피해의 최소성 등 제원칙에 반한다"고 하였다.

1) 미국의 경우 사형제도를 두고 있는 주로는 네바다, 네브라스카, 노스캐롤라이나, 루이지에나, 몬테나, 미시시

(2) 인공임신중절

인공임신중절(낙태)의 허용 여부는 태아의 생명권과 임부의 생명·신체·인격권이 충돌하는 경우에 제기되는 문제이다. 이 문제에 대해 형법은 낙태행위를 형사처벌하도록 규정하고 있으나, 모자보건법은 낙태수술을 허용하는 우생학적·유전학적·의학적·윤리적 정당화 사유를 규정(제14조)하고 있다. 생각건대 생명은 수태로서 시작되는 것이므로 태아도 생명권의 주체가 되어야 하며 낙태는 태아의 생명권을 침해하는 행위로서 원칙적으로 금지되어야 한다. 따라서 낙태를 금지하는 형법 제269조, 제270조는 합헌이라 할 수 있다. 그러나 태아의 생명권과 모성의 생명권이 충돌하는 경우에는 미완성의 생명인 태아보다 완성된 생명(임산부) 쪽을 존중해야 할 것이다. 그리고 태아의 생명권과 임산부의 낙태결정권(자기결정권)이 충돌하는 경우에는 원칙적으로 임산부의 자기결정권보다 태아의 생명권이 더 우월하다고 보아야 할 것이다.[1]

헌법재판소는 2012년 재판관 4(합헌) 대 4(위헌)의 의견으로, 자기낙태죄 조항이 임신한 여성의 자기결정권을 침해하지 않고, 조산사 등이 부녀의 촉탁 또는 승낙을 받아 낙태하게 한 때에는 2년 이하의 징역에 처하도록 규정한 형법 제270조 제1항 중 '조산사'에 관한 부분이 책임과 형벌 간의 비례원칙이나 평등원칙에 위배되지 않는다는 합헌결정을 한 바 있다.[2] 그 후 헌법재판소는 2019년 4월 위의 판례를 변경하여 자기낙태죄 조항은 입법목적을 달성하기 위하여 필요한 최소한의 정도를 넘어 임신한 여성의 자기결정권을 제한하고 있어 침해의 최소성을 갖추지 못하고 있으며 법익균형성의 원칙도 위반하였다고 할 것이므로 과잉금지원칙을 위반하여 임신한 여성의 자기결정권을 침해하는 위헌적인 규정이라고 하고, 임신한 여성의 자기낙태를 처벌하는 것이 위헌이라고 판단되는 경우에는 동일한 목표를 실현하기 위해 부녀의 촉탁 또는 승낙을 받아 낙태하게 한 의사를 형사처벌하는 의사낙태죄 조항도 당연히 위헌이 되는 관계에 있다고 판단하여 헌법불합치결정을 하였다.[3]

피, 미주리, 텍사스, 캘리포니아 등 26개 주이다. 사형제도가 폐지된 주로는 노스다코타, 뉴멕시코, 뉴저지, 뉴햄프셔, 델라웨어, 로드아일랜드, 미네소타, 미시간, 버지니아, 위스콘신 등 21개 주이다. 뉴욕과 메사추세츠는 주법에 의해 사형제도를 위헌으로 규정하여 사실상 폐지하였으며, 캔자스 주는 1976년 이후 사형집행을 하지 않음으로써 사실상 폐지한 주에 해당한다.

1) [미국 판례] Roe v. Wade(1973) 사건 판결에서 연방대법원은 임산부의 생명을 구하기 위해 필요한 경우를 제외하고는 낙태의 알선 또는 시술을 금지한 텍사스주법을 7대 2의 다수로 위헌판결하였다. 이 판결에서 연방대법원은 '3·3·3' 공식을 제시하였는데, 처음 3개월(제1분기) 동안에는 임산부의 프라이버시권을 절대적으로 보호하여 의사는 임산부의 동의를 얻어 자유로이 낙태를 할 수 있다. 제2분기의 3개월은 원칙적으로 낙태가 허용되지만 모체의 건강을 위한 충분한 이유가 있는 때에는 주정부가 낙태를 규제할 수 있다. 제3분기 마지막 3개월은 태아가 모체로부터 독립하여 독자적인 생존능력을 가짐으로써 잠재적인 생명체가 된 경우에는 임산부의 생명 또는 건강보호를 위하여 필요한 경우를 제외하고는 낙태를 금지시킬 수 있다. 즉 마지막 단계에서는 태아의 생명을 보호하기 위한 주(州)의 이익이 개인의 프라이버시권보다 우선된다고 판시하였다.

2) 헌재 2012. 8. 23. 2010헌바402.

(3) 안락사와 존엄사

안락사(安樂死)란 회생가능성이 없거나 희박하고 고통이 심한 환자에 대해 그 고통을 제거하기 위해 환자의 생명을 단절시키는 행위를 말한다. 적극적으로 환자에게 약물을 투입하여 사망을 앞당기는 것을 적극적 안락사라고 하고, 소극적으로 생명연장 장치를 제거하거나 생명연장 치료를 중단하는 것을 소극적 안락사라고 한다.

적극적 안락사는 비록 환자의 부탁이 있다 하더라도 생명권을 침해하는 것으로 위헌이며 형사처벌을 면할 수 없다. 그러나 소극적 안락사의 경우처럼 환자가 자연적으로 품위 있게 죽을 수 있는 권리를 주장하는 경우, 즉 존엄사(尊嚴死)에 한하여 생명유지조치를 중지하는 것은 허용될 수 있다.

헌법재판소는 2009년 11월 연명치료 중단에 대한 입법부작위 위헌확인 사건에서 환자가 장차 죽음에 임박한 상태에 이를 경우에 대비하여 미리 의료인 등에게 연명치료 거부 또는 중단에 관한 의사를 밝히는 등의 방법으로 죽음에 임박한 상태에서 인간으로서의 존엄과 가치를 지키기 위하여 연명치료의 거부 또는 중단을 결정할 수 있으며, 이러한 결정은 헌법상 기본권인 자기결정권의 한 내용으로 보장된다고 판시하였다. 다만 헌법해석상 연명치료중단 등에 관한 법률을 제정할 국가의 입법의무가 명백하다고 볼 수 없으므로 이 사건 입법부작위 위헌확인 헌법소원청구는 부적법하다고 하여 각하결정을 하였다.[1] 대법원도 이 헌법재판소 결정에 앞서 2009년 5월 존엄사를 인정하였으며, 환자가 회복불가능한 사망의 단계에 이르렀을 경우에 대비하여 미리 의료인에게 자신의 연명치료거부 내지 중단에 관한 의사를 밝힌 경우(사전의료지시)에는 비록 진료중단시점에서 자기결정권을 행사한 것은 아니지만 사전의료지시를 한 후 환자의 의사가 바뀌었다고 볼 만한 특별한 사정이 없는

3) 헌재 2019. 4. 11. 2017헌바127. "자기낙태죄 조항과 의사낙태죄 조항의 위헌성은 모자보건법에서 정한 사유에 해당하지 않는다면 결정가능기간 중에 다양하고 광범위한 사회적·경제적 사유로 인하여 낙태갈등 상황을 겪고 있는 경우까지도 예외 없이 전면적·일률적으로 임신의 유지 및 출산을 강제하고, 이를 위반하여 낙태한 경우 형사처벌함으로써 임신한 여성의 자기결정권을 과도하게 침해한다는 점에 있는 것이고, 태아의 생명을 보호하기 위하여 낙태를 금지하고 형사처벌하는 것 자체가 모든 경우에 헌법에 위반된다고 볼 수는 없다. 그런데 자기낙태죄 조항과 의사낙태죄 조항에 대하여 각각 단순위헌결정을 할 경우 임신기간 전체에 걸쳐 행해진 모든 낙태를 처벌할 수 없게 됨으로써 용인하기 어려운 법적 공백이 생기게 된다. 더욱이 입법자는 위 조항들의 위헌적 상태를 제거하기 위해 낙태의 형사처벌에 대한 규율을 형성함에 있어서, 결정가능기간을 어떻게 정하고 결정가능기간의 종기를 언제까지로 할 것인지, 태아의 생명 보호와 임신한 여성의 자기결정권의 실현을 최적화할 수 있는 해법을 마련하기 위해 결정가능기간 중 일정한 시기까지는 사회적·경제적 사유에 대한 확인을 요구하지 않을 것인지 여부까지를 포함하여 결정가능기간과 사회적·경제적 사유를 구체적으로 어떻게 조합할 것인지, 상담요건이나 숙려기간 등과 같은 일정한 절차적 요건을 추가할 것인지 여부 등에 관하여 앞서 우리 재판소가 설시한 한계 내에서 입법재량을 가진다. … 입법자는 가능한 한 빠른 시일 내에 개선입법을 해야 할 의무가 있으므로, 늦어도 2020. 12. 31.까지는 개선입법을 이행하여야 하고, 그때까지 개선입법이 이루어지지 않으면 위 조항들은 2021. 1. 1.부터 효력을 상실한다."

1) 헌재 2009. 11. 26. 2008헌마385.

한 사전의료지시에 의하여 자기결정권을 행사한 것으로 인정할 수 있다고 판시하였다.[1]

위의 헌법재판소 결정 이후에도 연명의료중단에 관한 입법의 미비로 혼란을 경험하게 됨에 따라 국회는 2018년 2월 임종과정에 있는 환자의 연명의료와 연명의료중단 등 결정과 그 이행에 필요한 사항을 규정하기 위하여 '호스피스·완화치료 및 임종과정에 있는 환자의 연명의료결정에 관한 법률'(약칭: 연명의료결정법)을 제정하였다. 이 법률에 의해 임종과정에 있는 환자의 자기결정을 존중하여 연명의료중단결정 등을 제도화하게 되었다.

(4) 생명복제와 생명권

오늘날 생명공학의 발달과 함께 인간생명의 복제가 논란되고 있다. 일반적으로 생명복제란 개체복제뿐만 아니라 배아(胚芽), 조직 등의 복제 또는 배아에서 줄기세포를 추출하는 것을 포함한다. 인간의 개체복제는 인간의 존엄성을 침해하는 것으로 헌법상 인정될 수 없는 것이지만, 최근 논의되고 있는 배아줄기세포의 추출은 배아의 파기를 전제로 하는 것이기 때문에 생명권침해의 문제가 제기된다. 배아의 생명권 주체성을 인정하거나 적어도 배아를 국가의 보호의무의 대상으로 인정하는 한, 헌법적 문제가 제기되는 것이다.

'생명윤리 및 안전에 관한 법률'은 인간복제를 금지하고 있으며(제20조), 임신 외 목적의 배아의 생성을 금지하고 있다(제23조). 다만 일정한 연구목적을 위하여 예외적으로 잔여배아(인공수태시술을 위해 사용하고 남은 배아)의 이용을 허용하고 있다(제29조). 헌법재판소는 초기배아의 기본권 주체성을 부인하고, 배아생성자가 배아의 관리 또는 처분에 대해 갖는 권리를 헌법 제10조에서 도출되는 일반적 인격권의 한 유형으로서 헌법상 권리라고 판시하였다. 초기배아는 수정이 된 배아라는 점에서 형성 중인 생명의 첫걸음을 떼었다고 볼 여지가 있기는 하나 아직 모체에 착상되거나 원시선이 나타나지 않은 이상 현재의 자연과학적 인식 수준에서 독립된 인간과 배아 간의 개체적 연속성을 확정하기 어렵다고 봄이 일반적이라는 점, 배아의 경우 현재의 과학기술 수준에서 모태 속에서 수용될 때 비로소 독립적인 인간으로의 성장가능성을 기대할 수 있다는 점 등을 종합적으로 고려할 때, 기본권 주체성을 인정하기 어렵다고 판단하고 있다.[2]

---

1) 대판 2009. 5. 21. 2009다17417.
2) 헌재 2010. 5. 27. 2005헌마346.

Ⅱ. 신체를 훼손당하지 않을 권리

1. 의 의

신체를 훼손당하지 아니할 권리는 현행헌법에 명문규정을 두고 있지 않지만 이 권리도 생명권과 마찬가지로 인간의 존엄성 존중을 규정한 제10조와 신체의 자유를 규정한 제12조 제1항 및 헌법에 열거되지 아니한 자유와 권리에 관한 제37조 제1항의 규정에서 그 헌법적 근거를 찾을 수 있다. 신체를 훼손당하지 않을 권리 또는 신체불가침권이란 신체의 완전성 또는 안정성을 훼손당하지 않을 권리를 말한다. 헌법재판소는 "헌법 제12조 제1항에서 신체의 자유를 보장하고 있는 것은 신체의 안정성이 외부로부터의 물리적인 힘이나 정신적인 위험으로부터 침해당하지 아니할 자유와 신체활동을 임의적이고 자율적으로 할 수 있는 자유를 말한다"라고 하여 신체를 훼손당하지 않을 자유와 권리가 헌법 제12조 제1항의 신체의 자유에 포함되는 것으로 보고 있다.[1)]

2. 내 용

신체를 훼손당하지 아니할 권리는 본인의 승낙 없이 강제적으로 이루어지는 불법적인 신체훼손의 금지를 그 내용으로 한다. 육체적 학대행위와 가혹행위는 일체 금지되며 형벌로서의 태형·화형과 같은 신체형은 물론 거세나 일방적인 불임시술 등이 금지된다. 즉 신체를 훼손당하지 아니할 권리는 인간의 생래적인 신체 외형의 완전성의 유지를 내용으로 하며, 여기서 신체의 완전성 유지는 정신의 온전성 유지를 포함하는 것으로 보는 견해가 타당하다.[2)]

3. 효 력

신체를 훼손당하지 아니할 권리는 대국가적인 효력을 가질 뿐만 아니라 대사인간에도 효력을 가진다. 대사인적 효력을 보장하는 방법으로 신체의 훼손에 대하여 민사상 손해배상책임을 지우고, 형사상으로 상해죄 또는 폭행죄 등의 책임을 지울 수 있다.

---

1) 헌재 1992. 12. 24. 92헌가8.
2) 정종섭, 헌법학원론, 박영사, 2014, 375면.

Ⅲ. 신체의 자유

1. 신체의 자유의 의의

헌법 제12조 제1항 제1문은 "모든 국민은 신체의 자유를 가진다"라고 규정하여 신체의 자유를 보장하고 있다. 신체의 자유란 인간의 생명을 전제로 하여 행해지는 신체활동의 자유를 말한다. 신체활동의 자유란 신체를 가지고 있는 해당 주체가 자기의 의지에 따라 임의적으로 자유롭게 행동하고 움직일 수 있는 자유를 말한다. 헌법 제12조 제1항의 신체의 자유보장에는 신체활동의 자유와 함께 앞에서 기술한 신체를 훼손당하지 않을 권리(신체불가침권)가 포함된다고 보는 것이 통설이다. 따라서 신체의 자유는 법률과 적법절차에 의하지 아니하고는 신체의 안전성과 신체활동의 자율성을 제한 또는 침해당하지 아니하는 자유를 의미한다. 신체의 자유는 입헌주의헌법이 지향하는 궁극적 이념인 인간의 존엄과 가치를 실현하기 위한 기본적인 자유로서 기본권보장의 핵심을 이룬다.[1)]

2. 신체의 자유의 법적 성격

신체의 자유는 인간이 인간으로서 당연히 누리는 천부적·초국가적 자연권을 의미한다. 신체의 자유는 국가의 안전보장이나 질서유지를 위하여 불가피한 경우에는 최소한의 범위 내에서 그 제한이 가능한 상대적 기본권이다. 신체의 자유는 국가에 대한 개인의 소극적·방어적 공권을 의미한다. 신체의 자유는 인간의 권리이므로 내국인뿐만 아니라 외국인의 경우에도 그 권리의 주체가 될 수 있다.

3. 신체의 자유의 내용

(1) 불법한 체포·구속으로부터의 자유

헌법 제12조 제1항은 법률에 의하지 아니하고는 체포나 구속을 하지 못하도록 규정하고 있다. 신체의 자유를 보장하기 위해 기본적으로 요청되는 것은 불법으로 체포 또는 구속을 당하지 아니하는 것이기 때문이다. 체포란 수사기관이 피의자의 신체에 실력을 가하여

---

1) 헌법 제12조의 신체의 자유의 보장에 있어서 그 보호범위에 관한 논의가 있다. 헌법재판소는 신체의 자유의 보장내용은 신체불가침의 보장과 신체활동의 자유 보장이라고 판시하고 있으나, 학계의 일부 견해는 신체의 자유의 보호범위는 신체이동의 자유로 한정하여 해석할 필요가 있다고 한다. 즉 자유로운 신체적 활동의 보장은 일반적 활동의 자유로서 일반적 행동자유권을 보장내용으로 하는 헌법 제10조의 행복추구권에 의해 보호되는 반면, 신체의 자유가 보호하고자 하는 고유한 보장내용은 개인의 신체적 이동의 자유라고 한다. 즉 신체의 자유의 제한은 자유로운 신체적 활동을 제한하는 모든 국가행위가 존재하는 경우가 아니라 신체이동의 자유를 억압하는 체포·구속 등의 직접적 강제가 있는 경우에 문제되는 것이라고 한다. 이러한 헌법해석의 입장에 관하여는 한수웅, 앞의 책, 620-621면.

활동의 자유를 제한하는 것을 말한다. 구속이란 형사소송법(제69조)상 구인과 구금을 포함하는 것으로서 구인(拘引)은 피의자 또는 피고인 등의 신체의 자유를 박탈하여 법원이나 기타 일정한 장소에 강제로 인치하는 것이며, 구금(拘禁)은 피의자 또는 피고인을 구치소나 교도소 등 일정한 장소에 강제로 감금하여 장소적 이전가능성을 금지하는 것을 말한다. 현행법상 피의자를 체포하는 경우에는 48시간 이내에 구속영장을 청구하지 아니한 경우에는 즉시 석방하여야 하며, 검사가 피의자를 구속한 때에는 원칙적으로 10일 이내에 공소를 제기하지 아니하면 즉시 석방하여야 한다(형소법 제200조의2, 제203조). 신체의 자유는 수사단계에서 가장 위협을 받기 때문에 헌법은 신체의 자유를 보장하기 위하여 수사절차에 엄격한 제약을 가하고 있다(영장주의, 체포·구속이유 등 고지제도, 체포·구속적부심사제 등의 채택).

신체의 자유 제한에 관한 헌법재판소의 최근 판례를 보면, '군인사법'(제57조 제2항 제2호)에 의해 병(兵)에 대한 징계처분으로 일정기간 부대나 함정 내의 영창, 그 밖의 구금장소에 감금하는 영창처분이 가능하도록 규정한 것이 과잉금지원칙에 위배되어 신체의 자유를 침해하는 것이라고 판단하고 있다. '군인사법'상 영창처분은 병에 대한 징계의 일종으로 부과되는 것으로 영창처분이 집행되는 경우 복무기간 불산입이라는 신분상의 불이익 외에 외부로부터 고립된 장소에 감금하는 것을 통한 신체의 자유 박탈까지 그 내용으로 삼는 것으로 이는 본래 징계로서 예정하고 있는 불이익을 넘는 제재로서 징계의 한계를 초과한 것이며, 영창처분은 그 사유가 지나치게 포괄적으로 규정되어 있어 복무규율 유지를 위해 인신구금이 불가피하게 요구될만한 중대한 비위행위 뿐만 아니라 경미한 비위행위에 대해서도 제한 없이 적용될 수 있는바, 군 조직의 특수성을 고려한다 하더라도 이를 두고 최소한의 범위에서 제한적으로만 활용되는 제도라고 볼 수 없다는 것이다.[1)]

(2) 불법한 압수·수색·심문으로부터의 자유

헌법 제12조 제1항 후문에서는 법률에 의하지 아니하고는 압수와 수색 및 심문을 하지 못하게 하고 있다. 압수(押收)란 법원이 직권으로 또는 검찰이나 사법경찰관이 법원의 허가를 얻어 증거물 또는 몰수할 것으로 판단되는 물건의 점유를 취득하는 행위를 말한다. 수색(搜索)은 물건이나 사람을 발견하기 위하여 사람의 신체나 물건 기타의 장소에 대해 행해지는 검색을 말한다. 다만 가택의 수색은 제1차적으로는 주거의 불가침을 규정한 헌법 제16조의 규율대상이 된다. 심문(審問)은 답변의 강요를 말하며 이 규정에 따라 법률에 의하지 않은 불법심문은 금지된다.

1) 헌재 2020. 9. 24. 2017헌바157등.

(3) 불법한 처벌·보안처분·강제노역으로부터의 자유

헌법 제12조 제1항 후문은 "누구든지… 법률과 적법절차에 의하지 아니하고는 처벌, 보안처분 또는 강제노역을 받지 아니한다"라고 규정하고 있다. 여기서 처벌이란 형사상의 처벌만을 의미하는 것이 아니라 본인에게 불이익 또는 고통이 되는 일체의 제재를 말하므로 질서벌(행정상·민법상·소송상의 의무해태에 대해 과하는 과태료 등)이나 집행벌도 포함된다.

보안처분(保安處分)은 형벌만으로는 재범에 대한 위험성을 제거하기에 충분하지 못한 경우에 사회방위와 범죄행위자의 사회복귀의 목적을 달성하기 위하여 고안된 특별예방적 목적처분을 말한다. 헌법재판소는 보안처분의 의의에 관하여 "보안처분은 재범의 위험성이 있는 자를 치료·보호·개선·격리하여 피감호자의 '재범의 위험성'을 방지하거나 예방하고, 이로써 공공의 안전과 이익을 보호하고자 하는 특별예방적 목적처분이다. 즉 보안처분은 죄를 범한 자 중 '재범의 위험성'이 있는 사람에 한하여 그의 위험성에 대하여 부과하는 제재조치이다"라고 판시하고 있다.[1] 현행법상 보안처분에는 소년법상의 보호처분, 형법상의 보호관찰처분이 있으며, 구 사회보호법상 보호감호처분 등이 이에 해당한다. 형법은 형의 선고유예와 집행유예의 경우에 재범방지를 위하여 지도 및 원호가 필요한 때에는 보호관찰을 받을 것을 명할 수 있다고 규정하고 있다(형법 제59조의2, 제62조의2). 그리고 보안관찰법상의 보안관찰처분과 마약류관리법상의 마약류 중독자의 치료보호 등은 범죄행위를 요건으로 하지 아니하고 행정기관이 행정처분의 형식으로 결정한다.

강제노역(强制勞役)은 공권력이 본인의 의사에 반하여 노동력의 제공을 강요하는 것을 말한다. 판결을 통한 징역형이나 환형처분으로서의 노역장유치는 법률에 근거하여 정당하게 부과되는 것으로 불법적인 강제노역이 아니다.

헌법재판소는 '형의 집행 및 수용자의 처우에 관한 법률'에 의한 금치처분으로 금치기간 중 공동행사 참가, 신문·도서·잡지 외 자비구매물품 사용을 제한하도록 한 것은 헌법에 위반되지 않으나, 금치기간 중 실외운동을 제한하도록 한 것은 수형자의 신체의 자유를 침해하여 위헌이라고 판시하였다.[2]

4. 신체의 자유 보장의 헌법원칙

(1) 신체의 자유 제한에 관한 법률주의

헌법 제12조 제1항은 신체의 자유의 제한에 관하여 누구든지 "법률에 의하지 아니하고는" 체포·구속·압수·수색 등 어떠한 형태의 신체의 자유 제한도 인정하지 않는다는 기본

---

1) 헌재 1989. 7. 14. 88헌가5등.
2) 헌재 2016. 5. 26. 2014헌마45.

권보장방식을 취하고 있다. 이러한 신체의 자유의 제한에 관한 법률유보는 죄형법정주의의 전제가 되는 것이다.

(2) 죄형법정주의

(가) 죄형법정주의의 의의

죄형법정주의란 범죄와 형벌이 법률로써 정해져야 한다는 원칙을 말한다. 헌법은 제12조 제1항 제2문 후단에 "법률과 적법한 절차에 의하지 아니하고는 처벌·보안처분 또는 강제노역을 받지 아니한다"라고 하고, 제13조 제1항 전단에 "모든 국민은 행위시의 법률에 의하여 범죄를 구성하지 아니하는 행위로 소추되지 아니하며"라고 규정하여 죄형법정주의를 명문화하고 있다. 죄형법정주의는 "법률이 없으면 범죄 없고, 법률이 없으면 형벌도 없다"라고 표현된다. 이 원칙은 범죄행위와 그에 대한 처벌을 국민이 예측 가능한 형식으로 미리 규정하도록 하여 개인의 법적 안정성을 보호하고, 국가형벌권의 자의적 행사로부터 개인의 자유와 권리를 보장하기 위한 법치국가적 형법의 기본원리를 의미한다.

죄형법정주의는 자유주의, 권력분립, 법치주의 및 국민주권의 원리에 입각한 것으로서 무엇이 범죄이며 그에 대한 형벌이 어떠한 것인가는 반드시 국민의 대표로 구성된 입법부가 제정한 법률로써 정하여야 한다는 원칙이고, 죄형법정주의를 천명한 헌법 제12조 제1항 후단이나 제13조 제1항 전단에서 말하는 '법률'도 입법부에서 제정한 형식적 의미의 법률을 의미하는 것임은 물론이다. 그런데 아무리 권력분립이나 법치주의가 민주정치의 원리라 하더라도 현대국가의 사회적 기능 증대와 사회현상의 복잡화에 따라 국민의 권리·의무에 관한 사항이라하여 모두 입법부에서 제정한 법률만으로 다 정할 수는 없는 것이기 때문에 예외적으로 행정부에서 제정한 명령에 위임하는 것을 허용하지 않을 수 없다. 그러나 처벌법규의 위임은 특히 긴급한 필요가 있거나 미리 법률로써 자세히 정할 수 없는 부득이한 사정이 있는 경우에 한정되어야 하고 이러한 경우일지라도 법률에서 범죄의 구성요건은 처벌대상인 행위가 어떠한 것일 것이라고 이를 예측할 수 있을 정도로 구체적으로 정하고 형벌의 종류 및 그 상한과 폭을 명백히 규정하여야 한다.[1]

(나) 죄형법정주의의 내용

① 형벌법규 법률주의

죄형법정주의는 범죄와 형벌이 성문의 법률로써 규정되어야 한다는 원칙을 말한다. 여기서 법률이란 형식적 의미의 법률을 말하며, 명령이나 규칙으로써는 원칙적으로 범죄와 형벌을 규정할 수 없다. 또한 관습법에 의하여 범죄를 인정하거나 처벌하는 것도 금지된다

---

1) 헌재 1991. 7. 8. 91헌가4.

(관습형법금지의 원칙).

② **형벌법규 불소급의 원칙**

헌법 제13조 제1항 전단은 형벌법규 불소급의 원칙을 규정하고 있다. 이 원칙은 범죄의 성립과 처벌을 행위시의 법률에 의하게 함으로써 사후입법에 의한 처벌을 금지하고 있다. 형법은 제1조 제2항에 "범죄 후 법률의 변경에 의하여 그 행위가 범죄를 구성하지 아니하거나 형이 구법보다 경한 때에는 신법에 의한다"라고 규정하고 있는데, 헌법재판소는 이와 같은 시혜적 소급입법은 입법재량의 문제라고 보고 있다. 즉 신법이 피적용자에게 유리한 경우에는 이른바 시혜적인 소급입법이 가능하지만 이를 입법자의 의무라고는 할 수 없고, 이와 같은 시혜적 조치를 할 것인가 하는 문제는 국민의 권리를 제한하거나 새로운 의무를 부과하는 경우와는 달리 입법자에게 보다 광범위한 입법형성의 자유가 인정된다고 하였다.[1] 헌법재판소는 또한 '5·18특별법 사건'에서 공소시효의 정지규정을 과거에 행한 범죄에 적용하는 것은 형벌불소급의 원칙에 위배되는 것이 아니라고 판시한 바 있다.[2]

③ **절대적 부정기형금지의 원칙**

절대적 부정기형이란 자유형에 대한 선고형의 기간을 재판에서 확정하지 않고 행형의 경과에 따라 사후에 결정하게 하는 형벌제도를 말한다. 이러한 절대적 부정기형은 금지된다. 그러나 보안처분을 선고하는 때에는 미리 재범의 위험성의 소멸시기를 예측하는 것이 불가능한 것이어서 보안처분은 그 본질상 집행단계에서 기간이 확정되는 부정기임을 면할 수 없다.[3]

④ **형벌법규 내용의 명확성의 원칙**

범죄와 형벌을 법률에서 가능한 한 명확하게 규정함으로써 일반 국민으로 하여금 어떠한 행위가 형법에서 금지되고 또 그 행위에 대하여 어떠한 형벌이 과하여지는지를 예측할 수 있게 하고, 법관의 자의적인 법적용을 배제하기 위하여 확립된 원칙이다.

그러나 처벌법규의 구성요건이 명확하여야 한다고 하더라도 입법권자가 모든 구성요건을 단순한 의미의 서술적인 개념에 의하여 규정하여야 한다는 것은 아니다. 처벌법규의 구성요건이 다소 광범위하여 어떤 범위에서는 법관의 보충적인 해석을 필요로 하는 개념을 사용하였다고 하더라도 그 점만으로 헌법이 요구하는 처벌법규의 명확성의 원칙에 반드시 배치되는 것이라고 볼 수 없다. 즉 건전한 상식과 통상적인 법감정을 가진 사람으로 하여금 그 적용대상자가 누구이며 구체적으로 어떠한 행위가 금지되고 있는지 충분히 알 수 있도록

1) 헌재 1995. 12. 28. 95헌마196.
2) 헌재 1996. 2. 16. 96헌가2등.
3) 헌재 1989. 7. 14. 88헌가5등.

규정되어 있다면 죄형법정주의의 명확성의 원칙에 위배되지 않는다고 보아야 할 것이다.[1]

헌법재판소는 '경범죄처벌법'상 "못된 장난 등"으로 다른 사람, 단체 또는 공무수행중인 자의 업무를 방해한 사람을 20만 원 이하의 벌금, 구류 또는 과료로 처벌하는 조항(동법 제3조 제2항 제3호)이 죄형법정주의의 명확성원칙에 위반된다고 하여 청구된 헌법소원 사건에서 위 심판대상조항은 명확성의 원칙을 위반하여 청구인의 일반적 행동자유권을 침해하는 것이 아니라고 판시하고 있다.[2] 헌법재판소는 "못된 장난 등"은 타인의 업무에 방해가 될 수 있을 만큼 남을 괴롭고 귀찮게 하는 행동으로 일반적인 수인한도를 넘어 비난가능성이 있으나, 형법상 업무방해죄, 공무집행방해죄에 이르지 않을 정도의 불법성을 가진 행위라고 볼 수 있다고 하고, 심판대상조항의 문언, 입법취지, 관련 규정의 내용과 체계 등을 종합적으로 고려할 때 그것은 죄형법정주의의 명확성원칙에 위반되지 아니한다고 본 것이다.

⑤ 유추해석금지의 원칙

유추해석금지의 원칙은 법률에 규정이 없는 사항에 관하여 그것과 유사한 성질을 가지는 사항에 관한 법률 또는 법률조항을 적용하는 것을 말한다. 유추해석을 허용하게 되면 형벌법규 명확성의 원칙이 무의미해지게 되고, 결과적으로 자의적인 입법을 허용하게 되는 문제가 있다.

(3) 이중처벌금지의 원칙

이중처벌금지의 원칙 또는 일사부재리(一事不再理)의 원칙이란 판결이 확정되어 판결의 실체적 확정력(기판력)이 발생하면 그 후 동일한 사건에 대해서는 거듭 심판하는 것이 허용되지 않는다는 원칙을 말한다. 헌법 제13조 제1항 후단은 "동일한 범죄에 대하여 거듭 처벌받지 아니한다"라고 하여 이중처벌금지원칙을 규정하고 있다. 따라서 무죄판결이 난 행위와 이미 처벌을 받은 행위에 대해서는 다시 형사책임을 물을 수 없다. 여기서 '처벌'이란 범죄에 대한 국가의 형벌권 실행으로서의 과벌을 의미하는 것이며, 국가에 의한 일체의 제재나 불이익처분을 모두 포함하는 것은 아니라고 할 수 있다. 헌법재판소는 형벌과 함께 이행강제금이나 과징금을 부과하는 것을 이중처벌에 해당하지 않는다고 판시하고 있다.[3] 그리고 헌법재판소는 외국에서 형의 전부 또는 일부의 집행을 받은 자에 대하여 형을 감면 또는 면제할 수 있도록 규정한 형법 제7조는 이중처벌금지원칙에 위배되지 않는다고 하였으나, 과잉금지원칙에 위배되어 신체의 자유를 침해하는 것이라고 판단하였다.[4]

---

1) 헌재 1998. 5. 28. 97헌바68.
2) 헌재 2022. 11. 24. 2021헌마426.
3) 헌재 2004. 2. 26. 2001헌바80등.
4) 헌재 2015. 5. 28. 2013헌바129.

(4) 연좌제의 금지

헌법은 제13조 제3항에 "모든 국민은 자기의 행위가 아닌 친족의 행위로 불이익한 처우를 받지 아니한다"라고 규정하여 연좌제(連坐制)를 금지하고 있다. 자신의 행위가 아닌 친족의 행위를 이유로 형사처벌 등 불리한 처우를 받는다는 것은 근대형법의 기본원리인 자기책임의 원칙 내지 책임주의원칙에 위배되는 것이다. 이 연좌제금지의 규정은 친족의 행위와 본인 간에 실질적으로 의미 있는 아무런 관련성을 인정할 수 없음에도 불구하고 오로지 친족이라는 사유 자체만으로 불이익한 처우를 가하는 경우에만 적용된다.

형벌에 관한 책임주의원칙은 "책임 없는 자에게 형벌을 부과할 수 없다"는 것으로 이는 헌법상 법치국가의 원리에 내재하는 원리인 동시에 헌법 제10조의 취지로부터 도출되는 원리이고, 법인의 경우도 자연인과 마찬가지로 책임주의원칙이 적용된다.

헌법재판소는 '반국가행위처벌에 관한 특별조치법' 규정에 의해 친족의 재산까지도 반국가행위자의 재산이라고 검사가 적시하기만 하면 증거조사 없이 몰수형을 선고하는 것은 연좌형이 될 소지가 크므로 위헌이라고 결정하였다.[1] 책임주의원칙과 관련하여 법인의 종업원인 차량의 운전자가 적재량 재측정을 요구받았음에도 이에 응하지 아니한 경우 법인도 처벌하도록 규정한 구 도로법상 양벌규정은 헌법상 법치국가의 원리 및 죄형법정주의로부터 도출되는 책임주의원칙에 반하여 헌법에 위반된다고 결정하였다.[2]

(5) 적법절차의 원칙

(가) 적법절차원칙의 의의

적법절차(適法節次)의 원칙이란 입법·행정·사법 등 모든 국가작용은 정당한 법률을 근거로 하고 정당한 절차에 따라 발동되어야 한다는 헌법원리를 의미한다. 즉 모든 공권력의 행사는 절차상의 적법성을 갖추어야 할 뿐만 아니라 그 공권력행사의 근거가 되는 법률의 실체적 내용도 정당성과 합리성을 가져야 한다는 것이 적법절차의 원리이다.

우리 헌법은 제12조 제1항과 제3항에서 신체의 자유를 보장하기 위한 형사절차상의 원칙으로 적법절차를 규정하고 있다. 제12조 제1항은 누구든지 "법률과 적법절차에 의하지 아니하고는 처벌·보안처분 또는 강제노역을 받지 아니한다"라고 규정하고 있으며, 동조 제3항은 "체포·구속·압수 또는 수색을 할 때에는 적법한 절차에 따라 검사의 신청에 의하여 법관이 발부한 영장을 제시하여야 한다"라고 하여 적법절차의 원칙을 명문화하고 있다. 이러한 적법절차에 관한 헌법규정은 1987년 헌법에서 처음 도입된 것으로서, 이는 영미법계

1) 헌재 1996. 1. 25. 95헌가5.
2) 헌재 2016. 3. 31. 2016헌가4.

의 인권보장의 기본원칙인 'due process of law'에 해당하는 개념으로 볼 수 있다. 따라서 영미법적 요소로서 적법절차 원칙의 도입은 우리 헌법체계에서는 이질적인 것으로 볼 수 있기 때문에 그 헌법해석을 둘러싸고 여러 가지 견해가 제시된 바 있으나, 현재의 학설과 판례의 태도는 적법절차의 원칙을 신체의 자유 제한에 관한 절차적 적법성과 정당성을 보장하기 위한 원칙으로만 이해하는 것이 아니라 그 적용대상을 확대하여 일체의 정신적·재산적 자유와 권리 등에도 적용되는 것으로 보고, 그 적용범위도 형사절차뿐만 아니라 행정절차와 입법절차 등 국가작용 전반에도 적용되는 것으로 해석하고 있다.

(나) 적법절차원칙의 연혁

적법절차의 개념은 영국의 오랜 사법제도의 역사를 통해 확립된 '자연적 정의'(natural justice)[1]의 법리에서 기원하는 것으로, 1215년의 마그나 카르타에서 최초의 실정법적 근거를 찾아볼 수 있다. 당시 마그나 카르타 제29장은 "자유인(free man)은 국왕의 적법한 판결이나 적정한 법률에 의하지 아니하고는 체포·구금 또는 재산을 박탈당하지 아니한다"는 국왕의 약속을 명문화한 것이다. 이러한 적법절차의 관념은 미국의 연방헌법과 각 주의 헌법에 계수되었으며, 제2차대전 이후에 각국 헌법에 커다란 영향을 미치게 되었다.

미국헌법 수정조항 제5조와 제14조의 적법절차조항(due process of law)은 연방대법원의 판례를 통해 인간의 생명·자유·재산을 제한하는 데 있어서 절차의 적정성 보장이라는 절차적 개념에서 출발하여 개인의 자유와 권리를 제한하는 법률내용의 정당성과 합리성 보장이라는 실체적 개념으로 확장되어 왔다. 오늘날 미국헌법상의 적법절차조항은 헌법에 성문화되지 않은 새로운 헌법상의 자유와 권리를 수용하는 원리로 작용하고 있으며, 연방대법원의 위헌법률심사의 기준이 되는 규범으로 작용하고 있다.[2]

(다) 적법절차조항의 내용

적법절차의 원칙에 있어서 적법절차란 신체의 자유를 제한하는 체포·구속 등의 공권력의 행사는 법률에 규정된 절차에 따라야 할 뿐만 아니라, 그 법정절차는 '적정한 절차'를

---

1) 자연적 정의의 원칙이란 영국 공법의 기본원리로서 정부의 공권력의 행사나 법원의 재판에 있어서는 정의가 요구하는 바에 따라서 절차를 준수해야 된다고 하는 원리를 말한다. 여기에는 다음의 세 가지의 내용이 포함되는데 첫째, 공권력에 의한 처분이나 심판이 내려지기 전에 상대방에 공정한 고지(fair notice) 및 청문(hearing)이나 변론의 기회가 주어져야 한다는 것과, 둘째, 공권력에 의한 심판을 하는 주체는 어떤 일방적 주장이나 이해에 치우치지 않고 중립적 입장에서 공정해야 한다는 것, 셋째 공권력에 의한 심판절차는 특별한 사유가 없는 한 공개심리가 요구된다는 것이다.

2) 미국헌법에서 적법절차의 원칙은 원래 '형사절차상의 적정'에 관한 문제에서 출발하여 그 후 '모든 공권력행사의 절차 일반의 적정' 문제로 전개되어 국민의 자유와 재산의 제한에 관한 모든 공권력행사의 방법과 내용 등의 적정성의 원리로 발전하였고, 특히 수정헌법 제14조에 규정된 "어떠한 주도 적법절차에 의하지 아니하고는 개인의 생명, 자유와 재산을 박탈할 수 없다"는 적법절차조항은 개인의 자유와 권리를 제한하는 주 법률의 실체적 정당성을 심사하는 기준으로 적용되고 있다. 이러한 실체적 적법절차의 원리에 관하여는 권영설, 헌법이론과 헌법담론, 법문사, 2006, 606면 이하 참조.

의미하는 것으로 해석하는 것이 통설이므로 절차의 적법성뿐만 아니라 절차의 적정성 내지 정당성까지 요구하는 것으로 이해되어야 한다. 즉 적법절차라 함은 인신의 구속이나 처벌 등 형사절차만이 아니라 국가작용으로서의 모든 입법작용과 행정작용에도 광범위하게 적용되는 독자적인 헌법원리의 하나로서 절차가 형식적 법률로 정하여지고 그 법률에 합치하여야 할 뿐만 아니라(절차의 적법성), 그 절차에 관한 법률의 내용에 있어서도 합리성과 정당성을 갖춘 적절한 것이어야 한다(절차의 정당성). 특히 형사소송절차와 관련시켜 적용함에 있어서는 형벌권의 실행절차인 형사소송의 전반을 규율하는 기본원리를 의미한다.

적법절차의 원칙이 법률의 위헌 여부에 관한 심사기준으로 작용하는 경우, 특히 형사소송절차에서는 법률에 따른 형벌권의 행사라고 할지라도 신체의 자유의 본질적인 내용을 침해하지 않아야 할 뿐 아니라, 비례의 원칙이나 과잉금지의 원칙에 반하지 아니하는 한도 내에서만 그 적정성과 합헌성이 인정된다는 의미를 가진다.[1] 헌법재판소는 적법절차를 일관되게 절차의 적법성뿐만 아니라 그 법률내용의 정당성까지 요구하는 것으로 이해하여 절차적 적법절차와 동시에 실체적 적법절차의 개념으로 확장하여 해석하고 있다.

(라) 적법절차조항의 대상과 범위

① 적법절차조항의 적용대상

헌법은 적법절차의 원칙을 신체의 자유를 보장하고 있는 제12조 제1항과 제3항에서 규정하고 있기 때문에 이 조항이 적용되는 기본권제한의 대상이 신체의 자유에 국한하는지, 아니면 정신적 내지 재산적 자유에까지 확장할 수 있는지가 문제된다. 이에 관하여 제한적 열거설과 예시설로 견해가 나뉘고 있다.

제한적 열거설은 현행헌법상 적법절차원칙의 적용은 미국헌법의 경우처럼 생명·자유·재산에까지 확장할 수 없으며 신체의 자유로 제한해야 한다는 입장이다. 예시설에 의하면 적법절차원칙은 신체의 자유를 제한하는 것에 국한하여 적용하는 것이 아니라 적법절차에 의하지 아니하고는 신체적·정신적·재산적 불이익이 되는 어떠한 제재도 받지 아니한다는 의미로 확장해석한다. 따라서 헌법 제12조 제1항의 처벌·보안처분·강제노역은 그 적용대상의 대표적 유형을 예시한 것에 불과하다고 본다. 기본권보장의 관점에서 볼 때 예시설이 타당하며 헌법재판소도 예시설의 입장을 취하고 있다.

② 적법절차조항의 적용범위

적법절차조항의 적용범위에 관하여도 헌법규정의 문리적 해석은 형사절차에만 국한하여 적용된다고 보는 견해가 있으나, 다수설과 헌법재판소의 판례는 형사절차뿐만 아니라

---

1) 헌재 2004. 9. 23. 2002헌가17등.

행정절차와 입법작용 등 국가작용 전반으로 확장하여 해석하고 있다. 헌법재판소는 적법절차의 원리는 절차적 차원에서 볼 때에 국민의 기본권을 제한하는 경우에는 반드시 당사자인 국민에게 자기의 입장과 의견을 자유로이 개진할 수 있는 기회를 보장하여야 한다는 것을 그 핵심내용으로 하고, 형사처벌이 아닌 행정상의 불이익처분에도 적용된다고 판시하고 있다.[1)]

공권력에 의한 인권침해는 형사사건에서 가장 빈번하게 발생하게 되므로 형사소추·형사재판절차에서 이 원칙은 특별히 존중되어야 한다. 헌법 제12조 제1항 및 제3항의 적법절차규정 이외에도 변호인의 조력을 받을 권리와 국선변호인제도(제12조 제4항), 체포·구속이유 고지 및 통지제도(제12조 제5항), 구속적부심사제도(제12조 제6항), 주거의 압수·수색에 대한 영장제도(제16조), 고문의 금지와 불리진술거부권(제12조 제2항), 소급처벌 및 이중처벌금지(제13조 제1항), 연좌제금지(제13조 제3항), 무죄추정의 원칙(제27조 제4항) 등은 형사절차상의 내용적 적정성을 요구하는 개별적 적법절차조항을 의미한다.

③ 적법절차의 위반 여부에 관한 헌법재판소의 판단

구체적인 사건에서 헌법상 적법절차에 위반되는지의 여부에 관하여 헌법재판소가 내린 위헌결정의 판례는 다음과 같다. 1) 전과나 감호처분을 선고받은 사실 등에 해당되면 재범의 위험성 유무를 불문하고 반드시 그에 정한 보호감호를 선고해야 할 의무를 부과하는 법률조항,[2)] 2) '소송촉진등에 관한 특례법' 제23조에 자기에게 아무런 책임 없는 사유로 출석하지 못한 피고인에 대하여 별다른 증거조사도 없이 곧바로 유죄판결을 선고할 수 있도록 한 것,[3)] 3) 무죄 등의 판결이 선고되었음에도 검사로부터 사형, 무기 또는 10년 이상의 징역이나 금고형에 해당한다는 진술이 있는 사건의 경우 구속영장의 효력을 잃지 않는다고 규정한 법률조항,[4)] 4) 검사가 법원의 증인으로 채택된 수감자를 그 증언에 이르기까지 거의 매일 검사실로 하루 종일 소환하여 피고인측 변호인이 접근하는 것을 차단하고, 검찰에서의 진술을 번복하는 증언을 하지 않도록 회유나 압박하는 것,[5)] 5) 형사사건으로 공소제기된 변호사에 대하여 법무부장관이 일방적인 명령에 의하여 변호사업무를 정지시키는 것은 당해 변호사에게 자기에게 유리한 사실을 진술하거나 필요한 증거를 제출할 수 있는 청문의 기회가 보장되지 아니하여 적법절차를 존중하지 아니한 것[6)] 6) 출입국관리법상 강제퇴거명령을 받은 외국인에 대하여 그 집행을 확보하기 위하여 보호시설에 인치수용하는 강

---

1) 헌재 2002. 4. 25. 2001헌마200.
2) 헌재 1989. 7. 14. 88헌가5등.
3) 헌재 1998. 7. 16. 97헌바22.
4) 헌재 1992. 12. 24. 92헌가8.
5) 헌재 2001. 8. 30. 99헌마496.
6) 헌재 1990. 11. 19. 90헌가48.

제조치하는 경우에 피보호자의 의견 및 자료제출의 기회를 부여하지 않는 것은 헌법상 적법절차의 원칙에 위배된다는 것[1] 등이다.

(6) 영장주의

(가) 의 의

영장주의(令狀主義)란 수사기관이 형사절차와 관련하여 체포·구속·압수·수색 등의 강제처분을 함에 있어서 중립적 지위에 있는 법관이 발부한 영장에 의하도록 하는 제도를 말한다. 즉 영장주의는 신체의 자유를 침해하는 강제처분을 하는 경우에는 중립적인 법관이 구체적 판단을 거쳐 발부한 영장에 의하여야만 한다는 것을 의미한다.

(나) 영장주의의 적용범위

영장주의는 강제처분에 적용되는데, 여기서 강제처분은 신체에 물리적 강제력을 행사하는 직접강제의 경우만을 의미한다. 따라서 상대방에게 의무를 부담하게 하는 처분이라든지 형벌에 의한 불이익을 부과함으로써 심리적·간접적으로 강제하는 경우에는 영장주의가 적용되지 않는다.

헌법재판소는 음주측정 불응에 대한 형사처벌에 대하여 음주측정이 당사자의 자발적인 협조가 필수적인 것이므로 음주측정 불응자에 대한 처벌조항은 영장주의에 위배되지 아니한다고 판시하였다.[2] 그러나 특별검사가 동행명령장을 발부하도록 하고 정당한 사유 없이 이를 거부한 경우 벌금형에 처하도록 함으로써 실질적으로는 참고인의 신체의 자유를 침해하여 지정된 장소에 인치하는 것과 마찬가지의 결과가 나타나도록 규정한 동행명령조항은 영장주의원칙을 규정한 헌법 제12조 제3항에 위반되거나 적어도 위 헌법상 원칙을 잠탈하는 것으로서 위헌이라고 판단하였다.[3]

(다) 영장주의의 내용

① 영장주의의 원칙

영장주의는 구체적으로 다음의 원칙들을 내용으로 하고 있다.

첫째, 영장은 법관이 발부하여야 한다. 여기서 법관은 사법권의 독립에 따라 그 신분보장과 독립성이 보장되는 법관을 의미한다. 헌법은 제12조 제3항에 "검사의 신청에 의하여 법관이 발부한 영장"이라고 하여 영장발부요건으로 검사의 신청을 규정하고 있다. 이 규정은 1962년 헌법 이래 채택되어 온 것으로 검사 아닌 다른 수사기관의 영장신청에서 오는 인권유린의 폐해를 방지하는 데에 그 취지가 있다. 검사의 신청이라는 요건은 수사단계에

---

1) 헌재 2023. 3. 23. 2020헌가1등.
2) 헌재 1997. 3. 27. 96헌가11.
3) 헌재 2008. 1. 10. 2007헌마468.

서의 영장발부에 한정되며, 공판단계에서의 영장발부에는 적용되지 않는다. 헌법 제12조 제3항의 규정 취지를 공판단계에서의 영장발부에도 검사의 신청이 필요한 것으로 해석하는 것은 신체의 자유를 보장하기 위한 사법적 억제의 대상인 수사기관이 사법적 억제의 주체인 법관을 통제하는 결과를 낳아 오히려 영장주의의 본질에 반한다고 할 것이기 때문이다.[1)]

둘째, 영장은 사전에 발부되어야 한다(사전영장의 원칙). 다만 현행범인인 경우와 장기 3년 이상의 형에 해당하는 죄를 범하고 도피 또는 증거인멸의 염려가 있을 때에는 사후에 영장을 청구할 수 있다(헌법 제12조 제3항 단서).

셋째, 영장은 '적법한 절차'에 따라서 발부되어야 한다. 영장발부에 있어서 적법한 절차의 핵심적 내용은 특히 구속영장발부에 있어서 영장실질심사의 보장에 있다. 즉 법관에 의한 구속영장심사가 서류심사에 의한 형식적 심사가 아니라 법관이 면전에서 직접 심문할 수 있는 절차가 보장되어야 한다(형사소송법 제201조의2).

넷째, 영장의 내용은 특정되어야 하며 일반영장은 금지된다. 영장에는 공소사실, 피의자·피고인의 성명, 주거, 인치구금 장소 등이 기재되어야 한다.

다섯째, 영장주의는 구속의 개시시점에 한하지 않고 구속의 계속 여부도 법관의 판단에 의하여 결정되어야 한다는 것을 포함한다.

② 체포영장과 구속영장

피의자가 죄를 범하였다고 의심할 만한 상당한 이유가 있고, 정당한 이유 없이 검사 또는 사법경찰관의 수사상 필요에 의한 출석요구에 응하지 아니하거나 응하지 아니할 우려가 있는 때에는 검사는 관할 지방법원판사에게 청구하여 체포영장을 발부받아 피의자를 체포할 수 있고, 사법경찰관은 검사에게 신청하여 검사의 청구로 관할 지방법원판사의 체포영장을 발부받아 피의자를 체포할 수 있다. 다만 다액 50만원 이하의 벌금, 구류 또는 과료에 해당하는 사건에 관하여는 피의자가 일정한 주거가 없는 경우 또는 정당한 이유 없이 검사나 사법경찰관의 수사상 필요에 의한 출석요구에 응하지 아니한 경우에 한한다. 이러한 경우 피의자에 대하여 범죄사실의 요지, 체포의 이유와 변호인을 선임할 수 있음을 알리고 변명할 기회를 준 후가 아니면 체포할 수 없다(미란다 원칙). 체포한 피의자를 구속하고자 할 때에는 체포한 때부터 48시간 이내에 구속영장을 청구하여야 하고, 그 기간 내에 구속영장을 청구하지 아니하는 때에는 피의자를 즉시 석방하여야 한다(형사소송법 제200조의2).

헌법재판소는 체포영장을 집행하는 경우 필요한 때에는 타인의 주거 등에서 피의자 수사를 할 수 있도록 한 형사소송법 조항(제216조 제1항 제1호)이 헌법 제16조의 영장주의에 위반된다고 판단하였다. 이 조항은 별도로 영장을 발부받기 어려운 긴급한 사정이 있는지 여

---

1) 헌재 1997. 3. 27. 96헌바28등.

부를 구별하지 아니하고 피의자가 소재할 개연성만 소명되면 영장 없이 타인의 주거 등을 수색할 수 있도록 허용하고 있으나, 이는 수색에 앞서 영장을 발부받기 어려운 긴급한 사정이 인정되지 않는 경우에도 영장 없이 피의자 수색을 할 수 있다는 것이므로 헌법 제16조의 영장주의 예외 요건을 벗어나는 것으로서 영장주의에 위반된다.[1)]

구속영장은 피의자가 죄를 범하였다고 의심할 만한 상당한 이유가 있고 일정한 주거가 없는 때, 증거를 인멸할 우려가 있는 때, 도망하거나 도망할 염려가 있는 때에 검사가 관할 지방법원판사에게 청구하여 구속영장을 발부받아 피의자를 구속할 수 있다. 구속영장의 청구를 받은 지방법원판사는 신속히 구속영장의 발부 여부를 결정하여야 한다. 이 경우 판사는 원칙적으로 모든 피의자를 직접 심문할 수 있는데(영장실질심사제), 피의자가 죄를 범하였다고 의심할 만한 사유가 있는 경우에는 구속의 사유를 판단하기 위하여 필요하다고 인정하면 구인장을 발부하여 피의자를 구인한 후 심문할 수 있다(형사소송법 제201조의2 제1항, 제2항).

사법경찰관이 피의자를 구속한 때에는 10일 이내에 피의자를 검사에게 인치하여야 하며, 검사가 피의자를 구속한 때 또는 사법경찰관으로부터 피의자의 인치를 받은 때에는 10일 이내에 공소를 제기하지 않으면 석방하여야 한다. 지방법원판사는 검사의 신청에 의하여 수사를 계속함에 상당한 이유가 있다고 인정한 때에는 10일을 초과하지 않는 한도에서 구속기간의 연장을 1차에 한하여 연장할 수 있다(형사소송법 제202조, 제203조, 제205조).

③ **압수·수색영장**

압수와 수색에도 정당한 이유가 있고 적법한 절차에 따라 발부된 영장을 필요로 하고 있다. 다만 현행범인의 체포와 긴급체포의 경우에는 압수·수색영장에 의하지 아니하고 사후영장으로 대신할 수 있으며, 체포·구속영장을 가지고 피의자를 체포·구속하는 경우에도 제한된 범위 안에서 압수·수색영장에 의하지 아니하고 압수·수색·검증 등 강제처분을 동시에 할 수 있다(형사소송법 제216조).

(라) 영장주의의 예외

① **현행범인과 긴급체포의 경우**

현행범인 체포와 긴급체포의 경우에는 사전영장 없이 범인을 체포할 수 있다. 긴급체포는 피의자가 장기 3년 이상의 징역이나 금고에 해당하는 죄를 범하였다고 의심할 만한 상당한 이유가 있고, 일정한 주거가 없거나 증거인멸의 염려 또는 도망할 우려가 있는 경우로서 긴급을 요하여 지방법원판사의 체포영장을 발부받을 수 없는 때에는 그 사유를 알리고 영장 없이 피의자를 체포하는 것을 말한다(형사소송법 제200조의3).

---

1) 헌재 2018. 4. 26. 2015헌바370.

긴급체포한 경우 피의자를 구속하고자 할 때에는 체포한 때부터 48시간 이내에 검사는 관할 지방법원판사에게 구속영장을 청구해야 한다. 긴급체포는 영장주의를 배제하는 것이 아니라 영장주의를 완화하여 사후영장을 허용하는 것을 의미한다. 따라서 헌법이 정하는 경우에만 사후영장이 가능하고 그 이외에는 사후영장이 허용되지 않는다.

② 비상계엄의 경우

헌법 제77조 제3항은 "비상계엄이 선포된 때에는 법률이 정하는 바에 의하여 영장제도 … 에 관하여 특별한 조치를 할 수 있다"고 규정하여 영장제도에 제한을 두고 있다. 그러나 비상계엄 하에 영장주의에 제한을 가하는 경우에도 법관에 의한 영장제도 자체를 전면적으로 배제할 수는 없다.

③ 행정상 즉시강제의 경우

행정상 즉시강제는 급박한 행정상 장애를 제거할 필요가 있는 경우에 미리 의무를 명할 시간적 여유가 없을 때 또는 그 성질상 의무를 명하여서는 목적달성이 곤란할 때에 직접 국민의 신체 또는 재산에 실력을 가하여 행정상 필요한 상태를 실현하는 작용이다. 이러한 행정상 즉시강제의 경우에도 영장주의가 적용되는지가 문제될 수 있다. 헌법재판소는 행정상 즉시강제에는 원칙적으로 영장주의가 적용되지 않는다고 판시하고 있다.[1]

(7) 체포·구속적부심사제도

(가) 의 의

헌법 제12조 제6항은 "누구든지 체포 또는 구속을 당한 때에는 적부의 심사를 법원에 청구할 권리를 가진다"라고 하여 체포·구속적부심사제도에 관한 명문규정을 두고 있다. 이 제도는 체포 또는 구속된 피의자나 그 변호인, 가족 등이 관할법원에 체포 또는 구속의 적부 여부에 관하여 심사를 청구할 경우 법관이 즉시 피의자와 변호인이 출석한 공개법정에서 체포 또는 구속의 이유를 밝히도록 하고, 체포 또는 구속의 이유가 부당하거나 적법하지 않을 때에는 법관이 직권으로 피의자를 석방하는 것을 말한다. 전술한 영장제도가 수사권의 남용으로 인한 불법체포나 구속으로부터 신체의 자유를 보호하기 위한 사전예방적 제도라면 체포·구속적부심사제는 사후구제적 제도를 의미한다.

(나) 성 격

체포·구속적부심사청구권은 비록 헌법 제12조 소정의 신체의 자유에 규정되어 있지만 원칙적으로 절차적 기본권으로서 청구권적 기본권의 성격을 지닌다. 한편, 헌법 제12조 제6항은 '체포·구속을 당한 때'라고 하는 매우 구체적인 상황에 관련하여 헌법적 차원에서 '적

---

1) 헌재 2002. 10. 31. 2000헌가12.

부의 심사를 법원에 청구할 권리'라는 절차적 권리를 보장하고 있기 때문에, 위와 같이 구체적 적용영역에 대한 입법권의 행사는 직접적으로 헌법적 제약을 받게 된다고 봄이 상당하다. 따라서 체포·구속적부심사청구권의 경우 헌법적 차원에서 독자적인 지위를 가지고 있기 때문에 입법자가 전반적인 법체계를 통하여 관련자에게 그 구체적인 절차적 권리를 제대로 행사할 수 있는 기회를 최소한 1회 이상 제공하여야 할 의무가 있다고 보아야 한다는 것이 헌법재판소의 입장이다.[1)]

(다) 내 용

① **심사청구의 주체**

체포와 구속의 적부심사를 청구할 수 있는 자는 체포영장이나 구속영장에 의하여 체포 또는 구속된 피의자, 그 변호인, 법정대리인, 배우자, 직계친족, 형제자매나 가족, 동거인 또는 고용주이다(형사소송법 제214조의2 제1항). 따라서 형사피고인은 청구권자가 될 수 없다. 다만 심사청구 후 피의자가 전격기소된 경우 그러한 형사피고인에게는 심사청구권이 인정된다(동법 제214조의2 제4항 후단).

② **심사기관과 심사절차**

체포영장이나 구속영장을 발부한 법관은 체포·구속적부심사의 심문조사결정에 관여하지 못한다. 체포·구속적부심사를 청구받은 법원은 지체없이 체포 또는 구속된 피의자를 심문하고 수사관계서류와 증거물을 조사하여 청구가 이유 없다고 인정한 때에는 결정으로써 기각하고, 이유가 있다고 인정한 때에는 결정으로써 체포 또는 구속된 피의자의 석방을 명해야 한다. 체포 또는 구속적부심사결정으로 석방된 피의자는 도망하거나 죄증을 인멸하는 경우를 제외하고는 동일한 범죄사실에 관하여 재차 체포 또는 구속하지 못한다(형사소송법 제214조의3).

③ **심사대상 및 법원결정에 대한 불복제도**

체포나 구속적부심사의 심사는 영장발부의 요식과 절차에 관한 형식적 사항뿐만 아니라 체포나 구속사유의 타당성과 적법성에 관한 실질적 사항까지도 심사대상으로 한다. 법원의 체포·구속적부심사결정에 대해서는 검사나 피의자 모두 항고할 수 없다(형사소송법 제214조의2 제8항).

(8) 체포·구속이유 등 고지제도

(가) 의 의

헌법 제12조 제5항은 "누구든지 체포 또는 구속의 이유와 변호인의 조력을 받을 권리가 있음을 고지받지 아니하고는 체포 또는 구속을 당하지 아니한다. 체포 또는 구속을 당한

---

1) 헌재 2004. 3. 25. 2002헌바104.

자의 가족 등 법률이 정하는 자에게는 그 이유와 일시·장소가 지체없이 통지되어야 한다" 라고 규정하여 체포·구속이유 등의 고지제도를 명문화하고 있다.

이 고지제도는 이른바 미국헌법상의 '미란다 원칙'(Miranda rule)에 해당하는 것으로, 피의자·피고인과 그 가족에게 체포 또는 구속의 이유, 일시, 장소, 변호인의 조력을 받을 권리가 있음을 고지함으로써 피의자·피고인 등의 인권을 보호하는 데 그 의미가 있다.[1)]

(나) 성 격

체포·구속이유 등 고지제도는 일종의 형사사법제도라는 객관적 제도로서의 성격과 아울러 피의자와 그 가족 등이 수사기관으로부터 체포·구속의 이유 등에 관하여 통보받을 권리(알 권리)라고 하는 주관적 공권의 성격을 동시에 가진다고 할 수 있다.

(다) 내 용

체포·구속이유 등의 고지제도는 두 가지를 내용으로 하는데, 하나는 형사피의자에 대하여 체포 또는 구속의 이유와 변호인의뢰권을 고지하는 것이고, 또 하나는 형사피의자의 가족과 변호인 등에 대하여 체포 또는 구속의 이유와 일시, 장소를 통지하는 것이다. 고지의 시기에 관하여는 명문규정이 없으나 기본권보장의 이념에 비추어 체포 또는 구속 당시로 보아야 한다. 통지의 시기에 관하여는 형사소송법이 '지체없이'라고 규정하고 있다(동법 제87조 제2항). 수사기관이 고지 및 통지의무를 이행하지 아니할 경우에는 직권남용에 의한 불법행위로 간주되어 형사처벌을 면하지 못한다.

5. 형사피의자·피고인을 위한 법원칙과 권리

(1) 무죄추정의 원칙

(가) 의 의

무죄추정(無罪推定)의 원칙이란 형사절차와 관련하여 공소가 제기된 형사피고인뿐만 아니라 아직 공소제기가 없는 피의자까지도 유죄의 판결이 확정될 때까지는 원칙적으로 죄가 없는 자에 준하여 다루어져야 하고, 그 불이익은 필요최소한에 그쳐야 한다는 원칙을 말한다. 헌법은 제27조 제4항에 "형사피고인은 유죄의 판결이 확정될 때까지 무죄로 추정된

---

1) 미란다 원칙은 1966년 미국 연방대법원의 Miranda v. Arizona, 384 U.S. 436(1966) 사건 판결에 의해 확립된 것으로서, 그 내용은 수사기관이 피의자를 심문하기 전에 미리 다음과 같은 사실을 피의자에게 고지해야 한다는 원칙을 말한다. 첫째, 피의자가 진술거부권을 가지고 있다는 것, 둘째, 피의자의 진술이 그에게 불리한 증거로 사용될 수 있다는 것, 셋째, 피의자가 변호인의 조력을 받을 권리가 있으며 심문하는 동안 변호인을 입회시킬 수 있다는 것이다. 이 미란다 사건은 애리조나주 법원에서 납치강간혐의로 유죄판결을 받은 미란다가 연방대법원에 상고청원하여 그의 자백을 번복하고 수정헌법 제5조의 불리진술거부권과 제6조의 변호인의 조력을 받을 권리를 침해당했다고 주장한 것에 대하여 연방대법원이 5대 4의 표결로 수사과정에서의 진술거부권과 변호인 선임권 행사의 고지를 받지 못한 것을 이유로 무죄를 선고한 것이다.

다"라고 하여 무죄추정의 원칙을 규정하고 있다.

(나) 성 격

무죄추정의 원칙은 인간의 존엄성 존중이라는 입헌주의헌법의 기본이념에서 유래한 것으로, 불리한 처지에 놓여 인권을 유린당하기 쉬운 피의자나 피고인의 지위를 옹호하여 형사절차에서 그들의 불이익을 필요최소한에 그치게 하기 위한 것이다. 무죄추정의 원칙은 재판을 담당하는 법관의 기본자세와 판결의 기본방향을 규정하는 원칙이며, 동시에 수사기관의 자세와 마음가짐에 대한 원칙을 의미한다.

(다) 내 용

무죄추정의 원칙의 내용은 다음과 같다. 첫째, 무죄추정의 원칙은 형사피고인뿐만 아니라 형사피의자에게도 적용된다. 둘째, 불구속수사와 불구속재판을 원칙으로 하고 예외적으로 도피할 우려가 있거나 증거를 인멸할 우려가 있는 때에 한하여 구속수사 또는 구속재판을 할 수 있다. 셋째, 범죄사실의 입증책임은 기소자측에 있으며 피고인 자신이 무죄임을 적극적으로 증명할 필요가 없다. 넷째, 범죄혐의에 관하여 입증이 없으면 '의심스러운 때는 피고인의 이익으로'라는 원칙에 따라 무죄를 선고해야 한다. 다섯째, 유죄의 예측 아래 무리한 진실추구를 하여서는 안 되며 피고인의 인권옹호에 특별히 유의해야 한다.

(라) 헌법재판소의 판례

헌법재판소가 무죄추정의 원칙에 위배된다고 판단한 사례를 보면 다음과 같다. 1) 형사사건으로 기소된 변호사에 대하여 업무정지를 명할 수 있도록 하는 것,[1] 2) 형사사건으로 기소된 사립학교 교원에 대해 필요적으로 직위해제를 취하도록 하는 것,[2] 3) 미결수용자에게 수사 또는 재판을 받을 때에도 재소자용 의류를 착용하게 하는 것,[3] 4) 공정거래법 위반 사실에 대하여 법원에서 유죄로 확정되기도 전에 공정거래위원회로 하여금 법위반사실의 공표를 명할 수 있도록 하는 것,[4] 5) 구속 피고인의 상소제기 후 상소취하시까지의 구금일수를 본형 형기 산입에서 제외한 것[5] 등은 무죄추정의 원칙에 위배된다고 판시하였다.

반면에 헌법재판소는 다음의 경우에는 무죄추정의 원칙에 위배되지 않는다고 판단하였다. 1) 공정거래법상 불공정거래행위에 해당하는 부당내부거래를 했다는 이유로 아직 법원의 유·무죄에 관한 판단이 가려지지 않은 상태에서 과징금을 부과·집행하는 것,[6] 2) 수

1) 헌재 1990. 11. 19. 90헌가48.
2) 헌재 1994. 7. 29. 93헌가3등.
3) 헌재 1999. 5. 27. 97헌마137.
4) 헌재 2002. 1. 31. 2001헌바43.
5) 헌재 2009. 6. 25. 2007헌바25.
6) 헌재 2003. 7. 24. 2001헌가25.

사를 담당했던 경찰공무원에게 공소사실과 관련된 실체적 진실을 발견하기 위하여 형사재판에서의 증인적격을 인정하는 것,[1] 3) 지방자치단체의 장이 금고 이상의 형의 선고를 받고 그 형이 확정되지 않은 경우에 권한을 대행하도록 하는 것에 대해서는 무죄추정의 원칙에 위배되지 않는다고 판시하였으나,[2] 헌법재판소는 그 후 판례를 변경하여 지방자치단체장이 금고 이상의 형의 선고를 받고 형이 확정되지 않은 경우에 권한대행을 규정한 것이 무죄추정의 원칙에 위배된다고 판시하였다.[3] 4) 지방자치단체의 장이 공소제기된 후 구금상태에 있는 경우 일시적으로 부단체장이 그 권한을 대행하도록 하는 것에 대해서는 무죄추정에 위배되지 않는다.[4]

(2) 변호인의 조력을 받을 권리

(가) 의 의

변호인의 조력을 받을 권리란 무죄추정을 받은 피의자나 피고인에 대하여 수사기관 등과 대등한 지위를 보장하여 신체구속의 상황에서 발생하는 갖가지 폐해를 제거하고 구속이 악용되지 않도록 하기 위하여 인정된 권리를 말한다. 헌법 제12조 제4항은 "누구든지 체포 또는 구속을 당한 때에는 즉시 변호인의 조력을 받을 권리를 가진다"라고 하여 변호인의 조력을 받을 권리 내지 변호인의뢰권을 규정하고 있다.

(나) 변호인접견교통권

변호인의 조력을 받을 권리를 실질적으로 보장하기 위해서는 변호인접견교통권(면접·교섭권)이 인정되어야 한다. 변호인접견교통권은 신체의 구속을 당한 피의자나 피고인의 인권보장과 방어를 준비하기 위한 필요불가결한 권리로서 수사기관의 처분이나 법원의 결정으로도 이를 제한할 수 없다. 변호인과의 자유로운 접견은 신체를 구속당한 사람에게 보장된 변호인의 조력을 받을 권리의 가장 중요한 내용이어서 국가안전보장·질서유지·공공복리 등 어떠한 명분으로도 제한될 수 없는 성질의 것이다. 그리고 구속된 사람을 계호함에 있어서도 피구금자 또는 피수감자와 그의 변호인 사이의 대담은 법 집행 공무원의 가시거리 내에서 행하여 질 수는 있으나 가청거리 내에서 행하여져서는 아니되므로 관계공무원은 구속된 자와 변호인의 대담내용을 들을 수 있거나 녹음이 가능한 거리에 있어서는 아니되며, 계호나 그 밖의 구실 아래 대화장면의 사진을 찍는 등 불안한 분위기를 조성하여 자유로운 접견에 지장을 주어서도 아니된다.[5]

---

1) 헌재 2001. 11. 29. 2001헌바41.
2) 헌재 2005. 5. 26. 2002헌마699.
3) 헌재 2010. 9. 2. 2010헌마418.
4) 헌재 2011. 4. 28. 2010헌마474.
5) 헌재 1992. 1. 28. 91헌마111.

또한 구속된 피의자 또는 피고인은 변호인과의 접견교통권뿐만 아니라 가족이나 타인과의 접견교통권도 헌법상의 기본권으로 보장된다. 미결수용자의 접견교통권은 헌법 제10조의 행복추구권에 포함되는 기본권의 하나로 인정하고 있는 일반적 행동자유권으로부터 나온다고 보아야 할 것이고, 무죄추정의 원칙을 규정한 헌법 제27조 제4항도 그 보장의 한 근거가 될 수 있다.1)

(다) 미결수용자와의 서신비밀 보장

변호인의 조력을 받을 권리는 변호인과의 접견의 경우뿐만 아니라 변호인과 미결수용자 사이의 서신에도 적용되어 그 비밀이 보장되어야 한다. 그러나 형사절차가 종료되어 교정시설에 수용 중인 수형자는 원칙적으로 변호인의 조력을 받을 권리의 주체가 될 수 없으므로 수형자의 변호인과의 서신수발을 검열한다고 해도 변호인의 조력을 받을 권리가 침해되었다고 볼 수 없다.2)

헌법재판소는 구치소 내의 변호인접견실에서 CCTV를 설치하여 미결수용자와 변호인 간의 접견을 관찰한 행위와 교도관이 미결수용자와 변호인 간에 주고받은 서류를 확인하고 소송관계서류처리부에 그 제목을 기재하여 등재한 행위가 청구인의 변호인의 조력을 받을 권리와 개인정보자기결정권을 침해하지 않으므로 헌법에 위반되지 않는다고 하였다.3)

(라) 변호인과 상담하고 조언을 구할 권리

변호인과 상담하고 조언을 구할 권리는 변호인의 조력을 받을 권리의 핵심적 내용을 의미한다. 헌법재판소는 불구속피의자의 신문시 피의자가 변호인과 상담하고 조언을 구하기 위하여 변호인 참여를 요청하는 것을 아무런 사유도 밝히지 아니한 채 거부할 경우 이는 변호인의 조력을 받을 권리를 침해하는 것이라고 판시하였다.4)

(마) 국선변호인제도

헌법은 제12조 제4항 단서에 “형사피고인이 스스로 변호인을 구할 수 없을 때에는 법률이 정하는 바에 의하여 국가가 변호인을 붙인다”고 하여 국선변호인제도를 규정하고 있다. 국선변호인이란 피고인의 이익을 위하여 법원이 직권으로 선정하는 변호인을 말하며, 법원이 직권으로 변호인을 선정해야 할 경우에 관하여는 형사소송법에 규정하고 있다.5)

1) 헌재 2003. 11. 27. 2002헌마193.
2) 헌재 1998. 8. 27. 96헌마398.
3) 헌재 2016. 4. 28. 2015헌마243.
4) 헌재 2004. 9. 23. 2000헌마138.
5) 형사소송법상 법원이 직권으로 변호인을 선정해야 할 경우는 다음과 같다. 첫째, 피고인이 구속된 때, 미성년자인 때, 70세 이상의 자인 때, 농아자인 때, 심신장애의 의심이 있는 때, 사형·무기 또는 단기 3년 이상의 징역이나 금고에 해당하는 사건에서 변호인이 없는 때(제33조 제1항), 둘째, 피고인이 빈곤, 그 밖의 사유로 변호인을 선임할 수 없는 경우에 피고인의 청구가 있는 때(제33조 제2항), 셋째, 피고인의 권리보호를 위하여 필요하다고

헌법 제12조 제4항 단서에 의한 국선변호인은 형사피고인에게만 인정되는 것으로 해석하는 것이 상당하며, 그 헌법규정이 피의자에 대하여 일반적으로 국선변호인의 조력을 받을 권리가 있음을 천명한 것이라고 볼 수 없다는 것이 헌법재판소의 입장이다.[1] 그러나 형사소송법은 형사피고인뿐만 아니라 형사피의자에 대해서도 구속전 피의자심문절차와 체포·구속적부심사절차에서 국선변호를 인정하고 있다(동법 제201조의2 제8항, 제9항 및 제214조의2). 여기서 피의자의 국선변호인의 조력을 받을 권리는 헌법상의 기본권이 아니라 법률상의 권리를 의미한다.

(3) 고문을 당하지 아니할 권리

헌법 제12조 제2항에는 "모든 국민은 고문을 받지 아니하며"라고 하여 고문금지에 관한 규정을 두고 있으며, 형법은 고문을 범죄로 규정하고 있다(제125조). 세계인권선언 제5조 등 국제적 인권협약들의 정신에 따라 각국 헌법은 고문금지(拷問禁止)에 관한 명문조항을 두고 있다.

고문이란 자백을 강제하기 위하여 가해지는 폭력을 말한다. 고문의 방지를 위해서는 고문금지의 선언만으로 불충분하므로, '불법의 과실도 불법'이라는 독수·독과(毒樹·毒果)의 원칙에 따라 고문에 의한 자백뿐만 아니라 고문에 의한 자백으로 수집된 증거에 대해서도 증거의 가치를 부정 또는 제한하는 제도가 확립되어야 한다. 헌법 제12조 제7항에 임의성 없는 자백의 증거능력을 제한하는 규정을 두고 있는 것도 바로 그러한 이유 때문이다. 또한 공무원에 의한 고문을 근절하기 위해서는 고문을 한 공무원을 형법상의 직권남용죄로 엄중히 처벌해야 한다(형법 제125조; 특정범죄가중처벌 등에 관한 법률 제4조의2).

(4) 진술거부권

진술거부권이란 피의자 또는 피고인이 수사절차나 공판절차에서 수사기관 또는 법원의 심문에 대하여 진술을 거부할 수 있는 권리(묵비권)를 말한다. 헌법 제12조 제2항은 "모든 국민은 … 형사상 자기에게 불리한 진술을 강요당하지 아니한다"라고 하여 진술거부권을 규정하고 있다. 진술거부권은 헌법이 보장하는 개인의 주관적 공권이므로 포기할 수 없으며, 그 권리행사를 이유로 형벌 기타의 제재를 과할 수 없다.

진술거부권을 침해하여 강요로 얻은 자백은 임의성이 없으므로 증거능력을 인정할 수

인정하는 때에는 피고인의 명시적 의사에 반하지 아니하는 범위 안에서 변호인을 선정하여야 한다(제33조 제3항). 또한 형사소송법은 구속영장청구에 있어 심문할 피의자에게 변호인이 없는 때, 또는 변호인의 사정이나 그 밖의 사유로 변호인 선정결정이 취소되어 변호인이 없게 된 때에는 판사는 직권으로 변호인을 선정하여야 한다고 규정하고 있다(제201조의2 제8항, 제9항).

1) 헌재 2008. 7. 1. 2008헌마428.

없다. 이와 관련하여 헌법 제12조 제7항은 "피고인의 자백이 고문·폭행·협박·구속의 부당한 장기화 또는 기망 기타의 방법에 의하여 자의(自意)로 진술된 것이 아니라고 인정될 때 또는 정식재판에 있어서 피고인의 자백이 그에게 불리한 유일한 증거일 때에는 이를 유죄의 증거로 삼거나 이를 이유로 처벌할 수 없다"고 규정하여 임의성 없는 자백의 증거능력을 제한하고 있으며, 자백의 임의성이 인정되더라도 그 자백이 유일한 증거인 경우에는 그 자백의 증명력을 제한하고 있다. 그리고 여기의 자백의 증명력제한은 정식재판에만 적용되고 즉결심판 등 약식재판의 경우에는 적용되지 않는다(즉결심판에 관한 절차법 제10조).

진술거부권의 사전고지는 진술거부권의 전제가 된다. 수사기관이 이것을 미리 고지하지 아니한 상태에서의 피의자의 진술은 헌법위반으로 무효가 되며, 그것을 유죄의 증거로 삼을 수 없다. 또한 공판절차에서도 재판장은 피고인에게 심문에 대한 진술을 거부할 수 있다는 취지를 고지해야 한다. 대법원 판례도 "수사기관이 피의자를 심문하면서 피의자에게 진술거부권을 고지하지 아니한 경우에는 그 자백의 임의성이 인정되는 경우에도 위법수집증거배제의 법칙에 의하여 그 자백의 증거능력을 부정하여야 한다"고 판시하였다.[1)]

(5) 신속한 공개재판을 받을 권리

헌법 제27조 제3항은 "모든 국민은 신속한 재판을 받을 권리를 가진다. 형사피고인은 상당한 이유가 없는 한 지체 없이 공개재판을 받을 권리를 가진다"라고 규정하여 형사피고인의 인권보장을 위한 신속한 공개재판을 받을 권리를 보장하고 있다. 신속한 재판이란 상당한 이유가 없는 재판의 장기화나 심리의 지연을 배제하는 것을 말하며, 공개재판이란 피고인과 관계가 없는 제3자에게도 공판과정에서 방청을 허용하는 것을 말한다.

제 3 절 사생활의 자유권

Ⅰ. 사생활의 비밀과 자유

1. 사생활의 비밀과 자유의 의의

헌법 제17조는 "모든 국민은 사생활의 비밀과 자유를 침해받지 아니한다"라고 하여 사생활의 비밀과 자유의 불가침을 규정하고 있다. 사생활의 비밀과 자유에는 전통적으로 사

---

1) 대판 1992. 6. 23. 92도682.

생활의 내용을 함부로 공개당하지 아니할 권리와 사생활의 평온함과 자유로운 형성을 침해받지 아니할 권리를 내용으로 하고 있으며, 오늘날의 정보화사회에 있어서는 자신에 관한 정보를 스스로 관리·통제할 수 있는 권리까지를 포함하는 복합적 성질의 기본권으로 이해되고 있다. 이러한 사생활의 비밀과 자유는 곧 미국헌법상 판례에 의해 확립된 프라이버시권(the right to privacy)과 동일한 의미를 가지는 것이라고 할 수 있다.

사생활에 관한 권리, 즉 프라이버시권은 그 본질에 있어서 개인이 '홀로 있게 할 권리'(right to be let alone)이며, 공중의 주시와 호기심으로부터 도피하려는 인간의 본성을 전제로 한 반사회적(anti-social) 개념이라 할 수 있다. 그것은 인간 행복의 최소한의 조건이며 인간의 존엄성 내지 행복추구권과 불가분의 관계에 있다. 이 프라이버시의 권리는 헌법상의 명문규정의 유무에 관계없이 인격의 자유로운 발현과 인간의 존엄성을 유지하게 하는 기본권으로 간주되고 있다.

연혁적으로 미국헌법상 사생활의 비밀과 자유의 불가침에 관한 프라이버시의 권리는 1890년대부터 헌법이론과 판례에 의해 인정되기 시작하였다.[1] 우리 헌법은 과거 학설과 판례를 통해 이 권리를 인정하여 오다가 1980년 헌법(제16조)에 최초로 사생활의 비밀과 자유의 불가침이 명문화되었다.

현행 헌법은 국민의 사생활영역을 보호하기 위한 기본권으로 제17조의 사생활의 비밀과 자유뿐만 아니라 제16조의 주거의 자유와 제18조의 통신의 자유를 보장하고 있는데, 사생활의 비밀과 자유 및 통신의 자유는 사생활영역의 '내용적 보호'에 관한 것이라면 주거의 자유는 사생활영역의 '공간적 보호'에 관한 기본권이라 할 수 있다.[2]

2. 사생활의 비밀과 자유의 법적 성격

사생활의 비밀과 자유는 사적 사항이 공개되거나 인격적 징표를 손상당하거나 자유로운 사생활을 방해받음으로써 입게 되는 해악이나 고통을 배제하려는 것을 보호법익으로 하므로 이는 인격권의 일종이다. 또한 사생활의 비밀과 자유는 사적 사항을 공개당하거나 인격적 징표를 훼손당하지 아니하고 사생활의 자율성을 침해받지 아니할 권리를 의미하므로 국가권력과 제3자에 대한 소극적·방어적 성격을 가진 자유권을 의미한다. 그리고 사생활의 비밀과 자유는 자신에 관한 정보의 자율적 관리와 통제를 내용으로 하므로 청구권적 기본

1) 미국 사회에서 프라이버시의 권리가 최초로 거론된 것은 1890년대부터 대중신문의 개인적 영역에 대한 취재와 선정적 보도태도로 인한 개인의 사생활 침해의 폐해 때문이었으며, 초기의 연방대법원 판례로는 1891년의 Union Pacific Railway v. Batsford, 14 U.S 250(1891) 사건에서 프라이버시권을 "right to be let alone"으로 표현하였으며, "강제적인 폭로행위는 구타행위보다 한층 더 인간의 존엄성을 침해하는 행위"라고 하였다.

2) 허영, 앞의 책, 380면.

권의 성격도 아울러 가진다.

3. 사생활의 비밀과 자유의 내용

(1) 사생활의 비밀을 침해받지 않을 권리

사생활의 비밀을 침해받지 않을 권리란 개인의 사적 영역에 관한 사항을 자신의 의사에 반하여 공개당하지 않을 권리를 말한다. 구체적으로는 사생활과 관련된 개인의 내밀한 사적 영역에 대한 비밀유지와 외부에 대한 공개거부를 내용으로 한다. 성명이나 초상 등 개인의 사생활을 형성하는 인격적 징표를 자신의 의사에 반하여 공개하거나 상업적으로 이용하는 것도 사생활의 비밀을 침해하는 것에 해당한다고 볼 수 있다. 성명권이나 초상권 등은 인격권의 구체적 내용으로서 헌법 제10조의 인간의 존엄과 가치에서 도출되는 기본권이지만 헌법 제17조의 사생활의 비밀의 불가침에 의해서도 보호되는 것이라 할 수 있다.

(2) 사생활의 자유를 침해받지 않을 권리

사생활의 자유의 불가침이란 사생활의 자유로운 형성과 유지를 방해받지 아니할 권리를 말한다. 다시 말하면 사생활의 자유는 사생활의 자율성과 평온함을 침해받지 않을 권리를 의미하는 것으로, 구체적으로는 개인이 자기가 원하는 바에 따라 자유로이 사생활을 형성하고 영위할 권리 또는 생활양식을 자율적으로 결정할 권리, 사생활을 감시·도청·도촬당하지 않을 자유 등을 내용으로 한다.

(3) 개인정보자기결정권

개인정보자기결정권 또는 자기정보 관리통제권이란 자신에 관한 정보를 보호받기 위하여 자신에 관한 정보를 자율적으로 결정하고 관리할 수 있는 권리를 말한다. 개인정보자기결정권은 자신에 관한 정보가 언제 누구에게 어느 범위까지 알려지고 또 이용되도록 할 것인지를 그 정보주체가 스스로 결정할 수 있는 권리이다. 즉 정보주체가 개인정보의 공개와 이용에 관하여 스스로 결정할 권리를 말한다.[1)] 개인정보자기결정권은 헌법 제17조의 사생활의 비밀과 자유의 일환으로 보장되고 궁극적으로는 헌법 제10조의 인간의 존엄과 가치 및 행복추구권에 근거한 인격의 자유로운 발현을 그 보호법익으로 하는 것이다.

개인정보자기결정권의 내용으로는 자기정보열람청구권, 자기정보정정청구권, 자기정보처리금지청구권 등이 있다. 자기정보열람청구권은 공공기관 등의 정보보유기관에 대하여 자신에 관한 정보에 자유롭게 접근하여 그 열람을 청구할 수 있는 권리를 말하며, 자기정보정정청구권은 정보내용이 부정확하거나 불완전한 경우 자신에 관한 정보의 정정·삭제 등

1) 헌재 2005. 5. 26. 99헌마513.

을 요구할 수 있는 권리를 말한다. 자기정보처리금지청구권은 정보수집이 자신의 기본권을 과도하게 침해할 경우 또는 정보의 이용목적이 불분명하거나 자의적인 정보수집인 경우 자신에 관한 정보의 수집·분석·처리 등을 배제할 수 있는 권리를 의미한다. 개인정보를 대상으로 한 조사·수집·보관·처리·이용 등의 행위는 모두 원칙적으로 개인정보자기결정권에 대한 제한에 해당한다. 이 사건 정보제공행위는 국민건강보험공단이 정보주체인 청구인들의 동의 없이 민감정보에 해당하는 청구인들의 요양급여정보를 서울용산경찰서장에게 제공한 것으로서 청구인들의 개인정보자기결정권을 제한하므로 헌법 제37조 제2항의 과잉금지원칙을 준수하여야 한다.

헌법재판소의 개인정보자기결정권에 관한 판례에 의하면 주민등록법상 주민등록번호 변경에 관한 규정을 두지 않은 것은 주민등록번호 불법유출 등을 원인으로 자신의 주민등록번호를 변경하고자 하는 자의 개인정보자기결정권을 침해하는 것이라고 하여 헌법불합치 결정을 하였다.[1] 또한 통신매체이용음란죄로 유죄판결이 확정된 자는 일률적으로 신상정보 등록대상자가 된다고 규정한 '성폭력범죄의 처벌 등에 관한 특례법' 조항은 개인정보자기결정권을 침해하여 헌법에 위반된다고 판시하였다.[2] 그러나 지문날인제도에 대해서는, 개인의 고유성·동일성을 나타내는 지문은 그 정보주체를 타인으로부터 식별 가능하게 하는 개인정보이므로 시장·군수 또는 구청장이 개인의 지문정보를 수집하고, 경찰청장이 이를 보관·전산화하여 범죄수사목적에 이용하는 것은 모두 개인정보자기결정권을 제한하는 것이라 할 수 있으나, 지문날인제도로 인하여 정보주체가 현실적으로 입게 되는 불이익에 비하여 경찰청장이 보관·전산화하고 있는 지문정보를 범죄수사활동, 대형 사건·사고나 변사자가 발생한 경우의 신원확인, 타인의 인적 사항 도용방지 등 각종 신원확인의 목적을 위하여 이용함으로써 달성할 수 있게 되는 공익이 더 크다고 할 것이므로 지문날인제도는 과잉금지원칙에 위배되지 아니한다고 판시하였다.[3]

공공기관의 개인정보 제공과 관련하여 국민건강보험공단이 정보주체의 동의 없이 민감정보에 해당하는 요양급여정보를 수사기관에게 제공한 것은 과잉금지원칙에 위배하여 개인정보자기결정권을 침해하는 것이라고 판단하고 있다.[4]

우리나라는 1996년부터 '공공기관의 개인정보보호에 관한 법률'이 제정되어 공공기관이 컴퓨터로 개인정보를 취급함에 있어 준수해야 할 사항들을 규정하여 왔으며, 이 법률은 2011년 개정법에 의해 '개인정보 보호법'으로 변경되었다. 현행 개인정보 보호법에 의하면

1) 헌재 2015. 12. 23. 2013헌바68.
2) 헌재 2016. 3. 31. 2015헌마688.
3) 헌재 2005. 5. 26. 99헌마513.
4) 헌재 2018. 8. 30. 2014헌마368.

이 법의 규율을 받는 개인정보처리자를 공공기관뿐만 아니라 법인, 단체 및 개인을 포함하고 있으며(동법 제2조 제5호), 개인정보 보호원칙으로 "개인정보처리자는 개인정보의 처리목적을 명확하게 하여야 하고 그 목적에 필요한 범위에서 최소한의 개인정보만을 적법하고 정당하게 수집하여야 한다"는 것 등을 규정하고 있다(동법 제3조). 정보주체의 권리보장으로 개인정보의 열람, 개인정보의 정정·삭제, 개인정보의 처리정지 및 개인정보처리자의 법 위반행위에 대한 손해배상책임 등(동법 제35조~제39조의2)을 규정하고 있으며, 개인정보에 관한 분쟁을 조정하기 위하여 개인정보 분쟁조정위원회를 두고 있다(동법 제40조~제50조).

4. 사생활의 비밀과 자유의 제한

사생활의 비밀과 자유도 절대적인 권리가 아니므로 일정한 한계가 있으며, 국가안전보장·질서유지·공공복리를 위하여 필요한 경우에는 법률로써 제한할 수 있다. 사생활의 비밀과 자유의 제한에 있어서는 언론의 자유와의 충돌을 어떻게 해결할 것인가가 문제되며, 그 밖에 국정조사나 수사상의 필요 등의 경우에 사생활의 비밀과 자유의 제한이 문제된다.

(1) 사생활의 비밀·자유와 언론의 자유

사생활의 비밀·자유와 표현의 자유라는 대립하는 두 법익이 충돌하는 경우의 조화적 해결방법으로 공익이론과 공적 인물의 이론 등이 있다.

(가) 공공의 이익(public interest) 이론

국민의 알 권리의 대상이 되는 사항은 국민에게 알리는 것이 공공의 이익이 된다는 이론이다. 즉 프라이버시의 권리는 공공의 이익이 되는 사항의 공개를 방해할 수 없다는 이론이다. 따라서 보도적 가치나 교육적·계몽적 가치가 있는 사실을 국민에게 알리는 것은 개인의 사생활의 비밀과 자유에 우선하기 때문에 그 공개는 침해행위가 될 수 없다거나 면책된다는 것이다. 공정한 해설이나 범죄인 체포의 보도, 범죄피해자의 공개 등이 이에 해당한다. 그러나 여기서 보도적 가치와 교육적 가치 등은 그 공공의 이익의 비중이 동일하지 아니하며 프라이버시 권리와의 충돌에 있어서도 차별적으로 비교형량될 수 있다.

(나) 공적 인물(public figure) 이론

이 이론은 사생활의 비밀과 자유가 침해되었다고 주장하는 자의 사회적 지위에 따라 사생활의 비밀과 자유의 한계가 결정되어야 한다는 것을 말한다. 즉 공적 인물은 그 사생활이 공개되더라도 일반인에 비하여 수인해야 할 경우가 많다는 이론이다. 공적 인물이란 그 재능·명성·생활양식 때문에 또는 일반인이 그 행위·인격에 관하여 관심을 가지는 직업 때문에 공적 인사가 된 자를 말한다. 자의로 유명인이 된 정치인·연예인·운동선수 등뿐만 아니라 타의로 유명인이 된 경우(범인과 그 가족, 피의자 등)도 포함된다. 이 공적 인물이론에 대해서는 비판론도 제기되는데, 프라이버시의 권리에 우월한 공적 가치의 인정은 공적 인물이냐 사적 인물이냐에 있는 것이 아니라, 그것이 공익적 사항인가 아닌가의 문제이며 공인이라 할지라도 공적 생활 밖에서는 프라이버시의 권리를 갖는다는 것이다.[1)]

대법원 판례에 의하면 공적 인물에 대하여는 사생활의 비밀과 자유가 일정한 범위 내에서 제한되어 그 사생활의 공개가 면책되는 경우도 있으나, 이는 공적 인물은 통상인에 비하여 일반국민의 알 권리의 대상이 되고 그 공개가 공공의 이익이 된다는 데 근거한 것이므로, 일반국민의 알 권리와는 무관하게 국가기관이 평소의 동향을 감시할 목적으로 개인의 정보를 비밀리에 수집한 경우에는 그 대상자가 공적 인물이라는 이유만으로 면책될 수 없다고 판시한 바 있다.[2)]

(다) 공적 기록(public record) 이론

이 이론은 공적 기록에서 얻은 자료의 공표는 원칙적으로 사생활의 비밀을 침해하는 것이 아니라는 이론이다. 예컨대 출생, 결혼, 주민등록, 군복무기록, 변호사나 의사자격의 취득 등이 여기에 해당한다. 그러나 공적 기록이라도 범죄기록, 학적부, 의료기록 등의 공표는 경우에 따라 사생활의 비밀을 침해할 수 있으므로 공적 기록의 공표도 구체적 상황에 따라 사생활의 비밀의 침해 여부가 결정된다.

(라) 인격영역이론

인격영역이론은 독일의 판례와 학설에 의해 발전되어 온 것으로 개인의 생활영역을 가장 내밀하고 폐쇄적인 영역에서 가장 공개적인 영역에 이르기까지 단계적으로 분류하여 내밀영역, 비밀영역, 사사적 영역, 사회적 영역, 공개적 영역으로 나누고 사생활의 비밀이 어떠한 영역에 속하는 사항인가에 따라 공개가 인정될 수 있는지의 여부가 결정된다는 이론이다.[3)]

내밀영역(Intimsphäre)은 인간의 자유의 최종적이고 불가침적인 영역으로 개인의 종교적·세계관적 확신이나 감정뿐만 아니라 개인의 간절한 원망, 두려움 등 극단적인 내심의 비밀과 성적 영역이 포함된다. 내밀영역에 대한 보호는 절대적인 것으로 공적인 인물을 포

---

1) 공적 인물이론에 관한 미국의 판례를 소개하면, 1940년 'New Yorker'라는 잡지가 한 때 세상을 놀라게 했던 잊혀진 천재의 과거를 들추어 정신적 고통을 가한 사건에서 법원은 원고가 과거에 있어서의 공적 인물이라는 이유로 잡지사에 대한 손해배상청구를 기각하였다. 이 판결은 공적 인물이론에 입각하여 표현의 자유에 편을 들고 있으나 당시 20년 전의 유명인에 대하여 공적 인물의 이론을 그대로 적용하여 프라이버시의 침해를 인정하지 않은 것은 원고에게 가혹한 판결이라는 비판이 있었다. Sidis v. F－R Publishing Co., 113F. 2d 806 (1940).

2) 대판 1998. 7. 24. 96다42789.

3) 인격영역이론에 관한 상세한 내용은 박용상, "언론의 프라이버시 기타 인격권침해", 인권과 정의(1995. 8), 33면 이하 참조.

함하여 모든 인간에게 적용되며 이 영역에 대한 무단 공개와 폭로는 위법이 된다.

비밀영역(Geheimsphäre)은 사회통념상 이성적인 평가를 할 경우 공공에게 노출되어서는 안 될 인간의 생활영역을 의미하며, 언론은 본인의 동의 없이 이 영역에 관한 사항을 임의로 보도할 수 없다.

사사적(私事的) 영역(Privatssphäre)은 가족과 친구, 친지 등의 친밀한 범위 내에서 이루어지는 일상생활의 영역을 말하며 개인의 혈통, 가계, 성격, 습관과 질병 등도 사사적 영역에 속한다. 그러나 비밀영역이나 사사적 영역은 절대적인 보호를 받는 것은 아니며, 표현의 자유와 긴장관계에 서게 되고 공익과의 비교형량을 통해 그 보호여부가 결정된다. 그 밖에 사회적 영역에 관해서 언론은 내밀영역이나 사사적 영역에 비하여 훨씬 더 자유롭게 보도할 수 있으며, 공개적 영역에서는 폭로로부터의 인격권적 보호가 존재하지 않는다.

(2) 사생활의 비밀·자유와 국정조사·감사권

국회의 국정조사·감사권의 발동은 그 목적과 직접 관련 없는 개인의 프라이버시에 관하여는 조사가 허용되지 않으며 증언을 거부할 수 있다. 국정조사나 감사가 사생활에 관한 조사를 부득이 하게 되는 경우에는 합리적인 범위 안에서 최소한에 그쳐야 한다. '국정감사 및 조사에 관한 법률' 제8조도 국정감사 또는 조사는 개인의 사생활을 침해하여서는 안 된다고 규정하고 있다.

(3) 사생활의 비밀·자유와 행정조사 등

행정의 전산화 등을 통한 행정조사에 수반되는 개인의 사생활의 비밀과 자유의 침해에 대하여는 특별한 배려가 있어야 한다. 또한 수사기관의 수사권 남용은 개인의 사생활의 비밀과 자유에 대한 중대한 위협이 될 수 있다. 수사권 발동으로 사생활의 비밀과 자유를 제한할 수밖에 없는 경우에도 합리적인 범위 안에서 최소한에 그쳐야 한다.

(4) 청소년의 성보호를 위한 신상공개제도

'청소년의 성보호에 관한 법률'은 청소년을 보호하고자 하는 취지에서 청소년을 대상으로 한 성범죄자의 성명, 연령, 생년월일, 직업, 주소 등과 범죄사실을 공개하도록 하고 있다. 이러한 성범죄자의 신상공개는 공익목적을 위한 것으로 그 공개에 의한 사생활의 비밀과 자유의 제한은 정당화될 수 있다. 청소년 성매수자의 일반적 인격권과 사생활의 비밀의 자유가 제한되는 정도가 청소년 성보호라는 공익적 요청에 비해 크다고 할 수 없기 때문이다.[1)]

1) 헌재 2003. 6. 26. 2002헌가14.

(5) 사생활의 비밀·자유와 전자장치 부착

성폭력범죄를 2회 이상 범하여 그 습벽이 인정된 때에 해당하고 성폭력범죄를 다시 범할 위험성이 인정되는 자에 대해 검사의 청구와 법원의 판결로 3년 이상 20년 이하의 기간 동안 전자장치 부착을 명할 수 있도록 한 '특정범죄자에 대한 위치추적 전자장치 부착 등에 관한 법률' 조항은 과잉금지의 원칙에 위배하여 피부착자의 사생활의 비밀과 자유, 개인정보 자기결정권, 인격권을 침해한다고 볼 수 없다.[1)]

Ⅱ. 주거의 자유

1. 주거의 자유의 의의

헌법 제16조는 "모든 국민은 주거의 자유를 침해받지 아니한다. 주거에 대한 압수나 수색을 할 때에는 검사의 신청에 의하여 법관이 발부한 영장을 제시하여야 한다"라고 규정하여 주거의 자유를 보장하고 있다. 주거의 자유는 자신의 주거를 공권력이나 제3자로부터 침해당하지 아니할 권리를 말한다. 이는 개인의 자유로운 인격의 발현을 위하여 기초적 생활공간을 보장해 주는 권리이다.

2. 주거의 자유의 주체

주거의 자유는 성질상 인간의 권리이므로 법인이나 단체는 그 주체가 될 수 없다고 할 수 있다. 주거의 자유의 보호법익이 사생활이 전개되는 공간적 영역을 의미하므로 법인 등의 단체에 대해서는 주거의 자유가 인정되지 않는다고 보는 것이 타당하다. 일정한 주거에 거주함으로써 그 장소로부터 사생활상의 편익을 얻는 자이면 소유주가 아니라도 누구나 주거의 자유의 주체가 된다. 공장이나 학교에서의 주거의 자유의 주체는 원칙적으로 당해 생활공간의 관리자인 공장장이나 교장이며, 주택에서의 주거의 자유의 주체는 그 소유주가 아니라 현실적으로 거주하고 있는 입주자이다.

3. 주거의 자유의 내용

(1) 주거의 불가침

주거는 사람이 거주하는 설비로서 개인의 사생활을 영위하는 장소이다. 주거는 외부와 구획된 사적인 생활공간이지만, 공공에게 출입이 개방되어 있는 장소도 관리자의 명시적인

---

1) 헌재 2012. 12. 27. 2011헌바89.

출입금지의사에 반하여 무리하게 입장하면 주거침입죄를 구성한다.[1] 주거 내에 도청기를 설치하여 대화를 도청하거나 녹음하는 것도 주거의 자유의 침해가 된다.

(2) 영장주의

주거에 대한 압수나 수색에는 정당한 이유가 있고 검사의 신청에 따라 법관이 발부한 영장을 필요로 한다. 정당한 이유란 범죄에 대한 혐의의 존재와 그것을 수사하기 위한 증거물의 발견이나 보전의 필요성이 객관적으로 인정되는 경우를 말한다. 헌법 제16조의 영장주의에는 '적법한 절차'가 명기되어 있지 않으나, 주거의 압수·수색에도 적법절차에 따라야 한다. 현행범인을 체포하거나 피의자를 긴급체포할 때에는 합리적인 범위 안에서 영장 없이 주거에 대한 압수나 수색을 하는 것이 허용된다고 보는 것이 통설이다.

헌법재판소는 체포영장을 집행하는 경우 필요한 때에는 타인의 주거 등에서 피의자 수사를 할 수 있도록 한 형사소송법 조항(제216조 제1항 제1호)이 헌법 제16조의 영장주의에 위반된다고 판단하고 있다. 위 형사소송법 조항은 별도로 영장을 발부받기 어려운 긴급한 사정이 있는지 여부를 구별하지 아니하고 피의자가 소재할 개연성만 소명되면 영장 없이 타인의 주거 등을 수색할 수 있도록 허용하고 있으나, 이는 수색에 앞서 영장을 발부받기 어려운 긴급한 사정이 인정되지 않는 경우에도 영장 없이 피의자 수색을 할 수 있다는 것이므로 헌법 제16조의 영장주의 예외 요건을 벗어나는 것으로서 영장주의에 위반된다고 본 것이다.[2]

4. 주거의 자유의 제한

주거의 자유는 헌법 제37조 제2항에 따라 국가안전보장·질서유지·공공복리를 위하여 필요한 경우에 한하여 법률로써 제한할 수 있다. 예컨대 감염병예방을 위한 경우(감염병예방법 제49조), 재난이 발생하였거나 발생할 우려가 있는 경우(재난 및 안전관리기본법 제27조), 형사소송법상 현장검증의 경우(형소법 제119조) 등에는 주거의 자유가 제한될 수 있다.

---

1) 대법원 판례에 의하면 "일반적으로 대학교의 강의실은 그 대학당국에 의하여 관리되면서 그 관리업무나 강의에 관련되는 사람에 한하여 출입이 허용되는 건조물이지 널리 일반인에게 개방되어 누구나 자유롭게 출입할 수 있는 곳은 아니다"라고 판시하여 주거침입죄를 인정한 바 있으며(대판 1992. 9. 25. 92도1520), 일반인의 출입이 허용된 음식점이라 하더라도 영업주의 명시적 또는 추정적 의사에 반하여 들어간 것이라면 주거침입죄가 성립한다고 판시하였다(대판 1997. 3. 28. 95도2674).

2) 헌재 2018. 4. 26. 2015헌바370.

Ⅲ. 거주·이전의 자유

1. 거주·이전의 자유의 의의

헌법 제14조는 "모든 국민은 거주·이전의 자유를 가진다"라고 규정하여 거주·이전의 자유를 보장하고 있다. 거주·이전의 자유란 국가권력의 간섭을 받지 않고 자신이 원하는 곳에 주소 또는 거소를 정하거나, 그 곳으로부터 자유로이 이전하거나 또는 자신의 의사에 반하여 거주지와 체류지를 변경하지 아니할 자유를 말한다.

거주·이전의 자유는 인간존재의 본질적 자유를 의미하며, 개인의 활동영역을 확대시켜 줌으로써 인격형성과 인간적 성장을 돕는다는 점에서 인간의 존엄과 가치를 유지하기 위한 자유이다.

2. 거주·이전의 자유의 주체

거주·이전의 자유는 자연인뿐만 아니라 법인도 그 주체가 될 수 있다. 거주·이전의 자유는 국민의 권리이므로 외국인에 대하여는 원칙적으로 보장되지 아니하며 그에 관하여는 당국의 허가를 받아야 한다.

3. 거주·이전의 자유의 내용

(1) 국내에서의 거주·이전의 자유

대한민국 국민은 대한민국의 영역 안에서 거주지와 체류지를 자유롭게 설정하고 변경할 수 있는 자유를 가진다. 대한민국의 영토는 헌법상 한반도와 그 부속도서로 하고 있으나, 현실적으로 군사분계선 이남에만 국가의 주권이 미칠 뿐이므로 국내에서의 거주·이전의 자유는 북한지역에로의 이전까지를 내용으로 할 수 없다.

(2) 국외 거주·이전의 자유

거주·이전의 자유는 국외로 출국할 수 있는 자유 및 이(출국의 자유)를 전제로 한 해외여행의 자유, 국외이주의 자유, 귀국의 자유 등이 포함된다. 출국의 자유와 관련하여 병역의 무자의 출국을 제한하는 것은 국가목적을 위한 정당한 사유가 있는 것으로 거주·이전의 자유를 부당하게 침해하는 것이라 할 수 없다. 해외여행을 하기 위해서는 여권법과 출입국관리법에 의한 일정한 제한을 받게 되며, 국외이주에 관하여 해외이주법은 이주자보호를 위해 국외이주를 신고사항으로 하고 있다.

(3) 국적이탈의 자유

거주·이전의 자유가 국적이탈 또는 국적변경의 자유까지 포함하는가가 문제되는데, 다수설은 국적이탈의 자유를 포함하는 것으로 이해한다. 거주·이전의 자유에 국적이탈의 자유가 포함된다면 한국민은 자유로이 한국의 국적을 이탈할 자유가 보장된다. 이에 대해 소수설은 누구나 특정 공동체에 태어난 것은 자신의 자유의지에 의한 것이 아니므로 자신이 살 공동체를 선택할 권리는 본질상 인간의 존엄과 가치 및 행복추구권을 정하고 있는 헌법 제10조에서 도출되는 것이며, 거주·이전의 자유에서 도출되는 것은 아니라고 본다.[1]

4. 헌법재판소 판례

거주·이전의 자유 제한에 관한 헌법재판소 판례를 보면 1) 거주지를 기준으로 중고등학교 입학을 제한하는 고교입시평준화제에 대하여, 학부모는 원하는 경우 언제든지 자유로이 거주지를 이전할 수 있으므로 그와 같은 생활상의 불이익만으로는 거주·이전의 자유를 제한한다고 할 수 없다.[2] 2) 전문약사가 부족한 지역에 한해서 한약업사의 영업을 허용함으로써 한약업사의 영업지를 제한하는 것에 대해, 이는 전문약사가 부족한 지역에서의 국민건강의 유지·향상을 위하여 마련된 것으로 거주·이전의 자유를 침해하는 것은 아니다.[3] 3) 일반인은 31세가 되면 입영의무가 면제되는 데 반해 해외체재자에 대해서는 36세가 되어야 병역의무가 면제되도록 하는 구 병역법 제71조 제1항 제6호[4]가 거주·이전의 자유를 침해하는 것이 아니다.[5]

Ⅳ. 통신의 자유

1. 통신의 자유의 의의

헌법 제18조는 "모든 국민은 통신의 비밀을 침해받지 아니한다"라고 하여 통신의 자유를 보장하고 있다. 통신의 자유란 통신의 비밀의 불가침을 의미하는 것으로, 개인이 그 의사나 정보를 우편물이나 전기통신 등의 수단에 의하여 전달 또는 교환하는 경우에 그 내용 등이 본인의 의사에 반하여 공개되지 아니할 자유를 말한다.

---

1) 정종섭, 앞의 책, 652면.
2) 헌재 1995. 2. 23. 91헌마204.
3) 헌재 1991. 9. 16. 89헌마231.
4) 병역법 제71조 제1항은 2009. 6. 개정되어 현역병 등의 입영의무가 36세부터 면제되고 해외 체류자 등의 경우에는 38세부터 면제되도록 규정하였다.
5) 헌재 2004. 11. 25. 2004헌바15.

통신의 자유의 보호법익은 인격권을 내실로 하는 사생활의 비밀과 표현행위의 자유라고 할 수 있다. 즉 통신의 비밀의 보장은 사생활의 비밀을 통신의 측면에서 보장하는 것이며, 아울러 통신을 통한 표현행위의 대내적 대화과정을 보호하는 것으로 이는 양심의 자유와 사상의 자유와도 관련이 있다.

2. 통신의 자유의 주체

통신의 자유는 인간의 권리로서 내국인뿐만 아니라 외국인에게도 보장되며, 법인이나 단체에도 그 권리의 주체성이 인정된다.

3. 통신의 자유의 내용

통신의 비밀의 불가침은 신서·전화·전신·팩스·전자우편·인터넷 등 체신기관과 컴퓨터기기에 의하여 다루어지는 격지자간의 의사전달 내용의 열람금지, 청취·녹음금지, 누설금지, 공개금지 등을 내용으로 한다. 봉합된 신서의 경우 그것을 개봉하거나 다른 방법으로 그 내용을 인지하는 것이 금지되고, 봉합하지 않은 신서(엽서, 전보)에 관해서는 그 문면의 내용뿐만 아니라 발신인과 수신인의 성명, 거소 등을 제3자에게 누설하는 것이 금지된다. 통신의 비밀에 의하여 보호되는 대상은 통신의 내용에 국한되지 않고, 수신인과 발신인의 성명주소, 수신지와 발신지, 수신과 발신의 연월일, 통신의 수량·횟수 등 통신에 관한 정보 일체가 포함된다.

통신비밀보호법에 의하면 법률로 정한 경우를 제외하고는 누구든지 우편물의 검열·전기통신의 감청 또는 통신사실 확인자료의 제공을 하거나 공개되지 아니한 타인간의 대화를 녹음 또는 청취하지 못한다고 규정하고 있으며, 우편물의 검열 또는 전기통신의 감청은 범죄수사 또는 국가안전보장을 위하여 보충적인 수단으로 이용되어야 하며 국민의 통신비밀에 대한 침해가 최소한에 그치도록 노력하여야 한다고 규정하고 있다(제3조). 또한 불법검열에 의해 취득한 우편물이나 그 내용 및 불법감청에 의해 지득 또는 채록된 전기통신의 내용은 재판 또는 징계절차에서 증거로 사용할 수 없다고 규정하고 있다(제4조).

헌법 제18조는 통신비밀의 불가침뿐만 아니라 국민이 자유롭게 통신하는 것을 보장한다. 헌법재판소는 육군 신병훈련소에서 교육훈련을 받는 동안 전화사용을 통제하는 것에 대하여 신병들을 군인으로 육성하고 교육훈련과 병영생활에 조속히 적응시키기 위하여 신병교육기간에 한하여 신병의 외부 통화를 통제하는 것은 과잉금지의 원칙에 위배되지 않는다고 판시하였다.[1)]

---

1) 헌재 2010. 10. 28. 2007헌마890.

4. 통신의 자유의 제한

(1) 통신사실 확인자료의 제공

통신비밀보호법에 의하여 범죄수사를 위해 필요하거나 재판상 필요한 경우에는 전기통신사업자에게 통신사실 확인자료의 제공을 요청할 수 있다(제13조 제1항, 제13조의2). 범죄수사를 위해 필요한 경우에는 검사 또는 사법경찰관은 요청사유, 해당 가입자와의 연관성 및 필요한 자료의 범위를 기록한 서면으로 관할 지방법원 또는 지원의 허가를 받아야 한다(제13조 제2항). 국가안전보장에 대한 위해를 방지하기 위하여 정보수집이 필요한 경우 정보수사기관의 장은 통신사실 확인자료를 요청할 수 있으며, 이 경우에도 고등법원 수석부장판사의 허가 또는 대통령의 승인을 얻어야 한다(제13조의4, 제7조 제1항).

헌법재판소는 2018년 6월 통신비밀보호법 '기지국수사' 사건에서 통신비밀보호법 제13조 제1항의 "검사 또는 사법경찰관은 수사를 위하여 필요한 경우 전기통신사업법에 의한 전기통신사업자에게 통신사실 확인자료의 열람이나 제출을 요청할 수 있다"고 규정한 부분은 청구인의 통신의 자유, 개인정보자기결정권을 침해하는 것으로 헌법에 합치하지 아니한다고 결정하였다.[1] 이 사건에서 헌법재판소는 가입자의 전기통신일시, 전기통신개시·종료시간, 착발신 통신번호 등 상대방의 가입자번호 등에 관한 통신사실 확인자료를 법원의 허가를 거쳐 요청하는 조항은 입법목적의 정당성과 수단의 적정성이 인정된다고 하였으나, '수사의 필요성'만을 그 요건으로 하고 있어 제대로 된 통제가 이루어지기 어려운 현실인 점, 기지국수사의 허용과 관련해서는 유괴·납치·성폭력범죄 등 강력범죄나 국가안보를 위협하는 각종 범죄와 같이 피의자나 피해자의 통신사실 확인자료가 반드시 필요한 범죄로 그 대상을 한정하는 방법등을 검토함으로써 수사에 지장을 초래하지 않으면서도 불특정 다수의 기본권을 덜 침해하는 수단이 존재하는 점을 고려할 때 이 요청조항은 침해의 최소성과 법익의 균형성이 인정되지 않는다고 판단하였다.

또한 헌법재판소는 통신비밀보호법 '위치정보 추적자료' 사건에서도 수사를 위하여 필요한 경우 통신비밀보호법 제2조 제11호 바목 등의 위치정보 추적자료를 요청할 수 있다는 규정에 대해서도 이 요청조항은 수사의 필요성만을 요건으로 규정함으로써 수사기관의 통신사실 확인자료 제공요청을 모든 범죄에 대하여 광범위하게 허용하고 있을 뿐만 아니라 범죄의 의혹만으로도 특정 시간대 특정 기지국에서 발신된 불특정 다수의 통신사실 확인자료를 제공받는 수사방식을 허용하여 정보주체의 기본권을 과도하게 제한하는 것으로서 개인정보자기결정권과 통신의 자유를 침해하는 것이라고 헌법불합치결정을 선고하였다.[2]

---

1) 헌재 2018. 6. 28. 2012헌마538.
2) 헌재 2018. 6. 28. 2012헌마191.

(2) 발신자전화번호통보제도

발신자전화번호통보(안내)제도는 수신자의 요청에 따라 전화에 의한 폭언·협박·희롱 등으로부터 수신인을 보호하기 위하여 송신인의 전화번호를 수신인에게 알려주는 제도이다. 이 제도는 폭력전화와 같은 범죄행위를 방지하고 피해자에 대하여 사생활의 평온이라는 인권을 보장해 줄 필요가 있다는 입장에서 볼 때 합헌이라고 할 수 있다.

(3) 감청과 도청

감청(監聽)이란 유권기관이 관계 법률에 따라 합법적으로 당사자의 동의 없이 전자장치·기계장치 등을 사용하여 통신의 음향·문언·부호·영상 등을 청취하거나 공독(共讀)하여 그 내용을 지득 또는 해독하거나 전기통신의 송·수신을 방해하는 것을 말하고, 도청(盜聽)이란 불법적으로 다른 사람의 전기통신의 내용을 몰래 지득하거나 해독하는 것을 말한다(불법적 감청).

당사자의 동의 없이 전기통신의 내용을 지득하는 것은 사생활의 비밀과 자유는 물론이고 통신의 불가침성을 침해하는 행위로 위헌이지만, 예외적으로 감청 등 통신제한조치가 허용될 수 있다. 통신비밀보호법은 범죄수사의 경우와 국가안보를 위한 경우 감청 등을 허용하고 있다. 즉 전기통신 등이 범죄목적에 이용되는 것이 확실한 경우나 다른 방법으로 범죄의 저지나 범인의 체포 또는 증거의 수집이 어려운 경우에 감청의 종류·목적·대상·범위·기간 등을 기재한 서면으로써 검사가 법원에 청구하고 이에 관하여 법원으로부터 허가서를 발부받은 경우에는 합법적인 감청이 허용된다(제5조, 제6조). 또한 국가안전보장에 상당한 위협이 예상되는 경우에 한하여 내국인과 외국인에 대하여 감청 등 통신제한조치를 할 수 있다(제7조).

헌법재판소 판례에 의하면 미결수용자의 서신검열은 그 필요성이 인정되므로 합헌이라고 하였으나, 미결수용자와 변호인 사이의 서신에 대한 검열행위는 미결수용자의 통신의 비밀을 침해받지 않을 권리와 변호인의 조력을 받을 권리를 침해하는 것으로 위헌이라고 판시하였다.[1] 그리고 수용자가 밖으로 내보내는 모든 서신을 봉합하지 않은 상태로 교정시설에 제출하도록 규정하고 있는 '형의 집행 및 수용자의 처우에 관한 법률 시행령' 조항은 과잉금지의 원칙에 위배되어 수용자의 통신비밀의 자유를 침해한다고 판시하였다.[2]

1) 헌재 1995. 7. 21. 92헌마144.
2) 헌재 2012. 2. 23. 2009헌마333.

제 4 절 정신적 자유권

I. 양심의 자유

1. 양심의 자유의 의의

(1) 양심의 개념

헌법 제19조는 "모든 국민은 양심의 자유를 가진다"라고 규정하여 양심의 자유를 보장하고 있다. 양심(良心)의 자유란 인간의 존엄과 가치의 내면적 기초가 되는 개인의 윤리의식과 사상(세계관, 인생관, 주의 등)을 의미하는 양심을 자유로이 형성할 자유와, 그렇게 형성된 양심을 외부에 표명하도록 강제당하지 아니할 자유, 그리고 그 양심에 반하는 행동을 강요당하지 아니할 자유를 포함한다.

양심의 자유는 정신적 자유권 중에서 가장 기본적이며 최상급의 자유권을 의미한다. 양심의 자유는 자연법상의 권리로서 그것이 인간의 내심의 영역에 머무는 한 절대적 자유권으로 보장된다. 양심의 자유는 인간의 존엄성 유지와 개인의 자유로운 인격발현을 최고의 가치로 삼는 우리 헌법상의 기본권체계 내에서 개인적 인격의 정체성과 동질성을 유지하는 데 중요한 기능을 한다. 양심의 자유는 인간의 존엄성과 불가분의 관계에 있고, 가치상대주의와 세계관적 중립성을 토대로 공동체 내에서 다양한 의사가 자유롭게 형성되고 나누어지는 것을 가능하게 하므로 민주주의를 구현하기 위한 전제가 되며, 이것이 없이는 학문·예술의 자유, 정치활동의 자유 등이 실질적으로 보장되기 어렵다.

양심의 자유에 있어서 양심(良心)이란 무엇인가? 양심의 개념을 일의적으로 정의하기는 어렵지만 대체로 인간의 내심에 있어서의 개인의 도덕적 의무의 자각이나 도덕적·윤리적 판단을 의미하며, 여기에다 개인의 세계관·인생관과 같은 일반적 신조(信條)나 사상을 포함하는 넓은 개념으로 이해하는 것이 통설적 입장이다. 헌법재판소는 양심의 개념을 인간의 인격형성에 관계되는 내심에 있어서의 윤리적 판단과 사상·신조를 포함하는 넓은 의미로 해석하기도 하고, 좁은 의미의 윤리적 판단으로 해석하기도 한다.[1]

양심의 자유가 보장하는 양심은 민주적 다수의 사고나 가치관과 일치하는 것이 아니

1) 헌법재판소는 양심의 개념에 관하여 "양심이란 세계관·인생관·주의·신조 등은 물론, 이에 이르지 아니하여도 보다 널리 개인의 인격형성에 관계되는 내심에 있어서의 가치적윤리적 판단도 포함된다"고 광의의 개념으로 보기도 하고(헌재 1991. 89헌마160), "헌법이 보호하려는 양심은 어떤 일이 옳고 그름을 판단함에 있어서 그렇게 행동하지 아니하고는 자신의 인격적인 존재가치가 허물어지고 말 것이라는 강력하고 진지한 마음의 소리이지, 막연하고 추상적인 개념으로서의 양심이 아니다"라고 협의의 개념으로 보기도 한다(헌재 2004. 8. 26. 2002헌가1).

라, 개인적 현상으로서 지극히 '주관적'인 것이다. 양심은 그 대상이나 내용 또는 동기에 의하여 판단될 수 없으며, 특히 양심상의 결정이 이성적이고 합리적인 것인가 또는 법질서나 사회규범·도덕률과 일치하는가 하는 관점은 양심의 존재를 판단하는 기준이 될 수 없다. 양심의 자유에서 현실적으로 문제가 되는 것은 사회적 다수의 양심이 아니라, 국가의 법질서나 사회의 도덕률에서 벗어나려는 소수의 양심이다. 따라서 양심상의 결정이 어떠한 종교관·세계관 또는 그 외의 가치체계에 기초하고 있는가와 관계없이, 모든 내용의 양심상의 결정이 양심의 자유에 의하여 보장된다.[1)]

(2) 양심과 신앙·사상의 구별

양심과 구별되는 개념으로 신앙과 사상의 개념을 정리할 필요가 있다. 양심이 윤리적 확신 내지 가치판단을 의미한다면 신앙(信仰)은 형이상학적 사유체계로서 종교적 확신이라는 점에서 양심과 신앙은 구별된다. 그리고 사상(思想)은 논리적 차원의 사고라는 점에서 양심보다 넓은 개념이라 할 수 있다. 그러나 양심과 사상은 내심에 있어서의 자유로운 정신작용을 보장하는 것을 목적으로 하고 사상도 어떠한 가치관을 기초로 하는 체계적인 사고 또는 신념을 의미한다는 점에서 사상은 양심과 불가분의 관계에 있다. 현행헌법은 사상의 자유를 따로 규정하고 있지 않지만, 헌법 제19조의 양심의 자유를 도덕적·윤리적 판단뿐만 아니라 일련의 가치관 또는 신조까지 포함하는 것으로 해석할 때 이는 '사상의 자유'의 헌법적 근거조항으로 이해되는 것이다.

(3) 양심의 자유의 법적 성격

양심의 자유는 정신적 자유권 중에서 가장 기본적이며 최상급의 자유권이라 할 수 있다. 양심의 자유는 자연법상의 권리로서 그것이 내심의 영역에 머무는 한 절대적 자유권으로 보장된다. 또한 헌법 제19조의 양심은 '인간의 양심'을 의미하므로 국회의원 또는 법관의 '직업적 양심'을 의미하는 헌법 제46조 제2항과 제103조의 양심과 구별된다. 헌법 제46조 제2항은 "국회의원은 국가이익을 우선하여 양심에 따라 직무를 행한다"고 규정하고, 제103조에는 "법관은 헌법과 법률에 의하여 그 양심에 따라 독립하여 심판한다"고 하여 주관적인 인간의 양심과 구별되는 국회의원과 법관의 객관적인 직무상 양심을 강조하고 있다.

2. 양심의 자유의 주체

양심의 자유는 자연인만이 그 주체가 될 수 있다고 보는 것이 통설이다. 헌법 제19조는 양심의 자유의 주체를 모든 국민이라고 규정하고 있지만 외국인도 그 주체가 될 수 있다.

---

1) 헌재 2004. 8. 26. 2002헌가1.

양심의 자유는 인류보편의 원리를 의미하기 때문이다.

헌법재판소는 사죄광고 사건에서 “법인의 경우라면 그 대표자에게 양심표명의 강제를 요구하는 결과가 된다”고 판시하여 실질적으로 법인에도 양심의 자유를 인정하고 있다.[1)]

3. 양심의 자유의 내용

(1) 양심형성의 자유

양심형성 또는 양심결정의 자유란 외부로부터의 어떠한 간섭이나 압력을 받지 않고 자신의 도덕적 판단에 따라 양심을 형성하고 양심상의 결정을 내리는 자유를 말한다. 양심상의 결정은 내심의 작용으로서 어떠한 경우에도 제한할 수 없는 절대적 자유이다. 양심결정의 자유를 실질적으로 보장하기 위해서는 양심결정과정에 국가권력이나 타인이 관여하거나 일정한 양심결정을 하도록 강제하여서는 안 된다.

(2) 소극적 양심실현의 자유

소극적 양심실현의 자유는 인간의 내면세계에서 결정되거나 형성된 양심을 언어 등으로 외부에 표명하도록 강제받지 아니하는 자유(침묵의 자유)와 양심에 반하는 행위의 강제금지를 내용으로 한다. 침묵의 자유로부터 양심추지의 금지가 파생한다. 헌법 제12조 제2항의 불리진술거부권은 사법절차에 있어 인신의 자유를 보장하기 위한 것으로 양심의 자유를 보장하기 위한 침묵의 자유와 구별된다.

(가) 양심추지의 금지

양심추지(良心推知)의 금지는 양심을 일정한 행동에 의해 간접적으로 표명하도록 강요당하지 않을 자유를 말한다. 즉 일정한 행동을 하도록 강제하여 그 행동을 통해 내면의 양심을 추정하는 것을 금지하는 것을 말한다. ‘십자가밟기’ 등이 대표적인 예에 해당한다. 십자가밟기는 제2차대전 당시 일제가 기독교인을 가려내기 위해 강요한 것으로, 이러한 일정한 행위의 강제를 통한 양심추지는 양심의 내용을 표명하도록 강제하는 것이므로 침묵의 자유를 침해하는 것이 된다.

(나) 충성선서

충성선서(loyalty oath)는 공직자의 임용요건으로서 헌법이나 국가에 대한 충성을 선서하게 하는 것을 말한다. 충성선서와 관련하여 미국 연방대법원 판례를 보면 주(州)정부의 공직취임에 있어서 연방헌법과 주헌법에 대한 충성선서는 위헌이 아니라고 판단하였다.[2)]

---

1) 헌재 1991. 4. 1. 89헌마160.
2) Cole, State Hospital Superintendent, et al. v. Richardson, 405 U.S. 676 (1972).

그러나 주의 공직취임에 헌법에 대한 충성이 아닌 "신의 존재를 믿는다"는 선서를 강요하는 것은 위헌이라고 하였다.[1] 그 밖에 충성선서의 내용이 특정의 정치적 신념에 관계되는 경우(공산당원이 아니라는 선서)라든지 선서의 내용이 막연한 경우에는 위헌이라고 판단한 사례도 있다. 우리나라의 경우 국기에 대한 경례를 우상숭배라고 하여 이를 거부한 학생에 대하여 교육방침에 위배되는 것으로 제적처분을 한 것이 정당하다는 대법원 판례가 있다.[2]

(다) 양심에 반하는 행위의 강제금지

양심에 반하는 행동을 강요당하지 않을 자유에 있어서는 양심적 병역거부, 사죄광고를 명하는 판결, 준법서약 등이 문제된다. 양심적 병역거부의 인정 여부는 종교적·윤리적 확신에 따라 집총이나 전투에 종사하는 것을 반대하는 자에게 병역을 강제하는 것이 종교와 양심의 자유를 침해하는 것이 아닌가의 문제이다. 미국이나 독일 등은 헌법과 법률에 의하여 양심적 집총거부자에 대해 병역을 면제해 주는 제도가 있으나, 우리나라는 헌법상 양심적 병역거부를 인정하는 규정이 없으며 헌법상 국방의 의무와 병역법상 입영기피자의 처벌규정에 의해 형사처벌을 면할 수 없게 된다. 헌법재판소는 양심적 병역거부자를 처벌하는 병역법 조항에 대하여 그것은 양심의 자유를 침해하는 것이 아니라고 하여 합헌결정을 선고해 왔다.[3]

그러나 헌법재판소는 2018년 6월 28일 양심적 병역거부 사건에서 병역의 종류에 양심적 병역거부자에 대한 대체복무제를 규정하지 아니한 병역법 제5조 제1항은 과잉금지의 원칙에 위반하여 양심의 자유를 침해한다고 판시하고, 2019. 12. 31.을 시한으로 입법자가 개정할 때까지 계속 적용된다는 헌법불합치결정을 선고하였다.[4]

사죄광고를 명하는 판결의 위헌 여부에 관하여는 학설이 나뉘고 있으나, 양심상 승복할 수 없다고 하는 경우에 사죄광고를 명하는 판결을 강제집행하는 것은 양심의 자유를 침

---

1) Tocaso v. Watkins, Clerk, 367 U.S. 488 (1961).
2) 대판 1976. 4. 27. 75누249.
3) 헌재 2004. 8. 26. 2002헌가1; 헌재 2011. 8. 30. 2008헌가22.
4) 헌재 2018. 6. 28. 2011헌바379. 이 사건에서 헌법재판소 다음과 같이 판시하고 있다. "양심적 병역거부자들은 병역의무를 단순히 거부하는 것이 아니라 자신의 양심을 지키면서도 국민으로서의 국방의 의무를 다할 수 있도록 집총 등 군사훈련을 수반하는 병역의무를 대신하는 제도를 마련해 달라고 국가에 호소하고 있다. 따라서 이들의 병역거부를 군복무의 고역을 피하기 위한 핑계라거나 국가공동체에 대한 기본의무는 이행하지 않으면서 국가의 보호만을 바라는 무임승차라고 볼 수는 없다. 즉, 양심적 병역거부자들은 단순히 군복무의 위험과 어려움 때문에 병역의무 이행을 회피하고자 하는 다른 병역기피자들과는 구별된다고 보아야 한다.
양심적 병역거부자들은 현재의 대법원 판례에 따를 때 이 사건 법률조항에 의해 형사처벌을 받게 되고 이후에도 공무원이 될 기회를 가질 수 없게 되는 등 여러 부가적 불이익마저 받게 된다. 그럼에도 불구하고 국가는 양심적 병역거부자들의 절박한 상황과 대안의 가능성을 외면하고 양심을 지키려는 국민에 대해 그 양심의 포기 아니면 교도소에의 수용이라는 양자택일을 강요하여 왔을 뿐이다. 국가에게 병역의무의 면제라는 특혜와 형사처벌이라는 두 개의 선택지밖에 없다면 모르되, 국방의 의무와 양심의 자유를 조화시킬 수 있는 제3의 길이 있다면 국가는 그 길을 진지하게 모색하여야 할 것이다."

해하는 것이라고 보는 위헌설이 타당하다. 헌법재판소는 사죄광고의 강제는 양심표명의 강제인 동시에 인간의 존엄과 가치 및 그를 바탕으로 하는 인격권을 침해하는 것이므로, 민법 제764조의 '명예회복에 적당한 처분'에 이를 포함시키는 것은 위헌이라고 하였다.[1]

준법서약의 경우 국가보안법 등 위반의 수형자에게 가석방의 조건으로 헌법과 국법질서를 준수하겠다는 서약을 요구하는 것은 국민이 일반적으로 부담하는 단순한 헌법적 의무의 확인·서약에 불과한 것이며 새로운 법적 의무를 부과하는 것이 아니므로 수형자의 양심의 자유를 침해하는 것이 아니라고 본다. 헌법재판소도 준법서약은 국민이 부담하는 일반적 의무를 장래에 향하여 확인하는 것에 불과하므로 양심의 영역을 건드리는 것이 아니라고 판시하였다.[2] 그러나 이 사건에서 재판관 2인의 반대의견은 준법서약제도는 양심의 자유를 침해하는 것이라고 하여 위헌의견을 제시하였다.[3]

(3) 적극적 양심실현의 자유

개인의 도덕적·종교적 판단이나 신조 등 양심상의 결정을 외부에 표명하는 행위라든지 양심상의 결정에 따라 적극적으로 행동할 자유 등이 헌법상 양심의 자유에 의해 보장되는가가 문제된다. 이에 관하여는 견해가 나뉘고 있는데, 부정설은 양심의 자유가 양심의 결정에 따른 행동의 자유까지 보장하는 것으로 확대해석할 수 없다고 본다.[4] 이에 반하여 긍정설은 양심의 자유에는 양심의 결정을 행동으로 옮겨서 실현시킬 수 있는 자유로서의 양심실현의 자유를 포함시키고 있다. 긍정설이 다수설이며, 헌법재판소의 입장이기도 하다.[5]

생각건대 인간의 내심의 작용으로서 양심형성의 자유는 인간의 내면세계에 개입할 수

---

1) 헌재 1991. 4. 1. 89헌마160.

2) 헌재 2002. 4. 25. 98헌마425등.

3) 재판관 김효종, 주선회의 위헌의견. "준법서약서제도는 '개인의 세계관·인생관·주의·신조 등이나 내심에 있어서의 윤리적 판단'을 그 대상으로 하고 있다는 점에서 내심의 자유를 직접 제한하는 것이라고 볼 수 있다. 비록 준법서약서라는 '표현된 행위'가 매개가 되지만 이는, 국가가 개인의 내심의 신조를 사실상 강요하여 고백시키게 한다는 점에서, 양심실현 행위의 측면이라기 보다는, 내심의 신조를 사실상 강요하는 것에 다름 아니다. 준법서약서제도는 어느 법률에서도 이를 직접 규정하고 있지 않으며 또한 이를 하위법령에 위임하는 근거규정도 없다. 그러므로 더 나아가 볼 것 없이 국민의 자유와 권리는 '법률로써' 제한할 수 있도록 한 헌법 제37조 제2항에 위반된다. 설사 이를 내심의 자유에 관련된 것이 아니라, 양심 '실현'의 자유에 대한 제한으로 보는 경우에도 이 사건 규칙은 비례의 원칙을 준수한 것이라 볼 수 없다. 이 사건 규칙이 수형자의 재범 가능성을 판단하기 위하여 향후의 준법의사를 파악한다는 관점에서 입법목적상 정당하다고 하더라도, 준법서약서를 제출하였다고 하여 향후 재범의 가능성이 없는 것인지, 제출하지 않은 경우 가석방하면 재범의 위험성이 높은 것인지는 명확하지 않다는 점에서, 이 사건 규칙이 입법목적 달성을 위한 효과적인 방법인 것인지는 의문이 있다. 한편 재범의 가능성에 대한 판단이 제도의 목적이라면 면접 등 다른 일반 수형자의 가석방 심사 방법으로도 충분히 그 목적을 달성할 수 있음에도, 이 사건 규칙은 필요 이상으로 양심의 자유를 제한한다. 나아가 준법서약서제도로 인하여 개인이 겪게 되는 양심상의 갈등, 즉 가석방을 얻어내기 위하여 자신의 근본적 신조를 변경하겠다는 표현을 하거나 혹은 침묵을 통해 신조의 불변을 나타내는 것에 대한 내면적 갈등의 심각성은, 재범의 위험성의 한 판단자료라는 공익과 대비시킬 때, 법익간의 균형성이 심각하게 훼손되고 있는 것이다."

4) 권영성, 헌법학원론, 483면.

5) 헌재 1998. 7. 16. 96헌바35.

없다는 의미에서 절대적 기본권으로 이해되고 있으며, 그것이 외부로 표명되어 나타날 경우에는 헌법상 보장된 표현의 자유와 연계된다. 따라서 양심이 외부로 표현되는 순간 양심의 자유와 표현의 자유가 상호 중첩될 수밖에 없으며, 그 시점에 양심의 자유는 바로 절대적 기본권으로서의 성격을 상실하게 된다고 할 수 있다. 양심실현의 자유를 인정하는 입장에서도 그것을 절대적 기본권으로 보지 않으며 헌법질서의 유지나 타인의 권리를 위하여 일정한 제한을 받게 됨은 물론이다.

양심의 자유의 실질적 보장을 위해서는 내심의 양심형성의 자유나 소극적 양심실현의 자유뿐만 아니라 적극적 양심실현의 자유도 보장되어야 하기 때문에 긍정설이 타당하다. 다만 여기서 적극적 양심실현의 자유는 절대적 기본권이 아니라 상대적 기본권으로 법률에 의해 제한을 받게 되는 것을 의미한다. 따라서 개인의 양심적 판단에 기초하여 범죄행위를 하는 것은 양심의 자유로 허용되지 않으며 그 범죄행위는 위법성과 책임성이 조각되지 않는다. 양심적 판단에 따라 확신을 가지고 범죄행위를 행한 확신범의 경우도 형사처벌된다. 다만 양심범의 특성상 국가는 최대한의 관용을 베풀어야 하는 것이 요구될 수 있다.

적극적 양심실현의 자유와 관련하여 '양심선언'이 문제된다. 대법원은 양심선언을 하기 위한 목적으로 군무이탈을 한 경우에 정당방위나 정당행위에 해당하지 않는다고 판시한 바 있으며,[1] 근무시간을 준수하여 비번시간에 이루어진 양심선언에 대하여 징계파면조치를 내린 것에 대해서는 재량권을 일탈한 것이라고 판시하였다.[2]

4. 양심의 자유의 제한

양심의 자유의 제한과 한계에 관하여 학설은 내면적 한계설, 절대적 무제한설, 내면적 무제한설로 나뉘고 있으나 양심이 순전히 내면세계에 머무르고 있는 한 절대적으로 제약될 수 없다는 내면적 무제한설이 통설이다. 헌법재판소도 내면적 무제한설의 입장을 취하고 있다.

따라서 양심이 내면의 세계에 머무르는 양심형성 내지 양심결정의 자유는 법률에 의한 제한을 받을 수 없는 절대적 기본권이지만, 양심을 외부에 표현 또는 실현하는 경우에는 그것은 표현의 자유 또는 행동의 자유에 해당하는 것이므로 그 자유의 제한은 표현의 자유의 제한이론이 적용된다고 할 수 있다.

---

1) 대판 1993. 6. 8. 93도766.
2) 대판 1995. 2. 3. 94누1531.

Ⅱ. 종교의 자유

1. 종교의 자유의 의의

헌법 제20조 제1항은 "모든 국민은 종교의 자유를 가진다"라고 하여 종교의 자유를 보장하고 있으며, 제2항에는 "국교는 인정되지 아니하며, 종교와 정치는 분리된다"라고 하여 국교의 부인과 정교분리의 원칙을 규정하고 있다. 역사적으로 볼 때 종교의 자유는 서구에서의 16세기에서 17세기에 걸친 종교개혁과 종교전쟁을 거쳐 점진적으로 보장되기 시작하였다. 중세의 유럽은 가톨릭교회가 지배하는 정교일치의 시대 속에서 다른 종교는 존재할 수 없었으며, 가톨릭교회의 정통 교리에 도전하는 주장은 철저하게 탄압되었다. 1517년 루터의 종교개혁과 그 후 칼뱅의 종교개혁으로 가톨릭교회로부터 분리된 개신교(프로테스탄트)의 가톨릭교회에 대한 비판이 전개되면서 가톨릭교도와 개신교도 사이의 갈등은 전쟁상태로 비화되었으나, 1598년 프랑스의 앙리 4세의 낭트칙령에 의해 개신교의 신앙의 자유를 허용하였고, 1648년 베스트팔렌조약에 의해 군주와 다른 종교를 가진 사람의 종교적 망명을 허용함으로써 종교적 갈등은 어느 정도 해소되었다. 그 후 18세기 시민혁명을 거치면서 시민 개인의 종교의 자유가 보장되기에 이르렀다.

종교란 인간의 영적인 세계에서의 초월적 존재에 관한 내심의 확신과 그에 기초한 인간 활동을 포함하는 것으로서 그 개념을 한마디로 정의하기가 어려운 것이나, 대체적으로 말하면 신(神)이나 절대자 등 초월적 존재를 믿고 귀의함으로써 마음의 평안과 행복을 얻고자 하는 정신문화의 한 체계라고 정의할 수 있다. 즉 종교란 신이나 초월적 존재에 대한 믿음과 숭배를 의미하는 신앙을 내용으로 하며, 신앙을 내용으로 하는 종교가 되기 위해서는 신과 피안(彼岸) 등의 초월적 존재에 대한 내심의 확신이 있어야 한다는 것이 지배적 견해이다.[1] 그렇지만 헌법이 보호하는 종교의 범위에 대해서는 기성 종교의 관점에서 종교의 개념을 너무 좁게 한정하여서는 곤란하며 신흥종교나 소수종파라 하더라도 신을 믿는 것과 같은 정도의 진지한 믿음이 있다면 이를 종교로 인정해야 할 것이다.[2]

헌법에 의해 보호되는 종교의 자유란 자신이 선호하는 종교를 자신이 원하는 방법으로 신봉하는 자유를 말한다. 종교의 자유는 개인의 내심의 작용인 신앙의 자유를 핵심으로 하면서, 종교적 행사, 종교적 집회·결사, 선교활동 등의 자유도 포함되며, 나아가 무신앙의 자유, 종교적 활동을 강제받지 아니할 소극적 자유까지도 그 내용으로 한다.

1) 권영성, 헌법학원론, 법문사, 2010, 486면; 허영, 한국헌법론, 박영사, 2009, 401면.
2) 양건, 헌법강의, 법문사, 2009, 414면.

2. 종교의 자유의 주체

종교의 자유는 모든 국민뿐만 아니라 외국인도 그 향유의 주체가 된다. 종교의 자유 가운데 신앙의 자유와 같은 내심의 자유는 성질상 자연인에게만 인정되지만, 종교적 집회나 종교적 행위의 자유는 종교단체나 법인에도 일정한 범위 안에서 인정된다. 미성년자의 경우 언제부터 부모로부터 독립하여 종교의 자유를 행사할 수 있는가에 관하여 헌법에 직접 규정을 두고 있는 경우는 쉽게 찾아볼 수 없으나, 스위스헌법은 만 16세 이상의 청소년에게 신앙선택의 자유를 보장하고 있으며, 독일의 경우는 법률로 만 14세 이상의 청소년에게 신앙선택의 자유를 보장하고 있다.

3. 종교의 자유의 내용

(1) 신앙의 자유

신앙의 자유는 종교를 선택할 자유, 종교를 변경할 자유, 무신앙의 자유를 포함한다. 신앙의 자유는 인간의 내심의 영역에 속하는 종교적 신념을 보호하는 것이기 때문에 절대적으로 보호되는 기본권이다. 신앙의 자유 보장은 종교적 확신이나 신앙의 변경·포기에 있어 어떠한 형태의 국가적 영향력 행사도 허용될 수 없음을 의미한다.

(2) 종교적 행위의 자유

신앙을 외부에 자유로이 표현하는 종교활동에는 신앙고백의 자유, 종교적 행사의 자유, 종교적 집회·결사의 자유, 종교교육 및 선교의 자유 등이 인정된다.

신앙고백의 자유는 외부에 대하여 종교적 신념을 공개적으로 표명하는 것과 자신의 종교를 선전하는 것을 보호한다. 이 점에서 신앙고백의 자유는 표현의 자유에 대한 특별규정의 성격을 가진다. 종교적 행사의 자유는 신앙을 외부적으로 표현하는 예배·의식·축전 등을 임의로 행하는 자유와 그 행사에 참가하거나 참가하지 않을 자유를 말한다. 종교적 집회·결사의 자유는 종교를 위한 집회나 단체형성의 자유는 물론 그러한 집회 및 단체에 참가 또는 가입하거나 자유로이 이탈할 수 있는 자유를 말한다. 국가는 종교적 집회나 종교단체의 조직을 금지할 수 없다. 종교적 집회·결사의 자유는 일반적 집회·결사의 자유에 대한 특별관계로서 더 강한 보호를 받는다.

종교교육의 자유는 종교학교를 설립할 자유와 그러한 학교에서 종교교육을 시킬 자유를 포함한다. 그러나 국공립학교에서 특정 종교교육을 실시하는 것은 정교분리의 원칙에 따라 금지된다. 다만 기독교재단이 설립한 사립대학이 학칙으로 대학예배의 6학기 참석을 졸업요건으로 정한 것은 복음전도나 종교인 양성에 직접적인 목표가 있는 것이 아니고, 신앙을 가지지 않을 자유를 침해하지 않는 범위 내에서 학생들에게 종교교육을 함으로써 진리·사랑에 기초한 보편적 교양인을 양성하는 데 목표를 두고 있다고 할 것이므로 헌법상 종교의 자유에 반하는 위헌무효의 학칙이 아니라고 할 수 있다.[1)]

선교의 자유는 자신의 종교적 확신을 다른 사람에게 선전하고 전파하는 자유를 말한다. 선교의 자유에는 다른 종교를 비판하거나 다른 종교의 신자에 대하여 개종을 권고하는 자유도 포함된다. 종교적 선전과 타 종교에 대한 비판 등은 동시에 표현의 자유의 보호대상이 되는 것이나, 그 경우 종교의 자유에 관한 헌법 제20조 제1항은 표현의 자유에 관한 헌법 제21조 제1항에 대하여 특별규정의 성격을 갖는다 할 것이므로 종교적 목적을 위한 언론·출판의 경우에는 그 밖의 일반적인 언론·출판에 비하여 고도의 보장을 받게 된다.[2)]

4. 종교의 자유의 제한

종교의 자유 중에서 신앙의 자유는 내심의 자유로서 절대적으로 보장되는 것이지만, 종교적 행위의 자유는 외부로 나타나는 행위이기 때문에 헌법유보나 법률유보에 의해 제한될 수 있는 상대적 자유권이다. 종교적 행위의 자유를 법률로써 제한하는 경우에도 비례의 원칙을 준수해야 하며 본질적 내용을 침해할 수 없다. 종교교육이라 하더라도 그것이 학교나 학원이라는 교육기관의 형태를 취할 경우에는 교육법이나 학원법상의 규정에 의한 규제를 받게 된다고 보아야 할 것이고, 종교교육이라고 해서 예외가 될 수 없다고 할 것이므로 종교의 자유의 본질적 내용을 침해하는 것도 아니다.[3)] 헌법재판소는 구치소의 미결수용자에 대하여 공간의 협소함과 관리 인력의 부족을 이유로 월 1회 종교집회만 실시하여 종교집회의 참석을 제한하는 것은 과잉금지원칙에 위반하여 수용자의 종교의 자유를 침해하는 것이라고 판시하였다.[4)]

5. 국교부인과 정교분리의 원칙

(1) 국교부인과 정교분리원칙의 의의

국교부인(國教否認)의 원칙은 국가가 특정 종교를 국교로 지정하는 것을 금지한다는 국가의 비종교성원칙을 의미한다. 정교분리(政教分離)의 원칙은 국가와 종교의 결별은 물론이고 국가나 정치에 대한 종교의 중립과 국가에 의한 모든 종교의 동등한 처우를 요구하는 국가의 종교적 중립성원칙을 말한다.

---

1) 대판 1998. 11. 10. 96다37268.
2) 대판 2007. 4. 26. 2006다87903.
3) 헌재 2000. 3. 30. 99헌바14.
4) 헌재 2014. 6. 26. 2012헌마782.

국교부인 및 정교분리의 원칙과 종교의 자유와의 관계에 대하여, 이 원칙은 종교의 자유에 당연히 포함되는 것으로 보는 견해가 있으나, 국교부인과 정교분리의 원칙은 종교의 자유에서 파생된 원칙으로 이는 개인의 주관적 공권인 종교의 자유를 보장하기 위한 제도적 보장으로서의 성격을 가진다고 볼 수 있다.

(2) 국교부인과 정교분리원칙의 내용

국교부인과 정교분리원칙의 내용으로는 첫째, 종교가 정치에 간섭하거나 종교단체가 정치활동을 하는 것이 금지된다. 둘째, 국가에 의한 종교교육과 종교활동이 금지된다. 교육기본법(제6조 제2항)에는 국가나 지방자치단체가 설립한 학교(국·공립학교)에서 특정의 종교를 위한 종교교육을 실시하지 못하도록 하고 있다. 셋째, 국가에 의한 특정 종교의 우대 또는 차별이 금지된다. 국가가 특정 종교를 특별히 보호하거나 억압하기 위하여 재정적·경제적 특혜를 부여하거나 부당한 처우를 하는 것은 허용되지 않는다. 예컨대 수형자들의 교화를 위해 교도소 내에 그리스도교회만을 설립한다면 그것은 특정 종교를 위한 국유지 제공을 의미하기 때문에 위헌의 소지가 있다. 그러나 크리스마스와 석가탄신일의 공휴일 지정은 특별한 종교적 의미가 있는 것이 아니라 사회공동체의 하나의 문화적 습속으로 인식되고 있기 때문에 무방하다고 할 수 있다.

오늘날 종교적인 의식 또는 행사가 하나의 사회공동체의 문화적인 현상으로 자리잡고 있으므로 어떤 의식, 행사, 유형물 등이 비록 종교적인 의식, 행사 또는 상징에서 유래되었다고 하더라도 그것이 이미 우리 사회공동체 구성원들 사이에서 관습화된 문화요소로 인식되고 받아들여질 정도에 이르렀다면, 이는 정교분리원칙이 적용되는 종교의 영역이 아니라 헌법적 보호가치를 지닌 문화의 의미를 갖게 된다. 그러므로 이미 문화적 가치로 성숙한 종교적인 의식행사, 유형물에 대한 국가 등의 지원은 일정 범위 내에서 전통문화의 계승·발전이라는 문화국가원리에 부합하며 정교분리원칙에 위배되지 않는다고 할 것이다.[1]

Ⅲ. 언론·출판의 자유

1. 언론·출판의 자유의 의의

(1) 언론·출판의 자유의 개념

(가) 헌법규정

헌법 제21조는 "① 모든 국민은 언론·출판의 자유와 집회·결사의 자유를 가진다. ②

---

1) 대판 2009. 5. 28. 2008두16933.

언론·출판에 대한 허가나 검열과 집회·결사에 대한 허가는 인정되지 아니한다. ③ 통신·방송의 시설기준과 신문의 기능을 보장하기 위하여 필요한 사항은 법률로 정한다. ④ 언론·출판은 타인의 명예나 권리 또는 공중도덕이나 사회윤리를 침해하여서는 아니 된다. 언론·출판이 타인의 명예나 권리를 침해한 때에는 피해자는 이에 대한 피해의 배상을 청구할 수 있다"라고 하여 언론·출판의 자유와 집회·결사의 자유를 비롯하여 언론·출판에 대한 허가나 검열의 금지, 통신·방송시설기준 등의 법정주의, 언론·출판의 자유의 한계를 규정하고 있다.

헌법 제21조는 표현의 자유에 관한 조항으로 동조 제1항은 언론·출판의 자유와 함께 집회·결사의 자유를 규정하고 있는데, 언론·출판의 자유는 개인적 표현의 자유를 의미하는데 반하여 집회·결사의 자유는 다수인의 집단적 표현의 자유라는 점에서 양자는 구별된다.

(나) 언론·출판의 자유의 개념

언론·출판의 자유란 고전적 의미에 있어서는 개인의 의견이나 사상을 언어나 문자 등으로 불특정 다수인에게 표명하거나 전달하는 자유를 말한다. 그러나 오늘날 현대적 의미에 있어서 언론·출판의 자유는 고전적 의사표현의 자유뿐만 아니라 보도의 자유, 알 권리, 엑세스권 등을 포함하는 개념으로 이해한다.

언론이란 구두(口頭)에 의한 의사표현을 말하고, 출판이란 문자 및 형상에 의한 표현을 말하는 것이지만, 일반적으로 언론·출판이란 의사 및 지식·경험 등을 표현하는 모든 수단, 즉 담화·연설·토론·연극·방송·음악·영화·가요 등과 문서·서적·사진·서화·소설 기타 형상에 의한 모든 것을 포함한다.[1)]

(다) 언론·출판의 자유의 기능과 현대적 의의

언론·출판의 자유는 사상이나 의견의 자유로운 표명을 통하여 인간으로서의 존엄과 가치의 유지 및 자유로운 인격발현의 수단이 되며, 아울러 합리적이고 건설적인 의사형성 및 진리발견의 수단으로 기능한다. 언론·출판의 자유는 또한 오늘날 민주주의 국가의 존립과 발전에 필수불가결한 기본권으로서 중요한 의미를 가진다. 사회구성원이 자신의 사상과 의견을 자유롭게 표현할 수 있다는 것이야말로 모든 민주사회의 기초이며, 사상의 자유로운 교환을 위한 열린 공간이 확보되지 않는다면 민주정치는 결코 기대할 수 없기 때문이다.[2)] 특히 언론기관의 보도의 자유는 민주적 의사형성과 권력통제기능을 수행하게 된다.

(2) 언론·출판의 자유의 법적 성격

언론·출판의 자유는 국가권력으로부터 자유로운 지위에서 사상과 의견을 발표할 수

1) 헌재 1993. 5. 13. 91헌바17.
2) 헌재 1998. 4. 30. 95헌가16.

있어야 한다는 점에서 대국가적 방어권인 소극적 자유권의 성격을 가진다. 동시에 언론·출판의 자유는 민의에 바탕을 둔 민주주의를 실현시키는 객관적 가치질서로서의 성격을 가지게 된다. 다시 말하면 언론·출판의 자유는 고전적 자유권의 성격과 객관적 '자유언론제도'라고 하는 제도적 보장의 2중적 성격을 동시에 갖고 있다고 할 수 있다.

이러한 언론·출판의 자유의 이중적 성격은 그 구체적 내용에 따라 다르게 나타나는데, 의사표현의 자유는 주관적 권리로서 자유권의 성격이 강하게 나타나지만, 언론기관의 자유와 보도의 자유에서는 객관적 제도보장의 성격이 강하게 나타난다.

2. 언론·출판의 자유의 주체

언론·출판의 자유는 인간의 권리로서 국민뿐만 아니라 외국인에게도 보장되는 기본권이다. 언론·출판의 자유는 언론기관의 자유까지를 포함하므로 신문사·방송사와 같은 법인이나 단체도 기본권의 주체가 된다.

3. 언론·출판의 자유의 내용

(1) 의사표현의 자유

의사표현의 자유는 언론·출판의 자유의 기본적 내용으로서 자신의 의사를 불특정 다수인에게 표현하고 전달할 자유를 말한다. 의사표현 및 전달의 형식에는 아무런 제한이 없으며 언어·문자·도형뿐만 아니라 음반·비디오물·현수막·인터넷 등을 통한 의사표현은 물론이고 패러디·상징적 표현도 포함된다. 의사의 개념에는 어떤 사항에 대한 평가적인 의사뿐만 아니라 사실에 대한 의사도 포함된다. 헌법재판소는 문자를 통한 모든 의사표현의 기본전제인 집필행위도 의사표현의 자유에 포함된다고 판시한 바 있다.[1)]

(2) 알 권리

(가) 알 권리의 의의

알 권리(right to know)란 모든 정보원(情報源)으로부터 일반적 정보를 수집하고 처리할 수 있는 권리를 말한다. 정보원이란 정보의 원천으로서 정보자료의 출처를 말하며, 일반적 정보란 신문·잡지·방송 등 불특정의 다수인에게 개방될 수 있는 자료로서, 양심이나 사상·의견·지식 등의 형성에 관련이 있는 일체의 자료를 말한다. 알 권리는 개인에게는 공공기관과 사회집단 등에 대하여 정보공개를 요구할 수 있는 권리를 의미하고, 언론기관에는 공공기관과 사회집단 등에 대하여 정보공개를 요구할 수 있는 권리뿐만 아니라 그에 관한

---

1) 헌재 2005. 2. 24. 2003헌마289.

취재의 자유를 포함한다는 점에서 그 의미가 크다.

오늘날 정보통신기술의 급속한 발달에 따른 정보화사회에 있어서 정보는 유력한 자원이 되고 있기 때문에 알 권리의 중요성이 강조되고 있으며, 또한 민주주의에 있어서 알 권리는 국민의 참여와 여론에 의한 지배를 위한 필수적인 권리이고, 개인의 인간다운 생활과 자유로운 인격실현에 필수적 기본권이라 할 수 있다. 즉 현대의 정보화사회에 있어서 표현의 자유는 고전적 의미의 정보의 수집(취재)·처리 및 정보의 전달(표현)뿐만 아니라 표현의 수용자의 권리로서 국민의 알 권리의 보장까지를 포함하는 것으로 이해하게 된 것이다.

(나) 알 권리의 법적 성격

알 권리는 국민이 국가나 사인에 의한 방해를 받지 아니하고 일반적으로 접근할 수 있는 정보원으로부터 정보를 수집하고, 언론기관이 취재활동을 할 수 있는 권리를 의미하므로 자유권으로서의 성격을 가진다. 자유권으로서의 알 권리는 헌법과 법률에 의하지 아니하고는 제한받지 아니한다.

또한 알 권리는 국가나 공공기관에 대하여 그 기관이 보유하고 있는 정보를 공개하도록 적극적으로 요구할 수 있는 권리, 즉 정보공개청구권으로서의 의미를 가지는 경우 청구권으로서의 성격을 지니게 된다. 헌법재판소는 국가기관이 보유하고 있는 개인 관련 개별적 정보공개청구권에 대해 구체적 권리성을 인정하고 있다. 즉 알 권리의 실현을 위한 법률이 제정되어 있지 않더라도 그 실현이 불가능한 것은 아니며 이러한 알 권리에 의하여 사건당사자의 형사확정소송기록에 대한 접근의 자유도 보장되는 것이므로, 검사가 청구인에게 형사확정소송기록을 열람·복사할 수 있는 권리를 인정한 명문규정이 없다는 것을 이유로 하여 무조건 청구인의 복사신청을 거부한 것은 청구인의 알 권리를 침해한 것이라고 판시하고 있다.[1)]

'공공기관의 정보공개에 관한 법률' 제5조 제1항은 "모든 국민은 정보의 공개를 청구할 권리를 가진다"라고 하여 일반적 정보공개청구권을 적극적으로 인정하고 있다.

(다) 알 권리의 내용

알 권리의 내용으로는 일반적으로 접근할 수 있는 정보원으로부터 정보를 받아들이는 정보수령권과 이러한 정보원으로부터 능동적으로 정보를 수집할 수 있는 정보수집권, 그리고 적극적으로 비자발적 정보원에 대해 정보의 공개를 청구할 수 있는 정보공개청구권이 있다. 정보공개청구권을 구체화한 법률로 '공공기관의 정보공개에 관한 법률'이 있다.

(라) 알 권리의 제한

알 권리도 헌법 제37조 제2항의 일반적 법률유보조항에 의하여 제한될 수 있으며, 제

1) 헌재 1991. 5. 13. 90헌마133.

한의 경우에도 비례의 원칙이 적용되어야 하고 알 권리의 본질적 내용을 침해할 수 없음은 물론이다. 알 권리의 제한과 관련하여 문제가 되는 것으로는 국가기밀이 있으며, 사생활의 비밀과 자유와의 충돌문제 등이 있다. 국가기밀에 관한 각국의 실태를 보면 국가기밀의 영역이 확대되는 경향이 있으며 그 누설에 대한 규제도 강화되는 실정에 있다. 따라서 국민의 알 권리가 국가기밀이나 국가이익과의 관계에서 어떠한 경우에 어느 정도 제한될 수 있는가가 심각한 문제로 제기될 수 있다. 국가기밀의 개념은 원래 추상적이고 불확정적인 개념이며 그에 관한 판단권이 정부의 재량사항으로 인식되고 있기 때문에 국가기밀은 알 권리에 대한 중대한 제약요인이 될 수 있다.

'공공기관의 정보공개에 관한 법률' 제9조 제1항에는 공공기관이 보유하고 있는 정보 중에서 비공개대상이 되는 정보를 구체적으로 열거하여, 다른 법령에서 비밀이나 비공개사항으로 규정된 정보, 국가안전보장·국방·통일·외교관계 등에 관한 사항으로서 공개될 경우 국가의 중대한 이익을 현저히 해칠 우려가 있다고 인정되는 정보 등은 공개하지 아니할 수 있다고 규정하고 있다.

알 권리에 관한 헌법재판소 판례에 의하면, 군사기밀보호법 제6조 등은 '군사상의 기밀'이 비공지의 사실로서 적법절차에 따라 군사기밀로서의 표지를 갖추고 그 누설이 국가의 안전보장에 명백한 위험을 초래한다고 볼 만큼의 실질가치를 지닌 것으로 인정되는 경우에 한하여 적용된다 할 것이므로 이러한 해석하에 헌법에 위반되지 아니한다고 하였다.[1] 청소년이용음란물의 제작행위를 형사처벌하는 것은 성인의 알 권리를 침해하는 것이 아니라고 판시하였으며,[2] 정치자금의 수입·지출 내역서류 등의 열람기간을 공고일로부터 3월간으로 제한하는 구 정치자금법 규정에 대해서도 국민의 알 권리를 침해한다고 볼 수 없다고 하였다.[3] 변호사시험 성적을 합격자에게 공개하지 않도록 규정한 변호사시험법 제18조 제1항은 과잉금지의 원칙에 위배되어 알 권리(정보공개청구권)를 침해한다고 판시하였다. 이 사건에서 헌법재판소는 변호사시험 응시자들은 시험 성적의 비공개로 인하여 자신의 인격을 발현하는 데 중요한 기초가 되는 정보에 대한 알 권리를 제한받게 되므로, 심판대상조항으로 인하여 제한되는 사익은 현저히 중대하다고 판단하였다.[4]

(3) 언론기관의 자유

(가) 의 의

오늘날 민주국가에 있어서 언론·출판의 자유에는 언론기관의 자유가 중요한 의미를

1) 헌재 1992. 2. 25. 89헌가104.
2) 헌재 2002. 4. 25. 2001헌가27.
3) 헌재 2010. 12. 28. 2009헌마466.
4) 헌재 2015. 6. 25. 2011헌마769등.

가진다. 현대의 민주정치를 구현하는 데 필요한 정보가 주로 언론기관에 의해 수집·전달되고 있는 현실에서 언론기관의 여론형성이라는 공적 기능은 높이 평가되고 있으므로 언론기관의 설립 및 그 활동의 자유가 보장되어야 한다. 헌법 제21조 제3항은 "통신·방송의 설립기준과 신문의 기능을 보장하기 위하여 필요한 사항은 법률로 정한다"라고 하여 통신·방송시설과 신문기능의 법정주의를 규정하고 있다.

(나) 언론기관 설립의 자유

언론기관의 공적 기능의 중요성은 언론기관의 설립의 자유를 요청하게 된다. 따라서 헌법이나 법률에 의해 방송·통신이나 신문 등의 시설기준을 지나치게 과중하게 규정하게 되면 이는 언론·출판의 자유를 부당하게 제한하는 것이 된다. 헌법 제21조 제3항의 언론기관의 시설기준 법정주의는 언론기관 설립의 자유를 제한하는 의미와 언론기관 남설(濫設)의 폐해를 방지하려는 의미를 아울러 가지는 것이라 할 수 있다.

언론기관 설립의 자유를 제한하는 것과 관련하여 언론기업의 독과점규제 문제가 있다. 자본주의사회에 있어서 매스미디어의 시설이 재벌기업에 의해 독점되고 상품화되는 경향이 있기 때문에 국민의 표현의 자유가 새로운 위협을 받게 되고 국민의 의사가 언론기관에 의해 왜곡되거나 정형화될 위험성이 증대되고 있다. 따라서 국가는 일반기업과 마찬가지로 언론기업의 독과점에 대해 규제의 필요성을 인정하게 된다. 2009년 전면 개정된 '신문 등의 진흥에 관한 법률'은 대기업과 그 계열회사는 일반신문을 경영하는 법인이 발행한 주식 또는 지분의 2분의 1을 초과하여 취득 또는 소유할 수 없도록 규정하고 있다(제18조 제1항).

(다) 언론기관의 대외적 자유

언론기관의 대외적 자유로는 보도 및 평론의 자유, 취재의 자유, 보급의 자유 등이 인정된다. 언론·출판의 자유에는 언론기관의 보도의 자유가 포함되며, 보도의 자유는 언론기관의 취재가 전제되어야 하므로 취재의 자유 역시 언론·출판의 자유에 의해 보장된다. 그러나 취재의 자유에 취재활동의 자유뿐만 아니라 취재원비닉권(取材源 秘匿權) 내지 취재원에 관한 진술거부권이 포함되는가의 문제가 있다.

취재원 진술거부권의 인정 여부에 관하여 긍정설과 부정설이 대립하고 있으나 긍정설이 타당하다고 본다. 생각건대 오늘날 민주국가에 있어서 언론·출판의 자유는 필수불가결한 요소로서 민주정치의 구현에 필요한 정보가 주로 언론기관에 의해 수집·전달되고 있으며, 취재원비닉권은 언론의 진실보도와 공정보도를 위해 불가결한 전제조건이라는 점 등에 비추어 볼 때 취재원비닉권은 취재의 자유에 포함된다고 보는 것이 타당하다. 다만 취재원비닉권이 헌법상 기본권으로 인정되더라도 헌법 제37조 제2항에 의해 제한될 수 있는 것이며, 제한의 경우에도 비례의 원칙이 적용되어야 함은 물론이다. 취재원비닉권에 관한 주요

국가의 판례를 보면 독일의 경우 취재원비닉권을 자유신문제도의 불가결의 요소로 인정하고 있으며, 미국 연방대법원은 취재원의 공개와 비공개를 사안별로 비교형량하여 결정하는 경향을 보이고 있다.[1)]

그 밖에 불법으로 감청 또는 녹음된 내용을 보도하는 것은 통신비밀보호법에 위반되지만 일정한 요건하에 보도를 위하여 필요한 경우에는 정당행위로서 인정될 수 있다고 할 것이다. 예컨대 불법 감청·녹음된 정보를 공개하지 않으면 공중의 생명·신체·재산 등 공익에 대한 중대한 침해가 발생할 가능성 현저한 경우 등과 같이 비상한 공적 관심의 대상이 되는 경우로서, 그 불법 정보 내용을 보도함으로써 얻는 이익 및 가치가 통신비밀의 보호에 의해 달성되는 이익 및 가치를 초과하는 경우 등에는 그러한 보도행위는 정당행위로 인정될 수 있다.[2)]

(라) 언론기관의 내부적 자유

오늘날 언론기관의 자유는 국가로부터의 자유뿐만 아니라 언론기관 내부의 자유도 중요한 의미를 가진다. 언론기관의 대기업화·독과점화·상업화에 따른 국민여론의 왜곡이 문제됨에 따라 언론기관 내부의 언론경영자로부터 언론종사자의 편집·편성권 보장이 요구되고 있다. 편집권이 경영자로부터 독립성과 공정성을 확보하기 위하여는 언론인의 신분을 법적으로 보호해야 한다.[3)] 이와 관련하여 신문법은 제4조 제1항에 "신문 및 인터넷신문의 편집의 자유와 독립은 보장된다"고 하고, 방송법 제4조 제1항에서도 "방송편성의 자유와 독립은 보장된다"고 규정하고 있다.

(4) 액세스권

액세스권(right of access to mass media)이란 일반 국민이 자신의 사상이나 의견을 발표하기 위하여 언론매체에 자유로이 접근하여 언론매체를 이용할 수 있는 권리, 즉 언론매체에 대한 접근·이용권을 말한다. 오늘날 언론기업은 독과점화·상업화됨에 따라 언론기관이 자의적으로 국민의 언론매체에 대한 접근과 이용을 거부할 경우 일반대중은 그 사상과 의견을 발표하고 전달할 장을 상실하게 된다. 따라서 언론기관 접근과 이용을 표현의 자유의 일환으로 헌법상 보장할 필요성이 증대되고 있다.

액세스권은 매스미디어에 대한 의사표현을 가능하게 함으로써 표현의 자유를 실질화하는

---

1) 연방대법원은 Branzburg v. Hayes et al. Judges, 408 U.S. 665(1972) 사건에서 신문기자의 취재원의 비밀은 당연히 언론의 자유에 포함되는 것은 아니라고 하였으며, Cohen v. Cowels Media Co., 111 S. Ct. 2513(1991) 사건에서는 취재원의 비밀을 약속하고 기록을 제공한 것을 어기고 공표한 기자에 대해 손해배상청구를 인정하였다. 상세는 문홍주, 미국헌법과 기본적 인권, 유풍출판사, 2002, 339면 이하.

2) 대판 2011. 5. 13. 2009도14442.

3) 성낙인, 헌법학, 법문사, 2019, 528면.

데 이바지하며, 매스미디어에 다양한 사상과 의견을 반영함으로써 언론기관의 자의에 의한 여론왜곡 현상을 방지하여 공정하고 정확한 정보를 보도하도록 강제하는 기능을 수행한다.

액세스권의 헌법적 근거로는 헌법 제21조 제1항의 표현의 자유를 비롯하여 제10조의 인간의 존엄과 가치에 기초한 인격권 보호, 제34조 제1항의 인간다운 생활을 할 권리 등을 들 수 있으며, 이들 조항을 근거로 헌법상 기본권으로 보장된다고 할 수 있다.

액세스권의 내용으로는 위와 같은 일반적 언론매체접근·이용권에 대하여 협의의 개념의 액세스권으로 언론매체에 의하여 명예훼손이나 비판·공격 등을 당한 국민이 당해 언론매체에 대하여 자기와 관련이 있는 보도에 대한 반론보도 내지 해명을 요구할 수 있는 권리, 즉 반론보도(反論報道)청구권이나 정정보도(訂正報道)청구권이 액세스권의 내용으로 포함된다. 이러한 반론보도청구권이나 정정보도청구권의 헌법적 근거로는 헌법 제21조 제4항을 들 수 있다. 이 헌법조항에 근거하여 '언론중재 및 피해구제 등에 관한 법률'은 정정보도청구권과 반론보도청구권 등을 규정하고 있다. 정정보도청구권은 헌법상 보장된 인격권에 그 바탕을 둔 것으로서, 피해자에게 보도된 사실적 내용에 대하여 반박의 기회를 허용함으로써 피해자의 인격권을 보호함과 동시에 공정한 여론의 형성에 참여할 수 있도록 하여 언론보도의 객관성을 향상시켜 제도로서의 언론보장을 더욱 충실하게 한다는 데에 그 취지가 있다.[1]

정정보도청구권은 사실적 주장에 관한 언론보도 등이 진실하지 아니함으로 인하여 피해를 입은 자가 언론사 등에게 그 언론보도의 내용에 관한 정정보도를 청구할 수 있으며, 이 경우 언론사 등의 고의·과실이나 위법성을 필요로 하지 아니한다. 개인뿐만 아니라 국가·지방자치단체 등도 정정보도를 청구할 수 있다(동법 제14조). 반론보도청구권은 언론보도 등으로 피해를 입은 자가 그 보도내용에 관한 반론보도를 청구할 수 있는데, 이 경우 보도내용의 진실 여부와 상관없이 청구할 수 있는 점에서 정정보도청구와 구별된다(동법 제16조). 언론중재법은 이와 함께 추후보도청구권을 규정하고 있다. 추후보도청구권은 언론 등에 의하여 범죄혐의가 있거나 형사상의 조치를 받았다고 보도 또는 공표된 자는 그에 대한 형사절차가 무죄판결 또는 이와 동등한 형태로 종결되었을 때에는 그 사실을 안 날로부터 3개월 이내에 언론사 등에 이 사실에 관한 추후보도의 게재를 청구할 수 있다(동법 제17조).

정정보도청구 등과 관련하여 분쟁이 있는 경우 피해자 또는 언론사 등은 중재위원회에 조정을 신청할 수 있으며(제18조), 당사자 양쪽은 정정보도청구 등 또는 손해배상의 분쟁에 관하여 중재부의 종국적 결정에 따르기로 합의하고 중재를 신청할 수 있다. 중재결정은 확정판결과 동일한 효력이 있다(동법 제24조, 제25조). 또한 언론보도의 피해자는 법원에 정정보도청구 등의 소를 제기할 수 있다(동법 제26조).

---

1) 헌재 1991. 9. 16. 89헌마165.

4. 언론·출판의 자유의 제한

(1) 개 설

언론·출판의 자유는 정신적 활동에 관한 원초적 기본권이며 민주정치를 지탱하는 최후의 보루로서 고도의 공공적 가치를 가지므로 최대한 보장되어야 한다. 그러나 언론·출판의 자유도 절대적 기본권이 아니다. 따라서 국가안전보장·질서유지·공공복리를 위하여 필요한 경우 법률로써 제한할 수 있다. 다만 언론·출판의 자유를 제한하는 데 있어서는 사전제한인가 아니면 사후제한인가에 따라 그 기준이 달라지게 되며, 그리고 언론·출판의 자유와 같은 정신적 자유권의 제한은 경제적 기본권의 경우보다 더 엄격한 합헌성판단기준이 요구된다.

(2) 사전제한금지의 원칙

(가) 의 의

헌법 제21조 제2항은 "언론·출판에 대한 허가나 검열과 집회·결사의 자유에 대한 허가는 인정되지 아니한다"라고 하여 표현의 자유에 대한 검열과 허가를 금지한다는 사전제한금지의 원칙을 규정하고 있다. 이러한 사전제한금지의 원칙을 규정하게 된 이유는 언론·출판의 자유가 민주국가의 존립과 발전의 기초로서 최대한 보장되어야 하며, 언론·출판의 표현행위에 대한 사전제한은 사상과 관념이 처음부터 일반대중에게 공개되는 것 자체가 금지되어 대중에 의한 평가와 선택의 기회를 갖지 못하게 되고, 특히 국가권력은 집권자에게 불리한 내용의 표현을 사전에 억제함으로써 관제의견(官製意見)이나 어용언론(御用言論)만 허용해 주는 결과를 초래할 수 있기 때문이다.

(나) 허가제와 검열제의 금지

언론·출판에 대한 허가제는 전면적 금지의 대상이 될 수 없는 자연적 자유를 일단 전면적으로 금지하는 것을 전제로 하여 특정의 경우에 한하여 국가기관이 선별적으로 금지를 해제하여 주는 것이라는 점에서 부당하며, 이는 언론의 자유를 본질적으로 침해하는 것이 된다. 헌법 제21조 제2항의 검열금지규정은 헌법에서 직접 기본권제한의 한계를 명시하고 있는 것이므로 헌법 제37조 제2항에 의해 국가안전보장, 질서유지, 공공복리를 위하여 국민의 자유와 권리를 필요한 경우에 한하여 제한할 수 있다고 하더라도 언론·출판의 자유에 대하여는 "검열을 수단으로 하는 제한만은 법률로써도 허용되지 않는다는 것을 밝힌 것"[1]으로 이는 절대적 검열금지의 원칙을 규정한 것이다.

검열제(檢閱制)는 사상이나 의견이 발표되기 이전에 국가기관이 그 내용을 심사·선별

---

1) 헌재 1996. 10. 4. 93헌가13등.

하여 일정한 사상이나 의견의 표현을 사전에 억제하는 제도를 말한다. 즉 검열은 허가받지 아니한 것의 발표를 금지하는 제도라는 점에서 허가와 검열은 본질적으로 같은 것이라고 할 수 있다.[1)]

헌법상 금지되는 검열의 요건에 관하여 헌법재판소는 "검열은 일반적으로 허가를 받기 위한 표현물의 제출의무, 행정권이 주체가 되는 사전심사절차, 허가를 받지 아니한 의사표현의 금지 및 심사절차를 관철할 수 있는 강제수단 등의 요건을 갖춘 경우에만 이에 해당하는 것이다"라고 판시하고 있다. 여기서 행정권이 주체가 되는 사전심사절차에 관하여 헌법재판소는 "검열을 행정기관이 아닌 독립적인 위원회에서 행한다고 하더라도 행정권이 주체가 되어 검열절차를 형성하고 검열기관의 구성에 지속적인 영향을 미칠 수 있는 경우라면 실질적으로 검열기관은 행정기관이라고 보아야 한다"고 판시하였다.[2)]

허가와 검열은 표현의 내용에 관한 사전제한으로서 금지되지만 표현내용이 아닌 표현의 방식, 즉 표현의 시간이나 장소 등을 규제하는 내용중립적 규제의 경우에는 허가에 해당하지 않는 것이다.

(다) 헌법재판소 판례의 입장

① 영화·음반·비디오물의 사전심의

헌법재판소는 영화도 의견과 정보전달의 요소를 담고 있기 때문에 언론·출판의 자유에 의하여 보호됨을 전제로 공연윤리위원회에 의한 영화사전심의를 헌법이 금지하는 사전검열제에 해당한다고 판시하였다. 즉 영화에 대한 심의제의 내용은 심의기관인 공연윤리위원회가 영화의 상영에 앞서 그 내용을 심사하여 심의기준에 적합하지 아니한 영화에 대하여는 상영을 금지할 수 있고, 심의를 받지 아니하고 영화를 상영할 경우에는 형사처벌까지 가능하도록 한 것이 그 핵심이므로 이는 명백히 헌법 제21조 제1항이 금지한 사전검열제도를 채택한 것이라고 판단하였다.[3)] 그리고 음반의 사전심의와 비디오물의 사전심의제에 대해서도 헌법이 금지하는 사전검열이라고 판단하였으며,[4)] 사전심의를 받지 아니한 음반이나 비디오물을 판매·배포·대여 목적으로 보관하는 것을 금지하는 것에 대해서도 사전검열 금지원칙에 위배된다고 하였다.[5)]

② 영화·비디오물의 등급분류보류제

헌법재판소는 영화진흥법상 영화등급분류보류제를 두고 있는 영화등급심사제에 대해

1) 헌재 2001. 5. 31. 2000헌바43등.
2) 헌재 1996. 10. 4. 93헌가13등
3) 헌재 1996. 10. 4. 93헌가13등.
4) 헌재 1996. 10. 31. 94헌가6; 헌재 1999. 9. 16. 99헌가1.
5) 헌재 2000. 2. 24. 99헌가17.

사전검열에 해당한다고 하여 위헌결정을 하였다. 상영등급을 분류받지 아니한, 즉 등급분류보류판정을 받은 영화는 상영이 금지되고 등급분류보류의 횟수에는 제한이 없기 때문에 비록 형식적으로는 등급분류보류라 하더라도 실질적으로는 영상물등급위원회의 허가를 받지 않는 한 무한정 영화를 통한 의사표현이 금지될 수 있으므로 이는 결국 실질적으로 허가를 받지 아니한 의사표현의 금지에 해당한다고 판시하였다.[1)]

이 위헌결정에 따라 영화진흥법은 2002년 1월 개정되어 등급분류보류제는 폐지되고 등급분류에 '제한상영가' 등급을 신설하였다. 그러나 이 제한상영가 등급 규정에 대해, 헌법재판소는 제한상영가 등급의 영화를 "상영 및 광고·선전에 있어서 일정한 제한이 필요한 영화"라고 정의한 것은 명확성의 원칙에 위배된다고 하였고 제한상영가 등급분류의 기준을 영상물등급위원회의 규정에 위임한 것은 포괄적 위임금지원칙에 위배된다고 판시하였다.[2)]

비디오물의 등급분류제에 대해서는 의사표현물의 공개 내지 유통을 허가할 것인가 말 것인가를 사전에 결정하는 절차가 아니라, 그 발표나 유통으로 인한 실정법 위반 사태를 미연에 방지하고 비디오물 유통으로 인해 청소년이 받게 될 악영향을 미리 차단하고자 공개나 유통에 앞서 이용연령을 분류하는 절차에 불과하므로 사전검열에 해당하지 않는다고 판시하였으나,[3)] 등급분류보류제에 대해서는 영화등급분류보류제와 마찬가지로 위헌결정을 하였다.[4)]

③ 텔레비전 방송광고의 사전심의제

헌법재판소는 텔레비전 방송광고를 하고자 하는 자로 하여금 방송국에 청약을 하기 전에 먼저 방송위원회의 위탁을 받은 한국광고자율심의기구로부터 사전심의를 받도록 하는 것에 대하여 헌법상 금지되는 사전검열이라고 판시하였다. 한국광고자율심의기구는 민간이 주도가 되어 설립된 기구이기는 하나, 그 구성에 행정권이 개입하고 있고, 행정법상 공무수탁사인으로서 그 위탁받은 업무에 관하여 국가의 지휘·감독을 받고 있으며, 방송위원회는 텔레비전 방송광고의 심의기준이 되는 방송광고 심의규정을 제정, 개정할 권한을 가지고 있고, 자율심의기구의 운영비나 사무실 유지비, 인건비 등을 지급하고 있으므로 한국광고자율심의기구가 행하는 방송광고 사전심의는 행정기관에 의한 사전검열로서 헌법이 금지하는 사전검열에 해당한다고 판단한 것이다.[5)]

현행 방송법은 방송의 공정성과 공공성 유지 및 방송의 공적 책임을 준수하고 있는지

---

1) 헌재 2001. 8. 30. 2000헌가9.
2) 헌재 2008. 7. 31. 2007헌가4.
3) 헌재 2007. 10. 4. 2004헌바36.
4) 헌재 2008. 10. 30. 2004헌가18.
5) 헌재 2008. 6. 26. 2005헌마506.

의 여부에 대한 '사후'심의를 위하여 방송통신심의위원회를 두고 있으며 이 위원회의 심의 규정에는 방송광고내용의 공정성·공익성에 관한 사항을 포함하고 있다(동법 제32조, 제33조 제1항 제14호). 또한 방송사업자는 아동과 청소년을 보호하기 위하여 방송프로그램의 폭력성 및 음란성 등의 유해 정도, 시청자의 연령 등을 감안하여 방송프로그램의 등급을 분류하고 이를 방송 중에 표시하여야 한다고 규정하고 있다(동법 제33조 제3항).

④ 검인정교과서제도

헌법재판소는 검인정교과서제도에 관하여 이 제도는 검인정한 것만을 교과용 도서로 하려는 취지일 뿐 그 기준에 합당하지 않은 도서의 출판 자체를 원천적으로 금지하는 것은 아니기 때문에 '허가받지 아니한 것의 표현금지'에 해당하는 검열제에 해당한다고 할 수 없다고 판시하였다.[1)]

⑤ 옥외광고물의 사전허가

헌법재판소는 옥외광고물등관리법에 의한 옥외광고물의 사전허가는 일정한 지역·장소 및 물건에 광고물 또는 게시시설을 표시하거나 설치하는 경우에 그 광고물 등의 종류·모양·크기·색깔, 표시 또는 설치의 방법 및 기간 등을 규제하고 있는 것이지, 광고물 등의 내용을 심사·선별하여 광고물을 사전에 통제하려는 제도가 아니므로 사전허가에 해당되지 아니한다고 판시하였다.[2)]

⑥ 정기간행물의 등록제

정기간행물의 등록제에 관하여 헌법재판소는 정기간행물을 간행하고자 하는 자에게 외형적인 물적 시설을 갖추어 등록하게 하고 그에 위반하는 때에는 규제를 하는 것이지, 헌법상 보장된 언론의 자유와 보도의 내용을 간섭하거나 허가하기 위한 지침을 제시하거나 이를 요구하는 것이 아니라고 판시한 바 있다.[3)]

⑦ 건강기능식품 광고의 사전심의제

헌법재판소는 건강기능식품의 광고는 영리목적의 순수한 상업광고로서 사상이나 지식에 관한 정치적·시민적 표현행위 등과 별로 관련이 없다고 하고, 건강기능식품의 기능성 표시·광고와 같이 규제의 필요성이 큰 경우에 언론·출판의 자유를 최대한도로 보장할 의무를 지는 외에 헌법 제36조 제3항에 따라 국민의 보건에 관한 보호의무도 지는 입법자가 국민의 표현의 자유와 보건·건강권 모두를 최대한 보장하고, 기본권들 간의 균형을 기하는 차원에서 건강기능식품의 표시·광고에 관한 사전심의절차를 법률로 규정하였다 하여 이를 우

---

1) 헌재 1992. 11. 12. 89헌마88.
2) 헌재 1998. 2. 27. 96헌바2.
3) 헌재 1992. 6. 26. 90헌가23.

리 헌법이 절대적으로 금지하는 사전검열에 해당한다고 보기는 어렵다고 판시한 바 있다.[1]

그러나 그 후 헌법재판소는 2018년 6월 28일 건강기능식품법상 기능성 광고에 대한 사전심의조항의 위헌제청 사건에서 이 사전심의조항은 헌법이 금지하는 사전검열에 해당하여 위헌이라고 결정함으로써 위의 결정을 변경하였다. 즉 헌법재판소는 상업광고도 표현의 자유 보호대상이라는 점과 표현의 자유 보호대상이면 예외 없이 사전겸열금지원칙이 적용된다는 점을 명시하였으며, 행정권이 현실적으로 개입하지 않더라도 개입가능성이 있다면 사전심의의 자율성이 보장되지 않는다고 판시하였다. 건강기능식품의 기능성 광고는 인체의 구조 및 기능에 대하여 보건용도에 유용한 효과를 준다는 기능성 등에 관한 정보를 널리 알려 해당 건강기능식품의 소비를 촉진시키기 위한 상업광고이지만, 헌법 제21조 제1항의 표현의 자유의 보호 대상이 됨과 동시에 같은 조 제2항의 사전검열 금지 대상도 된다고 판단한 것이다.[2]

⑧ 의료광고의 사전심의제

헌법재판소는 의료법상 의료법인·의료인 등이 의료광고를 하려는 경우 광고의 내용·방법 등에 관하여 보건복지부장관의 사전심의를 받도록 하고 이를 위반한 경우 처벌하는 조항은 헌법이 금지하는 사전검열에 해당하여 표현의 자유를 침해하는 것이라고 판시하였다.[3]

(3) 언론·출판에 대한 사후제한

(가) 일반적 법률유보에 의한 제한

언론·출판의 자유도 헌법 제37조 제2항에 따라 국가안전보장·질서유지 또는 공공복리를 위하여 법률로써 제한될 수 있으며, 그 제한의 경우에는 과잉금지의 원칙이 적용되어야 하고 권리의 본질적 내용을 침해할 수 없다. 언론·출판의 자유를 제한하는 법률로는 방송법과 신문법을 비롯하여 형법, 옥외광고물등관리법, 국가보안법, 계엄법, 군사기밀보호법 등이 있다.

(나) 긴급명령과 비상계엄에 의한 제한

헌법 제76조는 대통령이 긴급명령을 발한 때에는 언론·출판의 자유도 법률이 아닌 긴급명령에 의해 제한을 받게 됨을 규정하고 있으며, 헌법 제77조 제3항에는 비상계엄이 선포되면 법률이 정하는 바에 의하여 계엄사령관은 포고령으로써 언론·출판에 대하여 특별한 조치를 할 수 있다고 규정하고 있다.

---

1) 헌재 2010. 7. 29. 2006헌바75.
2) 헌재 2018. 6. 28. 2016헌가8.
3) 헌재 2015. 12. 23. 2015헌바75.

(다) 언론·출판의 자유의 한계

헌법 제21조 제4항은 "언론·출판은 타인의 명예나 권리 또는 공중도덕이나 사회윤리를 침해하여서는 아니된다"라고 규정하고 있다. 이 규정은 언론·출판의 자유에 내재하는 헌법적 한계인 동시에 언론·출판의 자유에 따른 책임과 의무를 강조한 것이라고 할 수 있다. 이 조항에 의해 언론·출판의 자유는 타인의 명예나 권리, 공중도덕이나 사회윤리라는 법익을 위하여 제한될 수 있는데, 여기서 헌법 제37조 제2항의 공공복리 등의 공익상의 이유로 모든 기본권이 제한될 수 있다는 규정과의 관계가 문제된다.

헌법 제21조 제4항은 표현의 자유 제한을 정당화하는 특정한 법익을 명시적으로 규정함으로써 제37조 제2항의 일반적 법률유보를 표현의 자유와 관련하여 구체화하는 규정으로 이해할 수 있다. 따라서 표현의 자유는 제37조 제2항의 일반적 법률유보조항에 의한 사후제한을 당연히 받는 것이지만, 표현의 자유는 제21조 제4항의 타인의 명예나 권리, 공중도덕 등 특정한 법익과 충돌될 가능성이 크기 때문에 그러한 법익을 특별히 보호하기 위하여 표현의 자유에 대한 제한의 필요성을 규정한 것이 제21조 제4항의 의미라고 해석할 수 있다.[1)]

언론·출판의 자유의 한계를 벗어나 타인의 명예훼손이나 사생활의 비밀이 침해되거나 음란표현 등에 의한 공중도덕이나 사회윤리가 침해되는 경우는 다음과 같다.

① 언론·출판에 의한 명예훼손

언론·출판에 의해 개인의 명예를 훼손하는 경우 실정법에 의한 규제를 받게 된다. 사실 또는 허위의 사실을 적시하여 공연히 명예를 훼손하거나 비방할 목적으로 출판물 등에 의하여 명예를 훼손할 경우 형법에 의해 처벌을 받게 되며(형법 제307조, 제309조), 고의 또는 과실로 타인의 명예를 훼손할 경우 민법상 불법행위를 구성하여 손해배상책임(민법 제750조, 제751조)을 지게 된다. 그러나 타인의 명예를 훼손한 언론·출판이라 하더라도 진실한 사실로서 오로지 공공의 이익에 관한 것인 때에는 처벌하지 아니한다(형법 제310조).[2)] 인터넷과 같은 정보통신망을 통하여 타인의 명예를 훼손하거나 모욕하는 행위는 '정보통신망 이용촉진 및 정보보호 등에 관한 법률'에 의하여 제한된다.

헌법재판소는 2021년 2월 25일 형법상 명예훼손죄의 위헌여부가 문제된 사건에서 합헌결정을 선고하였다. 재판관 5대4의 의견으로, 공연히 사실을 적시하여 사람의 명예를 훼손한 경우 2년 이하의 징역·금고 또는 500만원 이하의 벌금에 처하도록 규정한 형법 제307

---

1) 한수웅, 앞의 책, 774면.

2) 대법원은 형법 제310조를 바탕으로 형법상 명예훼손이나 민법상 손해배상책임 양자 모두에 적용되는 위법성조각사유로서 "그 목적이 오로지 공공의 이익을 위한 것일 때에는 적시된 사실이 진실이라는 증명이 있거나 그 증명이 없다 하더라도 행위자가 그것을 진실이라고 믿었고 또 그렇게 믿을 만한 이유가 있으면 위법성이 없다고 보아야 할 것"이라고 판시하고 있다. 대판 1998. 5. 8. 97다34563; 대판 1999. 4. 27. 98다16203.

조 제1항이 청구인들의 표현의 자유를 침해하지 아니하고 헌법에 위반되지 않는다고 결정하였다. 이 사건에서 재판관 4인의 반대의견은 형법 제307조 제1항은 과잉금지원칙에 반하여 청구인들의 표현의 자유를 침해하므로 '일부위헌'으로 결정해야 한다는 의견을 개진하였다.[1] 반대의견의 요지는, "진실한 사실은 공동체의 자유로운 의사형성과 진실발견의 전제가 되므로, '적시된 사실이 진실인 경우'에는 허위 사실을 바탕으로 형성된 개인의 명예보다 진실한 사실에 관한 표현의 자유 보장에 중점을 둘 필요성이 있다는 것이다. 즉 '적시된 사실이 사생활의 비밀에 관한 것이 아닌 경우'에 허위 사실을 바탕으로 형성된 개인의 명예보다 진실한 사실에 관한 표현의 자유 보장에 중점을 둘 필요성이 있으므로 "심판대상조항 중 '진실한 것으로서 사생활의 비밀에 해당하지 아니한' 사실 적시에 관한 부분은 헌법에 위반된다"고 선언해야 한다"는 것이다. 이 4인 재판관의 일부위헌의견은 결코 간과할 수 없는 것으로서 앞으로의 명예훼손죄 존폐 여부에 관한 논의는 한층 가열될 것으로 보인다.

② 사생활의 비밀과 자유의 침해

헌법 제17조는 사생활의 비밀과 자유를 보장하고 있으므로 언론이 사생활의 비밀과 자유를 침해하게 되면 명예훼손의 경우와 마찬가지로 민법상 불법행위로 손해배상책임을 물을 수 있다.[2] 언론·출판의 자유와 사생활의 비밀과 자유의 기본권 충돌 문제에 관하여는 사생활의 비밀과 자유에서 설명한 바와 같이 공익이론, 공적 인물이론이나 인격영역이론 등으로 해결할 수 있다.

③ 공중도덕이나 사회윤리의 침해

언론·출판에 의한 공중도덕이나 사회윤리의 침해에 관하여는 주로 음란한 표현의 허용 여부가 문제된다. 형법은 제243조 내지 제245조에서 음란한 문서, 도화, 필름 기타 물건을 반포, 판매 또는 임대하거나 공연히 전시 또는 상영한 자, 위 목적으로 음란한 물건을 제조, 소지, 수입 또는 수출한 자 또는 공연히 음란한 행위를 한 자를 처벌하고 있다. 음란의 개념에 관한 통설적 견해는 성욕의 흥분 또는 만족을 목적으로 하는 행위로서 선량한 풍속에 반하고 사람으로 하여금 수치나 혐오를 느끼게 하는 것으로 보고 있다.

음란한 표현은 사회의 건전한 성도덕을 크게 해칠 뿐만 아니라 사상의 경쟁메커니즘에 의해서도 그 해악이 해소되기 어려우므로 언론·출판의 자유에 의하여 보호되기 어려운 것이라고 할 수 있다. 헌법재판소는 음란표현은 헌법 제21조가 규정하는 언론·출판의 자유의 보호영역에 해당하지 아니한다고 판시한 바 있으나,[3] 그 후 판례를 변경하여 음란표현도

1) 헌재 2021. 2. 25. 2017헌마1113등.
2) 대판 1998. 9. 4. 96다11327.
3) 헌재 1998. 4. 30. 95헌가16.

헌법 제21조가 규정하는 언론·출판의 자유의 보호영역에는 해당한다고 보고, 다만 헌법 제37조 제2항에 따라 국가안전보장·질서유지 또는 공공복리를 위하여 제한할 수 있는 것이라고 판시하였다. 음란표현을 표현의 자유의 보호영역에서 애당초 배제시키는 것은 언론·출판의 자유의 제한에 대한 헌법상의 기본원칙, 예컨대 명확성의 원칙, 검열금지의 원칙 등에 입각한 합헌성심사를 못하게 될 뿐만 아니라 기본권제한에 대한 헌법상의 기본원칙, 예컨대 법률에 의한 제한, 본질적 내용의 침해금지원칙 등도 적용하기 어렵게 되는 결과, 모든 음란표현에 대하여 사전 검열을 받도록 하고 이를 받지 않은 경우 형사처벌을 하거나 유통목적이 없는 음란물의 단순소지를 금지하거나, 법률에 의하지 아니하고 음란물 출판에 대한 불이익을 부과하는 행위 등에 대한 합헌성심사도 하지 못하게 됨으로써, 결국 음란표현에 대한 최소한의 헌법상 보호마저도 부인하게 될 위험성이 농후하게 된다는 점을 간과할 수 없으므로 음란표현도 헌법 제21조의 언론·출판의 자유의 보호영역에는 해당하는 것이라고 견해를 변경하였다.[1)]

헌법재판소는 '음란'의 개념과 구별되는 추상적 개념으로서 '저속' 표현은 처음부터 헌법적 보호영역 안에 있다고 하면서, 청소년보호를 위해 저속한 간행물의 출판을 전면 금지시키고 출판사의 등록을 취소시킬 수 있도록 하는 것은 지나치게 과도한 수단을 선택한 것으로 언론·출판의 자유와 성인의 알 권리를 침해하게 된다고 판시하였다. 여기에서 '음란'의 개념과는 달리 '저속'의 개념은 그 적용범위가 매우 광범위할 뿐만 아니라 법관의 보충적인 해석에 의한다 하더라도 그 의미내용을 확정하기 어려울 정도로 매우 추상적이며, 이 '저속'의 개념에는 출판사등록이 취소되는 성적 표현의 하한이 열려 있을 뿐만 아니라 폭력성이나 잔인성 및 천한 정도도 그 하한이 모두 열려 있기 때문에 출판을 하고자 하는 자는 어느 정도로 자신의 표현내용을 조절해야 되는지를 도저히 알 수 없도록 되어 있어 명확성의 원칙 및 과도한 광범성의 원칙에 반한다고 판단하고 있다.[2)]

(4) 언론규제입법의 합헌성 판단기준

(가) 과잉금지의 원칙

언론·출판의 자유를 규제하는 법률이 헌법 제37조 제2항의 기본권제한의 일반원칙인 과잉금지의 원칙에 위배되면 위헌입법이 된다. 따라서 언론·출판의 자유의 제한은 국가안전보장·질서유지·공공복리의 목적을 위하여 법률로써 제한할 수 있으며, 제한의 정도는 필요최소한에 그쳐야 하고, 제한되는 언론·출판의 자유의 법익보다 더 큰 공익을 유지하기 위하여 필요한 경우라야 한다. 특히 언론·출판의 자유와 같은 정신적 자유권은 경제적 기

1) 헌재 2009. 5. 28. 2006헌바109.
2) 헌재 1998. 4. 30. 95헌가16.

본권에 비해 우월적 가치를 가지는 것이므로 그 제한에 있어서는 경제적 기본권의 제한에 관한 합헌성 판단기준보다 엄격한 기준이 적용되어야 한다. 이러한 '이중기준의 원칙'에 따라 언론·출판의 자유를 규제하는 입법의 합헌성 판단기준으로 과잉금지원칙 이외에 명확성의 원칙, 명백하고 현존하는 위험의 원칙 등이 적용된다. 여기서 명백하고 현존하는 위험의 원칙이나 명확성의 원칙은 과잉금지의 원칙에 대한 가중적 요건이라고 할 수 있다.

(나) 명확성의 원칙

이 원칙은 언론·출판의 자유의 우월적 지위에 입각하여 언론·출판을 제한하는 입법의 규정은 명확해야 하며, 불확정 개념이나 막연한 용어를 사용하여 그 의미를 추정할 수밖에 없도록 하는 경우에는 '모호하기 때문에 무효'(void for vagueness)가 된다는 원칙을 말한다. 헌법재판소도 표현의 자유의 제한에 있어서 명확성의 원칙의 중요성을 강조하고 있다. 명확성의 원칙은 법치국가원리의 한 표현으로서 모든 기본권제한입법에 대해 요구되는 것이지만 표현의 자유를 규제하는 입법에 있어서 특별히 중요한 의미를 가진다.[1] 헌법재판소는 전기통신법상 '공공의 안녕질서' 또는 '미풍양속'을 해하는 내용의 통신을 금하는 규정은 매우 추상적인 개념이어서 명확성의 원칙에 위배된다고 하였다. 즉 '공공의 안녕질서', '미풍양속'은 매우 추상적인 개념이어서 어떠한 표현행위가 과연 '공공의 안녕질서'나 '미풍양속'을 해하는 것인지, 아닌지에 관한 판단은 사람마다의 가치관, 윤리관에 따라 크게 달라질 수밖에 없고, 법집행자의 통상적 해석을 통하여 그 의미내용을 객관적으로 확정하기도 어렵다고 판시하였다.[2] 그 밖에 '공익'을 해할 목적으로 공연히 허위의 통신을 한 자를 형사처벌하는 것에 대해서도 명확성의 원칙에 위배된다고 판시하였다.[3]

명확성의 원칙과 관련하여 미국의 판례에 의하여 형성된 '과도한 광범성의 원칙'이 있다. 과도한 광범성의 원칙이란 표현의 자유를 제한하는 입법이 헌법상 보호되지 않는 표현만이 아니라 헌법상 보호되는 표현까지 과도하게 광범한 제한을 가하게 되면 위헌이라는 원칙을 말한다. 일반적으로 특정한 입법이 명확성의 원칙과 과도한 광범성의 원칙을 동시에 위반하는 것이 통상적이라 할 수 있지만 개념적으로는 구별된다. 즉 명확성의 원칙에 위배되지 않더라도 과도하게 광범한 제한에 해당하는 경우가 있을 수 있기 때문이다. 헌법재판소는 '저속한 출판물'을 발간한 출판사에 대해 등록취소를 할 수 있도록 규정한 '출판사 및 인쇄소의 등록에 관한 법률' 조항에 대하여 명확성의 원칙 및 과도한 광범성의 원칙에 위반된다고 판시하였다.[4]

1) 헌재 1998. 4. 30. 95헌가16.
2) 헌재 2002. 6. 27. 99헌마480.
3) 헌재 2010. 12. 28. 2008헌바157등.
4) 헌재 1998. 4. 30. 95헌가16.

(다) 명백하고 현존하는 위험의 원칙

명백·현존위험의 원칙(rule of clear and present danger)은 언론의 자유의 한계에 관한 기준임과 동시에 언론규제입법에 대한 합헌성 판단기준으로서 미국의 판례에 의해 확립된 이론이다.[1] 이 원칙은 언론을 규제하기 위해서는 언론이 법률상 금지된 해악을 초래할 명백하고 현존하는 위험을 가지고 있음을 입증해야 한다는 이론을 의미한다.

명백·현존위험의 원칙에서 '명백'이란 표현과 해악 발생 사이에 명확한 인과관계가 있을 것을 의미하며, '현존'이란 해악의 발생이 시간적으로 접근하고 있는 경우를 말한다. 즉 언론과 해악 발생 사이에 인과관계가 명백히 있다고 하더라도 언론이 시간적으로 절박한 해악을 발생시키지 않을 때에는 언론에 대한 규제가 허용되지 않는다는 것이다. 또한 '위험'이라 함은 공공의 이익에 대한 실질적 해악 발생의 개연성을 말한다. 여기서 '실질적'이란 의미는 단순히 사회적인 불안이나 불편을 가져오는 것이라든지 공중을 다소 곤혹에 빠지게 하는 것만으로는 부족하고 해악이 극도로 중대할 것을 의미한다.

요컨대 이 원칙은 자유로운 언론으로 말미암아 중대한 해악이 발생할 개연성이 있고, 언론과 해악의 발생 사이에 밀접한 인과관계가 있으며, 또 해악의 발생이 목전에 절박한 경우에 다른 수단으로서는 이를 방지할 수 없으면 언론을 제한하는 것이 정당화된다는 이론이다. 결국 이 원칙은 표현에 의한 위험의 '근접성과 정도'가 위헌성 판단의 기준으로 되는데, 그러한 위험의 근접성과 정도를 판단하는 것은 주관적인 것일 수도 있기 때문에 그 주관적 기준에서 오는 불확실성의 문제를 부정하기 어렵다.

우리의 헌법재판소도 반국가단체의 활동을 찬양, 고무하는 자에 대해 처벌하는 국가보안법 제7조 제1항, 제5항에 대해 "국가의 존립·안전을 위태롭게 하거나 자유민주적 기본질서에 실질적 해악을 미칠 명백한 위험성이 있는 행위에 대해서만 적용한다"고 판시하여 이 원칙을 적용하면서 한정합헌결정을 내린 바 있다.[2]

---

1) 명백하고 현존하는 위험의 원칙은 1919년의 미 연방대법원 판결(Schenk v. U.S. 249 U.S. 47)에서 홈즈(Holmes) 대법관에 의해 주장된 것이다. 사건의 개요는 제1차대전 중 징집제 반대를 주장하는 문서를 배포한 자가 방첩법 위반으로 기소되어 하급심에서 유죄판결을 받고 연방대법원에 상고한 사건에서 홈즈 대법관은 다음과 같은 견해를 제시하였다. "이 사건 문서 중의 표현은 피고인들이 평상시에 한 것이라면 헌법상의 권리로서 보장받을 것이다. 그러나 모든 표현행위는 어떤 상황에서 행해졌는가에 따라 성격이 규정된다. 언론의 자유가 최대한 보장된다고 하여 극장 안에서 거짓말로 '불이야'라고 외쳐 혼란을 야기하는 사람까지 보호하지는 않을 것이다. 항상 문제가 되는 것은 어떤 표현이 법률상 금지된 실질적인 해악을 초래할 명백하고 현존하는 위험을 야기시킬 상황에서 행하여졌는가 하는 점이다. 그것은 위험의 근접성과 정도의 문제이다. 국가가 전시에 처해 있을 때에는 평화시에 말할 수 있는 많은 것들이 전쟁수행에 방해가 되므로 허용되지 아니하며 법원도 그러한 표현을 헌법상의 권리로서 보호할 수 없다."

2) 헌재 1990. 4. 2. 89헌가113.

5. 인터넷 공간과 언론의 자유

(1) 인터넷 공간에서의 표현의 자유의 의의

오늘날 인터넷 등의 온라인매체의 등장은 언론의 자유의 보장과 그 규제의 측면에서 기존의 인쇄매체나 방송매체와 다른 새로운 문제를 제기하고 있다. 인터넷 등 온라인매체도 의사형성적 작용을 하는 한, 의사를 표현하고 전파하는 형식의 하나로 인정되며 온라인매체를 통해 유통시킬 목적으로 제작하는 정보는 언론·출판의 자유에 의해 보호된다고 할 것이다.[1]

소수의 경제적 강자에 의해 독점되었던 신문이나 방송과는 달리, 인터넷을 통해 누구나 쉽게 정보를 제공하고 자신의 의견을 표현할 수 있게 된 현실에서 온라인매체를 통한 표현의 자유의 극대화는 시대적 요청이라 할 수 있지만, 반면에 불법정보의 만연과 청소년유해정보가 심각한 문제로 되고 있으며 무한한 복제와 신속한 전파 등으로 인해 저작권침해라든지 사생활침해와 명예훼손 등의 문제가 제기되고 있다. 따라서 오늘날 사이버공간에서의 표현의 자유 보장과 온라인매체의 발전이라는 가치와 인간의 존엄성과 청소년 보호라는 또 다른 가치 상호간의 대립과 갈등을 극복하고 양자를 조화적으로 실현하는 것이 현대헌법학의 중요한 과제의 하나가 되고 있다.

(2) 인터넷 공간에서의 표현의 자유 규제

인터넷 등 온라인매체를 통한 의사표현을 규제함에 있어서 인쇄매체와 동일하게 취급할 것인지, 아니면 방송매체와 동일하게 취급할 것인지가 문제된다. 인쇄매체의 경우에는 언론·출판의 자유의 엄격한 보장이 강조되고, 방송매체의 경우에는 전파자원의 희소성, 방송의 침투성, 정보수용자측의 통제능력 결여 등을 이유로 공익성과 공공성이 보다 더 강조된다. 그러나 인터넷 등 온라인매체의 경우에는 기존의 매체보다 '자율적 규제'가 강화되어야 하고, 인터넷 내용등급제와 같은 기술적 규제방식이 필요하다고 보는 것이 일반적 추세이다.

인터넷은 공중파방송과 달리 '가장 참여적인 시장'이며 '표현촉진적인 매체'라 할 수 있다. 공중파방송은 방송매체의 특성상 그 공적 책임과 공익성이 강조되어, 인쇄매체에서는 볼 수 없는 강한 규제조치가 정당화되기도 한다. 그러나 인터넷은 위와 같은 방송의 특성이 없으며, 오히려 진입장벽이 낮고, 표현의 쌍방향성이 보장되며, 그 이용에 적극적이고 계획적인 행동이 필요하다는 특성을 지닌다. 오늘날 가장 거대하고 주요한 표현매체의 하나로 자리를 굳힌 인터넷상의 표현에 대하여 질서 위주의 사고만으로 규제하려고 할 경우 표현의 자유의 발전에 큰 장애를 초래할 수 있다. 표현매체에 관한 기술의 발달은 표현의 자유

---

1) 헌재 2004. 1. 29. 2001헌마894.

의 장을 넓히고 질적 변화를 야기하고 있으므로 계속 변화하는 이 분야에서 규제의 수단 또한 헌법의 틀 내에서 다채롭고 새롭게 강구되어야 할 것이다.[1]

(3) '정보통신망법' 상 본인확인조치의 위헌여부

인터넷을 통한 표현의 자유를 규제하는 법률로 '정보통신망이용촉진 및 정보보호 등에 관한 법률'(약칭: 정보통신망법)이 있다. 대표적인 불법정보라 할 수 있는 음란정보의 배포·판매 등에 대해서는 이 법률의 정보통신망이용음란죄(제44조의7 제1항 제1호)가 적용된다. 다만 온라인매체를 통해서 유통되는 음란정보는 형법의 규율대상이 되지 않는다고 보는 것이 대법원 판례의 입장이다.[2] 따라서 인터넷을 통한 명예훼손행위에 대하여는 위 법률의 정보통신망이용명예훼손죄(제70조)가 적용되고 형법(제309조)은 적용되지 아니한다.

헌법재판소는 2012년, 인터넷게시판을 설치·운영하는 정보통신서비스 제공자에게 본인확인조치의무를 부과하여 게시판 이용자로 하여금 본인확인절차를 거쳐야만 게시판을 이용할 수 있도록 하는 본인확인제를 규정한 '정보통신망법' 제44조의5 제1항 제2호 및 같은 법 시행령 제29조, 제30조 제1항이 과잉금지원칙에 위배하여 인터넷게시판 이용자의 표현의 자유, 개인정보자기결정권 및 인터넷게시판을 운영하는 정보통신서비스 제공자의 언론의 자유를 침해하는 것이라고 판시하였다. 이 사건 법령조항들이 표방하는 건전한 인터넷문화의 조성 등 입법목적은, 인터넷 주소 등의 추적 및 확인, 당해 정보의 삭제·임시조치, 손해배상, 형사처벌 등 인터넷 이용자의 표현의 자유나 개인정보자기결정권을 제약하지 않는 다른 수단에 의해서도 충분히 달성할 수 있음에도, 인터넷의 특성을 고려하지 아니한 채 본인확인제의 적용범위를 광범위하게 정하여 법집행자에게 자의적인 집행의 여지를 부여하고, 목적달성에 필요한 범위를 넘는 과도한 기본권 제한을 하고 있으므로 침해의 최소성이 인정되지 아니한다는 것이다. 그리고 본인확인제 시행 이후에 명예훼손, 모욕, 비방의 정보의 게시가 표현의 자유의 사전 제한을 정당화할 정도로 의미 있게 감소하였다는 증거를 찾아볼 수 없는 반면에, 게시판 이용자의 표현의 자유를 사전에 제한하여 의사표현 자체를 위축시킴으로써 자유로운 여론의 형성을 방해하고, 본인확인제의 적용을 받지 않는 정보통신망상의 새로운 의사소통수단과 경쟁하여야 하는 게시판 운영자에게 업무상 불리한 제한을 가하며, 게시판 이용자의 개인정보가 외부로 유출되거나 부당하게 이용될 가능성이 증가하게 되었는바, 이러한 인터넷게시판 이용자 및 정보통신서비스 제공자의 불이익은 본인확인제가 달성하려는 공익보다 결코 더 작다고 할 수 없다고 판단하였다.[3]

---

1) 헌재 2002. 6. 27. 99헌마480.
2) 대판 1999. 2. 24. 98도3140.
3) 헌재 2012. 8. 23. 2010헌마47.

그러나 헌법재판소는 2022년 12월, 위 '정보통신망법' 제44조의5 제1항 제1호에 의해 공공기관 등(국가기관, 지방자치단체, 공기업 등)이 게시판을 설치·운영하려면 그 게시판 이용자의 본인 확인을 위한 방법 및 절차의 마련 등 필요한 조치를 하도록 정한 것에 대해서는 익명표현의 자유를 침해하지 않는다고 판시하였다. 공공기관 등이 설치·운영하는 정보통신망 상의 게시판 이용자에 대한 본인확인조치는 정보통신망의 익명성 등에 따라 발생하는 부작용을 최소화하여 공공기관 등의 게시판 이용에 대한 책임성을 확보·강화하고, 게시판 이용자로 하여금 언어폭력, 명예훼손, 불법정보의 유통 등의 행위를 자제하도록 함으로써 건전한 인터넷 문화를 조성하기 위한 것이기 때문에 그러한 조치는 그 입법목적의 정당성과 수단의 적합성이 인정된다고 하였다. 인터넷의 동시성, 전파성, 시간·공간의 무제약성이라는 상황적 조건으로 인해 게시판에 위법한 내용이 게시되면 그로 인한 피해가 광범위하게 나타날 수 있고, 이는 공공기관 등의 게시판에 게시된 내용이 추후 삭제되더라도 마찬가지일 수 있다. 이미 게시된 정보에 대한 삭제요청이나 임시조치, 손해배상 또는 형사처벌 등과 같은 사후적 구제수단이, 정보를 게시하고자 할 때 사전적으로 본인확인을 받도록 하는 심판대상조항과 동일한 정도로 입법목적에 기여한다고 볼 수는 없으며, 개별 게시판의 설치·운영 목적에 따라서 본인확인이 필요한 경우에 한해 본인확인조치를 하는 대안 역시 게시판을 설치·운영하는 공공기관 등의 의도와는 무관하게 이용자는 언어폭력, 명예훼손, 불법정보의 유통 등의 행위를 할 가능성이 있기 때문에 입법목적 달성에 심판대상조항과 동일한 정도로 기여하는 수단이 된다고 보기는 어렵다고 하였다. 요컨대 심판대상조항은 공적 영역에서의 게시판 이용에 관하여 익명성의 역기능을 완화하기 위해 사전적 규제수단으로서 본인확인조치를 취할 의무를 두고 있는데, 사후적 제재수단만으로는 인터넷에서의 언어폭력, 명예훼손, 불법정보의 유통 등으로 인한 광범위한 피해를 회복하기 어렵기 때문에 심판대상조항은 침해의 최소성을 충족한다고 판단하고 있다. 그리고 심판대상조항은 공공기관등이 설치·운영하는 게시판이라는 한정적 공간에 적용되는 점 등에 비추어 볼 때 기본권 제한의 정도가 크지 않으나 그에 반해 공공기관 등이 설치·운영하는 게시판에 언어폭력, 명예훼손, 불법정보의 유통이 이루어지는 것을 방지함으로써 얻게 되는 건전한 인터넷 문화 조성이라는 공익은 중요하다는 점을 고려할 때 심판대상조항은 법익의 균형성을 충족한다고 판단하고 있다.[1)]

---

1) 헌재 2022. 12. 22. 2019헌마654.

Ⅳ. 집회·결사의 자유

1. 집회·결사의 자유의 의의

헌법 제21조 제1항은 "모든 국민은 … 집회·결사의 자유를 가진다"고 하고 제2항에는 "집회·결사에 대한 허가는 인정되지 아니한다"라고 하여 집회·결사의 자유 보장과 집회·결사에 대한 허가제 금지를 규정하고 있다. 집회와 결사의 자유는 다수인이 공동의 목적으로 회합하거나 결합하는 자유를 말한다. 집회와 결사는 집단적으로 행해지는 표현형태로서 이는 언론과 출판이 개인적으로 행해지는 표현형태인 것과 구별된다. 집회와 결사는 사회의 안정성을 위협하는 요소가 있으므로 전근대국가에서는 그 자유가 보장되기보다는 탄압의 대상이 되었다. 그러나 오늘날 집회·결사의 자유는 민주정치를 위한 불가결의 조건이 되고 있으며, 사회적 소수자의 정치적 의사표현을 가능하게 하고, 특히 현대의 대중민주주의적 상황에서 언론매체를 소유하지 못한 일반대중이 단체를 결성하거나 집회와 시위와 같은 집단적 행동을 통해 그들의 의사를 표현할 수 있는 중요한 수단이 되고 있다. 따라서 오늘날 입헌민주주의 헌법에서 집회·결사의 자유는 필수불가결의 권리로 보장되고 있다.

2. 집회의 자유

(1) 집회의 자유의 의의

집회의 자유에서 집회란 2인 이상이 특정한 장소에 모여 공동의 의사를 표현하는 행위를 말한다. 1인 시위는 표현의 자유로 보호되고, 집회의 자유에 포함되지 않는다. 집회는 의사표현의 목적이 있으면 족하고 의사표현의 내용은 공익을 위한 의사에 한정할 필요는 없다. 일반적으로 집회는 일정한 장소를 전제로 하여 특정 목적을 가진 다수인이 일시적으로 회합하는 것을 말하는 것이고, 그 공동의 목적은 '내적인 유대관계'로 족하다고 할 것이다.[1] 집회의 목적을 지나치게 한정하게 되면 헌법상 보장된 집회의 자유를 무의미하게 만들 수 있기 때문이다. 집회의 자유를 통해 헌법이 보호하고자 하는 것은 평화적이고 비폭력적인 집단행동을 의미하므로 폭력적이고 폭동적인 집회는 보호대상에서 제외된다.[2]

(2) 집회의 자유의 주체

집회의 자유는 집단적 의사표현을 보호하는 권리이므로 자연인 이외에 법인도 집단적 의사표현을 해야 할 상황이 있으므로 권리의 주체가 될 수 있다. 외국인이 집회의 자유의

---

1) 헌재 2009. 5. 28. 2007헌바22.
2) 헌재 2003. 10. 30. 2000헌마67등.

주체가 될 수 있는지에 대해서는 견해가 나뉘고 있으나, 외국인의 경우 국민에 비해 집회의 자유의 제한이 가중되더라도 그 권리의 주체성을 인정하는 것이 타당하다고 본다.

(3) 집회의 자유의 내용

집회의 자유의 내용으로는 적극적으로 집회를 개최하고 진행할 자유, 집회에 참가할 자유 및 소극적으로 집회를 개최하지 아니할 자유, 집회에 참가하지 아니할 자유가 포함된다. 따라서 집회의 개최 및 참가 여부에 대한 국가의 개입이나 강제는 금지된다. 그러나 폭력을 사용하는 집회는 집회의 자유의 보호영역에 포함되지 않는다.

집회의 자유는 집회에 참가하지 못하게 하는 국가의 강제를 금지할 뿐 아니라, 예컨대 집회장소로의 여행을 방해하거나 집회장소로부터 귀가하는 것을 방해하거나, 국가가 개인의 집회참가행위를 감시하고 그에 관한 정보를 수집함으로써 집회에 참가하고자 하는 자로 하여금 불이익을 두려워하여 미리 집회참가를 포기하도록 집회참가의사를 약화시키는 것 등 집회의 자유행사에 영향을 미치는 모든 조치를 금지한다.[1)]

(4) 집회의 자유의 제한

집회의 자유는 기본적으로 다중의 위력을 통해 집단적 의사를 타인에게 듣기를 요구하는 행위라는 점에서 집회 참가자 이외의 국민에게 해악을 끼칠 가능성이 높고, 집단행동이 통제의 범위를 벗어나거나 무력충돌이 일어나는 등 사회의 안녕을 깨뜨릴 가능성이 높다. 따라서 집회의 자유는 자유권적 기본권이지만 제한가능성이 높은 기본권이라 할 수 있다.

집회의 자유를 구체화하고 있는 '집회 및 시위에 관한 법률'(약칭: 집시법)에 의하면 집회의 주최자는 특정인을 시위에 참가하는 것을 배제할 수 있으나 언론기관의 기자는 출입을 막을 수 없다(동법 제4조). 집회 주최의 제한을 받는 경우로는 헌법재판소의 결정에 의해 해산된 정당의 목적을 달성하기 위한 경우, 공공의 안녕질서에 직접적 위협을 가할 것이 명백한 경우이다(동법 제5조).

옥외집회 또는 시위를 주최하고자 하는 경우 주최자는 관할 경찰서장에게 신고의무를 부담하며, 신고시 관할 경찰서장은 집회가 금지되는 목적의 집회인 경우, 대통령령이 정하는 주요도시의 주요도로에서의 집회 또는 시위여서 교통소통을 방해할 우려가 있는 경우(동법 제12조), 집회가 금지되는 장소에서의 집회인 경우(동법 제11조) 등의 경우에는 금지통고를 할 수 있다(동법 제8조 제1항). 집회의 주최자는 확성기 등으로 기준을 초과하는 소음을 발생시켜서는 안 된다(동법 제14조).

헌법재판소는 국무총리 공관 인근과 각급 법원 인근 옥외집회 금지 사건에서 누구든지

---

1) 헌재 2003. 10. 30. 2000헌바67등.

국무총리 공관, 각급법원 등의 경계지점으로부터 100미터 이내의 장소에서 옥외집회 또는 시위를 할 경우 형사처벌한다고 규정한 집시법 조항에 대하여 집회의 자유를 침해한다고 하여 헌법불합치결정을 선고하였다.[1)]

옥외집회·시위의 사전신고제도는 헌법 제21조 제2항의 사전허가금지에 위배되는지의 문제가 제기될 수 있다. 그러나 사전신고는 경찰관청 등 행정관청으로 하여금 집회의 순조로운 개최와 공공의 안전보호를 위하여 필요한 준비를 할 수 있는 시간적 여유를 주기 위한 것으로서, 협력의무로서의 신고이다. 집시법은 일정한 신고절차만 밟으면 일반적·원칙적으로 옥외집회 및 시위를 할 수 있도록 보장하고 있으므로, 집회에 대한 사전신고제도는 헌법 제21조 제2항의 사전허가금지에 위배되지 않는다.[2)]

집시법에는 해가 뜨기 전이나 해가 진 후의 야간옥외집회는 원칙적으로 금지되며 예외적으로 집회의 주최자가 질서유지인을 두고 미리 신고한 경우에는 허용할 수 있다고 규정하고 있으나(동법 제10조), 이 야간옥외집회의 원칙적 금지조항은 헌법재판소에 의하여 헌법불합치결정을 받게 되었다. 이 사건에서 헌법재판소는 "법률조항들이 헌법에 위반된다는 의견이 5인이고, 헌법에 합치되지 아니한다는 의견이 2인이므로, 단순위헌 의견에 헌법불합치 의견을 합산하면 헌법재판소법 제23조 제2항 제1호에 규정된 법률의 위헌결정을 함에 필요한 심판정족수에 이르게 된다. 따라서 이 사건 법률조항들에 대하여 주문과 같이 헌법에 합치되지 아니한다고 선언하고, 입법자가 2010. 6. 30. 이전에 개선입법을 할 때까지 계속 적용하되, 만일 위 일자까지 개선입법이 이루어지지 않는 경우 위 법률조항들은 2010. 7. 1.부터 그 효력을 상실하도록 한다"고 판시하였다.[3)]

현행 집시법은 '옥외집회'와 '시위'를 구분하여 "옥외집회란 천장이 없거나 사방이 폐쇄되지 아니한 장소에서 여는 집회를 말한다"고 규정하고(동법 제2조 제1호), "시위란 다수인이 공동목적을 가지고 도로·광장·공원 등 공중이 자유로이 통행할 수 있는 장소를 행진하거나 위력 또는 기세를 보여 불특정한 여러 사람의 의견에 영향을 주거나 제압을 가하는 행위를 말한다"(동법 제2조 제2호)고 규정하고 있다. 그리고 야간 옥외집회를 예외적으로 허용하는 집시법 제10조 단서는 옥외집회만을 규정하고 있으므로 시위는 이 단서조항의 적용에서 제외되고 있다. 따라서 집시법 제10조 단서에 의해 해가 뜨기 전이나 해가 진 후의 시위는 예외 없이 절대적으로 금지되는 것으로 해석될 수밖에 없다. 헌법재판소는 이 법률조항과 이를 구성요건으로 하는 처벌조항에 대하여 "해가 진 후부터 같은 날 24시까지의 시위"에 적용하는 한 헌법에 위반된다고 한정위헌결정을 하였다. 시위가 금지되는 시간대를 이

1) 헌재 2018. 6. 28. 2015헌가28; 헌재 2018. 7. 26. 2018헌바137.
2) 헌재 2014. 1. 28. 2011헌바174등.
3) 헌재 2009. 9. 24. 2008헌가25.

법률조항과 같이 광범위하게 정하여 절대적으로 금지한 것은 목적 달성에 필요한 기본권의 제한을 최소화할 수 있는 방법을 강구하지 아니한 것으로서 침해최소성의 원칙에 반한다고 판시하였다. 그리고 이 사건 법률조항에 의하여 달성되는 사회의 안녕질서 유지의 공익이나 시위 참가자 등의 안전과 제3자인 시민들의 평온 보호 등의 공익 역시 중요한 것이나, 현대 대의민주국가에서 민주적 공동체의 필수적 구성요소인 집회의 자유의 평화적인 행사로 인하여 필연적으로 발생하고, 회피되기 어려운 일정한 혼란 내지 법익의 제한은 일정한 범위에서 국가와 제3자에 의하여 수인되어야 할 것이라는 점에 비추어 보면, 야간이라는 광범위한 시간 동안 절대적으로 시위를 하지 못하게 하는 것은 공공의 안녕질서 보호라는 공익에 비해 집회의 자유를 과도하게 제한하는 것으로 법익 균형성원칙도 위반하고 있다고 판단하고 있다.[1)]

3. 결사의 자유

(1) 결사의 자유의 의의

결사의 자유에 있어서 결사란 자연인 또는 법인의 다수가 자유의사에 따라 상당한 기간 동안 공동의 목적을 위하여 결성한 단체를 말한다. 즉 결사의 개념적 요소로는 다수인(최소 2인 이상이 다수설), 자발성, 계속성, 공동목적, 결합성, 조직의사에의 복종 등을 들 수 있다. 결사의 자유에는 일반적 결사의 자유와 특수적 결사의 자유로 구분된다. 헌법 제21조의 결사의 자유는 일반적 결사의 자유를 의미하기 때문에 정치적 목적의 결사인 정당이나 노동자들의 결사인 노동조합 등의 특수한 결사는 각각 헌법 제8조, 제33조 등 해당 기본권 조항에 의하여 보호된다.

(2) 결사의 자유의 주체

결사의 자유는 인간존재의 원초적 조건이라 할 수 있으므로 국민뿐만 아니라 외국인도 권리의 주체가 될 수 있다. 법인 등 결사체도 그 조직과 의사형성 및 업무수행에 있어 자기결정권을 가지므로 결사의 자유의 주체가 된다.[2)]

(3) 결사의 자유의 내용

결사의 자유에는 적극적인 측면에서 단체결성의 자유, 단체존속의 자유, 단체활동의 자유, 결사에의 가입의 자유 등이 있으며, 소극적 측면에서 단체로부터의 탈퇴의 자유와 결사에 가입하지 아니할 자유가 있다. 결사에 가입하지 아니할 소극적 자유와 관련하여 사법

---

1) 헌재 2014. 3. 27. 2010헌가2등.
2) 헌재 2000. 6. 1. 99헌마553.

상의 결사에는 가입을 강제할 수 없으나, 공법상의 결사(예컨대 의사회, 변호사회, 상공회의소 등)에는 가입의 강제가 인정될 수 있다.

(4) 결사의 자유의 제한

결사의 자유는 헌법 제37조 제2항에 따라 법률로써 제한할 수 있다. 그러나 단체의 결성 자체를 전면적으로 금지하는 허가제는 인정되지 아니한다. 허가제는 결사의 자유의 본질적 내용을 침해하는 것이기 때문이다. 다만 등록제나 신고제는 행정상의 편의를 위한 것으로 허용될 수 있다. 현행법상 결사의 자유가 제한되는 경우로는 국가보안법(제3조)상 반국가단체를 구성하거나 이에 가입하는 경우와 형법(제114조)상 범죄를 목적으로 하는 단체를 조직하거나 이에 가입한 경우 등이 있다.

헌법재판소는 법인의 약국개설을 금지하는 약사법 조항이 결사의 자유를 침해하는 것이라고 하였다. 정당한 이유 없이 본래 약국개설권이 있는 약사들만으로 구성된 법인에도 약국개설을 금지하는 것은 입법목적을 달성하기 위하여 필요하고 적정한 방법이 아니고, 입법형성권의 범위를 넘어 과도한 제한을 가하는 것으로서, 법인을 구성하여 약국을 개설·운영하려고 하는 약사들 및 이들로 구성된 법인의 직업선택(직업수행)의 자유의 본질적 내용을 침해하는 것이고, 동시에 약사들이 약국경영을 위한 법인을 설립하고 운영하는 것에 관한 결사의 자유를 침해하는 것이라고 판단하였다.[1] 그러나 변리사로 등록된 경우에는 강제적으로 변리사회에 가입하도록 한 것은 변리사회의 법적 지위를 강화하여 공익사업을 수행하고 지식재산권에 관한 민간 차원의 국제협력을 증진하고자 하는 입법목적의 정당성이 인정되고, 직업수행의 자유에 대한 제한보다 그 입법목적을 달성함으로써 얻게 되는 공익의 비중과 정도가 더 크다 할 것이므로 결사의 자유를 침해하지 않는다고 판시하였다.[2]

V. 학문과 예술의 자유

1. 학문의 자유

(1) 학문의 자유의 의의

학문의 자유란 학문적 활동에 관하여 공권력의 간섭이나 방해를 받지 아니하는 자유를 말한다. 헌법 제22조 제1항은 "모든 국민은 학문과 예술의 자유를 가진다"라고 하여 학문의 자유와 예술의 자유를 동일조항에서 규정하고 있다. 학문과 예술의 자유는 사상의 자유를

1) 헌재 2002. 9. 19. 2000헌바84.
2) 헌재 2008. 7. 31. 2006헌마666.

전제로 하며 하나의 사상이 체계적으로 지식화되는 때에 학문과 예술이 성립하는 것이라고 볼 수 있다.

학문은 인간정신의 귀중한 성과이며 인류문화의 선구적 역할을 담당하고 새로운 지식의 개척을 의미하므로 모든 예속으로부터 해방되어 학문의 독자성이 보호되어야 한다. 따라서 학문의 자유는 주관적으로는 개인의 국가권력에 대한 소극적 방어권을 의미하며, 객관적으로는 학문활동을 자율적 생활영역으로 보호하고 장려해야 한다는 것으로 헌법상 제도적 보장으로서의 성격을 가진다고 할 수 있다.

(2) 학문의 자유의 주체

학문의 자유는 대학의 교수나 연구기관의 연구원뿐만 아니라 모든 국민에게 보장되는 기본권이다. 학문을 할 의사와 능력이 있으면 내외국인을 불문하여 권리의 주체가 되며, 특히 학문의 자유는 연혁적으로 대학의 자유를 의미하는 것이었기 때문에 대학이나 연구단체가 그 권리의 주체가 됨은 당연하다.

(3) 학문의 자유의 내용

(가) 연구의 자유

연구의 자유는 학문의 자유의 본질적 부분으로서, 여기서 연구란 사색·독서·조사·실험 등에 의하여 진리를 탐구하는 행위를 말한다. 연구의 자유는 연구대상의 선택·연구방법·연구시기·연구장소 등에 대하여 국가권력이나 그 밖의 사회적 세력이 간섭하거나 방해할 수 없음을 의미한다.

(나) 교육의 자유

교육의 자유 또는 교수의 자유(강학의 자유)는 연구의 자유의 연장선상에서 당연히 보장된다. 교수의 자유는 대학이나 고등교육기관에 종사하는 교육자가 자유로이 교수하거나 강의하는 자유를 말한다. 교수의 자유는 강의내용이나 강의방법에 관하여 누구의 지시나 감독을 받지 아니하고 교수가 독자적으로 결정하며 강의실에서는 학문적 견해를 자유롭게 표명하는 것을 보장한다.

(다) 연구결과 발표의 자유

연구의 자유는 연구결과를 외부에 발표하는 자유를 포함한다. 연구결과의 발표는 대학의 강의실 이외의 집회에서 발표하거나 논문 또는 저서로써 발표하는 경우를 말한다. 연구결과의 발표는 그 사회적 전파성 때문에 최소한의 범위 내에서 국가적 제한을 받을 수 있다.

연구결과 발표의 자유는 언론·출판의 자유의 한 형태이지만 양자는 특별법과 일반법의 관계에 있다고 할 수 있다. 즉 학문연구활동의 결과로서의 언론·출판은 학문의 자유에 의해서 일반적인 언론·출판의 자유보다 강력하게 보호된다고 할 수 있다. 또한 학문의 자유는 연구결과 발표의 자유뿐만 아니라 학문을 공동으로 연구하거나 발표하기 위하여 학문적 집회·결사의 자유를 포함한다. 이 학문적 집회·결사의 자유는 일반적 집회·결사의 자유보다 고도로 보장된다. 집시법 제13조에서 학문에 관한 집회에 대하여는 신고제 등의 제한을 두지 않는 것은 바로 이러한 이유 때문이라고 할 수 있다.

학문적 표현의 자유의 특별한 보호에 관한 최근의 대법원 판례로 '제국의 위안부' 명예훼손 사건이 국민적 관심사가 되었는데, 이 사건에서 대법원은 "학문의 자유를 특별히 보호하는 취지에 비추어 보면, 학문적 표현의 자유에 대한 제한은 필요 최소한에 그쳐야 하므로 학문적 표현행위는 기본적 연구윤리를 위반하거나 해당 학문 분야에서 통상적으로 용인되는 범위를 심각하게 벗어나 학문적 과정이라고 보기 어려운 행위의 결과라거나, 논지나 맥락과 무관한 표현으로 타인의 권리를 침해하는 등의 특별한 사정이 없는 한 원칙적으로 학문적 연구를 위한 정당한 행위로 보는 것이 타당하다"고 판시하였다. 이 사건에서 대법원은 원심이 유죄로 인정한 일부 공소사실(일본군 위안부였던 피해자들에 대한 허위의 사실적시)은 피고인의 학문적 주장 내지 의견의 표명으로 평가함이 타당하고 명예훼손죄로 처벌할 만한 사실의 적시로 보기 어렵다고 판단하였다.[1]

(라) 대학의 자치

대학의 자유 또는 대학의 자치란 연구와 교육이라는 대학 본연의 임무를 수행하는 데 필요한 사항은 가능한 한 대학의 자율에 맡겨야 한다는 것을 의미한다. 대학이 국가권력이나 설립자 등을 비롯한 외부세력의 간섭 또는 압력을 받게 되면 학문활동이 외부의 가치판단에 영향을 받게 마련이기 때문에 그러한 외부세력의 간섭을 배제하고 대학에서 자유로운 학문활동을 실효적으로 보장하기 위해서는 대학의 자율성과 자치가 확보되어야 한다. 따라서 대학의 자치는 학문의 자유의 실효적 보장을 위한 수단으로서의 성격을 지닌다고 할 수 있다.

대학 자치의 헌법적 근거로는 헌법 제22조 제1항의 학문의 자유와 헌법 제31조 제4항의 "교육의 자주성·전문성·정치적 중립성 및 대학의 자율성" 보장 규정에서 찾을 수 있으며, 헌법재판소도 대학의 자치를 헌법 제22조 제1항과 제31조 제4항에 근거한 헌법상의 기본권으로 보고 있다.

대학 자치의 주체는 대학에서 연구와 교육에 종사하는 교수들의 조직인 교수회가 되는 것은 의문의 여지가 없으며, 국가에 의한 대학의 자치 침해에 있어서는 대학 자체 외에도 대학 전구성원이 자율성을 갖는 경우도 있을 수 있다. 대학의 자치의 내용으로는 교수의 임용과 보직 등 인사에 관한 자주결정권을 비롯하여, 대학의 관리·운영과 학사에 관한 자주

---

1) 대판 2023. 10. 26. 2017도18697.

결정권, 교수의 신분보장 등이 있다. 헌법재판소는 국립대학의 경우 대통령이 대학총장을 임명함에 있어 대학교원들의 의사를 존중하여 온 점을 고려하면, 대학교원들에게 대학총장 후보자 선출에 참여할 권리가 있고 이 권리는 대학의 자치의 본질적인 내용에 포함된다고 할 것이므로 결국 헌법상의 기본권으로 인정할 수 있다고 판시하였다.[1] 그러나 사립대학의 경우 총장선임권은 사립학교법 제53조 제1항의 규정에 의하여 학교법인에 부여되어 있는 것이고 널리 법률 또는 당해 법인 정관의 규정에 의하여 교수들에게 총장선임권 또는 그 참여권을 인정하지 않고 있는 이상, 헌법상의 학문의 자유나 대학의 자율성 내지 대학의 자치만을 근거로 교수들이 사립대학의 총장선임에 실질적으로 관여할 수 있는 지위에 있다거나 학교법인의 총장선임행위를 다툴 확인의 이익을 가진다고 볼 수 없다고 하였다.[2]

(4) 학문의 자유의 제한

학문의 자유도 법률에 의한 제한의 대상이 될 수 있지만, 그 자유의 모든 내용들이 동일한 수준에서 일률적으로 제한을 받게 되는 것은 아니며, 학문의 자유의 제한은 그 구체적·단계적 발현형태에 따라 각기 달리 해석할 수밖에 없다고 할 것이다. 즉 학문의 자유 중에서 연구의 자유는 외부와의 연계성이 비교적 희박하므로 사상과 양심의 자유에 준할 정도로 고도의 헌법적 보장을 받을 수 있다. 그러나 연구결과 발표의 자유라든가 교수의 자유 또는 학문을 위한 집회·결사의 자유 등은 그 사회적 전파성 때문에 헌법 제37조 제2항에 의한 최소한의 제한을 받을 수 있다.

학문의 자유는 개방성·다원성·자율성을 특징으로 하기 때문에 학문적 연구활동이 헌법질서를 부정하는 것을 내용으로 하고 있더라도 그것이 이론적 탐구의 단계에 머물러 있는 한 학문(연구)의 자유로서 보장된다. 그러나 정치적 선동이나 선전 또는 편협한 이데올로기적 주장은 학문의 자유로서 보장받을 수 없다. 다만 학문의 자유의 제한은 학문 내의 자체적 통제에 맡겨두는 것이 바람직하며, 학문의 자유에 대한 외부적 제한에 있어서는 표현의 자유제한에 관하여 확립된 '명백하고 현존하는 위험'의 원칙이 적용되어야 할 것이다. 그러나 1987년 헌법 이전의 대법원 판례에 의하면 "헌법상 학문의 자유는 진리의 탐구를 순수한 목적으로 하는 경우에 한하여 보호를 받는 것이므로 반국가단체를 이롭게 할 목적으로 공산주의혁명 이론 및 전술에 관한 내용을 담은 서적을 소지하고 있었다면 그것은 학문의 자유에 대한 한계를 넘은 것이라고 할 것이며, 또 소지한 서적이 국내에서 번역 소개되었다거나 대학에서 부교재로 사용되는 것이라 하여도 마찬가지이다"라고 판시한 바 있다.[3]

---

1) 헌재 2006. 4. 27. 2005헌마1047등.
2) 대판 1996. 5. 31. 95다26971.
3) 대판 1986. 9. 9. 86도1187.

2. 예술의 자유

(1) 예술의 자유의 의의

헌법 제22조 제1항은 예술의 자유를 보장하고 있다. 예술의 개념에 관하여는 일의적으로 명확하게 정의하기 어렵지만, 실질적인 개념과 형식적인 개념으로 정의될 수 있다. 실질적 개념에 의하면 예술의 자유는 한마디로 말해 미(美)를 추구하는 창조적 활동의 자유라고 할 수 있다.[1] 형식적 개념에 의하면 예술이란 음악, 회화, 판화, 조각, 도자기, 공예, 디자인, 건축, 사진, 영화, 연극, 오페라, 행위예술, 전위예술 등 일정한 장르의 형태를 띤 표현방법을 통하여 어떤 가치를 표현한 것으로서 다른 개별적 기본권의 영역에 해당하지 않는 행위를 의미한다.[2] 아무튼 예술활동은 인간의 창조적 정신의 표현이며, 자유로운 예술활동의 보장은 헌법의 최고이념인 인간의 존엄성 보호를 위해 필수적인 것이라 할 수 있다.[3]

(2) 예술의 자유의 주체

예술의 자유는 예술가뿐만 아니라 모든 인간에게 보장되는 자유이다. 예술의 자유는 모든 사람의 예술적 생활을 통한 인격의 창조적 발현을 보장하기 위한 것이기 때문이다. 예술활동을 하는 단체나 법인도 예술의 자유의 주체가 될 수 있다. 독일 연방헌법재판소는 예술품을 보급하는 출판사나 음반제작사도 예술의 자유의 주체가 된다고 하였다.

(3) 예술의 자유의 내용

예술의 자유에는 예술창작의 자유와 예술표현의 자유가 있으며 예술적 집회·결사의 자유가 포함된다. 예술창작의 자유는 예술의 자유의 핵심내용으로서, 예술창작에 이르는 전 과정에 해당하는 창작의 준비와 소재선택, 작품형태의 선택, 창작진행 등이 자유로워야 한다는 것을 말한다. 예술표현의 자유는 전시, 공연, 연주, 보급 등을 통해 예술작품 또는 예술행위를 표현하는 자유를 말한다. 이와 관련하여 예술품의 보급에 종사하는 출판업자나 음반업자에게도 예술의 자유가 인정되는가의 문제가 있으나 헌법재판소는 이를 인정하고 있다.[4] 예술적 집회·결사의 자유는 예술활동을 위하여 집회를 개최하고 결사를 조직할 수

---

1) 예술의 자유의 실질적 개념에 관한 대표적인 견해로는 독일 연방헌법재판소의 판례가 유명하다. 이른바 1971년의 매피스토-클라우스만 판결에 의하면 "예술적 활동의 본질은 예술가의 인상·견문·체험 등을 일정한 형태언어를 매개로 하여 직접적인 표상으로 나타내는 자유로운 창조적 형성에 있다. 모든 예술적 활동은 논리적으로 해명할 수 없는 의식적·무의식적 과정들의 혼합"이라고 판시하였다. 그리고 이 판결에서 예술의 자유는 예술작품의 창작만이 아니라 예술작품의 전시·공연·보급 등 예술작품의 표현도 그 보호영역으로 한다고 하였다. 권영성, 헌법학원론, 법문사, 2010, 549면에서 재인용.

2) 정종섭, 헌법학원론, 박영사, 2014, 577면.

3) 권영성, 앞의 책, 549면.

4) 헌재 1993. 5. 13. 91헌바17.

있는 자유를 말한다. 예술적 집회·결사의 자유는 일반적 집회·결사의 자유보다 더 강한 보호를 받는다.

(4) 예술의 자유의 제한

예술의 자유도 헌법 제37조 제2항에 따라 법률에 의한 제한을 받게 된다. 예술의 자유의 제한과 한계는 학문의 자유에 준하여 적용된다. 예술의 자유 중에서 예술창작의 자유는 예술표현의 자유보다 더 강한 보장을 받게 된다. 예술표현 중에서 영화, 연극 등에 대해서는 그 대중성·오락성·직접성 때문에 질서유지를 위하여 보다 강력한 규제를 받을 수 있다. 예술의 자유의 제한과 관련하여 특히 문제가 되는 것은 예술의 자유와 음란성·명예훼손과의 관계이며, 헌법의 기본질서(자유민주적 기본질서)와의 관계에서도 문제가 될 수 있다. 대법원은 반국가단체인 북한공산집단의 활동에 동조하고 이를 이롭게 할 목적으로 계급투쟁론적 입장에서 폭력혁명을 강조하는 한편, 계급혁명의 합법칙성을 찬양하는 내용을 담은 작품인 '꽃파는 처녀'를 제작한 행위는 국가보안법 제7조 제5항에 정한 이적표현물제작죄에 해당한다고 판단하였다.[1]

3. 지적재산권의 보호

헌법 제22조 제2항은 "저작자·발명가·과학기술자와 예술가의 권리는 법률로써 보호한다"라고 하여 지적재산권의 보호에 관한 명문규정을 두고 있다. 지적재산권이란 문학·예술·과학·기술 등 인간의 정신적 창작활동의 결과 생산되는 무형의 산물에 대한 배타적 권리를 말한다. 지적재산권보호에 관한 법률로는 저작권법, 과학기술기본법, 특허법, 발명진흥법, 문화예술진흥법 등이 있다. 이러한 지적재산권의 보호는 학문과 예술의 자유를 제도적으로 뒷받침해 주고 문화국가 실현의 실효성을 높이기 위한 것이라는 데에 그 의의를 찾을 수 있다.[2]

---

1) 대판 1990. 12. 11. 90도2328.
2) 헌재 2002. 4. 25. 2001헌마200.

제5절 경제적 자유권

Ⅰ. 재산권

1. 재산권보장의 의의

(1) 재산권의 개념

헌법 제23조 제1항 제1문은 "모든 국민의 재산권은 보장된다"라고 하여 재산권보장을 규정하고 있다. 헌법이 보장하는 재산권이란 사회통념에 의하여 형성된 모든 재산가치적 법익을 의미하는데, 헌법재판소는 재산권을 "사적 유용성 및 그에 대한 원칙적 처분권을 포함하는 모든 재산가치 있는 구체적 권리"라고 정의하고 있다.[1] 여기서 사적 유용성이란 재산적 법익이 재산권보유자에게 귀속되어 그의 수중에서 사적 활동과 개인적 이익의 기초로서 효용을 발휘할 수 있다는 것을 의미하며, 처분권이란 재산권의 객체를 변경·양도·포기할 수 있는 권능을 말한다. 그리고 재산가치 있는 구체적 권리란 경제적 가치가 있는 모든 공법상 및 사법상의 권리를 말한다. 따라서 민법상의 모든 물권은 물론이고 급료청구권, 주식권, 임차권 등 재산가치 있는 모든 사법상의 채권과 광업권, 어업권 등 특별법상의 권리가 모두 헌법상 재산권에 속한다. 뿐만 아니라 공무원의 급료청구권이나 연금청구권 등과 같은 재산가치 있는 공법상의 권리도 원칙적으로 재산권에 포함된다.

그리고 재산권의 보장에 있어서 '보장'의 구체적 의미에 관하여는 가치보장으로 보는 견해와 존속보장으로 보는 견해로 나뉘고 있는데, 재산권영역에 대한 개인의 자유보호를 강조하는 존속보장이 타당하다고 할 수 있다. 가치보장은 재산권에 대한 공용수용 자체에 대해서는 재판상 다툴 수 없게 하고 공용수용에 따른 보상에 대해서만 다툴 수 있게 한 것으로 재산권의 기능변화를 강요하는 입장임에 반하여, 존속보장은 재산적 가치가 있는 구체적 권리의 존속을 보장하는 데 일차적인 의의를 두는 것으로 개인은 재산을 소유, 사용, 수익, 처분할 인적 권리가 보장된다는 것이다.

(2) 재산권의 내용·한계에 관한 법률유보

헌법 제23조 제1항 제2문은 "재산권의 내용과 한계는 법률로 정한다"라고 하여 우리 헌법상 재산권에 관한 규정은 다른 기본권조항과는 달리 그 내용과 한계가 법률에 의해 구체적으로 형성되는 '기본권형성적 법률유보'의 형태를 띠고 있다. 따라서 헌법이 보장하는

---

1) 헌재 1996. 8. 29. 95헌바36.

재산권의 내용과 한계는 국회가 제정하는 형식적 법률에 의하여 정해지므로 헌법상 재산권 보장은 재산권형성적 법률유보에 의해 실현되고 구체화된다. 여기서 재산권의 내용과 한계를 정하는 법률은 재산권을 '제한'하는 의미가 아니라 재산권을 '형성'한다는 의미를 가진다고 할 수 있다.[1] 재산권의 내용규정은 기본권적 재산권보장의 보호를 받는 새로운 재산권을 법률로 제정한다는 것이며, 한계규정은 종전에 이미 존재하고 있는 재산권에 그 한계를 설정한다는 것이므로 이는 기존의 재산권 내용을 변동시킨다는 의미에서 넓은 의미에서 내용규정이라고 할 수 있다.

이와 같이 헌법 제23조 제1항 제2문은 재산권 형성적 법률유보를 의미하지만, 동시에 이는 재산권 제한적 법률유보의 성격도 가진다고 할 수 있다. 재산권을 형성하고 한계를 정하는 법률은 동시에 재산권 제한의 의미를 가지기 때문이다. 재산권의 내용과 한계를 정하는 법률이 형성적 법률이라고 하는 것은 재산권이 자유권이면서도 다른 자유권과는 달리 법제도와 불가분의 연관성을 지닌다는 의미이고, 또한 재산권은 절대적 권리가 아니라 그 제한이 광범위하게 인정될 수 있음을 강조하는 것이라고 할 수 있다.[2]

2. 재산권보장의 법적 성격

헌법상 재산권보장은 개인이 누리고 있는 재산상의 권리의 불가침을 의미하는 대국가적 방어권이라는 점에서 자유권의 보장을 의미한다. 다만 재산권은 그 내용과 한계가 법률로 정해지고 그 행사에 있어 공공복리에 적합해야 한다는 고도의 사회적 의무성을 수반한다는 점에서 다른 자유권과 차이가 있을 뿐이다. 또한 재산권의 보장은 개인이 재산을 사유할 수 있다는 사유재산제의 보장으로서의 성격을 동시에 가진다.

재산권은 현실적으로 기본권의 주체로서의 국민이 각자의 인간다운 생활을 자기책임하에 자주적으로 형성하는 데 필요한 경제적 조건을 보장해주는 기능을 한다. 그러므로 재산권의 보장은 곧 국민 개개인의 자유실현의 물질적 바탕을 의미한다고 할 수 있고, 따라서 자유와 재산권은 상호보완관계이자 불가분의 관계에 있다고 하겠다. 재산권의 이러한 자유보장적 기능은 재산권을 어느 정도로 제한할 수 있는가 하는 사회적 의무성의 정도를 결정하는 중요한 기준이 된다.[3]

3. 재산권의 주체

재산권의 주체는 모든 국민이다. 자연인은 물론이고 법인도 재산권의 주체가 된다. 외

---

1) 헌재 1993. 7. 29. 92헌바20.
2) 양건, 헌법강의, 법문사, 2011, 525면.
3) 헌재 1998. 12. 24. 89헌마214등.

국인의 경우에도 재산권은 헌법 제23조에 의해 보장되지만 토지재산권 등 물권은 국제법과 국제조약이 정하는 바에 의해 그 보장의 범위가 결정될 수 있다.

4. 재산권의 유형

재산권의 범위와 유형은 고정적인 것이 아니라 가변적인 것이다. 오늘날 생활양식과 사회경제적 구조의 급속한 변화와 발전은 재산권의 범위가 점차 확대되는 경향을 보이고 있다.

(1) 일반재산권

일반재산권에는 모든 종류의 물권과 채권 및 특별법상의 권리(광업권, 어업권 등)가 포함된다. 공무원의 봉급청구권·연금청구권, 국가유공자의 생활조정수당, 재산적 가치를 가진 공적 자격 등 공법상 및 사법상의 권리들도 자신의 노력과 업적에 대한 대가로서의 성질이 강하고 자신 또는 가족의 특별한 희생으로 얻어진 보상적 성질의 권리는 헌법상 재산권 중에 포함된다. 그러나 단순한 경제적 기회나 기대되는 이익, 반사적 이익 등은 재산권에 포함되기 어렵다.

(2) 지적재산권

지적재산권(知的財産權)은 문학·예술·과학·기술 등 인간의 정신적 창작활동의 결과 얻어지는 무형의 산물에 대한 배타적 권리를 말한다. 지적재산권의 종류로는 저작권을 비롯하여 산업소유권(특허권·실용신안권·의장권·상표권), 제3의 지적재산권(컴퓨터소프트웨어·반도체칩·데이터베이스·영업비밀) 등으로 분류된다.

(3) 토지재산권

토지재산권은 일반의 재산권에 비하여 보다 더 가중된 사회적·공공적 구속을 받게 된다. '토지의 공개념(公槪念)'이라는 것도 이러한 토지재산권에 대한 가중된 사회적 구속성을 의미하는 것이다. 토지재산권에 대한 가중적 규제의 헌법적 근거로는 사회국가의 원리와 사회적 시장경제질서, 재산권보장의 상대성 등을 들 수 있다.

토지재산권에 대한 규제의 유형으로는 토지의 국·공유화, 토지소유의 상한제한, 토지재산권의 권능제한 등이 있다. 특히 문제가 되는 것은 토지거래허가제와 토지개발제한구역제도(그린벨트제도)인데 헌법재판소는 이러한 토지규제에 대해 합헌이라고 결정하였다.[1]

---

1) 헌재 1989. 12. 22. 88헌가13; 헌재 1998. 12. 24. 89헌마214등.

5. 재산권의 내용

(1) 사유재산권의 보장

(가) 사유재산권 보장의 구체적 내용

헌법이 개인의 재산권을 보장한다는 것은 재산을 소유하고 상속할 수 있을 뿐만 아니라 재산을 사용·수익·처분할 수 있는 권능을 보장한다는 것을 말한다. 개인을 위한 주관적 공권으로서의 재산권보장의 의미는 1) 재산권의 내용과 한계는 반드시 법률로 정해야 한다는 것, 2) 재산권을 제한하는 경우에는 법률에 근거가 있어야 된다는 것, 3) 법률로써 재산권을 제한하는 경우에도 그 법률은 헌법상의 제원칙에 합치되어야 한다는 것, 4) 소급입법에 의해서는 재산권을 침해할 수 없다는 것, 5) 사인에 의해 재산권이 침해되는 일이 없도록 국가의 보호를 요구할 수 있다는 것 등이다.

(나) 자의적 과세권행사의 금지

헌법 제23조 제1항에서 국민의 재산권보장에 관한 원칙을 규정하고 있는 것은 조세법률관계에 있어서도 국가가 과세권행사라는 이름 아래 법률의 근거와 합리적 이유 없이 국민의 재산권을 함부로 침해할 수 없도록 한 것을 의미한다.[1] 따라서 조세법률주의를 무시한 국가의 자의적 과세권행사는 헌법 제23조 제1항이 보장하는 국민의 재산권을 침해하는 것이 된다.

(다) 소급입법에 의한 재산권박탈의 금지

헌법 제13조 제2항은 "모든 국민은 소급입법에 의하여 … 재산권을 박탈당하지 아니한다"라고 규정하여 소급입법에 의한 재산권의 박탈을 금지하고 있다. 이 조항은 법치국가원리와 소급입법금지의 원칙상 당연한 것이지만, 과거의 헌정사에 소급입법에 의한 재산권박탈의 전례(4·19와 5·16 당시의 부정축재처리법 등)가 있었기 때문에 특별히 이를 강조한 내용이다.

그러나 2005년 12월에 '친일반민족행위자 재산의 국가귀속에 관한 특별법'이라는 소급입법이 이루어졌는데, 이 소급입법에 대해 헌법재판소는 헌법 제13조 제2항에도 불구하고 허용되어야 한다고 판시하였다. 즉 이 특별법은 진정소급입법에 해당하지만 소급입법을 예상할 수 있었던 예외적인 사안이고 진정소급입법을 통해 침해되는 법적 신뢰는 심각하다고 볼 수 없는 데 반하여, 이를 통해 달성되는 공익적 중대성은 압도적이라고 할 수 있으므로 이러한 진정소급입법은 위헌이라고 할 수 없다고 하였다. 헌법재판소에 의하면, 이 사건 귀속조항은 민족의 정기를 바로 세우고 일본제국주의에 저항한 3·1운동의 헌법이념을 구현

---

1) 헌재 1992. 12. 24. 90헌바21.

하기 위한 것이므로 입법목적이 정당하고, 민법 등 기존의 재산법 체계에 의존하는 방법만으로는 친일재산의 처리에 난항을 겪지 않을 수 없으므로 이 사건 귀속조항은 위 입법목적을 달성하기 위한 적절한 수단이 된다고 한다. 위 조항은 반민규명법이 정한 여러 유형의 친일반민족행위 중에서 사안이 중대하고 범위가 명백한 네 가지 행위를 한 자의 친일재산으로 귀속대상을 한정하고 있고, 이에 해당하는 자라 하더라도 후에 독립운동에 적극 참여한 자 등은 예외로 인정될 수 있도록 규정해 두었으며, 친일반민족행위자측은 그 재산이 친일행위의 대가로 취득한 것이 아니라는 점을 입증하여 얼마든지 국가귀속을 막을 수 있고, 선의의 제3자에 대한 보호 규정도 마련되어 있으므로 이 사건 귀속조항은 피해의 최소성원칙에 반하지 않고, 과거사 청산의 정당성과 진정한 사회통합의 가치 등을 고려할 때 법익의 균형성 원칙에도 부합한다는 것이다.[1)]

6. 재산권의 제한

(1) 재산권의 사회적 제약

헌법 제23조 제2항은 "재산권의 행사는 공공복리에 적합하도록 하여야 한다"라고 하여 법률로써 내용과 한계가 이미 확정된 구체적 재산권의 행사도 공공복리에 적합한 것이어야 한다는 재산권 행사의 공공복리적합성 내지 재산권의 사회적 제약성을 규정하고 있다.

재산권의 사회적 제약성이란 공공복리를 위하여 재산권의 주체가 그 재산에 관하여 무보상으로 일반적이고 적절한 그리고 기대 가능한 여러 가지 제한을 받게 되고 또 받게 될 수 있음을 의미한다. 이러한 재산권의 사회적 제약성(구속성) 내지 사회적 의무성이 강조되는 것은 재산권의 악용이나 남용 등 재산권의 무제약적 행사로 말미암아 초래되는 사회적 폐단을 최소화하고 사유재산제의 기본이념을 수호하려는 것이며, 사유재산제의 유지·존속을 위한 최소한의 자기희생 내지 양보를 의미하는 것이다.

이러한 재산권 행사의 사회적 의무성은 헌법 또는 법률에 의하여 일정한 행위를 제한하거나 금지하는 형태로 구체화될 것이지만, 그 정도는 재산의 종류, 성질, 형태, 조건 등에 따라 달라질 수 있다. 따라서 재산권 행사의 대상이 되는 객체가 지닌 사회적인 연관성과 사회적 기능이 크면 클수록 입법자에 의한 보다 더 광범위한 제한이 허용된다고 할 것이다. 즉, 특정 재산권의 이용이나 처분이 그 소유자 개인의 생활영역에 머무르지 아니하고 일반국민 다수의 일상생활에 큰 영향을 미치는 경우에는 입법자가 공동체의 이익을 위하여 개인의 재산권을 규제하는 권한을 더욱 폭넓게 가진다. 그런데 토지는 원칙적으로 생산이나 대체가 불가능하여 공급이 제한되어 있고, 우리나라의 가용토지 면적은 인구에 비하여 절

1) 헌재 2011. 3. 31. 2008헌바141등.

대적으로 부족한 반면에, 모든 국민이 생산 및 생활의 기반으로서 토지의 합리적인 이용에 의존하고 있으므로, 그 사회적 기능에 있어서나 국민경제의 측면에서 다른 재산권과 같게 다룰 수 있는 성질의 것이 아니므로 공동체의 이익이 보다 더 강하게 관철될 것이 요구된다.[1)]

(2) 재산권의 공용침해

(가) 공용침해의 의의

헌법 제23조 제2항에서는 재산권행사의 공공복리적합성, 즉 사회적 제약성을 규정하고 있고, 제23조 제3항에서는 "공공필요에 의한 재산권의 수용·사용 또는 제한 및 그에 대한 보상은 법률로써 하되, 정당한 보상을 지급하여야 한다"고 하여 공용침해에 관하여 규정하고 있다. 공용침해(公用侵害)란 공공필요에 의한 재산권의 수용·사용·제한, 즉 공용수용·공용사용·공용제한을 말한다. 여기서 '공공필요'란 불확정 개념이지만 일반적으로 공익사업을 시행하거나 공공복리를 달성하기 위하여 재산권의 제한이 불가피한 경우를 의미한다고 할 수 있다.[2)] 헌법재판소는 헌법 제23조 제3항에서 규정하고 있는 '공공필요'의 의미를 "국민의 재산권을 그 의사에 반하여 강제적으로라도 취득해야 할 공익적 필요성"으로 해석하면서 여기서의 '공공필요'는 헌법 제37조 제2항의 '공공복리'보다 좁게 이해하여야 한다는 입장을 취하고 있다.[3)]

공용수용(公用收用)은 국가 또는 공공단체가 공공필요에 의하여 재산권을 강제적으로 박탈하여 취득하는 것을 말한다.[4)] 공용수용에는 수용의 주체가 민간기업이 되는 경우도 포함된다.[5)] 공용사용(公用使用)이란 국가 또는 공공단체가 공공필요에 의하여 개인의 재산의 사용권을 강제적으로 취득하는 것을 말한다. 공용제한(公用制限)이란 국가 또는 공공단체가 공공필요에 의하여 개인의 재산권을 강제적으로 제한하는 것으로, 공용수용 및 공용사용

---

1) 헌재 1989. 12. 22. 88헌가13; 헌재 1998. 12. 24. 89헌마214등; 헌재 1999. 4. 29. 94헌바37등.

2) 헌법 제23조 제3항의 '공공필요'의 의미와 제37조 제2항의 '공공복리'는 어떠한 관계에 있는가가 문제될 수 있다. 이에 관한 학설로는 첫째, 공공필요는 "갖가지 국가적 목적을 실현하기 위한 정책적 고려는 물론 사회정의를 위하여 필요한 경우까지 포함하는 개념"으로 보고 공공복리는 "국민공동의 이익"을 의미하는 것으로 보아 공공필요가 공공복리보다 넓은 개념으로 이해하는 견해가 있다(권영성, 헌법학원론, 569면; 성낙인, 헌법학, 1298면). 이와 같은 입장에서 공공필요는 공공복리는 물론 국가안전보장이나 질서유지도 포함된다고 보는 견해도 있다(정종섭, 헌법학원론, 706면). 둘째, 이와 반대로 공공필요가 공공복리보다 좁은 개념으로 이해하는 입장이 있다(계희열, 헌법학(중), 516면). 공공필요가 공공복리보다 좁다고 보는 견해는 헌법 제23조 제3항은 보상을 필요로 하는 재산권에 대한 강력한 제한을 정당화하는 사유를 정하고 있기 때문에 공공필요의 개념이 공공복리보다 좁은 개념이라고 한다. 셋째, 공공필요와 공공복리를 동일한 의미로 이해하는 견해도 있다(김학성, 앞의 책, 486면).

3) 헌재 2014. 10. 30. 2014헌바129등.

4) 헌재 1998. 3. 26. 93헌바12.

5) 헌재 2009. 9. 24. 2007헌바114.

이외의 것을 말한다. 이러한 공용침해는 보상(補償)을 전제로 한 재산권제한이라는 점에서 재산권의 사회적 의무성에 따른 제한과 구별된다.

헌법 제23조 제3항의 공용침해에 의한 재산권제한은 반드시 형식적 의미의 법률에 의해서만 가능하다. 법률의 위임으로 명령, 규칙 등에 의한 재산권제한은 원칙적으로 허용될 수 없고, 부득이한 사유가 있는 경우에 한해서만 최소한도로 허용될 수 있다.

(나) 재산권의 사회적 제약과 공용침해의 구별

① 경계이론과 분리이론

경계이론 또는 수용이론은 재산권의 사회적 제약이나 공용침해 모두 재산권에 대한 제한을 의미하지만, 사회적 제약은 공용침해보다 재산권에 대한 침해가 적은 경우로서 보상 없이 감수해야 하는 것인 반면, 공용침해는 재산권의 사회적 제약의 범주를 넘어서는 것으로 보상을 필요로 하는 재산권에 대한 침해를 의미한다고 한다. 경계이론의 핵심은 보상을 요하는 수용과 보상을 요하지 않는 사회적 제약 간의 경계설정의 문제, 즉 보상의무가 시작되는 경계선을 찾는 데 있으며, 바로 그 경계가 '특별희생'이고 특별희생에 해당하면 보상을 요하는 공용침해가 된다는 것이다. 여기서 특별한 희생의 판단기준이 문제되는데, 형식적 기준설은 평등의 관점에서 희생을 받는 사람이 특정인 내지 특정 범위의 사람인가, 아니면 일반인 내지 다수인인가를 기준으로 전자의 경우가 특별한 희생이 있는 경우로 본다. 실질적 기준설에는 희생의 강도를 기준으로 희생의 강도가 수인할 수 있는 정도인가를 기준으로 하거나 침해의 대상에 대한 사적 효용성의 침해 여부 또는 보호가치에 대한 침해 여부 등을 기준으로 특별한 희생 여부를 판단한다.

분리이론 또는 단절이론은 재산권의 사회적 제약과 공용침해를 헌법적으로 서로 다른 독립된 제도로 보고 그 구별의 기준은 재산권제한의 효과가 아니라 입법의 형식과 목적에 따라 구분된다고 한다. 재산권의 사회적 제약은 추상적이고 일반적인 형식으로 재산권자의 권리와 의무를 새롭게 정의하는 것을 의미하고, 이는 현재와 장래의 특정한 사안을 대상으로 하지 않고 일반적으로 재산권제도를 형성하고 객관적인 재산권의 범위를 설정하는 것이다. 이에 반해 공용침해는 국가가 구체적인 공적 과제를 수행하기 위하여 이미 형성된 구체적인 재산적 권리를 전면적 또는 부분적으로 박탈하거나 제한하는 것을 말한다. 따라서 재산권의 사회적 제약과 공용침해는 그 위헌성 심사의 기준도 각기 달라서 전자의 경우 비례의 원칙, 평등원칙, 신뢰의 원칙 등을 기준으로 위헌 여부를 판단하지만, 후자의 경우 공공필요, 보상 등 헌법 제23조 제3항이 스스로 정하고 있는 조건 하에서만 허용된다.

그러나 재산권의 사회적 제약이 비례의 원칙, 평등권, 신뢰의 원칙 등에 위배되어 예외적으로 수용의 효과를 가져 오는 경우에는 이를 수용으로 보지 아니하고 '보상의무 있는 재산권의 사회적 제약'으로 파악함으로써, 재산권제한의 유형은 보상이 필요 없는 사회적 제약, 보상의무 있는 사회적 제약, 보상을 요하는 공용침해의 세 가지로 구분될 수 있다. 여기서 헌법 제23조 제1항과 제2항의 재산권의 내용규정과 사회적 제약에서의 보상은 재산권의 내용을 합헌적으로 규율하기 위한 '조건'이지만, 제23조 제3항의 공용침해에서의 보상은 재산권침해의 '결과'를 의미한다.

② **헌법재판소 판례의 입장**

헌법재판소는 재산권의 사회적 제약과 공용침해에 관하여 분리이론을 취하고 있음을 볼 수 있다. 즉 헌법재판소는 개발제한구역 사건에서 사회적 제약의 한계를 넘는 재산권의 제한을 헌법 제23조 제3항의 의미에서의 공용침해로 보지 아니하고, 헌법 제23조 제1항(재산권의 내용·한계규정) 및 제2항(재산권의 사회적 제약성)에 근거한 재산권 제한의 문제로 보면서 비례의 원칙의 위배 여부로 그 위헌성을 판단하고 있다. 그리하여 개발제한구역 지정으로 인하여 토지를 종래의 목적으로도 사용할 수 없거나 또는 더 이상 법적으로 허용된 토지이용의 방법이 없기 때문에 실질적으로 토지의 사용·수익의 길이 없는 경우에는 토지소유자가 수인해야 하는 사회적 제약의 한계를 넘는 것으로 보아야 한다는 것이다. 따라서 도시계획법 제21조에 의한 재산권의 제한은 개발제한구역으로 지정된 토지를 원칙적으로 지정 당시의 지목과 토지현황에 의한 이용방법에 따라 사용할 수 있는 한, 재산권에 내재하는 사회적 제약을 비례의 원칙에 합치하게 합헌적으로 구체화한 것이라고 할 것이나, 종래의 지목과 토지현황에 의한 이용방법에 따른 토지의 사용도 할 수 없거나 실질적으로 사용·수익을 전혀 할 수 없는 예외적인 경우에도 아무런 보상 없이 이를 감수하도록 하고 있는 한, 비례의 원칙에 위반되어 당해 토지소유자의 재산권을 과도하게 침해하는 것으로서 헌법에 위반된다고 판시하였다.[1]

'택지소유상한에 관한 법률'에 대해서도 이 법률은 재산권의 사회적 제약을 구체화하는 입법으로서 이는 공익목적을 위해 개별적·구체적으로 이미 형성된 재산권을 박탈하거나 제한하는 것을 의미하는 보상을 요하는 공용침해(헌법 제23조 제3항 소정의 수용·사용 또는 제한)와는 구별된다고 판시하여 분리이론에 입각하고 있다.[2]

(다) 공용침해와 보상

헌법 제23조 제3항은 공용침해에 대하여 "정당한 보상을 지급하여야 한다"고 하여 정당한 보상을 규정하고 있다. 공용침해는 보상을 그 개념요소로 하기 때문에 반드시 보상이 따라야 한다. '정당한 보상'은 연혁적으로 미국헌법 수정 제5조의 '정당한 보상'(just compensation)

---

1) 헌재 1998. 12. 24. 89헌마214등.
2) 헌재 1999. 4. 29. 94헌바37.

에서 유래한 것이라 할 수 있는데, 미국 판례는 그 의미를 재산가치의 완전한 보상, 즉 시가대로의 시가보상을 의미한다고 해석하여 왔다. 우리 헌법재판소 판례도 정당한 보상을 완전보상으로 해석하고 있다. 헌법이 규정한 '정당한 보상'이란 이 사건 소원의 발단이 된 소송사건에서와 같이 손실보상의 원인이 되는 재산권의 침해가 기존 법질서 안에서 개인의 재산권에 대한 개별적인 침해인 경우에는 그 손실보상은 원칙적으로 피수용재산의 객관적인 재산가치를 완전하게 보상하는 것이어야 한다는 완전보상을 뜻하는 것으로서 보상금액 뿐만 아니라 보상의 시기나 방법 등에 있어서도 어떠한 제한을 두어서는 아니 된다는 것을 의미한다. 재산권의 객체가 갖는 객관적 가치란 그 물건의 성질에 정통한 사람들의 자유로운 거래에 의하여 도달할 수 있는 합리적인 매매가능가격, 즉 시가에 의하여 산정되는 것이 보통이다.[1]

토지의 공용수용 등에 의한 손실보상은 사전보상과 현금보상을 원칙으로 한다. '공익사업을 위한 토지 등의 취득 및 보상에 관한 법률'에 의하면 사업시행자는 공익사업을 위한 공사에 착수하기 이전에 토지소유자와 관계인에게 보상액 전액을 지급하여야 하며(동법 제62조), 보상은 다른 법률에 특별한 규정이 있는 경우를 제외하고는 현금으로 지급하는 것을 원칙으로 하고 예외적으로 토지소유자가 원하는 경우에는 토지로 보상받을 수 있도록 규정하고 있다(동법 제63조).

공용침해와 보상에 있어서 헌법 제23조 제3항의 규정이 이른바 '결부조항'을 의미하는지의 여부에 관한 문제가 있다. 긍정설에 의하면 헌법 제23조 제3항은 "공용필요에 의한 재산권의 수용·사용·제한 및 그에 대한 보상은 법률로써 하되 정당한 보상을 지급하여야 한다"고 규정하여 '공용침해에 관한 규정'과 '보상에 관한 규정'을 결부시켜 동일한 법률에 규정할 것을 요구하는 것이라고 한다. 결부조항으로 보는 입장에서는 보상에 관한 규정은 공용침해를 규정하는 법률의 효력요건을 의미하게 되고 보상규정 없는 재산권제한법률은 위헌이 된다는 것이다. 이에 대해 부정설은 헌법 제23조 제3항을 결부조항으로 이해하게 되면 보상규정이 없다는 이유로 중대한 공익을 위한 재산권제한을 위헌무효로 하게 되어 사회적 혼란과 부작용을 초래할 위험이 있기 때문에 헌법 제23조 제3항은 결부조항으로 볼 필요가 없으며, 보상규정이 없는 공용수용법률은 그 자체가 위헌이 아니며, 단지 입법부는 보상입법을 해야 할 의무를 지게 된다는 것이다.

생각건대 헌법 제23조 제3항에 관한 결부조항 여부의 논의는 독일기본법의 공용수용에 관한 조항(제14조 제3항 제2문)[2]이 결부조항으로 규정되어 있기 때문에 이와 유사한 우리 헌

1) 헌재 1990. 6. 25. 89헌마107.

2) 독일기본법 제14조 제3항 제2문은 "공용수용은 공공복리를 위해서만 허용된다. 공용수용은 보상의 종류와 범위를 정한 법률에 의하여 또는 법률에 근거하여서만 행해진다"라고 규정하고 있다.

법조항의 해석도 결부조항으로 보는 것이 가능한지에 관한 논의라고 할 수 있으나, 우리 헌법 제23조 제3항의 문리해석상 이를 결부조항으로 보기는 어렵다고 할 것이다. 다만 결부조항의 의미가 입법자가 공용수용법률을 제정할 때 보상을 동시에 규율함으로써 그 법률이 국가예산에 대한 특별한 부담을 의미하는 것으로 인식하기 위한 것이며, 또한 보상의 문제가 사전에 법적으로 규율되지 않고서는 개인의 재산권이 공용수용을 당할 수 없다는 재산권보호를 위한 것이라면 헌법 제23조 제3항을 결부조항의 성격을 갖는 것으로 이해하는 것이 국민의 재산권보장의 헌법정신에 부합되는 것이라 할 수 있다.[1)]

(3) 재산권제한의 위헌심사기준

(가) 비례의 원칙

재산권의 내용과 한계는 법률로 정해지는 기본권 형성적 법률유보를 의미하지만, 법률로써 재산권을 제한하는 경우에는 헌법 제37조 제2항이 적용되어야 할 것이다. 따라서 재산권제한에는 비례의 원칙이 적용되고 재산권의 본질적 내용을 침해할 수 없다. 헌법재판소의 판례도 헌법 제23조 제1항 제2문의 재산권 형성적 법률유보에 대하여 헌법 제37조 제2항을 적용하고 있다. 입법자가 헌법 제23조 제1항 및 제2항에 의하여 재산권의 내용을 구체적으로 형성함에 있어서는, 헌법상의 재산권보장의 원칙과 재산권의 제한을 요청하는 공익 등 재산권의 사회적 제약성을 비교형량하여, 양 법익이 조화와 균형을 이루도록 하여야 하며, 입법자가 형성의 자유의 한계를 넘었는가 하는 것은 비례의 원칙에 의하여 판단하게 된다.[2)] 다만 예외적으로 헌법 제37조 제2항을 적용하지 않은 경우도 볼 수 있다. 헌법재판소는 민법 제245조 제1항의 취득시효제도는 헌법 제23조 제1항 제2문에 의거한 토지소유권의 득실에 관한 내용과 한계를 법률로써 정하여 형성한 것이므로 기본권제한을 정한 규정이라 할 수 없기 때문에 기본권제한의 한계를 규정한 헌법 제37조 제2항에 위반되는 규정이라 할 수 없다고 판시하였다. 즉 동 조항에 의거하여 점유자가 취득시효에 의한 소유권을 취득한 반사적 효과로서 원소유자가 아무런 보상이나 배상을 받지 못하고 소유권을 상실한다고 하더라도 이는 기본권의 제한을 정한 규정이라고 할 수 없으므로 헌법 제37조 제2항에 위반되는 규정이 아니라고 하였다.[3)]

(나) 신뢰보호의 원칙

과거에 발생한 기득권을 제한하는 입법의 위헌성심사의 기준을 보면, 헌법재판소는 '택지소유상한에 관한 법률' 사건에서 이 법률이 법률시행 이전부터 택지를 소유하고 있는

1) 헌법 제23조 제3항을 결부조항으로 해석하는 입장으로는 한수웅, 앞의 책, 874면.
2) 헌재 1998. 12. 24. 89헌마214등; 헌재 1999. 4. 29. 94헌바37.
3) 헌재 1993. 7. 29. 92헌바20.

자에 대하여 위헌인지 여부를 판단하는 기준은 소급효의 문제가 아니라 종래의 법적 상태에서 새로운 법적 상태로 이행하는 과정에서 불가피하게 발생하는 법치국가적 문제, 구체적으로 입법자에 대한 신뢰보호의 문제라고 보고 있다. 따라서 기존의 택지소유자에게도 처분 또는 이용·개발의무를 부과하는 법규정들이 헌법적으로 허용되는가 하는 문제는 신뢰보호원칙을 기준으로 판단하여야 한다고 판시하고 있다. 그리하여 택지를 소유하게 된 경위나 그 목적 여하에 관계 없이 법 시행 이전부터 택지를 소유하고 있는 개인에 대하여 일률적으로 소유상한을 적용하도록 한 것은, 입법목적을 달성하기 위하여 필요한 정도를 넘는 과도한 침해이자 신뢰보호의 원칙 및 평등원칙에 위반된다고 하였다.[1]

(다) 본질적 내용의 침해 금지

헌법재판소는 국토이용관리법 제21조의3 제1항의 토지거래허가제에 대하여 그것은 사유재산제도의 부정이 아니라 그 제한의 한 형태이고 토지의 투기적 거래의 억제를 위하여 그 처분을 제한함은 부득이한 것이므로 재산권의 본질적인 침해가 아니며, 헌법상의 경제조항에도 위배되지 아니한다고 판시하였다.[2]

7. 특별부담금과 재산권침해

특별부담금은 오늘날 국가의 재정수입의의 하나로서 조세와 구별되는 개념이다. 특별부담금이란 특정한 공익사업의 경비조달에 충당하기 위하여 특정 집단에 대하여 부과되는 인적 공용부담으로서 반대급부를 전제로 하지 않고 강제로 부과·징수된다는 점에서는 조세와 유사하나, 특정 집단으로부터 징수된다는 점에서 일반국민으로부터 담세능력에 따라 징수되는 조세와는 구별된다. 특별부담금에는 순수하게 재정조달 목적만 가지는 재정조달목적 특별부담금과, 특정한 사회·경제정책 실현을 목적으로 부담금을 부과하는 정책실현목적 특별부담금이 있다.

재정조달목적 부담금의 성격을 갖는 영화상영관 입장권 부과금제도에 대하여 헌법재판소는 한국영화의 발전 및 영화산업의 진흥을 위한 토대를 구축하기 위한 영화발전기금의 안정적 재원 마련이라는 정당한 입법목적을 위한 것으로 정당화되며 과잉금지원칙에 반하여 영화관 관람객의 재산권과 영화관 경영자의 직업수행의 자유를 침해하는 것이 아니라고 판단하였다.[3] 텔레비전방송수신료, 개발사업자의 학교용지부담금 등의 재정조달목적 부담금과 정책실현목적 부담금에 해당하는 폐기물부담금, 개발제한구역훼손부담금, 장애인고용

1) 헌재 1999. 4. 29. 94헌바37.
2) 헌재 1989. 12. 22. 88헌가13.
3) 헌재 2008. 11. 27. 2007헌마860.

부담금, 경유차 소유자의 환경개선부담금 등에 대해서도 헌법재판소는 합헌이라고 결정하였다.[1)]

그러나 재정조달부담금에 해당하는 문화예술진흥기금에 대해서는 특별부담금의 헌법적 허용한계를 벗어난 것으로 위헌이라고 결정하였다.[2)] 공동주택 수분양자들의 학교용지부담금에 대해서도 헌법적 허용한계를 벗어난 것이라고 판단하였다. 즉 학교용지 확보 필요성에 있어서 주택건설촉진법상의 수분양자들의 구체적 사정을 거의 고려하지 않은 채 수분양자 모두를 일괄적으로 동일한 의무자집단에 포함시켜 동일한 학교용지부담금을 부과하는 것은 합리적 근거가 없는 차별에 해당하고, 의무자집단 전체의 입장에서 보더라도 일반국민, 특히 다른 개발사업에 의한 수분양자집단과 사회적으로 구별되는 집단적 동질성을 갖추고 있다고 할 수 없다고 판시하였다.[3)]

재정조달목적 부담금의 헌법적 정당화 요건에 관하여 헌법재판소는 1) 부담금은 조세와의 관계에서 예외적으로만 인정되어야 하며, 2) 부담금납부의무자는 일반국민에 비해 부담금을 통해 추구하고자 하는 공적 과제에 대하여 특별히 밀접한 관련성을 가져야 하고, 3) 부담금이 장기적으로 유지되는 경우 그 징수의 타당성이나 적정성이 입법자에 의해 지속적으로 심사되어야 한다는 것을 제시하고 있다. 그리고 위 2)의 납부의무자의 공적 과제에 대한 특별히 밀접한 관련성이란 일반인과 구별되는 집단적 동질성, 공적 과제와의 객관적 근접성, 집단적 책임성, 집단적 효용성을 요구하고 있다.[4)]

Ⅱ. 직업의 자유

1. 의 의

헌법 제15조는 "모든 국민은 직업선택의 자유를 가진다"라고 하여 직업선택의 자유를 규정하고 있다. 직업선택의 자유란 자신이 원하는 직업을 자유로이 선택하고 선택한 직업을 수행하는 등 직업에 관한 종합적이고 포괄적인 자유를 말한다. 따라서 헌법상 직업선택의 자유는 '직업의 자유'를 의미하며, 영업의 자유 내지 기업의 자유도 직업선택의 자유에 포함된다.[5)]

1) 헌재 2008. 2. 28. 2006헌마70; 헌재 2008. 9. 25. 2007헌가1; 헌재 2008. 5. 29. 2005헌바48; 헌재 2007. 5. 31. 2005헌바47; 헌재 2003. 7. 24. 2001헌바96; 헌재 2022. 6. 30. 2019헌바440.
2) 헌재 2003. 12. 18. 2002헌가2.
3) 헌재 2005. 3. 31. 2003헌가20.
4) 헌재 1998. 12. 24. 98헌가1; 헌재 1999. 10. 21. 97헌바84; 헌재 2008. 11. 27. 2007헌마860.
5) 헌재 1996. 12. 26. 96헌가18.

직업이란 생활의 기본적 수요를 충족시키기 위해서 행하는 계속적인 소득활동을 의미하며, 그 종류나 성질은 불문한다고 보는 것이 헌법재판소의 입장이다.[1] 그러나 학설은 직업의 3요소로 생활수단성, 계속성, 공공무해성을 드는 것이 다수적 견해이다. 공공무해성은 법공동체의 가치관념에 따라 일반적으로 공공에 해롭지 않은 것으로 간주되는 활동을 말한다.

2. 직업의 자유의 주체

직업선택의 자유는 국민의 권리이므로 외국인은 원칙적으로 그 주체가 될 수 없다. 그러나 영주허가를 받은 외국인에게는 직업선택의 자유가 보장된다. 다만 국가정책상의 이유로 외국인에게는 특정 직업이나 특정 영업에 종사가 금지 또는 제한되는 경우가 있다. 자연인뿐만 아니라 법인도 직업선택의 자유의 주체가 된다.

3. 직업의 자유의 내용

(1) 직업결정의 자유

직업의 자유에는 자신이 원하는 직업 내지 직종을 자유롭게 선택할 수 있는 직업결정의 자유(협의의 직업선택의 자유)와, 자기가 선택한 직업을 자기가 원하는 방식으로 자유롭게 행사할 수 있는 직업행사의 자유가 포함된다. 직업결정의 자유에는 전직의 자유, 겸직의 자유, 직업교육장 선택의 자유 등이 포함된다. 직업교육장 선택의 자유는 자신이 원하는 직업 내지 직종에 종사하는 데 필요한 전문지식을 습득하기 위한 직업교육장을 임의로 선택할 수 있는 자유를 말한다.[2] 직업교육장(직업에 도움이 되는 교육이나 훈련장소)을 선택하는 것은 직업교육 후의 직업선택과 불가분의 관계에 있기 때문에 직업교육장 선택의 자유도 직업결정의 자유에 포함되는 것이다.

(2) 직업수행의 자유

직업수행 내지 직업종사의 자유는 선택한 직업을 영위하면서 사회적·경제적 생활관계를 형성해 나가는 자유를 말한다. 여기에는 영업의 자유, 경쟁의 자유, 직장선택의 자유가 포함된다. 직업의 자유는 독립적 형태의 직업활동뿐만 아니라 고용된 형태의 종속적인 직업활동도 포함되는 것이므로 직업선택의 자유는 직장선택의 자유를 포함한다.[3]

---

1) 헌재 1992. 5. 13. 92헌마80.
2) 헌재 2009. 2. 26. 2007헌마1262.
3) 헌재 2002. 11. 28. 2001헌바50.

4. 직업의 자유의 제한

(1) 직업의 자유 제한의 목적과 유형

직업의 자유도 헌법 제37조 제2항에 따라 국가안전보장, 질서유지 또는 공공복리를 위하여 제한할 수 있다. 그러나 그 제한의 경우에도 법률로써 가능하며 비례의 원칙이 적용되고 본질적 내용을 침해할 수 없다.

직업선택의 자유의 제한에는 여러 가지 유형이 있다. 1) 일정한 직업에 대한 절대적 금지(성매매업, 마약거래 등), 2) 국가의 독점사업(우편사업 등), 3) 특허제(전기사업, 도시가스사업 등), 4) 허가제 또는 등록제(음식업(주점), 학원 등), 5) 자격제(의사, 변호사, 약사 등), 6) 겸직금지(의약분업 등), 7) 시간·장소·방법 등에 관한 제한(영업시간, 영업지 등 제한) 등이 있다.

(2) 단계이론

(가) 의 의

직업의 자유의 제한에 관한 합헌성 판단의 기준으로 헌법재판소는 기본적으로 비례의 원칙을 적용하면서, 그 구체적 적용에 있어서 이른바 독일의 '단계이론'(Stufentheorie)에 입각한 법리를 채택하고 있다. 단계이론은 직업의 자유를 직업수행의 자유와 직업결정의 자유로 구분하여, 각 단계별로 직업의 자유 제한의 정도와 한계에 차이를 두어야 한다는 이론이다.[1)]

직업선택의 자유의 제1단계 제한은 직업결정의 자유보다 그 침해가 경미한 직업수행의 자유를 제한하는 것이라고 한다. 예컨대 영업허가의 거부 대신에 영업시간의 제한(유흥업소의 심야영업 제한)이나 영업방법의 제한이 이에 해당한다.

직업선택의 자유의 제2단계 제한은 일정한 주관적 사유, 즉 교육과정 이수나 시험합격 등을 이유로 직업결정의 자유를 제한하는 방법이다. 이것은 직업의 성질상 일정한 기술성·전문성 등이 필요한 경우에 허용되는 제한을 말한다. 예컨대 병원 또는 약국을 개설하

---

1) 단계이론은 1958년 6월 독일 헌법재판소의 이른바 '약국판결'(Apothekenurteil)을 통해 확립된 이론이다. 이 판결(BVerfGE 7, 377)에서는 약물과다복용, 불량의약품공급을 방지하고 약국분포의 적정을 기하기 위하여 거리제한을 약국개설허가의 요건으로 하는 것이 직업선택의 자유를 침해하는 것인가의 여부가 문제되었다. 약국분포의 적정을 위해 거리제한을 두고 있는 취지는 거리제한을 두지 않을 경우 약국의 수가 증가하고, 약국간의 경쟁 격화로 일부 약국 등의 경영불안정이 발생하면 불량의약품을 공급하거나 의약품남용을 조장할 위험이 있으므로 국민건강이 침해된다는 것이었다. 그러나 독일 연방헌법재판소는 약국점포의 증가에 의해 주민의 건강이 위험하게 되는 사정은 없다고 판시하였다. 즉 일반적으로 점포신설이 자유롭게 되더라도 약국의 수가 무한하게 증가하지는 않으며, 약국의 수가 증가한다고 해서 법적 의무를 충족할 수 없을 정도로 경영력이 저하되거나 주민의 건강을 해치는 의약품공급을 야기한다든지 하는 것들은 증명할 수 없다고 하여 위헌결정을 내렸다. 이 판결은 단계이론을 적용하여 제3단계의 제한에 해당하는 객관적 사유에 의한 직업결정의 자유제한은 중요한 공익에 대한 명백하고 중대한 위험을 방지할 필요가 있는 경우에 인정될 수 있으나 이 사건에서는 그러한 명백하고 중대한 위험을 입증할 수 없다고 판시한 것이다.

거나 변호사업무를 수행하고자 하는 자에게 일정한 자격을 요구하는 것이 이에 해당한다.

직업선택의 자유의 제3단계 제한은 객관적 사유를 이유로 직업결정의 자유를 제한하는 방법이다. 이 제한은 직업선택의 자유에 대한 결정적인 제한이 되기 때문에, 신중을 기하여 공공의 이익에 대한 명백하고 현존하는 위험을 방지하기 위하여 불가피한 경우에만 허용된다. 예컨대 화약류의 제조·판매·운송업 등이 공공에 대한 위험방지를 위해 제한되는 경우 등이 이에 해당한다.

단계이론은 기본권제한에 관한 과잉금지의 원칙 중에서 특히 피해의 최소성원칙을 구체화한 것이라 할 수 있다. 즉 직업의 자유를 제한하는 경우 가장 적은 침해를 가져오는 단계에서 제한하여야 하며, 입법자가 달성하려는 목적을 경미한 단계의 제한으로 달성할 수 없는 경우에 비로소 다음 단계의 제한을 할 수 있다는 것을 의미한다.

(나) 헌법재판소의 입장

우리 헌법재판소도 직업의 자유 제한에 관하여 단계이론을 적극 수용하고 있음을 볼 수 있다. 헌법재판소는 제1단계 제한으로 "직업행사의 자유는 직업결정의 자유에 비하여 상대적으로 그 침해의 정도가 작다고 할 것이어서, 이에 대하여는 공공복리 등 공익상의 이유로 비교적 넓은 법률상의 규제가 가능하다고 하면서도 직업수행의 자유를 제한할 때에도 헌법 제37조 제2항에 의거한 비례의 원칙에 위배되어서는 안 된다"고 판시하고 있다.[1] 즉 헌법재판소는 단계이론을 수용하면서 제1단계의 직업수행의 자유 제한의 경우에도 비례의 원칙을 적용하여 위헌결정을 내린 사례들이 있음을 주목할 필요가 있다.

제2단계의 제한인 주관적 사유에 의한 직업결정의 자유제한과 관련하여 헌법재판소는 "일정한 주관적 요건을 갖춘 자에게만 그 직업에 종사할 수 있도록 제한하는 경우에는, 이러한 주관적 요건을 갖추도록 요구하는 것이, 누구에게나 제한 없이 그 직업에 종사하도록 방임함으로써 발생할 우려가 있는 공공의 손실과 위험을 방지하기 위한 적절한 수단이고, 그 직업을 희망하는 모든 사람에게 동일하게 적용되어야 하며, 주관적 요건 자체가 그 제한목적과 합리적인 관계가 있어야 한다는 비례의 원칙이 적용되어야 할 것이다"라고 판시하였다.[2]

제3단계의 객관적 사유에 의한 직업결정의 자유의 제한에 있어서는 당사자의 능력이나 자격과도 상관없는 객관적 사유에 의한 제한은 직업의 자유에 대한 제한 중에서도 가장 심각한 제한이 아닐 수 없다. 따라서 이러한 제한은 "월등하게 중요한 공익에 대한 명백하고 확실한 위험"을 방지하기 위한 경우에만 정당화될 수 있다고 보아야 한다. 헌법재판소는 제

1) 헌재 1993. 5. 13. 92헌마80; 헌재 2003. 10. 30. 2000헌마563.
2) 헌재 1995. 6. 29. 90헌바43.

3단계의 직업결정의 자유 제한에는 엄격한 비례의 원칙이 그 심사척도가 된다고 판시한 바 있다.[1)]

5. 직업의 자유 제한에 관한 헌법재판소 판례

(1) 위헌결정

헌법재판소가 직업의 자유 제한에 대하여 위헌결정을 내린 것들은 다음과 같다. 1) 교사의 신규채용에서 국공립교육대학, 사범대학, 기타 교원양성기관의 졸업자를 우선 채용하도록 한 규정,[2)] 2) 형사사건으로 기소된 교원에 대한 필요적 직위해제처분,[3)] 3) 검찰총장 퇴임 후 2년 이내에 공직취임 금지,[4)] 4) 시각장애인에 한하여 안마사 자격인정을 받을 수 있도록 한 보건복지부령 규정,[5)] 5) 대학이나 유치원 주변의 학교환경위생정화구역 안에서의 당구장설치 금지,[6)] 6) 농협·축협 조합장이 금고 이상의 형을 선고받고 그 형이 확정되지 아니한 경우에도 이사가 그 직무를 대행하도록 규정한 농업협동조합법 규정,[7)] 7) 운전면허를 받은 사람이 자동차 등을 이용하여 살인 또는 강간 등 행정안전부령이 정하는 범죄행위를 한 때 운전면허를 취소하도록 하는 구 도로교통법 조항,[8)] 8) 성범죄로 형 또는 치료감호를 선고받아 확정된 자에 대하여 형 또는 치료감호의 집행이 종료·면제·유예된 때부터 10년 동안 아동 청소년 관련 기관 등을 개설하거나 위 기관 등에 취업할 수 없도록 한 '아동·청소년의 성보호에 관한 법률' 조항,[9)] 9) 아동학대 관련 범죄로 형이 확정된 때부터 형의 집행이 종료되거나 집행을 받지 아니하기로 확정된 후 10년 동안 체육시설, 초중등교육법 제2조 각호의 학교를 운영하거나 이에 취업 또는 사실상 노무를 제공할 수 없도록 한 아동복지법 조항,[10)] 10) 자동차 등을 훔치는 범죄행위에 해당하는 모든 경우에 필요적으로 운전면허를 취소하는 도로교통법 조항[11)] 등이다.

(2) 헌법불합치결정

헌법재판소가 직업의 자유 제한과 관련하여 헌법불합치결정을 내린 판례로는 1) 약사

---

1) 헌재 2002. 4. 25. 2001헌마614.
2) 헌재 1990. 10. 8. 89헌마89.
3) 헌재 1994. 7. 29. 93헌가3등.
4) 헌재 1997. 7. 16. 97헌마26.
5) 헌재 2006. 5. 25. 2003헌마715.
6) 헌재 1997. 3. 27. 94헌마196등.
7) 헌재 2013. 8. 29. 2010헌마562등.
8) 헌재 2015. 5. 28. 2013헌가6.
9) 헌재 2016. 4. 28. 2015헌마98.
10) 헌재 2018. 6. 28. 2017헌마130.
11) 헌재 2017. 5. 25. 2016헌가6.

들로 구성된 법인에 의한 약국개설 금지,[1] 2) 학교정화구역 안에서 극장시설 및 영업 금지(대학의 경우는 위헌이고 유치원, 초·중·고교의 경우는 헌법불합치),[2] 3) 의료법상 태아의 성별에 대한 의사의 고지 금지[3] 등이 있다.

(3) 합헌결정

직업의 자유 제한에 대하여 합헌결정을 내린 판례로는 1) 노래연습장에 대한 18세 미만자의 출입 금지,[4] 2) 유료 직업소개소 허가제,[5] 3) 학교정화구역 안에서의 노래연습장 금지,[6] 4) 피라미드 판매의 금지,[7] 5) 백화점의 셔틀버스 운행 금지,[8] 6) 담배자판기 설치금지의 조례,[9] 7) 군법무관 임용시험에 합격한 군법무관들에게 10년간 근무하여야 변호사자격을 유지하게 하는 것,[10] 9) 사립대학 교원이 국회의원으로 당선된 경우 임기개시일 전까지 그 직을 사직하도록 규정한 것[11] 등이 있다.

Ⅲ. 소비자의 권리

1. 소비자의 권리의 의의

(1) 현대형 인권으로서 소비자의 권리

소비자의 권리 내지 소비자기본권이란 소비자가 인간다운 생활을 영위하기 위하여 공정한 가격으로 양질의 상품 또는 용역을 적절한 유통구조를 통해 적절한 시기에 구입하거나 사용할 수 있는 권리를 말한다. 여기서 소비자란 사업자가 제공하는 물품 또는 용역을 소비생활 또는 생산활동을 위하여 사용하는 자를 말한다.

오늘날의 독점자본주의 경제체제 하에서 소비자 대중은 위험·유해하고 불량하거나 불공정한 가격의 상품 또는 용역으로 말미암아 생명·건강과 재산 등에 심각한 피해를 입고 있는 실정이며, 거대한 재벌기업에 비하여 약자로서의 소비자는 일방적으로 희생을 강요당

1) 헌재 2002. 9. 19. 2000헌바84.
2) 헌재 2004. 5. 27 2003헌가1.
3) 헌재 2008. 7. 31. 2004헌마1010등. 이 결정으로 의료법이 2009년 개정되어 의료인은 임신 32주 이전에 태아의 성별을 고지할 수 없도록 규정하였으나, 이 조항도 헌법재판소의 위헌결정으로 폐지되었다. 헌재 2024. 2. 28. 2022헌마356.
4) 헌재 1996. 2. 29. 94헌마13.
5) 헌재 1996. 10. 31. 93헌바14.
6) 헌재 1999. 7. 22. 98헌마480등.
7) 헌재 1997. 11. 27. 96헌바12.
8) 헌재 2001. 6. 28. 2001헌마132.
9) 헌재 1995. 4. 20. 92헌마64.
10) 헌재 2007. 5. 31. 2006헌마767.
11) 헌재 2015. 4. 30. 2014헌마621.

하게 된다. 이러한 소비자의 피해를 방치하게 된다면 이는 헌법상 경제의 민주화와 사회정의의 관념에 반하게 되므로, 재벌기업의 횡포로부터 무력한 소비자를 보호하고 그들의 피해를 예방하기 위한 정책적 배려와 함께 소비자들의 권익을 새로운 유형의 현대형 인권의 차원에서 확보하려는 주장이 1960년대부터 각국에서 제기된 것이다.

우리나라는 1980년 헌법에서 최초로 소비자보호운동에 관한 규정을 두게 되었으며, 같은 해에 소비자보호법이 제정되었고, 이 법은 2006년에 '소비자기본법'으로 전면개정되었다. 현행헌법은 소비자권리를 직접 규정하고 있지 않으나, 제124조에 "국가는 건강한 소비행위를 계도하고 생산품의 품질향상을 촉구하기 위한 소비자보호운동을 법률이 정하는 바에 의하여 보장한다"라고 하여 소비자보호운동에 관한 규정을 두고 있다.

(2) 소비자권리의 헌법적 근거

소비자의 권리는 헌법에 명문규정을 두고 있지 않기 때문에 그 권리의 헌법적 근거가 문제된다. 새로운 현대형 인권으로서의 소비자권리의 헌법적 근거로는 우선 인간의 존엄성 존중과 행복추구권을 규정한 헌법 제10조를 이념적 근거조항으로 하고, 헌법 제124조의 소비자보호운동 규정을 직접적 근거조항으로 하고 있다고 볼 수 있다. 그 밖에 헌법에 열거되지 아니한 자유와 권리의 보장(제37조 제1항), 재산권보장(제23조 제1항), 인간다운 생활의 보장(제34조 제1항) 등도 간접적 근거규정으로 볼 수 있다.

(3) 소비자권리의 법적 성격

소비자의 권리의 법적 성격에 관하여는 자유권으로서의 성격뿐만 아니라 경제적 기본권, 청구권적 기본권, 사회적 기본권의 성격을 아울러 가진 복합적 기본권으로 보는 것이 통설이다. 즉 소비자의 권리는 상품 또는 용역의 자유로운 선택과 소비자집단행동에 관하여 방해를 받지 않는 권리라는 점에서 자유권적 기본권이라고 할 수 있고, 양질의 상품 또는 용역을 공정한 가격으로 구입하거나 사용함으로써 경제적 손실을 피할 수 있는 권리라는 점에서는 경제적 기본권을 의미한다. 또한 소비자가 피해의 예방 또는 보상을 청구할 수 있는 권리라는 점에서는 청구권적 기본권이라 할 수 있으며, 양질의 상품 또는 용역을 적절한 유통구조를 통해 구입하거나 사용함으로써 인간다운 생활을 영위할 수 있고 건강을 침해당하지 아니할 권리라는 점에서는 사회적 기본권의 성격을 가진다고 할 수 있다.

2. 소비자권리의 주체

소비자의 권리의 주체는 모든 소비자이다. 모든 국민뿐만 아니라 외국인도 소비자로서 권리의 주체가 되며, 자연인뿐만 아니라 법인도 권리의 주체가 될 수 있다.

3. 소비자권리의 내용

소비자의 권리의 내용은 고정된 것이 아니라 경제와 산업사회의 발전에 따라 점차 확대되고 있다. 현행 소비자기본법 제4조는 소비자의 기본적인 권리를 규정하고 있다. 이 규정에 의하면 소비자는 물품과 용역으로 인한 생명·신체 또는 재산에 대한 위해로부터 보호받을 권리인 '안전의 권리'를 비롯하여 물품과 용역을 선택함에 있어서 필요한 지식과 정보를 제공받을 '알 권리'를 가지며, 물품과 용역에 대한 '자유로운 선택권'과 '의견반영권'을 가진다. 그 밖에 소비자는 '피해보상청구권', '교육을 받을 권리', '소비자운동권' 등을 가진다.

4. 소비자권리의 침해와 구제

소비자의 권리가 사업자 등에 의하여 침해된 경우에는 소비자기본법에 의하여 피해의 구제를 한국소비자원에 청구할 수 있다. 이 경우 한국소비자원에서는 합의 권고나 소비자분쟁조정위원회의 분쟁조정 등의 조치를 강구함으로써 소비자의 피해에 대한 적절한 구제를 받을 수 있다(소비자기본법 제55조~제69조). 또한 소비자의 안전에 긴급하고 현저한 위해를 끼칠 우려가 있는 제품에 대해서는 중앙행정기관의 장이 사업자로 하여금 지체없이 당해 제품의 수거·파기 등을 하도록 하는 긴급리콜명령을 발동할 수 있도록 하고 있다(동법 제50조).

특히 2002년부터 시행된 제조물책임법에 의해 제조업자는 제조물의 결함으로 인하여 생명·신체 또는 재산에 손해를 입은 자에게 그 손해를 배상하도록 하고 있다(동법 제3조 제1항).

제 5 장 정치적 기본권(참정권)

Ⅰ. 정치적 기본권의 의의와 유형

정치적 기본권은 전통적 의미의 참정권을 말하는 것으로, 국민이 국가기관의 구성과 국가의 정치적 의사형성에 직접 또는 간접으로 참여할 수 있는 권리를 말한다.[1] 참정권은 국민이 국가의사의 형성과 국가정책의 결정에 직접적으로 참여할 수 있는 직접참정권과 간접적으로 참여할 수 있는 간접참정권으로 구분된다. 국민의 직접참정권은 직접민주제적 요소로서 국민발안권, 국민표결권, 국민소환권 등이 이에 해당한다. 간접민주제를 기반으로 하는 간접참정권에는 국민이 국가기관의 구성에 참여하거나 국가기관의 구성원으로 선임될 수 있는 권리로서 선거권, 공무담임권이 있다.

우리 헌법은 대의제를 기반으로 하는 간접민주제를 원칙으로 하고 있으며, 예외적으로 직접민주제의 요소인 국민투표권(국민표결권)만을 규정하고 있다. 간접민주제의 원칙에 의거하여 국민은 직접 국가의사나 국가정책을 결정하지 아니하고, 선거권의 행사를 통해 국민을 대신하여 국가의사를 결정할 국가기관의 구성에 참여하고, 피선거권과 공무담임권의 행사로 국가기관의 구성원으로 선임될 수 있을 뿐이다. 다만 예외적으로 국민은 국민표결권의 행사로 직접 국가의사와 국가정책 결정에 참여할 수 있는 것이다.

오늘날 정치적 기본권은 전통적 의미의 참정권뿐만 아니라 정치적 표현의 자유, 정당설립 및 정당활동의 자유, 선거운동의 자유 등을 포함하는 정치적 자유권까지를 포괄하는 넓은 의미로 인식되고 있다. 헌법재판소도 “정치적 자유권이라 함은 국가권력의 간섭이나

1) 권영성 교수는 정치적 기본권을 광의의 개념으로 파악하여 전통적인 참정권을 비롯하여 정치적 자유권(정치적 언론·출판·집회·결사의 자유)과, 정치적 활동권(정당의 가입과 활동의 자유, 투표와 선거에 영향을 미치는 활동을 할 수 있는 권리, 시민운동권, 저항권 등)을 포함하는 것으로 보고 있다. 권영성, 헌법학원론, 법문사, 2010, 590면 이하.

통제를 받지 아니하고 자유롭게 정치적 의사를 형성·발표할 수 있는 자유라고 할 수 있다. 이러한 정치적 자유권에는 정치적 의사를 자유롭게 표현하고, 자발적으로 정당에 가입하고 활동하며, 자유롭게 선거운동을 할 수 있는 것을 주된 내용으로 한다"라고 하여 정치적 자유권과 참정권을 포함하는 개념으로 정치적 기본권을 인정하고 있다.[1)]

Ⅱ. 선거권

1. 선거권의 의의

(1) 선거권의 개념

헌법 제24조는 "모든 국민은 법률이 정하는 바에 의하여 선거권을 가진다"라고 하여 선거권을 규정하고 있다. 국민의 선거권이란 국민주권을 구현하기 위한 대의제 민주주의의 필수적 요소를 의미하는 것으로서, 주권자인 국민이 국민의 대표자이며 국가정책결정권자인 국가기관을 선임할 수 있는 권리 내지 국가기관의 담당자인 공무원을 선출하는 권리를 말한다.

헌법은 선거권에 대해 "법률이 정하는 바에 의하여"라는 법률유보조항을 둠으로써 선거권의 구체적 내용은 법률사항으로 위임하고 있다. 그러나 여기서의 법률유보는 선거권을 보장하기 위한 '선거권형성적' 법률유보를 의미하므로 입법부는 선거법을 통해 국민의 선거권을 부당하게 제한해서는 안 된다고 할 것이다. 즉 헌법 제24조는 국민의 기본권을 법률에 의하여 구체화하라는 뜻이며 선거권을 법률을 통해 구체적으로 실현하라는 의미이다. 이러한 법률유보는 선거권을 실현하고 보장하기 위한 것이지 제한하기 위한 것이 아니므로, 선거권의 내용과 절차를 법률로 규정하는 경우에도 국민주권을 선언하고 있는 헌법 제1조, 평등권에 관한 헌법 제11조, 국회의원선거와 대통령선거에 있어서 보통·평등·직접·비밀선거를 보장하는 헌법 제41조 및 67조의 취지에 부합하도록 하여야 한다. 그리고 민주주의국가에서 국민주권과 대의제 민주주의의 실현수단으로서 선거권이 갖는 이 같은 중요성으로 인해 한편으로 입법자는 선거권을 최대한 보장하는 방향으로 입법을 하여야 하며, 또 다른 한편에서 선거권을 제한하는 법률의 합헌성을 심사하는 경우에는 그 심사의 강도도 엄격하여야 하는 것이다.[2)]

(2) 선거권의 법적 성격

선거권의 법적 성격에 관하여는 개인의 주관적 공권설, 국가목적을 위한 공무수행이라

---

1) 헌재 2004. 3. 25. 2001헌마710.

2) 헌재 2007. 6. 28. 2004헌마644등.

는 공의무설, 정치적 기본권과 공의무의 수행이라는 양면성을 갖는다는 이원설 등이 있다.

생각건대 선거권은 첫째, 정치적 기본권의 핵심으로서 개인의 주관적 공권임에 틀림없다. 다만 개인적 공권으로서의 선거권은 자유권적 기본권과 같은 초국가적 자연권의 성격을 가지는 것은 아니며, 국가를 전제로 국가의사 결정 방식인 대의제를 실현시키기 위해 헌법이 국민에게 부여한 실정권을 의미한다. 둘째, 선거권의 공의무성(公義務性)에 관하여는 견해가 나뉘고 있으나, 선거권을 국민의 권리이며 동시에 의무라고 보는 이원설에는 동의하기 어렵다. 헌법상 대의제 민주주의 하에서 국민은 선거에 참여해야 하는 정치적·도의적 책임을 지게 되지만 그것이 법적 의무라고 할 수 없다. 선거와 선거권을 구분하여 볼 때, 주권자로서 선거에 참여하여야 할 정치적 책임과 정치적 기본권으로서 자유로운 선거권의 행사는 별개의 문제라고 할 수 있기 때문이다. 그리고 우리 헌법은 선거권 행사에 관한 의무규정을 두고 있지 아니하기 때문에 선거권은 권리로서의 성격만을 갖는 것으로 이해하는 것이 타당하다고 본다. 다만 헌법정책적으로 국민에게 선거에의 참여의무를 명문화할 수 있다고 볼 수 있으나, 그 경우에도 선거권의 본질은 개인적 공권일 뿐이다.[1)]

2. 선거권의 주체

참정권은 기본적으로 국가를 전제로 한 것이기 때문에 선거권의 주체는 국민이다. 외국인은 원칙적으로 선거권의 주체가 될 수 없다. 다만 외국인의 경우에도 법률에 의하여 한정적인 범위에서 선거권을 인정할 수 있다. 2005년 개정된 공직선거법은 지방의회의원 및 지방자치단체장 선거에서 외국인에 대하여도 영주권 취득 후 3년이 지나면 선거권을 인정하고 있다.

3. 선거권의 제한

(1) 선거권의 행사요건

선거권의 행사에는 국적·연령·주소에 의한 적극적 요건을 충족해야 하는 것이 요구된다. 공직선거법은 선거연령을 19세 이상의 국민으로 규정하였으나 2019년 12월 공직선거법 개정으로 '18세 이상'으로 낮추게 되었다. 지역구국회의원의 선거권은 선거권자의 해당 선거구에 일정기간의 거주요건을 두고 있다(공직선거법 제15조 제1항).

또한 소극적 요건으로 공직선거법은 금치산자를 비롯하여 선거범 등으로 형이 확정된 후 일정기간을 경과하지 아니한 자 등의 결격사유 외에 수형자와 집행유예자에 대한 결격사유를 규정하여 왔다. 그러나 수형자와 집행유예자의 경우 선거권을 제한하는 것은 위헌

---

1) 같은 취지로는 양건, 헌법강의, 법문사, 2011, 570-571면; 정종섭, 헌법학원론, 박영사, 2014, 709면.

성의 문제가 제기될 수 있는데, 주권의 행사와 형사책임의 감수는 차원을 달리하는 것이므로 선거사범의 경우를 제외하고는 수형자나 전과자에 대한 선거권 제한은 위헌의 소지가 크다고 하겠다.

헌법재판소는 2004년과 2009년의 결정에서 금고 이상의 형을 선고받은 수형자에게 선거권을 인정하지 않는 것이 선거의 공정성 및 형벌집행의 실효성 확보를 위한 것으로 합헌이라고 판단한 바 있다[1] 그러나 그 후 2014년 1월 헌법재판소는 집행유예자와 수형자에 대한 선거권을 제한하는 것이 위헌임을 확인함으로써 수형자의 선거권제한에 대해 합헌을 선언한 종래의 헌법재판소 결정을 변경하였다. 이 결정에 따라 앞으로 집행유예자는 선거권을 행사할 수 있게 되었다. 수형자의 선거권제한도 위헌이지만 수형자에게 헌법합치적으로 선거권을 부여하는 것은 입법자의 형성재량에 있다는 점을 고려하여 2015년 말까지 종전 법의 잠정적용을 명하였다.[2]

그리하여 공직선거법은 2015년 8월 개정되어 수형자와 집행유예자의 선거권제한에 관하여 "1년 이상의 징역 또는 금고의 형을 선고받고 그 집행이 종료되지 아니하거나 그 집행을 받지 아니하기로 확정되지 아니한 사람. 다만 그 형의 집행유예를 선고받고 유예기간 중에 있는 사람은 제외한다"라고 규정하게 되었다(동법 제18조 제1항 제2호).

(2) 재외국민의 선거권 제한

유권자인 해외거주자에게 투표권을 제한하는 것이 헌법에 위반되는지의 여부에 관한 문제가 제기될 수 있다. 헌법재판소는 처음에는 주민등록이 안 된 재외국민의 선거권을 제한하는 것이 정당하다고 하였고,[3] 해외거주자의 부재자투표권을 부인한 것도 위헌이 아니라고 판단하였으나,[4] 2007년에 판례를 변경하여 재외국민의 선거권을 전면적으로 부정하는 것은 헌법 제37조 제2항에 위반되어 재외국민의 선거권과 평등권을 침해하고, 헌법상 보통선거의 원칙에도 위반된다고 판단하였다. 헌법재판소는 단지 주민등록이 되어 있는지 여부에 따라 선거인명부에 오를 자격을 결정하여 그에 따라 선거권 행사 여부가 결정되도록 함으로써, 엄연히 대한민국의 국민임에도 불구하고 주민등록법상 주민등록을 할 수 없는 재외국민의 선거권 행사를 전면적으로 부정하는 것은 그에 대한 정당한 목적을 찾기 어렵다고 판시하고 있다.[5]

---

1) 헌재 2004. 3. 25. 2002헌마411; 헌재 2009. 10. 24. 2007헌마1462.
2) 헌재 2014. 1. 28. 2012헌마409등.
3) 헌재 1999. 1. 28. 97헌마253.
4) 헌재 1999. 3. 25. 97헌마99,
5) 헌재 2007. 6. 28. 2004헌마644등.

Ⅲ. 공무담임권

1. 공무담임권의 의의

헌법 제25조는 "모든 국민은 법률이 정하는 바에 의하여 공무담임권을 가진다"라고 하여 국민의 공무담임권을 보장하고 있다. 공무담임권이란 국가 및 공공단체의 구성원으로서 그 직무를 담당할 권리를 말한다. 이 권리는 선거직 공무담임권과 비선거직 공무담임권으로 구분되며, 선거직 공무담임권의 핵심은 선거직 피선거권에 있다. 따라서 공무담임권은 각종 선거에 입후보하여 당선될 수 있는 피선거권과 공직에 임명될 수 있는 공직취임권을 포괄하는 권리이다.

공무담임권은 참정권에 속하지만 그 참정권적 성격은 선거직이냐 비선거직이냐에 따라 차이가 있다. 오늘날에는 비선거직 공무담임권, 특히 경력직 공무원 취임의 권리는 직업의 자유의 성격이 강하다고 할 수 있다. 이처럼 공무담임권은 직업의 자유의 성격을 지니며, 양자의 관계는 특별법과 일반법의 관계이다. 공무담임권은 직업의 자유에 우선하여 적용되는 특별법적 규정을 의미한다.[1)]

2. 공무담임권의 제한

(1) 피선거권 제한

헌법은 대통령 피선거권의 연령제한에 관하여 40세로 규정하고 있으며(제67조 제4항), 국회의원, 지방의회의원, 지방자치단체장의 피선거권은 공직선거법상 25세로 규정하고 있다(제16조 제2항, 제3항). 국회의원의 피선거권 연령 25세 제한에 대하여 헌법재판소는 입법자의 입법형성권의 범위와 한계 내의 것으로, 공무담임권의 본질적 내용을 침해한 것이 아니라고 판시하였다.[2)]

또한 공직선거법상 선거에서의 후보난립을 방지하기 위한 기탁금제도는 피선거권을 제한하게 되는 문제가 있다. 현행 공직선거법 제56조에 의하면 대통령후보는 3억원(2012. 1. 25. 개정), 국회의원후보 1,500만원, 시·도의회의원후보 300만원, 시·도지사후보 5,000만원, 기초자치단체장후보 1,000만원, 기초자치단체의원후보 200만원으로 기탁금을 규정하고 있다. 헌법재판소는 기탁금제도 자체에 대하여는 합헌성을 인정하고 있으나,[3)] 2008년 11월 대통령후보의 5억원 기탁금규정에 대한 헌법소원심판 사건에서 그것이 개인에게 과다한 부담을 초래

1) 헌재 1999. 12. 23. 99헌마135.
2) 헌재 2005. 4. 28. 2004헌마219.
3) 헌재 2003. 8. 21. 2001헌마687등.

하여 공무담임권 행사 기회를 비합리적으로 차별한다는 이유로 헌법불합치결정을 내렸다.[1)]

(2) 비선거직 공무담임권 제한

비선거직 공무담임권 제한과 관련하여 공직취임기회의 제한과 공직유지권의 제한이 문제된다. 공직취임기회의 제한으로 공무원시험의 연령제한이 있다. 헌법재판소는 공무원시험 연령제한을 기본적으로 입법재량의 문제로 보고, 9급 공무원시험에서 연령 상한을 28세로 정한 것은 합헌이라고 결정한 바 있다.[2)] 그러나 5급 공무원시험 응시연령 상한을 32세로 제한한 것에 대하여는 위헌이라고 판단하였다. 이 사건에서 헌법재판소는 "32세까지는 5급 공무원의 직무수행에 필요한 최소한도의 자격요건을 갖추고, 32세가 넘으면 그러한 자격요건을 상실한다고 보기 어렵고, 6급 및 7급 공무원 공채시험의 응시연령 상한을 35세까지로 규정하면서 그 상급자인 5급 공무원의 채용연령을 32세까지로 제한한 것은 합리적이라고 볼 수 없으므로, 이 사건 시행령조항이 5급 공채시험 응시연령의 상한을 '32세까지'로 제한하고 있는 것은 기본권 제한을 최소한도에 그치도록 요구하는 헌법 제37조 제2항에 부합된다고 보기 어렵다"고 판시하였다.[3)] 그리하여 2009년 2월 개정된 공무원임용시험령은 제16조 제1항에 응시연령의 상한을 폐지하고 일반직 채용시험의 경우 7급 이상은 20세 이상으로, 8급 이하는 18세(교정·보호직렬은 20세) 이상으로 규정하고, 기능직 채용시험은 18세 이상으로 규정하게 되었다.

헌법재판소는 순경 공개경쟁채용시험의 응시연령 상한을 경찰공무원임용령에 의해 30세 이하로 규정한 것과, 소방사·지방소방사 공개경쟁채용시험 및 특별채용시험의 응시연령 상한을 소방공무원임용령에 의해 30세 이하로 규정한 것은 30세가 넘는 사람의 공무담임권을 침해하는 것이라고 판시하였다.[4)]

공직유지권 제한에 관한 것으로 공무원이 금고 이상의 형의 선고유예를 받은 경우에는 공무원직에서 당연히 퇴직하게 하는 것에 대하여 헌법재판소는 판례를 변경하여 공무담임권을 침해하는 것이라고 판시하였다. 공무원이 금고 이상의 형의 선고유예를 받은 경우에는 공무원직에서 당연히 퇴직하는 것으로 규정하고 있는 이 사건 법률조항은 금고 이상의 선고유예의 판결을 받은 모든 범죄를 포괄하여 규정하고 있을 뿐 아니라, 심지어 오늘날 누구에게나 위험이 상존하는 교통사고 관련 범죄 등 과실범의 경우마저 당연퇴직의 사유에서 제외하지 않고 있으므로 최소침해성의 원칙에 반한다고 판단하였다.[5)] 또한 형사사건으로

1) 헌재 2008. 11. 27. 2007헌마1024.
2) 헌재 2006. 5. 25. 2005헌마1.
3) 헌재 2008. 5. 29. 2007헌마1105.
4) 헌재 2012. 5. 31. 2010헌마278.
5) 헌재 2002. 8. 29. 2001헌마788등.

기소된 공무원에 대하여 필요적으로 직위해제처분을 하도록 규정하고 있는 것은 헌법 제37조 제2항의 비례의 원칙에 어긋나서 헌법 제15조의 직업선택의 자유를 침해하는 것이라고 하였다.[1] 그 밖에 질병, 장애 등의 사유로 인한 정신적 제약으로 사무를 처리할 능력이 지속적으로 결여되어 성년후견이 개시된 공무원에 대하여 휴직명령 및 그에 이은 직권면직에 의하지 않고 당연퇴직사유로 규정한 국가공무원법 제69조 제1호는 과잉금지원칙에 위배되어 공무담임권을 침해한다고 판시하였다.[2]

Ⅳ. 국민투표권

1. 직접민주주의와 직접참정권

헌법상 대의제 중심의 간접민주주의를 보완하는 방법으로 직접민주주의가 부분적으로 채택되고 있다. 직접민주주의를 구현하기 위한 제도로서 국민투표제, 국민발안제, 국민소환제 등이 있으며, 이러한 직접민주제에 참여하는 국민의 권리가 국민투표권, 국민발안권, 국민소환권 등이다.

국민투표제는 국가의 주요 정책이나 법안을 국민이 직접 투표에 참여하여 결정하는 것으로 이에는 레퍼렌덤(referendum)과 플레비시트(plebiscite)의 유형이 있다. 레퍼렌덤은 일반적으로 헌법에 제도화되어 있는 것으로, 국가의 주요 정책 또는 헌법안이나 법률안에 대하여 국민의 의사를 묻는 제도를 말한다. 플레비시트는 헌법에 제도화되어 있지 아니한 헌법현실에서 나타나는 것으로, 집권자가 특정 사안에 대하여 국민의 의사를 묻거나 집권자에 대한 신임 여부를 묻는 국민투표를 말한다. 국민발안제는 국민이 직접 헌법안이나 법률안을 제안할 수 있는 제도이며, 국민소환제는 국민이 국가기관의 담당자를 그 임기만료 전에 해직시킬 수 있는 제도를 말한다.

우리 헌법은 직접민주제의 요소로서 국민투표권만을 채택하고 있고, 국민발안제나 국민소환제는 도입하지 않고 있다. 다만 법률상의 권리로서 지방자치제와 관련하여 주민투표권과 주민소환제를 규정하고 있을 뿐이다. 헌법재판소는 주민투표권을 그 성질상 선거권, 공무담임권, 국민투표권과 전혀 다른 것으로 보고 이를 법률이 보장하는 참정권이라고 할 수 있을지언정 헌법이 보장하는 참정권이라고 할 수 없다고 판시하였다.[3]

---

1) 헌재 1998. 5. 28. 96헌가12.
2) 헌재 2022. 12. 22. 2020헌가8.
3) 헌재 2001. 6. 28. 2000헌마735.

2. 현행헌법상 국민투표권

현행헌법상의 국민투표제는 헌법개정안에 대한 국민투표제와 대통령이 부의한 국가안위에 관한 중요정책에 대한 국민투표제만을 규정하고 있다.

(1) 헌법개정안에 대한 국민투표권

헌법개정안은 국회의 의결을 거친 후 30일 이내에 국민투표로써 확정된다. 국회의원선거권자 과반수의 투표와 투표자 과반수의 찬성을 얻어 헌법개정이 확정된다(헌법 제130조 제2항, 제3항).

(2) 국가안위에 관한 중요정책에 대한 국민투표권

헌법 제72조는 "대통령은 필요하다고 인정할 때에는 외교·국방·통일 기타 국가안위에 관한 중요정책을 국민투표에 붙일 수 있다"라고 하여 국가안위에 관한 중요정책에 대한 국민투표권을 규정하고 있다. 여기서의 국민투표는 레퍼렌덤의 성격을 갖는 것을 의미하며, 인물에 대한 신임투표(플레비시트)는 허용되지 않는다.

헌법재판소도 헌법 제72조의 국민투표의 대상인 '중요정책'에는 대통령에 대한 '국민의 신임'이 포함되지 않는다고 판단하고 있다. 선거는 '인물에 대한 결정', 즉 대의제를 가능하게 하기 위한 전제조건으로서 국민의 대표자에 관한 결정이며, 이에 대하여 국민투표는 직접민주주의를 실현하기 위한 수단으로서 '사안에 대한 결정', 즉 특정한 국가정책이나 법안을 그 대상으로 한다. 따라서 국민투표의 본질상 '대표자에 대한 신임'은 국민투표의 대상이 될 수 없으며, 우리 헌법에서 대표자의 선출과 그에 대한 신임은 단지 선거의 형태로써 이루어져야 한다. 대통령이 이미 지난 선거를 통하여 획득한 자신에 대한 신임을 국민투표의 형식으로 재확인하고자 하는 것은, 헌법 제72조의 국민투표제를 헌법이 허용하지 않는 방법으로 위헌적으로 사용하는 것이다.[1)]

---

1) 헌재 2004. 5. 14. 2004헌나1.

제 6 장 청구권적 기본권

Ⅰ. 청구권적 기본권의 의의와 법적 성격

1. 청구권적 기본권의 의의

청구권적 기본권이란 국민이 국가에 대하여 일정한 행위를 적극적으로 청구할 수 있는 주관적 공권을 말한다. 다시 말하면 청구권적 기본권은 자유권, 참정권, 사회권 등 실체적 기본권을 절차적으로 보장하기 위하여 국가에 대하여 적극적인 행위를 청구하는 기본권을 의미한다. 이 점에서 청구권적 기본권은 '절차적 기본권' 또는 '기본권보장을 위한 기본권'이라는 용어로 표현되기도 한다. '청구권적 기본권'이라는 용어는 청구권 이외에 국가의 적극적 행위를 청구하는 다른 기본권인 '사회권'과의 구별이 명확하지 않게 되므로 '절차적 기본권'이라는 용어가 더 적합한 표현이라고 볼 수도 있다.[1] 우리 헌법이 보장하고 있는 청구권적 기본권에는 청원권(제26조), 재판청구권(제27조), 형사보상청구권(제28조), 국가배상청구권(제29조), 범죄피해자구조청구권(제30조), 손실보상청구권(제23조 제3항) 등이 있다.

2. 청구권적 기본권의 법적 성격

첫째, 청구권적 기본권은 자유권적 기본권과 함께 고전적 기본권의 하나이지만, 청구권적 기본권은 국가의 적극적 행위를 청구하는 '적극적 성격'의 기본권이라는 점에서 소극적으로 국가의 부작위를 요구하는 자유권과 구별된다.

둘째, 청구권적 기본권은 다른 권리나 이익이 침해되거나 침해당할 우려가 있을 때 그 권리나 이익을 확보하기 위한 '수단적 성격'의 기본권이다.

셋째, 청구권적 기본권은 국가의 존재를 전제로 하는 국가 내적 기본권의 성격을 가진

1) 양건, 헌법강의, 법문사, 2011, 620면.

다는 점에서 초국가적 기본권인 자유권과 구별된다.

넷째, 청구권적 기본권은 헌법규정에서 직접적 효력을 갖는 기본권이다. 다만 그 행사 절차에 관한 구체적 입법이 있어야만 비로소 행사할 수 있는 권리이다. 이 점에서 청구권적 기본권은 '불완전한 의미의 구체적 권리'의 성격을 가진다고 할 수 있다.[1] 헌법재판소도 "법률에 의한 구체적 입법 없이는 신속한 재판을 위한 어떤 직접적이고 구체적인 청구권이 발생하지 아니한다"고 판시한 바 있다.[2]

Ⅱ. 청원권

1. 청원권의 의의

(1) 청원권의 개념

헌법 제26조 제1항은 "모든 국민은 법률이 정하는 바에 의하여 국가기관에 청원할 권리를 가진다"라고 규정하고, 제2항은 "국가는 청원에 대하여 심사할 의무를 진다"고 하여 청원권(請願權)을 보장하고 있다. 청원권(right to petition)이란 국민이 국가기관에 대하여 권리의 구제나 국가기관의 권한에 속하는 사항에 대하여 의견이나 희망을 진술하고 적정한 처리를 요구하는 권리를 말한다. 국가기관은 청원에 대해 이를 수리하여 성실하게 처리하지 않으면 안 되기 때문에 청원권은 국가기관에 대해 일정한 행위를 요구할 수 있는 청구권적 기본권의 하나이다. 헌법은 청원에 대한 심사의무만을 규정하고 있으나, 청원법은 더 나아가 심사결과에 대한 통지의무를 규정하고 있다(동법 제9조).

청원권은 국가기관의 의사형성에 관한 참여권으로서의 기능을 갖는 점에서 참정권과 유사한 기능을 가지며, 아울러 절차와 요건이 까다로운 소송법상의 권리구제수단 대신에 편리한 방법으로 권리구제를 받을 수 있다는 권리구제수단으로서의 기능을 가진다고 할 수 있다.

(2) 청원권의 법적 성격

청원권의 법적 성격에 관하여는 견해가 나뉘고 있으나, 자유권적 성격과 청구권적 성격을 동시에 가진 복합적 성격의 기본권으로 보는 것이 다수설이다. 청원권은 소극적 측면에서 국가기관에 자유로이 진술할 수 있는 청원의 자유를 보장하는 것이면서, 적극적 측면에서 국가에 대하여 일정한 국가적 행위를 요구할 수 있는 청구권을 의미하는 것이므로 청

1) 권영성, 헌법학원론, 법문사, 2010, 602면.
2) 헌재 1999. 9. 16. 98헌마75.

원권은 자유권과 청구권의 성격을 아울러 가진 복합적 성격의 기본권으로 보는 것이 타당하다. 일부 견해는 청원권을 위와 같은 자유권과 청구권의 성격뿐만 아니라 참정권의 성격도 아울러 가진다고 보는 입장도 있다.[1)]

2. 청원권의 주체

청원권의 주체는 국민이지만 외국인에게도 청원권이 인정될 수 있다. 청원권을 통하여 보장받는 실체적 기본권에는 초국가적 자연권이 포함되므로 외국인에게도 인정하는 것이 타당하다. 자연인뿐만 아니라 법인도 청원권의 주체가 된다.

3. 청원권의 내용

청원권의 내용은 법률로 정해지며, 입법권자는 청원의 내용에 관하여 광범위한 입법재량권을 갖는다. 청원권에 관한 일반적 법률로 청원법이 있으며, 국회법과 지방자치법에도 특별규정을 두고 있다.

(1) 청원사항

청원법에 의하면 청원사항에 관하여 1) 피해의 구제, 2) 공무원의 비위의 시정 또는 공무원에 대한 징계나 처벌의 요구, 3) 법률·명령·조례·규칙 등의 제정·개정 또는 폐지, 4) 공공의 제도 또는 시설의 운영, 5) 기타 공공기관의 권한에 속하는 사항으로 규정하고 있다(제4조). 그리고 청원법은 청원금지사항으로 감사·수사·재판 등 다른 법령에 의해 조사나 구제절차가 진행 중이거나 허위의 사실 또는 중상모략하는 사항, 개인의 사생활에 관한 사항 등을 규정하고 있다(제11조).

(2) 청원대상기관

청원을 제출할 수 있는 기관에 관하여 청원법은 국회·법원·중앙행정기관 등의 국가기관, 지방자치단체와 그 소속기관, 법령에 의하여 행정권한을 가지고 있거나 행정권한을 위임 또는 위탁받은 법인·단체 또는 그 기관이나 개인으로 규정하고 있다(제3조).

(3) 청원의 방법과 절차

청원은 반드시 청원인의 성명·주소 또는 거소를 기재하고 서명·날인한 문서로써 해야 한다. 청원서에는 청원의 이유와 취지를 명시하고, 필요한 경우에는 서류 기타 참고자료를 첨부할 수 있다(제6조 제3항).

---

1) 정종섭, 헌법학원론, 박영사, 2014, 757면.

(4) 청원의 심사 및 결과통지의무

청원에 대하여 청원수리기관은 성실하게 심사할 의무가 있으며, 심사와 처리결과를 청원인에게 통지할 의무가 있다(제9조). 그러나 청원에 대한 재결이나 결정을 해야 할 의무는 없다. 청원서를 접수한 국가기관은 청원법이 정하는 절차와 범위 내에서 청원사항을 성실·공정·신속히 심사하고 청원인에게 그 청원을 어떻게 처리하였는지와 처리하려 하는지를 알 수 있을 정도로 결과를 통지함으로써 충분하고, 비록 그 처리내용이 청원인이 기대한 바에 미치지 않는다고 하더라도 헌법소원의 대상이 되는 공권력의 불행사가 있다고 볼 수 없다.[1] 청원인은 청원을 이유로 차별대우를 받거나 불이익을 강요당하지 아니한다(제12조).

4. 청원권의 제한

청원권도 헌법 제37조 제2항에 따라 제한될 수 있으나, 청원권의 본질적 내용을 침해하거나 과잉금지의 원칙에 위반할 수 없다. 예를 들면 교도소 수용자라 하더라도 원칙적으로는 자유롭게 청원할 권리가 보장되는 것이지만, 서신을 통한 수용자의 청원을 아무런 제한 없이 허용한다면 수용자가 이를 악용하여 검열 없이 외부에 서신을 발송하는 탈법수단으로 이용할 수 있게 되므로 이에 대한 검열은 수용목적 달성을 위한 불가피한 것으로서 청원권의 본질적 내용을 침해한다고 할 수 없다.[2]

Ⅲ. 재판청구권

1. 재판청구권의 의의

(1) 재판청구권의 개념

헌법 제27조 제1항은 "모든 국민은 헌법과 법률이 정한 법관에 의하여 법률에 의한 재판을 받을 권리를 가진다"라고 하여 재판청구권을 보장하고 있다. 제3항에서는 "모든 국민은 신속한 재판을 받을 권리를 가진다. 형사피고인은 상당한 이유가 없는 한 지체없이 공개재판을 받을 권리를 가진다"라고 하여 신속한 공개재판을 받을 권리를 보장하고 있다. 따라서 헌법이 보장하는 '재판을 받을 권리' 내지 재판청구권이란 정치권력으로부터 독립된 법원에서 신분이 보장된 법관에 의해 객관적인 법률에 따라 신속한 공개재판을 받을 권리를 말한다. 재판청구권은 개인의 기본권침해에 대한 사법적 사후구제절차로서 중요한 의미를

1) 헌재 2004. 5. 27. 2003헌마851.
2) 헌재 2001. 11. 29. 99헌마713.

갖는 기본권이며, 법치주의를 실현하는 데 필수적인 기본권이라 할 수 있다.

재판청구권의 보호대상인 '재판'이란 권리가 침해되거나 법적 분쟁이 발생한 경우 중립적 권력기관인 법원이 사실을 확인하고 법률을 해석·적용하는 공권적 판단작용을 말한다. 그리고 '법률'에 의한 재판에서의 법률이란 언제나 합헌적인 법률을 말하며 실체법과 절차법을 모두 포함한다.[1]

헌법재판소는 교정시설내 수용자와 변호사 사이의 접견교통권의 보장은 헌법상 보장되는 재판청구권의 한 내용 또는 그로부터 파생되는 권리로 보고 있다.[2]

(2) 재판청구권의 법적 성격

재판청구권은 첫째, 국가에 대하여 재판이라는 사법절차를 제공하여 줄 것을 청구하는 청구권적 기본권이다. 여기서 재판청구권은 적극적으로 국가에 대하여 '헌법과 법률이 정한 법관'에 의한 재판이라는 국가적 행위를 청구할 수 있는 권리라는 측면과, 소극적으로 '헌법과 법률이 정한 법관'이 아닌 자에 의한 재판이나 법률에 의하지 아니한 재판을 받지 아니할 권리라는 측면을 아울러 가지고 있다.[3] 둘째, 재판청구권은 실체적 기본권이 침해된 경우 이를 절차적으로 보장하기 위한 절차적 기본권의 성격을 가진다. 셋째, 재판청구권은 재판제도가 존재함에 따라 인정되는 국가 내적 기본권이므로 자연권의 성질을 갖지 아니한다.

2. 재판청구권의 주체

재판청구권은 다른 기본권이 침해된 경우에 그 구제를 위한 기본권이므로 기본권의 주체가 될 수 있는 자는 누구나 재판청구권의 주체가 된다. 따라서 국민뿐만 아니라 외국인도 주체가 될 수 있고, 법인이나 단체도 재판청구권을 행사할 수 있다.

3. 재판청구권의 내용

(1) '재판'을 받을 권리

(가) 재판의 개념

재판이란 구체적인 분쟁이 발생한 경우에 당사자의 쟁송의 제기에 대하여 중립적 지위에 있는 법원이 사실을 확인하고 확인된 사실관계에 법을 해석·적용하는 공권적 판단작용을 의미한다. 즉 재판은 법적 쟁송을 심판하는 국가작용으로서 사실확정과 법의 해석·적용이라는 두 요소를 포함한다.

---

1) 헌재 1995. 9. 28. 92헌가11등.
2) 헌재 2013. 8. 29. 2011헌마122.
3) 헌재 1998. 5. 28. 96헌바4.

그리고 재판을 청구하기 위하여는 재판을 청구할 자격이 있는 자(당사자적격)가 법적 판단을 구하기 적합한 사건(권리보호 사건)에 대하여 소를 제기할 이익(소의 이익) 등의 요건에 부합되어야 한다. 재판의 유형으로는 민사재판, 형사재판, 행정재판, 특허재판, 헌법재판 등이 있다.

(나) 심급제와 재판을 받을 권리

재판을 받을 권리에 심급제(審級制)와 관련하여 심급의 이익이 포함되는가의 문제가 있다. 헌법 제101조 제2항은 "법원은 최고법원인 대법원과 각급법원으로 조직된다"라고 하여 최고법원인 대법원과 각급법원을 규정하고 있다. 따라서 심급상 대법원은 최고법원이므로 최종심의 법원임이 분명하고, 그 이하 심급은 헌법이 명시적으로 규정하지 않고 법률에 의해 정해지도록 하고 있다. 즉 심급제도는 헌법사항이지만 2심제인가 3심제인가 하는 문제는 헌법사항이 아니라 입법정책적 문제라 할 수 있다.

여기서 상소할 수 있는 권리, 즉 제2심 재판을 받을 권리가 헌법상 기본권으로 보장되는가의 문제가 있다. 헌법은 제101조 제2항에 심급제를 규정하고 있으며, 제110조 제4항에서 단심재판의 제한을 특별히 규정하고 있고, 재판의 본질상 오판의 가능성을 피하는 것이 정의에 합치하는 것이므로 제1심 재판에 대해 불복할 수 있는 권리, 즉 제2심 재판을 받을 권리는 기본권으로 보장되는 것이라 할 수 있다. 그러나 모든 사건에 대해 똑같이 세 차례의 법률적 측면에서의 심사의 기회의 제공이 곧 헌법상의 재판을 받을 권리의 보장이라고 할 수 없을 것이다.[1)]

재판을 받을 권리에는 대법원의 상고심에서의 재판을 받을 권리가 포함되는지에 관하여 학계의 견해는 대립되고 있다. 부정적 견해에 의하면, 우리 헌법은 이에 관한 명문규정이 없고 상고문제는 법률에 맡겨져 있기 때문에, 헌법 제27조의 재판을 받을 권리에는 모든 사건에 대하여 상고법원의 구성법관에 의한 상고심절차에 의한 재판을 받을 권리까지 포함된다고 볼 수 없다는 것이다. 즉 모든 사건에 대하여 상고를 인정할 것인가의 여부는 입법정책의 문제라는 것이다. 다만 법률로 상소권을 전면 봉쇄하는 것은 위헌이 된다고 한다.[2)]

이에 대하여 긍정적 견해는 헌법 제101조 제2항이 최고법원을 대법원으로 하여 최종심의 재판을 관장하게 하므로 재판에서 최종적으로 대법원의 재판을 받을 권리, 즉 대법원의 재판을 구하는 권리는 기본권이라고 보는 것이다.[3)]

---

1) 헌재 1992. 6. 26. 90헌바25.
2) 권영성, 앞의 책, 609-610면.
3) 정종섭, 앞의 책, 791면.

헌법재판소는 이 문제에 대해 명확한 입장을 밝히지 않고 있으나 부정적 견해를 취하고 있다고 볼 수 있다. 헌법재판소는 상고심리절차에 관한 특례법 제4조에 대한 위헌소원 사건에서 소극적 입장을 취하면서 다음과 같이 판시하고 있다. "헌법이 제101조 제2항 및 제3항에서 대법원을 최고법원으로 구성하였다고 하여 대법원이 곧바로 모든 사건을 상고심으로서 관할하여야 한다는 결론이 당연히 도출되는 것은 아니다. … '헌법과 법률이 정하는 법관에 의하여 법률에 의한 재판을 받을 권리'가 사건의 경중을 가리지 아니하고 모든 사건에 대하여 대법원을 구성하는 법관에 의한 균등한 재판을 받을 권리를 의미한다거나 또는 상고심재판을 받을 권리를 의미하는 것이라고 할 수는 없다. 왜냐하면 상고제도의 목적을 법질서의 통일과 법발견 또는 법창조에 관한 공익의 추구에 둘 것인지, 아니면 구체적인 사건의 적정한 판단에 의한 당사자의 권리구제에 둘 것인지, 또는 양자를 다 같이 고려할 것인지는 역시 입법자의 형성의 자유에 속하는 사항이고, 그 중 어느 하나를 더 우위에 두었다고 하여 헌법에 위반되는 것은 아니기 때문이다. 다시 말하면, 심급제도는 사법에 의한 권리보호에 관하여 한정된 법 발견 자원의 합리적인 분배의 문제인 동시에 재판의 적정과 신속이라는 서로 상반되는 두 가지의 요청을 어떻게 조화시키느냐의 문제로 돌아가므로 원칙적으로 입법자의 형성의 자유에 속하는 사항이다."[1)]

(다) 군사재판을 받지 아니할 권리

일반국민은 원칙적으로 군사법원의 재판을 받지 아니할 권리를 가진다. 그러나 예외적으로 대한민국의 영역 안에서 중대한 군사상의 기밀·초병·초소·유해음식물공급·포로·군용물에 관한 죄 중 법률이 정한 경우와 비상계엄이 선포된 경우에는 군사재판을 받게 할 수 있다(헌법 제27조 제2항). 헌법재판소는 '전투용에 공하는 시설'을 손괴한 군인 또는 군무원이 아닌 일반국민이 군사법원에서 재판받도록 하는 구 군사법원법 조항은 헌법과 법률이 정한 법관에 의한 재판을 받을 권리를 침해한다고 판시하였다.[2)]

(2) '헌법과 법률이 정한 법관'에 의한 재판

(가) 헌법과 법률이 정한 법관의 의미

'헌법과 법률이 정한 법관'이란 헌법 제101조 제1항과 제3항이 정하는 법관을 말하며 헌법 제104조와 법원조직법 제41조에 규정된 절차에 따라 법관으로 임명되고, 헌법 제103조 및 제106조에 의하여 직무상 독립과 신분상 독립이 보장된 법관을 말한다. 법관의 자격에 관하여는 법원조직법 제42조가 규정하고 있다. 국민은 이와 같은 자격과 신분이 보장되지 아니한 자에 의한 재판을 거부할 권리를 가진다.

---

1) 헌재 1997. 10. 30. 97헌바37등.
2) 헌재 2013. 11. 28. 2012헌가10.

(나) 구체적인 문제

① **즉결심판·보호처분·약식절차**

시·군법원 등의 즉결심판이나 가사법원의 가사심판, 가정법원 소년부 또는 지방법원 소년부의 보호처분 등은 헌법과 법률이 정한 법관에 의한 재판이므로 이 점에서는 문제가 되지 아니한다. 약식절차도 공판전의 간이소송절차로서, 이에 불복할 경우에는 정식재판을 청구할 수 있으므로 재판청구권의 침해라고 볼 수 없다.

② **통고처분**

통고처분이란 법원에 의하여 자유형 또는 재산형에 처하는 형벌제도에 갈음하여 행정관청이 법규위반자에게 금전적 제재를 통고하고 이를 이행한 경우에는 당해 위반행위에 대한 소추를 면하게 하는 것을 말한다. 조세에 관한 범칙자에 대한 국세청장·세무서장 등의 통고처분, 관세범에 대한 관세청장이나 세관장 등의 통고처분, 도로교통법상 범칙자에 대한 경찰서장의 통고처분 등은 법관이 아닌 행정공무원에 의한 처분이며 처분을 받은 당사자의 임의의 승복을 발효요건으로 하고 불응시에는 정식고발절차가 진행되거나 법원에 의한 재판절차가 보장되어 있으므로 헌법 제27조 제1항에 위배되지 아니한다.

③ **배심제·참심제의 도입**

헌법 제27조 제1항과 관련하여 현행헌법 하에서 배심제나 참심제를 도입할 수 있는가의 문제가 있다. 배심제는 일반시민으로 구성된 배심원단이 직업법관과 독립하여 사실문제에 대한 평결을 내리고 법관은 그 사실판단에 대한 평결에 구속되어 재판하는 제도를 말한다. 참심제는 일반시민인 참심원이 직업법관과 함께 재판부의 일원으로 참여하여 직업법관과 동등한 권한을 가지고 사실문제와 법률문제를 모두 판단하는 제도를 말한다.

현행헌법 하에서 배심제나 참심제 도입에 관한 학설을 보면, 배심제는 배심원이 사실문제에 대한 판단에만 관여하고 법률문제의 판단에 관여하지 않기 때문에 합헌이지만, 참심제는 참심원이 사실문제와 법률문제의 판단에 관여하므로 위헌이라는 견해가 다수설이다.[1] 이에 대하여 소수설의 입장은 배심제의 도입은 법관에 의한 재판을 받을 권리를 침해하는 것으로 위헌이라는 견해가 있다.[2] 즉 사실인정과 법률판단을 명확하게 구분하는 것은 현실적으로 어려우며 배심의 역할을 사실인정에만 한정한다고 하더라도 법률판단에 영향을 미치므로 법관에 의한 재판을 받을 권리를 침해하게 된다는 것이다. 또 다른 견해는 현행헌법 하에서 배심제가 합헌이면 참심제도 합헌이라는 견해도 있다.[3] 즉 참심제는 사실판단과

1) 권영성, 앞의 책, 612면; 허영, 한국헌법론, 박영사, 2009, 370면; 성낙인, 헌법학, 법문사, 2019, 630면; 정종섭, 앞의 책, 786면.

2) 권영설, "배심제·참심제의 도입논의와 그 헌법적합성의 문제", 법과 사회 제26호, 2004, 112면.

법률판단에 모두 관여한다고 하지만 실제로는 직업법관에 의해 주도되며, 시민참심원은 제한적인 참여기능을 수행할 뿐이며 참심재판이 직업법관을 전적으로 배제하는 것이 아니기 때문에 합헌이라는 것이다. 헌법재판소는 헌법과 법률이 정한 법관에 의한 재판을 받을 권리는 직업법관에 의한 재판을 주된 내용으로 하는 것이므로 국민참여재판을 받을 권리가 헌법 제27조 제1항에서 규정한 재판을 받을 권리의 보호범위에 속한다고 볼 수 없다고 판시하였다.[1]

우리나라는 2008년 '국민의 형사재판참여에 관한 법률'에 의해 배심제가 도입되었다. 이 제도는 미국형의 배심제와 유사하지만 차이점이 있으며, 배심제와 참심제의 요소를 혼합한 독특한 제도를 채택하고 있다.[2] 즉 우리의 배심제는 배심원이 사실의 인정뿐만 아니라 법령의 적용, 형의 양정에 관해 법관에게 의견을 제시하는 권한을 가지고 있으나(동법 제12조), 법원은 배심원의 평결과 의견에 기속되지 않으므로(동법 제46조 제5항) 헌법 제27조 제1항의 법관에 의한 재판을 받을 권리를 침해하는 것이 아니라고 할 수 있다.

④ 행정기관에 의한 재결·결정

행정쟁송에 있어서 행정심판의 재결이나 국가배상청구에 있어서 사전결정 내지 재정은 사법적 처분의 성격을 갖는 것이지만 행정직 공무원 등이 행한다는 점에서 위헌의 문제가 제기될 수 있다. 그러나 헌법 제107조 제3항은 "재판의 전심절차로서 행정심판을 할 수 있다. 행정심판의 절차는 법률로 정하되 사법절차가 준용되어야 한다"라고 하여 그에 관한 헌법적 근거를 두고 있다. 행정기관에 의한 심판은 재판의 전심절차로서만 허용되기 때문에 그에 관하여는 정규법원에 의한 정식재판의 길이 반드시 열려 있어야 한다. 헌법재판소는 지방공무원이 면직처분에 대해 불복할 경우 행정소송 제기에 앞서 반드시 소청심사를 거치도록 한 지방공무원법 조항이 재판청구권을 침해하는 것이 아니라고 판시하였다.[3]

(3) '법률'에 의한 재판

모든 국민은 법률에 의한 재판을 받을 권리를 가지며, 법률에 의하지 아니한 재판을 거부할 권리를 가진다. 법률에 의한 재판이란 헌법에 위배되지 않는 합헌적인 법률로 정한 내용과 절차에 따라 행해지는 재판을 말한다. 즉 합헌적인 실체법과 절차법에 의해 행해지는 재판을 의미한다. 여기서 법률의 의미는 재판의 유형에 따라 동일하지 아니하다. 형사재판에는 죄형법정주의가 적용되므로 그 법률은 형식적 의미의 법률이어야 한다. 그러나 민사

3) 안경환/한인섭, 배심제와 시민의 사법참여, 집문당, 2005, 93면.

1) 헌재 2015. 7. 30. 2014헌바447.

2) 정만희, "미국의 배심제도－한국의 국민사법참여제도 도입방안에의 시사점", 공법연구 제35집 제1호, 2006, 465면 이하 참조.

3) 헌재 2015. 3. 26. 2013헌바186.

재판과 행정재판에 있어서는 형식적 의미의 법률 이외에 이 법률에 저촉되지 아니하는 범위 내에서 관습법이나 조리(條理)와 같은 불문법도 포함한다.

(4) 신속한 공개재판

(가) 신속한 재판

헌법 제27조 제3항 제1문은 "모든 국민은 신속한 재판을 받을 권리를 가진다"라고 하여 신속한 재판을 보장하고 있다. 신속은 재판의 생명으로, 지연된 재판은 아무리 정당한 재판일지라도 당사자에게는 무용지물이 될 수 있다. 정당한 이유 없는 재판의 지연은 피고인 또는 당사자에게 정신적 고통과 불안을 강요하는 것이 된다.

헌법재판소는 신속한 재판을 받을 권리가 기본권임을 인정하면서도 법률에 의한 구체적 형성 없이는 신속한 재판을 위한 어떤 직접적이고 구체적인 청구권이 발생하지 아니한다고 판시한 바 있다.[1] 또한 형사소송법상의 피의자구속기간 30일 규정과 달리 국가보안법상 구속기간을 50일로 연장한 것에 대하여 신속한 재판을 받을 권리를 침해한 것이라고 판단하였다.[2]

(나) 공개재판

형사피고인은 지체없이 공개재판을 받을 권리를 가진다(헌법 제27조 제3항 제2문). 공개재판이란 재판의 공정성 확보를 위해 재판의 심리와 판결을 이해관계가 없는 제3자도 방청하게 하는 제도를 말한다. 헌법은 공개재판청구권을 형사피고인의 권리로 규정하고 있지만, 헌법 제109조의 "재판의 심리와 판결은 공개한다"는 규정에 비추어 볼 때 이는 모든 국민에게 인정되는 권리라 할 수 있다. 다만 헌법 제109조 단서조항에 따라 국가의 안전보장 또는 안녕질서를 방해하거나 선량한 풍속을 해할 염려가 있을 때에는 법원의 결정으로 심리에 한하여 이를 공개하지 않을 수 있다.

(5) 공정한 재판

헌법은 공정한 재판에 관한 명문규정을 두고 있지 않지만 법치주의의 이념에 비추어 공정한 재판을 받을 권리는 헌법 제27조의 재판청구권에 당연히 포함되는 개념이라 할 수 있다. 헌법재판소도 공정한 재판을 받을 권리를 기본권으로 판시하고 있다.[3] 공정한 재판을 받을 권리는 원칙적으로 당사자주의와 구두변론주의가 보장되어 당사자의 공격·방어권이 충분히 보장되는 재판을 받을 권리를 내용으로 한다. 그 권리는 재판의 공정을 보장하기

---

1) 헌재 1999. 9. 16. 98헌마75.
2) 헌재 1992. 4. 4. 90헌마82.
3) 헌재 1996. 12. 26. 94헌바1.

위하여 비밀재판을 배제하고 일반국민의 감시하에 재판의 심리와 판결을 받을 권리도 내용으로 하는 것이다.[1] 헌법은 형사절차에 관한 일련의 규정들을 통해 공정한 재판을 받을 권리를 구체화하고 있는데, 무죄추정의 원칙(제27조 제4항), 진술거부권(제12조 제2항), 변호인의 조력을 받을 권리(제12조 제4항) 등이 이에 해당한다.

헌법재판소는 별건 형사사건의 피고인으로 출석하는 수형자에 대하여 사복착용에 관한 형집행법 제82조를 준용하지 않은 것은 피고인의 공정한 재판을 받을 권리를 침해하므로 헌법에 합치되지 않는다고 결정하였다. 수형자로 하여금 형사재판 출석 시 아무런 예외 없이 사복착용을 금지하고 재소자용 의류를 입도록 하여 인격적인 모욕감과 수치심 속에서 재판을 받도록 하는 것은 재판부나 검사 등 소송관계자들에게 유죄의 선입견을 줄 수 있고, 이미 수형자의 지위로 인해 크게 위축된 피고인의 방어권을 필요 이상으로 제약하는 것이라고 하였다. 다만 민사재판에 출석하는 수형자에게 사복착용에 관한 조항을 준용하지 않는 것은 공정한 재판을 받을 권리나 인격권을 침해하지 아니한다는 결정을 선고하였다.[2] 그러나 이 결정에 대해서는 재판관 3인의 반대의견이 제시되었는데, 재판의 공정성 확보와 민사재판에 참여하는 수형자의 인격권보호의 관점에서 볼 때 반대의견이 타당하다고 하겠다.[3]

(6) 형사피해자의 재판절차진술권

헌법 제27조 제5항은 "형사피해자는 법률이 정하는 바에 의하여 당해 사건의 재판절차에서 진술할 수 있다"라고 하여 재판절차진술권을 규정하고 있다. 재판절차진술권은 범죄로 인한 피해자가 당해 사건의 재판절차에 증인으로 출석하여 자신이 입은 피해의 내용과 사건에 관하여 의견을 진술할 수 있는 권리를 말한다. 이 규정은 피해자의 증언을 청취함으로써 진실발견에 최선을 다하게 하고 피고인의 유·무죄와 양형의 판단에 참고하며, 피해자의 피해상황을 직접 확인함으로써 국가의 피해자구조 여부를 판단하는 자료로 활용하기 위하여 1987년 헌법에 새롭게 채택된 것이다.

---

1) 헌재 1996. 1. 25. 95헌가5.

2) 헌재 2015. 12. 23. 2013헌마712.

3) 이 사건에서 민사재판에 당사자로 출석하는 수형자에 대하여 사복착용을 불허하는 것에 대한 재판관 이정미, 재판관 이진성, 재판관 강일원의 반대의견은 다음과 같다.
"재판 과정에서 재소자용 의류의 착용을 강제하는 것이 과연 도주의 방지라는 목적 달성에 어느 정도로 효과가 있는지 의문이다. 이송 도중의 도주가 문제된다면 이송 중에는 재소자용 의류를 입도록 하고 법정에서만 사복을 입도록 할 수도 있고, 도주우려가 크거나 특히 부적당한 사유가 있는 경우에 한하여 예외적으로 사복착용을 제한하는 등 기본권을 덜 제한하는 다른 수단이 얼마든지 가능하다. 재소자용 의류의 착용으로 인하여 소송관계자들에게 부정적 인상을 주거나, 수형자가 수치심, 모욕감을 갖고 그로 인하여 소송 수행에 있어 위축감을 느끼며 어려움을 겪는 것은 형사재판인지 민사재판인지에 따라 달라지는 것이 아니다. 따라서 심판대상조항이 아무런 예외 없이 민사재판에 당사자로 출석하는 수형자의 사복착용을 불허하는 것은 청구인의 인격권과 행복추구권을 침해하므로 헌법에 위반된다."

헌법 제27조 제5항에 따라 형사소송법은 제294조의2 제1항에 법원은 범죄로 인한 피해자 또는 법정대리인의 신청이 있는 경우에는 그 피해자 등을 증인으로 신문하도록 규정하고, 제2항에는 피해자 등을 신문하는 경우 피해의 정도 및 결과, 피고인의 처벌에 관한 의견, 당해 사건에 관한 의견을 진술할 기회를 주어야 한다고 규정하고 있다.

헌법재판소는 형사피해자가 고소·고발한 사건에 대하여 검사가 이유 없이 불기소처분하는 것은 형사피해자의 재판절차진술권을 침해하는 것이라고 판시하여 검사의 불기소처분에 의해 침해되는 주요한 기본권으로 이 권리를 들고 있다.[1]

재판절차진술권 침해에 관한 최근 헌법재판소 판례로 형법상 재산범죄의 피해자와 가해자 사이에 일정한 친족관계가 있는 경우 일률적으로 형을 면제하도록 규정한 친족상도례 조항에 대한 헌법불합치결정이 커다란 사회적 관심사가 되었다. 형법 제328조 제1항과 그 준용조항(제344조, 361조)에 의해 직계혈족, 배우자, 동거친족, 동거가족 또는 그 배우자간의 재산범죄는 그 형을 면제도록 한 것은 "형사피해자가 법관에게 적절한 형벌권을 행사하여 줄 것을 청구할 수 없도록 하는바, 이는 입법량을 명백히 일탈하여 현저히 불합리하거나 불공정한 것으로서 형사피해자의 재판절차진술권을 침해한다"고 판시하였다.[2]

4. 재판청구권의 제한

(1) 일반적 제한

(가) 상고의 제한

재판에 있어서 판단의 신중을 기하기 위하여 심급제를 채택하고 있으나 헌법은 3심제를 명문으로 규정하고 있는 것은 아니므로 2심제에 의하더라도 그것이 위헌은 아니다. 따라서 헌법 제101조 제2항의 "법원은 최고법원인 대법원과 각급법원으로 조직된다"는 규정을 어느 사건이건 모두 대법원에 상고할 수 있다는 취지의 규정으로 해석할 수는 없다.[3] 따라서 법률규정으로 상고이유를 제한하거나 상고심리불속행제도를 둠으로써 대법원의 상고심재판을 받을 권리를 제한하는 것은 허용된다고 할 수 있다.[4] 대법원 판례도 양형의 부

---

1) 헌재 1989. 12. 22. 89헌마145등; 헌재 2007. 2. 22. 2006헌마639.
2) 헌재 2024. 6. 27. 2020헌마468등.
3) 헌재 1992. 6. 26. 90헌바25; 헌재 2007. 7. 26. 2006헌마551.
4) 형사소송법 제383조는 상고이유를 다음과 같이 네 가지의 경우로 제한하고 있다. "1) 판결에 영향을 미친 헌법·법률·명령·규칙의 위반이 있는 때, 2) 판결후 형의 폐지나 변경 또는 사면이 있는 때, 3) 재심청구의 사유가 있는 때, 4) 사형, 무기 또는 10년 이상의 징역이나 금고가 선고된 사건에 있어 중대한 사실의 오인이 있어 판결에 영향을 미친 때 또는 형의 양정이 심히 부당하다고 인정할 현저한 사유가 있는 때"
그리고 상고심절차에 관한 특례법 제4조(심리불속행제도) 제1항에 의하면 대법원은 상고이유에 관한 주장이 다음 각호의 1의 사유를 포함하지 아니한다고 인정되는 때에는 더 나아가 심리를 하지 아니하고 판결로 상고를 기각한다고 규정하고 있다. "1. 원심판결이 헌법에 위반하거나 헌법을 부당하게 해석한 경우, 2. 원심판결이

당, 사실의 오인 등 사실심의 상고제한은 삼심제 자체에는 위배되지만 합리적인 이유가 있는 경우에는 위헌이 아니라고 보고 있다. 즉 상고심을 순전한 법률심으로 하여 법령위반을 이유로 하는 때에 한하여 상고를 할 수 있다고 하든가 또는 법령위반 이외에 양형부당이나 사실오인을 이유로 하는 때에도 상고할 수 있는가는 입법정책의 문제이고 헌법에 위배되는 문제가 아니라고 판단하고 있다.[1)]

(나) 제소기간에 의한 제한

행정소송이나 헌법소송에서 제소기간을 정하고 있는 것은 국민의 재판을 받을 권리행사의 제한에 해당한다. 행정소송법 제20조와 헌법재판소법 제69조 등은 제소기간의 제한을 규정하고 있다. 제소기간의 제한은 재판청구권에 대한 직접적 제한을 가하는 것이지만 그 제한이 구체적 법률관계의 성질에 비추어 그 법률관계를 조속히 확정할 필요가 있는 합리적인 이유가 인정되는 경우에는 입법자에게 제소기간 설정의 재량이 허용된다고 할 수 있다.[2)]

그러나 제소기간과 같은 불변기간은 국민의 기본권인 재판청구권의 행사와 직접 관련되는 것이기 때문에 제소기간에 관한 규정은 일반국민들이 알아보기 쉽게 명확하게 규정하여야 하므로 기간의 명확성이 결여된 법률은 위헌이 된다.

(다) 소송비용에 의한 제한

소송수행을 위하여 지출한 비용 중에서 어느 범위를 소송비용으로 당사자에게 부담시킬 것인가 또는 소송수수료 특히 인지대를 어느 정도로 정할 것인가 등은 입법자의 광범한 재량에 속한다고 할 수 있다. 그러나 입법자가 정한 소송비용의 범위가 과도하게 넓다거나 인지액이 소송물가액 등에 비추어 지극히 다액이어서 자신의 정당한 권리 실행을 위하여 소송제도를 이용하려는 사람들의 법원에의 접근을 사실상 어렵게 한다면 헌법이 보장하는 재판청구권을 침해하게 된다.[3)]

명령·규칙 또는 처분의 법률위반 여부에 대하여 부당하게 판단한 경우, 3. 원심판결이 법률·명령·규칙 또는 처분에 대하여 대법원판례와 상반되게 해석한 경우, 4. 법률·명령·규칙 또는 처분에 대한 해석에 관하여 대법원판례가 없거나 대법원판례를 변경할 필요가 있는 경우, 5. 제1호 내지 제4호 외에 중대한 법령위반에 관한 사항이 있는 경우, 6. 민사소송법 제424조 제1항 제1호부터 제5호까지에 규정된 사유가 있는 경우".

또한 동조 제3항에는 상고이유에 관한 주장이 제1항 각호의 사유를 포함하는 경우에도 다음 각호의 1에 해당하는 때에는 제1항의 예에 의한다고 규정하고 있다. "1. 그 주장 자체로 보아 이유가 없는 때, 2. 원심판결과 관계가 없거나 원심판결에 영향을 미치지 아니하는 때"

1) 대판 1987. 4. 14. 87도350.
2) 헌재 1996. 8. 29. 95헌가15.
3) 헌재 1996. 8. 29. 93헌바57.

(2) 예외적 제한

재판청구권은 그 성질상 폭넓은 입법형성의 자유가 인정되므로 그 제한의 형식도 법률에 의한 제한이 원칙이지만 예외적으로 헌법에서 직접 재판청구권을 제한하는 경우도 있다. 헌법 제64조 제4항은 국회에서 행한 의원에 대한 자격심사, 징계, 제명처분에 대하여는 법원에 제소할 수 없다고 규정하고 있는데, 이는 국회의 자율성 존중의 차원에서 헌법이 직접 재판청구권을 제한하고 있다.

그리고 비상사태에 있어서 대통령의 긴급명령이나 비상계엄의 선포에 의하여 법원의 권한에 관하여 특별한 조치를 하는 경우 국민의 재판청구권은 결과적으로 제한을 받게 된다. 특히 비상계엄 하에서는 일반국민도 군사법원의 재판을 받아야 하며 상소까지 제한당하는 경우가 있다(헌법 제27조 제2항, 제110조 제4항).

Ⅳ. 국가배상청구권

1. 국가배상청구권의 의의

국가배상청구권이란 공무원의 직무상 불법행위로 말미암아 손해를 입은 국민이 국가 또는 공공단체에 대하여 배상을 청구할 수 있는 권리를 말한다. 국가배상청구권은 청구권적 기본권의 하나로서, 공무원의 국민에 대한 책임을 담보하고 법치국가원리를 구현하기 위하여 인정된 국민의 권리이다.

헌법은 제29조 제1항에 "공무원의 직무상 불법행위로 손해를 받은 국민은 법률이 정하는 바에 의하여 국가 또는 공공단체에 정당한 배상을 청구할 수 있다. 이 경우 공무원 자신의 책임은 면제되지 아니한다"라고 규정하고 국가배상청구권을 보장하고 있다. 그러나 제29조 제2항에서는 "군인·군무원·경찰공무원 기타 법률이 정하는 자가 전투·훈련 등 직무집행과 관련하여 받은 손해에 대하여는 법률이 정하는 보상 외에 국가 또는 공공단체에 공무원의 직무상 불법행위로 인한 배상은 청구할 수 없다"라고 하여 국가와 공법상 특수한 법률관계를 맺고 있는 자에 대하여는 국가배상청구권을 부인하고 있다.

우리나라는 1948년 건국헌법에서부터 국가배상청구권을 기본권으로 보장하였으며, 국가배상청구권을 구체화하는 법률로 국가배상법이 있다.

2. 국가배상청구권의 법적 성격

국가배상청구권의 법적 성격에 관하여는 그것이 방침규정인지 직접효력규정인지의 문제, 청구권인지 재산권인지, 공권인지 사권인지의 문제를 둘러싸고 견해가 나뉘고 있다.

첫째, 국가배상청구권은 헌법 제29조 제1항에 의하여 직접 효력이 발생하는 구체적 권리이다. 헌법 제29조 제1항의 "법률이 정하는 바에 따라"라는 법률유보에 관한 문구는 헌법에 의해 구체적으로 인정된 권리인 국가배상청구권의 행사절차·기준 등을 정하는 것으로 이해해야 하며, 그 법률유보를 근거로 국가배상청구권을 방침규정이나 추상적 권리로 볼 수 없다는 것이 통설이다.

둘째, 국가배상청구권은 재산적 가치를 가지고 있음을 부정할 수 없지만, 헌법이 재산권규정과 별도로 국가배상청구권을 규정하고 있으며, 그 성질이 재산의 보호라기보다는 위법행위에 대한 권리구제수단의 보호라는 성격이 강하므로 국가배상청구권은 청구권이라고 보는 것이 통설이다. 헌법재판소는 국가배상청구권을 재산권의 보장이라는 가치와 청구권의 보장이라는 양면적인 성격을 가지는 것으로 보고 있다.[1]

셋째, 국가배상청구권은 헌법상 보장된 청구권적 기본권으로서 개인의 대국가적 공권을 의미한다. 국가배상에서의 배상관계는 비권력적 영역에 속하는 점에서 사권적(私權的) 성격을 가진 것으로 볼 수도 있으나,[2] 헌법은 국가배상청구권을 기본권으로 보장하고 있으며, 국가배상법 제4조의 국가배상청구권은 원칙적으로 양도나 압류의 대상이 되지 않는다고 규정하고 있는 것도 이를 사권이 아니라 공권으로 보고 있기 때문이다.

대법원 판례는 국가배상청구권을 일반 민사상의 불법행위에 대한 손해배상을 청구하는 것과 같은 사권적 성격으로 보고 있다. 즉 공무원의 직무상 불법행위로 손해를 받은 국민이 국가 또는 공공단체에 배상을 청구하는 경우 "국가 또는 공공단체에 대하여 그의 불법행위를 이유로 손해배상을 구함은 국가배상법이 정한 바에 따른다 하여도 이 역시 민사상의 손해배상 책임을 특별법인 국가배상법이 정한데 불과하다"고 판시하였다.[3]

3. 국가배상청구권의 주체

국가배상청구권의 주체는 대한민국의 모든 국민이다. 자연인뿐만 아니라 법인도 포함된다. 그러나 헌법 제29조 제2항에서 정하는 군인·군무원·경찰공무원 등에게는 법정보상만을 인정하고 국가배상청구권을 인정하지 아니한다. 외국인에 대해서는 기본권으로서의 국가배상청구권을 인정하지 않으나, 법률정책적으로 외국인에게 국가배상청구권을 인정할

1) 헌재 1997. 2. 20. 96헌바24.
2) 국가배상청구권을 사권으로 보는 견해에서는 공권으로 이해하는 경우에 공권의 특성상 국민의 청구권이 지나치게 제한될 수 있으므로 국가배상권을 사권으로 보아야 한다는 것이고, 따라서 국가배상법도 민법의 특별법으로 보는 것이 타당하다고 한다. 우리 법원이 국가배상청구소송을 민사소송절차에 의해 하는 것도 이를 사권으로 보는 근거라고 한다. 김철수, 앞의 책, 1107면.
3) 대판 1972. 10. 10. 69다701.

수 있다. 국가배상법은 외국인의 경우에 상호보증주의에 입각한 상호의 보증이 있는 때에 한하여 국가배상청구권을 인정하고 있다.

4. 국가배상청구권의 내용

(1) 국가배상청구권의 성립요건

(가) 공무원의 직무상 불법행위

국가배상청구권이 성립하기 위해서는 1) 공무원의, 2) 직무상의, 3) 불법행위로 인하여, 4) 손해가 발생할 것을 그 요건으로 한다.

첫째, 국가배상청구에 있어서 공무원이란 국가공무원법과 지방공무원법상 공무원의 신분을 가진 자뿐만 아니라 공무를 위탁받아 실질적으로 공무를 수행하는 모든 자를 말한다(국가배상법 제2조).

둘째, 직무상 행위의 범위에 관하여는 공권력행사로서 권력행위와 비권력적 관리행위를 포함하며, 직무상 행위는 직무의 집행 그 자체는 물론이고 객관적으로 직무집행으로서의 외형을 갖추고 있는 모든 행위를 포함한다. 직무의 내용에 관하여는 행정작용만이 아니라 입법작용과 사법작용도 포함된다고 할 수 있다. 대법원은 헌법재판소 재판관이 청구기간 내에 제기된 헌법소원심판청구 사건에서 청구기간을 오인하여 각하결정을 한 경우 이에 대한 불복절차 내지 시정절차가 없는 때에는 국가배상책임을 인정할 수 있다고 판시하였다.[1]

셋째, 불법행위란 고의나 과실로 법령에 위반한 행위를 말한다. 불법행위의 유형으로는 작위, 부작위, 행위의 지체 등이 있다. 법령위반에 있어서 법령은 법률·명령·관습법을 불문한다. 불법행위의 입증책임은 피해자에게 있다. 불법행위를 요건으로 한다는 점에서 불법행위를 요건으로 하지 않는 형사보상청구권과 구별되고, 과실을 전제로 하지 않는 영조물의 설치·관리의 하자로 인한 손해에 대한 국가배상책임과도 구별된다.

넷째, 타인에 대한 손해의 발생에 있어 타인이란 가해자인 공무원과 그 위법한 직무행위에 가담한 자 이외의 모든 사람을 말한다. 다만 헌법 제29조 제2항에 규정된 군인, 군무원, 경찰공무원 등은 여기의 타인에 해당하지 아니한다. 손해의 종류는 불문하므로 재산적 손해뿐만 아니라 정신적 손해도 이에 해당한다. 가해행위와 손해의 발생 사이에 상당인과관계가 있어야 한다.

(나) 영조물의 설치·관리상의 하자(瑕疵)

국가배상법 제5조에 따라 공공시설의 하자로 인한 피해에 대해서도 국가배상청구권

---

1) 대판 2003. 7. 11. 99다24218.

을 행사할 수 있다. 여기서 영조물의 설치·관리상의 하자로 인한 책임은 무과실책임을 의미한다.[1)]

(2) 국가배상청구권 행사의 절차

배상금을 지급받고자 하는 자는 배상심의회에 배상신청을 하여야 한다(국가배상법 제12조 제1항). 구 국가배상법 제9조는 배상심의회의 결정을 거친 후가 아니면 국가배상청구의 소송을 제기할 수 없도록 하였으며(배상심의결정 전치주의), 헌법재판소도 이에 대해 합헌이라고 하였으나,[2)] 그 후 동 조항을 개정하여 배상심의회에 배상신청을 하지 않고도 소송을 제기할 수 있도록 규정하고 있다(동법 제9조의 임의적 전치주의). 이는 신속한 권리구제의 절차를 보장하기 위한 것이다.

(3) 국가배상의 주체와 배상범위

(가) 국가책임의 성격에 관한 학설

헌법과 국가배상법에 의해 공무원의 불법행위에 대한 배상책임의 주체는 당연히 국가가 되는 것이지만 그 책임의 성격에 관하여는 견해가 다음과 같이 셋으로 나뉘고 있다.

대위책임설(代位責任說)에 의하면 공무원의 직무상 불법행위로 인한 손해배상책임은 원칙적으로 공무원이 부담하는 것인데, 헌법과 국가배상법에 따라 국가가 피해자를 보호하기 위하여 공무원을 대신하여 사용자로서의 국가가 책임을 지는 것이라고 한다.

자기책임설은 공무원에 대신하여 국가가 책임을 지는 것이 아니라 국가 자신의 자기책임이라고 본다. 이 견해에 따르면 국가의 행위는 공무원에 의해 행하므로 공무원의 행위에 의한 효과는 귀책사유를 불문하고 모두 국가에 귀속된다는 것이다. 이는 위험을 조성하는 자가 그로 인해 발생하는 손해에 대해 책임을 진다는 국가의 위험책임의 사상에 근거한 것으로 국내 학계의 다수적 견해이다.[3)]

절충설에 의하면 공무원의 고의 또는 중과실에 의한 불법행위는 국가의 행위로 볼 수 없으므로 이 경우의 국가의 책임은 대위책임이고, 공무원의 경과실로 인한 불법행위는 국가 자신의 행위로 보아야 하므로 자기책임이라고 한다.[4)] 공무원의 고의나 중과실의 경우에 한하여 국가가 공무원에 대하여 구상권(求償權)을 행사하도록 규정한 국가배상법 제2조 제2항은 절충설과 잘 부합하는 것이라 할 수 있으므로 절충설이 타당하다고 본다.

---

1) 대판 1992. 9. 22. 92다30219.
2) 헌재 2000. 7. 24. 99헌바17.
3) 자기책임설의 입장으로는 권영성, 앞의 책, 624면; 성낙인, 앞의 책, 756면; 양건, 앞의 책, 628면.
4) 절충설의 입장으로는 정종섭, 앞의 책, 857면.

(나) 배상의 범위

배상의 범위에 관하여 헌법 제29조 제1항은 '정당한 배상'을 청구할 수 있다고 규정하고 있다. 여기서 정당한 배상이란 불법행위와 상당인과관계에 있는 모든 손해의 완전한 배상을 의미한다.

배상의 범위는 원칙적으로 가해행위와 상당인과관계에 있는 모든 손해이다. 그러나 생명·신체에 대한 손해와 물건의 멸실·훼손으로 인한 손해에 대해서는 배상기준을 국가배상법이 규정하고 있다(동법 제3조).

(4) 국가의 구상권 행사

국가배상법 제2조 제2항에 의하면 국가 또는 지방자치단체가 피해자에게 손해를 배상한 경우에 가해공무원에게 고의나 중대한 과실이 있으면 국가 또는 지방자치단체가 가해공무원에게 구상권을 행사할 수 있다. 따라서 가해공무원에게 경과실이 있는 데 지나지 아니하는 때에는 구상권을 행사할 수 없다. 이것은 공무원이 직무집행을 함에 있어서 소극적으로 되거나 사기가 저하될 경우를 우려한 정책적 배려에서 규정된 것이라 할 수 있다.

(5) 공무원 자신의 책임

헌법 제29조 제1항 단서는 "공무원 자신의 책임은 면제되지 아니한다"라고 규정하고 있는데, 이 조항의 의미에 관하여 견해가 나뉘고 있다. 제1설은 자기책임설의 입장에서 이 규정은 국가와 공무원 사이의 내부관계에서 구상에 따른 책임을 진다는 것으로 보는 견해이며, 제2설은 대위책임설의 관점에서 공무원의 국가에 대한 구상책임뿐만 아니라 국민에 대한 공무원의 배상책임을 의미한다고 보는 견해이다. 제3설은 절충설의 입장에서 공무원 자신의 민·형사책임이나 징계책임이 면제되지 않는다는 일반적 원칙을 규정한 것뿐이고, 피해자에게 직접 손해배상책임을 지는 것을 규정한 것은 아니라고 보는 견해이다. 절충설이 타당하다고 본다.

대법원 판례에 의하면 공무원의 고의 또는 중과실의 경우에는 피해자가 선택적으로 배상청구를 할 수 있고, 공무원의 경과실의 경우에는 공무원에게 배상청구를 할 수 없다고 보고 있다. 대법원은 절충설의 입장에서 헌법 제29조 제1항 단서는 공무원의 직무상 불법행위로 인하여 국가가 손해배상책임을 진다고 할지라도 그 때문에 공무원 자신의 민·형사책임이나 징계책임이 면제되지 아니한다는 원칙을 규정한 것이나, 그 조항 자체로 공무원 개인의 구체적인 손해배상책임의 범위까지 규정한 것으로 보기는 어렵다고 하였다.[1)]

---

1) 대판 1996. 2. 15. 95다38677.

5. 국가배상청구권의 제한

(1) 군인 등에 대한 국가배상청구의 제한

헌법 제29조 제2항에 의하여 군인·군무원·경찰공무원 기타 법률이 정하는 자에 대해서는 전투·훈련 등 직무집행과 관련하여 받은 손해에 관하여 법률이 정한 보상 외에 국가 또는 공공단체에 공무원의 직무상 불법행위로 인한 손해배상청구를 금지하고 있다. 이 헌법조항에 따라 국가배상법은 제2조 제1항 단서에 "군인·군무원·경찰공무원 또는 향토예비군대원이 전투·훈련 등 직무집행과 관련하여 전사·순직하거나 공상을 입은 경우에 본인이나 그 유족이 다른 법령에 따라 재해보상금·유족연금·상이연금 등의 보상을 지급받을 수 있을 때에는 이 법 및 민법의 규정에 따른 손해배상을 청구할 수 없다"라고 규정하고 있다. 이러한 규정은 군인·경찰 등 특수지위에 있는 자에 대해서는 국가배상청구권이 발생하더라도 특별법에 의한 '보상'을 받을 수 있는 경우에는 그 국가배상청구를 인정하지 않는 것을 의미한다.[1)]

군인 등의 국가배상청구권을 제한하는 국가배상법 제2조 제1항 단서가 위헌이라는 주장에 대해 헌법재판소는 일관되게 이를 인용하지 않고 합헌이라고 판단하고 있다. 이 단서조항은 헌법 제29조 제1항에 의하여 보장되는 국가배상청구권을 헌법 내재적으로 제한하는 헌법 제29조 제2항에 직접 근거하고, 실질적으로 그 내용을 같이하는 것이므로 헌법에 위반되지 아니한다는 것이다.[2)] 그리고 이 문제에 관한 일련의 헌법재판에서 청구인측은 헌법 제29조 제2항의 위헌성을 주장하였으나, 헌법재판소는 헌법조항의 위헌성을 심판대상으로 인정하지 않고 각하하였다.

(2) 군인 등의 국가배상청구 금지와 관련된 문제

이러한 군인 등의 국가배상청구권 제한 내지 이중배상금지규정에 대하여 헌법재판소는 그 규정은 국가의 불법행위책임 자체를 절대적으로 배제하는 규정이 아니라 피해자인 군인 등과 국가 사이에서만 국가배상청구권을 상대적으로 소멸시키는 규정으로 해석하고 있다. 그리하여 헌법재판소는 일반국민이 군인과의 공동불법행위로 인하여 직무집행 중인

---

1) 군인 등의 국가배상청구의 제한규정은 1960년대 월남전에서의 전사상자가 크게 증가함에 따라 이들에 대한 국가배상으로 인한 국가의 재정적 부담을 해소하기 위해 군인 등에게 국가배상을 금지하도록 하는 국가배상법의 개정에서 그 연혁을 찾을 수 있다. 당시 이러한 국가배상법 개정에 대해서는 위헌시비가 끊이지 않았으며 결국 1971년 대법원은 이 조항에 대해 위헌판결을 내리게 되었다(대판 1971. 6. 22. 70다1010). 그 후 1972년 12월 개정된 유신헌법은 위헌판결을 받은 법률조항과 같은 내용을 헌법상에 규정함으로써 군인 등의 국가배상제한에 대한 위헌성 시비를 없애게 되었다.

2) 헌재 1995. 12. 28. 95헌바3; 헌재 1996. 6. 13. 94헌마118; 헌재 2001. 2. 22. 2000헌바38; 헌재 2005. 5. 26. 2005헌바28.

다른 군인에 대한 손해를 배상한 후 공동불법행위자인 군인의 부담부분에 관하여 국가에 대하여 구상권을 행사할 수 없다고 해석하는 한 국가배상법 제2조 제1항 단서는 위헌이라고 한정위헌결정을 내린 바 있다.[1)]

그러나 이에 대하여 대법원은 이중배상금지규정은 절대적 효력을 갖는 것으로 일반국민이 군인 등과의 공동불법행위로 인하여 다른 군인 등에게 피해를 입힌 경우에 일반국민이 자신의 귀책부분을 넘어서 배상한 경우에도 국가 등은 피해 군인 등에 대한 국가배상책임을 면할 뿐만 아니라 나아가 민간인에 대한 국가의 귀책비율에 따른 구상의무도 부담하지 않는다고 판시하였다.[2)]

(3) 국가배상청구권 제한에 관한 최근 판례

헌법재판소는 2018년 8월 '민주화운동관련자 명예회복 및 보상 등에 관한 법률' 제18조 제2항 위헌소원 사건에서, "이 법에 의한 보상금 지급결정은 신청인이 동의한 때에는 민주화운동과 관련하여 입은 피해에 대하여 민사소송법의 규정에 의한 재판상 화해가 성립된 것으로 본다"는 심판조항의 '민주화운동과 관련하여 입은 피해' 중 불법행위로 인한 정신적 손해에 관한 부분은 헌법에 위반된다는 일부위헌결정을 하였다.[3)] 이 사건에서 헌법재판소는 민주화운동과 관련하여 입은 피해에 적극적·소극적 손해뿐만 아니라 정신적 손해도 포함되는 것으로 판단한 다음, 적극적·소극적 손해에 관한 부분은 국가배상청구권을 침해하지 아니하나, 정신적 손해에 관한 부분은 민주화운동 관련자들의 국가배상청구권을 침해하여 헌법에 위반된다고 선언한 것이다.

V. 형사보상청구권

1. 형사보상청구권의 의의

형사보상청구권이란 형사피의자 또는 형사피고인으로 구금되었던 자가 법률이 정한

---

1) 헌재 1994. 12. 29. 93헌바21. "국가배상법 제2조 제1항 단서 중 군인에 관련되는 부분을, 일반국민이 직무집행중인 군인과의 공동불법행위로 직무집행 중인 다른 군인에게 공상을 입혀 그 피해자에게 공동의 불법행위로 인한 손해를 배상한 다음 공동불법행위자인 군인의 부담부분에 관하여 국가에 대하여 구상권을 행사하는 것을 허용하지 않는다고 해석한다면, 이는 위 단서 규정의 헌법상 근거규정인 헌법 제29조가 구상권의 행사를 배제하지 아니하는데도 이를 배제하는 것으로 해석하는 것으로서 합리적인 이유 없이 일반국민을 국가에 대하여 지나치게 차별하는 경우에 해당하므로 헌법 제11조, 제29조에 위반되며, 또한 국가에 대한 구상권은 헌법 제23조 제1항에 의하여 보장되는 재산권이고 이와 같은 해석은 그러한 재산권의 제한에 해당하며 재산권의 제한은 헌법 제37조 제2항에 의하여 기본권을 제한할 때 요구되는 비례의 원칙에 위배하여 일반국민의 재산권을 과잉제한하는 경우에 해당하여 헌법 제23조 및 제37조 제2항에도 위반된다."

2) 대판 2001. 2. 15. 96다42420.

3) 헌재 2018. 8. 30. 2014헌바180.

불기소처분을 받거나 무죄판결을 받은 경우에 그 손실에 대한 보상을 국가에 대하여 청구할 수 있는 권리를 말한다. 형사보상청구권은 원래 형사책임을 추궁당할 이유가 없는 자를 국가가 그 형사처벌의 과오로 말미암아 범죄혐의자 또는 범죄자로 취급함으로써 손실을 발생시킨 경우에 사후에 그 손실을 보상하는 제도이다.

헌법 제28조는 "형사피의자 또는 형사피고인으로서 구금되었던 자가 법률이 정하는 불기소처분을 받거나 무죄판결을 받은 때에는 법률이 정하는 바에 의하여 국가에 정당한 보상을 청구할 수 있다"라고 규정하고 있으며, 형사보상청구에 관한 법률로서 구 형사보상법이 2011년 5월 전면개정되어 '형사보상 및 명예회복에 관한 법률'로 새롭게 제정되었다.

2. 형사보상청구권의 법적 성격

형사보상청구권은 손실보상청구권의 성격을 가진다고 보는 것이 통설이다. 즉 형사보상청구권은 국가에 대하여 불법행위책임을 묻는 것이 아니라 결과에 대하여 무과실책임을 묻는 것을 의미한다. 따라서 형사보상청구권의 행사와 별도로 국가배상청구권을 행사할 수 있다.

형사보상청구권은 국가에 대하여 일정한 보상금지급을 요구할 수 있는 권리이므로 청구권적 기본권에 해당한다. 또한 형사보상청구권은 헌법규정에 의하여 직접 효력을 발생하는 기본권이지만 헌법 제28조가 "법률이 정하는 바에 의하여" 형사보상을 청구할 수 있다고 규정하고 있으므로 형사보상청구의 구체적인 대상과 보상의 내용 및 절차는 법률이 정하는 바에 따른다고 보는 것이 타당하다.

3. 형사보상청구권의 내용

(1) 형사보상청구권의 성립요건

형사보상을 청구하기 위해서는 첫째, 형사피의자로서 구금되었던 자가 법률이 정하는 불기소처분을 받거나 형사피고인으로서 구금되었던 자가 무죄판결을 받아야 한다. 형사피의자란 범죄의 혐의를 받아 수사기관에 의하여 수사의 대상이 되어 있는 자로서 아직 공소의 제기가 없는 자를 말하며, 형사피고인이란 검사에 의하여 공소를 제기당한 자를 말한다.

둘째, 형사피의자의 경우 법률이 정하는 불기소처분을 받은 경우에 한한다. 법률이 정하는 불기소처분이란 구금되었던 피의자가 기소유예처분이나 기소중지처분이 아닌 불기소처분을 받은 경우로서, 범인이 아니거나 구금한 당시부터 불기소처분의 사유가 있어 공소를 제기하지 아니하는 처분을 말한다. 다만 구금된 이후 불기소처분의 사유가 있는 경우와 불기소처분이 종국적인 것이 아니거나 형사소송법 제247조에 따른 것일 경우에는 형사보상을 청구할 수 없다(형사보상 및 명예회복에 관한 법률 제27조 제1항).

셋째, 형사피고인의 경우 무죄판결을 받아야 한다. 형식적 의미의 무죄판결이 아니라도 면소(免訴) 또는 공소기각의 재판을 받은 자는 면소 또는 공소기각의 재판을 할 만한 사유가 없었더라면 무죄의 재판을 받을 만한 현저한 사유가 있었을 때에는 형사보상을 청구할 수 있다(동법 제26조). 면소의 판결은 사면 또는 공소시효의 완성 등의 경우에 내려지며, 공소기각의 판결은 공소제기절차가 법률의 규정에 위반하여 무효인 때나 친고죄의 경우에 고소의 취소가 있는 경우 등에 내려진다(형사소송법 제326조, 제327조).

넷째, 형사보상책임은 무과실의 결과책임이므로 관계기관의 고의나 과실을 요하지 아니한다. 이 점에서 헌법 제29조의 국가에 대한 손해배상책임과 구별된다.

(2) 형사보상청구의 절차

형사보상청구는 무죄판결이 확정된 사실을 안 날로부터 3년, 무죄판결이 확정된 때로부터 5년 이내에 무죄재판을 한 법원에 대하여 하여야 한다(형사보상 및 명예회복에 관한 법률 제7조, 제8조). 보상청구를 할 때에는 보상청구서에 재판서의 등본과 그 재판의 확정증명서를 첨부하여 법원에 제출하여야 하며, 보상청구는 법원의 합의부에서 재판한다(동법 제9조, 제14조). 피고인보상의 경우에 보상청구가 이유 있을 때의 법원의 보상결정에 대해서는 1주일 이내에 즉시항고를 할 수 있으며, 보상청구를 기각한 결정에 대해서는 즉시항고를 할 수 있다(동법 제20조).[1] 형사피의자의 경우 보상을 청구하려는 자는 공소를 제기하지 아니하는 처분을 한 검사가 소속된 지방검찰청의 심의회에 보상을 청구하여야 한다. 피의자보상의 청구는 공소를 제기하지 아니하는 처분의 고지 또는 통지를 받은 날부터 3년 이내에 하여야 한다(동법 제27조, 제28조).

(3) 형사보상의 내용

형사보상청구의 요건이 충족되면 국가는 정당한 보상을 하여야 한다. 정당한 보상이란 물질적·정신적 손실에 대한 완전한 보상을 의미한다. 구금에 대한 보상을 할 때에는 그 구금일수에 따라 1일당 보상청구의 원인이 발생한 연도의 '최저임금법'에 따른 일급 최저임금액 이상 대통령령으로 정하는 금액 이하의 비율에 의한 보상금을 지급한다(동법 제5조 제1항).

무죄재판을 받아 확정된 사건의 피고인은 무죄재판이 확정된 무죄재판 사건의 재판서를 법무부 인터넷 홈페이지에 게재하도록 해당 사건을 기소한 검사가 소속된 지방검찰청에 청구할 수 있으며, 이러한 청구가 있을 때에는 청구를 받은 날로부터 1개월 이내에 무죄재판서를 법무부 인터넷 홈페이지에 게재하여야 한다(동법 제30조, 제32조 제1항).

---

1) 구 형사보상법 제19조 제1항은 형사보상청구가 이유 있을 때의 법원의 보상결정에 대해서는 불복할 수 없도록 규정하였으나, 이 규정에 대한 헌법재판소의 위헌결정으로 동 조항은 폐지되고 즉시항고를 통해 불복할 수 있도록 개정되었다. 헌재 2010. 10. 28. 2008헌마514.

Ⅵ. 범죄피해자구조청구권

1. 범죄피해자구조청구권의 의의

범죄피해자구조청구권이란 본인에게 귀책사유가 없는 타인의 범죄행위로 인하여 생명을 잃거나 신체상 피해를 입은 국민이나 그 유족이 가해자로부터 충분한 피해배상을 받지 못한 경우에 국가에 대하여 일정한 보상을 청구할 수 있는 권리를 말한다. 헌법 제30조는 "타인의 범죄행위로 인하여 생명·신체에 대한 피해를 받은 국민은 법률이 정하는 바에 의하여 국가로부터 구조를 받을 수 있다"라고 하여 범죄피해자구조청구권을 규정하고 있다. 이 규정은 현행헌법에서 처음 명문화된 것으로, 오늘날 범죄의 증가와 그 피해의 심각성이 증대됨에 따라 범죄피해자의 보호가 국가의 중요한 임무로 부각되기에 이르렀고, 여기에 새로운 기본권의 하나로 범죄피해자구조청구권을 인정하게 된 것이다.

이 헌법규정에 따라 1988년 7월 범죄피해자구조법을 제정하여 시행해 왔으나 이 법률은 2010년 5월 '범죄피해자보호법'에 의해 통합되었다. 그 밖에 성폭력범죄의 피해자보호를 위한 법률로 '성폭력범죄의 피해자보호 등에 관한 법률'이 있다.

2. 범죄피해자구조청구권의 법적 성격

범죄피해자구조청구권은 헌법 제30조에 의해 직접 효력을 발생하는 구체적·현실적 권리를 의미한다. 다만 범죄피해자구조는 그 본질상 국가가 범죄의 예방과 진압을 태만히 한 데에 대한 국가배상책임으로서의 성격을 가지며, 아울러 사회국가의 이념을 구현하기 위한 사회정책의 일환으로서 범죄피해자의 인간다운 생활을 보장하기 위한 제도로서의 성격을 가진다고 할 수 있다. 이 점에서 범죄피해자구조청구권은 국가배상청구권의 성격과 사회권의 성격을 아울러 가지고 있다고 보는 것이 타당하다.

3. 범죄피해자구조청구권의 내용

(1) 구조청구권의 성립요건

범죄피해자구조청구권을 행사할 수 있는 적극적 요건으로는 첫째, 타인의 범죄행위로 인한 피해의 발생이다. 구조대상 범죄피해는 대한민국의 영역 안에서 또는 대한민국의 영역 밖에 있는 대한민국의 선박이나 항공기 안에서 행하여진 사람의 생명이나 신체를 해하는 행위로서 폭행·상해·살인 등 폭력을 수단으로 하는 모든 행위를 말하며, 형법 제20조와 제21조 제1항의 정당행위와 정당방위, 과실에 의한 행위는 제외된다(범죄피해자보호법 제3조

제1항 제4호). 둘째, 피해는 생명·신체에 대한 것으로 사망하거나 장해 또는 중상해를 당한 경우에 국한된다. 재산침해의 경우에는 범죄피해자의 주체로 인정되지 아니한다(동법 제3조 제1항 제5호, 제6호). 셋째, 구조대상 범죄피해자가 피해의 전부 또는 일부를 배상받지 못한 경우이다(동법 제16조).

그러나 다음과 같은 소극적 요건(부적격요건)의 경우에는 구조금의 전부 또는 일부를 지급하지 않을 수 있다. 첫째, 범죄행위 당시 구조피해자와 가해자가 친족관계에 있는 경우, 둘째, 피해자에게 해당 범죄행위를 교사 또는 방조하는 등의 귀책사유가 있는 경우, 셋째, 피해자가 폭행·협박 또는 모욕 등 해당 범죄행위를 유발하는 행위 등을 한 때에는 구조금의 전부 또는 일부를 지급하지 아니한다(동법 제19조).

(2) 범죄피해자구조금의 지급방법과 절차

범죄피해자구조 여부를 결정하는 기관으로 각 지방검찰청에 범죄피해자구조심의회(지구심의회)를 두고 있으며 법무부에 범죄피해구조본부심의회를 둔다. 지구심의회와 본부심의회는 법무부장관의 지휘·감독을 받는다(동법 제24조). 구조금을 지급받고자 하는 자는 당해 범죄피해의 발생을 안 날로부터 3년 이내 또는 당해 범죄피해가 발생한 날로부터 10년 이내에 주소지, 거주지 또는 범죄발생지를 관할하는 범죄피해자구조심의회에 신청하여야 한다(동법 제25조 제2항).

제 7 장 사회적 기본권

I. 사회적 기본권의 의의와 법적 성격

1. 사회적 기본권의 개념

사회적 기본권이란 20세기 이후의 복지국가 내지 사회국가의 이념에 따라 사회적·경제적 약자를 보호하고 실질적 평등을 실현하기 위하여 보장되는 기본권으로서, 국민이 인간다운 생활을 확보하기 위하여 일정한 국가적 급부와 배려를 국가에 대해 요구할 수 있는 권리를 말한다. 사회적 기본권은 생존권적 기본권, 생활권 등의 용어로 혼용되고 있다. 사회적 기본권은 국가권력의 적극적 관여를 요구할 수 있는 권리이므로 이는 국민의 자유를 확보하기 위하여 국가권력의 불간섭을 요구할 수 있는 자유권적 기본권과 본질적으로 구별된다.

사회적 기본권은 오늘날 사회국가의 목표로서 사회정의의 이념을 실현하기 위한 구체적 수단을 의미한다. 사회국가에서의 사회정의의 실현은 무엇보다도 국민 개개인이 그들의 자유권을 실질적으로 행사할 수 있는 사회적 조건과 상황을 실현하는 것이라고 할 때, 사회적 기본권은 개인의 법적 자유를 행사할 수 있는 사실상의 조건을 형성하고 자유행사에 있어서 실질적인 기회균등을 확보함으로써 자유를 실현한다는 데 그 의의가 있다고 할 것이다. 따라서 국가는 자유실현의 사회적 조건을 형성해야 할 책임과 의무를 지게 되며, 사회적 기본권은 자유권을 실질적으로 행사하는 데 필요한 사회적 조건을 형성해야 할 국가의 의무를 기본권의 형태로 헌법이 수용한 것을 의미한다. 예를 들면 직업의 자유를 행사할 수 있는 사회적·경제적 조건은 대량실업의 방지와 상대적 완전고용의 실현을 요청하며 대량실업을 방지하고 국민에게 일자리를 제공해야 하는 사회국가의 목표는 헌법상 근로의 권리보장으로 나타나게 된다. 그 밖에 직업의 자유나 자유로운 인격발현권 실현의 사회적 조건으로 누구나 능력에 따라 균등하게 교육을 받을 수 있도록 교육을 받을 권리를 요청하게 된다. 이와 같이 사회적 기본권은 국민이 그들에게 법적으로 보장된 자유를 제대로 행사할 수 있도록 국가에 대하여 그 사회적 조건을 형성하는 적극적 행위 또는 급부를 요구할 수 있는 권리라 할 수 있다.

우리 헌법은 사회적 기본권에 관한 조항으로 인간다운 생활을 할 권리와 사회보장수급권(제34조), 교육을 받을 권리(제31조), 근로의 권리(제32조), 노동3권(제33조), 환경권(제35조), 보건권(제36조) 등을 규정하고 있다.

2. 사회적 기본권의 사상적 배경

18, 19세기의 입헌주의헌법 하에서 자유권적 기본권 보장은 민주주의와 자본주의경제의 발전을 가져왔으나 자본주의의 고도발달은 그 분배체계의 문제로 인하여 부의 편재와 빈곤의 확대 등 사회적 모순을 초래하게 되자, 생존 자체가 위협을 받게 되는 일반대중에게는 자유권은 공허한 구호에 그치게 되고, 그것은 빈곤의 자유 내지 '공복(空腹)의 자유'를 의미하게 되었다. 그리하여 모든 사회구성원들의 최저한도의 인간적인 생활의 조건을 확보하고 실질적인 평등이라는 사회정의를 구현하기 위하여 사회적 기본권사상이 대두하게 되었다.

사회적 기본권사상은 프랑스의 초기 사회주의자 생시몽(Saint Simon)에 의해 유래된 것으로 전해지며 그 후 피히테(Johann Gottlieb Fichte)와 맹거(Anton Menger) 등의 사상가에 의해 주창되었다. 헌법상 사회적 기본권에 관한 최초의 실정화는 1919년 바이마르헌법에 의해 이루어졌다. 바이마르헌법 제151조 제1항은 "경제생활의 질서는 모든 국민에게 인간다운 생활을 보장해 주기 위해 정의의 원칙에 합치하여야 한다. 이 한계 내에서 개인의 경제적 자유는 보장된다"라고 규정하여 헌법적 차원에서 사회적 기본권의 이념을 강조하였다. 제2차대전 이후에는 유럽 각국의 헌법과 세계인권선언 등에 사회적 기본권조항이 계승되었다. 우리의 건국헌법도 바이마르헌법의 영향을 받아 사회적 기본권조항을 두었는데 이는 헌법제정 당시의 사회주의 세력에 대응하기 위한 체제방어적 고려에서 나온 것이라 할 수 있다.

3. 사회적 기본권의 법적 성격

(1) 자유권적 기본권과의 관계

사회적 기본권의 법적 성격은 자유권적 기본권과의 관계에서 볼 때 여러 가지 면에서 구별된다. 첫째, 이념적 배경에 있어서 자유권은 개인주의적 자유주의와 형식적 평등을 기초로 하지만, 사회권은 공동체주의(단체주의)와 실질적 평등이라는 사회정의를 기초로 한다.

둘째, 자유권은 개인의 자유를 보장하기 위하여 국가의 부작위를 요청하는 점에서 소극적·방어적 권리의 성격을 가지는 것이지만, 사회권은 국가의 급부·배려와 같은 국가적 작위를 청구하는 적극적 급부청구권으로서의 성격을 가진다.

셋째, 자유권은 초국가적 권리이며 자연법상 인간의 권리를 의미하지만, 사회권은 헌법에 의하여 창설된 국법상의 권리이며 국민의 권리를 의미한다.

넷째, 법적 효력에 있어서 자유권은 현실적인 법적 효력을 갖는 구체적 권리로서 모든 국가권력을 직접 구속하는 것이지만, 사회권은 제한된 범위에서만 국가권력을 구속하며 재판규범으로서의 성격이 상대적으로 약하다.

다섯째, 자유권은 인간의 자유를 내실로 하는 기본권인데 반하여 사회권은 인간의 생존을 위한 실질적 평등을 내실로 하는 기본권이라는 점에서 양자는 대립관계에 있다. 사회권을 확대·강화할수록 자유권은 축소·약화되기 때문이다.

(2) 구체적 권리성의 여부 문제

사회적 기본권의 법적 성격에 관하여 가장 중요한 문제는 사회적 기본권이 구체적 권리로서의 성격을 갖는가라는 그 법적 효력에 관한 것이다. 종래에는 사회적 기본권의 성격에 관하여 프로그램권리설이 통설이었으나 오늘날에는 법적 권리설이 지배적 견해이다.

(가) 프로그램규정설(입법방침규정설)

프로그램규정설 또는 입법방침규정설에 의하면 사회적 기본권은 구체적·현실적 권리가 아니라 국가의 사회정책적 목표 내지 정치적 강령을 선언한 것에 불과한 것이라고 한다. 따라서 국가가 그 권리의 실현에 필요한 입법 또는 시설을 하지 않는 한 그에 관한 헌법규정만으로는 국가에 대하여 그 의무의 이행을 재판상 청구할 수 없다고 한다. 또한 사회적 기본권을 구체화하는 입법의 태만을 헌법위반이라 하여 사법적 구제를 구할 수도 없다고 한다.

프로그램설의 이론적 근거로는 첫째, 사회적 기본권은 국가의 경제적 역량이나 재정적 능력에 크게 의존할 수밖에 없으므로, 헌법에서 사회적 기본권을 규정하고 있더라도 현실적으로 국가의 경제력이 이에 미치지 못할 경우에는 그것은 단지 국가의 사회정책적 기본방침으로서 장래에 대한 정치적 공약을 선언한 것에 불과하다는 것이다. 둘째, 사회적 기본권에 관한 헌법규정은 그것을 법적 권리로 되게 하기 위한 구체적 입법이 명문으로 규정되어 있지 않는 한 그것은 단지 프로그램규정에 지나지 않는다는 것이다.

프로그램규정설과 비슷한 입장에 있으면서 구별되는 견해로 객관적 규범설이 있다. 객관적 규범설은 프로그램설과 마찬가지로 사회적 기본권을 개인의 주관적 권리로 인정하지 않으면서, 사회적 기본권을 국가에 대하여 사회국가적 목표를 제시하고 이를 실천해야 할 의무를 부과하는 객관적 규범(국가목표조항)으로 이해하는 점에서 차이가 있다. 객관적 규범설은 개인은 사회적 기본권을 구체화하는 입법을 통하여 비로소 사회적 기본권을 행사할 수 있다는 점에서는 프로그램설과 견해를 같이하지만, 사회적 기본권은 법적 구속력을 가지는 헌법규범으로서 국가기관을 구속한다고 이해하는 점에서 프로그램설과 구별된다.

(나) 법적 권리설

사회적 기본권을 법적 권리로 보는 입장에서도 추상적 권리설과 구체적 권리설로 견해가 나뉘고 있다. 추상적 권리설에 의하면 헌법상 규정된 사회적 기본권은 비록 추상적인 것이지만 법적 권리이며, 또한 사회적 기본권을 실현하기 위한 국가적 의무는 사법적 절차에 의하여 강제될 수 없을지라도 그 의무는 헌법에 의거한 법적 의무라고 한다. 그러나 추상적 권리설은 사회적 기본권에 관한 구체적 입법이 없는 경우에는 현실적 권리로서 사법적 구제를 받을 수 없다는 점에서 문제가 있게 된다.

구체적 권리설에 의하면 사회적 기본권에 관한 헌법규정은 그것을 구체화하는 입법이 없는 경우에도 직접 효력을 가지는 규정이며, 구체적 권리로서의 사회적 기본권을 보장하는 것이라고 한다. 따라서 사회적 기본권은 개인의 구체적 권리로서 국가권력을 구속하게 되며 그 기본권침해에 대해서는 재판규범으로서의 효력을 가진다고 한다. 즉 입법부는 헌법의 위임에 따라 사회적 기본권을 구체화하는 입법의무가 있으며, 사법부나 헌법재판소는 입법부작위에 의한 기본권침해에 대하여 위헌확인과 입법촉구결정을 할 수 있다는 것이다.[1] 따라서 사회적 기본권의 실현에 관한 국가의 부작위는 현실적·구체적 권리의 침해가 되어 사법적 구제의 대상이 된다고 한다. 다만 그 권리구제를 위한 소송유형에 따라 어느 정도로 재판규범으로서의 효력을 인정할 것인가가 문제될 뿐이라는 것이다. 여기서 사회적 기본권 침해에 대한 권리구제의 소송유형에 관하여는 견해가 나뉘고 있다. 제1설은 이러한 권리구제소송이 현행법상의 소송유형에는 없으므로 이러한 권리구제소송을 수용하기 위해서는 그에 관한 헌법소송법을 제정할 필요가 있다고 한다. 제2설은 행정소송법 제1조에 따라 국가의 부작위위법확인소송 또는 작위의무화소송을 제기할 수 있다고 보는 견해이다. 제3설은 사회적 기본권을 포함한 모든 기본권의 침해에 대해서는 반드시 법적 구제가 이루어져야 하기 때문에 헌법재판소법 제68조 제1항 및 제75조 제2항 내지 제4항에 따른 헌법소원으로 사법적 구제를 구할 수 있다고 하는 견해이다. 제3설이 다수적 견해이다.

1) 김철수 교수는 구체적 권리설의 입장에서 생존권조항이 모든 국가권력을 구속한다고 보면서, 생존권에 관한 구체적 입법조치가 없는 경우에 행정권을 구속할 수 없다는 견해에 대해 비판한다. 즉 행정권은 법치행정의 원칙이 적용되므로 법률이 없으면 직접적으로 완전히 생존권조항에 구속된다고 하기는 힘들더라도 가능한 한 예산을 확보하여 생존권을 실현시킬 의무가 있으며, 예산은 헌법에 구속되는 것이므로 예산이 없다고 하여 생존권의 법적 권리성을 부인할 수 없다고 한다. 즉 입헌주의의 원칙상 행정권은 헌법에 구속되며 또한 헌법상 생존권조항의 입법권과 사법권에 대한 구속을 통하여 입법을 행하게 함으로써 행정권에 대한 구속력을 강화해 나갈 수 있다고 한다. 김철수, 헌법학개론, 박영사, 2007, 945면.

(다) 사 견

생각건대 오늘날 사회적 기본권을 법적 권리로 이해하는 것이 지배적 견해이지만, 그것은 자유권적 기본권처럼 직접 효력을 가지는 완전한 의미에서의 구체적 권리라고는 할 수 없다. 그렇다고 사회적 기본권을 추상적 권리로 파악하는 것은 사회적 기본권을 구체화하는 입법이 없는 경우에 프로그램규정설과 실질적으로 차이가 없게 되며, 현행법상 사회적 기본권의 입법부작위에 대해서 헌법소원을 통한 일정한 권리구제수단이 존재한다는 구체적 권리성을 전적으로 부정하는 것이 되므로 타당하다고 할 수 없다. 따라서 사회적 기본권은 '불완전한 구체적 권리'[1] 내지 '제한된 구체적 권리'[2]로서의 성격을 갖는다고 보는 견해가 타당하다고 할 수 있다.

이렇게 본다면 사회적 기본권은 그에 관한 국가의 구체적 행위가 국민의 최저한도의 인간다운 생활을 침해하는 때에는 그 침해행위의 배제를 청구할 수 있으며, 사회적 기본권에 관한 구체적 입법이 없거나 불충분한 경우에도 헌법재판소에 위헌확인을 구하는 헌법소원을 제기할 수 있다. 헌법재판소는 입법의 부작위가 헌법에 합치하지 아니한다는 헌법불합치결정을 내릴 수 있고, 나아가 입법촉구결정을 할 수 있다. 요컨대 사회적 기본권은 그 입법부작위에 대해서 헌법소원을 통해 위헌확인을 구할 수 있다는 점에서 구체적 권리성을 가지는 것이다. 다만 재판을 통한 구제의 대상은 국가의 구체적 급부 자체가 아니고 입법부작위에 대한 위헌확인에 그치므로 완전한 의미의 구체적 권리라고 할 수 없다. 즉 헌법상의 사회적 기본권조항 자체가 구체적인 급부청구권을 보장하고 있는 것은 아니므로 이 점에서 사회적 기본권은 추상적 권리에 지나지 않는다고 볼 수도 있다. 그렇다면 추상적 권리설과 불완전한 구체적 권리설의 구별은 본질적인 차이를 찾기 어렵다고 할 수 있다. 다만 사회적 기본권을 구체화하는 입법이 없는 경우 그 입법부작위에 대한 위헌확인을 구하는 사법적 구제의 인정 여부에 있어서만 차이가 있을 뿐이다.[3]

결국 사회적 기본권은 그에 관한 구체적이고 충분한 법률이 있는 경우에 국민 개개인은 헌법과 법률규정에 따라 구체적인 권리를 주장할 수 있으며, 국가가 당해 권리에 대응하는 급부의무를 이행하지 않을 때에는 국가에 대하여 그 이행을 청구함으로써 비로소 완전한 구체적 권리가 된다.

1) 권영성, 헌법학원론, 법문사, 2010, 648면.
2) 양건, 헌법강의, 법문사, 2011, 674면.
3) 정만희, "생존권적 기본권의 법적 성격", 고시연구 1995년 10월호, 27면 이하.

Ⅱ. 인간다운 생활을 할 권리

1. 인간다운 생활을 할 권리의 의의

헌법 제34조 제1항은 "모든 국민은 인간다운 생활을 할 권리를 가진다"라고 규정하여 인간다운 생활권을 보장하고 있다. 인간다운 생활을 할 권리란 최저한도의 인간다운 생활을 하기 위한 급부를 국가에 요구할 수 있는 권리를 말한다. 인간다운 생활을 할 권리는 모든 사회적 기본권을 포괄하는 '포괄적 기본권'으로서의 지위를 가지는 것이므로 헌법 제34조 제1항은 사회적 기본권에 관한 이념적·총칙적 규정이라고 할 수 있다. 따라서 그 밖의 사회적 기본권은 인간다운 생활권을 실현하기 위한 수단적 권리라고 할 수 있다. 헌법재판소도 인간다운 생활을 할 권리는 여타 사회적 기본권에 관한 헌법규범들의 '이념적인 목표'를 제시하고 있다고 판시한 바 있다.[1)]

2. 인간다운 생활을 할 권리의 법적 성격

인간다운 생활을 할 권리는 앞의 사회적 기본권의 법적 성격에서 설명한 바와 같이 제한적인 구체적 권리 내지 불완전한 구체적 권리의 성격을 가진다고 할 수 있다. 즉 인간다운 생활권은 구체적 입법이 없으면 헌법규정만으로 국가적 급부를 청구할 수 없지만, 입법이 없거나 지나치게 불충분한 경우에는 이에 대해 헌법소원을 청구하여 위헌확인을 구할 수 있다는 제한적인 의미에서의 구체적 권리성을 인정할 수 있다.

국가가 '인간다운 생활을 할 권리'를 국민에게 보장하기 위하여 국가의 보호를 필요로 하는 국민들에게 한정된 가용자원을 분배하는 이른바 사회보장권에 관한 입법을 할 경우에는 국가의 재정부담능력, 전체적인 사회보장수준과 국민감정 등 사회정책적인 고려, 제도의 장기적인 지속을 전제로 하는 데서 오는 제도의 비탄력성과 같은 사회보장제도의 특성 등 여러 가지 요소를 감안하여야 하기 때문에 입법자에게 광범위한 입법재량이 부여되지 않을 수 없고, 따라서 헌법상의 사회보장권은 그에 관한 수급요건, 수급자의 범위, 수급액 등 구체적인 사항이 법률에 규정됨으로써 비로소 구체적인 법적 권리로 형성된다고 보아야 할 것이다.[2)]

3. 인간다운 생활을 할 권리의 주체

인간다운 생활권에 근거한 사회보장수급권의 주체는 국민이다. 자연인만을 의미하고

---

1) 헌재 1995. 7. 21. 93헌가14.
2) 헌재 1995. 7. 21. 93헌가14.

법인은 포함되지 아니한다. 외국인의 경우에는 원칙적으로 인정되지 않으나, 예외적으로 국민기초생활보장법(제5조의2)은 일정한 외국인에게 수급권을 인정하고 있다.

국민기초생활보장법은 사회보장수급권의 주체인 수급자에게 자신의 생활유지와 향상을 위하여 최대한 스스로 노력하는 것을 전제로 이를 보충하는 것을 원칙으로 급여를 지급한다고 규정하고 있다(제3조 제1항 보충성의 원칙).

4. 인간다운 생활을 할 권리의 내용

(1) 인간다운 생활의 의미와 수준

헌법 제34조 제1항의 '인간다운 생활'이란 인간의 존엄성 유지에 상응하는 건강하고 문화적인 생활을 말한다. 그러나 건강하고 문화적인 생활의 구체적인 수준은 역사적 단계라든지 그 사회의 경제적·문화적 구조에 따라 상이하기 때문에 어느 정도의 생활이 이 권리의 내용을 구성하는가는 일률적으로 규정하기 어렵다. 그렇지만 헌법에 규정된 인간다운 생활의 내용을 불확정적·추상적 개념이라 하여 법적 평가의 대상에서 제외한다면 그 권리의 내용은 불안정한 것이 되고 만다. 따라서 건강하고 문화적인 생활수준은 특정 시점에서 그리고 특정한 국가에서 이론적으로 결정되어야 할 것이다. 그리고 그 수준은 국가 예산의 유무에 의하여 좌우될 것이 아니라 그것이 예산편성을 지도하고 지배해야 하는 것이다.[1] 헌법재판소는 인간다운 생활을 보장하기 위한 객관적 내용의 최소한을 보장하고 있는지의 여부는 생활보호법에 의한 생계보호급여만을 가지고 판단하여서는 아니 되고, 그 외의 법령에 의거하여 국가가 생계보호를 위하여 지급하는 각종 급여나 각종 부담의 감면 등을 총괄한 수준을 가지고 판단하여야 한다고 판시한 바 있다.[2]

헌법이 보장하는 인간다운 생활의 수준에 관하여는 생물학적 최저생존수준설, 인간적 최저생존수준설, 이상적 생존수준설 등의 견해가 있으나, 현실적으로는 육체적·정신적 통일체로서의 인간이 정상적인 사회생활을 할 수 있는 정도의 수준을 의미하는 '인간적 최저생존수준설'이 타당하다고 할 것이다.

(2) 사회보장수급권

(가) 사회보장수급권의 의의와 성격

헌법 제34조는 모든 국민에게 인간다운 생활권을 보장하기 위하여 국가의 사회보장·사회복지 증진의무(제2항)를 비롯하여, 여자의 복지향상을 위한 의무(제3항), 노인과 청소년의 복지향상의무(제4항), 신체장애자·질병 등 생활능력 없는 자의 보호의무(제5항), 재해예

1) 권영성, 앞의 책, 653면.
2) 헌재 1997. 5. 29. 94헌마33.

방과 재해의 위험으로부터 국민보호의무(제6항)를 규정하고 있다. 이 규정들은 국민에게는 일련의 사회보장수급권을 보장하고, 국가에 대하여는 이 사회보장수급권에 대응한 법적 의무로서 사회보장증진의무를 부과하고 있는 것이다.

사회보장수급권이란 사회적 위험(신체장애·질병·노령·실업 등)으로 말미암아 요보호상태에 있는 개인이 인간다운 생활을 영위하기 위하여 국가에 대해 일정한 내용의 적극적 급부를 요구할 수 있는 권리를 말한다. 사회보장수급권에는 사회보험수급권, 공공부조청구권, 사회보상청구권, 사회복지청구권 등이 있다.

사회보장수급권의 법적 성격에 관하여 헌법재판소는 의료보험수급권과 같은 사회보장수급권을 헌법상의 권리로 인정하면서 다만 헌법규정만으로 이를 실현할 수 없고 그 수급요건, 수급자의 범위, 수금액 등은 법률에 의한 형성을 필요로 한다고 판단하고 있다.[1] 그러나 사회보장수급권 자체를 헌법상의 사회적 기본권으로 이해하는 데에는 반론도 제기되고 있다. 사회보장수급권을 법률에 의한 형성을 필요로 한다고 하면서 동시에 사회적 기본권이라고 하는 것은 그 자체로서 논리적 모순이라는 지적이 있다.[2] 사회보장수급권은 헌법상 사회적 기본권의 일반조항을 의미하며 개인의 주관적 권리인 인간다운 생활을 할 권리를 실현하기 위하여 입법에 의해 구체적으로 형성되는 권리로서, 이는 헌법상의 권리라기보다는 법률상의 권리로 보는 것이 타당하다는 것이다. 이러한 관점에서 헌법재판소는 위의 의료보험수급권 사건과 다른 사건인 산재보험법상 산재보험수급권에 대하여 헌법 제34조 제1항 및 제2항으로부터 개인에게 직접 주어지는 헌법적 차원의 권리라거나 사회적 기본권의 하나라고 볼 수 없고, 그 수급요건, 수급자의 범위, 수급액 등 구체적인 사항이 규정될 때 비로소 형성되는 '법률적 차원의 권리'에 불과하다고 판시한 바 있다.[3] 이 판례의 경우 헌법재판소는 사회보장수급권을 국가목표조항으로 이해하고 그에 관한 구체적 입법이 있을 때 비로소 법률상의 권리로 이해하는 것으로 보인다.

생각건대 인간다운 생활을 보장하기 위한 사회보장수급권은 구체적 입법에 의해 비로소 현실적인 권리가 되는 것이지만 그렇다고 해서 그것을 국가목표조항이나 법률상의 권리로 보는 것은 곤란하다. 사회보장을 받을 권리는 헌법상 사회국가원리의 이념과 사회적 기본권보장의 실질화를 위해서 헌법상의 기본권으로 인정하는 것이 옳다고 보며, 다만 그 권리는 구체적 입법형성을 요한다는 점에서 불완전한 기본권으로 이해하는 것이 타당하다고 하겠다.

---

1) 헌재 2003. 12. 18. 2002헌바1.
2) 한수웅, 헌법학, 법문사, 2016, 1047면.
3) 헌재 2003. 7. 24. 2002헌바51.

(나) 사회보험수급권

사회보험이란 사회보장제의 핵심에 해당하는 것으로서, 경제적 약자에게 인간다운 생활을 위협받을 정도의 질병·상해·사망 기타 상당한 재산상 부담이 되는 사고가 발생한 경우에 그 위험부담을 국가적인 보험기술을 통하여 다수인에게 분산시킴으로써 경제적 약자의 인간다운 생활을 보장하기 위한 사회보장적 작용을 말한다. 사회보험수급권의 유형으로는 의료보험청구권, 연금보험청구권, 재해보상보험청구권, 실업보험청구권 등이 있다.

사회보험에 관한 헌법재판소 주요 판례를 보면 1) 공무원연금법상 퇴직연금 지급정지 대상기관을 총리령으로 위임하고 지급정지의 요건 및 내용을 대통령령으로 위임하는 구 공무원연금법 조항은 헌법상의 포괄위임금지원칙에 위반된다.[1] 2) 퇴직 이후의 사유로 금고 이상의 형의 선고를 받은 공무원의 급여청구권을 제한하는 것은 과잉금지의 원칙에 위반하여 재산권을 침해한다.[2] 3) 공무원의 재직 중의 사유 가운데 공무원의 신분이나 직무와 관련이 없는 범죄의 경우에도 퇴직급여 등을 제한하는 것은 당해 공무원의 재산권을 침해한다.[3] 4) 국민연금의 가입대상을 경제활동이 가능한 18세 이상 60세 미만의 국민으로 제한하고 있는 법률조항은 평등원칙을 침해한다고 할 수 없다.[4]

(다) 공공부조청구권

공공부조(公共扶助)란 현실적으로 생활불능상태에 있거나 생계의 유지가 곤란한 사람에게 국가가 최종적인 생활보장수단으로서 그들의 자기기여를 전제로 하지 아니하고 최저생활에 필요한 급여를 하는 제도를 말한다. 이에 관한 법률로는 '국민기초생활보장법'이 있다. 국민기초생활보장법은 2000년 10월부터 시행된 것으로, 이 법의 목적은 "생활이 어려운 사람에게 필요한 급여를 실시하여 이들의 최저생활을 보장하고 자활을 돕는 것"(동법 제1조)에 있다. 이 법률의 제정과 시행으로 국민의 인간다운 생활을 할 권리가 비로소 구체적이고 현실적인 법적 권리로 보장받게 된 것이다.

국민기초생활보장법은 수급자가 자신의 생활의 유지·향상을 위하여 그 소득·재산·근로능력 등을 활용하여 최대한 노력하는 것을 전제로 이를 보충·발전시키는 것을 기본원칙으로 하며, 부양의무자에 의한 부양과 다른 법령에 의한 보호가 이 법에 의한 급여에 우선하여 행하여지도록 하는 보충급여의 원칙을 채택하고 있다(동법 제3조). 이 법률에 의한 수급권자의 범위는 부양의무자가 없거나 부양의무자가 있어도 부양능력이 없거나 부양을 받을 수 없는 자로서 소득인정액이 최저생계비 이하인 자로 하며, 또한 이 수급권자의 범위에

1) 헌재 2005. 10. 27. 2004헌가20.
2) 헌재 2002. 7. 18. 2000헌바57.
3) 헌재 2007. 3. 29. 2005헌바33.
4) 헌재 2001. 4. 26. 2000헌마390.

해당하지 않더라도 생활이 어려운 자로서 일정기간 동안 이 법이 정하는 급여의 전부 또는 일부가 필요하다고 보건복지부장관이 정하는 자는 수급권자로 본다(동법 제5조 제1항, 제2항).

헌법재판소는 다른 법령에 의하여 생계유지의 보호를 받고 있는 교도소·구치소에 수용 중인 자에 대하여 국민기초생활보장법의 보충급여의 원칙에 따라 중복적인 보장을 피하기 위하여 개별 가구에서 제외키로 한 입법자의 판단이 교도소 수용자의 인간다운 생활을 할 권리를 침해한다고 볼 수 없다고 판시하였다.1)

(라) 사회보상청구권

사회보상이란 국가와 민족을 위하여 활동한 국가유공자가 상해 또는 사망하거나 노동능력을 상실함으로써 본인 또는 유족의 생활이 곤궁하게 된 때에 본인이나 부양가족 또는 유족의 의료와 생활을 보장하기 위한 제도를 말한다. 이에 관한 법률로서 '국가유공자 등 예우 및 지원에 관한 법률'이 있다. 국가유공자의 유족연금과 관련하여 헌법재판소는 국가유공자의 유족연금지급 대상자에서 성년의 자녀를 제외하는 것이 자의적이거나 비합리적인 것으로 보기 어렵다고 하여 합헌결정을 내렸다.2)

(마) 사회복지청구권

사회복지란 공공부조대상자, 아동, 신체장애자, 노인 기타 요보호자가 자립의 생활능력을 계발하는 데 필요한 수용보호, 생활지도, 갱생보호, 원호지원 등을 하는 국가적 활동을 말한다. 사회복지는 국가가 직접 현금이나 현물을 급부하는 것이 아니라 양로원, 고아원, 직업훈련원 등의 설치와 공적 서비스의 제공을 통하여 생활의 어려움에 대한 보충적 지원을 하는 것을 의미한다. 이에 관한 법률로는 장애인복지법, 아동복지법, 노인복지법, 사회복지사업법 등이 있다.

장애인의 복지를 향상해야 할 국가의 의무가 다른 다양한 국가과제에 대하여 최우선적인 배려를 요청할 수 없을 뿐 아니라, 나아가 헌법의 규범으로부터는 '장애인을 위한 저상버스의 도입'과 같은 구체적인 국가의 행위의무를 도출할 수 없는 것이다. 헌법 제34조에 의하여 국가에 장애인의 복지를 위하여 노력을 해야 할 의무가 있다는 것은, 장애인도 인간다운 생활을 누릴 수 있는 정의로운 사회질서를 형성해야 할 국가의 일반적인 의무를 뜻하는 것이지, 장애인을 위하여 저상버스를 도입해야 한다는 구체적 내용의 의무가 헌법으로부터 나오는 것은 아니다.3)

1) 헌재 2011. 3. 31. 2009헌마617.
2) 헌재 2003. 11. 27. 2003헌바39.
3) 헌재 2002. 12. 18. 2002헌마52.

5. 인간다운 생활을 할 권리의 제한

인간다운 생활을 할 권리도 기본권제한의 일반적 방식에 따라 제한될 수 있는 것이므로 헌법 제37조 제2항에 근거하여 법률에 의한 제한을 받을 수 있는 것으로 볼 수 있다. 즉 구체적 법률에 의해 일단 성립된 개인의 인간다운 생활을 할 권리도 경우에 따라 법률에 의해 축소 또는 소멸됨으로써 그 권리가 제한되는 상황이 발생할 수 있다. 헌법재판소는 인간다운 생활을 할 권리도 공공복리를 위하여 필요한 경우 제한할 수 있다는 입장을 취하고 있다. 국민연금법상 연금수급권의 제한과 관련하여, 연금수급권의 사회보장적 성격에 비추어 한정된 재원으로 보다 많은 가입자들에게 최저생활을 유지하는 데 필요한 급여를 지급하기 위하여는 한 사람의 수급권자에게 여러 종류의 연금의 수급권이 발생한 경우 그 연금을 모두 지급하는 것보다는 일정한 범위에서 그 지급을 제한하여야 할 필요성이 있으므로 이 법률조항의 입법목적은 공공복리를 위한 것으로서 정당하다고 판단하고 있다.[1)]

그러나 이에 대해 일부 학설은 인간다운 생활을 할 권리는 그 자체가 공공복리의 실현에 해당하므로 공공복리를 이유로 한 인간다운 생활을 할 권리의 제한은 허용될 수 없다는 견해가 있다.[2)] 즉 사회적 기본권은 본질적으로 법률에 의해 제한되는 것이 아니라, 법률에 의해 비로소 구체적 권리로 형성되는 것이므로 헌법상의 사회적 기본권이 국가안전보장이나 질서유지, 공공복리를 위하여 법률로써 제한될 수 있는 것이 아니라고 보는 것이다. 사회적 기본권은 공공복리에 의해 제한되는 것이 아니라 공공복리를 실현하고자 하는 것이며 그 실현수단은 일반적으로 자유권에 대한 제한으로 나타난다고 한다.[3)]

생각건대 인간다운 생활을 할 권리와 같은 사회적 기본권 그 자체도 국민의 기본권이라는 점에서 헌법 제37조 제2항에 의해 제한될 수 있다는 논리가 가능하지만, 자유권과 구별되는 사회적 기본권의 본질과 사회적 기본권에 관한 법률의 기본권형성적 기능에 비추어 볼 때 헌법상의 사회적 기본권이 헌법 제37조 제2항에 의해 제한되는 기본권으로 보기는 어렵다고 할 것이다. 사회적 기본권이 일단 법률에 의하여 주관적 권리로 형성된 경우에 국가에 대해 일정한 급부를 요구하는 구체적 권리가 국가의 재정능력이나 공공복리 등의 이유로 다시 법률로써 제한되거나 축소될 수 있는 것이지만, 헌법상의 사회적 기본권은 그 본질상 헌법 제37조 제2항의 일반적 법률유보조항에 의해 제한되는 것은 아니라고 할 것이다. 따라서 사회적 기본권에 관한 입법은 과잉금지원칙에 의한 제한의 문제가 아니라 국가의 기본권실현의무를 제대로 이행하는지의 여부가 문제되는 것이라 할 수 있다.

---

1) 헌재 2000. 6. 1. 97헌마190.
2) 허영, 한국헌법론, 박영사, 2009, 523-524면.
3) 한수웅, 앞의 책, 960면.

Ⅲ. 교육을 받을 권리

1. 교육을 받을 권리의 의의

(1) 교육을 받을 권리의 개념

헌법 제31조 제1항은 "모든 국민은 능력에 따라 균등하게 교육을 받을 권리를 가진다"라고 규정하여 교육을 받을 권리를 보장하고 있다. 교육을 받을 권리 또는 수학권(修學權)이란 모든 국민이 교육을 받을 수 있도록 국가에 의한 교육조건의 개선·정비와 교육기회의 균등한 보장을 적극적으로 요구할 수 있는 권리를 말한다. 교육을 받을 권리에는 개개인이 능력에 따라 균등하게 교육을 받을 수 있는 수학권뿐만 아니라, 학부모가 그 자녀에게 적절한 교육의 기회를 제공하여 줄 것을 국가에 요구할 수 있는 권리도 포함된다. 교육을 받을 권리의 헌법적 보장의 의미는 헌법이 지향하는 민주국가·문화국가의 이념과 아울러 복지국가의 이념을 실현하고 모든 국민이 인간으로서의 존엄과 가치를 가지며 인간다운 생활을 영위할 수 있도록 한다는 데에 있다.

교육을 받을 권리의 헌법적 보장의 의미는 헌법이 지향하는 민주국가·문화국가의 이념과 함께 복지국가의 이념을 실현하고, 모든 국민이 인간으로서의 존엄과 가치를 가지며 인간다운 생활을 영위할 수 있도록 하기 위한 것이라는 데에 있다. 교육은 개인의 인격형성의 기초이며 인간다운 문화생활·직업생활을 할 수 있는 토대가 되고 민주시민으로서의 윤리의식을 습성화시키는 중요한 기능을 한다. 우리 헌법은 민주국가·문화국가·복지국가에서 차지하는 교육의 중요성을 감안하여 교육을 모든 국민의 권리로 규정함과 동시에 국가와 국민의 공동의무임을 명백히 밝히고 있다.

(2) 교육을 받을 권리의 법적 성격

교육을 받을 권리는 교육을 받는 것을 국가 또는 제3자로부터 방해받지 않을 권리를 의미하는 점에서는 자유권으로서의 성격을 가진다. 자유권으로서의 교육을 받을 권리는 구체적 권리이다. 또한 교육을 받을 권리는 교육을 받을 능력이 있는데도 경제적 이유로 교육받을 수 없는 자가 국가에 대하여 교육의 여건을 정비하여 줄 것을 요구할 수 있는 권리라는 점에서 사회권적 기본권의 성격을 가진다. 사회권의 측면에서 보장되는 내용은 헌법을 근거로 하여 직접 특정한 교육제도나 학교시설을 요구할 수 있는 권리가 아니라 법률에 의하여 구체적으로 그 내용이 확정되어야 그에 따른 구체적 권리가 발생한다.

헌법재판소도 이러한 입장에서 교육을 받을 권리로부터 직접 국가의 사립유치원 교사 인건비 등 지원에 관한 작위의무가 도출되지 않는다고 판시한 바 있다. 즉 "교육을 받을 권리는 통상 국가에 의한 교육조건의 개선·정비와 교육기회의 균등한 보장을 적극적으로 요구할 수 있는 권리로 이해되고 있으나, 이러한 규정으로부터 국가 및 지방자치단체가 사립유치원에 대하여 교사 인건비, 운영비 및 영양사 인건비를 예산으로 지원하여야 할 구체적인 작위의무가 헌법해석상 바로 도출된다고 볼 수는 없다"고 판단하고 있다.[1]

2. 교육을 받을 권리의 주체

교육을 받을 권리는 국민의 권리이므로 국민만이 그 주체가 되고 외국인은 주체가 되지 아니한다. 교육을 받을 권리에 있어서 수학권의 주체는 개개인이고, 교육기회제공청구권의 주체는 학령아동의 부모이다.

3. 교육을 받을 권리의 내용

(1) 수학권

(가) '능력에 따라' 교육을 받을 권리

헌법 제31조 제1항에서의 능력이란 일신전속적인 재능 내지 수학능력을 말하며, 능력에 따른 교육이란 정신적·육체적 능력에 상응한 적절한 교육을 말한다. 따라서 개인의 능력을 무시하고 국가가 정하는 기준에 따라 획일적으로 교육을 받게 하는 것은 허용되지 않는다. 그러나 수학능력에 대한 공개경쟁입학시험을 통해 교육을 받을 권리를 제한적으로 부여하거나 대학이 정하는 일정한 기준에 미달하는 자에 대하여 입학을 불허하는 것은 합헌이다.

(나) '균등하게' 교육을 받을 권리

헌법 제31조 제1항의 '균등하게' 교육을 받을 권리란 첫째, 자유권적 측면에서 능력 이외의 성별·종교·사회적 신분 등에 의하여 교육을 받을 기회를 차별받지 아니하는 것을 말하고, 둘째, 사회권적 측면에서 모든 국민이 균등하게 교육을 받을 수 있도록 교육시설을 설치·운용하고 장학정책을 시행하는 등 교육의 외적 조건의 정비를 요구할 수 있는 것을 의미한다.

위의 교육의 평등은 구체적으로는 취학의 평등을 의미하므로 성별·종교 등을 이유로 입학을 거부할 수 없으며, 중·고등학교과정에서의 남자학교와 여자학교를 구별하는 것은 교육의 평등에 위배되지 아니한다. 교육의 외적 조건의 정비요구는 국가나 지방자치단체의 적극적 행위를 요구하는 것이다. 이에 관하여 교육기본법은 국가와 지방자치단체의 적절한

---

1) 헌재 2006. 10. 26. 2004헌마13.

교육시설의 강구, 장학금제도와 학비보조제도의 실시, 야간제 기타의 방법을 강구할 의무를 규정하고 있다(동법 제11조, 제28조 등).

(다) '교육'을 받을 권리

① **교육의 의미**

교육에는 학교교육, 사회교육, 가정교육, 평생교육 등 다양한 형태가 있지만 헌법 제31조 제1항의 교육은 주로 학교교육을 의미한다. 교육의 내용은 대학의 경우에는 학문의 자유에 기초하여 그 내용의 선택은 교수가 자유로이 하지만, 초·중·고등학교의 교육은 정상적인 사회인으로 살아가기 위한 기본적인 교육이므로 교사가 자유로이 결정하지 못하고 공교육의 공통된 목적에 의하여 제한된다. 따라서 교사는 자신의 주관적인 신념이나 가치관, 종교, 정치적 이념 등을 학생에게 가르칠 수 없다. 또한 교사는 교원노조의 활동을 위하여 수업을 태만히 하거나 거부하는 것은 학생의 학습권(수학권)을 침해하는 것이 되기 때문에 교사의 직업의 자유나 단결권·단체행동권 등으로 주장할 수 없다.

학교교육에 있어서 교원의 가르치는 권리를 수업권이라고 한다면, 이것은 교원의 지위에서 생기는 학생에 대한 일차적인 교육상의 직무권한이지만 어디까지나 학생의 학습권 실현을 위하여 인정되는 것이므로, 학생의 학습권은 교원의 수업권에 대하여 우월한 지위에 있다. 따라서 학생의 학습권이 왜곡되지 않고 올바로 행사될 수 있도록 하기 위해서라면 교원의 수업권은 일정한 범위 내에서 제약을 받을 수밖에 없고, 학생의 학습권은 개개 교원들의 정상을 벗어난 행동으로부터 보호되어야 한다.[1)]

② **무상의 의무교육**

헌법 제31조 제2항은 "모든 국민은 적어도 초등교육과 법률이 정하는 교육을 받게 할 의무를 진다"라고 하고, 제3항은 "의무교육은 무상으로 한다"라고 하여 무상의 의무교육을 규정하고 있다. 따라서 초등교육과 법률이 정하는 교육은 의무적인 것이고 무상이다. 교육기본법과 초·중등교육법에 따라 모든 국민은 6년의 초등교육과 3년의 중등교육을 받을 권리를 보장받고 있다. 의무교육에서 교육을 받을 권리의 주체는 취학연령의 미성년자이고, 교육을 받게 할 의무의 주체는 학령아동의 친권자 또는 후견인이다. 의무교육제를 실시하기 위하여 국가나 지방자치단체는 필요한 학교의 설립과 운용은 물론이고 그에 필요한 경비를 부담할 의무를 진다.

의무교육의 무상성에 따라 국가는 수업료는 물론이고 재정이 허락하는 한 교과서와 그 밖의 교재 및 급식까지도 무상으로 할 수 있다(취학필수비무상설). 다만 공립학교의 수용능

---

1) 대판 2007. 9. 20. 2005다25298.

력이 있음에도 자진하여 사립학교를 선택한 경우에는 무상의 혜택을 포기하는 것이므로 사립학교에서의 수업료징수는 의무교육의 무상조항에 위배되지 아니한다. 헌법재판소는 교원연구비와 같은 교사의 인건비 일부와 학교회계직원의 인건비 일부를 학부모들이 부담하는 학교운영지원비로 충당하는 것은 헌법이 천명하고 있는 의무교육의 무상성원칙에 분명히 반하는 것이라고 판단하였다.[1)]

③ **평생교육**

헌법 제31조 제1항의 교육에는 평생교육이 포함되는데, 동조 제5항에는 "국가는 평생교육을 진흥하여야 한다"라고 하여 국가의 평생교육진흥의무를 따로 규정하고 있다. 모든 국민이 복잡하고 부단하게 발전하는 현대의 문화생활에 적절히 대처하고 국민의 건전한 국가관을 정립하기 위해서 정규의 학교교육 이외에 성인교육·사회교육·직업교육 등이 평생에 걸쳐 요구된다. 헌법 제31조 제5항은 이러한 시대적 요청에 부응하고 나아가 개인의 능력개발과 국가발전에 기여하도록 하기 위하여 평생교육을 강조한 것이다. 이에 관한 법률로 '평생교육법'이 있다.

(2) 부모의 자녀교육권

아동의 교육을 받을 권리는 친권자의 교육권으로 나타난다. 헌법재판소는 부모의 자녀에 대한 교육권을 기본권으로 인정하고 있다. 즉 자녀의 양육과 교육은 일차적으로 부모의 천부적인 권리인 동시에 부모에게 부과된 의무이며, '부모의 자녀에 대한 교육권'은 헌법상 명문규정이 없어도 모든 인간이 누리는 불가침의 인권으로서 혼인과 가족생활을 보장하는 헌법 제36조 제1항, 행복추구권을 보장하는 헌법 제10조 및 "국민의 자유와 권리는 헌법에 열거되지 아니한 이유로 경시되지 아니한다"고 정한 헌법 제37조 제1항에서 나오는 중요한 기본권이라고 헌법재판소는 판시하고 있다. 부모의 자녀교육권은 다른 기본권과는 달리, 기본권의 주체인 부모의 자기결정권이라는 의미에서 보장되는 자유가 아니라, 자녀의 보호와 인격발현을 위하여 부여되는 기본권이다. 다시 말하면, 부모의 자녀교육권은 자녀의 행복이란 관점에서 보장되는 것이며, 자녀의 행복이 부모의 교육에 있어서 그 방향을 결정하는 지침이 된다. 부모는 자녀의 교육에 관하여 전반적인 계획을 세우고 자신의 인생관·사회관·교육관에 따라 자녀의 교육을 자유롭게 형성할 권리를 가지며, 부모의 교육권은 다른 교육의 주체와의 관계에서 원칙적으로 우위를 가진다.[2)]

부모는 친권의 행사로 자녀를 사립학교에 보낼 것인가 공립학교에 보낼 것인가를 결정할 수 있으며 국가는 이를 강제할 수 없다. 부모의 학교선택권은 자녀에 대한 부모의 교육

---

1) 헌재 2012. 8. 23. 2010헌바220.
2) 헌재 2000. 4. 27. 98헌가16등.

권에 당연히 포함되는 내용이다.[1] 공교육의 실시에서 일정한 범위와 정도에서 국가의 개입이 인정된다고 하더라도 국가가 주도하는 공교육의 과정에서 부모의 참여는 배제할 수 없고 어떠한 형태로든 보장되어야 한다.

헌법재판소는 학교폭력과 관련하여 가해학생에 대한 조치 중 전학과 퇴학을 제외한 나머지 조치에 대하여 재심을 제한하는 학교폭력예방법 조항이 가해학생 보호자의 자녀교육권을 침해하는 것이 아니라고 판시하였다.[2]

4. 교육을 받을 권리의 실현방법

교육을 받을 권리는 교육제도를 통해 실현된다. 헌법은 제31조 제2항에서부터 제6항에 걸쳐 교육을 받을 권리를 실현하기 위한 방법과 수단으로 교육을 받게 할 의무(동조 제2항), 무상의 의무교육(동조 제3항), 교육의 자주성·전문성·정치적 중립성 및 대학의 자율성(동조 제4항), 평생교육의 진흥(동조 제5항), 교육제도와 교육재정·교원지위의 법정주의(동조 제6항)를 규정하고 있다.

(1) 교육의 자주성·전문성·정치적 중립성

교육의 자주성이란 교육의 내용, 방법, 교육기관의 운영을 국가가 결정할 수 없다는 것으로, 교육이 정치권력이나 기타 세력의 간섭 없이 그 전문성과 특수성에 따라 독자적으로 교육 본래의 목적에 기하여 조직·운영·실시되어야 한다는 교육의 자유와 독립을 말한다.[3] 따라서 공교육의 목적을 달성하기 위하여 국가의 감독권행사가 가능하지만 그것이 교육의 자주성을 침해하여서는 안 된다.

교육의 자주성을 보장하기 위한 방법으로는 교육시설의 설립자 또는 교육감독권자로부터 교사의 자유를 확보하는 방법과 선거를 통해 교육관리기구(교육위원회, 교육감, 교육장)를 구성하는 방법 등이 있다. 교육의 자주성과 관련하여 교육용 도서의 국정제도가 문제될 수 있으나 헌법재판소는 교과용 도서의 국정제도와 검인정제도에 대해 합헌결정을 내린 바 있다. 국정교과서제도는 교과서라는 형태의 도서에 대하여 국가가 이를 독점하는 것이지만, 국민의 수학권의 보호라는 차원에서 학년과 학과에 따라 어떤 교과용 도서에 대하여 이를 자유발행제로 하는 것이 온당하지 못한 경우가 있을 수 있고, 그러한 경우 국가가 관여할 수밖에 없다는 것과 관여할 수 있는 헌법적 근거가 있다는 것을 인정한다면 그 인정의 범위 내에서 국가가 이를 검인정제로 할 것인가 또는 국정제로 할 것인가에 대하여 재량권을 갖

1) 헌재 1995. 2. 23. 91헌마204.
2) 헌재 2013. 10. 24. 2012헌마832.
3) 헌재 2002. 3. 28. 2000헌마283등.

는다고 판단한 것이다.[1)]

교육의 전문성이란 교육정책의 수립과 집행은 되도록 교육에 관한 전문가가 담당하거나 그들의 참여하에 이루어져야 하는 것을 의미한다.

교육의 정치적 중립성이란 교육이 정치권력의 영향력에서 벗어나 중립적인 입장에서 이루어져야 한다는 것을 말한다. 즉 교육은 국가나 정치권력의 부당한 간섭을 받아서도 안 되고, 교육의 본연의 기능에서 벗어나 정치영역에 개입해서도 안 된다는 것을 의미한다. 교육의 정치적 중립성을 보장하기 위하여는 교육내용의 정치적 중립성뿐만 아니라 교사의 정치적 중립성, 교육행정의 정치적 중립성 등이 요구된다. 현행 교육기본법과 교육공무원법은 교원의 정치적 활동을 금지하고 있다. 다만 대학교육은 초중등교육과 구별되기 때문에 정당법은 예외적으로 대학교원의 정치적 활동을 인정하고 있다.

(2) 대학의 자율성

대학의 자율성이란 학문의 연구와 교육이라는 대학의 기능을 달성하는 데 필요한 사항을 외부의 영향을 받지 아니하고 대학 스스로 결정하는 것을 의미한다. 대학의 자율성 내지 대학의 자치는 헌법 제31조 제4항의 교육을 받을 권리의 실현방법에 의하여 보장되고 있지만, 이는 학문의 자유를 보장하고 있는 헌법 제22조 제1항에 근거하여 대학의 학문활동을 실효적으로 보장하기 위한 수단으로서 당연히 인정되는 것이기도 하다. 헌법재판소도 대학의 자율성은 헌법 제22조 제1항이 보장하고 있는 학문의 자유의 확실한 보장수단으로 꼭 필요한 것으로서 대학에 부여된 헌법상의 기본권으로 보고 있다.[2)]

(3) 교육제도의 법정주의

헌법은 제31조 제6항에 교육제도의 기본적인 사항을 법률에 의하여 정하도록 하고 있다. 이는 장기간의 계획성이 요구되는 교육이 특정한 정치세력이나 집권자에 의해 영향을 받아 수시로 변경되는 것을 막기 위한 것이다. 교육제도의 법정주의를 구현하는 법률로는 교육기본법, 초·중등교육법, 고등교육법, 교육공무원법, 교육세법, 사립학교법, 지방교육자치에 관한 법률 등이 있다.

교육제도 법정주의는 교육제도에 관한 기본방침을 제외한 나머지 세부적인 사항까지 반드시 형식적 의미의 법률만으로 정하여야 한다는 의미는 아니다. 그러므로 입법자가 정한 기본방침을 구체화하거나 이를 집행하기 위한 세부 시행사항은 하위법령에 위임이 가능하다. 헌법재판소는 자사고와 일반고를 동시에 선발하고, 자사고 지원자에게 평준화지역 일

---

1) 헌재 1992. 11. 12. 89헌마88.
2) 헌재 1992. 10. 1. 97헌마68등.

반고의 중복지원을 허용하지 아니하는 것을 법률이 아닌 시행령에 규정한 것이 교육제도 법정주의에 위반하는 것이 아니라고 판시하였다.[1]

(4) 교원지위의 법정주의

헌법 제31조 제6항은 교육의 주체인 교원의 중요성을 고려하여 그의 지위에 관한 기본적인 사항도 법률로 정하도록 하고 있다. 교원의 지위란 교원의 직무의 중요성 및 직무수행능력에 대한 인식의 정도에 따라서 그들에게 주어지는 교원의 근무조건 및 그 밖의 물적 급부 등을 말한다. 이러한 사항을 법률로 정함에 있어서는 교육의 본질을 침해하지 않는 한 입법자의 입법형성의 자유에 속한다.

헌법재판소는 임용기간이 만료된 교원의 재임용을 아무런 절차적 보장도 없이 임용권자의 재량에 맡기는 것은 위헌이라고 결정하였다. 객관적인 기준의 재임용 거부사유와 재임용에서 탈락하게 되는 교원이 자신의 입장을 진술할 수 있는 기회 그리고 재임용거부를 사전에 통지하는 규정 등이 없고, 나아가 재임용이 거부되었을 경우 사후에 그에 대해 다툴 수 있는 제도적 장치를 마련하지 않고 있는 법률조항은 현대사회에서 대학교육이 갖는 중요한 기능과 그 교육을 담당하고 있는 대학교원의 신분의 부당한 박탈에 대한 최소한의 보호요청에 비추어 볼 때 헌법 제31조 제6항에서 정하고 있는 교원지위법정주의에 위반된다고 판단한 것이다.[2] 또한 임기가 만료된 대학교원에 대한 재임용거부를 재심청구의 대상에 명시하지 않은 것도 교원지위법정주의에 위반된다고 판단하였다.[3]

5. 교육을 받을 권리의 제한

(1) 학교선택권의 제한

학교선택권 제한과 관련하여 일정한 거주지를 기준으로 하여 해당 지역에 거주하는 학생으로 하여금 그 지역에 있는 학교에 다니도록 국가가 강제하는 것이 위헌이 아닌가 하는 문제가 제기될 수 있다. 헌법재판소는 거주지를 기준으로 중·고등학교의 입학을 제한하는 것은 학부모의 자녀를 교육시킬 학교선택권의 본질적 내용을 침해하였거나 과도하게 제한한 경우에 해당하지 아니한다고 판단하였다.[4] 그리고 자사고 지원자에게 평준화지역 일반고의 중복지원을 허용하지 아니하는 것에 대하여, 헌법재판소는 중복지원금지 조항은 중복지원금지 원칙만을 규정하고 자사고 불합격자에 대하여 아무런 고등학교 진학 대책을 마련

1) 헌재 2019. 4. 11. 2018헌마221.
2) 헌재 2003. 2. 27. 2000헌바26.
3) 헌재 2003. 12. 18. 2002헌바14등.
4) 헌재 1995. 2. 23. 91헌마204.

하지 않음으로써 자사고 불합격자는 고등학교에 진학할 수 있는지 여부가 시·도별 교육감의 재량에 의해 좌우되는 매우 불안정한 상태에 처하게 되고, 실제로 일부 지역에서는 교육감이 평준화지역 후기학교 배정을 거부하는 상황도 발생하고 있으므로 이 중복지원금지 조항은 고등학교 진학 기회에 있어서 자사고 지원자들의 평등권을 침해하여 헌법에 위반된다고 판단하였다.[1)]

(2) 과외교습의 금지

학교교육을 받는 자녀가 학교 이외의 단체, 기관, 또는 개인으로부터 과외로 교습을 받는 과외교습을 금지하는 것이 위헌이 아닌가의 문제가 있다. 우리 사회에서 공교육의 부실로 인하여 많은 국민들이 자녀에게 과외교습을 시키게 되자 생활비의 압박과 학교교육의 경시 등의 문제가 발생하면서 초·중·고등학교 재학생과 학교입학을 위한 수험준비학생에게 지식·기술·예능을 교습하는 과외교습을 국가가 강제로 전면 금지하게 하였다. 헌법재판소는 이러한 과외교습의 전면 금지는 국민의 자녀교육권, 배우고자 하는 아동과 청소년의 인격의 자유로운 발현권, 과외교습을 하고자 하는 개인의 직업선택의 자유를 침해하는 것으로 위헌이라고 결정하였다.[2)]

Ⅳ. 근로의 권리

1. 근로의 권리의 의의

(1) 근로의 권리의 개념

헌법 제32조 제1항은 "모든 국민은 근로의 권리를 가진다. 국가는 사회적·경제적 방법으로 근로자의 고용의 증진과 적정임금의 보장에 노력하여야 하며, 법률이 정하는 바에 의하여 최저임금제를 시행하여야 한다"라고 하여 근로의 권리를 비롯한 근로자의 고용증진, 적정임금 보장, 최저임금제 시행 등을 규정하고 있다.

근로의 권리란 개인이 자신의 의사와 능력에 따라 근로의 종류·내용·장소 등을 선택하여 근로관계를 형성하고, 국가나 타인의 방해를 받지 않고 근로관계를 계속 유지하며, 근로의 기회를 얻지 못한 경우에는 국가에 대하여 근로의 기회를 제공하여 줄 것을 요구할 수 있는 권리를 말한다. 근로란 근로자가 사용자로부터 임금을 받는 대가로 제공하는 육체적·정신적 활동을 말한다.

---

1) 헌재 2019. 4. 11. 2018헌마221.
2) 헌재 2000. 4. 27. 98헌가16등.

(2) 근로의 권리의 연혁

근로의 권리는 17, 18세기의 자연법사상에서는 천부적 권리로 파악되어 국가로부터 개인의 자유로운 노동활동에 간섭과 방해를 받지 않을 권리로 인식되었다. 그러나 19세기 이후의 자본주의 발달에 따른 문제점이 드러나면서 고용기회의 보장과 근로조건의 확보 등에 대한 국가의 적극적 역할이 강조되었으며, 따라서 오늘날의 복지국가에서 근로의 권리는 국가에 대하여 근로의 기회와 근로조건 등에 대하여 일정한 행위를 하여 줄 것을 요구할 수 있는 권리로 자리잡게 되었다.

근로의 권리를 최초로 헌법에 규정한 것은 바이마르헌법(제163조 제2항)이며, 제2차대전 이후에는 1946년의 프랑스 제4공화국헌법, 1947년의 이탈리아헌법 등이 근로의 권리를 규정하게 되었다. 우리나라는 건국헌법에 최초로 근로의 권리를 규정한 이래 여러 차례 수정·보완을 거쳐 현행헌법에 이르게 되었다.

2. 근로의 권리의 법적 성격

근로의 권리의 법적 성격에 관하여는 자유권적 성격과 사회권적 성격을 동시에 가지는 것으로 이해되고 있다. 즉 개인이 자유로이 일할 기회를 가지는 것을 국가가 방해하지 못한다는 측면에서 근로의 권리는 자유권의 성격을 가지며, 국가에 대하여 근로의 기회를 가질 수 있도록 배려해 줄 것을 요구할 수 있고 국가는 근로의 기회를 제공함으로써 경제적 약자인 근로자에게 인간다운 생활을 보장한다는 측면에서 근로의 권리는 사회권적 성격을 가진다.

3. 근로의 권리의 주체

근로의 권리는 자연인인 국민의 권리이기 때문에 외국인에게는 보장되지 아니한다. 외국인에게 근로에 관한 권리를 인정하는 경우에도 이는 외국인의 근로에 대한 대한민국 정부의 법률정책에 의한 것으로, 이는 헌법 제32조 제1항에서 정하는 근로의 권리와 구별되는 법률상의 권리이다.

4. 근로의 권리의 내용

(1) 근로의 권리의 본질적 내용

근로의 권리를 사회적 기본권으로 파악하는 경우에 그것은 근로기회제공청구권을 기본적인 내용으로 한다. 즉 근로의 권리는 근로의 의사와 능력이 있음에도 불구하고 취업의 기회를 얻지 못한 자가 국가에 대해 근로의 기회를 제공하여 줄 것을 요구할 수 있음을 그 내용으로 한다. 여기서 취업기회 제공의 요구는 국가로 하여금 취업기회를 제공할 정책을 수립할 것을 요구할 수 있는 것이고, 개개인이 직접 자기를 일정한 직장에 취업하게 해줄 것을 요구할 수 있는 것을 보장하지는 않는다.

근로의 권리는 사회적 기본권으로서, 국가에 대하여 직접 일자리(직장)를 청구하거나 일자리에 갈음하는 생계비의 지급청구권을 의미하는 것이 아니라, 고용증진을 위한 사회적·경제적 정책을 요구할 수 있는 권리에 그친다. 근로의 권리를 직접적인 일자리 청구권으로 이해하는 것은 사회주의적 통제경제를 배제하고, 사기업 주체의 경제상의 자유를 보장하는 우리 헌법의 경제질서 내지 기본권규정들과 조화될 수 없다.[1)]

(2) 근로의 권리를 보장하기 위한 제도

(가) 국가의 고용증진의무

헌법 제32조 제1항 제2문은 국가는 사회적·경제적 방법으로 근로자의 고용증진에 노력해야 함을 규정하고 있다. 따라서 국가는 고용기회의 확대와 평등한 고용기회의 보장을 위한 사회·경제정책을 개발하고 시행할 의무를 진다. 이에 관한 법률로는 고용정책기본법, 직업안정법, 근로자복지기본법, 근로자직업능력개발법 등이 있다.

(나) 적정임금 및 최저임금 보장

헌법 제32조 제1항 제2문은 국가의 고용증진의무와 함께 적정임금의 보장과 최저임금제의 시행을 규정하고 있다. 적정임금이란 근로자와 그 가족이 인간의 존엄성에 상응하는 건강하고 문화적인 생활을 영위하는 데 필요한 정도의 임금수준을 말한다. 국가는 적정임금의 보장을 위한 입법조치를 강구하거나 그 밖의 노동정책을 수립하고 실시하여야 한다.

최저임금제도는 국가가 임금의 최저한도를 정하여 그 이하의 임금 수준으로 사용자가 근로자를 고용하지 못하도록 함으로써 근로자의 최소한의 물질적 생활을 보장하기 위한 제도이다. 최저임금제 보장을 위해 제정된 '최저임금법'은 최저임금의 결정기준에 관하여 근로자의 생계비, 유사 근로자의 임금, 노동생산성 및 소득분배율 등을 고려하여 사업의 종류별로 구분하여 정할 수 있으며, 사업의 종류별 구분은 최저임금위원회의 심의를 거쳐 고용노동부장관이 정하도록 규정하고 있다(동법 제4조 제1항, 제2항).

'최저임금법'에 의한 최저임금의 결정기준 등과 관련하여 사용자의 계약의 자유와 직업의 자유 제한 등이 문제될 수 있다. 최저임금법에 의하면 택시운송사업자는 생산고에 따른 임금을 제외한 고정급만으로 택시운전근로자에게 최저임금액 이상을 지급하도록 규정하

---

1) 헌재 2002. 11. 28. 2001헌바50.

고 있는데(동법 제6조 제5항), 이는 임금의 구성에 관한 사용자와 근로자 간의 계약 내용을 제한한다는 측면에서는 헌법 제10조 행복추구권의 일반적 행동자유권에서 파생되는 사용자의 계약의 자유를 제한하고, 근로자를 고용하여 재화나 용역을 제공하는 사용자의 활동을 제한한다는 측면에서는 헌법 제15조의 직업의 자유를 제한하게 된다. 또한 이 조항의 적용을 받는 택시운송사업자와는 달리, 택시운전근로자를 제외한 다른 업종의 근로자들을 고용하는 사용자는 고정급과 생산고에 따른 급여를 합하여 최저임금액 이상을 지급하더라도 최저임금법 위반의 문제가 발생하지 아니하므로 이 조항은 택시운송사업자를 다른 업종의 사용자들과 다르게 취급하므로 평등권 침해 여부도 문제될 수 있다. 헌법재판소는 최저임금법상 위 조항이 과잉금지원칙에 위배되어 택시운송사업자들의 계약의 자유 및 직업의 자유를 침해하지 아니한다고 판단하고, 택시운전근로자들에 관하여만 생활안정을 위한 규율을 둔 것은 차별의 합리적인 이유가 있는 경우에 해당하므로 택시운송사업자들의 평등권을 침해하지 아니한다고 하였다.[1]

(다) 근로조건기준의 법정주의

헌법 제32조 제3항은 "근로조건의 기준은 인간의 존엄성을 보장하도록 법률로 정한다"고 규정하고 있다. 이러한 근로조건의 법정주의는 당사자간의 자유로운 계약에 의한 근로조건에 관하여 법률이 최저한의 제한을 설정한다는 의미이며, 따라서 이 조항은 계약의 자유의 원칙에 대한 수정을 의미한다.

근로조건이란 임금과 그 지불방법, 취업시간, 휴식시간, 안전시설과 위생시설, 재해보상 등 근로계약에 의하여 근로자가 근로를 제공하고 임금을 수령하는 데에 관한 조건들을 말한다. 근로조건의 기준을 정한 일반법으로 '근로기준법'이 있다. 헌법 제32조 제3항의 인간의 존엄에 상응하는 근로조건의 기준이 무엇인지를 구체적으로 정하는 것은 일차적으로 입법자의 형성의 자유에 속한다고 할 수 있다. 헌법재판소는 '상시 사용 근로자수 5인'이라는 기준에 따라 근로기준법의 전면적용 여부를 달리한 것에는 합리적 이유가 있다고 인정되고, 그 기준이 인간의 존엄성을 전혀 보장할 수 없을 정도라고 볼 수 없으므로 위 헌법조

---

1) 헌재 2023. 2. 23. 2020헌바11등. "심판대상조항은 대중교통의 중요한 역할을 담당하고 있음에도 대표적인 저임금, 장시간 근로 업종에 해당하는 택시운전근로자들의 임금의 불안정성을 일부나마 해소하여 생활안정을 보장한다는 사회정책적 배려를 위하여 제정된 규정으로서, 입법목적이 정당하며, 택시운전근로자들이 생산고의 다과에 관계없이 최소한 최저임금에 해당하는 고정급을 받을 수 있고 생활의 안정성이 제고될 수 있으므로 이는 입법목적을 실현하기 위한 적합한 수단이다. 심판대상조항은 임금의 구성 비율 조정이라는 제한을 부과하고 있는바, 이는 완전월급제의 시행이나 임금의 인상 등에 비하여 택시운송사업자들에게 부담이 덜한 조치로서, 입법목적 달성을 위한 상대적으로 가벼운 제한에 해당하므로 침해의 최소성을 충족하며, 심판대상조항을 통해 택시운송사업자들의 계약의 자유와 직업의 자유를 다소간 제한하는 것을 감수하고서라도 택시운전근로자들의 생활안정 및 국민의 교통안전을 확보하고자 한 입법자의 판단이 공익과 사익 사이의 비례관계를 명백하게 벗어났다고 볼 수는 없다."

항에 위반된다고 할 수 없다고 판단하고 있다.[1]

(라) 여자와 연소자의 근로의 특별보호

헌법 제32조 제4항과 제5항은 여자와 연소자의 근로에 대한 특별한 보호를 규정하고 있다. 이러한 특별한 보호 조항은 근로의 영역에서 여성에 대한 차별금지를 강조함과 동시에 여성이 모성을 이유로 부당한 대우를 받거나 모성과 근로 중 양자택일을 하여야만 하는 상황이 발생하지 않도록 국가가 지원해야 함을 의미한다고 할 수 있다. 여성의 근로에 대한 특별한 보호가 여성의 근로에 대한 우월적 보호를 뜻하는 것은 아니며, 여성근로의 보호가 남성의 근로의 권리를 침해하는 경우에는 이를 인정하지 아니한다. 여성근로의 보호와 차별금지에 관한 법률로는 '남녀고용평등과 일·가정양립지원에 관한 법률'이 있다.

연소자의 근로를 특별히 보호하는 것은 사회적·경제적·신체적으로 약자인 연소자가 쉽게 노동시장에 동원되어 혹사당하거나 연소자의 노동이 착취될 우려가 있기 때문에 이러한 노동의 착취로부터 연소자의 근로를 보호하고, 인간으로서의 존엄과 연소자의 건강권 등이 침해되지 않도록 하기 위한 것이다. 근로기준법은 15세 미만인 자를 근로자로 사용할 수 없게 하고, 18세 미만인 자를 도덕상 또는 보건상 유해·위험한 사업에 사용하지 못하도록 하고 있으며, 연소자의 근로에 대하여는 근로시간의 제한, 야업과 휴일근무의 원칙적 금지 등을 규정하고 있다(동법 제64조~제70조).

(마) 국가유공자 등의 근로기회 우선보장

헌법 제32조 제6항은 "국가유공자·상이군경 및 전몰군경의 유가족은 법률이 정하는 바에 의하여 우선적으로 근로의 기회를 부여받는다"라고 하여 국가유공자 등에 대한 근로기회의 우선보장을 규정하고 있다. 이 조항은 국가와 민족을 위하여 헌신한 공로에 대한 국가적 보상의 의미를 갖는다. 이에 관한 법률로 '국가유공자 등 예우 및 지원에 관한 법률'이 있다.

국가유공자 등의 근로기회에 대한 우선적 보호와 관련하여 국가기관이 실시하는 채용시험에 가산점을 부여하는 방식이 문제된다. 헌법재판소는 처음에는 국가유공자와 그 가족에게 10%의 가산점을 주는 방식을 헌법 제32조 제6항에 근거하여 합헌이라고 판단하였으나,[2] 그 후 판례를 변경하여 국가유공자에게 가산점을 주는 방식은 헌법 제32조 제6항에 근거하여 법률로 정할 수 있고, 국가유공자의 '가족'에게 가산점을 주는 방식은 헌법 제32조 제6항에는 해당하지 않지만 입법정책상 허용될 수 있으나, 그렇다고 하더라도 국가유공자의 가족에게 '10%'의 가산점을 주는 것에 대해서는 차별의 효과가 지나치고 일반 응시자의 공무담임권을 침해하게 된다는 점을 이유로 헌법불합치결정을 하였다.[3]

---

1) 헌재 1999. 9. 16. 98헌마310.
2) 헌재 2001. 2. 22. 2000헌마25.

5. 근로의 권리의 침해와 구제

근로의 권리도 헌법 제37조 제2항에 따라 제한될 수 있다. 근로의 권리의 침해에 대해서는 근로기준법에 의한 구제가 인정된다. 근로기준법은 사용자의 근로조건 위반에 대하여 손해배상을 청구할 수 있게 하고(동법 제19조), 사용자가 근로자에 대하여 정당한 이유 없이 해고·휴직·정직·감봉 등의 징벌을 한 때에는 당해 근로자는 노동위원회에 그 구제를 신청할 수 있다(동법 제28조).

Ⅴ. 근로3권

1. 근로3권의 의의

(1) 근로3권의 개념

헌법 제33조 제1항은 "근로자는 근로조건의 향상을 위하여 자주적인 단결권·단체교섭권 및 단체행동권을 가진다"라고 하여 근로자의 근로3권을 보장하고 있다. 근로3권 또는 노동3권이란 자본주의사회에서 생산수단을 소유하지 못한 경제적 약자인 근로자들이 인간다운 생활을 확보하기 위한 현실적인 방책으로서, 근로조건의 향상을 위해 자주적 조직체인 노동조합을 결성하고, 그 조직체의 이름으로 교섭을 하며, 그 교섭이 원만하게 이루어지지 아니할 경우에 단체행동을 할 수 있는 권리를 모두 포함하는 개념이다. 전술한 근로의 권리가 근로의 기회를 확보하고 유지하기 위한 권리임에 대하여, 근로3권은 근로조건의 유지와 향상을 위하여 근로자가 집단적으로 갖는 권리를 의미한다. 근로3권에 속하는 단결권·단체교섭권·단체행동권은 근로조건의 유지·형성을 위한다는 공통의 목적을 갖고 있을 뿐만 아니라 기능적으로 밀접한 관련을 갖고 있다. 단결권은 단체교섭권의 전제가 되고, 단체행동권은 단체교섭권을 위한 수단의 의미를 가진다.

(2) 근로3권의 연혁

근대 시민사회의 초기단계에 사유재산제와 계약자유의 원칙 하에서 근로자의 단결권 보장은 허용될 수 없었다. 근로자의 단결권을 통한 노동력의 독점적 거래는 자유의사에 입각한 개별 노동력의 처분을 불가능하게 하는 것일 뿐만 아니라 사용자가 개개의 근로자로부터 노동력을 매입하는 자유를 박탈하는 것으로 인식하여 근대 시민법의 계약의 자유 원리를 훼손하는 것으로 보았기 때문이다. 그러나 자본주의경제의 전개에 따라 사회적 약자

3) 헌재 2006. 2. 23. 2004헌마675등.

인 근로자의 인간다운 생존을 보장받기 위하여 단결을 하고 단체의 힘을 배경으로 사용자와 대등하게 교섭을 할 수 있도록 각국에서는 노동운동이 활발하게 전개되었으며, 결국 국가는 자본주의체제의 위기를 극복하기 위하여 근로자의 단결을 인정하고 이를 법제화하기에 이르렀다.

근로3권을 최초로 헌법상 보장한 것은 바이마르헌법(제159조)이었으며, 제2차대전 이후에는 프랑스 제4공화국헌법, 이탈리아헌법, 일본헌법 등도 근로3권을 명문화하게 되었다. 우리나라는 1948년 건국헌법에 근로3권을 보장한 이래 현행헌법에 이르기까지 이를 규정해오고 있다.

2. 근로3권의 법적 성격

근로3권은 자유권으로서의 성격과 사회권으로서의 성격을 아울러 가지고 있다고 보는 것이 통설이다. 근로자가 단결권·단체교섭권·단체행동권을 행사하는 데 있어서 국가로부터 부당한 간섭이나 제재를 받지 아니한다는 측면에서 자유권적 기본권의 성격을 가진다. 동시에 근로자는 노동3권을 행사함에 있어서 국가에 대해 그 장해를 제거하고 적극적으로 그 보장을 요구할 수 있는 권리라는 측면에서 사회권적 성격을 가진다고 할 수 있다.

다시 말하면 근로자의 단결이나 단체행동이 국가권력에 의한 형사적 제재 등의 방법으로 제한되어서는 안 된다는 점은 근로3권의 자유권적 성격을 의미한다. 또한 근로3권은 근로자의 인간다운 생활을 확보한다는 사회권적 기본권의 이념과 직결되며, 근로자가 근로3권을 통해 사용자와 대등한 지위를 확보하기 위해서는 국가의 적극적 배려와 보호가 요구된다는 점에서 사회권적 성격을 가진다. 즉 근로3권의 보장에 의해 국가는 근로자가 사용자와 실질적으로 대등한 지위를 가질 수 있는 법적 제도를 마련할 입법의무를 지며, 근로자는 그러한 입법을 요구할 권리를 가지게 된다는 점에서 근로3권의 사회권적 성격을 인정할 수 있다.[1)]

3. 근로3권의 주체

근로3권의 주체는 대한민국의 국적을 가진 근로자를 의미한다. 근로자란 직업의 종류를 불문하고 임금·급료 기타 이에 준하는 수입으로 생활하는 자를 말한다(노동조합 및 노동관계조정법 제2조 제1호). 근로3권은 국민의 근로자의 권리이므로 외국인에게는 기본권으로 인정되지 아니한다. 다만 법률로 이를 인정하는 것은 별개의 문제이다.

근로3권은 개개의 근로자뿐만 아니라 근로자들이 근로조건의 유지·향상을 위하여 자주적으로 활동하는 단체인 단결체에도 보장된다.

1) 헌재 1998. 2. 27. 94헌바13등.

공무원도 근로의 대가로 보수를 받아 생활하는 자이므로 근로자에 해당하지만 공무원은 국민의 이익과 국가이익을 실현하기 위한 공무에 종사하기 때문에 공무원에게 인정되는 단결권 등은 일반근로자와 차이가 있게 된다. 그리하여 헌법은 제33조 제2항에 "공무원인 근로자는 법률이 정하는 자에 한하여 단결권·단체교섭권 및 단체행동권을 가진다"라고 규정하여 공무원의 근로3권 인정 여부 등에 관하여 국회에 광범위한 입법형성의 자유를 부여하고 있다.

4. 근로3권의 내용

(1) 단결권

(가) 단결권의 의의

단결권은 근로자들이 근로조건의 유지·향상을 위하여 자주적인 결사체를 결성하고 이에 가입하여 활동할 수 있는 자유를 말한다. 여기서의 단체는 일반적으로 영속적 단체인 노동조합을 의미하지만 일시적인 결합체인 쟁의단도 포함된다.

(나) 단결권의 주체

단결권의 주체는 근로자 개개인이지만, 그들의 집단도 그 주체가 될 수 있다. 즉 근로자의 단결체도 그 목적을 달성하기 위하여 연합단체 등 상위 단결체를 구성하고 활동할 수 있는 집단적 단결권을 가진다.

사용자도 단결권의 주체가 될 수 있는가에 관하여는 견해가 나뉘고 있으나 부정설이 타당하다. 헌법 제33조 제1항의 단결권은 경제적 약자인 근로자를 보호하기 위한 근로자의 단결권을 보장한 규정이므로 근로자와 이해를 달리하는 사용자의 단결권까지 동조항에서 도출하는 것은 이론상 무리가 있다. 그러나 사용자들이 사용자단체를 결성하는 것은 헌법 제21조 제1항 결사의 자유에 의해 보장된다.

(다) 단결권의 유형과 내용

① 개인적·집단적 단결권

단결권에는 각 근로자가 노동조합과 같은 단체를 결성하거나 이에 가입할 수 있는 개인적 단결권과 근로자집단이 그 조직을 유지·확대하기 위하여 노동조합연합회 등의 단결체를 구성할 수 있는 집단적 단결권이 있다. 이러한 단결권 행사를 금지하거나 제한하는 입법은 위헌이며, 단체에의 불가입이나 그 단체로부터의 탈퇴를 조건으로 고용하는 이른바 황견계약의 체결과, 단체의 결성이나 가입을 이유로 하는 해고 등은 부당노동행위로서 위헌·위법이 된다.

② **소극적 단결권**

근로자의 단결권은 적극적 단결권이 중심이 되는 것이지만 소극적 단결권, 즉 단결하지 아니할 자유 또는 단체불가입의 자유까지도 보장하는 것인가가 문제된다. 이에 관하여는 견해가 나뉘고 있는데, 긍정설은 헌법 제33조 제1항은 적극적 단결권과 소극적 단결권을 동시에 보장하는 것이라고 한다.[1] 부정설은 헌법 제33조 제1항의 내용에 소극적 단결권은 보장되지 않으며, 소극적 단결권이 보장되는 것은 그 근거를 헌법 제33조 제1항에서 찾을 수 없고 일반적 행동의 자유 내지 헌법에 열거되지 아니한 자유로서 보장된다고 한다.[2]

학설은 헌법 제33조 제1항에서 적극적 단결권과 소극적 단결권이 동시에 보장된다고 보는 것이 다수설이라 할 수 있으며, 헌법재판소 판례는 소극적 단결권은 헌법 제33조 제1항의 단결권에 포함되지 않는다고 보고 있다.[3] 긍정설은 단결권이 본질적으로 시민적 결사의 자유의 성격을 지닌다는 점을 강조하고, 반면에 부정설은 단결권이 단순한 결사의 자유와 다른 사회권적 성격을 지닌다는 점을 중시한다고 볼 수 있다. 긍정설은 단결권을 약화시키게 되는 문제점이 있고, 부정설은 단결권이 본질적으로 단결의 자유라는 자유권을 의미한다는 점과 저촉하게 된다.

생각건대 근로자의 단결권은 사회권의 성격과 자유권의 성격을 동시에 지닌 것이므로 긍정설이 타당하다고 본다. 다만 소극적 단결권이 인정된다고 하더라도 적극적 단결권이 현실적으로 실효성을 갖기 위해서는 어느 정도의 단결강제는 허용될 수 있어야 할 것이다. 이러한 관점에서 '노동조합 및 노동관계조정법'(약칭: 노동조합법) 제81조 제2호 단서에는 노동조합이 당해 사업장에 종사하는 근로자의 3분의 2 이상을 대표하고 있을 때에는 근로자가 그 노동조합의 조합원이 될 것을 고용조건으로 하는 단체협약의 체결이 부당노동행위에 해당되지 않는다고 하여, 단결강제의 한 유형인 유니언 숍(Union Shop) 조항을 인정하고 있다. 헌법재판소는 노동조합에 이러한 조직강제권을 부여한다고 하여 이를 근로자의 단결하지 아니할 자유의 본질적인 내용을 침해하는 것으로 단정할 수는 없다고 판단하였다.[4]

(2) 단체교섭권

(가) 단체교섭권의 의의

단체교섭권이란 근로자들이 근로조건의 향상을 위하여 단결체의 이름으로 사용자나 사용자단체와 자주적으로 교섭하는 권리를 말한다. 근로자에게 단체교섭권을 인정하는 것

---

1) 허영, 앞의 책, 507면; 성낙인, 앞의 책, 704면; 정종섭, 앞의 책, 724면.
2) 권영성, 앞의 책, 688면.
3) 헌재 1999. 11. 25. 98헌마141.
4) 헌재 2005. 11. 24. 2002헌바95등.

은 일반계약으로부터 근로계약의 분리를 의미하는 것이다. 근로자가 단체교섭을 하는 경우에는 민법상의 계약규정이 아니라 노동법이 적용된다.

(나) 단체교섭권의 주체

단체교섭권은 근로자를 위한 기본권이지만 근로자가 개별적으로 행사할 수 있는 권리가 아니다. 단체교섭에 있어 근로자측의 주체는 노동조합이고 사용자측의 당사자는 사용자이다. 하나의 사업 또는 사업장에 노동조합이 2개 이상인 경우 노동조합은 교섭대표노동조합을 정하여 교섭을 요구하여야 한다(노동조합법 제29조의2).

(다) 단체교섭권의 내용

단체교섭은 근로조건의 유지 또는 개선을 목적으로 하는 것이므로 근로조건과 무관한 사항은 단체교섭의 대상에서 배제된다. 사용자가 독점적으로 보유하는 경영권·인사권 및 이윤취득권에 속하는 사항은 원칙적으로 단체교섭의 대상이 될 수 없다. 다만 근로자의 근로조건이나 지위에 직접 관련되거나 그것에 중대한 영향을 미치는 사항은 그 한도 내에서 이에 관한 단체교섭이 이루어질 수 있다. 노동조합의 단체교섭을 요구할 권리에 대하여 사용자는 이에 응할 의무가 있으며, 사용자가 정당한 이유 없이 단체교섭을 거부하면 부당노동행위가 된다. 단체교섭권에는 단체교섭의 결과 타결된 내용을 단체협약으로 체결할 권리도 포함된다.[1)]

(3) 단체행동권

(가) 단체행동권의 의의

단체행동권이란 근로자와 사용자 간에 근로조건 등의 결정에 관한 주장이 불일치하는 노동쟁의가 발생한 경우에 근로자들이 그 주장을 관철하기 위하여 집단적으로 쟁의행위를 할 수 있는 권리를 말한다. 쟁의행위란 파업·태업·직장폐쇄 기타 노동관계 당사자가 그 주장을 관철할 목적으로 행하는 행위와 이에 대항하는 행위로서 업무의 정상적인 운영을 저해하는 행위를 말한다(노동조합법 제2조 제6호).

(나) 단체행동권의 주체

단체행동권의 제1차적 주체는 근로자 개개인이다. 그러나 실제로 단체행동은 근로자들의 집단행동을 말하므로 단체행동권의 근로자측의 주체는 노동조합이라 할 수 있다. 다만 헌법 제33조 제2항과 제3항에 의해 근로자의 단체행동권은 법률로써 제한하거나 인정하지 아니할 수 있다.

1) 헌재 1998. 2. 27. 94헌바13등.

(다) 쟁의행위의 유형

쟁의행위의 유형으로는 근로자들이 집단적으로 노무제공을 거부하며 업무의 운영을 저해하는 파업(Strike), 의식적으로 평소보다 직업능률을 저하시키는 태업(Sabotage), 조합원과 소비자 또는 타 기업을 대상으로 쟁의 중인 기업의 생산품의 불매 내지 거래의 중단을 호소하는 보이콧(Boycott), 파업을 효과적으로 수행하기 위하여 근로희망자들의 사업장 또는 공장 출입을 저지하고 파업에 협력할 것을 구하는 피케팅(Picketing) 등이 있다.

노동조합법은 제2조 제6호에 쟁의행위의 유형의 하나로 사용자의 직장폐쇄를 규정하고 있으나, 이는 헌법 제33조 제1항에 근거한 단체행동권 행사로서의 성격을 가진다고 할 수 없다. 사용자의 직장폐쇄는 근로자의 부당한 쟁의행위에 대하여 노사균형론의 입장에서 허용되는 사용자측의 자기방어수단의 성격을 가진다고 할 수 있다.

(라) 쟁의행위의 한계

쟁의행위는 사용자의 업무의 정상적인 운영을 저해하는 것으로 사용자에게 중대한 불이익을 초래하며, 근대 시민법의 입장에서는 계약상 채무불이행 및 불법행위책임과 형법상 업무방해죄 등의 범죄를 구성하는 행위가 된다. 오늘날 쟁의행위가 헌법상 단체행동으로 허용되더라도 그것은 사용자의 재산권과 직업의 자유 등과 충돌을 일으키게 되므로 어느 정도의 범위에서 쟁의행위가 정당화되는가의 문제가 제기된다.

이러한 문제를 해결하기 위하여 노동조합법은 제37조 제1항에 "쟁의행위는 그 목적·방법 및 절차에 있어서 법령 기타 사회질서에 위반되어서는 아니된다"라고 하고, 제2항에서 "조합원은 노동조합에 의하여 주도되지 아니한 쟁의행위를 하여서는 아니된다"라고 하여 쟁의행위의 주체·목적·방법·절차 등에 있어서 그 정당성의 기준을 제시하고 있다.

쟁의행위의 한계에 관한 것으로서 생산관리의 문제와 정치적 파업의 문제가 있다. 노동조합이 사용자의 의사에 반하여 생산수단을 자기지배 하에 두고 경영까지 장악하는 생산관리는 사유재산제를 정면으로 부정하는 것이 되므로 허용되기 어렵다. 또한 근로자의 근로조건 등과 직접적인 관련이 없는 순수한 정치적 사항을 대상으로 하는 정치파업은 헌법상 단체행동권의 행사로 보장되는 쟁의행위에 포함시킬 수 없다. 다만 근로자의 근로조건 또는 지위향상과 불가분의 관계에 있는 노동관계법령의 개폐에 관한 국가의 정책이나 입법에 관한 사항을 쟁점으로 하는 파업은 정당한 쟁의행의로 허용될 수 있다.

(마) 쟁의행위의 효과

정당한 쟁의행위는 헌법 33조 제1항의 단체행동권의 내용으로 보장되는 것이므로 그에 대한 민·형사상의 책임이 면제된다. 따라서 노동조합법은 정당한 쟁의행위에 대하여 사용자와의 관계에서 민사상 채무불이행 또는 불법행위책임을 부담하지 않으며 형사상 처벌을 받지 아니한다고 규정하고 있다(동법 제3조, 제4조). 또한 정당한 쟁의행위에 참가한 것을 이유로 사용자는 근로자를 해고하거나 기타 불이익을 주는 행위를 할 수 없도록 규정하고 있다(동법 제81조 제5호). 그러나 쟁의행위기간 중에는 사용자는 임금을 지급할 의무가 없다는 '무노동 무임금의 원칙'을 규정하고 있다(동법 제44조).

5. 근로3권의 효력

근로자의 단결권·단체교섭권·단체행동권은 그 본질에 있어 근로자와 사용자의 노사관계를 전제로 하는 것이므로 사인간에도 직접 적용되는 기본권이라 할 수 있다. 이 점에서 일반적인 기본권규정이 사인간에 적용되는 경우 사법상의 일반원칙조항을 통해 간접적용되는 것과 구별될 수 있다. 그러나 이러한 근로3권이 사인간에도 직접 적용된다고 하더라도 그 기본권은 사회권적 성격을 갖는 것으로 근로자가 사용자에 대하여 헌법을 근거로 직접 주장하는 것이 아니라, 국가가 법률로 이를 구체화하는 경우에 비로소 그 법률에 따라 근로3권을 보장받을 수 있게 된다. 그렇다면 근로3권의 사인간의 효력에 있어 직접적용설과 간접적용설의 구별은 의미가 없다고 할 수 있다.

6. 근로3권의 제한

헌법 제33조 제2항은 "공무원인 근로자는 법률이 정하는 자에 한하여 단결권·단체교섭권 및 단체행동권을 가진다"라고 하여 공무원의 근로3권을 제한하는 근거를 따로 두고 있고, 제3항은 주요방위산업체 근로자의 단체행동권 제한을 규정하고 있다. 근로자의 근로3권은 헌법 제37조 제2항에 의해서도 제한될 수 있다.

(1) 공무원의 근로3권 제한

헌법이 공무원인 근로자의 단결권·단체교섭권·단체행동권을 제한하는 이론적 근거는 공무원은 국민 전체에 대한 봉사자의 지위에 있기 때문에 근로3권의 행사에 제한을 받게 되며, 그 직무의 성질이 공공성이 강한 것이기 때문에 그 직무수행이 중단될 경우 국익을 침해하게 되므로 제한을 받을 수밖에 없다는 것이다.

국가공무원법 제66조 제1항은 공무원의 '노동운동'을 금지하면서 대통령령 등으로 범위를 정하는 사실상의 노무에 종사하는 공무원은 여기에서 제외하고 있다. '노동운동'이란 헌법 제33조 제2항의 취지에 비추어 근로자의 근로조건의 향상을 위한 근로3권을 기초로 하여 이와 직접 관련이 있는 행위로 해석한다.[1)]

---

1) 헌재 1992. 4. 28. 90헌바27등.

사실상의 노무에 종사하는 공무원에 관하여 대통령령은 "미래창조과학부 소속의 현업기관의 작업현장에서 노무에 종사하는 우정직공무원으로서 서무·인사·기밀업무에 종사하는 자, 경리·물품출납사무에 종사하는 자, 국가보안시설의 경비업무에 종사하는 자, 승용차 및 구급차의 운전에 종사하는 자를 제외한 자를 말한다"고 규정하고 있다(공무원복무규정 제28조). 사실상의 노무에 종사하는 공무원의 개념이 불명확하여 명확성의 원칙에 위배되는 것이 아닌지가 문제될 수 있으나, 헌법재판소는 "사실상 노무의 개념은 육체노동을 통한 직무수행의 영역으로서 사실상 노무에 종사하는 공무원은 공무원의 주된 직무를 정신활동으로 보고 이에 대비되는 신체활동에 종사하는 공무원으로 해석된다"고 판시하고 있다.[1]

공무원의 근로3권이 제한될 수 있다 하더라도 사실상의 노무에 종사하는 공무원 이외의 공무원 일반에 대하여 일률적으로 근로3권을 부정하는 것은 과잉금지의 원칙에 비추어 문제가 있을 수 있다. 그리하여 2005년에 제정된 '공무원의 노동조합설립 및 운영 등에 관한 법률'에 의해 6급 이하의 일반직공무원과 이에 상당하는 일정한 공무원에게 단결권과 단체교섭권을 인정하게 되었고 쟁의행위는 금지되고 있다(동법 제6조~제11조).

(2) 법률이 정하는 주요 방위산업체 근로자의 단체행동권 제한

헌법 제33조 제3항은 "법률이 규정하는 주요방위산업체에 종사하는 근로자의 단체행동권은 법률이 정하는 바에 의하여 이를 제한하거나 인정하지 아니할 수 있다"라고 하여 주요방위산업체에 종사하는 근로자의 단체행동권을 제한하는 근거를 두고 있다. 이 헌법조항에 따라 노동조합 및 노동관계조정법 제41조 제2항은 "방위산업법에 의하여 지정된 주요방위산업체에 종사하는 근로자 중 전력·용수 및 주요 방산물자를 생산하는 업무에 종사하는 자는 쟁의행위를 할 수 없으며, 주요 방산물자를 생산하는 업무에 종사하는 자의 범위는 대통령령으로 정한다"라고 규정하고 있다.

(3) 사립학교 교원의 근로3권 제한

사립학교 교원에게도 국가공무원법 제66조 제1항 중 노동운동 제한규정을 준용하도록 하고 있는 사립학교법 제55조와 사립학교 교원의 노동운동을 면직사유로 규정하고 있는 동법 제58조 제1항 제4호의 위헌 여부가 문제될 수 있다. 이에 대하여 헌법재판소는 사립학교 교원의 노동3권 제한은 합헌이라고 결정한 바 있다.[2] 이 헌법재판소 결정 이후 1999년 7월에 시행된 '교원의 노동조합설립 및 운영등에 관한 법률'에 의해 사립학교 교원뿐만 아니라

---

1) 헌재 2005. 10. 27. 2003헌바50등.
2) 헌재 1991. 7. 22. 89헌가106; 헌재 1999. 6. 24. 97헌바61.

국·공립학교 교원을 포함하여 초·중등학교 교원이면 단결권과 단체교섭권을 행사할 수 있게 되었으며, 쟁의행위는 금지되고 있다.

헌법재판소는 2018년 6월 '전국교수노동조합' 사건에서, 교원노조법의 적용대상을 초·중등교육법의 교원으로 규정함으로써 고등교육법에서 규율하는 대학 교원의 단결권을 일체 인정하지 않는 교원노조법 제2조 본문이 대학 교원들의 단결권을 침해한다는 이유로 헌법불합치결정을 선고하였다. 여기서 대학 교원을 교육공무원인 대학 교원과 공무원 아닌 대학 교원으로 구분하여, 공무원 아닌 대학 교원은 과잉금지원칙 준수 여부를 기준으로, 공무원인 대학 교원은 입법형성의 범위를 일탈하였는지의 여부를 기준으로 판단하면서 위 교원노조법 조항은 대학 교원의 단결권을 침해하는 것이라고 하였다. 헌법재판소는 위 법률조항에 대하여 "교원노조를 설립하거나 가입하여 활동할 수 있는 자격을 초·중등교원으로 한정함으로써 교육공무원이 아닌 대학 교원에 대해서는 근로기본권의 핵심인 단결권조차 전면적으로 부정한 측면에 대해서는 그 입법목적의 정당성을 인정하기 어렵고, 수단의 적합성 역시 인정할 수 없다. 설령 일반 근로자 및 초·중등교원과 구별되는 대학 교원의 특수성을 인정하더라도, 대학 교원에게도 단결권을 인정하면서 다만 해당 노동조합이 행사할 수 있는 권리를 다른 노동조합과 달리 강한 제약 아래 두는 방법도 얼마든지 가능하므로, 단결권을 전면적으로 부정하는 것은 필요 최소한의 제한이라고 보기 어렵다"고 판단하였다. 다음으로 교육공무원인 대학 교원에 대해서도, 교육공무원의 직무수행의 특성과 헌법 제33조 제1항 및 제2항의 정신을 종합해 볼 때, 교육공무원에게 근로3권을 일체 허용하지 않고 전면적으로 부정하는 것은 합리성을 상실한 과도한 것으로서 입법형성권의 범위를 벗어나 헌법에 위반된다고 판단하였다.[1)]

(4) 헌법 제37조 제2항에 의한 제한

근로자의 근로3권도 헌법 제37조 제2항에 따라 제한될 수 있다. 국가안전보장, 질서유지 또는 공공복리를 위해 근로3권을 제한할 수 있으며, 제한하는 경우에도 비례의 원칙에 적합하여야 하며 근로3권의 본질적 내용을 침해할 수 없다. 공공복리를 위하여 노동쟁의를 제한하는 법률로는 '노동조합 및 노동관계조정법', '노동위원회법', '근로자의 참여 및 협력증진에 관한 법률' 등이 있다.

헌법재판소는 '경비업법'상 특수경비원의 파업·태업 그 밖에 경비업무의 정상적인 운영을 저해하는 일체의 쟁의행위를 금지하는 규정(제15조 제3항)은 과잉금지원칙에 위배되어 단체행동권을 침해하지 않는다고 판시하였다. 공항·항만, 원자력발전소 등 국가보안목표시

---

1) 헌재 2018. 8. 30. 2015헌가38.

설과 공공기관, 주요 산업시설 등 국가중요시설의 경비 및 도난·화재 그 밖의 위험발생을 방지하는 업무를 수행하는 특수경비원의 쟁의행위를 금지하는 것은 국가중요시설의 안전을 도모하고 국가중요시설의 정상적인 기능을 유지하여 방호혼란을 방지하려는 것이므로 그 목적의 정당성이 인정되며, 경비업무의 정상적인 운영을 저해하는 쟁의행위를 금지함으로써 쟁의행위로 인한 국가중요시설의 방호혼란을 방지할 수 있으므로 수단의 적합성도 인정된다고 하였다. 특수경비업무의 공공성을 고려하여 단체행동권 중에서도 업무의 정상적인 운영을 저해하는 쟁의행위만을 금지함으로써 입법목적 달성을 위하여 필요불가결한 범위 내에서 단체행동권을 제한한 것이므로 침해의 최소성도 갖추었으며, 위 금지조항으로 인하여 특수경비원의 쟁의행위가 제한되나 이로써 받는 불이익이 국가나 사회의 중추를 이루는 중요시설 운영에 안정을 기함으로써 얻게 되는 국가안전보장, 질서유지, 공공복리 등의 공익보다 중대한 것이라고 볼 수는 없으므로 법익의 균형성 요건도 갖추었다고 판단하였다.[1]

Ⅵ. 환경권

1. 환경권의 의의

(1) 환경권의 개념

헌법 제35조 제1항은 “모든 국민은 건강하고 쾌적한 환경에서 생활할 권리를 가지며, 국가와 국민은 환경보전을 위하여 노력하여야 한다”라고 하여 환경권의 보장과 함께 국가와 국민의 환경보전의무를 규정하고 있다. 제2항은 “환경권의 내용과 행사에 관하여는 법률로 정한다”라고 하여 환경권의 법률유보를 규정하고 있으며, 제3항에서는 “국가는 주택개발정책 등을 통하여 모든 국민이 쾌적한 주거생활을 할 수 있도록 노력하여야 한다”라고 하여 쾌적한 주거생활권을 보장하고 있다.

환경권이란 협의의 개념으로는 오염되거나 불결한 환경으로 인하여 건강을 훼손당하거나 훼손당할 위험에 처한 자가 오염되거나 불결한 환경에 대하여 책임이 있는 공권력이나 제3자에 대하여 그 원인을 예방 또는 배제하여 줄 것을 요구할 수 있는 권리를 말한다. 광의의 개념으로는 협의의 환경권에 더하여 청정한 환경에서 건강하고 쾌적한 생활을 누릴 수 있는 권리까지를 포함하는 개념이다. 헌법 제35조 제1항의 환경권은 광의의 개념으로 이해되고 있다. 여기서 환경의 개념은 자연적 환경뿐만 아니라 인공적·물리적 환경을 포함시키는 것이 통설이다. 헌법재판소도 ‘건강하고 쾌적한 환경에서 생활할 권리’를 보장하는

1) 헌재 2023. 3. 23. 2019헌마937.

환경권의 보호대상이 되는 환경에는 자연환경뿐만 아니라 인공적 환경과 같은 생활환경도 포함되므로, 일상생활에서 소음을 제거·방지하여 '정온한 환경에서 생활할 권리'는 환경권의 한 내용을 구성한다고 판시하고 있다.[1] 현행 '환경정책기본법'도 환경을 자연의 생태를 말하는 자연환경과 소음, 진동 등의 일상생활과 관련된 환경을 의미하는 생활환경으로 구분하고 있다(제3조).

(2) 환경권보장의 연혁

환경권은 산업화에 따른 공해문제에 대응하기 위해 등장한 새로운 기본권의 하나이다. 오늘날 공해와 환경파괴에 의한 환경문제의 심각성은 인류의 생존을 위협하는 지경에 이르게 됨에 따라 각국은 환경문제에 대해 적극적인 관심을 갖게 되었고, 국제사회에서는 각종 국제회의를 통해 환경문제를 새롭게 인식하게 되었다. 연혁적으로 환경권의 성립에 중요한 계기가 된 국제회의로는 1972년의 유엔 인간환경회의에서의 환경권 선언을 비롯하여, 1987년의 유엔의 위탁에 의한 '환경과 발전에 관한 위원회'의 보고서가 있으며, 1992년의 리우데자네이루에서 개최된 유엔환경개발회의(UNCED)의 '리우선언'의 채택 등이 있다. 1987년의 유엔 보고서에는 환경에 있어서 '지속가능한 발전'(sustainable development)의 개념을 최초로 제시한 점에서 의미가 있다. 지속가능성 내지 지속가능한 발전이란 현 세대의 수요를 충족시키면서 동시에 미래세대의 수요를 충족시킬 가능성을 박탈해서는 안 된다는 것을 내용으로 한다. 환경문제는 처음부터 미래세대에 대한 배려라는 정책적 관점이 담겨져 있으므로 환경권은 지속가능성의 논의에서 핵심적인 위치를 차지하게 된다.

헌법상 환경권조항을 두고 있는 나라는 그리스, 스페인 등이며 독일 기본법은 자연적 생활기반을 보호할 국가적 의무를 규정하고 있다. 우리나라는 1980년 제5공화국헌법에 처음으로 환경권을 규정하였으며, 현행헌법은 그 환경권조항을 일부 수정하고, 국가의 주택개발정책 등을 통한 국민의 '쾌적한 주거생활'을 위해 노력할 의무를 추가로 규정하였다(제35조 제3항). 환경관련법제로는 '환경정책기본법'을 비롯하여 '대기환경보전법', '자연환경보전법', '폐기물관리법', '소음·진동관리법', '토양환경보전법', '원자력안전법' 등이 있으며, 환경피해구제와 관련하여 '환경분쟁 조정법'이 제정되어 시행되고 있다.

2. 환경권의 법적 성격

환경권의 법적 성격에 관하여는 견해가 나뉘고 있으나, 환경권은 기본적으로 사회권적 성격을 가지면서 여러 가지 성격을 아울러 가진 '종합적 기본권'으로 보는 것이 통설적 견해

---

1) 헌재 2019. 12. 27. 2018헌마730.

이며 판례의 입장이다. 환경권은 인간의 존엄성 존중을 이념적 기초로 하면서 자유권과 사회권의 양자의 성격을 동시에 가진다고 할 수 있다. 즉 국가의 환경침해를 금지하고 자유롭게 쾌적한 환경을 누리는 권리라는 측면에서 자유권의 성격을 가지며, 인간다운 생활을 보장하기 위하여 국가가 환경의 보전과 개선을 위한 적극적 조치를 취할 것을 청구하는 권리라는 측면에서 사회권적 성격을 가진다. 또한 오염되거나 불결한 환경은 건강을 해친다는 점에서 환경권은 보건에 관한 권리라고 할 수 있고, 그것은 행복추구권을 의미한다고 할 수 있다.

대법원 판례도 환경권의 사회권적 성격을 인정하면서 그것은 법률규정에 의해 구체적 권리가 되는 것이라고 보고 있다. 즉 "환경권은 명문의 법률규정이나 관계 법령의 규정 취지 및 조리에 비추어 권리의 주체, 대상, 내용, 행사방법 등이 구체적으로 정립될 수 있어야만 인정되는 것이므로 사법상의 권리로서의 환경권을 인정하는 명문의 규정이 없는데도 환경권에 기하여 방해배제청구권을 인정할 수는 없다"고 판시하고 있다.[1]

환경권을 기본권으로 보장하는 데에는 현실적인 한계가 있게 되므로 환경권은 국가목표규정으로서의 성격을 아울러 가진 것으로 이해될 수 있다.[2] 헌법 제35조 제1항 후단에 국가의 환경보전의무와 함께 국민에게도 환경보전을 위해 노력할 의무를 규정한 것에서도 환경권이 사회적 기본권임과 동시에 국가목표조항으로서의 성격을 갖는 것으로 볼 수 있는 근거가 된다고 할 것이다.

3. 환경권의 주체

환경권을 건강하고 쾌적한 환경에서 생활할 권리로 인식한다면 환경권의 주체는 당연히 자연인에게만 인정된다. 사회권으로서의 환경권은 원칙적으로 국민에게 한정되어야 할 것이지만, 외국인에게도 제한적으로 인정될 수 있다.

4. 환경권의 내용

(1) 공해예방·환경보전 청구권

공해예방청구권 또는 환경보전청구권이란 국가·공공단체 또는 사인이 개발·사업·공사 등을 시행함에 있어 자연환경 또는 생활환경을 훼손·파괴함으로써 환경오염이나 공해를 유발하는 결과를 초래하지 않도록 환경영향평가, 환경훼손행위규제 등과 같은 충분한 예방조치를 강구하여 주도록 요구할 수 있는 권리를 말한다.

---

1) 대판 1999. 7. 27. 98다47528.
2) 전광석, 한국헌법론, 집현재, 2015, 502면.

(2) 공해배제·환경복구 청구권

공해배제청구권 또는 환경복구청구권이란 국가·공공단체 또는 사인의 행위로 말미암아 환경이 오염되거나 공해가 발생하고 그것이 수인의 한도를 초과하는 경우에 그 환경오염이나 공해를 배제하여 줄 것을 요구할 수 있는 권리를 말한다.

(3) 쾌적한 주거생활권

헌법 제35조 제3항에 근거한 쾌적한 주거생활권이란 인간다운 생활에 필수적인 쾌적한 주거생활의 확보를 위하여 국가에 대해 일정한 배려와 급부를 요구할 수 있는 권리를 말한다. 주거는 인간의 삶의 보금자리이며 사회의 기본적 조직단위인 가정의 근거지이며 건강하고 문화적인 생활을 영위하기 위한 필수적인 요소이므로 쾌적한 주거환경이 조성되어야 한다.

쾌적한 주거생활권에 따라 쾌적한 주거를 개발하고 공급할 주택정책의 수립을 요구할 수 있고, 쾌적한 주거생활에 필수적인 환경조성을 요구할 수 있으며, 양질의 주택에서 건강하고 문화적인 주거생활을 영위할 수 있도록 국가에 대해 요구할 권리를 가진다. 국가는 이에 대해 쾌적한 주거생활보장의무를 지게 된다. 헌법재판소는 1994년 '토지초과이득세법'에 대하여 헌법이 보장하는 인간다운 생활을 할 권리와 '국가의 쾌적한 주거생활보장의무'에도 배치되는 것이라고 판시한 바 있다.[1)]

(4) 환경권보장을 위한 국가적 의무

헌법 제35조 제1항과 제3항에 근거하여 국가는 환경보전과 공해배제의 노력을 하여야 하며, 문화적 주택을 개발하고 공급할 노력의 의무를 부담하고 있다. 그러나 환경보전은 단지 국가의 노력만으로 이루어지는 것이 아니라 국민의 적극적인 참여와 노력이 뒷받침되어야 하기 때문에 헌법 제35조 제1항은 국가와 함께 국민의 환경보전노력의무를 규정하고 있다.

헌법재판소는 국가의 환경권보호의무와 관련하여, 환경피해는 생명·신체의 보호와 같은 중요한 기본권적 법익 침해로 이어질 수 있다는 점 등을 고려할 때, 일정한 경우 국가는 사인인 제3자에 의한 국민의 환경권 침해에 대해서도 적극적으로 기본권 보호조치를 취할 의무를 진다고 보고 있다. 그리고 국가가 국민의 건강하고 쾌적한 환경에서 생활할 권리에 대한 보호의무를 다하지 않았는지 여부를 헌법재판소가 심사할 때에는 국가가 이를 보호하기 위하여 적어도 적절하고 효율적인 최소한의 보호조치를 취하였는가 하는 이른바 '과소보호금지원칙'의 위반 여부를 기준으로 삼고 있다. 그리하여 헌법재판소는 '공직선거법'상 선

---

1) 헌재 1994. 7. 29. 92헌바49등.

거운동 시 확성장치를 사용할 수 있도록 허용하면서도 그 사용에 따른 소음의 규제기준을 두지 아니하는 조항(제79조 제3항 등)에 대한 위헌확인 사건에서 다음과 같이 판시하고 있다. "… 출근 또는 등교 이전 및 퇴근 또는 하교 이후 주거지역에서 확성장치의 최고출력 또는 소음을 제한하는 등 사용시간과 사용지역에 따른 수인한도 내에서 확성장치의 최고출력 내지 소음 규제기준에 관한 구체적인 규정을 두고 있지 아니한 것은 관련 법익을 형량하여 보더라도 적절하고 효율적인 최소한의 보호조치를 취하지 아니함으로써 국가의 기본권 보호의무를 과소하게 이행하였다고 평가되고, 이는 청구인의 건강하고 쾌적한 환경에서 생활할 권리의 침해를 가져온다."[1)]

5. 환경권의 효력

헌법 제35조 제1항의 환경권은 국가권력을 기속하는 효력을 가지므로 입법부는 환경권을 실현하기 위한 구체적 입법의무를 지며, 행정부와 사법부는 환경입법에 위반하여 환경권을 침해하는 처분이나 재판을 하여서는 아니 된다. 국가는 환경보전노력의무라는 국가목표조항에 따라 광범위한 환경보전을 위한 정책을 수립하여야 하며, 환경과 관련하여 개개인에게 일정한 권리를 부여할 필요가 있는 경우에는 권리도 부여하여야 한다. 또한 헌법 제35조 제1항은 국민의 환경보전노력의무를 규정하고 있기 때문에 환경권은 사인 상호간의 관계에도 적용된다. '환경정책기본법'에 의하면 모든 국민은 일상생활에 따르는 환경오염과 환경훼손을 줄이고 국토 및 자연환경의 보전을 위하여 노력하여야 하며(제6조 제3항), 특히 사업자는 그 사업활동으로부터 야기되는 환경오염 및 환경훼손에 대하여 스스로 이를 방지함에 필요한 조치를 하여야 한다고 규정하고 있다(제5조).

6. 환경권의 침해와 구제

(1) 공권력에 의한 침해와 구제

국가나 공공단체가 고속도로를 건설하거나 산업단지에 공해산업 등을 유치함으로써 적극적으로 환경권을 침해하는 경우와, 제3자의 환경파괴를 허용하거나 묵인함으로써 소극적으로 환경권을 침해하는 경우에는 행정소송이나 국가배상청구 등을 통해 구제를 받을 수 있다. 국가가 환경보전과 개선의 의무를 태만히 하는 경우에도 헌법소원을 통해 입법부작위에 대한 위헌확인을 청구할 수 있다.

---

1) 헌재 2019. 12. 27. 2018헌마730. 이 사건에서의 헌법불합치결정은 2008. 7. 31. 2006헌마711 결정에서 공직선거법상 선거운동의 확성장치의 규제기준을 두지 않은 것이 환경권침해로 볼 수 없다고 판시한 선례를 변경한 것이다.

(2) 사인에 의한 침해와 구제

사인의 행위로 인한 환경침해에 대하여는 손해배상청구와 중지청구의 소송을 통해서 구제를 받을 수 있다. '환경정책기본법'에는 사업자에 의한 환경피해에 대하여 무과실책임을 지도록 하고 있다(제44조). 그러나 손해배상청구를 통한 구제방법은 사후적 구제방법이기 때문에 환경피해의 발생과 진행을 막기 위한 사전적 구제방법으로 중지청구 내지 유지(留止)청구가 인정된다. 중지청구는 환경피해가 현실적으로 발생하였거나 발생이 예견되는 경우에 피해자가 환경피해의 배제 또는 예방을 법원에 구하는 방법이다.

환경소송에 관한 대법원 판례를 보면, "환경권은 명문의 법률규정이나 관계 법령의 규정 취지에 비추어 권리의 주체, 대상, 내용, 행사방법 등이 구체적으로 정립될 수 있어야만 인정되는 것이므로 사법(私法)상의 권리로서의 환경권을 인정하는 명문의 규정이 없는 경우에는 원칙적으로 환경권에 기하여 방해배제청구권을 인정할 수는 없다"고 하여 법률상의 명문 규정 없는 방해배제청구권은 원칙적으로 인정되지 않는다는 입장을 취하고 있다. 다만, "어느 토지나 건물의 소유자가 종전부터 향유하고 있던 경관이나 조망, 조용하고 쾌적한 종교적 환경 등이 그에게 하나의 생활이익으로서의 가치를 가지고 있다고 객관적으로 인정된다면 법적인 보호의 대상이 될 수 있는 것이므로, 인접 대지 위에 건물의 건축 등으로 그와 같은 생활이익이 침해되고 그 침해가 사회통념상 일반적으로 수인할 정도를 넘어선다고 인정되는 경우에는 위 토지 등의 소유자는 그 소유권에 기하여 건물의 건축금지 등 방해의 제거나 예방을 위하여 필요한 청구를 할 수 있다"고 판단하고 있다.[1]

(3) 환경분쟁소송에 있어서 수인한도이론과 개연성이론

환경분쟁에 있어서 위법성의 판단과 관련하여 '수인한도이론'(受忍限度理論)이 채택되고 있다. 이 이론은 환경침해에 의해 피해가 발생하더라도 이를 참고 받아들여야 할 일정한 범위가 있으며 이 범위를 넘는 경우에 한하여 환경침해의 위법성이 인정된다는 것이다. 수인한도란 가해자측의 사정과 피해자측의 사정 및 지역적 특성 등을 비교형량하여 피해가 일반인으로 하여금 통상 견딜 수 있는 한도를 말한다. 대법원도 환경분쟁소송에 있어서 수인한도이론을 적용하고 있다.[2]

그리고 환경소송에서는 인과관계의 입증과 관련하여 '개연성이론'이 지지를 받고 있다. 개연성이론은 환경분쟁에 있어서 인과관계의 증명은 과학적으로 엄밀한 증명을 요하지 아니하고 침해행위와 손해발생 사이에 인과관계가 있다는 상당한 정도의 개연성이 있음을 입

1) 대판 1999. 7. 27. 98다47528.
2) 대판 1991. 7. 26. 90다카26607.

증함으로써 족하고, 가해자는 이에 대한 반증을 한 경우에만 인과관계의 존재를 부인할 수 있다는 이론이다.[1] 공해문제에 관하여는 현재의 과학수준으로 해명할 수 없는 분야가 있기 때문에 가해행위와 손해발생 간의 인과관계의 고리를 모두 자연과학적으로 증명하는 것은 곤란 내지 불가능한 경우가 대부분이므로, 피해자에게 사실적 인과관계의 존재에 관한 엄밀한 과학적 증명을 요구함은 공해의 사법적 구제의 사실상 거부가 될 우려가 있기 때문에 개연성이론이 타당하다고 할 것이다.

(4) 환경피해분쟁조정제도

공권력이나 사인에 의한 환경피해에 대해 사법기관을 통해 구제하는 것은 강제적이고 공정하며 피해구제의 최후수단이라는 점에서 그 의의가 크지만, 그러한 구제방법은 환경피해의 원인유형의 다양성, 인과관계 입증의 곤란성, 피해분쟁의 복잡성 등으로 인해 그 구제수단으로서의 한계가 있을 수밖에 없다. 따라서 환경피해에 대한 권리구제의 효율화를 기하기 위하여 환경피해분쟁조정제도가 마련되어 있다. 이 제도는 1991년부터 시행된 '환경오염피해분쟁조정법'에 근거하여 환경부장관과 각 시·도지사 소속하에 중앙환경분쟁조정위원회와 지방환경분쟁조정위원회를 설치하고 있다.

그러나 위와 같은 사법기관이나 조정위원회를 통한 분쟁해결방안은 피해자가 불특정 다수인인 현대의 환경피해분쟁의 해결방법으로서는 한계가 있다는 이유로 새로운 환경소송제도의 도입이 논의되고 있다. 미국의 집단소송제도라든지 독일의 단체소송제도의 도입논의 등이 이에 해당한다.

Ⅶ. 혼인과 가족생활, 모성 및 보건에 관한 권리

1. 혼인과 가족생활에 관한 권리

(1) 의 의

헌법 제36조 제1항은 "혼인과 가족생활은 개인의 존엄과 양성의 평등을 기초로 성립되고 유지되어야 하며, 국가는 이를 보장한다"라고 규정하고 있다. 이 규정은 혼인제도와 가족제도는 인간의 존엄성 존중과 민주주의원칙에 따라 규정되어야 함을 천명한 것으로, 혼인에 있어서도 개인의 존엄과 양성의 본질적 평등의 바탕 위에서 모든 국민은 스스로 혼인할 것인가 하지 않을 것인가를 결정할 수 있고, 혼인을 함에 있어서도 그 시기는 물론 상대방을 자유로이 선택할 수 있는 것이며, 이러한 결정에 따라 혼인과 가족생활을 유지할 수

---

1) 대판 1984. 6. 12. 81다558.

있고, 국가는 이를 보장하여야 한다는 것을 의미한다.[1)]

(2) 법적 성격

헌법 제36조 제1항의 혼인과 가족생활에 관한 권리의 법적 성격에 관하여는 제도보장으로서의 성격, 자유권적 성격, 사회권적 성격 등으로 견해가 나뉘고 있으나, 통설적 견해는 혼인과 가족생활의 자율성을 침해받지 아니할 자유권의 성격과, 혼인과 가족생활에 대한 국가의 적극적 보호를 요구하는 사회권적 성격을 아울러 가지며 혼인·가족제도의 보장으로서의 성격도 동시에 가진다고 한다. 헌법재판소도 “이 헌법규정은 소극적으로는 국가권력의 부당한 침해에 대한 개인의 주관적 방어권으로서 국가권력이 혼인과 가정이란 사적인 영역을 침해하는 것을 금지하면서, 적극적으로는 혼인과 가정을 제3자 등으로부터 보호해야 할 뿐이 아니라 개인의 존엄과 양성의 평등을 바탕으로 성립되고 유지되는 혼인·가족제도를 실현해야 할 국가의 과제를 부과하고 있다”고 판시하고 있다.[2)]

(3) 혼인과 가족제도 보장에 관한 헌법재판소 판례

헌법재판소는 1997년 민법상 동성동본금혼규정에 대하여 개인의 존엄과 양성의 평등을 기초로 한 혼인과 가족생활의 성립·유지라는 헌법규정에 정면으로 배치된다고 판단하였다.[3)] 2002년에는 부부자산소득 합산과세에 대하여 “자산소득이 있는 모든 납세의무자 중에서 혼인한 부부가 혼인하였다는 이유만으로 혼인하지 않은 자산소득자보다 더 많은 조세부담을 하여 소득을 재분배하도록 강요받는 것은 부당하며, 부부 자산소득 합산과세를 통해서 혼인한 부부에게 가하는 조세부담의 증가라는 불이익이 자산소득합산과세를 통하여 달성하는 사회적 공익보다 크다고 할 것이므로, 소득세법 제61조 제1항이 자산소득합산과세의 대상이 되는 혼인한 부부를 혼인하지 않은 부부나 독신자에 비하여 차별취급하는 것은 헌법상 정당화되지 아니하기 때문에 헌법 제36조 제1항에 위반된다”고 결정하였다[4)].

2005년에는 호주제도에 대한 헌법불합치결정에서 “호주제는 당사자의 의사나 복리와 무관하게 남계혈통중심의 가의 유지와 계승이라는 관념에 뿌리박은 특정한 가족관계의 형태를 일반적으로 규정·강요함으로써 개인을 가족 내에서 존엄한 인격체로 존중하는 것이 아니라 가의 유지와 계승을 위한 도구적 존재로 취급하고 있는데, 아는 혼인·가족생활을 어떻게 꾸려나갈 것인가에 관한 개인과 가족의 자율적 결정권을 존중하라는 헌법 제36조 제1항에 부합하지 않는다”고 결정하였다.[5)]

---

1) 헌재 1997. 7. 16. 95헌가6등.
2) 헌재 2000. 4. 27. 98헌가16등.
3) 헌재 1997. 7. 16. 95헌가6등.
4) 헌재 2002. 8. 29. 2001헌바82.

헌법 제36조 제1항과 관련하여 형법상 간통죄처벌조항이 문제되는데, 헌법재판소는 1990년 결정 이래 "선량한 성도덕과 일부일처주의·혼인제도의 유지 및 가족생활의 보장을 위하여서나 부부간의 성적 성실의무의 수호를 위하여, 그리고 간통으로 인하여 야기되는 사회적 해악의 사전예방을 위하여, 간통행위를 규제하고 처벌하는 것은 성적 자기결정권의 본질적 내용을 침해하는 것이 아니다"라고 판시해 왔으나,[1] 2015년 결정에서는 간통죄의 보호법익인 혼인과 가정의 유지는 당사자의 자유로운 의지와 애정에 맡겨야지, 형벌을 통하여 타율적으로 강제될 수 없는 것이라고 하고 간통죄처벌조항은 과잉금지원칙에 위배하여 국민의 성적 자기결정권 및 사생활의 비밀과 자유를 침해하는 것으로서 헌법에 위반된다고 판단하였다.[2] 혼인 종료 후 300일 이내에 출생한 자를 전남편의 친생자로 추정하는 민법 제844조 제2항은 모가 가정생활과 신분관계에서 누려야 할 인격권, 혼인과 가족생활에 관한 기본권을 침해하는 것이라고 판시하였다.[3]

2. 모성의 보호에 관한 권리

헌법 제36조 제2항은 "국가는 모성의 보호를 위하여 노력하여야 한다"라고 하여 국가의 모성보호의무를 규정하고 있다. 이 규정에 의한 국가의 모성보호노력의무에 대응하여 모성은 국가적 보호를 청구할 권리를 가진다. 모성(母性)이란 모든 여성을 지칭하는 것이 아니고 자녀를 가진 여성을 의미한다. 모성의 보호에 관한 권리는 사회권적 성격을 가진다. 이 권리의 구체적 내용으로는 모성의 건강에 대한 특별한 보호, 모성으로 인한 불이익의 금지, 모성에 대한 적극적 보호 등이다. 이에 관한 법률로는 모자보건법, 한부모가족지원법 등이 있다.

3. 보건에 관한 권리

헌법 제36조 제3항은 "모든 국민은 보건에 관하여 국가의 보호를 받는다"라고 하여 국민보건에 관한 국가의 보호를 규정하고 있다. 이 조항은 국가의 국민보건보호의무를 규정함과 동시에 국민에 대하여 자신과 가족의 건강을 유지하는 데 필요한 국가적 급부와 배려를 요구할 수 있는 권리를 보장하는 것으로 이해한다. 이 보건에 관한 권리 내지 보건권은 생명권이나 행복추구권, 인간다운 생활권 등과 이념적으로 밀접한 상호관련성을 가진다.

보건권은 공권력에 의한 건강침해에 대하여 소극적으로 그 배제를 요구할 수 있다는

5) 헌재 2005. 2. 3. 2001헌가9등.
1) 헌재 1990. 9. 10. 89헌마82; 헌재 1993. 3. 11. 90헌가70; 헌재 2001. 10. 25. 2000헌바60.
2) 헌재 2015. 2. 26. 2009헌바17등.
3) 헌재 2015. 4. 30. 2013헌마623.

점에서는 자유권적 성격을 지니지만, 자신과 가족의 건강에 대하여 국가의 적극적 배려를 요구할 수 있다는 점에서 기본적으로 사회권적 성격을 가지는 것이다. 헌법재판소도 보건에 관한 권리를 사회권적 성격으로 이해하여 "보건에 관한 권리는 국가에 대하여 건강한 생활을 침해하지 않도록 요구할 수 있을 뿐만 아니라 보건을 유지하도록 국가에 대하여 적극적으로 요구할 수 있는 권리로 이해한다 하더라도 치과전문의제도를 시행하고 있지 않기 때문에 청구인을 포함한 국민의 보건권이 현재 침해당하고 있다고 보기는 어렵다"고 판단하고 있다.[1)]

1) 헌재 1998. 7. 16. 96헌마246.

제 8 장 국민의 기본적 의무

Ⅰ. 기본적 의무의 의의와 성격

1. 기본적 의무의 의의

국민의 기본적 의무란 국민이 국가구성원으로서 국가의 존속과 유지를 위하여 부담하는 여러 가지 의무 중에서 헌법이 규정하는 의무를 말한다. 따라서 국민의 기본적 의무는 헌법상의 의무를 의미한다.

근대적 입헌주의헌법에는 자유주의적·법치국가적 요청에 따라 납세의 의무와 국방의 의무만을 규정하였으나, 현대의 복지국가헌법은 그러한 고전적 의무뿐만 아니라 사회국가 내지 복지국가의 요청에 따라 교육을 받게 할 의무, 환경보전의 의무 등을 추가로 규정하게 되었다.

2. 기본적 의무의 법적 성격

고전적 의미에서의 국민의 납세의 의무와 국방의 의무는 군주에 의한 자의적 과세나 강제적 징병으로부터 국민의 재산과 신체의 자유를 보호하기 위하여 국민의 자유와 권리를 제약할 수 있는 경우를 열거한 것으로서, 국가권력의 남용을 억제하고 국가권력의 발동을 제한한다는 소극적 의미를 가진 것이었다. 그러나 오늘날의 민주국가에서의 납세와 국방의 의무는 국가권력을 억제하고 제한하는 소극적 의미만을 가지는 것이 아니라, 주권자로서의 국민이 스스로 국가의 존립과 안전을 위하여 병력을 유지하고 국가재정을 위하여 조세를 납부한다는 적극적 의미를 함께 가지는 것으로 이해할 수 있다. 특히 20세기 헌법에서 볼 수 있는 근로의 의무, 교육을 받게 할 의무, 환경보전의 의무 등은 사회국가의 이념을 구현하고, 사회적 기본권을 실질화하는 의미를 가진다고 할 수 있다.

Ⅱ. 납세의 의무

1. 납세의무의 의의

헌법 제38조는 "모든 국민은 법률이 정하는 바에 의하여 납세의 의무를 진다"라고 하여 국민의 납세의무를 규정하고 있다. 납세의 의무는 국가공동체의 존속·유지에 필수적으로 요구되는 국가재정을 확보하기 위하여 국민에게 조세납부의 의무를 헌법에 정한 것이다. 조세란 공권력의 주체가 그 과세권에 의하여 재정조달의 목적으로 반대급부 없이 일반국민으로부터 강제적으로 부과·징수하는 과징금을 말한다.

2. 납세의무의 주체

납세의 의무의 주체는 원칙적으로 국민이며, 자연인뿐만 아니라 법인도 포함된다. 외국인의 경우에도 국내에 재산을 가지고 있거나 과세대상이 되는 행위를 한 때에는 과세대상이 될 수 있다.

3. 납세의무의 내용

납세의무는 조세평등주의와 조세법률주의에 따라 개인의 재력에 상응한 공정하고 평등한 과세여야 하며, 법률에 의한 과세를 내용으로 하는 것이어야 한다. 조세평등주의는 헌법 제11조 제1항에 의한 평등의 원칙의 조세법적 표현으로서 조세법의 입법과정과 집행과정에서 조세정의를 실현하기 위한 것이다. 또한 과세는 담세능력의 원칙에 따라 개인의 담세능력을 고려한 것이어야 하고, 동일한 담세능력자에 대해서는 평등한 과세가 이루어져야 한다.

조세법률주의는 헌법 제38조와 제59조에 근거하여 조세징수로부터 국민의 재산권을 보호하고 법적 생활의 안정을 도모하려는 것을 목적으로 하며, 그 내용으로는 과세요건 법정주의, 과세요건 명확주의, 소급과세금지의 원칙 등이 있다.

Ⅲ. 국방의 의무

1. 국방의무의 의의

헌법 제39조 제1항은 "모든 국민은 법률이 정하는 바에 의하여 국방의 의무를 진다"라고 하여 국민의 국방의 의무를 규정하고 있다. 국방의 의무란 외국의 침략적 행위로부터 국가의 독립을 유지하고 영토를 보전하기 위하여 부담하는 국가방위의무를 말한다.

2. 국방의무의 내용

국방의 의무는 국방을 위한 직접·간접의 병력형성의무를 그 내용으로 한다. 국방을 위한 직접적 병력형성의무는 병역법에 따른 징집에 응할 의무를 말한다. 징집연령에 달한 자는 누구나 국민개병의 원칙에 따라 병역을 치러야 한다. 간접적 병력형성의무에는 향토예비군설치법에 의한 예비군복무의무, 민방위기본법에 의한 민방위응소의무, 비상대비자원관리법에 의한 훈련에 응할 의무 등을 포함한다.[1)]

3. 병역의무에 따른 불이익처우의 금지

헌법 제39조 제2항은 “누구든지 병역의무의 이행으로 인하여 불이익한 처우를 받지 아니한다”라고 하여 병역의무로 인하여 취업, 공직취임, 학업, 사회진출 등에서 불이익한 처우를 받지 않음을 보장하고 있다.

이 헌법조항에 의하여 국가는 병역의무를 이행한 사람들이 병역의무이행으로 인하여 불이익한 처우를 받은 경우에 그 피해를 보전하는 방안을 마련하여야 한다. 여기서 불이익한 처우란 법적 불이익뿐만 아니라 사실상의 불이익이나 경제적 불이익도 포함된다고 보는 견해가 있으나,[2)] 헌법재판소는 법적 불이익을 의미한다고 보고 있다.[3)] 그러나 이러한 피해보전행위가 다른 사람의 자유나 권리를 침해하는 것이어서는 안 되며, 타인과의 관계에서 평등원칙에 반하여 특혜를 주는 것이어서는 아니된다.

병역의무이행으로 인한 불이익한 처우에 관한 헌법재판소 판례로는 구 변호사법 제10조 제2항에 대한 위헌심판에서 병역의무의 이행을 위하여 군법무관으로 복무한 후 변호사를 개업하는 경우에 개업지를 제한하는 것은 병역의무의 이행으로 불이익한 처우를 받게 되어 헌법 제11조 제1항, 제15조, 제37조 제2항, 제39조 제2항에 각 위반된다고 판시한 것을 볼 수 있다.[4)]

한편 ‘제대군인지원에 관한 법률’ 제8조 제1항, 제3항에 따라 공무원채용시험에 응시할 때에 제대군인에게 과목별 득점에 과목별 만점의 5% 또는 3%를 가산하는 가산점제도에 대해서는 다른 사람과의 관계에서 차별대우하여 특혜를 주는 것이어서 위헌이라고 판단한 바 있다.[5)]

---

1) 헌재 2002. 11. 28. 2002헌마45.
2) 정종섭, 앞의 책, 892면.
3) 헌재 1999. 12. 23. 98헌바33.
4) 헌재 1989. 11. 20. 89헌가102.
5) 헌재 1999. 12. 23. 98헌바33.

Ⅳ. 교육을 받게 할 의무

헌법 제31조 제2항은 "모든 국민은 그 보호하는 자녀에게 적어도 초등교육과 법률이 정하는 교육을 받게 할 의무를 진다"라고 교육을 받게 할 의무를 규정하고 있다. 교육을 받게 할 의무란 친권자 또는 후견인이 그 자녀로 하여금 초등교육과 법률이 정하는 교육을 받도록 취학시킬 의무를 말한다. 교육을 받게 할 의무는 헌법 제31조 제1항에서 규정하고 있는 능력에 따라 균등하게 교육을 받을 권리를 실효성 있게 하기 위하여 스스로 교육의 기회에 다가가지 못하는 이들에게 최소한의 교육을 받을 수 있도록 하기 위한 것이다. 이 의무는 법적 의무이므로 초중등교육법 제68조 제1항은 그 이행의 독촉을 받고도 이를 이행하지 아니하는 자에 대하여 100만원 이하의 과태료부과처분을 하도록 규정하고 있다.

그러나 교육을 받게 할 의무를 헌법상의 의무로 규정한 것이 타당한 것인가에 관하여 의문을 제기하는 견해가 있다. 교육을 받게 할 의무에 따라 국가가 지정하는 학교에 의무적으로 취학하게 하는 것은 아동과 부모 또는 보호자의 교육과 학습에 관한 자기결정권과 충돌하는 요소가 있으며, 또한 교육을 받게 할 의무는 고전적인 납세의무나 국방의무와는 달리 진정한 법적 의무가 아니라 윤리적 의무의 성격을 지닌다고 보는 입장이 있다.[1)]

Ⅴ. 근로의 의무

헌법 제32조 제2항은 "모든 국민은 근로의 의무를 진다. 국가는 근로의 의무의 내용과 조건을 민주주의원칙에 따라 법률로 정한다"라고 하여 근로의 의무를 규정하고 있다. 연혁적으로 볼 때 근로의 의무조항은 사회주의국가헌법에서 중시되어 온 것이며, 바이마르헌법에서는 이를 도덕적 의무로 규정하였다(제163조 제1항). 우리 헌법은 건국헌법 이래 근로의 권리와 함께 근로의 의무를 규정하여 왔다.

근로의 의무의 법적 성격에 관하여는 이를 법적 의무로 보는 견해와 윤리적 의무로 보는 견해로 나뉘고 있으나, 윤리적·도덕적 의무로 보는 것이 다수설이다. 법적 의무설은 국가가 공공필요에 의하여 근로할 것을 명하는 경우에 이에 복종해야 할 국민의 의무라고 하고, 윤리적 의무설은 근로의 의무를 근로의 능력이 있음에도 불구하고 근로하지 않는 자에 대하여 윤리적·도덕적 비난이 가해져야 한다는 의미로 이해해야 한다는 것이다. 생각건대 우리 헌법은 인간으로서의 존엄과 가치(제10조)를 존중하고, 강제노역이 금지되며(제12조 제1항), 직업선택의 자유(제15조)에는 무직업의 자유도 포함되므로 헌법 제32조 제2항의 근로의

1) 정종섭, 앞의 책, 855면.

의무는 도덕적·윤리적 의무로 보는 것이 타당하다. 다만 예외적으로 국가비상시에는 법률에 의하여 강제적 근로를 인정할 수 있다고 할 것이다.

Ⅵ. 환경보전의 의무

헌법 제35조 제1항 후단은 "국민은 환경보전을 위하여 노력하여야 한다"라고 하여 국가뿐만 아니라 국민에 대해서도 환경보전의 의무를 규정하고 있다. 환경보전의 의무의 법적 성격에 관하여는 도덕적 의무라고 보는 견해도 있으나 법적 의무로 보는 것이 타당하다. 개인의 환경침해행위는 환경보호를 위한 여러 법률에 의해 법적 제재의 대상이 된다.

Ⅶ. 헌법에 명시되지 않은 의무

국민의 기본적 의무는 헌법에 열거되지 않더라도 국민이 부담하는 것으로 관념되는 의무가 있다. 헌법과 법률을 준수해야 하는 법준수 의무는 헌법에 명시되어 있지 않으나 국민의 당연한 헌법상의 의무로 인정된다. 법준수 의무는 전체 실정법질서의 근본을 이루는 국민의 의무이며 법치주의에 내재된 개념이다. 또한 헌법에 명시되지 않은 의무로서 국민은 타인의 권리를 존중할 의무를 부담한다. 헌법이 기본권을 보장하는 것은 공동체 내의 구성원인 모든 개인의 자유와 권리를 보장하는 것이기 때문에 특정 개인의 자유와 권리의 보장이 타인의 자유와 권리를 침해하는 것을 허용하지 않는다.

제4편

통치구조론

제 1 장 통치구조의 기본원리

Ⅰ. 헌법과 통치구조

1. 통치구조의 의의와 기본이념

근대 입헌주의헌법 시대가 전개된 이래 각국의 헌법은 기본권보장과 통치구조라는 두 개의 구성부분을 그 내용으로 하고 있다. 헌법상 통치구조는 국가권력의 구성과 작용에 관한 기본사항을 정하고 있는 것으로, 국가적 조직의 기본법을 의미하는 헌법은 반드시 국가의 통치구조를 필수적인 요소로 규율하게 된다. 통치구조란 국가의 통치권을 행사하는 통치기구를 어떻게 구성하고, 통치기구를 구성하는 개개의 국가기관에 어떠한 권한을 부여하며, 국가기관 상호간의 관계를 어떻게 설정할 것인가에 관한 포괄적 개념을 의미한다고 할 수 있다.

그리고 입헌주의헌법의 성립 이후 각국 헌법의 통치구조는 헌법의 이념으로서 국민의 기본권보장과 불가분의 관계에서 이해되고 있다. 오늘날 민주국가 헌법의 통치구조는 국민주권의 원리를 이념적 기초로 하여 인간의 존엄성 존중을 핵심적 내용으로 하는 국민의 기본권보장을 실현하기 위한 국가권력의 기능적·제도적 메커니즘을 의미하게 된다. 그러므로 헌법상 통치구조는 국민의 기본권적 가치와 유리될 수 없는 기본권실현의 수단적 의의와 기능을 갖는다.

이러한 기본권실현을 기본이념으로 하는 통치구조는 당연히 기본권에 기속되어야 하는 것을 요구한다. 즉 국가권력은 자기목적적인 것이 아니라 기본권실현의 수단에 지나지 않으므로 모든 국가권력이 기본권에 기속되어야 한다는 기본이념이 실현될 수 있도록 하는 제도적 장치를 확보하는 것이 중요하다. 따라서 자유민주적 통치질서 내에서의 모든 권력행사는 기본권적 가치의 실현에 초점을 맞추어야 한다. 이와 관련하여 우리 헌법 제10조 제

2문에서도 "국가는 개인이 가지는 불가침의 기본적 인권을 확인하고 이를 보장할 의무를 진다"라고 규정하고 있는데, 이러한 국가의 기본권보호의무조항도 국가권력이 기본권실현의 수단임을 전제로 하는 것이다.

또한 민주국가에서의 통치구조는 민주공화제라는 국가체제의 유지·강화를 실현하기 위한 수단이며 제도적 장치를 의미한다. 우리 헌법 제1조 제1항이 "대한민국은 민주공화국이다"라고 규정하고 있는 것도 우리 헌법의 통치구조가 민주공화국이라는 국가공동체의 기본체제를 수호하기 위한 수단으로서 기능해야 한다는 것을 의미한다. 이와 같이 통치구조를 통해 실현하려는 이념과 목표는 국민의 기본권보장의 실현뿐만 아니라 동시에 민주공화제라는 국가체제를 유지하는 데에 있다. 우리 헌법이 규정하고 있는 국가형태로서 민주공화국은 기본권보장체계가 형성되고 존립할 수 있는 제도적 기반이 되는 것이기 때문이다.[1)]

2. 통치구조의 기본원리

(1) 국가권력의 기본권기속성의 원리

오늘날 자유민주주의국가의 통치구조는 국민적 합의에 바탕을 둔 기본권적 가치의 실현을 위해 존재하는 것이므로 모든 국가권력, 즉 통치권의 행사는 언제나 기본권에 기속된다는 국가권력의 기본권기속성(基本權羈束性)을 확보할 수 있는 제도적 장치를 필요로 한다. 이는 국가의 통치구조가 기본권실현을 통한 사회통합을 위하여 구성된 헌법상의 기능적·제도적 메커니즘이라는 관점에서 볼 때 당연한 논리적 귀결이다. 국가권력의 기본권기속성의 원리에 따라 모든 통치권의 행사는 기본권실현의 수단에 불과하다는 것을 의미하며, 따라서 통치권의 행사는 절대로 '자기목적적'(自己目的的)일 수 없는 것이다.[2)] 여기서 국민과 국가의 관계에서 볼 때 국민 개개인은 어떠한 경우에도 국가목적을 위해 존재하는 수단일 수 없기 때문에 전체주의국가는 부정되는 것이다. 헌법재판소의 판례도 "모든 국가작용은 국민의 기본권적 가치를 실현하기 위한 수단이라는 한계를 반드시 지켜야 한다"고 판시하여 국가권력의 기본권기속성을 강조하고 있다.[3)]

(2) 국가권력의 민주적 정당성의 원리

민주주의국가에 있어서 기본권보장의 실현과 민주공화제의 유지라는 두 가지 목표를 실천하기 위한 통치구조와 국가권력은 민주적 정당성을 구비하여야 한다. 국가권력의 민주적 정당성(demokratische Legitimation)의 요구는 모든 통치권의 창설과 그 행사가 국민적 합의

1) 권영성, 헌법학원론, 법문사, 2010, 729-730면.
2) 허영, 한국헌법론, 박영사, 2009, 623면.
3) 헌재 1996. 2. 29. 93헌마186.

에 바탕을 두어야 한다는 것을 의미한다. 또한 통치기관의 헌법적 권능이 그 기관이 바탕으로 하고 있는 민주적 정당성의 크기와 일정한 균형관계를 유지하지 못하는 경우에는 통치권의 참된 민주적 정당성은 인정하기 어렵게 된다. 통치기관의 선출방법과 그 통치기관에 주어지는 헌법적 권한 사이에는 불가분의 상관관계가 성립될 수밖에 없다. 예컨대 직선제에 의해 선출된 대통령과 간선제로 선출된 대통령의 권한이 같을 수 없는 이유는 직선 대통령의 민주적 정당성이 간선 대통령보다 크기 때문인 것이다. 민주적 정당성의 구현방법으로는 선거제도, 국민투표, 정당활동의 자유, 표현의 자유 및 헌법기관의 구성에 국민대표기관인 국회의 관여를 인정하는 것 등을 들 수 있다.

(3) 국가권력의 절차적 정당성의 원리

민주적 정당성이 확보된 국가권력이라 하더라도 국가권력은 그 자체의 힘의 행사를 본질로 하기 때문에 권력의 남용과 악용이 불가능하도록 통치권에 대한 합리적이고 효율적인 통제수단을 마련함으로써 통치권의 행사가 그 행사의 방법과 과정에 있어서도 정당성을 가질 수 있어야 한다. 즉 국가권력의 기본권기속성의 요청은 통치권행사의 방법과 과정이 절차적 정당성을 가질 수 있도록 권력통제에 관한 적절한 제도적 장치를 확보하는 경우에만 비로소 그 실효성을 기대할 수 있다.

통치권의 절차적 정당성을 확보하기 위하여는 권력분립제와 법치주의의 실현이 전제되어야 하며, 헌법재판제도에 의한 권력통제가 중요한 수단이 된다. 또한 헌법기관의 임기차등제(대통령 임기 5년, 국회의원 임기 4년, 대법원장과 대법관 임기 6년)에 의한 존립기반적 독립성 보장도 권력통제적 기능을 수행하는 제도적 장치로 이해할 수 있다. 권력분립제는 입법권·행정권·사법권으로 분리된 국가권력 상호간의 견제와 균형을 통한 기본적 권력통제장치를 의미하며, 법치주의는 모든 국가작용은 법에 의해 이루어져야 한다는 '법의 지배'(rule of law)의 원리를 의미하며 국가의 통치권의 행사는 국민의 대표기관인 의회가 제정한 법률에 근거하거나 법률에 의해 작동되도록 함으로써 국민의 자유와 권리를 보호하는 것을 목적으로 한다. 헌법재판제도는 위헌법률심판, 탄핵심판, 헌법소원심판 등을 통하여 통치권의 기본권기속성과 절차적 정당성을 확보하기 위한 기능적 권력통제의 주요한 수단이 된다.

3. 현행헌법상 통치구조의 특징과 문제점

(1) 민주적 정당성의 취약성 문제

현행헌법은 대통령직선제를 채택하여 기본적으로 민주적 정당성을 확보하고 있다. 그러나 그 직선제의 내용은 상대다수선거제(헌법 제67조 제2항, 제3항)를 규정함으로써 유권자의 과반수에도 미치지 못한 소수의 지지만으로도 대통령에 당선될 수 있도록 하고 있다. 이러한 상대다수선거제는 결선투표제를 채택하고 있지 않기 때문에 대통령후보가 난립하는 경우 민주적 정당성이 취약한 '소수파 대통령'(minority president)이 출현할 수 있다. 이러한 소수파 대통령의 출현을 막기 위해서는 프랑스의 대통령선거제도에서 채택하고 있는 결선투표제를 도입하는 것이 바람직하다고 할 수 있으나, 미국의 경우처럼 양당제의 정당정치가 확립되면 현행의 상대다수선거제 하에서도 민주적 정당성의 문제는 해결될 수 있다.

그리고 우리 헌법의 대통령제는 단임제를 채택하고 있는 것이 특징이다. 이러한 단임제는 국민에 의해 직접 선출된 대통령이 국민에 대해 정치적 책임을 지게 된다는 대통령제의 본질적 원리에 반하는 문제가 있다. 대통령 중임제의 경우 재선(再選)과정을 통해 국민의 의사에 따른 정치적 책임을 지는 기회가 부여된다는 점에서 미국형 대통령제와 같이 중임을 허용하는 제도가 직선제의 본질적 요청에 부합된다고 할 수 있다.

또한 우리의 대통령제는 미국형의 순수 대통령제와 구별되는 점이 부통령제를 채택하지 아니하고 국무총리제를 두고 있다는 것이다. 대통령의 사고나 궐위시 국무총리 또는 국무위원에 의한 대통령 권한대행제도(헌법 제71조)는 국민이 직접 선출하지 않은 국무총리 등이 사실상 대통령직을 수행하는 것으로 민주적 정당성의 취약성이 문제될 수 있다. 이 점에서는 미국의 경우처럼 국민에 의해 선출된 부통령이 대통령직을 승계하거나 권한대행을 하는 제도가 합리적이라고 할 수 있다.[1)]

(2) 권력통제의 실효성 확보 문제

현행헌법은 헌법재판제도를 도입하여 위헌법률심판, 탄핵심판, 권한쟁의심판, 헌법소원심판 등을 통해 강력한 권력통제기능을 수행하고 있다. 그러나 우리의 헌법재판제도의 핵심적 요소에 해당하는 위헌법률심사제도(제107조 제1항)는 '구체적 규범통제' 제도를 의미하는 것으로서 일반적으로 추상적 규범통제가 허용되지 않기 때문에 헌법재판제도의 불완전성이 지적될 수 있다. 또한 헌법소원제도에 있어서 법원의 재판을 헌법소원의 대상에서 제외하고 있는 것(헌법재판소법 제68조 제1항)도 문제가 될 수 있다. 이러한 규범통제와 헌법소원제도의 불완전성은 통치권행사의 절차적 정당성 확보에 문제가 있음을 의미한다.

---

1) 정부형태에 관한 개헌 논의에 있어서 국무총리의 대통령권한대행의 문제점을 해결하기 위하여 미국형의 부통령제를 도입할 필요가 있다는 주장은 일견 설득력이 있어 보인다. 국민에 의해 선출되지 않은 국무총리에 의한 대통령권한대행제도보다는 대통령과 함께 국민에 의해 선출된 부통령이 대통령직을 승계 또는 대행하는 것이 바람직하다는 논리는 타당하다고 할 수 있다. 그러나 미국의 부통령제 그 자체도 미국헌법 시행 이래 그 제도와 운용 실제에 있어서 적지 않은 문제점을 노정해 왔음을 볼 때 부통령제의 도입은 신중을 기해야 할 것이며, 심도 있는 연구·검토가 필요하다고 본다. 이에 관하여는 정만희, "정부형태에 관한 헌법개정의 방향", 헌법학연구 제14권 제4호, 2008, 285-289면.

헌법은 권력분립원리에 기초한 국회의 행정부 통제기능으로 국회는 국무총리 또는 국무위원의 해임을 대통령에게 건의할 수 있다고 규정(제63조 제1항)하고 있으나 이러한 해임건의권은 법적 구속력을 갖지 아니하며, 행정부의 기관 내적 통제장치로서 국무회의의 심의(제88조 제1항)와 부서제도(제82조) 등도 실질적인 통제기능을 기대하기 어렵다고 할 수 있다.

그리고 오늘날의 정당국가적 민주주의의 현실에 있어서 대통령 소속의 집권당이 동시에 국회의 다수당을 점하는 이른바 '여대야소'(與大野小)의 경우에는 헌법상 권력분립원리에 입각한 국회의 행정통제기능은 형식적인 것에 불과하게 된다.

(3) 권력간의 견제장치의 균형성 문제

현행헌법은 1980년 헌법에 비해 국회의 권한을 강화하여 국정감사권과 함께 국정조사권(제61조)을 인정하고 있는 것이 특징이다. 국정감사권은 외국의 입헌례를 찾기 어려운 제도로서 매년 정례적으로 국정 전반에 대한 포괄적 조사활동을 통해 국회가 행정부에 대한 강력한 통제기능을 행사할 수 있으나, 다른 한편 국정감사가 과다한 감사대상기관의 선정 등에 따른 행정의 마비와 비효율적인 감사 등의 역기능이 문제점으로 지적되고 있다.[1] 또한 우리 헌법상의 정부형태가 기본적으로 엄격한 권력분립을 전제로 하는 대통령제 정부형태를 취하면서 의원내각제적 요소에 해당하는 국회의 국무총리 및 국무위원 해임건의권(제63조)을 인정하는 것은 사실상 대통령을 기속하게 되어 국회의 정부에 대한 통제기능이 편중적으로 강화되는 것이 아닌가의 문제가 제기될 수 있다. 특히 집권당과 국회의 다수당이 일치하지 않는 '여소야대'의 분점정부 내지 분열정부(divided government) 현상이 출현하게 되면 이러한 국회의 강력한 행정통제장치는 오히려 정국의 마비·교착상태를 가져오게 되는 문제가 지적될 수 있다.

한편 대통령은 국회의 동의를 얻어 대법원장과 대법관을 임명(헌법 제104조 제1항, 제2항)하도록 하여 간접적으로 사법부 구성의 민주적 정당성을 확보하고 있으나, '여대야소'의 경우 대통령의 강력한 영향력은 사법부의 독립을 기대하기 어렵게 한다. 헌법재판소의 구성에 있어서도 재판관 9인은 대통령이 임명하는데 그 중 3인은 국회에서 선출하는 자를, 3인은 대법원장이 지명하는 자를 임명하는 방법(헌법 제111조 제2항, 제3항)은 헌법재판소의 독립성의 관점에서 문제가 될 수 있다. 그리고 대법관의 수를 헌법에 명시하지 않고 법률에 위임(제102조 제3항)함에 따라 행정부가 법률개정만으로 대법관의 수를 임의적으로 조정함으로써 대법원에 영향을 미칠 수 있는 문제가 있다.[2]

---

1) 상세한 내용은 정만희, "국정감사제도의 재검토", 공법학연구 제10권 제1호, 2009, 133면 이하 참조.
2) 허영, 앞의 책, 638면.

Ⅱ. 국가권력의 정당화 근거로서 국민주권원리

국가권력 내지 통치권의 근거는 국민주권원리에 기초하고 있다. 국가의사를 결정하는 최고의 결정권력이 국민에게 있다는 국민주권 내지 주권재민(主權在民)의 원리는 국가권력의 원천이 국민이요, 국가권력의 정당성의 근거가 국민에게 있다는 민주국가 헌법의 최고원리를 의미한다. 국민주권원리에 있어서 주권의 주체인 국민의 개념을 전체국민으로 보거나 유권적 시민의 총체로 보는 경우에도 현대국가의 현실적 여건상 국민이 직접 모든 국가의사나 국가정책을 결정하는 것은 사실상 불가능하게 되므로 국민주권원리를 구현할 수 있는 기술적 방법이나 제도적 장치가 필요하게 되는데, 그것이 바로 간접민주제 내지 대의제의 방식과 직접민주제의 방식에 관한 것이다.

현대의 자유민주주의국가에서의 국민주권원리는 국가권력의 정당화 원리로서의 의미를 가지므로 국가 내의 모든 통치권력의 행사는 이념적으로 국민의 의사에 귀착시킬 수 있는 것이다. 따라서 국민주권의 가치세계에서는 국민의 정치적 의사형성이 자유로운 분위기 속에서 상향적으로 이루어질 것이 요청된다. 또한 국민주권원리는 주권의 주체와 통치권의 담당자의 구별을 전제로 하여 주권의 주체로서의 국민이 직접 주권을 행사하는 예외적인 경우를 제외하고는 통치권의 담당자가 국민의 의사에 의해 결정되고 그를 통해 국가권력의 행사가 궁극적으로 국민의 의사에 의해 정당화될 것을 요구한다.

따라서 국민주권의 현대적 의미는 국민이 국가기관으로서 직접 통치권을 행사하는 데 있는 것이 아니라, 주권자인 국민은 모든 국가권력의 '원천'으로서 헌법제정권력으로 기능하며, 선거를 통해 모든 국가기관을 창설하고 그 권력행사의 정당성을 부여할 뿐만 아니라, 여론의 힘으로 정치적 의사결정과정에 영향력을 행사함으로써 국가작용의 민주적 조종자로서 기능한다는 데에 있다고 할 수 있다.

우리 헌법은 전문에서 헌법 제정과 개정의 주체가 '국민'임을 밝히고 있고, 제1조 제1항에서 대한민국의 국가형태를 군주국을 부정하는 '민주공화국'으로 규정하고 있으며, 제2항에서 "대한민국의 주권은 국민에게 있고 모든 권력은 국민으로부터 나온다"라고 하여 국민주권원리를 천명하고 있다. 이러한 국민주권원리의 추상적 이념을 실현하기 위하여 헌법은 여러 가지 구체적인 실현원리와 제도들을 두고 있다. 국민주권의 실현원리로는 기본권보장의 원리와 통치권의 기본권기속성 원리를 비롯하여 자유민주주의원리, 법치국가원리 등을 채택하고 있다. 통치권의 기본권기속성을 확보하기 위한 장치로서 권력분립제와 법치주의, 위헌법률심사제 등이 채택되어 있으며, 자유민주주의의 실현을 위한 수단으로 대의제·국민투표제·선거제도·복수정당제·지방자치제 등이 마련되어 있다.

Ⅲ. 국민주권의 구현으로서 대의제원리

1. 대의제의 의의

(1) 대의제(代議制)의 개념

대의제(representative system) 또는 국민대표제의 원리란 주권자인 국민이 직접 국가의사를 결정하지 아니하고 국민에 의해 선출된 대표자를 통해 간접적으로 국가의사나 국가정책을 결정하는 통치구조의 구성원리를 말한다. 국민주권원리를 구현하기 위한 이상적인 제도는 주권자와 통치자가 동일체라야 한다는 동일성원리의 요청과 민주적인 국가의사결정이라는 요청을 동시에 만족시켜 주는 직접민주제라고 할 수 있으나, 대부분의 현대국가는 현실적인 여건상 간접민주제의 방식인 대의제를 채택하고 있다.

근대적 의미의 대의제도의 성립은 영국의 의회제도에서 비롯되었으며, 특히 18세기 후반 버크(E. Burke)의 사상에 기초하여 근대적 대의제원리가 확립되었다고 할 수 있다. 그의 대의이론에 의하면 의원 개개인은 그 선거구의 유권자만을 대표하는 것이 아니라 전체국민을 대표하는 것이며, 의원은 그 선거구민의 지시에 따라 행동하는 것이 아니고 그의 독자적인 판단에 의해 행동한다는 것을 의미하였다. 프랑스는 시민혁명을 계기로 하여 시에예스(E. J. Sieyès)의 국민주권이론과 대의제사상을 바탕으로 대의제가 성립되었으며 1791년 프랑스혁명헌법은 대의제를 채택하고 직접민주주의를 배척하였다.

(2) 대의제의 본질

(가) 국민과 국민대표자의 분리

대의제에 있어서 국가의사는 국민이 직접 결정하는 것이 아니라 국민과 별개로 존재하는 국가의사결정권자인 국민의 대표자가 이를 행사한다. 따라서 민주주의를 '국민의 자기지배(自己支配)'의 원리라 할 때, 대의민주주의에 있어서는 주권자인 국민이 대표자를 선출한다는 점에서 이념적으로만 자기지배가 이루어지고 현실적으로는 국민의 대표자에 의한 지배가 존재한다.

(나) 국가기관구성권과 국가의사결정권의 분리

대의제는 국가의사나 정책를 결정하는 권한과 그 국가의사결정권을 행사하는 자를 선정하는 국가기관구성권을 분리하여 전자는 국민의 대표기관에 부여하고, 후자는 국민의 권리로서 보장한다. 대의제원리에서는 국민이 통치기관을 결정·구성한다는 점에서 국민주권원리를 구현하고 있으며, 국가기관의 통치권력에 민주적 정당성을 부여하게 된다.

(다) 자유위임(무기속위임)

대의제에 있어서 국민의 대표자는 직무를 수행함에 있어서 자신을 선출한 국민의 지시나 명령에 구속되지 아니하고 오로지 자기의 양심에 따라 자유로운 지위에서 독립하여 행동한다. 국회의원은 그를 선출한 선거구민만의 대표가 아니라 전국민의 대표를 의미하기 때문에 선거인의 국회의원에 대한 명령적 위임 내지 강제위임이 배제되며, 의원은 선거인과의 관계에서 자유위임의 관계에 놓이게 된다. 이러한 자유위임의 관계에서는 국민의 대표자가 '경험적 국민의사'에 기속되지 않음을 의미한다. 그렇지만 대의기관이 자유위임의 지위에 있다 하더라도 국민의 의사를 존중하여야 하며 이 경우 국민의 의사는 국민의 전체이익을 지향한다는 의미에서의 이념적·객관적 의사이며 '추정적 국민의사'를 의미한다.[1]

(3) 대의제의 기능

대의제는 국민에 의해 선출된 대표자가 국민을 대신하여 국가의사를 결정한다는 대의기능과 함께 대표자의 합의의 과정을 거쳐 국가의사를 결정한다는 합의(合議)기능을 가진다. 대의제의 합의기능은 이성적 토론이 전제된 다수결원리를 존중하는 정치문화를 신장시키는 데 기여한다. 또한 대의제는 대표선출을 위한 선거를 필수적인 제도로 하기 때문에 민주적인 선거제도의 발전에 기여하고 책임정치를 구현하는 데 기여한다. 그리고 현대의 다원화되고 분업화된 산업사회에 있어서 대의제는 전문가 엘리트 민주주의를 실현하는 기능을 수행하는 점을 부정하기 어렵다. 다만 대의제의 지나친 엘리트화는 국민과의 거리를 넓히게 되어 대의제가 변질되는 위험성이 있으므로 항상 국민과의 근거리를 유지하는 것이 요구된다. 그 밖에 통합이론적 관점에서 대의제는 사회공동체의 동화적 통합을 촉진시키는 통합기능을 수행한다. 대의기관으로서 의회는 국민의 부분이익을 추구하고 대변하는 각종 사회적 이익집단과는 달라서 부분이익의 단순한 합계로서의 전체이익이 아니라 부분이익을 초월한 국민의 공감대적 가치를 추구하고 실현함으로써 사회공동체를 통합시키는 기능을 담당한다고 할 수 있다.

2. 대표관계의 성격

대의제원리에 있어서는 국민과 그 대표기관 사이의 대표관계의 성격을 어떻게 볼 것인가에 관하여 학설상 정치적 대표설과 법적 대표설의 대립이 있다.

정치적 대표설에 의하면 국민과 국민의 대표자인 의회의원 간에는 명령적 위임관계가

---

1) 대의제원리에 관한 상세한 내용은 정종섭, 헌법학원론, 박영사, 2014, 905면 이하.

존재하지 않으며 국민의 대표자인 의원은 출신 지역구민의 의사에 반하는 활동을 하더라도 법적 책임을 지지 않고, 다만 차기 선거에서 정치적 책임을 지는데 불과한 것이라고 본다. 현행헌법 하에서도 국회의원과 대통령은 단지 국민 전체의 이익을 위하여 활동해야 한다는 의미의 정치적·도의적 의무를 지는 데 지나지 아니하므로, 그 대표성도 정치적 대표성을 의미한다고 볼 수 있다. 정치적 대표설이 지배적 견해라 할 수 있다.

법적 대표설의 입장에는 법적 위임관계설, 법정대표설, 헌법적 대표설 등으로 견해가 나뉘고 있다. 법적 위임관계설은 프랑스에서의 고전적인 순수대표이론으로서 국민은 대표기관에 주권행사를 위임한 것이며 그것은 집합적 위임이라고 한다. 여기서 위임은 강제위임을 의미하는 것이 아니라 국민의 일반의사를 대표자가 표명하는 일반위임이라고 한다. 법정대표설(옐리네크)에 의하면 제1차 국가기관인 국민과 제2차 국가기관인 의회 사이에는 법정대표(법정대리인) 관계가 존재하며 국민의 대표기관인 의회의 의사는 국민의 의사로 간주된다고 한다.

국내 학설 중 헌법적 대표설에 의하면 대표기관과 국민 사이에는 어떠한 위임관계도 없으며, 대표기관의 권한은 헌법에서 직접 나오는 것이라고 한다. 즉 우리 헌법 제1조 제2항의 "모든 권력은 국민으로부터 나온다"라는 규정과 제46조 제2항의 "국회의원은 국가이익을 우선하여 양심에 따라 직무를 행한다"라는 규정에 따라 국회는 국민의 헌법적 대표기관이라는 것이다.[1)]

3. 대의제의 현대적 상황

(1) 대의제의 위기상황

현대 민주국가에서의 대의제의 위기적 상황의 원인으로는 대표기관의 대표성의 약화, 대중사회화, 국민의 직접참정욕구의 증대, 엘리트정치의 타락, 정당정치의 발달, 압력단체·이익집단의 등장 등을 들 수 있다. 특히 현대국가의 정당국가화와 행정국가화 현상은 대의제의 핵심을 의미하는 전통적인 의회주의의 변질과 형해화를 초래하게 되었다. 즉 오늘날의 정당국가적 민주주의에 있어서 의원은 국민의 자유위임에 기초하여 활동하는 것이 아니라 사실상 소속 정당의 강령과 당의에 구속됨으로써 무기속위임원칙의 변질이 드러나고 있으며, 행정국가화가 전개되면서 의회주의의 기능이 저하되는 문제가 지적되고 있다.[2)]

(2) 대의제원리와 정당국가적 민주주의의 충돌 문제

현대의 민주주의에 있어서 고전적 대의제원리는 정당제의 발달에 따라 그 구조변질이

1) 김철수, 헌법학개론, 박영사, 2007, 1200면.
2) 정만희, 헌법과 통치구조, 법문사, 2003, 27면 이하.

불가피한 현상으로 나타나게 되었다. 제2차대전 이후 각국은 정당을 헌법에 명문화하게 됨으로써 정당의 헌법적 편입의 시대, 즉 정당국가화 경향이 본격적으로 전개됨에 따라 국가적 작용에 있어서 헌법 외적 현상에 불과했던 초기의 정당이 오늘날의 민주정치에서 수행하고 있는 헌법적 기능은 민주정치 그 자체의 변용을 초래하게 된 것이다. 그 변용의 내용은 한 마디로 표현한다면 "자유주의적 대의제 내지 고전적 의회제 민주주의로부터 정당국가적 민주주의에로의 이행"이라고 할 수 있다. 정당국가적 민주주의(parteienstaatliche Demokratie)의 현실을 강조하는 라이프홀츠(G. Leibholz)에 의하면 정당국가에 있어서 국민의 일반의사는 종래의 대표제원리에 의하는 것이 아니라 오히려 정당을 통해서만 형성된다고 하고, 정당에 의한 국민의사의 매개·통합작용이 정당국가의 본질인 이상 정당은 국민과 동일시되며 다수당의 의사가 곧 국민의 일반의사로 간주된다는 것이다. 따라서 의회는 자유로운 토론에 기초한 다수결의 장으로서의 본래의 성격을 상실하고 그것은 정당의 명령에 구속을 받는 의원이 집합하여 이미 당론으로 결정된 것을 등록하는 장소에 지나지 않는다고 한다. 따라서 의원은 이미 의회제 하에서 인정된 전국민의 대표자로서 자기의 양심에 따라 자유롭고 독립하여 행동하는 것이 아니라, 정당의 강제와 규율에 복종하게 되고 정당에 반하는 행동을 할 수 없게 된다는 것이다.[1] 이러한 정당국가적 경향은 전통적 대의제 민주주의원리와 대립하는 것으로서 이 대립·충돌하는 양자를 조화적으로 실현하는 것이 현대 헌법학의 과제의 하나라 하지 않을 수 없다. 이에 관한 대표적 헌법문제로는 정당제를 전제로 한 비례대표의원의 당적변경·이탈의 경우 그 의원의 의원직 상실 여부에 관한 논의가 이미 독일의 바이마르헌법 시대부터 전개되어 왔으며, 오늘날 각국에서도 이 문제에 관한 논의는 정당국가적 현실에서의 의원의 지위의 변질에 관한 본질적 문제로서 다루어지고 있다.[2]

(3) 대의제의 보완으로서 직접민주제적 요소의 채택

대의제의 결함을 시정하기 위하여 주권자인 국민이 직접 정치과정에 개입하고 정책적 대안을 제시할 수 있는 직접민주제의 채택에 의한 보완적 기능이 요구된다. 직접민주제의 제도적 내용으로는 국민표결, 국민발안, 국민소환제 등이 있다.

직접민주제는 국민이 스스로 중대한 국가의사를 결정함으로써 국민주권과 국민자치의 원칙이 고도로 실현될 수 있으나, 반면에 국민투표 등이 선동과 여론의 조작 등을 통해 독

1) G. Leibholz, Der Strukturwandel der modernen Demokratie, in: ders, Strukturprobleme der modernen Demokratie, 1958, S. 93ff; G. Leibholz, Verfassungsstaat－Verfassungsrecht, 1973; 권영성 역, 헌법국가와 헌법, 박영사, 1976, 93면 이하; 정만희, 정당법론, 동아대출판부, 1985, 19-24면.

2) 이에 관한 상세한 내용은 정만희, "국회의원의 정당기속과 자유위임", 헌법재판연구 제2권 제1호, 2015, 117면 이하 참조.

재정치를 합리화하는 수단으로 악용될 수도 있다.

4. 한국헌법과 대의제

(1) 대의제의 원칙

우리 헌법은 국민대표에 관한 명문규정은 없지만 의회주의를 핵심으로 하는 간접민주제적 대의제를 통치기구의 기본으로 삼고 있다. 헌법 제1조의 국민주권원리 조항을 비롯하여 국민대표기관인 국회의 입법권과 국회의원선거조항(제40조, 제41조), 국가원수이며 행정권의 수반인 대통령과 대통령선거조항(제66조, 제67조), 대의제 구성을 위한 국민의 선거권(제24조)과 공무담임권의 보장(제25조) 등은 국민대표제의 헌법적 근거조항이 되고 있다.

이러한 국민주권의 원리와 대의제 민주주의에 기초한 국회의원의 국민대표성과 자유위임 내지 무기속위임의 원칙에 관한 헌법적 근거로는 현행 헌법 제46조 제2항에 "국회의원은 국가이익을 우선하여 양심에 따라 직무를 행한다"고 규정하고 있는 것을 비롯하여 제7조 제1항의 공무원의 '국민전체에 대한 봉사자'로서의 지위, 제45조의 국회의원의 면책특권에 관한 규정도 국회의원의 국민대표성과 자유위임의 원칙을 전제로 한 것으로 해석되고 있다.[1] 나아가 국회법은 제114조의2에 "의원은 국민의 대표자로서 소속정당의 의사에 기속되지 아니하고 양심에 따라 투표한다"라고 하여 자유위임에 입각한 자유투표의 원칙을 규정하고 있다.

대의제원리에 관한 헌법재판소 판례를 보면, 당론과 다른 견해를 가진 소속 국회의원을 당해 교섭단체의 필요에 따라 다른 상임위원회로의 전임(사·보임)하는 조치는 특별한 사정이 없는 한 헌법상 용인될 수 있는 "정당내부의 사실상 강제"의 범위 내에 해당한다고 하여 자유위임의 원칙에 반하는 것이 아니라고 판단하고 있다. 즉 국회의원의 원내활동을 기본적으로 각자에 맡기는 자유위임은 자유로운 토론과 의사형성을 가능하게 함으로써 당내민주주의를 구현하고 정당의 독재화 또는 과두화를 막아주는 순기능을 갖는 것이나, 자유위임은 의회 내에서의 정치의사 형성에 정당의 협력을 배척하는 것이 아니며 의원이 정당과 교섭단체의 지시에 기속되는 것을 배제하는 근거가 되는 것도 아니라고 한다.[2] 그러나 이러한 헌법재판소의 소극적 태도는 대의제원리와 자유위임원칙의 중요성보다 정당국가적 현실에서의 의원에 대한 정당기속의 불가피성을 강조하는 것으로 문제가 있다고 하겠다. 생각건대 헌법규범상 대의제원리와 자유위임의 원칙은 정당국가적 현실에서의 의원의 정당기속에 우선하는 효력을 갖는 것이 당연하며, 특히 정당의 당내민주주의가 일천한 우리나

1) 헌법재판소도 자유위임의 원칙과 관련하여 "헌법 제7조 제1항, 제45조, 제46조 제2항의 규정들을 종합하면 헌법은 국회의원을 자유위임의 원칙하에 두었다고 할 것이고"라고 판시하고 있다. 헌재 1994. 4. 28. 92헌마153.
2) 헌재 2003. 10. 30. 2002헌라1.

라의 경우 의원에 대한 정당통제의 확대는 정당국가라는 부차적 명분을 내세워 '자유위임에 따른 국민대표성의 구현'이라는 대의제 민주주의의 헌법원리를 침해하게 되는 문제점을 간과하고 있다고 할 것이다.[1)]

국회의원 임기만료일 전 180일 이내에 비례대표의원에 결원이 생긴 때에는 정당의 비례대표국회의원 후보자명부에 의한 의석승계를 인정하지 않는 공직선거법 규정은 결과적으로 그 정당에 비례대표국회의원의석을 할당받도록 한 선거권자들의 정치적 의사표명을 무시하고 왜곡하는 결과가 되어 국민주권원리 내지 대의제 민주주의원리에 부합되지 않는다고 판시하였다.[2)] 또한 비례대표국회의원 당선인이 선거범죄로 인하여 당선무효로 된 때 당선인 본인의 의원직 박탈에 그치지 않고 그로 인하여 궐위된 의석의 승계를 후순위 후보자에게 인정하지 아니하는 공직선거법 제200조 제2항 단서 규정은 결과적으로 그 정당에 비례대표국회의원의석을 할당받도록 한 선거권자들의 정치적 의사표명을 무시하고 왜곡하는 결과를 초래한다는 점에서 헌법의 기본원리인 대의제 민주주의 원리에 부합되지 않는다고 판단하였다.[3)]

(2) 직접민주제 요소의 채택

현행헌법은 또한 대의제의 원칙에 대한 예외로서 직접민주제 요소를 도입하고 있다. 그것은 헌법개정안에 대한 국민투표제(제130조 제2항) 및 대통령이 부의한 국가안위에 관한 중요정책에 대한 국민투표제(제72조)의 두 가지 경우에만 직접민주제를 인정하고 있다. 그리고 지방자치법상의 주민투표제(동법 제14조)와 주민소환제(동법 제20조)의 도입도 직접민주제의 채택을 의미한다.

5. 대의제와 선거제도

(1) 대의제의 구성요소로서 선거제도

대의제원리의 구성요소로서 선거제도는 국민의 대표자를 선발하여 통치기관을 구성하는 대표자 선출기능을 수행하며, 국가의사결정을 하는 국민대표자를 주권자인 국민이 선출함으로써 국가기관과 그 권한에 민주적 정당성을 부여하는 기능을 수행한다. 선거는 또한 그 선거과정을 통하여 국민의 정치적 의사가 표현되고 정치적 기본권이 행사됨으로써 국민의 정치참여를 실현하는 기능을 수행한다.

우리 헌법의 선거제도에 관한 조항으로는 제41조 제1항과 제67조 제1항에 국회의원선

---

1) 정만희, "국회의원의 정당기속과 자유위임", 헌법재판연구 제2권 제1호, 2015, 117면 이하.
2) 헌재 2009. 6. 25. 2008헌마413.
3) 헌재 2009. 10. 29. 2009헌마350등.

거와 대통령선거에 있어서 보통·평등·직접·비밀선거의 원칙을 규정하고 있다. 그리고 헌법 제116조 제1항에 "선거운동은 각급 선거관리위원회의 관리하에 법률이 정하는 범위 안에서 하되, 균등한 기회가 보장되어야 한다"라고 규정하여 선거운동의 기회균등을 보장하고 있으며, 제2항에서는 "선거에 관한 경비는 법률이 정하는 경우를 제외하고는 정당 또는 후보자에게 부담시킬 수 없다"라고 규정하여 선거공영제를 채택하고 있다.

(2) 한국 선거제도의 문제점과 개선방안

대의제 내지 의회제도의 발전은 선거제도의 개혁이 전제되어야 한다. 우리나라의 선거제도는 보통·평등선거의 원칙에 의해 기본적으로는 국민의 대표기관 구성에 있어서 민주적 정당성을 부여할 수 있게 되었으나, 선거의 자유와 공정의 이념을 실현하는 민주적인 선거제도를 확립시키는 데에는 적지 않은 문제점들이 지적될 수 있다. 우리의 선거법제가 선거의 자유와 공정의 두 이념을 조화적으로 실현하는 것을 궁극적인 목표로 하고 있으나, 현실적으로는 선거의 자유와 선거의 공정이 제대로 실현되지 못하고 있는 측면을 부정하기 어렵다. 따라서 선거운동의 자유를 확대해 나가기 위한 제도적 개선이 필요하며 선거운동의 기회균등이 실질적으로 보장되어야 할 것이다. 또한 평등선거원칙의 핵심인 투표가치의 평등을 위한 선거구 간 인구불균형의 시정이 상당 부분 이루어지고 있으나, 불합리한 선거구획정의 문제점을 해결하기 위한 선거구획정위원회제도의 개선이 필요하다. 선거구획정위원회는 그 구성에 있어서 정치적 중립성이 확보되어야 하고 영국이나 독일의 경우처럼 상설기구로 운용되어야 할 것이며, 위원회의 선거구획정안이 국회에 대한 기속력을 확보할 수 있는 방안이 강구되어야 할 것이다.[1)]

그 밖에 국회의원정수 문제 및 지역구의석수와 비례대표의석수의 재조정 문제 등이 개혁과제로 대두되고 있는데, 현행 비례대표제의 대안으로 연동형 비례대표제와 비례대표의 석수 확대 등의 논의는 신중을 기해야 하며 장기적 정치개혁과제로 다루어져야 할 것이다. 선거제도의 개혁논의는 당리당략과 정파적 이해관계를 초월하여, 국민적 의사를 바탕으로 한 미래지향적으로 이루어져야 하며, 이성적인 토론과정을 통해 각 정당 간의 합의를 도출하는 것이 중요하다.

6. 대의제와 정당제도

(1) 대의제 민주주의와 정당

오늘날의 대의제 민주주의 내지 의회민주주의에 있어서 정당은 민주주의의 전제조건

1) 선거구획정위원회의 중립성 확보와 선거구획정위원회 획정안의 기속력 확보방안에 관하여는 정만희, "선거구획정의 기본문제", 공법학연구 제13권 제3호, 2012, 134면 이하.

인 동시에 정치활동의 필수불가결한 요소로 간주되고 있다. 국가의 정치는 법적인 측면에서 보면 헌법이나 법률의 규정에 근거하여 대의제원리를 중심으로 하는 통치기구를 통해서 행해지는 공권력의 발동이라고 할 수 있다. 그러나 그러한 공권력 행사의 방향에 대한 실질적인 결정은 대부분 정당이라는 정치집단에 의하여 직접적으로 또는 정당의 매개를 통하여 간접적으로 행해지게 된다. 이러한 현상은 국가의 기구나 이데올로기의 여하를 불문하고 현대의 민주주의국가에서는 보편적으로 인정되고 있다.

일반적으로 국민이 그의 능동적 지위에서 국정에 참가하는 방식은 제도적으로는 선거와 국민투표가 있지만, 그러한 방법은 시기나 요건 등이 법정되어 있는 것이므로 그 이외의 경우에는 헌법상 보장된 기본권의 행사를 통하여 부단하게 정치적인 요구나 비판 등을 투영하는 방법에 의해 행해진다. 그러나 여기에서 국민 개개인은 그 자신만으로는 정치적으로 거의 기능을 발휘할 수 없음은 의심의 여지가 없다. 따라서 그와 같은 부동적(浮動的)이고 개개인의 무력한 정치적 의사 중에서 그 최대공약수를 추출하여 그것을 구체적인 정책에 반영시키고 또는 자발적으로 특정의 정견을 전달·유포하는 것에 의하여 분산적인 국민대중과 국가권력을 매개·결합하는 단체의 발생은 필연적이라 할 수 있는데, 그러한 기능을 담당하는 정치적 결사가 곧 정당이다. 이처럼 오늘날의 대의제 민주주의에 있어서 정당은 필수적인 요소라 할 수 있다. 국민이 정치에 참여하는 것은 정당을 통하여 행해지고 정당지도자가 정통의 또는 헌법상의 지배자로 격상되는 현실정치에서 볼 때 오늘날의 민주정치는 곧 정당국가적 민주주의를 의미하게 된다.

(2) 한국 정당제도의 문제점과 개혁과제

우리나라의 정당제도와 정당정치의 현실은 현대의 대의제 민주주의 내지 대중민주주의의 불가결의 요소로서 정당이 국민의 정치적 의사형성에 참여하는 기능을 수행하지 못하고, 국민과 국가기관을 매개하는 중개적 권력체로서의 역할을 다하지 못하고 있다는 문제점이 지적될 수 있다. 나아가 집권당의 경우 정당을 매개로 입법권과 행정권이 통합됨에 따라 대통령에의 권력집중과 독점의 위험성이 문제되고 있다.

따라서 헌법정신에 합치되는 정당정치의 구현을 위한 제도개혁이 요구되고 있다. 정당정치 개혁의 주요 과제로는 첫째, 정당이 국민의 정치적 의사형성에 참여하는 헌법적 기능을 수행하기 위해서는 정당의 조직과 내부질서의 민주화, 즉 당내민주주의(intraparty democracy)의 확립이 불가결하다. 당내민주주의의 실현을 위해서는 정당의사결정의 상향식의 원칙이 적용되어야 하는 것이 핵심이며 특히 정당공천의 민주화가 관건이 된다. 최근 대통령선거과정에서 각 정당이 채택한 민주경선제는 미국의 개방형 예비선거제(open primary)를 모방한 것으로 헌정사적 의의가 크다고 할 수 있으나, 모바일투표방식에 의한 일반 유권자의 참

여 등은 보완되어야 할 필요가 있다고 본다.[1)]

대통령선거 이외의 국회의원선거와 지방선거에서의 정당공천의 민주화를 위한 제도개선은 시급한 과제라 할 수 있다. 국회의원선거에서의 중앙당의 공천권을 배제하여 상향적으로 지역구의 당원과 유권자의 의사를 반영한 공천이 이루어져야 하며 비례대표제 의원공천의 경우에도 민주경선제가 채택되어야 할 것이다. 지방선거의 경우 적어도 기초의회와 기초자치단체장 선거에서의 정당공천은 폐지되어야 할 것이다. 현실적으로 기초자치단체장의 정당공천은 그 폐해가 심각한 수준에 이르고 있고, 현직 기초단체장 대부분이 정당공천을 반대하고 있을 뿐만 아니라 일반국민의 여론조사 결과도 압도적으로 정당공천 반대의 입장을 나타내고 있음을 볼 때 정당공천은 배제되어야 할 것이다. 지방자치의 최소단위인 기초자치단체는 본질적으로 정치중립적인 생활자치를 기반으로 하고 있으므로 정당의 개입을 통한 기초자치단체의 정치화를 막고, 비민주적인 정당정치의 폐해를 지방자치영역에까지 확산시키는 것을 방지하기 위해서도 정당공천은 배제되는 것이 타당하다.[2)]

둘째, 정당의 운영자금에 대한 국고보조제도의 합리적 개선방안이 재검토되어야 한다. 현행 정치자금법에 의하면 매년 각 정당에 지급되는 국고보조금의 계상방법과 국고보조금의 배분·지급방법 등을 규정하고 있으나, 국고보조금의 총액은 매년 증가하고 있으며 보조금의 총액도 과다한 것이 아닌가의 의문이 제기될 수 있다.[3)] 보조금 배분방식에 있어서도 각 정당의 의석수와 득표율을 기준으로 하기 때문에 대정당에 유리하고 신생정당과 군소정당의 경우에는 보조금을 지급받는 데 있어 매우 불리하다. 본래 정당에 대한 국가재원에 의한 재정지원은 정당의 국가로부터의 자유로운 지위를 침해하는 문제가 있으므로 정당 스스로 조달할 수 있는 운영자금을 기준으로 그 조달액을 초과하지 않는 범위 내에서 국고보조금을 지급하는 것이 타당하다. 정당이 자기조달로 확보할 수 있는 비용보다 훨씬 많은 자금

1) 미국의 경우 정당의 예비선거제도는 정당 소속 당원들에 의한 폐쇄형 예비선거가 일반적이며 당원자격이 없는 모든 유권자가 참여할 수 있는 완전개방형 예비선거는 위스콘신, 미시간, 미네소타 등 9개 주에서 채택되고 있다. 개방형 예비선거는 정당의 정체성과 결사의 자유를 침해하는 문제가 있으며, 반대정당의 당원이 참여하여 약체후보를 선출시킴으로써 본선거에서 패하도록 하는 이른바 '정당공격'(party raiding)으로 이용될 수 있는 폐해가 지적되고 있다. 우리의 정당공천 과정에 완전개방형 예비선거의 도입 여부는 정당의 자율적 선택의 문제라 할 수도 있으나, 동시에 이는 정당의 의사결정 과정에 있어 당원의 권리를 제한하는 심각한 문제가 제기될 수 있으므로 국민참여경선은 당원의 투표권이 침해되지 않는 범위 내에서 허용되어야 할 것이다.

2) 정만희, "지방선거와 정당참여에 관한 헌법적 고찰", 공법연구 제33집 제1호, 2004, 25면.

3) 우리 헌법의 정당조항은 정당에 대한 국고보조를 명문화(제8조 제3항)함으로써 강한 정당국가적 민주주의를 지향하고 있음을 천명하고 있으나, 이러한 헌법조항은 각국에 그 입헌례를 찾기 어려운 것으로서 이는 정당 국고보조의 위헌성 시비를 없애기 위한 것으로 해석될 수 있다. 현행 국고보조금제도는 매년 그 총액이 증가하고 있으나 우리의 정당들이 헌법상 요구되는 공적 기능을 제대로 수행하지 못하는 현실에서 선거비용보조를 제외한 정당운영자금에 대한 보조금의 증액은 재고되어야 할 것이다. 국고보조금의 증액은 여야 간에 이해가 갈리는 문제가 아니어서 쉽게 타협이 이루어지는 것이므로 이 문제에 대해서는 일반 국민의 여론에 의한 강한 비판기능이 강조될 수밖에 없다.

을 국가가 보조하는 것은 정당의 자유로운 지위가 국가권력에 의해 침해되는 위험성이 크기 때문이다.[1] 또한 국고보조금의 배분방식과 관련하여 정당의 의석수와 득표율뿐만 아니라 정당조직의 전국적 조직망이나 지역적 분산, 정당소속 의원의 전국적 분포, 정당의 각 시·도당의 진성당원수 등을 기준으로 포함시킴으로써 기성정당의 지역주의를 탈피하도록 하여 전국정당화의 조건을 유도하는 것도 고려해 볼 필요가 있다고 본다.[2]

셋째, 한국의 정당개혁의 궁극적 과제는 무엇보다도 우리 사회의 고질적 병폐인 지역주의와 지역균열 구도에 바탕을 둔 지역정당성을 극복하여 진정한 전국정당으로 거듭나는 것이다. 정당조직의 전국적 분포를 확보하기 위해서는 전국의 국회의원선거구 중심의 단위조직을 활성화하고 이러한 지역단위의 상향식 조직을 통해 전국적 규모의 정치적 의사를 수렴하는 것이 필요하다. 현행의 시·도당 조직만으로 국민의 정치적 의사를 상향적으로 반영하는 것은 어렵기 때문에 이 점에서 종래의 지구당조직을 폐지한 것은 문제가 있다고 본다. 헌법상 정당설립의 자유는 '정당조직의 자유'[3]를 포함하는 것으로 이해되고 있으므로 정당조직의 형태는 정당의 자율적 선택에 맡기는 것이 타당하다.

Ⅳ. 국가권력의 조직원리로서 권력분립원리

1. 권력분립원리의 의의

(1) 권력분립원리의 개념

입헌주의헌법의 핵심적 기본원리의 하나인 권력분립원리는 국가권력의 조직과 통치기구의 구성에 관한 원리로서 중요한 의미를 가진다. 권력분립(separation of powers)의 원리란 국가권력이 특정 개인이나 집단 등에 집중되지 않도록 그 권력을 성질에 따라 여러 국가기관에 분산시킴으로써 권력 상호간의 견제와 균형을 통하여 국민의 자유와 권리를 보장하는

---

1) 독일에서는 이미 1960년대부터 정당에 대한 국고보조는 정당의 국가로부터의 자유를 침해한다고 하여 위헌판결(BVerfGE 20, 56ff)을 받고 금지되어 왔으나, 1992년 연방헌법재판소 판결에서는 정당의 선거비용뿐만 아니라 정당활동비용에 대한 국고보조는 허용된다고 하면서, 다만 정당의 국가로부터의 자유원칙을 고려하여 정당활동비용의 부분적 보조만이 허용된다고 판시한 바 있다. 즉 정당의 국고보조의 합헌성 기준으로서 '절대적 상한'과 함께 정당의 국가로부터의 자유를 확보하기 위한 '상대적 상한'을 제시하여 국고보조금의 총액은 정당의 노력으로 자기조달할 수 있는 수입총액을 초과할 수 없다고 하였다(BVerfGE 85, 264, NJW 1992, S. 2545f). 그에 따라 연방의회는 1993년 정당법을 개정하여 국고보조의 연간총액을 2억 3천 마르크라는 절대적 상한으로 설정하고) 각 정당에의 국고보조금은 당해 정당이 매년 자기조달할 수 있는 수입총액을 초과할 수 없도록 하였다. 국고보조금의 각 정당에의 배분기준은 정당의 비례대표선거에서 획득한 유효투표 1표당 1마르크(500만표까지는 1표당 1.3마르크)와 각 정당이 매년 당비, 기부 등으로 자기조달한 자금의 50%를 보조할 수 있다고 규정하였다. 이에 관한 상세한 내용은 한국법제연구원, 주요국가의 정치자금법제, 1997, 119면 이하
2) 정만희, "정당법상 정당의 자유제한의 문제점", 동아법학 제54호, 2012, 138~139면.
3) 헌재 2004. 12. 16. 2004헌마456.

것을 목적으로 하는 통치기구의 구성원리를 의미한다. 즉 국가권력을 몽테스키외 이래의 전통적인 분류방법에 따라 입법·행정·사법의 셋으로 구별하여 이들을 각각 별개의 기관의 독립된 권한으로 분리함으로써 권력 상호간에 견제와 균형을 확보한다는 것이 권력분립원리의 요지이다. 따라서 권력의 '구별'과 '분리' 그리고 권력 상호간의 '견제'와 '균형'은 권력분립원리의 핵심적 개념요소가 된다.

권력분립원리는 권력의 집중 내지 자의적 권력의 배제를 통하여 개인의 정치적 자유(political liberty)의 확보를 이념으로 하는 통치기구의 구성원리를 의미하는 것으로 여기에 권력분립원리의 자유주의적 정치조직의 원리로서의 특성이 인정된다.[1] 칼 슈미트(C. Schmitt)는 이러한 권력분립원리를 기본권보장과 함께 근대헌법에 있어서의 '법치국가적 구성부분'으로 보고 그것은 모든 국가권력의 예측가능성과 통제가능성을 보장하기 위한 조직원리라고 한다.

(2) 권력분립론의 발전

(가) 로크의 권력분립이론

로크(J. Locke)는 그의 「시민정부2론」(Two Treatises on Civil Government, 1690)에서 국가권력을 입법권·집행권·동맹권(연합권)으로 구분하면서 입법권의 우월성과 집행권·동맹권의 불가분성을 주장하였다. 이러한 입법권 우월의 2권분립론은 영국의 헌정에 크게 영향을 미치게 되었다.

(나) 몽테스키외의 3권분립론

몽테스키외(Montesquieu)는 그의 「법의 정신」(1748)에서 국가권력을 입법·행정·사법의 3권으로 분리하여 권력 상호간의 견제와 균형을 강조하였다. 몽테스키외의 엄격한 3권분립론은 18세기의 서구에서 전제적 군주의 절대권력을 억제하기 위한 수단으로서 제도화를 보게 되었다. 그의 사상은 1787년 미국의 헌법제정에 결정적인 영향을 끼치게 되었으며 미국 대통령제의 이론적 기초가 되었다.

2. 권력분립원리의 본질과 한계

(1) 권력분립원리의 본질적 특성

(가) 자유주의적 조직원리

권력분립원리는 국가적 조직의 원리로서, 그것은 시민적 자유의 확보라는 정치적 이념에 봉사하도록 고안된 제도를 의미한다. 몽테스키외의 권력분립론은 중용의 정부에 의한

1) 정만희, 앞의 책(헌법과 통치구조), 3면.

시민적 자유를 보장하기 위하여 창출된 이상적 헌법론에서 출발한 것이다. 즉 억제와 제약이 없는 권력은 필연적으로 그 남용과 자의를 통해 결국 자유를 위협한다는 권력의 속성에 대한 불신과 회의에서 싹튼 자유주의적 사고에 의해 권력분립원리가 고안된 것이다.

(나) 소극적 원리

권력분립은 적극적으로 국가활동의 능률을 증진시키기 위한 것이 아니라 소극적으로 권력의 남용과 자의적 행사를 억제하기 위한 원리로서, 그것은 국가권력을 구분하고 배분하는 데에 따르는 불가피한 마찰에 의하여 국민을 전제정(專制政)으로부터 구하는 데에 그 목적이 있다. 또한 권력분립의 원리는 국가기관의 분리라는 조직상의 요청 이외에 겸직금지와 장기집권의 배제까지를 그 내용으로 한다.

(다) 중립적 원리

권력분립원리는 자유주의적 요청에 따라 국가권력의 절대성을 부정한다는 의미에서 그것은 권력의 중화를 위한 중립적 원리라고 할 수 있다. 본래 몽테스키외의 권력분립은 극단의 전제정과 극단의 민주정과의 중화를 위한 입장에서 출발하였기 때문에 그 본질에 있어서는 중립적 원리를 의미한다. 따라서 입헌군주제 국가에서 권력분립은 군주의 절대적 권력을 중화하기 위한 것이고, 민주주의국가에서는 국민주권원리의 절대성을 중화하기 위한 중립적 원리를 의미한다.

(라) 역사적 원리

권력분립원리는 18·19세기의 유럽사회에 있어서 군주, 귀족, 시민과 같은 정치세력이 서로 대립하는 상황에서 행정은 군주에게, 입법은 상원의 귀족과 하원의 시민으로 구성된 의회에 귀속시킴으로써 당시의 사회적 세력간의 균형적인 현상유지를 위한 역사적 원리를 의미한다. 즉 권력분립원리는 시민적 자유의 확인뿐만 아니라 사회적 세력을 제도화하고 그 발언권을 확보함으로써 사회적으로 대립하는 세력들을 정치적으로 통합하기 위한 국가기구의 원리를 의미하는 것이었다. 몽테스키외의 권력분립론은 18세기와 19세기 전반의 유럽에 있어서 사회적 세력의 균형을 제도화하는 데 적합한 것이었다. 그 후 19세기 과정에서 귀족적 요소가 쇠퇴함에 따라 정치세력으로는 군주와 시민계급의 대립으로 남게 됨으로써 양 세력의 균형 가운데 자유의 보장을 찾으려는 권력분립제에는 군주주권적 절대주의 요소와 민주주의적 요소의 타협적 성격이 발견되는 것이다.

(2) 권력분립원리의 정치적 한계성

권력분립원리는 근대국가의 헌법사에서 볼 때 그 권력적 균형의 원리가 실현되지 않고 정치적 현실에 있어서 그것은 하나의 환상에 불과한 것이 아닌가의 의문이 제기된다. 국가기능의 실제에 있어서 국가기능의 통일성의 요청에서 입법·행정·사법 중의 어느 한 권력이 다른 권력에 대하여 우월한 지위를 가지게 되며 그 결과로 권력적 균형은 파괴되며 권력분립의 국가는 입법국가·행정국가·사법국가로 발전하게 된다. 여기에 권력분립원리의 정치적 한계성이 있다고 할 수 있다.

따라서 개인의 자유보장을 본질로 하는 권력분립원리의 구체적 실현형태는 국가질서 내지 국가기능의 통일성의 요청과 개인의 자유와의 대립을 어떻게 해결하느냐에 따라 결정된다고 하겠다.

3. 권력분립원리의 변용(變容)

(1) 19세기적 의회우위의 권력분립제

19세기의 서구 입헌주의국가에서는 의회의 세력이 현저히 상승하여 의회우위의 권력분립제가 확립되었다. 의회의 우위는 행정부와의 관계에서 행정에 대한 민주적 통제를 확보하는 통치기구로서 의원내각제를 확립케 하였으며, 특히 영국에 있어서는 19세기 후반에 민주주의의 발전과 함께 국왕의 지위가 명목화됨에 따라 내각이 오직 의회에 대해서만 책임을 지는 일원적(一元的) 의원내각제로 발전하게 되었다.

(2) 권력분립제의 현대적 변용

(가) 적극적 국가와 행정권의 비대화

현대의 적극국가·복지국가 하에서는 19세기적 의회우위의 권력분립의 구조가 행정부우위의 권력분립구조로 크게 변모하게 되었다. 행정부 주도의 법률제정과정과 위임입법의 증대 및 계획에 의한 행정은 의회기능의 쇠퇴를 초래하게 되고 행정국가화를 지향하게 되었다. 헌법상 형식적으로는 입법권이 의회에 있으나 법률안 제출에 있어서는 행정부에 의한 제안이 압도적으로 많으며 그 법안에 대한 심의과정도 정당제의 발달에 따라 정부가 여당의원과 일체가 되어 입법을 행하여 입법과정 전반에 걸쳐 주도적 역할을 수행하고 있다. 그리하여 행정부 주도하에 성립한 법률을 행정부 스스로가 집행하는 것이 되며 그 경우에도 행정부에 의한 위임입법은 현저하게 증대하는 현상을 보이고 있다. 이러한 현상은 근대입헌주의와 함께 형성되어 온 의회우위의 권력분립구조가 오늘날 행정부우위의 권력분립구조로 크게 변모하게 된 것을 의미한다.

(나) 정당국가화와 권력의 통합현상

근대 입헌주의헌법의 의회주의 하에서 보통선거제의 실시에 따른 유권자의 비약적 확대는 국민 대중의 의사를 통합하기 위한 정당의 존재를 불가피하게 요구하게 되었고, 나아가 정당의 발전은 강력한 조직력을 갖게 되어 이른바 정당국가라고 불려지는 현대의 헌법상황을 출현시키게 되었다. 이러한 정당국가적 민주주의(parteienstaatliche Demokratie)에 있어서는 집권당이 의회와 정부를 지배함으로써 권력분립원리는 정당에 의한 권력의 통합에 의하여 형식화되고, 국민의 자기지배의 원리는 '정당에 의한 지배'로 변질하게 되었다.

(다) 위헌심사제와 권력분립의 문제

미국헌법상 권력분립제의 채택은 입법부와 사법부의 관계에서 헌법에 위배되는 의회입법을 사법부가 위헌심사를 하는 것은 헌법의 해석에 의해 당연히 도출되는 헌법내재적 원리라고 하는 사법심사제(judicial review)가 확립되었다. 이러한 미국형 사법심사제는 입법·행정과 함께 사법권을 동격의 지위에 놓고 헌법수호의 중요한 임무를 수행해야 하는 사법부가 위헌적인 법률을 제정하는 의회를 통제해야 한다는 의회에 대한 불신과 사법부의 존중을 사상적 배경으로 하고 있다.

반면에 유럽대륙에 있어서는 권력분립원리를 국민의 대표기관인 입법부의 우월을 중심으로 이해하여 왔기 때문에 의회제정법률에 대한 사법부의 위헌심사는 권력분립에 반하는 것으로 보았다. 따라서 미국형의 사법심사제는 입법권의 상위에 사법권을 놓게 되는 사법부의 우월을 의미하는 것이 되고, 사법부는 대의제에 의해 표명된 국민의 의사보다도 우월한 정치적 기관으로 될 위험성이 있다고 반대하였던 것이다.

즉 사법심사제는 권력분립과 민주주의원칙에 반하는 것으로 보았으며 사법에 대한 전통적인 불신의 사고가 그 배경이 되고 있다. 권력분립과 위헌심사제의 양립을 인정하지 않는 입장에서는 헌법이 정한 절차에 따라 유효하게 성립된 법률을 그 내용이 실질적으로 헌법과 모순된다고 판단하여 적용하지 않는 것은 법률의 집행의 범위를 넘어 '소극적 입법'을 행하는 것이 되고, 그것은 의회의 입법권을 부정하는 것을 의미하기 때문에 권력분립원리에 위배된다고 본 것이다.

그러나 오늘날 입법·행정권의 확대·강화에 대응하기 위하여 사법적 통제를 도모하는 것은 권력분립제의 취지에 비추어 시대적 상황적응성을 갖는 것이라 할 수 있으며, 따라서 사법부의 위헌심사권은 입법권의 남용에 대한 사법부의 억제책으로 인정될 수 있는 것이다. 제2차대전 이후에는 종래의 사법심사제의 부존재를 전통으로 하는 유럽의 각국에 있어서도 헌법재판소(독일, 오스트리아)나 헌법평의회(프랑스) 등 일반법원과는 다른 특별한 국가기관에 의한 심사가 행해지게 되어 위헌심사제가 제도화되기에 이르렀다.

이와 같이 서구의 각국 헌법이 위헌심사제를 채택하게 된 것은 헌법이 국민의 자유와 권리를 모든 국가권력으로부터 수호하는 최고의 객관적 규범질서로서, 통상의 법률에 대한 우월성을 유지하기 위해서는 입법·행정기관으로부터 독립된 헌법보장기관의 존재가 필요하다는 것을 인정한 것이다. 요컨대 권력분립의 제도적 목적이 개인의 자유·권리를 보장하는 데에 있는 것이므로 입법에 대한 사법적 통제를 의미하는 헌법재판(위헌법률심사)이 권력분립의 원리를 부정하는 것이라 할 수 없다.[1)]

4. 현대적 권력분립 상황에의 대응

(1) 새로운 권력분립이론의 모색

현대적 시대상황에 입각하여 몽테스키외적인 고전적 이념을 존중하면서 국가권력과 기능의 단순한 기계적·획일적 분리보다는 실질적인 기능적 권력통제에 중점을 둔 이론들이 제기된다. 뢰벤슈타인(K. Loewenstein)은 권력분립이라는 개념 대신에 기능의 분리(separation of function)라는 개념을 사용하여 국가의 통치기능을 정책결정(policy determination), 정책집행(policy execution), 정책통제(policy control)의 셋으로 구분하고, 각 국가기능이 하나의 권력주체에 독점되지 않고 다원적 권력주체로 분산되도록 하고 권력주체 상호간에 견제와 균형을 위한 권력통제가 이루어져야 한다고 주장한다. 특히 그는 이 세 가지 기능 중에서 정책통제 기능을 가장 핵심적인 기능으로 보고 국가기능의 분산을 전제로 한 기능의 통제를 실현시킬 때에 정치권력이 효과적으로 통제될 수 있다고 한다.[2)]

케기(W. Kägi)는 종래의 3권분립과 함께 제헌권과 일반 입법권의 이원화, 의회의 양원제, 집행부의 이원주의, 공직담당자의 임기, 복수정당제와 여야간의 견제, 문민권력과 군사권력의 분립, 사회적 권력분립 등을 열거하여 포괄적 권력분립론을 제창하였다. 케기의 견해는 뢰벤슈타인의 이론에 비하여 나열적이고 비체계적이지만 시대적 상황에 적응할 수 있는 권력분립론의 방향설정을 시도한 점에서 긍정적으로 평가될 수 있다.

(2) 현대의 권력분립 상황에의 대응

권력분립의 현대적 상황에 현실적으로 대응할 수 있는 대책으로는 다음과 같은 방안들을 생각할 수 있다. 첫째로 근본적인 대응으로서 민주주의를 강화하고 인권보장을 확대함

---

1) 정만희, 앞의 책(헌법과 통치구조), 15면.

2) 뢰벤슈타인은 헌법을 정치권력의 통제를 위한 기본적인 장치(basic instrumantality for the control of the power process)로 파악하면서 그 통제의 형태를 수평적 통제와 수직적 통제로 구분하고, 수평적 통제를 다시 기관내부적 통제(intraorgan controls)와 기관 상호간의 통제(interorgan control)로 나눈다. 기관내부적 통제로는 집행부의 합의제, 국가원수와 내각의 이원주의, 의회의 양원제 등과 같이 각 기관의 의사결정이 개인적 자의에 빠지는 것을 저지하기 위한 구조이며, 기관간의 통제는 국가행위의 성립에 복수의 기관의 공동을 요구하거나 타기관의 행위에 관여함으로써 기관 상호간에 통제를 확보하는 것이다. 그리고 이들 기관이 갖는 통제권한이 균형을 유지하고 있는가 또는 그 기관 사이에 강약이 있는가에 따라 여러 가지 통치기구의 유형이 분류된다고 하고, 그는 의원내각제를 기관간의 통제를 확보할 수 있는 가장 강력한 정부형태로 보고 있으나 오늘날의 정당제의 발달은 기관간의 통제기능이 크게 변질되었다고 지적한다. K. Loewenstein, *Political Power and the Governmental Process*, 2nd ed., 1965, pp.42~52, 123ff.

으로써 국민에 의한 정치를 강화하는 것이 중요하다. 이를 위해서는 대표의 정확성 확보를 위한 선거제도의 개선, 직접민주제의 도입, 지방자치제의 확충 강화가 요구된다. 둘째로 권력분립 자체의 활성화로서 기관간의 기능적 통제의 강화가 요청된다. 특히 의회의 행정통제기능의 강화가 요구되며, 위임입법에 대한 의회의 통제를 실질적으로 확보할 수 있는 방안들이 고려되어야 할 것이다. 셋째로 헌법재판제도의 확립이다. 헌법재판제도는 헌법위반의 권력행사를 저지하여 인권옹호를 그 이념으로 하는 헌법수호의 수단이므로 이는 오늘날의 권력분립의 관점에서 볼 때 강력한 권력통제기능을 담당한다. 그러나 헌법재판이 헌법보장의 강력한 제도로서 기능하기 위해서는 결국 헌법기관의 기본적인 민주성향과 헌법준수의 의지 및 국민의 헌법을 수호하려는 강한 '헌법에의 의지'(Wille zur Verfassung)가 전제되어야 한다.

5. 한국헌법상의 권력분립제

(1) 권력의 구분·분리

우리 헌법은 기본적으로 대통령제 정부형태를 채택하고 있기 때문에 비교적 엄격한 권력분립제가 적용되고 있다. 그리하여 현행헌법은 입법권은 국회(제40조)에, 행정권은 대통령을 수반으로 하는 정부(제66조 제4항)에, 사법권은 법원(제101조 제1항)에 부여하여 수평적 권력분할을 실현하고 있다. 권력의 수평적 분할은 겸직금지에 의해서도 뒷받침되고 있는데 국회의원과 대통령의 겸직금지(제43조, 제83조)를 비롯하여 법관의 독립(제103조) 등을 규정하고 있다. 또한 지방자치제의 채택으로 중앙정부와 지방정부 사이에 수직적 권력분할이 이루어지고 있다.

(2) 권력 상호간의 견제와 균형

권력분립원리의 핵심적 요소를 의미하는 권력 상호간의 견제와 균형은 국가기관의 구성과 기능의 측면뿐만 아니라 법적 제도의 측면에서 실현되고 있다.

(가) 국가기관 구성면에서의 견제와 균형

국가기관 구성면에서 대통령은 대법원장·대법관·국무총리·감사원장·헌법재판소장의 임명에 국회의 동의를 얻도록 하고 있으며(제104조 제1항 및 제2항, 제86조 제1항, 제98조 제2항, 제111조 제4항), 헌법재판소와 중앙선거관리위원회의 구성을 국회·대통령·대법원장의 합동행위에 의하게 하는 것(제111조 제3항, 제114조 제2항)은 권력 상호간의 견제와 균형을 의미한다.

(나) 국가기능면에서의 견제와 균형

국가기능면에서 1) 국회는 정부에 대하여 예산심의확정권(제54조 제1항), 국정감사·조사권(제61조), 조약체결비준·선전포고 및 국군의 해외파견 등에 대한 동의권(제60조), 일반사면에 대한 동의권(제79조 제2항), 국무총리·국무위원에 대한 국회출석·답변요구권(제62조 제2항), 국무총리 또는 국무위원에 대한 개별적 해임건의권(제63조), 탄핵소추권(제65조), 긴급명령 및 긴급재정경제명령에 대한 승인권(제76조 제3항), 계엄해제요구권(제77조 제5항) 등을 행사하여 견제한다. 국회의 법원에 대한 견제로는 예산심의확정권, 국정감사·조사권, 탄핵소추권 등이 있다. 2) 정부는 대통령의 법률안거부권(제53조 제2항), 예산편성권(제54조 제2항), 국민투표부의권(제72조), 임시국회소집요구권(제47조), 계엄선포권(제77조) 등으로 국회를 견제하며, 법원에 대하여는 대통령의 사면·감형·복권에 관한 권한(제79조 제1항) 등으로 견제한다. 3) 법원은 명령·규칙·처분의 위헌심사권(제107조 제2항), 행정재판과 선거소송을 통해 정부를 통제하며, 위헌법률심판제청권을 행사하여 국회를 통제한다(제107조 제1항). 4) 헌법재판소는 위헌법률심판을 통해 국회를, 기관간의 권한쟁의심판을 통해 정부를, 탄핵심판을 통해 정부와 법원을 각각 통제한다(제111조 제1항).

(다) 법적 제도면에서의 견제와 균형

법적 제도면에서 헌법재판제도, 지방자치제도, 국민투표제, 복수정당제, 직업공무원제 등을 보장함으로써 국가권력간의 독주를 방지하는 견제·균형을 실현하고 있다.

(3) 현행헌법상 권력분립원리의 특징

현행헌법의 권력분립원리의 특징으로는 첫째, 입법부와 행정부의 관계에 있어서 입법부에 대해 행정부(대통령)가 우월적 지위를 가진다는 점을 들 수 있다. 대통령의 계엄선포권과 긴급명령권, 국민투표부의권, 헌법개정안 발의권 등은 순수대통령제에서 인정될 수 없는 대통령의 강력한 권한을 의미한다. 그러나 헌정운용의 실제에 있어서 '여소야대'의 분열정부의 출현은 국회가 정부를 강력하게 통제할 수 있는 현상이 나타나기도 한다. 둘째, 정당국가적 민주주의의 현실은 국회와 정부의 관계를 집권당과 반대당(야당)의 관계로 국정의 중심이 이전되는 양상을 보이고 있다는 점이다. 특히 한국의 정당은 소속의원에 대한 정당기율이 강한 것이 특징이므로 분열정부의 출현은 의회와 정부 간의 대립과 갈등으로 국정운용의 효율성이 저하되는 문제점이 지적될 수 있다. 셋째, 헌법재판소제도의 도입으로 헌법재판, 특히 헌법소원심판을 통해 정치권력에 대한 사법적 통제가 강화되었다는 점을 들 수 있다.

(4) 권력분립원리에 관한 판례

권력분립원리에 관한 판례를 보면, 특별검사제 도입의 권력분립원리 위반 여부에 대하여 헌법재판소는 소극적 입장을 취하고 있다. 본질적으로 권력통제의 기능을 가진 특별검사제도의 취지와 기능에 비추어 볼 때, 특별검사제도의 도입 여부를 입법부가 독자적으로 결정하고, 특별검사 임명에 관한 권한을 헌법기관간에 분산시키는 것이 권력분립의 원칙에 반한다고 볼 수 없다는 것이다. 한편 정치적 중립성을 엄격하게 지켜야 할 대법원장의 지위에 비추어 볼 때, 정치적 사건을 담당하게 될 특별검사의 임명에 대법원장을 관여시키는 것이 과연 바람직한 것인지에 대하여 논란이 있을 수 있으나, 그렇다고 국회의 이러한 정치적·정책적 판단이 헌법상 권력분립의 원칙에 어긋나지 않는다고 한다. 즉 헌법상 권력분립의 원칙이란 국가권력의 기계적 분립과 엄격한 절연을 의미하는 것이 아니라, 권력 상호간의 견제와 균형을 통한 국가권력의 통제를 의미하는 것이므로 특정한 국가기관을 구성함에 있어 입법부, 행정부, 사법부가 그 권한을 나누어 가지거나 기능적인 분담을 하는 것은 권력분립의 원칙에 반하는 것이 아니라 권력분립의 원칙을 실현하는 것으로 볼 수 있다고 판단하고 있다.[1)]

6. 권력분립제와 공무원제도

공무원제도는 전통적으로 국민의 공복(公僕)으로서 국민에 대한 책임과 정치적 중립성을 강조하는 입장에서 정권교체에 영향을 받지 않고 안정적이고 능률적으로 국가적 과제를 수행하는 도구로서의 직업공무원제를 중심으로 이해되어 왔다. 그러나 현대의 민주국가의 통치구조에 있어서 공무원제도는 통치기구의 구성원리의 하나로서 권력분립적 기능을 강조하는 입장에서 새롭게 인식될 수 있다.[2)] 오늘날 직업공무원제도의 권력분립적 기능으로는 첫째, 국가의 행정업무가 정권교체 또는 정당국가에서의 권력통합에 영향을 받지 않고 계속적으로 동일한 기준과 방법에 의해 처리되기 위해서는 공무원의 정치적 중립성과 신분보장이 필요하게 되며, 이러한 공무원의 정치적 중립성과 신분보장에 의해 정태적이고 계속적인 행정조직이 동태적이고 한시적인 정치세력을 견제하고 통제하는 중요한 권력분립적 기능을 수행할 수 있다는 것이다. 즉 공무원의 정치적 중립성과 신분보장을 통한 관료조직의 정치세력에 대한 견제기능을 기대할 수 있게 되는 것이다. 둘째, 직업공무원제도는 위계적인 관료조직형태를 벗어날 수 없지만 이 제도의 기본정신에 따라 능력본위승진제, 신분보장, 합리적인 상벌제, 경력직과 전문직주의 등이 엄격하게 지켜지게 되면 행정조직 내부의 '수직적 권력분립'의 효과를 기대할 수 있다는 것이다. 이처럼 오늘날 직업공무원제도는 헌법상 통치기구의 구성원리로 간주될 뿐만 아니라 권력분립의 관점에서도 그 헌법적 의의가 커지고 있다고 할 수 있다.

1) 헌재 2008. 1. 10. 2007헌마1468.
2) 허영, 앞의 책, 683-684면.

7. 권력분립제와 지방자치제도

지방자치제는 민주주의의 원천이며 교실이라고 불려지는 바와 같이 풀뿌리민주주의를 강화하는 데에 기본이념이 있는 것이지만, 더 나아가 오늘날의 지방자치제는 중앙집권주의를 견제할 수 있는 지방분권주의의 실현에 또 하나의 중요한 이념이 있다고 할 수 있다. 이 점에서 오늘날의 지방자치제도는 민주주의의 기초를 다지고 단순히 주민근거리행정을 실현시키는 제도라는 전통적 인식 못지않게 헌법상 권력분립적 기능을 담당하고 있다는 점도 깊이 인식할 필요가 있다. 지방자치제는 국가권력의 '수직적 분립'을 의미하며 중앙정부의 통치권행사에 대한 견제적 기능을 수행한다는 점에서 그 의의가 크다고 할 수 있다.

현행 헌법 제117조는 제1항에 "지방자치단체는 주민의 복리에 관한 사무를 처리하고 재산을 관리하며, 법령의 범위 안에서 자치에 관한 규정을 제정할 수 있다"라고 하고, 제2항에 "지방자치단체의 종류는 법률로 정한다"라고 하여 지방자치의 제도적 보장과 지방자치단체의 권능 및 그 종류의 법정주의를 규정하고 있다. 제118조 제1항은 "지방자치단체에 의회를 둔다"고 하고, 제2항에 "지방의회의 조직·권한·의회선거와 지방자치단체장의 선임방법 기타 지방자치단체의 조직과 운영에 관한 사항은 법률로 정한다"라고 하여 지방자치단체의 기구와 구성방법을 규정하고 있다.

제 2 장 정부형태론

Ⅰ. 정부형태의 의의와 분류

1. 정부형태의 의의

일반적으로 정부형태(government regime)란 국가권력의 구조에 있어서 권력분립의 원리의 구체적 적용의 문제에 관한 것이다. 즉 국가통치구조에서의 입법부·행정부·사법부 간의 권력분립의 실현형태, 특히 입법부와 행정부 간의 권력분립원리의 기능적·조직적 실현형태를 의미한다. 그러나 협의의 개념으로 정부형태는 행정부의 구조·권한 및 권한행사의 방식인 행정부의 형태를 의미한다.

정부형태는 기본적으로 통치권이 집중되느냐 아니면 분산되느냐에 따라 달라진다. 즉 통치권이 통제되지 않고 집중되는 전제주의냐 또는 통치권이 분산되고 통제되는 입헌주의냐에 따라 정부형태가 달라지게 된다. 입헌주의를 전제로 할 때 정부형태란 권력분립원리의 구체화된 형태를 의미한다.

2. 정부형태의 분류

(1) 전통적 분류

전통적인 정부형태의 분류는 입법부와 행정부의 상호관계를 중심으로 하여 그 관계가 상호독립·경성적(硬性的) 분립관계인가 아니면 밀접한 공화·협력관계, 연성적(軟性的) 분립관계인가 또는 융합적·위계적 분립관계인가에 따라 대통령제·의원내각제(의회주의제)·의회정부제(회의제) 등으로 분류하고 있다. 대통령제는 미국헌법의 제정에 의해 독창적인 정부형태로 출현하였으며 제2차대전 이후에 아시아·아프리카·중남미 제국에 보급되었다. 의원내각제는 영국의 오랜 헌정경험 속에서 정치적 관행에 의해 형성된 정부형태를 의미하며 유럽 각국에 크게 영향을 미쳤다. 회의제 정부형태는 스위스의 의회정부제, 중화인민공화국의 인민회의제 등을 들 수 있다.[1)]

(2) 현대적 분류

(가) 뢰벤슈타인(K. Loewenstein)의 분류

뢰벤슈타인에 의하면 현실적인 정치권력이 통제되고 있느냐의 여부에 따라 정부형태를 입헌주의적 정부형태와 전제주의적 정부형태로 분류한다. 입헌주의적 정부형태(constitutionalism)란 국민의 자유와 권리를 보장하기 위하여 국가권력이 분립되고 권력 상호간에 견제와 균형이 유지되는 정부형태를 말한다. 예를 들면 스위스의 직접민주제, 영국의 의원내각제, 미국의 대통령제, 프랑스 이원정부제 등이 이에 해당한다.

전제적(專制的) 정부형태(autocracy)란 국가권력이 한 개인이나 한 계급·정당 등에 집중되고 집권자가 아무런 구속·제한을 받지 않고 자의적으로 권력을 행사하는 통치방식을 말한다. 전제적 정부형태는 전체주의적 정부형태(totalitarian regimes)와 권위주의적 정부형태(authoritarian regimes)로 구분된다. 권위주의적 정부는 단일의 권력담당자가 정치권력을 독점하고 국가의사 형성에 피치자의 참여를 허용하지 않는 정부를 말한다. 입헌주의체제 이전의 유럽의 군주제 또는 현대의 신대통령제(neopresidentialism)가 그 대표적 예이다. 전체주의 정부는 권위주의적 성격에 더하여 사회통제를 위한 일정한 요소들(시민들의 사적 생활과 정신을 통제하는 지배적 이데올로기, 통제도구로서의 경찰조직, 단일정당의 지배 등)이 부가된 것이다. 독일의 나치즘, 이탈리아의 파시즘, 구 소련의 공산주의가 이에 해당한다.

(나) 뒤베르제(M. Duverger)의 분류

뒤베르제는 정치제도·정부형태·정치체제의 개념을 구분하면서 국회·대통령·수상 등과 같은 정치적 기구를 정치제도라고 하고, 이러한 정치제도의 결합형태를 정부형태라고 본다. 그리고 정부형태에 그 밖의 여러 가지 요인, 즉 개별 국가의 역사적 전통, 사회·경제적 구조, 이데올로기, 정당제도 등을 포괄하는 것을 정치체제라고 하며 이러한 정치체제에는 자유민주적 체제와 권위주의적 체제가 있다고 한다.

(다) 파이너(S. E. Finer)의 분류

파이너는 현대적 정부형태의 기본유형을 자유민주주의국가의 정부형태(영국, 미국, 프랑스 등), 전체주의국가의 정부형태(구 소비에트연방), 제3세계국가의 정부형태(사이비민주주의정

---

1) 의회정부제 또는 회의제 정부형태란 의회의 집행부에 대한 절대적 우위를 특징으로 하는 정부형태로서 집행부의 성립과 존속은 전적으로 의회에 의존하지만 집행부는 의회를 해산할 수 없다. 스위스의 회의제 정부형태는 연방의회가 선출한 7인의 집정관(각료)으로써 집행부를 의미하는 연방평의회를 구성하며, 연방의회는 매년 집정관 중 1인을 평의회의 의장으로 선출하여 그 의장에게 1년간 연방대통령의 칭호를 부여한다.

부, 준민주주의정부, 군사정부) 등으로 구분하고 있다. 자유민주국가의 정부형태는 선거에 의해 구성된 대의기관과 대의기관의 결정을 집행하는 행정부가 있으며 양 국가기관 간의 견제와 균형이 유지되는 정부형태를 말한다.

Ⅱ. 대통령제

1. 대통령제의 의의

(1) 대통령제의 개념

대통령제(presidentialism)란 행정부가 입법부 및 사법부와 엄격하게 분리·독립되어 국가기관 상호간에 권력적 균형이 유지되고 행정부의 수반인 대통령이 국민에 의해 선출되는 정부형태를 말한다. 대통령제는 미국헌법의 제정에 의해 독창적으로 탄생된 것으로 몽테스키외의 엄격한 3권분립론에 기초하고 있다. 미국 대통령제를 원형으로 하는 대통령제의 본질적인 구성요소에 관하여 리파트(Arend Lijphart)는 다음의 세 가지를 제시하고 있다. 첫째, 행정부의 수반인 대통령이 임기가 고정되어 있고 탄핵을 제외하고는 의회의 불신임결의에 의하여 강제로 사임당하지 아니하며, 둘째, 대통령은 국민의 직선 또는 국민이 선출한 선거인단에 의한 간선에 의해 선출되고, 셋째, 행정부의 최고결정권이 내각과 같은 집단이 아니라 대통령 1인에게 부여된다.

(2) 대통령제의 본질적 요소

(가) 국민에 의한 대통령의 선출

대통령제는 대통령이 국민에 의해 선출되고, 그 임기 동안 의회에 대해 정치적 책임을 지지 않는 것을 본질적 요소로 하고 있다. 행정부의 구성을 의미하는 대통령의 선출을 의회가 담당하게 되면 이는 엄격한 3권분립에 기초한 대통령제의 원리에 반하게 된다. 대통령제의 원형인 미국 대통령의 선거방식은 의회의 선출이 아닌 국민에 의한 선거를 채택하면서 그 방식은 국민에 의한 직선제가 아니라 대통령선거인단에 의한 간선제를 취하고 있다. 그러나 이러한 간선제의 방식은 미국의 정당정치의 발전과정에서 직선제와 동일한 효과를 가지면서 운용되고 있다.[1)]

(나) 행정부의 일원적(一元的) 구조

행정부의 구조가 일원화되어 대통령은 국가원수(Head of State)와 행정부의 수반(Chief Executive)의 지위를 겸한다. 각료회의는 대통령의 보좌기관 내지 자문기관에 불과하다. 이

---

1) 미국 대통령의 선출방법에 관하여는 정만희 편, 미국헌법과 통치구조, 법문사, 1988, 18면 이하 참조.

점에서 행정부가 국가원수와 내각 수상의 이원적 구조로 구성되는 의원내각제와 본질적으로 구별된다. 미국헌법상 대통령제의 성립배경은 당시 유럽의 군주제를 부정하고 공화제를 채택한다는 기본전제에서 출발하여 군주의 대용물로서 대통령을 두고 대통령이 국가원수의 지위와 행정부의 수반으로서의 지위를 갖도록 하여 공화제 하에서의 강력한 행정부(strong executive)를 의도한 것이다.

(다) 대통령과 의회의 상호독립성

대통령제는 몽테스키외의 엄격한 권력분립원리의 구현을 의미하는 것으로 행정부의 성립과 존속이 의회로부터 전적으로 독립되는 상호독립성을 전제로 하기 때문에 대통령은 의회에 대해 책임을 지지 아니하며 의회해산권도 갖지 아니한다. 의회 의원도 행정부 각료 겸직이 금지되며 정부의 법률안제출권도 인정되지 아니한다. 이러한 의회와 행정부의 엄격한 분리·독립은 의원내각제에서의 의회와 내각의 상호의존성의 원리와 본질적으로 구별된다.

(라) 입법부와 행정부의 견제와 균형

대통령제는 입법부와 행정부 간의 상호견제(mutual checks)를 통한 권력적 균형을 유지하는 것을 본질적 요소로 한다. 따라서 대통령은 의회의 입법권에 대한 법률안거부권을 행사하며, 의회는 정부의 고위공무원 임명에 대한 동의권, 국정조사권, 탄핵소추권 등을 통해 행정부를 견제한다. 미국 대통령제에 있어서 의회와 대통령 간의 견제와 균형은 오늘날 미국의 정당정치 현실에서 집권당이 의회의 다수당이 되지 못하는 '분점정부' 내지 '분열정부'(divided government)의 출현이 보편화됨으로써 이 상호견제의 기능은 미국 대통령제의 본질적 요소로서 대통령의 독재화를 막는 결정적인 요인이 되고 있다.

2. 대통령제의 연혁과 유형

(1) 미국 대통령제의 성립

1787년 미국연방헌법의 제정과정에서 탄생된 새로운 정부형태로서의 대통령제는 당시 영국 본국의 헌정과 군주제에 대한 반동으로 공화제(共和制)의 채택을 대전제로 하여 입헌적 권력분립과 전국적 통일정부라는 두 가지 요청을 만족시켜주는 제도로서 성립된 것이다. 즉 대통령제는 군주제와 의원내각제를 부정하면서, 국민의 자유 확보를 위한 제한정부(limited government)·균형정부(balanced government)를 모색하는 과정에서 탄생시킨 정부형태를 의미한다. 미국헌법의 제정자들이 대통령제를 채택한 것은 당시 영국 국왕의 전제(專制)에 대한 공포에 기초한 것이었으나, 그렇다고 해서 약한 행정부를 의도한 것은 아니었으며 오히려 입법부와 권력적 균형을 이룰 수 있는 행정부를 기대하였다. 그리하여 안정된 행정의 수장제(首長制)를 채택하면서 국민에 의해 선출된 대통령이 국민에 대한 책임을 지는 정부형태를 탄생시키게 되었으며, 이러한 정부형태는 엄격한 권력분립을 전제로 의회로부터 독립된 강한 행정부(strong and independent executive)의 구성을 특징으로 하는 것이었다.[1)]

(2) 대통령제의 유형

(가) 미국형 대통령제

미국형 대통령제 내지 순수 대통령제는 엄격한 권력분립제의 채택을 전제로 하여 행정부는 의회로부터 완전히 독립되어 있으며, 행정부의 수반인 대통령은 국민에 의해 선출되어 임기 동안 의회에 대해 책임을 지지 않는 대통령제를 말한다. 미국의 대통령제는 임기 4년으로 1차에 한하여 중임할 수 있으며, 대통령의 궐위 또는 사고로 직무를 수행할 수 없는 경우에는 부통령이 대통령직을 승계하거나 대통령의 권한대행을 하도록 규정하고 있다.

(나) 신대통령제

신대통령제(neopresidentialism)란 뢰벤슈타인에 의해 분류되는 권위주의적 대통령제의 개념으로서, 대통령의 절대적 우위와 권력분립원리가 부분적·불균형적으로 채택된 대통령제를 의미한다. 라틴아메리카 국가들과 아시아·아프리카 신생독립국가들이 이에 해당한다.

(다) 반(半)대통령제

유럽의 바이마르공화국, 프랑스 제5공화국, 핀란드·아이슬란드 등에서 볼 수 있는 제도로서 대통령제와 의원내각제의 혼합형을 의미한다. 이러한 혼합형의 정부형태를 이원정부제(二元政府制, dual executive)라고도 하는데, 평상시에는 의회의 신임을 기초로 임명되고 의회에 대해서 책임을 지는 수상이 행정권을 행사하며 국가위기시에는 대통령이 행정권을 전적으로 행사하는 정부형태를 말한다.

3. 대통령제의 장·단점

(1) 전통적 이론

대통령제의 제도적 장점에 관한 전통적인 이론은 엄격한 권력분립원리의 적용에 기인하는 것으로서 첫째, 대통령이 의회에 대하여 책임을 지지 아니하므로 행정부의 안정성을 유지하며, 강력한 행정으로 정책의 지속성을 유지할 수 있다는 것이다. 둘째, 대통령은 법률안거부권의 행사를 통하여 의회다수파의 횡포를 견제할 수 있다는 것이다.

반면에 대통령제의 단점으로는 첫째, 대통령이 국민에 의해 선출되어 의회에 책임을 지지 아니하므로 대통령의 독재화가 가능하다는 것이다. 둘째, 엄격한 권력분립의 적용으로

---

1) 미국 대통령제의 성립배경에 관하여는 정만희 편, 앞의 책, 15-18면 참조.

의회와 행정부가 대립하는 경우 국정의 통일적 수행이 곤란하며, 의회와 행정부가 충돌하게 되면 정국의 불안이 조성될 수 있다는 것이다.

(2) 신제도론적 입장에서의 논의

최근의 정부형태에 관한 논의는 종래의 대통령제와 의원내각제라는 두 유형의 제도론적 구분에서 벗어나 두 유형의 정부형태가 "현실적으로 통치의 효율성과 안정성에 어떤 영향을 미치는가"라는 관점에서 정치제도와 정치행태를 동시에 분석하는 이른바 신제도론(new institutionalism)의 접근방법을 취하는 것이 특징이다. 이러한 관점에서 대통령제를 선호하는 입장에 의하면 대통령제의 장점은 첫째, 대통령이 국회구성의 선거와 별도로 국민에 의해 직접 선출되고 그 선거를 통한 권력형성과 정당성의 획득이 유권자와 행정부를 직접 연결시키므로 행정부의 최고책임자인 대통령은 직접적으로 '국민에 대한 책임'(accountability)을 지게 된다. 이 점에서 대통령제는 유권자가 직접 행정부를 구성하지 않는 의원내각제보다 우수한 제도이다.[1] 둘째, 유권자가 행정부의 수반을 직접 선택함으로써 국민은 누가 정치권력을 획득해서 집권하게 될 것인가를 인식하고 투표에 임할 수 있다. 의원내각제의 경우는 다당제와 결합될 경우 유권자는 누가 수상으로 선임될 것인가를 쉽게 인지할 수 없는 것이 문제이나 대통령제는 '정부선택의 인지성'(identifiability)에서 의원내각제보다 우수한 제도이다. 셋째, 행정부와 입법부의 '상호견제'(mutual checks)는 정권위기를 초래하는 교착상태를 가져오는 것이 아니라 오히려 국정운영의 수준을 높일 수 있는 제도이다. 대통령제는 의회와 행정부가 독립되어 서로 견제함으로써 권력의 균형이 유지되지만, 의원내각제 하에서는 내각이 의회의 신임에 의존하므로 사실상 내각이 의회를 통제할 수 없게 되며 내각의 정책결정에 있어서 의회다수파로부터의 압력과 간섭을 피하기 어렵다. 의원내각제에 있어서 의회의 내각에 대한 강제 가능성은 빈번한 내각위기의 원인이 되지만 대통령제에 있어서는 의회다수파에 대항하기 위한 대통령의 거부권행사가 행정부의 임기를 위협하지 못한다.

한편 의원내각제를 선호하는 입장에서는 다음과 같은 대통령제의 단점 측면에서 설명하고 있다. 첫째, 대통령제는 행정부와 입법부가 따로따로 국민에 의해 선출되므로 권력의 이중적 정당성(dual democratic legitimacies)을 가지게 되지만, 여기에서 대통령을 지지하는 유권자의 의사와 의회의 다수당을 선출한 유권자의 의사가 일치하지 않는 경우에는 행정부와 의회의 마찰로 법안의 입안과 주요정책의 입안과정에서 교착상태를 초래함으로써 국정운영이 마비될 수 있다. 둘째, 대통령제는 대통령과 국회가 임기제에 의해 일정한 기간 존속하며 그 임기 동안 상호 영향을 받지 아니하고 존속한다. 이러한 기간의 경직성(temporal

1) Matthew Soberg Schugart and John M. Carey, President and Assemblies: Constitutional Design and Electoral Dynamics, 1992, p.44.

rigidity)이라는 제도적 조건이 대통령제의 체제를 경직되게 만든다. 반면에 의원내각제는 의회의 정부에 대한 불신임과 정부의 의회에 대한 해산권을 통해 유연하게 대처할 수 있다. 셋째, 대통령제는 선거의 승자가 모든 것을 얻는 제로섬의 정치게임을 의미하며 합의제 방식보다는 다수제적 경향(majoritarian tendencies)에 입각하여 권력의 형성과 행사가 이루어진다. 따라서 의원내각제에서 나타나는 타협에 의한 권력의 공유가 쉽게 이루어지지 못하는 문제가 있다. 특히 대통령 소속의 집권당이 의회의 다수당의 지위를 점하지 못할 경우에는 행정부의 통치기능이 마비될 수 있다.[1)]

4. 미국형 대통령제의 성공요인

미국형 대통령제와 입헌민주정치가 성공하고 있는 주된 요인으로는 1) 연방국가적 구조에 의한 권력의 분산, 2) 정당조직의 지방분권적 특성에 따른 정당의 권력통합현상 방지, 3) 헌법수호자로서의 사법부의 강력한 권력통제기능, 4) 공정한 선거제의 확립, 5) 평화적 정권교체의 기회보장, 6) 여론의 자유와 존중, 7) 정치인과 시민의 동질성 등이 일반적으로 거론되고 있다.

특히 미국의 대통령제는 정당정치의 현실과의 관계에서 그 운용상의 특징을 찾아볼 수 있다. 미국의 정당정치의 현실은 대통령이 소속한 집권당과 의회의 다수당이 일치하지 않는 이른바 '분열정부' 또는 '분점정부'(divided government) 현상이 일반적으로 나타나고 있는 것이 특색이며, 이러한 분열정부 현상이 경우에 따라서는 의회와 정부의 마찰과 충돌로 인하여 국가기능의 마비·교착상태, 정책의 일관성 결여 등에 영향을 미치게 된다는 문제점이 지적되기도 한다. 그러나 이러한 분열정부 하에서도 심각한 국정의 혼란이나 정국의 불안정의 문제가 발생하지 않는 이유는 미국 정당조직의 특성상 의원의 독자성이 강하고 소속정당에의 결속이 결여되어 있으며 초당파적 입장에서 표결에 참여할 수 있기 때문이다. 오히려 분열정부의 상황은 의회가 실질적으로 행정부에 대한 통제기능을 발휘할 수 있게 하며, 이 점이 대통령의 독재화를 막을 수 있는 결정적인 요인이 되고 있다.[2)]

---

1) 정부형태 논의의 최근 동향에 관한 상세한 내용은 정만희, 헌법의 기본문제, 세종출판사, 2001, 111면 이하.

2) 대통령제의 원형인 미국의 대통령제에 있어서는 일찍이 19세기 중반부터 분열정부 현상이 이따금 출현하기도 하였으나, 그 양상이 두드러지게 된 것은 1950년대 이후부터이며 오늘날에 이르기까지 분열정부는 일반적이고 보편적인 현상이 되고 있다. 이러한 분열정부에 대한 학계의 입장은 크게 두 개의 대립되는 견해로 나뉘고 있는데, 하나는 분열정부가 미국의 헌법과 정치제도의 구조적 결함에 의해 초래된 심각한 문제로서 그 통치구조상의 역기능을 극복하기 위한 방안을 강구해야 한다는 부정적 입장이다. 또 하나의 견해로는 분열정부는 강력한 대통령제에 대한 유효한 통제수단이 되고 있다는 그 순기능을 강조하는 긍정적 입장이 있다. 1980년대 후반부터 미국의 학계에서는 이 분열정부의 평가 문제를 둘러싼 활발한 논의가 헌법상 통치구조에 관한 논쟁의 핵심적 과제가 되고 있다. 이 분열정부 현상에 대한 긍정적 평가로는 정만희, "대통령제에 있어서 분열정부의 헌법문제", 헌법학연구 제14권 제2호, 2008, 391면 이하.

Ⅲ. 의원내각제

1. 의원내각제의 의의와 본질적 구성요소

(1) 의원내각제의 개념

의원내각제(parliamentary government)란 의회와 행정부의 권력분립을 전제로 하여 실질적 행정권을 담당하는 내각이 의회의 신임을 조건으로 존립하며, 의회의 내각불신임권과 내각의 의회해산권이 서로 견제수단이 되어 의회와 집행부의 균형이 유지되는 정부형태를 말한다. 의원내각제는 의회에서 선출되고 의회에 대하여 책임을 지는 내각중심으로 운영되는 정부형태로서, 여기에 행정부의 의회에의 '의존성'(依存性)이 인정되며 대통령제와는 달리 입법부와 집행부 간에 권력의 '연성적'(軟性的) 분립이 적용되는 것을 본질적 특색으로 한다.

(2) 본질적 구성요소

(가) 의회에 의한 내각의 성립과 존속

의원내각제에 있어서는 실질적 행정권을 담당한 내각의 수반(총리 또는 수상)이 의회에 의해 선출되고 내각이 의회에 대하여 연대하여 정치적 책임을 지는 것이 원칙이다. 이 점에서 의원내각제는 '책임의 원리'를 그 본질로 하게 된다. 뒤베르제(M. Duverger)도 의원내각제는 의회의 내각불신임권이 본질적 요소라고 강조한다.

(나) 행정부의 이원적(二元的) 구조

행정부가 대통령(또는 군주)과 내각의 두 기구로 구성되는 이원적 구조로 되는 것이 특징이다. 상징적인 국가원수로서의 대통령 또는 국왕은 국가를 대표하는 의례적 존재이며 행정권은 수상을 정점으로 하는 내각에 속한다. 여기서 행정부의 이원적 구조는 형식적 구조의 이원화를 의미할 뿐이며 실질적 행정권의 이원화를 의미하는 것은 아니다. 실질적인 행정권의 이원화는 프랑스 이원정부제에서 나타나는 대통령과 수상 간의 실질적인 행정권의 분점형태를 의미하며, 의원내각제에서의 행정부의 이원화는 형식적 구조에 있어서의 이원화를 의미할 뿐 실질적 행정권은 수상과 내각이 가진다.

(다) 입법부와 행정부 간의 공화와 협력

의원내각제는 의회와 내각이 밀접한 공화·협력관계를 유지하는 것이 특색이다. 내각이 의회의 다수당 의원들로 구성되므로 의원과 각료의 겸직이 인정되며, 행정부가 법률안 제출권을 가지고 행정부 각료가 의회에 출석하여 발언할 수 있다.

(라) 입법부와 행정부 간의 권력적 균형

의원내각제는 의회의 내각불신임과 내각의 의회해산권을 통하여 두 기관 간의 권력적 균형을 유지하는 정부형태이다. 이러한 의회와 내각 간의 권력적 균형이 유지되는 내각의 의회해산권을 의원내각제의 본질적 요소로 볼 때 의원내각제는 '균형의 원리'라고 할 수 있다. 그리하여 레즐로브(R. Redslob)는 내각의 의회해산권이 존재하고 기능하는 것을 '진정한 의원내각제'라 하고 의회해산권이 없거나 그 기능을 하지 못하는 경우를 '부진정(不眞正)한 의원내각제'라고 구분하고 있다.

2. 의원내각제의 성립과 전개

(1) 영국 의원내각제의 성립과 발전

영국에서 성립·발전된 의원내각제의 기원은 1688년의 명예혁명을 계기로 한 의회주권(議會主權) 원칙의 확립에서 찾을 수 있다. 명예혁명 이후의 의회의 국왕에 대한 우월적 지위의 확보는 전통적인 국왕의 내각(King's Cabinet)을 '의회의 내각'으로 변질시키게 되었고, 내각의 구성에 의회가 점차 주도권을 갖게 되었다. 1714년 독일의 하노버가 출신의 조지(George) 1세가 즉위하였으나 국왕은 통치권을 사실상 행사하지 않게 되고 의회의 다수파 휘그당의 지도자 월폴(R. Walpole)이 등장하여 1721년부터 내각의 각의를 주재하게 됨으로써 수상제(prime minister)의 성립을 보게 되었다. 여기서 사실상 통치권을 행사하지 않는 조지 1세의 즉위와 내각의 주도권을 행사하는 월폴의 등장은 "군주는 군림하되 통치하지 않는다"는 입헌군주제의 원칙을 확립하는 동기가 되었다. 그 후 18세기 후반에는 의회의 다수파가 내각을 구성하고 내각이 의회에 책임을 지게 되고 의회의 내각불신임에 대한 내각의 의회해산이라는 정치적 관행이 형성됨에 따라 비로소 의원내각제가 성립하게 되었다. 1782년에 의회는 노드(F. North) 수상에 대한 불신임결의를 하여 내각이 최초로 사퇴하게 되었고, 1783년에 소(小)피트(William Pitt, the Younger) 내각이 성립하자 하원은 내각의 사퇴를 요구하였고 이에 대항하여 내각은 1784년 의회를 해산하고 새로운 총선거를 실시하게 되었다. 이 1784년의 총선거는 영국에서의 의원내각제의 성립을 의미하며, 이 선거를 계기로 토리당이 집권함에 따라 휘그와 토리의 양당제(two-party system)가 확립되었다.[1)]

이러한 과정을 거쳐 성립된 영국의 고전적 의원내각제는 의회와 국왕의 권력적 균형에 입각한 것으로 내각은 국왕과 의회의 쌍방에 책임을 지는 '이원적(二元的) 의원내각제'를 의미하는 것이었다. 그 후 1832년 선거법 개혁을 계기로 하여 의회의 지위가 향상됨에 따라 영국의 의원내각제는 국왕과 내각에 대한 의회우위의 '일원적(一元的) 의원내각제'로 이행하게 되었으며, 1867년의 제2차 선거법 개혁과 1884년의 제3차 선거법 개혁을 통해 의원내각제는 또 다른 변질을 하게 되어 1880년대부터는 의회에 대한 내각 우위의 의원내각제로 발

1) 영국의 의원내각제의 성립과 전개과정에 관한 상세는 정만희, 헌법과 통치구조, 법문사, 2003, 60-89면.

전하게 되었다. 즉 19세기 후반의 선거법 개혁으로 선거권의 비약적 확대는 선거인과 국민이 거의 일치하게 되는 것을 의미하게 됨으로써 국가의 정치적 의사결정은 의회라기보다는 선거인이고, 내각의 진퇴를 결정하는 것도 선거인으로서의 국민을 의미하게 되었기 때문에 내각의 지위는 의회에 의존하는 것이 아니라 국민에 의존하는 것이 되었다. 그리하여 영국의 전통적 의회주권원리에 있어서 의회는 '법적 주권'만을 갖게 되고 '정치적 주권'은 국민인 유권자에 속하게 됨에 따라 종래의 의회의 내각과 국민에 대한 지배는 소멸하게 되고, 따라서 의회의 내각선택권은 상실되고 국민에 의해 내각선택권이 행사되는 것으로 변질되었다. 이러한 내각우위형 의원내각제는 오늘날 국가기능의 확대에 따른 행정부에의 권력집중과 정당국가적 경향에 따른 수상의 우월적 지위를 특징으로 하는 '내각통치제'(cabinet government) 내지 '수상정부제'(prime ministrial government)라고 불려지고 있다.

(2) 프랑스의 의원내각제

프랑스의 제3·4공화국에서의 의원내각제는 의회우위의 의원내각제로서 의회의 내각불신임은 인정되나 내각의 의회해산이 사실상 허용되지 않는 정부형태이었다. 그 후 제5공화국헌법(1958)은 의회우위의 의원내각제의 실패(빈번한 내각의 교체에 따른 정국의 불안정)에 대한 반동으로 강력한 권한을 갖는 대통령을 둠으로써 집행권의 강화를 그 기초로 하면서 의원내각제와 대통령제의 혼합형의 정부형태를 채택하고 있다. 이러한 제도는 평상시에는 의회에 대하여 책임을 지는 내각이 행정권을 담당하나 위기시에는 대통령이 행정권을 전적으로 행사하는 정부형태로서 바이마르헌법 등에서 그 예를 볼 수 있다.

뢰벤슈타인은 이러한 혼합형정부 형태를 '이원정부제'(Die zweigeteilte Exekutive)라고 하고, 뒤베르제는 '반대통령제'(semi-presidentialism)라고 표현한다.

(3) 독일의 의원내각제

독일 기본법상의 의원내각제는 연방수상을 중심으로 하는 행정권의 우위를 특색으로 하는 수상제 민주주의(kanzler Demokratie)라고 할 수 있다. 연방수상은 의회가 선출한 자를 대통령이 임명하며 수상은 실질적인 각료임명권을 가진다. 의회의 내각불신임은 '건설적 불신임제'에 의하여 연방의회가 재적과반수의 찬성으로 후임 수상을 선출하고 현직 수상의 해임을 대통령에게 건의함으로써만 가능하도록 하여 수상의 지위를 강화하고 있다.

3. 의원내각제의 장·단점

(1) 장 점

의원내각제의 제도적 장점으로는 첫째, 행정부의 존속을 국민의 대표기관인 의회에 의

존케 함으로써 국민의 민주적 요구를 실현시킬 수 있으며 책임정치를 구현할 수 있다. 둘째, 의회와 행정부가 공화·협력관계를 유지함으로써 신속한 국정처리와 능률적인 국정수행을 기할 수 있다. 셋째, 의회와 행정부가 대립되고 있을 때에는 내각불신임결의와 의회해산으로 신속하게 이를 해결할 수 있다.

(2) 단 점

의원내각제의 단점으로는 첫째, 군소정당의 난립으로 인한 연립정권의 수립과 빈번한 내각의 교체는 정국의 불안정을 초래할 수 있다. 둘째, 행정부가 의회의 다수당과 결합하여 다수결에 의한 횡포를 자행할 수 있다. 셋째, 내각이 연명을 위하여 의회의 의사에 구애받지 않는 강력한 정치를 추진하기 어렵다.

4. 의원내각제의 현대적 과제

현대적 정당제의 발달은 의원내각제의 본질적 구조를 변질시키게 되었다. 오늘날의 의원내각제의 의미는 의회의 다수당이 집권당이 되어 내각을 구성하며, 내각은 다수당의 지지에 의해 의회에 지도력을 발휘하게 되는 의회에 대한 내각의 우위성이 확보되는 내각통치제(Cabinet Government)로 운용되는 것이다. 더욱이 현대의 복지국가·행정국가화에 따른 행정기능의 확대·비대화는 내각수상의 지위를 강화시키게 되어 내각의 우월성을 가속화하게 되었다. 따라서 영국의 의원내각제의 현실에 있어서도 의회와 내각의 권력적 균형은 상실되어 내각의 의회해산권은 무의미하게 된다. 이러한 20세기적 정당제 민주주의 하에서는 의회와 내각의 권력적 균형의 이상은 파괴되며 의회의 내각에 대한 통제가 불가능하게 되어 의회에 대한 정부의 책임 자체도 부정하는 결과를 초래하게 된다.

요컨대 의원내각제가 본래 의회와 정부 간의 공화와 균형을 그 본질로 한다고 할 때 현대의 정당국가 및 행정국가적 경향에 따른 정부우위 내지 내각주도형의 의원내각제의 현실에 있어서는 의회와 정부 간의 균형관계를 어떻게 실현시킬 것인가가 중심과제라 할 수 있으며, 특히 내각·여당에 대립하는 관계에 있는 야당의 기능과 역할의 중요성이 보다 강조되는 것이다.[1)]

1) 영국 의원내각제에서의 야당의 중요성을 강조하는 견해로는 I. Jennings, *Cabinet Government*, 1961, p.439; 정만희, 앞의 책, 85면 이하 참조.

Ⅳ. 이원정부제

1. 이원정부제의 개념

정부형태의 하나로서 '이원정부제'(二元政府制) 또는 이원집정제라는 명칭은 뢰벤슈타인이 최초로 바이마르공화국 헌법상에 나타난 혼합형 정부형태를 "the dual executive, die zweigeteilte Exekutive"[1]라고 명명한 데에서 비롯된 것이다. 이원정부제란 집행부가 대통령과 내각(수상)의 두 기구로 구성되고 대통령과 내각이 각기 행정에 관한 실질적 권한을 나누어 가지는 정부형태를 말한다. 이러한 이원정부제는 의원내각제의 요소와 대통령제의 요소가 혼합된 혼합형 정부형태를 의미하는데, 여기서 혼합형은 의원내각제의 기초 위에 대통령제 요소가 혼합된 것을 의미하므로 '혼합형 의원내각제'(hybrid parliamentarism)라고 표현할 수도 있다. 뒤베르제는 프랑스 제5공화국헌법의 이원정부제를 '반대통령제'(semi-presidentialism)라고 설명하고 있다. 그에 의하면 프랑스의 정부형태는 "의원내각제와 대통령제의 중간형의 제도적 장치에 의한 것이라기보다는 의회의 다수파가 대통령을 지지하느냐 않느냐에 따라 대통령제와 의원내각제의 국면을 교대하는 정부형태(regime as alternating between presidential and parliamentary phases)"라고 한다.[2]

이원정부제의 구체적 원리와 내용은 이를 채택하고 있는 각국의 유형에 따라 어느 정도 차이가 있으나 그 공통적인 본질적 요소로는 1) 집행부가 대통령과 수상으로 이원적으로 구성되며, 2) 대통령은 국민에 의해 선출되어 그 자신의 고유한 권한을 가지고 의회에 대한 정치적 책임을 지지 아니하고, 3) 내각 수상은 의회에 대하여 책임을 지며 의회는 내각불신임권을 행사한다는 것이다.[3]

이와 같이 이원정부제는 대통령과 수상이라는 집행부의 이원화를 통한 '행정권의 양두화(兩頭化)'에 그 본질적 특징이 있다. 여기서 행정권의 양두화란 정부 내에 대통령과 수상의 두 기관이 단순히 존재한다는 것이 아니라 양자가 서로 독립성을 가진다는 것을 의미한다. 그리하여 대통령은 국민에 의해 선출되어 민주적 정당성을 가지고 국가 위기시에는 대

---

1) K. Loewenstein, *Political Power and the Governmental Process*, 1965, pp.95-96.

2) Matthew S. Shugart and John M. Carey, *op. cit.*, p.23.

3) 이원정부제의 개념에 관하여 김철수 교수는 "원칙적으로 위기에 있어서는 대통령이 행정권을 전적으로 행사하나, 평상시에 있어서는 내각수상이 행정권을 행사하여 하원에 대하여 책임을 지는 의원내각제 형식으로 운영되는 것을 말한다"라고 하며(김철수, 헌법학개론, 876면), 권영성 교수는 "이원집행부제란 집행부가 대통령과 내각의 두 기구로 구성되고 대통령과 내각이 각기 집행에 관한 실질적 권한을 나누어 가지는 정부형태를 말한다. 대통령은 외교·국방 등 국가안보에 관한 사항을 관장하고 국가긴급권을 보유하는데 대하여 수상은 법률의 집행권과 그 밖의 일반행정에 관한 사항을 관장한다"고 한다(권영성, 헌법학원론, 776-777면). 성낙인 교수는 이원정부제의 본질적 요소로서 "1) 집행부의 실질적 이원화(양두제), 2) 대통령의 사실상 직선제, 3) 의회의 정부불신임권"의 셋을 들고 있다(성낙인, 헌법학, 법문사, 2019, 936-937면).

통령이 전적으로 행정권을 행사하는 것이 일반적이며, 평상시에는 내각수상이 행정권을 행사하며 하원에 대하여 책임을 지는 의원내각제 형식으로 운영된다. 다시 말하면 이원정부제는 대통령제적 요소로서 국민의 보통선거에 의해 선출된 대통령이 정부를 구성하며 헌법상 국가원수로서의 고유한 실질적 권한과 비상시의 긴급권을 행사하고, 의원내각제적 요소로서 내각수상이 의회의 불신임결의에 의해 책임을 지며, 내각불신임에 대항하여 대통령은 의회해산권을 행사할 수 있다는 것을 본질적 요소로 하는 정부형태를 의미한다.[1)]

2. 이원정부제의 성립과 전개

(1) 바이마르공화국 헌법의 성립과 이원정부제의 등장

(가) 이원정부제 성립배경

이원정부제는 유럽의 각국에서 각기 다른 정치적 상황에서 발생하여 발전해 온 것으로 오늘날 이 제도에 관한 논의는 주로 프랑스 제5공화국헌법을 모델로 하고 있으나, 실제로 이원정부제를 최초로 실험했던 민주체제는 바이마르공화국임을 인식할 필요가 있다.

1919년 바이마르헌법 제정에 참여했던 사람들은 군주제가 붕괴된 독일에서 새로운 정치제도를 찾는 데 있어서 처음에는 영국의 모델을 본받은 입헌군주제적 내각제의 설립을 목표로 하였으나, 이 목표가 불가능하게 되자 당시 독일의 정당체제의 특성과 국가의 연방제적 특성, 당시 독일의 어려웠던 국제적 위상에서 요구되었던 지도자에 대한 고려 등이 반영되어 독일의 기존의 내각제적 전통을 수용하면서도 국민에 의한 직선 대통령을 두게 하는 제도를 창조하도록 유도하였다. 즉 바이마르헌법의 제정 당시 미국헌법과 프랑스헌법은 독일의 새로운 정치제도의 도입에 큰 영향을 미쳤으며, 독일의 전통적인 입헌군주제에 있어서 군주의 역할을 대체할 수 있는 인물로 대통령을 두게 된 것이다. 제1차대전의 종전과 함께 군주제가 종식된 상황에서 새로운 민주체제를 건설하는 데에는 강력한 지도자가 필요하였으므로 여기에 새로운 제도로서 국민에 의해 직접 선출되는 대통령제를 도입하였던 것이다. 그러나 여기서 대통령제의 도입은 엄격한 권력분립원리에 입각한 미국형의 순수 대통령제의 도입을 고려한 것은 아니었다.[2)] 말하자면 바이마르헌법상의 정부형태는 미국과 같은 의회와 대통령이 거의 완전히 분리되는 형태는 아니면서, 그렇다고 해서 당시의 프랑스 제3공화국헌법처럼 대통령에 대한 의회우위의 내각제와도 구별되는 중간형의 정부형태

---

1) 슈거트와 케리는 프랑스 제5공화국 정부형태와 같이 대통령이 국민의 보통선거에 의해 선출되어 실질적 권한을 가지며, 동시에 수상과 내각이 행정부의 기능을 수행하며 의회에 대해 책임을 지는 것을 본질적 요소로 하는 정부형태를 'premier-presidentialism'(수상-대통령제 정부형태)라고 기술하고 있다. Shugart and Carey, *op. cit.*, pp.23-24.

2) Linz and Valenzuela/신명순·조정관 역, 내각제와 대통령제, 나남출판, 1995, 139면.

를 선택한 것이라 할 수 있다.[1)]

(나) 바이마르헌법의 정부형태의 내용

바이마르공화국 헌법의 정부형태는 중간형 대통령제 내지 중간형 의원내각제 형태의 정부구조를 특징으로 한다. 대통령은 임기 7년으로 국민이 선출하고 재선이 가능하도록 한 점에서는 대통령제적 요소를 내용으로 하고 있다. 대통령은 국가원수로서 외국과의 조약을 체결하며 군최고사령관으로서 선전·강화의 권한을 가지며 의회해산권, 사면권, 연방의회가 의결한 법률에 대한 국민투표부의권 등을 갖는다. 그 밖에 비상조치권의 행사를 통해 광범위한 명령을 발하는 강력한 권한을 가지는 것이 특징이다.

대통령은 행정부의 구성에 있어서 수상(총리)임명의 권한을 가졌으며 수상은 내각선임의 권한을 가졌다. 그러나 수상은 의회의 신임을 필수적인 요건으로 하여 수상과 내각각료는 의회에 대하여 개별적으로 책임을 지도록 하였다. 대통령은 총리와의 공동서명으로 제국의회(Reichstag)를 해산할 수 있도록 하였으나, 만일 이 경우에 총리가 의회해산을 거부할 때에는 대통령은 총리를 교체하여 의회를 해산하고 총선을 실시할 수 있었다. 이때 교체된 총리는 선거에 의한 내각 성립시까지 과도기간을 통치할 수 있었다. 정부여당이 의회의 과반수 의석을 확보하는 경우에는 그 의회는 해산되지 않았다. 그러나 여당이 과반수 의석을 확보하지 못한 경우에는 대통령이 주도하는 내각과 단기간밖에 집권하지 못하는 정부가 출현할 수 있었고, 의회 내에 과반수 정파를 성립시키기 위한 목적에서 의회해산과 선거가 되풀이되었다.

(다) 바이마르체제의 붕괴와 그 원인

바이마르헌법 하에서의 정치적 불안정은 정권의 빈번한 교체로 나타나게 되었다. 14년간 내각의 교체는 바이마르헌법의 성립 이전인 샤이데만 내각을 포함하여 20회에 달하였다. 수상의 임명은 초기에는 의회의 제1당인 사민당에서 선임되었으나 1920년 이후 거의 대부분이 군소정당의 연립내각으로부터 수상이 나오게 되었고 소정당이나 무당파출신의 인물이 선출되기도 하였다. 그리고 1929년 이후의 위기시대에 있어서 의회가 경제불황에 대응하는 법률을 제정하지 못하게 되자 대통령의 긴급명령의 발동이 점차 증가하게 되었다. 긴급명령권의 빈번한 발동은 대통령의 독재에의 길을 여는 것을 의미하였고 국민의 기본권의 효력이 정지되는 결과를 초래하였다.

1933년 1월 나치당의 히틀러는 힌덴부르크 대통령을 움직여 자신을 수상으로 임명하도록 하는 데 성공하였으며, 동년 2월 의회는 해산되고 3월 5일의 총선거에서 나치당은 확고

---

1) 정만희 편, 비교헌법강의(제2판), 세종출판사, 2009, 314-315면.

한 원내 제1당으로서 크게 약진하여 히틀러의 시대로 이행하게 되었다. 그리하여 1933년 3월 24일 '수권법'(Ermächtigungsgesetz)의 성립은 히틀러에 의한 초헌법적인 전권위임법의 제정을 의미하였으며 이 수권법에 의해 바이마르체제는 사실상 붕괴하게 된 것이다.[1)]

바이마르헌법 이전의 독일은 고유한 입헌군주제의 역사만 있었고 서구의 시민적 자유주의적 이데올로기에 입각한 의원내각제의 역사가 존재하지 않았다. 바이마르헌법에 의해 비로소 서구적 의원내각제에 기초한 혼합형정부 형태를 채택한 것이었으나, 대통령의 직선에 의한 대통령제적 경향과 독일에 있어서의 의회주의적 전통의 결여는 결국 히틀러의 독재를 낳고 공화제가 무너지게 되는 원인이 되었다고 할 수 있다.

바이마르헌법의 제정자들은 혼합형정부 형태의 채택을 통해 평상시에는 의원내각제의 민주성을, 비상시에는 대통령을 중심으로 하는 강력한 리더십을 기대하였던 것이나 그 결과는 반대로 나타나 평상시에는 리더십의 부재로 정국의 혼란이, 비상시에는 대통령의 독재가 바이마르공화국의 몰락을 부채질하게 되었던 것이다.[2)] 바이마르헌법의 교훈은 이원정부제라는 것은 의원내각제와 대통령제의 장점과 함께 단점도 모두 가지고 있는 제도이기 때문에 그 제도의 장점을 발현시킬 수 있는 조건을 갖추지 못한 경우에는 단점들의 결합으로 인해 결국 그 제도는 성공하기 어렵다는 것을 확인시켜 주었다는 데 있다.

(2) 프랑스 제5공화국헌법과 이원정부제의 성립

(가) 이원정부제의 성립배경

프랑스에서 이원정부제의 성립배경을 이해하는 데에는 프랑스 헌정사에 있어 제3공화국과 제4공화국에서의 의원내각제의 원리와 헌정의 실제를 이해할 필요가 있다. 프랑스 제3공화국헌법(1875)은 영국의 의원내각제의 영향을 받아 의회우위의 의원내각제를 채택하였다. 의회제 중심의 통치구조 하에서 대통령은 임기 7년으로 의회에서 선출되었으며, 대통령에 의해 임명되는 내각의 수상과 각료는 의회에 책임을 지도록 규정하였다. 헌법상 대통령의 의회해산권이 규정되었으나 그것은 현실의 운용과정에서 명목화되어 1877년의 막마옹(MacMahon) 대통령의 의회해산권 행사를 끝으로 하여 그 이후에는 의회해산이 한 번도 행해지지 않았다. 그 결과 내각의 의회에 대한 자주성을 상실하게 되어 내각은 일방적으로 의회에 종속하는 지위에 놓이게 되었다. 이러한 의회의 집행부에 대한 절대적 우위의 의원내

1) 이 수권법의 정식명칭은 '민족 및 국가의 긴급사태를 제거하기 위한 법률'로서 그 내용은 바이마르헌법에 규정된 의회의 입법절차 외에 정부에 의한 법률제정권을 규정하고 이 경우 의회주의 규정이 적용되지 않도록 하였으며 바이마르헌법에 위반되는 내용을 규정할 수 있었다. 이 수권법에 근거하여 정부는 유태인배척입법을 행하고 신정당설립금지법을 제정하여 나치 1당독재를 확립하였다. 1934년 힌덴부르크 대통령의 사망으로 정부는 국가원수법을 제정하여 히틀러가 대통령과 수상의 지위를 겸하게 되었다.

2) 장영수, 헌법학, 1083면.

각제는 1848년 제2공화국헌법과 나폴레옹 3세의 제2제정에 대한 역사적 반동에서 비롯된 것이었다. 1848년 헌법이 대통령을 국민에 의해 선출하도록 규정한 결과 대통령은 의회를 무시하게 되고 결국 공화정을 전복시키게 된 쓰라린 역사적 경험을 가졌기 때문에 제3공화정에서는 운명적으로 절대적 의회우위의 의원내각제를 채택할 수밖에 없었던 것이다. 이러한 의회우위의 의원내각제는 제4공화국헌법에 이르기까지 지속되었다.

이러한 역사적 배경을 가진 의원내각제는 그 운용에 있어서 의회가 다수의 소정당으로 난립되어 있었기 때문에 단일의 정당이 단독내각을 구성할 수 없었고, 항상 수개의 정당의 연립내각에 의존할 수밖에 없었으며 따라서 중요한 국정현안에 봉착할 때마다 내각은 빈번하게 교체되는 양상을 보이게 되었다. 예컨대 1875년부터 1940년 제3공화정이 붕괴될 때까지를 보면 65년간 무려 100여개의 내각이 교체되었으며, 제4공화정에 있어서도 1945년 11월부터 1958년 6월까지의 13년간 26개의 내각이 교체되었다. 제3공화정 시대에 한 내각의 평균수명이 8개월에 그쳤으며 제4공화정에 있어서는 평균 6개월 정도였고 1년 이상 지속된 내각은 하나밖에 없었다고 한다.

따라서 프랑스 제5공화국헌법은 위에서 본 바와 같은 제3·제4공화국헌법에 있어서의 의회의 우위와 정부의 불안정성에 기인한 의원내각제 실패에 대한 역사적 반성으로 강력한 권한을 갖는 대통령을 둠으로써 집행권의 강화를 그 기조로 하면서 의원내각제와 대통령제를 혼합한 정부형태를 채택하게 된 것이다. 1958년 드골의 주도 하에 안정되고 강력한 집행부의 구성을 의도한 제5공화국헌법은 의원내각제의 기본원리 하에서 의회제의 합리적 이념에 기초한 집행권 강화 경향의 새로운 정치제도를 채택하게 되었다.

1958년 헌법에 따라 대통령은 선거인단을 통한 간접선거로 선출되도록 규정하였음에도 불구하고 대통령은 헌법상 실질적이고 강력한 권한을 부여받았다. 그러나 이러한 간선제가 국민으로부터 정당성을 확보하지 못한 대통령이라는 한계를 나타내자 드골 대통령은 1962년 대통령직선제 개헌을 통과시켰다. 대통령직선제 개헌에 의해 대통령은 민주적 정당성을 확보함으로써 그 지위가 강화되었다.[1)]

(나) 이원정부제의 구성요소

프랑스 제5공화국헌법의 이원정부제의 주요 구성원리는 다음과 같이 요약될 수 있다. 첫째, 대통령은 헌법상 국가원수의 지위에서 강력한 실질적 권한을 행사할 수 있다. 헌법상

1) 뒤베르제에 의하면 1958년 헌법은 집행부의 이원적 구조 하에서 대통령의 권한을 인정하더라도 기본적으로는 의회제의 원칙을 기반으로 한 것으로 대통령과 정부의 협력관계는 애매한 것이었지만, 1962년의 대통령 직선제 개헌으로 대통령이 민주적 정당성을 확보하게 됨으로써 의회제 원칙이 크게 약화되는 것으로 되어 반의회제와 반대통령제의 혼합체제로 바뀌는 새로운 헌법해석이 이루어지게 되었다고 한다. 모리스 뒤베르제/김병규 역, 정치제도와 헌법-제2권 프랑스 정치체계, 삼영사, 1980, 218면 이하.

‘공권력의 정상적인 기능과 국가의 계속성’을 자신의 중재에 의하여 보장하는 대통령은 국민적 정당성이 경합하는 또 하나의 권력의 축인 의회의 통제로부터 벗어나 있다. 대통령은 국무회의를 직접 주재하며 수상을 임명하고 수상의 제청에 의하여 각료를 임명한다. 대통령은 의회에서 의결된 법률안의 재의요구권(제10조 제2항), 교서권(제18조), 국민투표부의권(제11조), 의회해산권(제12조), 의회의 회기에 관한 권한(제30조) 등을 가진다. 특히 의회해산권은 제3공화국과 제4공화국 하에서의 명목적 권한이었던 것과는 달리 대통령의 실질적인 고유한 권한에 해당한다.

둘째, 수상을 중심으로 한 정부(내각)는 대체로 전통적인 의원내각제적인 지위에서 권한을 행사한다. 헌법 제20조에는 “정부는 국가의 정책을 결정하고 지도한다”라고 규정하고 있으며, 제21조에는 “수상은 정부의 활동을 지휘한다”라고 규정하여 전통적인 의원내각제적 규범체제를 유지하고 있다. 그러나 대통령이 가지고 있는 고유의 실질적 권한과 국무회의를 주재하는 지위 및 공권력의 정상적인 기능과 국가의 계속성을 확보하는 지위에서 대통령은 정부를 실질적으로 통제할 수 있다. 이러한 의원내각제적 체제의 기초 위에 새롭게 추가된 대통령의 실질적 권한과 지위는 국정운영과정에서 내각과 대통령의 관계 정립이 문제될 수 있으며 헌정의 실제상 다양한 변용을 겪을 수도 있다.

셋째, 의회는 전통적으로 양원제로 구성되어 있으며 하원에 해당하는 국민의회에 최종적 우월성이 부여되어 있다. 의회의 의사일정이나 입법절차, 대정부불신임동의권 등에 대해서는 폭넓은 제약이 가해져 있으며, 특히 입법사항에 대한 열기주의의 채택과 의회를 통과한 법률에 대한 헌법위원회의 합헌성 통제 등 입법권에 대한 강한 통제장치가 제도화되어 있다. 그러나 의회는 대통령의 강력하고 실질적인 권한에 대한 아무런 통제수단을 가지고 있지 아니하므로 이 점에서 대통령은 의회에 대한 우월적 지위를 갖는다.

3. 이원정부제의 원리와 운용의 실제

(1) 집행부의 이원적 구조

(가) 대통령의 지위와 권한

1958년의 제5공화국헌법의 성립 당시에는 대통령의 선출방법은 선거인단에 의한 간선제였으나 1962년 헌법개정으로 국민에 의한 직선제로 변경되었다. 대통령의 임기는 7년으로 중임제한이 없는 것이었으나 이러한 장기간의 임기에 대한 개혁논의가 1970년대부터 전개되어 1987년의 지스카르 데스탱의 개혁제안으로 결국 2000년 헌법개정이 이루어져 임기를 5년으로 단축하였다. 대통령은 임기 중 정치적 책임을 지지 아니하며 의회는 대통령을 해임할 수 없다. 대통령은 대반역죄의 경우 탄핵소추되는 것을 제외하고는 재직 중 권한행사에 대한 민·형사책임이 면제된다.

대통령은 제5공화국헌법 이전의 명목상의 지위와 권한과는 달리 헌법상 실질적이고 강력한 권한들을 행사한다. 첫째, 대통령은 총리임명권을 행사한다(제8조). 이 권한은 대통령의 고유한 권한으로서 의회에 의한 사전의 지명이나 승인을 필요로 하지 않기 때문에 그가 원하는 자를 총리로 임명할 수 있다. 그렇지만 대통령은 총리임명에 완전히 자유로운 것은 아니다. 그는 의회의 다수파를 규합할 수 있는 자가 누구인가를 감안해야 한다. 이러한 사정으로 1986년 미테랑 대통령은 의회의 다수파인 야당의 시라크를 임명하였고, 1993년에는 발라듀르를 임명함으로써 동거정부를 출현시키게 되었다. 또한 이러한 임명이 항상 용이하게 행해지는 것은 아니다. 의회의 다수파 중 적당한 인물이 없거나 복수의 인물이 존재하는 경우가 있을 수 있기 때문이다. 정부 각료의 임명은 총리의 제안에 기초하여 대통령이 임명한다. 그러나 실제로 대통령은 총리의 각료후보명부를 승인하는 것으로 만족하지 않는다. 대통령의 개성에 따라 차이는 있지만 일반적으로 대통령은 명부의 완성에 관여하며 각료의 면직에도 실질적인 권한을 행사한다.

둘째, 대통령은 국무회의를 주재한다(제9조). 대통령의 국무회의 주재는 명목적인 것이 아니며 실질적으로 국정의 중요사항에 대한 의결기구를 주재한다. 이러한 대통령의 주재권은 명확한 위임에 기초하여 특정한 의사일정에 한하여 총리에게 위임할 수 있다.

셋째, 대통령은 국가원수의 지위에서 국방·외교상의 권한들을 행사한다. 대통령은 군통수권자의 지위에서 국방장관 등을 임명하고 국방고등평의회 등을 주재한다(제15조). 외국과의 분쟁상태에서의 중요 결정권, 특히 핵전력행사의 결정권을 갖는다. 대통령은 국제관계에서 외교사절의 신임접수, 조약의 체결·비준에 관한 실질적 권한을 행사한다(제14조).

넷째, 대통령은 법률의 제정에 관여한다. 대통령은 의회를 통과한 법률안에 대해 15일 이내에 서명함으로써 법률의 제정에 관여하며, 법률안에 이의가 있는 경우에는 서명을 하지 않고 거부권을 행사하여 의회에 재의를 요구할 수 있다(제10조). 대통령은 공권력의 조직에 관한 법률안 또는 헌법에 위반되지 않으면서 제도의 기능에 영향을 줄 조약의 비준동의에 관한 법률안에 대해서는 국민투표에 회부할 권한을 가진다(제11조). 또한 대통령은 법률의 합헌성심사를 위하여 헌법위원회에 제소할 수 있다. 그리고 대통령은 국무회의에서 의결된 법률명령과 일반적인 법규명령에 서명함으로써 위임입법권을 행사한다(제38조).

다섯째, 의회해산권을 행사한다. 이 권한은 대통령의 고유한 권한으로 사실상 자유로이 행사할 수 있다. 의회해산권은 의회에 대해 책임을 지는 총리에게 부여하는 것이 보다 논리적일 수도 있으나, 대통령에게 부여된 의회해산권의 행사에는 총리의 부서도 필요 없다. 다만 대통령이 이 권한을 행사할 수 없는 세 가지의 경우가 있다. 그것은 헌법 제16조에 의하여 긴급조치가 발동되는 경우, 전 의회의 해산으로부터 1년이 경과되지 아니한 경우, 상원의장 또는 정부가 대통령의 직무를 대행하고 있는 경우이다.[1)]

여섯째, 대통령은 비상시의 권한으로서 긴급조치권을 행사한다(제16조). 제5공화국헌법 제16조는 "대통령은 공화국의 제도, 국가의 독립, 그 영토의 일체성 또는 국제협약의 이행이 중대하고 직접적인 위협을 받으며, 헌법상의 공권력의 정상적인 기능이 중단되는 경우에 총리, 양원의장 및 헌법위원회의 공식적인 자문을 거친 후 당면상황에 필요한 조치를 취한다"라고 규정하여 대통령의 긴급조치권을 인정하고 있다. 이러한 긴급권행사에는 헌법상 두 가지 요건이 충족되어야 하지만 그 요건충족의 판단에는 상당한 재량의 여지가 있음을 부정할 수 없으며, 결국 헌법 제16조에 의한 긴급권발동의 여부는 대통령의 판단에 달려 있다고 할 수 있다. 대통령은 긴급권발동의 결정에 총리와 양원의장, 헌법위원회의 의견을 구해야 하지만, 대통령은 그 의견에 구속되지 않으며 그 결정에는 총리의 부서도 필요하지 않다.

(나) 정부의 구성과 권한

정부는 대통령에 의해 임명된 총리 및 각료로 구성한다. 제5공화국헌법은 정부 각료의 국회의원 겸직을 금지하고 있는 것이 특징이다(제23조). 이러한 겸직금지는 정부의 안정성 확보를 위한 드골의 의지가 반영된 것으로 의원들의 이른바 '장관병'을 억제하고 안정된 행정권의 확립을 의도한 것이다. 국회의원이 장관으로 임명되면 1개월 이내에 하나의 직을 선택해야 하며 그가 장관직에서 물러나더라도 원래의 의원직으로 복귀할 수 없도록 하고 있다. 내각은 총리의 교체 또는 의회에 의한 정부불신임에 기초하여 대통령에게 제출된 내각의 사표수리에 의해 그 직무를 집단적으로 종료한다. 또한 내각은 총선거 및 대통령선거 후에도 사표를 제출하는 것이 일반적이다. 각료의 해임은 총리의 제청에 의해 대통령이 행하지만 총리의 제청 없이도 대통령이 스스로 행할 수도 있다.

총리는 내각의 활동을 지휘한다(제21조). 이 권한은 대통령과의 관계에서 상당히 약화되어 있다고 할 수 있으나, 각료의 임명 및 해임의 제안, 의회에 대한 내각의 신임 요구, 대통령이 임명하는 공무원을 제외한 문·무관의 임명, 각료간의 대립의 조정 등과 같은 중요한 권한들이 포함되어 있다. 총리는 내각의 대표자로서 의회에 출석·발언하며, 법률안을 발안하는 권한을 갖는다. 그리고 그는 임시국회의 개회를 요구할 수 있고 법률의 채택에 있어

1) 프랑스 제5공화국 하에서 의회해산권이 발동된 것은 네 차례 있었다. 최초의 해산은 1962년 의회의 퐁피두 내각에 대한 불신임동의가 가결되자 행해진 것이며, 불신임가결의 이유는 헌법 제11조에 의한 헌법개정에 대한 비판이었다. 두 번째 해산은 1968년의 학생소요사태의 종식을 위한 것이었으며, 그 후에는 1981년과 1988년의 대통령선거 후 각각 발동되었다. 대통령의 의회해산권은 대통령이 국정의 중재자로서의 중요한 역할을 수행하는 수단이며 의회해산을 통한 새로운 선거는 대통령의 신임을 묻는 직접민주제적 성격을 갖는다는 점에서 그 의의가 있다. 성낙인, 프랑스헌법학, 법문사, 1995, 387면.

양원의 의견이 일치되지 않는 경우 합동위원회의 소집을 요구할 수 있다. 그 밖에 헌법개정안의 제안, 합헌성심사를 위한 법률의 헌법위원회에의 회부, 대통령이 의회해산을 희망하는 경우 의견의 제시 등의 권한을 행사한다.

총리는 또한 법률을 집행하는 데 있어서 명령제정권을 행사한다. 이 권한에는 두 종류가 있다. 하나는 전통적인 권한으로서 법률을 집행하기 위한 집행명령을 발하는 것이고, 다른 하나는 현행헌법에 의해 새롭게 도입된 것으로 법률의 집행과 관계없는 명령이다. 이 명령은 자주적 명령제정권이라 불리는 것으로, 헌법은 의회가 제정하는 법률의 소관사항과 자주적 명령의 소관사항을 명확히 구분하여 헌법에 열거된 법률의 소관사항이 아닌 것은 이 자주명령권으로 행사할 수 있도록 하였다. 실제에 있어 이러한 명령제정권은 대통령과 총리가 공유하여 행사한다.

(다) 대통령과 총리의 권력관계

위와 같이 프랑스 제5공화국헌법의 이원정부제는 집행부의 구성을 2원화하여 대통령과 정부(수상)에 집행권을 분산시킨다는 것이 본질적 요소이다. 그러나 여기서 집행부 내에서의 두 개의 권력의 축은 근본적으로 긴장과 갈등관계에 놓이게 되는 것이 문제이다. 그 갈등관계의 주된 이유는 대통령과 수상의 권한의 헌법상 한계가 모호하다는 점에서 찾을 수 있다. 그리고 프랑스의 정치적 전통으로서 다당제적 정당체계의 특성상 대통령과 의회가 서로 다른 정당에 의해 지배되는 정치적 역학관계에서도 그 갈등관계의 원인을 찾을 수 있다. 그 밖에 대통령과 수상이 동일정당 소속인 경우에도 정치적 야심을 가진 인물들의 개인적 성향 등에 따라 미묘한 갈등관계가 나타나게 된다.

대통령은 헌법상 국가원수로서의 지위에서 헌법의 준수를 보장하고 그의 중재로서 공권력의 정상적인 작동과 국가의 영속성을 보장하고 국가의 독립성과 영토의 보전, 국제협약의 준수를 보장하며, 수상과 각료임명권을 통해 정부를 구성하고 의회해산권과 국민투표부의권, 긴급조치권 등의 강력한 실질적 권한을 행사한다. 한편 수상은 대통령에 의해서 임명되지만 내각의 수반으로서 정부활동을 지휘한다. 헌법상 대통령이 군통수권자이지만 수상이 국방에 대한 책임을 지며, 수상은 각료의 임면을 제안하고 대통령이 위임하는 경우 국무회의를 주재한다. 그 밖에 수상은 의회와의 관계에서 법률안발안권 등 상당한 권한을 행사하며, 대통령과 함께 자주적 명령권과 집행명령권 등 실질적 입법기능을 갖는다. 이와 같이 수상과 정부는 실제로 국가의 정책을 이끌어 가는데 필요한 거의 모든 권한을 부여받고 있다고 할 수 있다. 헌법상 대통령의 권한과 수상의 권한이 명확하게 구분되지 않고 모호하고 추상적으로 규정되어 있고, 양자가 권한행사를 공유하는 경우가 있기 때문에 헌법규범보다는 현실의 헌정운용과정에서의 정치적 관행에 의해 권한의 배분이 이루어지는 것이 현실이다.

대통령은 헌법상 자신의 의사에 따라 총리를 임명할 수 있지만 역대 총리임명과정을 보면 대통령의 자유의사에 따른 임명이라기보다는 당시의 정치적 역학관계가 크게 작용하고 있음을 부정할 수 없다. 대통령이 의회의 다수파를 확보하고 있더라도 총리의 임명은 선거결과의 보상이라는 측면을 무시할 수 없다. 특히 동거정부가 출현하게 되면 대통령의 수상임명권은 더욱 제약을 받게 된다. 이 경우 대통령은 자신에게 충성하는 자를 총리로 임명할 수 없고 의회에서 받아들여질 수 있는 사람을 선택할 수밖에 없기 때문이다. 총리가 대통령에 의해 임명되지만 일단 총리로 임명된 후에는 총리는 대통령에 종속된 지위에 머무는 것이 아니라 양자는 현실적으로 경쟁관계로 변모하게 된다. 이러한 경쟁관계는 각료의 선택과 임명과정에서 드러나게 되며 결국 대통령은 총리와의 타협을 통해 각료를 임명하게 되며 의회와의 관계도 고려할 수밖에 없다.

또한 대통령은 국무회의를 주재하지만 총리는 수시로 각료회의를 주재하고 매일 관계부처회의를 주재함으로써 행정의 집행은 사실상 총리 중심으로 행해지고 있다고 해도 과언이 아니다. 대통령의 실질적 권한 행사는 외교·국방 이외의 분야에서는 사실상 총리와 경합관계에 놓일 수밖에 없다.

이와 같이 대통령과 총리의 관계는 헌법규범적 측면보다는 정치제도 운용의 실제적 측면에서 파악되어야 하는 점이 많다고 할 수 있다. 헌법상 대통령에게 강력한 지위와 위상을 정립해 놓았다고 하더라도 그 정치제도의 실제에 있어서는 대통령이 집행권의 절대적 지배자라기보다는 총리와의 관계에 있어서 '양두제'의 형태 내지 탄력적이고 상대적인 우위에 있는 것으로 이해될 수 있다.

(2) 의회와 집행부의 관계

(가) 의회의 구성

프랑스 제5공화국헌법상의 의회는 양원제로서 상원에 해당하는 원로원과 하원인 국민의회로 구성된다. 양원의 지위는 평등한 것이 아니라 하원은 상원에 인정되지 않는 권한을 가진다. 상원은 정부의 책임을 추궁할 수 없고 예산안의 심의에 있어 하원보다 짧은 기간이 부여된다. 양원의원의 입후보자격은 국민의회의원이 23세 이상이며 상원의원이 35세 이상이다. 임기는 국민의회의원이 5년이고 상원의원은 9년으로 3년마다 3분의 1씩 개선된다. 국민의회의원(577명)의 선거는 그 임기만료 또는 의회해산으로 실시되며, 투표방식은 단기·다수 2회투표제를 채택하고 있다. 제1차투표에서 유효투표의 과반수, 동시에 유권자의 4분의 1 이상의 표를 획득한 후보자가 당선되며, 이러한 후보자가 없는 경우에는 제2차투표가 행해지며 이 때에는 1차투표에서 유권자의 12.5% 이상 득표한 후보자들 중에서 상대다수의 득표로 당선이 결정된다. 상원의원(321명)의 선거는 주단위로 소정의 선거인단에 의하여 행해진다.

(나) 의회의 입법권

제5공화국헌법은 의회의 합리주의화를 의도하여 의회의 독점적 입법권에 대해 상당한 제약이 가해지게 된 것이 특징이다. 종전에는 의회가 입법을 위해 관심있는 모든 사항에 대하여 법률을 제정할 수 있었으나 제5공화국헌법은 의회가 제정할 수 있는 법률사항의 범위를 제한하였다(제34조 제1항). 즉 헌법은 법률이 개입할 수 있는 사항을 열거하고 또한 그 열거는 제한적이며 그 외의 사항에 대하여는 정부의 명령의 소관사항으로 하였다. 헌법 제34조에 의한 법률의 소관사항은 일반적 법률사항과 원칙적 법률사항으로 구분된다. 일반적 법률사항으로는 시민권, 공적 자유(기본권보장)와 공적 의무, 중죄·경죄의 정의 및 그에 적용되는 형벌, 형사소송절차, 조세의 세율 및 기준, 국회 및 지방의회의 선거제도, 기업의 국유화 등의 사항이 포함된다(제34조 제2항, 제3항). 원칙적 법률사항에는 국방의 일반조직, 지방공공단체의 자유로운 행정이나 권능 및 재원, 교육, 소유제도, 노동법 및 사회보장제도 등의 사항이 포함된다(제34조 제4항). 이러한 제5공화국헌법상의 법률의 소관사항의 제한적 열거는 의회의 입법권에 대한 대폭 축소를 의미할 뿐만 아니라, 나아가 그것은 일반적 법규범의 정립에 관한 의회의 법률은 예외이며 정부의 명령이 원칙이라는 관념을 드러낸 것이라 해도 과언이 아닌 것이다.

법률안의 발안은 총리와 의원의 권한에 속한다. 총리가 제출하는 법률안은 국무회의의 의결을 거쳐 양원 중의 하나의 원으로 제출되며, 다만 예산안에 관하여는 하원인 국민의회가 선의권을 갖는다. 의원이 제출하는 법안은 법률의 소관사항에 해당하는 것이어야 하며 예산을 수반하는 법안은 수리되지 않는다. 최근의 입법과정은 의원제출법안보다 정부제출법안이 압도적으로 증가하는 경향을 보이고 있다.

의회의 입법권에 대하여는 행정부에 의한 광범위한 통제수단이 마련되어 있다. 국회에서 통과된 법률안에 대하여 대통령은 서명하기 전에 재의를 요구할 수 있으며(제10조), 대통령은 또한 그 법률안에 대하여 헌법위원회에 합헌성심사를 청구할 수 있다(제61조). 그리고 제5공화국헌법에 의해 새롭게 채택된 제도로서 대통령은 헌법에 열거된 특정한 사항에 관한 법률안에 대하여 국민투표에 회부할 수 있는 권한을 가진다(제11조).

이러한 의회입법권의 범위의 축소와 입법권에 대한 행정부의 통제장치 등은 과거의 제3, 제4공화국시대의 의회의 정부에 대한 절대적 우위에 대한 역사적 반동으로 이루어진 것이라 할 수 있으며, 의회중심의 의원내각제원리의 수정을 의미한다.

(다) 의회의 행정통제권

의회의 정부활동에 대한 통제수단으로는 우선 의회가 정부활동에 관한 정보의 수집을 내각에 요구하기 위한 조사위원회나 통제위원회를 설치할 수 있다. 의원은 질문권을 행사하여 내각의 각료에 대한 정보를 요구하며 내각은 정부의 정책을 의회에서 설명하여야 한다. 그리고 현행헌법의 의회의 내각에 대한 책임추궁에 관한 규정들을 보면 내각의 불안정성을 회피하려는 취지가 농후하다는 것을 볼 수 있다. 내각에 대한 책임추궁의 절차로는 세 가지의 경우가 있다. 첫째, 총리가 의회에 대하여 국무회의의 심의를 거친 정부의 일반강령 또는 일반정책에 관한 내각의 신임을 물을 수 있다. 이 경우 표결은 유효투표의 과반수에 의해 결정되고 이 신임안이 부결되면 총리는 대통령에게 내각의 사직을 제출해야 한다. 둘째, 하원의원이 보유하고 있는 공격적인 방법으로 하원의원 10% 이상의 서명으로 내각불신임결의안을 제출하는 것이다. 이 결의안은 의원총수 과반수의 찬성으로 가결되는데, 가결되면 내각은 사직하고 부결되면 내각은 존속하게 된다. 이 불신임결의안은 40회 정도 제출되었다. 셋째, 총리가 특정한 법안의 채택에 있어서 내각의 신임을 묻는 것이다. 이러한 정부의 선제공격에 대하여 하원의원은 의원 10% 이상의 서명으로 불신임결의안을 24시간 이내에 제출할 수 있다. 이 동의에 대하여 의원총수 과반수로 가결되지 않는 한 내각은 신임을 받게 됨과 동시에 당해 법안은 가결된 것으로 간주된다.[1)]그러나 지금까지 이러한 책임추궁 동의가 가결된 경우는 없다.

(3) 동거정부의 출현 문제

(가) 동거정부의 출현

프랑스의 이원정부제는 1958년 출범 이후 1986년까지는 대통령 소속의 정당이 의회의 과반수의석을 점하는 다수당을 구성하였기 때문에 대통령은 의회와의 갈등 없이 전권을 행사할 수 있었다. 그러나 1986년 이후 오늘에 이르기까지 대통령이 소속하는 정당과 의회의 다수당이 일치하지 않게 되는 경우가 세 차례나 발생하였고 그때마다 대통령은 야당의 지도자를 총리로 임명하는 동거정부(cohabitation) 체제를 출현시키게 되었다.

제1차 동거정부는 1986년부터 1988년까지 형성되었다. 당시 미테랑 대통령 재임기간 중 1986년의 총선에서 집권당인 사회당이 패배하고 야당이었던 공화국연합과 민주연합이 의회의 다수파를 차지하게 되자 미테랑 대통령은 공화국연합의 당수인 자크 시락을 총리로 임명함으로써 최초의 동거정부체제가 출범하게 되었다. 프랑스 제5공화국 헌정사상 처음으로 경험한 동거정부는 적지 않은 혼란을 야기하였다. 좌파대통령과 우파총리는 매우 불편한 동거체제로 운영되었으며 양자의 이념적 차이 때문에 처음부터 주요 정책결정을 둘러싸고 대립을 거듭하였다. 특히 대통령과 총리의 권한이 헌법상 중복되는 모호한 경우에 혼선

---

1) 이 동의는 최근까지 30회 이상 제출되었다. 좌파정권은 이 절차를 이용하는 데 소극적이었다. 제1, 2차의 모루와(P. Mauroy) 및 파비우스(I. Fabius)의 세 개의 내각에서 7개의 법안에 대하여 이 절차가 사용되었음에 반하여 시라크 내각에서만 7개의 법안에 대하여 사용되었다.

이 빚어지기도 하였으며 미테랑 대통령은 국방과 외교영역에서 그의 권한행사를 주장하였다. 시락 총리는 동거정부 이전에 대통령에게 포기했던 외교적 권한을 주장하였으며 국제적 정상회담에 대통령과 함께 동석하기도 하였다. 다행히 외교현안에 대해서는 한목소리를 냈기 때문에 큰 문제는 없었다. 1차 동거체제는 1988년 대선에서 승리한 미테랑 대통령이 의회를 해산하고 총선을 실시하여 좌파가 다수의석을 차지함으로써 막을 내리게 되었다.

제2차 동거정부는 1993년 미테랑 대통령 임기 중 실시된 총선에서 우파가 다시 다수의석을 점하게 되자 대통령이 시락의 측근인 발라뒤르를 총리로 임명함으로써 출현하게 되었다. 제2차 동거체제 하에서는 미테랑 대통령이 차기 대선에 출마하는 것이 어렵게 되자 대통령과 총리 간의 갈등은 크게 심화되지 않았다. 대통령과 총리는 국익을 위하여 상호 존중하는 자세를 보여 주었다고 평가되고 있다. 2차 동거정부는 1995년 대선에서 우파인 자크 시락이 승리함으로써 종지부를 찍게 되었다. 제2차 동거정부는 제1차 동거정부에 비해서 평화적 동거체제라고 할 수 있다.

제3차 동거정부의 출현은 제1차, 제2차 동거체제와는 달리 우파의 시락 대통령이 우파가 압도적 다수를 이루고 있는 의회를 1997년 해산하고 조기총선을 실시하였으나 선거결과 패배함으로써 동거정부를 형성하게 된 점에서 차이가 있다.

(나) 동거정부에 대한 평가

동거정부체제에 대한 프랑스 내에서의 평가는 매우 다양하게 내려지고 있다. 최초의 동거정부 출현 당시에는 동거정부 자체를 인정할 것인가의 여부를 둘러싼 논의가 전개되기도 하였으나, 3차에 걸친 동거정부를 경험하게 되자 동거정부의 출현을 정상적인 제도의 정착으로 평가하는 입장도 있다. 동거정부에 대한 국민의 여론도 그때그때마다 달리 나타나고 있는데 동거정부는 과도기적인 것으로 그쳐야 한다는 의견도 적지 않으며, 정국의 안정성 확보에 관점에서 부정적으로 보는 견해도 있다는 것이다.

그러나 동거정부에 대한 학자들의 일반적 평가는 긍정적 평가가 우세하다고 할 수 있다. 동거정부 하에서 대통령과 총리 간의 의견대립이 적지 않았으나 대체로 큰 위기 없이 넘어갈 수 있었으며, 동거정부가 헌법제도를 마비시키지 않았다고 보는 것이다. 동거정부의 상황에서 대통령과 총리 간의 권한분배 문제가 많이 거론되었으나 이 권한분배의 문제가 프랑스 정치체제의 위기를 가져온 경우는 없었다는 평가이다.

한편 동거정부의 경험은 헌법규정보다 오히려 헌법관행 내지 헌법현실이 더 우선하여 강한 힘을 발휘한다는 의식을 형성하게 된 측면도 부정할 수 없다. 동시에 그러한 의식의 형성은 동거정부의 정당성과 그 운영에 대한 논의에 있어서 헌법규범에 대한 새로운 검토와 헌법해석을 요청하게 되었다는 점이 중요한 의미를 갖는다. 즉 대통령과 총리 간의 권한

배분의 문제 해결을 위한 논의는 헌법에 대해 재고(再考)하고 새로운 검토를 요구하는 계기가 되었다는 점에서 프랑스의 입헌주의의 실현과 관련하여 의의가 크다고 할 수 있다.[1)]

V. 한국헌법상의 정부형태

1. 역대 헌법의 정부형태

(1) 건국헌법

1948년의 건국헌법은 대통령제를 중심으로 하면서 의원내각제 요소가 가미된 정부형태를 채택한 것이 특징이다. 즉 건국헌법상의 정부형태는 이승만의 주장에 따라 대통령제를 중심으로 하면서 그 반대세력인 한민당의 의원내각제안을 일부 절충한 타협안을 채택한 것이었다. 그리하여 헌법기초위원회의 원래의 의원내각제안의 핵심 내용인 국회의 정부불신임권과 정부의 국회해산권은 삭제되고, 대통령제와 의원내각제의 기능적 체계성이나 유기적 관련성이 결여된 혼합형 정부형태가 탄생하게 되었다.[2)] 이러한 변형된 대통령제는 어떠한 정치적 경험이나 이론에 기초한 제도적 고안에 의해 성립된 것이 아니라, 단지 헌법제정과정에서의 정치적 타협의 결과로 나타난 우연의 산물을 의미한다. 따라서 이러한 무원칙한 통치구조의 헌법은 그 운용과정에서 많은 시행착오를 겪게 되었다. 예컨대 국회 간선제의 기형적인 대통령제는 4년도 못가서 직선제개헌을 단행하게 되었으며, 부통령제와 함께 국무총리제의 도입은 국무총리제를 유명무실화하게 만들었고 결국 국무총리제는 1954년 제2차 개헌에 의해 폐지되고 말았다.

---

1) 프랑스 이원정부제에 관하여는 정만희, “이원정부제 정부형태의 검토-이원정부제 개헌론에 대한 비판적 관점에서”, 동아법학 제52호, 2011, 143면 이하.

2) 제헌헌법은 제4장 제1절에서 대통령제를 규정하여 제51조에 “대통령은 행정권의 수반이며 외국에 대하여 국가를 대표한다”고 규정하고, 제53조에 “대통령과 부통령은 국회에서 무기명투표로써 각각 선거한다”고 규정하여 대통령선거는 국민의 직선제가 아닌 국회에 의한 간선제를 채택하였다. 이 간선제 조항은 원래의 의원내각제 헌법초안을 그대로 반영한 것이라 할 수 있다. 제4장 제2절에 국무원 제도를 채택하여 제68조에서 “국무원은 대통령과 국무총리 기타 국무위원으로 조직되는 합의체로서 대통령의 권한에 속한 중요국책을 의결한다”라고 규정하고 있다. 제69조에는 “국무총리는 대통령이 임명하고 국회의 승인을 얻어야 한다. 국회의원 총선거 후 신국회가 개회되었을 때에는 국무총리 임명에 대한 승인을 다시 얻어야 한다. 국무위원은 대통령이 임명한다”라고 규정하였다. 제70조 제2항에서는 대통령의 보좌기관과 국무회의의 부의장으로서의 국무총리의 지위를 규정하였다. 이러한 합의체 의결기관으로서 국무원과 국회의 승인을 얻어 임명하는 국무총리제는 대통령제 원리로는 이해하기 어려운 것으로서 의원내각제의 요소에 해당하는 것으로 볼 수 있다. 국회의 승인을 얻어 임명하는 국무총리는 외견상 의원내각제의 수상과 유사하며, 정부의 중요정책에 대한 의결기관으로서의 국무원도 의원내각제의 내각과 유사하기 때문이다. 다만 제헌헌법상의 국무총리는 행정에 관한 실질적인 권한을 행사하는 것이 아니라 행정부의 수반인 대통령의 보좌기관이라는 점에서 의원내각제의 수상과 본질적으로 성격을 달리하는 것이다.

(2) 제2공화국헌법(1960년 헌법)

1960년 헌법은 건국헌법에서의 대통령제의 독재에 대한 반동으로 의원내각제를 채택하였다. 순수한 영국형의 의원내각제에 해당하는 것이었다. 대통령은 상징적 국가원수로서 국회의 양원합동회의에서 선출되었으며 실질적 행정권은 내각인 국무원에 속하였다. 내각수반인 국무총리는 민의원에서 선출되어 대통령이 임명하도록 하였다. 국무총리와 국무위원의 과반수는 국회의원이어야 하며, 국회가 내각을 불신임하면 내각은 총사직하고 내각은 이에 대응한 민의원해산권을 행사하여 권력적 균형을 유지하도록 하였다.

그러나 이 의원내각제헌법은 1961년의 5·16군사쿠데타에 의하여 1년도 넘기지 못하고 단명으로 끝나고 말았다. 당시 의원내각제 실패의 원인으로는 의원내각제 실시의 전제조건인 사회적 여건의 결여가 지적될 수 있으며, 또한 집권당인 민주당의 분열에 의한 내각의 약체화라든지 정국의 혼란으로 인한 사회적 질서의 문란 등이 제시될 수 있다.

(3) 제3공화국헌법(1962년 헌법)

1962년 헌법은 대통령제를 기본으로 하면서 의원내각제 요소가 가미된 정부형태로서 비교적 권력분립적인 대통령제였다. 이 헌법은 제2공화국 정부에 대한 반동으로서 다시 강력하고 안정된 대통령제를 채택하였으나, 제1공화국헌법에 비해 대통령의 지위가 강화되었으며 의원내각제적 요소가 여전히 가미된 것이 특색이다. 즉 대통령제 원리를 기본 골격으로 하면서 제헌헌법에 규정되었던 내각제적 요소인 정부의 법률안제출권(제48조)과 국무총리, 국무위원 등의 국회출석 및 의견진술권과 국회의 국무총리, 국무위원 등에 대한 출석요구권(제58조)이 그대로 유지되었다. 그리고 국회의 국무총리 또는 국무위원에 대한 해임건의권을 인정하고 해임건의가 있을 때에는 대통령은 특별한 사유가 없는 때에는 이에 응하여야 한다고 규정하였다(제59조). 제헌헌법상의 국무원제도와 유사한 국무회의 제도를 채택하고(제84조, 제86조), 국무총리의 국무위원 해임건의권(제84조 제3항)을 규정하였다.[1)]

(4) 제4공화국헌법(1972년 헌법)

1972년 헌법의 정부형태는 대통령에게 국회해산권·긴급조치권 등 비상적 대권이 부여되고 권력분립원리가 부분적으로 채택된 영도자적 대통령제, 권위주의적 대통령제라고 할 수 있다. 이 헌법은 한국헌정사상 대통령의 지위와 권한을 가장 강화시킨 반면 헌법이론상 적지않은 문제점을 안고 있는 가장 비정상적인 통치구조를 의미하였다. 절대적인 권한을

1) 그러나 제3공화국헌법은 국회의원의 국무위원 겸직을 금지하였으며(제39조), 대통령이 국무총리를 임명하는 경우 국회의 동의 또는 승인을 받지 않고 바로 임명할 수 있도록 규정(제84조 제1항)한 것이 주목될 수 있는데, 이러한 규정은 의회와 행정부 간의 상호독립이라는 대통령제의 본질적 원리를 충실하게 반영한 것이라 할 수 있다. 그 후 1969년 제6차개헌에 의해 국회의원의 국무위원겸직이 허용되게 되었다.

갖는 대통령의 선출을 간선제로 규정한 것은 민주적 정당성이 결여된 권력구조를 의미하는 것으로서 유신헌법의 결정적인 결함으로 지적되고 있다. 1972년 헌법도 그 이전 헌법의 의원내각제적 요소를 거의 그대로 유지하였으나 헌법운용의 현실에서 의원내각제적 요소는 본래의 기능을 발휘하지 못하고, 오히려 정부의 법률안제출권과 국회의원의 겸직 허용 등은 대통령이 의회를 장악하는 수단으로 변질되고 말았다.

(5) 제5공화국헌법(1980년 헌법)

1980년 헌법은 대통령제를 기본으로 하면서 의원내각제 요소가 가미되었으며 대통령의 의회해산권·대통령간선제 등이 채택된 변형된 대통령제로서 신대통령제의 유형에 속한다. 이 헌법 하에서 대통령제는 권위주의적으로 운용되면서 헌법상의 의원내각제적 요소는 대통령을 견제하는 수단으로 작동하지 못하고 오히려 대통령의 권한을 강화하는 데 이용되었다. 제5공화국헌법의 성립은 구체제의 모순을 청산하기 위한 것이었기 때문에 대통령의 권한을 어느 정도 제한하고 국회의 지위를 상대적으로 강화시켰으나, 대통령은 여전히 간선제로 선출되었으며 강력한 권위주의적 대통령제로 운용되었다.

2. 현행헌법상의 정부형태

현행헌법(1987년 헌법)상의 정부형태는 권력구조의 합리화를 도모하여 비교적 권력분립적인 대통령제를 중심으로 하면서 의원내각제 요소가 가미된 것이 특색이다. 1980년 헌법에 비해 대통령의 권한을 약화시키고, 국회의 지위를 강화함으로써 권위주의에서 탈피하고 있으며 대통령직선제가 채택됨으로써 미국형 대통령제에 좀 더 접근한 정부형태라고 할 수 있다.

한국헌법사에 있어서 혼합형 정부형태의 출현과 존속은 서구에서의 혼합형 정부형태와는 본질적으로 성격을 달리 하는 것이며, 오늘날까지의 헌법운용에 있어서 대통령제와 결합된 의원내각제적 요소는 그 제도의 독자적 의의나 가치를 찾기 어려우며, 오히려 정치과정에서의 역기능과 부작용을 노정하고 있음을 부정하기 어렵다.

(1) 대통령제 원리

현행헌법상 대통령제 원리를 구성하는 요소로는 다음과 같다. 첫째, 대통령은 국가의 원수이며 동시에 행정부의 수반으로서의 지위와 권한을 가진다(제66조 제1항, 제4항). 둘째, 대통령은 국민의 직선에 의해 선출되며(제67조 제1항), 셋째, 대통령은 임기 동안 탄핵소추의 경우를 제외하고는 국회에 대하여 정치적 책임을 지지 아니한다(제65조). 넷째, 대통령은 법률안거부권을 행사하여 국회를 견제한다(제53조). 다섯째, 대통령에게 국회해산권을 인정하지 아니한다. 1972년 헌법과 1980년 헌법은 대통령의 국회해산권을 인정하였으나 이는 엄격한 권력분립을 전제로 한 대통령제의 본질적 원리에 반하는 것이었다.

(2) 의원내각제적 요소

대통령제원리와 혼합된 의원내각제적 요소로는 첫째, 국무총리와 국무회의를 두고 있으며, 국무총리의 임명에 국회의 동의를 얻어 대통령이 임명한다(제86조, 제88조). 둘째, 국회는 국무총리와 국무위원에 대한 해임을 대통령에게 건의할 수 있다(제63조 제1항). 셋째, 정부도 법률안제출권을 가지며(제52조), 넷째, 국무총리·국무위원이 국회에 출석하여 의견을 진술할 수 있고, 국회의 요구가 있을 때에는 국회에 출석하여 답변하여야 한다(제62조). 다섯째, 국회의원의 각료 겸직이 허용되고 있는 것이다. 입법부와 행정부의 구성에 있어서 상호독립을 의미하는 대통령제에 있어서 의원의 각료 겸직은 허용되기 어려운 의원내각제의 요소이다.[1]

(3) 미국형 대통령제와 구별되는 변형된 대통령제적 요소

우리 헌법상의 대통령제는 대통령이 긴급명령권, 계엄선포권, 헌법개정안발의권, 국민투표부의권 등(제72조, 제76조, 제77조, 제128조)을 가진다는 점에서 미국형 대통령제와 구별된다. 대통령의 대권적 권한에 해당하는 긴급명령권이나 국민투표부의권 등은 프랑스형 이원정부제에 있어서 대통령의 권한에 속하는 것이다. 또한 우리의 대통령제는 부통령제가 채택되어 있지 않다는 점과 5년 단임제를 채택하여 중임할 수 없도록 한 점(제70조)에서도 미국형 대통령제와 구별된다.

3. 현행 대통령제의 문제점

(1) 단임제의 임기

현행헌법은 대통령직선제를 채택하면서 임기 5년의 단임제를 규정하고 있다(제70조). 이러한 단임제와 중임금지조항은 과거 우리의 헌정사에 비추어 장기집권으로 인한 독재에 대한 반성에서 1980년 헌법에 최초로 규정된 것을 그대로 1987년 개정헌법에서도 단임제의 정신을 계승하고 있는 것이다. 다만 1980년 헌법에서는 대통령 임기가 7년이었던 것을 현행헌법에서는 5년으로 단축하게 되었다. 비교헌법적으로 볼 때 대통령 임기를 5년으로 규정

---

1) 이러한 의원내각제적 요소에 대하여는 현행헌법이 시행된 지 20여 년이 지난 현시점에서 의원내각제적 요소에 대한 재조명이 필요하다고 본다. 왜냐하면 현행 대통령제에 대한 평가에 있어서는 대통령제 원리와 혼합된 의원내각제적 요소가 대통령제 하에서 어떻게 작동되고 있으며 그것이 현행 정부형태의 운용에 작용하는 순기능과 역기능이 무엇인가를 면밀히 분석할 필요가 있기 때문이다. 이에 관하여는 정만희, "현행헌법상 정부형태의 의원내각제적 요소에 대한 검토", 동아법학 제44호, 2009, 37면 이하 참조.

한 헌법은 흔치 않으며 단임제를 규정한 경우는 거의 찾아보기 어렵다.[1)]

대통령제의 본질적 원리에 입각하여 이해할 때 대통령제는 경성적(硬性的) 권력분립에 기초하여 의회와 행정부의 구성이 별개의 국민의 의사에 의해 이루어지며, 대통령은 국민에 의해 선출되고 국민에 대하여 정치적 책임을 지는 것을 기본원리로 하는 것을 의미한다. 따라서 국민에 의해 선출된 대통령은 임기 동안의 직무수행을 국민에 대하여 책임을 묻고 그에 따라 국민의 정치적 심판을 받는 기회가 재선에 도전하는 과정에 의해 부여받게 되는 것이다. 이렇게 볼 때 대통령의 재선을 허용하지 않는 단임제는 국민의 대통령에 대한 심판권을 박탈하는 결과를 초래하게 되므로 대통령의 중임을 허용하는 것이 대통령제의 원리에 부합된다고 할 수 있으며, 대통령의 독재화를 막는 제도적 장치는 단임제보다는 권력분립에 의거한 강력한 통제장치를 마련하는 것이 합리적인 제도라고 할 수 있다.

대통령제의 모국인 미국의 경우를 보면 헌법제정과정에서 대통령의 임기제에 관하여 논의가 많았으나, 재선금지는 대통령으로 취임한 기간 동안의 경험을 살려 국가를 위하여 다시 봉사하는 기회와 가능성을 부정하는 것이 될 우려가 있으며, 대통령의 선량한 행위(good behavior)를 하는 동기를 배제시키게 된다는 이유로 재선금지안이 부결되었던 것이다. 그리하여 대통령 임기를 4년으로 하면서 영구재선제(permanent reeligibility)가 채택된 것이다. 그 후 오늘날과 같은 1차에 한하여 중임이 허용된 것은 1951년 연방헌법 수정 제22조에 의해 3선금지제가 명문으로 채택된 이후이다.[2)] 또한 대통령 단임제는 국가적 중요 정책과제를 지속적으로 일관성 있게 추진하기 어렵고, 중임제에 비해 '레임 덕' 현상이 일찍 나타나고 그 기간이 길어지게 될 가능성이 크기 때문에 대통령의 지도력이 약화되기 쉽다. 이 점에서도 단임제는 국정수행의 효율성과 정치적 안정성의 측면에서 문제가 있다고 할 수 있다.

한편 대통령 단임제를 지지하는 입장에서는 중임 허용이 대통령에 대한 강력한 정치적 책임추궁 수단으로 보기 어렵다고 하고, 단임제는 권력 상호간의 수평적·수직적 권력분립에 대비되는 '인적－시간적 권력분립의 한 제도화'로서 이해할 수 있다는 견해가 있다. 또한 단임제는 평화적 정권교체라는 선순환을 만들어 냈고 우리 헌정사의 안정에 많은 기여를 했으나 아직 평화적 정권교체의 관행이 확실히 뿌리를 내렸다고 보기 어려운 현실에서 4년 연임제 개헌은 시기상조라는 견해도 있다.

---

1) 대통령 단임제를 채택하고 있는 나라는 멕시코와 필리핀의 6년 단임제 정도이며 아르헨티나는 6년 단임제를 중임제로 개정하였다.

2) 이와 같이 미국헌법은 처음부터 대통령의 중임제한규정을 두지 않았으나 초대 대통령 조지 워싱턴 이래 역대 대통령은 불문율에 의해 3선 대통령선거에 출마한 사람이 없었다. 그러나 1940년 프랭클린 루즈벨트 대통령이 3선에 성공하고 1944년에는 4선 대통령으로 당선되자 중임제한의 필요성이 제기되어 1951년 수정헌법 제22조에 의해 3선금지가 채택된 것이다. 상세는 Thomas E. Cronin, *The State of the Presidency*, 1980, pp.46-49.

(2) 상대다수대표 선거제

현행헌법상 대통령선거제도(제67조 제1항)는 직선제를 통해 일응 대통령의 강력한 민주적 정당성을 확보하였다고 볼 수 있으나, 그 직선제는 대통령후보자 중에서 다수득표를 한 자를 대통령으로 선출하는 상대다수선거제를 채택하고 있다는 점에서 문제가 제기되고 있다. 이러한 선거제도 하에서는 후보자가 난립하게 되면 과반수의 득표를 얻지 못한 후보가 대통령으로 당선되는 이른바 소수파대통령(minority president)이 출현하게 된다.[1)]

대통령의 민주적 정당성과 정통성의 확보는 국민에 의한 직선제가 당연한 전제가 되지만 동시에 절대다수대표선거제에 의한 과반수 득표자가 대통령으로 당선되어야만 비로소 완전한 민주적 정당성을 확보하게 된다. 대통령제를 권력구조의 중심으로 하고 대통령직선제를 채택하고 있는 국가들은 대부분 과반수 득표자를 요구하고 1차투표에서 과반수득표자가 없는 경우 최고득표자와 차점자에 대하여 결선투표를 실시하도록 규정하고 있다.[2)]

따라서 우리나라의 경우에도 대통령직선제를 유지하는 한 절대다수대표제로 개선되어야 한다는 주장이 강하게 제기되고 있다. 이론적으로는 대통령선거와 민주적 정당성의 관점에서 절대다수대표 선거제도가 타당한 것은 말할 것도 없다. 국내 학계의 입장도 결선투표제 도입을 지지하는 견해가 지배적이라고 할 수 있다.

그러나 반면에 결선투표제의 도입은 대통령선거에 있어서 엄청난 비용과 국가행정력을 소모하게 되고 결선투표를 둘러싸고 후보자나 정당 간의 협상과정에서 정치적 비리나 부패가 발생할 수 있는 등의 문제점도 예상할 수 있기 때문에 결선투표제의 도입은 신중을 기해야 할 것으로 보인다. 절대다수대표제와 결선투표제의 도입에 반대하거나 신중을 기해야 한다는 입장에서는 결선투표제가 오히려 후보자와 정당의 난립을 조장하는 경향을 다분히 드러낸다는 지적이 있으며, 후보자 간의 연대와 제휴로 말미암아 민주적 정당성이 왜곡될 우려가 있고, 결선투표까지 거친 당선자가 민주적 정당성을 남용하여 대통령권한 과잉을 당연시하는 위험한 결과를 가져올 수도 있다는 견해도 있다.

한국 정당정치에 있어 양당제가 확립되어 있지 않는 상황에서는 상대다수대표 선거에 의해 과반수 득표의 당선자가 나오기 어려운 실정이지만, 현행의 제도 하에서도 국민의 강

---

1) 대통령직선제 환원 이후 처음 실시된 1987년 제13대 대통령선거에서는 노태우 후보가 유효투표총수의 35.9%의 득표로 당선되었고, 1992년 제14대 대선에서는 김영삼 후보가 41.4%, 1997년 제15대 대선에서는 김대중 후보가 39.7%, 2002년 제16대 대선에서는 노무현 후보가 48.5%, 2007년 제17대 대선에서는 이명박 후보가 48.7% 득표로 당선되었다. 2012년 제18대 대선에서는 박근혜 후보가 처음으로 과반수 지지를 얻어 51.6% 득표로 당선되었다.

2) 절대다수대표 선거제를 채택하고 있는 국가로는 프랑스 제5공화국헌법(제7조 제1항), 오스트리아헌법(제60조 제2항), 1990년의 소련연방헌법(제127조의1 제2항), 1992년의 폴란드헌법(제86조)과 포르투갈, 이란, 칠레 등을 들 수 있다. 반면에 상대다수대표제를 채택하고 있는 나라로는 멕시코, 아이슬란드, 인도네시아, 필리핀 등이 있다.

력한 여론에 의해 야당 간에 또는 군소정당 간에 후보단일화가 이루어지게 되면 결선투표제를 도입하지 않더라도 과반수득표의 대통령을 선출할 가능성이 커지게 된다. 즉 현행의 대통령선거제도와 정당제도의 운용 여하에 따라서는 결선투표제를 도입하지 않더라도 선거결과에 따른 민주적 정당성의 취약성은 극복할 수 있다고 본다. 그러나 현실적으로 전통적인 지역적 균열구조에 기인한 다당제의 경향과 후보간의 다자대결구도 및 유권자의 투표행태 등에 비추어 여론에 의한 여·야 간의 양자대결구도의 형성은 기대하기 어려운 것도 사실이다.

(3) 국무총리제와 대통령 권한대행제도

현행헌법상의 정부형태는 기본적으로 대통령제를 채택하면서 부통령제를 두지 않고 있는 것이 특색이다. 국무총리제는 의원내각제적 요소에 해당하는 것으로 대통령제 헌법원리의 체계정합성에 반하는 것이므로 이러한 국무총리제는 폐지되어야 한다는 견해가 최근의 개헌논의와 관련하여 유력하게 제기되고 있다.

대통령제와 국무총리제의 결합은 건국헌법의 제정과정에서 처음 도입된 이래 지금까지 유지되어 오고 있는 제도이나, 건국헌법상 대통령제와 함께 규정된 국무총리와 국무원제도 등의 요소는 제헌과정에서의 결정적인 헌법초안이었던 의원내각제안이 전격적으로 대통령제로 바뀌면서 정치적 타협의 산물로 의원내각제적 요소가 대통령제 정부형태에 포함되었던 것에 불과하다. 즉 대통령제의 원리에 국무총리제라는 의원내각제적 요소가 가미된 것은 이론적 근거에 기초한 것이 아니며, 역사적 경험에 의한 현실적 필요성에 의한 것도 아닌 '우연한 정치적 타협의 산물'이라는 데에 그 태생적 문제를 안고 있다고 할 수 있다.[1)]

현행헌법상 국무총리는 국회의 동의를 얻어 대통령이 임명하며(제86조 제1항), 국무총리가 국무위원과 행정각부의 장에 대한 임명제청권을 행사하고(제87조 제1항, 제94조), 국무위원 해임건의권을 행사할 수 있다(제87조 제3항). 대통령의 보좌기관인 국무총리가 국회의 동의를 얻어 임명되는 것은 행정부의 구성에 국회가 관여하는 것을 의미하며, 이는 미국 대통령제에 있어 대통령을 보좌하는 부통령이 국민에 의해 선출되는 것과 구별된다. 그리고 국무총리의 국무위원 임명제청권과 해임건의권이 대통령을 기속할 수 있는 실질적 권한으로 본다면 이러한 권한들은 행정부의 일원적 구조라는 대통령제의 기본원리에 반하는 문제가 제기될 수 있다. 반면에 국무총리의 이러한 권한들을 대통령을 기속하지 못하는 형식적 권한으로 본다면 그것은 헌법상 불필요한 권한으로서 오히려 헌법의 규범력을 저하시키는 것밖에 되지 않는다는 견해는 타당하다고 할 수 있다.

1) 한태연, 헌법과 정치체제, 법문사, 1987, 97면.

또한 현행헌법상 국무총리제는 대통령이 궐위되거나 사고로 인하여 그 직무를 수행할 수 없을 때에 국무총리가 대통령 권한대행자로서의 지위(제71조)를 갖는다는 데에 그 특징이 있다. 그러나 이러한 국무총리의 대통령 권한대행제도는 통치구조에 있어서 민주적 정당성의 심각한 공백상태를 초래하는 문제가 있다. 왜냐하면 국무총리가 비록 국회의 동의를 얻어 임명되지만, 국민에 의해 직접 선출되지 않은 국무총리가 대통령권한대행자로서의 지위와 권한을 행사하는 데는 민주적 정당성이 크게 부족하다고 할 수 있기 때문이다. 즉 대통령을 보좌하는 행정부의 제2인자로서, 행정각부의 통할·조정기관으로서 국무총리의 민주적 정당성은 국회의 동의를 통해 충분히 확보된다고 할 수 있으나, 대통령의 유고시 대통령 권한을 대행하기에는 국회의 동의만으로는 민주적 정당성이 크게 부족하다고 할 수 있다.

한편 현행 정부형태에 있어서 국무총리제를 긍정적 관점에서 보는 견해에 의하면 국무총리제도와 의원내각제적 요소를 현실적으로 잘 활용하면 유용한 점도 있을 수 있다고 한다. 즉 대통령제 원리에 있어서의 결함으로 지적되는 임기의 경직성, 다수주의적 경향과 승자독식의 문제, 이중적 민주적 정당성의 문제를 완화하기 위해 내각제적 요소를 도입하는 것은 의미가 있으며, 한국의 헌법 현실에 있어서 대통령소속 정당과 국회 다수당이 다른 분열정부(divided government)의 경우 대통령과 국무총리의 권력분점을 실현하는 것은 가능할 수 있다고 보고, 이러한 분열정부 하에서의 정부의 비효율성과 대통령제의 경직성, 승자독식의 폐해를 완화하는 데 국무총리제와 의원내각제적 요소의 유지는 의미가 있다는 것이다.

생각건대 우리 헌법상의 국무총리제는 최초의 도입과정에서부터 정부형태의 법리에 근거한 이성적 숙고의 산물이 아니며, 정치적 경험의 현실적 필요성에 의한 것도 아닌 무원칙의 정치적 타협의 산물이라는 태생적 문제점을 안고 있으나, 이미 헌정 70년의 경험 속에서 국무총리제는 한국형 대통령제의 구성요소로 인식되어 왔음을 부정할 수 없다. 그렇다면 현행헌법상의 통치구조의 분석에 있어서 대통령제와 결합된 국무총리제의 순기능과 긍정적 역할을 발견하려는 태도는 의미 있는 것이라고 할 수 있다. 그러한 맥락에서 볼 때 이원적 민주적 정당성에 기초한 대통령제에 있어 빈번한 분열정부가 출현하는 경우에는 야당 추천의 국무총리를 임명함으로써 일정한 권력분점을 통해 의회와 정부 간의 대립과 국정의 교착상태를 상당 부분 해소할 수 있을 것이다. 이러한 관점에서 현행헌법상의 정부형태를 프랑스형 이원정부제적으로 해석, 운용할 수 있는 가능성을 인정하고 대통령과 국회가 대립되는 분열정부의 경우 그 해결방안으로 대통령과 국무총리의 권력분점 내지 권력분산의 현실화 방안을 제기하는 견해도 주목될 수 있다. 그러나 이러한 견해를 취하는 입장에서도 한국적 정치상황에서 이원정부제적 헌정 운용은 결코 쉬운 일이 아니라고 하고, 실제로 이원정부제적 운용을 위한 권력의 분점은 헌법규범의 문리적 해석보다는 양자 간의 정치적 타협이 오히려 더 중요한 요인으로 작동할 수밖에 없다고 보고 있다. 그리고 위에서 언급한 국무총리의 대통령권한대행의 문제점을 해결하기 위하여 미국형의 부통령제를 도입할 필요가 있다는 주장은 일견 설득력이 있어 보인다. 국민에 의해 선출되지 않은 국무총리에 의한 대통령권한대행제도보다는 대통령과 함께 국민에 의해 선출된 부통령이 대통령직을 승계 또는 대행하는 것이 바람직하다는 논리는 타당하다고 할 수 있다. 그러나 미국의 부통령제는 헌법시행 이래 그 제도와 운용 실제에 있어서 적지 않은 문제점을 노정하고 있음을 볼 때 부통령제의 도입은 신중을 기해야 할 것이며, 심도 있는 연구·검토가 필요하다고 하겠다.[1]

미국의 부통령은 대통령의 보좌기관이면서 헌법상 연방상원 의장의 지위를 가지며(제1조 제3항 제4절), 대통령이 궐위되거나 직무를 수행할 수 없는 경우 대통령직을 승계하거나 권한대행자로서의 직무를 수행한다(제2조 제1항 제6절). 상원의장으로서의 부통령은 상원의 회의를 주재하고 가부동수의 경우 표결권을 행사하도록 규정하고 있으나. 실제로 부통령이 상원에서 회의를 주재한 경우는 극히 드물었으며, 제도적으로도 부통령이 상원의장직을 수행하는 것은 권력분립의 헌법정신에 반하게 되므로 이에 관한 헌법개정을 요구하는 주장도 제기된 바 있다. 또한 헌법시행 초기부터 부통령의 대통령 보좌기관으로서의 역할은 크게 강조되지 않았으며, 부통령이 대통령의 각료회의에 참석하지도 않는 유명무실한 직위에 불과하였다. 20세기 이후 부통령이 대통령 보좌기관으로서 일정한 역할을 담당해 오고 있으나 대통령과 부통령 간에는 보이지 않는 갈등관계가 존재하고 있다.

생각건대 미국헌법에 특유한 대통령과 부통령제, 특히 미국의 특수한 역사적 배경과 정치적 상황에서 고안되고 운용되어 온 부통령제가 한국의 현시점에서 절실히 요청되는 제도인가에 대해서는 의문이 제기될 수 있다. 대통령 유고시 대통령직을 승계하거나 권한을 대행하는 제도로서 부통령제의 존재의의 이외에는 헌법 현실에 있어 부통령제가 유명무실하거나 행정부 내부의 갈등요소를 야기하는 제도에 불과하다면 굳이 부통령제를 도입할 필요성을 인정하기 어렵다고 본다. 미국 부통령제에 있어서도 대통령후보의 러닝메이트로 지명되어 당선된 부통령이 대통령직을 승계하거나 권한대행하는 점에 대해서 심각한 민주적 정당성의 문제가 제기되고 있으며 부통령제의 폐지론도 제기되고 있음을 간과해서는 안 될 것이다.[2]

---

1) 미국의 헌정 초기부터 부통령은 국가정책이나 정부의 기능에 실질적인 참여가 결여된 단지 '의례적 역할'(ceremonial role)만을 수행하는 것으로 간주되어 왔으며 그 부통령직의 효용성에 대한 비판이 끊이지 않았고, 동정과 조소의 대상이 되어 왔다고 할 수 있다. 초대 부통령을 역임한 존 아담스도 부통령제는 "인간이 고안해 낸 작품 중에서 가장 무의미한 공직"(the most insignificant office)이라고 표현하였다. Robert Albert, "The Evolving Vice Presidency", 78 *Temple Law Review* 811, 831 (2005).

2) 미국 대통령선거의 실제를 보면 대통령후보자들은 대통령선거에서의 '득표전망'을 기준으로 부통령후보자를 지명하고 부통령의 정치적 지도력이나 대통령직 승계자로서의 자질 등은 크게 고려되지 않고 있기 때문에 이러한 부통령이 대통령직을 승계하는 것은 타당하지 않으므로 국민이 새로 대통령을 선출하는 것이 바람직하다는

우리나라의 현행 국무총리의 대통령 권한대행제도의 민주적 정당성 제고 문제는 부통령제로의 전환이라는 새로운 제도의 선택보다는 지금의 국무총리제를 보완하는 방법도 생각할 수 있다. 즉 국회의 동의를 얻어 임명되는 국무총리가 대통령 궐위시 또는 대통령이 사고로 직무를 수행할 수 없는 경우 일정기간 대통령권한을 대행하는 것이 민주적 정당성의 취약성을 초래한다면 국무총리 임명에 관한 국회의 동의절차에 일반정족수가 아닌 특별정족수(예컨대 재적의원 과반수의 찬성 또는 출석의원 3분의 2 이상 찬성)의 요건을 부과하는 것도 하나의 방안이 될 수 있다.[1)]

(4) 국무위원의 국회의원 겸직

현행헌법은 제43조에 국회의원은 법률이 정하는 직을 겸할 수 없다고 규정하고 있으며, 국회법 제29조는 국회의원과 국무위원의 겸직금지를 규정하지 않고 있어서 국무위원과 행정각부의 장이 국회의원을 겸직하는 것이 허용되고 있다. 그러나 이러한 겸직 허용은 행정부에 대한 국회의 통제기능을 약화시키는 문제가 있다. 권력분립의 원칙에 입각하여 입법부를 구성하는 국회의원도 대통령과 마찬가지로 국민의 대표자의 지위를 가지는데, 국회의원이 국무위원이나 행정각부의 장을 겸하게 되면 국회의원이 대통령에 종속되는 것이 되며 이는 대통령의 우월적 지위를 강화하는 데 일조하게 된다.

국회의원의 행정부각료 겸직 허용이 의원내각제적 요소가 반영된 것이라고 하지만 이러한 의원내각제적 요소는 현실적으로 대통령의 우월적 지위를 강화하는 요인으로 작용하게 되며, 대통령우월형의 정부형태에 있어서는 의회와 정부 간의 공화와 협력관계보다는 상호 견제와 균형이 요구되기 때문에 대통령에 대한 의회의 통제기능이 강화되기 위해서도 겸직은 허용되기 어렵다.

(5) 대통령제 운용상의 문제점

(가) 분열정부의 출현

한국헌정사에 있어서 최초의 분점정부 내지 분열정부(divided government) 현상은 노태우 정부 출범 직후 1988년 제13대 국회의원선거 결과 나타난 바 있으며, 그 후 분열정부는 모든 대통령의 임기 중에 나타나게 되었고, 제13대 국회 이후 제17대 국회에 이르기까지 한

주장도 제기되고 있다. 이에 관한 대표적인 입장으로는 Arthur M. Schlesinger, Jr., *The Imperial Presidency*, 1974, pp.481-493.

1) 헌법 제86조 제1항에 의해 국무총리는 국회의 일반정족수에 의한 동의로 대통령이 임명하도록 규정하고 있으나, 헌법 제63조 제2항은 국회의 국무총리 해임건의에 '국회 재적의원 과반수의 찬성'을 얻도록 규정하고 있으므로 국무총리의 임명동의에도 해임건의에 관한 특별정족수를 요건으로 하는 것이 양 조항의 규범조화적 해석에 합치하는 것이라고 할 수 있으며, 정부의 구성에 있어 의회와 대통령의 협치를 가능하게 할 수 있다는 점에서도 긍정적으로 검토할 필요가 있다고 본다.

차례 이상 반복적으로 나타났다. 이처럼 한국의 현대 헌정사에 있어서 여소야대에 의한 분열정부의 전개과정은 분열정부가 더 이상 예외적인 현상이 아니라 일상적이고 보편적인 현상으로 자리잡게 되었음을 말해주는 것이다.

우리나라에서의 분열정부 출현의 요인으로는 기본적으로 지역주의에 의한 다당제적 정당체계에서 찾을 수 있으며, 보다 근본적으로는 단순다수제(상대다수제) 대통령선거제도와 정당후보 간의 다자대결구도에서 그 원인을 찾을 수 있다. 다당제와 단순다수제 하에서는 과반수 득표의 승자가 나타나기 어렵기 때문에 분열정부의 생성이 용이하게 된다고 할 수 있다.

분열정부 현상에 대한 국내 학계의 입장은 부정적 견해가 지배적이다. 정치학자들은 한국의 대통령제의 문제점을 분열정부(분점정부)에서 찾는 것이 일반적이라고 할 수 있다. 즉 대통령제를 운영하는 데 있어 직면하는 가장 심각한 문제는 민주화 이후 대통령 소속 정당이 국회의 소수당이 되는 분열정부가 빈발하게 되면서 대화와 설득을 통해 타협을 이루어 내는 정치적 관행이 정착되지 못한 상황에서 국회와 대통령 또는 행정부 간의 대립이 심화되고 국정운영의 교착상태가 장기간 지속되는 일이 반복되고 있다는 점을 지적하고 있다. 다시 말하면 분열정부 하에서는 국회가 행정부와 균형을 취하기보다는 행정부에 대한 비생산적 견제가 과도하게 이루어지고 있으며, 의회와 행정부 간의 원활한 국정운영을 위한 상호협력체계가 구축되지 않는 것이 문제라고 한다. 요컨대 분열정부에 의한 대통령과 행정부의 '통치력(governability) 약화'가 현행 대통령제의 문제점이라는 것이다.

분열정부에 대한 위와 같은 부정적 시각에 대하여 반론을 제기하는 일부 소수의견도 있다. 즉 지난 13대 국회에서 16대 국회까지의 입법과정을 분석한 결과 분열정부 하에서 대치정국이 존재하고 입법과정에 영향을 미치기도 하였지만 그 영향은 국정운영을 좌우할 만큼 압도적인 것은 아니었으며, 주요 법안의 상당수가 분열정부 상황에서 가결되었다는 것은 분열정부 하에서 집권당과 반대당 간의 협상이 활발했다는 것을 의미하고 오히려 통합정부 하에서 개혁입법조치가 후퇴하는 것을 볼 수 있다는 지적이 있다.

생각건대 분열정부에 대한 부정적 평가의 입장은 그 분열정부 현상을 단지 외형적·피상적 관점에 의존하는 것으로 문제가 있다고 하겠으며, 국정운영의 효율성과 안정성을 강조하는 편향적 사고에 치우쳐 있기 때문에 대통령제 헌법원리 하에서 분열정부가 수행하는 의회의 강력한 행정통제의 순기능을 간과하는 점에 문제가 있다고 본다.[1)]

분열정부에 대한 부정적 시각을 보이는 입장에서는 분열정부로 인한 의회와 행정부의 대립과 정국의 마비, 교착상태 등의 문제점을 극복하기 위한 방안으로 의회선거와 대통령

1) 정만희, "대통령제에 있어서 분열정부의 헌법문제", 헌법학연구 제14권 제2호, 2008, 409면.

선거의 주기를 일치시키고 대통령과 국회의 임기를 동일하게 하는 것을 일반적으로 거론하고 있으나, 이러한 방안들은 분열정부의 문제점을 근본적으로 해결할 수 있는 방안이 되지 못한다고 할 수 있다. 대통령과 국회의원의 동시선거가 분리선거의 경우보다 통합정부를 구성할 가능성이 높다고 할 수도 있으나, 동시선거의 경우에도 유권자의 의도적인 견제심리와 투표행태는 분열정부의 구도를 쉽게 만들 수 있으며, 실제로 미국의 경우 대통령선거와 연방의회의 동시선거에 분열정부 현상이 나타나는 경우가 적지 않음을 볼 수 있다.[1)]

오히려 분열정부 하에서도 미국의 의회의원들은 소속정당의 기율에 엄격히 구속되지 않고 자유로운 입장에서 교차투표(cross-voting)가 보장되기 때문에 분열정부라고 해서 항상 의회와 정부 간의 교착상태나 대립적 긴장관계에 놓이는 것은 아니며, 국가이익을 우선한 정책적 판단에 따라 여·야 간에 협력관계가 이루어질 수 있는 것이다. 즉 분열정부라고 해서 정부의 마비와 무능력, 비효율이 항시 초래되는 것은 아니며 분열정부 하에서도 성공적인 정책산출이 순조롭게 이루어지고 정부의 통치력이 유지될 수도 있다.

따라서 현행 대통령제의 운용에 있어서 대통령제와 정당정치 및 선거제도의 결합관계에 따라 분열정부가 빈번하게 출현된다고 하더라도 그것은 기본적으로 현행 대통령제의 본질적 문제에 기인하는 것이라기보다는 유권자의 의식적 투표성향과 견제심리의 결과라 할 수 있으며, 분열정부의 문제점 극복은 헌법개정을 통해 대통령과 국회의원 임기와 선거주기를 일치시키는 것으로 해결되는 것은 아니라고 하겠다. 결국 분열정부의 문제점을 극복하기 위해서는 여·야가 의회주의의 정신에 입각하여 이성적 토론과 타협, 양보와 설득을 통해 합의를 도출해 내는 자세가 중요하며, 의원들은 정파를 초월하여 국가이익을 우선하는 입장에서 양심에 따라 직무를 수행하여야 하는 헌법적 의무(제46조 제2항)를 준수하는 것이 요구된다. 이러한 헌법상 의무에 충실한 원내활동과 의회주의의 활성화는 분열정부 하에서도 정국의 교착과 정체를 막고 여·야 간 또는 국회와 정부 간 상호 견제와 균형 속에서 원활한 국정운영을 기대할 수 있게 된다. 그 밖에 분열정부의 대결구도를 극복할 수 있는 방안으로 대통령의 역할과 지도력이 강조될 수 있다. 대통령은 정부의 정책에 관한 입법을 일관성 있게 추진하기 위해서 우선 여론에 호소함으로써 정부에 반대하는 의원들에 대한 압박을 가할 수 있으며, 대통령은 국민적 지지를 기반으로 한 강력한 리더십을 발휘하여 여·야의원들과의 대화와 협상을 통해 정부정책의 지지와 협력을 이끌어 낼 수 있는 것이다.

(나) 제왕적 대통령제에 대한 우려

현행 대통령제의 문제점에 관한 또 하나의 쟁점은 제왕적 대통령제에 대한 우려이다.

---

1) 1948년부터 2000년까지의 52년간 13회의 미국 대통령선거와 의회의 동시선거 중 54%에 해당하는 7회의 선거결과 분열정부가 출현하였고, 중간선거의 경우에는 70%가 분열정부에 해당하였다.

한국헌정사에 있어서 대통령제는 과거 자유당정권의 독재를 경험하였고, 그 후 유신헌법 시대와 1980년 헌법의 권위주의 시대를 거치면서 대통령에의 권력집중과 권력남용으로 인한 제왕적 대통령제의 폐해가 막대했음을 부정할 수 없다.[1] 그러나 1987년 헌법체제에 들어와서는 헌법상 권력구조가 합리적으로 개편되고 헌법재판제도의 도입으로 권력에 대한 통제가 현실화되었으며 정치의 민주화가 진행되면서 국민의 기본권이 크게 신장되었기 때문에 제왕적 대통령의 등장에 대한 우려는 상당히 감소되었다고 할 수 있다. 더욱이 1990년대 이후의 정치상황에서 나타나는 분열정부의 빈번한 출현은 더 이상 현행 대통령제가 제왕적 대통령제로 운용되기 어려울 것이라는 기대를 갖게 하였다.

그럼에도 불구하고 현행 대통령제는 승자독식에 의해 대통령 개인에게 너무나 광범위하고 강력한 권한들을 부여하고 있기 때문에 언제든지 제왕적 대통령제로 운용될 소지가 있다는 지적이 있다. 직선제 개헌 이후의 노태우 정부와 김영삼 정부, 김대중 정부는 과거의 권위주의 통치방식에서 벗어나지 못하였으며 대통령 1인에게 집중된 권력행사의 독주에 의한 부작용이 국정의 실패를 가져오는 오류를 반복해 왔다고 할 수 있다. 헌법상의 권력분립원리에 의해 대통령의 권력행사에 대한 통제장치가 마련되어 있지만 국정운영의 현실에 있어 대통령의 국정최고책임자로서의 인사권 남용으로 이러한 권력통제장치가 제대로 작동되지 못한 경우가 적지 않았으며, 국가원수와 행정권의 수반으로서의 모든 법적 권한을 대통령이 직접 행사해 왔다는 점에서 우리의 대통령제는 제왕적 대통령으로 변질될 위험성이 크다는 것이다.

이러한 대통령의 독주나 권위주의적 통치방식은 헌법규범상의 대통령의 우월적 지위를 규정하고 있는 데서 발생하는 문제점이기도 하지만, 그 보다는 헌법운용의 실제에서 나타나는 문제점이라고 할 수 있다. 즉 우리나라 대통령제가 성공하지 못하고 파행을 반복하고 있는 것은 제도에 있어서의 문제도 없지 않으나, 대통령제 정부를 어떻게 운용할 것인가에 대한 구체적인 방안에 대한 모색이 충분하지 않았다는 데에서 보다 큰 원인을 찾을 수 있다고 할 것이다.

제왕적 대통령제로의 변질에 대한 우려와 그 문제점의 극복방안으로 헌법개정을 통한 권력분점형의 새로운 정부형태의 선택을 제시할 수 있지만, 현행 정부형태의 유지를 전제로 할 때에도 이러한 대통령제 운용상의 문제점을 극복할 수 있는 여러 가지 방안을 모색할

---

1) 제왕적 대통령제(imperial presidency)라는 표현은 미국의 대통령제에 관하여 사용된 것으로 닉슨 대통령 당시 베트남전의 확전이나 예산집행의 독선, 워터게이트 사건 등에서 드러난 행정부의 권한남용을 비판하면서 슐레징거(Arthur Schlesinger, Jr.) 교수가 1973년 그의 저서 "the Imperial Presidency"에서 처음 사용한 것이다. 그러나 국내에서의 제왕적 대통령제라는 표현은 이승만 대통령의 독재를 비롯하여 역대 대통령들의 권위주의적 통치방식을 모두 포함하는 개념으로 사용하는 것으로 보인다.

수 있다. 즉 대통령의 광범위한 법적 권한을 대통령이 직접 행사할 것이 아니라 국무총리와 행정각부의 장에게 일정 부분 위임할 수 있으며, 국무총리의 헌법상 권한으로서 행정각부 통할권(제86조 제2항)과 국무위원임명제청권, 국무위원해임건의권(제87조 제1항, 제3항) 등에 실질적 의미를 부여하고, 국회가 수행하는 행정통제기능을 강화하며, 지방자치를 강화하는 것 등은 변질된 대통령제의 문제점을 해결하는 방안이 될 수 있다.

제 3 장 국 회

제 1 절 의회주의

Ⅰ. 의회주의의 개념

근대 입헌민주주의에 있어서 의회는 국민에 의해 선출된 의원을 본질적 구성요소로 하는 합의체로서 입법·재정·국정통제 등 근본적인 국가작용을 결정적으로 지배하는 국민의 대표기관을 의미한다. 그리고 의회주의(parliamentarism)란 국민에 의해 민주적으로 선거된 합의기관인 의회가 다수결원리로써 국가의사를 결정하는 정치방식을 의미한다. 켈젠(H. Kelsen)은 의회주의의 본질을 "국민의 보통·평등선거권의 기초 위에 민주적으로 선거된 합의기관에 의해 다수결원리로써 규범적 국가의사를 형성하는 것"이라고 정의하였다.

의회주의의 확립은 서구에서의 근대 의회제의 성립과 발전에 따라 전통적인 국왕에 대한 의회의 우위가 확보됨으로써 가능하게 되었다. 그리하여 의회주의는 국가의 운영이 민주적 정당성을 가진 합의체 국민대표기관인 의회를 중심으로 이루어져야 한다는 것을 의미하게 되었다.

의회제의 기원은 중세의 봉건적 등족회의에서 구하는 것이 일반적이나 근대적 의회제의 성립이라는 관점에서 보면 17세기 영국의 시민혁명의 단계에서 그 출발점을 찾을 수 있다. 1688년 명예혁명에 의해 성립된 영국의 근대 의회제는 통치기구상에 있어서 '국왕에 대한 의회의 우위'를 확보하게 되는 계기가 되었으며, 이는 곧 영국 헌법상의 의회주권(Sovereignty of Parliament)의 원리가 형성되는 것을 의미하게 되었다. 그리하여 18세기의 의회정치에 있어서는 국왕의 실제상의 권력이 수상을 중심으로 하는 내각에 옮겨지게 되었고, 19세기 이후의 선거법의 개혁으로 영국의 고전적 의회주의가 꽃을 피우게 되었다. 1832년 국민대표법(Representation of the People Act)의 제정에 의한 선거제도 개혁과 1867년과 1884년의 선거법 개정은 선거권의 비약적 확대를 가져와 의회가 비로소 국민의 대표기관으로서의 지위를 갖게 됨으로써 영국의 의회제 민주주의가 확립하게 되었다.[1)]

Ⅱ. 의회주의의 기본원리

1. 국민대표의 원리

의회주의에 있어서는 주권자인 국민의 의사가 선거를 통하여 그 대표기관인 의회에 전달되고, 그 의회의 의사에 따라 입법 또는 중요한 국가정책결정이 행해지게 되는 의회의 국민대표성을 그 기본원리로 하고 있다. 즉 근대 의회제의 기본원칙으로는 첫째로 국민주권에 근거한 대표원리를 들 수 있다.

국민대표의 원리의 구체적 내용으로는 첫째, 명령적 위임 내지 강제위임 금지를 원칙으로 한다. 즉 국민에 의해 선출된 의원은 그를 선출한 유권자나 국민 일부의 이익의 대표가 아니라 국민 전체의 이익의 대표로서 선출된 것을 의미한다. 따라서 의원은 선거인으로부터 독립된 법적 지위를 가지며, 선거인의 지시나 명령에 구속되지 않고 선거인에 의해 책임 추궁을 당하거나 파면되지 아니한다. 둘째, 국민대표원리에 있어서 법적으로 강제위임이 금지되고 있더라도 사실상 유권자에 대한 의원의 종속을 어느 정도 인정하게 된다. 즉 의원의 유권자에 대한 법적 무책임을 긍정하면서도 유권자에 대한 정치적 책임을 부정하기 어렵다.

2. 심의의 원리(토론의 자유)

의회정치가 '토론에 의한 통치'(government by the discussion)라고 불려지는 바와 같이 의사과정에 있어서 '심의의 원리' 또는 '의안토론의 자유'는 의회주의의 중핵이며 의사절차의 핵심을 이룬다. 의회는 토론의 과정에서 대립하는 주장이 동시에 논의되는 것을 통하여 상대적 진리가 얻어지는 장소이다. 의사과정에서의 다양한 의견의 진술과 자유로운 토론을 통한 의사결정이 곧 국민의 선택으로 의제(擬制)되는 것이 의회주의이다.

3. 의사공개의 원칙

의사공개의 원칙은 비밀정치의 배제를 통한 정치의 부패를 방지한다는 이념에 입각하

---

1) 정만희, 헌법과 통치구조, 법문사, 2003, 19-22면 참조.

고 있다. 의사의 공개는 의회활동의 기초이며 의회가 국민의 신뢰를 확보하기 위한 적절한 방법이다. 의사공개를 통하여 의원의 임무수행을 강제할 수 있고, 의회와 국민과의 의사소통과 교류를 보장할 수 있게 된다. 의사공개의 원칙은 의사에 관한 언론의 자유, 보도의 자유 보장을 강하게 요구하게 되며, 국민은 공개된 정보를 통하여 선거나 그 밖의 장에서 의회에 적절하게 대응할 수 있게 된다.

헌법 제50조 제1항은 "국회의 회의는 공개한다"라고 하여 의사공개의 원칙을 규정하고 있는바, 이는 단순한 행정적 회의를 제외하고 국회의 헌법적 기능과 관련된 모든 회의는 원칙적으로 국민에게 공개되어야 함을 천명한 것으로서, 의사공개원칙의 헌법적 의미, 오늘날 국회기능의 중점이 본회의에서 위원회로 옮겨져 위원회중심주의로 운영되고 있는 점, 국회법 제75조 제1항 및 제71조의 규정내용에 비추어 본회의든 위원회의 회의든 국회의 회의는 원칙적으로 공개되어야 하고, 원하는 모든 국민은 원칙적으로 그 회의를 방청할 수 있다.[1)]

4. 다수결의 원리

다수결의 원리는 합의체의 의사결정의 원리로서 구성원 다수의 의견에 소수의 의견을 복종시키는 방법으로, 이는 1인의 지배 또는 소수의 지배가 아닌 다수의 지배를 의미하는 것이다. 일반적으로 조직이나 단체의 의사결정은 그 구성원이 평등한 경우에 전체 구성원의 일치에 의하는 것이 바람직하지만 의사결정 대상의 성질, 구성원의 동질성의 정도 내지 구성원의 규모 등에 의해 그것은 사실상 불가능하게 된다.

다수결이 정당화되는 논거로는 첫째, 다수라고 하는 소수보다 커다란 부분은 양(量)에 있어서뿐만 아니라 질(質)에 있어서 우수하다는 것, 즉 보다 높은 정신적·윤리적 질이 다수 속에 내재하고 있다는 사고를 들 수 있다. 둘째, 다수부분의 의사가 비록 '보편적 의사'로부터 떨어져 있다고 하더라도 그 다수의사는 그와 대립되는 소수의사보다는 보편적 의사에 가깝다는 견해가 있다. 이러한 입장은 다수의사에 따르는 것이 합리적이라는 경험적 판단으로부터 다수결이 정당화된다는 것이다. 셋째, 민주주의의 가치로부터 다수결을 정당화하는 견해도 있다. 즉 다수결에 의할 때 국민의 자유와 평등이 현실적으로 최대한 보장될 수 있다는 것이다. 그 밖에 독단이나 전제를 배제하는 상대주의적 철학 등이 다수결을 정당화하는 이론적 근거로 제시되고 있다.

그러나 다수결의 원리는 토론의 자유의 존중을 전제로 할 때 비로소 정당화되는 것이므로 '이성적 토론'이 결여된 다수결방법은 다수의 독재를 의미하게 된다. 다수결의 본질적 요소인 토론은 이성에 의한 설득을 의미하며, 그것은 개별적 이익을 둘러싼 논쟁이 아니라

1) 헌재 2000. 6. 29. 98헌마443등.

정의에 관한 논쟁이며 일반의지의 지향을 위한 토론을 의미한다. 이러한 이성적 토론은 '소수의사의 존중'을 전제로 함은 말할 것도 없다. 다수의 의사가 단지 수적 다수의 형식적 의사인 경우에는 그 다수결은 기능을 할 수 없으며, 다수가 소수의견에 대해 양보하고 소수는 다수의견에 승복하는 정신에 기초할 때 다수결은 비로소 실질적 정당성을 부여받게 된다. 요컨대 다수결원칙은 자유로운 공개토론과 타협을 통한 의사통합의 기능을 수행하는 것이므로 반대의사를 무시하거나 양보와 타협이 인정되지 않는 다수결은 곧 '다수의 폭정'(tyranny of the majority)을 의미할 뿐이다.

다수결의 원리는 단순히 재적의원 과반수의 출석과 출석의원 과반수에 의한 찬성을 형식적으로 요구하는 것에 그치지 않는다. 헌법 제49조는 국회의 의결은 통지가 가능한 국회의원 모두에게 회의에 출석할 기회가 부여된 바탕 위에 재적의원 과반수의 출석과 출석의원 과반수의 찬성으로 이루어져야 한다는 것으로 해석하여야 한다.[1] 다수결의 원리는 의사형성과정에서 소수파에게 토론에 참가하여 다수파의 견해를 비판하고 반대의견을 밝힐 수 있는 기회를 보장하여 다수파와 소수파가 공개적이고 합리적인 토론을 거쳐 다수의 의사로 결정한다는 데 그 정당성의 근거가 있는 것이다.

다수결원리에 관한 헌법재판소 판례에 의하면, 국회의원과 상임위원장과의 권한쟁의심판 사건에서 국회 상임위원회의 회의장에 야당의원의 출입을 원천봉쇄한 가운데 회의를 개의하여 의안을 상정하고 법안심사소위원회에 회부한 행위는 비록 의사정족수를 충족하였다고 하더라도 다수결의 원리와 의회민주주의원리에 위배된다고 판시하였다. 그러나 위원회의 의안의 상정·회부행위가 중대한 하자가 있다고 하더라도 그 상정·회부행위에 대한 야당의원의 무효확인청구에 대하여는 기각결정을 하였다.[2]

Ⅲ. 의회주의의 현대적 문제상황

1. 의회주의의 위기

오늘날 의회주의의 현실은 각 나라마다 다양하게 나타나고 있으나, 19세기의 의회를 중심으로 국가가 운영되던 의회주의의 전성기와 비교할 때 20세기 이후 의회주의의 현실은 보편적으로 정당국가화와 행정국가화의 경향 속에서 의회의 기능이 상대적으로 약화되고 의회정치의 형해화를 초래하고 있다.

---

1) 헌재 1997. 7. 16. 96헌라2.
2) 헌재 2010. 12. 28. 2008헌라7.

2. 의회주의 위기의 원인

(1) 정당국가화와 의회제의 변질

오늘날 정당국가적 민주주의는 의회정치에 있어서 불가피한 현상이지만 이러한 경향은 의회주의 헌법원리와 정당국가적 민주주의의 헌법현실의 괴리를 더욱 현저하게 하고 있다. 우선, 정당을 기초로 하는 의회정치에 있어서 의원의 활동은 소속 정당의 당의(黨議)에 구속됨에 따라 의원의 자유위임의 원칙이 크게 변질되는 문제가 있다. 즉 엄격한 당규율에 의한 의원활동의 구속은 자유위임의 원칙을 침해하게 되는 문제가 있다.

또한 현대의 정당국가화는 전통적인 권력분립원리에 입각한 의회제를 크게 변질시키고 있다. 통치기구에 있어서 의회는 행정부와의 관계에서 견제와 균형을 유지하는 대항관계에 있는 것이나, 정당의 발달은 이 대항관계를 여당과 야당, 집권당과 반대당의 대항관계로 대체시키게 되었고, 국회의 입법과 행정통제라는 전통적 기능은 현실적으로 정부주도의 입법과 야당에 의한 정부 비판으로 변하여 규범과 현실 사이에 커다란 괴리를 나타내게 되었다.

(2) 행정국가화와 의회제의 쇠퇴

현대국가는 국가기능의 비약적 확대와 복잡화에 대처하기 위하여 행정국가적 성격을 강조하게 되었다. 행정국가란 법의 집행을 담당하는 행정권이 국가기본정책의 형성·결정에 중심적이고 결정적인 역할을 수행하는 국가를 의미한다. 20세기 이후 국가의 성격이 복지국가 내지 사회적 법치국가로 변질되면서 국가기능의 확대는 행정권의 확대를 가져오게 되고 이는 상대적으로 입법권의 축소를 의미하게 되었다. 고전적 의회제의 국회입법의 원칙에도 불구하고 사실상 오늘날의 법안의 준비와 입안은 대부분 전문적이고 기술적 지식을 구비한 행정부에 의해 이루어지고 국회는 단지 법안을 통과시키는 '통법부'(通法府)로 전락하게 되었다. 국회가 제정하는 법률의 성격도 그 대강만을 정하고 세목은 행정입법에 위임하는 경향을 나타냄으로써 의회의 기능이 저하되고 있다.

(3) 의회제도 운영상의 결함과 실패

의회제도가 제대로 정착되지 못하고 의회가 파행적으로 운영되는 국가에서는 의회에서 공개적이고 자유로운 토론과정을 거쳐 국가정책을 수립하고 결정하는 것이 어렵게 되었다. 의사절차의 왜곡이나 충분한 토론과 숙의가 배제된 형식적 다수결에 의한 폭정 등은 의회에 대한 불신과 의회무용론이 확산되는 원인이 되고 있다.

또한 정부형태의 선택과 관련하여 볼 때, 의회주의를 중심으로 하는 의원내각제를 채택한 국가에서 의원내각제가 실패한 경우 국민은 의회에 대한 실망과 회의를 가지게 된다. 반면에 대통령제를 채택한 국가에서는 대통령이 의회와 함께 국가권력에 대한 민주적 정당성을 나누어 가지게 되어 여기서의 의회는 의원내각제의 경우보다 민주적 정당성이 약화되는 양상을 보이게 된다.

3. 의회주의 위기의 극복

(1) 독일에서의 의회주의 논쟁

20세기의 의회주의 위기론은 제1차대전 후인 1920년대부터 강조되기 시작하였으며 특히 1930년대 독일에서 히틀러의 등장으로 의회주의 자체의 폐기를 경험하게 되었다. 당시 바이마르공화국 하에서의 의회에 대한 불신사상은 슈미트(C. Schmitt)를 중심으로 한 반의회주의론(反議會主義論)에 입각한 것이었다. 슈미트의 이론은 실천적 주장으로서 철저하게 의회제 민주주의를 부정하는 것이다. 그에 의하면 의회주의는 민주주의와는 상호 배타적 관계에 있으며 의회주의에의 신념은 자유주의적 사상계에 속하는 것으로 민주주의에 속하는 것이 아니라고 전제한다. 슈미트는 의회가 공개와 토론을 통한 진리의 발견을 그 본질로 하는 것이나, 현대사회와 같이 사회적 동질성이 파괴되고 이해관계가 복잡하게 얽힌 상황에서는 의회가 그 기능을 수행할 수 없으며 그것은 공허한 장치에 불과하다고 한다. 슈미트의 이러한 주장은 의회에 우월한 행정권을 선거민과 직결시킴으로써 결국 독재를 정당화하는 이론으로 전락하게 되었다.

이에 반하여 켈젠(H. Kelsen)은 철저한 의회주의 옹호론자로서 의회제에 대한 태도 결정은 곧 민주주의에 대한 태도 결정이라고 전제하고 민주주의의 이름으로 의회제를 새롭게 정당화하고 민주주의적 요소를 한층 강화하는 방향으로 의회주의의 개혁을 주장하였다. 켈젠은 의회를 이해의 타협·조정의 장으로 보고 그것은 현대의 다원적 국가에 있어서 국가의사를 형성하기 위한 적절한 장소라고 한다. 그의 의회주의는 보통선거제를 본질적 요소로 하고 있다는 점에서 민주주주의적 연관성을 발견할 수 있다. 그는 의회주의의 개혁방안으로서 국민투표, 국민발안 및 비례대표제 등의 채택을 제시하고 있다.

제2차대전 후의 서구 각국은 의회주의를 폐기하는 것이 아니라 1930년대 의회주의의 위기에서 배운 역사적 교훈에 비추어 의회주의가 기능하기 위한 조건의 확보에 노력하게 되었다. 즉 슈미트의 반의회주의론이 아니라 켈젠의 의회주의론의 관점에서 의회주의를 재평가하게 되었으며, 의회주의 재생의 대책으로서 켈젠이 주장한 바와 같은 직접민주제의 도입이라든지 선거제도의 개혁, 의회제 내부의 개선 등이 일반적으로 논의되게 되었다.

(2) 의회주의 위기의 극복방안

현대적 의회주의의 위기와 병리현상을 극복하기 위한 방안으로는 일반적으로 직접민주제에 의한 보완이라든지, 의회의 구성에 있어서 다양한 국민의 의사를 반영할 수 있고 의원의 자질과 능력의 질적 수준을 제고할 수 있는 선거제도의 개혁, 그리고 의회 자체의 역량 강화를 위한 의회제 운영의 개선방안 등의 문제가 논의되고 있다.

위와 같은 개선방안들과 함께 또 한 가지 생각할 수 있는 의회주의 회복방안으로는 의회의 '국정통제기능의 강화'를 들 수 있다. 의회의 지위와 기능이 크게 저하되고 있는 현대국가적 상황에서 의회에 가장 기대되는 역할은 행정부에 대한 감독과 통제라고 할 수 있다. 즉 의회의 전통적인 국민대표기관과 입법기관으로서의 지위가 저하된 현실에 있어서는 국정통제기관으로서의 국회의 지위를 강화시킴으로써 의회주의의 복권(復權)을 기대할 수 있다. 이 점에서 의회의 국정조사권에 새로운 의미를 부여하여 국정조사권을 적극적으로 의회기능의 회복을 위한 기술로 활성화시킴으로써 행정권에 대한 통제와 감독자로서의 기능이 크게 강조되어야 할 것이다.[1)]

제 2 절 국회의 헌법상 지위와 권한

Ⅰ. 국회의 헌법상 지위

1. 국민대표기관

대의제 민주주의에 있어서 국회는 전체 국민을 대표하는 국민대표기관이며 대의기관을 의미한다. 따라서 국회는 일부 국민의 특수이익을 대변하거나 대리하는 기관이 아니며, 국회를 구성하는 의원은 어떤 특정 세력이나 특정인으로부터의 지시나 명령에 구속되지 않고 스스로 직무상의 양심에 따라 자율적으로 국가의사를 결정한다. 여기에서 국회의 국민대표기관으로서의 성격은 법적 대표가 아니라 정치적 대표라고 할 수 있다. 국민(선거인)과 국회의 관계에서는 법적 대리관계가 존재하지 않고 명령적 위임이 존재하지 않는 무기속위임의 원칙이 적용된다.

따라서 국회는 국민의 명시적 또는 추정적 의사와 모순되는 결정을 할 수 있으며 그러한 의사결정은 법적으로 유효하며 아무런 법적 책임이 따르지 않는다. 다만 차기 선거에서

1) 정만희, 앞의 책, 30-31면.

유권자로부터 정치적인 심판을 받을 뿐이다.

2. 입법기관

국회는 국가의 입법기관으로 간주되고 있다. 대의제와 권력분립원리를 전제로 하여 국가의 입법기능은 국민의 대표기관인 국회에 귀속하게 된다. 그러나 오늘날 국가기능의 확대와 입법대상의 증대로 말미암아 입법에 고도의 전문성과 기술성이 요구됨에 따라 입법과정에 있어서 행정부의 역할이 증대되고 있고, 또한 의원의 정당에의 기속 등으로 인하여 의회의 입법기능이 저하되고 있다.

우리 헌법은 제40조에 "입법권은 국회에 속한다"라고 하여 국회입법의 원칙을 규정하고 있으면서 예외적으로 법률과 동일한 효력을 갖는 법규범과 법률보다 하위의 효력을 갖는 법규범의 정립권을 다른 국가기관에도 부여하고 있다. 즉 대통령의 긴급명령권과 긴급재정경제명령권(제76조 제1항, 제2항), 대통령령·총리령·부령 등의 각종 행정입법권(제75조, 제95조), 대법원과 헌법재판소, 중앙선거관리위원회의 규칙제정권(제108조, 제113조 제2항, 제114조 제6항), 지방자치단체의 자치입법권(제117조 제1항)은 국회입법의 원칙에 대한 예외에 해당한다.

3. 국정통제기관

국회는 입법기관으로서의 지위를 가지면서 동시에 권력분립원리의 요청으로 권력통제기관으로서의 지위를 가진다. 권력통제기관으로서의 국회는 전통적으로 행정부에 대하여 강력한 통제기능을 수행해 왔다. 오늘날의 현대국가에서 국회의 입법기관으로서의 지위와 기능이 상대적으로 약화됨에 따라 국정통제기관으로서의 지위와 기능에 보다 큰 비중이 주어지고 있다. 이 점에서 국회의 탄핵소추권을 비롯한 국정조사권과 국정감사권, 대통령의 권한행사에 대한 일련의 국회 동의권과 승인권 등은 국정통제기능의 측면에서 매우 중요한 의미를 가지며, 기본적으로 국회에 기반을 두는 특별검사제도도 국정통제라는 전체적 메커니즘에서 볼 때 새로운 의미를 가진다.

Ⅱ. 국회의 구성과 조직

1. 국회의 구성원리

(1) 양원제

양원제(bicameralism)라 함은 의회가 두 개의 합의체 내지 의원(議院)으로 구성되고 합의체가 각기 독립하여 결정한 의사가 일치하는 경우에 이를 의회의 의사로 간주하는 의회제도를 말한다. 양원제는 의회주의의 모국인 영국에서 비롯된 것이나 오늘날에는 미국·독일·프랑스·이탈리아·스페인·일본 등에서 채택되고 있다.

연방제국가에서 채택하고 있는 양원제는 연방을 구성하는 주(state, Land)의 의사를 대표하는 상원과 전체 국민의 이익을 대표하는 하원으로 구성되는 것이 일반적이며, 군주제국가의 양원제는 전통적인 귀족계급을 대표하는 상원과 일반 평민을 대표하는 하원으로 구성된다. 그 밖에 단일국가에 있어서의 양원제는 단원제 의회의 경솔과 전제를 방지하기 위한 실천적 이유에서 채택하고 있다.

양원제의 장점은 첫째, 의안 심의의 신중을 기함으로써 단원제의 경솔과 졸속을 피할 수 있으며, 둘째, 의회 내 권력분립원리의 적용으로 상원이 하원의 권력을 견제하고 다수파의 횡포를 방지할 수 있다. 셋째, 의회의 두 개의 원이 행정부를 통제할 수 있어 효과적인 국정통제를 기대할 수 있다. 넷째, 상원이 직능대표제 또는 주(州)나 지역대표제를 통해 특수이익을 대변할 수 있다.

반면에 양원제의 단점으로는 첫째, 중복된 심의절차로 인하여 의안심의가 지연되고 높은 국비를 지불하게 된다. 둘째, 양원이 서로 책임을 전가함으로써 의회의 책임소재가 불분명하다. 셋째, 의회가 양원으로 분열되기 때문에 정부에 대한 의회의 지위가 상대적으로 약화된다.

(2) 단원제

단원제란 의회가 민선의원으로 조직되는 단일의 합의체로써 구성되는 의회제도를 말한다. 단원제의 이론적 근거는 동일한 사항에 관한 국민의 총의(總意)는 둘이 있을 수 없으므로 국민의 대의기관은 하나여야 한다는 데에서 찾을 수 있다. 단원제는 이스라엘·덴마크·뉴질랜드 등 60여개국에서 채택하고 있다.

단원제의 장점으로는 신속하고 능률적인 의안심의를 할 수 있다는 것과 의회의 책임소재를 분명히 할 수 있고, 정부에 대한 의회의 지위를 강화할 수 있으며, 국비의 절감을 기할 수 있다는 것 등을 들 수 있다. 단원제의 단점은 양원제를 채택하는 경우에 얻을 수 있는 장점을 기대할 수 없다는 것이다.

(3) 한국헌법에 있어서 국회의 구성

건국헌법은 제헌국회를 단원제로 구성하였으며, 1952년 제1차 개헌으로 민의원과 참의원의 양원제를 규정하였으나 실제로 구성되지는 않았다. 1960년 헌법은 양원제를 채택하여 민의원은 소선거구제의 4년 임기로 선출되었고 참의원은 도단위의 대선거구에서 6년 임기로 선출되었다. 양원의 의견이 일치하지 않는 경우에는 민의원의 재의결을 국회의 의결로 하고 참의원에 대한 민의원의 우월성을 보장하였다. 1962년 헌법 이후에는 현행헌법에 이르기까지 단원제를 채택하고 있다.

현행헌법상 국회의 구성방법은 국민의 보통·평등·직접·비밀선거에 의하여 선출된 의원들로 구성하며, 의원의 정수는 법률로 정하되 200인 이상으로 한다. 선거구와 비례대표제 기타 선거에 관한 사항은 법률로 정하도록 위임하고 있다(제41조). 공직선거법은 국회의 구성을 소선거구제와 비례대표제를 혼합한 방식을 취하고 있으며 국회의원 정수는 300인으로 하고 있다.

2. 국회의 조직

(1) 국회의장과 부의장

헌법 제48조는 "국회는 의장 1인과 부의장 2인을 선출한다"고 규정하고 있으며, 국회법의 규정에 따라 의장과 부의장은 국회에서 무기명투표로 선거하되 재적의원 과반수의 득표로 당선된다(국회법 제15조). 의장과 부의장의 임기는 2년이며, 이들이 궐위된 때에는 지체없이 보궐선거를 실시한다. 의장이 사고가 있을 때에는 의장이 지정하는 부의장이 직무를 대리한다(동법 제12조).

국회의장의 권한으로는 국회대표권·의사정리권·질서유지권·사무감독권을 가지며(동법 제10조), 그 밖에 임시회집회공고권, 의사일정작성·변경권, 각 위원회에의 출석발언권, 국회에서 의결된 의안의 정부이송권, 대통령이 확정법률을 공포하지 않을 때의 법률공포권, 폐회 중의 의원사직허가권, 방청허가권 등을 가진다(동법 제143조 이하).

국회의장은 의장으로 선출된 다음날부터 당적을 가질 수 없도록 하고 있다. 다만 국회의원총선거에 있어서 정당추천후보자로 추천을 받고자 하는 경우에는 의원임기 만료일 전 90일부터 당적을 가질 수 있다(동법 제20조의 2).

(2) 국회의 위원회

국회의 위원회는 본회의에서의 의안심의를 원활하게 할 목적으로 일정한 사항에 관하여 전문적 지식을 가진 일단의 소수의원단들로 하여금 의안을 예비적으로 심사·검토하게 하는 소회의제를 말한다. 현대국가의 국가적 과제의 팽창은 입법에 있어서도 고도의 전문성과 기술성을 요구하게 되고 모든 법안을 본회의에서 심의·처리하는 것이 부적합하게 됨에 따라 그 대응책으로 고안된 것이 위원회제도이다. 즉 위원회제도는 의안심의의 효율성을 기하고 전문적 지식을 구비한 의원들이 의안을 심도 있게 심사할 수 있다는 의미에서 위원회를 '소입법부'(小立法府, little legislature)라고도 한다.

위원회는 상임위원회와 특별위원회, 전원위원회, 인사청문특별위원회 등이 있으며, 상임위원회는 그 소관사항에 따라 15개의 위원회로 구성되어 있다. 상임위원회(standing committee)는 그 소관사항에 관한 입법 기타의 의안을 예비적으로 심의하기 위하여 상설적으로 설치된 위원회를 말한다. 상임위원회는 본회의의 의결이 있거나 의장 또는 위원장이 필요하다고 인정한 때, 재적위원 4분의 1 이상의 요구가 있을 때에 개회한다. 상임위원회는 국회의 폐회 중 최소한 월 2회 정례적으로 개최하되, 1회는 미리 그 개회의 주와 요일을 지정하여 자동 개회한다(국회법 제52조, 제53조). 상임위원회의 위원은 임기 초에 각 교섭단체의 소속의원수의 비율에 따라 교섭단체대표의원의 요청으로 국회의장이 선임하고 2년간 재임하며, 의원은 2 이상의 상임위원회 위원이 된다(동법 제40조, 제39조). 소관 상임위원은 소관 상임위원회의 직무와 관련한 영리행위를 하지 못한다(동법 제40조의2).

위원회는 중요한 안건 또는 전문지식을 요하는 안건을 심사하기 위하여 공청회를 열어 이해관계자 또는 학식·경험이 있는 자 등으로부터 의견을 들을 수 있고, 중요한 안건의 심사에 필요한 경우 증인·감정인·참고인으로부터 증언·진술의 청취와 증거의 채택을 위하여 청문회를 열 수 있다(동법 제64조, 제65조). 공청회는 단순히 참고의견을 듣는 것이기 때문에 진술인의 출석이나 선서를 강제하지 못하지만, 청문회의 경우는 증인·감정인 등에 대하여 원칙적으로 출석·선서 및 증언을 강제할 수 있고 위증에 대해서는 고발을 할 수도 있다.

(3) 교섭단체

교섭단체(Negotiation Group)는 원칙적으로 국회에 일정수 이상의 의석을 가진 정당에 소속된 의원들로 구성되는 원내의 정당 또는 정파를 말한다. 정당은 국민의 정치적 의사형성을 목적으로 하는 국민의 자발적 조직이므로 원내에 의석을 확보한 정당은 정당의 정강정책을 소속의원을 통하여 최대한 국정에 반영하고 소속의원으로 하여금 의정활동을 효율적으로 할 수 있도록 권고·통제할 필요가 있다. 국회법은 국회에 20인 이상의 소속의원을 가진 정당은 하나의 교섭단체가 되며, 국회내 상임위원회의 구성은 교섭단체 소속의원수의 비율에 의하여 각 교섭단체대표의원의 요청으로 의장이 선임 및 개선한다고 규정하고 있어(제33조 제1항, 제48조 제1항), 국회운영에 있어 교섭단체의 역할을 제도적으로 보장하고 있다. 교섭단체는 정당국가에서 의원의 정당기속을 강화하는 하나의 수단으로 기능할 뿐만 아니라 정당소속 의원들의 원내 행동통일을 기함으로써 정당의 정책을 의안심의에서 최대한으로 반영하기 위한 기능도 갖는다.[1]

---

1) 헌재 2003. 10. 30. 2002헌라1.

Ⅲ. 국회의 운영과 의사절차

1. 국회의 운영

(1) 입법기와 회기제

국회의 의원임기 개시일로부터 임기가 만료되는 시기를 입법기(立法期) 또는 의회기라고 하며, 입법기 내에서 국회가 실제로 활동능력을 가지는 일정한 기간을 회기(session)라 한다. 회기는 국회의 소집일부터 기산하여 폐회일까지로 하는데, 헌법은 "정기회의 회기는 100일을, 임시회의 회기는 30일을 초과할 수 없다"라고 하여 회기일수를 제한하고 있다(제47조 제2항). 국회는 회기 중이라도 의결로써 휴회할 수 있으며 휴회일수도 회기에 산입한다.

(2) 정기회와 임시회

매년 1회 정기적으로 소집되는 정기회는 매년 9월 1일 집회한다(국회법 제4조). 정기회에서는 국정감사를 하며, 예산안을 심의·확정하고, 법률안 기타의 의안을 심의·의결하며, 정부의 시정연설을 듣고 대정부질문을 한다. 정기국회 기간 중에는 법률안의 효율적인 심사를 위하여 원칙적으로 예산안 처리에 부수하는 법률안을 처리하며 예외적으로 긴급하고 불가피한 사유로 인한 위원회 또는 본회의의 의결이 있는 때에는 예산부수법안이 아닌 법안도 처리할 수 있도록 하였으나(구 국회법 제93조의2 제2항), 2012년에 개정된 국회법에 의해 이 규정은 삭제되었다.

임시회는 대통령 또는 국회 재적의원 4분의 1 이상의 요구로 집회한다(헌법 제47조 제1항). 의장은 국회의 연중 상시운영을 위하여 연간 국회운영기본계획을 정하여야 하며, 매년 2월·4월·6월의 1일에 임시회를 집회하여야 한다(국회법 제5조의2 제2항). 국회의원 총선거 후 최초의 임시회는 국회의원 임기 개시 후 7일에 집회한다(동법 제5조 제3항).

2. 국회의 의사절차

(1) 의사절차의 원칙

(가) 의사공개의 원칙

의사공개의 원칙은 국회의 의안심의과정을 일반국민에게 공개하는 것을 말한다. 헌법 제50조 제1항은 "국회의 회의는 공개한다"라고 하여 이에 관한 명문규정을 두고 있다. 이 원칙은 국회의 의사진행의 내용과 의원의 활동을 국민에게 공개함으로써 민의에 따른 국회운영을 실천한다는 민주주의적 요청에 근거한 것이다. 의사공개의 원칙은 의안심의에 관한 정보를 국민에게 제공하고 국민은 이를 통해 국가의사결정과정에 참여할 수 있는 기회를 갖게 된다. 따라서 국회의 의사공개는 대의민주주의 정치에서 필수적으로 요구되는 것이다. 국회의 의사에 적용되는 회의공개의 원칙은 본회의, 위원회, 소위원회 모두에 적용된다. 공개의 방법으로는 회의내용을 방청, 보도, 중계방송하는 방법이 있으며 회의록의 공개는 필수적으로 요구된다.

의사공개의 원칙에 대하여는 예외적인 비공개를 인정할 수 있다. 이에 관하여 헌법 제50조 제1항 단서는 "출석의원 과반수의 찬성이 있거나 의장이 국가의 안전보장을 위하여 필요하다고 인정할 때에는 공개하지 아니할 수 있다"라고 정하고 있다. 그러나 이러한 경우에도 비공개를 정당화할 수 있는 사유가 있어야 하며, 정당화 사유가 없는데도 위원회의 출석의원이 비공개회의를 의결하였다는 이유만으로 비공개하는 것은 헌법의 의사공개원칙에 부합되지 아니 한다.

국회법 제55조 제1항은 "의원이 아닌 사람이 위원회를 방청하려면 위원장의 허가를 받아야 한다"고 규정하고 있는바, 이는 위원회의 공개원칙을 전제로 한 것이다. 위 조항은 회의가 공개되는 경우에도 방청을 허용하여서는 아니 될 사유가 있을 때에는 위원장이 방청을 허가하지 않을 수 있도록 하고 있는 규정으로, 여기서 위원장이 방청을 불허하는 결정을 할 수 있는 사유란 회의장의 장소적 제약으로 불가피한 경우, 회의의 원활한 진행을 위하여 필요한 경우 등 결국 회의의 질서유지를 위하여 필요한 경우로 제한된다고 할 것이다. 이와는 달리 국회법 제55조 제1항을 위원장에게 아무런 사유의 제한 없이 방청을 불허할 수 있는 재량권을 부여한 것으로 풀이한다면 헌법과 국회법에서 정한 위원회 공개의 원칙이 공동화되어 부당하다.[1)]

(나) 회기계속의 원칙

회기계속의 원칙이란 회기 중에 의결되지 못한 의안도 폐기되지 아니 하고 다음 회기에서 계속 심의할 수 있다는 원칙이다. 헌법은 "국회에 제출된 법률안 기타의 의안은 회기중에 의결되지 못한 이유로 폐기되지 아니한다. 다만, 국회의원의 임기가 만료된 때에는 그러하지 아니하다"라고 규정하고 있다(제51조). 회기불계속의 원칙을 취하는 경우에는 회기 중 의결되지 못한 의안은 자동으로 폐기된다.

회기계속의 원칙의 경우에도 동일한 성격의 국회가 의안을 처리할 수 있는 능력은 당해 의회기 내에서만 가능하다고 할 것이므로 의원의 임기가 만료된 때나 국회가 자진 해산한 때에는 의안은 다음 회기로 계속되지 않고 폐기된다.

(다) 일사부재의(一事不再議)의 원칙

국회법 제92조는 "부결된 안건은 같은 회기 중에 다시 발의 또는 제출할 수 없다"라고

---

1) 헌재 2000. 6. 29. 98헌마443등.

하여 국회의 의사에 있어서 일사부재의의 원칙을 규정하고 있다. 일사부재의의 원칙은 의사운영의 효율성을 보장하고 소수의 의사방해를 방지하기 위한 것이다. 다만 동일한 의안일지라도 사정변경으로 말미암아 목적·방법·수단이 변경되면 '동일사안'으로 볼 수 없기 때문에 재의가 가능하다. 그리고 한번 철회한 안건을 다시 부의하는 것, 회기를 달리하는 안건의 재의, 위원회에서 처리한 안건을 본회의에서 다시 제안하는 것 등은 일사부재의에 해당하지 않는다고 할 수 있다(다수설). 헌법재판소는 2009년 신문법 등의 가결선포행위에 대한 권한쟁의심판에서 국회가 재적의원 과반수의 출석수에 미달한 표결에 대해 투표종료 선언을 했다가 표결불성립을 이유로 다시 재적의원 과반수의 출석을 하게 하여 표결한 것은 일사부재의의 원칙에 위배된다고 판시하였다.[1]

(라) 발언과 표결의 자유의 원칙

국회의원은 국민의 대표자로서 자유로운 의정활동을 수행하기 위하여 발언과 표결의 자유가 보장되어야 한다. 헌법은 제45조에 국회의원의 직무상 발언과 표결에 대하여 면책특권을 인정하고 있으며, 국회법상 의원의 발언의 자유를 보장하고 있다. 의원의 발언은 발언 도중 다른 의원의 발언에 의하여 정지되지 아니하며, 산회 또는 회의의 중지로 발언을 마치지 못한 때에는 다시 그 의사가 개시되면 의장은 먼저 발언을 계속하게 하고(국회법 제100조), 의원은 폭력을 행사하거나 회의 중 함부로 발언 또는 소란한 행위를 하여 다른 사람의 발언을 방해할 수 없다고 규정하고 있다(동법 제147조). 그러나 의원의 발언의 자유는 일정한 제한을 받게 되는데, 의원이 발언하려고 할 때는 미리 의장에게 통지하여 허가를 받아야 하며(동법 제99조 제1항), 의원은 동일의제에 대하여 원칙적으로 2회에 한하여 발언할 수 있다(동법 제103조). 정부에 대한 질문 외의 의원의 발언시간은 15분을 초과하지 아니하는 범위안에서 의장이 정하며, 다만 의사진행발언·신상발언 및 보충발언은 5분을, 다른 의원의 발언에 대한 반론발언은 3분을 초과할 수 없다(동법 제104조 제1항).

본회의와 위원회에서의 안건에 대한 토론이 종결된 이후의 표결에 있어서도 기본적으로 자유가 보장되어야 한다. 따라서 의원은 소속정당의 의사에 기속되지 아니하고 양심에 따라 투표할 수 있는 자유투표가 보장되고 있다(동법 제114조의2). 표결방법으로는 전자투표에 의한 기록표결로 가부를 결정한다. 다만, 투표기기의 고장 등 특별한 사정이 있는 때에는 기립투표로 결정할 수 있다(동법 제112조 제1항). 그리고 중요한 안건으로서 의장의 제의 또는 의원의 동의로 본회의 의결이 있거나 재적의원 5분의 1 이상의 요구가 있을 때에는 기명·호명 또는 무기명투표로 표결한다. 헌법개정안은 기명투표로 표결하며, 대통령으로부터 환부된 법률안과 기타 인사에 관한 안건, 국회에서 실시하는 각종 선거 등은 무기명투표로

---

1) 헌재 2009. 10. 29. 2009헌라8등.

표결한다(동법 제112조 제2항~제6항).

(2) 정족수

헌법과 국회법은 국회의 회의가 성립하기 위한 최소한의 출석의원수인 의사정족수와 안건에 대한 국회의 의결을 유효하게 성립시키는 의결정족수를 정하고 있다. 이러한 정족수는 국회의 운영에 있어서 민주주의원리와 법치주의원리를 실현하기 위한 것이다. 정족수에 의한 국회의 의결은 민주적 정당성과 절차적 정당성을 확보하고 합법성을 갖게 된다.

(가) 의사정족수

의사정족수에 관하여 국회법은 본회의와 위원회의 경우 '재적의원 5분의 1 이상'의 출석으로 개의한다고 규정하고 있다(동법 제73조 제1항, 제54조). 국회법에 의하면 본회의의 회의 중 의사정족수에 달하지 못할 때에는 의장은 회의의 중지 또는 산회를 선포하며, 다만 교섭단체대표의원이 의사정족수의 충족을 요청하는 경우 외에는 효율적인 의사진행을 위하여 회의를 계속할 수 있다고 규정하고 있다(동법 73조 제3항).

(나) 의결정족수

의결정족수는 사안의 성질에 따라 일반정족수와 특별정족수가 있다. 일반정족수에 관하여 헌법은 제49조에 "국회는 헌법 또는 법률에 특별한 규정이 없는 한 재적의원 과반수의 출석과 출석의원 과반수의 찬성으로 의결한다. 가부동수인 때에는 부결된 것으로 본다"라고 규정하고 있다. 이 헌법규정에 따라 국회법 제109조에도 일반 의결정족수를 규정하고 있다. 의결정족수에 관하여 헌법재판소는 '재적의원 과반수의 출석'과 '출석의원 과반수의 찬성'의 요건이 국회의 의결에 대하여 가지는 의미나 효력을 달리할 이유가 없다고 하고 투표의 집계결과 출석의원 과반수에 미달한 경우는 물론 재적의원 과반수에 출석에 미달한 경우에도 국회의 의사는 부결로 확정된 것이라고 판시하였다.[1)]

현행헌법상 특별정족수를 규정하고 있는 경우로는 1) 법률안의 재의결은 국회재적의원 과반수의 출석과 출석의원 3분의 2 이상의 찬성(제53조 제4항), 2) 헌법개정안의 의결, 의원의 제명과 의원의 자격심사, 대통령에 대한 탄핵소추의결 등은 국회재적의원 3분의 2 이상의 찬성, 3) 계엄의 해제요구, 헌법개정안의 발의, 국무총리 및 국무위원의 해임건의, 대통령에 대한 탄핵소추의 발의, 대통령 이외의 자에 대한 탄핵소추의결, 국회의장의 선출 등은 국회재적의원 과반수의 찬성, 4) 국무총리 등에 대한 해임건의발의, 대통령 이외의 자에 대한 탄핵소추발의 등은 재적의원 3분의 1 이상의 찬성으로 하고 그 의결은 재적의원 과반수의 찬성으로 하도록 하고 있다.

---

1) 헌재 2009. 10. 29. 2009헌라8등.

국회법상의 특별정족수에 관한 조항으로는, 본회의의 번안동의는 국회 재적의원 과반수의 출석과 출석의원 3분의 2 이상의 찬성으로 의결하며(제91조), 의원자격상실은 국회 재적의원 3분의 2 이상의 찬성으로 의결한다(제142조 제3항). 그리고 국회선진화법에 의해 도입된 안건신속처리제(제85조의2 제1항)와 의사진행방해제도의 토론종결(제106조의2)에서의 재적의원 5분의 3 이상의 찬성이라는 가중다수결 조항이 있다.

(다) 헌법 제49조의 일반정족수에 관한 해석론

위와 같은 헌법과 법률에 규정된 특별정족수조항들을 볼 때 헌법 제49조의 일반정족수 규정은 다수결의 원리를 실현하는 국회의 의결방식 중 하나에 불과하고, 그 자체가 헌법상의 원칙이라고 볼 수는 없다는 것이 학계의 다수적 견해이다. 즉 다수결에는 본질적으로 단순다수결로 의사의결정이 정당화되지만 사안의 성격상 신중을 요하고 단순다수결만으로는 그 결정의 정당성을 확보하기 어려운 경우에는 특별다수결을 채택한다고 보고 있다.[1)]

헌법재판소도 헌법상 다수결원리에 대하여 언급하면서 일반정족수는 다수결원리를 실현하는 국회의 의결방식 중의 하나에 불과하고 그 자체가 헌법상의 원칙이라고 할 수 없다고 판시하였다. 그리고 국회가 자신의 의사절차에 관한 제도를 스스로 입안하면서 가중다수결과 일반다수결 중 어느 것을 선택할 것인지는 국회의 자율영역에 속하는 것이라고 판단하고 있다.[2)]

생각건대 다수결원리에 관한 헌법 제49조의 해석상 국회법에 의한 의사절차로서 일반정족수와 가중다수 특별정족수의 선택이 광범위한 국회의 자율영역에 속한다고 보는 입장에 대해서는 이견이 제시될 수 있다. 헌법 제49조의 의미는 헌법에서 특별정족수를 따로 규정한 경우 이외에는 국회의 의사결정방식은 법률안의 의결을 비롯한 대부분의 의안을 원칙적으로 일반정족수 다수결방식에 의하여야 한다는 것으로 해석할 필요가 있다. 다만 국회법에 의해 예외적으로 국회의 자율권 행사로 가중다수결을 규정할 수 있는데 그 경우는 국회의 의결대상이 그 의미와 내용에 있어서 헌법적으로 중요한 것으로 평가되는 경우에 한하여 제한적으로 허용될 수 있는 것으로 해석해야 할 것이다. 따라서 국회법에 의한 가중다수의 특별정족수를 규정하는 경우에는 특히 신중을 기해야 하며, 헌법에서 특별정족수를 규정한 사항을 구체화하는 경우와 헌법에서 특별정족수를 법률에 위임한 경우 이외에는 가중다수결을 규정하는 것은 극히 제한적인 범위 내에서만 허용될 수 있는 것이라고 할 수 있다.[3)] 요컨대 헌법 제49조의 일반정족수에 의한 다수결원리는 헌법에서 특별한 규정을 두고

---

1) 성낙인, 헌법학, 법문사, 2019, 431면; 정종섭, 앞의 책, 134면.
2) 헌재 2016. 5. 26. 2015헌라1.
3) 헌법상 특별정족수를 규정하고 있는 경우 중에서 법률안의 재의결은 국회 재적의원 과반수의 출석과 출석의원 3분의 2 이상의 찬성(제53조 제4항)을 요구하고 있는데 국회법상 안건신속처리제나 무제한토론종결의 경우에

있는 경우를 제외하고는 국회에서의 의결방식의 원칙이라 할 수 있다. 다만 예외적으로 법률에 의해 특별정족수를 규정할 수 있지만 그것은 헌법상 중요한 의미를 갖는 특정 안건의 경우에 제한적으로 허용될 수 있는 것으로 이해되어야 할 것이다.1)

Ⅳ. 국회의 권한

1. 입법에 관한 권한

(1) 입법권의 의의

(가) 입법의 개념

국가작용으로서의 입법의 개념에 관하여는 실질적 의미와 형식적 의미로 견해가 나뉘고 있으나, 실질적 의미로 이해하는 것이 통설이다. 실질적 의미의 입법이란 국가기관이 일반적이고 추상적인 성문법규범을 정립하는 작용이라 할 수 있으며, 형식적 의미로는 국회가 특수한 법형식인 형식적 의미의 '법률'을 제정하는 작용을 말한다. 헌법 제40조는 "입법권은 국회에 속한다"라고 하여 입법권을 국회의 권한으로 규정하고 있다. 여기서 입법권이란 일반적·추상적 성문법규범을 정립하는 권한을 의미하며, 따라서 "입법권은 국회에 속한다"라 함은 실질적 의미의 입법에 관한 권한은 헌법에 특별한 규정이 없는 한, 원칙적으로 국회의 권한에 속한다는 국회(중심)입법의 원칙을 규정한 것으로 해석된다.

(나) 국회입법의 원칙

국회입법의 원칙은 국회가 행사하는 입법권 중에서 그 핵심을 이루는 형식적 의미의 법률의 제정은 국회가 단독으로 의결한다는 국회의 '법률단독의결의 원칙'을 규정한 것이다. 헌법상 정부의 법률안제출권이나 대통령의 법률안거부권이 인정되고 있지만 이것은 법률제정에 있어 입법부와 행정부의 상호협조 내지 상호통제를 위한 것이며, 법률제정의 본질적 과정인 법안의 심의와 의결은 국회가 단독으로 행사한다.

국회입법의 원칙에 대하여 헌법은 실질적 의미의 입법에 관한 권한을 국회에 독점시키지 아니하고 그에 대한 예외를 여러 곳에서 규정하고 있다. 즉 행정입법으로서 대통령령과 국무총리령·부령(제75조, 제95조)을 비롯하여 법률의 효력을 갖는 대통령의 긴급명령과 긴급

는 법률안 재의결의 경우보다 가중다수결인 국회 재적의원 5분의 3 이상의 찬성을 요구하고 있다. 여기서 국회법상 의사절차에 관한 안건신속처리제나 무제한토론종결이 헌법상 대통령이 거부한 법률안에 대한 재의결의 문제보다 중요한 헌법적 의미를 갖는 것으로 보기 어렵기 때문에 헌법이 가중다수결을 규정한 경우 이외에 국회법으로 가중다수결을 정할 수 있는 경우는 매우 드물 것으로 생각된다.

1) 정만희, "국회입법과정의 개선방안에 관한 소고-국회선진화법의 개정논의를 중심으로-", 공법학연구 제17권 제4호, 2016, 51면 이하.

재정·경제명령(제76조)은 국회입법의 원칙에 대한 예외가 된다. 그리고 헌법에 의하여 체결·공포된 조약은 국내법과 같은 효력(제6조 제1항)을 가지므로 대통령의 조약체결권(제73조) 행사는 대통령에게 실질적 입법기능을 부여하는 것을 의미한다. 그 밖에 대법원·헌법재판소·중앙선거관리위원회의 규칙제정권(제108조, 제113조 제2항, 제114조 제6항), 지방자치단체의 자치입법권(제117조 제1항)도 국회입법의 원칙에 대한 예외로서 인정되고 있다.

(다) 위임입법과 의회유보원칙

국회가 법률제정을 독점한다고 하여 국가의 모든 사항을 법률로 정해야 하는 것은 아니다. 국민대표기관으로서 국회가 반드시 정해야 할 사항(국민의 권리·의무에 관한 사항 등)은 법률로 정해야 하지만 나머지 사항은 법률의 집행이나 국정운영상 하위법규범에 위임할 수 있다. 이 경우 어떠한 사항을 반드시 법률에서 정할 것인가 하는 점이 문제될 수 있다.

국회입법의 원칙상 법률로 규율하고자 하는 사항 가운데 중요하고 본질적인 사항, 특히 국민의 기본권 실현에 관련된 사항에 대하여는 국민의 대표기관인 국회가 독점적으로 이를 법률에서 정해야 한다는 '의회유보(議會留保)의 원칙'이 적용되어야 한다. 헌법재판소도 법률유보의 원칙에 대하여 "국가공동체와 그 구성원에게 기본적이고도 중요한 의미를 갖는 영역, 특히 국민의 기본권실현에 관련된 영역에 있어서는 행정에 맡길 것이 아니라 국민의 대표자인 입법자 스스로 그 본질적 사항에 대하여 결정하여야 한다는 요구까지 내포하는 것으로 이해하여야 한다"고 판시하고 있다.[1)]

(라) 처분적 법률

일반적 법률은 집행이나 사법을 매개로 하여 비로소 구체적이고 개별적인 사건에 적용되거나 현실적으로 국민에게 권리·의무를 발생하게 하는데 반하여, 처분적 법률이란 행정적 집행을 매개로 하지 않고 직접 국민에게 권리나 의무를 발생하게 하는 법률, 즉 자동집행력을 가지는 법률을 말한다. 처분적 법률(Maßnahmegesetz)의 개념은 제2차대전 이후 독일에서 사회국가원리의 진전과 함께 개별 사건에 대한 법률의 제정이 증가하게 됨에 따라 형성된 것이다. 처분적 법률의 유형으로는 일정 범위의 국민만을 대상으로 하는 '개별인적 법률', 개별적 구체적 사건을 대상으로 하는 '개별사건적 법률', 시행기간이 한정된 '한시적 법률' 등이 있다. 현대국가에서는 일반적 법률만으로는 국민의 생존과 복지를 충분히 보장할 수 없으며, 비상적 위기상황에서도 적절히 대처할 수 없으므로 집행을 매개로 하지 않고 직접 구체적이고 개별적인 처분을 내용으로 하는 처분적 법률의 필요성이 날로 증가하고 있는 실정이다.

---

1) 헌재 1999. 5. 27. 98헌바70.

그러나 처분적 법률은 집행작용을 매개로 하지 않기 때문에 권력분립에 반하는 문제가 있으며, 또한 일정 범위의 국민이나 사항만을 대상으로 하기 때문에 평등의 원칙에 위배되는 문제가 제기될 수 있다. 이에 대해 다수설은 극단적인 개별적 처분을 내용으로 하는 것이 아니면 처분적 법률은 사회국가적 요청에서 부득이한 것으로 보며, 특정 범위의 국민의 생존을 위한 처분적 법률은 합리적 이유가 있는 것이므로 평등의 원칙에 위배되지 않는다고 한다. 헌법재판소는 처분적 법률의 성격이 있다는 것만으로 그것이 금지되는 것은 아니며 구체적으로 평등의 원칙 또는 권력분립원리의 위반 여부를 판단해야 한다는 입장을 취하고 있다.

우리 헌법은 처분적 법률로서의 개인대상법률 또는 개별사건법률의 정의를 따로 두고 있지 않음은 물론, 이러한 처분적 법률의 제정을 금하는 명문의 규정도 두고 있지 않으므로 특정한 규범이 개인대상 또는 개별사건법률에 해당한다고 하여 그것만으로 바로 헌법에 위반되는 것은 아니다. 다만 이러한 법률이 일반국민을 그 규율대상으로 하지 아니하고 특정 개인이나 사건만을 대상으로 함으로써 차별이 발생하는바, 그 차별적 규율이 합리적인 이유로 정당화되는 경우에는 허용된다고 할 것이다.[1] 헌법재판소는 '5·18민주화운동등에 관한 특별법' 사건에서 "12·12 및 5·18사건의 경우 그 이전에 있었던 다른 헌정질서파괴범과 비교해 보면, 공소시효의 완성 여부에 관한 논의가 아직 진행 중이고, 집권과정에서의 불법적 요소나 올바른 헌정사의 정립을 위한 과거청산의 요청에 비추어 볼 때 비록 특별법이 개별사건법률이라고 하더라도 입법을 정당화할 수 있는 공익이 인정될 수 있으므로 위 법률조항은 헌법에 위반되지 않는다"고 판단한 바 있다.[2]

처분적 법률이 허용된다고 하더라도 사법적 재판을 매개로 하지 않고 직접 특정인의 구체적인 권리를 박탈하는 것을 내용으로 하는 재판적 법률은 입법권의 한계를 벗어나 사법작용을 침범한 것으로 허용될 수 없다. 헌법재판소는 '반국가행위자의 처벌에 관한 특별조치법'(1977년 제정)에 대하여 입법자가 법원으로 하여금 증거조사도 하지 말고 형을 선고하도록 하는 법률을 제정한 것은 권력분립원리에 어긋나는 것으로 위헌이라고 결정하였다.[3]

(2) 입법의 절차

(가) 법률안의 제출

법률안은 국회의원과 정부가 제출할 수 있다(헌법 제52조). 국회법은 국회의원이 법률안을 제출하는 경우 10인 이상의 찬성으로 발의할 수 있다고 규정하고 있다(동법 제79조 제1

1) 헌재 2008. 1. 10. 2007헌마1468.
2) 헌재 1996. 2. 16. 96헌가2등.
3) 헌재 1996. 1. 25. 95헌가5.

항). 법안이 예산 또는 기금상의 조치를 수반하는 경우에는 그 법안의 시행에 수반될 것으로 예상되는 비용에 대한 추계서를 첨부하여야 한다(동법 제79조의2 제1항). 정부가 법률안을 제출하는 경우에는 국무회의의 심의를 거쳐야 한다.

국회와 함께 정부가 법률안제출권을 갖는 것은 대통령제원리와 부합되기 어려운 것으로, 이는 의원내각제적 요소로 간주되고 있다. 정부에 법률안제출권을 부여하는 것은 국회의 지위를 상대적으로 약화시키게 되며 정부가 실질적인 입법의 주도권을 행사하게 되는 문제가 있다.

(나) 법률안의 심의와 의결

법률안이 제출되면 국회의장에 의해 본회의에 보고된 후 소관 상임위원회에 회부되어 심사를 받게 된다. 의장은 의안이 발의 또는 제출된 때에는 이를 인쇄하거나 전산망에 입력하는 방법으로 의원에게 배부하고 본회의에 보고하며, 소관 상임위원회에 회부하여 그 심사가 끝난 후 본회의에 부의한다. 다만 휴회 또는 폐회 등으로 본회의에 보고할 수 없을 때에는 이를 생략하고 소관 상임위원회에 회부할 수 있다(국회법 제81조 제1항).

위원회에 회부된 법률안에 대하여 충분한 이해를 할 수 있도록 일정한 숙려기간을 두고 있는데, 일부개정법률안은 15일, 제정법률안·전부개정법률안·폐지법률안은 20일, 체계·자구 심사를 위하여 법제사법위원회에 회부된 법률안은 5일의 숙려기간을 거쳐야 하며, 이 기간을 경과하지 아니한 때에는 법률안을 상정할 수 없도록 하고 있다(동법 제59조). 또한 위 숙려기간이 경과된 후 30일이 경과한 날 이후에 처음으로 개최되는 위원회에 그 법률안은 자동으로 상정되는 것으로 하는 자동상정제도를 채택하고 있다. 다만 위원장이 간사와 합의하는 경우에는 그러하지 아니하다는 예외를 두고 있다(동법 제59조의2).

2012년 5월 개정된 국회법(국회선진화법)은 심사기간지정제도와 의안신속처리제도를 도입하고 있다. 심사기간지정제는 천재지변의 경우나 전시·사변 또는 이에 준하는 국가비상사태의 경우, 의장이 각 교섭단체 대표의원과 '합의'하는 경우에는 의장이 위원회에 회부되는 안건에 대하여 심사기간을 지정할 수 있도록 한 것이다(동법 제85조 제1항). 안건의 신속처리제도는 위원회에 회부된 안건을 신속처리대상안건으로 지정하고자 하는 경우 의원은 재적의원 과반수가 서명한 신속처리안건 지정요구 동의를 의장에게, 안건의 소관위원회 소속 위원은 소관 위원회 재적위원 과반수가 서명한 신속처리안건 지정동의를 소관 위원회 위원장에게 제출하여야 한다. 이 경우 의장 또는 소관 위원회 위원장은 지체 없이 신속처리안건 지정동의를 무기명투표로 표결하되, 재적의원 '5분의 3 이상' 또는 안건의 소관 위원회 재적위원 '5분의 3 이상'의 찬성으로 의결한다.[1] 위원회는 신속처리대상안건에 대한 심사를

1) 이른바 국회선진화법에 의해 채택된 심사기간지정제는 천재지변이나 전시·사변 등의 국가비상사태가 아닌 경

그 지정일로부터 180일 이내에 마쳐야 한다(동법 제85조의2 제1항, 제2항).

그리고 개정된 국회법은 예산안 등의 자동 본회의 부의를 규정하고 있다. 위원회는 예산안, 기금운용계획안, 임대형 민자사업한도액안, 세입예산안 부수 법률안의 심사를 매년 11월 30일까지 마쳐야 하며, 위의 기한 내에 심사를 마치지 아니한 때에는 그 다음 날에 위원회에서 심사를 마치고 바로 본회의에 부의된 것으로 본다. 다만 의장이 각 교섭단체대표의원과 합의한 경우에는 그러하지 아니하다(동법 제85조의3 제1항, 제2항).

위원회의 심사를 거친 법안은 본회의에 부의된다. 소관상임위원회의 심사결과 본회의에 부의할 필요가 없다고 판단된 때에는 본회의에 부의하지 않을 수 있으며, 그 법안은 폐기된다(pigeonhole). 그러나 위원회에서 부결된 법안의 경우에 폐회나 휴회 중의 기간을 제외한 7일 이내에 의원 30인 이상의 요구가 있으면 본회의에 부의하여야 한다(동법 제87조 제1항). 국회는 위원회의 심사를 거치거나 위원회가 제안한 의안 중 정부조직에 관한 법률안, 조세 또는 국민에게 부담을 주는 법률안 등 주요 의안의 본회의 상정 전이나 본회의 상정 후에 재적의원 4분의 1 이상의 요구가 있는 때에는 그 심사를 위하여 의원 전원으로 구성되는 '전원위원회'를 개회할 수 있다(동법 제63조의2 제1항).

위원회는 법안의 입법취지와 주요 내용 등을 국회공보 등에 게재하여 입법예고를 할 수 있으며, 중요한 안건이나 전문지식을 요하는 법안을 심사하기 위하여 공청회를 개최할 수 있다. 위원회에서 가결된 법안은 법제사법위원회에 회부하여 체계·자구의 심사를 받게 되고 여기에서 가결된 법안에 대하여는 위원회에서 다시 수정할 수 없다. 다만 본회의에서 의원 30인 이상의 찬성으로 수정동의(修正動議)의 방법으로 처리할 수 있다. 그리고 예산안에 대한 수정동의는 의원 50인 이상의 찬성이 있어야 한다(동법 제95조 제1항).

본회의에 상정된 법안의 의결은 재적의원 과반수의 출석과 출석의원 과반수의 찬성으로 한다. 본회의에서는 질의·답변과 토론을 거쳐 표결한다. 국회법은 표결에 관하여 "의원은 국민의 대표자로서 소속 정당의 의사에 기속되지 아니하고 양심에 따라 투표한다"(동법

우와 의장이 각 교섭단체 대표의원과 합의하지 못하는 경우에는 여·야 간의 극한대립으로 법률안에 대한 합의가 이루어지지 않는 때에는 국회의 입법기능은 마비되고 마는 문제가 있다. 안건신속처리제의 경우에도 일반다수결이 아닌 가중다수결을 요구함으로써 의회주의의 원리로서 헌법 제49조의 일반정족수에 의한 다수결원칙에 위배되는 문제가 제기될 수 있다.

헌법재판소는 2016년 5월 새누리당 소속 국회의원들이 국회의장을 상대로 법률안 심의·표결권을 침해당하였다며 제기한 권한쟁의심판 사건에서 피청구인 국회의장이 특정 법률안에 대한 심의기간 지정요청을 거부한 행위는 청구인들의 법률안 심의·표결권을 침해하거나 침해할 위험성이 없으며, 그 근거조항인 국회법 제85조 제1항 제3호나 국회 재적의원 과반수가 의안에 대하여 심사기간지정을 요청하는 경우 국회의장이 그 의안에 대하여 의무적으로 심사기간을 지정하도록 규정하지 아니한 입법부작위의 위헌성을 이유로 이 사건 심사기간 지정거부행위가 청구인들의 법률안 심의·표결권을 침해할 가능성 또한 인정되지 않는다고 하여 각하결정을 선고하였다. 헌재 2016. 5. 26. 2015헌라1. 이 헌재 결정에 대한 비판적 입장에서의 평가는 정만희, "국회입법과정의 개선방안에 관한 소고-국회선진화법의 개정논의를 중심으로-", 공법학연구 제17권 제4호, 2016, 48면 이하.

제114조의2)라고 규정하여 자유투표 내지 교차투표(cross-voting)를 보장하고 있다.

국회선진화법은 법안심의에 있어 소수당의 자유로운 토론(필리버스터)을 보장하기 위하여 본회의에서 심의안건에 대하여 재적의원 3분의 1 이상이 서명한 요구서를 의장에게 제출한 경우 무제한토론을 허용하고 있다. 무제한토론의 종결은 더 이상 토론할 의원이 없거나 재적의원 3분의 1 이상이 제출한 무제한토론의 종결동의를 재적의원 5분의 3 이상의 찬성으로 의결한 경우, 또는 무제한토론 중 회기가 종료한 경우에 이루어지며, 무제한토론종결이 선포된 후에는 해당 안건은 지체 없이 표결되어야 한다(동법 제106조의2).

(다) 법률안의 정부이송

법률안이 본회의에서 의결되면 국회의장이 법률안을 정부에 이송한다. 정부가 법률안에 대하여 이의를 가지지 아니하면 국무회의의 심의를 거쳐 대통령이 이에 서명하고 국무총리와 관계국무위원이 부서함으로써 법률안은 법률로 성립한다.

(라) 대통령의 거부권행사와 국회의 재의

대통령은 정부에 이송된 법률안에 이의가 있을 때에는 법률안이 이송된 날로부터 15일 이내에 이의서를 붙여 국회에 환부하고 재의를 요구할 수 있다. 국회의 폐회 중에도 또한 같다. 대통령의 법률안거부는 환부거부(regular veto)가 원칙이며, 국회의 임기가 만료된 경우를 제외하고는 보류거부(pocket veto)가 인정되지 아니한다. 보류거부는 국회의 폐회로 인하여 대통령이 지정된 기일 내에 국회에 환부할 수 없는 경우에 대통령이 그 법률안을 거부하기 위하여 법률안을 공포하지 아니한 채 가지고 있으면 법률안이 자동적으로 폐기되는 것을 말한다. 대통령이 재의를 요구하는 경우에는 법률안 전체에 대하여 하여야 하며 법률안의 일부에 대하여 재의를 요구하거나 법률안을 수정하여 재의를 요구할 수 없다. 환부거부된 법률안은 국회에서 재의에 붙여지고 재적의원 과반수의 출석과 출석의원 3분의 2 이상의 찬성으로 재의결되면 그것은 법률로 확정된다(헌법 제53조 제4항).

(마) 법률의 공포

대통령은 법률안이 정부에 이송된 날로부터 15일 이내에 이를 공포해야 한다. 공포는 법률의 효력발생요건이며, 관보에 게재함으로써 행한다. 대통령이 15일 이내에 공포나 재의의 요구를 하지 아니한 때에도 그 법률안은 법률로써 확정된다. 확정된 법률을 대통령이 지체없이 공포하지 않거나 국회의 재의결로 확정된 법률이 정부에 이송된 후 5일 이내에 대통령이 공포하지 아니할 때에는 국회의장이 이를 공포한다.

(바) 법률의 효력발생

법률은 법률에 특별한 규정이 없으면 공포한 날로부터 20일을 경과함으로써 효력을 발생한다(헌법 제53조 제7항). 그러나 국민의 권리제한 또는 의무부과와 직접 관련 있는 법률은 긴급히 시행하여야 할 특별한 사유가 있는 경우를 제외하고는 공포일로부터 적어도 30일이 경과한 날로부터 시행되도록 하여야 한다(법령 등 공포에 관한 법률 제13조의2).

(3) 국회선진화법의 특징과 문제점

국회선진화법(2012년 개정 국회법)은 종전 국회법상 국회의장의 직권상정의 폐해를 방지하기 위하여 국회의장의 안건 심사기간 지정요건을 강화하였으며, 소수의견을 존중하기 위해 예외적으로 본회의의 무제한토론을 허용함으로써 국회 입법과정의 심의기능을 강화한 것이 특징이다. 다른 한편 의안심의과정에서의 효율성 확보를 위하여 의안 자동상정제와 신속처리제를 도입한 것이 또 하나의 특징이다. 말하자면 국회선진화법은 국회 입법기능의 실질화를 위하여 법률안 심의과정에서의 토론과 타협 및 소수의사의 존중을 최대한 보장함과 동시에 이와 상반되는 입법과정의 효율성의 관점에서 의안 신속처리제 등을 두고 있다는 것이 두드러진 특징이라 할 수 있다. 즉 국회선진화법은 의안심의에 있어서 합의제적 요소와 다수제적 요소라는 서로 이질적인 두 요소를 동시에 규정한 것이라고 할 수 있다. 이러한 상반되고 이질적인 두 요소를 균형 있게 조화적으로 실현하는 것이 국회선진화법의 목표라고 할 수 있으나, 현실적으로 합의제적 요소와 다수제적 요소의 조화적 실현은 쉽게 기대하기 어려운 것이라 하지 않을 수 없다. 예컨대 안건신속처리제나 의사진행방해의 토론종결을 위한 5분의 3 이상 가중다수결 요건은 여야 합의와 의원들의 교차투표 등으로 여야 공동의 다수를 형성하라는 취지를 담고 있으나, 의원의 정당기속이 강한 한국의 정치현실에 있어서 이러한 이상적인 시스템이 제대로 작동하는 것을 기대하기는 쉽지 않다고 할 수 있다.

생각건대 국회법 개정에 의해 국회의장의 직권상정을 대폭 제한한 것과 소수당의 무제한 토론을 허용한 것은 소수당에 유리한 제도로서 의안심의에 있어 여·야 간의 실질적인 대화와 토론을 통한 합의를 도출함으로써 국회운영의 선진화를 지향한다는 점에서 바람직한 것이다. 그러나 현실적으로 여·야 간의 쟁점법안에 대한 대립과 충돌로 인하여 입법의 지연과 교착상태가 발생하는 경우 야당의 협조 없이는 안건신속처리제로 이 문제를 해결하는 것은 사실상 불가능하게 된다. 의안이 신속처리대상으로 지정되기 위해서는 재적의원 5분의 3 이상 또는 소관 위원회 5분의 3 이상의 찬성이 요구되므로 실제로 안건신속처리제를 통해 입법의 효율성과 신속성을 기대하기 어렵게 된다. 그렇다면 국회선진화법은 소수당의 지위를 보호하고 다수당과 소수당의 대화와 토론을 보장함으로써 입법과정의 심의기능을 합리적으로 강화시키게 되지만, 다른 한편 쟁점법안에 대한 여·야 간의 대립으로 입법의 지연과 교착이 나타나는 경우 다수제적 요소에 의한 입법과정의 효율성을 기대하는 것은 사실상 어렵게 된다. 결국 국회선진화법은 합의제적 요소에 바탕을 둔 입법과정의 합리성과 신중성을 기대할 수 있다고 하겠으나, 입법과정의 효율성을 기대하기에는 제도적 한계가 있음을 부정하기 어렵다.[1]

(4) 국회의 법률개선의무

국회가 입법권을 행사하는 데 있어서 이미 제정한 법률이 더 이상 법현실을 규율하기에 적합하지 않을 때에는 국회가 이를 개선해야 하는 의무를 지게 되는데 이를 법률개선의무라고 한다. 국회의 법률개선의무는 기존의 법률이 더 이상 목적이나 대상 또는 방법에서 규율하기에 적합하지 않거나 헌법과 합치하지 않을 때에 특히 부각되는데, 헌법상 입법기관인 국회는 어떤 경우에도 헌법에 위반되는 법률이나 부당한 법률을 방치하여서는 안 된다. 국회의 입법권으로서 법률의 제정·개정 등의 행위는 1회로 고정되는 것이 아니라, 국가운영이나 기본권의 보호에 있어서 시간과 사회환경의 변화라든지 규율목적과 대상의 변화에 따라 그에 합당하게 능동적으로 행사되어야 하기 때문에 기존의 법률을 존치할 필요가 없게 되면 해당 법률을 폐지하고 새로 규율할 필요가 있으면 법률을 새로 제정하거나 개정한다. 이는 입법권을 부여받은 국회가 당연히 수행해야 하는 책무이다.

헌법재판소는 많은 판례를 통하여 국회의 법률개선의무를 확인하고 있으며, 특히 헌법재판소가 헌법불합치결정을 내린 경우에는 국회에 법률개선의무가 발생한다. 이 때 국회는 헌법재판소의 견해를 존중하여 해당 법률을 헌법에 합치하도록 개정하거나 폐지하여 법률개선의무를 이행하여야 한다. 그러나 헌법재판소가 헌법재판에서 국회에 대하여 법률개선의무를 이행할 것을 촉구하는 것은 법적 기속력을 가지기 어렵다. 헌법재판소가 광범한 입법형성의 자유를 가지는 국회에 대하여 그 입법권의 행사를 강제하는 것은 권력분립원리에 적합하지 않기 때문이다. 따라서 헌법재판소는 최대한 헌법불합치의 결정을 하면서 기간의 경과로 해당 법률이나 법률조항의 효력을 소멸하게 하는 방법만 취할 수 있다.

국회가 법률개선의무를 이행하지 않는 경우에는 국민은 헌법소원심판을 청구하여 다툴 수 있으나 이 경우에도 부진정입법부작위에 대해서만 헌법소원을 청구할 수 있으며, 진정입법부작위에 대해서는 원칙적으로 헌법소원을 청구할 수 없다. 다만 헌법에서 기본권보장을 위해 명시적으로 입법 위임을 하였음에도 불구하고 입법자가 아무런 입법조치를 하고 있지 않거나, 헌법 해석상 특정인에게 구체적인 기본권이 생겨 이를 보장하기 위한 국가의 입법의무가 발생하였음이 명백함에도 불구하고 입법자가 전혀 아무런 입법조치를 취하지 않고 있는 경우에는 진정입법부작위에 대해서도 헌법소원을 청구할 수 있다.[2]

---

1) 정만희, "국회입법과정의 개선방안에 관한 소고", 공법학연구 제17권 제4호, 2016, 42면 이하.
2) 헌재 2003. 1. 30. 2002헌마358.

(5) 국회입법에 대한 통제

국회가 제정한 법률이나 법률조항의 내용에 대한 규범통제의 수단으로는 기본적으로 헌법재판소의 위헌법률심판이 있으며, 법률에 대한 헌법소원심판과 위헌심사형 헌법소원심판을 통해 법률의 위헌 여부에 대한 사법적 통제가 이루어지고 있다. 그리고 대통령의 법률안거부권 행사에 의해서도 국회입법에 대한 행정적 통제가 이루어지고 있다. 그 밖에 국민에 의한 통제로서 입법에 관한 국민의 청원권(헌법 제26조) 행사를 들 수 있으며 국민의 여론형성과 정당활동을 통해서도 간접적인 입법통제를 기대할 수 있다.

(6) 입법절차에 대한 사법적 통제의 필요성

입법권에 대한 통제 문제는 법률의 내용에 대한 통제뿐만 아니라 오늘날 국가권력의 절차적 정당성확보의 관점에서 국회의 입법과정과 절차에 대한 통제가 중요한 과제로 등장하게 된다. 헌법재판소는 법률 내용의 위헌 여부의 심사를 통해 규범통제를 행하고 있으나, 국회의 입법절차나 과정이 헌법에 위반되는지의 여부를 심사할 수 있는가 하는 것이 헌법재판에서 문제된다. 국회의 입법절차상의 하자에 대한 위헌심사에 관하여 부정론의 입장은 대체로 권력분립과 국회의 자율권이론을 근거로 하고 있으나 설득력이 약하며, 긍정론이 학계의 지배적 견해이다.

헌법상 입헌주의와 법치주의원리는 법률의 내용뿐만 아니라 법률의 성립과정도 헌법에 합치될 것을 요구하며, 우리 헌법의 적법절차의 원리는 입법과정에서도 존중되어야 하므로 입법과정에서의 위헌성 여부에 대한 판단은 당연하다고 할 수 있다. 또한 국회의 의사절차에 있어서 소수파를 보호하기 위해서도 입법절차 위반을 통제하는 헌법재판이 이루어져야 하며, 국회의 입법과정이 국회의 자율권의 범위 안에서 보호되더라도 그 한계가 있으며 자율권에 대하여도 헌법재판소가 개입하여 통제하는 것이 가능하다.

헌법재판소는 권한쟁의심판에서 국회의장이 일부 의원들에게 본회의 개의일시를 국회법에 규정된 대로 적법하게 통지하지 않음으로써 그들이 본회의에 출석할 기회를 잃어 법률안의 심의·표결과정에 참여하지 못하게 된 것은 해당 의원들의 헌법상의 법률안 심의·표결권을 침해한 것이라고 판시하였다.[1] 그러나 이 사건에서 헌법재판소는 법안처리과정에서의 날치기 통과가 국회의원의 법률안 심의·표결권을 침해한 것이라고 하면서도 법률안 가결선포행위의 위헌확인청구에 대하여는 기각결정을 하였다. 즉 날치기 통과에 의한 법률안 가결선포행위는 국회법 위반의 하자는 있을지언정 입법절차에 관한 헌법규정(제49조의 다수결원리와 제50조의 의사공개의 원칙)을 명백히 위반한 흠이 있다고 볼 수 없으므로 무

1) 헌재 1997. 7. 16. 96헌라2.

효로 볼 수 없다는 것이다. 그러나 이와 같은 헌법재판소의 소극적 입장은 다수결의 원리를 형식적·수적 다수의 원리로 이해하고 있으며, 헌법상의 의회주의원리의 구체화를 의미하는 국회법관련규정 위반을 헌법 위반으로 볼 수 없다는 논리는 비판을 받을 수 있다.[1)]

2. 재정에 관한 권한

(1) 재정에 관한 헌법원칙

(가) 재정의 민주화와 의회의결주의

재정(財政)이란 국가나 지방자치단체 등 공권력의 주체가 공공의 수요를 충족하기 위하여 필요한 재원을 조달하고 재산을 관리·사용·처분하는 일체의 행위를 말한다. 재정작용은 그 성질상 집행작용이지만 국민의 재산권 등 그 권리·의무에 미치는 영향 때문에 민주국가에서는 재정작용에 대하여 의회의결주의를 원칙으로 하고 있다. 재정의회의결원칙의 결과 의회는 재정권력작용과 관련하여 국민의 납세의무의 내용과 한계를 법률로써 명시해야 하고, 조세의 부과·징수의 절차도 법률로써 규정해야 하며(조세법률주의), 국가재정작용을 민주적으로 통제하고 감시해야 한다.

(나) 조세와 민주주의

조세(租稅)란 국가나 지방자치단체 등 공권력의 주체가 재원조달을 목적으로 그 과세권을 발동하여 반대급부 없이 일반국민으로부터 강제적으로 부과·징수하는 과징금을 말한다. 조세는 공동체의 유지를 위하여 공동체의 구성원이 부담하기 때문에 공동체 구성원의 의사에 따라야 정당화될 수 있다. 따라서 대의민주주의에서는 국민의 대표기관인 의회가 법률로써 조세의 주요 사항을 정하게 된다. 역사적으로 "대표 없으면 과세 없다"(no taxation without representation)라는 말은 이러한 조세를 지배하는 민주주의원리를 의미한다.

---

1) 이 사건에서 법률안 가결선포행위의 위헌확인청구에 대한 재판관 3인(이재화, 조승형, 고중석)의 인용의견은 다음과 같다.
"의회민주주의의 기본원리의 하나인 다수결원리는 의사형성과정에서 소수파에게 토론에 참가하여 다수파의 견해를 비판하고 반대의견을 밝힐 수 있는 기회를 보장하여 다수파와 소수파가 공개적이고 합리적인 토론을 거쳐 다수의 의사로 결정을 한다는데 그 정당성의 근거가 있는 것이다. 따라서 입법과정에서 소수파에게 출석할 기회를 주지 않고 토론과정을 거치지 아니한 채 다수파만으로 단독 처리하는 것은 다수결원리에 의한 의사결정이라고 볼 수 없다. … 헌법 제49조는 국회의 의결은 통지가 가능한 국회의원 모두에게 회의에 출석할 기회가 부여된 바탕위에 재적의원 과반수의 출석과 출석의원 과반수의 찬성으로 이루어져야 한다는 것으로 해석하여야 한다. … 헌법 제49조의 다수결원리를 구체화하는 규정으로 국회법은 제72조와 제76조에서 국회 본회의의 개의와 의사일정에 관한 규정을 두고 있는 것인데, 위에서 본 바와 같이 피청구인은 위 국회법규정에 위반하여 청구인들에게 본회의 개의일시를 알리지 않음으로써 본회의에의 출석가능성을 배제한 가운데 본회의를 개의하여, 신한국당 소속의원들만 출석한 가운데 그들만의 표결로 이 사건 법률이 가결되었음을 선포한 것이므로, 피청구인의 이 사건 법률선포행위는 국회의원인 청구인들의 권한을 침해한 것임과 아울러 다수결원리를 규정한 헌법 제49조에 명백히 위반되는 것이라고 아니할 수 없다."

(다) 조세평등주의

조세평등주의는 헌법상 평등의 원칙과 차별금지원칙(제11조 제1항)의 조세법적 표현으로서 정의의 이념에 따라 '같은 것은 같게, 다른 것은 다르게' 취급함으로써 조세법의 입법과정이나 집행과정에서 조세정의를 실현하려는 원칙을 말한다. 따라서 헌법상 국민의 납세의 의무(제38조)도 조세평등주의 내지 공평과세의 원칙에 따라 개인의 재력에 상응한 공정하고 평등한 과세를 내용으로 하는 것이어야 한다.

말하자면 조세의 부담은 공동체 구성원 모두가 부담하여야 하므로 담세능력(擔稅能力)이 있는 국민은 예외 없이 조세를 부담하여야 하고 담세능력에 따라 공평하게 조세부담이 요구되며, 합리적 이유 없이 특정의 납세의무자를 불리하게 차별하거나 우대하는 것을 허용하지 아니한다.[1)]

(라) 조세법률주의

오늘날 법치국가에서는 조세의 부담에서도 법치주의가 지배한다. 조세의 부담이 헌법과 법률에 합치하고 그에 의하여야 한다. 조세에 관한 입법에서도 법치주의원리의 내용인 명확성의 원칙, 신뢰보호의 원칙, 형평의 원칙, 소급효금지의 원칙, 적법절차의 원칙이 적용되며 조세의 기본적인 사항을 법률로써 정하는 조세법률주의가 적용된다. 헌법 제59조는 "조세의 종목과 세율은 법률로 정한다"라고 규정하여 조세에 있어서 핵심적인 사항인 종목과 세율을 국민대표기관인 국회의 법률로 정하도록 하고 있다. 이 조세법률주의는 법률의 근거가 없으면 국가는 조세를 부과·징수할 수 없고 국민도 법률의 근거가 없으면 조세납부를 요구받지 아니한다는 원칙을 의미한다. 조세법률주의는 조세의 종목과 세율뿐만 아니라 조세의 근거, 납세의무자, 과세대상, 과세절차에 대해서도 법률로써 정할 것을 요구하고 있다. 조세행정에 있어 법률우위원칙과 법률유보원칙을 정하고 있는 것이다. 과세대상을 법률로 정한다고 하더라도 형식에서 법률로 정하면 대상에 제한이 없이 무엇이든 과세대상으로 정할 수 있는가 하는 문제가 있다. 이에 관하여 헌법재판소는 미실현이득에 대한 과세의 여부는 원칙적으로 국회의 입법형성의 자유에 포함되는 것이라고 판시한 바 있다.[2)] 조세법률주의는 과세요건명확주의와 소급과세금지의 원칙을 핵심적 내용으로 한다. 과세요건명확주의는 과세요건에 관한 법률규정이 지나치게 추상적이거나 불명확한 경우에 우려되는 과세관청의 자의적인 법률해석과 적용을 막기 위하여 그 규정내용이 명확하고 일의적(一義的)이어야 한다는 원칙을 의미한다.[3)] 소급과세금지의 원칙은 새로운 입법으로 과거에 소급하여

1) 헌재 1997. 10. 30. 96헌바14.
2) 헌재 1994. 7. 27. 92헌바49등.
3) 대판 1983. 4. 26. 81누423.

과세하거나 이미 납세의무가 있는 경우에도 가중된 납세의무를 규정하는 세법조항을 소급하여 적용해서는 안 된다는 원칙을 말한다. 다만 조세의무를 경감하는 세법조항에 대해서는 조세공평의 원칙에 어긋나지 않는 한 소급효가 적용된다고 할 수 있다.[1)]

조세법률주의는 오늘날 실질적 법치주의 시대에 있어서 '실질적 조세법률주의'를 의미하는 것으로 이해되고 있다. 따라서 조세법률주의도 형식적으로 국민의 대표에 의하여 제정된 법률에 의하지 아니하고는 과세 없다는 의미를 넘어 조세법의 목적이나 내용이 기본권보장의 헌법이념과 헌법상의 제원칙에 합치될 것을 요구하는 실질적 조세법률주의를 의미한다. 헌법재판소 판례는 이혼분할재산에 대한 증여세 부과에 대하여 "이혼시 배우자가 가진 재산분할청구권은 재산을 무상으로 취득하는 증여와는 하등의 관련이 없어 증여세를 부과할 여지가 없으나 과세원인이 없음에도 불구하고 증여세를 부과하는 것이어서 그 내용이 재산권보장의 헌법이념에 부합하지 않으므로 실질적 조세법률주의에 위배된다"고 판시하였다.[2)]

(마) 조세법률주의와 특별부담금

조세법률주의와 관련하여 '특별부담금'이 문제된다. 특별부담금은 국가재정의 형성이라는 목적이 없이 다양한 생활관계를 규율하고 국가의 특수한 과제를 수행하기 위하여 부과하고 그 수입이 국가의 일반예산에 포함되지 않는 기금의 형태로 부과·관리·지출되는 공적 부담금을 말한다. 특별부담금은 국민에게 반대급부를 주지 않고 금전적 부담을 가하는 것으로, 이 점에서 특별부담금은 실질적으로 조세와 다름이 없으므로 그 법적 근거가 문제된다. 이러한 부담금은 조세의 형식을 취하지 않고 사실상 조세로 달성하고자 하는 목적을 이루고 국민에게 부담을 가하므로 이를 정당화하는 요건은 엄격해야 한다. 헌법재판소는 부담금을 재정조달 목적의 부담금과 정책실현 목적의 부담금으로 나누고 각각 그 헌법적 정당화의 요건을 충족시킬 때만 인정될 수 있다고 판시하고 있다.[3)] 헌법재판소는 재정충당부담금의 성격을 갖는 영화상영관 입장권부과금, 텔레비전방송수신료, 개발사업자의 학교용지부담금 등에 대해서는 합헌성을 인정하였으나, 구 문화예술진흥법상의 문화예술진흥기금에 대해서는 특별부담금의 헌법적 허용한계를 벗어난 것으로 위헌이라고 결정하였다.[4)]

(바) 조세법률주의에 대한 예외

조세법률주의에 대한 예외에 해당하는 것으로는 행정입법에의 위임과 조례에의 위임을 들 수 있다. 조세법률주의에 있어서 조세에 관한 모든 사항을 직접 법률에 규정하여야

---

1) 헌재 1992. 12. 24. 90헌바21등.
2) 헌재 1997. 10. 30. 96헌바14.
3) 헌재 2004. 7. 15. 2002헌바42.
4) 헌재 2003. 12. 18. 2002헌가2.

하는 것은 아니며, 본질적인 사항은 법률에 규정하여야 하지만 그 외의 것은 의회가 규정하지 아니하고 행정입법에 위임할 수 있다. 그러나 위임입법의 한계를 벗어나서는 안 되며 포괄적 위임입법은 금지된다. 헌법재판소는 지방세법에서 재산세 별도합산과세대상 토지의 범위를 대통령령으로 정하도록 한 것은 헌법상 조세법률주의 내지 포괄적 위임입법금지원칙에 반하지 않는다고 판시하였다.[1)]

조세법률주의에 대한 예외로서 지방자치단체의 조례에 의한 지방세 부과가 문제될 수 있다. 법률은 지방세에 관하여 지방자치단체의 과세권의 근거와 지방세의 종류를 직접 규정하면서도(지방자치법 제135조, 지방세기본법 제1조), 지방세의 부과와 징수에 관하여 필요한 사항은 지방자치단체가 조례로써 정하도록 위임하고 있다. 즉 지방세기본법은 "지방자치단체는 지방세의 세목, 과세대상, 과세표준, 세율, 그 밖에 부과·징수에 필요한 사항을 정할 때에는 이 법 또는 지방세관계법에서 정하는 범위에서 조례로 정하여야 한다"고 규정하고 있다(동법 제5조 제1항). 조례로써 지방세의 세목, 과세대상, 과세표준 등을 정하는 것이 조세법률주의에 위반되는 것이 아닌가의 문제가 제기될 수 있으나, 조례는 헌법이 직접 인정한 지방자치단체의 자치규정이며 법률에서 규정한 지방세 부과에 관한 일반적 기준의 범위 내에서 조례로 정하도록 하고 있으므로 조례법률주의에 반한다고 할 수 없다.

그 밖에 조세법률주의의 예외에 해당하는 것으로 대통령의 긴급재정경제처분·명령에 의한 조세부과와 조약에 의한 세율규정 등을 들 수 있다.

(사) 조세법률주의와 조세평등주의에 관한 주요 판례

헌법재판소는 1994년 토지초과이득세법 조항에 대한 위헌소원 사건에서, "과세대상인 자본이득의 범위를 실현된 소득에 국한할 것인가 혹은 미실현이득을 포함시킬 것인가의 여부는, 과세목적, 과세소득의 특성, 과세기술상의 문제 등을 고려하여 판단할 입법정책의 문제일 뿐, 헌법상의 조세개념에 저촉되거나 그와 양립할 수 없는 모순이 있는 것으로는 보여지지 아니한다"고 판단하였다. 다만, "미실현이득에 대한 과세제도가 이론상으로는 조세의 기본원리에 배치되는 것이 아니라고 하더라도, 미실현이득은 용어 그대로 그 이득이 아직 자본과 분리되지 아니하여 현실적으로 지배·관리·처분할 수 있는 상태에 있는 것이 아니라는 특성으로 인하여, 수득세의 형태로 이를 조세로 환수함에 있어서는 과세대상이득의 공정하고도 정확한 계측 문제, 조세법상의 응능부담(應能負擔) 원칙과 모순되지 않도록 납세자의 현실 담세력을 고려하는 문제, 지가변동순환기를 고려한 적정한 과세기간의 설정문제, 지가하락에 대비한 적절한 보충규정 설정문제 등 선결되지 아니하면 아니 될 여러 가지 과제가 있다. … 특히 토초세는 토지재산, 즉 원본에 대한 과세가 아니라 원본으로부터 파생

1) 헌재 2010. 12. 28. 2009헌바145.

된 이득에 대하여 과세하는 수득세의 일종이므로, 만약 유휴토지 등 소유자가 가공이득에 대한 토초세를 부담하는 경우가 생긴다면, 이는 원본인 토지 자체를 무상으로 몰수당하는 셈이 되어 수득세의 본질에도 반하는 결과가 될 뿐만 아니라, 결과적으로 헌법상의 재산권 보장원칙에 배치되고 조세원리상의 실질과세, 공평과세의 이념에도 반한다"고 하여 헌법불합치결정을 하였다.[1]

2008년 종합부동산세의 세대별 합산규정에 대한 위헌소원 사건에서는, "특정한 조세 법률조항이 혼인이나 가족생활을 근거로 부부 등 가족이 있는 자를 혼인하지 아니한 자 등에 비하여 차별 취급하는 것이라면 비례의 원칙에 의한 심사에 의하여 정당화되지 않는 한 헌법 제36조 제1항에 위반된다 할 것인데, 이 사건 세대별 합산규정은 생활실태에 부합하는 과세를 실현하고 조세회피를 방지하고자 하는 것으로 그 입법목적의 정당성은 수긍할 수 있으나, 가족 간의 증여를 통하여 재산의 소유 형태를 형성하였다고 하여 모두 조세회피의 의도가 있었다고 단정할 수 없고, 정당한 증여의 의사에 따라 가족 간에 소유권을 이전하는 것도 국민의 권리에 속하는 것이며, 우리 민법은 부부별산제를 채택하고 있고 배우자를 제외한 가족의 재산까지 공유로 추정할 근거규정이 없고, 공유재산이라고 하여 세대별로 합산하여 과세할 당위성도 없으며, 부동산 가격의 앙등은 여러 가지 요인이 복합적으로 작용하여 발생하는 것으로서 오로지 세제의 불비 때문에 발생하는 것만이 아니며, 이미 헌법재판소는 자산소득에 대하여 부부간 합산과세에 대하여 위헌 선언한바 있으므로 적절한 차별취급이라 할 수 없다"고 하여 헌법불합치결정을 하였다.[2]

헌법재판소는 2005년 명의신탁재산의 증여의제 사건에서 "구 상속세및증여세법 제41조의2 제1항 본문과 단서 제1호, 제2항 중 '타인의 명의로 재산의 등기 등을 한 경우'가 명의신탁을 내세워 증여세를 회피하는 것을 방지하여 조세정의와 조세평등을 관철하고 실질과세의 원칙이 형식에 흐르지 않고 진정한 실질과세가 이루어지도록 이를 보완하려는 목적을 가진 것이어서 입법목적의 정당성이 인정되며, 증여세회피의 목적을 가진 명의신탁에 대하여 증여세를 부과하는 것은 증여세의 회피를 방지하고자 하는 증여의제조항의 목적을 달성하는 데 적합한 수단이고, 명의신탁을 이용한 조세회피행위를 방지하는 데 있어서 적합한 다른 대체수단으로는 명의신탁을 아예 금지하면서 그 사법적 효력을 부인하고 위반자에 대하여 형사처벌을 가하는 방법과 증여세 회피목적이 있는 명의신탁에 대하여 증여세 대신 과징금을 부과하는 방법이 있으나, 증여세를 회피하는 명의신탁의 제재방법으로 증여세를 부과하는 것이 다른 대체수단보다 납세의무자에게 더 많은 피해를 준다고 볼 수 없으

1) 헌재 1994. 7. 27. 92헌바49등.
2) 헌재 2008. 11. 13. 2006헌바112등.

므로 최소침해의 원칙에 어긋나지 않음과 동시에, 명의신탁을 이용한 증여세 회피행위에 대하여 증여세 부과를 통하여 명의수탁자가 입는 불이익은 그 책임을 고려할 때 크게 부당하지 않는데 반하여, 명의신탁에 대한 증여세 부과가 명의신탁이 증여세를 회피하는 수단으로 이용되는 것을 방지하는 데 기여함으로써 조세정의와 조세공평이라는 공익을 실현하는 것은 다대하여 법익비례의 원칙에도 위배되지 않으므로, 심판대상조항들은 비례의 원칙에 위배되지 않는다"고 하여 합헌결정을 하였다.[1)]

(2) 예산심의·확정권

(가) 예산의 의의와 성질

헌법은 제54조 제1항에 "국회는 국가의 예산안을 심의·확정한다"라고 규정하고 있다. 예산(豫算)이란 한 회계연도에 있어서 국가의 세입·세출의 예정계획을 내용으로 하고 국회의 의결로 성립하는 법규범의 일종을 말한다. 예산은 1년간의 정부의 시정(施政)계획을 위한 재정적 기초가 되므로 예산에 대한 국회의 승인은 정부의 시정계획에 대한 국회의 동의를 의미한다.

예산에 관하여는 미국·영국·독일·프랑스 등과 같은 법률의 형식으로 의결하는 '예산법률주의'와 일본·스위스 등과 같은 법률과는 다른 특수한 형식으로 의결하는 '예산특수의결주의'가 있다. 우리 헌법은 법률의결권(제53조)과 별도로 예산의결권(제54조)을 규정하여 법률과 예산의 형식을 구별하고 있다.

예산의 성격에 관하여는 법규범설과 세출승인설(법규범부인설)로 나뉘고 있으나, 법규범설이 통설이다. 예산은 관계국가기관을 구속하는 점에서 법규범과 같으나, 일반국민에 대한 구속력을 가지지 않는 점에서 법규범과 구별될 뿐이다. 즉 예산은 정부의 재정행위를 구속하는 준칙을 의미하며, 단순한 세입·세출의 견적표가 아닌 법규범의 일종이다.

다만 예산은 법률과는 달리 예산안제안권을 정부만이 가지며 국회에는 제안권이 없다. 예산심의에 있어서도 국회는 정부의 동의 없이는 지출예산 각 항의 금액을 증가하거나 새 비목을 설치할 수 없지만, 법률안에 대하여는 국회가 수정·증보를 할 수 있다. 또한 거부권 행사에 있어서도 국회는 법률안과 달리 예산심의를 전면 거부할 수 없으며, 대통령도 국회에서 통과된 예산안에 대해서 거부권을 행사할 수 없다.

예산과 법률은 형식을 달리하고 성립절차를 달리함은 물론 성립시기를 달리하는 경우도 없지 아니하므로 법률을 집행함에 있어 그에 필요한 예산의 뒷받침이 없거나, 예산에는 지출이 계상되어 있지만 지출의 근거가 될 법률의 규정이 없는 경우가 있을 수 있다. 이러

1) 헌재 2005. 6. 30. 2004헌바40등.

한 예산과 법률의 불일치 문제를 해결하기 위해서는 정부는 예산안의 제출에 있어 모든 세출을 가능한 한 예산안에 반영하고 근거법령과 예산안을 동시에 제출하며, 국회출석·발언권 등을 통해 이를 조정해야 한다.

(나) 예산의 성립과 내용

국가의 예산은 편성, 제출, 심의, 의결의 과정을 거쳐 성립한다. 이 중에서 예산안의 편성과 제출은 행정부의 권한과 의무에 속한다. 정부는 회계연도마다 예산안을 편성하여 회계연도 개시 90일 전까지 국회에 제출하여야 한다(헌법 제54조 제2항). 정부가 제출한 예산안에 대하여 국회는 회계연도 개시 30일 전까지 이를 의결하여야 한다. 예산안 심의에 있어서 국회는 지출예산의 각 항의 금액을 삭제하거나 감액할 수 있으나, 정부의 동의 없이 이를 증가하거나 새 비목을 설치할 수 없다(헌법 제57조). 국가의 회계연도는 매년 1월 1일에 시작하여 12월 31일에 종료한다(국가재정법 제2조).

예산의 종류로는 일반회계예산과 특별회계예산이 있다. 일반회계는 일반적 국가활동을 수행하기 위한 예산을 처리하는 회계를 말하고, 특별회계는 특수한 목적을 수행하기 위하여 수입·지출을 일반회계로부터 독립적으로 처리하는 회계를 말한다.

예산의 내용에 관하여 헌법은 계속비와 예비비를 규정하고 있다. 계속비는 한 회계연도를 넘어 계속 지출되는 예산으로 헌법 제53조 제1항은 "1회계연도를 넘어 계속 지출할 필요가 있을 때에는 정부가 연한을 정하여 계속비로서 국회의 의결을 얻어야 한다"고 규정하고 있다. 국가재정법은 지출연한을 원칙적으로 '당해 회계연도부터 5년 이내'로 규정하고 있다(동법 제23조 제2항). 예비비는 예측할 수 없는 예산 외의 지출 또는 예산초과지출에 충당할 필요가 있을 때 지출하는 예산을 말하는데, 헌법 제55조 제2항은 "예비비는 총액으로 국회의 의결을 얻어야 한다. 예비비의 지출은 차기국회의 승인을 얻어야 한다"라고 규정하고 있다.

(다) 예산의 불성립과 변경

헌법은 새로운 회계연도가 개시될 때까지 예산안이 의결되지 못한 때에는 정부로 하여금 국회의 예산안이 의결될 때까지 일정한 목적을 위한 경비는 전년도 예산에 준하여 집행할 수 있도록 하는 준예산(準豫算) 제도를 채택하고 있다. 다만 준예산으로 집행할 수 있는 경비의 목적을 제한하여 "1. 헌법이나 법률에 의하여 설치된 기관 또는 시설의 유지·운영, 2. 법률상 지출의무의 이행, 3. 이미 예산으로 승인된 사업의 계속"으로 그 경비 집행의 범위를 한정하고 있다(제54조 제3항).

국회의 의결로 예산이 일단 성립하면 원칙적으로 변경할 수 없으나, 불가피한 사유로 예산을 변경할 필요가 있을 때에는 정부로 하여금 추가경정예산(追加更正豫算)을 편성하여 국회에 제출할 수 있게 하고, 국회는 이 추가경정예산안에 대한 의결로 예산을 변경할 수 있다(헌법 제56조). 국가재정법은 국가재정의 건전성을 확보하기 위하여 추가경정예산안의 편성에 일정한 제한을 가하고 있다. 즉 1) 전쟁이나 대규모 자연재해가 발생한 경우, 2) 경기침체, 대량실업, 남북관계의 변화, 경제협력과 같은 대내·외 여건에 중대한 변화가 발생하였거나 발생할 우려가 있는 경우, 3) 법령에 따라 국가가 지급하여야 하는 지출이 발생하거나 증가하는 경우를 제외하고는 추가경정예산을 편성할 수 없다(국가재정법 제89조 제1항).

(라) 예산의 효력

예산은 시간적으로 1회계연도 내에서만 효력을 가진다(예산1년주의). 예산은 법률과 달리 관계국가기관만을 구속하고 일반국민에 대한 대인적 구속력은 없다. 예산은 국내외를 불문하고 효력이 미치므로 외국의 우리 공관 등의 수입과 지출에 대해서도 적용된다.

(3) 결산심사권

국회는 예산의 집행결과의 적부에 대해 심사권을 가진다. 국회는 감사원의 검사를 거친 결산을 회계연도마다 다음 회계연도 5월 31일까지 국회에 제출하도록 정부에 대해 요구하고, 결산에 대한 심의·의결을 정기회 개최 전까지 완료하도록 한다(국회법 제128조의2). 감사원은 매년 세입·세출의 결산을 검사하고 그 결과를 대통령과 차년도 국회에 보고해야 한다(헌법 제99조).

결산의 심사결과 위법 또는 부당한 사항이 있는 때에는 국회는 본회의의 의결 후 정부 또는 해당 기관에 변상 및 징계조치 등 그 시정을 요구하고, 정부 또는 해당 기관은 시정요구를 받은 사항을 지체없이 처리하여 그 결과를 국회에 보고하여야 한다(국회법 제84조 제2항).

(4) 그 밖의 정부재정행위에 대한 권한

국회는 대통령의 긴급재정경제처분·명령에 대한 승인권(헌법 제76조 제3항)을 행사하며, 예비비의 지출에 대하여는 차기 국회의 승인을 얻어야 한다(헌법 제55조 제2항). 또한 국회는 정부가 국채를 모집하는 경우에 동의권을 행사하며, 예산 외에 국가의 부담이 될 계약체결에 대해서도 동의권을 갖는다(헌법 제58조). 그리고 국가나 국민에게 중대한 재정적 부담을 지우는 조약의 체결·비준에 대하여 동의권을 행사한다(헌법 제60조 제1항).

(5) 국회의 재정통제기능의 문제점

(가) 예산·결산심사의 형식적 기능

국회의 재정통제기능의 문제점으로는 첫째, 예산안에 대한 심사기능이 형식적으로 이루어짐으로써 실질적인 재정통제를 기대하기 어렵다는 것이다. 국회법은 예산안의 심의절차를 1) 정부의 시정연설의 청취, 2) 소관 상임위원회의 예비심사, 3) 예산결산특별위원회의 종합심사, 4) 국회 본회의의 심의·확정이라는 4단계를 거치도록 하여 예산안에 대한 심의가 실질적이고 적정하게 이루어지도록 규정하고 있다(제84조). 그렇지만 실제로 그 심의과정이 정부가 편성하여 제출한 예산안에 대해 국회의원들이 전문적 지식을 바탕으로 세부적 사항에 대한 심도 있는 토론을 행하는 것을 기대하기 어려운 것이 현실이다. 국회의 상임위원회와 예산결산특별위원회 소속 의원들의 예산에 관한 전문성 부족 및 형식적 심사는 국회의 예산심사권의 한계를 노정하고 있다. 그리고 예산심의 자체가 경제적이고 정치적인 합리성에 기초하여 이루어지는 것이 아니라 단순히 각 정당의 입장을 대변하는 '당파적 차원'에서 다루어져 온 것이 문제이다. 예산심의가 국민적 가치와 수요에 가장 잘 부합될 수 있는 최적의 예산안을 확정하기 위한 발전적 논쟁과 협의를 배제한 채 오로지 당리당략에 따라서 여야 간에 이전투구를 벌이는 것에 불과하였다고 볼 수 있다. 우리의 정당정치가 여야 간에 토론과 타협의 정치문화가 정착되지 못한 상황에서 예산심의의 당파적 성격은 쉽게 합의를 도출할 수 없게 되며, 결국 법정기한에 쫓겨 다수당에 의한 일방적인 안건처리가 관행화되어 온 것이 현실이다. 헌법상 예산안에 대한 최종 의결시한(12월 2일)을 준수하지 못하는 국회의 위헌적인 예산안처리의 관행은 더욱 심각한 문제로 지적되어 왔던 것이다.[1] 이러한 문제점을 해결하기 위하여 2014년 5월 시행된 개정국회법에 의해 예산안 등의 심사를 매년 11월 30일까지 마쳐야 하며 이 기한 내에 심사를 마치지 아니한 때에는 원칙적으로 그 다음 날에 위원회에서 심사를 마치고 바로 본회의에 부의된 것으로 본다는 본회의 자동부의조항을 규정하게 되었다(동법 제85조의3).

둘째, 국회의 결산심사과정에서도 여전히 문제가 제기될 수 있다. 현행 국회법은 결산심사에 있어서 예산안의 심의·의결과 동일한 절차를 규정하고 있음에도 불구하고 현실적으로 결산에 대한 국회의 통제방식은 역사적 관행에 의거하여 그 심사가 형식적으로 이루어지는 것이 문제로 지적되고 있다. 결산이 국가의 예산집행의 결과를 정확하게 파악하고 예산집행의 적법성을 검증하며 차기 예산편성과 운영에 반영될 수 있는 정보와 자료를 제공할 수 있다는 점에서 결산심사는 예산안의 경우와 마찬가지로 엄격하게 행해져야 할 것이다. 이 점에서 헌법상 재정의회의결원칙에 입각한 정부의 재정작용에 대한 국회의 실질적인 통제기능이 활성화되기 위해서는 결산에 대한 심사의 강화가 요구된다.

---

1) 지난 제15대 국회에서 제18대 국회에 이르기까지(1996~2011) 새해 예산안을 법정시한 내에 처리한 것은 1996년과 2002년 두 차례뿐이었다. 특히 2000년 이후부터는 거의 매년 회계연도 개시일(1월 1일) 직전에 새해 예산안이 가까스로 국회 본회의를 통과함으로써 차기연도 예산운용에 큰 차질을 초래하였다. 이러한 법정시한을 준수하지 못하는 예산안 처리의 문제는 예산심의에 있어 정치적 쟁점과 예산을 연계하는 당파적 성격의 문제와 함께 예산심의기간의 부족 등이 주요 원인이 되고 있다. 정만희, "국회의 국정통제기능에 대한 검토", 헌법학연구 제20권 제3호, 2014, 225면 이하.

(나) 예산특별형식주의의 문제점

우리 헌법상 예산제도는 예산특별형식주의 내지 예산비법률주의를 채택하고 있어서 예산과 법률의 불일치로 인한 문제뿐만 아니라 세출에 대한 국회의 실질적 통제기능을 확보하기 어려운 것이 문제점으로 지적되고 있다. 이러한 문제점을 해결하기 위해서는 서구의 각국에서 채택하고 있는 예산법률주의를 도입해야 한다는 것이 학계의 지배적 견해이다.[1] 예산법률주의가 도입됨으로써 지출근거법률과 지출예산의 이원화로 인한 예산과 법률의 불일치 문제가 해소될 수 있고, 현행의 예산의결주의에서는 예산이 법률이 아니기 때문에 예산내용에 대해 공식적인 접근이 허용되지 않지만 예산법률주의에서는 예산정보의 공개가 완벽하게 이루어지게 되는 장점이 있게 된다. 예산정보에 대한 공개는 예산에 대한 민주적 통제의 관점에서 필요한 것이며 정부의 예산처분의 자유에 대한 제어가 가능해진다.[2] 이러한 예산법률주의의 장점들에 비추어 볼 때 예산법률주의의 도입을 긍정적으로 검토할 필요가 있다.[3]

3. 국정통제에 관한 권한

(1) 탄핵소추권

(가) 탄핵제도의 의의

① 탄핵제도의 개념

탄핵제도(impeachment)란 일반적 사법절차에 따라 소추하거나 징계절차로써 징계하기가 곤란한 고위직 행정공무원이나 신분이 보장되는 공무원이 직무상 중대한 비위를 범한 경우에 이들을 국민의 대표기관인 의회가 소추하여 처벌하거나 파면하는 제도를 말한다. 탄핵의 소추기관과 심판기관 등의 구체적 제도는 국가에 따라 차이가 있는데, 미국의 탄핵제도는 연방하원이 소추하고 상원이 탄핵심판한다. 우리 헌법상의 탄핵제도는 국회가 소추권을 행사하고, 탄핵심판은 헌법재판소의 권한으로 하고 있다. 탄핵제도는 일반적으로 형사재판에 의한 처벌과 구별되는 징계적 처벌의 성격을 가지는데 우리 헌법도 "탄핵결정은 공직으로부터 파면함에 그친다. 그러나 이에 의하여 민사상이나 형사상의 책임이 면제되지는 아니한다"(제65조 제4항)라고 하여 우리의 탄핵제도를 징계적 처벌의 성격으로 규정하고 있다.

헌법상의 탄핵제도는 의회의 국정통제수단으로서 중요한 기능을 수행함은 물론이고 고위공직자에 의한 헌법침해로부터 헌법을 수호하는 기능을 담당하며 나아가 책임정치의

1) 장영수, "국회기능의 합리화 방안", 헌법학연구 제16권 제3호, 2010, 349면.
2) 정종섭, 앞의 책, 1093면.
3) 국회 헌법연구자문위원회 결과보고서, 2009, 146-147면.

구현이라는 측면에서도 중요한 의미를 가지는 제도이다.

② 탄핵제도의 연혁

탄핵제도는 영국의 근대 의회제의 성립과 전개과정에서 그 기원을 찾을 수 있는 것으로 국왕의 전제권력을 억제하고 의회주권을 확립하기 위하여 채택된 제도이다. 영국의 탄핵제도는 그 후 미국헌법의 탄핵제도의 성립에 커다란 영향을 미쳤다. 미국의 탄핵제도는 엄격한 3권분립원리를 전제로 국민의 대표기관인 의회가 행정부와 사법부의 고위공직자의 권력남용과 부정행위를 처벌하도록 함으로써 주요한 권력통제기능을 수행하게 되었다. 미국헌정사상 탄핵이 행해진 것은 클린턴 대통령의 탄핵에 이르기까지 총 17건이 있었으나 그 중 대통령탄핵은 3건에 불과하고 연방법관에 대한 탄핵이 12건으로서 주로 탄핵이 연방법원판사의 사법권남용에 대한 통제수단으로서 활용되어온 것이 특징이라 할 수 있다.[1)]

우리나라는 1948년 건국헌법 이래 탄핵제도를 계속 규정하여 왔다. 건국헌법상의 탄핵대상이나 탄핵사유는 현행헌법에 이르기까지 거의 그대로 유지되고 있다. 다만 국회의 탄핵소추에 대한 탄핵심판기관은 변화가 있었다. 건국헌법의 경우 탄핵심판은 탄핵재판소에서 행하도록 규정하였으나, 1960년 헌법은 헌법재판소가 탄핵심판기관이 되었으며, 1962년 헌법은 탄핵심판위원회가 탄핵심판을 관장하도록 하였다. 1972년 헌법과 1980년 헌법은 헌법위원회가 탄핵심판기관이었으며, 1987년 현행헌법에서는 헌법재판소제도를 채택하여 헌법재판소가 탄핵심판을 관장하고 있다.

(나) 탄핵소추의 대상·절차

현행헌법은 탄핵소추대상자로서 대통령·국무총리·국무위원·행정각부의 장·헌법재판소 재판관과 사법부의 법관, 중앙선거관리위원회 위원·감사원장·감사위원 기타 법률이 정한 공무원으로 규정하고 있다(제65조 제1항). '기타 법률이 정한 공무원'의 범위로는 검사(검찰청법 제37조)를 들 수 있으며, 각군 참모총장이나 고위외교관, 정부위원 등이 입법에 의해 포함될 수 있다. 대통령에 대한 탄핵소추는 국회 재적의원 과반수의 발의가 있어야 하며 의결은 재적의원 3분의 2 이상의 찬성이 있어야 한다. 그 외의 자의 경우에는 국회 재적의원 3분의 1 이상의 발의와 재적의원 과반수의 찬성으로 의결한다(제65조 제2항).

우리 헌정사에 있어서 대통령에 대한 국회의 탄핵소추가 가결되어 헌법재판소의 탄핵심판을 받은 사건은 노무현 대통령 탄핵과 박근혜 대통령 탄핵의 두 건이 있었으며, 노무현 대통령은 2004년 헌법재판소의 기각결정으로 대통령직을 유지할 수 있었으나, 박근혜 대통령은 2017년 3월 10일 파면결정으로 임기 중 물러나게 되었다.[2)]

---

1) 미국의 탄핵제도에 관한 상세한 내용은 정만희, 앞의 책, 299면 이하 참조.
2) 헌재 2004. 5. 14. 2004헌나1; 헌재 2017. 3. 10. 2016헌나1.

2021년에는 법관에 대한 탄핵심판이 최초로 청구되었는데, 헌법재판소의 탄핵심판 중 임기만료로 피청구인이 법관의 직에서 퇴직한 사안에서 헌법재판소는 재판관 5인의 각하의견으로, 이미 임기만료로 퇴직한 피청구인에 대해서는 본안판단에 나아가도 파면결정을 선고할 수 없으므로 결국 이 사건 탄핵심판청구는 부적법하다는 결정을 선고하였다.[1)]

(다) 탄핵소추의 사유

헌법은 제65조 제1항에 탄핵소추의 사유로서 "직무집행에 있어서 헌법이나 법률을 위배한 때"라고 하여 그 사유를 포괄적으로 규정하고 있다. 탄핵소추사유는 첫째로 직무집행에 관련된 것이어야 하므로 직무집행과 관련 없는 사생활에 관한 사항은 물론, 대통령 당선 전이나 퇴직 후의 행위는 탄핵소추사유가 될 수 없다. 둘째로 헌법이나 법률을 위배한 경우라야 하므로 단순한 부도덕이나 정치적 무능력, 정책결정상의 과오 등은 탄핵소추사유가 될 수 없다. 여기서 헌법이나 법률을 위반하는 위법행위는 고의나 과실에 의한 경우뿐만 아니라 법의 무지로 인한 경우도 포함될 수 있다.

탄핵소추에 대한 탄핵심판절차에 있어서 헌법재판소는 탄핵소추사유와 탄핵사유를 구분하고 있다. 헌법재판소의 탄핵사유는 헌법재판소법 제53조 제1항이 규정한 '탄핵심판청구가 이유 있는 경우'를 말하며, 그것은 피청구인이 '그 직무집행에 있어서 헌법이나 법률을 위배한 때'로서 '파면을 정당화할 정도로 중대한 헌법이나 법률의 위배가 있는 때'로 판단하고 있다. 즉 탄핵대상자의 직무집행에 있어서 헌법이나 법률을 위배하는 모든 행위가 탄핵소추사유가 될 수 있다고 하겠으나, 헌법재판소의 탄핵사유는 엄격하게 한정적으로 해석하고 있다. 헌법재판소는 2004년 노무현 대통령 탄핵심판 사건에서 '헌법이나 법률에 위배했는지의 여부'와 '파면할 것인지의 여부'를 구분하여, 피청구인의 행위가 헌법과 법률에 위배했다고 인정하면서도 그 위배행위가 파면을 정당화할 정도로 '중대한 법위반'에 해당하지 않는다고 판시하였다. 이 사건에서 헌법재판소는 "파면결정을 통하여 헌법을 수호하고 손상된 헌법질서를 다시 회복하는 것이 요청될 정도로, 대통령의 법위반행위가 헌법수호의 관점에서 중대한 의미를 가진다고 볼 수 없고, 또한 대통령에게 부여한 국민의 신임을 임기 중 다시 박탈해야 할 정도로 국민의 신임을 저버린 경우에 해당한다고도 볼 수 없으므로, 대통령에 대한 파면결정을 정당화하는 사유가 존재하지 않는다"고 판단한 것이다.[2)]

(라) 탄핵소추의결 및 탄핵결정의 효과

탄핵소추가 의결되면 헌법재판소의 탄핵심판이 있을 때까지 권한행사가 정지된다(제65조 제3항). 이는 탄핵소추의 경우에는 유죄추정의 원칙이 적용되는 것을 의미하며, 이 기간

---

1) 헌재 2021. 10. 28. 2021헌나1.
2) 헌재 2004. 5. 14. 2004헌나1.

중 직무행위를 하는 것은 위헌·무효가 된다. 탄핵소추가 의결되면 임명권자는 피소추자의 사직원을 접수하거나 해임할 수 없다(국회법 제134조 제2항).

헌법재판소 재판관 6인 이상의 찬성으로 탄핵결정이 있게 되면 피청구인은 공직으로부터 파면된다. 탄핵결정으로 민사상의 책임이나 형사상 책임이 면제되는 것은 아니다. 탄핵은 징계적 처벌이므로 민·형사재판과의 관계에서 일사부재리(一事不再理)의 원칙이 적용되지 아니한다(헌법재판소법 제54조 제1항). 또한 탄핵결정에 의해 파면된 자는 결정선고가 있은 날로부터 5년이 경과하지 아니하면 공무원이 될 수 없다(동법 제54조 제2항). 이 공직취임금지조항에 대하여는 위헌성 여부의 문제가 있으나 합헌설이 통설이다.

(2) 국정감사·조사권

(가) 의 의

본래의 의미의 국정조사권(investigatory power)이란 의회가 입법, 재정 등에 관한 권한을 유효·적절하게 행사하기 위하여 특정한 국정사안에 대하여 조사할 수 있는 권한을 말한다. 의회가 입법권·재정권·국정통제권 등의 권한을 실효성 있게 행사하기 위해서는 국정 전반에 관한 정확한 지식과 정보를 필요로 하며, 이러한 국정의 기초자료와 정보를 수집하기 위하여 의회가 조사를 행하는 것은 의회의 본래적 기능을 수행하는 데 필요한 부수적 권능으로서 당연히 인정되는 것이다. 국정조사권의 성립기원은 영국의 의회제도에서 비롯된 것으로 1688년 명예혁명의 성공으로 의회주권의 원칙이 확립된 시대적 배경과 밀접한 관련이 있다. 영국에서 태동한 국정조사권은 유럽 각국을 거쳐 미국에 계수되어 뿌리를 내리게 되었다. 미국의 국정조사권은 헌법상 명문규정이 없으나 의회의 권한행사를 위해 필요한 보조적 권능으로 일찍부터 인정되어 왔으며 법원의 판례에 의해 더욱 발전하여 왔다.[1]

이러한 국정조사권과 함께 한국헌법에 규정된 특유한 제도로서 국정감사권이란 국회가 매년 정기적으로 국정 전반에 대하여 감사할 수 있는 권한을 의미한다. 현행헌법 제61조 제1항은 "국회는 국정을 감사하거나 특정한 국정사안에 대하여 조사할 수 있으며, 이에 필요한 서류의 제출 또는 증인의 출석과 증언이나 의견의 진술을 요구할 수 있다"라고 하여 국정감사권과 국정조사권을 규정하고 있다. 국정조사권과 국정감사권은 그 본질과 주체·행사·방법·한계·효력 등에서 거의 동일하며, 다만 그 시기와 기간·대상에서 차이가 있을 뿐이다. 말하자면 국정조사는 '부정기적(不定期的)·특정' 국정조사를 의미하지만 국정감사는 '정례적(定例的)·일반' 국정조사라는 점에서 양자는 구별될 뿐이다.[2]

1) 국정조사권의 본질에 관하여 자주 인용되는 미국 연방대법원 판례 McGrain v. Daugherty, 273 U.S. 135(1927)에 의하면 국정조사는 의회의 "입법기능을 수행하는데 필수적이고 적절하며 보조적인 것"(an essential and appropriate auxiliary to the legislative function)이라고 판시하고 있다.

2) 한국헌법사에 있어서 국정조사권과 국정감사권에 관한 규정을 보면 건국헌법 이래 1972년 헌법 이전까지는 '국

(나) 국정감사·조사권의 법적 성격과 기능

국정감사·조사권은 국회의 본래적 권한인 입법권과 재정에 관한 권한 등 헌법상 권한들을 유효적절하게 행사하는 데 필요한 부수적이고 보조적인 권한에 지나지 않는 것으로 보는 것이 통설이다. 이러한 국정감사·조사권은 국정의 실태를 정확하게 파악함으로써 새로운 입법이나 예산심의의 자료로 활용하는 기능을 수행하게 되고, 정부의 시정을 감시하고 비판하며, 국정에 관한 국민의 알 권리를 충족시켜 주는 정보제공 기능을 수행하게 된다. 즉 의회의 국정조사권은 행정에 대한 감독자로서의 역할을 수행하는 데 있어 가장 큰 무기이며 정치과정의 공개성을 확보하기 위한 유력한 수단을 의미한다. 요컨대 오늘날 행정국가화의 경향에 있어서 국정조사권은 의회의 기능을 실질화하는 관점에서뿐만 아니라 국정에 관한 국민의 알 권리의 실현이라는 관점에서의 그 역할과 기능이 강조되고 있다.

(다) 국정감사·조사의 시기와 방법

국회는 국정 전반에 관하여 소관 상임위원회별로 매년 정기회 집회일 이전에 감사시작일로부터 30일 이내의 기간을 정하여 감사를 실시한다. 다만 본회의 의결로 정기회 기간 중에 감사를 실시할 수 있다(국정감사 및 조사에 관한 법률 제2조). 국정조사는 국회재적의원 4분의 1 이상의 요구가 있는 때에 특별위원회 또는 상임위원회가 특정의 국정사안에 관하여 행한다(동법 제3조).

국정감사위원회나 조사위원회는 의결로써 감사 또는 조사와 관련된 보고 또는 서류의 제출을 관계인 또는 기관에 요구하고, 증인·감정인·참고인의 출석을 요구하고 검증을 행할 수 있다. 또한 감사위원회나 조사위원회는 필요한 경우 증인·감정인·참고인들로부터 증언·진술의 청취와 증거의 채택을 위하여 청문회를 열 수 있다. 국정감사나 조사위원회는 증인이 정당한 이유 없이 출석하지 아니하는 때에는 의결로 해당 증인에 대하여 지정한 장소까지 동행할 것을 명령할 수 있다. 증인이 모욕적인 언행으로 국회의 권위를 훼손하거나 증언 또는 동행명령을 거부할 경우 또는 허위의 진술이나 감정을 한 경우에는 국회모욕죄 또는 위증죄 등으로 처벌을 받는다(국회에서의 증언·감정 등에 관한 법률 제12조~제14조).

(라) 국정감사의 대상기관

국정감사의 대상기관은 위원회선정대상기관과 본회의승인대상기관으로 구분된다. 위원회선정대상기관으로는 1) 정부조직법 기타 법률에 의하여 설치된 국가기관, 2) 지방자치단체 중 특별시·광역시·도, 3) 공공기관의 운영에 관한 법률 제4조의 규정에 의한 공공기관·한국은행·농협중앙회·수협중앙회가 포함된다. 본회의승인대상기관으로는 1) 위원회선

정감사권' 제도를 채택하였으나, 1972년 헌법에서 국정감사권규정이 삭제되었으며, 1980년 헌법에서 '국정조사권'조항이 신설되었다. 1987년 현행헌법 제61조에 의해 국정조사권과 국정감사권을 동시에 규정하게 되었다.

정대상기관 외의 지방행정기관·지방자치단체, 2) 위원회선정대상기관 외의 감사원법에 의한 감사원의 감사대상기관 중에서 본회의가 특히 필요하다고 의결하는 기관을 포함한다(국정감사 및 조사에 관한 법률 제7조). 다만 위의 지방자치단체 중 특별시·광역시·도 등 광역자치단체에 대한 감사는 국가위임사무와 국가가 보조금 등 예산을 지원하는 사업에 한하여 인정되며(동법 제7조 제2호 단서), 지방자치단체에 대한 감사는 2 이상의 위원회가 합동으로 반을 구성하여 행할 수 있다(동법 제7조의2).

(마) 국정감사·조사의 범위

국회는 입법의 준비에 필요한 모든 사항을 감사·조사할 수 있으며, 재정과 행정 전반에 관한 사항을 감사·조사할 수 있다. 사법에 관한 사항으로는 법원과 헌법재판소의 예산운용, 재판의 신속한 처리 여부, 법관의 유효적절한 배치 등 사법행정에 관한 사항과 대법원규칙 등 사법사무규칙 제정에 관한 사항은 국정감사나 조사의 대상이 된다. 그 밖에 국회는 국회의 규칙, 국회의 운영, 의원의 징계와 자격심사 등에 관한 사항을 감사·조사할 수 있고, 청원이나 진정을 처리하기 위하여 필요한 사항에 관하여 감사·조사할 수 있다.

(바) 국정감사·조사권의 한계

① 권력분립상의 한계

국회가 행정부에 대한 감사나 조사를 하는 경우에 국회가 스스로 구체적 행정처분을 하거나 행정처분의 취소를 명하는 것은 물론이고, 행정부에 정치적 압력을 가하는 것과 같은 감사·조사는 할 수 없다.

사법권의 독립과 관련하여, 법원에 계속 중인 사건에 관하여 정치적 압력을 가하거나 재판내용에 개입하거나 사법상의 문서의 제출을 요구하거나 법관의 법정지휘에 관한 절차를 감사·조사하는 것은 허용되지 아니한다. 또한 판결확정 후에도 재판내용이나 소송절차의 당부(當否)를 감사·조사하는 것은 법관의 자유로운 심증형성에 영향을 미치는 것이 되므로 허용될 수 없다. 다만 법원과 병행하여 동일사건을 다른 목적(탄핵소추, 해임건의 등)을 위하여 독자적으로 감사·조사하는 것은 무방하다.

국정감사·조사와 검찰권의 관계에서도 문제가 제기될 수 있다. 검찰권은 준사법적 성격을 갖는 점에서 검찰권의 독립이 요청된다. 따라서 검찰사무와 관련하여 현재 진행 중인 수사의 진행을 방해하거나 소추에 간섭하는 감사나 조사는 형사사법의 공정을 기하기 위하여 허용되지 아니한다(동법 제8조 후단).

지방자치단체의 고유사무는 당해 지방의회가 감사·조사하는 것이 지방자치제의 헌법정신에 합치되므로 국회의 국정감사·조사대상에서 제외되어야 한다.

② 기본권보장상의 한계

국회의 국정감사·조사권은 국정에 관한 것이므로 국정과 관계없는 개인의 사생활사항에 관해서는 이를 감사·조사할 수 없으며 헌법상 보장된 개인의 사생활의 비밀과 자유를 침해해서는 안 된다. 국정감사·조사에 있어서 참고인이나 증인의 출석을 요구할 수 있지만 불리한 진술을 강요할 수 없으며, 양심의 자유와 관련하여 정치적 신조나 직무상의 비밀에 관한 증언을 강제하여서는 안 된다.

③ 국가이익상의 한계

공무원 또는 공무원이었던 자가 국회로부터 증언의 요구를 받거나 국가기관이 서류제출을 요구받은 경우에 그 내용이 직무상 비밀에 속한다는 이유로 이를 거부할 수 없다. 다만 군사·외교·대북관계의 국가기밀에 관한 사항으로서 그 발표가 국가안위에 중대한 영향을 미친다는 주무부장관의 소명이 증언 등의 요구를 받은 날로부터 5일 이내에 있으면 거부할 수 있다(국회에서의 증언·감정 등에 관한 법률 제4조 제1항). 이 경우에도 국회가 주무부장관의 소명을 수락하지 아니할 때에는 본회의의 의결로, 폐회 중에는 당해 위원회의 의결로 국회가 요구한 증언 또는 서류의 제출이 국가의 중대한 이익을 해친다는 취지의 국무총리의 성명을 요구할 수 있으며, 이에 대해 국무총리가 성명을 요구받은 날로부터 7일 이내에 그 성명을 발표하지 아니하는 경우에는 증언이나 서류제출을 거부할 수 없다(동법 제4조 제2항, 제3항).

(사) 국정감사제도의 문제점

① 국정감사대상기관의 문제점

국정감사는 매년 20일 동안 실시되는데 토·일요일을 제외하면 실제로 감사가 가능한 기간은 14~15일 정도에 불과하지만, 국정감사의 대상기관의 수는 증가추세에 있다. 1990년대 국정감사 대상기관은 300개 정도였으나 2001년에는 402개 기관에 해당하였고 제17대 국회에 들어와서는 460여개 이상으로 증가하였으며, 2013년도 국정감사에서는 620여개로 대폭 증가하게 되었다.

이와 같이 국정감사 대상기관을 과다하게 선정하게 되면 결국 한 위원회가 하루에 여러 개의 기관을 동시에 감사해야 되기 때문에 일정에 쫓기는 감사를 하지 않을 수 없게 되어 국정감사가 소기의 성과를 거두기 어려우며 그것은 졸속감사, 부실감사, 겉핥기식 감사, 일과성 감사라는 비판을 면하기 어렵게 된다.

특히 광역 지방자치단체를 국가위임사무와 국가의 보조금 등 예산을 지원하는 사업에 한하여 국정감사의 대상으로 하고 기초자치단체에 대해서도 본회의의 의결로 대상기관으로 선정할 수 있도록 한 것은 지방자치제도 보장의 헌법정신에 반하게 되는 문제가 제기될 수 있으며, 그 밖에 본회의의 의결로 지방행정기관에 대해서도 감사대상에 포함시키고 있고 실제로 지방행정기관에 대한 감사의 편중은 의원들의 영향력을 과시하기 위한 정치적 의도가 있다는 지적이 있다.

② **자료제출 요구의 문제**

국정감사에 있어 자료제출 요구와 관련하여 그 요구건수가 지나치게 과다하다는 지적이 제기되어 왔다. 국정감사제도가 부활된 1988년에는 총 요구건수가 16,222건이었으나, 1992년 제14대 국회부터는 3만건대로 증가하였고 1998년부터는 5만건대로 급격히 건수가 증가하여 제16대 국회 4년 동안에 매년 5만건 내지 6만건 정도의 서류제출 요구가 있었다.

자료제출 요구가 해를 거듭할수록 증가하고 있는 것은 국회의원들이 국정감사 및 입법활동에 활용할 정보의 수요가 크게 증가하게 되었다는 점에서 의미가 있으며 국민의 국정에 관한 알 권리를 충족시켜 준다는 측면에서는 바람직한 점도 있으나, 제출자료를 준비하는 피감기관과 그 산하기관의 입장에서는 통상적인 업무를 제대로 수행하지 못하게 되고 행정업무의 마비를 초래하게 된다. 이와 같은 과다한 자료제출 요구는 결국 국정감사를 행하는 의원들과 피감기관 간의 갈등요인이 되며, 각종 자료의 준비에 소요되는 막대한 비용은 예산낭비의 문제를 야기하게 된다.

③ **증인채택 등의 문제**

국정감사의 실시에 있어서 증인의 채택을 둘러싸고 여야 간의 이견으로 국정감사 자체가 파행으로 치닫거나, 출석을 요구하는 경우에도 증인이 출석하지 않는 문제가 끊임없이 발생하고 있다. 제13대 국회 이후 국정감사 및 조사, 위원회 차원의 진상조사와 관련하여 증인의 불출석, 위증 등으로 국회에서 고발된 84명의 증인 중 실형이 확정된 경우는 한 건도 없었다는 통계자료는 문제의 심각성을 말해주고 있다.

특히 단순한 불출석이 아니라 출석한 증인이 위증을 하여 고발된 후 법원에서 그 혐의가 인정된 경우에도 모두 집행유예로 풀려난다는 데에 문제의 심각성이 있다고 할 수 있다. 이러한 문제를 시정하기 위해서는 불출석 증인과 위증을 한 증인에 대한 처벌의 강화를 위한 엄중한 법집행의 의지가 절실히 요구된다고 하겠다.

④ **정책감사의 상실 문제**

국정감사의 주된 목적의 하나가 입법이나 예산심의 활동의 기초가 되는 자료나 정보를 수집하는 데 있으므로 감사의 정책지향성을 유지·발전시키는 것은 중요한 과제라 할 수 있다. 즉 국정감사는 국정 전반에 대한 실태를 파악함으로써 입법활동과 예산심의에 필요한 자료 및 정보를 획득하고 나아가서 국정을 감시·비판하며 국정의 잘못된 부분을 적발, 시정함으로써 헌법에 부여된 국회의 본래적 권능의 효율성을 위한 수단을 의미하므로, 국정감사는 국회가 정한 입법의도대로 행정부가 정책사업을 구상해서 집행하고 있는지의 여부를 가려보는 정책감사와 정책사업이 효율적으로 집행·관리되고 있는지의 여부를 알아보는 행정관리감사 및 그 과정이 적법한 양식에 의해서 처리되었는지의 여부를 묻는 위법성감사의 성격을 모두 포괄하게 된다. 그러나 지금까지의 국정감사는 정부정책에 대한 비판이나 대안제시 등의 정책지향적인 감사라기보다는 위법성감사에 치중해 왔으며, 각종 정치적 비리 문제에 관련된 감사에만 초점을 맞추고 있는 것이 문제로 지적되고 있다. 또한 국정감사의 진행 과정이 형식적이고 인기영합적인 감사에 치중하고 있으며, 감사위원의 전문성 부족이 문제되고 있다.

⑤ 감사결과 사후처리의 문제

국정감사가 끝나면 감사결과가 관계 법률에 따라 신속히 처리되어 예산 및 각종 법안 심의에 반영되는 것이 국정감사의 취지에 부합되는 것이나, 실제로 감사결과보고서가 지연 처리되어 그 해 예산 및 각종 법안 심의시 반영되지 못하는 것이 문제점으로 지적된다. 또한 국정감사에서 지적된 사항에 대해 정부나 해당 기관이 제대로 시정 등의 조치를 하지도 않으며, 국회의원들도 국정감사에서 질문하는 데에만 관심이 있고 실제로 그 처리상황에 대해서는 신경을 쓰지 않는 것이 문제로 지적되고 있다. 이는 현행 국감법이 국회의 시정요구사항 등에 대하여 정부나 해당 기관은 그 처리결과를 보고하도록 하고, 국회는 그 "처리결과보고에 대하여 적절한 조치를 취할 수 있다"(제16조 제3항, 제4항)라고 규정하고 있을 뿐 그 처리시한 및 사후감사에 대한 명확한 규정이 없는 데에서 기인하는 문제이기도 하다.[1]

(3) 국무총리·국무위원의 해임건의권

현행헌법은 제63조 제1항에 "국회는 국무총리 또는 국무위원의 해임을 대통령에게 건의할 수 있다"라고 규정하고, 제2항에서 "제1항의 해임건의는 국회 재적의원 3분의 1 이상의 발의에 의하여 국회 재적의원 과반수의 찬성이 있어야 한다"라고 규정하고 있다. 국회의 국무총리 또는 국무위원에 대한 해임건의권은 대통령을 보좌하는 국무총리와 국무위원에 대하여 정치적 책임을 추궁함으로써 대통령과 행정부를 견제할 수 있도록 하는 제도로서, 이러한 해임건의권은 대통령제 정부형태에서는 찾아볼 수 없는 의원내각제적 요소로 간주되는 것이다. 다만 이 제도는 국회가 국무총리나 국무위원에 대한 해임건의 의결을 하더라도 그 해임건의가 법적 구속력이 없기 때문에 의원내각제에서의 국무총리 해임의결제도와는 구별된다. 헌법재판소도 해임건의권을 법적 구속력이 없는 것으로 보고 있다.[2] 연혁적

1) 정만희, "국정감사제도의 재검토", 공법학연구 제10권 제1호, 2009, 142면 이하 참조.
2) 헌재 2004. 5. 14. 2004헌나1.

으로 볼 때 제3공화국헌법은 해임건의권을 규정하면서 "해임건의가 있을 때에는 대통령은 특별한 사유가 없는 한 이에 응하여야 한다"(제59조 제3항)라고 하였으며, 제4공화국헌법과 제5공화국헌법은 해임의결권으로 규정하였다가, 현행헌법에 와서 다시 제3공화국헌법과 같은 해임건의권으로 바뀌면서 그 단서조항은 삭제되었다.

그러나 학자에 따라서는 이 해임건의권에 대해 법적 구속력을 인정해야 한다는 견해가 있다. 즉 해임건의권은 임기 중 책임을 지울 수 없는 대통령 대신에 국무총리와 국무위원에게 책임을 물어 대통령을 견제하기 위한 목적에서 채택된 의원내각제 요소의 수용으로 이해하여야 한다는 것이다.[1] 그 밖에 해임건의제도를 헌법상 제도로 명시한 것은 이 제도가 헌정 실제에서 유효하게 기능할 것을 전제로 한 것이지 단순히 그 효과가 사실상 무의미한 상황을 염두에 두고 설정된 제도로 이해해서는 안 되며, 따라서 그렇게 해석하는 것이 특별의결정족수를 명시한 헌법규정에도 부합한다는 것이다.[2]

생각건대 현행헌법상 해임건의권은 조문의 어의적 해석이나 제도의 연혁상 역대헌법의 규정들과 비교해 볼 때 법적 구속력을 갖는 해임의결권으로 해석되기 어렵다. 그러나 이 제도의 기본취지가 대통령을 수반으로 하는 행정부의 독선과 전제를 견제하는 데 있는 것이므로 비록 해임건의권이 법적 구속력은 없다 하더라도 대통령제 하에서의 국회에 의한 간접적인 통제수단으로서의 의미는 존중되어야 할 것이며, 실제로 국무총리나 국무위원에 대한 해임건의가 의결된 경우에는 대통령은 사실상 이에 기속될 수밖에 없다고 하겠다.

(4) 긴급명령 등에 대한 승인권

헌법 제76조 제2항에 의거하여 대통령은 국가의 안위에 관계되는 중대한 교전상태에 있어서 국가를 보위하기 위하여 긴급한 조치가 필요하고 국회의 집회가 불가능한 때에 한하여 법률의 효력을 가지는 긴급명령을 발한 때에는 지체없이 국회에 보고하여 그 승인을 얻어야 한다(제76조 제3항). 대통령은 또한 중대한 재정·경제상의 위기에 있어서 긴급한 조치가 필요하고 국회의 집회를 기다릴 여유가 없을 때에는 최소한으로 필요한 재정·경제상의 처분을 하거나 이에 관하여 법률의 효력을 갖는 명령을 발할 수 있는데 이 경우에도 대통령은 지체없이 국회에 보고하여 그 승인을 얻어야 한다(제76조 제1항, 제3항). 국회의 긴급명령과 긴급재정명령 등에 대한 승인권은 대통령의 국가긴급권의 남용을 통제하기 위한 것이다.

(5) 계엄해제요구권

대통령이 계엄을 선포한 때에는 지체없이 국회에 통고하여야 하며, 국회는 재적의원

---

1) 김철수, 헌법학개론, 박영사, 2007, 1344면.
2) 성낙인, 앞의 책, 504면.

과반수의 찬성으로 계엄의 해제를 요구할 수 있다. 국회의 계엄해제 요구가 있으면 대통령은 계엄을 해제하여야 한다(제77조 제4항, 제5항). 국회의 계엄해제요구권도 대통령의 계엄선포권의 남용을 통제하기 위한 제도이다.

(6) 국방 및 외교정책에 대한 동의권

국회는 대통령의 조약체결·비준, 선전포고 등에 대한 동의권을 통해 국방 및 외교정책에 대한 통제기능을 수행한다. 국회는 헌법 제60조 제1항에 규정된 상호원조 또는 안전보장에 관한 조약, 중요한 국제조직에 관한 조약, 우호통상항해조약, 주권의 제약에 관한 조약, 강화조약, 국가나 국민에게 중대한 재정적 부담을 지우는 조약 또는 입법사항에 관한 조약의 체결·비준에 대한 동의권을 가진다. 국회는 또한 선전포고, 국군의 외국 파견 또는 외국군대의 대한민국 영역 안에서의 주류에 대한 동의권을 행사한다(헌법 제60조 제2항).

국회의 조약의 체결·비준에 대한 동의권과 관련하여 헌법재판소는 대통령이 국회의 동의 없이 조약을 체결·비준하였다 하더라도 국회의 구성원인 국회의원이 국회를 위하여 국회의 권한침해를 주장하는 권한쟁의심판(이른바 제3자 소송담당)을 청구할 수 없다고 하고, 이 경우에 조약의 체결·비준에 대한 국회의원의 심의·표결권이 국회 이외의 국가기관인 대통령에 의해 침해될 가능성은 없다고 판시한 바 있다. 즉 국회의 동의권이 침해되었다고 하여 동시에 국회의원의 심의·표결권이 침해된다고 할 수 없고, 또 국회의원의 심의·표결권은 국회의 대내적인 관계에서 행사되고 침해될 수 있을 뿐 다른 국가기관과의 대외적인 관계에서는 침해될 수 없는 것이므로, 국회의원들 상호간 또는 국회의원과 국회의장 사이와 같이 국회 내부적으로만 직접적인 법적 연관성을 발생시킬 수 있을 뿐이고 대통령 등 국회 이외의 국가기관과 사이에서는 권한침해의 직접적인 법적 효과를 발생시키지 않는다고 판단하고 있다.[1)]

(7) 일반사면에 대한 동의권

대통령은 국가원수로서의 지위에서 사면권을 행사할 수 있지만, 일반사면(一般赦免)을 명할 경우에는 국회의 동의를 얻어야 한다(헌법 제79조 제2항). 국회의 사면동의권은 대통령의 일반사면 남용을 견제하기 위한 통제수단을 의미한다. 그러나 대통령의 사면권행사가 현실적으로 문제되는 것은 특별사면의 경우이므로 사면법상 특별사면의 대상에서 제외되는 범죄행위의 범위와 대상을 제한하는 것 등의 제도개선이 필요하다고 본다.

---

1) 헌재 2007. 7. 26. 2005헌라8.

4. 국회의 자율권

(1) 자율권의 의의

국회의 자율권이란 국회가 다른 국가기관의 간섭을 받지 아니하고 헌법과 법률 및 국회규칙에 따라 의사(議事)와 내부사항을 독자적으로 결정할 수 있는 권한을 말한다. 국회의 자율권은 권력분립의 원리에 입각하여 국회의 기능을 보장하기 위한 것이다. 현행헌법과 법률에 의한 국회의 자율권으로는 국회규칙제정권, 집회 및 의사 등에 관한 권한, 내부조직권, 내부경찰권과 의원가택권, 의원의 신분에 관한 권한 등이 있다.

(2) 자율권의 내용

(가) 국회규칙제정권

국회는 헌법과 법률에 저촉되지 않는 범위 안에서 의사와 내부규율에 관한 규칙을 제정할 수 있다(헌법 제64조 제1항). 국회의 의사와 내부규율에 관하여는 국회법에서 상세하게 규정하고 있으므로 실제로 국회규칙의 내용은 세부적이고 기술적인 사항을 다루고 있다. 국회규칙은 '법률에 저촉되지 않는 범위 안에서' 제정될 수 있으므로 법률보다 하위의 효력을 가지는데, 국회규칙이 법률에 저촉되는지의 여부에 관하여 사법적 통제가 인정되느냐의 문제가 제기될 수 있다. 국회의 자율성 존중을 위하여 사법적 판단을 자제하는 것이 타당하다고 할 수 있다.

(나) 집회와 의사에 관한 자율권

국회는 헌법과 국회법이 정하는 바에 따라 집회·휴회·폐회·회기 등을 자주적으로 결정한다. 국회는 의사일정의 작성, 의안의 발의·수정 등 의사에 관하여도 헌법과 법률의 구속을 받는 외에는 스스로 정한다. 따라서 의사절차의 적법성이 문제되는 경우에도 국회는 스스로 판단하고 해석하는 것을 원칙으로 한다. 다만 국회의 의사절차나 입법절차에 헌법이나 법률의 규정을 명백히 위반한 흠이 있는 경우에는 국회가 자율권을 가진다고 할 수 없다.[1]

(다) 질서유지에 관한 자율권

국회는 국회법에 따라 내부경찰권과 의원가택권(議院家宅權)을 가진다. 내부경찰권이란 국회 내에서의 질서유지를 위하여 의원·방청객은 물론 원내에 있는 모든 자에 대하여 일정한 사항을 명하거나 실력으로써 명령을 강제할 수 있는 권한을 말한다. 의원가택권은 국회가 그 의사에 반하여 타인이 국회 내에 침입함을 금지하고 국회 내에 들어오는 모든 자를

---

1) 헌재 1997. 7. 16. 96헌라2.

국회의 질서에 따르게 할 수 있는 권한을 말한다. 내부경찰권과 의원가택권은 국회의 권한이지만 구체적으로는 의장의 경호권과 질서유지권으로 나타난다(국회법 제143조~제154조).

(라) 의원의 신분에 관한 자율권

국회는 의원의 자격을 심사하며, 의원을 징계할 수 있다(헌법 제64조 제2항). 또한 국회는 그 의결로 의원의 사직을 허가한다(국회법 제135조). 의원의 선거에 관한 소송은 대법원의 관할로 하고 있지만, 의원의 자격에 관한 심사는 국회가 스스로 행한다. 의원의 자격이란 헌법과 법률이 규정한 의원으로서의 신분을 유지하는 데 필요한 적격성을 말한다. 현행법상 의원의 자격요건으로는 1) 적법한 당선인일 것, 2) 겸직이 금지된 직에 취임하지 아니할 것, 3) 국회법 제29조 제2항의 규정에 의하여 임기개시일 이후에 해직된 직의 권한을 행사하지 아니할 것, 4) 법률에 규정된 피선거권을 계속 보유할 것 등이다. 의원의 자격심사는 윤리특별위원회의 예심을 거치며, 자격이 없음을 의결할 때에는 본회의에서 재적의원 3분의 2 이상의 찬성이 있어야 한다(국회법 제142조 제3항). 국회의 자격심사의 결과에 대해서는 국회의 자율성을 존중하여 법원에 제소하는 것을 인정하지 아니한다(헌법 제64조 제4항).

국회의 의원에 대한 징계란 원내질서를 문란하게 하거나 국회의 품위와 위신을 손상한 의원이 있을 때 국회가 당해 의원에게 과하는 제재를 말한다. 국회법상 규정된 징계사유(국회법 제155조)가 되는 행위는 회기 중의 행위뿐만 아니라 전회기 중의 행위나 폐회 중의 행위도 포함된다고 본다. 징계의 종류로는 공개회의에서의 경고, 공개회의에서의 사과, 30일 이내의 출석정지, 제명의 네 가지가 있다(동법 제163조 제1항). 그러나 의원의 징계나 자격심사에 대해서는 헌법 제64조 제4항에 따라 법원에 제소할 수 없다고 하더라도 헌법재판소에 제소할 수 있는지의 여부에 관하여는 견해가 갈릴 수 있다. 이러한 경우에 헌법재판소에 헌법소원을 제기하는 것은 가능하다고 보는 견해가 있으나,[1] 국회의 자율권존중과 권력분립원리에 비추어 헌법재판소에의 제소가 금지되는 것으로 보는 것이 타당하다고 할 수 있다.

---

1) 권영성, 앞의 책, 940면.

제3절 국회의원의 헌법상 지위와 특권

I. 국회의원의 헌법상 지위

1. 국민대표자로서의 지위

국회의 구성원인 국회의원은 헌법상 국민의 대표자로서의 지위를 가진다. 여기서 국회의원과 국민의 관계는 명령적 위임이 아닌 자유위임의 원칙을 기초로 하여 성립한다(무기속위임의 원칙). 즉 국회의원은 선거구의 유권자 또는 특정 이익집단을 대표하는 것이 아니라 국민 전체를 대표하며, 따라서 어느 누구의 지시나 명령에 구속되지 않고 스스로 독자적인 판단에 따라 국민 전체의 이익을 위해 활동한다. 국회의원의 의정활동에 관한 의사결정에 대하여는 국민으로부터의 법적 책임을 지지 아니하며, 단지 선거나 여론에 의한 정치적 책임을 지게 될 뿐이다. 이러한 자유위임의 원칙에 입각한 국회의원의 지위에 관한 헌법적 근거조항으로는 제7조(공무원의 국민 전체에 대한 봉사자성), 제44조(불체포특권), 제45조(면책특권), 제46조 제2항(국가이익우선의무) 등을 들 수 있다.

2. 정당의 대표자로서의 지위

현대의 정당제 민주주의에 있어서 국회의원은 대부분 특정 정당에 소속하는 당원으로서 정당의 대표자의 지위를 가진다. 오늘날 의회의 의사결정은 의원들의 자유로운 토론과 표결로써 이루어지는 것이 아니라 각 정당대표들이 사전에 합의한 바에 따라 결정되고, 의원들은 정당 수뇌부의 지시와 명령에 따라 움직이는 거수기에 지나지 않는 것이 현실이다. 그러므로 오늘날 의회의원은 국민대표자의 지위와 소속 정당의 이익을 위해 활동하는 정당대표자의 지위를 동시에 갖는다고 할 수 있다.

3. 국민대표와 정당대표로서의 지위의 충돌

이와 같은 국회의원의 이중적 지위가 충돌하는 경우 어느 지위를 우선시켜야 하는 것인지가 문제된다. 헌법상 국회의원은 국가이익을 우선하여 양심에 따라 직무를 행할 의무가 있으며(제46조 제2항), 국회법에 의하여 자유투표제(제114조의2)가 보장되기 때문에 의원은 국민의 대표자로서 소속정당의 의사에 기속되지 아니하고 양심에 따라 투표할 수 있다. 또한 의원은 정당국가적 현실에 있어서도 탈당의 자유가 보장되고 의회의 표결에 있어 비밀투표가 보장되어 있으므로 국민의 대표자로서의 지위가 정당대표로서의 지위에 우선한다고 할 수 있다. 그렇지만 이러한 국민의 대표자의 지위가 우선한다고 하더라도 현실적으로 의원이 국가이익보다 정당의 이익을 우선하는 정당기속적 활동을 하는 경우 그에 대한 법적 제재가 어려운 문제가 있으며, 우리의 정치현실에 있어서 국민대표자의 지위와 정당대표자의 지위가 서로 충돌하게 될 때 언제나 국민대표자의 지위와 자유위임원칙이 우선한다고 볼 수 없는 상황들이 나타나기도 한다. 현행 공직선거법은 비례대표국회의원이 소속정당의 합당·해산 또는 제명 외의 사유로 당적을 이탈·변경하거나 2 이상의 당적을 가지고 있는 때에는 국회법 제136조(퇴직)의 규정에도 불구하고 퇴직된다고 규정(제192조 제4항)한 것은 지역구국회의원과 비례대표국회의원을 구별해서 비례대표국회의원의 경우에는 국민의 대표자로서 자유위임적 대의활동보다는 의원의 정당대표자로서의 지위와 정당기속을 우선하는 것으로 볼 수 있다.[1)]

Ⅱ. 국회의원 자격의 발생과 소멸

1. 의원자격의 발생

의원의 자격 발생에 관하여는 임기개시설과 당선결정설로 견해가 나뉘고 있다. 공직선거법은 제14조 제2항에 "국회의원의 임기는 총선거에 의한 전임의원의 임기만료일의 다음날부터 개시된다"고 규정하여 임기개시설을 취하고 있으며, 보궐선거 및 재선거의 경우에는 동 조항 단서에 "당선이 결정된 때부터 개시된다"고 규정하여 당선결정설을 채택하고 있다.

2. 의원자격의 소멸

(1) 임기만료

국회의원은 임기만료로써 자격을 상실한다. 헌법 제42조에는 의원의 임기를 4년으로 규정하고 있다. 그러나 보궐선거에 의한 의원의 임기는 전임자의 잔여기간으로 한다(공직선거법 제14조 제2항).

1) 헌법재판소는 공직선거법에 비례대표의원의 의원직상실규정이 채택되기 이전의 1994. 4. 28. 92헌마153 사건에서 비례대표의원이 소속정당을 이탈·변경하는 경우에 "별도의 법률규정이 있는 경우는 별론으로 하고 당연히 국회의원직을 상실하지는 않는다"고 판시한 바 있다. 이러한 입장은 비례대표의원에게도 지역구의원과 마찬가지로 전국민의 대표자의 지위와 자유위임을 인정하면서도 비례대표의원의 정당기속을 전제로 한 별도의 의원직상실에 관한 법률규정을 두는 것은 허용될 수 있다는 의미로 이해될 수도 있다. 이에 관하여는 정만희, "국회의원의 정당기속과 자유위임", 헌법재판연구 제2집 제1호, 2015, 139면 이하.

(2) 당선무효와 유죄판결의 확정

선거소송의 판결 결과 선거무효 또는 당선무효가 되면 의원은 자격을 상실한다. 즉, 당선된 의원이 선거일 또는 임기개시 전에 피선거권이 없었던 사실이 임기개시일 이후에 발견된 경우, 당선된 의원의 선거사무장 또는 회계책임자가 선거비용제한액의 200분의 1 이상을 초과지출한 이유로 징역형 또는 300만원 이상의 벌금형을 선고받은 경우, 당선된 의원이 공직선거법에 규정된 죄를 범하여 징역형 또는 100만원 이상의 벌금형의 선고를 받은 경우, 당선된 의원의 선거사무장·회계책임자 또는 후보자의 직계존비속 및 배우자가 공직선거법 제230조 내지 제234조 또는 제257조 제1항 중 기부행위를 한 죄를 범하여 징역형의 선고를 받은 경우에는 의원자격을 상실한다(동법 제263조~제265조). 기타의 사유로 대법원에서 선거무효 또는 당선무효가 선고된 경우 및 형사사건과 관련하여 유죄판결이 확정된 경우에는 의원의 자격을 상실하게 된다.

(3) 퇴직과 사직

의원은 법률에 규정된 피선거권을 상실하게 된 때와 헌법이나 법률에 의해 겸직할 수 없는 직에 취임할 때에는 의원직에서 퇴직된다. 의원은 또한 자신의 자유로운 의사에 따라 사직할 수 있다. 의원이 사직을 할 때에는 국회의 허가를 받아야 한다. 폐회 중에는 의장이 사직을 허가할 수 있다(국회법 제135조, 제136조).

(4) 제명과 자격심사

국회는 의원의 자격을 심사할 수 있으며, 국회 재적의원 3분의 2 이상의 찬성으로 의원을 제명할 수 있다(헌법 제64조 제2항, 제3항). 국회에서 의원의 무자격을 의결하는 데에는 재적의원 3분의 2 이상의 찬성이 있어야 한다(국회법 제142조 제3항). 의원의 제명과 무자격판정에 관한 국회의 처분에 대해서는 법원에 제소할 수 없다(헌법 제64조 제4항).

(5) 당적변경과 의원직상실

의원이 임기 중 당적을 변경하거나 탈당하는 경우에 의원자격의 상실 여부가 문제된다. 현행법은 의원의 무기속위임의 원칙과 무소속의원을 인정하고 있으므로 지역구의원의 경우 당적변경이 정치도의상의 문제는 될 수 있더라도 의원직상실의 사유가 될 수 없다고 본다. 다만 공직선거법은 전국구의원 또는 당선인이 소속정당의 합당·해산 또는 제명 외의 사유로 당적을 이탈·변경하거나 둘 이상의 당적을 가지고 있을 때에는 그 당선을 무효로 하거나 퇴직된다고 규정하고 있다(동법 제192조 제3항 제3호, 제4항).

전국구의원이 그를 공천한 정당을 탈당할 때 의원직을 상실하는지 여부는 그 나라의 헌법과 법률이 국회의원을 이른바 자유위임(또는 무기속위임) 하에 두었는가, 명령적 위임(또는 기속위임) 하에 두었는가, 양 제도를 병존하게 하였는가에 달려 있는데, 자유위임 하의 국회의원의 지위는 그 의원직을 얻는 방법, 즉 전국구로 얻었는가 지역구로 얻었는가에 의하여 차이가 없으며, 전국구의원도 그를 공천한 정당을 탈당하였다고 하여도 별도의 법률규정이 있는 경우는 별론으로 하고 당연히 국회의원직을 상실하지는 않는다.[1]

(6) 위헌정당해산과 의원직상실 문제

헌법 제8조 제4항에 따라 정당이 강제해산되는 경우 소속의원의 자격에 관하여는 헌법이나 법률에 명문규정이 없으므로 의원직 상실 여부가 문제된다. 이 경우 의원직이 상실되는 것으로 보는 것이 정당국가적 민주주의와 방어적 민주주의원리에 비추어 타당하다고 할 수 있다. 학계의 다수설도 이러한 입장을 취하고 있다.[2] 그러나 우리의 공직선거법이 국회의원선거의 무소속입후보를 인정하고 있고, 의원의 자유위임의 원칙상 소속의원의 정당에 대한 기속은 헌법과 법률에 명시된 범위에 한정하는 것이 옳으므로 정당이 해산되더라도 의원의 자격이 당연히 상실되는 것은 아니며 무소속의원으로 남게 된다는 견해도 있다.[3] 그 밖에 정당소속 의원 중에서 비례대표의원은 정당을 바탕으로 하는 국민의 의사에 의해 선출되므로 의원직을 상실하게 되지만 지역구의원은 의원직을 상실하지 않는다는 견해도 있다.

생각건대 위헌정당해산제도는 헌법상 자유민주적 기본질서를 수호하기 위한 방어적 민주주의이론에 입각한 것이므로 위헌정당으로 해산되는 경우에 소속의원의 의원직을 유지하게 하는 것은 정당해산제도의 취지에 어긋나며, 의원에 대한 정당기율이 강한 정당제 민주주의 하에서 정당의 강제해산은 소속의원의 자격상실이 동시에 이루어져야만 정당해산의 실효성을 기대할 수 있다고 할 것이다. 다만 의원 개개인이 국민의 대표자의 지위를 갖고 있기 때문에 법률의 근거 없이 헌법재판소의 정당해산심판결정으로 의원직을 박탈하는 것은 문제가 있으므로 위헌정당해산의 경우 소속의원의 자격상실에 관한 명문규정을 마련하는 입법이 요구된다.

헌법재판소는 2014년 통진당해산 사건에서 재판관 9인 중 8대 1의 다수의견으로 헌법재판소의 해산결정으로 위헌정당이 해산되는 경우에 그 정당 소속 국회의원이 그 의원직을 유지하는지 상실하는지에 대하여 헌법이나 법률에 명문의 규정이 없지만 정당 소속 국회의원은 모두 그 의원직이 상실되어야 한다고 판시하였다. 헌법재판소의 의원직상실의 논거로는 첫째, 국회의원의 자유위임의 한계로서 헌법이 추구하는 민주적 기본질서의 존중과 실

---

1) 헌재 1994. 4. 28. 92헌마153.
2) 권영성, 앞의 책, 197면; 허영, 앞의 책, 843면; 성낙인, 앞의 책, 235면; 정종섭, 앞의 책, 1528-1529면.
3) 김철수, 앞의 책, 1298면; 양건, 앞의 책, 177면.

현, 둘째, 정당해산심판제도의 본질적 효력, 셋째, 정당해산결정의 실효성 확보를 제시하고 있다.[1)]

Ⅲ. 국회의원의 겸직제한

헌법 제43조는 "국회의원은 법률이 정하는 직을 겸할 수 없다"라고 하여 의원이 국민대표로서의 지위와 양립되기 어려운 공·사의 직을 겸임하지 못하게 하면서도, 금지되는 겸직의 구체적 범위는 법률로써 정하도록 하고 있다. 국회법 제29조에 따라 의원이 겸할 수 없는 직으로는 1) 국가공무원 및 지방공무원, 2) 대통령·헌법재판소재판관·각급선거관리위원회 위원·지방의회의원, 3) 다른 법령의 규정에 의해 공무원의 신분을 가지는 직, 4) 정부투자기관의 임직원, 5) 농업협동조합·수산업협동조합의 임직원, 6) 정당법 제6조 단서의 규정에 의하여 정당원이 될 수 없는 교원 등이다. 그리고 감사원법(제9조)과 법원조직법(제49조)에 의하여 감사위원과 법관은 국회의원을 겸직할 수 없다.

그러나 현행법상 국회의원이 국무총리나 국무위원을 겸하는 것은 금지되어 있지 않다. 국회의원이 정부의 각료를 겸하는 것은 경성적 권력분립원리에 기초한 대통령제의 기본원리에 반하는 문제가 제기될 수 있다. 의원의 국무위원 겸직 허용은 여당 의원을 장관에 임명함으로써 국회에 대한 대통령의 영향력을 강화하게 되고 행정부에 대한 국회의 통제기능을 약화시키게 되는 위험성이 있다. 대통령제의 엄격한 권력분립원리에 비추어 볼 때 입법부를 구성하는 국회의원은 대통령과 마찬가지로 국민의 대표자의 지위를 가지는데, 국회의원이 행정각부의 장을 겸하게 되면 국회의원이 대통령에 종속되는 것이 되며, 이는 대통령의 국회에 대한 우월적 지위를 강화하는 데 일조하게 된다. 따라서 대통령제 정부형태에 있어서는 의원의 각료겸직을 허용하지 않는 것이 타당하다고 할 것이다.[2)]

Ⅳ. 국회의원의 헌법상 특권

1. 면책특권

(1) 면책특권의 의의

헌법 제45조는 "국회의원은 국회에서 직무상 행한 발언과 표결에 관하여 국회외에서 책임을 지지 아니한다"라고 하여 국회의원의 발언과 표결에 관한 면책특권을 규정하고 있

1) 헌재 2014. 12. 19. 2013헌다1.
2) 정만희, "현행 헌법상 정부형태의 의원내각제적 요소에 대한 검토", 동아법학 제44호, 2009, 65면.

다. 면책특권의 제도적 의의는 권력분립원리에 입각하여 의회의 독립성과 자율성을 제도적으로 보장하고, 의원에 대한 행정부의 부당한 탄압을 배제하며, 국민의 대표자로서의 의원이 선거민이나 그 밖의 세력으로부터 압력을 받지 않고 오로지 자신의 양심에 따라 활동할 수 있도록 하는 데에 있다.

의원의 면책특권의 기원은 일찍이 영국에서 비롯된 것으로 국왕과 의회의 장기간의 투쟁결과 결국 1688년 명예혁명의 소산인 권리장전(Bill of Rights, 1689)에 의해 비로소 의원의 발언과 표결의 자유가 보장되게 되었다. 그 후 의원의 발언과 표결의 자유는 1787년 미국연방헌법과 1791년 프랑스헌법을 거쳐 오늘날에는 대부분의 입헌민주주의국가에서 공통적으로 채택되고 있다.

(2) 면책특권의 법적 성질

면책특권은 의원 개인의 의정활동을 보장하기 위한 의원의 특권을 의미할 뿐만 아니라 동시에 그것은 의회 자체의 권위와 그 정상적인 기능수행을 위한 의회의 특권을 의미한다. 면책특권은 의원의 직무상 행한 발언과 표결이 형사상 범죄행위를 구성하더라도 형사책임을 지지 않으며, 대외적으로 민사상의 불법행위에 해당하더라도 불법행위책임을 지지 않는 책임면제의 특권을 의미한다. 의원의 표결행위에 대한 법적 책임의 면제는 대의제원리와 무기속위임의 원칙에서 도출되는 당연한 귀결이다.

(3) 면책특권의 주체

면책특권의 주체는 오로지 국회의원이다. 국회의원을 보좌하는 보좌관, 비서관 등 보조인력의 경우에는 원칙적으로 면책특권이 인정되지 아니한다. 다만 의원의 보조인력의 행위가 의원의 행위와 일체를 이루어 하나로 평가할 수 있는 경우에는 면책의 보호를 받을 수 있다. 미국헌법상 의원의 면책특권에 관한 판례에 의하면 의원뿐만 아니라 의원의 명을 받아 행동한 의원의 비서나 보조자에게도 면책특권을 인정하고 있음을 볼 수 있다.[1)]

(4) 면책의 요건

(가) 발언과 표결

면책의 대상이 되는 행위는 의원의 발언과 표결이다. 발언이란 의제에 관한 의사의 표시를 말하며, 의제에 관한 발의·토론·연설·질문·진술 등 모든 의사표시가 이에 해당한다. 면책되는 발언은 허위의 발언이어서는 안 된다. 명백히 허위임을 알면서 허위의 사실을 적시하여 타인의 명예를 훼손한 경우에는 책임이 면제되지 않는다. 표결이란 의제에 관하여 찬반의

---

1) Gravel v. United States, 408 U.S. 606 (1972).

의사를 표시하는 것을 말하며 그 방법에는 제한이 없다. 면책의 대상이 되는 의원의 발언과 관련하여 대법원은 "발언내용이 허위라는 점을 인식하지 못하였다면 비록 발언내용이 다소 근거가 부족하거나 진위여부를 확인하기 위한 조사를 제대로 하지 않았다고 하더라도 그것이 직무수행의 일환으로 이루어진 것인 이상 면책특권의 대상이 된다"고 판시하고 있다.[1]

(나) 직무상 행위

면책대상이 되는 행위는 직무상 행위이기 때문에 의사당 내에서의 발언이라 하더라도 의제와 관계없는 발언은 면책되지 않는다. 직무상 행위에는 직무집행 그 자체는 물론이고 직무행위와 관련이 있는 그 선후의 행위와 직무집행에 부수된 행위, 예컨대 본회의나 위원회에서 발언할 내용을 직전에 원내기자실에서 출입기자들에게 배포하는 행위 등도 포함된다.[2] 모욕이나 명예훼손, 폭력행위와 난동 등은 원내에서 행해진 것이라도 직무행위가 아니기 때문에 면책되지 아니한다. 다만 직무행위와 관련하여 행해진 명예훼손적 발언을 어느 범위까지 면책특권으로 인정할 수 있는가의 문제가 있다.

(다) 국회 내에서의 행위

국회 내에서의 발언과 표결이란 국회의사당이라는 건물만을 지칭하는 것이 아니라 국회의 본회의나 위원회가 개최되고 있는 모든 장소를 말한다.

(5) 면책의 효과

의원의 발언과 표결에 관한 면책특권은 '국회 외'에서 책임을 지지 아니하는 것이다. 따라서 국회 내에서는 책임을 물을 수 있는 것이다. 즉 의원의 발언이 국회법이나 의사규칙에 규정된 징계사유에 해당하는 경우에는 징계처분을 할 수 있다.

책임의 면제는 민사상·형사상의 법적 책임을 의미하므로 소속정당에 의한 징계처분 등의 정치적 책임까지 면제되는 것은 아니다. 또한 면책은 재임 중에 국한되는 것이 아니라 임기만료 이후에도 적용된다.

(6) 면책특권의 한계

국회 내에서 행한 발언과 표결이라 하더라도 그것을 다시 '원외'에서 발표하거나 출판하는 경우에는 면책되지 아니한다. 면책특권은 국회 내에서의 활동을 보호하기 위한 것이기 때문에 국회의원이 원외에서 정치인으로서 행하는 일반적 정치활동을 보호하는 수단으로는 인정되지 않는다.

직무와 관련된 발언 중에 타인에 대한 모욕이나 명예훼손적 발언이 면책특권의 대상에

1) 대판 2007. 1. 12. 2005다57752.
2) 대판 1992. 9. 22. 91도3317.

포함되는지가 문제된다. 우리 헌법은 면책특권의 대상에서 제외되는 행위에 대해 아무런 규정이 없으며, 단지 국회법은 제146조에 "의원은 본회의 또는 위원회에서 다른 사람을 모욕하거나 다른 사람의 사생활에 대한 발언을 할 수 없다"고 규정하고 있기 때문에 해석상 논란이 있게 된다. 이 국회법 제146조가 면책특권의 내재적 한계를 확인한 것으로 보는 입장에서는 모욕이나 명예훼손적 발언은 면책특권으로 보호받지 못하게 된다. 그러나 의원의 국회에서의 원활한 의정활동을 위해서는 명예훼손적 발언에 대해 일률적으로 대외적인 책임을 묻기는 어렵다고 할 것이며, 국회법 제146조 위반에 대해서는 대내적으로 국회의 징계책임의 대상은 될 수 있다고 보는 것이 타당하다. 이와 관련하여 독일 기본법은 의원의 국회 내에서의 행위라 하더라도 모욕적이거나 명예훼손적 발언의 경우에는 면책되지 아니한다고 규정(제46조 제1항)하고 있으나, 명예훼손적 발언을 형법상 일반적인 명예훼손이 아니라 사실이 진실이 아님을 확실히 알고 있음에도 불구하고 이를 공표하여 타인을 중상하거나 사회적 평가를 현저하게 저하시키는 경우인 '중대한 명예훼손'에 한하여 기본법을 적용하고 있다. 그렇다면 우리의 면책특권의 해석에 있어서도 의원의 국회에서의 직무와 관련하여 행해진 명예훼손적 발언은 기본적으로 면책특권에 포함될 수 있는 것이지만, 그 중에서 중대한 명예훼손이 문제되는 경우에는 면책특권의 대상에서 제외되어야 할 것이다.

2. 불체포특권

(1) 불체포특권의 의의

불체포특권이란 의원이 현행범인이 아닌 한 회기 중 국회의 동의 없이 체포 또는 구금되지 아니하고, 회기 전에 체포 또는 구금된 경우라도 국회의 요구가 있으면 회기 중 석방될 수 있는 특권을 말한다. 헌법 제44조 제1항은 "국회의원은 현행범인인 경우를 제외하고는 회기중 국회의 동의없이 체포 또는 구금되지 아니한다"라고 하고, 제2항에 "국회의원이 회기전에 체포 또는 구금된 때에는 현행범인이 아닌 한 국회의 요구가 있으면 회기중 석방된다"라고 하여 불체포특권을 규정하고 있다. 불체포특권은 의회의 자주적 활동과 의원의 직무수행을 원활하게 하고, 집행부의 의회에 대한 불법·부당한 탄압을 방지하려는 데에 그 제도적 의의가 있다.

(2) 불체포특권의 법적 성질

불체포특권은 의회의 자주적 활동과 의원의 자유로운 직무수행을 보장하기 위한 것으로서 그것은 의회구성원인 의원의 특권을 의미한다. 불체포특권은 의원이 범법행위를 한 경우에도 회기 중에는 체포당하지 아니하는 특권을 의미할 뿐, 범법행위에 대한 형사책임의 면제를 의미하는 것은 아니다. 즉 불체포특권은 의원의 신분에 대한 특권을 의미하지만, 그것은 회기 중에 한하여 체포를 일시적으로 유예받는 특권에 지나지 않는 것이므로 면책특권과는 구별된다. 불체포특권은 일반국민에게는 인정되지 않는 특권이지만 그것은 의회의 자주성과 의원의 자유로운 직무수행을 보장하기 위한 것이라는 데에 합리적인 이유가 있으므로 평등의 원칙에 위배되지 아니한다고 본다.

(3) 불체포특권의 내용

(가) 불체포특권에 관한 원칙

불체포특권은 첫째, 회기 중에는 의원을 체포·구금할 수 없다. 회기 중이란 집회일로부터 폐회일까지의 기간을 말하며, 휴회 중도 여기에 포함된다. 둘째, 회기 전에 체포·구금한 경우에도 국회의 요구가 있으면 석방하여야 한다. 회기 전이란 회기시작 이전뿐만 아니라 전회기도 이에 포함된다. 회기 전에 현행범인으로 체포·구금된 자에 대해서는 불체포특권이 인정되지 아니한다.

(나) 불체포특권의 예외

불체포특권의 예외로는 첫째, 현행범인에게는 불체포특권이 인정되지 아니한다. 현행범인을 보호대상에서 제외하는 것은 범죄사실이 명백한 경우에 국회의원이라는 이유로 특별보호한다는 것은 부당한 특권을 인정하는 것이 되기 때문이다. 의원인 현행범인은 국회의 자율권을 존중하는 의미에서 회의장 내에서는 의장의 명령 없이 체포할 수 없다(국회법 제150조). 둘째, 국회의 동의가 있는 때에는 불체포특권이 인정되지 않는다. 헌법 제44조 제1항에 따라 국회의 동의가 있으면 회기 중이라도 국회의원을 체포·구금할 수 있다. 여기서 국회의 동의를 구하는 절차는 먼저 관할법원의 판사가 영장을 발부하기 전에 체포동의요구서를 정부에 제출하여야 하고, 정부는 이를 수리한 후 지체없이 그 사본을 첨부하여 국회에 체포동의를 요청하여야 한다(국회법 제26조 제1항). 국회의장은 이러한 체포동의를 요청받은 후 처음 개의하는 본회의에 이를 보고하고, 본회의에 보고된 때부터 24시간 이후 72시간 이내에 표결한다(동법 제26조 제2항). 국회의 표결에 있어서는 정부의 체포동의 요청에 기속되지 않고 재량으로 판단하여 동의 여부를 판단한다.

V. 국회의원의 권한과 의무

1. 국회의원의 권한

국회의원은 국회의 운영과 활동에 관한 다음과 같은 권한들을 행사한다. 1) 국회의원은 재적의원 4분의 1 이상의 찬성으로 국회 임시회의 집회를 요구할 수 있다(헌법 제47조 제1항). 2) 의원은 10인 이상의 찬성으로 의안발의권을 행사한다(국회법 제79조 제1항). 3) 의원은 본회의 회기 중 정부에 대하여 질문권을 행사할 수 있다. 여기서 질문이란 국정 전반 또는 국정의 특정 분야를 대상으로 국무총리·국무위원·정부위원에 대한 질문 또는 긴급현안 질문을 말한다(국회법 제122조, 제122조의2, 제112조의3). 의원은 또한 현재 의제가 되어 있는 의안에 대하여 위원장·발의자·국무총리·국무위원·정부위원 등에 대하여 질의권을 행사한다. 4) 의원은 본회의에서 의제가 된 의안에 대하여 찬·반 토론을 할 수 있는 토론권을 가진다. 다만 위원회의 심사를 거치지 아니한 안건에 대하여는 제안자가 그 취지를 설명해야 하고, 위원회의 심사를 거친 안건에 대하여는 의결로 토론을 생략할 수 있다(국회법 제93조). 5) 의원은 본회의나 위원회 등에서 표결에 참가할 권한을 가진다. 의원의 표결권은 헌법상 의원의 면책특권조항(제45조)에 의해 보장되고 있다. 국회법은 책임정치의 구현을 위한 기록표결제를 실시하기 위해 본회의의 표결시 투표자와 찬·반 의원의 성명이 기록되는 전자투표를 일반적인 표결방법으로 채택하고 있다(국회법 제112조).

그리고 의원은 '국회의원수당 등에 관한 법률'에 따라 일정액의 수당(세비)을 지급받으며 입법활동비, 특별활동비, 입법 및 정책개발비, 여비 등을 지급받는다. 또한 국회의원의 입법활동을 지원하기 위하여 보좌관 등 보좌직원을 두며 보좌직원에게는 보수를 지급한다.

2. 국회의원의 의무

국회의원의 헌법상 의무로는 청렴의 의무와 국가이익우선의 의무가 있다. 국회의원은 국가이익을 우선하여 양심에 따라 직무를 행할 의무를 지며(제46조 제1항, 제2항), 그 지위를 남용하여 국가·공공단체 또는 기업체와의 계약이나 그 처분에 의하여 재산상의 권리이익 또는 직위를 취득하거나 타인을 위하여 그 취득을 알선할 수 없는 이권불개입의 의무를 진다(제46조 제3항).

국회법상 국회의원의 의무로는 품위유지의 의무, 국회법이 정한 겸직금지의 의무, 국회 본회의와 위원회에 출석하여야 할 의무, 회의에 있어서 의사에 관한 법령 및 규칙을 준수하여야 할 의무, 다른 의원을 모욕하거나 다른 의원의 발언을 방해하지 않을 의무, 국정감사·조사에서의 비밀유지의무, 의장의 질서유지에 관한 명령에 복종할 의무 등이 있다.

국회의원이 그 의무를 위반한 경우에는 윤리특별위원회의 심사를 받고 징계를 받을 수 있다. 징계의 종류로는 1) 공개회의에서의 경고, 2) 공개회의에서의 사과, 3) 30일 이내의 출석정지, 4) 제명이 있다. 국회의원이 징계로 제명된 경우에는 그로 인하여 궐위된 의원의 보궐선거에 있어서는 후보자가 될 수 없다(국회법 제163조, 제164조).

제 4 장 대통령과 정부

제 1 절 대통령의 헌법상 지위와 신분관계

Ⅰ. 대통령의 헌법상 지위

1. 국가원수로서의 지위

헌법상의 정부형태로서 대통령제를 채택하는 경우 대통령은 기본적으로 국가원수(國家元首)로서의 지위와 행정부 수반으로서의 지위를 갖게 된다. 우리 헌법 제66조 제1항은 "대통령은 국가의 원수이며, 외국에 대하여 국가를 대표한다"라고 하여 대통령을 국가원수로 규정하고 있으며, 동조 제4항은 "행정권은 대통령을 수반으로 하는 정부에 속한다"라고 하여 행정부의 수반으로서 대통령의 지위를 규정하고 있다. 국가원수(head of state)로서의 대통령의 지위는 대외적으로 국가를 대표할 뿐만 아니라 국내적으로 국정의 최고책임자로서의 지위에서 광범위한 권한을 행사한다.

(1) 대외적으로 국가대표자로서의 지위

대통령은 국가원수로서 외국에 대하여 국가를 대표하여 외국과 조약을 체결·비준하며, 외교사절을 신임·접수 또는 파견하고, 외국에 대하여 선전포고와 강화의 권한을 행사한다(제73조). 대외적으로 국가를 대표하는 지위에서 행사하는 대통령의 권한은 의례적·형식적 권한이 아니라 실질적인 권한을 의미한다.

(2) 국정의 최고책임자로서의 지위

국가원수로서의 대통령은 국내적으로 국정의 최고책임자로서의 지위를 가진다. 대통령의 국정의 최고책임자로서의 지위는 구체적으로 헌법의 수호자로서의 지위, 국정의 통합·조정자로서의 지위, 헌법기관구성권자로서의 지위 등으로 구분할 수 있다.

(가) 헌법의 수호자로서의 지위

헌법 제66조 제2항은 "대통령은 국가의 독립·영토의 보존·국가의 계속성과 헌법을 수호할 책무를 진다"라고 하고, 제69조에 "대통령은 헌법을 준수하고 국가를 보위하며"라고 선서하게 하는 것은 대통령이 국가와 헌법의 수호자임을 천명한 것이다. 국가위기시의 대통령의 비상적 권한으로서 긴급명령권(제76조)과 계엄선포권(제77조) 등도 국가와 헌법의 수호자로서의 대통령에게 부여된 권한을 의미한다.

(나) 국정의 통합·조정자로서의 지위

헌법은 권력분립원리에도 불구하고 국가기능의 효율성을 유지하고 국론을 통일하기 위하여 대통령에게 국정의 통합·조정권을 부여하고 있다. 즉 국가안위에 관한 중요정책의 국민투표부의권(제72조), 헌법개정안발의권(제128조 제1항), 법률안제출권(제52조), 국회임시회 집회요구권(제47조 제1항), 사면·감형·복권에 관한 권한(제79조) 등이 이에 해당한다.

(다) 헌법기관구성권자로서의 지위

대통령은 국회의 동의를 얻어 대법원장과 대법관(제104조 제1항, 제2항) 및 헌법재판소장을 임명하며(제111조 제4항), 국회의 동의를 얻어 감사원장을 임명한다(제98조 제2항). 대통령은 헌법재판소 재판관, 중앙선거관리위원회 위원(3인), 감사위원을 임명한다(제111조 제2항, 제114조 제2항, 제98조 제3항).

2. 행정부 수반(首班)으로서의 지위

헌법 제66조 제4항은 "행정권은 대통령을 수반으로 하는 정부에 속한다"라고 하여 행정부 수반(chief executive)으로서의 대통령의 지위를 규정하고 있다. 즉 대통령은 행정부를 조직하고 통할하는 행정의 최고책임자를 의미한다. 행정부 수반으로서의 지위는 구체적으로 행정에 관한 최고지휘권자·최고책임자로서의 지위, 행정부조직권자로서의 지위를 의미하며, 이러한 지위에서 공무원임명권(제78조), 예산안제출권(제54조 제2항) 및 예산집행권, 행정정책결정·집행권(제66조 제4항), 대통령령제정권(제75조), 법률안거부권(제53조 제2항) 등을 행사한다. 또한 행정부 수반으로서의 대통령은 헌법상 국무회의 의장으로서의 지위(제88조 제3항)를 가진다.

3. 국민대표기관으로서의 지위

우리 헌법상 대통령은 국가원수로서의 지위와 행정부의 수반으로서의 지위를 가질 뿐만 아니라, 국민주권의 원리와 대의제 민주주의를 중심으로 하는 통치구조 하에서 대통령은 의회와 더불어 국민대표기관 내지 대의기관으로서의 지위를 가진다. 국민에 의해 직선된 대통령은 의회와 마찬가지로 국민의 대표기관으로서 국민의 의사를 대표한다. 다만, 의회가 다원적 집단이익의 대표를 의미한다면 대통령은 통일적 국가이익의 대표를 의미한다고 할 수 있다. 즉 국민에 의해 선출된 대통령은 국민의 경험적 의사에 영향을 받게 되지만 대통령은 그러한 경험적 의사나 특수이익을 추구하는 것이 아니라 국민의 대표자로서 전체 국민의 이익을 추구해야 한다.

Ⅱ. 대통령의 선거와 임기

1. 대통령 선거방법

(1) 원칙적 직선제

대통령제 정부형태는 대통령 선거방식에 관하여 국민의 직선제를 원칙으로 한다. 국민에 의한 통치와 국민에 대한 정치적 책임이라는 민주적 정당성을 확보하고 국민의 정치참여를 최대한 확대하기 위해서 직선제 선거방식을 요청하게 된다. 즉 대통령직선제는 국민에게 자유로운 정부선택권을 보장하고 권력의 민주적 정당성과 정통성을 확보할 수 있도록 하는 데 그 제도적 의의가 있다.

헌법은 제67조 제1항에 대통령직선제를 원칙으로 하면서도, 제2항에서 "최고득표자가 2인 이상인 때에는 국회의 재적의원 과반수가 출석한 공개회의에서 다수표를 얻은 자를 당선자로 한다"라고 하여 예외적 간선제를 규정하고 있다.

(2) 상대다수대표선거제

현행 대통령 선거제도는 득표율과 관계없이 최고득표자가 당선자로 되는 상대다수대표선거제이므로 후보자가 난립하는 경우 소수의 득표만으로 당선되는 '소수파대통령'(minority president)이 출현할 수 있다. 이러한 소수파대통령은 민주적 정당성의 취약성이 문제된다. 상대다수선거제의 문제점을 극복할 수 있는 방안으로 '결선투표－절대다수대표제'의 채택을 생각할 수 있다. 그러나 현행헌법상 대통령 선거제도에 관한 규정(제67조 제2항, 제3항)은 상대다수선거제를 전제로 하고 있으므로 결선투표제의 도입은 헌법 개정을 통해 가능하게 된다.

(3) 대통령선거와 당선자 결정

임기만료로 인한 대통령선거는 임기만료일 전 70일 이후 첫 번째 수요일에 실시하며,

대통령의 궐위로 인한 선거 또는 재선거는 선거실시사유가 확정된 때로부터 60일 이내에 실시하되 선거일은 늦어도 선거일 전 50일에 대통령 또는 대통령 권한대행자가 공고한다(공직선거법 제34조 제1항, 제35조 제1항).

중앙선거관리위원회는 유효투표의 다수를 얻은 자를 대통령당선자로 결정한다. 다만 대통령후보자가 1인일 때에는 그 득표수가 선거권자 총수의 3분의 1 이상이 아니면 대통령으로 당선될 수 없다(헌법 제67조 제3항).

대통령당선인의 지위와 권한을 명확히 하고 대통령직의 원활한 인수와 국정운영의 계속성과 안정성을 도모하기 위하여 '대통령직인수에 관한 법률'이 제정(2003. 2)되어 있다. 이 법률에 의하여 대통령당선인은 대통령임기 개시 전에 국회의 인사청문 절차를 거치게 하기 위하여 국무총리 및 국무위원 후보자를 지명할 수 있으며, 이 경우 국무위원후보자에 대하여는 국무총리후보자의 추천을 받아 대통령당선인이 국회의장에게 인사청문의 실시를 요청한다(동법 제5조).

2. 대통령의 임기와 중임제한

현행헌법은 대통령의 임기를 5년으로 하고 중임을 할 수 없도록 규정하고 있다(제70조). 중임금지제는 과거 헌정사의 경험에 비추어 1인 장기집권의 폐단을 예방하기 위한 것이다. 이와 관련하여 우리 헌법은 제128조 제2항에 "대통령의 임기연장 또는 중임변경을 위한 헌법개정은 그 헌법개정 제안 당시의 대통령에 대하여는 효력이 없다"라고 규정하여 임기연장이나 중임변경을 위한 개헌시도를 억제하고 있다.

그러나 대통령 단임제는 국민에 의해 직접 선출된 대통령이 국민에 대해 정치적 책임을 지게 된다는 대통령제의 본질적 원리에 위배되는 문제가 있으므로 대통령제 국가에서 일반적으로 채택하고 있는 중임제를 허용하는 것이 바람직하다.[1)]

Ⅲ. 대통령 권한대행

1. 대통령 권한대행의 의의

헌법은 제71조에 "대통령이 궐위되거나 사고로 인하여 직무를 수행할 수 없을 때에는 국무총리, 법률이 정한 국무위원의 순서로 그 권한을 대행한다"라고 하여 권한대행을 규정하고 있다.

---

1) 현재 대통령 단임제를 채택하고 있는 국가는 멕시코와 필리핀의 6년 단임제가 대표적인 사례이며, 아르헨티나는 헌법 개정으로 단임제에서 중임제로 변경하였다.

미국의 대통령제는 대통령의 궐위시 부통령이 그 잔여임기 동안 대통령직을 즉각 승계하고 사고시에는 부통령이 권한대행할 수 있는 제도를 채택하고 있으며, 프랑스 대통령제에서는 대통령의 유고시 법적 순서에 따라 일정 기간 대통령 권한대행자가 취임하고 헌법절차에 따라 새로운 대통령을 선출하는 제도를 취하고 있다.

2. 권한대행의 사유

대통령이 궐위되거나 사고로 직무를 수행할 수 없는 경우에 권한대행의 사유가 발생한다. '궐위'라 함은 대통령이 사망한 경우, 탄핵결정으로 파면된 경우, 대통령이 판결 기타의 사유로 자격을 상실한 경우, 사임한 경우 등 대통령이 재직하고 있지 않는 경우를 말한다.

'사고'라 함은 대통령이 재직하면서도 신병이나 해외순방 등으로 직무를 수행할 수 없는 경우와 국회의 탄핵소추의결로 헌법재판소의 탄핵결정 때까지 권한행사가 정지된 경우를 말한다. 여기서 사고의 경우 문제가 되는 것은 과연 직무를 수행할 수 없는 경우인가를 누가 결정할 것인가에 관한 것이다. 제1차적으로는 대통령 자신이 결정할 수 있겠지만 대통령의 정신장애 등으로 이를 결정할 수 없을 때에는 누가 결정할 것인가를 사전에 법으로 규정해 놓을 필요가 있다. 프랑스헌법은 이러한 경우 정부의 요청에 따라 헌법위원회가 최종적으로 결정하도록 규정하고 있다.

3. 권한대행의 기간

현행헌법은 대통령이 궐위된 때에는 60일 이내에 후임자를 선거하도록 규정(제68조 제2항)하여 권한대행의 재임기간은 60일을 초과할 수 없다고 보아야 한다. 그러나 사고로 인한 권한대행의 경우에는 그 기간에 관한 명문규정이 없기 때문에 해석상 문제가 제기될 수 있다.

4. 권한대행자의 직무범위

대통령이 궐위된 경우 권한대행자의 직무범위는 대통령의 권한 전반에 걸치는 것이 원칙이라 할 수 있다. 대통령직이 공석이 된 경우이므로 그 대행이 반드시 현상유지적이어야 할 이유가 없기 때문이다. 사고의 경우에 직무범위에 관하여는 그 성질상 잠정적인 현상유지에 국한되고 기본정책의 전환이나 인사이동 등 현상유지를 벗어나는 직무는 대행할 수 없다고 본다(다수설). 사고의 경우는 사고의 원인이 소멸하는 대로 대통령의 재집무가 가능하기 때문이다.

Ⅳ. 대통령의 형사상 특권

1. 의의 및 내용

헌법 제84조는 "대통령은 내란 또는 외환의 죄를 범한 경우를 제외하고는 재직중 형사상의 소추를 받지 아니한다"라고 하여 대통령의 형사상 불소추특권을 규정하고 있다. 이 형사상 특권은 대통령이 내란 또는 외환의 죄를 범하지 않는 한 재직 중 형사피고인으로 기소되어 법원의 재판을 받지 않는다는 것을 의미한다. 이 헌법조항의 근본취지는 국가의 원수로서 외국에 대하여 국가를 대표하는 지위에 있는 대통령이라는 특수한 직책의 원활한 수행을 보장하고, 그 권위를 확보하여 국가의 체면과 권위를 유지하여야 할 실제상의 필요 때문에 대통령으로 재직 중인 동안만 형사상 특권을 부여한다는 데에 있다고 할 것이다. 따라서 대통령의 형사상 특권은 문자 그대로 "재직 중 형사상의 소추를 받지 아니하는" 것에 그칠 뿐, 대통령에게 일반국민과는 다른 그 이상의 형사상 특권을 부여하고 있는 것으로 보아서는 안 될 것이다.[1)]

이와 같이 대통령의 불소추특권은 대통령의 직책의 특성상 재임 중이라는 특정한 기간 동안 형사피고인으로 소추되어 재판을 받지 않는다는 데 있으므로 대통령의 임기만료 후에는 형사상 소추가 면제되는 것은 아니다. 다만 대통령의 형사상 특권조항에도 불구하고 재직 중의 대통령에 대하여 형사소추가 있을 때에는 형사소송법 제327조 제1호의 재판권 부존재를 이유로 공소기각 판결을 하여야 한다. 대통령의 불소추특권이 인정되더라도 민사상의 책임이 면제되는 것은 아니므로 재직 중에도 민사상의 책임을 지게 된다.

대통령의 불소추특권은 법원의 재판을 전제로 한 공소의 제기와 이와 관련된 체포나 구속을 금지하는 것이므로 대통령의 재임 중 수사기관의 수사는 가능한지의 여부가 문제될 수 있다. 이에 관한 학계의 견해는 나뉘고 있는데, 대통령의 재직기간 중 행해진 범죄행위에 대하여는 임기 중 법원에 소추할 수 없지만 수사기관은 수사를 할 수 있으며, 수사의 방법으로 압수·수색도 가능하다는 견해가 있다. 대통령의 범죄행위에 대해 재임기간 수사를 인정하지 않게 되면 시간의 경과로 인하여 증거수집이 어렵게 될 수밖에 없기 때문이라는 것이다.[2)] 이와 다른 견해는 대통령의 제임중 범죄행위에 대한 수사는 할 수 있지만, 다만 여기서 수사기관의 수사는 임의수사만 허용되고 강제수사는 불가능하다고 보는 입장이 있다.[3)] 생각건대 대통령의 재직기간 중 행해진 범죄행위에 대하여는 임기 중 법원에 소추할

1) 헌재 1995. 1. 20. 94헌마246.
2) 정종섭, 앞의 책, 1215면.
3) 양건, 헌법의 이름으로, 사계절, 2018, 16면.

수 없지만 수사기관은 수사를 할 수 있다고 보는 것이 타당하며, 수사의 방법으로 압수·수색 등의 강제수사는 국가의 체면과 권위 유지라는 헌법 제84조의 기본취지에 비추어 허용되지 않는다고 보는 것이 타당하다.

헌법 제84조에 의해 대통령이 내란 또는 외환의 죄를 범한 경우에는 형사상 소추가 재직 중에도 가능하다.[1] 대통령이 내란 또는 외환의 죄를 범한 경우에는 대통령의 헌법수호자의 지위를 스스로 부정하고 헌법질서를 침해하고 있으므로 더 이상 특권을 인정할 여지가 없기 때문이다.

최근 헌법 제84조의 해석과 관련하여 대통령 당선 전의 범죄행위로 재판을 받고 있는 후보가 대통령으로 선출된 경우 그 대통령 재임기간 중 재판은 계속 진행되는가 아니면 재임기간 중 중단되어야 하는가의 문제에 대한 논의가 있다. 이 문제는 우리 헌법의 현실에서 쉽게 예상하기 어려운 매우 이례적인 경우에 해당하지만, 대통령 재임 전의 범죄행위로 소추되어 재판 진행 중 (확정판결이 선고되기 전) 대통령 임기가 시작된 경우에는 대통령에 대한 형사상 특권을 인정하여 재임기간 중 재판을 중단해야 한다는 주장이 제기될 수 있다. 반면에 대통령에 대한 불소추특권은 대통령 "임기 중 형사소추되지 않는다"는 것이므로 이미 대통령 재임 전 기소되어 재판받고 있는 경우까지 특권으로 인정하는 것은 지나친 확대해석이라고 볼 수도 있다. 생각건대 대통령의 형사상 불소추특권의 대상이 되는 범죄행위는 대통령의 임기 전이나 임기 중의 행위가 모두 포함될 수 있으며, 이 특권은 대통령의 재임 중 소추되어 형사재판을 받지 않는다는 것을 의미하므로 이미 재임 전에 기소되어 진행중인 재판에 대해서도 특권을 인정하는 것이 제84조의 취지에 부합된다는 주장도 가능할 것이다. 반면에 헌법 제84조의 대통령의 특권에 관한 조항의 해석은 엄격하게 제한적으로 해석되어야 하는 것이므로 이미 대통령 재임 전에 소추되고 재판 중인 사건에 이 특권을 적용하는 것은 헌법해석의 한계를 벗어난 것으로 대통령 재임 전 형사재판에 대한 중단은 허용되어서는 안 된다는 입장도 설득력이 있다고 할 것이다. 결국 이 문제는 입법의 미비에 의해 제기되는 것으로 실제로 현실의 헌법문제로 제기되는 경우 당해 법원의 판단에 따라 해결될 수밖에 없으며, 궁극적으로는 헌법개정의 문제로 해결되어야 할 것이다.

---

1) 대통령의 내란 또는 외환의 죄를 범한 경우 재직 중에도 형사소추가 가능하고 따라서 재직 중 공소시효가 진행된다고 해석하는 경우에, 김영삼 정부에 들어와 전두환, 노태우 등 두 전직 대통령을 내란 또는 외환의 죄혐의로 기소하는 것이 공소시효의 완성으로 불가능하게 되는 문제가 제기됨에 따라 1995년 12월 21일 5·18민주화운동등에 관한 특례법을 제정하여 1979년 12월 12일과 1980년 5월 18일을 전후하여 발생한 헌정질서파괴범죄행위에 대하여는 국가의 소추권행사의 장애사유가 존재한 기간으로 보아 공소시효의 진행이 정지된 것으로 본다고 규정하였다. 이 특별법의 위헌 여부에 대하여 헌법재판소는 "집권과정에서의 불법적 요소나 올바른 헌정사의 정립을 위한 과거청산의 요청에 비추어 볼 때 비록 특별법이 개별사건법률이라고 하더라도 입법을 정당화할 수 있는 공익이 인정될 수 있으므로 헌법에 위반되지 않는다"고 판단하였다. 헌재 1996. 2. 16. 96헌가2등.

2. 불소추특권의 효과

대통령의 불소추특권이 적용되는 경우에 공소시효가 정지되는지에 관하여는 명문규정이 없다. 대통령의 불소추특권은 법률상 소추장애사유에 해당하기 때문에 대통령의 내란·외환 이외의 죄의 경우에는 공소시효의 진행이 정지된다고 할 수 있다.[1)]

이와 관련하여 1995년 12월 21일 제정된 '헌정질서파괴범죄의 공소시효 등에 관한 특례법' 제3조는 형법상 내란죄·외환죄 및 군형법상 반란죄·이적죄를 범한 헌정질서파괴범죄자에 대해서는 형사소송법의 공소시효규정이 적용되지 않는다고 규정하고 있다. 따라서 대통령의 내란·외환의 죄의 경우에도 공소시효의 적용이 배제되게 되었다.

V. 대통령의 의무

1. 헌법의 수호·준수의무

헌법 제66조 제2항은 "대통령은 국가의 독립·영토의 보전·국가의 계속성과 헌법을 수호할 책무를 진다"라고 하여 대통령의 헌법수호의무를 규정하고 있다. 헌법 제69조의 대통령의 취임선서 규정에서도 대통령은 "헌법을 준수하고 국가를 보위하며 조국의 평화적 통일과 국민의 자유와 복리의 증진 및 민족문화의 창달에 노력하여 대통령으로서의 직책을 성실히 수행할 것을 국민 앞에 엄숙히 선언합니다"라고 하여 대통령의 헌법준수의무와 성실한 직책수행의무를 규정하고 있다. 제66조 제2항 및 제69조에 규정된 대통령의 '헌법을 준수하고 수호해야 할 의무'는 헌법상 법치국가원리가 대통령의 직무집행과 관련하여 구체화된 헌법적 표현이다.

헌법의 기본원칙인 법치국가원리의 본질적 요소는 한 마디로 표현하자면, 국가의 모든 작용은 '헌법'과 국민의 대표로써 구성된 의회의 '법률'에 의해야 한다는 것과, 국가의 모든 권력행사는 행정에 대해서는 행정재판, 입법에 대해서는 헌법재판의 형태로써 사법적 통제의 대상이 된다는 것이다. 이에 따라, 입법자는 헌법의 구속을 받고, 법을 집행하고 적용하는 행정부와 법원은 헌법과 법률의 구속을 받는다. 따라서 행정부의 수반인 대통령은 헌법과 법률을 존중하고 준수할 헌법적 의무를 지고 있다.[2)]

---

1) 헌재 1995. 1. 20. 94헌마246.
2) 헌재 2004. 5. 14. 2004헌나1.

2. 공익실현의무

대통령은 행정부의 수반이자 국가원수로서 가장 강력한 권한을 가지고 있는 공무원이므로 누구보다도 '국민 전체'를 위하여 국정을 운영하여야 하기 때문에 여기에서 대통령의 공익실현의무가 인정된다. 헌법 제7조 제1항은 국민주권주의와 대의민주주의를 바탕으로 공무원을 국민 전체에 대한 봉사자로 규정하고 공무원의 공익실현의무를 천명하고 있는 것이므로 대통령도 국민 전체에 대한 봉사자로서 특정 정당, 자신이 속한 계급·종교·지역·사회단체, 자신과 친분 있는 세력의 특수한 이익 등으로부터 독립하여 국민 전체를 위하여 공정하고 균형 있게 업무를 수행할 의무가 있다. 헌법재판소는 2017년 3월 대통령(박근혜) 탄핵사건에서 대통령이 국민으로부터 위임받은 권한을 남용하여 사인의 국정 개입을 허용하고 개인의 사익 추구를 도와주는 것은 대통령으로서의 공익실현의무를 중대하게 위반한 것이라고 판시하였다.[1)]

3. 성실한 직책수행의무

헌법 제69조는 대통령의 취임선서를 규정하면서 대통령으로서 직책을 성실히 수행할 의무를 언급하고 있다. 헌법 제69조는 단순히 대통령의 취임선서의 의무만 규정한 것이 아니라 선서의 내용을 명시적으로 밝힘으로써 헌법 제66조 제2항 및 제3항에 따라 대통령의 직무에 부과되는 헌법적 의무를 다시 한 번 강조하고 그 내용을 구체화하는 규정이다. 대통령의 '직책을 성실히 수행할 의무'는 헌법적 의무에 해당하지만, '헌법을 수호해야 할 의무'와는 달리 규범적으로 그 이행이 관철될 수 있는 성격의 의무가 아니므로 원칙적으로 사법적 판단의 대상이 되기는 어렵다.[2)] 따라서 대통령이 임기 중 성실하게 직책을 수행하였는지 여부는 다음 선거에서 국민의 심판의 대상이 될 수 있을 뿐이며, 대통령이 직책을 성실히 수행하였는지 여부는 그 자체로 탄핵소추사유가 될 수 없어, 탄핵심판절차의 판단대상이 되지 아니한다.

4. 겸직금지의무

헌법은 제83조에 "대통령은 국무총리·국무위원·행정각부의 장 기타 법률이 정하는 공사의 직을 겸할 수 없다"라고 하여 겸직금지의무를 규정하고 있다.

---

1) 헌재 2017. 3. 10. 2016헌나1.
2) 헌재 2017. 3. 10. 2016헌나1.

Ⅵ. 전직대통령에 대한 예우

헌법 제85조는 "전직대통령의 신분과 예우에 관하여는 법률로 정한다"라고 하여 전직대통령에 대해서도 그에 상응하는 신분보장과 예우를 하도록 하고 있다. 특히 헌법상 직전대통령은 국가원로자문회의의 의장이 되고 그 밖의 전직 대통령은 그 위원이 된다(제90조 제2항). '전직대통령예우에 관한 법률'에 따르면 본인과 일정한 범위의 유족에 대해서는 연금이 지급되고, 그 외에 경호·경비·교통·체신의 편의와 사무실 등이 제공되며 가료의 특혜를 받는다.

제 2 절 대통령의 권한

Ⅰ. 개 설

현행헌법상 대통령의 권한은 국가원수로서의 지위에서 행사하는 권한과 행정부 수반으로서 행사하는 권한으로 분류할 수 있다. 국가원수 또는 국정의 최고책임자의 지위에서 대통령이 행사하는 권한으로 헌법기관구성권, 국가긴급권, 국민투표부의권, 외교에 관한 권한, 국군통수권, 사면권 등이 있다. 행정부의 수반으로서 대통령은 행정에 관한 최고결정권과 최고지휘권, 법률집행권, 공무원임면권, 행정입법권 등을 행사한다. 국가원수로서 대통령이 행사하는 권한은 실질적인 행정뿐만 아니라 입법과 사법작용에 관한 권한을 포함하게 된다. 대통령의 헌법개정안발의권, 법률안제출권은 실질적 입법에 관한 권한이며 사면권과 위헌정당해산제소권은 실질적 사법에 관한 권한을 의미한다. 국군통수권은 행정에 관한 권한이지만 이는 행정부의 수반으로서의 권한이라기보다는 국가원수로서의 권한에 해당한다고 할 수 있다.

Ⅱ. 헌법기관구성에 관한 권한

1. 국가원수의 지위에서 행사하는 권한

대통령은 헌법상 국가원수로서 국회의 동의를 얻어 대법원장을 임명하고, 대법원장의 제청으로 국회의 동의를 얻어 대법관을 임명한다(제104조 제1항, 제2항). 대통령은 또한 헌법재판소의 장을 국회의 동의를 얻어 재판관 중에서 임명한다(제111조 제4항). 대통령은 헌법재판소 재판관 9인을 임명하는데, 9인 중 국회가 선출하는 3인과 대법원장이 지명하는 3인은 대통령이 형식적으로 임명하고 나머지 3인은 대통령이 직접 임명한다(제111조 제2항, 제3항).

2. 행정부 수반의 지위에서 행사하는 권한

헌법상 대통령은 행정부의 수반으로서 국회의 동의를 얻어 국무총리를 임명하며 국무총리의 제청으로 국무위원을 임명한다(제86조 제1항, 제87조 제1항). 대통령당선인은 대통령 임기개시 전에 국회의 인사청문회절차를 거치게 하기 위하여 국무총리 및 국무위원 후보자를 지명할 수 있다. 이 경우 국무위원후보자에 대하여는 국무총리후보자의 추천이 있어야 한다(대통령직인수에 관한 법률 제5조 제1항).

대통령은 또한 국회의 동의를 얻어 감사원장을 임명하며 감사원장의 제청으로 감사위원을 임명한다(헌법 제98조 제2항, 제3항). 대통령은 행정부의 수반으로서 국회 및 대법원장과 대등한 지위에서 헌법재판소 재판관 3인의 임명권(제111조 제2항, 제3항)과 중앙선거관리위원회 위원 3인의 임명권(제114조 제2항)을 가진다.

Ⅲ. 국가긴급권

1. 긴급명령권

(1) 긴급명령권의 의의

긴급명령이란 통상적인 입법절차로써는 대처할 수 없는 국가안위에 관계되는 비상사태가 발생하고, 국회의 집회가 불가능한 때에 대통령이 비상사태를 극복하기 위하여 법률의 효력을 가지는 명령을 발하고, 사후에 의회의 승인을 얻는 긴급입법제도를 말한다. 긴급명령은 대통령의 명령으로써 법규사항을 규정할 수 있는 긴급입법제도로서 국회입법의 원칙에 대한 중대한 예외를 의미한다. 대통령의 긴급명령권은 계엄선포권 등과 함께 현행헌법상 국가긴급권에 해당하는 것이다. 국가긴급권은 국가의 존립이나 헌법질서를 위태롭게 하는 비상사태가 발생한 경우에 정부가 평상시의 입헌주의적 통치기구로는 대처할 수 없는 경우에 국가의 존립과 헌법을 수호하기 위하여 필요한 조치를 취할 수 있는 비상적·예외적 권한을 의미한다. 이러한 예외적 비상수단을 헌법에 실정화함으로써 국가적 위기에 대처할 수 있는 '합헌적 독재'(constitutional dictatorship)의 권력행사를 인정해 주는 대신에 입헌주의를 수호하기 위하여 그 발동요건, 기간, 방식 등을 규정함으로써 무제약적 권력의 남용을 방지한다는 데에 국가긴급권의 정당화 근거를 찾을 수 있다.

(2) 긴급명령의 요건

(가) 실질적 요건

헌법상 대통령이 긴급명령을 발할 수 있는 상황은 1) 국가의 안위에 관계되는 중대한 교전상태에 있어서, 2) 국가를 보위하기 위하여 긴급한 조치가 필요하고, 3) 국회의 집회가 불가능한 경우이다(제76조 제2항). 중대한 교전상태란 외국과의 전쟁이나 이에 준하는 사태 또는 내란 등을 말한다. 국가를 보위하기 위한 긴급한 조치란 국가를 보위하기 위하여 필수불가결한 조치이면 그 내용에는 제한이 없으며, 헌법 제40조의 입법권의 대상이 되는 입법사항 전반에 걸친다. 국회의 집회가 불가능한 때란 국회의 집회가 사실상 불가능한 경우는 물론이고 국회의원의 과반수가 집회에 불응하는 경우를 의미하며, 국회가 휴회 중인 경우는 여기에 해당하지 아니한다. 긴급명령은 국가를 보위할 목적이라고 하는 소극적 목적을 위해서만 발포할 수 있고 공공복리의 증진과 같은 적극적 목적을 위해서는 이를 발포할 수 없다.

(나) 절차적 요건

첫째, 대통령이 긴급명령을 발동하려면 국무회의의 심의를 거쳐야 한다. 둘째, 긴급명령은 문서의 형식으로써 해야 한다. 그 문서에는 국무총리와 관계 국무위원의 부서가 있어야 한다. 셋째, 긴급명령을 발한 때에는 지체없이 국회에 보고하고 그 승인을 얻어야 한다(제76조 제3항). 여기서 국회의 승인에 관한 의결정족수에 관하여는 명문의 규정이 없어서 학설상 재적의원과반수설과 출석의원과반수설로 견해가 나뉘고 있으나 출석의원과반수설이 타당하다고 본다.[1)]

(3) 긴급명령의 내용

긴급명령은 법률적 효력을 가지므로 긴급명령으로 법률을 개정할 수 있고 폐지할 수도 있다. 그러나 긴급명령으로 헌법을 개정하거나 폐지할 수 없다. 또한 긴급명령으로 국회를 해산시킬 수도 없다. 긴급명령의 발동에 국회의 승인을 요건으로 하고 있기 때문이다.

(4) 긴급명령의 효력

긴급명령이 국회의 승인을 얻지 못한 때에는 긴급명령은 그 이후부터 효력을 상실한

---

1) 긴급명령은 국민의 자유와 권리에 대한 중대한 제한의 가능성을 내포하고 있으므로 엄격히 해석되어야 하며 헌법 제77조 제5항의 국회의 계엄해제 요구에 관한 의결정족수(재적의원 과반수의 찬성)와 균형을 유지하기 위해 긴급명령에 대한 국회의 승인은 재적의원 과반수의 찬성을 요하는 것으로 해석하여야 한다는 견해(권영성, 헌법학원론, 979면)가 있으나, 헌법 제49조의 다수결원칙조항의 "헌법과 법률에 특별한 규정이 없는 한 재적의원 과반수의 출석과 출석의원 과반수의 찬성으로 의결한다"는 규정에 의거할 때 일반정족수에 따른 국회의 승인으로 해석할 수밖에 없다고 본다.

다. 그 경우 긴급명령에 의하여 개정되거나 폐지된 법률은 그 명령이 승인을 얻지 못한 때로부터 당연히 효력을 회복한다(헌법 제76조 제4항). 긴급명령이 국회의 승인을 얻게 되면 그 명령은 형식면에서는 명령이지만 실질적으로는 국회가 제정한 법률과 동일한 효력을 가진다.

(5) 긴급명령에 대한 통제

대통령의 긴급명령은 국회의 승인을 얻은 경우에도 그 위헌 여부가 재판의 전제가 되는 때에는 법원이 헌법재판소에 위헌심판을 제청할 수 있다. 헌법재판소는 법률에 대한 위헌심판과 마찬가지로 법률의 효력을 갖는 긴급명령의 위헌 여부에 대해서도 심판할 수 있다. 긴급명령이 직접 국민의 기본권을 침해하는 경우에는 법률에 의한 기본권침해의 경우와 마찬가지로 헌법소원심판을 청구할 수 있다.

2. 긴급재정·경제처분 및 명령권

(1) 의 의

긴급재정·경제처분이라 함은 국회의 의결 또는 승인사항에 해당하는 정상적인 재정처분이나 경제처분만으로는 국가의 중대한 재정·경제상의 위기에 대처하기 곤란하고, 국회의 집회를 기다릴 시간적 여유가 없는 경우에 대통령이 행하는 긴급처분제도이다. 긴급재정·경제명령이란 대통령이 긴급재정·경제처분의 실효성을 뒷받침하기 위하여 발하는 긴급입법제도이다. 긴급재정·경제처분과 명령은 재정의회의결주의와 국회입법의 원칙에 대한 중대한 예외를 의미한다.

(2) 요 건

(가) 실질적 요건

헌법 제76조 제1항의 긴급재정·경제처분은 1) 내우·외환·천재·지변 등 중대한 재정·경제상의 위기가 발생하고, 2) 국가의 안전보장 또는 공공의 안녕질서를 유지하기 위하여 긴급한 조치가 필요하며, 3) 국회의 집회를 기다릴 여유가 없을 때(폐회 중인 경우)에 한하여 행할 수 있다. 긴급재정·경제명령은 긴급재정·경제처분을 법률적 효력을 가진 명령으로써 뒷받침할 필요가 있는 경우에 발할 수 있다.

(나) 절차적 요건

대통령의 긴급재정·경제처분과 그 명령은 국무회의의 심의를 거쳐야 하며, 문서의 형식으로써 해야 한다. 그 문서에는 국무총리와 관계국무위원의 부서가 있어야 한다. 대통령이 긴급재정·경제처분 및 명령을 한 때에는 지체없이 국회에 보고하고 그 승인을 얻어야 한다.

(3) 긴급재정·경제처분 및 명령의 내용

긴급재정·경제처분은 긴급 행정처분에 해당하기 때문에 이와 저촉하는 법률이 있는 경우에는 긴급재정·경제처분을 발할 수 없다. 긴급재정·경제명령은 법률의 효력을 가지므로 재정적·경제적 사항에 관한 법률을 개정·폐지하거나 새로 정할 수 있다.

(4) 긴급재정·경제처분 및 명령에 대한 통제

긴급재정·경제처분은 국회의 승인을 얻은 경우에도 행정처분으로서의 성격을 가지므로 법원이 위헌·위법심사를 할 수 있다. 긴급재정·경제명령에 대한 통제는 긴급명령에 대한 통제와 동일하다.

대통령의 긴급재정·경제명령은 국가긴급권의 일종으로서 고도의 정치적 결단에 의하여 발동되는 행위이고 그 결단을 존중하여야 할 필요성이 있는 행위라는 의미에서 이른바 통치행위에 속한다고 할 수 있으나, 통치행위를 포함하여 모든 국가작용은 국민의 기본권적 가치를 실현하기 위한 수단이라는 한계를 반드시 지켜야 하는 것이고, 헌법재판소는 헌법의 수호와 국민의 기본권보장을 사명으로 하는 국가기관이므로 비록 고도의 정치적 결단에 의하여 행해지는 국가작용이라고 할지라도 그것이 국민의 기본권침해와 직접 관련되는 경우에는 당연히 헌법재판소의 심판대상이 될 수 있을 뿐만 아니라, 긴급재정·경제명령은 법률의 효력을 갖는 것이므로 마땅히 헌법에 기속되어야 할 것이다.[1)]

3. 계엄선포권

(1) 계엄의 의의

계엄이란 전시·사변 등과 같은 국가비상사태에 있어서 군사상의 필요가 있거나 공공의 안녕질서를 유지할 필요가 있을 때에 대통령이 전국 또는 일정한 지역을 병력으로써 경비하고, 당해 지역의 행정사무와 사법사무의 일부 또는 전부를 군의 관할하에 두며 국민의 기본권까지도 제한할 수 있는 국가긴급권제도를 말한다.

헌법 제77조 제1항은 "대통령은 전시·사변 또는 이에 준하는 국가비상사태에 있어서 병력으로써 군사상의 필요에 응하거나 공공의 안녕질서를 유지할 필요가 있을 때에는 법률이 정하는 바에 의하여 계엄을 선포할 수 있다"라고 하여 대통령의 계엄선포권을 규정하고 있다.

---

1) 헌재 1996. 2. 29. 93헌마186.

(2) 계엄의 종류

계엄에는 경비계엄과 비상계엄의 두 종류가 있다. 경비계엄은 전시·사변 또는 이에 준하는 국가비상사태에 있어서 사회질서가 교란되어 일반행정기관만으로는 치안을 확보할 수 없는 경우에, 공공의 안녕질서를 유지하기 위하여 선포하는 계엄이다. 비상계엄은 전시·사변 또는 이에 준하는 국가비상사태에 있어서 적과 교전상태에 있거나 사회질서가 극도로 교란되어 행정기능과 사법기능의 수행이 현저히 곤란한 경우에 군사상의 필요에 응하거나 공공의 안녕질서를 유지하기 위하여 선포하는 계엄을 말한다(계엄법 제2조).

(3) 계엄선포의 요건

(가) 실질적 요건

① 계엄의 선포는 전시·사변 또는 이에 준하는 국가비상사태가 발생한 경우라야 한다. 전시란 국가간의 무력전쟁시를 말하고, 사변이란 국토를 참절(僭竊)하거나 국헌을 문란하게 할 목적을 가진 무장반란집단의 폭동을 말한다. '이에 준하는 국가비상사태'란 전시 또는 사변에 해당하지 않는 경우로서 무장 또는 비무장의 집단이나 군중에 의한 사회질서교란상태와 자연적 재난으로 인한 사회질서교란상태를 의미한다. 국가비상사태는 이미 발생한 경우라야 하며 비상적 사태의 발생이 예견되는 경우에는 계엄을 선포할 수 없다.

② 계엄선포는 병력으로써 군사상의 필요에 응하거나 공공의 안녕질서를 유지할 필요가 있는 경우라야 한다. 군사상의 필요라 함은 군대의 안전을 위한 군작전상의 필요를 말하며, 공공의 안녕질서유지란 사회적 안전이나 평온과 같은 공안질서의 유지를 말한다. 계엄은 병력을 수단으로 하는 것이므로 비상사태가 발생한 경우라도 경찰력만으로 비상사태를 극복할 수 있을 때에는 계엄을 선포할 수 없다.

(나) 절차적 요건

대통령이 계엄을 선포하려면 1) 국무회의의 심의를 거쳐야 하며, 문서로써 하여야 하고 국무총리와 관계국무위원의 부서가 있어야 한다. 2) 계엄을 선포한 때에는 지체없이 국회에 통고해야 하며, 국회가 폐회 중이면 지체없이 임시회의 집회를 요구해야 한다.

(4) 계엄의 선포권자와 지휘·감독권자

계엄을 선포할 권한은 오로지 대통령만이 가진다. 계엄이 선포되면 계엄사령관은 계엄의 시행에 관하여 국방부장관의 지휘·감독을 받는다. 다만 전국을 계엄지역으로 하는 경우와 대통령이 직접 지휘·감독할 필요가 있는 경우에는 대통령이 지휘·감독권자가 된다.

(5) 계엄의 효력

(가) 비상계엄의 효력

① 행정사무와 사법사무에 관한 특별조치

헌법 제77조 제3항은 "비상계엄이 선포된 때에는 법률이 정하는 바에 의하여 … 정부나 법원의 권한에 관하여 특별한 조치를 할 수 있다"라고 규정하고 있다. 정부나 법원의 권한에 관한 특별한 조치란 집행권과 사법권의 행사가 군대의 관할하에 들게 되는 것을 의미한다. 비상계엄의 선포와 동시에 계엄사령관은 계엄지역 내의 모든 행정사무와 사법사무를 관장한다(계엄법 제7조 제1항). 여기서 사법사무란 재판작용을 제외한 사법행정사무, 즉 사법경찰·검찰·형집행 등을 의미한다고 할 수 있다. 그리고 내란죄·외환죄·공안을 해하는 죄 등 계엄법 제10조 제1항에 열거된 범죄에 관한 사건은 군사법원에서 재판한다.

그러나 비상계엄지역 내에 법원이 없거나 관할법원과의 교통이 차단된 경우에는 모든 형사사건에 관한 재판을 군사법원이 행한다(계엄법 제10조 제2항).

비상계엄 하의 군사재판은 군인·군무원의 범죄나 군사에 관한 간첩죄의 경우와 초병·초소·유독음식물공급·포로에 관한 죄 중 법률이 정한 경우에 한하여 단심으로 할 수 있으나, 사형선고의 경우에는 그러하지 아니하다(헌법 제110조 제4항).

② 기본적 인권에 관한 특별조치

헌법 제77조 제3항에 의하면 비상계엄이 선포된 때에는 법률이 정하는 바에 의하여 '영장제도, 언론·출판·집회·결사의 자유'에 관하여 특별한 조치를 할 수 있다고 규정하고 있다. 그러나 계엄법에는 비상계엄지역 안에서 계엄사령관은 군사상 필요한 때에는 체포·구금·압수·수색, 거주·이전, 언론·출판·집회·결사 또는 단체행동에 대하여 특별한 조치를 할 수 있고, 작전상 부득이한 경우에는 국민의 재산을 파괴 또는 소훼할 수 있다고 규정하고 있다(동법 제9조). 그렇다면 헌법에서 특별한 조치를 할 수 있다고 규정하고 있지 않은 거주·이전의 자유, 단체행동, 재산권에 대하여 계엄법에 의하여 특별한 조치를 할 수 있도록 규정한 것이 위헌이 아닌가의 문제가 제기된다.

이에 관하여 합헌론은 헌법 제77조 제3항은 예시적 규정으로 보고 비상계엄 하에서는 계엄의 목적을 달성하기 위하여 불가피한 경우에는 주민의 거주·이전의 자유와 재산권 등도 제한할 수 있다고 한다.[1] 반면에 위헌론의 입장은 위 헌법조항을 제한적 규정으로 보고 이러한 긴급권적 조치는 국민의 기본권보장에 중대한 예외가 되므로 엄격하게 해석하여야 한다고 한다. 즉 기본권제한에 관한 규정은 확대해석이 허용될 수 없으므로 비단 거주·이

---

1) 김철수, 앞의 책, 1448면.

전의 자유뿐만 아니라 헌법에 규정이 없는 기본권제한을 계엄법으로 규정한다는 것은 위헌이라고 한다.[1] 생각건대 국가비상사태가 아닌 평상시의 경우에도 국민의 모든 자유와 권리는 헌법 제37조 제2항에 의해 제한될 수 있는 것인데, 평상시가 아닌 국가비상사태의 경우 영장제도와 언론·출판·집회·결사의 자유에 한해서만 제한할 수 있다고 헌법 제77조 제3항을 해석한다면 이는 비상계엄의 목적과 기능에 합치되지 않는다고 할 수 있다. 따라서 비상계엄이 선포된 경우에는 영장제도와 언론·출판·집회·결사의 자유뿐만 아니라 거주·이전의 자유와 재산권 등에 대해서도 법률로써 특별한 조치를 할 수 있다고 보는 것이 타당하다.[2]

(나) 경비계엄의 효력

경비계엄의 선포와 동시에 계엄사령관은 계엄지역 내의 군사에 관한 행정사무와 사법사무를 관장한다. 그러나 헌법과 법률에 의하지 아니한 특별조치로써 국민의 자유와 권리를 제한할 수 없다. 경비계엄은 공공의 안녕질서를 회복하기 위한 소극적인 치안유지를 목적으로 하는 것이기 때문이다.

(6) 계엄의 해제

비상사태가 평상사태로 회복되면 대통령은 계엄을 해제하고 이를 공고하여야 한다. 또한 국회가 재적의원 과반수의 찬성으로 계엄의 해제를 요구한 때에는 대통령은 국무회의의 심의를 거쳐 계엄을 해제하여야 한다(헌법 제77조 제5항).

계엄이 해제되면 모든 행정사무와 사법사무는 평상상태로 복귀한다. 계엄이 해제되었다고 해서 계엄하에서 행해진 계엄포고위반행위의 가벌성이 소멸된다고 할 수 없고 계엄포고위반의 죄는 계엄해제 후에도 행위 당시의 법령에 의해 처벌된다. 그러나 비상계엄 시행 중에 군사법원에 계속 중이던 재판사건의 관할은 비상계엄의 해제와 동시에 일반법원에 이관하게 된다. 다만 대통령이 필요하다고 인정할 때에는 군사법원의 재판권을 1개월 이내에 한하여 연기할 수 있다(계엄법 제12조 제2항).

(7) 계엄에 대한 통제

국회는 계엄해제요구권을 행사하여 계엄을 통제할 수 있으며, 계엄기간 중에도 국회는 입법활동을 할 수 있으므로 국회의 입법에 의하여 계엄당국을 통제할 수 있다. 국정감사와 조사권, 탄핵소추권을 통해서도 계엄을 통제할 수 있다.

계엄에 대한 사법적 심사가 가능한가 하는 문제가 제기될 수 있는데, 종래의 통설과 판례는 대통령의 계엄선포행위와 계엄당국의 개별적 행위(포고령, 개별적 처분 등)를 구별하여

---

1) 권영성, 앞의 책, 983면.
2) 같은 취지로는 정종섭, 앞의 책, 1282면.

대통령의 계엄선포행위 그 자체는 통치행위라는 이유로 사법적 심사를 부인하면서, 계엄당국의 개별적 포고령과 개별적 집행행위는 사법적 심사의 대상이 될 수 있다고 판단하였다. 과거 헌법재판소가 존재하지 않던 시기의 대법원 판례에 의하면 계엄선포가 당연무효이면 사법심사의 대상이 되지만, 그 법원이 계엄선포요건의 구비 여부나 그 당·부당을 심사하는 것은 사법권의 한계를 넘어서는 것이라고 하였다.[1] 다만 대법원은 1997년 판결에서 비상계엄의 선포나 확대가 원칙적으로 사법심사의 대상이 되지는 않지만, 이것이 국헌문란의 목적으로 행해진 경우에는 법원이 범죄성립 여부를 심사할 수 있다고 판시하였다.[2]

그러나 계엄선포행위를 통치행위라 하더라도 그것은 그 발동요건이 헌법과 법률에 구체적으로 규정되어 있으며, 국민의 기본권에 중대한 영향을 미치는 것으로서 상대적 통치행위에 해당하므로 계엄선포행위 자체도 사법적 심사의 대상이 되어야 한다고 보는 것이 타당하다. 따라서 헌법위반의 계엄선포행위에 의해 국민의 기본권이 침해된 경우에는 국민은 헌법재판소에 헌법소원을 청구할 수 있다고 할 것이다.[3]

Ⅳ. 국민투표부의권

1. 국민투표부의권의 의의

헌법 제72조는 "대통령은 필요하다고 인정할 때에는 외교·국방·통일 기타 국가안위에 관한 중요정책을 국민투표에 붙일 수 있다"라고 하여 대통령의 국민투표부의권을 규정하고 있다. 국민투표부의권은 대통령이 국가안위에 관한 중요정책을 국회의 의결로써 결정하지 아니하고, 직접 국민의 의사를 물어 결정할 수 있는 권한으로 이는 헌법 제130조 제2항의 헌법개정안에 대한 국민투표제와 더불어 현행헌법상 대의제원칙에 대한 예외가 되는 직접민주제의 요소를 의미한다.

대통령의 국민투표부의권은 국가의사를 결정하는 데 있어 민주적 정당성을 보다 더 확보할 수 있는 제도라 할 수 있으며, 국회에 대한 대통령의 우월적 지위를 보장해 주는 제도라 할 수 있다.

2. 국민투표의 대상

국민투표의 대상으로서 규정하고 있는 '외교·국방·통일 기타 국가안위에 관한 중요정

1) 대판 1979. 12. 7. 79초70; 대판 1981. 1. 23. 80도2756.
2) 대판 1997. 4. 17. 96도3376.
3) 정종섭, 앞의 책, 1285면.

책'이 무엇인가에 관한 해석이 문제될 수 있으나, 여기서 국가안위에 관한 중요정책이란 외교·국방·통일 등의 정책에 국한되지 아니하고 그 밖의 정책까지 포함될 수 있는 것으로 볼 수 있으므로 국민투표의 대상으로서 '외교·국방·통일'은 예시적 규정으로 보는 것이 타당하다.

국가안위에 관한 중요정책의 판단과 그것을 국민투표에 붙일 것인가의 결정은 대통령의 재량에 속하므로 헌법 제72조의 국민투표는 임의적 국민투표라 할 수 있다. 또한 여기의 국민투표는 정책결정을 대상으로 하는 레퍼렌덤(Referendum)으로서의 성격을 의미하며, 정권의 정통성이나 대통령의 신임 여부를 묻는 플레비시트(Plebizit)의 성격을 의미하는 것은 아니다. 헌법재판소도 대통령의 재신임을 헌법 제72조의 국민투표와 결부·연계시키는 것은 헌법상 허용되지 않는다고 하면서, 이러한 국민투표를 공개적으로 제안하거나 이를 실행하기 위한 행동으로 나아가면 탄핵사유가 된다고 판시한 바 있다.[1)]

국민투표는 본질적으로 선거제도와 구별되는 것으로, 선거는 '인물에 대한 결정', 즉 대의제를 가능하게 하기 위한 전제조건으로서 국민의 대표자에 관한 결정이라고 한다면, 이에 대하여 국민투표는 직접민주주의를 실현하기 위한 수단으로서 '사안에 대한 결정', 즉 특정한 국가정책이나 법안을 그 대상으로 한다. 따라서 국민투표의 본질상 '대표자에 대한 신임'은 국민투표의 대상이 될 수 없으며, 우리 헌법에서 대표자의 선출과 그에 대한 신임은 단지 선거의 형태로써 이루어져야 한다. 대통령이 이미 지난 선거를 통하여 획득한 자신에 대한 신임을 국민투표의 형식으로 재확인하고자 하는 것은, 헌법 제72조의 국민투표제를 헌법이 허용하지 않는 방법으로 위헌적으로 사용하는 것이다.

국민투표제와 관련하여 국민이 구체적이고 세부적인 입법까지도 국민투표로써 할 수 있는가에 관하여 견해가 나뉘고 있으나, 이러한 '국민입법'의 국민투표는 대의제원리와 국회입법의 원칙에 반하는 것으로 허용되기 어렵다. 국민투표가 국회를 대신하여 법률을 제정하거나 개폐할 수 없기 때문이다.

3. 국민투표부의권의 성격

헌법 제72조는 국민투표에 부쳐질 중요정책인지 여부를 대통령이 재량에 의하여 결정하도록 명문으로 규정하고 있고 헌법재판소 역시 위 규정은 대통령에게 국민투표의 실시 여부, 시기, 구체적 부의사항, 설문내용 등을 결정할 수 있는 임의적인 국민투표발의권을 독점적으로 부여하고 있다고 하여 이를 확인하고 있다. 따라서 특정의 국가정책에 대하여 다수의 국민들이 국민투표를 원하고 있음에도 불구하고 대통령이 이러한 희망과는 달리 국민

---

1) 헌재 2004. 5. 14. 2004헌나1.

투표에 회부하지 아니한다고 하여도 이를 헌법에 위반된다고 할 수 없고 국민에게 특정의 국가정책에 관하여 국민투표에 회부할 것을 요청할 권리가 인정된다고 할 수도 없다.[1)]

4. 국민투표의 방법과 절차

국민투표의 방법과 절차는 국민투표법에 규정되어 있다. 대통령은 국민투표일 전 18일까지 국민투표일과 국민투표안을 동시에 공고하여야 한다. 국민투표는 기표방법에 의한 표로써 한다(동법 제50조). 국민투표는 사안에 대한 찬반을 묻는 것이기 때문에 투표용지에는 찬성과 반대의 양란을 두고 이에 표시를 한다.

5. 무효소송과 재투표

국민투표의 효력에 관하여 이의가 있는 투표인은 10만인 이상의 찬성을 얻어 중앙선거관리위원회 위원장을 피고로 하여 투표일로부터 20일 이내에 대법원에 제소할 수 있다(국민투표법 제92조). 국민투표의 전부 또는 일부의 무효판결이 있을 때에는 재투표를 실시하여야 한다.

6. 국민투표의 효력

국민투표의 확정된 결과가 국가기관을 기속하는지의 여부에 관하여 견해가 나뉠 수 있으나, 국가기관에 대한 법적 기속력을 가지지 않는 것으로 해석할 수 있다. 헌법 제72조의 국민투표는 국가의 중요정책을 결정하기 전에 국민에게 찬반의 의사를 물어 그 결과를 참작하여 결정할 수 있도록 한 '자문적 국민투표'로 이해하는 것이 타당하므로 그 결과에 대한 법적 기속력은 인정하기 어렵다.

Ⅴ. 대외관계에 관한 권한

대통령은 헌법상 국가원수로서 외국에 대하여 국가를 대표하며(제66조 제1항), 국가를 대표하는 지위에서 조약체결·비준권, 외교사절 신임·접수·파견권, 전쟁선포·강화권을 갖는다(제73조). 조약의 비준(批准)이란 체결절차의 일부이며 통상적으로 국가원수가 조약의 성립을 확인하는 절차이다. 조약의 체결과 관련하여 상호원조 또는 안전보장에 관한 조약, 중요한 국제조직에 관한 조약, 우호통상항해조약, 주권의 제약에 관한 조약, 강화조약, 국가나 국민에게 중대한 재정적 부담을 지우는 조약 또는 입법사항에 관한 조약의 체결·비준에

---

1) 헌재 2005. 11. 24. 2005헌마579등.

는 국회의 동의를 얻어야 한다(제60조 제1항). 대통령의 선전포고에도 국회의 동의를 얻도록 하고 있다(제60조 제2항).

Ⅵ. 입법에 관한 권한

1. 법률안제출권

헌법 제52조에 따라 대통령은 국무회의의 심의를 거쳐 국회에 법률안을 제출할 수 있다. 대통령제 정부형태의 경우 엄격한 권력분립원리에 기초하여 법률안제출권은 의원의 전속적 권한이며 행정부에 대해서는 법률안제출권을 인정하지 않는 것이 원칙이다. 우리 헌법은 대통령제를 기본으로 하면서 의원내각제적 요소를 가미하고 있는데, 정부의 법률안제출권도 이에 해당하는 것이다.

정부의 법률안제출권 행사는 현실적으로 정부가 입법의 주도권을 가지게 되고 의회에 대한 정부의 우월적 지위를 보장하게 된다.

2. 법률안거부권

(1) 법률안거부권의 의의

헌법은 제53조에 대통령의 법률안거부권을 인정하고 있다. 대통령의 법률안거부권은 국회가 법률안을 의결하여 정부에 이송한 경우에 그 법률안에 대하여 대통령이 이의를 가진 때에 국회의 재의를 요구할 수 있는 권한을 말한다. 이 경우 국회가 가중다수로 재의결하면 그 법률안은 법률로 확정되고, 재의결되지 아니하면 폐기된다(제53조 제2항, 제4항). 법률안거부권은 국회의 입법권행사에 대한 행정부의 견제수단으로서, 그것은 입법권의 남용으로부터 행정부를 방어하기 위한 수단이며 나아가 헌법의 수호자로서의 대통령이 위헌적인 법률제정을 사전에 방지하기 위한 제도적 장치를 의미한다.[1)]

---

1) 법률안거부권(the veto power)은 미국헌법의 대통령제에 의해 채택된 것으로 미국헌법 제정 당시 헌법제정자들의 법률안거부권의 인정근거로는 첫째, 의회의 자의적 입법으로 인한 행정권의 침해를 막기 위한 '행정부의 자기방위의 수단'으로서, 둘째는, 헌법의 수호자로서 대통령이 위헌적인 법률의 제정을 사전적으로 통제하기 위한 '헌법수호'의 필요성을 제시하였으며, 정책판단을 이유로 거부권을 행사하는 것은 고려에 넣지 않은 것으로 해석되었다. 미국의 대통령들은 초기에는 법률안거부권을 최소한으로 행사하였으나 제10대 테일러 대통령은 빈번하게 거부권을 행사함으로써 의회로부터 탄핵소추의 압박도 받았으나 실제 탄핵소추는 이루어지지 않았다. 그 후 대통령의 거부권이 그의 정책수행의 수단으로 행사되는 관행이 발달하게 된 것은 프랭클린 루즈벨트 대통령의 시기이다. 이 때부터 대통령은 어떠한 이유에서도 거부권을 행사할 수 있다고 하여 거부권 행사 이유의 제한이 철폐되었고 의회와 국민도 이와 같은 생각에 대해 헌법상 문제가 되지 않는다고 보았다. 루즈벨트는 역대 대통령 중 가장 많은 거부권을 행사하였는데 미국헌법 시행 후 그의 2차 임기말인 1944년에 이르기까지 행사된 총 1635회의 거부권 중에서 505회의 거부권을 행사하였다. 정만희, 앞의 책(헌법과 통치구조), 291면 이하.

(2) 법률안거부권의 성격

법률안거부권의 법적 성격에 관하여는 정지조건설과 해제조건설로 견해가 나뉘고 있으나, 정지조건설이 통설이다. 즉 법률안거부권은 국회가 재의결하기까지 그 법률안에 대하여 법률로서의 확정을 정지시키는 소극적인 조건부 정지적 거부권(停止的 拒否權)의 성격을 가진다고 할 수 있다. 국회가 재의결하는 조건이 성취되면 그 법률안은 법률로서 확정되기 때문에 이 정지조건설이 타당하다.

(3) 법률안거부권의 행사요건

(가) 실질적 요건

대통령의 법률안거부권 행사요건에 관하여 헌법에는 명문의 규정이 없으나, 그 남용을 막기 위하여 정당한 사유와 필요성이 인정되어야 한다. 즉 법률안이 헌법에 위반된다고 판단되는 경우라든지 그 법률의 집행이 불가능한 경우와 예산상의 뒷받침이 없는 경우, 그 내용이 국가적 이익에 반하는 경우, 또는 행정부에 대한 부당한 정치적 공세를 내용으로 하는 경우 등에는 거부권행사의 정당한 사유가 인정된다고 할 수 있다. 그러나 정당한 사유가 없는 법률안거부권의 행사는 자제되어야 하며, 법률안의 내용이 정책적으로 부당하다는 이유만으로 거부권을 남용하게 되면 거부권행사의 한계를 벗어난 것으로 볼 수 있다.

(나) 절차적 요건

대통령의 법률안거부권 행사의 절차는 법률안이 정부로 이송되어 온 날로부터 15일 이내에, 국무회의의 심의를 거친 후, 그 법률안에 이의서를 첨부하여 국회로 환부하여 재의를 요구하여야 한다.

(4) 종 류

(가) 환부거부

환부거부란 국회가 의결하여 정부에 이송한 법률안을 지정된 기일 안에 대통령이 이의서를 붙여 국회에 환부하고 재의를 요구하는 것을 말한다. 헌법 제53조 제2항은 15일 이내에 환부거부를 인정하고 있으며, 국회가 폐회한 경우에도 환부거부를 인정하고 있다. 다만 법률안거부에 있어서 일부거부 또는 수정거부는 인정되지 아니한다. 이에 관하여 헌법 제53조 제3항은 "대통령은 법률안의 일부에 대하여 또는 법률안을 수정하여 재의를 요구할 수 없다"라고 규정하고 있다.

(나) 보류거부

보류거부(pocket veto)란 국회의 폐회나 해산으로 인하여 대통령이 지정된 기일 내에 법률안을 국회에 환부할 수 없는 경우에는 대통령이 그 법률안을 거부하기 위하여 법률안을 공포하지 아니한 채 가지고 있으면 법률안이 자동적으로 폐기되는 것을 말한다. 현행헌법은 보류거부를 인정하고 있지 아니하나, 예외적으로 국회의원의 임기가 만료되어 국회가 종국적으로 폐회된 경우에는 대통령이 법률안을 환부할 국회가 존재하지 아니하므로 이 경우에는 보류거부가 인정된다고 할 수 있다.

(5) 법률안거부권에 대한 통제

대통령이 법률안거부권을 행사하면 국회는 그 법률안을 재의에 회부하고 재적의원 과반수의 출석과 출석의원 3분의 2 이상의 찬성으로 재의결함으로써 그 법률안을 법률로서 확정할 수 있다. 그리고 확정된 법률을 대통령이 5일 이내에 공포하지 아니한 때에는 국회의장이 이를 공포하도록 하고 있다(헌법 제53조 제4항, 제6항).

3. 행정입법에 관한 권한

(1) 행정입법의 의의

헌법 제75조에 "대통령은 법률에서 구체적으로 범위를 정하여 위임받은 사항과 법률을 집행하기 위하여 필요한 사항에 관하여 대통령령을 발할 수 있다"라고 하여 대통령의 행정입법권으로서의 위임명령과 집행명령 제정권을 규정하고 있다. 대통령의 명령제정권의 행사는 국회가 제정한 법률의 집행행위에 속하면서 행정부의 입법행위에 해당한다.

입헌주의 헌법의 권력분립원리와 법치주의에 의거할 때 국회는 법률을 제정하고 행정부는 법률을 집행하는 역할을 담당하며, 법률의 내용에 있어서 국민의 자유와 권리에 관한 사항(법규사항)은 국회가 정립한 법률의 형식으로 규율할 것을 원칙으로 한다. 그러나 오늘날 행정국가와 복지국가화의 현실에 있어서는 의회입법의 원칙과 법률에 의한 기본권제한의 원칙을 고수할 수 없게 되고, 법률의 집행과 관련하여 구체화하여야 할 사항은 하위규범인 명령에 위임하는 행정입법을 불가피하게 요청하게 되었다.

(2) 행정입법의 유형

(가) 대통령령·총리령·부령

행정입법은 그 제정권자를 기준으로 하여 대통령령·총리령·부령으로 나눌 수 있다. 대통령령은 헌법 제75조에 근거하고, 총리령과 부령은 헌법 제95조에 규정되어 있다. 여기의 대통령령·총리령·부령은 법규명령을 의미하며, 법규명령은 다시 위임명령과 집행명령으로 구분된다.

(나) 법규명령과 행정명령

법규명령(Rechtsverordnung)이란 행정기관이 헌법에 근거하여 국민의 권리와 의무에 관한 사항을 규정하는 것으로 대국민적 구속력을 가지는 법규적 명령을 말한다. '법규적'이라 함은 그 내용이 일반적·추상적 규정이어서 일반적 구속력을 가진다는 의미이다. 헌법은 법률의 하위규범으로서 법규명령에 관하여 여기의 대통령령과 총리령·부령뿐만 아니라 국회규칙, 대법원규칙, 헌법재판소규칙, 중앙선거관리위원회규칙 등을 규정하고 있다. 법규명령은 그 내용에 따라 위임명령과 집행명령으로 구분된다.

법규명령과 구별되는 행정명령 또는 행정규칙은 행정기관이 헌법적 근거를 요하지 아니하고 그 고유권한으로써 일반국민의 권리·의무와 직접 관련이 없는 비법규사항을 규정하는 것으로, 행정조직의 내부에서만 효력을 가질 뿐 대외적 구속력을 가지지 아니하는 규칙을 말한다. 행정명령은 헌법적 근거를 요하지 아니하고 행정기관이 내부적 규범으로 당연히 발할 수 있는 행정내규의 성질을 가진다는 점에서 법규명령과 구별된다. 그러나 행정규칙이라 하더라도 상위법령의 위임에 따라 상위법령의 시행에 필요한 사항을 정한 경우에는 대외적 구속력을 가질 수 있는데, 이른바 '법령보충적 행정규칙'이 이에 해당한다. 법령보충적 행정규칙은 그 자체로서 직접적으로 대외적 구속력을 갖는 것은 아니며 상위법령과 결합하여 일체가 되는 한도 내에서 상위법령의 일부가 됨으로써 대외적 구속력이 발생되는 것일 뿐 그 행정규칙 자체는 대외적 구속력을 갖는 것이 아니다.[1]

(3) 위임명령

(가) 의의 및 성질

위임명령은 헌법에 근거하고 법률의 구체적이고 개별적인 위임에 의해 발하는 명령을 말한다. 따라서 위임명령은 그 내용과 효력의 발생·상실에서 모법인 법률의 위임규정에 종속되며(법률에의 종속성), 모법이 개정되거나 소멸한 때에는 위임명령도 개정되거나 소멸한다. 다만 위임명령은 법률이 위임한 범위 안에서 법률이 직접 규정하지 아니한 새로운 입법사항도 규정할 수 있으므로 이 점에서 집행명령과 구별된다. 위임명령이 법률에서 위임받은 사항을 스스로 규정하지 아니하고, 하부기관의 명령에 재위임하는 위임사항의 재위임이 허용되는지의 문제가 있으나, 이러한 재위임은 허용되지 아니한다. 다만 위임명령(대통령령)이 위임받은 사항에 관하여 대강만을 규정하고 특정 사항을 범위를 정하여 하위명령(총리령·부령)에 다시 위임하는 것은 무방하다.[2]

---

1) 헌재 2004. 10. 28. 99헌바91.
2) 헌재 1996. 2. 29. 94헌마213.

(나) 위임의 형식

법률이 명령에 위임하는 형식으로 일반적·포괄적 위임은 사실상 입법권의 백지위임을 의미하며, 그것은 의회입법의 원칙을 부인하게 되며 행정부에 의한 기본권의 무제한적 침해를 초래할 위험이 있기 때문에 허용될 수 없다. 따라서 위임의 형식은 개별적·구체적 위임의 형식만을 인정한다. 헌법 제75조 전단에는 "대통령은 법률에서 구체적으로 범위를 정하여 위임받은 사항에 관하여 대통령령을 발할 수 있다"라고 하여 개별적·구체적 위임만을 인정하고 있다(포괄적 위임입법금지의 원칙).

그리고 명령에 대한 법률의 위임은 조례에 대한 법률의 위임과 구별된다. 조례에 대한 법률의 위임은 반드시 개별적·구체적일 필요가 없으며 포괄적 위임도 가능하다. 조례는 법률의 위임이 없는 사항에 관하여도 법령에 저촉되지 않는 한도 내에서 그것을 규율할 수 있기 때문이다. 지방자치단체는 법령의 범위 내에서 그 사무에 관하여 조례를 제정할 수 있으므로(헌법 제117조 제1항) 그 내용이 주민의 권리·의무에 관한 사항이 아니거나 벌칙에 관한 것이 아닌 한, 법률의 위임이 없더라도 조례를 제정할 수 있다.[1)]

헌법재판소는 자동차운전전문학원을 졸업하고 운전면허를 받은 사람 중 교통사고를 일으킨 비율이 대통령령이 정하는 비율을 초과하는 때에는 학원의 등록을 취소하거나 1년 이내의 운영정지를 명할 수 있도록 한 도로교통법 조항이 포괄적 위임입법금지의 원칙에 위배되어 위헌이라고 결정하였다.[2)]

(다) 위임의 범위와 한계

입법권의 위임은 의회입법의 원칙과 권력분립원리에 비추어 '구체적으로 범위를 정하여' 한정된 범위 안에서만 허용된다(헌법 제75조). 여기서 '구체적'이라는 것은 일반적·추상적이어서는 안 된다는 의미이고, 범위를 정한다는 것은 포괄적·전면적이어서는 안 된다는 의미이다.

이와 관련하여 문제가 되는 것은 국회의 전속적 입법사항이나 처벌법규도 위임의 대상이 되는가 하는 점 등이다. 첫째, 헌법상 국회의 전속적 입법사항에 해당하는 국적취득의 요건(제2조 제1항), 조세의 종목과 세율(제59조), 지방자치단체의 종류(제117조 제2항) 등은 헌법이 법률로 정하도록 하고 있으므로 이에 관한 입법권의 위임은 허용될 수 없다. 둘째, 처벌의 종류와 정도에 관한 벌칙사항은 법률과 적법한 절차로 정해야 한다(제12조 제1항). 그러나 처벌의 대상이 될 행위, 즉 범죄의 구성요건은 반드시 법률로써 정하여야 하지만 처벌의 수단과 정도(양형)는 수권법이 최고한도를 정한 후 그 범위 안에서 명령으로써 구체적인 범위를 정하도록 위임할 수 있다(다수설). 셋째, 위임의 한계는 법률유보의 원칙과의 관

1) 대판 1970. 2. 10. 69다2121.
2) 헌재 2005. 7. 21. 2004헌가30.

계에서 검토가 필요하다. 헌법 제37조 제2항의 법률유보의 원칙은 기본권제한에 있어서 '법률에 의한 규율'을 요청하는 것이 아니라 '법률에 근거한 규율'을 요청하는 것이기 때문에 기본권의 제한에는 법률의 근거가 필요할 뿐이고 기본권제한의 형식이 반드시 법률의 형식일 필요는 없는 것이다. 그러므로 헌법 제75조에 따라 대통령령으로 기본권을 제한하는 경우에는 반드시 그에 관한 법률의 위임이 있어야 한다.[1] 또한 법률유보의 원칙의 내용적 요소로서 의회유보의 원칙(본질성이론)에 의할 때 국민의 기본권실현에 관련된 본질적 사항은 입법자 스스로 법률로 규율하여야 할 것이다.[2]

(4) 집행명령

집행명령은 헌법에 근거하여 법률을 집행하는 데 필요한 세칙(細則)을 정하는 명령을 말한다. 법률의 집행은 행정부의 고유권한이지만 이것을 각 행정기관의 재량에 일임한다면 법률의 집행에 있어 혼란과 불균형을 초래할 우려가 있다. 따라서 법률집행에 있어 통일성·형평성·합리성 등을 기하기 위하여는 법률집행에 관한 일반적 준칙을 정할 필요가 있다. 법률의 시행세칙으로서의 일반준칙을 내용으로 하는 것이 바로 집행명령이다. 집행명령은 모법인 법률에 종속되며 모법이 폐지되면 효력을 상실한다. 집행명령은 행정기관과 국민을 다같이 구속하는 법규명령으로서의 성질을 가진다. 집행명령은 법률의 시행을 위해 필요한 구체적 절차와 방법 등을 정하는 것이므로 법률의 위임이 없는 한 국민의 권리·의무에 관한 내용을 변경·보충하거나 법률에 규정되지 아니한 새로운 내용을 규정할 수 없다.[3]

(5) 행정입법에 대한 통제

행정입법에 대한 통제로는 행정부 내부의 자율적 통제, 국회에 의한 통제, 법원과 헌법재판소에 의한 사법적 통제 등이 있다.

첫째, 행정부 내부의 자율적 통제와 관련하여 대통령령의 제정에는 국무회의의 심의를 거쳐야 하고 국무총리와 관계국무위원의 부서가 있어야 한다(헌법 제82조). 총리령과 부령의 행정입법에는 최상급행정청인 대통령의 지휘·감독을 받는다. 법제처는 모든 행정입법안에 대해 심사하며, 행정입법의 제정에도 입법예고와 공청회 개최 등 일정한 절차를 거치게 하여 행정입법의 적정성을 도모한다.

둘째, 국회에 의한 행정입법의 통제로는 행정입법의 효력을 소멸시키기 위하여 법률을 제정·개정함으로써 행정입법을 직접 통제하는 방법이 있고, 위법·부당한 행정입법에 대한 국정감사·조사 등을 통하여 그 철폐나 개정 등을 촉구할 수 있다. 대통령령 등의 행정입법

---

1) 헌재 2003. 11. 27. 2002헌마193.
2) 헌재 1999. 5. 27. 98헌바70.
3) 대판 1990. 9. 28. 89누2493.

이 제정·개정 또는 폐지된 때에는 10일 이내에 중앙행정기관의 장은 국회 소관 상임위원회에 이를 제출하여야 하며, 상임위원회는 제출된 대통령령·총리령·부령 등 행정입법에 대하여 법률에의 위반 여부 등을 검토하여 당해 대통령령 등이 법률의 취지 또는 내용에 합치되지 아니하다고 판단되는 경우에는 소관 중앙행정기관의 장에게 그 내용을 통보할 수 있다. 이 경우 중앙행정기관의 장은 통보받은 내용에 대한 처리계획과 그 결과를 지체 없이 소관 상임위원회에 보고하여야 한다(국회법 제98조의2 제1항~제3항).[1]

셋째, 법원에 의한 통제로는 헌법 제107조 제2항의 명령·규칙에 대한 법원의 위헌·위법심사가 있다. 명령·규칙 등의 행정입법이 헌법이나 법률에 위반되는 여부가 재판의 전제가 된 경우에는 대법원은 이를 최종적으로 심사할 수 있으며, 법원은 그 명령·규칙이 위헌·위법이라고 판단될 때에는 그 명령·규칙은 당해 사건에 적용되지 아니한다.

넷째, 헌법재판소에 의한 통제로는 행정입법이 법규명령으로서 국민의 기본권을 직접 침해할 경우에 인정되는 헌법소원심판이 있다. 법률에 대한 위헌심사권이 헌법재판소에 부여된 이상 '통일적인 헌법해석과 규범통제를 위하여' 국회가 제정한 법률, 행정부에서 제정한 시행령이나 시행규칙 및 사법부에서 제정한 규칙 등은 그것들이 별도의 집행행위를 기다리지 않고 직접 기본권을 침해하는 것일 때에는 모두 헌법소원심판의 대상이 될 수 있다. 헌법재판소는 법규명령에 해당하는 대법원규칙의 위헌 여부가 당연히 헌법재판소의 관할에 속한다고 판시한 바 있다. 즉 헌법에서 법률의 위헌여부심사권을 헌법재판소에 부여한 이상 통일적인 헌법해석과 규범통제를 위하여 공권력에 의한 기본권침해를 이유로 하는 헌법소원심판청구 사건에 있어서 법률의 하위법규인 명령·규칙의 위헌여부심사권이 헌법재판소의 관할에 속함은 당연한 것으로서 헌법 제107조 제2항의 규정이 이를 배제한 것이라고는 볼 수 없으므로, 법률의 경우와 마찬가지로 명령·규칙 그 자체에 의하여 직접 기본권이 침해되었음을 이유로 하여 헌법소원심판을 청구하는 것은 위 헌법규정과는 아무런 상관이 없는 문제라고 판단하고 있다.[2]

---

1) 국회는 행정입법에 대한 국회통제의 실효성을 높이기 위해 2015년 5월 국회법 제98조의2 제3항의 개정을 시도한 바 있다. 즉 소관 중앙행정기관의 장이 제출한 대통령령·총리령·부령 등 행정입법이 법률의 취지 또는 내용에 합치되지 아니한다고 판단되는 경우 상임위원회는 소관 중앙행정기관의 장에게 수정·변경을 요구할 수 있도록 하고, 이 경우 중앙행정기관의 장은 수정·변경을 요구받은 사항을 처리하고 그 결과를 소관 상임위원회에 보고하도록 규정한 개정안이 국회 본회의에서 통과되었으나, 이 개정안에 대하여는 정부의 행정입법권을 침해하고 행정입법에 대한 사법적 통제권을 침해하는 것이 아닌가의 논란이 제기되었고 결국 대통령의 법률안 거부권행사에 의해 이 개정안은 폐지되었다.

2) 헌재 1990. 10. 15. 89헌마178.

Ⅶ. 행정에 관한 권한

1. 행정에 관한 최고결정권과 최고지휘권

대통령은 행정부의 수반으로서 행정에 관한 최고결정권과 최고지휘권을 가진다. 헌법 제86조 제4항은 "행정권은 대통령을 수반으로 하는 정부에 속한다"라고 하여 대통령이 행정부의 수반이며 최고행정권자임을 규정하고 있다. 대통령은 행정에 관한 최종적인 결정권을 행사하며, 행정부의 모든 구성원에 대하여 최고의 지휘·감독권을 행사한다.

2. 법률집행권

대통령은 행정부의 수반으로서 국회가 제정한 법률을 공포하고 집행한다. 대통령은 법률의 집행을 제1차적 임무로 하며, 법률을 집행함에 있어 대통령은 구체적으로 범위를 정하여 위임받은 사항과 법률을 집행하기 위하여 필요한 사항에 관하여 대통령령(위임명령과 집행명령)을 발할 수 있다(제75조).

3. 정부구성권과 공무원임면권

대통령은 행정부를 구성하기 위하여 국회의 동의를 얻어 국무총리를 임명하고, 국무총리의 제청으로 국무위원을 임명한다(제86조 제1항, 제87조 제1항). 행정각부의 장은 국무위원 중에서 국무총리의 제청으로 임명한다(제94조). 대통령은 헌법과 법률이 정하는 바에 의하여 공무원을 임면한다(제78조).

4. 국군통수권

헌법 제74조 제1항은 "대통령은 헌법과 법률이 정하는 바에 의하여 국군을 통수한다" 라고 하여 대통령의 국군통수권(國軍統帥權)을 규정하고 있다. 군통수권제도는 국가의 주권을 수호하고 독립을 유지하기 위한 제도적 장치를 의미한다. 우리 헌법은 대통령에게 헌법을 준수하고 국가를 보위하며 조국의 평화적 통일에 노력할 의무를 부과하고 있으므로 이러한 일련의 헌법적 의무를 수행하기 위해서는 군대의 존재와 그에 대한 대통령의 지휘·명령권의 행사가 불가피하다. 다만 대통령의 국군통수권이 행정부 수반의 지위에서 행사하는 권한인지 아니면 국가원수의 지위에서 행사하는 권한인지에 관하여는 견해가 나뉘고 있다. 일반적으로 대통령제국가에서는 국가원수로서의 대통령에게 군통수권자의 지위를 부여하는 것이 통례이며, 군통수권은 국가와 헌법의 수호자 내지 국정의 최고책임자의 지위에서 대통령이 보유하는 권한으로 보는 것이 타당하다.

또한 현행헌법의 국군통수권이 군정권(軍政權)과 군령권(軍令權)을 포괄하는 광의의 개념으로 이해하는 한 국군통수권을 행정부 수반으로서의 대통령이 보유하는 권한으로 보기는 어렵다고 할 수 있다. 국군통수에 있어서 군령이란 국방목적을 위하여 군을 현실적으로 지휘·명령하고 통솔하는 작용(군사작전작용)을 말하며, 군정은 군을 조직·관리하는 작용(군사관리작용)을 말한다. 우리 헌법은 군정·군령일원주의 내지 병정통합주의를 채택하여 군령과 군정을 모두 대통령이 관장하게 함으로써 문민정부에 의한 군의 통제를 가능하게 하고 있다. 헌법은 군국주의를 경계하고 민주군정을 실현하기 위하여 병정통합주의를 채택하면서 군통수권을 대통령에게 부여하고 있다.

헌법 제74조 제2항은 국군의 조직과 편성은 법률로써 하도록 규정하고 있다. 군의 조직과 편성에 관하여 법정주의를 규정한 것은 국군의 조직과 편성을 정부의 전단에 일임할 경우 군의 조직·편성권이 자의적이고 독선적인 경향을 띨 우려가 있을 뿐만 아니라 국군의 조직과 편성은 국가의 재정과 국민의 권리·의무에 중대한 영향을 미치기 때문이다.

Ⅷ. 사법에 관한 권한

1. 사면권

(1) 사면권의 의의

헌법 제79조 제1항은 “대통령은 법률이 정하는 바에 의하여 사면·감형 또는 복권을 명할 수 있다”라고 하여 대통령의 사면권을 규정하고 있다. 사면권(赦免權)이란 형사소송법이나 그 밖의 형사법규의 절차에 의하지 아니하고 형의 선고의 효과 또는 공소권을 소멸시키거나 형집행을 면제시키는 국가원수의 특권을 말한다. 대통령의 사면권은 사법부의 판단을 변경하는 권한으로 권력분립의 원리에 대한 예외를 의미한다. 형벌의 선고는 사법부의 고유권한에 해당하는 것이지만 대통령이 사법권의 행사에 개입하여 그 효과에 변경을 가할 수 있는 제도가 사면권이다.

(2) 일반사면과 특별사면

사면에는 일반사면과 특별사면이 있다. 일반사면은 범죄의 종류를 지정하여 이에 해당하는 모든 범죄인에 대하여 형의 선고의 효과를 전부 또는 일부 소멸시키거나, 형의 선고를 받지 아니한 자에 대하여 공소권을 소멸시키는 것을 말한다. 특별사면은 이미 형의 선고를 받은 특정인에 대하여 형의 집행을 면제하는 것을 말한다. 일반사면은 대통령령으로써 하되, 국무회의의 심의를 거쳐 국회의 동의를 얻어야 한다(사면법 제8조). 특별사면, 특정한 자에 대한 감형 및 복권은 대통령이 한다. 이 경우 법무부장관은 대통령에게 특별사면, 감형 및 복권을 상신하여야 하며 상신할 할 때에는 사면심사위원회의 심사를 거쳐야 한다(동법 제9조, 제10조). 일반사면으로 형의 선고는 그 효력을 상실하고, 형의 선고를 받지 아니한 자에 대하여는 공소권이 소멸된다. 특별사면에 의해서는 형의 집행이 면제된다.

(3) 감형과 복권

광의의 사면에는 감형(減刑)과 복권(復權)까지 포함한다. 감형권은 형의 선고를 받은 자에 대하여 선고받은 형을 경감하거나 형의 집행을 감경하여 주는 국가원수의 특권을 말한다. 감형에는 일반감형과 특별감형이 있는데 국무회의의 심의를 거쳐 대통령령으로써 행한다. 복권이란 죄를 범하여 형의 선고를 받은 자가 그 형의 선고의 부수적 효력으로서 다른 법령에 의하여 자격이 상실 또는 정지된 경우에 그 상실 또는 정지된 자격을 회복시켜 주는 것을 말한다.

(4) 사면권의 한계

대통령의 사면권행사에는 헌법이나 법률에 사면의 사유에 관하여 명문규정을 두고 있지 아니하지만 그 사면권행사에는 일정한 헌법내재적 한계가 있다고 본다. 첫째, 사면권은 국가이익과 국민화합의 차원에서 행사되어야 하고 정치적으로 남용되거나 당리당략적 차원에서 행사되어서는 안 된다. 둘째, 권력분립의 원리에 비추어 사법권의 본질적 내용을 침해하는 결과가 될 정도의 사면권행사는 허용되기 어렵다. 사면권은 사법부의 권위를 훼손하지 아니하는 범위 안에서 합리적인 기준과 원칙에 따라 적정하게 행사되어야 한다.

(5) 사면권행사에 대한 통제의 필요성

대통령의 사면권행사가 현실적으로 문제가 되는 것은 국회의 동의를 얻지 않고 행사하는 특별사면의 경우이다. 역대 대통령들이 형의 선고를 받은 고위직 공직자나 정치인 및 재벌기업인에 대해 국민적 정서에 반하는 사면권을 남용함으로써 그에 대한 통제의 필요성이 제기되고 있다. 현행 사면법상 제도개선의 방안으로는 사면심사위원회의 구성과 기능에 있어서 정치적 중립성과 독립성을 강화할 필요가 있으며, 나아가 대통령의 특별사면의 대상에서 제외되는 범죄행위를 구체적으로 규정하여 사면권행사를 제한할 필요가 있다. 또한 대통령의 사면권행사에는 대법원의 자문이나 의견청취의 절차를 거치도록 할 필요가 있다.[1]

---

1) 참고로 프랑스의 사면법은 대통령의 사면권을 엄격히 제한하여 부정부패공직자, 선거법위반사범, 테러범, 15세 미만 미성년자에 대한 폭행범, 마약밀수사범, 불법낙태사범 등 국가와 사회의 기본가치와 법익을 침해한 범법자에 대해선 사면복권을 원칙적으로 금지하고 있다. 특히 핀란드헌법은 대통령이 사면권을 행사하는 경우 대법원의 자문을 얻도록 규정하고 있는데 이러한 입법례는 우리의 사면권제도에 시사하는 바가 크다. 정만희, "차기정부의 헌법적 과제", 헌법학연구 제19권 제1호, 2013, 194-195면 참조.

2. 위헌정당해산제소권

헌법상 위헌정당해산제도에 있어서 위헌정당해산의 제소권은 대통령의 권한이다. 헌법 제8조 제4항은 "정당의 목적이나 활동이 민주적 기본질서에 위배될 때에는 정부는 헌법재판소에 그 해산을 제소할 수 있고"라고 규정하여 위헌정당해산의 제소권은 정부의 권한으로 규정하고 있지만, 정부는 대통령을 수반으로 하는 것이므로 그 제소권은 대통령의 권한이라고 할 수 있다. 대통령은 헌법재판소에 정당해산심판을 청구하기에 앞서 국무회의의 심의를 거쳐야 한다(헌법재판소법 제55조).

Ⅸ. 대통령의 권한행사에 대한 통제

1. 대통령의 권한행사의 방법

대통령제에 있어서는 대통령이 행정에 관한 모든 사항을 그의 권한과 책임 하에 처리하는 것이 원칙이므로 대통령은 그의 권한을 독자적으로 행사하는 것이 원칙이다. 그러나 그 권한행사는 헌법과 법률이 정한 절차와 방법에 따라야 하고 다른 국가기관에 의한 통제를 받아야 한다.

(1) 문서주의

대통령의 권한행사의 방법에 관하여 헌법은 문서주의를 규정하고 있다. 대통령의 국법상의 행위는 문서주의(文書主義)에 따라 반드시 문서로써 해야 한다(헌법 제82조). 문서주의의 요구는 대통령의 권한행사의 내용을 명확하게 하여 국민에게 예측가능성과 법적 안정성을 보장하고, 권한행사에 관하여 신중을 기하게 하고 그에 관한 증거를 남기는 데에 그 목적이 있다. 문서에 의하지 아니한 대통령의 국법상 행위는 원칙적으로 효력을 발생하지 아니한다.

(2) 부서제도

대통령의 권한행사는 문서의 형식에 의하여야 할 뿐만 아니라 그 문서에는 국무총리와 관계국무위원의 부서(副署)가 있어야 한다. 군사에 관한 것도 또한 같다(헌법 제82조). 부서란 대통령의 서명에 이어 국무총리와 관계국무위원이 서명하는 것을 말한다. 관계국무위원은 그 사무를 주관하는 행정각부의 장인 국무위원을 말한다. 대통령의 국법상 행위는 부서가 있어야 하며 부서가 없는 대통령의 행위는 적법한 행위가 될 수 없으므로 이 점에서 부서제도는 대통령의 권한행사에 대한 제약이 된다.

부서제도의 법적 성격에 관하여는 보필책임설과 물적 증거설 등으로 견해가 나뉘고 있으나, 부서제도는 대통령의 전제를 방지하며 부서권자로 하여금 대통령에 대한 보필책임을 지게 하고 부서권자의 책임을 명백히 하는 것이라는 보필책임설이 타당하다고 본다. 그리고 부서가 없는 대통령의 국법상 행위의 효력 여부가 문제될 수 있다. 이에 관하여 부서제도는 대통령의 국법상의 행위에 대한 '유효요건'이 아니라 '적법요건'으로 보고, 따라서 부서가 없는 대통령의 국법상 행위는 당연히 무효가 되는 것이 아니라 위법행위가 되며 국회는 이 위법행위를 탄핵소추의 사유로 할 수 있다는 견해가 있으며,[1] 이와 반대로 부서가 없으면 무효라는 견해가 대립하고 있다.[2] 생각건대 부서제도는 부서권자의 보필책임과 함께 기관내 통제수단으로서의 의미가 있으므로 부서가 없는 대통령의 국법상 행위는 무효로 보는 것이 타당하다(다수설). 다만 대통령이 국무총리와 국무위원의 임면권을 가지고 있는 통치구조 하에서 부서제도가 어느 정도 대통령의 독주와 전제를 방지하는 기능을 할 수 있는지에 관하여는 의문이 있다.

(3) 국무회의의 심의

대통령은 헌법 제89조에 열거된 권한을 행사하기 위해서는 사전에 국무회의의 심의를 거쳐야 한다. 대통령과 행정부의 권한에 관한 중요사항은 헌법 제89조에 열거되어 있지만 동조 제17호에서 "기타 대통령·국무총리 또는 국무위원이 제출한 사항"이라고 규정하고 있으므로 대통령과 행정부의 권한에 속하는 사항은 사실상 거의 모두 포함된다고 볼 수 있다. 국무회의는 의결기관이 아니라 심의기관에 불과하기 때문에 심의의 결과가 대통령을 구속하는 것은 아니다. 국무회의의 심의를 거치지 않는 사항에 대해서는 그 효력이 문제되는데 부서제도의 경우와 마찬가지로 무효로 보는 것이 절차적 정당성의 확보라는 관점에서 타당하다고 할 수 있다.

그 밖에 대통령의 일정한 권한행사에는 국회의 사전동의 또는 사후승인을 얻어야 하며, 각종 자문기관의 자문을 거칠 수 있다. 국가안전보장에 관한 정책을 수립함에 있어 대통령은 국무회의의 심의에 앞서 국가안전보장회의의 자문을 거칠 수 있으며(헌법 제91조 제1항), 그 밖의 자문기관들에 대해서도 대통령의 재량적 판단에 따라 자문을 거칠 수 있다. 자문기관의 의견은 대통령을 구속하지는 못한다.

---

1) 권영성, 앞의 책, 1016면.
2) 김철수, 앞의 책, 582면; 성낙인, 앞의 책, 1045면; 양건, 앞의 책, 968면.

2. 대통령의 권한행사에 대한 통제

(1) 기관내부적 통제

대통령의 권한행사에 대한 기관내부적 통제로는 국무총리·국무위원의 부서, 국무회의의 심의, 각종 자문기관에 의한 자문 등이 있으며, 국무총리의 국무위원 임명제청과 해임건의도 기관내부적 통제기능을 수행한다.

(2) 기관외부적 통제

기관외부적 통제로는 첫째, 국민에 의한 통제로서 여론에 의한 통제가 있으며 최후의 비상적 수단으로 국민의 저항권의 행사가 있다. 또한 외교·국방·통일 기타 국가안위에 관한 주요 정책결정에 관한 국민투표도 주요한 통제기능을 수행할 수 있다. 둘째, 정당에 의한 통제로서, 특히 야당에 의한 비판과 국민에의 호소 등은 대통령의 권한행사에 대한 실효성 있는 통제가 된다. 셋째, 국회에 의한 통제이다. 대통령의 권한행사에 대한 국회의 동의권과 승인권뿐만 아니라 국정조사·감사권, 탄핵소추권, 국무총리와 국무위원에 대한 해임건의권 행사 등은 권력분립에 입각한 주요한 통제수단이 된다. 넷째, 법원에 의한 통제로서, 대통령의 명령이 헌법이나 법률에 위배된다고 판단되는 때에는 법원은 재판에 있어 그 명령의 적용을 거부할 수 있고, 처분이 헌법이나 법률에 위배되는 경우에는 그 무효를 확인하거나 취소할 수 있다(헌법 제107조 제2항). 다섯째, 헌법재판소에 의한 통제로서, 대통령에 대한 탄핵심판을 비롯하여 위헌정당해산심판, 권한쟁의심판 및 대통령이 체결한 조약과 긴급명령에 대한 위헌심판 등을 통하여 대통령의 권한행사를 통제할 수 있다. 그 밖에 법규명령의 성격을 가지는 대통령령에 대한 헌법소원심판을 통해서도 대통령의 권한행사를 통제할 수 있다.

제 3 절 정 부

Ⅰ. 정부의 개념과 구조

정부의 개념은 다의적 의미로 사용되는데, 우선 광의의 개념으로는 국가 그 자체 또는 공권력을 행사하는 모든 국가기관(government)을 지칭하는 의미로 사용된다. 협의의 개념으로는 입법부와 사법부와 대립하는 ‘행정부’(the executive)를 지칭하는 의미로 사용된다. 최협의의 개념으로 정부는 협의의 행정부에서 대통령을 제외한 '내각'(cabinet)을 지칭하는 의미로 사용된다. 또한 정부는 경제주체로서의 국가, 즉 '국고'를 지칭하는 의미로 사용되기도 한다.

현행헌법은 제4장 '정부'에서 대통령과 행정부를 통합하여 규정하고 있으며, 헌법 제66조 제4항은 "행정권은 대통령을 수반으로 하는 정부에 속한다"라고 규정하고 있으므로 현행헌법에서의 정부는 원칙적으로 입법부와 사법부에 대립하는 행정부, 즉 협의의 정부를 의미하는 것이다. 따라서 헌법 제8조 제4항의 위헌정당해산을 제소하는 정부와 제52조의 법률안을 제출하는 정부 등은 대통령을 수반으로 하는 협의의 정부를 의미한다. 현행헌법상 정부는 대통령을 정점으로 하여 국무총리·국무위원·행정각부 및 감사원으로 구성되고, 행정에 관한 주요 정책을 심의하는 기구로 국무회의를 설치하고 있으며, 대통령의 자문에 응하기 위한 각종 자문회의를 두고 있다. 그러나 대통령제에 있어서 행정에 관한 실질적 권한은 대통령 1인에게 집중되어 있고, 국무총리·국무위원·행정각부의 장 등은 단지 대통령을 보좌하기 위한 보좌기관에 지나지 아니한다.

Ⅱ. 국무총리

1. 국무총리제의 의의와 성격

현행헌법은 대통령제를 채택하고 있으면서 의원내각제적 요소로 간주되는 국무총리제를 두고 있는 것이 특징이다. 그러나 한국헌법상 국무총리제는 의원내각제에서의 실질적 행정권을 행사하는 수상과 구별되며 대통령제에서의 부통령이나 국무장관과도 구별되지만 이러한 수상이나 부통령 또는 국무장관의 지위나 기능을 부분적으로 수행하는 점에서 독특한 성격을 갖는 제도이다. 국무총리는 대통령의 보좌기관으로서 대통령의 명을 받아 행정각부를 통할하며, 대통령의 궐위나 사고시 대통령 권한대행자의 지위를 가진다. 국무총리는 대통령을 대신하여 국회에 출석하여 국정처리상황을 보고하거나 의견을 진술하고 질문에 응답함으로써 의회와 행정부 간의 협력관계를 유지하는 기능을 담당하기도 한다.

대통령제를 기본으로 하면서 의원내각제적 요소로서 국무총리제를 도입하게 된 것은 우리의 헌법제정과정에서의 정치적 타협의 산물로 혼합형 정부형태를 채택하였다는 데에서 그 역사적 배경을 찾을 수 있다.

2. 국무총리의 헌법상 지위

(1) 대통령의 보좌기관으로서의 지위

헌법상 국무총리는 독자적으로 실질적인 행정권을 행사하지 못하고 대통령을 보좌하는 대통령보좌기관으로서의 지위를 가진다. 국무총리는 행정에 관하여 대통령을 보좌하기 위하여 대통령의 명을 받아 행정각부를 통할하며(제86조 제2항), 행정부의 권한에 속하는 중요정책을 심의함에 있어 국무회의 부의장으로서 대통령을 보좌하고(제88조 제3항), 대통령의 모든 국법상의 행위에 부서한다(제82조). 국무총리의 부서행위는 대통령에 대한 보필책임으로서의 성격을 지닌다.

(2) 대통령의 권한대행자로서의 지위

국무총리는 대통령이 궐위되거나 사고로 인하여 직무를 수행할 수 없을 경우에 제1순위의 권한대행자의 지위를 가진다(제71조). 따라서 대통령의 유고시에는 국무총리가 대통령의 권한을 대행하고 국무회의에서도 의장의 권한을 대행한다. 특히 대통령의 궐위시 국무총리가 일정기간 대통령의 권한대행을 하는 것은 미국 대통령제에 있어서 대통령 궐위시 부통령이 즉각 대통령직을 승계하는 제도와는 본질적으로 구별된다. 국무총리의 임명에 국회의 동의를 얻도록 한 것은 국민에 의해 선출되지 않은 국무총리가 대통령 권한대행자의 지위를 갖기 때문에 그 지위에 대한 최소한의 민주적 정당성을 부여하기 위한 것이라 할 수 있다.[1]

(3) 행정부의 제2인자로서의 지위

국무총리는 행정부의 제2인자의 지위를 가진다. 국무총리는 대통령의 명을 받아 행정각부를 통할하고, 국무회의의 부의장이 된다. 국무총리는 국무위원의 임명과 행정각부의 장의 임명을 대통령에게 제청하고 국무위원의 해임을 대통령에게 건의할 수 있다(제87조 제1항, 제3항). 국무위원의 부서는 대통령이 하는 관계국무행위에 대해서만 행해지지만 국무총리는 대통령의 모든 국무행위에 대해 부서하는 것도 행정부의 제2인자의 지위에서 인정되는 것이다.

(4) 대통령 다음가는 상급행정관청으로서의 지위

국무총리는 각급 행정관청과의 관계에서 상급행정관청으로서의 지위를 가진다. 국무총리는 대통령의 명을 받아 상급행정관청으로서 행정각부을 통할하며, 국무총리의 권한으로는 중앙행정기관의 장을 지휘·감독하고, 그 명령이나 처분이 위법 또는 부당하다고 인정할 때에는 대통령의 승인을 얻어 이를 중지하거나 취소할 수 있다(정부조직법 제18조). 그 밖에 국무총리는 행정각부와 동등한 지위를 가지는 독임제 행정관청으로서 그 소관사무를 처리한다. 국무총리는 행정각부의 사무를 기획·조정하는 업무와 특정의 부에 속하게 할 수 없는 성질의 사무를 그 소관사무로 한다. 국무총리가 특별히 위임하는 사무를 수행하기 위하

1) 이에 관한 상세한 내용은 정만희, 앞의 책, 226면 이하.

여 부총리 2명을 두며 부총리는 기획재정부장관과 교육부장관이 각각 겸임한다. 기획재정부장관은 경제정책에 관하여, 교육부장관은 교육·사회 및 문화정책에 관하여 국무총리의 명을 받아 관계 중앙행정기관을 총괄·조정한다(동법 제19조). 국무총리의 직무를 보좌하기 위하여 국무총리 산하에 국무조정실과 국무총리비서실을 두며, 국무총리 소속기관으로서 인사혁신처, 법제처, 식품의약품안전처를 두고 있다(동법 제3장).

3. 국무총리의 임명

국무총리는 국회의 동의를 얻어 대통령이 임명한다(제86조 제1항). 대통령이 국무총리 임명동의안을 국회에 제출하면 국회는 15일 이내에 인사청문회를 마쳐야 하고 임명동의안이 제출된지 20일 이내에 동의 여부를 본회의의 표결에 붙여야 한다. 국무총리 임명동의는 국회 재적의원 과반수의 출석과 출석의원 과반수의 찬성으로써 한다.

대통령이 국무총리를 임명하는데 있어서 국회의 동의를 얻도록 한 것은 다음과 같은 의의와 성격을 가진다. 첫째, 국회의 동의권은 행정부에 대한 국회의 견제수단을 의미한다. 대통령의 고위공무원임명에 있어서 국회의 동의를 규정한 것은 대통령제 정부형태에 있어서 의회와 정부 간의 견제와 균형이라는 권력분립원리의 적용을 의미한다. 둘째, 국무총리의 임명에 대한 국회의 동의는 다른 헌법기관의 구성에 있어서 국회의 동의를 구하는 것과 마찬가지로 헌법기관의 구성을 국회와 정부의 합성행위로 이루어지게 함으로써 양자의 협력관계를 유지시키는 것이 된다. 셋째, 대통령 권한대행자의 지위를 가지는 국무총리는 미국의 부통령처럼 국민에 의해 선출되는 자가 아니므로 그 대통령 권한대행자에게 결여된 국민대표성과 민주적 정당성을 최소한 충족시키기 위해 국민대표기관인 국회의 동의를 얻도록 한 것이다. 국회의 동의 없이 대통령이 국무총리를 임명하는 경우에 그 국무총리가 대통령 권한대행자가 된다면 민주적 정당성이 결정적으로 결여된 통치구조가 출현하게 되는 중대한 결함이 나타나기 때문에 국회의 동의절차는 필수적으로 요구되는 것이다. 따라서 국회의 동의를 얻지 아니한 '국무총리서리'를 임명하는 것은 위헌을 면할 수 없다.

헌법재판소는 국무총리 임명동의안의 처리가 국회에서 무산된 후 대통령이 국회의 동의 없이 국무총리서리를 임명한 데 대하여 다수당 소속 국회의원들이 국회 또는 자신들의 권한침해를 주장하면서 권한쟁의심판을 청구한 사건에서 각하결정을 내린 바 있다. 즉 국회의원이 국회에서 심의·표결권한을 행사하는 것은 국회의원들 상호간 또는 국회의원과 국회의장 사이에서만 직접적인 법적 연관성을 가질 뿐, 국회의원과 대통령 등 국회 이외의 다른 국가기관과 사이에서는 아무런 직접적인 법적 연관성을 가지지 아니하므로, 대통령이 국회의 동의를 얻지 아니하고 국무총리서리를 임명한 행위가 국회에 대한 관계에서 국무총리의 임명에 관한 국회의 동의권한을 침해한 것인지의 여부는 별론으로 하고, 국회의원인 청구인들과의 관계에서 국무총리 임명동의안에 관한 청구인들의 심의·표결권한의 행사를 불가능하게 하거나 방해함으로써 그 권한을 침해할 가능성이 있다고 볼 수 없다는 것이다.[1)]

그러나 대통령의 국무총리서리 임명행위는 헌법 제86조 제1항에 위배되고 권력분립원리에도 반하는 것으로 위헌이라 하지 않을 수 없다. 학계의 지배적 견해도 위헌설을 취하고 있다.[2)]

4. 국무총리의 직무대행

국무총리가 사고로 직무를 수행할 수 없는 경우에는 기획재정부장관이 겸임하는 부총리, 교육부장관이 겸임하는 부총리의 순으로 그 직무를 대행하고, 국무총리와 부총리가 모두 사고로 직무를 수행할 수 없는 경우에는 대통령의 지명이 있으면 그 지명을 받은 국무위원이, 지명이 없는 경우에는 정부조직법 제26조 제1항에 규정된 행정각부의 순서에 따른 국무위원이 그 직무를 대행한다(동법 제22조).

5. 국무총리의 권한

국무총리의 헌법상 지위에 상응하여 국무총리는 대통령권한대행권을 행사하며, 국무위

---

1) 헌재 1998. 7. 14. 98헌라1.
이 사건에서 재판관 3인(김문희, 이재화, 한대현)의 반대의견이 다음과 같이 제시되었다.
"국회는 국회의원으로 구성되는 합의체 기관으로서 국회의 의사는 결국 표결 등으로 나타나는 국회의원들의 의사가 결집된 것이므로, 헌법 제86조 제1항에 규정된 국무총리 임명에 대한 국회의 동의권한은 그 속성상 필연적으로 국무총리 임명동의안에 대한 국회의원들의 표결권한을 내포하고 있다. 그렇다면 청구인들은 국회를 구성하는 국회의원으로서 이 사건 임명처분으로 국무총리 임명에 관한 국회의 동의권한 및 자신들의 국무총리 임명동의안에 대한 표결권한을 동시에 침해받았다고 주장하면서 권한쟁의심판을 청구할 자격이 있다. (2) 청구인들이 다수당의 구성원으로서 스스로 이 사건 임명동의안을 처리할 수 있는지의 여부는 이미 행해진 이 사건 임명처분이 청구인들의 권한을 침해하였는지의 여부와는 직접적인 관련이 없다. 따라서 청구인들이 장차 이 사건 임명동의안을 부결시켜 청구외 김종필을 국무총리로 재직하지 못하게 할 수 있다고 하더라도 그것과는 별도로 이 사건 임명처분에 의한 권한침해를 다툴 이익이 있다.
헌법 제86조 제1항은 "국무총리는 국회의 동의를 얻어 대통령이 임명한다."고 명시하여 대통령이 국무총리를 임명함에 있어서는 "반드시 사전에" 국회의 동의를 얻어야 함을 분명히 밝히고 있다. 이는 법문상 다른 해석의 여지없이 분명하고, 이에 더하여 헌법이 국무총리의 임명에 관하여 규정하고 있는 국회동의제도의 취지를 고려하여 보면 국무총리 임명은 대통령의 단독행위에 국회가 단순히 부수적으로 협력하는 것에 그치지 아니하고 국회가 대통령과 공동으로 임명에 관여하는 것이라고 보아야 한다. 그러므로 국회의 동의는 국무총리 임명에 있어 불가결한 본질적 요건으로서 대통령이 국회의 동의 없이 국무총리를 임명하였다면 그 임명행위는 명백히 헌법에 위배되고, 이러한 법리는 국무총리 대신 국무총리"서리"라는 이름으로 임명하였다고 하여 달라지는 것이 아니다."

2) 국무총리서리 임명의 위헌론에 관하여는 정만희, "국회의 국무총리임명동의권", 금랑 김철수교수정년기념논문집 한국헌법학의 현황과 과제, 1998, 793면 이하.

원과 행정각부의 장의 임면관여권, 국무회의의 심의·의결권, 대통령의 국무행위에 대한 부서권, 행정각부의 통할·감독권, 국회에의 출석·발언권을 가진다.

국무총리는 또한 헌법 제95조에 근거하여 총리령(總理令)을 발할 권한을 가진다. 총리령에는 법률이나 대통령령의 위임에 의한 위임명령과 직권으로 발하는 집행명령인 직권명령(職權命令) 및 행정명령이 있다. 위임명령과 직권명령(집행명령)은 국민의 권리·의무사항을 규정할 수 있는 법규명령을 의미하지만, 행정명령은 국민의 권리·의무를 규율하지 아니하고 행정기관 내부에서만 효력을 가지는 행정규칙 내지 행정내규의 성격을 가진다. 국민의 권리·의무를 규율하는 법규명령은 헌법에 그 근거가 반드시 있어야 하지만 비법규명령인 행정명령은 헌법에 그에 관한 근거를 필요로 하지 않는다.

Ⅲ. 국무위원

국무위원은 헌법상 국정에 관하여 대통령을 보좌하며 국무회의의 구성원으로서 국정을 심의한다(제87조 제2항). 국무위원은 정무직으로 하며 국무회의 의장에게 의안을 제출하고 국무회의의 소집을 요구할 수 있다(정부조직법 제12조 제3항). 국무위원들은 국무회의의 구성원으로서 동등한 지위를 가지며, 법적으로 대통령이나 국무총리와도 동등한 지위를 가진다.

국무위원은 국무총리의 제청으로 대통령이 임명한다. 국무위원의 수는 15인 이상 30인 이하로 한다(제88조 제2항). 국무위원은 국회의원을 겸할 수 있다. 행정각부의 장은 국무위원 중에서 국무총리의 제청으로 대통령이 임명한다. 국무총리는 국무위원의 해임을 대통령에게 건의할 수 있으며, 국회도 국무위원의 해임을 건의할 수 있다.

국무위원은 대통령의 궐위나 사고로 인하여 직무를 수행할 수 없는 때에는 국무총리에 이어 법률이 정하는 국무위원의 순으로 대통령의 권한을 대행한다(제71조). 국무위원은 국무회의의 소집요구·심의 및 의결권을 가지며 대통령의 국무행위에 대한 부서권, 국회출석·발언권 등을 행사한다.

Ⅳ. 국무회의

1. 국무회의의 헌법상 지위

(1) 헌법상 필수기관

우리 헌법은 대통령제원리를 기본으로 하면서도 국무회의제를 채택하고 있는 것이 특징이다. 국무회의는 의원내각제의 내각과도 구별되며 미국형 대통령제에서의 각료회의와도 구별되는 것으로서, 행정부의 권한에 속하는 주요 정책을 심의하는 필수적 기관으로 규정하고 있다. 국무회의는 헌법상 필수적 기관이므로 헌법개정에 의하지 않고서는 폐지할 수 없다.

(2) 행정부의 최고심의기관

국무회의는 행정부의 권한에 속하는 주요 정책에 관한 심의기관을 의미한다. 국무회의는 의원내각제에 있어서의 내각과 같은 의결기관이 아니며, 현행헌법 제89조에 열거된 사항은 반드시 그 심의를 거쳐야 한다는 점에서 대통령의 각료회의와 같은 단순한 자문기관도 아니다. 이 점에서 국무회의는 의결기관과 자문기관의 중간적 성격을 띠는 정책심의기관에 해당한다. 또한 국무회의는 대통령도 국무회의의 일원이 된다는 점에서 행정부 내에서의 최종적인 최고정책심의기관을 의미한다.

(3) 독립된 합의제기관

국무회의는 대통령을 의장으로 하고 국무총리를 부의장으로 하지만 대통령과 국무총리는 국무회의에서는 여러 구성원 중의 일원에 불과하다. 그러므로 국무회의는 독립된 합의제기관을 의미하며 대통령의 소속기관이 아니다. 합의제기관으로서 국무회의는 대통령도 국무위원과 마찬가지로 동등한 지위를 가진다. 국무위원이 사실상 대통령에 종속되는 것은 별개문제로 하고 국무회의에서 국무위원은 대통령의 지휘나 명령을 받지 아니한다.

2. 국무회의의 심의

(1) 심의절차와 심의사항

국무회의는 의장인 대통령이 소집한다. 국무회의는 구성원 과반수의 출석으로 개의하고 출석구성원 3분의 2 이상의 찬성으로 의결한다(국무회의규정 제6조). 국무회의는 정부의 권한에 속하는 중요정책을 심의사항으로 한다. 특히 헌법 제89조 제1호에서 제16호까지 규정된 사항은 어느 기관의 관할에 속하는 것이든 반드시 국무회의의 심의를 거쳐야 한다. 그리고 제89조 제17호는 "기타 대통령·국무총리 또는 국무위원이 제출한 사항"도 국무회의의 심의를 거치도록 하고 있기 때문에 대통령·국무총리 또는 국무위원이 집행부의 권한에 속하는 중요한 정책사항이라고 판단하는 것은 그 모두가 국무회의의 심의대상이 된다. 그러므로 국무회의의 심의사항에는 사실상 제한이 거의 없다고 할 수 있다.

(2) 심의의 효과

대통령이 헌법 제89조에 열거된 국무회의의 심의를 거쳐야 하는 사항을 거치지 아니하고 행한 국법상 행위의 효력이 문제된다. 이에 관하여 국무회의의 성격이 의결기관이 아니라 대통령의 정책결정을 보좌하는 심의기관을 의미하므로 국무회의의 심의절차는 효력발생요건이 아니라 적법요건으로 보는 견해가 있으며, 국무회의의 심의는 행정부 내부의 통제수단을 의미하므로 심의를 거치지 않은 대통령의 국법상 행위는 무효라고 보는 견해가 있다. 국무회의의 심의절차는 부서제도와 마찬가지로 기관내부적 통제수단에 해당하므로 심의를 거치지 않은 국무행위는 무효로 보는 것이 절차적 정당성의 확보라는 관점에서 타당하다고 할 것이다.[1)]

그리고 국무회의의 심의결과가 대통령을 법적으로 구속하는가가 문제될 수 있다. 국무회의는 의결기관이 아니며 정부의 주요 정책을 '결정'하는 것이 아니라 '심의'하는 것일 뿐이므로 그 심의가 의결의 형식으로 이루어진다고 하더라도 그 의결은 법적으로 대통령을 구속하는 것은 아니라고 할 수 있다. 따라서 대통령은 정치도의상 국무회의의 심의결과를 존중하는 것은 별론으로 하고, 심의결과가 대통령을 법적으로 구속한다고는 볼 수 없다.

Ⅴ. 대통령의 자문기관

헌법은 대통령의 자문기관으로서 국가안전보장회의(제91조)를 비롯하여 국가원로자문회의(제90조), 민주평화통일자문회의(제92조), 국민경제자문회의(제93조)를 규정하고 있다. 이러한 자문기관의 설치는 대통령제 하에서의 권력집중과 대통령의 독선을 방지하고, 국가원로와 통일·경제전문가의 전문적 경험과 식견을 국정에 반영하려는 데에 그 목적이 있다. 이들 자문기관 중 국가안전보장회의는 반드시 설치해야 하는 '필수적 자문기관'이며 그 밖의 자문기관은 임의적 자문기관에 해당한다.

Ⅵ. 행정각부

1. 행정각부의 설치·조직

행정각부는 대통령을 수반으로 하는 행정부의 구성단위로서 대통령과 행정부의 권한에 속하는 사항을 집행하는 중앙행정기관을 말한다. 국무총리는 대통령의 명을 받아 행정각부를 통할한다(헌법 제86조 제2항). 이명박 정부 당시 2010년 정부조직법 개정에 따라 행정각부는 15개부로 되어 있었으나, 박근혜 정부에서는 2013년 개정된 정부조직법에 따라 행정각부를 17개로 규정하였다. 문재인 정부에서는 행정각부는 기존의 17부에서 18부로 늘어

1) 양건, 앞의 책, 983면.

났으며, 윤석열 정부에 들어와 종전의 국가보훈처가 국가보훈부로 승격하여 19개부로 다시 증가하게 되었다. 19개의 각부는 기획재정부, 교육부, 과학기술정보통신부, 외교부, 통일부, 법무부, 국방부, 행정안전부, 국가보훈부, 문화체육관광부, 농림축산식품부, 산업통상자원부, 보건복지부, 환경부, 노동고용부, 여성가족부, 국토교통부, 해양수산부, 중소벤처기업부로 구성되어 있다. 행정각부 외에 처(인사혁신처, 법제처, 식품의약품안전처 등)는 국무총리 소속 하의 중앙행정기관이며 행정각부는 아니다(동법 제22조의2~제25조). 그리고 정부조직법은 대통령의 직무를 보좌하기 위한 대통령비서실과 국가안보실을 두고 있으며 대통령의 경호를 담당하기 위한 대통령경호처를 따로 설치하고 있다. 그 밖에 국가안전보장에 관련되는 정보·보안 및 범죄수사에 관한 사무를 담당하기 위하여 대통령 소속으로 국가정보원을 두고 있다(동법 제14조~제17조). 헌법재판소는 1994년 '국가안전기획부 사건'에서 모든 중앙행정기관이 국무총리의 통할을 받아야 하는 것은 아니라고 하여 대통령직속기관인 국가안전기획부를 불법기구로 볼 수 없다고 판시하였다.[1)]

2. 행정각부의 장의 권한

행정각부의 장은 중앙행정기관으로서 법률이 정한 소관사무에 관한 결정·집행권을 가진다. 행정각부의 장은 소관사무를 통할하고 소속공무원을 지휘·감독하며, 소관사무에 관하여 지방행정의 장을 지휘·감독한다(동법 제7조, 제26조 제3항). 그리고 행정각부의 장은 소관사무에 관하여 법률이나 대통령령의 위임 또는 직권으로 부령(部令)을 발할 수 있다(헌법 제95조). 그 밖에 소속공무원에 대한 임용제청권(5급 이상)과 임용권을 가지며(국가공무원법 제32조 제1항, 제2항), 국무총리 직무대행권을 갖는다(정부조직법 제22조).

Ⅶ. 감사원

1. 감사원의 헌법상 지위

현행 헌법상 감사원(監査院)은 국가의 세입·세출의 결산, 국가 및 법률이 정한 단체의 회계검사와 행정기관 및 공무원의 직무에 관한 감찰을 목적으로 대통령 소속 하에 설치된 헌법기관을 의미한다(제97조). 감사원의 헌법상 지위로는 첫째, 대통령 소속 하의 기관이다. 감사원은 행정부에 속하는 헌법상의 기관으로 대통령 직속 하에 있다. 따라서 국무총리의 통할을 받지 아니한다. 둘째, 감사원은 독립기관이다. 감사원은 대통령 소속 하에 있지만 그

1) 헌재 1994. 4. 28. 89헌마221.

직무에 관하여는 독립의 지위를 가진다. 따라서 감사원 소속공무원의 임면, 조직 및 예산의 편성에 있어서는 감사원의 독립성이 최대한 존중되어야 한다(감사원법 제2조 제1항, 제2항). 셋째, 감사원은 결산·회계검사권과 직무감찰권을 갖는 헌법기관이다. 감사원은 국가의 세입·세출의 결산검사, 회계검사 및 행정기관과 공무원의 직무감찰권을 갖는 헌법상의 필수기관이다. 다만 감사원이 회계검사권과 직무감찰권을 독점하는 것은 아니며, 국회도 국정조사권과 감사권을 통하여 회계검사와 직무감찰기능을 수행할 수 있고 행정기관들도 내부적으로 감찰기구를 통해 감찰기능을 수행한다.

2. 감사원의 구성

감사원은 원장을 포함한 5인 이상 11인 이하의 감사위원으로 구성한다. 감사원장은 국회의 동의를 얻어 대통령이 임명하고, 그 임기는 4년이며 1차에 한하여 중임할 수 있다. 감사위원은 원장의 제청으로 대통령이 임명하고, 그 임기는 4년으로 하며 1차에 한하여 중임할 수 있다(헌법 제98조). 감사원의 조직, 직무범위, 감사위원의 자격, 감사대상공무원의 범위 기타 필요한 사항은 감사원법에서 규정하고 있다. 감사원법에 의하면 감사원은 원장을 포함한 7명의 위원으로 구성한다(동법 제3조). 감사원의 독립성을 보장하기 위하여 감사위원은 일정한 공직을 겸할 수 없고, 영리사업을 할 수 없으며(동법 제9조), 정당에 가입하거나 정치운동에 관여해서는 안 된다(동법 제10조). 또한 감사위원의 신분보장을 위하여 감사위원은 탄핵결정이나 금고 이상의 형의 선고를 받은 때, 또는 장기의 심신쇠약으로 직무를 수행할 수 없는 때가 아니면 그 의사에 반하여 면직당하지 아니한다(동법 제8조).

3. 감사원의 권한

(1) 결산검사권과 회계검사권

감사원은 국가의 세입·세출의 결산검사권과 국가·지방자치단체 및 법률이 정하는 단체의 회계검사권을 가진다(헌법 제97조, 감사원법 제21조). 감사원은 회계를 상시 검사·감독할 수 있으며(감사원법 제20조), 세입·세출의 결산을 매년 검사하여 대통령과 차년도 국회에 보고하여야 한다(헌법 제99조). 국회는 감사원에 대하여 사안을 특정하여 감사를 청구할 수 있다(국회법 제127조의2).

(2) 직무감찰권

감사원은 행정기관과 공무원의 직무에 관한 감찰권을 가진다. 감사원법 제24조는 행정기관과 공무원의 직무에 관한 감찰사항을 규정하고 있다. 직무에 관한 감찰권에는 국회·법원·헌법재판소 소속 공무원을 제외한 공무원의 비위감찰권뿐만 아니라 공무원의 근무평정 또는 행정관리의 적부심사분석과 그 개선 등에 관한 행정감찰권까지 포함된다.

(3) 감사결과와 관련된 권한

감사원은 감사결과와 관련하여 변상책임 유무의 판정권, 징계·문책의 요구권, 시정·주의 등의 요구권, 법령·제도·행정의 개선요구권, 수사기관에의 고발권, 재심의청구처리권 등을 행사한다(감사원법 제31조~제39조).

(4) 감사원규칙제정권

감사원은 감사에 관한 절차·감사원의 내부규율과 감사사무처리에 관한 규칙을 제정할 수 있다(동법 제52조). 이 감사원규칙의 법적 성격이 문제되는데, 감사원규칙이 국민의 권리·의무사항을 규율하는 법규명령이 되기 위해서는 헌법에 그에 관한 근거규정이 있어야 하지만 헌법에 그 근거규정이 없기 때문에 감사원규칙은 법규명령이 아닌 행정명령의 성격을 의미한다고 볼 수 있다.

제4절 선거관리위원회

Ⅰ. 선거관리위원회의 헌법상 지위

선거관리위원회는 선거와 국민투표의 공정한 관리와 정당에 관한 사무를 처리하는 헌법상 필수적 합의제기관이며 독립기관이다. 선거관리위원회는 헌법상 독립적 기관이므로 위원의 신분이 보장되고, 대통령도 그 직무에 관여할 수 없다. 위원들은 정당가입이나 정치활동이 금지된다(헌법 제114조 제4항).

선거관리위원회는 합의제기관이므로 구성원의 합의로써 업무를 처리하며, 합의에 있어서 위원장을 포함한 위원은 모두 동등한 지위를 가진다. 각급선거관리위원회는 위원과반수의 출석으로 개의하고 출석위원 과반수의 찬성으로 의결한다. 위원장도 표결권을 가지며 가부동수의 때에는 위원장이 결정권을 가진다(선거관리위원회법 제10조 제1항, 제2항).

선거나 국민투표의 관리는 그 성질상 행정작용에 속하지만 그 관리를 전적으로 행정부의 관할 하에 두면 선거나 국민투표의 자유롭고 공정한 실시를 기대하기 어렵기 때문에 헌법은 선거관리위원회를 행정부로부터 독립한 헌법기관으로 규정하고 있다(제114조~제116

조). 헌법에서 선거관리위원회를 최초로 규정한 것은 1960년 헌법으로 이는 이승만 정부의 3·15부정선거에 대한 헌정사적 반성에서 선거관리를 공정하게 하기 위하여 중앙선거관리위원회를 설치하게 된 것이다.

Ⅱ. 선거관리위원회의 종류와 구성

선거관리위원회에는 중앙선거관리위원회 밑에 서울특별시·광역시·도선거관리위원회, 구·시·군선거관리위원회, 읍·면·동선거관리위원회가 있다(선거관리위원회법 제2조 제1항). 중앙선거관리위원회는 9인의 위원으로 구성하는데, 대통령이 임명하는 3인, 국회에서 선출하는 3인과 대법원장이 지명하는 3인의 위원으로 구성한다. 위원장은 위원 중에서 호선한다(제114조 제2항).[1] 위원의 임기는 6년으로 하며 연임에 관하여는 제한이 없다.

Ⅲ. 선거관리위원회의 권한과 의무

1. 선거와 국민투표의 관리권

중앙선거관리위원회는 선거운동을 관리하고 투표와 개표·당선자의 확정 등 선거관리사무와 국민투표(주민투표 포함)의 실시에 관한 사무를 담당한다. 각급 선거관리위원회는 선거인명부의 작성 등 선거사무와 국민투표사무에 관해 관계행정기관에 필요한 지시를 할 수 있고, 국가기관 또는 지방자치단체에 대하여 소속공무원의 파견근무를 요청할 수 있다. 또한 직무수행상 필요한 때에는 관계행정기관에 사무협조를 요청할 수 있고, 이러한 요청을 받은 당해 행정기관은 이에 응해야 한다(헌법 제115조, 선관위법 제16조).

2. 정당에 관한 사무관리권

선거관리위원회는 정당법에 따른 정당에 관한 사무를 담당한다. 선거관리위원회는 정당의 창당준비위원회결성신고, 등록 및 등록취소 등에 관한 사항을 관리한다(정당법 제8조, 제11조 등). 또한 선거관리위원회는 정치자금의 기탁과 기탁된 정치자금 및 국고보조금을 각 정당에 배분하는 사무를 담당한다(정치자금법 제22조~제30조).

---

1) 선거관리의 중립성과 독립성의 측면에서 볼 때 중앙선거관리위원회의 구성에 대통령과 국회, 대법원장이 관여하는 것은 바람직하지 않다는 지적이 있으며, 위원장을 호선하도록 하면서 관례상 대법관을 위원장으로 하는 것도 적절하지 않다는 지적이 있다. 김학성, 앞의 책, 1076면.

3. 규칙제정권

중앙선거관리위원회는 법령의 범위 안에서 선거관리, 국민투표관리 또는 정당사무에 관한 규칙을 제정할 수 있으며, 법률에 저촉되지 아니하는 범위 안에서 내부규율에 관한 규칙을 제정할 수 있다(헌법 제114조 제6항). 따라서 중앙선거관리위원회는 법규명령으로서의 규칙과 행정명령으로서의 규칙을 모두 제정할 수 있다. 헌법재판소는 중앙선거관리위원회의 '공직선거에 관한 사무처리예규'는 각급 선거관리위원회 직원 등에 대한 업무처리지침 내지 사무처리준칙에 불과할 뿐 국민이나 법원을 구속하는 효력이 없는 행정규칙에 해당하므로 헌법소원의 심판대상이 되지 아니한다고 판시하였다.[1)]

4. 선거계몽의 의무

각급 선거관리위원회는 선거권자의 주권자의식의 앙양을 위하여 항상 계몽을 실시하여야 한다. 특히 선거 또는 국민투표를 실시할 때에는 그 주관 하에 문서·도화·시설물·신문·방송 등의 방법으로 투표방법·기권방지 기타 선거 또는 국민투표에 관하여 필요한 계도를 실시하여야 한다(선거관리위원회법 제14조).

1) 헌재 2000. 6. 29. 2000헌마325.

제 5 장 법 원

Ⅰ. 법원의 헌법상 지위

1. 사법기관으로서의 지위

헌법상 법원(法院)은 헌법재판소와 함께 사법부를 구성하는 기관이다. 우리 헌법은 사법부의 구조를 이원화하여 법원과 헌법재판소를 규정하고 있다. 법원이란 법관으로 구성되고 소송절차에 따라 사법권을 행사하는 것을 직무로 하는 국가기관을 말한다. 실질적 의미의 사법에 관한 권한을 의미하는 사법권은 헌법 제101조 제1항에 따라 헌법에 다른 규정이 없는 한 원칙적으로 법원에 속한다. 여기서 사법(司法)이란 법적 분쟁이 발생하여 쟁송의 제기가 있는 경우 독립적 지위를 가진 기관이 제3자적 입장에서 무엇이 법인가를 판단하고 선언함으로써 법질서를 유지하기 위한 작용을 의미한다. 다시 말하면 사법의 핵심적 의미는 법률상의 쟁송(爭訟)을 심판(審判)하는 것을 말한다. 법률상의 쟁송이란 당사자간의 구체적인 권리·의무 또는 법률관계의 존부에 관한 분쟁을 말하며, 심판이란 사법기관이 법의 적용을 통하여 쟁송을 종국적으로 해결하는 것을 의미한다. 법원조직법(제2조 제1항)에도 법원의 권한에 관하여 "법원은 헌법에 특별한 규정이 있는 경우를 제외한 일체의 법률상의 쟁송을 심판하고"라고 규정하고 있다.

그러나 이러한 '법원사법의 원칙'(法院司法의 原則)에 대한 예외로서, 헌법은 제111조 제1항에 따라 헌법재판의 주요 내용에 해당하는 위헌법률심판을 비롯한 탄핵심판·위헌정당해산심판·권한쟁의심판·헌법소원심판을 헌법재판소의 관장사항으로 하고 있으며, 법원은 명령·규칙·처분에 대한 위헌·위법심사(헌법 제107조 제2항)와 선거소송심판 등을 통해 헌법재판을 부분적으로 담당하게 된다. 그리고 행정소송에 있어서 그 전심절차인 행정심판은 행정기관도 다룰 수 있도록 하고 있다(제107조 제3항).

2. 중립적 권력으로서의 지위

권력분립원리에 기초한 입법부와 행정부는 정치적 권력기관을 의미하며 부당한 입법이나 자의적 권력행사로 국민의 기본권을 침해할 가능성이 있으나, 사법부는 정치적 권력으로부터 독립하여 국민의 자유와 권리를 보장하는 국가기관으로서 '중립적 권력' 또는 '제3의 권력'으로서의 지위를 가진다. 헌법은 법원의 정치적 중립성과 사법권의 독립성을 보장하기 위하여 제103조에 "법관은 헌법과 법률에 의하여 그 양심에 따라 독립하여 심판한다"라고 규정하고 있다. 사법의 본질에 관하여 헌법재판소는 "법 또는 권리에 관한 다툼이 있거나 법이 침해된 경우에 독립적인 법원이 원칙적으로 직접 조사한 증거를 통한 객관적 사실인정을 바탕으로 법을 해석·적용하여 유권적 판단을 내리는 작용"이라고 판시하고 있다.[1)]

3. 기본권보장과 헌법수호기관으로서의 지위

법원은 국민의 자유와 권리를 보장하는 기본권보장기관으로서의 기능을 담당한다. 행정권의 행사에 의해 국민의 기본권이 침해되는 경우에 법원은 명령·규칙·처분에 대한 위헌·위법심사를 통하여 국민의 권익을 보호하는 역할을 수행한다. 또한 사인 상호간의 법적 분쟁이 있는 경우에도 약자의 권익을 보호하는 기능을 수행한다.

법원은 헌법재판소와 함께 헌법수호자로서의 기능을 수행한다. 현행헌법은 위헌법률심판을 비롯한 헌법재판의 대부분을 헌법재판소의 관장사항으로 하고 있으므로 헌법의 수호자 기능은 주로 헌법재판소가 담당하고 있으나, 법원도 명령·규칙·처분의 위헌심사권을 가지며(헌법 제107조 제2항), 헌법재판소에의 위헌법률심판제청권(헌법 제107조 제1항)과 선거소송심판을 통해 헌법수호기능을 담당한다. 그 밖에 행정재판을 통해서도 행정부의 자의적 권력행사를 견제함으로써 헌법수호의 역할을 수행하고 있다.

Ⅱ. 사법권의 독립

1. 사법권 독립의 의의

사법권의 독립이란 형식적 의미에서는 권력분립의 차원에서 사법부를 입법부와 행정부로부터 그 조직과 운영에 있어 분리·독립시킨다는 것을 의미한다. 실질적 의미에서의 사법권의 독립이란 사법권을 행사하는 법관이 구체적 사건을 재판함에 있어서 누구의 지시나 명령에도 구속당하지 않고 독자적으로 심판한다는 원리를 말한다. 사법권의 독립은 궁극적

1) 헌재 1996. 1. 25. 95헌가5.

으로 '재판독립의 원칙'을 목표로 하는 것이며, 재판의 독립은 입법부나 행정부로부터의 법원의 독립과 자율성, 재판에 있어 내외적 간섭을 받지 않는 법관의 재판상의 독립과 신분상의 독립에 의해 실현될 수 있다.

사법권의 독립은 오늘날 입헌민주주의헌법의 보편적 원리로서 권력분립원리와 법치국가원리의 초석을 의미한다. 사법권의 독립은 정치적 권력인 입법권과 행정권으로부터 비정치적 권력 내지 정치중립적 권력인 사법권이 독립됨으로써 권력의 남용으로부터 자유를 수호하는 것을 목적으로 하며, 다른 한편 재판의 독립을 의미하는 사법권의 독립은 재판을 담당하는 법관이 오로지 법에만 구속될 것을 요청함으로써 사법권의 독립은 법치주의를 실현하는 중요한 수단으로서의 의미를 가진다. 영미법의 '법의 지배'(rule of law)의 원리는 권력의 자의적 지배를 배제하기 위하여 법을 판단하고 선언하는 재판의 독립을 전제로 하는 것이다.

이와 같이 사법권의 독립은 권력분립원리를 실천하고, 민주적 법치국가에 있어서 법질서를 안정적으로 유지하며, 국민의 자유와 권리를 완벽하게 보장하기 위하여 공정하고 정당한 재판을 확보하려는 제도적 장치라고 할 수 있다. 따라서 사법권의 독립은 그 자체가 목적이 아니라 공정하고 정당한 재판을 통하여 인권보장과 법질서 유지와 헌법수호라는 목적을 달성하기 위한 수단적 헌법원리라고 할 수 있다.

우리 헌법은 제101조 제1항에 "사법권은 법관으로 구성된 법원에 속한다"라고 하여 입법부와 행정부로부터의 법원의 독립을 규정하고 있고, 제103조에 "법관은 헌법과 법률에 의하여 그 양심에 따라 독립하여 심판한다"라고 하여 법관의 직무상의 독립을 규정하고 있다.

2. 법원의 독립

사법권의 독립에 있어서 법원의 독립은 권력분립원리 하에서는 당연한 것으로 간주된다. 법원의 독립은 그 조직과 운영 및 기능면에서 입법부와 행정부로부터의 독립을 의미한다.

(1) 입법부로부터의 독립

의회와 법원은 조직·구성·운영·기능면에서 상호 독립적이어야 한다. 의원은 법관을 겸할 수 없고 의회는 법률에 의해서만 법원을 조직하고 법원의 기능을 규제할 수 있다. 의회가 법원의 재판과정에 개입하거나 재판의 내용에 간섭하거나 특정인을 처벌하는 내용의 법률(재판적 법률)을 제정할 수 없다. 헌법은 법원의 독자성과 자율성을 유지할 수 있도록 법률에 저촉되지 아니하는 범위 내에서 소송절차 등에 관한 규칙제정권을 대법원에 부여하여 법원의 독립성을 보장하고 있다(제108조).

(2) 행정부로부터의 독립

법원의 독립은 전제군주국가에서의 관방사법(官房司法)에 대한 투쟁과정에서 쟁취한 것이기 때문에 집행부로부터의 법원의 독립이 사법권의 독립에 있어서 본질적 요소라 할 수 있다. 따라서 행정부 구성원이 법관을 겸직할 수 없으며 행정부가 법원의 재판에 간섭하거나 영향력을 행사할 수 없다. 헌법 제102조 제3항에 “대법원과 각급법원의 조직은 법률로 정한다”라고 하고, 제101조 제3항에 “법관의 자격은 법률로 정한다”라고 규정한 것은 사법부에 대한 행정부의 간섭을 배제하는 데 본래의 목적이 있는 것이다.

(3) 법원의 독립의 한계

법원의 조직은 의회가 제정한 법률에 의거하고 법관의 재판도 의회가 제정한 법률에 구속되기 때문에 법원의 의회로부터의 독립에는 법치국가적 요청에 따라 일정한 한계가 있다. 또한 대법원장과 대법관을 대통령이 임명하도록 하고, 법원의 예산안을 정부가 편성하고 국회가 심의·의결하게 한 것은 법원의 조직상 독립에도 일정한 한계가 있음을 말해준다.

3. 법관의 독립

(1) 법관의 재판상 독립

(가) 법관의 재판상 독립의 의의

헌법 제103조는 “법관은 헌법과 법률에 의하여 그 양심에 따라 독립하여 심판한다”라고 하여 법관의 재판상 독립을 보장하고 있다. 법관의 재판상(직무상) 독립은 헌법과 법률 및 양심에 따른 심판과 내외부작용으로부터 독립한 심판을 내용으로 한다. 법관이 재판에 관한 직무를 수행함에 있어서는 오로지 헌법과 법률 그리고 자신의 양심에 따를 뿐이며, 국회나 정부는 물론 사법부 내에서도 상급법원이나 소속법원장의 지시나 명령을 받지 않고, 소송당사자나 그 밖의 사회적·정치적 세력으로부터도 영향을 받지 않아야 한다.

(나) 헌법과 법률에 의한 심판

법관이 재판을 함에 있어 헌법과 법률에 구속되는 것은 법치국가원리에 비추어 당연한 것일 뿐만 아니라 재판의 정당성을 보장하기 위한 것이다. 법률은 국민의 대표기관인 국회가 제정한 것이므로 법률에 의한 재판만이 국민의 의사에 따른 재판으로서 민주적 정당성을 가질 수 있기 때문이다.

여기서 헌법은 성문헌법은 물론이고 헌법적 관습까지 포함되며, 법률의 경우에는 형사재판에서는 죄형법정주의가 지배하므로 그 실체법은 형식적 의미의 법률이어야 한다. 다만 예외적으로 대통령의 긴급명령·긴급재정경제명령과 국회의 비준·동의를 받은 조약은 이에 포함된다. 그러나 민사재판과 행정재판에서는 실체법은 형식적 의미의 법률에 한정되지 않고 일체의 성문법과 이에 저촉되지 않는 관습법도 포함된다. 반면에 절차법에 관한 한 민사·형사·행정재판을 불문하고 모든 재판은 형식적 의미의 법률에 따라야 한다. 다만 대통령의 긴급명령·긴급재정경제명령 및 소송절차에 관한 대법원규칙은 이에 대한 예외가 된다.

(다) 양심에 따른 심판

법관은 양심에 따라 독립하여 심판한다. 양심이라 함은 일반적으로 선악에 관한 가치판단 등 인간의 내심의 작용인 도덕적·윤리적 확신을 말한다(도덕적·윤리적 양심). 그러나 헌법 제103조의 양심은 법관으로서의 양심을 말하며, 그것은 공정성과 합리성에 바탕을 두고 법해석을 직무로 하는 자의 법조적 양심인 법리적 확신을 말한다(객관적·법리적 양심). 인간으로서의 도덕적 확신과 법관으로서의 법리적 확신이 일치하지 아니할 경우 법관은 법리적 확신을 우선시켜야 한다.

(라) 외부작용으로부터의 심판의 독립

① 타 국가기관으로부터의 독립

법관이 재판을 함에 있어서는 국회나 행정부 등의 국가기관의 지시나 명령에 따르지 않아야 하고 법원 이외의 국가기관도 법관의 재판에 간섭해서는 아니된다. 법관 스스로도 정치적 활동이나 이권문제에 개입하는 것을 자제해야 한다(법원조직법 제49조의 법관의 금지사항).

② 소송당사자로부터의 독립

법관은 형사재판에서 소추권을 행사하는 검찰기관과 행정재판에서 소송당사자가 되는 행정관청은 소송절차를 통하지 아니한 어떠한 간섭도 법관에게 할 수 없다. 법관의 심판의 독립을 뒷받침하기 위하여 각종 소송법에서는 법관의 제척·기피·회피제도를 규정하고 있다(민사소송법 제41조~제50조; 형사소송법 제17조~제25조; 헌법재판소법 제24조).

③ 사회적·정치적 세력으로부터의 독립

일반국민이나 언론 및 사회·정치단체 등도 청원권의 행사나 여론을 통하여 재판에 대하여 비판할 수 있다. 하지만 그 비판은 재판의 내용 그 자체에 간섭하는 것이거나 사전에 재판에 영향을 미치기 위하여 집단적 행동으로 법관에게 직접 위협을 가하는 것이어서는 안 된다. 재판의 비판은 법관의 법해석 또는 사실인정에 적용된 법칙을 시비의 대상으로 할 때에만 가능하고, 법관의 전속적 권한에 속하는 사실인정이나 유무죄의 판단 그 자체를 대상으로 하거나 형사피고인의 무죄추정의 원칙을 근본적으로 부정하는 정도의 비판은 할 수 없다. 다만 재판에 대한 학리적 비판이나 사법민주화를 위한 비판은 무방하다.

(마) 사법부 내부로부터의 독립

법관이 재판을 함에 있어서는 대법원장이나 상소심법원장 또는 소속법원장 등에 의한 지휘·명령을 받지 아니하며, 대법원장이나 상소심법원장 또는 소속법원장도 법관에게 지시나 간섭을 할 수 없다. 재판이 합의제인 경우 법관은 독립하여 직권을 행사하며 사실판단이나 법률판단에 관하여 재판장이나 다른 법관의 지시·명령에 따르도록 강제받지 아니한다.

이와 관련하여 문제가 되는 것은 법원조직법 제8조의 "상급법원의 재판에 있어서의 판단은 당해 사건에 관하여 하급심을 기속한다"라는 규정이다. 이 규정도 하급법원이 상급법원의 지시에 따라 재판을 해야 한다는 것이 아니고, 파기환송사건의 판결에서 상급법원이 행한 판단에 하급심법원이 기속된다는 것을 의미할 뿐이다. 당해 사건에 관하여 상급법원의 판단에 하급심법원이 기속되어야 하는 것은 계층적 상소제도를 인정하고 있는 이상 불가피하다. 헌법재판소도 법원조직법 제8조는 심급제도의 합리적 유지를 위하여 당해 사건에 한하여 구속력을 인정한 것이고 그 후의 동종의 사건에 대한 선례로서의 구속력에 관한 것은 아니라고 판시하고 있다.[1] 그러나 현실적으로 법원내부의 상하의 수직적 위계질서로 인하여 법원이 관료화되고 승진제·계급제 등으로 인하여 판사들은 상급법원 판결과 크게 어긋나는 판결을 자제하게 되는 점에 대하여 비판이 있다.

(바) 법관의 양형결정권과 법관의 독립

형사법상 상대적 법정형주의(法定刑主義)의 원칙 하에서 법관의 양형선택판단권과 양형결정권의 보장은 법관에게 죄질과 정상에 따라 적정한 형을 선고할 수 있게 함으로써 구체적 정의의 구현을 목적으로 하는 사법권독립에 있어서 중요한 기능을 수행한다. 그러나 법률로 법관에 의한 양형재량의 범위를 좁혀 놓았다고 하더라도 그것이 당해 범죄의 죄질에 비추어 범죄와 형벌 간의 비례의 원칙상 수긍할 수 있는 정도의 합리성이 있다면 이러한 법률을 위헌이라고 할 수 없다.

법관의 양형결정권과 관련하여 헌법재판소는 피해자를 치사하고 도주하거나 도주 후에 피해자가 사망한 때에 가중처벌하는 특정범죄가중처벌등에 관한 법률 조항에 대하여 법관이 양형을 선택하고 선고하는 데에 그 재량의 폭이 너무 한정되어 인간존중의 이념에 따라 재판을 할 수 없을 뿐 아니라 양형상 참작할 만한 사유가 있어서 최대한 작량감경을 하더라도 별도의 법률상 감경사유가 없는 한 집행유예를 선고할 수 없도록 법관의 양형선택과 판단권을 극도로 제한하고 있고, 또 범죄자의 귀책사유에 알맞는 형벌을 선고할 수 없도록 법관의 양형결정권을 원천적으로 제한하고 있으며 평등의 원칙과 과잉금지원칙 등에 위배되어 위헌이라고 결정하였다.[2] 또한 마약의 단순매수나 단순판매목적소지의 마약사범에

---

1) 헌재 2002. 6. 27. 2002헌마18.

대하여도 사형, 무기 또는 10년 이상의 징역에 처하도록 하는 규정은 예컨대 단 한 차례 극히 소량의 마약을 매수하거나 소지하고 있었던 경우 실무상 작량감경을 하더라도 별도의 법률상 감경사유가 없는 한 집행유예를 선고할 수 없도록 법관의 양형결정권을 원천적으로 제한하는 것으로 위헌이라고 결정하였다.[1] 그러나 강도상해죄의 법정형의 하한을 살인죄의 그것보다 중하게 규정하여 작량감경을 하여도 집행유예를 선고할 수 없도록 법정형을 정한 것에 대하여는 강도상해죄의 법정형의 하한을 징역 7년으로 제한한 것은 입법자의 입법정책적 결단으로 존중되어야 하고, 법관이 형사재판의 양형에 있어 법률에 기속되는 것은, 법률에 따라 심판한다고 하는 헌법규정(제103조)에 따른 것으로 헌법이 요구하는 법치국가원리의 당연한 귀결이며, 법관의 양형판단재량권 특히 집행유예 여부에 관한 재량권은 어떠한 경우에도 제한될 수 없는 것은 아니라고 판시하였다.[2]

(2) 법관의 신분상 독립

(가) 법관인사의 독립

법관의 독립성을 확보하기 위해서는 법관의 임용·임기·보직 등 법관인사가 객관적이고 공정해야 한다. 법관인사의 공정을 위하여는 그 인사가 법원의 자율적 결정에 맡겨져야 한다. 헌법은 법관의 신분상의 독립을 강화하고 인사의 공정을 기하기 위하여 "대법원장과 대법관이 아닌 법관은 대법관회의의 동의를 얻어 대법원장이 임명한다"(제104조 제3항)라고 하여 일반법관의 임명을 법원의 자율에 맡기고 있다. 이에 따라 법원조직법은 제41조 제3항에 "판사는 인사위원회의 심의를 거치고 대법관회의의 동의를 받아 대법원장이 임명한다"고 규정하고 있다.

(나) 법관자격의 법정주의

법관의 신분상 독립을 보장하기 위하여 법관의 자격은 법률로 정한다. 법률에 의한 법관의 자격은 행정권으로부터 법관의 독립성을 유지하기 위해 필수적인 것이다. 법원조직법에 의하면 대법원장과 대법관은 20년 이상 1) 판사·검사·변호사의 직에 있거나, 2) 변호사의 자격이 있는 자로서 국가기관이나 지방자치단체, 공공단체 등의 법률에 관한 사무에 종사한 자, 3) 변호사자격이 있는 자로서 공인된 대학의 법률학 조교수 이상의 직에 있던 45세 이상의 사람 중에서 임용하며, 판사는 10년 이상 위의 직에 있던 사람 중에서 임용한다(동법 제42조). 다만 위의 재직기간을 합산하여 5년 미만인 판사는 변론을 열어 판결하는 사건에 관하여는 단독으로 재판할 수 없으며, 합의부의 재판장이 될 수 없다(동법 제42조의3).

---

2) 헌재 1992. 4. 28. 90헌바24.
1) 헌재 2003. 11. 27. 2002헌바24.
2) 헌재 1997. 8. 21. 93헌바60.

(다) 법관의 임기제와 정년제

일반법관의 임기는 10년이며 법률이 정하는 바에 의하여 연임할 수 있다. 대법관의 임기는 6년이며 연임할 수 있으나, 대법원장의 임기는 6년으로 하며 중임할 수 없다(헌법 제105조). 법관의 임기제는 영미의 경우와 같은 법관의 종신제에서 나타나는 법관의 보수화와 관료화를 방지할 수 있다는 긍정적인 측면도 없지 않으나, 법관의 신분보장이 위협을 받게 되어 사법부의 독립이 약화될 수 있는 부정적인 측면도 있다.

법관의 정년제는 사법부의 노쇠화를 방지하기 위하여 법률이 정한 연령에 도달하면 퇴직하게 하는 제도를 말한다. 법원조직법은 2011년 7월 법관의 정년조항을 개정(2013. 1. 1. 시행)하여 대법원장과 대법관의 정년은 70세, 일반법관의 정년은 65세로 규정하였다(동법 제45조 제4항).

(라) 법관의 신분보장

재판의 독립을 확보하려면 법관의 신분이 보장되어야 한다. 법관의 신분보장을 위해서는 파면이나 불리한 처분·강제퇴직의 제한 등을 헌법에 명시하여야 한다. 현행헌법은 제106조 제1항에 "법관은 탄핵 또는 금고 이상의 형의 선고에 의하지 아니하고는 파면되지 아니하며, 징계처분에 의하지 아니하고는 정직·감봉 기타 불리한 처분을 받지 아니한다"라고 하고 있고, 제2항에 "법관이 중대한 심신상의 장해로 직무를 수행할 수 없을 때에는 법률이 정하는 바에 의하여 퇴직하게 할 수 있다"라고 하여 법관의 신분보장을 규정하고 있다.

또한 법관의 재판상 독립을 유지하고 신분보장을 받으려면 법관은 정치문제에 개입하지 않아야 한다. 그리하여 법원조직법은 다른 공직의 겸임, 정치운동에의 관여, 영리목적의 활동 등을 금지하고 있다(제49조).

4. 사법권의 독립과 국민참여재판

(1) 사법권독립과 국민의 사법통제

사법권독립의 원칙은 헌법상 최고원리를 의미하는 국민주권의 원리와의 관계에서 사법권에 대한 국민적 통제의 필요성이 제기될 수 있다. 오늘날 국민주권원리는 국민의 의사에 바탕을 둔 국가권력의 정당화원리로 이해되는 것이므로 입법권이나 행정권뿐만 아니라 사법권도 국민의 의사에 의해 정당화되어야 하며, 이 점에서 사법권에 대한 국민적 통제의 필요성이 인정되는 것이다. 미국의 배심제도나 유럽형의 참심제는 재판작용에 국민의 참여를 인정하는 것으로 이는 국민주권원리의 사법영역에의 구현을 의미한다. 국민에 의한 사법작용의 통제가 사법권의 독립을 침해할 우려가 있지 않은가의 문제가 제기될 수 있으나, 실질적 국민주권원리를 강조하는 입장에서 볼 때 일반국민이 일정한 범위 안에서 사법과정에 참여하는 것은 사법권독립을 침해하는 것이라 할 수 없다. 특히 본래의 배심제도(jury system)는 재판에 있어 사실문제와 법률문제의 구분을 전제로 배심원은 '사실의 발견자'(fact-finder)로서 사실문제에 대해서만 판단하고 법관은 배심원의 전원일치제 평결(unanimous verdict)에 기속되어 재판하는 것을 특징으로 한다. 일정수의 일반시민들로 구성된 배심원이 건전한 상식과 경험을 기초로 구체적 사실관계를 판단하도록 하여 법관의 자의적인 사실관계의 왜곡을 방지함으로써 배심제도는 권력으로부터 피고인을 보호하는 '자유의 보루'(bulwark of liberties)로서 중요한 의미를 가진다.[1)]

(2) 국민참여재판제도의 도입

우리나라의 사법제도는 전통적으로 배심재판과 같은 국민의 사법참여에 대해 부정적 시각이 지배하여 왔으나, 2003년 노무현 정부의 출범 이후 사법개혁 논의의 일환으로 국민의 사법참여제 도입이 구체화되어 2007년에 제정된 '국민의 형사재판참여에 관한 법률'에 의해 형사재판에 배심제도가 채택되었다. 우리의 국민참여재판제도는 미국의 배심제와 유사한 것으로 이러한 배심제의 도입이 헌법상 국민의 "헌법과 법률에 의한 법관에 의한 재판을 받을 권리"(제27조 제1항)를 침해하는 것이 아닌가의 위헌성 문제가 제기될 수 있으나 일반시민이 법률판단이 아닌 사실인정에만 참여하는 것은 법관에 의한 재판을 받을 권리를 침해하는 것이 아니므로 합헌이라고 보는 것이 지배적 견해이다.

현행의 국민참여재판에 관한 법률에 의하면 배심원들이 법관의 설시를 들은 후 유무죄에 관하여 평의에 들어가고 전원의 의견이 일치하면 그에 따라 평결하도록 함으로써 배심제적 평결을 규정하고 있으나, 1차 평의에서 전원일치에 이르지 않으면 평결을 하기 전에 법관의 의견을 들어야 하며 법관의 의견진술 후에는 배심원의 다수결에 의해 유·무죄를 평결한다. 심리에 관여한 판사는 평의에 참석하여 의견을 진술한 경우에도 평결에는 참여할 수 없다(동법 제46조 제2항, 제3항). 이러한 2차 평의에서의 법관의 의견진술은 참심제적 평의라 할 수 있으며, 다수결에 의한 평결방식은 미국형 배심제의 전원일치제 평결과는 차이가 있다. 그리고 평결이 유죄인 경우에는 배심원은 심리에 관여한 판사와 함께 양형에 관하여 토의하고 그에 관한 의견을 개진한다. 재판장은 양형에 관한 토의 전에 처벌의 범위와 양형의 조건 등을 설명하여야 하며, 위의 평결과 의견은 법원을 기속하지 아니한다(동법 제46조 제4항, 제5항).

---

1) 배심제도에 관한 상세한 내용은 정만희, "미국의 배심제도-한국의 국민사법참여제도 도입방안에의 시사점", 공법연구 제35집 제1호, 2006, 465면 이하.

Ⅲ. 사법절차의 기본원칙

1. 심급제

(1) 3심제의 원칙

재판은 기본적으로 하급심과 상급심으로 구성된 심급제(審級制)에 의해 행해진다. 심급제는 재판의 오류를 시정하고 통일적인 법의 해석과 적용을 위한 것이다. 우리 헌법은 제101조 제2항에서 "법원은 최고법원인 대법원과 각급법원으로 조직된다"라고 규정하고 있으므로 재판의 심급제에 관하여는 적어도 2심 이상이어야 하고 대법원이 최종심이어야 한다는 것으로 이해되고 있다. 즉 헌법은 심급제의 내용에 관하여 직접 구체적인 규정을 두고 있지 않으며 법원조직법에 의해 3심제를 원칙으로 하고 있다.

일반적으로 민사·형사사건의 경우 지방법원(지원)합의부→고등법원→대법원의 3심제를 취하고, 일정한 경미한 사건의 경우 지방법원(지원)단독판사→지방법원본원합의부→대법원의 3심제를 규정하고 있다. 행정사건은 행정법원→고등법원→대법원의 3심제를 취하고 있으며, 군사법원은 보통군사법원→고등군사법원→대법원의 3심제를 취하고 있다.

법률에서 원칙적으로 3심제를 두고 있지만 헌법상 반드시 3심제가 보장되고 있는 것은 아니다. 어떠한 형태의 심급제를 취할 것인가는 입법정책상의 문제라고 할 수 있다. 헌법재판소는 헌법상 재판을 받을 권리에 '대법원의 재판을 받을 권리'가 인정되는 것은 아니라고 판시하였으며, '상고심절차에 관한 특례법'에 의한 상고심 심리불속행 규정이 국민의 재판청구권을 제약하고 있기는 하지만 그것이 개별 사건에서의 권리구제보다 법령해석의 통일을 더 우위에 둔 규정으로서 그 합리성이 인정되므로 헌법에 위반되지 아니한다고 판단하였다.[1]

(2) 3심제에 대한 예외

3심제의 원칙에 대한 예외로서 법률에 의하여 일정한 경우에 2심제 또는 단심제가 인정된다. 2심제가 인정되는 경우는 특허소송과 지방자치단체의 선거소송의 일부이다. 특허소송은 특허심판원의 심판에 불복하는 경우 제1심을 특허법원으로 하고 제2심인 최종심을 대법원이 관할한다(법원조직법 제28조의4). 지방선거 중 기초자치단체장, 기초의회의원, 광역의회 지역구의회의원의 선거소송 및 당선소송은 시·도선거관리위원회에 대한 선거소청을 거쳐 제1심을 고등법원, 제2심을 대법원이 관할한다(공직선거법 제222조 제2항, 제223조 제2항).

단심제가 적용되는 경우는 비상계엄하의 군사재판의 일부와 선거소송의 일부이다. 헌법 제110조 제4항은 "비상계엄 하의 군사재판은 군인·군무원의 범죄나 군사에 관한 간첩죄

---

1) 헌재 1997. 10. 30. 97헌바37.

의 경우와 초병·초소·유독음식물공급·포로에 관한 죄 중 법률에 정한 경우에 한하여 단심으로 할 수 있다. 다만 사형을 선고한 경우에는 그러하지 아니하다"라고 규정하여 군사재판의 단심제를 인정하고 있다. 선거소송의 경우 대통령선거와 국회의원선거의 선거소송 및 당선소송은 대법원이 관할하며(공직선거법 제222조 제1항, 제223조 제1항), 광역자치단체장선거와 광역의회 비례대표의원선거에서의 선거소송 및 당선소송은 중앙선거관리위원회에 대한 선거소청을 거쳐 대법원이 관할한다(동법 제222조 제2항, 제223조 제2항). 그 밖에 대법원의 단심제가 적용되는 경우로는 국민투표무효확인소송, 지방자치단체장과 지방의회 사이의 기관소송, 지방자치단체장과 국가기관 사이의 기관소송, 법관징계처분에 대한 불복소송, 시·도지사를 대상으로 하는 주민소환투표소송 등이 있다.

2. 재판공개의 원칙

(1) 공개재판의 의미

헌법 제27조 제3항은 형사피고인의 공개재판을 받을 권리를 규정하고 있으며, 헌법 제109조는 "재판의 심리와 판결은 공개한다"라고 하여 형사재판뿐만 아니라 모든 재판에서의 심리와 판결의 공개원칙을 규정하고 있다. 재판의 공개는 근대적 재판의 본질적 요소로서 공개재판을 통하여 재판의 공정성을 확보하게 되고 국민의 재판에 대한 신뢰를 높일 수 있게 된다.

공개되어야 하는 '재판'의 의미와 관련하여 민사와 형사의 소송절차에 한정하느냐 아니면 여기에 비송사건(非訟事件)도 포함하느냐의 논의가 있으나, 비송사건의 절차에는 공개의 원칙이 적용되지 않는다고 보는 것이 다수설의 입장이다. 현행 비송사건절차법도 제13조에 "심문은 공개하지 아니한다. 그러나 법원은 상당하다고 인정하는 자에게 방청을 허가할 수 있다"고 하여 비공개의 원칙을 규정하고 있다.

재판 '공개'의 의미는 누구나 재판을 방청할 수 있음을 말한다. 다만 법정의 규모, 법정질서의 유지 등을 위해 미리 방청권을 발행하고 방청권 소지자에게만 방청을 허용하는 것은 공개재판의 원칙에 반하지 아니한다.[1)]

재판공개와 관련하여 방청결과를 보도하는 재판보도의 자유가 문제될 수 있다. 재판의 보도는 표현의 자유에 속하며 국민의 알 권리를 충족시키는 것으로 보장되어야 하는 것이지만 그 보도의 자유는 재판의 공정한 진행이나 소송당사자의 권리보호를 위하여 일정한 제한을 받을 수 있다. 법원조직법은 제59조에 "누구든지 법정 안에서 재판장의 허가없이 녹화·촬영·중계방송 등의 행위를 하지 못한다"고 규정하고 있으며, 가사소송법도 제68조에

1) 대판 1990. 6. 8. 90도646.

"가정법원에서 처리중이거나 처리한 사건에 관하여는 성명·연령·직업 및 용모 등을 볼 때 본인이 누구인지 짐작할 수 있는 정도의 사실이나 사진을 신문·잡지 그 밖의 출판물에 게재하거나 방송할 수 없다"라고 규정하고 있다.

공개재판의 원칙에 위반하게 되면 상소이유가 된다. 형사소송법에 의하면 공판의 공개에 관한 규정의 위반은 항소이유가 되며(동법 제361조의5 제9호), 민사소송법에도 변론공개의 원칙의 위반은 절대적 상고이유가 된다고 규정하고 있다(동법 제424조 제5호). 따라서 공개재판의 원칙에 위반한다고 해서 당연무효가 되는 것은 아니다.

(2) 재판공개의 원칙에 대한 예외

헌법 제109조 단서는 재판공개의 원칙에 대한 예외를 인정하고 있다. 즉 재판공개의 원칙에 대하여 "다만 심리는 국가의 안전보장 또는 안녕질서를 방해하거나 선량한 풍속을 해할 염려가 있을 때에는 법원의 결정으로 공개하지 아니할 수 있다"라고 그 예외를 규정하고 있다. 여기서 비공개는 '심리'에 한정하며 판결은 반드시 공개하여야 한다. 판결의 선고 자체가 국가의 안전보장이나 선량한 풍속 등을 해할 염려가 있다고 볼 수 없기 때문이다. 심리의 비공개 결정은 그 이유를 개시(開示)하여 선고하여야 하며, 심리비공개를 결정한 경우에도 재판장은 적당하다고 인정되는 자의 재정(在廷)을 허가할 수 있다(법원조직법 제57조 제2항, 제3항).

3. 법정질서의 유지

공정한 재판과 재판의 권위를 유지하기 위해서는 법정질서가 유지되어야 하는 것이 요구된다. 법정의 질서유지는 재판장이 이를 행하며 재판장은 법정의 존엄과 질서를 해할 우려가 있는 자의 입정금지 또는 퇴정을 명하거나 기타 법정의 질서유지에 필요한 명령을 발할 수 있다(법원조직법 제58조). 또한 재판장은 법정에 있어서의 질서유지를 위하여 필요하다고 인정할 때에는 개정 전후를 불문하고 관할경찰서장에게 국가경찰공무원의 파견을 요구할 수 있다(동법 제60조 제1항). 법원조직법은 법정질서의 유지를 위한 재판장의 명령을 어기거나 폭언·소란 등의 행위로 법정의 심리를 방해하거나 재판의 위신을 현저하게 훼손한 자에 대하여는 법원의 결정으로 20일 이내의 감치처분을 하거나 100만원 이하의 과태료를 부과하거나 이를 병과할 수 있다고 규정하고 있다(동법 제61조). 법원의 감치결정과 과태료부과결정은 법정의 질서유지를 위하여 일정한 의무위반에 대해 과하는 사법행정상의 질서벌을 의미한다.

Ⅳ. 법원의 조직

1. 대법원

(1) 대법원의 헌법상 지위

(가) 최고법원으로서의 지위

헌법 제101조 제2항은 "법원은 최고법원인 대법원과 각급법원으로 조직된다"라고 하여 대법원의 최상급법원의 지위를 규정하고 있다. 대법원의 최고법원성과 최종심법원성에 대해서는 헌법 자체가 인정하는 예외가 있다. 즉 헌법은 위헌법률심판을 비롯한 헌법재판을 헌법재판소의 관할로 하고(제111조 제1항), 국회의원에 대한 징계처분과 자격심사는 국회의 자율적 판단에 일임하고 있으며(제64조 제4항), 대통령에게는 사면권을 인정하고 있으므로(제79조 제1항) 이들 사항에 관한 한 대법원의 최고법원성이 제약을 받게 된다.

(나) 국민의 기본권보장기관으로서의 지위

법원은 국민의 자유와 권리를 수호하기 위한 기본권보장자로서의 역할을 담당한다. 대법원은 국민 사이의 분쟁해결을 위한 기관에 그치지 않고, 국가권력에 의한 국민의 기본권 침해로부터 이를 구제해 주는 기본권보장기관을 의미한다.

(다) 헌법수호기관으로서의 지위

현행 헌법상 헌법수호기능은 헌법재판소가 주로 담당하지만 대법원도 일정한 범위에서 헌법보장기능을 담당한다. 대법원은 하급법원과 함께 법률의 위헌 여부가 재판의 전제가 된 경우에 위헌법률심판을 헌법재판소에 제청하는 권한을 가지며, 명령·규칙·처분의 위헌여부가 재판의 전제가 된 경우에 이를 최종적으로 심사할 권한을 가진다(헌법 제107조 제1항, 제2항). 또한 대법원은 선거소송의 재판권을 행사함으로써 헌법보장기관으로서의 지위를 가진다.

(라) 최고사법행정기관으로서의 지위

대법원은 최고사법행정기관으로서의 지위를 가진다. 사법행정의 내용으로는 법원의 인사·회계·송무를 비롯하여 등기·호적·공탁·경매·신탁·감정 업무 등이 있다.

(2) 대법원의 구성과 조직

(가) 대법원의 구성

대법원은 대법원장과 대법관으로 구성된다. 다만 법률이 정하는 바에 의하여 대법관이 아닌 법관을 둘 수 있다(헌법 제102조 제2항). 대법원장은 대통령이 국회의 동의를 얻어 임명한다. 대법관은 대법원장의 제청으로 국회의 동의를 얻어 대통령이 임명한다. 대법관의 수는 대법원장을 포함하여 14인으로 한다(법원조직법 제4조 제2항).

대법원에는 대법관 전원의 3분의 2 이상으로 구성되고 대법원장이 재판장이 되는 대법관전원합의체를 둘 수 있다. 대법원에는 부를 둘 수 있고, 부에는 일반부와 특별부가 있다. 대법원장은 필요하다고 인정할 경우에는 행정·조세·노동·군사·특허 등의 사건을 전담하는 특별부로 하여금 심판하게 할 수 있다(동법 제7조 제1항, 제2항).

(나) 대법원장

대법원장은 최고법원인 대법원의 장으로서 법원을 대표하는 법원의 수장이다. 대법원장은 대법관으로 구성되는 대법관회의의 의장의 지위를 가지며, 대법관전원합의체의 재판장의 지위를 갖는다(동법 제16조 제1항, 제7조 제1항). 대법원장의 임기는 6년이며, 중임할 수 없다(헌법 제105조 제1항). 대법원장의 정년은 70세이다.

대법원장의 권한으로는 대법관임명제청권을 가지며, 헌법재판소 재판관 중 3인의 지명권과 중앙선거관리위원회 위원 중 3인의 지명권을 가진다. 대법원장은 일반 법관을 대법관회의의 동의를 얻어 임명할 권한을 가지며, 법관 이외의 법원공무원을 임명하며 그 지휘·감독권을 가진다.

(다) 대법관회의

대법원에는 대법관 전원으로 구성되는 대법관회의를 두며 대법원장이 그 의장이 된다. 대법관회의는 대법관 전원의 3분의 2 이상의 출석과 출석인원 과반수의 찬성으로 의결한다(법원조직법 제16조 제1항, 제2항). 대법관회의의 의결을 거쳐야 하는 의결사항으로는 1) 판사의 임명에 대한 동의, 2) 대법원규칙의 제정과 개정, 3) 판례의 수집·간행, 4) 예산요구·예비금지출과 결산, 5) 다른 법령에 의하여 대법관회의의 권한에 속하는 사항, 6) 특히 중요하다고 인정되는 사항으로서 대법원장이 부의한 사항 등이 있다(동법 제17조).

(라) 대법관

대법관은 최고법원인 대법원의 구성원으로서 사법권을 행사하고, 대법관회의의 구성원으로서 소관사항에 관하여 의결권을 행사한다. 대법관의 임기는 6년이며 정년은 70세이다(동법 제45조 제2항, 제4항).

(3) 대법원의 관할

대법원이 관할하는 사건으로는 1) 상고심, 2) 명령·규칙의 위헌·위법 여부의 최종심사, 3) 위헌법률심판의 제청, 4) 선거소송 등이 있다. 대법원은 특히 다음 사건을 종심(終審)으로 심판한다. 1) 고등법원 또는 항소법원·특허법원의 판결에 대한 상고사건, 2) 항고

법원·고등법원 또는 항소법원·특허법원의 결정·명령에 대한 재항고사건, 3) 다른 법률에 의하여 대법원의 권한에 속하는 사건이다. 여기서 다른 법률에 의해 대법원의 관할에 속하는 사건으로는 공직선거법에 의한 선거소송사건과 행정소송법에 의한 기관소송사건 및 지방자치법에 의한 자치단체장의 지방의회의결에 대한 제소사건 등이 있다.

(4) 대법원의 심판

대법원의 심판은 대법관 전원의 3분의 2 이상의 합의체에서 행한다. 그러나 명령·규칙이 헌법에 위반함을 인정하는 경우, 명령·규칙이 법률에 위반함을 인정하는 경우, 종전에 대법원에서 판시한 헌법·법률·명령·규칙의 해석적용에 관한 의견을 변경할 필요가 있음을 인정하는 경우, 부(部)에서 재판함이 타당하지 아니함을 인정하는 경우 등을 제외하고는 대법관 3인 이상으로 구성된 부에서 사건을 먼저 심리하여 의견이 일치한 때에 한하여 재판할 수 있도록 하고 있다(동법 제7조 제1항). 합의제심판에서는 헌법과 법률에 다른 규정이 없으면 과반수로써 결정한다(동법 제66조 제1항).

2. 고등법원

(1) 고등법원의 조직

고등법원에는 고등법원장과 판사를 두며, 판사의 수는 대법원규칙으로 정한다(동법 제5조 제2항, 제3항). 고등법원장은 그 법원의 사법행정사무를 관장하며 소속공무원을 지휘·감독한다. 고등법원에는 부를 두며 부에는 부장판사를 둔다. 부장판사는 그 부의 재판에 있어 재판장이 된다.

(2) 고등법원의 관할

고등법원의 심판은 판사 3인으로 구성된 합의부에서 행한다. 고등법원이 심판하는 사건으로는 1) 지방법원합의부·가정법원합의부 또는 행정법원의 제1심 판결·심판·결정·명령에 대한 항소 또는 항고사건, 2) 지방법원단독판사·가정법원단독판사의 제1심 판결·심판·결정·명령에 대한 항소 또는 항고사건으로서 형사사건을 제외한 사건 중 대법원규칙으로 정하는 사건, 3) 다른 법률에 의하여 고등법원의 권한에 속하는 사건 등이 있다(동법 제28조).

3. 특허법원

특허법원에는 특허법원장과 판사를 두며, 판사의 수는 대법원규칙으로 정한다. 특허법원의 심판은 판사 3인으로 구성된 합의부에서 행한다. 특허법원이 심판하는 사건은 특허법 제186조 제1항, 실용신안법 제33조, 디자인보호법 제75조 및 상표법 제86조 제2항이 정하는 제1

심사건과 다른 법률에 의하여 특허법원의 권한에 속하는 사건 등이다(동법 제28조의4). 특허심판절차는 1998년 3월부터 변경되어 특허심판원 → 특허법원 → 대법원으로 진행하게 되었다.

4. 지방법원

(1) 지방법원본원

지방법원의 심판은 단독판사가 행하고 합의심판을 요할 때에는 판사 3인으로 구성된 합의부에서 행한다(동법 제7조 제4항, 제5항). 지방법원의 관할사항은 모든 소송의 제1심을 원칙으로 한다. 지방법원의 단독판사는 대법원규칙이 정하는 민사사건, 형사사건은 절도·폭행사건 등과 단기 1년 미만의 징역이나 금고·벌금형에 처할 사건을 관할한다. 지방법원합의부의 제1심 관할사건은 1) 합의부에서 심판할 것을 합의부 스스로 결정한 사건, 2) 민사사건에 관하여는 대법원규칙으로 정하는 사건, 3) 사형·무기 또는 단기 1년 이상의 징역 또는 금고에 해당하는 사건, 4) 앞의 사건과 동시에 심판할 공범사건, 5) 지방법원판사에 대한 제척·기피사건 등이 있다(동법 제32조 제1항). 지방법원본원합의부는 지방법원 단독판사의 판결·결정·명령에 대한 항소 또는 항고사건을 제2심으로 심판한다(동법 제32조 제2항).

(2) 지방법원 지원

지방법원의 지원(支院)에는 지원장을 두며 판사로서 보한다. 지원장은 소속 지방법원장의 지휘를 받아 그 지원과 그 관할구역 안에 위치한 시·군법원의 사법행정사무를 관장하며 소속공무원을 지휘·감독한다. 지방법원 지원의 단독판사와 합의부의 심판 및 관할사항은 지방법원의 그것과 동일하다(동법 제31조, 제32조).

(3) 시·군법원

대법원장은 지방법원 또는 그 지원 소속판사 중에서 그 관할구역 안에 위치한 시·군법원의 판사를 지명하여 시·군법원의 관할사건을 심판하게 한다. 이 경우 1인의 판사를 2 이상의 시·군법원의 판사로 지명할 수 있다(동법 제33조). 시·군법원의 관할사건으로는 1) 소액사건심판법의 적용을 받는 민사사건, 2) 화해·독촉 및 조정에 관한 사건, 3) 20만원 이하의 벌금 또는 구류나 과료에 처할 범죄사건, 4) '가족관계의 등록 등에 관한 법률' 제75조에 의한 협의상 이혼의 확인 등이다(동법 제34조).

5. 가정법원

가정법원 및 가정법원지원의 합의부는 다음의 사건을 제1심으로 심판한다. 1) 가사소송법에서 정한 가사소송(家事訴訟)과 마류 가사비송사건(마類 家事非訟事件) 중 대법원규칙으로 정하는 사건, 2) 가정법원판사에 대한 제척·기피사건, 3) 다른 법률에 의하여 가정법원 합의부의 권한에 속하는 사건이 그것이다. 가정법원본원합의부는 가정법원단독판사의 판결·결정·명령에 대한 항소 또는 항고사건을 제2심으로 심판한다(동법 제40조 제1항, 제2항).

6. 행정법원

행정법원의 심판은 판사 3인으로 구성된 합의부에서 행한다. 행정법원은 행정소송법에서 정한 행정사건 및 다른 법률에 의하여 행정법원의 권한에 속하는 사건을 제1심으로 심판한다(동법 제40조의4). 우리의 행정쟁송절차는 1998년 3월 이전에는 행정처분청의 상급기관(행정심판) → 고등법원(행정소송) → 대법원으로 진행되던 것이 그 이후에는 행정처분청의 상급기관(행정심판) 또는 행정법원 → 고등법원 → 대법원으로 진행하게 되었다.

7. 특별법원

(1) 특별법원의 의의

헌법 제101조 제1항은 "사법권은 법관으로 구성된 법원에 속한다"라고 하고, 제2항은 "법원은 최고법원인 대법원과 각급법원으로 조직된다"라고 규정하고 있어서 모든 재판은 법관에 의한 것이어야 할 뿐만 아니라 대법원을 최종심으로 하여야 한다. 여기서 법관이 아닌 자가 재판을 담당하거나 대법원을 최종심으로 하지 않는 특별법원의 설치가 가능한지가 문제된다. 즉 헌법에 규정된 법관자격을 가지고 있지 아니한 자가 재판을 담당하거나 그 재판에 대한 대법원에의 상고가 인정되지 아니하는 '예외법원'의 설치 여부가 문제될 수 있는데, 헌법 제101조 제1항의 의미와 헌법 제27조의 "헌법과 법률이 정한 법관에 의한 재판"을 받을 권리의 규정에 비추어 볼 때 헌법 제110조의 군사법원과 같이 헌법이 직접 예외법원을 규정하고 있는 경우를 제외하고는 법률로써 예외법원을 설치할 수 없다고 본다.

그러나 재판에 대한 대법원에의 상고가 인정되고 법관의 자격을 가진 자가 하급심으로서 특수한 사건(특허·조세·노동 등)을 관할하는 이른바 '특수법원'(特殊法院)을 법률로써 설치하는 것은 무방하다. 법원조직법상 가정법원과 행정법원, 특허법원 등은 특수법원에 해당하는 것이다.

(2) 군사법원

군사법원은 그 재판에 대한 대법원에의 상고가 인정되지만, 그 재판이 법관의 자격이 없는 국군장교에 의하여 행해진다는 점에서 헌법이 인정하는 유일한 예외법원인 특별법원이다(헌법 제110조). 군사법원의 상고심은 원칙적으로 대법원으로 하고 있기 때문에 이 점에서는 군사법원도 대법원의 하급법원이다. 그러나 비상계엄 하의 군사재판은 군인·군무원의 범죄나 군사에 관한 간첩죄의 경우와 초병·초소·유독음식물공급·포로에 관한 죄 중 법률이 정한 경우에 사형선고의 경우를 제외하고는 단심으로 할 수 있으므로(헌법 제110조 제4항), 이 점에서는 군사법원은 전형적인 예외법원의 성격을 갖는 것이다.

군사법원의 조직·권한 및 재판관의 자격 등을 정한 법률로 '군사법원법'이 있다. 이 법률에 의하면 군사법원에는 보통군사법원(제1심)과 고등군사법원(항소심)이 있다. 군사법원에는 관할관과 재판관을 두며, 재판관은 군판사(軍判事)와 심판관(審判官)으로 하되 관할관이 지정한다. 관할관은 군사법원의 행정사무를 관장하는데 고등군사법원의 관할관은 국방부장관으로 하며 보통군사법원의 관할관은 그 설치되는 부대와 지역의 사령관, 장 또는 책임지휘관으로 한다. 군판사는 각군 참모총장이 군법무관 중에서 임명하고, 심판관은 관할관이 법에 관한 소양이 있는 장교 중에서 임명한다(동법 제7조, 제23조, 제24조). 헌법재판소는 이러한 조항들 자체가 군사법원의 헌법적 한계를 일탈하여 사법권의 독립과 재판의 독립을 침해하고 죄형법정주의에 반하거나 인간의 존엄과 가치, 행복추구권, 평등권, 신체의 자유, 정당한 재판을 받을 권리 등을 본질적으로 침해하는 것이 아니라고 판시하였다.[1)]

Ⅴ. 법원의 권한

1. 쟁송재판권

법원의 쟁송재판권이란 민사소송·형사소송·행정소송·선거소송 등과 같은 법적 쟁송에 관한 재판권을 말한다.

민사재판권이란 법원이 민사소송을 처리함에 필요한 권한을 말한다. 민사소송은 사인간의 생활관계에 관한 분쟁 또는 이해의 충돌을 국가가 재판권을 행사하여 법률로써 강제적으로 해결·조정하기 위한 절차를 말한다. 형사재판권은 형사소송을 처리함에 필요한 권한을 말한다. 형사소송은 범죄를 인정하고 형벌을 과하는 절차를 말한다. 행정재판권은 법원이 행정법규의 적용에 관련된 분쟁 또는 공법상의 법률관계에 관한 분쟁을 해결하기 위한 권한을 말한다. 행정소송제도는 행정법규의 적정한 적용과 국민의 권리구제라는 이중적 기능을 수행한다. 선거쟁송재판권은 법원이 선거쟁송을 처리함에 필요한 권한을 말한다. 선거쟁송은 선거의 효력에 관한 소송을 총칭하는 것으로 선거소송과 당선소송을 포함한다.

1) 헌재 1996. 10. 31. 93헌바25.

2. 명령 · 규칙심사권

(1) 명령 · 규칙심사권의 개념

법원의 명령·규칙심사권이라 함은 법원이 재판의 대상이 되고 있는 구체적 사건에 적용될 명령·규칙의 효력을 심사하여 이를 무효라고 판단할 경우 당해 명령·규칙을 당해 사건에 적용함을 거부하는 권한을 말한다. 헌법 제107조 제2항은 "명령·규칙 또는 처분이 헌법이나 법률에 위반되는 여부가 재판의 전제가 된 경우에는 대법원은 이를 최종적으로 심사할 권한을 가진다"라고 하여 법원의 명령·규칙심사권을 규정하고 있다. 헌법 제107조 제2항은 명령·규칙과 함께 '처분'이 헌법이나 법률에 위반되는 여부가 재판의 전제가 된 경우에도 그 위헌·위법심사권을 인정하고 있는데 여기서의 '처분'이 무엇을 의미하는지 문제된다. 일반적으로 행정소송에서의 처분은 직접 재판의 대상이 되기 때문에 그 경우의 처분은 헌법 제107조 제2항의 재판의 전제가 되는 처분과는 동일하다고 볼 수 없기 때문이다. 실제에 있어서 행정소송의 구조 내에서 처분의 위헌·위법 여부가 재판의 전제가 되는 경우는 거의 찾아보기 어렵다고 할 수 있다.

(2) 명령 · 규칙심사권의 제도적 의의

법원의 재판에 있어서는 헌법의 최고법규성을 존중하여야 하고 법관은 헌법 제103조에 의하여 헌법과 법률에 따라 심판을 해야 한다. 그러므로 법원은 명령·규칙이 상위규범인 헌법과 법률에 합치하는가를 심사하고 그 심사결과 위헌 또는 위법이라고 판단되면 그 명령이나 규칙을 당해 사건에 적용하는 것을 거부할 수 있어야 한다. 그렇게 함으로써 법원은 국법질서의 통일성을 유지하고 위헌·위법한 명령이나 규칙에 의한 국민의 기본권침해를 방지할 수 있다.

이 점에서 명령·규칙심사제는 명령·규칙의 합헌성과 합법성을 보장하면서, 위헌 또는 위법한 명령·규칙으로 인한 개인의 기본권침해를 방지하려는 데에 그 제도적 의의가 있다.

(3) 명령 · 규칙심사권의 주체

각급법원은 명령·규칙심사권을 가지며, 최고법원인 대법원은 이를 최종적으로 심사할 권한을 가진다. 그러나 헌법재판소가 명령·규칙에 대한 위헌심사권을 가지는가에 관해서는 견해가 나뉘고 있으나, 헌법재판소는 긍정설의 입장을 취하고 있다. 헌법재판소는 대법원규칙인 법무사법 시행규칙에 대한 헌법소원심판에서 법률의 위헌여부심사권을 헌법재판소에 부여한 이상, 통일적인 헌법해석과 규범통제를 위하여 공권력에 의한 기본권침해를 이유로 하는 헌법소원심판청구 사건에 있어서 법률의 하위규범인 명령·규칙의 위헌여부심사권이 헌법재판소의 관할에 속함은 당연한 것으로서 헌법 제107조 제2항의 규정이 이를 배제한 것이라고는 볼 수 없다고 판시한 바 있다.[1)]

(4) 명령·규칙심사권의 내용

(가) 심사의 요건

① 구체적 규범통제

헌법 제107조 제2항에 따라 법원이 명령·규칙을 심사하기 위해서는 명령 또는 규칙이 헌법이나 법률에 위반되는 여부가 재판의 전제가 된 경우라야 한다. 이는 헌법이 '구체적 규범통제'만을 인정하고 구체적 사건과 관계없이 명령·규칙의 효력 그 자체만을 문제로 삼는 '추상적 규범통제'를 인정하지 않는다는 의미이다.

② 재판의 전제성의 개념

여기서 재판의 전제가 된 경우라 함은 구체적인 사건을 재판함에 있어서 그 사건에 적용할 명령·규칙의 위헌·위법 여부에 따라 당해 사건을 담당한 법원이 다른 내용의 재판을 하게 되는 경우를 말한다.

(나) 심사의 기준

명령·규칙을 심사하는데 있어 심사의 기준은 헌법과 법률이다. 헌법에는 형식적 의미의 헌법뿐만 아니라 헌법적 관습까지 포함되며, 법률에는 형식적 의미의 법률뿐만 아니라 법률의 효력을 갖는 긴급명령과 긴급재정경제명령, 국회의 비준·동의를 얻은 조약도 포함된다.

(다) 심사의 대상

심사의 대상인 명령은 법규명령을 의미한다. 법규명령이란 행정기관이 헌법과 법률에 근거하여 국민의 권리·의무에 관한 사항을 규정하는 것으로서 대국민적 구속력을 가지는 대통령령·총리령·부령 등을 말한다. 국민의 권리·의무와 직접 관계없는 행정명령은 대외적 구속력이 없으므로 여기의 명령에 포함되지 않는다.

심사의 대상인 규칙은 국가기관에 의해 정립되고 규칙이라는 명칭을 가진 법규범을 의미하는 것으로 국민에 대하여 일반적 구속력을 가지는 것을 말한다. 행정명령에 해당하는 행정규칙은 기관내규의 성질을 가지므로 여기에서 제외된다.

규칙은 법률보다 하위에 있는 명령 이외의 모든 법규범을 의미하는 것으로서 여기에는 당연히 조례도 포함되는 것이라 할 수 있다. 국제법규로서 국회의 동의를 요하지 않는 조약이나 협정도 명령과 동일한 효력을 가지는 것은 심사의 대상이 된다.

---

1) 헌재 1990. 10. 15. 89헌마178.

(라) 심사의 범위

법원의 명령·규칙심사에는 형식적 효력에 관한 심사는 물론이고 실질적 효력에 관한 심사도 포함된다. 형식적 효력의 심사란 명령·규칙이 적법한 제정절차에 따라 성립한 것인지를 심사하는 것이며, 실질적 효력의 심사란 명령·규칙의 내용이 상위규범에 위반하는 것은 아닌지 그 합헌성과 합법성을 심사하는 것을 말한다.

(5) 심사의 방법과 절차

대법원이 명령이나 규칙에 대하여 최종적으로 위헌·위법의 결정을 인정하는 경우에는 대법관 전원의 3분의 2 이상이 출석하고 대법원장이 재판장이 되는 합의체에서 출석대법관 과반수의 찬성으로 결정한다. 명령이나 규칙이 헌법과 법률에 합치됨을 인정하는 경우에는 대법관 3인 이상으로 구성된 부에서 이를 심판한다(법원조직법 제7조 제1항).

행정소송에 관한 대법원의 판결에서 명령·규칙이 헌법 또는 법률에 위반된다는 것이 확정된 경우에는 그 위헌·위법판결 공고제를 채택하고 있다(행정소송법 제6조).

(6) 위헌·위법한 명령·규칙의 효력

법원의 심사결과 위헌·위법성이 인정된 명령·규칙의 효력에 관한 현행 법규정이 없기 때문에 그 효력 여부에 관한 문제가 제기된다. 학설은 일반적 효력설과 개별적 효력설이 대립하는데, 위헌·위법한 명령·규칙은 당해 사건에의 적용이 거부될 뿐이며 무효로 선언할 수 없다는 개별적 효력설이 통설이다.

법원의 본래의 임무는 구체적 사건의 심판이지 명령·규칙의 효력 그 자체를 심사하는 것이 아니기 때문에 법원이 본안판단에 부수하여 그 명령·규칙의 위헌·위법판단에 따른 개별적 적용거부에 그치는 것이 타당하다. 법원의 위헌·위법판단에 따라 당해 명령·규칙에 대해 일반적 무효를 선언하게 된다면 그것은 권력분립원리에 반하여 법원의 명령·규칙심사권의 한계를 벗어나게 되는 문제가 제기될 수 있다. 행정소송법 제6조의 명령·규칙의 위헌·위법판결공고제는 일반적 효력설에 근거한 것이라 할 수 없으며, 위헌·위법으로 판단된 명령·규칙이 다른 사건에 적용되는 것을 방지하고 그러한 위헌·위법의 명령·규칙을 제정한 행정입법의 주체가 조속한 시일 내에 그 명령·규칙을 개폐할 수 있도록 한 것이라고 볼 수 있다.

3. 위헌법률심판제청권

(1) 위헌법률심판제청권의 의의

위헌법률심판제청권이란 법률의 위헌 여부가 재판의 전제가 되는 경우에 법원이 직권으로 또는 소송당사자의 신청에 따른 결정으로 헌법재판소에 위헌법률심판을 제청할 수 있는 권한을 말한다. 헌법 제107조 제1항은 "법률이 헌법에 위반되는 여부가 재판의 전제가 된 경우에는 법원은 헌법재판소에 제청하여 그 심판에 의하여 재판한다"라고 하여 법원의 위헌법률심판제청권을 규정하고 있다.

(2) 위헌법률심판제청권의 주체

대법원과 각급법원 및 군사법원은 위헌법률심판제청을 할 수 있다. 위헌법률에 대하여는 재판부가 직권에 의한 제청뿐만 아니라 당사자의 신청에 의한 제청결정도 할 수 있으나, 제청권한은 당해 사건을 담당하는 법원(재판부)의 권한이다.

(3) 위헌법률심판제청권의 성격

법원의 위헌법률심판제청권 중에는 법원이 당사자의 위헌법률심판제청신청을 기각할 수 있는데 이러한 제청신청기각 결정권의 경우에는 법원의 법률에 대한 합헌결정권 내지 합헌판단권이 포함되는지의 문제가 제기될 수 있다. 이에 대하여는 긍정설(다수설)과 부정설의 대립이 있다. 생각건대 법원은 사법작용의 본질상 구체적 사건에 적용할 법규범에 대한 독자적 해석권을 고유권한으로 하고 있을 뿐만 아니라, 고의로 소송을 지연시키기 위한 남소(濫訴)의 폐해를 방지하고 소송경제를 확보하기 위해서도 법원이 법률에 대한 합헌판단권을 가진다고 보는 것이 타당하다고 할 수 있다.[1] 또한 헌법재판소법 제43조 제4호가 법원이 위헌심판제청을 할 때에는 제청서에 위헌이라고 해석되는 이유를 기재하도록 규정하고 있는 점과 동법 제68조 제2항이 "당사자의 제청신청이 기각된 때"에는 당사자로 하여금 헌법재판소에 직접 헌법소원심판을 제기할 수 있도록 하고 있는 점도 법원의 합헌판단을 전제로 한 것이라 할 수 있다. 다만 법원의 합헌판단권은 최종적인 의미가 아니고 일차적인 판단권을 의미한다. 제청신청이 기각된 경우에는 헌법재판소법 제68조 제2항에 의한 헌법소원을 청구할 수 있으므로 최종적인 합헌판단권은 헌법재판소의 권한에 속하게 된다.[2]

그러나 헌법재판소는 법원의 합헌판단권에 관하여 명확한 입장을 제시한 바는 없으나, 헌법재판소법 제41조 제4항과 제68조 제2항이 법원의 합헌판단권의 근거가 될 수 없다고 판시함으로써 소극적 태도를 취하고 있음을 볼 수 있다. 즉 헌법재판소법 제68조 제2항의 "위헌제청신청이 기각된 때"라는 것은 반드시 합헌판단에 의한 기각결정만을 의미하는 것이 아니라 재판의 전제성을 인정할 수 없어 내리는 기각결정도 포함하는 것으로 해석되므로 이 조항은 법원의 합헌판단권을 인정하는 근거가 된다고 볼 수 없다는 것이다.[3]

---

1) 권영성, 앞의 책, 1098면.

2) 과거 1972년 유신헌법과 1980년 제5공화국헌법상 헌법위원회는 법원의 제청에 의한 위헌법률심사권을 행사하지만 당시의 헌법위원회법에 의해 법원의 제청에 대하여 대법원이 헌법위원회에 송부하지 않을 수 있는 불송부결정권을 갖도록 함으로써 대법원의 최종적인 합헌판단권을 인정할 수 있었다.

3) 헌재 1993. 7. 29. 90헌바35.

(4) 위헌법률심판제청의 요건

첫째, 위헌법률심판청구의 적법요건은 법률의 위헌 여부가 '재판의 전제가 된 경우'라야 한다. 재판의 전제성이란 1) 구체적 사건이 법원에 계속 중이어야 하고, 2) 위헌 여부가 문제되는 법률이 당해 소송사건의 재판에 적용되는 것이어야 하며, 3) 그 법률이 헌법에 위반되는지의 여부에 따라 당해 사건을 담당한 법원이 다른 내용의 재판을 하게 되는 경우를 말한다. 여기서 법원이 '다른 내용의' 재판을 하게 되는 경우라 함은 원칙적으로 법원이 심리 중인 당해 사건의 재판의 결론이나 주문(主文)에 어떠한 영향을 주는 것뿐만이 아니라, 문제된 법률의 위헌 여부가 비록 재판의 주문 자체에는 아무런 영향을 주지 않는다고 하더라도 재판의 결론을 이끌어 내는 이유를 달리하는 데 관련되어 있거나 또는 재판의 내용과 효력에 관한 법률적 의미가 전혀 달라지는 경우도 포함된다.[1]

둘째, 위헌법률심판을 제청하려면 재판의 전제성 외에 구체적 사건성, 당사자 적격성, 소의 이익 등 사법권 발동을 위한 요건을 충족해야 한다.

(5) 위헌법률심판제청의 대상

위헌법률심판제청의 대상이 되는 법률은 형식적 의미의 법률뿐만 아니라 실질적 의미의 법률에 해당하는 것도 포함된다. 따라서 법률과 동일한 효력을 갖는 법규범인 조약과 긴급명령·긴급재정경제명령도 위헌법률심판제청의 대상이 된다. 관습법이 위헌법률심판제청의 대상이 될 수 있는가의 문제가 있으나, 법원은 위헌심사의 대상이 되는 법률은 국회의 의결을 거친 형식적 의미의 법률을 말하며 민사에 관한 관습법은 성문의 법률에 반하지 않는 경우에 한하여 보충적인 법원(法源)이 되는 것에 불과하여 관습법이 헌법에 위반되는지의 여부는 법원이 그 효력을 부인할 수 있으므로 위헌심판제청신청의 대상이 될 수 없다고 판시하였다.[2] 이에 대해 헌법재판소는 관습법은 비록 형식적 의미의 법률은 아니지만 실질적으로는 법률과 같은 효력을 갖는 것이므로 위헌법률심판의 대상이 된다고 판단하고 있다.[3]

(6) 위헌법률심판제청의 절차

(가) 법원의 직권제청 또는 당사자의 제청신청

법원의 위헌심판제청은 법원이 직권으로써 하거나 당사자의 제청신청이 있어야 한다(헌재법 제41조 제1항). 당사자가 제청신청을 할 경우에는 사건 및 당사자의 표시, 위헌이라고 해석되는 법률 또는 법률조항, 위헌이라고 해석되는 이유 등을 기재한 서면으로써 해야 한다.

1) 헌재 1993. 5. 13. 92헌가10등.
2) 대판 2009. 5. 28. 2007카기134.
3) 헌재 2013. 2. 28. 2009헌바129.

(나) 제청결정

법원은 직권에 의한 결정으로써 위헌심판을 제청할 수 있으며, 소송당사자의 제청신청이 있는 경우에는 결정으로써 심판을 제청할 수 있고 그 신청을 기각할 수도 있다. 위헌 여부 심판의 제청에 관한 결정에 대해서는 항고할 수 없다(헌재법 제41조 제4항). 위헌심판제청신청에 대한 법원의 기각결정에 대해서는 신청 당사자가 헌법재판소에 위헌심사형 헌법소원(위헌소원)을 청구할 수 있을 뿐이다(헌재법 제68조 제2항). 대법원 외의 법원이 위헌심판을 제청하는 경우에는 대법원을 거쳐야 한다(헌재법 제41조 제5항). 이 때의 경유는 단지 형식적인 절차에 불과하다.

(7) 위헌법률심판제청의 효과

법원이 헌법재판소에 위헌법률심판제청을 한 때에는 당해 소송사건의 재판은 헌법재판소의 위헌 여부의 결정이 있을 때까지 정지된다. 법원은 헌법재판소의 위헌심판의 결과를 기다려서 재판을 해야 하지만 법원이 긴급하다고 인정하는 경우에는 종국재판 외의 소송절차는 진행할 수 있다.

이러한 재판의 정지효력은 당해 소송사건에 대해서만 개별적으로 발생하기 때문에 동일한 법률의 위헌여부심판을 제청하지 아니한 법원에서는 그 정지효력이 미치지 않는다. 따라서 위헌제청된 법률과 동일한 법률이 재판의 전제가 되어 있는 다른 법원이 재판을 정지하기 위해서는 별도로 위헌심판을 제청하여야 한다.

제 6 장 헌법재판소

Ⅰ. 헌법재판제도

1. 헌법재판제도의 의의와 본질

(1) 헌법재판의 개념

헌법재판(Verfassungsgerichtsbarkeit)이란 헌법의 운용과정에서 헌법의 규범내용이나 헌법문제에 관한 다툼이 발생한 경우에 이를 헌법규범을 준거로 하여 헌법재판기관에 의하여 유권적으로 해결함으로써 헌법의 규범력을 유지하고 헌법질서를 수호하기 위한 헌법의 실현작용을 말한다.

헌법재판제도는 오늘날 자유민주국가에서 정치생활을 헌법의 규범적 테두리 안으로 끌어들임으로써 정치를 순화시키고 헌법을 실현하는 헌법보호의 중요한 수단일 뿐만 아니라, 헌법재판의 강력한 권력통제기능은 통치권의 기본권기속성과 통치권행사의 절차적 정당성을 확보하기 위한 통치기구의 불가결의 구성원리로 인식되고 있다. 즉 헌법재판은 헌법의 규범력과 실효성을 확보하고, 헌법이 보장하고 있는 기본권을 실현하며 국가작용의 합헌성을 보장함으로써 입헌주의와 자유민주주의의 핵심적 징표가 되고 있다.

우리나라의 헌법재판제도는 헌법재판권을 일반법원의 사법권과 구별하여 헌법재판권을 행사하는 헌법재판소가 위헌법률심판을 비롯하여 탄핵심판, 위헌정당해산심판, 권한쟁의심판, 헌법소원심판의 관할권을 갖도록 하고 있다(헌법 제111조 제1항).

(2) 헌법재판의 기능

헌법재판의 기능으로는 첫째, 헌법재판은 실정헌법의 규범력과 실효성을 보장하는 강력한 수단으로서 헌법적 기준과 관점에서 국가의 의사형성과 정책을 조정하고 통제함으로써 헌법질서를 수호하는 기능을 수행한다. 둘째, 헌법재판은 권력의 통제와 권력적 균형의 원리에 입각하여 개인의 자유와 권리를 보장하는 기능을 수행한다. 즉 헌법재판은 '기본권 보장의 최후 보루'로서 위헌법률심판, 헌법소원심판, 탄핵심판 등을 통하여 기본권보장의 목적을 달성하는 데 기여한다. 셋째, 헌법재판은 공권력행사의 합헌성을 보장함으로써 다수의 횡포와 전제로부터 소수를 보호하는 기능을 수행한다. 넷째, 헌법재판은 정치적 갈등을 사법적 절차에 따라 해결함으로써 정치적 평화를 유지하는 기능을 수행한다. 즉 헌법재판은 국가기관 간의 권한쟁의 또는 연방국가적 구조에서 나타나는 여러 가지 헌법적 분쟁을 유권적으로 해결함으로써 헌정의 안정과 정치적 평화를 보장하는 기능을 갖는다.

(3) 헌법재판의 특성

(가) 사법작용으로서의 성격

헌법재판은 독립된 재판관으로 구성된 헌법재판소가 헌법과 법률에 의해 정해진 권한과 절차에 따라 헌법규범의 해석을 그 본질로 하는 사법적 법인식작용인 만큼 사법작용이라고 할 수 있다. 헌법재판기관에 의해 기판력과 기속력이 따르는 유권적 판단이 행해지며, 이 유권적 결정에 따라 분쟁이 해결되고 국민이나 당사자의 권리가 보호되기 때문이다.

(나) 입법작용으로서의 성격

헌법재판에 있어서 헌법해석은 일반 법률의 해석과는 달리 헌법을 보충하고 그 내용을 형성하는 기능을 가지므로 이 점에서 그것은 일종의 입법작용으로서의 성격을 가진다고 할 수 있다. 특히 규범통제의 헌법재판에 있어서 법률의 위헌결정은 사실상 법률의 폐지나 삭제와 등가적인 행위로 평가될 수 있으며, 헌법불합치결정을 하면서 법률개선촉구결정을 하는 경우에는 국회로 하여금 법률을 개정하게 하는 결과를 가져온다. 이 점에서 헌법재판에 의한 규범통제는 소극적 입법작용이라고 할 수 있다.

(다) 정치작용으로서의 성격

헌법재판은 헌법문제에 대한 다툼을 전제로 하는 것인데, 헌법문제에 대한 다툼은 그 본질상 법률분쟁이 아닌 '정치분쟁'이기 때문에 정치분쟁을 해결하는 것은 어디까지나 정치작용이지 사법작용일 수 없다는 견해가 있다. 이에 관하여 칼 슈미트(C. Schmitt)는 헌법재판을 '사법적 형태의 정치적 결단'으로 보고 있다. 정치적 규범으로서의 특성을 갖고 있는 헌법의 해석·적용을 의미하는 헌법재판은 정치작용으로서의 성격을 띠게 됨을 부정하기 어렵다. 헌법재판이 가지는 이러한 정치작용으로서의 성격은 헌법재판을 일반법원의 통상의 재판과 구별시키는 요소가 된다.

(라) 소결: 정치적 사법작용으로서의 헌법재판

헌법재판은 사법적 절차에 따라 중립적 국가기관에 의해 행해지는 사법작용임을 부정할 수 없다. 다만 헌법재판은 일반법원의 재판과 같은 순수한 사법작용이라고 할 수 없으며, 정치적 성격과 입법작용으로서의 성격을 동시에 갖고 있는 '정치적 사법작용'이라 할 수 있다. 이 점에서 헌법재판은 전통적인 의미의 사법작용과는 그 성격이 다를 뿐만 아니라 순수한 입법작용이나 정치작용과도 구별되는 '제4의 국가작용'이라고 보는 입장도 있다.[1)]

2. 헌법재판기관

(1) 독립기관형(헌법재판소)

헌법재판은 그 성격상 순수한 사법작용으로 보기 어렵기 때문에 전통적인 사법작용의 영역에서 분리하여 독립된 헌법재판기관의 관할사항으로 하는 것이 바람직하다는 입장에서는 헌법재판소를 설치하여 헌법재판을 담당하게 한다. 독일, 오스트리아, 이탈리아, 포르투갈, 스페인, 프랑스 등이 그 대표적인 예이다. 이러한 유형의 헌법재판에서는 법률의 위헌심사뿐만 아니라 탄핵심판, 권한쟁의심판, 정당해산심판, 헌법소원심판, 선거소송심판까지 관할하는 것이 일반적이다. 이러한 독립기관형의 경우에는 헌법재판작용에 요구되는 민주적 정당성의 요청 때문에 헌법재판소의 구성에 특별히 민주적 정당성의 관점이 존중되어야 한다.

(2) 일반법원형

헌법재판을 사법작용으로 이해하는 입장에서는 헌법재판을 위한 기관을 따로 설치할 필요 없이 다른 재판과 마찬가지로 헌법재판도 일반법원에 맡기게 된다. 즉 헌법재판을 사법작용으로 이해하게 되면 그것은 마땅히 일반법원의 관할사항에 속하게 되며, 헌법재판이 정치권력에 대한 통제기능을 제대로 발휘하기 위해서는 정치세계와 단절된 중립적인 사법부가 이를 담당하는 것이 바람직하다는 것이다. 미국을 비롯한 중남미 제국, 호주, 캐나다, 일본 등이 이러한 유형에 속한다. 일반법원형에서는 헌법재판이 위헌법률심사에 국한되고, 위헌심사도 구체적 규범통제에 한정되어 있다.

(3) 한국헌법상의 헌법재판기관

우리나라의 경우 헌법상 헌법재판기관의 변천을 보면, 1962년 제3공화국헌법에서 일반법원에 헌법재판기능을 담당하게 한 것을 제외하고는 건국헌법 이래 현행 헌법에 이르기까지 일반법원과는 별개의 독립된 헌법재판기관을 설치해온 것이 특징이다. 건국헌법과 1972

1) 허영, 앞의 책, 815면.

년 헌법 및 1980년 헌법은 헌법위원회를 설치하였는데, 건국헌법의 헌법위원회는 위원장을 부통령으로 하고 대법관 5인과 국회의원 5인의 위원으로 구성하였으며, 위헌법률심판을 담당하였다. 1972년 헌법과 1980년 헌법의 헌법위원회는 대통령과 국회, 대법원장이 동등하게 그 구성에 참여하였고, 위헌법률심판과 정당해산심판, 탄핵심판을 담당하였으며, 위원의 자격에 대해서는 아무런 규정을 두지 않았다. 헌법위원회제도는 위헌법률심판 등을 통한 헌법수호기관으로서의 지위를 갖는 것이었으나 사법기관의 성격보다는 정치기관의 성격이 강한 것이었으며, 실제로 헌법재판기능을 거의 행사하지 못하였다.[1)]

일반법원형 헌법재판제도를 채택한 1962년 헌법은 법원이 위헌법률심사를 담당하게 하였으며, 정당해산심판권도 대법원의 권한으로 규정하였다. 그리고 탄핵심판을 관장하는 탄핵심판위원회를 따로 설치하였다. 제3공화국헌법 하에서 대법원의 위헌법률심사를 통해 법률에 대한 위헌판결이 이루어진 것은 한 건에 불과하였다. 헌법재판소제도는 1960년 헌법과 현행헌법에서 채택된 것이나, 1960년 헌법의 헌법재판소는 1961년 5·16군사쿠데타로 인하여 구성되지 못하고 말았다.

3. 헌법재판의 종류

(1) 규범통제제도

규범통제제도 또는 위헌법률심사제도는 법률의 위헌 여부를 심사해서 위헌법률의 효력을 상실시킴으로써 헌법의 최고규범성을 수호하는 헌법재판의 핵심적인 제도이다. 규범통제는 주관적인 권리보호의 측면보다는 객관적인 법질서수호의 측면을 중요시하는 일종의 객관적 소송이라 할 수 있다.

(가) 추상적 규범통제

추상적 규범통제제도는 법률의 위헌 여부가 재판의 전제가 되지 않는 경우라도 법률의 위헌 여부에 대한 다툼이 생긴 경우에 일정한 국가기관의 신청에 의해 독립한 헌법재판기관이 이를 심사·결정하는 제도이다. 여기서 추상적 규범통제의 신청권은 법률제정에 관여하는 모든 헌법기관에 부여하는 것이 일반적이다. 추상적 규범통제가 인정되는 경우에는 구체적인 소송사건을 매개로 하지 않기 때문에 그 위헌심사청구의 주체는 위헌법률에 의하여 자신의 권리가 침해당한 자에 한정하지 않으며 기본권의 침해가 없는 자도 위헌심사의 청구가 가능하다. 추상적 규범통제를 인정하는 독일의 헌법재판소제도의 경우 연방정부 및 주정부, 연방의회의 3분의 1 이상의 의원은 연방법률이나 주법이 기본법에 적합한가에 관

1) 건국헌법 하에서는 7건의 위헌법률심판이 제청되어 2건의 위헌결정이 있었으나, 1972년 유신헌법과 1980년 헌법 시대에는 단 1건의 위헌법률심판도 이루어지지 않았다.

하여 위헌심사를 청구할 수 있도록 규정하고 있다(독일기본법 제93조 제1항).

(나) 구체적 규범통제

구체적 규범통제는 법률의 위헌 여부가 재판의 전제가 된 경우에 소송당사자의 신청 또는 법원의 직권에 의해서 그 규범의 위헌 여부를 심사하는 제도이다. 구체적 규범통제에 있어서 심판청구의 주체는 당해 법률로 말미암아 자신의 권리를 침해당한 자에 한정하는 것이 원칙이므로 청구인적격을 엄격하게 해석하는 것이 일반적이다. 위헌심사의 결과 위헌으로 판정된 법률은 미국과 같은 일반법원형의 경우에는 당해 사건에 적용하지 않을 뿐 그 법률 자체를 폐지하는 효과를 낳지 않는 것이 원칙이다. 이에 반하여 헌법재판소 유형의 경우에는 위헌으로 결정된 법률은 일반적으로 효력을 상실한다. 우리 헌법은 헌법재판소제도를 채택하면서도 구체적 규범통제만을 인정하고 있다(헌법 제107조 제1항).

(다) 사전적 규범통제

규범통제제도에 있어서 법률의 공포 전에 위헌심사를 함으로써 위헌법률이 공포·발효됨으로 인하여 발생하는 여러 가지 문제점을 미리 예방하는 사전적 규범통제제도가 있다. 프랑스의 규범통제제도가 대표적인 예이다. 프랑스의 경우 규범통제는 헌법위원회가 법률의 공포 전에 사전예방적 위헌심사권을 행사하여 왔으나 2008년 헌법 개정으로 이러한 사전적 규범통제와 함께 사후적인 구체적 규범통제도 추가하여 시행하고 있다.

(2) 권한쟁의심판

권한쟁의심판이란 국가기관 간에 그 헌법적 권리·의무에 관하여 다툼이 생기거나 국가기관과 지방자치단체 간에 또는 지방자치단체 상호간에 권한의 존부나 그 범위 등에 관하여 다툼이 발생한 경우에 독립된 지위를 가진 제3의 기관이 그 권한의 존부나 범위 등을 명확히 함으로써 기관 간의 분쟁을 해결하는 제도를 말한다.

국가기관 상호간에 헌법상의 권한이나 의무의 범위와 내용에 관해 다툼이 생기는 경우에는 국가의 통치기능이 마비될 우려가 있으며, 이 경우 이에 대한 권위적인 조정이 없게 되면 국가기관 상호간의 견제와 균형이라는 권력분립의 메커니즘이 작동하지 못하게 되는 위험성이 있게 된다. 따라서 권한쟁의심판은 국가기관 간의 헌법적 권한과 의무를 명백히 함으로써 국가기능의 수행을 원활히 하고 권력 상호간의 견제와 균형을 유지함으로써 헌법질서를 수호하는 데 그 목적과 의의가 있다.

(3) 헌법소원제도

헌법소원이란 공권력의 행사에 의하여 개인의 헌법상 기본권이 침해된 경우에 그 기본권침해를 주장하는 국민이 헌법재판기관에 직접 권리구제를 신청할 수 있는 제도를 말한다.

헌법상 헌법소원제도를 채택하고 있는 국가는 헌법재판소를 두고 있는 독일, 오스트리아, 스페인, 스위스 등이다.

헌법소원을 채택하는 경우에도 일체의 공권력, 즉 헌법에 위반하는 법령 및 처분과 '모든 판결'을 헌법소원의 대상으로 하고 있는 유형(독일)이 있으며, 법령 및 처분과 '행정사건에 대한 판결'만을 헌법소원의 대상으로 하고 있는 경우(오스트리아)가 있다.

우리나라는 법원의 재판을 제외한 모든 공권력의 행사 또는 불행사로 말미암아 헌법상 보장된 기본권을 침해받은 자는 헌법소원심판을 청구할 수 있도록 하고 있다(헌법재판소법 제68조 제1항). 이와 같이 법원의 재판은 헌법소원의 대상에서 제외되는 것이 원칙이지만, 헌법재판소가 위헌으로 결정한 법령을 적용함으로써 국민의 기본권을 침해한 재판은 예외적으로 헌법소원심판의 대상이 될 수 있다.[1)]

(4) 선거소송심판

선거소송심판은 대통령선거와 국회의원선거 등 공직선거의 실시가 헌법 또는 법률에 위반하여 무효라고 주장하거나, 당선인의 결정을 위헌·위법이라고 주장하는 경우에 헌법재판기관이 그 위헌·위법 여부를 심사하여 그 선거나 당선인결정을 판정하는 제도를 말한다. 선거소송심판도 헌법재판의 범주에 속하는 것이지만 우리나라는 이를 대법원과 고등법원의 관할로 하고 있다. 대통령선거와 국회의원선거의 경우 선거의 효력에 이의가 있는 자는 선거일로부터 30일 이내에 관할 선거관리위원회위원장을 피고로 하여 대법원에 소를 제기할 수 있으며, 지방선거에 있어 시·도지사선거의 경우에는 선거소청을 거쳐 대법원에 소를 제기할 수 있고, 지방의회의원 및 시·군·구의 장 선거의 경우 선거소청을 거쳐 관할 고등법원에 소를 제기할 수 있다(공직선거법 제222조). 과거 우리의 제2공화국헌법은 대통령·대법원장과 대법관의 선거에 관한 소송을 헌법재판소의 관장사항으로 한 바 있다.

(5) 기타의 헌법재판제도

그 밖의 헌법재판제도의 유형으로는 헌법상의 특정한 가치질서를 수호하기 위한 제도로서 위헌정당해산제도, 기본권실효제도, 탄핵심판제도 등이 있다. 자유민주주의를 헌법의 기본적 가치질서로 채택한 국가에서 이러한 특별한 헌법보호제도를 헌법에 규정한 것은 결국 민주주의의 이름으로 민주주의를 파괴하려는 개인 또는 정치세력에 대항하여 민주주의를 지키기 위한 이른바 '방어적 민주주의'를 실현하기 위한 것이라고 할 수 있다. 우리 헌법은 탄핵심판과 위헌정당해산심판을 헌법재판소의 관할사항으로 규정하고 있으나(헌법 제111조 제1항 제2호, 제3호), 독일기본법(제18조)이 규정하고 있는 기본권실효제도는 채택하고 있

1) 헌재 1997. 12. 24. 96헌마172등.

지 않다. 기본권의 실효(失效)제도는 헌법적 가치질서를 파괴할 목적으로 기본권을 남용하는 특정인을 헌법재판에 의해 특정한 기본권을 일정기간 실효시킴으로써 헌법질서를 보호하는 방어적 민주주의의 한 수단을 의미한다.

4. 헌법재판의 한계

(1) 작용상의 한계

첫째, 헌법재판은 본질적으로 헌법을 해석하고 적용하는 헌법의 인식작용을 의미하므로 헌법재판에서 요구되는 헌법해석은 그 해석의 범위를 넘을 수 없다. 즉 헌법재판소의 헌법해석은 어떠한 경우에도 그것이 실질적인 헌법의 개정을 가져오는 것으로 해석을 할 수 없다. 헌법개정은 주권자인 국민만이 행할 수 있는 것이기 때문이다. 헌법의 해석에 있어 재판관 간에 다양한 시각의 차이가 있는 경우에도 그러한 차이는 어디까지나 헌법해석이 허용하는 범위 안에서만 인정되기 때문에 헌법재판은 헌법해석상의 한계를 가진다.

둘째, 헌법재판에 있어서 위헌법률심판과 같은 규범통제는 입법작용으로서의 성격을 가지고 있다 하더라도 헌법재판소가 이를 통하여 국회의 입법작용을 대체할 수 없다. 헌법재판소가 법률의 위헌 여부에 관한 심판권을 가지더라도 국회의 입법형성의 자유를 제한하거나 침해하지 못한다. 국회가 가지는 적극적인 입법형성의 자유는 대의제 민주주의의 생명이고 권력분립의 고유한 영역이기 때문이다.

셋째, 헌법재판은 기본적으로 사법작용에 해당하므로 사법작용상의 한계가 헌법재판에도 적용되느냐의 논의가 있다. 일반의 재판작용과는 달리 정치규범으로서의 헌법해석을 중심으로 하는 헌법재판은 정치작용으로서의 성격이 강하게 나타나며 이러한 점에서 헌법재판소는 일반법원과 달리 적극적으로 헌법질서를 형성하는 역할을 수행한다. 헌법재판을 사법작용으로 보는 입장에서는 고도의 정치성을 띤 이른바 '정치문제'(political question)에 대해 헌법재판의 심판대상에서 제외하려는 소극적 태도를 취하는 견해도 있으나, 순수 사법작용과 구별되는 정치적 사법작용으로서의 헌법재판에 있어서는 정치문제에 대해서도 그 심판대상에 포함시키는 것이 타당하게 된다. 헌법재판은 헌법의 실현을 위하여 모든 국가작용에 대한 통제기능이 이루어져야 하므로 정치문제의 위헌 여부가 문제될 때에는 원칙적으로 헌법재판의 대상에 포함되어야 할 것이다. 다만 헌법재판의 실효성을 높이기 위한 정책적 고려에서 정치문제에 대한 심판을 자제하는 것은 인정된다.[1] 헌법재판소도 긴급재정·경제명령에 대한 헌법소원 사건에서 모든 통치행위가 헌법재판의 대상이 된다고 하였으며,[2] 국

1) 허영, 앞의 책, 825-826면.
2) 헌재 1996. 2. 29. 93헌마186.

군의 이라크파병결정에 대해서는 고도의 정치적 결단이 요구되는 사안으로서 대의기관의 판단은 가급적 존중되어야 하기 때문에 사법적 기준만으로 이를 심판하는 것은 자제되어야 한다고 판시한 바 있다.[1)]

그러나 헌법재판이 아무리 정치작용의 성격이 강하더라도 기본적으로 사법작용인 이상, 그 재판이 정치적 이해관계나 파당성에 의해 지배되어서는 안 된다. 또한 헌법재판은 정치적 평화를 실현하는 기능을 수행하므로 어떠한 경우에도 정치적 파당성을 띠어서는 안 되며 정치적 중립과 독립성을 유지하는 것이 요구된다.[2)]

(2) 효력상의 한계

헌법재판은 헌법재판의 효력과 관련하여 종국결정의 내용을 강제집행에 의해 실현할 수 있는 집행력이 없다는 점에서 그 효력상의 한계가 문제될 수 있다. 즉 민사재판이나 형사재판 등에 있어서는 그 판결이나 결정의 집행이 국가권력에 의해 보장되고 있으나 헌법재판에 있어서는 일부 경우를 제외하고는 그 소송의 당사자가 국가권력 내지 헌법기관이며 일반국민이 헌법재판에 참여한 경우에도 반드시 국가권력 내지 헌법기관을 상대로 하는 것이기 때문에 헌법재판의 결정내용은 이들 헌법기관의 자발적인 집행의지가 없을 때에는 그 실효성을 기대할 수 없게 된다. 우리 헌법재판소법은 헌법재판의 결정이 가지는 집행력에 대해 일반적인 규정이 없으며, 단지 정당해산결정의 경우에만 "중앙선거관리위원회가 정당법의 규정에 의하여 이를 집행한다"(제60조)고 규정하여 집행력을 인정하고 있다. 따라서 현행법상 정당해산심판을 제외한 헌법재판의 종국결정의 집행 문제는 오로지 관련 당사자와 국가기관의 자발적 준법의지에 의존할 수밖에 없다는 것이 우리나라 헌법재판제도의 취약성을 말해주고 있다.

Ⅱ. 헌법재판소의 헌법상 지위

1. 헌법재판기관으로서의 지위

우리 헌법은 제5장에서 법원을 정한 것과 별도로 제6장에 헌법재판소를 독립적으로 따로 규정하고 있다. 헌법재판소는 위헌법률심판·탄핵심판·정당해산심판·권한쟁의심판·헌법소원심판 등 헌법재판을 그 고유권한으로 하는 헌법재판기관을 의미한다. 헌법재판(Verfassungsgerichtsbarkeit)이란 헌법에 관한 분쟁이나 헌법의 침해를 헌법규범을 준거로 하여 사법적 절차에 따라 해결하는 헌법의 인식·실현작용을 말한다. 즉 헌법재판소는 헌법문제

1) 헌재 2004. 4. 29. 2003헌마814.
2) 정종섭, 앞의 책, 1024면.

에 관한 다툼을 유권적으로 해결하기 위한 최종적인 헌법의 해석기관을 의미한다. 헌법재판의 핵심적 내용에 해당하는 것은 위헌법률심판이다. 위헌법률심판은 헌법의 최고규범성을 근거로 하여 권력분립원리에 입각한 독립적 사법기관이 헌법에 위배되는 법률의 효력을 부정함으로써 헌법의 수호를 목적으로 하는 것을 의미한다. 헌법재판으로서 위헌법률심판을 담당하는 기관으로는 미국의 경우 헌법 시행 초기부터 연방대법원이었으며 연방대법원의 위헌심사에 해당하는 사법심사제(judicial review)를 통해 헌법재판기능이 이루어지고 있다. 이에 반해 유럽의 각국에서는 제2차대전 이후 일반법원과 별도로 헌법재판을 담당하는 헌법재판소 또는 헌법위원회제도를 채택하고 있는 것이 특징이다. 우리나라는 1987년 헌법에 의해 독일형 헌법재판소제도를 도입하여 시행하고 있다.

2. 헌법수호기관으로서의 지위

헌법재판소는 위헌법률심판을 비롯한 탄핵심판, 위헌정당해산심판, 권한쟁의심판, 헌법소원심판을 통하여 공권력의 행사 등에 의한 헌법침해를 방지하고 헌법적 쟁의를 해결함으로써 헌법질서를 유지하고 수호하는 기능을 수행한다. 헌법상 대통령과 국회, 법원도 헌법수호기관의 지위를 가지지만 헌법재판소는 주도적으로 사법적 절차에 의한 헌법수호기관으로서 실효적인 헌법보장기능을 담당한다.

3. 기본권보장기관으로서의 지위

헌법재판소는 국민의 기본권을 보장하는 사법기관이다. 특히 헌법재판소는 헌법소원심판을 통하여 공권력의 행사 또는 불행사로 인한 국민의 기본권침해에 대하여 위헌선언을 함으로써 국민의 기본권을 구제하고 있으며, 위헌법률심판을 통하여 위헌적인 법률로 국민의 기본권을 침해하는 경우에 그 법률의 효력을 부인함으로써 기본권을 보장한다.

4. 권력통제기관으로서의 지위

헌법재판소는 위헌법률심판에 의해 입법부가 제정한 위헌법률을 무효화하고, 행정부와 사법부의 구성원이 공권력을 남용하면 탄핵심판을 통해 이들을 공직에서 추방함으로써 공권력을 통제한다. 또한 위헌정당해산심판을 통하여 정당의 목적이나 활동이 민주적 기본질서에 위배될 때에는 강제해산시킴으로써 정치권력과정을 통제한다. 헌법재판소는 헌법질서를 이탈하여 걷잡을 수 없게 되는 정치세력들의 힘의 투쟁을 헌법질서 내에서 평화적으로 헌법적 가치를 실현시키는 최후의 보루로서 기능함으로써 정치권력을 순화시키고 정치적 평화를 보장하는 기능을 수행한다.

5. 헌법재판소와 법원의 관계

(1) 수평적 관계

현행헌법의 '2원적 사법부'의 구조 하에서 헌법재판소는 법원과 더불어 사법적 기능을 수행하는 사법기관이라는 점에서 법원과 수평적·병렬적 관계에 있다. 사법권의 범위에 속하는 민사·형사·행정 등에 관한 일반재판권과 헌법재판권을 분리하여 각각 법원과 헌법재판소에 분장시키고 있으며, 헌법재판권의 경우에도 헌법재판소와 법원이 그 영역을 공유하고 있으므로 이 점에서 법원과 헌법재판소는 수평적 관계라 할 수 있다. 다만 헌법재판권의 경우에는 헌법재판소가 위헌법률심판을 비롯한 대부분의 헌법재판권을 행사하지만 법원은 명령·규칙에 대한 위헌심사권과 선거소송 등에 한정하여 부분적으로 헌법재판을 담당한다.

(2) 상호협력적 관계

헌법재판소를 구성하는 9인의 재판관 중에서 3인은 대법원장이 지명하도록 함으로써 사법기관인 헌법재판소의 구성에 대법원장이 관여하도록 하고 있다(헌법 제111조 제3항). 헌법재판소장이 판사를 헌법연구관으로 임명할 경우에도 사전에 대법원장에게 파견근무를 요청해야 한다(헌재법 제19조 제9항).

그리고 헌법재판소의 위헌법률심판권은 법원의 심사제청이 있을 때에만 비로소 행사될 수 있으며, 법률이 헌법에 위반되는지의 여부가 재판의 전제가 된 경우에는 법원도 헌법재판소에 위헌심사를 제청하여 그 심판에 따라 재판해야 하므로, 헌법재판소와 법원은 헌법소송에 있어 상호 협력적·유기적 관계에 있다고 할 수 있다.

(3) 상호독립적 관계

헌법재판소는 그 구성과 인사 및 예산에 있어서 법원과 독립적이며, 그 기능의 면에서도 법원과 상호독립적이다. 헌법재판소는 위헌법률심판과 헌법소원심판, 탄핵심판 등을 통하여 헌법질서의 수호와 기본권보장, 국가권력에 대한 통제 등 헌법재판기능을 주로 행사하는 데 반하여, 법원은 일반재판작용을 통하여 구체적인 법적 분쟁의 해결과 국민의 권익구제 등 비교적 순수한 사법기능을 주로 행사한다.

(4) 헌법재판소와 법원의 헌법해석의 불일치 문제

우리 헌법은 법원과 헌법재판소라는 사법부의 이원적 구조 하에서 헌법재판은 기본적으로 헌법재판소의 권한이지만 법원도 일정한 범위 내에서 헌법재판권을 행사하기 때문에 양 기관의 헌법해석을 둘러싼 불일치 내지 충돌 문제들이 제기될 수 있다.

(가) 명령·규칙의 위헌심사권

명령·규칙의 위헌 여부가 재판의 전제가 될 경우 대법원은 헌법 제107조 제2항에 따라 최종적인 심사권을 가진다. 그런데 헌법재판소는 명령·규칙이 직접 기본권을 침해할 경우에는 헌법소원을 제기할 수 있다고 하여 명령·규칙에 대한 직접적 통제를 하고 있다. 이와 같이 명령·규칙에 대한 위헌심사가 이원화됨으로써 양 기관 사이에 헌법해석이 달라질 수 있는 문제가 있다.

헌법 제107조 제2항이 규정한 명령·규칙에 대한 대법원의 최종심사권이란 구체적인 소송사건에서 명령·규칙의 위헌 여부가 재판의 전제가 되었을 경우 법률의 경우와는 달리 헌법재판소에 제청할 것 없이 대법원의 최종적으로 심사할 수 있다는 의미이다. 그리고 헌법 제111조 제1항 제1호에서 법률의 위헌여부심사권을 헌법재판소에 부여한 이상 통일적인 헌법해석과 규범통제를 위하여 공권력에 의한 기본권침해를 이유로 하는 헌법소원심판청구사건에 있어서 법률의 하위법규인 명령·규칙의 위헌여부심사권이 헌법재판소의 관할에 속함은 당연한 것이라 할 수 있다.[1] 이 점에서 명령·규칙에 대해서는 법원이 헌법 제107조 제2항을 근거로 위헌심사를 할 수 있으며, 헌법재판소는 명령·규칙에 대한 헌법소원을 통해 위헌 여부를 판단하게 되므로 양 기관의 헌법해석의 불일치 문제가 제기되는 것이다.

(나) 재판소원의 금지와 법원의 헌법해석

우리의 헌법소원심판제도는 법원의 재판에 대한 헌법소원이 금지됨으로써 행정청의 처분에 대한 위헌심사를 법원이 최종적으로 행하게 되는데, 법원이 헌법재판소의 결정과 다르게 헌법을 해석하여 행정처분에 관한 위헌 여부를 판단하게 되면 법원과 헌법재판소의 헌법해석이 달라지게 된다.

또한 기본권의 대사인적 효력에 따라 사법(私法)의 해석에 있어서도 법원은 최종적으로 헌법해석을 하게 되는데, 법원이 기본권합치적으로 사법의 조항을 해석하지 아니하는 경우에는 이로 인해 법원과 헌법재판소의 헌법해석이 달라질 수 있게 된다.

(다) 위헌심사형 헌법소원

위헌법률심판에 있어서 법원이 당사자의 위헌제청신청을 합헌이라고 판단하여 기각한 경우 당사자는 헌법재판소법 제68조 제2항에 따라 위헌심사형 헌법소원을 청구할 수 있다. 이 경우 법원의 재판이 정지되지 않고 판결이 확정되고, 다른 한편 헌법재판소가 그 위헌심사형 헌법소원심판에서 위헌결정을 하게 되면 양 기관 사이에 헌법의 해석·적용에 불일치가 발생하게 된다. 그러나 이와 같은 헌법해석의 불일치의 경우에는 헌법재판소법 제75조

1) 헌재 1990. 10. 15. 89헌마178.

제7항에 따라 해당 헌법소원과 관련된 소송사건이 이미 확정된 때에는 당사자는 법원에 대해 재심을 청구할 수 있으므로 양 기관의 헌법해석 불일치로 인한 당사자의 불이익을 막는 절차를 두고 있다.

(라) 변형결정의 기속력

헌법재판소법에 의하면 위헌법률심판의 위헌결정 및 헌법소원심판의 인용결정에 대해서만 "모든 국가기관 및 지방자치단체를 기속한다"(제47조 제1항, 제75조 제1항)고 하여 헌법재판소의 합헌결정이나 변형결정의 경우 법원에 대한 기속력이 문제되고, 이 경우 기속력이 없다고 한다면 헌법해석의 불일치 문제가 야기될 수 있다. 헌법재판소의 한정위헌의 결정은 단순히 법률을 구체적인 사실관계에 적용함에 있어서 그 법률의 의미와 내용을 밝히는 것이 아니라 법률에 대한 위헌성심사의 결과로서 법률조항이 특정의 적용영역에서 제외되는 부분은 위헌이라는 것을 뜻하므로 한정위헌결정은 결코 법률의 해석에 대한 헌법재판소의 단순한 견해가 아니라, 헌법에 정한 권한에 속하는 법률에 대한 위헌심사의 한 유형인 것이다. 헌법재판소는 한정위헌결정의 기속력을 인정하고 이에 따라 결정을 하고 있다.[1]

법원은 한정위헌결정과 한정합헌결정에 대해서는 초기에는 이를 수용하는 태도였으나, 소득세법 제23조 등 위헌소원 사건에서 한정위헌결정은 법률의 해석을 의미하며 법률의 해석·적용은 법원에 전속된 권한이므로 헌법재판소의 법률해석은 법원에 대하여 기속력을 갖지 못하는 단순한 견해표명에 불과하다고 판단하였다.[2]

(마) 법원의 기관소송과 조례에 대한 헌법소원

지방자치단체의 장은 지방의회가 의결한 조례가 법령에 위반한 경우에는 재의를 요구할 수 있고 이 요구에 대하여 지방의회가 전과 같은 의결을 하면 지방자치단체의 장은 대법원에 소를 제기할 수 있다(지방자치법 제107조). 이러한 기관소송에서의 대법원의 판결과 달리 그 조례를 대상으로 한 헌법소원심판에서 헌법재판소가 위헌으로 결정할 경우에는 헌법해석에 있어서 양 기관 간의 불일치가 발생하게 된다.

(5) 헌법재판소와 법원의 통일적 헌법해석의 필요성

헌법의 해석·적용에 있어서 헌법재판소와 법원 간의 입장 차이는 국민의 기본권보장에서의 불안정성을 가져오고 결국 이는 국민의 부담으로 될 수밖에 없다. 따라서 헌법재판소와 법원은 각기 상대방 기관의 헌법상 기능과 역할을 존중하고 상호 협력관계를 유지할 필요가 있다. 양 기관 간의 헌법해석의 불일치를 해소할 수 있는 방안으로는 먼저 헌법개정

1) 헌재 1992. 6. 26. 90헌가23; 헌재 1993. 5. 13. 91헌바17; 헌재 1994. 4. 28. 92헌가3; 헌재 1994. 6. 30. 92헌가9등.
2) 대판 1996. 4. 9. 95누11405; 대판 1998. 9. 25. 96누4572.

을 통해 최종적인 헌법의 해석권한을 헌법재판소로 일원화하는 것을 생각할 수 있으며, 법률의 개정으로 재판에 대한 헌법소원을 인정하고, 변형결정에 대해서도 기속력을 인정하는 방안 등을 고려할 수 있다.

Ⅲ. 헌법재판소의 구성과 조직

1. 헌법재판소의 구성

헌법재판소는 법관의 자격을 가진 9인의 재판관으로 구성하며, 재판관은 대통령이 임명한다. 재판관 중 3인은 국회에서 선출하는 자를, 3인은 대법원장이 지명하는 자를 임명한다. 헌법재판소의 장은 국회의 동의를 얻어 재판관 중에서 대통령이 임명한다(헌법 제111조 제2항~제4항). 헌법재판소의 구성을 대통령·국회·대법원장의 합동행위에 의하도록 한 것은 그 관할사항이 정치적 성격을 띠고 있기 때문에 정치적 중립성을 유지하기 위한 것이라 할 수 있고, 나아가 헌법재판소의 헌법수호기관으로서의 역할을 독립적이고 공정하게 수행할 수 있도록 하기 위한 것으로 볼 수 있다.[1] 그러나 다른 한편 이러한 헌법재판소의 구성방법에 대해서는 민주적 정당성의 관점에서 문제점이 지적될 수 있다.[2]

2. 헌법재판소의 조직

(1) 헌법재판소장

헌법재판소장은 국회의 동의를 얻어 재판관 중에서 대통령이 임명한다. 헌법재판소장은 헌법재판소를 대표하며, 헌법재판소의 사무를 총괄하고 소속공무원을 지휘·감독한다(헌법재판소법 제12조 제3항). 재판소장이 궐위되거나 부득이한 사유로 인하여 직무를 수행할 수 없을 때에는 다른 재판관이 헌법재판소규칙이 정하는 순서에 따라 그 권한을 대행한다(동법 제12조 제4항). 헌법재판소장은 헌법재판소의 조직·인사·운영·심판절차 등의 사항에 대한 법률의 제·개정이 필요하다고 인정하는 경우에는 국회에 서면으로 그 의견을 제출할 수 있다(동법 제10조의2). 헌법재판소장의 대우와 보수는 대법원장의 예에 따른다(동법 제15조).

---

1) 권영성, 앞의 책, 1134면.
2) 헌법재판소 구성에 있어서 민주적 정당성을 제고하기 위해서는 재판관 전원을 대법원 구성의 경우와 마찬가지로 국회의 동의를 얻도록 하는 것이 필요하다는 주장이 있다. 대법원장이 3인의 재판관을 지명하는 것에 대해서도 민주적 정당성이 취약한 대법원장에게 국회, 대통령과 동등하게 구성권을 부여하는 것은 권력분립을 형식적이고 기계적으로 적용하는 것에 지나지 않으므로 적절하지 않다는 지적이 있다. 김학성, 앞의 책, 1129면.

(2) 헌법재판관

헌법재판소의 재판관은 법관의 자격을 가져야 하며, 15년 이상 다음 각호의 1에 해당하는 직에 있었던 40세 이상의 자 중에서 임명한다. 다만 다음 각호 중 둘 이상의 직에 있던 사람의 재직기간은 합산한다. 1) 판사, 검사, 변호사, 2) 변호사자격이 있는 사람으로서 국가기관, 국영·공영 기업체, 공공기관의 운영에 관한 법률 제4조에 따른 공공기관 또는 그 밖의 법인에서 법률에 관한 사무에 종사한 사람, 3) 변호사 자격이 있는 사람으로서 공인된 대학의 법률학 조교수 이상의 직에 있던 사람(동법 제5조 제1항).

헌법재판관의 임기는 6년으로 하며, 법률이 정하는 바에 의하여 연임할 수 있다(동법 제7조 제1항).[1] 헌법재판소장인 재판관의 정년은 70세이며 재판관의 정년은 65세였으나, 2014년 12월 개정법률에 의해 재판관의 임기도 70세로 규정하였다(동법 제7조 제2항).

헌법재판관은 헌법과 법률 그리고 양심에 따라 독립하여 심판하며(동법 제4조), 재판관의 신분보장에 관하여 탄핵 또는 금고 이상의 형의 선고에 의하지 아니하고는 파면되지 아니한다(헌법 제112조 제3항; 헌법재판소법 제8조). 헌법재판소 재판관은 정당에 가입하거나 정치에 관여할 수 없도록 하여 정치적 중립성을 요구하고 있으며(헌법 제112조 제2항), 국회 또는 지방의회의 의원직과 국회·정부·법원의 공무원직, 법인·단체 등의 임원 또는 직원의 직을 겸하거나 영리를 목적으로 하는 사업을 할 수 없도록 겸직금지를 규정하고 있다(헌법재판소법 제14조).

Ⅳ. 헌법재판소의 일반심판절차

1. 재판부

(1) 전원재판부와 지정재판부

헌법재판소법에 특별한 규정이 있는 경우가 아니면 헌법재판소의 심판은 재판관 전원으로 구성되는 재판부에서 관장한다. 전원재판부의 재판장은 헌법재판소장이 된다(헌재법 제22조). 헌법소원심판의 경우에는 사전심사를 위하여 재판관 3인으로 구성되는 지정재판부를 둘 수 있다(동법 제72조 제1항).

---

1) 헌법재판소 재판관의 임기 6년은 헌법 제112조 제1항에 규정된 것으로 그 임기연장은 헌법정책적 사항으로 헌법개정을 요하는 것이지만, 우리의 헌법재판관 임기 6년은 전문적인 헌법재판 업무를 수행하는 데 문제가 있다고 보며, 현행의 임기를 다소 연장하는 것이 바람직하다고 할 것이다. 미국의 연방대법원 판사의 임기는 종신제이며 독일의 연방헌법재판소 재판관의 임기가 12년임에 비추어 향후 헌법개정시에는 우리의 헌법재판관의 임기도 8년 내지 10년 정도로 연장하는 것을 검토할 필요가 있다고 본다. 헌법재판관 임기의 연장문제에 관하여는 허영, 헌법소송법론, 박영사, 2009, 107면 참조.

(2) 재판관의 제척·기피·회피

재판관이 헌법재판소법 제24조에 규정된 제척·기피·회피 등의 사유에 해당하는 경우에는 직무집행에서 배제된다. 제척사유로는 1) 재판관이 당사자이거나 당사자의 배우자 또는 배우자였던 경우, 2) 재판관과 당사자 간에 친족의 관계가 있거나 친족관계였던 경우, 3) 재판관이 사건에 관하여 증언이나 감정을 하는 경우, 4) 재판관이 사건에 관하여 당사자의 대리인이 되거나 되었던 경우, 5) 그 밖에 재판관이 헌법재판소 외에서 직무상·직업상의 이유로 사건에 관여한 경우가 그에 해당한다(동법 제24조 제1항).

기피신청은 재판관에게 공정한 심판을 기대하기 어려운 사정이 있는 경우에 당사자가 할 수 있다. 다만 동일한 사건에 관하여 2명 이상을 기피할 수 없다(동법 제24조 제3항, 제4항). 재판관은 위의 제척사유와 기피사유가 있는 경우에는 재판장의 허가를 받아 회피할 수 있다(동법 제24조 제5항).

2. 심판당사자와 대표자·대리인

(1) 심판당사자

헌법재판절차에서 심판당사자는 청구인과 피청구인을 말한다. 자기 이름으로 심판을 청구하는 자를 청구인(위헌법률심판의 경우는 제청법원, 탄핵심판의 경우는 소추위원인 국회 법제사법위원회 위원장, 정당해산심판의 경우는 정부)이라 하고, 그 상대방인 당사자를 피청구인이라 한다.

(2) 대표자와 소송대리인

정부가 당사자인 경우에는 법무부장관이 정부를 대표하지만, 당사자인 국가기관이나 지방자치단체는 변호사 또는 변호사의 자격이 있는 소속직원을 대리인으로 선임하여 심판을 수행하게 할 수 있다(동법 제25조 제1항, 제2항). 그러나 사인이 당사자인 경우에는 변호사강제주의에 의하여 변호사를 대리인으로 선임하지 않으면 심판청구 또는 심판수행을 할 수 없다. 다만 그가 변호사의 자격이 있는 경우에는 그러하지 아니하다(동법 제25조 제3항). 변호사강제주의는 업무에 분업화원리의 도입이라는 긍정적 측면과 재판을 통한 기본권의 실질적 보장, 사법의 원활한 운영과 헌법재판의 질적 개선, 재판심리의 부담 경감 및 효율화 등에 기여도가 있다고 본다. 헌법소원심판을 청구하려는 자가 변호사를 대리인으로 선임할 자력(資力)이 없는 경우에는 헌법재판소에 국선대리인을 선임하여 줄 것을 신청할 수 있다(동법 제70조 제1항). 헌법재판소는 변호사강제주의가 무자력자의 헌법재판을 받을 권리를 크게 제한하는 것이라 하여도 국선대리인제도라는 대상조치가 별도로 마련되어 있는 이상 그러한 제한을 두고 재판을 받을 권리의 본질적 내용의 침해라고 볼 수 없다고 판시하였다.[1)]

3. 심판의 청구

헌법재판소에 심판을 청구하기 위해서는 심판사항별로 정하여진 청구서를 제출하여야 한다. 다만 위헌법률심판에 있어서는 법원의 제청서, 탄핵심판에 있어서는 국회의 소추의결서의 정본으로 이를 갈음한다(동법 제26조). 재판장은 심판청구가 부적법하나 보정(補正)할 수 있다고 인정되는 경우에는 상당한 기간을 정하여 보정을 요구하여야 한다(동법 제28조 제1항).

헌법재판소가 청구서를 접수한 때에는 지체없이 그 등본을 피청구기관 또는 피청구인에게 송달하여야 한다. 청구서의 송달을 받은 피청구인은 헌법재판소에 심판청구의 취지와 이유에 대응하는 답변서를 제출할 수 있다(동법 제29조).

4. 심 리

헌법재판소의 심판은 헌법재판소법에 특별한 규정이 있는 경우를 제외하고는 재판관 전원으로 구성되는 전원재판부에서 관장하며, 전원재판부는 7인 이상의 출석으로 사건을 심리한다(동법 제23조 제1항).

(1) 심리의 방식

(가) 구두변론과 서면심리

탄핵심판·정당해산심판·권한쟁의심판은 구두변론(口頭辯論)에 의하고, 위헌법률심판과 헌법소원심판은 서면심리(書面審理)에 의하되 재판부가 필요하다고 인정하는 경우에는 변론을 열 수 있다(동법 제30조). 청구인과 피청구인이 분명한 대립적 소송구조를 갖는 탄핵심판, 정당해산심판, 권한쟁의심판의 심리는 반드시 구두변론에 의하여야 한다. 이들 사건의 경우 구두변론에 의한 심리를 통해 소송당사자를 심리에 참여시켜 보다 능동적으로 사건의 실체에 접근해서 합리적으로 사건을 해결할 수 있기 때문이다. 원칙적으로 서면심리 방식에 따라 심판해야 하는 위헌법률심판과 헌법소원심판의 경우에도 재판부가 필요하다고 인정하는 경우에는 구두변론을 열어 당사자·이해관계인 기타 참고인의 진술을 들을 수 있다(동법 제30조 제2항). 서면심리는 소송당사자의 진술 없이 소송기록과 증거자료를 검토하는 방식으로 심리하는 것을 말한다.

(나) 의견서 제출

위헌법률심판 사건이 접수되거나 위헌심사형 헌법소원이 재판부에 심판회부된 경우에 당해 사건의 당사자 및 법무부장관은 헌법재판소에 법률의 위헌 여부에 대한 의견서를 제

1) 헌재 1990. 9. 3. 89헌마120등.

출할 수 있다. 권리구제형 헌법소원의 경우에도 그 심판에 이해관계가 있는 국가기관 또는 공공단체와 법무부장관은 그 심판에 관한 의견서를 제출할 수 있다.

(다) 증거조사와 조회 및 자료제출 요구

재판부는 사건의 심리를 위하여 필요하다고 인정하는 때에는 당사자의 신청에 따라 또는 직권에 의하여 헌법재판소법 제31조 제1항 소정의 사항에 관하여 증거조사를 할 수 있다. 또한 재판부는 결정으로써 다른 국가기관 등에 대하여 심판에 필요한 사실을 조회하거나 기록의 송부나 자료의 제출을 요구할 수 있다.

(2) 심판의 지휘와 심판정의 질서유지

재판장은 심판정의 질서와 변론의 지휘, 그리고 평의의 정리를 담당한다. 심판정의 질서유지와 용어사용에 관하여는 법원조직법을 준용한다.

(3) 심판기간과 심판비용

(가) 심판기간

헌법재판소는 심판사건을 접수한 날로부터 180일 이내에 종국결정의 선고를 해야 한다. 다만 재판관의 궐위로 말미암아 7인의 출석이 불가능한 때에는 그 궐위된 기간은 심판기간에 이를 산입하지 아니한다(동법 제38조). 이 심판기간 규정의 성격에 관하여는 강행규정이 아니라 훈시규정으로 보는 것이 통설이다.

(나) 심판비용

헌법재판소의 심판비용은 국가부담을 원칙으로 한다(동법 제37조 제1항). 따라서 청구서나 준비서면 등에 인지를 첨부하지 않는다. 다만 헌법재판소는 당사자의 신청에 의한 증거조사의 비용은 헌법재판소규칙이 정하는 바에 따라 신청인에게 부담시킬 수 있다. 또한 헌법재판소는 헌법소원심판의 청구인에 대하여 헌법재판소규칙으로 정하는 공탁금의 납부를 명할 수 있다(동법 제37조 제2항).

(4) 심판절차에 관한 준용규정

헌법재판소의 심판절차에 관하여는 헌법재판소법에 규정하고 있는데, 이 법에 특별한 규정이 있는 경우를 제외하고는 헌법재판의 성질에 반하지 아니하는 한도 내에서 민사소송에 관한 법령을 준용한다. 이 경우 탄핵심판의 경우에는 형사소송에 관한 법령을 준용하고, 권한쟁의심판 및 헌법소원심판의 경우에는 '행정소송법'을 함께 준용한다(동법 제40조 제1항). 다만 이 경우 형사소송에 관한 법령이나 '행정소송법'이 민사소송에 관한 법령에 저촉될 때에는 민사소송에 관한 법령은 준용하지 아니한다(동법 제40조 제2항).

5. 평 의

(1) 의 의

재판부의 사건심리가 끝나면 종국결정을 하기 위해 재판관회의에서 평의(評議)를 하게 된다. 평의란 재판관들이 사건에 관하여 자신의 의견을 개진하고 반대의견을 청취하면서 헌법재판소 결정의 결론을 도출해내는 과정을 말한다. 평의에 회부하고자 하는 주심재판관은 관련 사건에 관한 평의요청서를 작성하고 그에 검토보고서를 첨부하여 각 재판관에게 배포한다. 재판장은 재판관들과 협의하여 평의일정을 확정하여 평의를 진행한 후 최종적으로 평결을 하게 된다. 평결에서는 우선 주심재판관이 의견을 내고 그 다음은 직무상 최하위 서열의 재판관부터 순차적으로 의견을 낸 후 재판장이 마지막으로 의견을 내는 것이 관례로 되어 있다. 평의는 공개하지 아니한다(동법 제34조 제1항 단서).

(2) 평결방식

평결방식에는 쟁점별 평결방식과 주문별 평결방식이 있다. 쟁점별 평결방식이란 적법요건사항과 본안사항을 분리하여 별도로 평결하여 최종적 결정주문을 내는 방식이고, 주문별 결정방식은 적법요건사항과 본안사항을 통합하여 일괄적으로 평결하여 최종적으로 결정주문을 내는 방식을 말한다. 주문별 평결방식에서는 본안 전 요건을 갖추지 못하여 부적법 각하하여야 한다는 의견을 낸 재판관은 본안판단에 참여하지 아니한다. 우리 헌법재판소는 주문별 평결방식을 채택하여 각하의견을 낸 재판관은 본안판단에는 참여하지 않고 있다. 그러나 평결방식에 있어서 쟁점별 결정방식과 같이 적법요건과 본안을 구별하여 비록 적법요건에서 각하의견을 제시한 경우에도 본안판단에 참여할 수 있도록 하는 것이 헌법수호와 기본권구제에 더욱 충실한 제도가 될 수 있다고 하겠다.

(3) 소수의견제도

헌법재판소법은 "심판에 참여한 재판관은 결정서에 의견을 표시하여야 한다"(동법 제36조 제3항)고 하여 소수의견제도를 인정하고 있다. 소수의견제도는 다양한 배경의 재판관들이 모인 평의절차에서 소수의견의 재판관으로 하여금 자신의 견해를 피력할 수 있게 함으로써 법논리의 다양성을 보여주며, 또한 평의를 통한 합의도출과정에서 다수의견만 결정문에 기재될 때 나타날 수 있는 극단적 의견일치과정상의 갈등을 순화시켜 주는 기능을 수행한다.

6. 종국결정

(1) 의 의

헌법재판소 재판부가 심리를 마친 때에는 종국결정을 한다(동법 제36조 제1항). 종국결정은 재판부에 계속되고 있는 심리사건을 완결하여 끝내는 종국적 판단을 내용으로 하는 것으로 헌법재판 중 가장 중요한 부분을 말한다. 우리의 헌법재판소는 종국결정을 언제나 '결정'(Entscheidung)의 형식으로 행한다는 점에서 독일의 연방헌법재판소의 종국결정과 구별된다. 독일의 연방헌법재판소는 판결(Urteil)과 결정(Beschluß)의 두 가지 형식으로 종국결정을 행한다. 판결은 구두변론을 거친 사건의 경우에 내려지는 종국재판의 형식이며, 결정은 구두변론을 거치지 아니한 사건의 종국재판의 형식을 말한다.

(2) 결정의 정족수

법률의 위헌결정·탄핵결정·정당해산결정·헌법소원의 인용결정을 하는 경우와 종전에 헌법재판소가 판시한 헌법 또는 법률의 해석적용에 관한 의견을 변경하는 경우(판례변경)에는 재판관 6인 이상의 찬성이 있어야 한다(헌법 제113조 제1항). 그 이외의 결정은 종국심리에 관여한 재판관 과반수의 찬성으로써 한다(헌재법 제23조 제2항).

(3) 결정의 요식

종국결정을 할 때에는 1) 사건번호와 사건명, 2) 당사자와 심판수행자 또는 대리인, 3) 주문, 4) 이유, 5) 결정일자를 기재한 결정서를 작성하고 심판에 관여한 재판관 전원이 서명·날인해야 한다. 헌법재판소의 모든 결정에 대해서는 심판에 관여한 모든 재판관이 의견(반대의견·소수의견·별개의견 등)을 표시한다.

(4) 결정의 유형

심판청구가 부적법할 경우에는 각하결정을 하고, 심판청구가 적법하지만 이유가 없을 때에는 기각결정을 하며, 심판청구가 적법하고 이유가 있을 때에는 인용결정을 한다. 다만 위헌법률심판의 경우에는 합헌결정이나 위헌결정(단순위헌결정과 일부위헌결정) 또는 변형결정(헌법불합치결정·한정위헌결정·한정합헌결정 등)을 할 수 있다.

(5) 가처분결정

헌법재판소법은 정당해산심판(제57조)과 권한쟁의심판(제65조)에 대해서만 가처분에 관한 규정을 두고 있다. 가처분은 본안결정의 실효성을 확보하기 위하여 잠정적으로 임시의 지위를 정하는 것을 주된 내용으로 하는 가구제(假救濟) 제도를 의미한다. 이는 본안결정 이

전에 회복하기 어려운 손해가 발생함으로써 본안결정이 내려지더라도 실효성을 갖지 못하게 되는 사태를 방지하는 데에 그 취지가 있다.

그런데 헌법재판소법이 규정하고 있지 않은 헌법소원심판 등에도 가처분이 허용되는지의 문제가 제기될 수 있다. 가처분은 국민의 효율적인 권리구제를 위한 것이고 그것을 허용한다고 해서 타인의 권리나 공익이 침해될 여지는 크지 않으며, 설사 그 침해의 가능성이 있다 하더라도 가처분결정이 해당 사건과 관련된 대립하는 법익 사이의 총체적 이익형량을 통해서 이루어지는 것이기 때문에 헌법소원 등 다른 헌법재판에서 가처분을 금지할 정당한 이유를 찾아보기 어렵다고 할 수 있다. 또한 헌법재판소법은 민사소송에 관한 법령의 일반적 준용규정을 두고 있고, 권한쟁의심판 및 헌법소원의 경우에는 행정소송법을 함께 준용한다고 규정(제40조 제1항)하고 있으므로 이러한 민사소송법상의 가처분규정이나 행정소송법상의 집행정지규정 등은 그 성질에 반하지 아니하는 한 헌법소송에 있어서의 모든 가처분에 준용된다고 보아야 할 것이다.

헌법재판소도 "헌법재판소법 제68조 제1항 헌법소원심판절차에 있어서도 가처분의 필요성은 있을 수 있고 달리 가처분을 허용하지 아니할 상당한 이유를 찾아볼 수 없으므로 헌법소원심판청구사건에서도 가처분이 허용된다고 할 것이다"고 판시하고 있다.[1] 헌법재판소 판례에 의하면 사법시험 1차시험 응시를 4회까지 제한하고 있는 사법시험령 조항에 대해 가처분신청을 인용하였으며,[2] 군행형법 시행령의 적용을 받는 미결수용자의 면회 횟수를 매주 2회로 제한하고 있는 규정에 대한 효력정지가처분신청을 인용하였다.[3]

(6) 종국결정의 선고

헌법재판소는 심판사건을 접수한 날로부터 180일 이내에 종국결정의 선고를 해야 한다. 종국결정의 선고는 원칙적으로 심판정에서 하고 결정의 선고는 공개한다. 다만 서면심리와 평의는 공개하지 아니한다.

(7) 결정의 효력

(가) 확정력

확정력이란 헌법재판소의 결정이 있게 되면 그 결정에 대해 다투거나 그 판단내용을 번복·변경할 수 없는 것을 말한다. 이러한 확정력의 근거로는 헌법재판소의 상위 심급이 없고, 헌법재판소 결정에 대하여는 다른 재판기관에 소송을 제기할 수 없으며, 헌법재판소법에 "헌법재판소는 이미 심판을 거친 사건에 대하여는 다시 심판할 수 없다"라고 규정하고

---

1) 헌재 2000. 12. 8. 2000헌사471; 헌재 2002. 4. 25. 2002헌사129.
2) 헌재 2000. 12. 8. 2000헌사47.
3) 헌재 2002. 4. 25. 2002헌사129.

있는 일사부재리의 원칙(동법 제39조) 등을 들 수 있다. 또한 헌법재판절차에는 민사소송에 관한 법령을 준용하도록 규정(동법 제40조 제1항)하고 있어 민사소송에서의 기판력 등의 확정력이 헌법재판소의 결정에도 인정된다고 할 것이다.

① **불가변력**(자기구속력)

헌법재판소가 동일한 사건에서 한번 결정을 선고하면 그것으로 재판은 확정되고 헌법재판소는 당해 절차에서 그 결정을 취소하거나 변경할 수 없다. 헌법재판소는 재판기관이기 때문에 자기가 결정한 것에 의해 스스로 구속을 받는다.

다만 헌법재판이 자기구속력을 갖는다고 하더라도 결정의 경정(更正)은 인정된다. 결정의 경정은 결정의 내용을 변경하는 것이 아니라 결정서에 기재되어 있는 표현상의 오류, 계산의 착오 기타 이와 유사한 오류를 바로잡는 것을 말한다. 이러한 결정의 오류는 그 오류가 분명한 경우에 인정된다. 판단상의 오류나 판단유탈은 경정사유가 되지 못한다.

② **불가쟁력**(형식적 확정력)

헌법재판소의 결정은 그 결정에 대한 상급심이 없으므로 선고와 동시에 확정되어 누구도 더 이상 소송절차를 통하여 불복하여 다툴 수 없는 형식적 확정력을 가진다.

③ **기판력**(실질적 확정력)

소송법에서 기판력이란 종국재판이 확정되면 그 재판에 표시된 판단이 향후 당사자 간의 법률관계를 규율하는 규준이 되므로 동일한 사건이 다시 문제가 될 때 당사자는 앞의 판단과 모순되는 주장을 하여 다시 다툴 수 없게 하는 효력을 말한다. 즉 형식적 확정력이 형성된 재판이 당해 절차를 넘어 후소(後訴)에서 당사자를 구속하는 효력이며, 동시에 후소를 재판하는 재판관을 구속하는 효력을 기판력이라 한다. 이와 같이 동일한 사건에 대하여 당사자가 후에 다시 반복하여 다툴 수 없다는 점에서 기판력은 반복청구금지(反復請求禁止)의 효력을 의미한다. 헌법재판소법 제39조는 "헌법재판소는 이미 심판을 거친 동일한 사건에 대하여는 다시 심판할 수 없다"라고 하여 일사부재리의 원칙을 규정하고 있는데 이 원칙은 헌법재판소 결정의 기판력의 내용에 관한 것이다.

법률에 대한 합헌결정에서 기판력이 인정될 수 있는가의 논의가 있는데, 합헌결정된 동일한 법률에 대한 동일한 당사자의 '동일한 사건'에 대해서는 일사부재리의 원칙에 따라 기판력이 인정되어야 한다는 긍정설이 타당하다고 할 것이다. 따라서 합헌결정된 동일한 법률에 대한 동일한 청구인의 사건에 대해서는 각하결정을 하고, 동일사건으로 볼 수 없는 경우에는 본안판단을 하여 합헌결정을 하는 것이 타당하다.

(나) 기속력

헌법재판소법 제47조 제1항은 위헌법률심판의 기속력에 관하여 "법률의 위헌결정은 법원 기타 국가기관 및 지방자치단체를 기속한다"라고 규정하고 있고, 동법 제67조 제1항의 권한쟁의심판과 제75조 제1항의 헌법소원심판에서의 "인용결정은 모든 국가기관과 지방자치단체를 기속한다"라고 규정함으로써 기속력에 대한 법적 근거를 명시하고 있다.

기속력에 의해 모든 국가기관은 헌법재판소의 결정에 따라야 하며 그들 국가기관은 장래에 어떤 처분을 행할 경우 헌법재판소의 결정을 존중해야 한다(결정준수의무). 뿐만 아니라 기속력은 모든 국가기관이 헌법재판소의 결정에서 문제된 심판대상뿐만 아니라 동일한 사정하에서 동일한 이유에 근거한 동일내용의 공권력을 행사하는 것을 금지한다(반복금지의무). 따라서 법률에 대한 위헌결정의 경우 행정기관은 그 위헌선언된 법률을 적용하여 행정작용을 해서는 안 되며, 법원도 그 법률을 적용하여서는 안 된다. 다만 국회가 그 위헌선언된 법률과 같은 내용의 법률을 다시 제정할 수 있는가에 대해서는 기속설과 비기속설이 대립하고 있으나, 기속설이 다수적 견해이다. 이 문제는 헌법재판소가 특정 법률에 대해 위헌결정을 내린 경우에는 모든 국가기관이 기속되어야 하는 것을 전제로 하는 것이지만, 민주적 정당성을 가진 국회가 입법형성의 자유에 의해 위헌결정된 법률과 동일한 내용의 법률 또는 유사한 내용의 법률을 다시 제정하는 것이 정당화될 수 있는지에 관한 문제이다. 이에 대해 비기속설의 입장은 헌법재판소의 판단에도 오류가 있을 수 있기 때문에 국회가 재입법(再立法)을 통해 그러한 오류를 수정할 수 있도록 하기 위해서는 입법자가 헌법재판소의 위헌결정에 기속 당해서는 안된다고 보는 것이다.[1] 생각건대 헌법재판소의 위헌결정의 기속력은 국회에도 미치는 것으로서 헌법질서의 수호를 위해서는 입법자도 헌법재판소의 결정을 최대한 존중하는 것이 요구되어야 한다. 다만 극히 예외적으로 헌법재판소의 판단에 오류가 있어서 국회의 재입법에 대한 국민의 다수의사가 찬성하는 경우에는 그러한 재입법은 허용될 수 있다고 할 것이다. 그런 의미에서 위헌결정의 기속력이 국회에 미치는 효과는 다른 국가기관의 경우와는 차이가 있을 뿐이지, 기속력이 국회에는 전혀 미치지 않는다는 견해는 타당하다고 할 수 없다.[2]

위헌결정의 기속력과 관련하여 또 한 가지 문제되는 것은 한정위헌결정·헌법불합치결정 및 단순합헌결정 등의 경우에도 기속력이 미치는지에 관한 것이다. 헌법재판소는 한정위헌결정과 헌법불합치결정 등의 변형결정에 대해 기속력을 인정하고 있으나, 이미 합헌으로 선언된 법률에 대한 위헌제청을 적법한 것으로 봄으로써 합헌결정에 대한 기속력을 인

1) 정종섭, 앞의 책, 1510면.
2) 허영, 앞의 책(헌법소송법론), 235면.

정하지 않고 있다. 헌법재판소는 형법 제241조의 간통죄(2015년 위헌결정으로 폐지됨)에 대해 1990년 합헌결정 이후 3회에 걸쳐 계속 합헌결정을 선고한 바 있다.[1] 합헌인 법률이라 하더라도 상황의 변화에 따라 위헌으로 변경될 수 있는 것이므로 합헌결정의 법률에 대해서 언제나 위헌 여부를 다툴 수 있기 위해서는 기속력이 인정되어서는 안 된다고 할 것이다.

기속력의 객관적 범위에 관하여 기속력은 헌법재판소의 주문(主文) 이외의 이유에도 인정되는가 하는 문제가 있다. 이에 관하여 위헌결정의 기속력은 결정의 주문에 인정될 뿐만 아니라 핵심적 결정이유에 대해서도 인정된다고 보는 견해가 타당하다. 헌법재판소 판례는 초기에는 이유부분의 기속력에 대해서는 소극적인 입장을 취해 왔으나,[2] 2008년 헌법재판소 판례에서는 "결정이유에까지 기속력을 인정한다고 하더라도 결정주문을 뒷받침하는 결정이유에 대하여 적어도 위헌결정의 정족수인 재판관 6인 이상의 찬성이 있어야 할 것이고(헌법 제 113조 제1항 및 헌법재판소법 제23조 제2항 참조), 이에 미달할 경우에는 결정이유에 대하여 기속력을 인정할 여지가 없다"고 판시함으로써 재판관 6인 이상의 찬성이 있는 경우 결정이유에 대해서도 기속력을 인정하고 있다.[3]

(다) 법규적 효력(일반적 구속력)

법규적 효력이란 법규범에 대한 헌법재판소의 위헌결정은 일반적 구속력을 가지고 일반사인에게도 그 효력이 미친다는 것을 의미한다. 즉 법규범에 대한 헌법재판소의 위헌결정은 국가기관뿐만 아니라 일반사인에게도 그 효력이 미친다. 따라서 국가기관과 마찬가지로 일반국민도 헌법재판소가 위헌으로 선언한 법규범에 더 이상 구속을 받지 아니한다.

헌법재판소법 제47조 제2항이 "위헌으로 결정된 법률 또는 법률조항은 그 결정이 있는 날로부터 효력을 상실한다. 다만 형벌에 관한 법률 또는 법률조항은 소급하여 그 효력을 상실한다"고 규정하고 있는 것도 법규적 효력에 관한 근거조항으로 볼 수 있다.

(라) 집행력

헌법재판소법은 헌법재판의 결정을 강제집행에 의해 실현할 수 있는 집행력에 대해서는 일반적으로 정하고 있지 아니하다. 정당해산심판의 경우에만 "정당의 해산을 명하는 헌법재판소의 결정은 중앙선거관리위원회가 정당법의 규정에 의하여 이를 집행한다"고 하여 집행력을 규정하고 있다(동법 제60조). 따라서 정당해산심판 이외의 나머지 헌법재판에서 선고하는 종국결정의 집행 문제는 오로지 관련 당사자와 국가기관의 자발적인 준법의지에 달려 있을 뿐이다.

---

1) 헌재 1990. 9. 10. 89헌마82; 1993. 3. 11. 90헌가70; 2001. 10. 25. 2000헌바60; 2008. 10. 30. 2007헌가17.
2) 헌재 1994. 4. 28. 92헌가3.
3) 헌재 2008. 10. 30. 2006헌마1098등.

Ⅴ. 위헌법률심판

1. 위헌법률심판의 의의

(1) 개 념

위헌법률심판이란 헌법재판소가 국회가 의결한 법률이 헌법에 위반되는가의 여부를 심사하고 그 법률이 헌법에 위반되는 것으로 인정하는 경우에 그 효력을 상실하게 하는 제도를 말한다. 위헌법률심판은 헌법의 최고법규성과 헌법질서를 수호하고, 국회의 입법권의 남용으로부터 국민의 기본권을 보장하며, 다수의 횡포가 법률의 형식으로 나타날 때 이를 억제하여 소수자를 보호하는 기능을 수행한다. 헌법 제111조 제1항과 헌법재판소법 제2조는 법원의 제청에 의한 법률의 위헌여부심판, 즉 위헌법률심판이 헌법재판소의 관할사항이며, 헌법재판소가 위헌법률심판의 관할권을 독점적으로 보유·행사한다고 규정하고 있다.

(2) 위헌법률심판의 성격

현행 헌법상 위헌법률심판은 법률이 헌법에 위반되는 여부가 재판의 전제가 된 경우에 당해 사건을 심리하는 법원의 제청에 의하여 헌법재판소가 그 법률의 위헌 여부를 심판하는 구체적 규범통제를 의미하며(헌법 제107조 제1항), 법률의 시행 후 위헌심사가 이루어지는 사후적 규범통제이다. 이와 같이 위헌법률심판은 사후심사제이지만, 헌법재판소는 법령헌법소원에서 기본권침해의 현재성요건을 완화하여, 법률이 시행되기 전에도 법률이 효력발생하기 이전에 이미 청구인들의 권리관계가 침해될 수도 있다고 보여지고 현재의 시점에서 청구인들이 불이익을 입게 될 수도 있다는 것을 충분히 예측할 수 있는 경우에는 위헌심사를 인정하고 있다. 이 경우는 법률시행 전의 사전심사가 이루어지는 것이다.[1)]

2. 위헌법률심판의 요건

(1) 실질적 요건: 재판의 전제성

(가) 재 판

위헌법률심판의 요건으로서 재판의 전제가 된 때의 '재판'이란 판결·결정·명령 등 그 형식 여하를 묻지 아니하고 본안에 관한 재판인가 소송절차에 관한 재판인가를 불문하며, 심급을 종국적으로 종결시키는 종국재판뿐만 아니라 중간재판도 여기에 포함된다.

---

1) 헌재 1994. 12. 29. 94헌마201.

(나) 재판의 전제성

법률의 위헌심판을 위해서는 당해 법률 또는 법률조항의 위헌 여부가 제청법원에 계속 중인 당해 사건의 재판의 전제 문제가 되어야 한다. 헌법재판소에 의하면 "재판의 전제성이라 함은 첫째, 구체적인 사건이 법원에 현재 계속(繫屬) 중이어야 하고, 둘째, 위헌여부가 문제되는 법률 또는 법률조항이 당해 사건의 재판과 관련하여 적용되는 것이어야 하며, 셋째, 그 법률이 헌법에 위반되는지의 여부에 따라 당해 사건을 담당한 법원이 다른 내용의 재판을 하게 되는 경우를 말한다"라고 하고, 여기에서 '다른 내용'의 재판을 하게 되는 경우라 함은 "원칙적으로 법원이 심리중인 당해 사건의 재판의 결론이나 주문에 어떠한 영향을 주는 것뿐만 아니라, 문제된 법률의 위헌여부가 비록 재판의 주문 자체에는 아무런 영향을 주지 않는다고 하더라도 재판의 결론을 이끌어 내는 이유를 달리 하는 데 관련되어 있거나, 또는 이유를 달리 함으로써 재판의 내용과 효력에 관한 법률적 의미가 전혀 달라지게 되는 경우도 포함한다 할 것"이라고 판시하였다.1)

법률이 재판의 전제가 되는 요건을 갖추고 있는지의 여부는 제청법원의 견해를 존중하는 것이 원칙이다. 그러나 재판의 전제성에 관한 제청법원의 법률적 견해가 명백히 유지될 수 없을 때에는 헌법재판소는 이를 직권으로 조사할 수 있으며 그 결과 재판의 전제성이 없다고 판단되면 그 제청을 부적법하다고 하여 각하할 수 있다.2)

(2) 형식적 요건: 법원의 제청

(가) 제청의 요건

법원은 법률의 위헌 여부가 재판의 전제가 되고 또한 합리적인 위헌의 의심이 있는 때에 위헌제청을 할 수 있다. 헌법재판소는 법률의 위헌성에 대한 의심의 정도에 관하여 "법원은 문제되는 법률조항이 담당법관 스스로의 법적 견해에 의하여 단순한 의심을 넘어선 합리적인 위헌의 의심이 있으면 위헌여부심판을 제청하라는 취지이다"라고 판시하여 '단순한 의심'과 위헌에 대한 '확신' 사이의 중간적 입장을 취하고 있다.3)

(나) 제청의 절차

① 당사자의 신청에 의한 제청

당해 소송의 당사자는 당해 법원에 대하여 위헌제청을 신청할 수 있을 뿐이며 직접 헌법재판소에 위헌심판을 청구할 수 없다. 제청신청이 있는 경우 법원은 제청신청 사건부터 우선적으로 처리하여야 한다.

---

1) 헌재 1993. 11. 25. 92헌바39; 헌재 2002. 12. 18. 2002헌바27.
2) 헌재 1997. 9. 25. 97헌가4.
3) 헌재 1993. 12. 23. 93헌가2.

그리고 헌법재판소법 제68조 제2항 후문은 제청신청이 기각당한 경우 "그 당사자는 당해 사건의 소송절차에서 동일한 사유를 이유로 다시 위헌여부심판의 제청을 신청할 수 없다"고 규정하고 있는데, 여기의 '당해 사건의 소송절차'가 동일한 심급만을 의미하는 것인지 아니면 상급 심급까지 포함하는 것인지 문제될 수 있다. 대법원은 당해 사건의 소송절차란 동일한 심급의 소송절차뿐만 아니라 상소심에서의 소송절차를 포함하는 것으로 보고, 일단 법률의 위헌심판제청신청이 기각되어 헌법소원심판이 청구된 이상 당사자로서는 상소심에서도 다시 동일한 사유로 위헌심판 제청신청을 할 수 없다고 판시하였다.[1] 헌법재판소도 같은 입장을 취하고 있다.[2]

② 법원의 직권에 의한 제청

당해 사건을 담당하는 법원은 직권으로 헌법재판소에 위헌여부심판의 제청을 할 수 있다. 법원의 제청서에는 위헌이라고 해석되는 법률조항 및 그 이유 등을 기재하여야 한다. 하급법원의 제청서는 대법원을 경유하여 헌법재판소에 송부된다.

3. 위헌법률심판의 대상

(1) 법 률

(가) 현행법률

위헌제청의 대상이 되는 법률은 국회가 제정한 형식적 의미의 법률로서, 원칙적으로 이미 시행되어 효력을 발생하고 현재 시점에서 유효한 법률이어야 한다. 따라서 헌법규정이나 명령·규칙·조례 등은 위헌법률심판의 대상이 되지 아니한다.

(나) 폐지되거나 개정된 법률

이미 폐지되거나 개정된 법률은 위헌심사의 대상이 되지 않는 것이 원칙이다. 그러나 폐지되거나 개정된 법률에 의하여 권리가 침해되고 그것이 비록 과거의 것일지라도 그 결과로 인하여 발생한 국민의 법익침해와 그로 인한 법률상태가 재판시까지 계속되고 있는 경우에는 위헌심판의 대상이 될 수 있다.[3]

(다) 입법의 부작위

위헌법률심판의 목적이 입법자인 국회가 제정한 법률이 헌법에 부합하는지 여부를 심사하는 것이기 때문에 국회의 입법부작위는 위헌제청의 대상이 될 수 없다. 그러나 입법의무 있는 입법자가 입법은 하였으나 입법사항의 불완전·불충분 등으로 입법행위의 결함이

1) 대판 1996. 5. 14. 95부13.
2) 헌재 2007. 7. 26. 2006헌바40.
3) 헌재 1989. 12. 18. 89헌마32등.

있는 '부진정입법부작위'의 경우에는 그 불완전한 법률조항 자체를 대상으로 위헌제청을 할 수 있다. 헌법재판소는 불완전하게 규정된 법률조항으로 인하여 청구인의 헌법상 보장된 기본권을 침해한 것으로 판단하는 경우에는 당해 사건의 재판의 주문이나 이유가 달라질 것이므로 그 법률조항(부진정입법부작위)의 위헌 여부는 당해 사건에 있어서 재판의 전제가 된다고 판시하고 있다.[1)]

(라) 법률의 해석

위헌법률심판의 대상을 법률조항 자체의 위헌판단을 구하지 아니하고 법률의 해석·적용에 관한 한정위헌의 판단을 구하는 청구가 적법한지가 문제될 수 있다. 헌법재판소는 원칙적으로 법률조항의 해석에 관하여 한정위헌의 판단을 구하는 청구는 적절하지 아니하다고 판시하였으나,[2)] 예외적으로 법률의 해석·적용에 관한 심판청구를 법률조항 자체의 불명확성을 다투는 것으로 볼 수 있는 경우라든지,[3)] 법원의 해석에 의하여 구체화된 심판대상조항의 위헌성 문제가 있는 것으로 볼 만큼 일정한 사례군이 상당기간 형성·집적된 경우,[4)] 한정위헌의 판단을 구하는 청구가 법률조항 자체에 대한 다툼으로 볼 수 있는 경우,[5)] 등에는 적법한 청구로 인정하고 있다.

(2) 긴급명령·긴급재정경제명령

적법하게 성립된 대통령의 긴급명령과 긴급재정·경제명령은 법률과 동일한 효력을 가지므로(헌법 제76조 제1항, 제2항) 당연히 위헌심판의 대상이 된다.

한편 헌법재판소는 구 유신헌법상의 긴급조치 제1호, 제2호 등에 대한 위헌소원 사건에서, "유신헌법 제53조에 근거한 긴급조치는 헌법에 정해진 요건과 한계를 준수해야 한다는 점에서 헌법과 동일한 효력을 갖는 것으로 보기는 어렵지만 표현의 자유 등 기본권을 제한하고 형벌로 처벌하는 규정을 두고 있으며 영장주의나 법원의 권한에 대한 특별한 규정을 두고 있는 점에 비추어 보면 최소한 법률과 동일한 효력을 가지는 것으로 보아야 하므로 그 위헌여부 심사권한은 헌법재판소에 전속한다"고 판단하였다.[6)] 이 사건에서 헌법재판소는 일정한 규범이 위헌법률심판 또는 헌법재판소법 제68조 제2항에 의한 헌법소원심판의 대상이 되는 법률인지의 여부는 그 제정형식이나 명칭이 아니라 그 규범의 효력을 기준으로 판단하여야 한다고 본 것이다. 그러나 이와 반대되는 입장에서 대법원은 유신헌법에 근

---

1) 헌재 1996. 3. 28. 93헌바27.
2) 헌재 1995. 7. 21. 92헌바40; 헌재 2007. 4. 26. 2003헌바71.
3) 헌재 1997. 2. 20. 95헌바27.
4) 헌재 1995. 5. 25. 91헌바20.
5) 헌재 1999. 3. 25. 98헌바2.
6) 헌재 2013. 3. 21. 2010헌바132.

거한 긴급조치는 국회의 입법권행사라는 실질을 전혀 가지지 못한 것으로서 헌법재판소의 위헌심판대상이 되는 '법률'에 해당한다고 할 수 없고 긴급조치의 위헌 여부에 대한 심사권은 최종적으로 대법원에 속한다고 판시한 바 있다.[1)]

(3) 조 약

조약이 위헌심판의 대상이 되는가에 관하여 견해가 나뉘고 있으나 긍정설이 통설이다. 긍정설에 의하면 헌법은 조약보다 상위규범이며, 사법부는 헌법을 준수할 의무가 있어 위헌조약은 적용할 수 없으므로 조약은 위헌심사의 대상이 된다는 것이다. 따라서 조약이 법률과 동일한 효력을 가지는 경우에는 헌법재판소가 위헌 여부를 심사할 수 있고, 명령과 동일한 효력을 가지는 경우에는 법원이 위헌·위법심사를 할 수 있다.

(4) 관습법

관습법의 위헌 여부에 관하여 헌법재판소의 위헌법률심판의 대상이 되는지의 문제가 있다. 대법원은 관습법에 대한 위헌법률심판제청의 사례에서 관습법은 법원에 의하여 발견되고 성문의 법률에 대한 보충적 효력만 가질 뿐이며 관습법이 헌법에 위반되는 경우 법원이 그 관습법의 효력을 부인할 수 있으므로 관습법은 헌법재판소의 위헌법률심판의 대상이 될 수 없다고 판시한 바 있다.[2)]

그러나 헌법재판소는 위 대법원의 입장과 달리 관습법도 헌법재판소법 제68조 제2항에 의한 헌법소원심판의 대상이 될 수 있다고 판시하고 있다. 즉 민법 시행 이전에 상속을 규율하는 법률이 없는 상황에서 재산상속에 관하여 규율한 관습법은 비록 형식적 의미의 법률은 아니지만 실질적으로는 법률과 같은 효력을 가진다고 하고, 위헌심판의 대상이 되는 법률은 형식적 의미의 법률뿐만 아니라 법률과 동일한 효력을 가지는 조약 등도 포함되는 것은 물론이며 법률과 같은 효력을 가지는 관습법도 당연히 헌법재판소법 제68조 제2항에 의한 헌법소원심판의 대상이 된다고 판단하였다.[3)]

4. 위헌법률심판의 기준과 내용

(1) 위헌심사의 기준

위헌법률심판은 법률이 헌법에 위반되는 여부를 심판하는 것이므로 심판의 기준은 헌법이어야 한다. 여기서 헌법은 형식적 의미의 헌법전의 모든 규정뿐만 아니라 헌법의 기본

1) 대판 2010. 12. 16. 2010도5986.
2) 대판 2009. 5. 28. 2007카기134.
3) 헌재 2013. 2. 28. 2009헌바129.

원리나 근본적 결단도 포함된다. 그리고 헌법적 관습도 포함될 수 있다.

(2) 위헌심사의 내용

(가) 합헌성의 판단

위헌법률심판은 법률이 헌법에 합치하는 것인가 하는 합헌성 여부의 판단을 그 내용으로 한다. 법률의 합헌성 여부의 판단에는 법률의 형식적 합헌성(성립절차 등)뿐만 아니라 실질적 내용의 합헌성에 관한 판단까지 포함된다. 다만 합헌성 판단에 있어서는 국회의 입법에 있어 명백한 오류를 범한 경우가 아니면 위헌결정을 하지 않는다는 합헌성추정의 원칙이 존중되어야 한다.

(나) 판단의 범위

위헌법률심판에 있어서 심리대상은 당해 사건에서 그 효력에 의문이 제기된 법률 또는 법률조항에 한정되지만, 일부 조항의 위헌결정으로 당해 법률 전부를 시행할 수 없다고 인정할 때에는 그 법률 전부에 대하여 위헌결정을 할 수 있다. 그리고 위헌제청되지 아니한 법률조항이라 하더라도 위헌제청된 법률조항과 일체를 형성하고 있는 경우에는 그에 대한 판단을 할 수 있다.[1)]

(다) 판단의 관점

헌법재판소의 위헌심사의 관점은 제청법원이 제청이유로서 제시한 헌법원칙 또는 침해된 기본권에 한정하지 않고 모든 헌법적 관점을 동원하여 심리할 수 있다.[2)]

5. 위헌법률심판의 결정

(1) 각하결정

위헌법률심판청구가 적법요건을 갖추지 못하여 부적법한 것이면 각하결정을 한다. 따라서 심판의 대상성, 재판의 전제성 등이 결여되면 헌법재판소는 "이 사건 심판제청을 각하한다"라는 문언의 주문으로 결정한다. 그러나 헌법재판소법 제68조 제2항에 따라 헌법소원심판을 청구한 경우 이 사건 심판계속 중 이미 다른 사건에서 헌법재판소가 그 법률조항에 대해 위헌결정을 선고한 경우에는 헌법재판소는 각하결정을 할 것이 아니라 위헌임을 확인하는 결정을 하여야 한다.[3)]

---

1) 헌재 1999. 9. 16. 99헌가1.
2) 헌재 1996. 12. 26. 96헌가18.
3) 헌재 1999. 6. 24. 96헌바67.

(2) 합헌결정

(가) 단순합헌결정

헌법재판소가 법률의 위헌 여부를 심리한 결과 5인 이상의 재판관이 합헌이라고 판단하는 경우에 관하여 헌법재판소법은 명백한 규정을 두고 있지 않으나, 우리 헌법재판소는 "법률은 헌법에 위반되지 아니한다"라는 주문형식을 채택하고 있다.

(나) 위헌불선언결정(결과적으로 합헌결정)

위헌불선언결정은 재판관 5인이 위헌의견을 제시하고 4인이 합헌의견을 제시한 경우에 위헌의견이 다수임에도 위헌결정정족수인 '6인 이상'의 찬성에 미달하여 위헌선언을 할 수 없기 때문에 헌법재판소가 채택한 바 있는 독특한 결정형식이다("헌법에 위반된다고 선언할 수 없다"는 주문형식). 이러한 주문형식은 합헌형식의 일종으로 볼 수 있으므로 1996년 이후에는 단순합헌결정의 형식을 택하고 있다.

(3) 위헌결정

(가) 단순위헌결정

헌법재판소가 위헌법률심판의 대상이 된 법률에 대하여 위헌성을 확인하게 되면 원칙적으로 위헌결정을 하고 당해 법률의 효력은 상실하게 된다. 이 경우 헌법재판소는 "… 법률은 헌법에 위반된다"라는 주문형식을 택하고 있다.

(나) 일부위헌결정

위헌결정은 법률 전체에 대한 위헌선언 이외에 그 일부에 대한 위헌선언도 포함된다. 일부위헌의 대상은 독립된 법조문일 수도 있고, 법조문 중 특정의 항일 수도 있으며, 일정한 문장 또는 그 일부분일 수도 있다. 일부위헌은 다시 위헌선언으로써 법조문의 일부분이 삭제되는 효과를 가져오는 양적 일부위헌결정과, 법조문은 그대로 둔 채 그 법조문의 적용례에 대해서만 위헌을 선언하는 질적 일부위헌결정으로 구분할 수 있다. 전자의 경우가 통상적 일부위헌결정에 해당하는 것으로 그 예로는 "소송촉진 등에 관한 특례법 제6조 제1항 중 '다만 국가를 상대로 하는 재산권의 청구에 관하여는 가집행의 선고를 할 수 없다'라는 부분은 헌법에 위반된다"라는 주문형식을 들 수 있다.[1] 후자의 경우로는 민법 제764조에 대한 헌법소원심판 사건에서 "명예회복에 적당한 처분에 사죄광고를 포함시키는 것은 위헌이다"라고 하는 주문형식을 들 수 있다.[2] 이러한 질적 일부위헌결정은 법률조문의 해석·적용에 있어서 위헌으로 해석되는 의미부분만을 해당 법률의 의미에서 제거하는 것이므로 한

---

1) 헌재 1989. 1. 25. 88헌가7.

2) 헌재 1991. 4. 1. 89헌마160.

정위헌결정의 유형으로 볼 수 있다.

(4) 변형결정

변형결정이란 헌법재판소가 법률의 위헌 여부를 심사함에 있어서 심판대상인 법률의 위헌성이 인정됨에도 불구하고 헌법합치적 해석의 필요성 또는 입법자의 입법형성권에 대한 존중, 법적 공백으로 인한 혼란의 방지 등을 이유로 법률에 대한 단순위헌선언을 피하고 그 한정된 의미영역 또는 적용영역이 위헌임을 선언하거나 법률이 헌법에 합치하지 않음을 선언하는 등 다양한 결정유형을 말한다.

(가) 헌법불합치결정

헌법불합치결정은 해당 법률이나 법률조항이 헌법에 위반되는 경우에도 단순위헌결정을 하는 것이 아니라 헌법에 합치하지 않는다는 것을 선언하고 그 효력을 일정 기간까지 유지시키거나 그 조항의 적용을 중지하는 것을 말한다. 헌법불합치결정은 단순위헌결정으로 인하여 법적 공백이 발생하거나, 평등조항의 위반으로 법률의 효력이 없을 경우에 국가로부터 받는 급부가 중단되는 것을 회피하기 위하여 헌법에 합치하지 않는 법률이나 법률조항이라도 일정 기간 동안 효력을 유지시킬 필요가 있는 경우에 행한다. 헌법재판소는 초기의 헌법불합치결정에서 헌법불합치로 선언된 법률의 계속 적용을 원칙으로 하였으나,[1] 그 후 헌법재판소의 태도는 국회의 입법개선이 있기까지 법률의 적용을 중지하는 입장을 취하거나 또는 잠정적용을 허용하는 입장을 취하고 있음을 볼 수 있다. 적용중지의 사례로는 동성동본금혼의 헌법불합치결정[2]이 있으며, 잠정적용의 경우로는 야간옥외집회금지에 대한 헌법불합치결정[3] 등을 들 수 있다.

헌법불합치결정의 주문에는 시한을 정하는 표시를 하는 것이 보통이다. 헌법재판소 판례 중에는 토지초과이득세 사건에서 헌법불합치결정을 하면서 법률조항의 효력이 상실되는 시기를 정하지 아니한 경우도 있으나,[4] 헌법재판의 기능과 실효성 확보를 위해 이러한 결정은 지양하는 것이 타당하다. 헌법불합치결정을 하는 때에는 통상 법률개선촉구의 결정을 함께 한다.

(나) 한정합헌결정

한정합헌결정은 위헌법률심판의 대상이 된 법률 또는 법률조항의 해석에 있어서 다의적인 해석이 가능하여 합헌으로 해석되는 여지와 위헌으로 해석되는 여지가 병존하는 경우

1) 헌재 1989. 9. 8. 88헌가6; 헌재 1993. 3. 11. 88헌마5.
2) 헌재 1997. 7. 16. 95헌가6.
3) 헌재 2009. 9. 24. 2008헌가25.
4) 헌재 1994. 7. 27. 92헌바49.

그 법률의 해석·적용에 있어서 헌법에 위반되는 의미를 배제시키고 합헌적인 내용으로 축소·한정하여 그 의미로서만 해당 법률의 효력을 유지하게 하는 결정이다.

헌법재판소는 한정합헌결정을 위헌결정에 해당하고 기속력을 가진다고 한다. 즉 한정합헌결정을 하게 되면 심판의 대상이 된 법률조항은 합헌적이라고 해석한 의미 이외의 내용으로 해석·적용하는 것은 헌법에 위반된다. 헌법재판소가 한정합헌을 질적 일부위헌이라고 하는 이유도 여기에 있다.

(다) 한정위헌결정

한정위헌결정은 위헌심판의 대상이 된 법률조항의 해석에 있어서 다의적인 해석이 가능하여 일단 위헌으로 해석되는 여지가 있는 것이 분명하고 나머지 부분에 있어서는 합헌으로 해석될 여지도 부분적으로 있고, 또 분명하게 위헌이라고 단정할 수도 없는 부분이 있는 경우 그 법률의 해석·적용에 있어서 위헌으로 해석되는 의미부분만을 해당 법률의 의미에서 제거하는 결정이다. 한정위헌결정과 한정합헌결정은 실질적으로 동일한 의미로 파악할 수 있다.[1)]

그러나 이러한 판례의 입장에 대하여 한정합헌결정과 한정위헌결정은 구조적으로 다르기 때문에 서로 바꿀 수 있는 내용의 결정유형이 아니라는 것을 지적하는 견해가 있다. 즉 심판대상 법률이 합헌과 위헌의 두 가지로만 해석되는 경우는 한정위헌결정과 한정합헌결정은 서로 주문형식을 바꿀 수 있는 표리관계에 있다고 할 수 있지만, 심판대상 법률이 두 가지 이상으로 해석될 수 있는 경우도 있으며 한정합헌결정이나 한정위헌결정은 당해 사건에서의 법률의 적용에 관련하여 필요한 범위 내에서만 합헌 또는 위헌의 판단을 하는 것이기 때문에 나머지 부분에 대한 판단은 모두 유보한 것으로 보아야 한다는 것이다.[2)] 생각건대 한정합헌결정과 한정위헌결정은 실질적으로 동일한 의미로 파악되는 경우도 있겠지만 모든 한정합헌결정이나 한정위헌결정이 서로 주문형식을 바꿀 수 있는 표리관계에 있다고 보기는 어려울 것이다. 심판대상의 법률이 다의적으로 해석되는 경우에도 항상 합헌과 위헌의 두 가지만으로 해석된다고 할 수 없으며, 당해 사건에서 필요한 범위 내에서의 판단 이외에는 판단을 유보한 것으로 보는 것이 타당하다고 본다.

6. 위헌법률심판결정의 효력

(1) 위헌결정의 기속력

헌법재판소법 제47조 제1항은 "법률의 위헌결정은 법원 기타 국가기관 및 지방자치단

1) 헌재 1997. 12. 24. 96헌마172등.
2) 허영, 앞의 책(헌법소송법론), 243-244면.

체를 기속한다"고 규정하여 법률의 위헌결정에 대해서만 기속력을 인정하고 있다. 따라서 합헌결정에 대해서는 기속력을 인정할 수 없다. 헌법재판소도 이미 합헌으로 선언된 법률에 대한 위헌제청을 적법한 것으로 봄으로써 합헌결정에 대한 기속력을 인정하지 않고 있다.[1)]

위헌결정의 기속력이 미치는 대상은 법원 기타 국가기관 및 지방자치단체이다. 행정기관도 기속력이 미치기 때문에 행정기관이 위헌으로 선언된 법률을 적용하여 처분 등을 하게 되면 그 행위는 무효가 된다. 따라서 기속력에 위배되는 행정기관의 처분에 대해서는 무효확인소송을 제기하거나 다른 소송절차에서 당연무효를 주장할 수 있다. 그리고 행정처분이 내려진 후 그 처분의 근거법률조항에 대하여 위헌결정이 내려지게 되면 그 행정처분의 집행력은 배제된다.[2)]

법원에 대한 기속력은 법원이 위헌으로 선고된 법률을 적용하여 재판을 하게 되면 그 재판은 당연무효가 되는 것이 아니라 당사자는 항소 또는 상고로 다툴 수 있고, 확정된 사건의 경우에는 재판에 대한 헌법소원심판을 청구할 수 있다. 헌법재판소는 "법원이 헌법재판소가 위헌으로 결정하여 그 효력을 전부 또는 일부 상실하거나 위헌으로 확인된 법률을 적용함으로써 국민의 기본권을 침해한 경우에는 그 재판에 대한 헌법소원심판을 청구할 수 있다"고 판시한 바 있다.[3)]

위헌결정의 기속력이 국회의 입법권에도 미치는지에 관하여는 기속설과 비기속설의 견해가 대립하고 있으나, 기속설이 다수적 견해라 할 수 있다. 이 문제는 헌법재판소가 특정 법률에 대해 위헌결정을 내린 경우에는 모든 국가기관이 기속되어야 하는 것이지만, 민주적 정당성을 가진 국회가 입법형성의 자유에 의해 동일한 내용의 법률 또는 유사한 내용의 법률을 제정하는 것이 정당화될 수 있는지에 관한 문제이다. 이에 대해 비기속설의 입장은 헌법재판소의 판단에도 오류가 있을 수 있기 때문에 국회가 재입법(再立法)을 통해 그러한 오류를 수정할 수 있도록 하기 위해서는 입법자가 헌법재판소의 위헌결정에 기속당해서는 안된다는 입장이다.[4)]

생각건대 헌법재판소의 위헌결정의 기속력은 국회에도 미치는 것으로서 헌법질서의 수호를 위해서는 입법자도 헌법재판소의 결정을 최대한 존중하는 것이 요구된다. 다만 극히 예외적으로 헌법재판소의 판단에 오류가 있어서 국회의 재입법에 대한 국민의 다수의사가 찬성하는 경우에는 그러한 재입법은 허용될 수 있다고 할 것이다. 그런 의미에서 위헌결정의 기속력이 국회에 미치는 효과는 다른 국가기관의 경우와는 차이가 있을 뿐이지, 기속

1) 헌재 1993. 3. 11. 90헌가70; 헌재 2001. 10. 25. 2000헌바60.
2) 대판 2002. 8. 23. 2002두4372.
3) 헌재 1997. 12. 24. 96헌마172등.
4) 정종섭, 앞의 책, 1510면.

력이 국회에는 전혀 미치지 않는다는 견해는 타당하다고 할 수 없다.[1]

(2) 변형결정의 기속력

(가) 헌법불합치결정의 기속력

헌법불합치결정은 위헌결정에 속하는 것으로 헌법재판소법 제47조 제1항의 기속력이 인정된다. 헌법재판소는 “변형결정의 하나인 헌법불합치결정의 경우에도 개정입법시한까지 심판의 대상인 법률조항은 법률문언의 변화 없이 계속 존속하나, 헌법재판소에 의한 위헌성 확인의 효력은 그 기속력을 가지는 것이다”라고 판단하고 있다.[2] 헌법불합치결정은 위헌상태의 제거에 관한 최종적인 결정을 입법자에게 미루고 있는 것이므로 입법자는 위헌적 상태를 조속한 시일 내에 제거해야 할 입법개선의무를 부담한다. 그리고 입법자가 불합치 결정된 법률을 헌법합치적으로 개선할 때까지 당해 법률은 소멸하지 않고 형식적으로 존속하게 된다.

(나) 한정위헌결정의 기속력

한정위헌결정은 본질적으로 위헌결정에 해당하므로 위헌으로 선고된 의미부분은 효력을 상실하고, 효력이 상실된 범위에서 기속력을 가진다. 헌법재판소는 한정위헌결정에 기속력이 당연히 인정된다는 견해를 취하고 있다.[3] 그러나 대법원은 한정위헌결정이 법원을 기속하지 않는다고 하여 법원에 대한 기속력을 부정하고 있다. 즉 한정위헌결정은 법률조항의 의미내용과 그 적용범위를 정하는 법률해석으로 이해되며, 법령의 해석·적용에 관한 권한은 사법권의 본질적 내용을 이루는 것으로서 전적으로 법원에 전속되어 있는 것이므로 헌법재판소의 한정위헌결정에 표시된 법률해석에 관한 견해는 법률의 의미내용과 그 적용범위에 관한 헌법재판소의 견해를 표명한 데에 불과하므로 그 한정위헌결정이 법원의 법령해석·적용 권한에 기속력을 가질 수 없다는 것이 대법원의 견해이다.[4]

(3) 위헌결정의 소급효

(가) 형벌법규 이외의 법률조항의 소급효 인정 여부

헌법재판소법 제47조 제2항은 위헌결정의 효력에 관하여 “위헌으로 결정된 법률 또는 법률조항은 그 결정이 있는 날로부터 효력을 상실한다”고 규정하고, 동조 제3항은 “제2항에도 불구하고 형벌에 관한 법률 또는 법률의 조항은 소급하여 그 효력을 상실한다”라고 규정하고 있다. 이 규정에 의하면 헌법재판소에 의해 위헌결정된 법률 또는 법률조항은 그때부

1) 허영, 앞의 책(헌법소송법론), 235면.
2) 헌재 1997. 12. 24. 96헌마172등.
3) 헌재 1991. 4. 1. 89헌마160; 1992. 6. 26. 90헌가23; 1997. 12. 24. 96헌마172등.
4) 대판 1996. 4. 9. 95누11405; 2001. 4. 27. 95재다14; 2013. 3. 28. 2012재두299.

터 장래에 향하여 효력을 상실하므로 소급효가 인정되지 않고, 다만 형벌에 관한 법률조항은 예외적으로 소급효를 인정하게 된다. 이러한 형벌에 관한 법률조항을 제외한 법률 또는 법률조항의 비소급효 규정은 구체적 규범통제제도나 헌법상의 평등보호조항과 관련하여 문제될 수 있다. 소급효를 인정하지 않게 되면 구체적 규범통제의 계기가 된 당해 사건의 당사자조차 권리구제를 받을 수 없게 되고 나아가 당해 사건에서 헌법재판소의 규범통제의 전제조건인 재판의 전제성 요건까지 갖추지 못하게 되는 결과가 된다. 구체적 규범통제의 성질상 위헌결정된 법률조항은 당해 사건에 소급하여 무효가 되어야 하기 때문에 이러한 비소급효는 문제가 된다. 또한 당해 사건에서 소급효가 인정된다고 하더라도 당해 사건의 당사자와 다른 국민들 간의 평등의 문제가 발생할 수 있으므로 평등보호 요구를 충족시키기 위한 한도 내에서 소급효를 인정하지 않을 수 없게 된다.

따라서 헌법재판소는 형벌법규를 제외한 법률 또는 법률조항에 대한 위헌결정의 장래효를 규정한 헌법재판소법 제47조 제2항에 대하여 예외적으로 소급효를 인정하는 입장을 취하고 있다.[1] 즉 형벌법규 이외의 법률에 대해서는 소급효를 인정하지 않는다고 언제나 소급효를 부인하면 현저히 부정의, 불합리한 경우가 생길 수 있으므로 일정한 경우 해석으로 소급효를 인정하여야 한다고 하고 이렇게 해석하는 한 제47조 제2항은 합헌이라고 판시하고 있다. 헌법재판소는 비형벌법규에 대한 위헌결정의 소급효가 예외적으로 인정될 수 있는 경우를 다음과 같이 분류하고 있다. 1) 헌법재판소에 법률의 위헌결정을 위한 계기를 부여한 당해 사건, 2) 위헌결정이 있기 전에 이와 동종의 위헌 여부에 관하여 헌법재판소에 위헌제청을 하였거나 법원에 위헌제청신청을 한 사건, 그리고 따로 위헌제청신청을 하지 아니하였지만 당해 법률 또는 법률조항이 재판의 전제가 되어 법원에 계속 중인 사건, 3) 당사자의 권리구제를 위한 구체적 타당성의 요청이 현저한 반면에, 소급효를 인정하여도 법적 안정성을 침해할 우려가 없고 나아가 구법에 의하여 형성된 기득권자의 이득이 해쳐질 사안이 아닌 경우로서 소급효의 부인이 오히려 정의와 평등 등 헌법적 이념에 심히 배치되는 때에도 소급효를 인정할 수 있다.

대법원은 위헌결정의 소급효를 원칙적으로 인정하는 입장을 취하고 있다고 볼 수 있으며, 다만 기판력에 저촉되는 경우, 행정처분의 확정력이 발생한 경우, 법적 안정성의 유지가 불가피한 경우 등에는 위헌결정의 소급효가 미치는 범위를 제한하고 있다.[2]

(나) 형법조항에 대한 위헌결정의 소급효

형벌에 관한 법률 또는 법률조항에 대한 위헌결정은 헌법재판소법 제47조 제3항에 의

---

1) 헌재 1995. 5. 13. 92헌가10등.
2) 대판 1993. 4. 27. 92누977; 대판 1994. 10. 28. 92누9463; 대판 1994. 10. 2593다42740.

하여 원칙적으로 소급효를 갖는다. 다만 동 조항 단서(2014. 5. 20. 개정)에 의해 "해당 법률 또는 법률의 조항에 대하여 종전에 합헌으로 결정한 사건이 있는 경우에는 그 결정이 있는 날의 다음 날로 소급하여 효력을 상실한다"고 규정하여 소급효의 범위를 제한하고 있다. 따라서 간통죄에 대한 합헌결정 이전의 행위로 처벌받은 자가 재심청구를 하는 경우 법원은 기각결정을 하게 된다. 이 제47조 제3항 단서조항에 대해 헌법재판소는, 특정 형벌법규에 대하여 과거에 합헌결정을 하였다는 것은 적어도 그 당시에는 당해 행위를 처벌할 필요성에 대한 사회구성원의 합의가 유효하다는 것을 확인한 것이므로 합헌결정이 있었던 시점 이전까지로 위헌결정의 소급효를 인정할 근거가 없다고 하고, 종전에 합헌결정이 있었던 형벌법규의 경우 위헌결정의 소급효를 제한하여 합헌결정이 없었던 경우와 달리 취급하는 것에는 합리적인 이유가 있으므로 평등원칙에 반한다고 보기 어렵다고 판시하였다.[1)]

형벌조항에 대한 위헌결정의 소급효에 따라 위헌결정 이전에 공소가 제기되어 법원에 계속 중인 사건은 면소판결을 할 것이 아니라 무죄를 선고하여야 하고,[2)] 법원의 판결 후 확정되기 이전에 헌법재판소의 위헌결정이 있으면 판결에 영향을 미친 헌법·법률의 위반이 있는 때에 해당하여 항소와 상고의 이유가 된다(형사소송법 제361조의5, 제383조). 유죄판결이 확정된 때에는 재심을 청구할 수 있다(헌재법 제47조 제4항). 그리고 제47조 제3항에 의한 소급효는 실체적인 형법법규에 한정하여야 하고, 형사소송절차에 관한 절차법적인 법률의 경우에는 원칙적으로 동 조항의 단서가 적용되지 않는다고 보는 것이 헌법재판소 판례의 입장이다.[3)]

헌법재판소는 유죄확정판결의 근거가 된 형벌법조항의 위헌 여부가 그 확정판결에 의하여 몰수된 재산의 반환을 구하는 민사재판의 전제가 되는지의 여부에 관한 위헌소원 사건에서, 헌법재판소가 한 형벌에 관한 법률 또는 법률조항에 대한 위헌결정은 비록 소급하여 그 효력을 상실하지만, 그 법률 또는 법률조항에 근거한 유죄의 확정판결에 대하여는 재심을 청구할 수 있을 뿐이어서(헌법재판소법 제47조 제1, 2, 3항) 확정판결에 적용된 법률조항에 대한 위헌결정이 있다고 하더라도 바로 유죄의 확정판결이 당연무효로 되는 것은 아니기 때문에 그 법률조항의 위헌 여부는 그 확정판결상의 몰수형이 무효라는 이유로 몰수된 재산의 반환을 구하는 민사재판의 전제가 되지 않는다고 판시하였다.[4)]

한편, 헌법재판소는 형벌에 관한 조항이라도 위헌결정의 소급효를 인정할 경우 형사처벌을 받지 않았던 자들에게 형사상의 불이익이 미치게 되는 경우에는 소급효를 인정할 수 없다고 판단하고 있다.[5)]

1) 헌재 2016. 4. 28. 2015헌바216.
2) 대판 1992. 5. 28. 91도2825.
3) 헌재 1992. 12. 24. 92헌가8.
4) 헌재 1993. 7. 29. 92헌바34.
5) 헌재 1997. 1. 16. 90헌마110.

Ⅵ. 탄핵심판

1. 탄핵심판의 의의와 기능

현행헌법은 탄핵제도에 관하여 탄핵소추권과 탄핵심판권을 구분하여 탄핵소추권은 국회의 권한으로 부여하고 있으며(제65조), 탄핵심판권은 헌법재판소의 관장사항으로 규정(제111조 제1항 제2호)하고 있는 것이 특징이다. 그리하여 국회의 탄핵소추절차에 관하여는 국회법(제130조~제134조)에 규정하고 있고, 헌법재판소의 탄핵심판절차는 헌법재판소법(제48조~제54조)에 따라 행해지게 된다.

헌법재판소의 탄핵심판은 대통령을 비롯한 고위공직자의 권한남용으로 인한 헌법침해로부터 헌법질서를 수호하는 헌법보호수단으로서의 기능을 수행한다. 또한 탄핵심판은 고위공직자의 직무집행에 있어서 법위반행위에 대한 권력통제수단으로서의 기능을 담당하며, 국민의 대의기관인 의회로부터의 책임추궁에 대한 심판을 통해 책임정치를 구현하는 기능을 수행한다. 즉, 공직자가 직무수행에 있어서 헌법에 위반한 경우 그에 대한 법적 책임을 추궁함으로써, 헌법의 규범력을 확보하고자 하는 것이 바로 탄핵심판절차의 목적과 기능인 것이다.[1)]

현행 헌법하에서 국회의 탄핵소추의결로 헌정사상 최초로 노무현 대통령에 대한 탄핵심판(기각결정)이 2004년 행해졌으며, 2017년에는 박근혜 대통령이 탄핵심판에 의해 파면되었다. 그 후 법관에 대한 탄핵심판 사건에 이어 윤석열정부의 여소야대 정국에서는 국무위원과 검사에 대한 탄핵심판이 청구됨으로써 탄핵 대상이 확대되는 경향을 보이고 있다.

2. 탄핵심판의 청구

헌법재판소의 탄핵심판절차는 국회에서 탄핵소추의 의결이 있게 되면 탄핵소추위원이 탄핵심판을 청구한다. 탄핵소추위원은 국회법제사법위원회 위원장이 된다(헌법재판소법 제49조 제1항). 소추위원은 헌법재판소에 소추의결서의 정본을 제출하여 심판을 청구한다(동법 제49조 제2항).

3. 탄핵심판의 절차

탄핵심판은 구두변론에 의한다(동법 제30조 제1항). 당사자가 변론기일에 출석하지 아니한 때에는 다시 기일을 정하여야 하고, 다시 정한 기일에도 출석하지 아니한 때에는 그 출석

---

1) 헌재 2004. 5. 14. 2004헌나1.

없이 심리할 수 있다(동법 제52조). 소추위원은 심판의 변론에 있어서 피청구인을 신문할 수 있다(동법 제49조 제2항). 재판부는 심리를 위하여 필요하다고 인정하는 경우에는 당사자의 신청 또는 직권에 의하여 증거조사를 할 수 있다(동법 제31조). 피청구인에 대한 탄핵심판청구와 동일한 사유로 형사소송이 진행되고 있는 때에는 심판절차를 정지할 수 있다(동법 제51조).

4. 탄핵결정의 사유

탄핵심판청구가 부적법한 경우에는 각하결정을 하며, 청구가 이유 없는 때에는 기각결정을 한다. 청구가 이유 있는 탄핵결정(파면결정)을 할 때에는 재판관 6인 이상의 찬성이 있어야 한다(헌법 제113조 제1항; 헌법재판소법 제23조 제2항 제1호). 탄핵결정의 내용은 피청구인을 당해 공직에서 파면하는 것이며, 피청구인이 결정선고 전에 당해 공직에서 파면된 때에는 청구를 기각하여야 한다(헌법재판소법 제53조).

탄핵결정의 사유에 관하여 헌법 제65조 제1항은 "직무집행에 있어서 헌법이나 법률을 위배한 때" 국회는 탄핵의 소추를 의결할 수 있다고 규정하여 탄핵소추사유만을 규정하고 있으나, 헌법재판소는 탄핵소추사유와 탄핵사유를 구분하는 입장을 취하고 있다. 그리하여 탄핵사유로는 위법행위의 존재뿐만 아니라 그 법위반의 중대성이 인정되어야 한다고 판시하고 있다. 헌법재판소는 2004년의 노무현대통령탄핵심판 사건에서 헌법이나 법률을 위반했는지의 여부와 파면할 것인지의 여부를 구분하여 대통령이 헌법과 법률을 위배했다고 인정하면서도 파면을 정당화할 정도로 '중대한 법위반'에 해당하지 않는다고 하여 청구를 기각하였다. 여기서 대통령의 파면을 정당화할 수 있는 헌법이나 법률 위배의 중대성을 판단하는 기준은 탄핵심판절차가 헌법을 수호하기 위한 제도라는 관점과 파면결정이 대통령에게 부여한 국민의 신임을 박탈한다는 관점에서 찾을 수 있다고 판시하면서, 탄핵심판절차가 궁극적으로 헌법의 수호에 기여하는 절차라는 관점에서 보면, 파면결정을 통하여 손상된 헌법질서를 회복하는 것이 요청될 정도로 대통령의 법 위배 행위가 헌법 수호의 관점에서 중대한 의미를 가지는 경우에 비로소 파면결정이 정당화된다고 하고, 또한 대통령이 국민으로부터 직접 민주적 정당성을 부여받은 대의기관이라는 관점에서 보면, 대통령에게 부여한 국민의 신임을 임기 중 박탈하여야 할 정도로 대통령이 법 위배행위를 통하여 국민의 신임을 배반한 경우에 한하여 대통령에 대한 탄핵사유가 존재한다고 판시하였다.

여기서 헌법재판소는 대통령에 대한 탄핵사유로서 법위반행위의 중대성의 구체적 판단기준을 다음과 같이 제시하였다. "탄핵심판절차를 통하여 궁극적으로 보장하고자 하는 헌법질서, 즉 '자유민주적 기본질서'의 본질적 내용은 법치국가원리의 기본요소인 '기본적 인권의 존중, 권력분립, 사법권의 독립'과 민주주의원리의 기본요소인 '의회제도, 복수정당제도, 선거제도' 등으로 구성되어 있다는 점에서(헌재 1990. 4. 2. 89헌가113, 판례집 2, 49, 64), 대통령의 파면을 요청할 정도로 '헌법수호의 관점에서 중대한 법위반'이란, 자유민주적 기본질서를 위협하는 행위로서 법치국가원리와 민주국가원리를 구성하는 기본원칙에 대한 적극적인 위반행위를 뜻하는 것이고, '국민의 신임을 배반한 행위'란 '헌법수호의 관점에서 중대한 법위반'에 해당하지 않는 그 외의 행위유형까지도 모두 포괄하는 것으로서, 자유민주적 기본질서를 위협하는 행위 외에도, 예컨대, 뇌물수수, 부정부패, 국가의 이익을 명백히 해하는 행위가 그의 전형적인 예라 할 것이다."[1]

2017년 박근혜 대통령 탄핵심판 사건에서도 2004헌나1 결정에서의 대통령의 법위반행위의 중대성의 판단기준과 동일하게 헌법수호의 관점과 대통령에게 부여한 국민의 신임을 박탈한다는 관점을 제시하고 있다. 그리하여 2016헌나1 사건의 경우 대통령이 국민으로부터 위임받은 권한을 사적 용도로 남용하여 특정인의 사익추구를 도와준 것과 이러한 사실을 철저히 은폐한 것 등은 대의제 민주주의와 법치주의의 정신을 훼손한 행위로서 대통령으로서의 공익실현의무를 중대하게 위반한 것이라고 하고 이러한 법위반행위는 "국민의 신임을 배반한 행위로서 헌법수호의 관점에서 용납될 수 없는 중대한 법위반행위로 보아야 한다"고 판단하고 있다.[2]

2023년에는 윤석열정부의 여소야대의 상황에서 이태원 참사에 대한 책임을 물어 당시 행정안전부장관(이상민)에 대한 탄핵심판이 청구되었는데, 이 사건에서 헌법재판소는 "행정각부의 장에 대한 파면결정이 가져오는 국가적 손실이 경미하다고 보기는 어렵지만, 대통령과 비교할 때, 파면의 효과에 근본적인 차이가 있으므로 '법 위반 행위의 중대성'과 '파면결정으로 인한 효과' 사이의 법익형량을 함에 있어서 이 점이 고려되어야 한다"고 판시하고, 피청구인이 사전 예방조치와 사후 재난대응 조치가 헌법이나 법률을 위반했다고 볼 수 없다고 하여 기각결정하였다.[3]

5. 탄핵결정의 효력

탄핵결정의 효력발생시점에 관하여 법률에는 명시적 규정이 없으나 탄핵결정 선고시점이 결정의 효력발생시점이라고 보아야 할 것이다. 탄핵결정에 의하여 파면된 자는 결정

1) 헌재 2004. 5. 14. 2004헌나1.
2) 헌재 2017. 3. 10. 2016헌나1. 이 사건에서 헌법재판소는 대통령의 탄핵사유로서 법위반행위의 중대성의 판단기준을 2004헌나1 노무현 대통령 탄핵 사건의 선례의 논거를 따르고 있으나 부분적으로는 차이점을 보이고 있다고 할 수 있다. 2004헌나1 사건에서는 헌법수호의 관점에서의 중대한 법위반행위와 국민적 신임을 박탈한다는 관점에서의 중대한 법위반행위를 명확하게 구분하여 판단하고 있으나, 2016헌나1 사건에서는 이 양자의 구분을 명확하게 하지 않고 "국민의 신임을 배반한 행위로서 헌법수호의 관점에서 용납될 수 없는 중대한 법위반행위로 보아야 한다"고 판단하고 있다.
3) 헌재 2023. 7. 25. 2023헌나1.

선고가 있은 날로부터 5년을 경과하지 않으면 공무원이 될 수 없다(헌재법 제54조 제2항).

Ⅶ. 정당해산심판

1. 정당해산의 제소

정부는 정당의 목적이나 활동이 민주적 기본질서에 위배될 때에는 국무회의의 심의를 거쳐 헌법재판소에 해산을 제소할 수 있다. 여기서 정당해산의 실질적 요건으로서 '민주적 기본질서'의 위배가 무엇인가가 문제될 수 있는데, 민주적 기본질서는 우리 헌법 전문과 제4조에 규정하고 있는 '자유민주적 기본질서'를 의미한다고 보는 것이 타당하다.[1] 정부는 특정 정당이 자유민주적 기본질서에 위배되어 위헌이라고 판단한 때에는 그 정당의 해산심판을 헌법재판소에 청구할 수 있다. 헌법재판소는 2014년 12월 19일 통합진보당해산결정에서 "헌법 제8조 제4항이 의미하는 '민주적 기본질서'는, 개인의 자율적 이성을 신뢰하고 모든 정치적 견해들이 각각 상대적 진리성과 합리성을 지닌다고 전제하는 다원적 세계관에 입각한 것으로서, 모든 폭력적·자의적 지배를 배제하고, 다수를 존중하면서도 소수를 배려하는 민주적 의사결정과 자유·평등을 기본원리로 하여 구성되고 운영되는 정치적 질서를 말하며, 구체적으로는 국민주권의 원리, 기본적 인권의 존중, 권력분립제도, 복수정당제도 등이 현행 헌법상 주요한 요소라고 볼 수 있다"고 판시하였다.[2]

정부의 정당해산 제소 여부가 대통령의 재량적 판단에 해당하는지, 아니면 그것이 대통령의 권한임과 동시에 의무로 볼 것인지에 관하여 견해가 나뉠 수 있다. 대통령이 헌법의 수호자로서의 지위를 가지는 점에서 볼 때 정당해산 제소권은 정부의 권한임과 동시에 의무라고 할 것이다. 정당해산심판청구서에는 해산을 요구하는 정당과 청구의 사유를 기재하여야 한다(헌법재판소법 제56조).

2. 정당해산의 심판

해산심판은 헌법재판소장을 재판장으로 하고 7인 이상의 재판관이 출석한 재판부에서 심판한다. 심판절차는 구두변론주의와 공개주의를 원칙으로 한다(동법 제30조 제1항, 제34조 제1항). 헌법재판소는 정당해산심판의 청구가 있는 경우에 청구인의 신청이나 직권으로 종국결정의 선고시까지 피청구인의 활동을 정지하는 결정(가처분결정)을 할 수 있다(동법 제57조). 가처분절차는 당사자의 신청이 없더라도 헌법재판소가 직권으로 개시할 수 있는 것이다.

---

1) 이에 관하여는 앞의 제2편 제4장 제2절 Ⅴ. 위헌정당해산에 관한 146면 참조.
2) 헌재 2014. 12. 19. 2013헌다1.

헌법재판소법은 제4장 제3절에서 정당해산심판의 절차에 관하여 규정하고 있지만 심리절차에 관한 구체적 규정을 두고 있지는 아니하므로, 일반심판절차에 관한 제22조부터 제40조까지의 규정이 정당해산심판 절차에도 그대로 적용된다. 따라서 헌법재판소법에 특별한 규정이 없는 경우에는 준용조항에 따라 정당해산심판의 성질에 반하지 아니하는 한도에서 민사소송에 관한 법령이 준용된다(동법 제40조 제1항). 이 준용조항은 헌법재판에서의 불충분한 절차진행규정을 보완하고, 원활한 심판절차 진행을 도모하기 위한 조항으로, 그 절차보완적 기능에 비추어 볼 때, 소송절차 일반에 준용되는 절차법으로서의 민사소송에 관한 법령을 준용하도록 한 것이 현저히 불합리하다고 볼 수 없다.[1]

헌법재판소는 이 준용조항에 대한 헌법소원심판 사건에서, '헌법재판의 성질에 반하지 아니하는 한도'에서 민사소송에 관한 법령을 준용하도록 규정하여 정당해산심판의 고유한 성질에 반하지 않도록 적용범위를 한정하고 있는바, 여기서 '헌법재판의 성질에 반하지 않는' 경우란, 다른 절차법의 준용이 헌법재판의 고유한 성질을 훼손하지 않는 경우로 해석할 수 있고, 이는 헌법재판소가 당해 헌법재판이 갖는 고유의 성질, 헌법재판과 일반재판의 목적 및 성격의 차이, 준용 절차와 대상의 성격 등을 종합적으로 고려하여 구체적·개별적으로 판단할 수 있으므로 준용조항은 청구인의 공정한 재판을 받을 권리를 침해하지 아니한다고 판시하였다.[2]

3. 정당해산의 결정 및 집행

헌법재판소는 9인의 재판관 중 6인 이상의 찬성으로써 정당의 해산을 명하는 결정을 할 수 있다. 헌법재판소의 정당해산결정은 각급법원 및 모든 국가기관을 기속한다. 정당해산결정은 중앙선거관리위원회가 정당법의 규정에 따라 집행한다(헌법재판소법 제60조). 해산결정의 통지를 받은 중앙선거관리위원회는 그 정당의 등록을 말소하고 지체없이 그 뜻을 공고하여야 한다(정당법 제47조).

4. 정당해산결정의 효과

정당의 해산결정이 선고되면 그때부터 그 정당은 모든 특권을 상실한다. 정당의 대표자와 간부는 해산된 정당의 강령 또는 기본정책과 동일하거나 유사한 대체정당을 창설하지 못한다(정당법 제40조). 해산된 정당의 잔여재산 중 적극재산은 국고에 귀속된다(동법 제48조 제2항). 해산된 정당의 소속의원의 의원직 자격상실 여부에 관하여는 명문규정이 없으나, 의

1) 헌재 2014. 2. 27. 2014헌마7.
2) 헌재 2014. 2. 27. 2014헌마7.

원자격을 상실하는 것으로 보는 것이 학계의 다수의견이다. 헌법재판소는 2014. 12. 19. 통진당해산 사건에서 재판관 9인 중 8대 1의 다수의견으로 헌법재판소의 해산결정으로 위헌정당이 해산되는 경우에 그 정당 소속 국회의원이 그 의원직을 유지하는지 상실하는지에 대하여 헌법이나 법률에 명문의 규정이 없지만 정당 소속 국회의원은 모두 그 의원직이 상실되어야 한다고 판시하였다. 헌법재판소의 의원직상실의 논거로는 첫째, 국회의원의 자유위임의 한계로서 헌법이 추구하는 민주적 기본질서의 존중과 실현, 둘째, 정당해산심판제도의 본질적 효력, 셋째, 정당해산결정의 실효성 확보를 제시하고 있다.[1)]

5. 정당해산결정과 의원직상실의 문제점

정당해산결정의 효과로서 당해 정당 소속 의원의 의원직상실이라는 결론을 실정법의 근거조항 없이 헌법재판소가 직권으로 내릴 수 있는 것인가에 관하여는 학계의 입장에서 비판론이 제기될 수 있다. 정당해산의 효과로서 정당 소속 의원의 의원직상실 여부에 관한 견해의 대립은 기본적으로 방어적 민주주의에 기초한 헌법수호의 실효성 확보라는 공익적 목적과 국회의원의 국민대표성과 자유위임의 원칙이라는 헌법원리의 충돌을 의미하며 이 경우에 어느 법익과 헌법적 가치를 우선할 것인가의 문제인 것이다. 이에 관하여는 대립하는 두 가지의 법익을 조화롭게 실현할 수 있는 관점에서 다음과 같은 견해를 제시할 수 있다.

첫째, 국회의원이 헌법기관으로서 정당기속과 무관하게 자유위임에 의한 정치활동을 할 수 있는 것은 헌법적인 테두리 안에서 헌법이 추구하는 자유민주적 기본질서를 존중하고 실현하는 것을 전제로 주장할 수 있는 논리이므로 "국회의원이 자유위임을 악용해서 위헌적인 정당에 소속해서 위헌적인 정치활동을 하는 것까지 자유위임의 논리로 보호받을 수 없다"[2)]고 할 것이다. 따라서 헌법의 수호를 위한 방어적 민주주의의 이념과 원리에 따라 해산되는 위헌정당의 구성원인 의원의 자격을 박탈하여 부득이하게 의원의 국민대표성을 희생시켜야 한다는 헌법재판소의 논리는 타당하다고 할 수 있다. 학계의 논의 중에서 방어적 민주주의는 가치구속적인 실질적 원리로서 가치상대적인 형식적 자유위임원리에 우선한다는 견해도 이를 뒷받침해 주고 있다. 그리고 한국의 후진적 정당정치의 현실은 정당 소속 의원의 정당에의 기속이 강하며 의원들은 철저하게 정당기율에 복종하는 것을 부정할 수 없다. 국회법상 의원의 자유위임에 입각한 자유투표의 원칙(제114조의2)을 규정하고 있지만 실제로 국가이익을 우선한 자유투표 또는 교차투표의 가능성은 낮다고 할 때 자유위임원칙을 이유로 정당해산시 정당과 의원을 분리하는 논리는 정당화되기 어렵다. 따라서 정당해

1) 헌재 2014. 12. 19. 2013헌다1.
2) 허영, 앞의 책(헌법소송법론), 290면.

산결정시 원칙적으로 소속의원의 의원직상실을 규정하는 입법은 필요하며 정당성을 갖는다고 할 수 있다. 헌법재판소의 통진당해산결정에 대해 논란이 컸던 이유도 정당해산의 효과로서 의원직상실 여부에 관한 입법의 미비가 결정적인 요인이 되었다고 보기 때문에 이에 관한 입법을 서둘러야 할 것이다.

둘째, 정당해산의 효과로서 의원직상실을 규정하는 경우에도 소속의원 전원에 대해 예외 없이 일률적으로 적용하는 것은 곤란하다고 할 것이다. 방어적 민주주의의 결과로서 의원직상실의 효과를 인정한다고 하더라도 방어적 민주주의의 적용상의 한계가 준수되어야 할 것이므로 의원직상실의 여부는 정당해산절차 개시 시점에 의원의 정치활동이 정당의 목적이나 활동과 객관적으로 관련되어 있었는지를 기준으로 의원 개인별로 판단하여야 할 것이다. 따라서 의원이 정당의 위헌적인 목적이나 활동과 객관적인 연관성이 없다는 증거를 제시하면 의원직상실을 면할 수 있도록 해야 할 것이다. 정당의 위헌적 활동에 대해 소속의원이 어느 정도 깊이 관여했는지 또는 적극적으로 반대의사를 표명했는지에 따라 의원직상실 문제를 각기 달리 결정할 수 있다고 할 것이다.

셋째, 해산되는 정당의 소속 의원들 중에서 지역구의원과 비례대표의원을 구분하여 의원직상실 여부를 판단할 것인가의 문제는, 비례대표의원은 지역구의원에 비하여 실제로 정당기속이 강할 수밖에 없으며 현행 공직선거법에 비례대표의원의 경우 당적을 이탈·변경하는 경우 의원직상실을 규정(제192조 제4항)하고 있는 점에서 볼 때 정당해산시 비례대표의원의 의원직상실을 규정할 수 있다고 볼 수도 있으나, 다른 한편 비례대표의원도 지역구의원과 마찬가지로 헌법상 국민의 대표자의 지위를 갖는 점에서는 차이가 없으므로 비례대표의원을 차별적으로 의원직을 상실시키는 것은 평등원칙에 위배되어 공무담임권을 침해하는 문제가 제기될 수 있다. 따라서 이 문제에 관하여는 양자를 구분하지 않고 동일한 기준으로 판단하는 것이 타당하다고 본다. 비례대표의원의 경우 과거의 1인1표제 선거제도 하에서는 지역구의원과 달리 유권자의 직접선거에 의해 선출된 것이 아니었으므로 의원의 정당기속성이 훨씬 강했다고 볼 수 있으나, 2001년 헌법재판소 결정[1] 이후 비례대표의원도 1인2표제에 의해 정당명부에 대한 국민의 직접선거로 선출되기 때문에 지역구의원과 같은 민주적 정당성을 부여받고 있으므로 양자의 국민대표성에는 본질적 차이가 없는 것이다. 따라서 정당해산의 효과로서 의원직상실을 규정하는 경우에는 지역구의원과 비례대표의원을 구분할 필요는 없다고 할 것이다.

넷째, 정당해산결정의 효과로서 정당 소속 의원의 의원직상실에 관한 실정법적 근거가 없는 경우에 헌법재판소가 직권으로 의원직상실을 결정하는 것은 헌법재판소의 권한을 벗

1) 헌재 2001. 7. 19. 2000헌마91.

어나는 것이라 하지 않을 수 없다. 헌법재판소는 통진당해산결정에서 "만일 해산되는 위헌 정당 소속 국회의원들이 의원직을 유지한다면 그 정당의 위헌적인 정치이념을 정치적 의사 형성과정에서 대변하고 또 이를 실현하려는 활동을 계속하는 것을 허용함으로써 실질적으로는 그 정당이 계속 존속하여 활동하는 것과 마찬가지의 결과를 가져오게 될 것"이라고 하여 정당해산결정의 실효성을 제대로 확보하기 위해 그 의원직은 상실되어야 한다고 판시하고 있다. 그러나 여기서 정당해산결정의 실효성 확보는 당연히 요구되는 것이지만 그렇다고 해서 의원직상실을 직접 헌법재판소가 판단하는 것은 허용되기 어렵다고 하겠다. 헌법재판소가 정당해산심판을 통해 헌법질서를 수호하는 것이 그 본질적 기능이라 하더라도 국민주권원리에 기초한 국회의원의 국민대표성을 박탈하는 권한을 실정법적 근거 없이 행사하는 것은 직권남용의 우려가 있다고 할 것이다.[1] 국민의 대표자로서의 민주적 정당성을 확보하고 있는 의원의 신분에 관하여 헌법은 그 자격심사와 징계는 권력분립원리에 입각하여 국회의 자율권에 속하는 것으로 보장하고 있으며, 그 의원의 자격심사와 제명 등의 징계에 대하여는 법원에 제소할 수 없다고 규정(제64조 제2항, 제4항)하고 있기 때문에 헌법재판소의 정당해산심판의 효과로서 의원직상실을 헌법이나 법률에 직접 규정하고 있지 않는 한, 헌법재판소의 정당해산심판은 당해 정당의 해산에 국한되어야 할 것이며, 그 정당 소속 의원의 자격상실 여부에 관한 판단은 국회의 자율적 심사에 맡기는 것이 타당하다고 할 것이다.[2]

다섯째, 그러므로 통진당해산결정에서 헌법재판소는 국회의원의 국민대표성과 자유위임을 존중하여 실정법적 근거 없는 소속의원의 의원직상실을 결정할 것이 아니라 정당해산결정과 함께 정당법상 정당해산의 효과로서 규정된 대체정당금지와 잔여재산 국고귀속을 명하는 것에 그치도록 하고, 국회가 정당해산결정 직후 지체없이 당해 정당 소속 의원에 대한 자격심사와 제명 등의 징계절차를 밟는 것이 대의제원리와 권력분립원리 및 국회의 자율권보장의 헌법정신에 부합하는 것이라 할 수 있다. 헌법재판소가 정당해산결정을 선고하는 것 자체로써 이미 방어적 민주주의의 정신에 입각한 헌법의 예방적 수호의 효과를 상당

1) 이 점과 관련하여 헌법에 정당해산심판 인용결정시 국회의원직을 상실하도록 하는 명문규정이 없는 상태에서 이를 법률로 규정하는 것은 위헌이라는 주장도 있다. 즉 헌법기관인 국회의 부분기관인 국회의원이라는 국가기관의 지위를 박탈하기 위해서는 반드시 헌법에 규정이 있거나 헌법에 규정된 제명절차에 따라야 한다는 것이다. 이준일, 헌법학강의, 홍문사, 2011, 242면.

2) 이러한 견해에 대해 반대하는 입장에서는 국회의 자율권은 무제한적으로 행사되어서는 안 되는 것이며 위헌정당해산으로 인한 의원직상실 문제도 국회의 자율권에 맡겨 두기에 적합한 사항이 아니고 현실적으로 국회의 자격심사 및 제명 의결을 기대하기 어렵다고 한다. 그러나 국회의 자율권행사에 한계가 있는 것은 당연하지만, 정당해산결정의 효과로서 실정법적 근거가 없는 의원직상실 여부에 관한 사항이야말로 국회의 자율권에 관한 헌법 제64조 제2항에 따라 의원의 자격심사 및 제명 등이 행해져야 한다고 본다. 이석기 등의 내란음모선동 사건과 관련하여 국회 내에서 자격심사 및 제명에 대한 논의가 있었지만 실제로 진전이 없었다는 것은 국회의 동료의원에 대한 자격심사와 제명에 대한 소극적 태도와 국회의 무능 등이 문제인 것이지 그것 때문에 정당해산의 효과로서 의원자격심사의 권한을 부정할 수 없다고 하겠다.

한 정도 가져오게 되는 것이며, 헌법재판소는 당해 정당 소속 의원의 의원직상실을 명할 것이 아니라 의원직의 '정지' 를 선언하면서 국회의 제명 등 징계절차를 지체없이 이행할 것을 요구하는 것이 국민적 정당성을 가진 국회의 권위를 존중하는 것이 되며, 권력분립원리에 바탕을 둔 국회와 헌법재판소 간의 권력적 균형을 유지할 수 있는 것이라고 본다.

요컨대 통진당해산심판이 청구된 시점에 정당해산효과의 핵심적 문제인 소속의원의 의원직상실 여부에 관한 실정법적 근거가 미리 마련되지 못한 입법적 미비가 이 사건의 헌법재판소 결정에 대해 많은 논란을 야기하게 되었다는 점을 지적하지 않을 수 없으며, 헌법재판소가 정당해산결정의 실효성 확보를 강조한 나머지 법률의 근거 없이 의원직상실을 결정한 것은 의원의 국민대표성과 자유위임원리를 본질적으로 침해하게 된다는 우려를 금하기 어렵다. 대의제원리와 의원의 국민대표성 못지않게 헌법질서의 수호를 위한 방어적 민주주의가 중요한 의미를 가진다고 하더라도 국민주권원리에 기초한 의원의 국민대표성을 희생하면서 헌법의 민주적 기본질서를 수호한다는 논리는 곧 방어적 민주주의의 한계를 벗어나는 것이 아닌가의 의문이 없지 않다.

Ⅷ. 권한쟁의심판

1. 권한쟁의심판의 의의

권한쟁의심판이란 국가기관 상호간, 국가기관과 지방자치단체 간 및 지방자치단체 상호간에 권한의 존부 또는 범위에 관하여 다툼이 있을 때에 이를 독립된 지위를 가진 제3의 기관이 심판하는 제도를 말한다. 권한쟁의심판은 국기기관이나 지방자치단체의 권한분쟁을 해결함으로써 "국가기능의 원활한 수행을 도모하고 국가권력간의 균형을 유지하여 헌법질서를 수호·유지하고자 하는 제도"를 의미한다.[1)]

2. 권한쟁의심판의 당사자

현행 헌법(제111조 제1항 제4호)과 헌법재판소법에 의한 권한쟁의심판에는 다음과 같은 세 종류가 있다.

(1) 국가기관 상호간의 권한쟁의

헌법재판소법은 국가기관 상호간의 권한쟁의를 "국회, 정부, 법원 및 중앙선거관리위원회 상호간의 권한쟁의"라고 규정하고 있다(동법 제62조 제1항 제1호). 이 규정에서 명시한

1) 헌재 1997. 7. 16. 96헌라2.

국가기관들이 열거적 규정인가 아니면 예시적 규정인가의 문제가 있다. 헌법재판소 판례에 의하면 초기에는 이를 열거적(한정적) 규정으로 해석하였으나,[1] 그 후에 판례를 변경하여 예시적 조항으로 해석하고 있다. 그리하여 국가기관 상호간의 권한쟁의 당사자가 되기 위해서는 헌법에 의하여 설치된 국가기관으로서 헌법과 법률에 의하여 독자적인 권한을 부여받고, 국가기관 상호간의 권한쟁의를 해결할 수 있는 적당한 기관이나 방법이 없어야 한다.[2] 따라서 헌법 제111조 제1항 제4호 소정의 '국가기관'에 해당하는지 아닌지를 판별함에 있어서는 그 국가기관이 헌법에 의하여 설치되고 헌법과 법률에 의하여 독자적인 권한을 부여받고 있는지 여부, 헌법에 의하여 설치된 국가기관 상호간의 권한쟁의를 해결할 수 있는 적당한 기관이나 방법이 있는지 여부 등을 종합적으로 고려하여야 한다.

따라서 국회, 정부와 같은 전체기관뿐만 아니라 전체기관의 부분인 부분기관으로서 국회의원과 국회의장은 그 독자적 권한에 관하여 권한쟁의의 당사자가 될 수 있다. 다만 국회부의장은 권한쟁의의 당사자적격이 인정되지 아니한다.[3] 정부의 부분기관인 대통령, 국무총리, 국무위원, 각부장관도 독립한 헌법기관으로서 국회와의 관계에서 당사자능력을 가질 수 있다. 다만 국가인권위원회는 헌법에 의해 설치된 국가기관이 아니라 법률에 의해 설치된 국가기관이므로 권한쟁의심판의 당사자능력이 인정되지 아니한다.[4] 국회가 제정한 경찰법에 의하여 설립된 국가경찰위원회도 법률에 의하여 존폐 및 권한범위 등이 좌우되므로 국가기관에 해당한다고 할 수 없어 권한쟁의의 당사자능력이 없다.[5]

헌법재판소는 국회 입법과정에 있어서 국회의장과 국회의원 간의 권한쟁의심판 청구를 인정하고 국회의장이 일부 의원들에게 본회의 개의일시를 국회법에 규정된 대로 적법하게 통지하지 않음으로써 그들이 본회의에 출석할 기회를 잃어 법률안의 심의·표결과정에 참여하지 못하게 된 것은 해당 의원들의 헌법상의 법률안 심의·표결권을 침해한 것이라고 하였다. 그렇지만 국회의장의 법률안 가결 선포행위는 위헌·무효로 볼 수 없다고 판단하였다.[6] 그 후 이러한 국회의원의 법률안 심의·표결권에 대한 권한침해확인결정 이후 국회의장의 부작위가 재차 청구인들의 법률안 심의·표결권을 침해한 것이라고 주장하여 제기된 권한쟁의심판청구에 대해서는 기각결정을 하였다.[7]

---

1) 헌재 1995. 2. 23. 90헌라1.
2) 헌재 1997. 7. 16. 96헌라2.
3) 헌재 2009. 10. 29. 2009헌라8.
4) 헌재 2010. 10. 28. 2009헌라6.
5) 헌재 2022. 12. 22. 2022헌라5.
6) 헌재 1997. 7. 16. 96헌라2.
7) 헌재 2010. 11. 25. 2009헌라12.
이 사건에서 재판관 4인의 각하의견과 4인의 인용의견, 1인의 기각의견이 제시되었으나 결국 권한쟁의심판 결정의 정족수(참석 재판관 과반수의 찬성)에 미달하여 기각결정을 하게 되었다. 재판관 김종대의 기각의견은 다

조약의 체결·비준에 대한 국회의 동의권과 관련하여 국회의원의 심의·표결권은 국회의 대내적인 관계에서 행사되고 침해될 수 있을 뿐 다른 국가기관과의 대외적인 관계에서는 침해될 수 없는 것이므로, 대통령이 국회의 동의 없이 조약을 체결·비준하였다 하더라도 국회의원의 심의·표결권이 침해될 가능성은 없다고 하였다.[1)]

그리고 국회의장이 국회의원을 그 의사에 반하여 그가 속한 국회 상임위원회에서 사임시키고 다른 상임위원회로 보임한 행위(사·보임행위)에 대하여 청구된 국회의장과 국회의원 간의 권한쟁의심판 사건에서는 피청구인의 사·보임행위는 청구인이 소속된 정당내부의 사실상 강제에 터 잡아 교섭단체대표의원이 상임위원회 사·보임 요청을 하고 이에 따라 이른바 의사정리권한의 일환으로 이를 받아들인 것으로서, 그 절차·과정에 헌법이나 법률의 규정을 명백하게 위반하여 재량권의 한계를 현저히 벗어나 청구인의 권한을 침해한 것으로는 볼 수 없다고 판단하였다.[2)]

헌법재판소는 2023년 3월 23일, 국회의 이른바 '검수완박법' 가결에 대해 청구된 법무부장관 등과 국회 간의 권한쟁의심판 사건에서는 국회가 검사의 수사권을 제한하기 위해 검찰청법과 형사소송법을 개정한 행위에 대하여 검사의 권한침해가능성이 인정되지 않는다는 기각결정을 하였다. 이 사건에서 헌법재판소는 국회의 법률개정행위는 검사의 수사 및 공소제기에 관한 권한 중 일부를 조정·제한하는 것을 주요 골자로 하고 있으므로 검사는 이 사건 법률개정행위에 대하여 권한쟁의심판을 청구할 수 있는 청구인적격이 인정된다고 하였으나, 수사권·소추권을 직접적으로 행사하지 아니하는 법무부장관에게는 이 사건 권한쟁의심판을 청구할 적절한 관련성이 없다고 하여 청구인적격을 부인하였다. 검사의 수사권

음과 같다. "모든 국가기관과 지방자치단체는 헌법재판소의 권한쟁의심판에 관한 결정에 기속되는바, 헌법재판소가 국가기관 상호간의 권한쟁의심판을 관장하는 점, 권한쟁의심판의 제도적 취지, 국가작용의 합헌적 행사를 통제하는 헌법재판소의 기능을 종합하면, 권한침해확인결정의 기속력을 직접 받는 피청구인은 그 결정을 존중하고 헌법재판소가 그 결정에서 명시한 위헌·위법성을 제거할 헌법상의 의무를 부담한다. 그러나 권한쟁의심판은 본래 청구인의 「권한의 존부 또는 범위」에 관하여 판단하는 것이므로, 입법절차상의 하자에 대한 종전 권한침해확인결정이 갖는 기속력의 본래적 효력은 피청구인의 이 사건 각 법률안 가결선포행위가 청구인들의 법률안 심의·표결권을 위헌·위법하게 침해하였음을 확인하는 데 그친다. 그 결정의 기속력에 의하여 법률안 가결선포행위에 내재하는 위헌·위법성을 어떤 방법으로 제거할 것인지는 전적으로 국회의 자율에 맡겨져 있다. 따라서 헌법재판소가 「권한의 존부 또는 범위」의 확인을 넘어 그 구체적 실현방법까지 임의로 선택하여 가결선포행위의 효력을 무효확인 또는 취소하거나 부작위의 위법을 확인하는 등 기속력의 구체적 실현을 직접 도모할 수는 없다. 일반적인 권한쟁의심판과는 달리, 국회나 국회의장을 상대로 국회의 입법과정에서의 의사절차의 하자를 다투는 이 사건과 같은 특수한 유형의 권한쟁의심판에 있어서는, 「처분」이 본래 행정행위의 범주에 속하는 개념으로 입법행위를 포함하지 아니하는 점, 권한침해확인결정의 구체적 실현방법에 관하여 국회법이나 국회규칙에 국회의 자율권을 제한하는 규정이 없는 점, 법률안 가결선포행위를 무효확인하거나 취소하는 것은 해당 법률 전체를 무효화하여 헌법 제113조 제1항의 취지에도 반하는 점 때문에 헌법재판소법 제66조 제2항을 적용할 수 없다. 이러한 권한침해확인결정의 기속력의 한계로 인하여 이 사건 심판청구는 이를 기각함이 상당하다."

1) 헌재 2007. 7. 26. 2005헌라8.

2) 헌재 2003. 10. 30. 2002헌라1.

침해가능성 여부에 대하여 헌법재판소는 다음과 같이 판시하고 있다.[1)]

"수사권 및 소추권이 본질적으로 '대통령을 수반으로 하는 행정부'에 부여된 헌법상 권한이고, 영장신청권이 '검사'에 부여된 헌법상 권한임은 다툼의 여지가 없으나, 이를 바탕으로 헌법이 수사권을 (검찰청법상) 검사에게 부여한 것으로 해석하기는 어렵다. 헌법이 행정부에 속하는 국가기관 중 어느 기관에 수사권을 부여할 것인지에 대해 침묵하는 이상, 행정부 내에서 수사권의 구체적인 조정·배분의 문제는 헌법사항이 아닌 입법사항이고, 입법권은 국회에 속하므로, 특정 범죄에 대한 수사권을 반드시 특정 기관에 전속시켜야 한다는 헌법적 근거나 논리적 당위성은 없기 때문이다. 헌법상 영장신청권이 수사과정에서 남용될 수 있는 강제수사를 '법률전문가이자 인권옹호기관'인 검사가 합리적으로 '통제'하기 위한 연혁과 취지에서 도입된 것임을 고려할 때, 검사에 대한 영장신청권 부여 조항으로부터 검사에 대한 수사권 부여까지 헌법상 도출된다고 볼 수도 없다. 국회가 입법사항인 수사권 및 소추권의 일부를 행정부에 속하는 국가기관 사이에서 조정·배분하도록 법률을 개정한 것으로 인해, 청구인 검사들의 헌법상 권한이 침해되거나 침해될 가능성이 있다고 볼 수 없다. 또한 이 사건 법률개정행위는 검사의 영장신청권에 대해서는 아무런 제한을 두고 있지 않으므로, 검사에게 부여된 헌법상 영장신청권이 침해될 가능성도 없다. 따라서 피청구인의 이 사건 법률개정행위로 인해 검사의 '헌법상 권한'(영장신청권)이 침해될 가능성은 존재하지 아니하고, 국회의 구체적인 입법행위를 통해 비로소 그 내용과 범위가 형성되어 부여된 검사의 '법률상 권한'(수사권 및 소추권)은 그 자체로 국회의 법률개정행위로 인해 침해될 가능성이 없으므로, 피청구인의 이 사건 법률개정행위로 인한 청구인 검사들의 헌법상 권한 침해가능성은 인정되지 아니한다."

(2) 국가와 지방자치단체 상호간의 권한쟁의

헌법재판소법은 국가와 지방자치단체 상호간의 권한쟁의를 정부와 특별시·광역시 또는 도(道) 간의 권한쟁의심판과 정부와 시·군 또는 지방자치단체인 구(자치구) 간의 권한쟁의심판의 두 가지로 규정하고 있다(동법 제62조 제1항 제2호). 여기서 '정부'의 의미가 문제되는데, 이는 예시적 규정으로 해석하여 정부 안의 부분기관 및 국회, 법원 등도 지방자치단체와의 권한쟁의에서 당사자가 될 수 있다고 본다.

지방자치단체는 자치사무에 관해서만 권한쟁의심판의 당사자가 될 수 있으며 위임사무에 관해서는 당사자가 될 수 없다. 또한 광역지방자치단체장이 행정심판의 재결청의 지위에서 행한 처분은 국가기관의 지위에서 행한 것이므로 이에 관한 기초지방자치단체와의

---

1) 헌재 2023. 3. 23. 2022헌라4.

권한쟁의는 지방자치단체 상호간의 권한쟁의가 아니라 국가기관과 지방자치단체 간의 권한쟁의로 보아야 한다.[1]

(3) 지방자치단체 상호간의 권한쟁의

헌법재판소법은 지방자치단체 상호간의 권한쟁의를 세 가지로 구분하여 광역자치단체 상호간, 기초자치단체 상호간, 광역자치단체와 기초자치단체 간의 권한쟁의를 규정하고 있다(동법 제62조 제1항 제3호). 지방자치법은 지방자치단체의 장에게 지방자치단체의 통할대표권을 부여하고 있기 때문에 단체장이 권한쟁의심판에서 지방자치단체를 대표한다.

권한쟁의가 '지방교육자치에 관한 법률' 제2조의 규정에 의한 교육·학예에 관한 지방자치단체의 사무에 관한 것인 때에는 교육감이 그 당사자가 된다(헌법재판소법 제62조 제2항).

지방자치단체 상호간의 권한쟁의에 관한 최근의 사건으로 공유수면에 대한 지방자치단체의 관할구역 경계획정을 둘러싼 다툼이 있다. 헌법재판소는 2021년, 경상남도 등과 전라남도 등 간의 권한쟁의심판에서 지방자치단체 사이의 불문법상 해상경계가 성립하기 위해서는 관계 지방자치단체·주민들 사이에 해상경계에 관한 일정한 관행이 존재하고, 그 해상경계에 관한 관행이 장기간 반복되어야 하며, 그 해상경계에 관한 관행을 법규범이라고 인식하는 관계 지방자치단체·주민들의 법적 확신이 있어야 한다고 전제하면서, 관할 행정청이 국가기본도에 표시된 해상경계선을 기준으로 하여 과거부터 현재에 이르기까지 반복적으로 처분을 내리고, 지방자치단체가 허가, 면허 및 단속 등의 업무를 지속적으로 수행하여 왔다면 국가기본도상의 해상경계선은 여전히 지방자치단체 관할 경계에 관하여 불문법으로서 그 기준이 될 수 있다고 판시하고 있다.[2]

3. 권한쟁의심판의 청구

기관 간에 권한의 존부나 범위에 관하여 다툼이 있으면 국가기관이나 지방자치단체는 헌법재판소에 권한쟁의심판을 청구할 수 있다. 심판청구는 피청구인의 처분 또는 부작위가 헌법이나 법률에 의하여 부여받은 청구인의 권한을 침해하였거나 침해할 현저한 위험이 있는 때에 한하여 할 수 있다(헌법재판소법 제61조 제2항).

권한쟁의심판은 그 사유가 있음을 안 날로부터 60일 이내에, 그 사유가 있은 날로부터 180일 이내에 청구해야 한다(동법 제63조). 권한쟁의의 심판은 구두변론에 의하며, 심판의 변론과 결정의 선고는 공개한다. 다만 서면심리와 평의는 공개하지 아니한다(동법 제34조 제1항). 헌법재판소는 권한쟁의심판의 청구를 받은 때에는 직권 또는 청구인의 신청에 의해 종

1) 헌재 1999. 7. 22. 98헌라4.
2) 헌재 2021. 2. 25. 2015헌라7.

국결정의 선고시까지 심판대상이 된 피청구인의 처분의 효력을 정지하는 결정을 할 수 있다(동법 제65조).

헌법재판소는 정부가 법률안을 제출하는 행위는 입법을 위한 하나의 사전 준비행위에 불과하고 권한쟁의심판의 독자적 대상이 되기 위한 법적 중요성을 지닌 행위로 볼 수 없으므로 정부가 개정법률안을 국회에 제출한 행위를 다투는 권한쟁의심판 청구는 부적법하다고 판단하였다.[1] 또한 권한쟁의심판에 있어 제3자 소송담당을 허용하는 법률의 규정이 없는 현행법 체계 하에서 국회의 구성원인 국회의원들은 국회의 예산 외에 국가의 부담이 될 계약의 체결에 있어 동의권의 침해를 주장하는 권한쟁의심판을 청구할 수 없다고 판시하였다.[2]

4. 권한쟁의의 결정

권한쟁의의 결정은 재판관 7인 이상이 참석하고, 참석 재판관 중 과반수의 찬성으로써 한다. 헌법재판소는 피청구인의 처분이나 부작위가 청구인의 권한을 침해한 때에는 이를 취소하거나 무효를 확인할 수 있다(동법 제66조).

헌법재판소의 권한쟁의심판의 결정은 모든 국가기관과 지방자치단체를 기속한다. 헌법재판소가 부작위에 대한 심판청구를 인용하는 결정을 한 때에는 피청구인은 결정취지에 따른 처분을 해야 한다(동법 제66조 제2항). 국가기관 또는 지방자치단체의 처분을 취소하는 결정은 그 처분의 상대방에 대하여 이미 발생한 효력에는 영향을 미치지 아니한다(동법 제67조).

IX. 헌법소원심판

1. 헌법소원심판의 의의

(1) 개 념

헌법소원심판(Verfassungsbeschwerde)이란 국가의 공권력의 행사 또는 불행사로 인하여 국민의 기본권이 직접 현실적으로 침해된 경우에 그 기본권을 침해당한 자가 헌법재판소에 당해 공권력의 위헌 여부의 심사를 청구하여 기본권을 구제받는 제도를 말한다. 헌법 제111조 제1항 제5호는 헌법재판소가 “법률이 정하는 헌법소원에 관한 심판”을 관장한다고 하여 헌법소원심판제도를 규정하고 있다.

헌법소원심판은 기본권보장을 통한 사회통합을 추구하는 헌법실현의 헌법재판제도로서, 헌법재판제도 중에서 직접 기본권 보장과 실현을 목적으로 하는 유일한 제도이다. 이

1) 헌재 2005. 12. 22. 2004헌라3.
2) 헌재 2008. 1. 17. 2005헌라10.

점에서 헌법소원심판은 헌법재판의 종류 중에서 유일하게 주관적 소송으로서의 성격을 가진다. 위헌법률심판, 탄핵심판, 정당해산심판, 권한쟁의심판 등의 헌법재판제도는 간접적으로 기본권의 실현에 기여하는 제도라는 점에서 헌법소원심판과 구별된다.

(2) 제도적 기능

헌법소원심판제도는 개인의 주관적 기본권을 보장한다는 기본권보장기능과 함께 위헌적인 공권력행사를 통제함으로써 객관적인 헌법질서를 수호한다는 헌법보장기능을 수행한다(헌법소원의 이중적 기능).

국민의 기본권침해에 대한 통상의 권리구제는 재판절차와 같은 일반적 권리구제절차에 따라 이루어지고, 이러한 일반적 구제절차를 거친 후 최후적으로 보충적인 권리구제절차를 의미하는 것이 헌법소원심판이다. 행정소송을 비롯한 법원의 사법작용도 기본권보호에 기여하지만, 행정소송은 기본권보호뿐만 아니라 행정목적 달성이라는 공익적인 관점에서 사정판결(행정소송법 제28조)의 길을 열어 두는 등 기본권보호만을 위한 제도는 아니다. 그에 비하여 헌법소원은 일차적으로 국민의 기본권을 보장하기 위하여 마련된 헌법재판제도라는 점에 그 특징이 있다. 본래 헌법소원심판은 소송절차에 의한 기본권을 관철하기 위한 추가적인 권리구제수단을 의미하기 때문에 추가적 권리구제수단이 되기 위해서는 재판에 대한 헌법소원이 인정되어야 하는 것이 타당하다.

헌법소원심판은 또한 기본권을 침해하는 공권력작용의 효력을 부인하고 공권력작용이 기본권을 존중하도록 촉구함으로써 기본권실현을 통해 사회통합을 달성하려는 헌법질서의 수호·유지기능을 담당한다. 이 점에서 헌법소원심판은 개인의 기본권을 보장하기 위한 주관적 소송의 성격을 가질 뿐만 아니라 헌법질서의 수호·유지를 위한 객관적 소송으로서의 성격도 아울러 가진다. 따라서 주관적 소송으로서 권리보호이익이 소멸한 경우에도 객관적 헌법질서의 수호·유지를 위해서 필요하다면 심판의 이익을 인정해서 심판을 하는 경우가 발생한다.

(3) 제도적 문제점

헌법은 '법률이 정하는 헌법소원에 관한 심판'을 헌법재판소의 관장사항의 하나로 규정함으로써 헌법소원심판을 헌법재판의 한 종류로 채택하고 있다(제111조 제1항 제5호). 그러나 그 제도의 구체적 내용은 법률로 정하도록 위임하고 있다. 그리고 헌법 제113조 제1항은 "헌법소원에 관한 인용결정을 할 때에는 재판관 6인 이상의 찬성이 있어야 한다"라고 규정하여 입법권자의 헌법소원심판에 관한 입법형성권을 제한하고 있다. 헌법의 위임에 따라 헌법재판소법에 헌법소원심판에 관한 구체적인 내용과 절차가 규정되어 있다(동법 제68조~제75조).

그러나 우리의 헌법소원심판제도는 기본권구제를 직접적인 목적으로 하는 권리구제형 헌법소원심판(동법 제68조 제1항)과 규범통제를 직접적인 목적으로 하는 위헌심사형 헌법소원심판(동법 제68조 제2항)을 함께 규정한 것이 제도상의 모순이라는 지적이 있다. 헌법소원제도의 선진국에서는 규범통제형 헌법소원제도는 그 예를 찾기 어려운 것으로 이는 우리나라의 독특한 제도라 할 수 있다. 규범통제형 헌법소원은 순수한 의미의 헌법소원이 아니라 본질적으로 위헌법률심판에 속하는 헌법재판제도라고 할 수 있다.

또한 헌법소원제도의 법률유보는 헌법소원제도의 내용을 전면적으로 법률에 위임한다는 의미는 아니며, 그 구체적인 입법형성을 입법자에게 위임하되 헌법소원제도의 핵심적 내용을 배제할 수 없음을 의미한다. 이 점과 관련하여 헌법재판소법 제68조 제1항에서 헌법소원심판의 대상에서 '법원의 재판'을 제외한 것이 위헌이 아닌가의 문제가 제기되는데, 이에 대해 헌법재판소는 합헌이라고 판단하였다. 즉 헌법 제111조 제1항 제5호가 '법률이 정하는 헌법소원에 관한 심판'이라고 규정한 뜻은 결국 헌법이 입법자에게 공권력작용으로 인하여 헌법상의 권리를 침해받은 자가 그 권리를 구제받기 위한 주관적 권리구제절차를 우리의 사법체계, 헌법재판의 역사, 법률문화와 정치적·사회적 현황 등을 고려하여 헌법의 이념과 현실에 맞게 구체적인 입법을 통하여 구현하게끔 위임한 것으로 보아야 할 것이므로, 헌법소원은 언제나 '법원의 재판에 대한 소원'을 그 심판의 대상에 포함하여야만 비로소 헌법소원제도의 본질에 부합한다고 단정할 수 없다고 판단한 것이다.[1]

2. 헌법소원의 종류

(1) 권리구제형 헌법소원

권리구제형 헌법소원은 공권력의 행사 또는 불행사로 말미암아 헌법상 보장된 기본권을 침해당한 자가 청구하는 헌법소원을 말한다(헌재법 제68조 제1항). 이것이 본래의 헌법소원에 해당한다. 독일 등 서구에서의 헌법소원제도는 모든 공권력작용의 기본권침해에 대해 헌법소원을 인정하여 법원의 재판에 대해서도 헌법소원심판의 대상을 인정하고 있으나 우리의 헌법소원심판은 재판을 제외하고 있는 점에서 차이가 있다.

(2) 위헌심사형 헌법소원(위헌소원)

위헌심사형 헌법소원이란 구체적 규범통제에 있어서 당사자의 위헌법률심판제청신청이 법원에 의해 기각된 경우 제청신청을 한 당사자가 당해 법률조항의 위헌 여부의 심판을 헌법재판소에 청구하는 헌법소원을 말한다(동법 제68조 제2항). 이러한 위헌심사형 헌법소원

---

1) 헌재 1997. 12. 24. 96헌마172등.

의 성격에 관하여는 견해가 나뉘고 있다. '위헌재판심사설'은 법원의 재판에 대해서는 원칙적으로 헌법소원이 인정되지 않으나 위헌심판제청신청에 대한 법원의 기각결정에 대해서는 예외적으로 헌법소원을 허용함으로써 위헌재판심사를 인정한 것이 위헌심사형 헌법소원이라고 한다. 이에 대해 '위헌법률심사설'은 법률의 위헌심판제청신청이 기각된 경우의 그 법률에 대한 위헌 여부의 심판을 소송당사자가 청구하는 것은 그 본질상 위헌법률심판에 해당한다고 한다. 이러한 법률에 대한 위헌소원(규범소원)제도는 헌법소원에서 재판소원을 제외하고 있는 헌법재판소법(제68조 제1항)의 규정과 입법체계적으로 상호 모순되는 것이라고 할 수 있다. 생각건대 헌법재판소법 제68조 제2항의 법률에 대한 위헌소원은 헌법재판소법 제68조 제1항의 재판소원제외의 원칙에 대한 예외로 볼 수 있는 측면이 있으며, 그 본질은 위헌법률심판으로서의 성격을 가진다고 할 수 있다.

3. 헌법소원심판청구의 요건

(1) 청구권자(청구인적격성)

권리구제형 헌법소원을 청구할 수 있는 자는 공권력의 행사 또는 불행사로 말미암아 헌법상 보장된 자신의 기본권이 침해되었다고 주장하는 모든 국민이다. 여기의 국민 중에는 자연인뿐만 아니라 법인도 포함되며 권리능력 없는 사단도 헌법에서 인정하고 있는 기본권을 보유하고 있는 경우에는 헌법소원을 청구할 수 있다. 외국인의 경우 우리나라 헌법상의 기본권이 외국인에게 인정되는 경우에 한하여 예외적으로 헌법소원심판을 청구할 수 있다.[1] 정당과 노동조합의 경우에도 헌법에 의해 보장되는 기본권을 보유하고 있는 한 그 범위 안에서 헌법소원심판을 청구할 수 있다.[2]

국민의 기본권을 보호 내지 실현할 책임과 의무를 지는 국가기관이나 그 일부 또는 공무원은 헌법소원을 청구할 수 없다. 그러나 공법인의 경우 예컨대 지방자치단체, 국공립대학, 공영방송국 등은 예외적으로 특정한 사항(재산권, 학문의 자유, 방송의 자유 등)에서 기본권의 주체로서 기본권을 주장할 수 있는 여지가 있으므로 이러한 예외적인 경우에는 공법인도 헌법소원심판을 청구할 수 있다. 또한 대통령도 발언내용이 직무 부분과 사적 부분이 경합하는 경우에는 기본권 주체성을 인정하여 헌법소원심판 청구를 인정하고 있다.[3]

---

1) 헌재 2011. 9. 29. 2007헌마1083.
2) 헌재 1991. 3. 11. 91헌마21; 헌재 1999. 11. 25. 95헌마154.
3) 헌재 2008. 1. 17. 2007헌마700.

(2) 실질적 요건

(가) 공권력의 행사 또는 불행사

헌법재판소법 제68조 제1항에 의한 헌법소원을 청구하기 위해서는 기본권을 침해한 공권력의 행사나 불행사가 있어야 한다. 여기서 '공권력'이란 입법권·행정권·사법권을 행사하는 모든 국가기관이나 공공단체의 권력적 작용을 말한다. 다만 헌법재판소법은 공권력의 행사에서 법원의 재판은 제외하고 있다(동법 제68조 제1항).

① 입법작용

1) 법 률

국회가 제정한 법률은 공권력의 행사에 해당하므로 헌법소원심판의 대상이 될 수 있다. 다만 모든 법률이 다 헌법소원의 대상이 되는 것은 아니고 그 "법률이 별도의 구체적 집행행위를 기다리지 않고 직접적으로, 그리고 현재적으로 헌법상 보장된 기본권을 침해하는 경우에 한정됨을 원칙으로 한다."[1]

그러므로 법률에 따라 개별적 처분이 있는 경우에는 그 법률 자체에 의한 권리침해의 직접성이 인정되지 아니한다. 다만 예외적으로 집행행위가 있는 경우라도 그 집행행위를 대상으로 하는 구제절차가 없거나 구제절차가 있다고 하더라도 권리구제의 기대가능성이 없고, 다만 기본권침해를 당한 청구인에게 불필요한 우회절차를 강요하는 것밖에 되지 않는 경우 등으로서 법률에 대한 전제관련성이 확실하다고 인정되는 때에는 당해 법률을 헌법소원의 직접 대상으로 삼을 수 있다.[2]

법률의 효력을 갖는 긴급명령과 긴급재정경제명령도 헌법소원심판의 대상이 되며, 폐지된 법률이나 개정된 법률도 이로 인해 국민의 기본권이 침해된 경우에는 헌법소원심판의 대상이 될 수 있다.[3] 헌법 제60조에 의해 국회의 동의를 얻어 체결된 조약은 법률의 효력을 가지므로 헌법소원의 대상이 된다.

2) 명령·규칙·조례

법규명령으로서의 행정입법도 헌법소원심판의 대상이 된다. 행정내규로서의 성격을 가지는 행정규칙은 헌법소원의 대상이 되지 아니한다. 대법원규칙 등 국가기관에 의해 제정되는 규칙도 그 자체로서 직접 현재 국민의 기본권을 침해하는 경우에는 헌법소원의 대상이 된다.[4] 자치입법을 의미하는 조례에 대해서도 조례 자체에 의한 기본권침해가 문제되는

---

1) 헌재 1990. 6. 25. 89헌마220.
2) 헌재 1992. 4. 14. 90헌마82.
3) 헌재 1989. 12. 18. 89헌마32등; 헌재 1994. 6. 30. 92헌가18.
4) 헌재 1990. 10. 15. 89헌마178.

경우에는 헌법소원을 청구할 수 있다.[1] 다만 대법원은 조례가 집행행위의 매개 없이 그 자체로서 직접 국민의 구체적인 권리·의무나 법적 이익에 영향을 미치는 등의 법률상 효과를 발생하는 경우에는 항고소송의 대상이 되는 행정처분에 해당한다고 판시하였다.[2]

3) 입법부작위

입법의 부작위에 있어서 헌법상 국회의 입법의무가 있는 진정입법부작위(眞正立法不作爲)의 경우에는 입법부작위에 대한 헌법소원심판청구가 가능하다. 입법의무가 있는 사항에 관하여 불완전하고 흠결이 있는 부진정입법부작위(不眞正立法不作爲)의 경우에는 그 법률 자체의 위헌성이 문제되므로 위헌법률심판이나 법령헌법소원, 위헌심사형 헌법소원이 가능하다. 부진정입법부작위가 헌법소원의 대상이 되는 이유는 입법자가 헌법이 보장하는 기본권 보호의무를 너무 부족하게 이행하고 있기 때문이며, 이 경우 헌법소원의 청구인은 입법자가 기본권보호의무를 부족하게 이행했다는 점 이외에 자신에게 기본권보호청구권이 있다는 것을 입증하여야 한다.[3]

헌법재판소는 진정입법부작위에 대한 헌법소원의 허용 여부에 관하여, 헌법에서 기본권보장을 위해 법령에 명시적으로 입법위임을 하였음에도 불구하고 입법자가 이를 이행하지 않고 있는 경우 또는 헌법 해석상 특정인의 기본권을 보호하기 위한 국가의 입법의무가 발생하였음이 명백함에도 불구하고 입법자가 전혀 아무런 입법조치를 취하지 않고 있는 경우에 한하여 그 입법부작위가 헌법소원의 대상이 된다고 판시한 바 있다.[4] 입법부작위에 관한 헌법재판소 판례를 보면 형사피고인과 달리 형사피의자에 대해서는 국선변호인제도를 규정하지 않고 있는 입법부작위는 이 요건에 해당하지 아니하여 헌법소원심판의 대상이 될 수 없다고 하였으며,[5] 지방공무원법 제58조 제2항에 따라 지방자치단체가 '사실상 노무에 종사하는 공무원의 범위'를 정하는 조례를 제정하도록 위임받았음에도 불구하고, 이를 정당한 사유 없이 제정하지 아니한 부작위는 헌법상 의무를 위반하여 청구인들이 노동3권을 부여받을 기회 자체를 사전에 차단하거나 박탈하였다고 할 것이므로, 그러한 조례입법부작위가 위헌임을 확인하여야 한다고 판단하였다.[6] 국회의원선거의 투표소 내에 수화통역인을 배치하도록 하는 내용의 헌법의 명시적인 입법위임이 존재한다고 볼 수 없고, 헌법해석상 그러한 입법의무가 새롭게 발생된다고도 볼 수 없으므로 그러한 입법부작위의 위헌확인을 구하는 심판청구는 작위의무를 인정할 수 없어 부적법하다고 판단하였다.[7]

---

1) 헌재 1995. 4. 20. 92헌마264.
2) 대판 1996. 9. 20. 95누8003.
3) 허영, 헌법소송법론, 박영사, 2009, 355-356면.
4) 헌재 1994. 12. 29. 89헌마2.
5) 헌재 2008. 7. 1. 2008헌마428.
6) 헌재 2009. 7. 30. 2006헌마358.

부진정입법부작위에 대한 헌법소원의 판례를 보면 선거범죄로 인하여 100만원 이상의 벌금형이 선고되면 새마을금고 임원의 결격사유가 됨에도 새마을금고법 제21조가 선거범죄와 다른 죄가 병합되어 경합범으로 재판하게 되는 경우 선거범죄를 심리하여 따로 선고하는 규정(분리선고규정)을 두지 않은 것을 다투는 것이 부진정입법부작위에 대한 헌법소원 심판청구에 해당한다고 판시하였다.[1]

② **행정작용**

1) 행정처분

권력적 행정행위(행정처분)에 의하여 기본권이 침해된 경우에는 우선적으로 행정소송에 의해 구제를 받게 되므로 헌법소원의 심판대상이 되는 행정행위는 '재판제외의 원칙'에 따라 원칙적으로 행정소송의 대상이 되지 아니하는 행정행위를 의미할 뿐이다. 따라서 우리의 헌법소원제도 하에서 행정처분에 대한 헌법소원은 원칙적으로 불가능하다고 할 수 있다.

2) 원행정처분

법원의 재판을 거쳐 확정된 행정처분, 이른바 원행정처분(原行政處分)에 대하여 헌법소원심판을 청구할 수 있는가의 문제가 있다. 즉 행정처분에 대한 행정소송이 기각되어 판결이 확정된 경우 법원의 소송절차에 의해서는 더 이상 다툴 수 없게 된 때에 당해 행정처분(원행정처분)에 대해 기본권침해를 이유로 헌법소원을 청구할 수 있는가의 문제이다. 이에 관하여는 헌법 제107조 제2항의 규정, 확정판결의 기판력침해, 재판에 대한 헌법소원이 불가능한 점 등을 근거로 헌법소원을 인정할 수 없다고 보는 것이 타당하다. 헌법재판소도 원칙적으로 이를 부정하고 있다. 다만 당해 행정처분을 심판의 대상으로 삼았던 법원의 재판이 예외적으로 헌법소원의 심판대상이 되어 그 재판 자체가 취소되는 경우에 한하여 헌법소원을 청구할 수 있다는 입장을 취하고 있다.[2]

3) 검사의 불기소처분

검사의 불기소처분이 자의적으로 행사된 경우에 범죄피해자는 헌법상 평등권과 재판절차진술권의 침해를 이유로 헌법소원심판을 청구할 수 있는지가 문제된다. 헌법재판소는 개원 초기부터 일관되게 검사의 불기소처분에 대한 불복제도로서 재정신청(형사소송법 제260조)과 검찰항고(검찰청법 제10조) 중에서 검찰항고를 거친 후에는 재정신청을 거치지 않더라도 헌법소원 청구를 인정해 왔다.[3]

---

7) 헌재 2013. 8. 29. 2012헌마840.
1) 헌재 2014. 9. 25. 2013헌바208.
2) 헌재 1997. 12. 24. 96헌마172등; 헌재 1999. 10. 21. 97헌마301등; 헌재 2001. 2. 22. 99헌마695.
3) 헌재 1993. 7. 29. 92헌마262.

그러나 2008년 1월 이후에는 형사소송법과 검찰청법 개정으로 재정신청대상이 모든 범죄로 확대됨에 따라 검사의 불기소처분으로 기본권을 침해받은 고소인은 검찰항고를 거쳐 법원에 재정신청을 하여 구제받게 되었으며, 검찰청에의 재항고 내지 헌법재판소에 헌법소원을 제기할 수 없게 되었다. 즉 현행법상 검사의 불기소처분에 대한 형사피해자의 불복방법은 검찰항고를 거쳐 고등법원에 재정신청하는 것으로 일원화되었으며, 재정신청을 거친 후 헌법소원을 제기하는 것은 허용되지 않게 되었다. 그에 따라 헌법재판소도 개정 형사소송법상의 재정신청을 경유한 불기소처분에 대하여 원행정처분에 대한 원칙적 헌법소원청구 불허용의 법리를 적용하여 헌법소원을 제기할 수 없다고 결정하였다.[1]

그리하여 형사소송법상 재정신청절차를 거치지 아니한 채 불기소처분의 취소를 구하는 헌법소원심판청구에 대하여 부적법각하결정을 내리고 있다.[2] 다만 '고소하지 않은 형사피해자'의 경우에는 검찰항고와 재정신청을 할 수 없으므로 보충성의 예외가 적용되어 헌법재판소에 바로 헌법소원을 제기하는 것을 인정하고 있다.[3]

그리고 종래 검사의 불기소처분에 대한 헌법소원을 인정해온 것은 고소사건의 고소인(범죄피해자)에 의한 헌법소원을 의미하며, 고발인은 헌법소원을 청구할 수 없었다. 고발은 국가수사권의 발동을 촉구하는 것일 뿐 자신의 기본권이 침해된 경우가 아니므로 검사가 자의적으로 무혐의 또는 불기소처분을 하였더라도 이에 대하여 헌법소원을 인정할 수 없었던 것이다.[4]

헌법재판소는 검사의 기소유예처분에 대하여도 이에 불복하는 피의자가 헌법소원심판을 청구할 수 있다고 보고 있다. 헌법재판소는 "청구인의 피의사실을 인정하기에 족한 증거가 없음에도 불구하고 피청구인이 이를 인정한 후, 청구인을 기소유예처분한 것은 자의적인 검찰권의 행사로서 청구인의 평등권과 행복추구권을 침해한 것이라 보지 않을 수 없다"고 판시한 바 있다.[5]

4) 행정계획·공고

일반적으로 국민적 구속력을 갖는 행정계획(예: 도시계획결정)은 행정행위에 해당하지만 구속력을 갖지 않고 행정기관 내부의 행동지침에 해당하는 행정계획은 행정행위가 될 수 없다. 따라서 비구속적 행정계획은 원칙적으로 헌법소원의 대상이 되는 공권력의 행사로 볼 수 없으나, 예외적으로 국민의 기본권에 직접적으로 영향을 미치고 앞으로 법령의 뒷

1) 헌재 2008. 7. 29. 2008헌마487.
2) 헌재 2008. 8. 12. 2008헌마508.
3) 헌재 2010. 6. 24. 2008헌마716.
4) 헌재 1995. 7. 21. 94헌마131.
5) 헌재 1999. 12. 23. 99헌마403; 헌재 2003. 1. 30. 2002헌마181.

받침에 의하여 그대로 실시될 것이 틀림없을 것으로 예상될 수 있을 때에는 공권력의 행사로서 헌법소원의 대상이 될 수 있다.[1)]

헌법재판소는 행정계획뿐만 아니라 공고(公告)도 예외적으로 공권력의 행사에 해당하는 경우가 있다고 보고 있다. 공고는 특정한 사실을 불특정 다수에게 알리는 행위로서, 그것이 어떠한 법률효과를 가지는지는 일률적으로 말할 수 없고 개별 공고의 내용과 관련 법령의 규정에 따라 구체적으로 판단하여야 하는 것이지만,[2)] 교육공무원임용후보자선정경쟁시험규칙에 의하면 가산점의 부여 여부와 그 대상자 및 배점에 관한 세부적 내용을 시험실시기관으로 하여금 정하도록 하고 있기 때문에 시험실시기관의 가산점 항목의 공고는 법령에 이미 확정적으로 규정되어 있는 것을 단순히 알리는 데 불과한 것이 아니라 위와 같은 세부적 내용을 구체적으로 확정하는 효과가 있으므로 이는 국민의 기본권 상황에 변동을 초래하는 공권력의 행사로 볼 수 있다고 판단하였다.[3)] 사법시험 시행계획공고에 대해서도 헌법소원의 대상이 되는 것으로 인정하고 있다. 즉 공고는 통지행위로서 일반적으로는 행정심판이나 행정쟁송의 대상이 될 수 있는 행정처분이나 공권력의 행사는 될 수 없지만 사전안내의 성격을 갖는 통지행위라도 그 내용이 국민의 기본권에 직접 영향을 미치는 내용이고 앞으로 법령의 뒷받침에 의하여 그대로 실시될 것이 틀림없을 것으로 예상될 수 있는 것일 때에는 그로 인하여 직접적으로 기본권침해를 받게 되는 사람에게는 사실상의 규범적용으로 인한 위험성이 이미 발생하였다고 보아야 할 것이므로 이러한 것도 헌법소원의 대상이 될 수 있다고 판단한 것이다.[4)]

5) 권력적 사실행위

권력적 사실행위란 일정한 법적 효과의 발생을 목적으로 하는 것이 아니라 직접적으로는 사실상의 효과만을 가져오는 공권력의 행사를 말한다. 즉 공권력의 행사로서 특정한 법령 또는 행정행위를 집행하기 위한 사실행위를 의미한다. 헌법재판소는 권력적 사실행위에 대해 행정심판이나 행정소송의 대상이 된다고 단정하기 어렵다거나 또는 행정심판이나 행정소송의 대상이 될 수 있는 경우라고 보더라도 그 권력적 사실행위가 이미 종료되어 행정심판이나 행정소송에서 소의 이익이 없다고 볼 가능성이 있다는 점을 들어 헌법소원의 대상성을 인정한다.

헌법소원의 대상이 되는 권력적 사실행위에 해당하는지의 여부는 행정주체와 상대방의 관계, 사실행위에 대한 상대방의 의사·관여정도·태도, 사실행위의 목적·경위 등 그 행

1) 헌재 1992. 10. 1. 92헌마68등.
2) 헌재 2000. 1. 27. 99헌마123; 헌재 2001. 9. 27. 2000헌마159.
3) 헌재 2004. 3. 25. 2001헌마882.
4) 헌재 2001. 9. 27. 2000헌마159.

위가 행하여질 당시의 구체적 사정을 종합적으로 고려하여 개별적으로 판단하여야 한다.[1)]

헌법재판소가 헌법소원의 대상이 되는 권력적 사실행위로 인정한 주요 판례로는 재무부장관이 은행장에 대하여 행한 국제그룹의 해체준비착수지시 사건이 유명하다. 이 사건에서 재무부장관이 제일은행장에 대하여 한 국제그룹의 해체준비착수지시와 언론발표 지시는 상급관청의 하급관청에 대한 지시가 아님은 물론 동 은행에 대한 임의적 협력을 기대하여 행하는 비권력적 권고·조언 등의 단순한 행정지도로서의 한계를 넘어선 것이고, 이와 같은 공권력의 개입은 주거래 은행으로 하여금 공권력에 순응하여 제3자 인수식의 국제그룹 해체라는 결과를 사실상 실현시키는 행위라고 할 것으로, 이와 같은 유형의 행위는 형식적으로는 사법인(私法人)인 주거래 은행의 행위였다는 점에서 행정행위는 될 수 없더라도 그 실질이 공권력의 힘으로 재벌기업의 해체라는 사태변동을 일으키는 경우인 점에서 일종의 권력적 사실행위로서 헌법소원의 대상이 되는 공권력의 행사에 해당한다고 판단하였다.[2)] 그 밖에 교도소장의 미결수용자의 서신에 대한 검열·지연발송·지연교부행위,[3)] 구치소장이 미결수용자에게 재소자용 의류를 입게 한 행위,[4)] 경찰서장의 정밀신체수색행위,[5)] 유치장관리자가 현행범으로 체포된 피의자에게 차폐시설이 불충분한 화장실을 사용하도록 한 행위[6)] 등을 헌법소원의 대상이 되는 권력적 사실행위로 인정하였다.

6) 행정부작위

헌법재판소는 행정권력의 부작위에 대한 헌법소원이 인정되는 경우에 관하여 공권력의 주체에게 헌법에서 유래하는 작위의무가 특별히 구체적으로 규정되어 이에 의거하여 기본권의 주체가 행정행위를 청구할 수 있음에도 공권력의 주체가 그 의무를 해태하는 경우에 허용된다고 판시하고 있다. 따라서 의무위반의 부작위 때문에 피해를 입었다는 단순한 일반적인 주장만으로는 족하지 않는 것으로, 기본권의 침해 없이 행정행위의 단순한 부작위의 경우에는 헌법소원이 부적법한다고 한다.[7)]

헌법재판소는 독도에 대피시설이나 의무시설, 방파제 등을 설치하지 아니한 대한민국 정부의 부작위에 대한 위헌확인 헌법소원에서 헌법에는 명문으로 그에 관한 작위의무가 규정되어 있지 않으며 헌법 제10조나 제12조 제1항 등에 기하여 독도에 대피시설 등을 설치하여야 할 구체적인 작위의무가 나온다고 해석하기 어렵기 때문에 이 사건 부작위는 헌법

1) 헌재 1994. 5. 6. 89헌마35.
2) 헌재 1993. 7. 29. 89헌마31.
3) 헌재 1996. 7. 21. 92헌마144.
4) 헌재 1999. 5. 27. 97헌마137.
5) 헌재 2002. 7. 18. 2000헌마327.
6) 헌재 2001. 7. 19. 2000헌마546.
7) 헌재 1991. 9. 16. 89헌마163; 헌재 2007. 7. 26. 2005헌마501.

소원의 대상이 될 수 없다고 각하결정을 하였다.[1] 한일청구권협정의 분쟁해결 부작위 위헌확인 사건에서도 피청구인(정부)이 청구인들이 원하는 수준의 적극적인 노력을 펼치지 않았다 해도, 국가간의 외교행위의 특성상 피청구인에게 상당한 재량이 인정되며 피청구인이 자신에게 부여된 작위의무를 이행하지 않고 있다고 볼 수 없으므로 이 사건 심판청구는 부적법하다고 결정하였다.[2]

③ **사법작용**

1) 법원재판제외의 원칙

헌법재판소법 제68조 제1항은 헌법소원심판청구의 대상에서 법원의 재판을 제외하고 있다. 즉 법원의 재판 자체를 대상으로 하는 헌법소원심판은 원칙적으로 허용하지 아니한다. 여기서 법원의 재판에는 판결뿐만 아니라 소송절차의 파생적 부수적 사항에 대한 공권적 판단도 포함된다. 따라서 재판장의 소송지휘 또는 재판진행에 관한 명령도 포함되며, 법원이 위헌제청신청을 기각하는 결정을 하고 당해 사건을 진행한 조치도 법원의 재판에 해당하므로 헌법소원의 대상이 될 수 없다.

헌법재판소법이 법원의 재판을 헌법소원심판의 대상에서 제외하고, 또한 다른 법률의 구제절차가 있는 경우에는 그 절차를 모두 거친 경우라야 헌법소원심판을 청구할 수 있도록 규정하고 있는 것은 헌법소원사항을 지나치게 제한한 것으로 헌법소원제도의 기능을 반감시키게 된다는 비판이 있다. 그러나 헌법재판소는 입법작용과 행정작용의 잠재적인 기본권침해자로서의 기능과 사법작용의 기본권의 보호자로서의 기능이 바로 법원의 재판을 헌법소원심판의 대상에서 제외한 것을 정당화하는 본질적인 요소로 보고 있다.[3]

2) 재판제외의 원칙에 대한 예외

헌법재판소는 96헌마172등 사건에서 "헌법재판소법 제68조 제1항 본문의 '법원의 재판'에 헌법재판소가 위헌으로 결정한 법령을 적용함으로써 국민의 기본권을 침해한 재판도 포함되는 것으로 해석되는 한도에서, 헌법재판소법 제68조 제1항은 헌법에 위반된다"라고 하는 한정위헌결정을 내리면서, "대법원의 1996. 4. 9. 선고 [95누11405] 판결과 동작세무서장의 양도세 등 조세부과처분은 청구인의 재산권을 침해한 것이므로 이를 취소한다"라고 결정함으로써 재판도 예외적으로 헌법소원의 대상이 될 수 있게 되었다. 요컨대 법원의 재판은 헌법소원심판의 대상이 되지 않는 것이 원칙이지만 헌법재판소가 위헌으로 결정한 법령을 적용함으로써 국민의 기본권을 침해한 재판에 대하여는 헌법재판소법 제68조 제1항에

1) 헌재 2016. 5. 26. 2014헌마1002.
2) 헌재 2019. 12. 27. 2012헌마939.
3) 헌재 1997. 12. 24. 96헌마172등.

의한 헌법소원심판을 청구할 수 있다는 것이 본 결정의 요지이다.

(나) 기본권의 침해

① 침해의 자기관련성

헌법소원심판청구는 심판청구인 자신의 기본권이 침해당한 경우라야 한다. 제3자의 기본권침해에 대해서는 원칙적으로 헌법소원을 청구할 수 없다. 다만 예외적으로 제3자에게도 자기관련성이 인정되는 경우가 있다. 헌법재판소는 법규범의 입법목적, 실질적 규율대상, 제한 또는 금지하는 법규범의 내용이 제3자에 미치는 효과 내지는 진지성의 정도 등을 종합적으로 고려하여 예외적으로 제3자의 자기관련성을 인정하고 있다. 제3자의 자기관련성을 인정한 사례로는 공정거래위원회의 고발권 불행사에 대하여 불공정거래행위의 상대방이 헌법소원심판을 청구한 경우,[1] 광고방송물에 대하여 방송되기 전에 방송위원회가 그 내용을 사전에 심의하여 방송 여부를 결정하도록 하는 방송법규정에 대하여 광고회사에 소속되어 광고표현물의 제작에 참여하는 광고인이 헌법소원심판을 청구한 경우[2] 등이 있다.

② 침해의 직접성

헌법소원심판청구는 청구인의 기본권이 직접 침해당한 경우라야 할 수 있다. 공권력의 행사 또는 불행사가 간접적인 의미에서 청구인의 기본권에 영향을 미치는 데 지나지 아니하는 경우에는 헌법소원을 제기할 수 없다. 그리고 법령에 의한 기본권침해의 경우, 그 직접성이란 집행행위에 의한 매개없이 직접 법령 그 자체에 의하여 자유의 제한이나 의무의 부과, 권리 또는 법적 지위의 박탈을 가져오는 경우를 의미한다.[3] 헌법재판소는 법률규정의 구체화를 위하여 하위규범의 시행을 예정하고 있는 경우에는 당해 법률규정의 직접성은 부인된다고 판시하였다.[4]

③ 침해의 현재성

헌법소원심판청구는 청구인의 기본권이 현재로서 침해되고 있음을 그 요건으로 한다. 과거에 기본권침해가 있었지만 헌법소원심판청구 당시에는 기본권침해가 종료된 경우나, 장래에 대한 잠재적인 기본권침해의 우려는 권리침해의 현재성을 구비하였다고 할 수 없으므로 그 심판청구는 부적법하다. 다만 기본권침해가 가까운 장래에 있을 것이 확실히 예측되고 현실적인 침해를 기다려서 구제를 청구하게 되면 그 구제가 곤란하게 될 뿐만 아니라 법익침해가 중대한 것인 경우에는 예외적으로 기본권침해의 현재성을 인정할 수 있다.[5] 과

---

1) 헌재 1995. 7. 21. 94헌마136.
2) 헌재 1998. 11. 26. 94헌마207.
3) 헌재 1991. 11. 25. 89헌마99.
4) 헌재 1996. 2. 29. 94헌마213.
5) 헌재 1998. 10. 15. 98헌마168.

거에 행해진 공권력작용이라도 여전히 기본권침해의 효과가 나타나거나 과거의 공권력작용이 반복될 가능성이 있는 경우에도 침해의 현재성을 인정할 수 있다.[1]

(다) 보충성의 적용

① 보충성의 원칙

헌법소원은 기본권침해를 제거할 수 있는 다른 수단이 없거나 헌법재판소에 제소하지 않고서도 동일한 효과를 얻을 수 있는 법적 절차나 방법이 달리 없을 때에 한하여 예외적으로 인정되는 최후적 기본권보장수단을 의미한다. 헌법재판소법 제68조 제1항 단서는 "다른 법률에 구제절차가 있는 경우에는 그 절차를 모두 거친 후가 아니면" 헌법소원심판을 청구할 수 없다고 하여 보충성의 원칙을 규정하고 있다. 여기서 '다른 법률에 의한 구제절차'라 함은 공권력의 행사 또는 불행사를 직접 대상으로 하여 그 효력을 다툴 수 있는 적법한 권리구제절차를 의미하는 것이지, 공권력의 행사 또는 불행사의 결과 생긴 효력을 원상회복시키거나 사후적·보충적 구제수단인 손해배상청구나 손실보상청구를 의미하는 것은 아니다.[2]

헌법재판소는 보충성원칙과 관련하여, 국가인권위원회의 진정 기각결정은 헌법재판소법 제68조 제1항에서 규정하는 공권력의 행사로서 헌법소원심판의 대상이 되고, 국가인권위원회법은 국가인권위원회의 진정 각하 또는 기각결정에 대한 불복수단으로 어떠한 구제절차도 마련해 놓고 있지 않으며 법원의 확립된 판례에 의하여 국가인권위원회의 진정 각하 또는 기각결정의 행정처분성이 인정되고 있다고 보기는 어려우므로 보충성 요건도 충족한다고 판단하였다.[3]

② 보충성의 예외

보충성의 원칙에 대하여는 다음과 같은 예외가 인정된다. 1) 다른 구제절차가 없는 경우로서, 법률이나 명령·규칙 등 법령 자체에 의한 직접적인 기본권침해가 문제될 때에는 일반 법원에 법령 자체의 효력을 직접 다투는 것을 소송물로 하여 제소하는 길이 없기 때문에 예외가 인정된다. 2) 헌법소원심판청구인이 그의 불이익으로 돌릴 수 없는 정당한 이유가 있는 착오로 전심절차를 밟지 않은 경우, 또는 전심절차로써 권리구제의 가능성이 거의 없거나 권리구제절차가 허용되는지의 여부가 객관적으로 불확실하여 전심절차이행의 기대가능성이 없을 때에도 보충성원칙에 대한 예외가 인정된다. 3) 당사자가 권리구제절차를 밟으리라고 기대하기 어려운 권력적 사실행위인 경우에도 보충성원칙의 예외가 인정된다.[4]

헌법재판소 판례에 의하면, 교도소장이 미결수용자에 대해 행한 서신검열, 서신지연발

1) 헌재 2001. 7. 19. 2000헌마546.
2) 헌재 1993. 5. 13. 92헌마297.
3) 헌재 2009. 2. 26. 2008헌마275.
4) 헌재 1989. 9. 4. 88헌마22.

송 및 지연교부행위는 이른바 권력적 사실행위로서 행정심판이나 행정소송의 대상이 된다고 단정하기도 어려울 뿐 아니라 설사 그 대상이 된다고 하더라도 이미 종료된 행위로서 소의 이익이 부정될 가능성이 많아 헌법소원심판을 청구하는 외에 달리 효과적인 구제방법이 있다고 보기 어려우므로 보충성의 원칙에 대한 예외에 해당한다고 판시하였다.1)

(라) 권리보호의 이익과 심판이익

헌법소원은 국민의 침해된 기본권을 구제하는 제도이므로 그 제도의 목적상 당연히 권리보호의 이익이 있는 경우라야 청구할 수 있다. 따라서 심판청구 당시에 권리보호의 이익이 인정되더라도 심판 계속 중에 생긴 사정변경으로 인하여 권리보호이익이 소멸된 때에는 원칙적으로 심판청구는 부적법하게 된다. 예컨대 검사의 불기소처분의 취소를 구하는 헌법소원에 있어 대상이 되는 범죄에 대한 공소시효가 이미 완성되었다면 그에 대한 심판청구는 권리보호의 이익이 없다고 할 것이다.2)

다만 그와 같은 경우에도 그러한 기본권침해행위가 반복될 위험이 있거나 그러한 분쟁의 해결이 헌법질서의 수호·유지를 위하여 긴요한 사항이어서 헌법적으로 그 해명이 중대한 의미를 지니고 있는 경우에는 예외적으로 심판청구의 이익이 있다고 볼 수 있다. 헌법소원은 기본권구제를 위한 주관적 소송의 성격과 헌법질서의 수호·유지를 위한 객관소송의 성격을 동시에 갖고 있기 때문에 권리보호이익은 없더라도 헌법질서의 수호·유지를 위해서 심판이익이 있다고 인정하는 경우에는 심판을 하게 된다. 즉 공권력에 의한 기본권침해의 효과가 소멸해서 권리보호이익은 없더라도 분명하지 않은 헌법문제의 해명이 필요하고 침해의 반복 내지 유사한 공권력행사의 위험 등을 예방할 필요가 있으면 심판이익을 인정해서 심판하게 된다.

4. 헌법소원심판의 청구

(1) 청구절차

헌법재판소법은 헌법소원심판의 청구인은 변호사를 대리인으로 선임하여야 하며, 다만 청구인이 변호사자격을 가지고 있는 경우에는 그러하지 아니하다고 규정(동법 제25조 제3항)하여 변호사강제주의를 채택하고 있다. 그리고 변호사를 선임할 자력이 없는 경우에는 국선변호인 선임을 신청할 수 있다(동법 제70조 제1항). 헌법재판소는 헌법소원청구의 남용을 막기 위하여 청구인에게 헌법재판소규칙이 정하는 공탁금의 납부를 명할 수 있고, 심판청구를 각하할 경우 또는 심판청구를 기각할 경우에 그 심판청구가 권리남용이라고 인정되는 경우

---

1) 헌재 1999. 12. 23. 97헌마136.
2) 헌재 1998. 4. 30. 97헌마117.

에는 공탁금의 전부 또는 일부의 국고귀속을 명할 수 있다(동법 제37조 제2항, 제3항).

(2) 청구기간

헌법재판소법 제68조 제1항에 의한 권리구제형 헌법소원의 심판은 그 사유가 있음을 안 날로부터 90일 이내에, 그 사유가 발생한 날로부터 1년 이내에 청구하여야 한다. 다만 다른 법률에 의한 구제절차를 거친 헌법소원의 심판은 그 최종결정을 통지받은 날로부터 30일 이내에 청구하여야 한다(동법 제69조 제1항). 여기서 사유가 '있은 날'과 사유가 있음을 '안 날'의 규정 가운데 어느 하나의 기간을 경과하면 청구할 수 없다.[1]

청구의 사유가 '있은 날'이란 공권력행사에 의해 기본권침해가 발생한 날을 말하며, 공권력의 불행사로 인한 기본권침해의 경우에는 불행사가 지속되는 한 기간의 제약을 받지 않고 청구할 수 있다.[2] 사유가 '있음을 안 날'이란 공권력행사에 의한 기본권침해의 사실관계를 안 날을 말하며, 그 위헌성으로 인하여 헌법소원의 대상이 됨을 안 날을 말하는 것은 아니다. 다른 사전구제절차를 거쳐 청구하는 경우 그것이 부적법한 구제절차인 때에는 부적법한 구제절차의 결과를 안 날이 아니라 본래 기본권침해를 안 날을 말한다.[3]

헌법소원의 청구기간에 있어 특히 문제되는 것은 법령에 대한 헌법소원의 청구기간이다. 법령으로 인해 직접 기본권을 침해당한 경우 그 법령을 대상으로 헌법소원을 청구할 수 있는데, 이러한 법령소원의 청구기간의 기산점(起算點)이 문제된다. 첫째, 헌법재판소는 법령의 시행과 동시에 기본권침해가 있는 경우 법령이 시행된 사실을 안 날로부터 90일 이내에, 법령이 시행된 날로부터 1년 이내에 청구하여야 한다고 판단하고 있다. 둘째, 법령의 시행 후 그 법령에 해당하는 사유가 발생함으로써 기본권침해가 있는 경우에는 그 사유가 발생하였음을 안 날로부터 90일 이내에, 그 사유가 발생한 날로부터 1년 이내에 청구하여야 한다고 판단한다.[4] 여기서 둘째의 경우 헌법재판소는 초기에는 법령에 해당하는 사유가 발생한 날에 대하여 현실적으로 기본권침해가 발생하지 않았더라도 "침해가 확실히 예상되는 등 실체적 요건이 성숙하여 헌법재판에 적합하게 된 때"를 기산점으로 잡았으나,[5] 그 후 판례를 변경하여 침해가 확실히 예상되는 때가 아니라 현실적으로 "침해받은 때"를 기산점으로 판단하였다.[6]

헌법재판소법 제68조 제2항에 의한 위헌소원의 경우에는 위헌여부심판의 제청신청을

---

1) 헌재 2004. 4. 29. 2004헌마93.
2) 헌재 1994. 12. 29. 89헌마2.
3) 헌재 1993. 7. 29. 92헌마6.
4) 헌재 1996. 8. 29. 94헌마113; 헌재 1998. 7. 16. 95헌바19.
5) 헌재 1990. 6. 25. 89헌마220.
6) 헌재 1996. 3. 28. 93헌마198.

기각하는 결정을 통지받은 날부터 30일 이내에 청구하여야 한다(제69조 제2항). 위헌소원은 법원이 위헌제청신청을 기각결정한 경우에 청구할 수 있으나 법원이 각하한 경우에도 제기할 수 있다.[1)]

5. 헌법소원심판의 심리

(1) 직권심리주의

헌법소원심판은 민사재판과 같이 변론주의에 입각하여 청구인의 주장만을 판단하면 되는 것이 아니라 청구인의 침해된 권리와 침해의 원인이 되는 공권력의 행사 또는 불행사에 대하여 조사·판단하는 것을 원칙으로 하고 있다.[2)] 헌법소원심판은 개인의 기본권침해를 구제하는 주관적 소송임과 동시에 객관적 헌법질서의 수호·유지기능을 수행하는 객관적 소송을 의미하므로 직권심리주의가 요청된다.

(2) 서면심리주의

헌법재판소법 제30조 제2항은 "위헌법률의 심판과 헌법소원에 관한 심판은 서면심리에 의한다. 다만 재판부는 필요하다고 인정하는 경우에는 변론을 열어 당사자, 이해관계인, 그 밖의 참고인의 진술을 들을 수 있다"고 규정하여 헌법소원심판에 있어서 서면심리주의와 함께 변론주의를 인정하고 있다. 서면심리는 공개하지 아니한다.

6. 헌법소원심판의 결정

(1) 각하결정

헌법소원심판청구가 부적법한 경우에 내리는 결정형식이다. 즉 공권력의 행사 또는 불행사에 의한 기본권침해의 자기관련성·현재성·직접성요건을 갖추지 못한 경우, 보충성의 원칙을 충족하지 못한 경우, 청구기간의 도과나 권리보호의 이익이 없는 경우 등은 각하결정을 내리게 된다.

(2) 기각결정

헌법소원심판청구가 이유 없는 경우, 즉 공권력의 행사 또는 불행사로 헌법상 보장된 자신의 기본권이 직접 그리고 현재 침해되었음이 인정되지 아니하여 청구인의 주장을 배척하는 경우의 결정형식이다. 재판관 5인이 위헌의견이고 나머지 4인의 재판관이 기각의견인 경우에도 위헌의견이 과반수이지만 인용결정의 정족수 6인에 미치지 못하여 기각결정을 하

---

1) 헌재 1989. 12. 18. 89헌마32등.
2) 헌재 1993. 5. 13. 91헌마190.

게 된다. 각하의견이 4인이고 5인의 인용의견이 있는 경우에도 헌법재판소는 기각결정을 하게 된다.[1)]

(3) 인용결정

(가) 의 의

인용결정은 공권력의 행사 또는 불행사로 말미암아 청구인의 헌법상 보장된 기본권이 침해되었음을 인정하는 결정 형식이다. 헌법재판소는 헌재법 제75조 제3항에 따라 기본권 침해의 원인이 된 공권력의 행사를 취소하거나 그 불행사가 위헌임을 확인할 수 있다. 인용결정을 하기 위해서는 재판관 6인 이상의 찬성이 있어야 한다.

(나) 내 용

헌법소원의 인용결정을 할 때에는 인용결정서의 주문에 침해된 기본권, 침해의 원인이 된 공권력의 행사 또는 불행사를 특정하여야 한다. 인용결정의 경우 헌법재판소는 기본권 침해의 원인이 된 공권력의 행사를 취소하거나 그 불행사가 위헌임을 확인할 수 있다. 법령에 대한 헌법소원의 경우에는 규범통제의 성격을 가지므로 위헌법률심판과 마찬가지로 위헌선언 형식을 취한다. 또한 공권력의 행사 또는 불행사가 위헌인 법률 또는 법률조항에 기인한 것이라고 인정할 때에는 인용결정에서 당해 법률 또는 법률조항이 위헌임을 선고할 수 있다. 이를 부수적 규범통제라고 한다(동법 제75조 제5항). 이와 같이 인용결정에는 취소결정, 위헌확인결정, 위헌결정, 근거법률의 위헌결정 등이 있다.

(다) 인용결정의 효과

헌법소원의 인용결정은 모든 국가기관과 지방자치단체를 기속한다(동법 제75조 제1항). 공권력의 불행사에 대한 헌법소원에서 인용결정을 한 때에는 피청구인은 결정의 취지에 따라 새로운 처분을 하여야 한다(동법 제75조 제4항). 따라서 검사의 불기소처분을 취소하는 헌법재판소의 결정이 있는 때에 그 결정에 따라 불기소한 사건을 재기수사하는 검사로서는 헌법재판소가 그 결정의 주문 및 이유에 설시한 취지에 맞도록 성실히 수사하여 결정을 하여야 한다.[2)] 법률에 대한 헌법소원심판에서 위헌결정을 한 경우에 위헌으로 결정된 법률 또는 법률조항은 일반적 효력을 가지므로 그 효력이 상실된다.

헌법재판소법 제68조 제2항에 따른 헌법소원이 인용된 경우에 해당 헌법소원과 관련된 소송사건이 이미 확정된 때에는 당사자는 재심을 청구할 수 있다(동법 제75조 제7항). 여기서 제68조 제2항에 의한 헌법소원이 인용된 경우에 당해 사건의 당사자뿐만 아니라 헌법

---

1) 헌재 2000. 2. 24. 97헌마13등.
2) 헌재 1993. 11. 25. 93헌마113.

소원을 제기한 바는 없으나 위헌선언된 법률조항의 적용을 받았던 다른 사건의 당사자도 이미 확정된 관련 사건의 재심을 구할 수 있는 것인가의 문제가 제기될 수 있다. 이에 관하여 헌법재판소는 헌법재판소법 제68조 제2항에 의한 헌법소원을 청구하여 인용결정을 받지 않은 사람에게는 재심의 기회를 부여하지 않는다고 하여 그의 재판청구권이나 평등권 등을 침해하였다고 볼 수 없다고 판시하였다.[1)]

7. 헌법소원심판결정에 대한 재심

헌법재판소법은 헌법재판소의 결정에 대한 재심(再審)의 허용 여부에 관하여 명문규정을 두고 있지 아니하다. 헌법재판소는 초기에는 헌법재판소의 결정에 대해서 원칙적으로 재심을 허용하지 않는다는 입장을 취하였으나, 1995년 이후의 결정에서는 "헌법재판소법 제68조 제1항에 의한 권리구제형 헌법소원 중 행정작용에 속하는 공권력작용을 대상으로 하는 권리구제형 헌법소원절차에서는 사안의 성질상 헌법재판소의 결정에 대한 재심은 재판부의 구성이 위법한 경우 등 절차상 중대하고도 명백한 위법이 있어서 재심을 허용하지 아니하면 현저히 정의에 반하는 경우에 한하여 제한적으로 허용될 수 있다"는 입장을 취하고 있다.[2)]

또한 2001년 결정에서는 권리구제형 헌법소원심판절차에서 '판단유탈'을 이유로 하는 재심은 허용된다고 판시함으로써 종래의 판례를 변경하였다. 즉 헌법소원심판절차에서 직권주의가 적용되고 있는 것은 사실이지만, 직권주의가 적용된다는 의미는 당사자가 주장하지 아니한 적법요건 및 기본권침해 여부에 관하여도 직권으로 판단할 수 있다는 것이지 당사자가 주장한 사항에 대하여 판단하지 않아도 된다는 의미는 아닐 뿐만 아니라, 직권주의가 적용된다고 하여 당사자의 주장에 대한 판단유탈이 원천적으로 방지되는 것도 아니므로 헌법소원심판절차에 직권주의가 적용된다고 하더라도 이는 '판단유탈'을 재심사유에서 배제할 만한 합당한 이유가 되지 못한다고 판단하였다.[3)]

그러나 권리구제형 헌법소원 중에서 법령소원과 규범통제형 헌법소원의 경우에는 그 종국결정에 의해서 심판대상법령의 위헌 여부를 확인하는 것이기 때문에 재심이 허용될 수 없다. 이 경우에 재심을 허용하게 되면 법령의 효력과 국민생활에 심각한 혼란을 초래할 위험성이 있기 때문이다.

---

1) 헌재 2000. 6. 29. 99헌바66등.
2) 헌재 1995. 1. 20. 93헌아1; 헌재 2006. 9. 26. 2006헌아37.
3) 헌재 2001. 9. 27. 2001헌아3.

참고문헌

본서의 저술에 인용하고 참 고한 국내 주요 헌법교과서와 헌법이론서 등을 소개한다.
(외국 문헌과 국내 학술논문은 생략함)

계희열, 헌법학(상), 박영사, 2005.

권영설, 헌법이론과 헌법담론, 법문사, 2006.

권영성, 헌법학원론, 법문사, 2010.

김철수, 헌법학개론, 박영사, 2007.

김학성, 헌법학원론, 피앤씨미디어, 2018.

김효전(역), 일반국가학, 법문사, 2007.

문홍주, 미국헌법과 기본적 인권, 유풍출판사, 2002.

박인수(역), 제3신분이란 무엇인가(제3판), 책세상, 2013.

성낙인, 헌법학, 법문사, 2019.

______, 프랑스 헌법학, 법문사, 1995.

______, 대한민국헌법사, 법문사, 2012.

양 건, 헌법강의, 법문사, 2016.

______, 헌법의 이름으로, 사계절, 2018.

유진오, 헌법해의, 명세당, 1949.

______, 헌법기초회고록, 일조각, 1980,

윤세창, 신헌법, 일조각, 1980.

이준일, 헌법학강의, 홍문사, 2011.

장영수, 헌법학, 홍문사, 2007.

전광석, 한국헌법론, 집현전, 2017.

정종섭, 헌법학원론, 법문사, 2014.

______, 헌법소송법, 박영사, 2004.

한수웅, 헌법학, 법문사, 2016.

한태연, 헌법학, 법문사, 1983.

한태연, 헌법과 정치체제, 법문사, 1987.
허　영, 한국헌법론, 박영사, 2009.
______, 헌법소송법론, 박영사. 2009.
______, 헌법이론과 헌법(상), 박영사, 1980.
홍성방, 헌법학, 현암사, 2009.

정만희, 헌법과 통치구조, 법문사, 2003.
______, 헌법개정과 정치제도개혁, 피앤씨미디어, 2017.
______, 헌법의 기본문제, 세종출판사, 2001.
______ 편, 미국의 헌법과 권력구조, 법문사, 1988.
______, 헌법강의, 동아대학교출판부, 2019.
______, 우리에게 헌법이란 무엇인가(제2판), 피엔씨미디어, 2022.

大韓民國憲法

前 文

悠久한 歷史와 傳統에 빛나는 우리 大韓國民은 3·1運動으로 建立된 大韓民國臨時政府의 法統과 不義에 抗拒한 4·19民主理念을 계승하고, 祖國의 民主改革과 平和的 統一의 使命에 입각하여 正義·人道와 同胞愛로써 民族의 團結을 공고히 하고, 모든 社會的 弊習과 不義를 타파하며, 自律과 調和를 바탕으로 自由民主的 基本秩序를 더욱 확고히 하여 政治·經濟·社會·文化의 모든 領域에 있어서 各人의 機會를 균등히 하고, 能力을 最高度로 발휘하게 하며, 自由와 權利에 따르는 責任과 義務를 완수하게 하여, 안으로는 國民生活의 균등한 향상을 기하고 밖으로는 항구적인 世界平和와 人類共榮에 이바지함으로써 우리들과 우리들의 子孫의 安全과 自由와 幸福을 영원히 확보할 것을 다짐하면서 1948年 7月 12日에 制定되고 8次에 걸쳐 改正된 憲法을 이제 國會의 議決을 거쳐 國民投票에 의하여 改正한다.

第1章 總綱

第1條 ① 大韓民國은 民主共和國이다.

② 大韓民國의 主權은 國民에게 있고, 모든 權力은 國民으로부터 나온다.

第2條 ① 大韓民國의 國民이 되는 요건은 法律로 정한다.

② 國家는 法律이 정하는 바에 의하여 在外國民을 보호할 義務를 진다.

第3條 大韓民國의 領土는 韓半島와 그 附屬島嶼로 한다.

第4條 大韓民國은 統一을 指向하며, 自由民主的 基本秩序에 입각한 平和的 統一 政策을 수립하고 이를 추진한다.

第5條 ① 大韓民國은 國際平和의 유지에 노력하고 侵略的 戰爭을 否認한다.

② 國軍은 國家의 安全保障과 國土防衛의 神聖한 義務를 수행함을 使命으로 하며, 그 政治的 中立性은 준수된다.

第6條 ① 憲法에 의하여 체결·公布된 條約과 一般的으로 승인된 國際法規는 國內法과 같은 效力을 가진다.

② 外國人은 國際法과 條約이 정하는 바에 의하여 그 地位가 보장된다.

第7條 ① 公務員은 國民全體에 대한 奉仕者이며, 國民에 대하여 責任을 진다.

② 公務員의 身分과 政治的 中立性은 法律이 정하는 바에 의하여 보장된다.

第8條 ① 政黨의 設立은 自由이며, 複數政黨制는 보장된다.

② 政黨은 그 目的·組織과 活動이 民主的이어야 하며, 國民의 政治的 意思形成에 참여하는데 필요한 組織을 가져야 한다.

③ 政黨은 法律이 정하는 바에 의하여 國家의 보호를 받으며, 國家는 法律이 정하는 바에 의하여 政黨運營에 필요한 資金을 補助할 수 있다.

④ 政黨의 目的이나 活動이 民主的 基本秩序에 違背될 때에는 政府는 憲法裁判所에 그 解散을 提

訴할 수 있고, 政黨은 憲法裁判所의 審判에 의하여 解散된다.
第9條 國家는 傳統文化의 계승·발전과 民族文化의 暢達에 노력하여야 한다.

第2章 國民의 權利와 義務

第10條 모든 國民은 人間으로서의 尊嚴과 價値를 가지며, 幸福을 追求할 權利를 가진다. 國家는 개인이 가지는 不可侵의 基本的 人權을 확인하고 이를 보장할 義務를 진다.

第11條 ① 모든 國民은 法 앞에 平等하다. 누구든지 性別·宗敎 또는 社會的 身分에 의하여 政治的·經濟的·社會的·文化的 生活의 모든 領域에 있어서 차별을 받지 아니한다.

② 社會的 特殊階級의 制度는 인정되지 아니하며, 어떠한 形態로도 이를 創設할 수 없다.

③ 勳章등의 榮典은 이를 받은 者에게만 效力이 있고, 어떠한 特權도 이에 따르지 아니한다.

第12條 ① 모든 國民은 身體의 自由를 가진다. 누구든지 法律에 의하지 아니하고는 逮捕·拘束·押收·搜索 또는 審問을 받지 아니하며, 法律과 適法한 節次에 의하지 아니하고는 處罰·保安處分 또는 强制勞役을 받지 아니한다.

② 모든 國民은 拷問을 받지 아니하며, 刑事上 자기에게 不利한 陳述을 强要당하지 아니한다.

③ 逮捕·拘束·押收 또는 搜索을 할 때에는 適法한 節次에 따라 檢事의 申請에 의하여 法官이 발부한 令狀을 제시하여야 한다. 다만, 現行犯人인 경우와 長期 3年이상의 刑에 해당하는 罪를 범하고 逃避 또는 證據湮滅의 염려가 있을 때에는 事後에 令狀을 請求할 수 있다.

④ 누구든지 逮捕 또는 拘束을 당한 때에는 즉시 辯護人의 助力을 받을 權利를 가진다. 다만, 刑事被告人이 스스로 辯護人을 구할 수 없을 때에는 法律이 정하는 바에 의하여 國家가 辯護人을 붙인다.

⑤ 누구든지 逮捕 또는 拘束의 이유와 辯護人의 助力을 받을 權利가 있음을 告知받지 아니하고는 逮捕 또는 拘束을 당하지 아니한다. 逮捕 또는 拘束을 당한 者의 家族등 法律이 정하는 者에게는 그 이유와 日時·場所가 지체없이 통지되어야 한다.

⑥ 누구든지 逮捕 또는 拘束을 당한 때에는 適否의 審査를 法院에 請求할 權利를 가진다.

⑦ 被告人의 自白이 拷問·暴行·脅迫·拘束의 부당한 長期化 또는 欺罔 기타의 방법에 의하여 自意로 陳述된 것이 아니라고 인정될 때 또는 正式裁判에 있어서 被告人의 自白이 그에게 不利한 유일한 증거일 때에는 이를 有罪의 증거로 삼거나 이를 이유로 處罰할 수 없다.

第13條 ① 모든 國民은 行爲時의 法律에 의하여 犯罪를 구성하지 아니하는 행위로 訴追되지 아니하며, 동일한 犯罪에 대하여 거듭 處罰받지 아니한다.

② 모든 國民은 遡及立法에 의하여 參政權의 제한을 받거나 財産權을 剝奪당하지 아니한다.

③ 모든 國民은 자기의 행위가 아닌 親族의 행위로 인하여 불이익한 處遇를 받지 아니한다.

第14條 모든 國民은 居住·移轉의 自由를 가진다.

第15條 모든 國民은 職業選擇의 自由를 가진다.

第16條 모든 國民은 住居의 自由를 침해받지 아니한다. 住居에 대한 押收나 搜索을 할 때에는 檢事의 申請에 의하여 法官이 발부한 令狀을 제시하여야 한다.

第17條 모든 國民은 私生活의 秘密과 自由를 침해받지 아니한다.

第18條 모든 國民은 通信의 秘密을 침해받지 아니한다.

第19條 모든 國民은 良心의 自由를 가진다.

第20條 ① 모든 國民은 宗敎의 自由를 가진다.

② 國敎는 인정되지 아니하며, 宗敎와 政治는 分離된다.

第21條 ① 모든 國民은 言論·出版의 自由와 集會·結社의 自由를 가진다.

② 言論·出版에 대한 許可나 檢閱과 集會·結社에 대한 許可는 인정되지 아니한다.

③ 通信·放送의 施設基準과 新聞의 機能을 보장하기 위하여 필요한 사항은 法律로 정한다.

④ 言論·出版은 他人의 名譽나 權利 또는 公衆道德이나 社會倫理를 침해하여서는 아니된다. 言論·出版이 他人의 名譽나 權利를 침해한 때에는 被害者는 이에 대한 被害의 賠償을 請求할 수 있다.

第22條 ① 모든 國民은 學問과 藝術의 自由를 가진다.

② 著作者·發明家·科學技術者와 藝術家의 權利는 法律로써 보호한다.

第23條 ① 모든 國民의 財産權은 보장된다. 그 내용과 限界는 法律로 정한다.

② 財産權의 행사는 公共福利에 적합하도록 하여야 한다.

③ 公共必要에 의한 財産權의 收用·사용 또는 제한 및 그에 대한 補償은 法律로써 하되, 정당한 補償을 支給하여야 한다.

第24條 모든 國民은 法律이 정하는 바에 의하여 選擧權을 가진다.

第25條 모든 國民은 法律이 정하는 바에 의하여 公務擔任權을 가진다.

第26條 ① 모든 國民은 法律이 정하는 바에 의하여 國家機關에 文書로 請願할 權利를 가진다.

② 國家는 請願에 대하여 審査할 義務를 진다.

第27條 ① 모든 國民은 憲法과 法律이 정한 法官에 의하여 法律에 의한 裁判을 받을 權利를 가진다.

② 軍人 또는 軍務員이 아닌 國民은 大韓民國의 領域안에서는 중대한 軍事上 機密·哨兵·哨所·有毒飮食物供給·捕虜·軍用物에 관한 罪중 法律이 정한 경우와 非常戒嚴이 宣布된 경우를 제외하고는 軍事法院의 裁判을 받지 아니한다.

③ 모든 國民은 신속한 裁判을 받을 權利를 가진다. 刑事被告人은 상당한 이유가 없는 한 지체없이 公開裁判을 받을 權利를 가진다.

④ 刑事被告人은 有罪의 判決이 확정될 때까지는 無罪로 推定된다.

⑤ 刑事被害者는 法律이 정하는 바에 의하여 당해 事件의 裁判節次에서 陳述할 수 있다.

第28條 刑事被疑者 또는 刑事被告人으로서 拘禁되었던 者가 法律이 정하는 不起訴處分을 받거나 無罪判決을 받은 때에는 法律이 정하는 바에 의하여 國家에 정당한 補償을 請求할 수 있다.

第29條 ① 公務員의 職務上 不法行爲로 損害를 받은 國民은 法律이 정하는 바에 의하여 國家 또는 公共團體에 정당한 賠償을 請求할 수 있다. 이 경우 公務員 자신의 責任은 免除되지 아니한다.

② 軍人·軍務員·警察公務員 기타 法律이 정하는 者가 戰鬪·訓練등 職務執行과 관련하여 받은 損害에 대하여는 法律이 정하는 報償외에 國家 또는 公共團體에 公務員의 職務上 不法行爲로 인한 賠償은 請求할 수 없다.

第30條 他人의 犯罪行爲로 인하여 生命·身體에 대한 被害를 받은 國民은 法律이 정하는 바에 의하여 國家로부터 救助를 받을 수 있다.

第31條 ① 모든 國民은 能力에 따라 균등하게 敎育을 받을 權利를 가진다.

② 모든 國民은 그 보호하는 子女에게 적어도 初等敎育과 法律이 정하는 敎育을 받게 할 義務를 진다.

③ 義務敎育은 無償으로 한다.

④ 敎育의 自主性·專門性·政治的 中立性 및 大學의 自律性은 法律이 정하는 바에 의하여 보장된다.

⑤ 國家는 平生敎育을 振興하여야 한다.

⑥ 學校敎育 및 平生敎育을 포함한 敎育制度와 그 운영, 敎育財政 및 敎員의 地位에 관한 基本的인 사항은 法律로 정한다.

第32條 ① 모든 國民은 勤勞의 權利를 가진다. 國家는 社會的·經濟的 방법으로 勤勞者의 雇傭의

增進과 適正賃金의 보장에 노력하여야 하며, 法律이 정하는 바에 의하여 最低賃金制를 施行하여야 한다.

② 모든 國民은 勤勞의 義務를 진다. 國家는 勤勞의 義務의 내용과 조건을 民主主義原則에 따라 法律로 정한다.

③ 勤勞條件의 基準은 人間의 尊嚴性을 보장하도록 法律로 정한다.

④ 女子의 勤勞는 특별한 보호를 받으며, 雇傭·賃金 및 勤勞條件에 있어서 부당한 차별을 받지 아니한다.

⑤ 年少者의 勤勞는 특별한 보호를 받는다.

⑥ 國家有功者·傷痍軍警 및 戰歿軍警의 遺家族은 法律이 정하는 바에 의하여 優先的으로 勤勞의 機會를 부여받는다.

第33條 ① 勤勞者는 勤勞條件의 향상을 위하여 自主的인 團結權·團體交涉權 및 團體行動權을 가진다.

② 公務員인 勤勞者는 法律이 정하는 者에 한하여 團結權·團體交涉權 및 團體行動權을 가진다.

③ 法律이 정하는 主要防衛產業體에 종사하는 勤勞者의 團體行動權은 法律이 정하는 바에 의하여 이를 제한하거나 인정하지 아니할 수 있다.

第34條 ① 모든 國民은 人間다운 生活을 할 權利를 가진다.

② 國家는 社會保障·社會福祉의 增進에 노력할 義務를 진다.

③ 國家는 女子의 福祉와 權益의 향상을 위하여 노력하여야 한다.

④ 國家는 老人과 青少年의 福祉向上을 위한 政策을 실시할 義務를 진다.

⑤ 身體障碍者 및 疾病·老齡 기타의 사유로 生活能力이 없는 國民은 法律이 정하는 바에 의하여 國家의 보호를 받는다.

⑥ 國家는 災害를 豫防하고 그 위험으로부터 國民을 보호하기 위하여 노력하여야 한다.

第35條 ① 모든 國民은 건강하고 快適한 環境에서 生活할 權利를 가지며, 國家와 國民은 環境保全을 위하여 노력하여야 한다.

② 環境權의 내용과 행사에 관하여는 法律로 정한다.

③ 國家는 住宅開發政策등을 통하여 모든 國民이 快適한 住居生活을 할 수 있도록 노력하여야 한다.

第36條 ① 婚姻과 家族生活은 개인의 尊嚴과 兩性의 平等을 기초로 成立되고 유지되어야 하며, 國家는 이를 보장한다.

② 國家는 母性의 보호를 위하여 노력하여야 한다.

③ 모든 國民은 保健에 관하여 國家의 보호를 받는다.

第37條 ① 國民의 自由와 權利는 憲法에 열거되지 아니한 이유로 輕視되지 아니한다.

② 國民의 모든 自由와 權利는 國家安全保障·秩序維持 또는 公共福利를 위하여 필요한 경우에 한하여 法律로써 제한할 수 있으며, 제한하는 경우에도 自由와 權利의 本質的인 내용을 침해할 수 없다.

第38條 모든 國民은 法律이 정하는 바에 의하여 納稅의 義務를 진다.

第39條 ① 모든 國民은 法律이 정하는 바에 의하여 國防의 義務를 진다.

② 누구든지 兵役義務의 이행으로 인하여 불이익한 處遇를 받지 아니한다.

第3章 國會

第40條 立法權은 國會에 속한다.

第41條 ① 國會는 國民의 普通·平等·直接·秘密選擧에 의하여 選出된 國會議員으로 구성한다.

② 國會議員의 數는 法律로 정하되, 200人 이상으로 한다.
③ 國會議員의 選擧區와 比例代表制 기타 選擧에 관한 사항은 法律로 정한다.

第42條 國會議員의 任期는 4年으로 한다.

第43條 國會議員은 法律이 정하는 職을 겸할 수 없다.

第44條 ① 國會議員은 現行犯人인 경우를 제외하고는 會期중 國會의 同意없이 逮捕 또는 拘禁되지 아니한다.
② 國會議員이 會期전에 逮捕 또는 拘禁된 때에는 現行犯人이 아닌 한 國會의 요구가 있으면 會期중 釋放된다.

第45條 國會議員은 國會에서 職務上 행한 發言과 表決에 관하여 國會외에서 責任을 지지 아니한다.

第46條 ① 國會議員은 清廉의 義務가 있다.
② 國會議員은 國家利益을 우선하여 良心에 따라 職務를 행한다.
③ 國會議員은 그 地位를 濫用하여 國家·公共團體 또는 企業體와의 契約이나 그 處分에 의하여 財産上의 權利·이익 또는 職位를 취득하거나 他人을 위하여 그 취득을 알선할 수 없다.

第47條 ① 國會의 定期會는 法律이 정하는 바에 의하여 매년 1回 集會되며, 國會의 臨時會는 大統領 또는 國會在籍議員 4分의 1 이상의 요구에 의하여 集會된다.
② 定期會의 會期는 100日을, 臨時會의 會期는 30日을 초과할 수 없다.
③ 大統領이 臨時會의 集會를 요구할 때에는 期間과 集會要求의 이유를 명시하여야 한다.

第48條 國會는 議長 1人과 副議長 2人을 選出한다.

第49條 國會는 憲法 또는 法律에 특별한 規定이 없는 한 在籍議員 過半數의 출석과 出席議員 過半數의 贊成으로 議決한다. 可否同數인 때에는 否決된 것으로 본다.

第50條 ① 國會의 會議는 公開한다. 다만, 出席議員 過半數의 贊成이 있거나 議長이 國家의 安全保障을 위하여 필요하다고 인정할 때에는 公開하지 아니할 수 있다.
② 公開하지 아니한 會議內容의 公表에 관하여는 法律이 정하는 바에 의한다.

第51條 國會에 제출된 法律案 기타의 議案은 會期중에 議決되지 못한 이유로 폐기되지 아니한다. 다만, 國會議員의 任期가 만료된 때에는 그러하지 아니하다.

第52條 國會議員과 政府는 法律案을 제출할 수 있다.

第53條 ① 國會에서 議決된 法律案은 政府에 移送되어 15日 이내에 大統領이 公布한다.
② 法律案에 異議가 있을 때에는 大統領은 第1項의 期間내에 異議書를 붙여 國會로 還付하고, 그 再議를 요구할 수 있다. 國會의 閉會중에도 또한 같다.
③ 大統領은 法律案의 일부에 대하여 또는 法律案을 修正하여 再議를 요구할 수 없다.
④ 再議의 요구가 있을 때에는 國會는 再議에 붙이고, 在籍議員過半數의 출석과 出席議員 3分의 2 이상의 贊成으로 前과 같은 議決을 하면 그 法律案은 法律로서 확정된다.
⑤ 大統領이 第1項의 期間내에 公布나 再議의 요구를 하지 아니한 때에도 그 法律案은 法律로서 확정된다.
⑥ 大統領은 第4項과 第5項의 規定에 의하여 확정된 法律을 지체없이 公布하여야 한다. 第5項에 의하여 法律이 확정된 후 또는 第4項에 의한 確定法律이 政府에 移送된 후 5日 이내에 大統領이 公布하지 아니할 때에는 國會議長이 이를 公布한다.
⑦ 法律은 특별한 規定이 없는 한 公布한 날로부터 20日을 경과함으로써 效力을 발생한다.

第54條 ① 國會는 國家의 豫算案을 審議·확정한다.
② 政府는 會計年度마다 豫算案을 編成하여 會計年度 開始 90日전까지 國會에 제출하고, 國會는 會計年度 開始 30日전까지 이를 議決하여야 한다.

③ 새로운 會計年度가 開始될 때까지 豫算案이 議決되지 못한 때에는 政府는 國會에서 豫算案이 議決될 때까지 다음의 目的을 위한 經費는 前年度 豫算에 準하여 執行할 수 있다.

1. 憲法이나 法律에 의하여 設置된 機關 또는 施設의 유지·운영
2. 法律上 支出義務의 이행
3. 이미 豫算으로 승인된 事業의 계속

第55條 ① 한 會計年度를 넘어 계속하여 支出할 필요가 있을 때에는 政府는 年限을 정하여 繼續費로서 國會의 議決을 얻어야 한다.

② 豫備費는 總額으로 國會의 議決을 얻어야 한다. 豫備費의 支出은 次期國會의 승인을 얻어야 한다.

第56條 政府는 豫算에 變更을 加할 필요가 있을 때에는 追加更正豫算案을 編成하여 國會에 제출할 수 있다.

第57條 國會는 政府의 同意없이 政府가 제출한 支出豫算 各項의 金額을 增加하거나 새 費目을 設置할 수 없다.

第58條 國債를 모집하거나 豫算외에 國家의 부담이 될 契約을 체결하려 할 때에는 政府는 미리 國會의 議決을 얻어야 한다.

第59條 租稅의 種目과 稅率은 法律로 정한다.

第60條 ① 國會는 相互援助 또는 安全保障에 관한 條約, 중요한 國際組織에 관한 條約, 友好通商航海條約, 主權의 制約에 관한 條約, 講和條約, 國家나 國民에게 중대한 財政的 부담을 지우는 條約 또는 立法事項에 관한 條約의 체결·批准에 대한 同意權을 가진다.

② 國會는 宣戰布告, 國軍의 外國에의 派遣 또는 外國軍隊의 大韓民國 領域안에서의 駐留에 대한 同意權을 가진다.

第61條 ① 國會는 國政을 監查하거나 특정한 國政事案에 대하여 調查할 수 있으며, 이에 필요한 書類의 提出 또는 證人의 출석과 證言이나 의견의 陳述을 요구할 수 있다.

② 國政監查 및 調查에 관한 節次 기타 필요한 사항은 法律로 정한다.

第62條 ① 國務總理·國務委員 또는 政府委員은 國會나 그 委員會에 출석하여 國政處理狀況을 보고하거나 의견을 陳述하고 質問에 응답할 수 있다.

② 國會나 그 委員會의 요구가 있을 때에는 國務總理·國務委員 또는 政府委員은 출석·답변하여야 하며, 國務總理 또는 國務委員이 出席要求를 받은 때에는 國務委員 또는 政府委員으로 하여금 출석·답변하게 할 수 있다.

第63條 ① 國會는 國務總理 또는 國務委員의 解任을 大統領에게 建議할 수 있다.

② 第1項의 解任建議는 國會在籍議員 3分의 1 이상의 發議에 의하여 國會在籍議員 過半數의 贊成이 있어야 한다.

第64條 ① 國會는 法律에 저촉되지 아니하는 범위안에서 議事와 內部規律에 관한 規則을 制定할 수 있다.

② 國會는 議員의 資格을 審查하며, 議員을 懲戒할 수 있다.

③ 議員을 除名하려면 國會在籍議員 3分의 2 이상의 贊成이 있어야 한다.

④ 第2項과 第3項의 處分에 대하여는 法院에 提訴할 수 없다.

第65條 ① 大統領·國務總理·國務委員·行政各部의 長·憲法裁判所 裁判官·法官·中央選擧管理委員會 委員·監查院長·監查委員 기타 法律이 정한 公務員이 그 職務執行에 있어서 憲法이나 法律을 違背한 때에는 國會는 彈劾의 訴追를 議決할 수 있다.

② 第1項의 彈劾訴追는 國會在籍議員 3分의 1 이상의 發議가 있어야 하며, 그 議決은 國會在籍議

員 過半數의 贊成이 있어야 한다. 다만, 大統領에 대한 彈劾訴追는 國會在籍議員 過半數의 發議와 國會在籍議員 3分의 2 이상의 贊成이 있어야 한다.

③ 彈劾訴追의 議決을 받은 者는 彈劾審判이 있을 때까지 그 權限行使가 정지된다.

④ 彈劾決定은 公職으로부터 罷免함에 그친다. 그러나, 이에 의하여 民事上이나 刑事上의 責任이 免除되지는 아니한다.

第4章 政府

第1節 大統領

第66條 ① 大統領은 國家의 元首이며, 外國에 대하여 國家를 代表한다.

② 大統領은 國家의 獨立·領土의 保全·國家의 繼續性과 憲法을 守護할 責務를 진다.

③ 大統領은 祖國의 平和的 統一을 위한 성실한 義務를 진다.

④ 行政權은 大統領을 首班으로 하는 政府에 속한다.

第67條 ① 大統領은 國民의 普通·平等·直接·秘密選擧에 의하여 選出한다.

② 第1項의 選擧에 있어서 最高得票者가 2人 이상인 때에는 國會의 在籍議員 過半數가 출석한 公開會議에서 多數票를 얻은 者를 當選者로 한다.

③ 大統領候補者가 1人일 때에는 그 得票數가 選擧權者 總數의 3分의 1 이상이 아니면 大統領으로 當選될 수 없다.

④ 大統領으로 選擧될 수 있는 者는 國會議員의 被選擧權이 있고 選擧日 현재 40歲에 達하여야 한다.

⑤ 大統領의 選擧에 관한 사항은 法律로 정한다.

第68條 ① 大統領의 任期가 만료되는 때에는 任期滿了 70日 내지 40日전에 後任者를 選擧한다.

② 大統領이 闕位된 때 또는 大統領 當選者가 死亡하거나 判決 기타의 사유로 그 資格을 喪失한 때에는 60日 이내에 後任者를 選擧한다.

第69條 大統領은 就任에 즈음하여 다음의 宣誓를 한다.

"나는 憲法을 준수하고 國家를 保衛하며 祖國의 平和的 統一과 國民의 自由와 福利의 增進 및 民族文化의 暢達에 노력하여 大統領으로서의 職責을 성실히 수행할 것을 國民 앞에 엄숙히 宣誓합니다."

第70條 大統領의 任期는 5年으로 하며, 重任할 수 없다.

第71條 大統領이 闕位되거나 事故로 인하여 職務를 수행할 수 없을 때에는 國務總理, 法律이 정한 國務委員의 順序로 그 權限을 代行한다.

第72條 大統領은 필요하다고 인정할 때에는 外交·國防·統一 기타 國家安危에 관한 重要政策을 國民投票에 붙일 수 있다.

第73條 大統領은 條約을 체결·批准하고, 外交使節을 信任·접수 또는 派遣하며, 宣戰布告와 講和를 한다.

第74條 ① 大統領은 憲法과 法律이 정하는 바에 의하여 國軍을 統帥한다.

② 國軍의 組織과 編成은 法律로 정한다.

第75條 大統領은 法律에서 구체적으로 범위를 정하여 委任받은 사항과 法律을 執行하기 위하여 필요한 사항에 관하여 大統領令을 발할 수 있다.

第76條 ① 大統領은 內憂·外患·天災·地變 또는 중대한 財政·經濟上의 危機에 있어서 國家의 安全保障 또는 公共의 安寧秩序를 유지하기 위하여 긴급한 措置가 필요하고 國會의 集會를 기다릴 여

유가 없을 때에 한하여 최소한으로 필요한 財政·經濟上의 處分을 하거나 이에 관하여 法律의 效力을 가지는 命令을 발할 수 있다.

② 大統領은 國家의 安危에 관계되는 중대한 交戰狀態에 있어서 國家를 保衛하기 위하여 긴급한 措置가 필요하고 國會의 集會가 불가능한 때에 한하여 法律의 效力을 가지는 命令을 발할 수 있다.

③ 大統領은 第1項과 第2項의 處分 또는 命令을 한 때에는 지체없이 國會에 보고하여 그 승인을 얻어야 한다.

④ 第3項의 승인을 얻지 못한 때에는 그 處分 또는 命令은 그때부터 效力을 喪失한다. 이 경우 그 命令에 의하여 改正 또는 廢止되었던 法律은 그 命令이 승인을 얻지 못한 때부터 당연히 效力을 회복한다.

⑤ 大統領은 第3項과 第4項의 사유를 지체없이 公布하여야 한다.

第77條 ① 大統領은 戰時·事變 또는 이에 準하는 國家非常事態에 있어서 兵力으로써 軍事上의 필요에 응하거나 公共의 安寧秩序를 유지할 필요가 있을 때에는 法律이 정하는 바에 의하여 戒嚴을 宣布할 수 있다.

② 戒嚴은 非常戒嚴과 警備戒嚴으로 한다.

③ 非常戒嚴이 宣布된 때에는 法律이 정하는 바에 의하여 令狀制度, 言論·出版·集會·結社의 自由, 政府나 法院의 權限에 관하여 특별한 措置를 할 수 있다.

④ 戒嚴을 宣布한 때에는 大統領은 지체없이 國會에 통고하여야 한다.

⑤ 國會가 在籍議員 過半數의 贊成으로 戒嚴의 解除를 요구한 때에는 大統領은 이를 解除하여야 한다.

第78條 大統領은 憲法과 法律이 정하는 바에 의하여 公務員을 任免한다.

第79條 ① 大統領은 法律이 정하는 바에 의하여 赦免·減刑 또는 復權을 命할 수 있다.

② 一般赦免을 命하려면 國會의 同意를 얻어야 한다.

③ 赦免·減刑 및 復權에 관한 사항은 法律로 정한다.

第80條 大統領은 法律이 정하는 바에 의하여 勳章 기타의 榮典을 수여한다.

第81條 大統領은 國會에 출석하여 發言하거나 書翰으로 의견을 표시할 수 있다.

第82條 大統領의 國法上 행위는 文書로써 하며, 이 文書에는 國務總理와 관계 國務委員이 副署한다. 軍事에 관한 것도 또한 같다.

第83條 大統領은 國務總理·國務委員·行政各部의 長 기타 法律이 정하는 公私의 職을 겸할 수 없다.

第84條 大統領은 內亂 또는 外患의 罪를 범한 경우를 제외하고는 在職중 刑事上의 訴追를 받지 아니한다.

第85條 前職大統領의 身分과 禮遇에 관하여는 法律로 정한다.

第2節 行政府

第1款 國務總理와 國務委員

第86條 ① 國務總理는 國會의 同意를 얻어 大統領이 任命한다.

② 國務總理는 大統領을 補佐하며, 行政에 관하여 大統領의 命을 받아 行政各部를 統轄한다.

③ 軍人은 現役을 免한 후가 아니면 國務總理로 任命될 수 없다.

第87條 ① 國務委員은 國務總理의 提請으로 大統領이 任命한다.

② 國務委員은 國政에 관하여 大統領을 補佐하며, 國務會議의 構成員으로서 國政을 審議한다.

③ 國務總理는 國務委員의 解任을 大統領에게 建議할 수 있다.

④ 軍人은 現役을 免한 후가 아니면 國務委員으로 任命될 수 없다.

第2款 國務會議

第88條 ① 國務會議는 政府의 權限에 속하는 중요한 政策을 審議한다.

② 國務會議는 大統領·國務總理와 15人 이상 30人 이하의 國務委員으로 구성한다.

③ 大統領은 國務會議의 議長이 되고, 國務總理는 副議長이 된다.

第89條 다음 사항은 國務會議의 審議를 거쳐야 한다.

1. 國政의 基本計劃과 政府의 一般政策
2. 宣戰·講和 기타 중요한 對外政策
3. 憲法改正案·國民投票案·條約案·法律案 및 大統領令案
4. 豫算案·決算·國有財産處分의 基本計劃·國家의 부담이 될 契約 기타 財政에 관한 중요사항
5. 大統領의 緊急命令·緊急財政經濟處分 및 命令 또는 戒嚴과 그 解除
6. 軍事에 관한 중요사항
7. 國會의 臨時會 集會의 요구
8. 榮典授與
9. 赦免·減刑과 復權
10. 行政各部間의 權限의 劃定
11. 政府안의 權限의 委任 또는 配定에 관한 基本計劃
12. 國政處理狀況의 評價·分析
13. 行政各部의 중요한 政策의 수립과 調整
14. 政黨解散의 提訴
15. 政府에 제출 또는 회부된 政府의 政策에 관계되는 請願의 審査
16. 檢察總長·合同參謀議長·各軍參謀總長·國立大學校總長·大使 기타 法律이 정한 公務員과 國營企業體管理者의 任命
17. 기타 大統領·國務總理 또는 國務委員이 제출한 사항

第90條 ① 國政의 중요한 사항에 관한 大統領의 諮問에 응하기 위하여 國家元老로 구성되는 國家元老諮問會議를 둘 수 있다.

② 國家元老諮問會議의 議長은 直前大統領이 된다. 다만, 直前大統領이 없을 때에는 大統領이 指名한다.

③ 國家元老諮問會議의 組織·職務範圍 기타 필요한 사항은 法律로 정한다.

第91條 ① 國家安全保障에 관련되는 對外政策·軍事政策과 國內政策의 수립에 관하여 國務會議의 審議에 앞서 大統領의 諮問에 응하기 위하여 國家安全保障會議를 둔다.

② 國家安全保障會議는 大統領이 主宰한다.

③ 國家安全保障會議의 組織·職務範圍 기타 필요한 사항은 法律로 정한다.

第92條 ① 平和統一政策의 수립에 관한 大統領의 諮問에 응하기 위하여 民主平和統一諮問會議를 둘 수 있다.

② 民主平和統一諮問會議의 組織·職務範圍 기타 필요한 사항은 法律로 정한다.

第93條 ① 國民經濟의 발전을 위한 重要政策의 수립에 관하여 大統領의 諮問에 응하기 위하여 國民經濟諮問會議를 둘 수 있다.

② 國民經濟諮問會議의 組織·職務範圍 기타 필요한 사항은 法律로 정한다.

第3款 行政各部

第94條 行政各部의 長은 國務委員 중에서 國務總理의 提請으로 大統領이 任命한다.

第95條 國務總理 또는 行政各部의 長은 所管事務에 관하여 法律이나 大統領令의 委任 또는 職權으로 總理令 또는 部令을 발할 수 있다.

第96條 行政各部의 設置·組織과 職務範圍는 法律로 정한다.

第4款 監査院

第97條 國家의 歲入·歲出의 決算, 國家 및 法律이 정한 團體의 會計檢査와 行政機關 및 公務員의 職務에 관한 監察을 하기 위하여 大統領 所屬下에 監査院을 둔다.

第98條 ① 監査院은 院長을 포함한 5人 이상 11人 이하의 監査委員으로 구성한다.

② 院長은 國會의 同意를 얻어 大統領이 任命하고, 그 任期는 4年으로 하며, 1次에 한하여 重任할 수 있다.

③ 監査委員은 院長의 提請으로 大統領이 任命하고, 그 任期는 4年으로 하며, 1次에 한하여 重任할 수 있다.

第99條 監査院은 歲入·歲出의 決算을 매년 檢査하여 大統領과 次年度國會에 그 결과를 보고하여야 한다.

第100條 監査院의 組織·職務範圍·監査委員의 資格·監査對象公務員의 범위 기타 필요한 사항은 法律로 정한다.

第5章 法院

第101條 ① 司法權은 法官으로 구성된 法院에 속한다.

② 法院은 最高法院인 大法院과 各級法院으로 組織된다.

③ 法官의 資格은 法律로 정한다.

第102條 ① 大法院에 部를 둘 수 있다.

② 大法院에 大法官을 둔다. 다만, 法律이 정하는 바에 의하여 大法官이 아닌 法官을 둘 수 있다.

③ 大法院과 各級法院의 組織은 法律로 정한다.

第103條 法官은 憲法과 法律에 의하여 그 良心에 따라 獨立하여 審判한다.

第104條 ① 大法院長은 國會의 同意를 얻어 大統領이 任命한다.

② 大法官은 大法院長의 提請으로 國會의 同意를 얻어 大統領이 任命한다.

③ 大法院長과 大法官이 아닌 法官은 大法官會議의 同意를 얻어 大法院長이 任命한다.

第105條 ① 大法院長의 任期는 6年으로 하며, 重任할 수 없다.

② 大法官의 任期는 6年으로 하며, 法律이 정하는 바에 의하여 連任할 수 있다.

③ 大法院長과 大法官이 아닌 法官의 任期는 10年으로 하며, 法律이 정하는 바에 의하여 連任할 수 있다.

④ 法官의 停年은 法律로 정한다.

第106條 ① 法官은 彈劾 또는 禁錮 이상의 刑의 宣告에 의하지 아니하고는 罷免되지 아니하며, 懲戒處分에 의하지 아니하고는 停職·減俸 기타 不利한 處分을 받지 아니한다.

② 法官이 중대한 心身上의 障害로 職務를 수행할 수 없을 때에는 法律이 정하는 바에 의하여 退職하게 할 수 있다.

第107條 ① 法律이 憲法에 위반되는 여부가 裁判의 前提가 된 경우에는 法院은 憲法裁判所에 提請하여 그 審判에 의하여 裁判한다.

② 命令·規則 또는 處分이 憲法이나 法律에 위반되는 여부가 裁判의 前提가 된 경우에는 大法院

은 이를 最終的으로 審査할 權限을 가진다.

③ 裁判의 前審節次로서 行政審判을 할 수 있다. 行政審判의 節次는 法律로 정하되, 司法節次가 準用되어야 한다.

第108條 大法院은 法律에서 저촉되지 아니하는 범위안에서 訴訟에 관한 節次, 法院의 內部規律과 事務處理에 관한 規則을 制定할 수 있다.

第109條 裁判의 審理와 判決은 公開한다. 다만, 審理는 國家의 安全保障 또는 安寧秩序를 방해하거나 善良한 風俗을 해할 염려가 있을 때에는 法院의 決定으로 公開하지 아니할 수 있다.

第110條 ① 軍事裁判을 관할하기 위하여 特別法院으로서 軍事法院을 둘 수 있다.

② 軍事法院의 上告審은 大法院에서 관할한다.

③ 軍事法院의 組織·權限 및 裁判官의 資格은 法律로 정한다.

④ 非常戒嚴下의 軍事裁判은 軍人·軍務員의 犯罪나 軍事에 관한 間諜罪의 경우와 哨兵·哨所·有毒飮食物供給·捕虜에 관한 罪중 法律이 정한 경우에 한하여 單審으로 할 수 있다. 다만, 死刑을 宣告한 경우에는 그러하지 아니하다.

第6章 憲法裁判所

第111條 ① 憲法裁判所는 다음 사항을 管掌한다.

1. 法院의 提請에 의한 法律의 違憲與否 審判
2. 彈劾의 審判
3. 政黨의 解散 審判
4. 國家機關 相互間, 國家機關과 地方自治團體間 및 地方自治團體 相互間의 權限爭議에 관한 審判
5. 法律이 정하는 憲法訴願에 관한 審判

② 憲法裁判所는 法官의 資格을 가진 9人의 裁判官으로 구성하며, 裁判官은 大統領이 任命한다.

③ 第2項의 裁判官중 3人은 國會에서 選出하는 者를, 3人은 大法院長이 指名하는 者를 任命한다.

④憲法裁判所의 長은 國會의 同意를 얻어 裁判官중에서 大統領이 任命한다.

第112條 ① 憲法裁判所 裁判官의 任期는 6年으로 하며, 法律이 정하는 바에 의하여 連任할 수 있다.

② 憲法裁判所 裁判官은 政黨에 加入하거나 政治에 관여할 수 없다.

③ 憲法裁判所 裁判官은 彈劾 또는 禁錮 이상의 刑의 宣告에 의하지 아니하고는 罷免되지 아니한다.

第113條 ① 憲法裁判所에서 法律의 違憲決定, 彈劾의 決定, 政黨解散의 決定 또는 憲法訴願에 관한 認容決定을 할 때에는 裁判官 6人 이상의 贊成이 있어야 한다.

② 憲法裁判所는 法律에 저촉되지 아니하는 범위안에서 審判에 관한 節次, 內部規律과 事務處理에 관한 規則을 制定할 수 있다.

③ 憲法裁判所의 組織과 운영 기타 필요한 사항은 法律로 정한다.

第7章 選擧管理

第114條 ① 選擧와 國民投票의 공정한 管理 및 政黨에 관한 事務를 처리하기 위하여 選擧管理委員會를 둔다.

② 中央選擧管理委員會는 大統領이 任命하는 3人, 國會에서 選出하는 3人과 大法院長이 指名하는 3人의 委員으로 구성한다. 委員長은 委員중에서 互選한다.

③ 委員의 任期는 6年으로 한다.

④ 委員은 政黨에 加入하거나 政治에 관여할 수 없다.

⑤ 委員은 彈劾 또는 禁錮 이상의 刑의 宣告에 의하지 아니하고는 罷免되지 아니한다.

⑥ 中央選擧管理委員會는 法令의 범위안에서 選擧管理·國民投票管理 또는 政黨事務에 관한 規則을 制定할 수 있으며, 法律에 저촉되지 아니하는 범위안에서 內部規律에 관한 規則을 制定할 수 있다.

⑦ 各級 選擧管理委員會의 組織·職務範圍 기타 필요한 사항은 法律로 정한다.

第115條 ① 各級 選擧管理委員會는 選擧人名簿의 작성등 選擧事務와 國民投票事務에 관하여 관계 行政機關에 필요한 指示를 할 수 있다.

② 第1項의 指示를 받은 당해 行政機關은 이에 응하여야 한다.

第116條 ① 選擧運動은 各級 選擧管理委員會의 管理下에 法律이 정하는 범위안에서 하되, 균등한 機會가 보장되어야 한다.

② 選擧에 관한 經費는 法律이 정하는 경우를 제외하고는 政黨 또는 候補者에게 부담시킬 수 없다.

第8章 地方自治

第117條 ① 地方自治團體는 住民의 福利에 관한 事務를 처리하고 財産을 관리하며, 法令의 범위안에서 自治에 관한 規定을 制定할 수 있다.

② 地方自治團體의 종류는 法律로 정한다.

第118條 ① 地方自治團體에 議會를 둔다.

② 地方議會의 組織·權限·議員選擧와 地方自治團體의 長의 選任方法 기타 地方自治團體의 組織과 운영에 관한 사항은 法律로 정한다.

第9章 經濟

第119條 ① 大韓民國의 經濟秩序는 개인과 企業의 經濟上의 自由와 創意를 존중함을 基本으로 한다.

② 國家는 균형있는 國民經濟의 成長 및 安定과 적정한 所得의 分配를 유지하고, 市場의 支配와 經濟力의 濫用을 방지하며, 經濟主體間의 調和를 통한 經濟의 民主化를 위하여 經濟에 관한 規制와 調整을 할 수 있다.

第120條 ① 鑛物 기타 중요한 地下資源·水産資源·水力과 經濟上 이용할 수 있는 自然力은 法律이 정하는 바에 의하여 일정한 期間 그 採取·開發 또는 이용을 特許할 수 있다.

② 國土와 資源은 國家의 보호를 받으며, 國家는 그 균형있는 開發과 이용을 위하여 필요한 計劃을 수립한다.

第121條 ① 國家는 農地에 관하여 耕者有田의 원칙이 達成될 수 있도록 노력하여야 하며, 農地의 小作制度는 금지된다.

② 農業生産性의 提高와 農地의 合理的인 이용을 위하거나 불가피한 事情으로 발생하는 農地의 賃貸借와 委託經營은 法律이 정하는 바에 의하여 인정된다.

第122條 國家는 國民 모두의 生産 및 生活의 基盤이 되는 國土의 효율적이고 균형있는 이용·開發과 보전을 위하여 法律이 정하는 바에 의하여 그에 관한 필요한 제한과 義務를 課할 수 있다.

第123條 ① 國家는 農業 및 漁業을 보호·육성하기 위하여 農·漁村綜合開發과 그 지원등 필요한 計劃을 수립·施行하여야 한다.

② 國家는 地域間의 균형있는 발전을 위하여 地域經濟를 육성할 義務를 진다.

③ 國家는 中小企業을 보호·육성하여야 한다.

④ 國家는 農水産物의 需給均衡과 流通構造의 개선에 노력하여 價格安定을 도모함으로써 農·漁民의 이익을 보호한다.

⑤ 國家는 農·漁民과 中小企業의 自助組織을 육성하여야 하며, 그 自律的 活動과 발전을 보장한다.

第124條 國家는 건전한 消費行爲를 啓導하고 生産品의 品質向上을 촉구하기 위한 消費者保護運動을 法律이 정하는 바에 의하여 보장한다.

第125條 國家는 對外貿易을 육성하며, 이를 規制·調整할 수 있다.

第126條 國防上 또는 國民經濟上 緊切한 필요로 인하여 法律이 정하는 경우를 제외하고는, 私營企業을 國有 또는 公有로 移轉하거나 그 경영을 統制 또는 관리할 수 없다.

第127條 ① 國家는 科學技術의 革新과 情報 및 人力의 開發을 통하여 國民經濟의 발전에 노력하여야 한다.

② 國家는 國家標準制度를 확립한다.

③ 大統領은 第1項의 目的을 達成하기 위하여 필요한 諮問機構를 둘 수 있다.

第10章 憲法改正

第128條 ① 憲法改正은 國會在籍議員 過半數 또는 大統領의 發議로 提案된다.

② 大統領의 任期延長 또는 重任變更을 위한 憲法改正은 그 憲法改正 提案 당시의 大統領에 대하여는 效力이 없다.

第129條 提案된 憲法改正案은 大統領이 20日 이상의 期間 이를 公告하여야 한다.

第130條 ① 國會는 憲法改正案이 公告된 날로부터 60日 이내에 議決하여야 하며, 國會의 議決은 在籍議員 3分의 2 이상의 贊成을 얻어야 한다.

② 憲法改正案은 國會가 議決한 후 30日 이내에 國民投票에 붙여 國會議員選擧權者 過半數의 投票와 投票者 過半數의 贊成을 얻어야 한다.

③ 憲法改正案이 第2項의 贊成을 얻은 때에는 憲法改正은 확정되며, 大統領은 즉시 이를 公布하여야 한다.

附 則 <제10호, 1987.10.29>

第1條 이 憲法은 1988年 2月 25日부터 施行한다. 다만, 이 憲法을 施行하기 위하여 필요한 法律의 制定·改正과 이 憲法에 의한 大統領 및 國會議員의 選擧 기타 이 憲法施行에 관한 準備는 이 憲法施行 전에 할 수 있다.

第2條 ① 이 憲法에 의한 최초의 大統領選擧는 이 憲法施行日 40日 전까지 실시한다.

② 이 憲法에 의한 최초의 大統領의 任期는 이 憲法施行日로부터 開始한다.

第3條 ① 이 憲法에 의한 최초의 國會議員選擧는 이 憲法公布日로부터 6月 이내에 실시하며, 이 憲法에 의하여 選出된 최초의 國會議員의 任期는 國會議員選擧후 이 憲法에 의한 國會의 최초의 集會日로부터 開始한다.

② 이 憲法公布 당시의 國會議員의 任期는 第1項에 의한 國會의 최초의 集會日 前日까지로 한다.

第4條 ① 이 憲法施行 당시의 公務員과 政府가 任命한 企業體의 任員은 이 憲法에 의하여 任命된 것으로 본다. 다만, 이 憲法에 의하여 選任方法이나 任命權者가 변경된 公務員과 大法院長 및 監

査院長은 이 憲法에 의하여 後任者가 選任될 때까지 그 職務를 행하며, 이 경우 前任者인 公務員의 任期는 後任者가 選任되는 前日까지로 한다.

② 이 憲法施行 당시의 大法院長과 大法院判事가 아닌 法官은 第1項 但書의 規定에 불구하고 이 憲法에 의하여 任命된 것으로 본다.

③ 이 憲法중 公務員의 任期 또는 重任制限에 관한 規定은 이 憲法에 의하여 그 公務員이 최초로 選出 또는 任命된 때로부터 適用한다.

第5條 이 憲法施行 당시의 法令과 條約은 이 憲法에 違背되지 아니하는 한 그 效力을 지속한다.

第6條 이 憲法施行 당시에 이 憲法에 의하여 새로 設置될 機關의 權限에 속하는 職務를 행하고 있는 機關은 이 憲法에 의하여 새로운 機關이 設置될 때까지 存續하며 그 職務를 행한다.

사항·인명 색인

판례 색인

헌법재판소 판례

대법원 판례

[저자 약력]

정 만 희 (鄭萬喜)

1954년생
동아대학교 법과대학 졸업
고려대학교 대학원 법학석사, 법학박사
미국 버클리대학교, 일본 동경대학 법학부 등에서 수학
동아대학교 법과대학, 법학전문대학원 교수
한국헌법학회 회장, 한국비교공법학회 회장
국회 헌법연구자문위원회 위원
중앙선거관리위원회 선거자문위원
법무부 변호사시험관리위원회 위원
[현] 동아대학교 법학전문대학원 명예교수
한국헌법학회, 한국비교공법학회 고문

주요 저서

우리에게 헌법이란 무엇인가(제2판) (피앤씨미디어, 2022)
헌법강의(제3판) (동아대학교출판부, 2019)
헌법과 통치구조 (법문사, 2003)
현대헌법과 의회주의 (법문사, 1995)
미국의 헌법과 권력구조(편) (법문사, 1988)
헌법개정과 정치제도개혁 (피앤씨미디어, 2017)
헌법개정연구 (세종출판사, 2010)
헌법의 기본문제 (세종출판사, 2001)
탄핵심판제도에 관한 연구(공저) (헌법재판소, 2001)
정당법론 (동아대학교출판부, 1985)

상 훈

한국헌법학회 학술상 (2015)
한국비교공법학회 학술상 (2017)
홍조근정훈장 (법의날, 2015)
부산광역시 문화상 (인문과학분야, 2023)

헌법학개론 제2판

초판발행 2020년 2월 20일
제2판발행 2024년 8월 30일

지은이 정만희
펴낸이 박노일

총괄기획 최준규
편 집 이상민

펴낸곳 pnc publishing and culture 피앤씨미디어
경기도 고양시 일산동구 강송로 153 310-1501
등록 제396-2012-000203호
전 화 070)7550-3758 팩 스 02)6280-8554
홈페이지 www.pncmedia.co.kr 이메일 pnc@pncmedia.co.kr
ISBN 979-11-5730-948-1 93360

정 가 38,000원